中國近代名賢書札

以昊齋題

文物出版社

序

先哲已去，踪迹可觅，是本收藏集的胜处。赫然在列其中的均为近世文化精英们的手迹，透过篇篇浸注了深厚学养的书翰墨宝，仿佛能亲聆大师们的启诲，敬仰与亲近之情油然而生。本书内容从清代乾隆年起，直至跨越近现代的各个阶段，涉及社会时事、文化艺术、学术教育等范围之广，记录人物活动以及哲思底蕴之真切，堪可谓一笔史料与艺术并重的文化财富。这一时期，中国社会始终交织着纷繁复杂的风云变幻，剧变频仍，其中有许多尚待梳理与研究思索之处。就近世中国文化变迁的历程而言，诸智者先贤以斐然卓著的成就，在其中产生了重要的历史性影响，这批手迹均出自他们披荆斩棘之时，不仅印证了他们运思开拓的瞬间，而且一路走来，在中华文明承传发展之履中，留下了深深的历史印痕。

袁枚、纪晓岚、阮元分别为乾嘉学术中不同流派的泰斗，本书所刊袁枚《诗文稿册》，集中了在乾隆十一年至二十六年间与友人的通信及诗文手稿，关于这位杰出学者、诗人于此间的讯息，是多么的珍贵；从纪晓岚手书《集吴下俗语诗十五首卷》中，我们可以体悟到这位学术大师才华横溢的幽默，源自于何处；阮元《行书大唐易州铁像碑颂册页》则是这位碑学的开派者，在荒野寻访后所得到的慰藉。谭嗣同为民族大义毅然选择就义前两年，以精整小楷抄写的《古诗三格》，确是关于他的意外发现，其署款时序在光绪二十二年（1896 年）的五月至秋季，书写地点多在宁波天一阁，亦有上元（今南京）等地，似乎每到一地都在不停地书写。时谭嗣同居南京，虽有候补江苏知府之名，但主要在从事维新变法活动，在近代思想史上大放异彩的《仁学》一书即在此时撰成。如此匆忙地奔波，尚有定力书写唐宋人诗文，可见这位近代民族革命家的传统学养之深厚，醉心中华文化感情之景风范，其间太多难以寻觅的内容，令人因惊异而激起发现的兴奋，就其涉及中国近代社会风云人物之众多、内涵之丰富、触点之具体而言，堪称是关于中国近代社会的一份极其珍贵的文化财富。

这些自然累积起来的书稿手迹，署年最早的始自乾隆十一年，亦即1746年袁枚所作的游记类诗文稿册，最晚的至上世纪六十年代初，即著名书法家高二适书于1962年前后的自作诗册。此长达两个多世纪的时间里，中国的社会形态正经历着极其复杂而又空前惨烈的变迁过程，这些手迹的作者们均奋斗于其中，并以不同领域里的光辉业绩，对中国近代社会的进程，产生了广泛而重要的社会影响。当这些宝贵的文化遗产，将一长列如雷贯耳的名字联在一起的时候，我们从中有了新的发现，这就是他们之间共有的文人本色，以及在那其间绵延不断的中华文化传统。在诸位智慧的先贤笔下，国学体系的变化轨辙清晰可见，此外，涉及政治、思想、经济、文化、教育等方面的内容，乃至当时社会的具体境况，也真实而立体性地凸现出来了。如袁枚，是乾隆年间为数不多的保持开放思想、反对汉学考据的学者之一，更以抒写“性情”的主张，在文坛上独树一帜。其于乾隆十一至二十六年间所作的诗文、游记手稿，以其活泼的文风，妙趣横生地描写了江浙一带的自然景象、风土人情等多方面的状况。在此随取其中一小部分即兴之作：“出南京燕子矶，到金山鸡尽啼。江流浩淼无边际，镇江膏药名闻远。惠丽清泉品不低，土宜出处真无比。见多少异乡风景，船头坐，露湿征衣。到苏州浒墅关，过阊门，休泊船，归期虽远程犹远。吴江平望官塘，真乌镇寒山水路。弯塘栖过后乡音软，这不过家园暂返，那等得鸟倦知还。落日照城隅，仔细分明认，却似去年离别景。不堪转眼复登程，回首城楼又怅望，斜阳影。——乾隆二十六年九月子才袁枚记于小仓山。”一路即兴记下数册，读之有如亲游。关于近代政治，在李详致好友吉曾甫的函中有多处议论：“方今朝廷变政维新，时局一变。同在亚东，尽效西法莫如日本。然尊王攘夷之举，喋血四竟，草野嚣乱。甲午之役……。”再如，晚清不知名者所书的

《林则徐戒烟良方》，说明在那场激烈的禁烟运动中，除实行销烟等强有力措施外，也不乏富有人情味的解决策略。关于近代实业，在余承普致海岩函等文中，谈及修铁路、开矿的事情。关于近代教育，史料相当丰富，不仅述及教育改良、课程设置等兴办新学的具体情况，而且还有关于教师薪水的详细数目，如在启琳至吉曾甫先生的函中，有代表安徽省督学李国松（李鸿章侄孙）所发的聘书："吉曾甫先生，聘为庐州中学堂教师，授丙、戊两班国文，丙、丁两班历史。全年修膳漕银五百两，按四季致送。来回川资，每年另送龙银共四十圆。"同时呈送一聘书曰："陈星南先生，聘为李氏塾教师。弟子李国芝，今年十五岁，全年修敬漕银五百两，按三节致送。（端）午、（中）秋、年三节另送节敬龙银六十圆，来回川资每年另送龙银共四十圆。正月内到馆，腊月内解馆，平时不放学。"这是关于研究私塾教育的重要资料。历任清沂州知府、强学会总董、江阴南菁书院主讲的丁立钧，在致吉曾甫的函中，谈到使用教师的标准："……白石（陈汝玉）先生前命询推修生事，昨托人细询，据院房云，非经本学不可请，足下即代复之。"在李寅恭致吉曾甫的函中提及："顷为本省华中运动会预赛终了，被推赴南昌代表，并送本省男女学生出发。明日成行，约旬日始克返校。"关于时事，在瞿启甲致少哥的函中说："平津风云日急，阅报日失地……。"在支恒荣致煦亭的函中惊叹道："当年时事愈出愈奇，杭城查夜甚严，无从下手而白昼居然抢劫。江苏巡盐哨官既已夹带私盐，而又充盗抢劫。是则盐政之望期色不亦乎？"在作于民国初年的《朱自清文稿》册中，楷书清整雅宜，足见其深厚的学养，而《殷浩罢遣太学生徒论》等篇章中，更见其犀利的文风。记于民国十九年（1930年）前后的《沈雁冰日记》册和《沈雁冰录时事文稿》册中，所载晚清至民国年间之奇闻轶事，鲜有所闻，读来与他的名著一样引人入胜。

出于日常所书的手稿，再自然不过地透露了先哲们不为人知的内心世界，从中使我们能够在史书以外，对他们有更清晰、更全面的认识，从而能够寻着他们的足迹，得到人生的感悟和智慧的启迪。《四库全书》总纂纪晓岚，以鸿儒名载史册，但他却能以精湛的书法津津有味地书写《集吴下俗语诗十五首卷》，其中如“拾得黄金要变铜，走头无路问江东。人心不足蛇吞象，命里穷来还是穷”。这样的诗句，不仅将带有阴郁色彩的民谚变得诙谐起来，而且还将洞达世事的治学观念轻松地诉述出来。“戊戌六君子”之谭嗣同，一向以悲情的政治色彩闻名于世，但从其在宁波天一阁等地抄写的大量书稿来看，其殉难（1898 年）之际，还在勤奋地治学，所存《瘗鹤铭考》和《谷朗碑考》等文稿，即展示了他在学术上的造诣。他为忠于政治理想而勇敢地选择死亡的壮举，也表现了来自于学者的骨气。“五四”新文化运动的先驱者们，向以全盘西化、彻底割除旧传统的政治主张而著称于世，后人多引而发之。可是，从新发现的有关手稿中，可以看到他们思想体系中的另一面。如倾心于美国哲学家杜威体系的胡适，在《百家姓字课注解等稿本》中所表现出的耐心，可以说明他仍留连于研究中国的传统文化问题。在激进的“打倒孔家店”之风潮正席卷而来时，其主要发动者陈独秀，还在静静地书写着《汉文帝赐赵佗书》，至少，他本人并没有彻底摒弃传统学术。上世纪初期，当社会各种矛盾交织于一起而发生剧烈动荡之际，中国传统文化受到的冲击之烈，已经到了是否还要存在的程度。然而，那些孜孜以求的学者们，不仅在默默地延续着传统的学术文脉，而且还将其发展为近代化的学科。于此，在这批手稿中，就有许多十分可贵的发现了。如目录学，这门现代社会科学领域已广泛应用的学科，其在近代的开启者之一，即为杰出的经学家缪筌孙先生，他曾任过京师图书馆正监督、清史馆总纂，还创办了江南图书馆，对中国目录学以及图书馆事业的发展，贡献卓著。其于光绪二十二年（1896 年）前后所作的文稿，无疑是关于近代目录学、图书馆学研究的重要史料。又如，曾在北京大学等校任教授的历史学家吴梅，在中国戏曲史、戏曲文学、词学领域所取得的成就，罕有能匹敌者。在新发现的吴梅手迹中，包括有曲词、古碑考释、人物谱传、书画著录、善本提要等多方面的内容。不仅可以从中追寻其治学的风范，而且，其中如《倪瓒画跋》、《仇英画著录稿（彭年撰）》、《愙斋（吴大澂）自订年谱》、《清征士简竹居先生事略（任元熙撰）》、《蔡方炳诗稿》、《师友渊源记（陈奂撰）》《欧海访书小记（张鋆撰）》、《善本传奇十种提要（郑骞撰）》、《南献遗征笺跋（范希曾撰）》等文献今已不见刊行，属为极其珍贵的典籍版本。令人感到意外的发现还有，叶圣陶早年的《作文稿册》，在篇篇本已犀利的习文间，布满了业师批注、修改的痕迹，一位现代最杰出的教育家的修炼历程，晃若就在眼前。册后叶圣陶自署："近年执教甚怀旧情，风池夫子（即吉曾甫）治学严谨，育人有道，含辛茹苦，无类可比矣！前重温旧学，慈父可见，浓恩难忘。今吾亦教习，虽星灯寒齿，当时挂恩师教诲，不负其嘱。育人也，乃百年大计耳！——民国九年（1920年）秋，叶绍钧（叶圣陶原名）记于保圣寺。"其启诲之法、之情、之道，时至今日仍可为育人者和从学者取范。

学问与艺术，在近现代杰出书画家的笔下，合成了清畅的轨辙。近代经学大师阮元，以他精锐的考据功夫，在残砖碎瓦、碑版崖刻中，辟出蹊径，并以碑学理论引发了书坛的震动，其行书《大唐易州铁像碑颂》即表述了他研究古碑的考据方法。继起者杨沂孙，不仅于理论上更进一步，而且在书法创作上也呈新貌，其书札长卷中，含有家书、致友函、文稿等多方面的内容，从中能够见书见人。同时代的另一位金石学大家吴大澂，在书画艺术方面亦有大成，尤以清正潇洒之行楷书法独树书坛，其作于光绪十二年（1886年）前后的书稿册，即呈现了这种雅致的书风。其在《秋怨》诸诗后题曰："昔日秋深，石门访碑甚苦，亦甚乐。鄐君开通，褒余题字。得之风雪满山，欲弃不能，怨恨至极。此四首生平第一快事也！"道出了当时在文人间十分流行的一种访古情结。曾任清宫宰辅的潘祖荫、湖南学政江标均为集官宦、学者于一身书法家，在他们的书札中，均可见到这种金石情结以及治学与书法相融的时代风尚。古文字学家罗振玉，不仅在甲骨文、金文研究领域卓有成就，而且其篆体书法亦为书坛翘楚，作品流传甚广，但如此作于民国二十五年（1936年）的《篆书论语》册，却鲜有所见。册中将《论语》二十篇文字均以罗氏体篆书的典型风格书就，从头至尾一气贯通，舒缓藉蕴，清润而沉酣。在为数颇巨的古迹拓本中，多见有江标、黄宾虹、蔡元培、沈尹默、高二适诸家作书考跋。其中，张瑶圃所拓《武梁祠画像石拓本》，清晰如睹原石，现代杰出的画家、美术理论家黄宾虹，以别致的格调书跋于上，与原拓珠联璧合，构成了蕴意隽永的艺术佳作。以书法成就闻名于现代的学者、教育家沈尹默先生，在这里出现的作品，却是书于辛未（1931年）三月的《古货币通考稿》册，其行书布局与古货币拓本相映成趣，在自领一代风骚的书法格调中，透出了其涉猎甚深而又鲜为人知的学术领域。上世纪六十年代，那场著名的“兰亭论辨”肇始人之一者高二适，也是书法家、文学史家，原籍江苏东台，早年受业于吉曾甫、吉通士父子。其在致恩师的数札信函中，叙述了详细的受业细节，且师生情谊弥笃。其为恩师所藏秦汉残砖碎瓦拓本所作考跋的书法，章法谨严，融章草古韵而出新意，情趣盎然有致。另外，高二适晚年的一批重要作品，厚达四十六开的自书诗册，均用统一格式的精美印花笺书就，内容有关于友人远行、喜庆等事宜的赠诗，有写家人的诗，还有写自己避居山中、迁新居、除夕日或其他感怀诗，而最多的是写给“寝庵妹”的诗，这样绵绵直抒浪漫而又凄切情愫的作品，惟此仅见。册中有书新作，亦有录旧赋，书法极其精彩。唯款中只署八月某日、九月某日，未署纪年。按《己亥七月避居山中，有怀寝庵妹》篇中出现“己亥”年，即1959年。书写的年代，亦应在此时不远，堪可列为高二适先生书法作品的代表作。

册中多方收藏印记证明，这批书稿手迹曾经多位著名藏书家递藏。如在陈鳣《楷书诗稿》册中见有“曾经武林刘翰怡收藏”朱文方印，又在潘祖荫《楷书录北齐书文苑传》册中见有“嘉业堂”朱文长方印。刘翰怡，即著名藏书家刘承干（1882—1963年）之号，其藏书楼亦名“嘉业堂”，

1924 年嘉业藏书楼于杭州落成，继近代四大藏书楼毁弃以后，此为江南首屈一指的藏书楼。抗战时期，刘氏家道中落，所藏书籍大多售与各公立图书馆，私家能够得到嘉业楼的藏书册，实属不易。在潘祖荫《长洲人物志》册中，见有“朱文钧幼平甫珍藏印”朱文方印。朱文钧，字幼平，号翼庵，室名六朝人斋、天玺双碑阁。工书画，精鉴赏，为近代著名藏书家，藏书多达万卷。另外，于各册中分别见有“万卷楼”朱文长方印、“（缪）筌孙读过”白文方印、“江阴缪筌孙藏书”朱文长方印、“璞初过目”朱文方印、“石宜永有”朱文长方印等藏书章，累累印证了这批书稿手迹辗转流传的过程。“吉氏珍藏”朱文椭圆印“雪坪过眼”朱文长方印等一组藏章，钤盖的时间最晚。大量致与吉氏的信函同期，吉家的长者为曾甫先生。据东台新闻网载文云：“吉城（1867—1928 年），字凤池（凤墀），号曾甫（曾父），祖籍江苏丹阳。廪贡生，清末授文林郎候选训导，研经宗齐鲁之学，读史通班、马之书。著有《楚辞甄微》等 31 种，涉及经史、辞赋、古文字等。光绪中叶领山东沂州书院阅卷之职，被推选为‘中国国文研究会会员’。又先后于南京上江公学堂、安徽庐州府中学堂、东台县中学堂任教员，晚年讲学于东台乐学馆。光绪三十一年（1905 年），县府创办官立东台中学堂，聘吉城为教员，任教修身、经学、文学等课。吉城学识渊博，教学严谨，师德高尚。吉城子吉荣泰（1889—1920 年），字通士（通伯），号守墨，又号东严，著有《娱经室诗文稿》等。”关于雪坪尚未见相关记载。

在有关近代国学之林的记载中，今已鲜有所闻关于吉曾甫先生的学术与行世风范。但是，在现存诸如强学会总董丁立钧、北京大学校长的蔡元培、曾任江苏等省省长韩国钧、安徽省学务李国松、经济调查局总裁李国筠、考据学家李详、陈寿祺等学界名流的大量信函中，我们有幸又认识了一位在近代学界、教育界极有影响的鸿儒。在一封用“督办安徽省道事宜处用笺”的信函中，时任省长公署秘书的丁林森在函中写道：“省立第六师范新任校长戴君允孙，笃好国学，能文章。视事之初，慎重国文教员，讬为延聘。林森环顾朋辈，私衷敬仰者，无逾吉君凤池。惟敝县耆年士夫、髫龄得进，语及凤翁，莫不响慕，流风所被，久而弥张。群盼其蒲轮早降，重主讲席，一宏小学风规也。”另函又及：“再，六师范拟聘凤翁主讲国文三班，束修壹千圆，川资膳费由学校筹备。”这是对曾甫先生执教水平的一个很自然的表述，以这样的“风规”，曾甫先生的门下，走出了如前面述及的现代最为杰出的教育家叶圣陶先生，著名学者、书法家高二适先生等为数甚众的杰出学人。《西北大学学报》2000 年第 2 期刊载之黄留珠的文章言：“今年是新千年的开始，也是著名的史学家、考古学家陈直教授逝世 20 周年暨诞辰 100 周年的年份。我们以深深的敬意，无限缅怀这位曾对秦汉历史和秦汉考古研究，对中国学术事业发展，做出巨大贡献的前辈……。”这位陈直教授，早年就从学于吉曾甫先生。多年以后，陈直先生还撰有《记丹阳吉曾甫先生之博学》一文（载大收藏家张伯驹主编之《春游社琐谈》，北京出版社，1998 年 6 月版），述及吉曾甫先生的学术成就与晚年行状：“先生淹贯群经，尤精于谷梁之学，旁及楚辞汉史，皆有述作。尝于书榜有‘通齐鲁学，治班马书’联语，确为记实之词。先生……思精识锐，著述甚多，晚年丧子，不久亦病逝，诸孙幼稚，遗稿全佚。因思古来俊才硕彦，姓氏翳如者，何可胜数，先生即其一例。”著名古文字学家、原天津文史馆副馆长陈邦怀，在当年的致函中，谈到了曾甫先生研究古文字学的成就：“秋间在东，于一束斋书籍铺承奉雅言，晌忽累月。入冬候不甚寒。伏维道履康胜，有符私祝。未获时侍左右，仰止之忱为弥切矣！邦怀往尝究心殷虚书契考释。书契者，籀高孙先生（孙诒让）、叔言罗参事（罗振玉）、静安王徵君（王国维）三家鼎峙。籀高开山，不能无失。叔言继起，言之校详，瑕不掩瑜，有待商榷。静安后劲足补孙、罗，其为殷卜辞所见先公先王考，引天问以证。……大人囊见其说，最所赏心。又闻从弟邦直言，大人于卜辞之……（手写甲骨文字，见图版）皆有解说，谓殷人以祀天之礼尊上甲，以祀地之礼尊报乙、报丙、报丁。此说为诸家所未发，且可明殷人尊祖之微意矣！”大量的信函表明，这样一位卓有识见的博学之师，晚年隐居在偏远的县里，著书讲学并保持着与朋友间的密切往来，相互借阅交换书籍、研讨学术、品赏书画古物、赋诗唱和、品题属文等等活动，成为他们间往来的主要内容。学友间有身居高官的鸿儒，有学界名宿，也有才华横溢的晚学，往来无名位之隘，其乐融融。这是中国传统文人生活的典型风范。就那个时代而言，这种风范也几乎已成为绝唱，以至于在我们这个时代已经感到十分陌生了。而这种风范里所蕴藏着的难以言喻的涵义，是与中华民族源远流长的文化之根，紧密地联系在一起的！身为儒雅之士的珍藏中，倾注了渊博的学识、敏锐的智慧、深邃的眼界以及兼容并包的旷达胸襟。非此境界，无以辑得如此具有非凡意义的近世文化财富。透过字里行间，我们如身临其境般地进入到了那已经过去，却对我们现在仍产生着重要影响的时代，同时，也能找寻到那已渐逝远去的传统文化风范，以及那意味深长的情怀！

二〇〇五年五月识于辽宁省博物馆

目　录

彩版目录

黑白目录

一 朱德 行书轴

朱德（1886—1976 年），字玉阶，四川仪陇人。1909 年考入云南讲武堂，同年加入中国同盟会。1921 年参加云南起义，护国战争和护法战争。1922 年赴德国留学，加入中国共产党。1926 年后，任国民革命军第二十军党代表兼政治部主任、第三军军官教育团团长。领导“八一”南昌起义。1928 年 1 月率军举行湘南暴动，同年 4 月率部上井冈山与毛泽东领导的秋收起义部队会师，任工农革命第四军军长，继任红四军军长、红一军军团长，红一方面军总司令。抗日战争期间，任八路军总指挥。解放战争后，历任中国人民解放军总司令，中央军委副主席、中央人民政府副主席等职。1955 年授予元帅军衔。

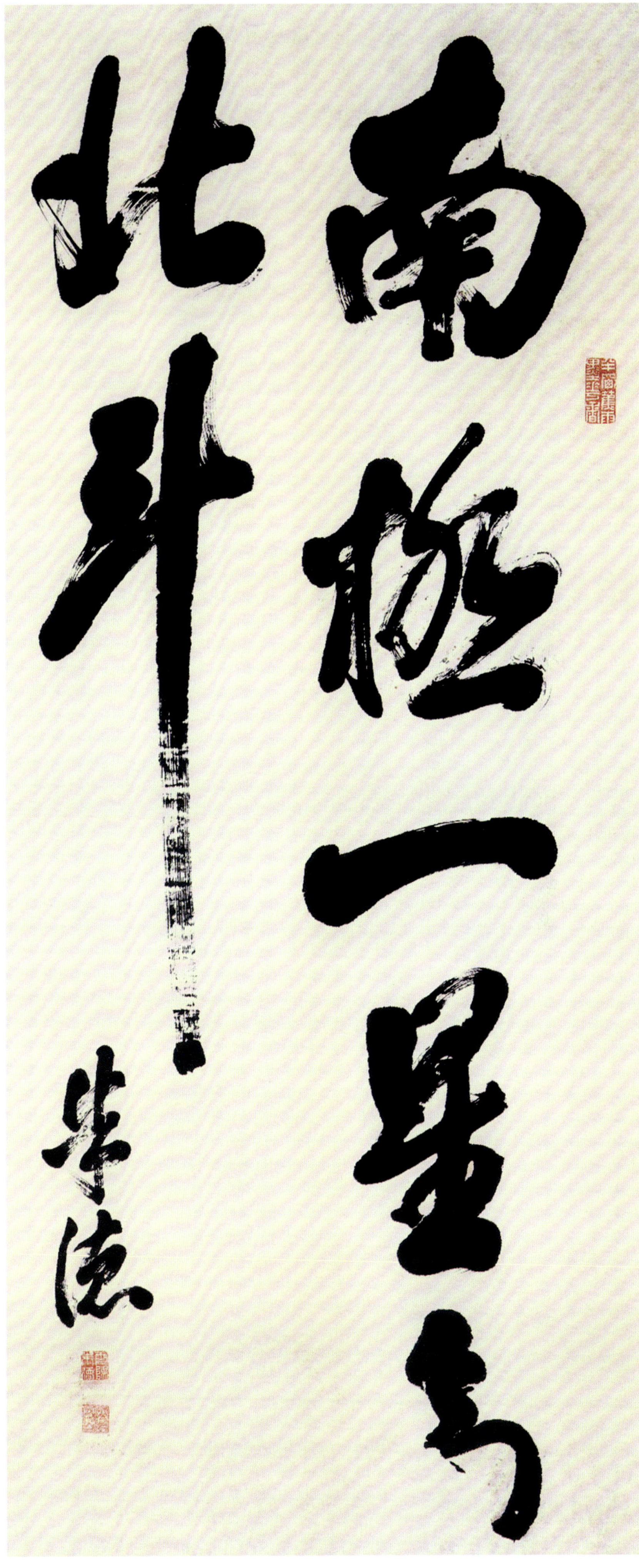

（图一）

（图二）

二 何香凝 花鸟屏

何香凝（1878—1972 年），现代著名政治家、画家。原名谏，又名瑞谏，广东南海人，出生于香港。1897 年 10 月，与廖仲恺在香港结婚。旋赴日本，于目白女子大学，本乡女子美术学校，高等科习绘画。中国国民党革命委员会发起人之一。中华人民共和国成立后，历任全国人大副委员长、全国政协副主席、华侨事务委员会主任、中国美术家协会主席等职。此花鸟四条屏，为其难得佳作。

沈钧儒行书题署；慈庄太夫人八十大庆，时在乙亥（1935 年）嘉平月，双清楼主制此图。秉甫沈钧儒同拜并题。

（图二）

三　杜堇　雅集图

杜堇，［明］《书史会要》作陆堇，云始姓杜。江苏丹徒人，寓居北京，（生卒年不详）。成化中试进士不第，绝意进取，工诗文，通六书，善绘画，山水人物、草木鸟兽，严整有法，无不臻妙。当时与吴伟、沈周、郭诩齐名。

四　丁观鹏　洛神赋图

丁观鹏，［清］乾隆时供奉南熏殿。善道释、人物，学其同宗丁鹏笔，有出蓝之誉。乾隆十九年曾仿顾恺之洛神图。

（图四）

（图五）

五 冯超然 山水轴

冯超然（公元1882—1954年），字超然，号涤舸，别署嵩山居士，晚号慎得。江苏常州人，生于松江，晚年寓上海嵩山草堂。早年画仕女，晚年专攻山水。工行、草、篆、隶。出版有《冯超然临严香府山水册》、《冯涤舸画集》。

六 邹一桂 工笔花卉图

邹一桂（公元1686—1774年），清代画家。字原褒，号小山，江苏无锡人。官至礼部侍郎加尚书衔，常为官廷作画。善工笔画人物、花卉，师法宋人，笔墨清润秀逸。

七 傅抱石 观瀑图扇

傅抱石（1904—1965年），江西新喻人，自幼爱绘画。青年时期留学日本，学习西洋画。一生从事对中国画创新探索，并致力于美术史研究著述。傅抱石历任中央大学艺术系教授，江苏省国画院院长，中国美术协会副主席等职。著作有《中国绘画变迁史纲》、《中国的人物画和山水画》、《中国美术年表》等。

（图六）

（图七）

八　吴湖帆　行书七言联

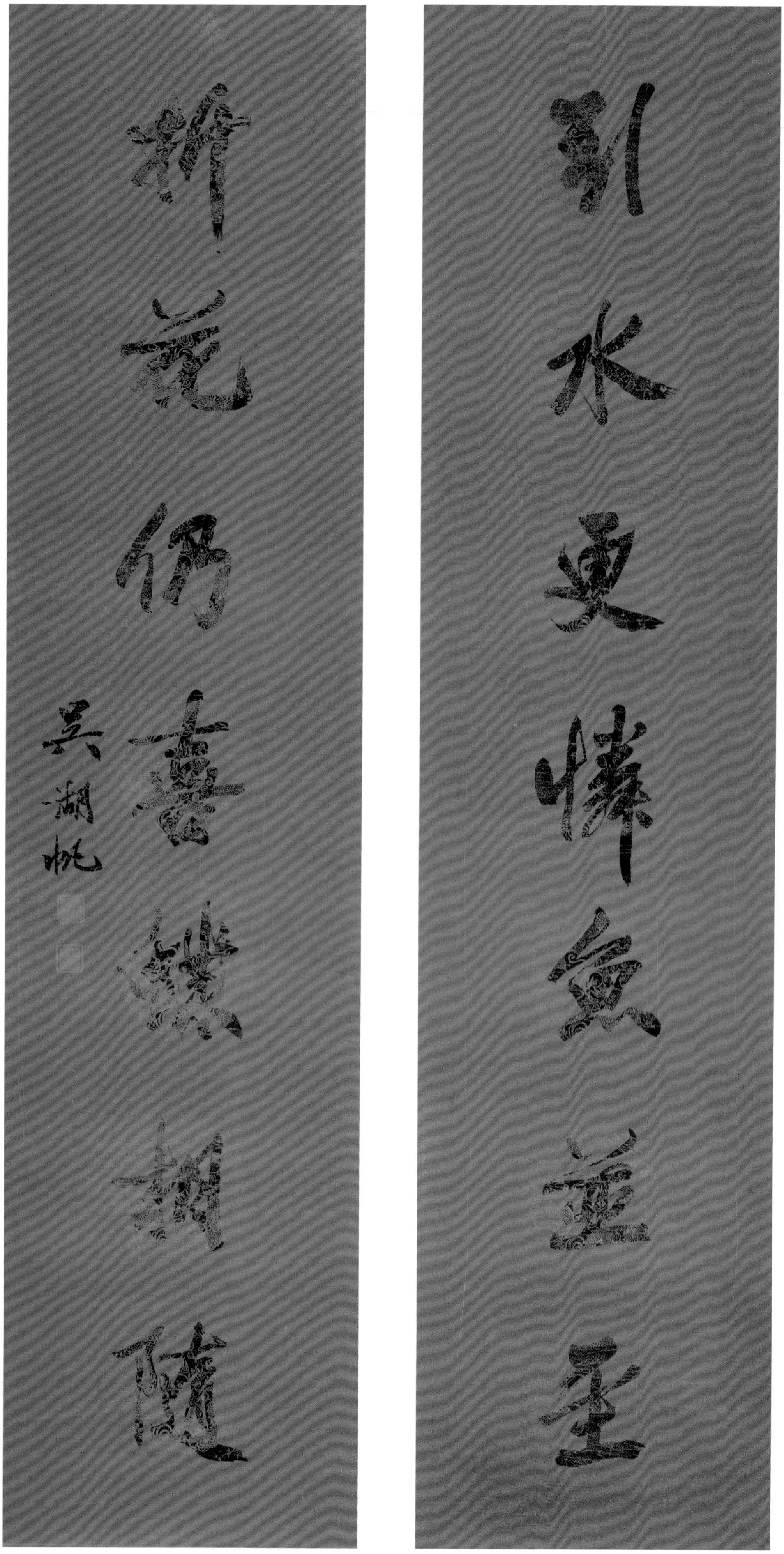

（图八）

（图九）

九　吴湖帆　秋日山水卷

吴湖帆（公元 1894—1968 年），现代画家，名倩，本名万，号倩庵，江苏苏州人，吴大澂孙。中国美术家协会上海分会主席、西泠印社社员等职，工书画、精鉴赏、善诗词。有《梅景书屋画册》、《佞宋词》等传世。

一〇　吴昌硕　篆书七言联

吴昌硕（1844—1927 年），浙江安吉人。初名俊，后改俊卿，初字香丰，又字仓石，一作昌石，小名乡阿姐。又号苦铁、五湖印丐、又署大聋人、莹于官、墙有耳，又别号、别署俊轩无须吴、无须老人、安言、缶庐、石人、同治童生、咸丰秀才、仓石道人，仓翁、归仁里民、季仙、木鸡、半日顿、老至居人下、芜青亭长等。著名书画家、篆刻家，为一代艺术大师。清末诸生，在苏州结识名书家杨岘，弛岁后以篆书作画。曾充丞尉有年，并官县令月余，后寓上海。1904 年与叶铭、丁辅之等倡立西泠印社，1913年被推举为首任社长。工书法，擅写石鼓文，用笔朴茂雄健，突破陈规，自成一家。其篆刻气魄宏伟，雄浑齐肆，创为一派。绘画则博取徐渭、朱耷、石涛、赵之谦诸家之长，兼取篆、隶、狂草笔意，色酣墨饱，气势磅礴。有《吴昌硕画选》等。病逝于上海。

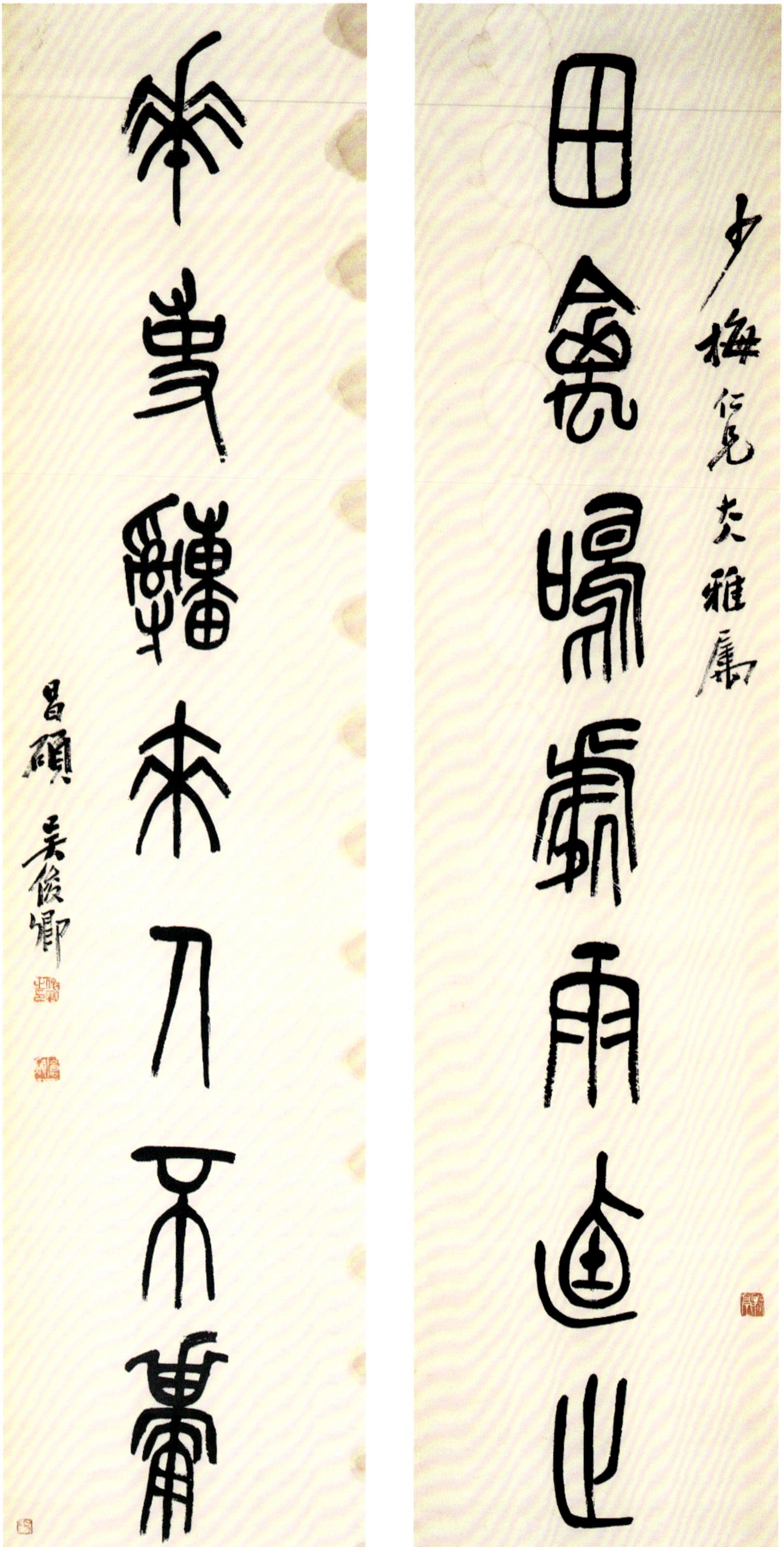

（图一〇）

一一　何绍基　行书七绝诗

何绍基（1799—1873年），湖南道州（今湖南道县）人。字子贞，号东洲，又号东洲居士，玉梅花主，室名惜道味斋、东洲草堂、环秀亭，学者、书法家。道光十五年中举，联捷成进士，官至四川学政。后主讲山东、湖南各书院。通经史，尤精小学，旁及金石碑版文字。书法效体颜真卿，上溯周秦两汉篆隶，下至六朝南北碑，皆心摹手追，卓然自成一家。论诗推重苏、黄。同治初寓上海，卒于吴县。著有《说文段注驳正》、《东洲草堂金石跋》等。

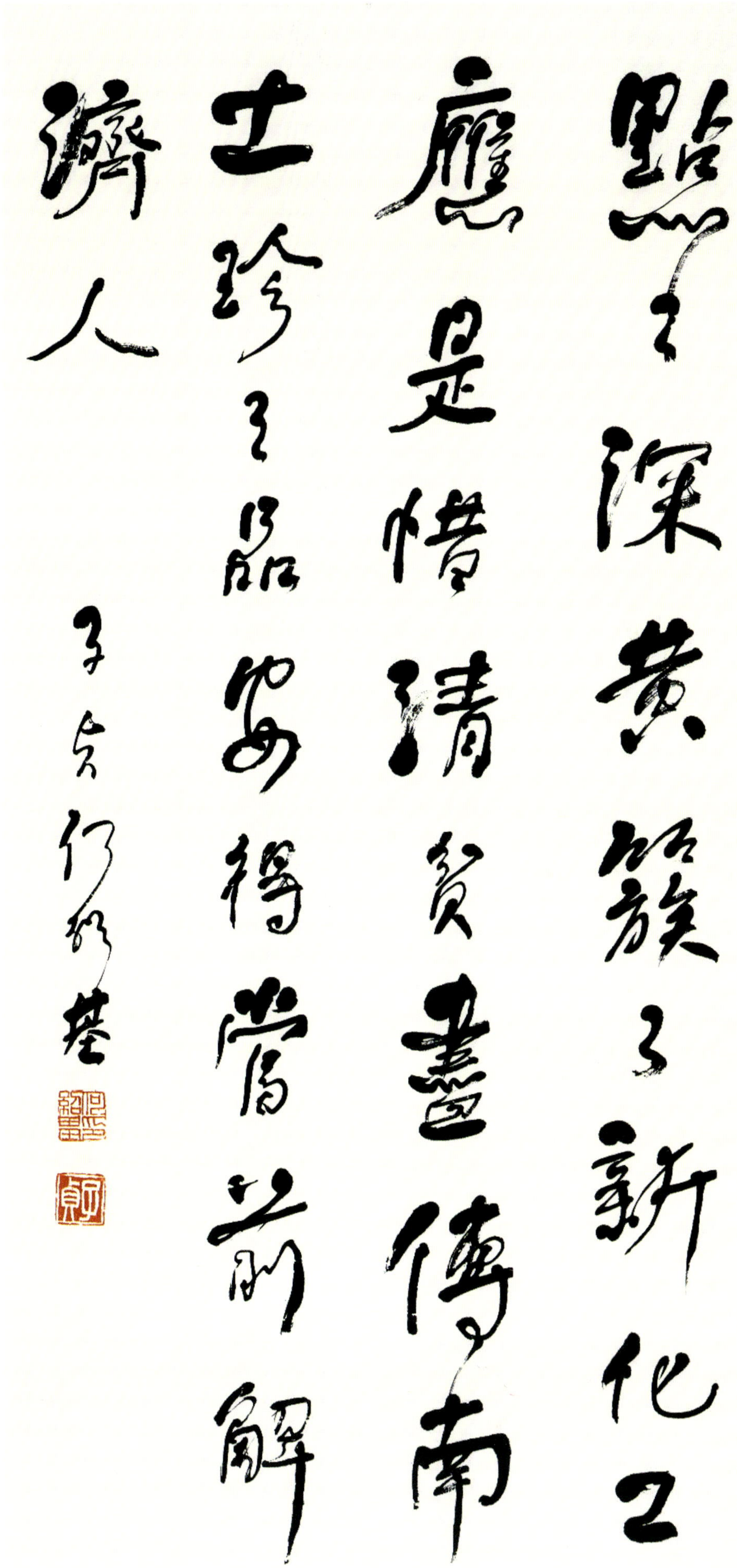

（图一一）

（图一二）

一二　何绍基　行书七言联

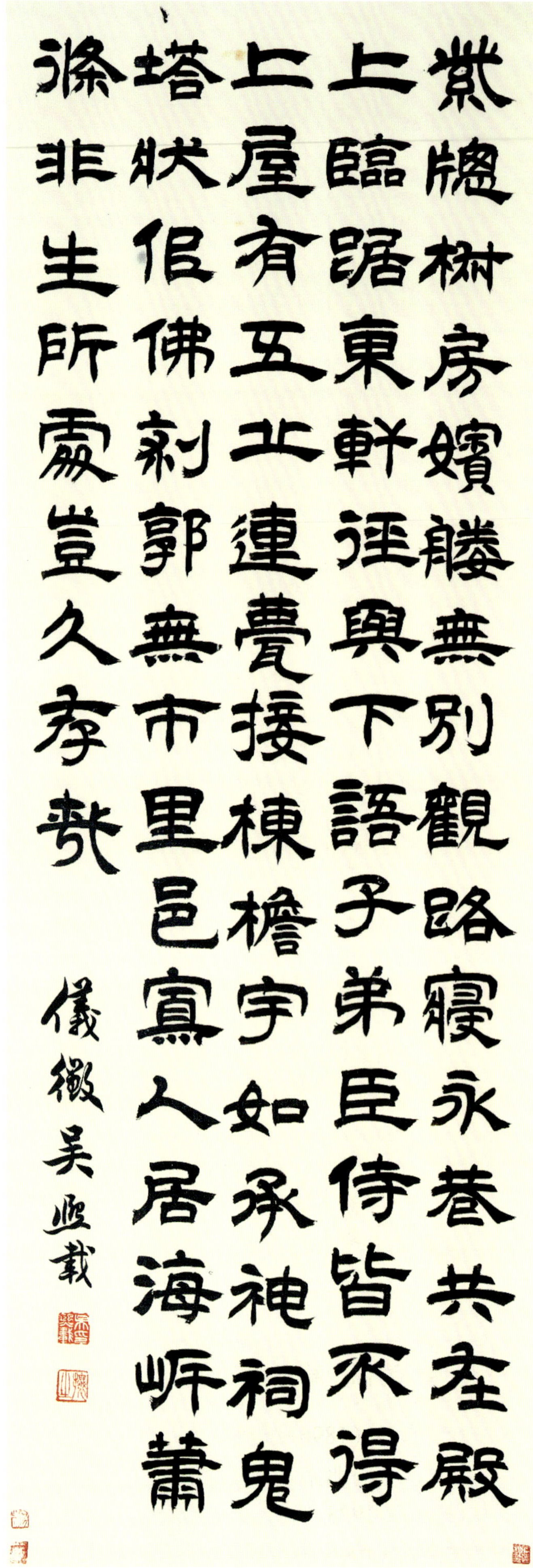

（图一三）

一三　吴熙载　隶书轴

吴熙载（1799—1870 年），原名廷飏，字熙载，后以熙载为名，又改字为吴让之、亦作攘之，自称让翁，号晚学居士。江都仪征（今江苏扬州）人。晚清杰出书画家，篆刻家，尤以篆刻艺术成就最高。篆隶学邓石如，行楷取法包世臣，参以己意。作品有《师慎轩印谱》、《吴让之印谱》。

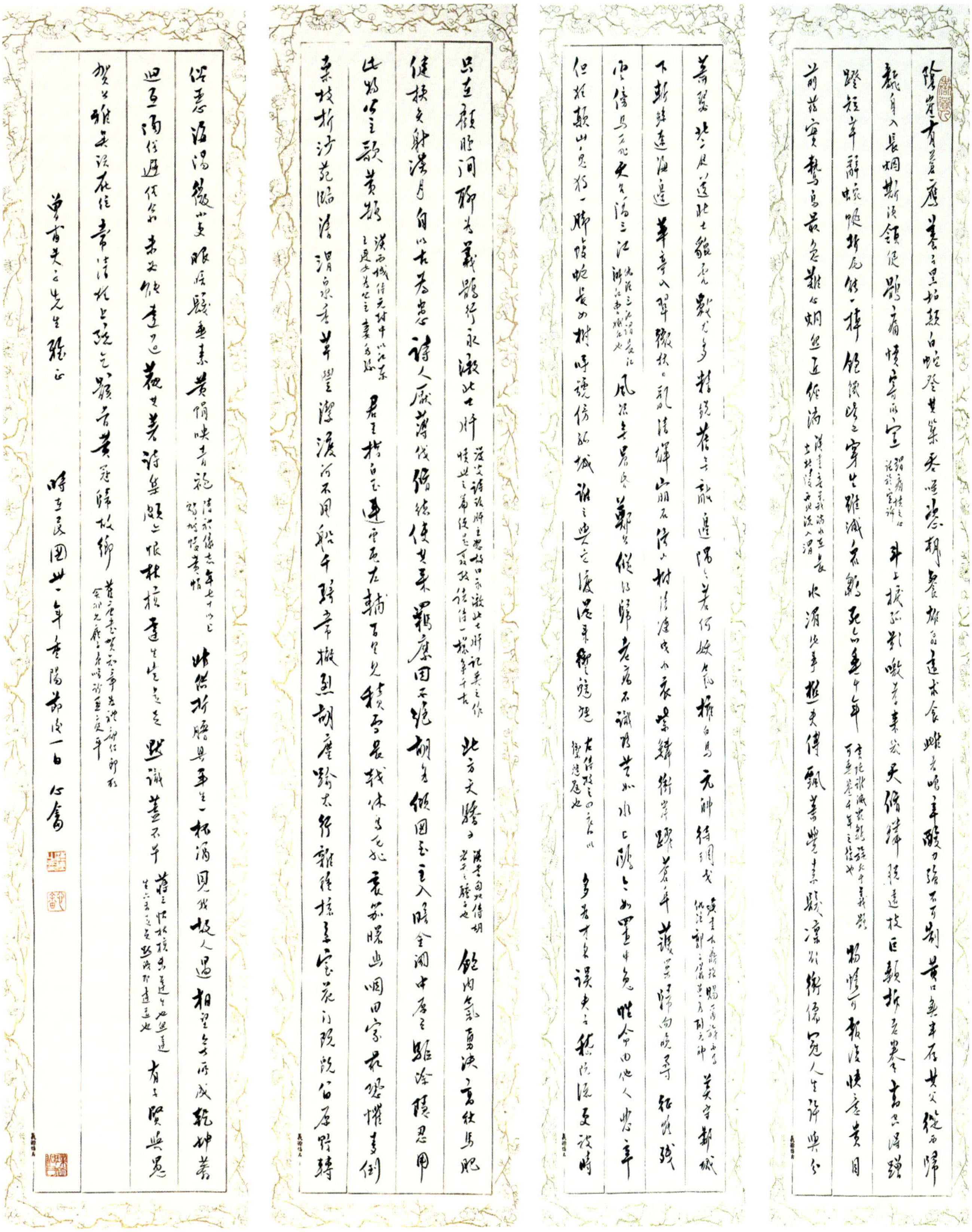

（图一四）

一四　溥儒　草书四条屏

溥儒（1896—1963 年），现代杰出书画家。姓爱新觉罗，字心畬，号西山逸士，斋号寒玉堂，生於北京。1911 年入贵胄法政学堂，毕业后游学德国，获柏林大学研究院天文学博士学位。1928 年任日本东京帝国大学教授，返国后任北京师范大学及北京国立艺术专科学校教授。1946 年当选为制宪国民大会代表，1948 年当选为行宪国民大会代表。1949 年 5 月去台湾，任教于台湾师范大学。诗文书画皆有深厚的底蕴，成就斐然。书法集柳公权、怀素、米芾等唐宋各家之长，并从所藏珍贵墨迹中悟出笔法要旨，遂成自家风格。此草书四条屏，代表了其书法艺术的超逸风范。

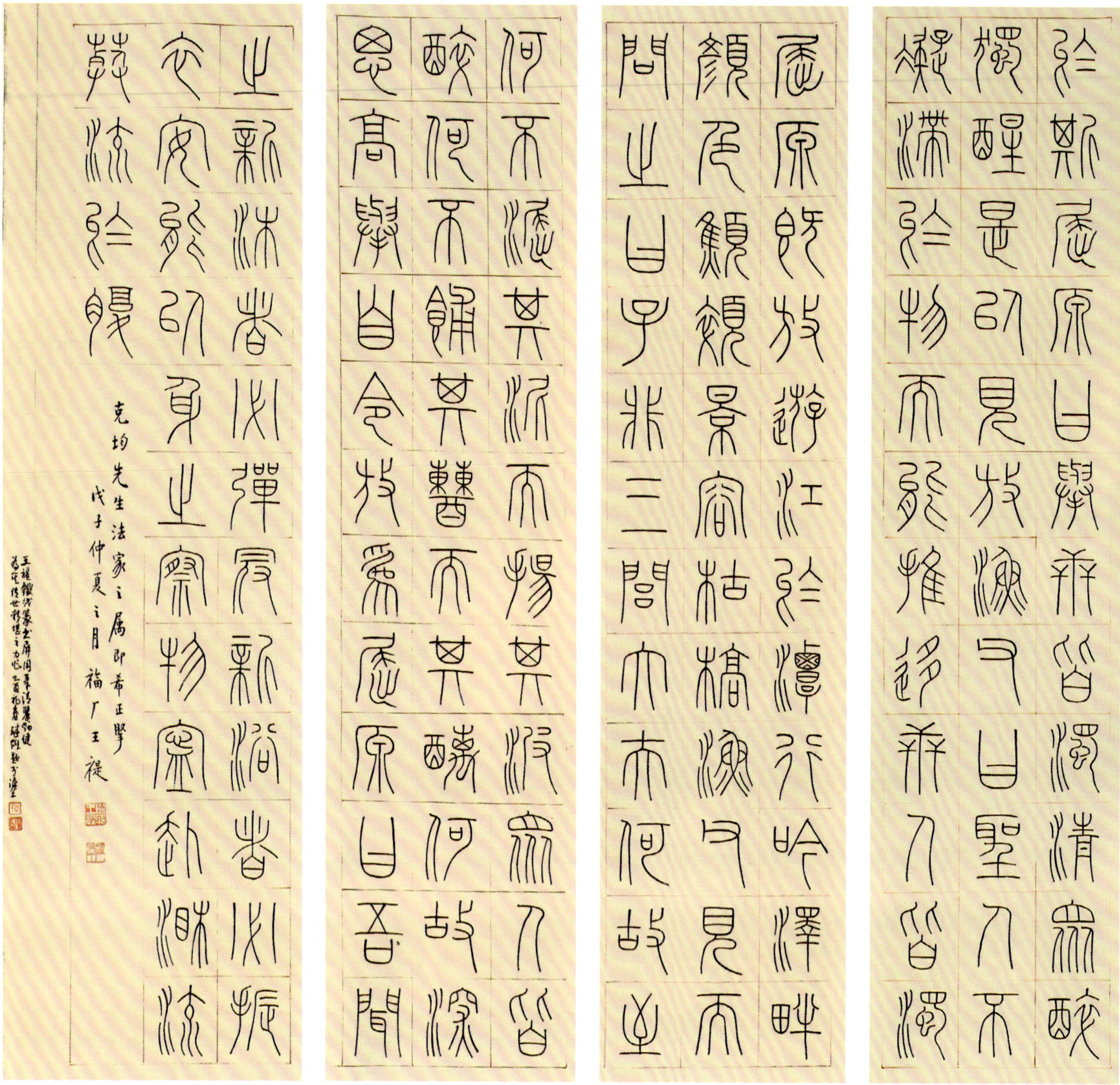

（图一五）

一五　王福厂　篆书四条屏

王福厂（1879—1960 年），浙江杭州人。初名寿祺，字维季，以号福厂行，七十岁后自号持墨老人。因喜收集印章，自称印佣。金石家，清末与丁仁等创设西泠印社。民国初年到京，任印铸局技正。后至沪鬻字治印自给，解放后为中国画院画师。出版有篆书《说文部首》。

一六　李瑞清　五言联

李瑞清（公元 1867—1920 年），字仲麟，号梅庵，晚号清道人。江西临川人，出身世代书香之家。能书善画，行草得黄庭坚神髓，楷书出自晋唐，绘画长于山水、花卉，以法书笔墨为之，古拙超逸。

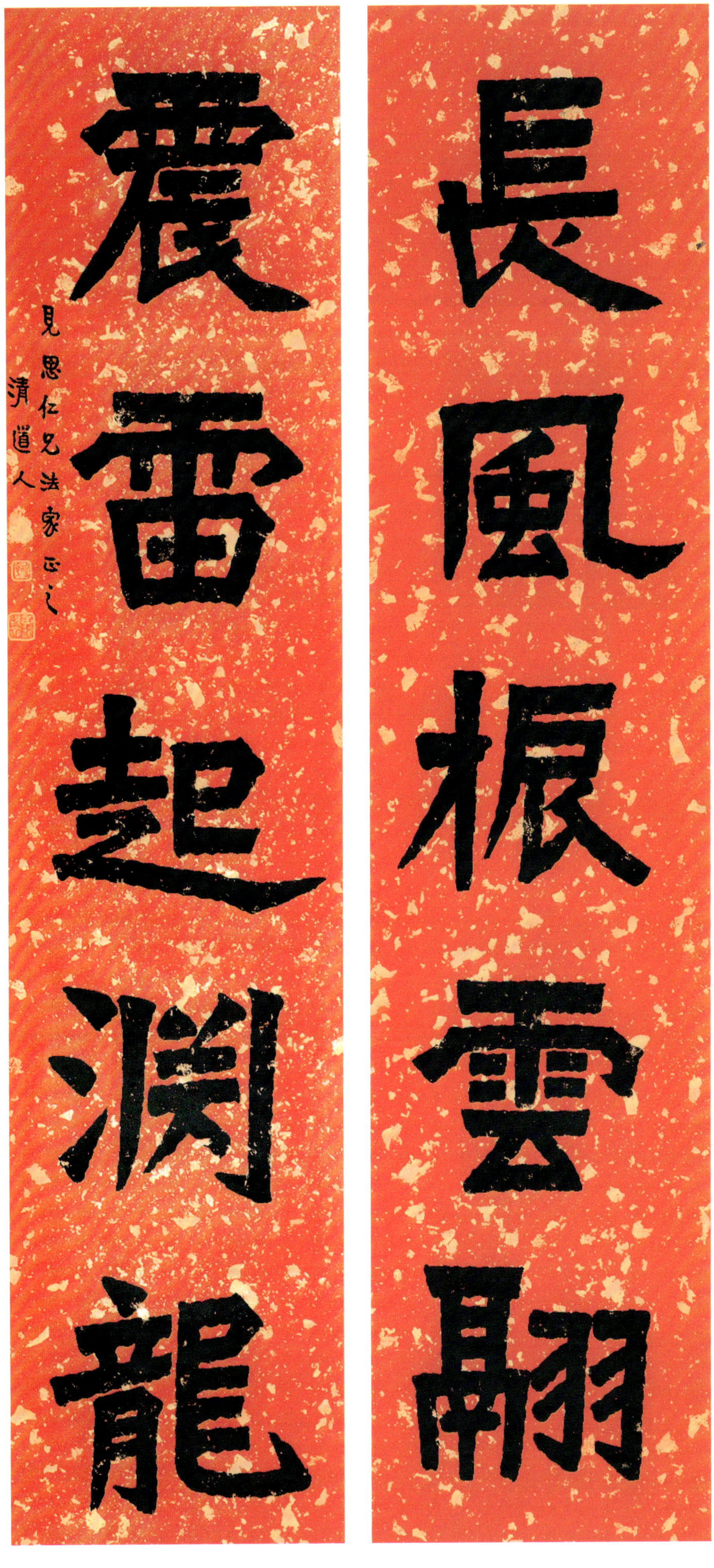
長風振雲翮
震雷起淵龍
見思仁兄法家正之
清道人

（图一六）

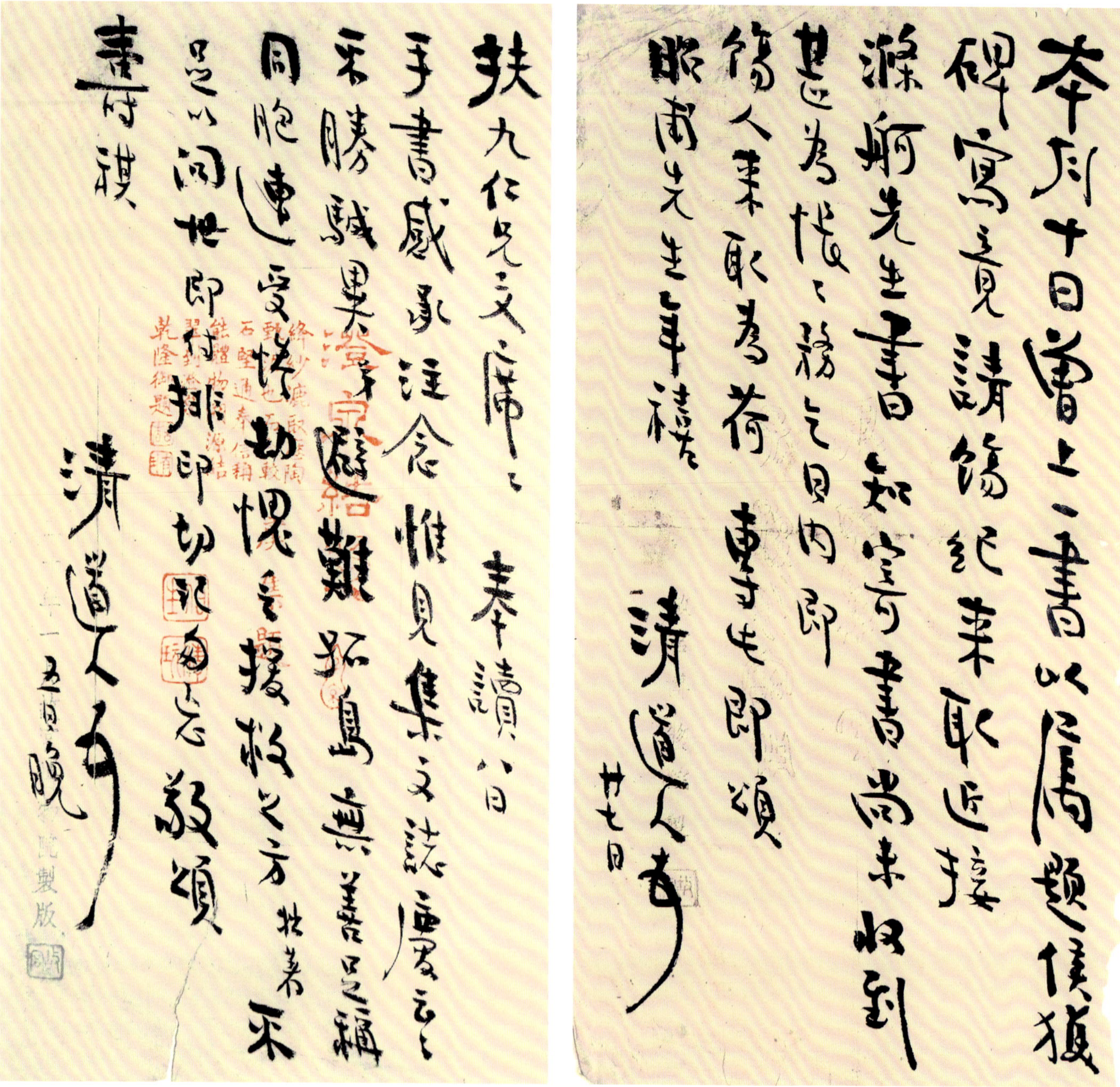

（图一七）

一七　李瑞清　信函

一八　刘春霖　楷书朱子家训

刘春霖（1872 年，一作 1875—1944 年）直隶肃宁人，字润琴。光绪三十年状元，留学日本，东京法政大学补修科毕业。历任修撰、资政院议员、直隶高等学堂监督、大总统府内史秘书、甘肃省长。后赋闲北平，以鬻字自给。“七七事变”后被宋哲元延聘授讲《四书》，师事甚敬，并被常陪逛琉璃厂。其时曾怒斥汉奸王揖唐。

黎明即起灑掃庭除要內外整潔既昏便息關鎖門户必親自檢點一粥一飯當思来處不易半絲半縷恒念物力維艱宜未雨而綢繆毋臨渴而掘井自奉必須儉約宴客切莫留連器具質而潔瓦缶勝金玉飲食約而精園蔬逾珍羞勿營華屋勿謀良田三姑六婆實淫盜之媒婢美妾嬌非閨房之福奴僕勿用俊美妻女切忌艷粧祖宗雖遠祭祀不可不誠子孫雖愚經書不可不讀居身務期質樸訓子要有義方莫貪意外之財莫飲過量之酒與肩挑貿易勿占便宜見貧苦親隣當加温卹刻薄成家理無久享倫常乖舛立見消亡兄弟叔侄須分多潤寡長幼內外宜法肅辭嚴聽婦言乖骨肉豈是丈夫重貲財薄父母不成人子嫁女擇佳婿毋索重聘娶媳求賢淑勿計厚奩見富貴而生諂容者最可恥遇貧賤而作嬌態者賤莫甚居家戒爭訟訟則終凶處世莫多言言多必失毋倚勢力而淩逼孤寡毋貪口腹而恣殺生禽乖僻自是悔誤必多頹惰自甘家道難成狎暱惡少久必受其累屈志老成急則可相依輕聽發言安知非人之譖愬當忍耐三思因事相爭安知非我之不是宜平心暗想施惠勿念受恩莫忘凡事當留餘地得意不可再往人有喜慶不可生妒忌心人有禍患不可生喜幸心善欲人見不是真善惡恐人知便是大惡見色而起淫心報在妻女匿怨而用暗箭禍延子孫家門和順雖饔飧不繼亦有餘歡國課早完即囊橐無餘自得自樂讀書志在聖賢為官心存君國守分安命順時聽天為人若此庶乎近焉

朱子家訓

時在癸巳八月上浣劉春霖書

（图一八）

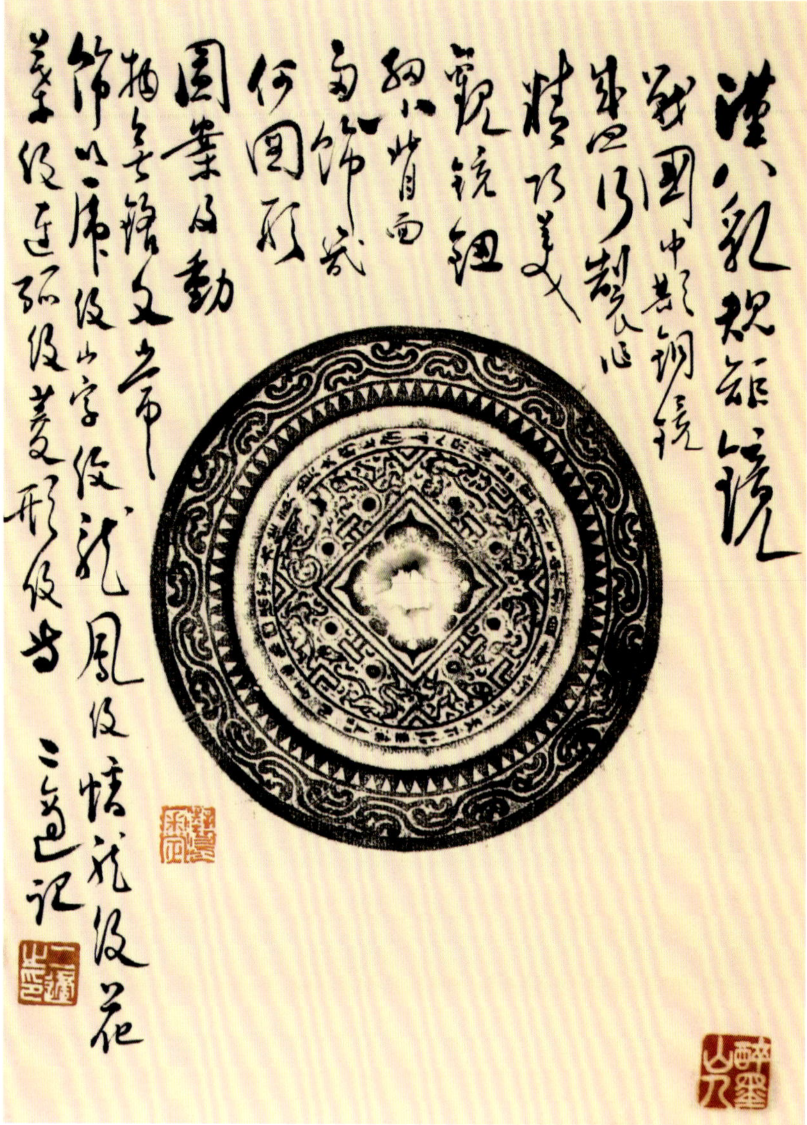

（图一九）

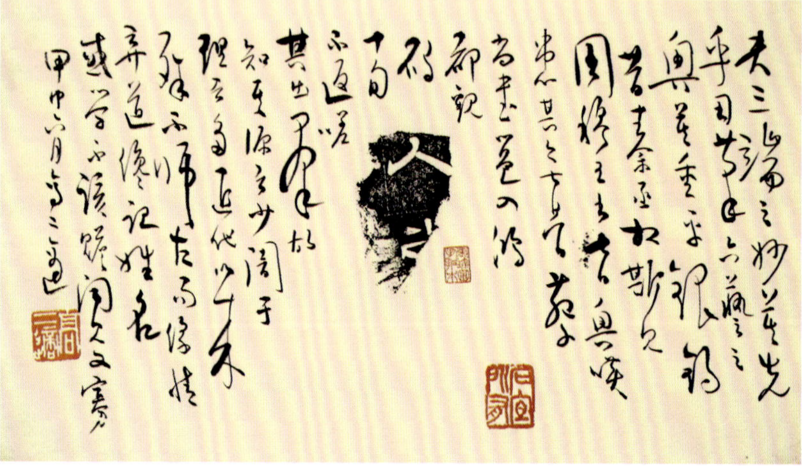

（图二〇）

一九　高二适　草书汉镜题识

二〇　高二适　草书汉碑拓本题识

二一　高二适　草书条幅

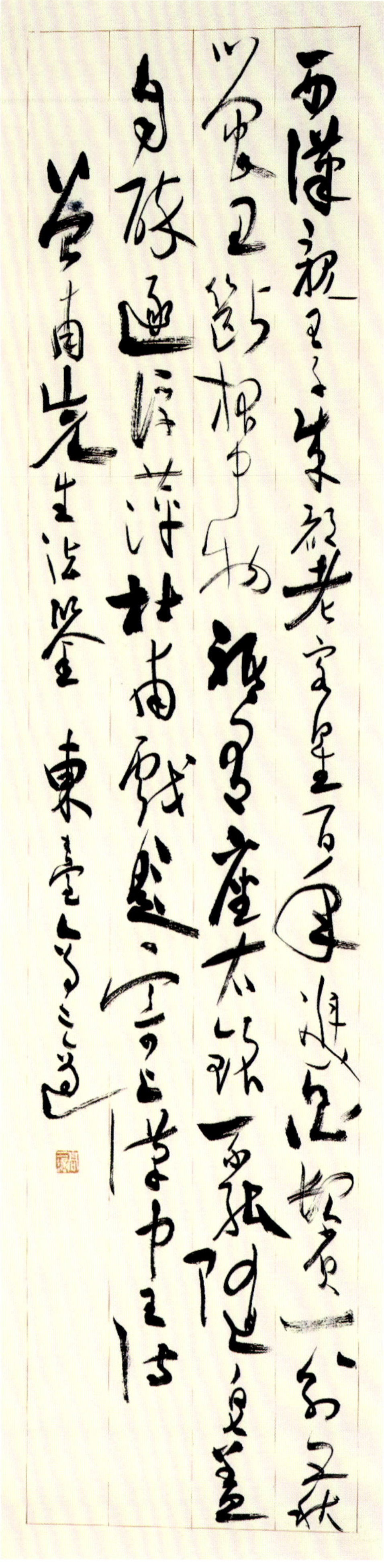

（图二一）

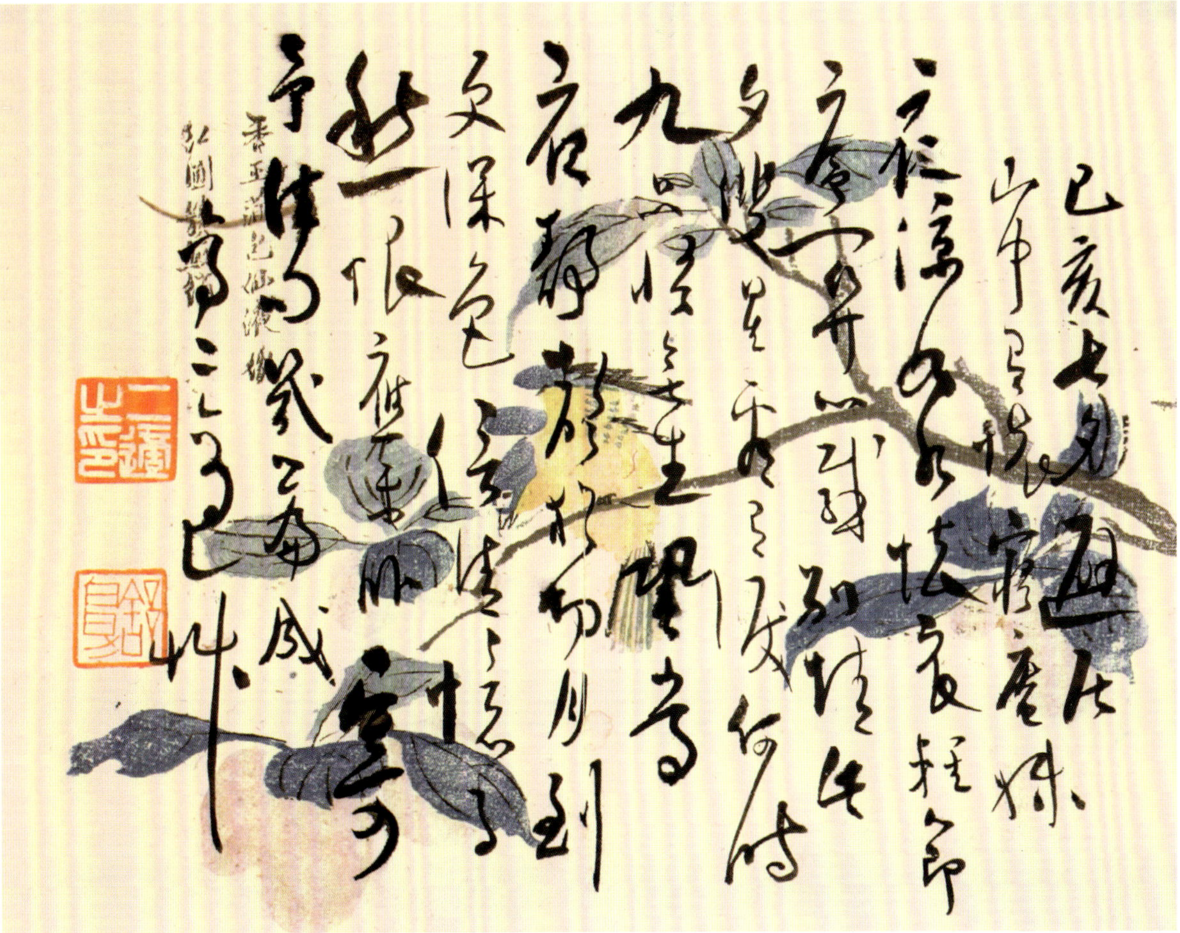

（图二二）

二二　高二适　草书诗词册

二三　沈尹默　楷书古货币通考稿册

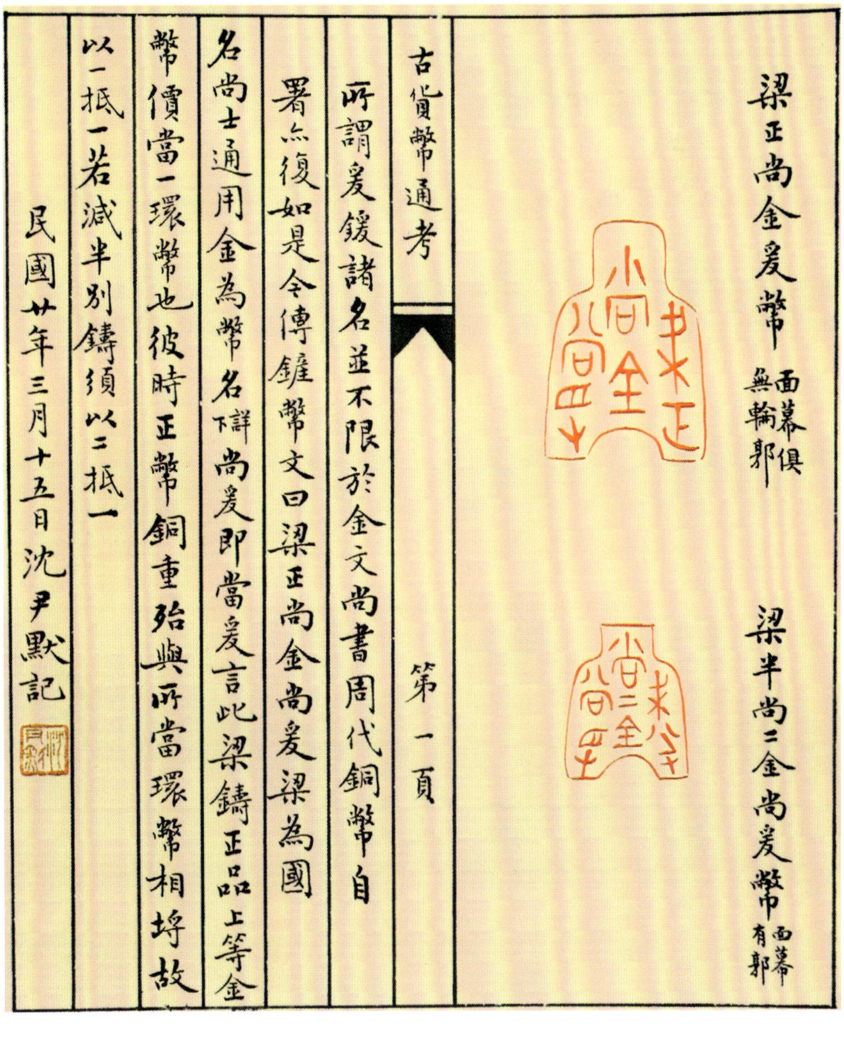

（图二三）

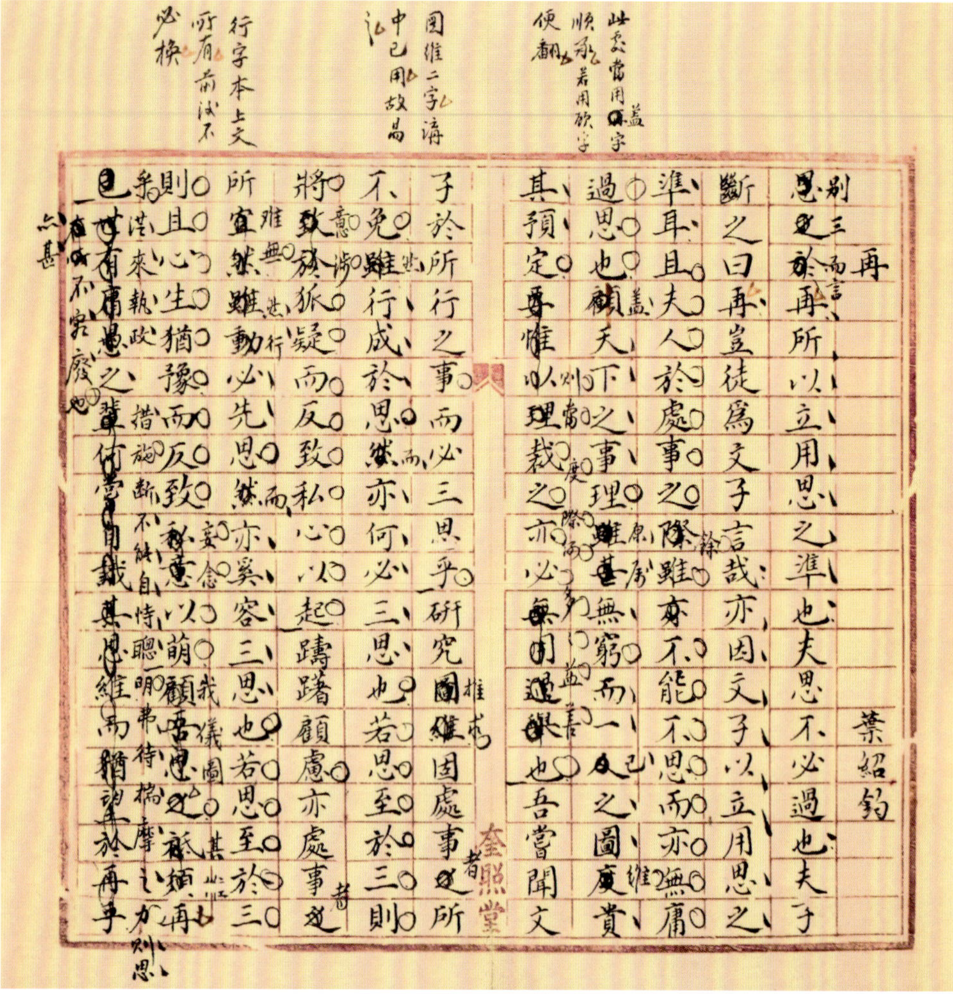

再

葉紹鈞

思之於再。所以立用思之準也。夫思不必過也。夫子斷之曰再。豈徒爲文子言哉。亦因文子以立用思之準耳。且夫人於處事之際。雖亦不能不思。而亦無庸過思也。顧天下之事理。雖甚無窮。而一人之圖度其預定。要惟以理裁之。亦必無用過思也。吾嘗聞文子於所行之事。而必三思乎。研究圖維。固處事之所不免。雖行成於思。然亦何必三思也。若思至於三。則將致孤疑。而反致私心。以起躊躇顧慮。亦處事之所宜然。雖動必先思。然亦奚容三思也。若思至於三。則且心生猶豫。而反致私意以萌。顧吾思之。祇增再采諸來孰敢措施斷不能自恃聰明弗待揣摩之世有庸愚之輩。何嘗用識其思維。而猶望於再乎。

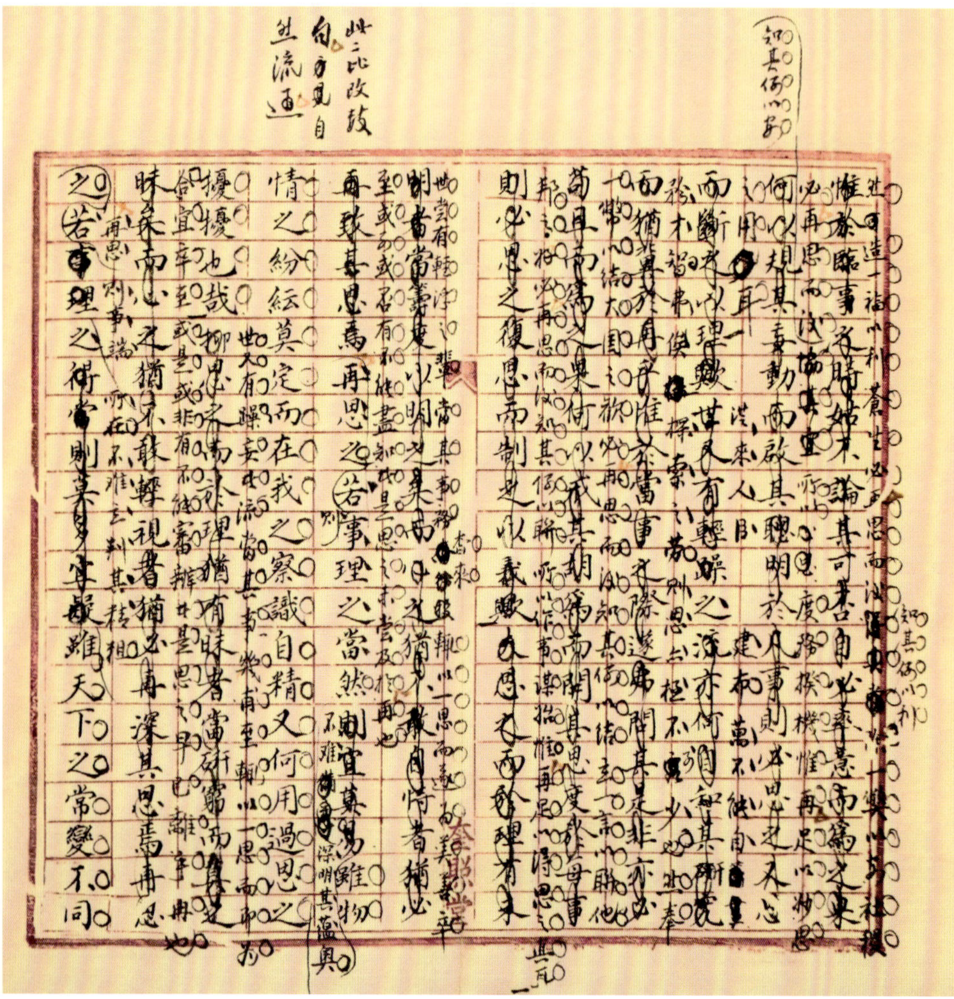

（图二四）

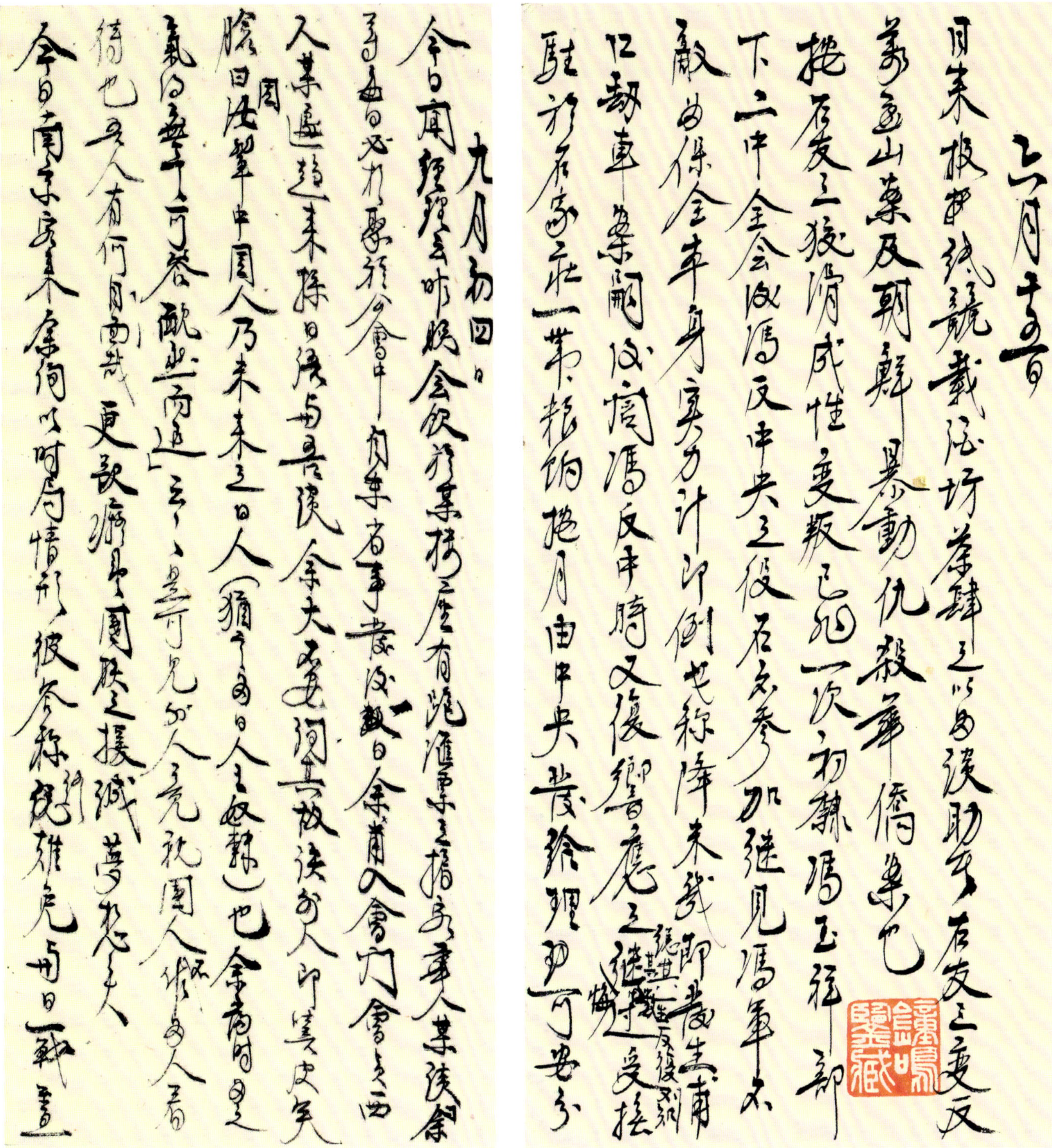

二五　沈雁冰　日记册

（图二五）

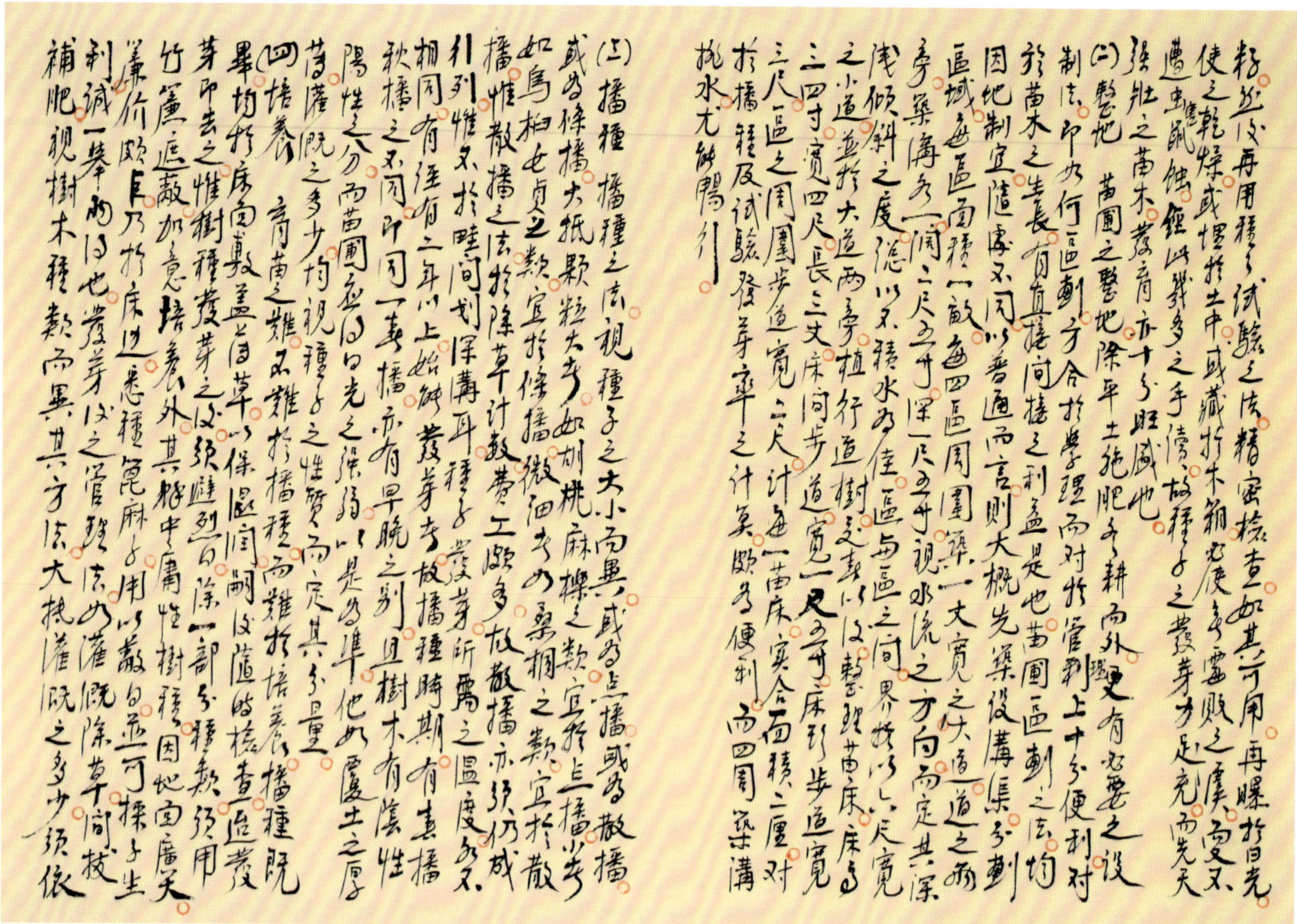

（图二六）

（图二七）

二六　沈雁冰　录时事文稿册

二七　刘铭传　书寿字轴

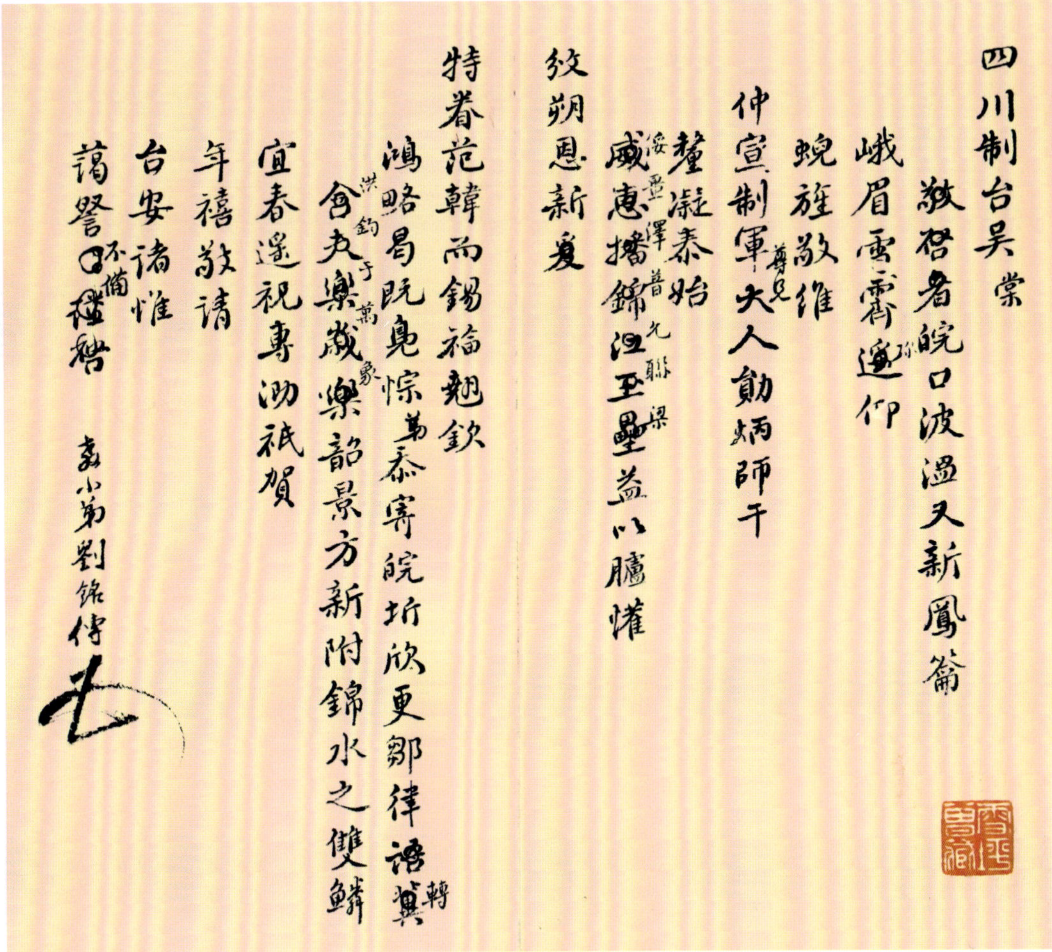

四川制台吴 棠
敬启者皖口波澄又新凤籥
峨眉雪霁遥仰
蚬旌敬维
仲宣制军尊兄大人勋炳师干
鳌凝泰始
威惠播锦江玉垒益以胪欢
敍朔恩新
特眷范韩而锡福勉钦
鸿略曷既息悰弟忝寄皖圻欣更邹律语冀
含大乐岁乐韶景方新附锦水之双鳞
宜春遥祝专泐祇贺
年禧敬请
台安诸惟
蔼詧不备
愚小弟刘铭传 顿首

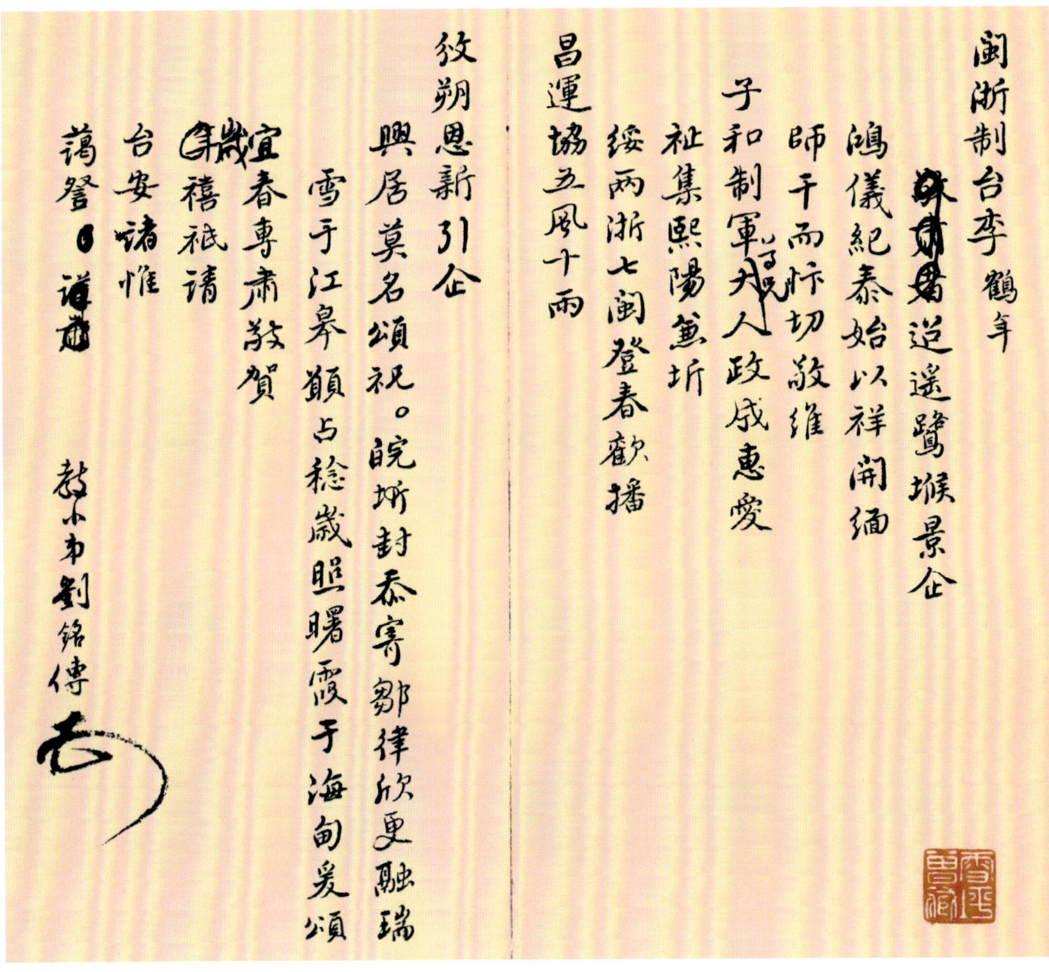

闽浙制台李 鹤年
敬启者逍遥鹭堠景企
鸿仪纪泰始以祥开缅
师干而杼切敬维
子和制军尊兄大人政成惠爱
祉集熙阳兼圻
绥两浙七闽登春欢播
昌运协五风十雨
敍朔恩新引企
兴居莫名颂祝。皖圻封忝寄邹律欣更融瑞
雪于江皋岭占稔岁胆曙霞于海甸爰颂
宜春专肃敬贺
岁禧祇请
台安诸惟
蔼詧不备
愚小弟刘铭传 顿首

（图二八）

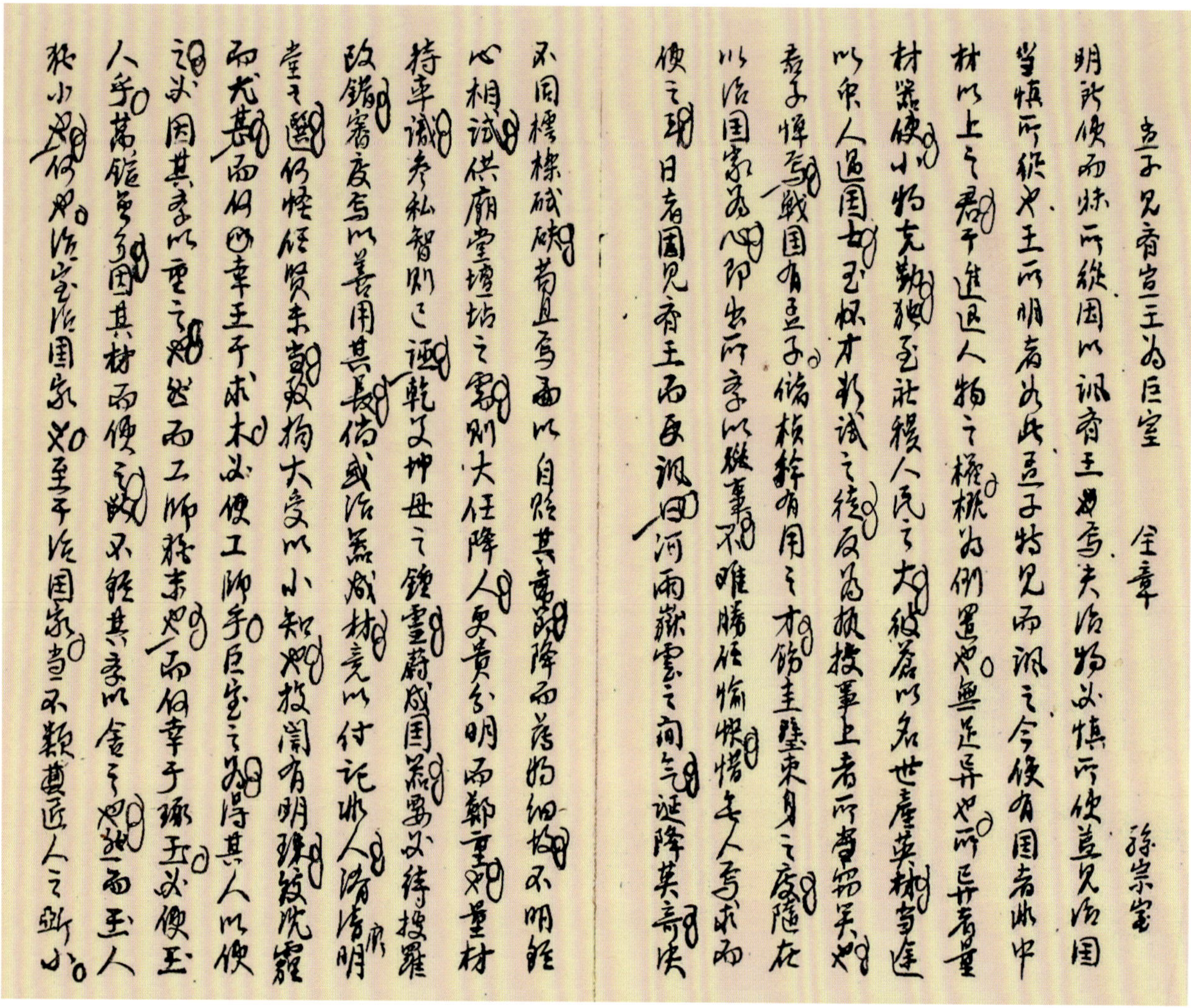

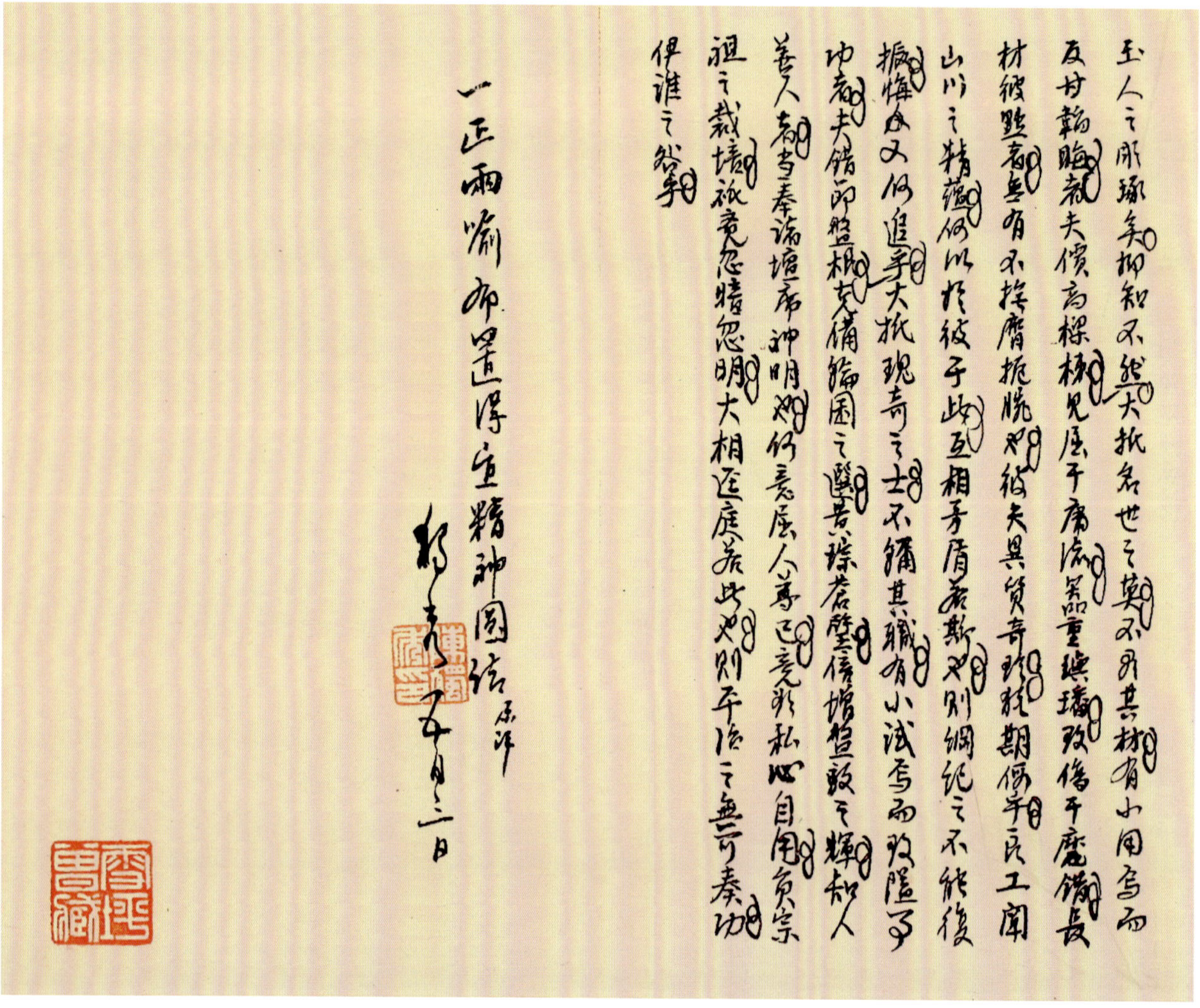

（图二九）

三〇　陈独秀　行书汉文帝赐赵佗书页

陈独秀（1879—1942年），五四新文化运动的倡导者之一。原名乾生，字仲甫，安徽怀宁人。早年东渡日本，入东京高等师范学校速成科。返国后，先后任安徽都督府秘书长、教育司司长、北京大学教授等职，1916年发刊《新青年》。中共一至五大均当选为总书记，1927年8月因右倾机会主义错误被撤销职务，1929年11月被开除出党。

壬子（1912年）五月十七日作

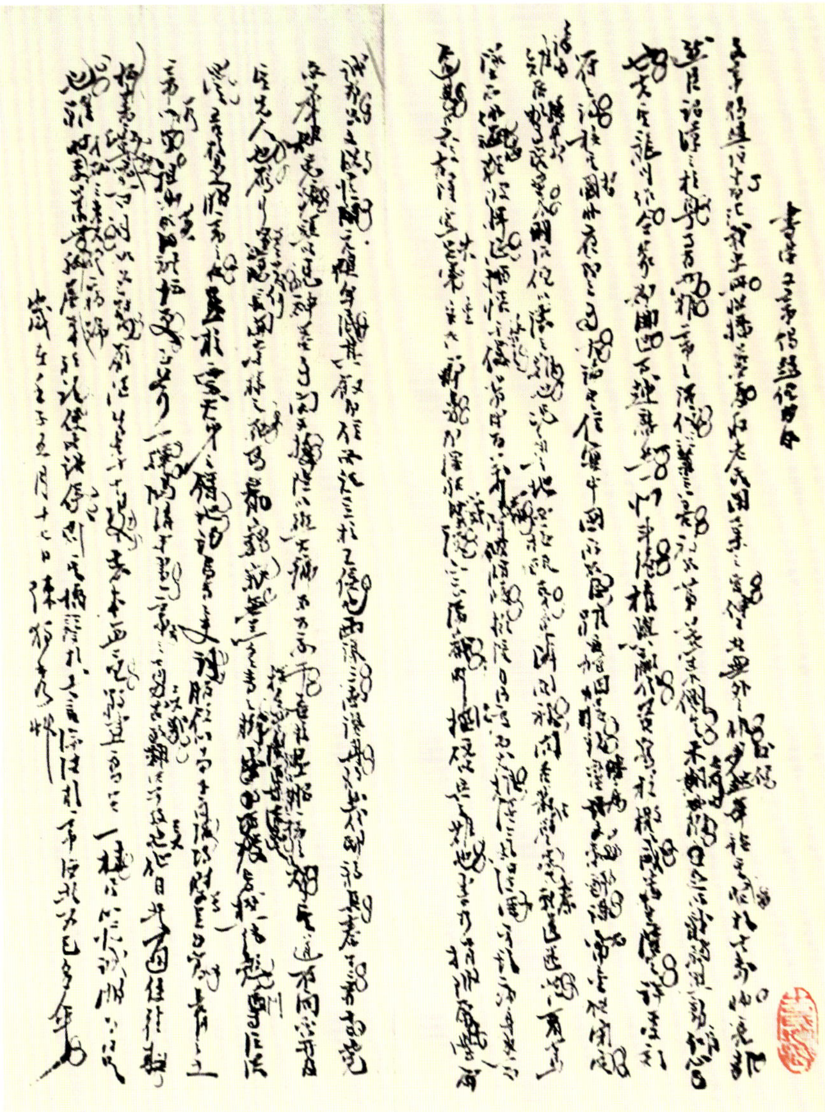

（图三〇）

三一　陈独秀　行书彼哉彼哉

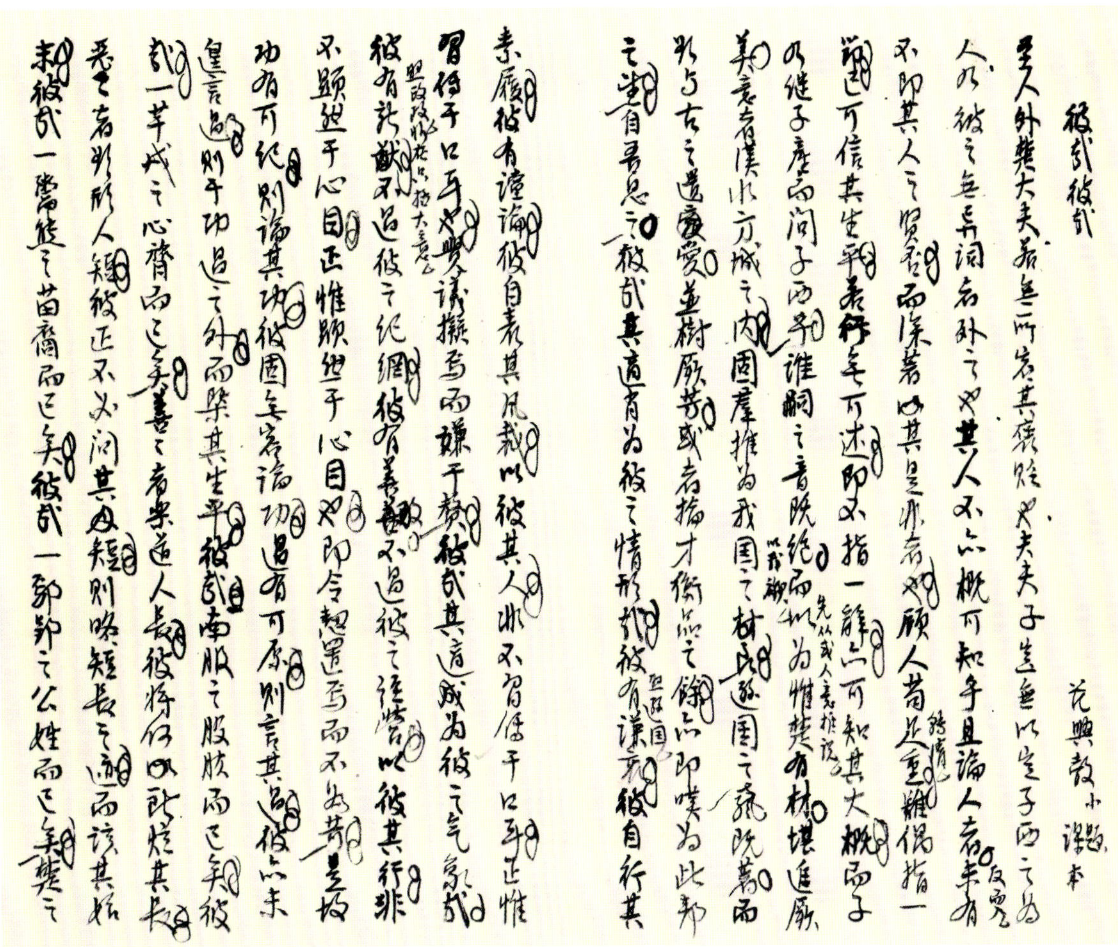

（图三一—1）

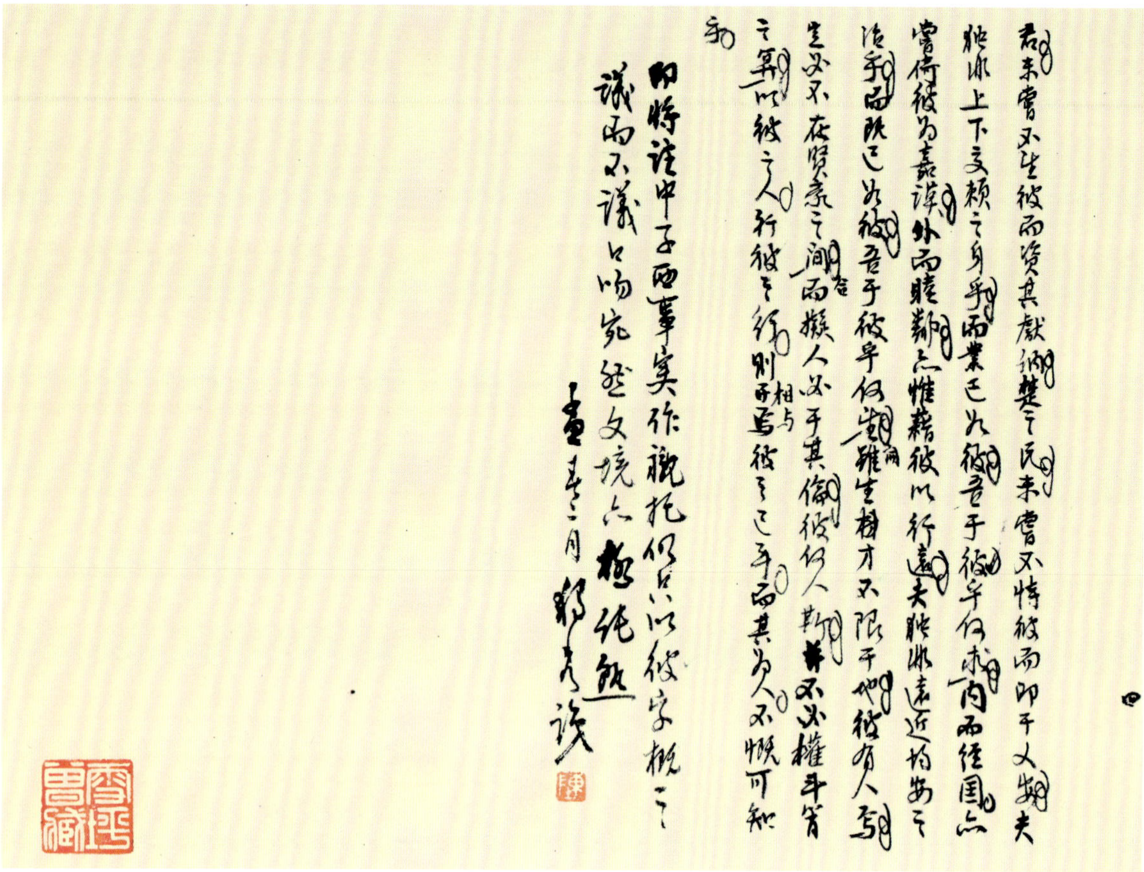

（图三一—2）

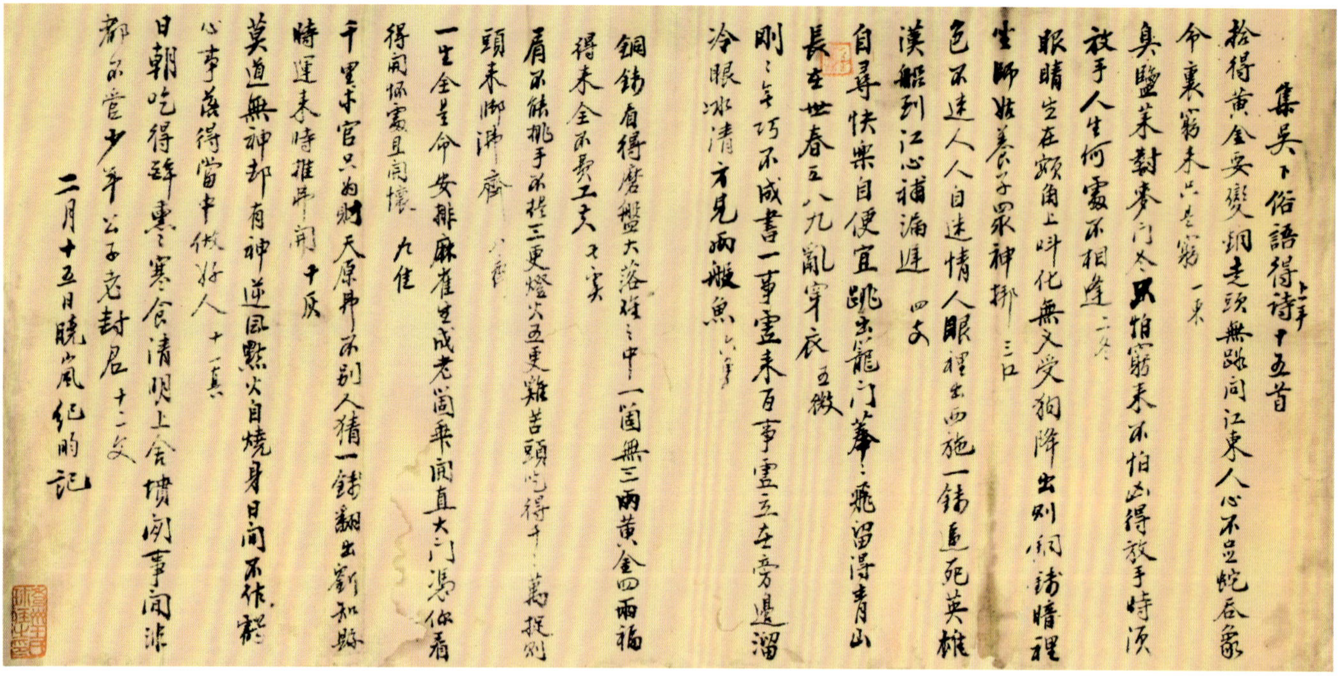

（图三二）

三二　纪晓岚　集吴下俗语诗十五首卷

纪晓岚（1723—1805年），乾嘉之际的学术泰斗。名昀，字晓岚，晚号石云，献县（今属河北）人。乾隆进士，官至协办大学士，加太子太保。性坦率，好滑稽。贯澈儒籍，旁蓄百家，为世所宗。乾隆三十八年（1773年），任四库全书馆总纂，在馆十年纂成全书，并撰《四库全书总目提要》。此卷所录内容，足见其学养涉取之丰。

三三　周而復　行书轴

周而復（1914—2004年），安徽旌德人。原名周祖式，笔名吴疑，室名北望楼。著名作家，1933年入上海光华大学英国文学系。1936年与聂绀弩等创办《文学丛报》。1938年毕业后赴延安，任陕甘宁边区文化协会文学顾问委员会主任、晋察冀军区文艺小组组长。新中国成立后，历任华东局统战部秘书长、上海市委统战部副部长、宣传部副部长、中国人民对外文化协会副会长、文化部副部长、第五届政协委员等职。著有《山谷里的春天》、《白求恩大夫》、《上海的早晨》、《子弟兵》、《新的起点》、《晋察冀行》、《松花江上风云》等小说，话剧、评论及报告文学集。又精书法，1988年出版《周而復书琵琶行》。2004年1月8日在北京逝世。

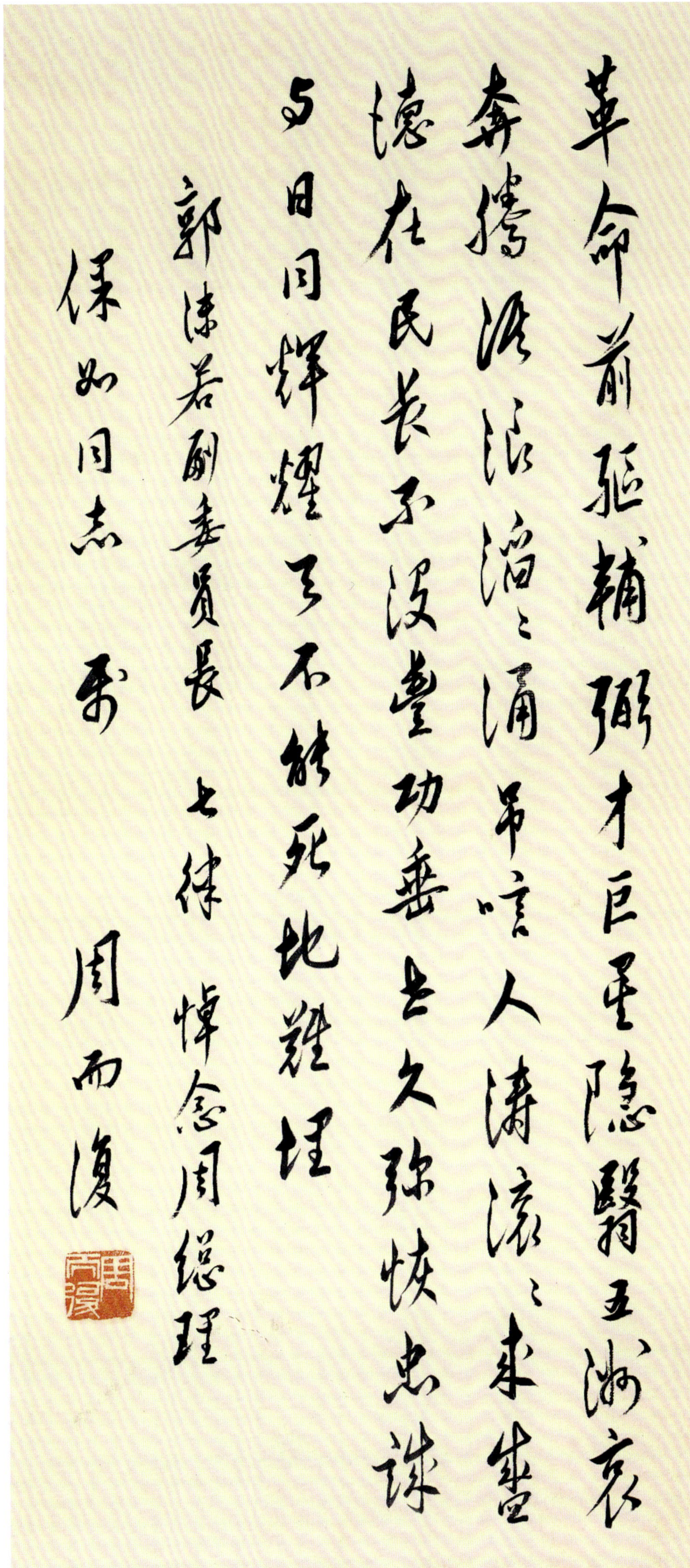

（图三三）

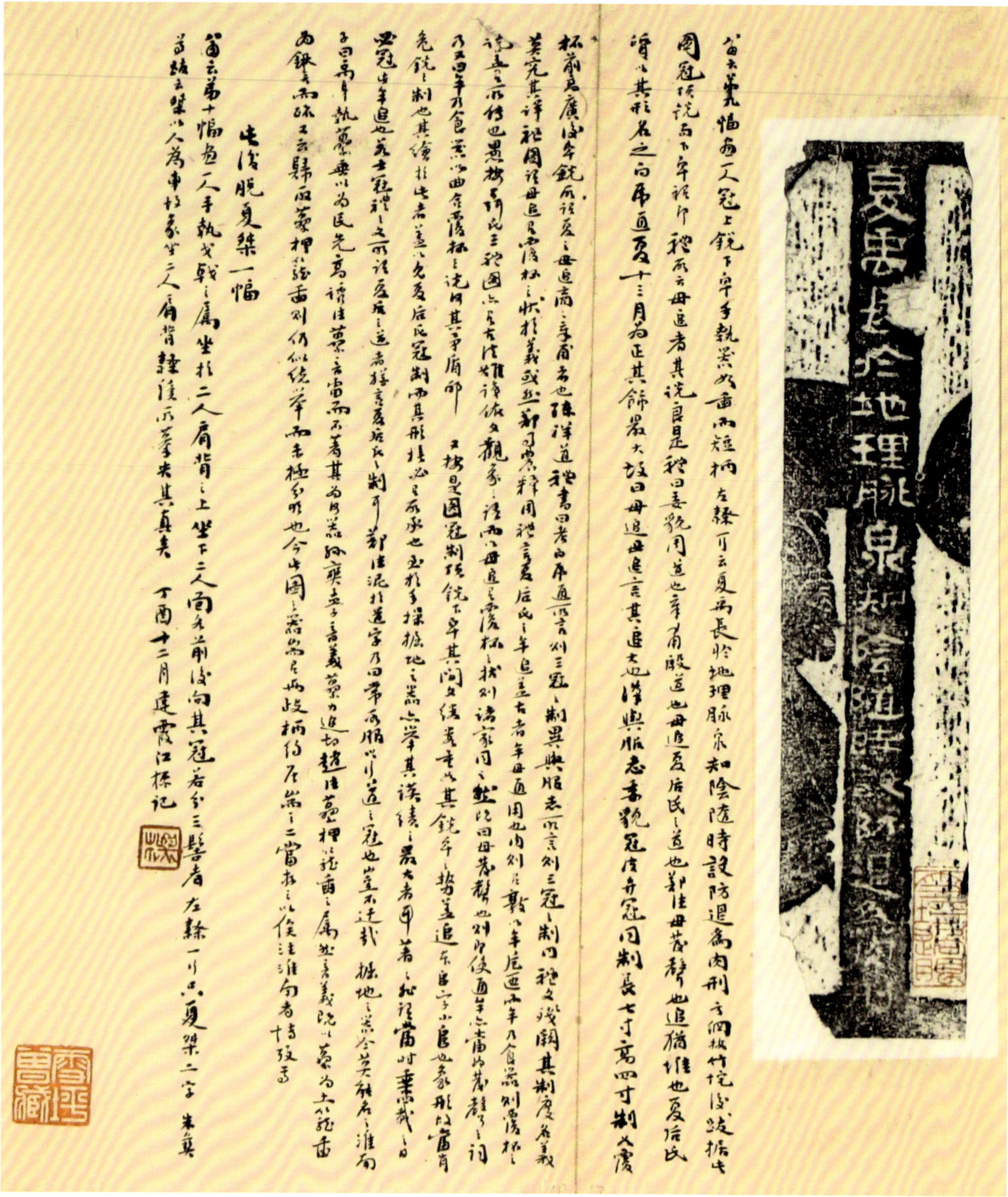

（图三四）

三四　江标　行书金石题识

三五　沙孟海　行草七言联

沙孟海（1900—1992 年），浙江宁波市人，名文若。书法家、考古学家，精篆刻。早年在上海卖文鬻书，曾任中山大学、中央大学、国民政府教育部及交通部秘书。新中国成立后，任浙江大学、浙江美术学院教授、浙江博物馆名誉馆长，中国书协副主席等职。著有《沙孟海论书丛稿》、《助词论》、《印学史》、《中国书法史图录》等，曾主编《浙江新石器时代文物图录》。杭州灵隐寺“大雄宝殿”匾出其手笔。生前被誉为书坛泰斗，题榜大字，评为“海内榜书，沙翁第一”。1992 年 4 月沙孟海书院在宁波落成。

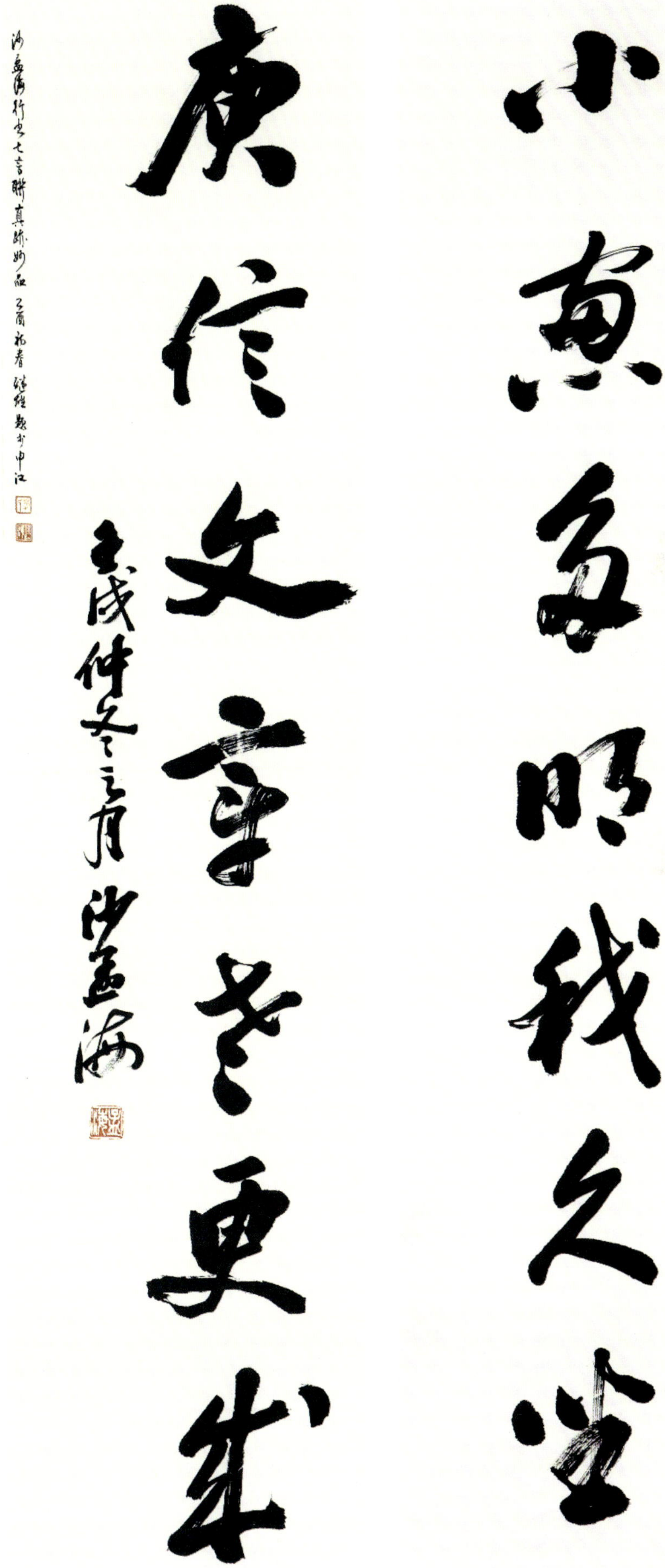

（图三五）

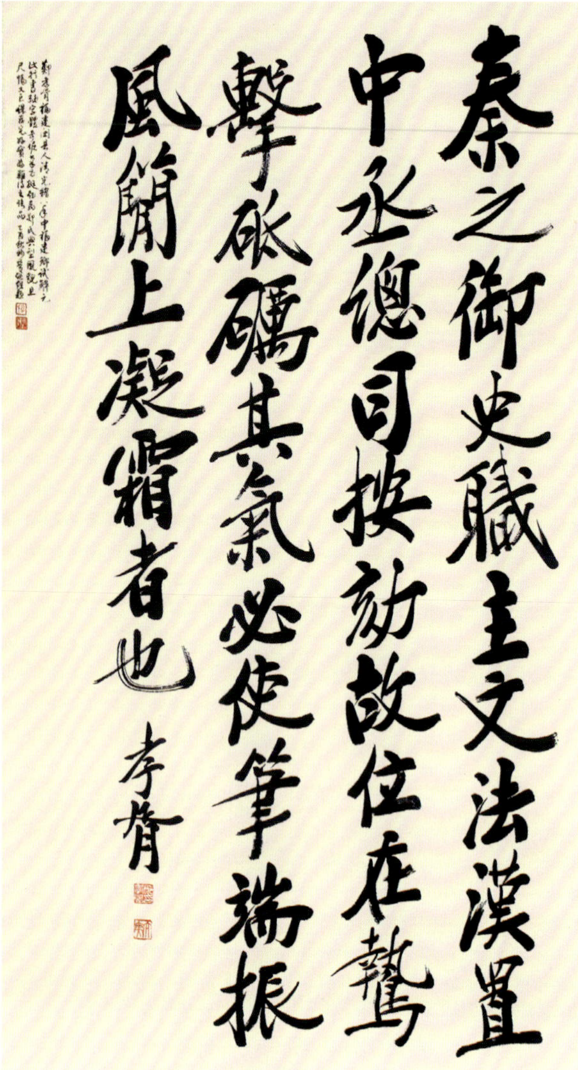

（图三六）

（图三七）

三六　郑孝胥　行书册页

郑孝胥（1859 年，一作 1860—1938 年），福建闽县人。字苏戡，又字太夷。光绪八年中福建乡试解元。历任驻日使馆书记官和神户领事、广西边防大臣、安徽、广东按察使，湖南布政使。辛亥革命后至沪，鬻书卖文。曾任南京临时政府实业总长，北京政府农商总长兼任全国水利局总裁等职。1915 年辞职南归，此后继续在南通地区办理实业。1923 年投奔清废帝溥仪，授内务府总理大臣，总管溥仪之总务及外务。“九・一八”后，任伪满国务总理兼文教部长等职，1935 年下台，死于长春。工诗，善画松，书法豪放。清政府成立之交通银行，行名四字即出其手，沿用至今。著有《骖乘日记》、《孔教新编》及上例等。散著见于《预备立宪公会报》等刊。

三七　王震　枇杷图

王震（公元 1867—1938 年），字一亭，号白龙山人，浙江吴兴人，生于上海。早年学任伯年画，中年拜吴昌硕为师。曾任中国佛教会会长，晚年任全国艺术家协会理事。著有《白龙山人诗稿》等。

三八 朱自清 楷书诗文稿册

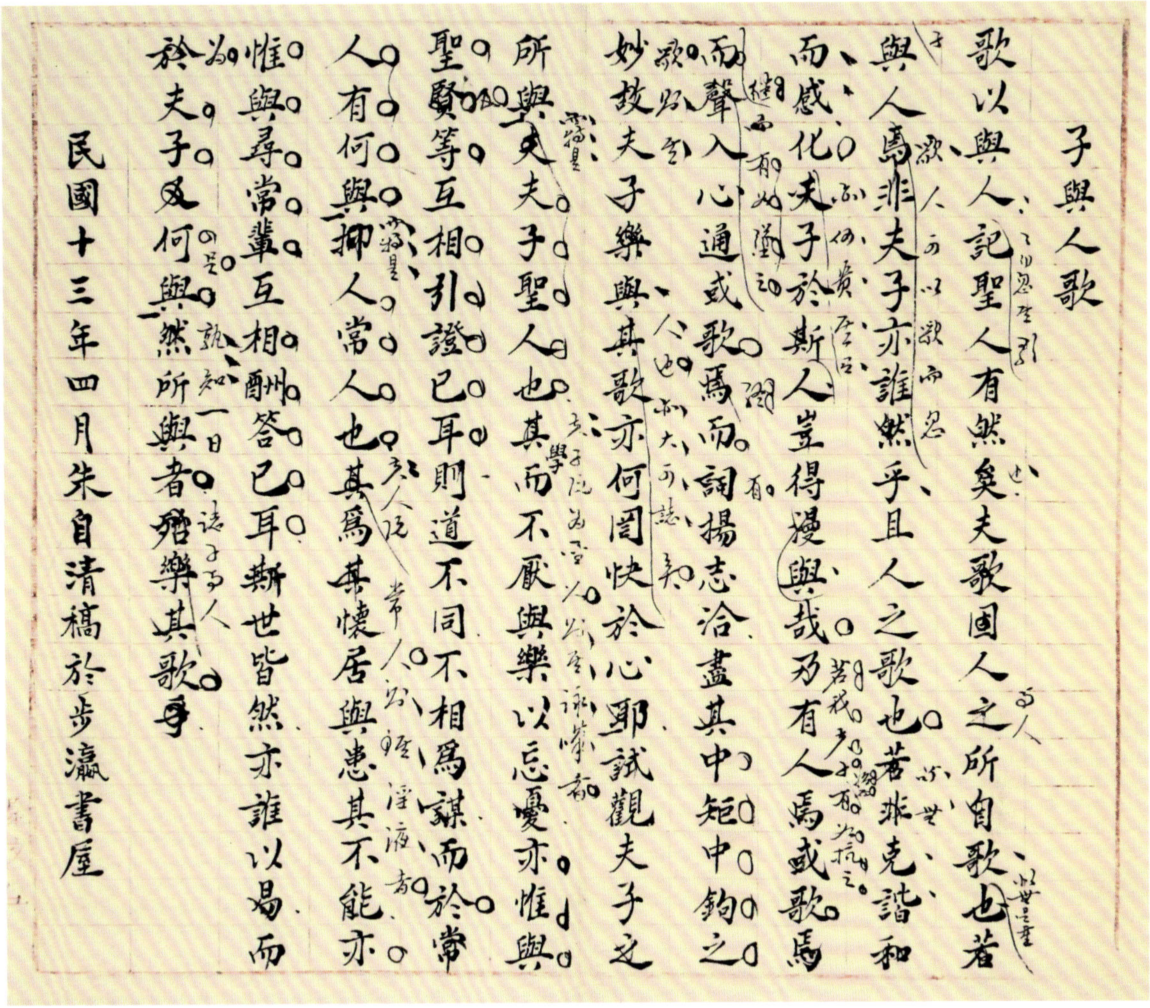

子與人歌

歌以與人記聖人有然矣夫歌固人之所自歌也者與人焉非夫子亦誰然乎且人之歌也若非克諧和而感化夫子於斯人豈得擾與哉乃有人焉或歌焉而聲入心通或歌焉而詞揚志洽盡其中矩中鉤之妙故夫子樂與其歌亦何間快於心鄉試觀夫子之所與夫夫子聖人也其而不厭與樂以忘憂亦惟與聖賢等互相引證已耳則道不同不相爲謀而於常人有何與抑人常人也其爲其懷居與患其不能亦惟與尋常輩互相酬答已耳斯世皆然亦誰以曷而於夫子又何與然所與者殆樂其歌乎

民國十三年四月朱自清稿於步瀛書屋

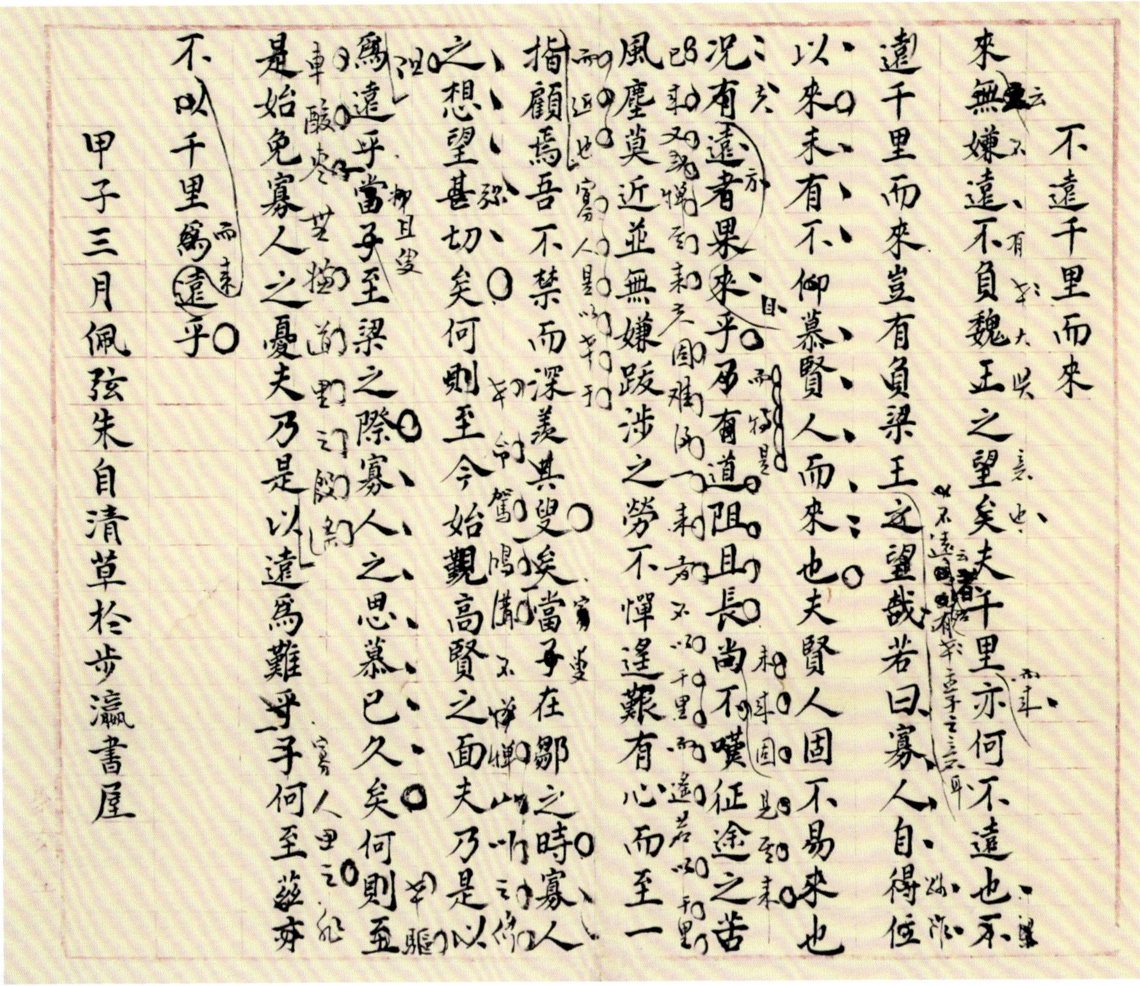

不遠千里而來

來無嫌遠不負魏王之望矣夫千里亦何不遠也不遠千里而來豈有負梁王之望哉若曰寡人自得位以來未有不仰慕賢人而來也夫賢人固不易來也況有遠者果來乎而有道阻且長尚不嘆征途之苦風塵莫近並無嫌跋涉之勞不憚遲暮有心而至一指顧焉吾不禁而深羨其叟矣當子在鄒之時寡人之想望甚切矣何則至今始覩高賢之面夫乃是以爲遠乎當子至梁之際寡人之思慕已久矣何則至是始免寡人之憂夫乃是以遠爲難乎子何至茲斯不以千里爲遠乎

甲子三月佩弦朱自清草於步瀛書屋

（图三八）

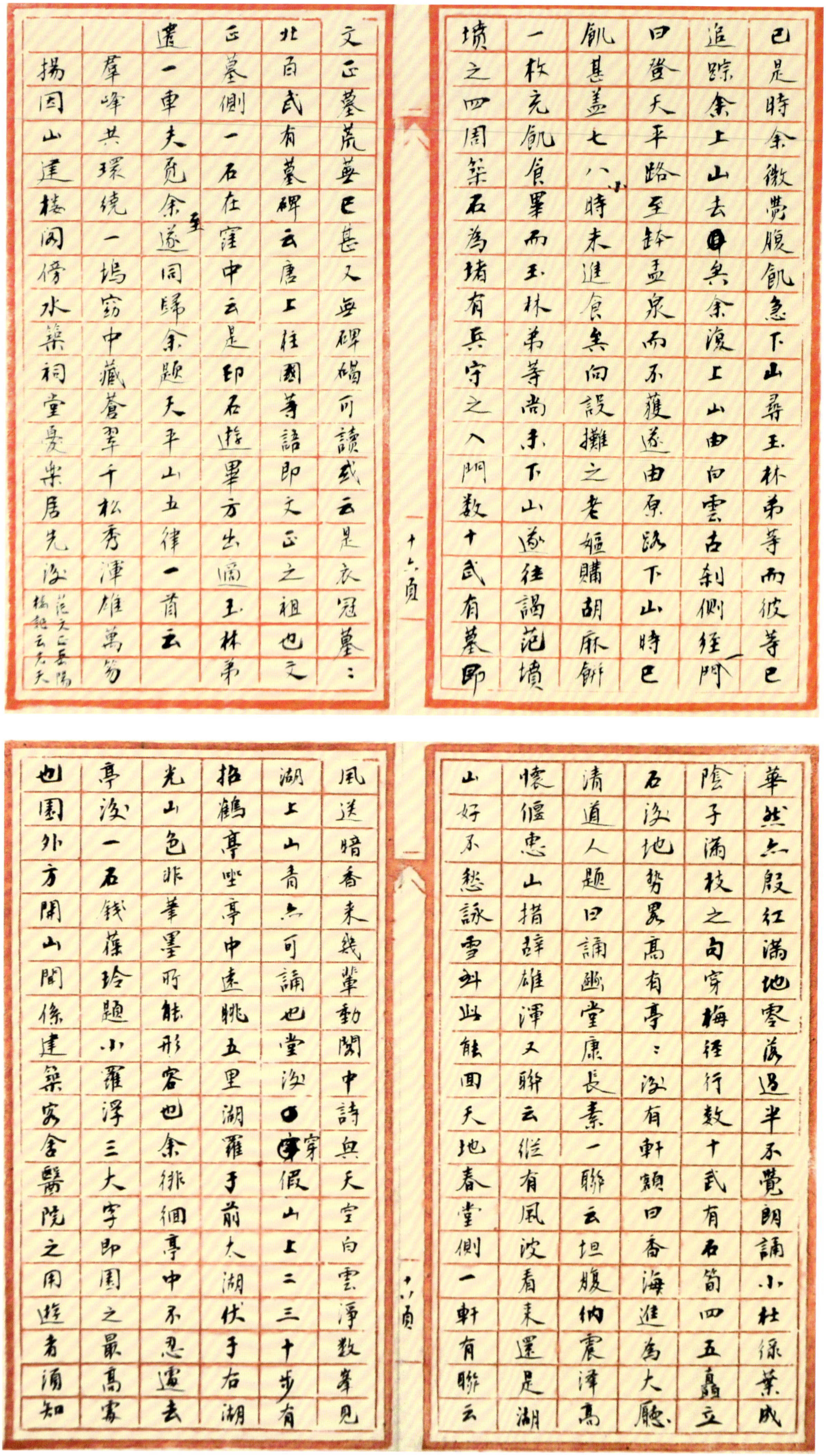

已是時余微覺腹飢急下山尋玉林弟等而彼等已追蹤余上山去矣余復上山由白雲古剎側徑門回登天平路至鉢盂泉而不獲遂由原路下山時已飢甚蓋七八小時未進食矣向設攤之老嫗購胡麻餅一枚充飢食畢而玉林弟等尚未下山遂往謁范墳墳之四周築石為堵有兵守之入門數十武有墓即

文正墓荒蕪已甚又無碑碣可讀或云是衣冠墓墓北百武有墓碑云唐上柱國等語即文正之祖也文正墓側一石在窪中云是印石遊畢方出遇玉林弟遣一車夫覓余遂同歸余題天平山五律一首云

羣峰共環繞一塢窈中藏蒼翠千松秀渾雄萬笏揚因山建樓閣傍水築祠堂憂樂居先後（范文正岳陽樓記云先天）

華然亦殷紅滿地零落過半不覺朗誦小杜綠葉成陰子滿枝之句穿梅徑行數十武有石筍四五矗立石後地勢累高有亭亭後有軒額曰香海進為大廳清道人題曰誦豳堂康長素一聯云坦腹納震澤高懷僵患山揹辭雄渾又聯云從有風波看來還是湖山好不愁詠雪斗此能回天地春堂側一軒有聯云

風送暗香來幾輩動閑中詩興天空白雲淨數峯見湖上山青亦可誦也堂後穿假山上二三十步有招鶴亭坐亭中遠眺五里湖羅列前太湖伏于右湖光山色非筆墨所能形容也余徘徊亭中不忍遽去亭後一石錢蔭玲題小羅浮三大字即園之最高處也園外方開山闢係建築宗含醫院之用遊者須知

（图三九）

四〇　沈钧儒　诗文稿册

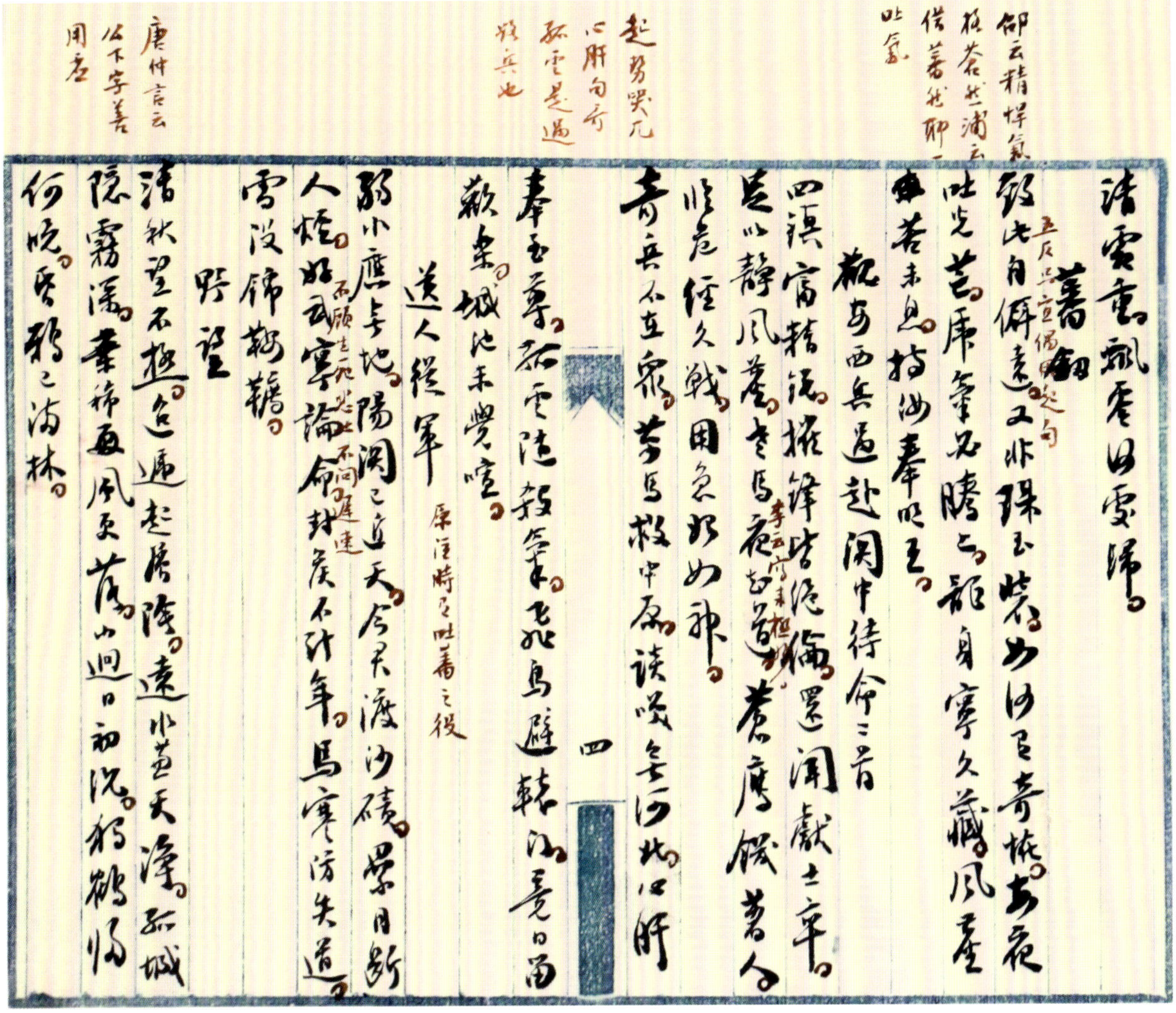

清霜[illegible]飘香如雪归。

蕃剑

致此自僻远，又非珠玉装。如何有奇怪，每夜吐光芒。虎气必腾上，龙身宁久藏。风尘苦未息，持汝奉明王。

五反兵宜偶用此起句

卻云精悍气，拔萃出浦云，借蓄能聊一吐气。

观安西兵过赴关中待命二首

四镇富精锐，摧锋皆绝伦。还闻献士卒，足以静风尘。老马夜知道，苍鹰饥著人。临危经久战，用急始如神。

奇兵不在众，万马救中原。谈笑无河北，心肝奉至尊。孤云随杀气，飞鸟避辕门。竟日留欢乐，城池未觉喧。

起势哭兀　心肝句奇　孤云是过　看兵也

送人从军

原注时已吐蕃之役

弱水应无地，阳关已近天。今君渡沙碛，累月断人烟。好武宁论命，封侯不计年。马寒防失道，雪没锦鞍鞯。

不顾生死必出　不问迟速

野望

清秋望不极，迢递起层阴。远水兼天净，孤城隐雾深。叶稀风更落，山迥日初沉。独鹤归何晚，昏鸦已满林。

唐仲言云从下字善用意

四

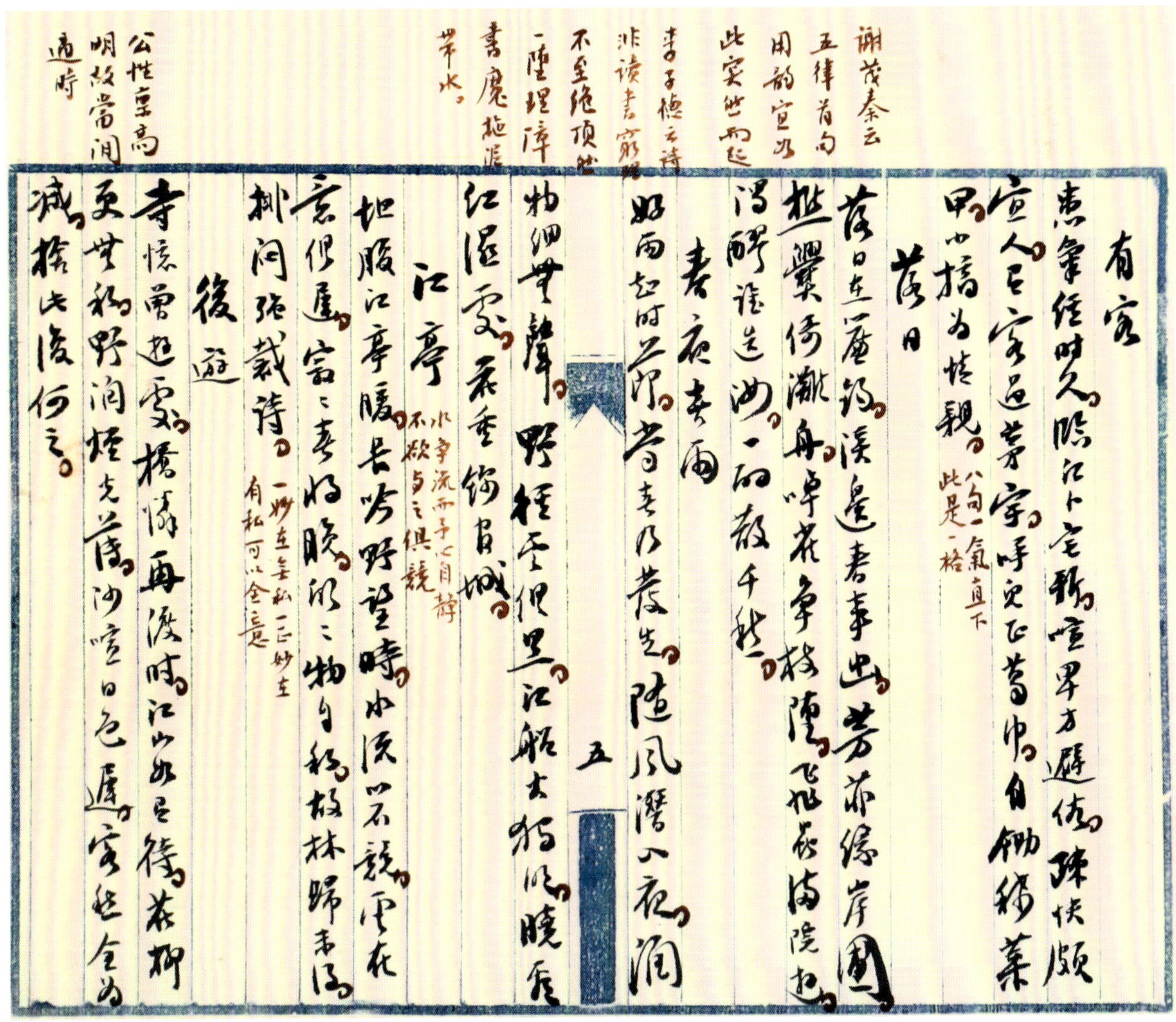

有客

患气经时久，临江卜宅新。喧卑方避俗，疏快颇宜人。有客过茅宇，呼儿正葛巾。自锄稀菜甲，小摘为情亲。

八句一气直下　此是一格

落日

落日在帘钩，溪边春事幽。芳菲缘岸圃，樵爨倚滩舟。啅雀争枝坠，飞虫满院游。浊醪谁造汝，一酌散千愁。

谢茂秦云五律首句用韵宜严　此实然而起

春夜喜雨

好雨知时节，当春乃发生。随风潜入夜，润物细无声。野径云俱黑，江船火独明。晓看红湿处，花重锦官城。

李子德云诗非读书穷理不至绝顶　此一篇理障书魔拖泥带水。

江亭

坦腹江亭暖，长吟野望时。水流心不竞，云在意俱迟。寂寂春将晚，欣欣物自私。故林归未得，排闷强裁诗。

水争流而予心自静　不欲与之俱竞

一妙在无私　一已妙在有私　可以会意

后游

寺忆曾游处，桥怜再渡时。江山如有待，花柳更无私。野润烟光薄，沙暄日色迟。客愁全为减，舍此复何之。

公性虚高　明致当用　适时

五

（图四〇）

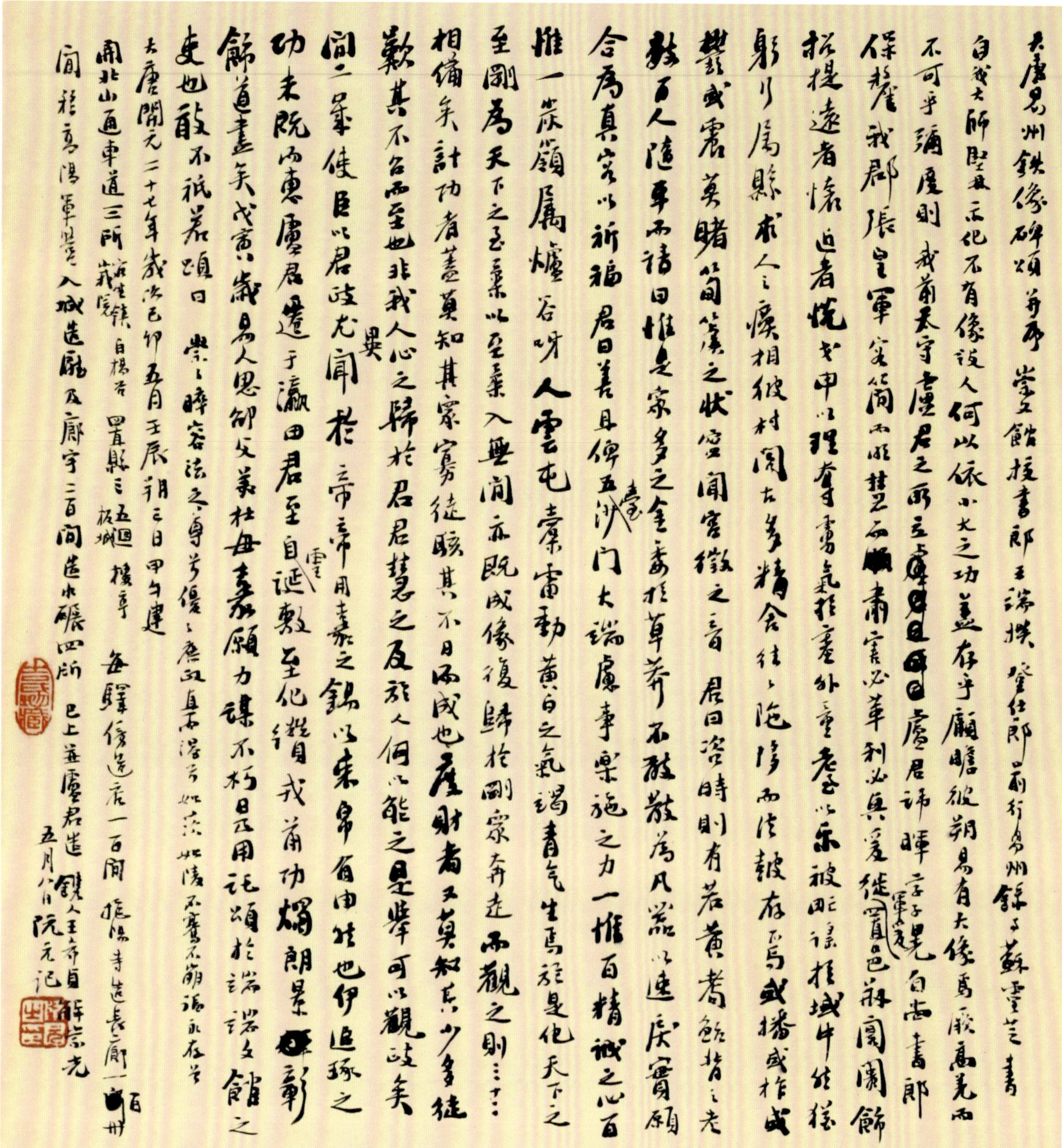

（图四一）

四一　阮元　行书大唐易州铁像碑颂册页

阮元（1764—1849 年），清代著名金石学家、书法家。字伯元，号云苔，江苏仪征人。乾隆进士，官至体仁阁大学士，加太傅。居官以振兴学术为已任，在浙、粤等省设诂经学堂和学海堂。工书法，尤精篆隶，为碑学引入书法理念的主要倡导者。治学长于考证，精通经学又以藏书为事，是清中期著名学者。

壘新結構卷木鏡芬芳翠挹臨軒竹青分繞屋桑南陔
春日麗北牖惠風涼淡淡煙籠樹溶溶月轉廊闌邊遲
得句柳下快飛觴竹雪凝糕瓣朝霞暈海棠胭前蕉葉
綠籬畔菊花黃瀟灑酣秋雨清疎傲晚霜一枰聊罷隱三
徑待歸藏者識經營意怡親孝思長

舟中七夕

碧波風漾暗生涼耿耿銀河夜未央倚棹素娥憐倩影停
梭織女試新粧情深緣淺離無憾會少離多枉斷腸有
客扁舟翹首望人間天上兩茫茫

菱

十里銀塘一葉舟新歌唱徹采菱系根浮風漾波心影卷
簇塵生鏡裏秋刺手休嫌多利角潔身知是出清流

藕

郤因何事繫常抒傲比黄花遜一籌

一彎疑出玉池中素潔應知自不同翠袖拈來還待雪清
泉浴罷正臨風乍舒嫩節香猶冷雖斷情絲色未空左
答曾誇西子臂莫教錯認水晶葱

次稚香偶成韵

大器由來貴晚成我知君豈戀浮名不求聞達安天命迴別
炎涼悟世情興至偶參魚家誤閒來且與鷺鷗盟集
庭漫道無人識他日驚人試一鳴

再次稚文見寄元韵

堅對殘燈淡不紅閒愁擕付酒盃中人因遠別思逾切事
可相謀道自同作客睽期非易訂詠懷詩句最難工明
年倘遂還鄉願共向花前醉碧筩

中秋對月有懷

今宵又見月團圓客裏登樓強自寬猶憶去年當此夜
有人同倚石闌干

（图四二）

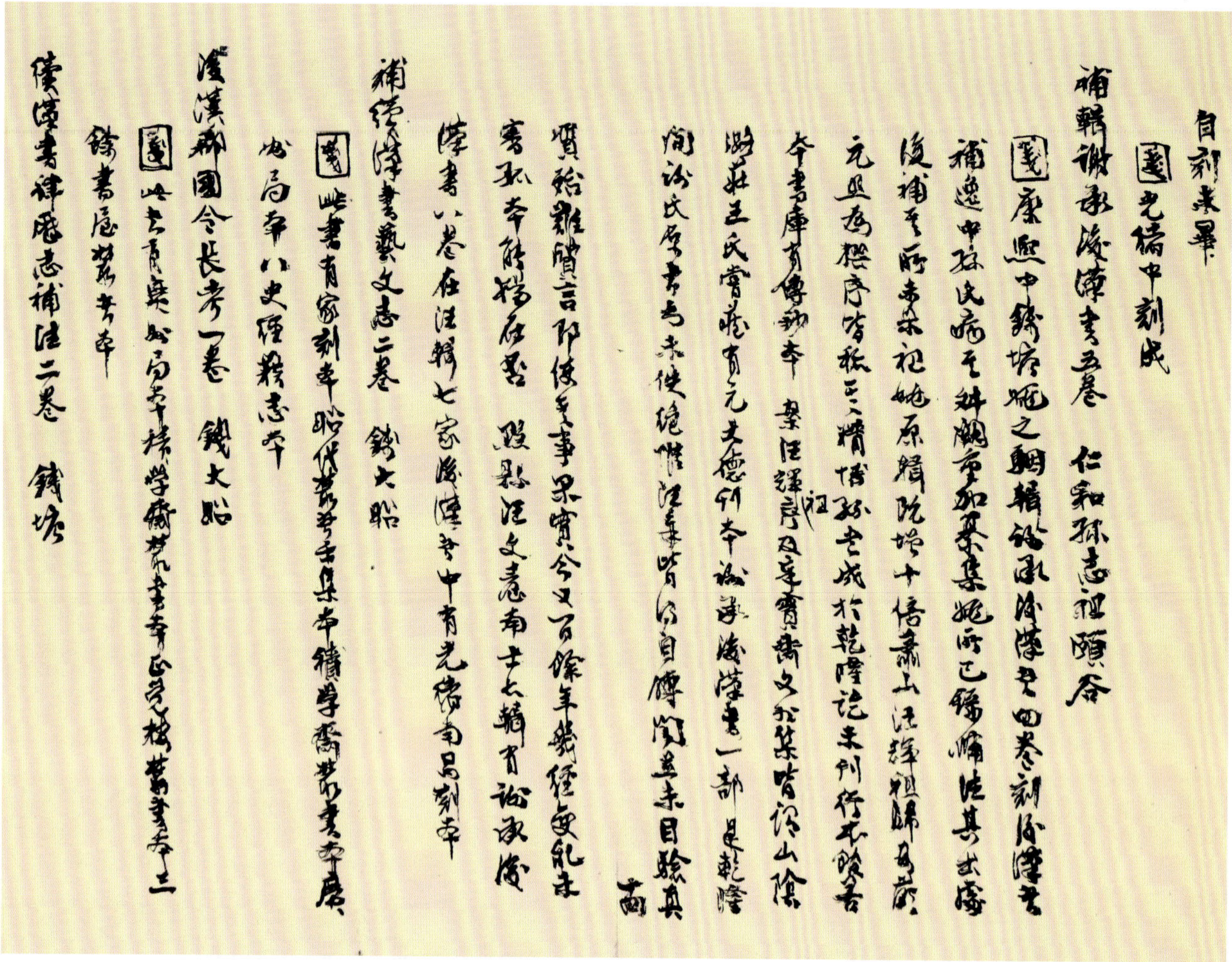

自刻未畢
圈光緒中刻成
補輯謝承後漢書五卷　仁和孫志祖頤谷
圈康熙中錢塘姚之駰輯謝承後漢書四卷刻於漢書
補逸中孫氏病其蕪雜而加參集姚所已錄備注其出處
後補其所未采視姚原輯既增十倍蕭山汪輝祖歸安嚴
元照為撰序皆稱其精博然書成於乾隆訖未刊行本館舊
今書庫有傳鈔本　案汪輝祖序及年賓齋文鈔集皆作山陰
徐莊王氏嘗藏有元大德刊本謝承後漢書一部　是乾隆
間孫氏原書尚未佚絕惜汪嚴皆作自傳閱其未目驗真
面
賢裕雜償言即使其事果實今又百餘年幾經兵燹能保未
害孫本能獨存否　假懸注文意南士大夫精有識讀後
漢書八卷在汪輯七家後漢書中有光緒南昌局刻本
補續漢書藝文志二卷　錢大昭
圈此書有家刻本昭代叢書本積學齋叢書本廣
雅局本八史經籍志本
後漢郡國令長考一卷　錢大昭
圈此書有貞與雅局本積學齋叢書本函海樓叢書本三
錄書應叢書本
續漢書律曆志補注二卷　錢塘

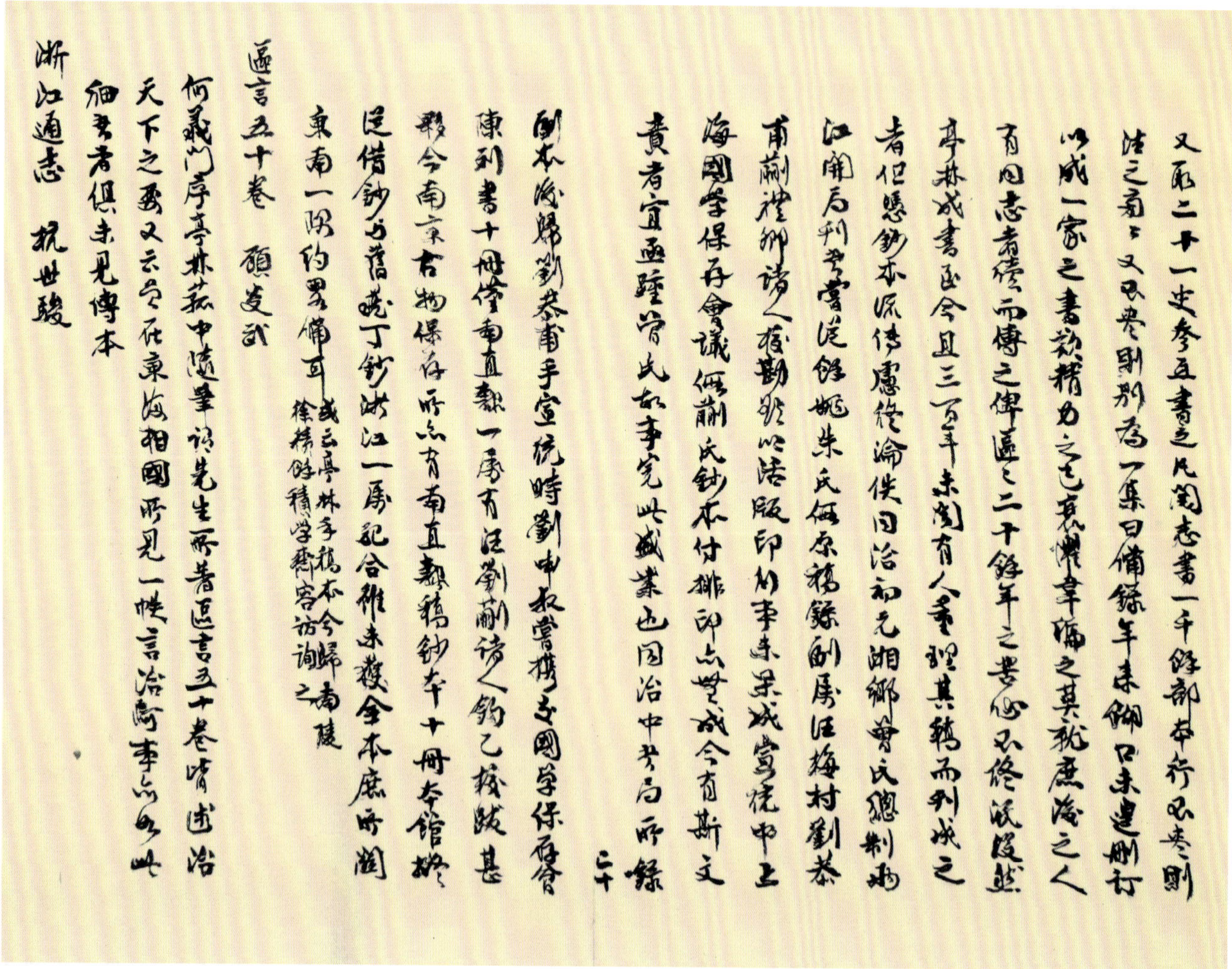

又取二十一史參互書之凡閱志書一千餘部本行以其卷別
注之首首又以其卷別別為一集曰備錄年未卸口未遑刪訂
以成一家之書殫精力之已衰慨韋編之莫就庶後之人
有同志者續而傳之俾逾二十餘年之苦心不終淪沒於
亭林成書至今且三百年未聞有人重理其緒而刊成之
者但聞鈔本流傳處後淪佚同治初元湘鄉曾氏總制兩
江開局刊書嘗從餘姚朱氏假原稿錄副屬汪梅村劉恭
甫蒯禮卿諸人校勘將以活版印行事未果成宣統中上
海國學保存會議假蒯氏鈔本付排印亦無成今有斯文
責者宜亟踵曾氏故事完此盛業也同治中書局所錄
二十
副本後歸劉恭甫手宣統時劉申叔嘗攜至國學保存會
陳列書十冊曾有直隸一處有汪劉蒯諸人鈎乙校跋甚
夥今南京古物保存所亦有南直隸稿鈔本十冊本館據
以借鈔又舊曉丁鈔浙江一處記合錄未獲全本庶所關
東南一隅約略備耳　或云亭林手稿本今歸南陵徐積餘積學齋容訪詢之
遁言五十卷　顧炎武
何義門序亭林叢中遺筆記先生所著遁言五十卷皆述治
天下之要又云今在東海相國所見一帙言治齊事亦無此
細書者但未見傳本
浙江通志　杭世駿

（图四三）

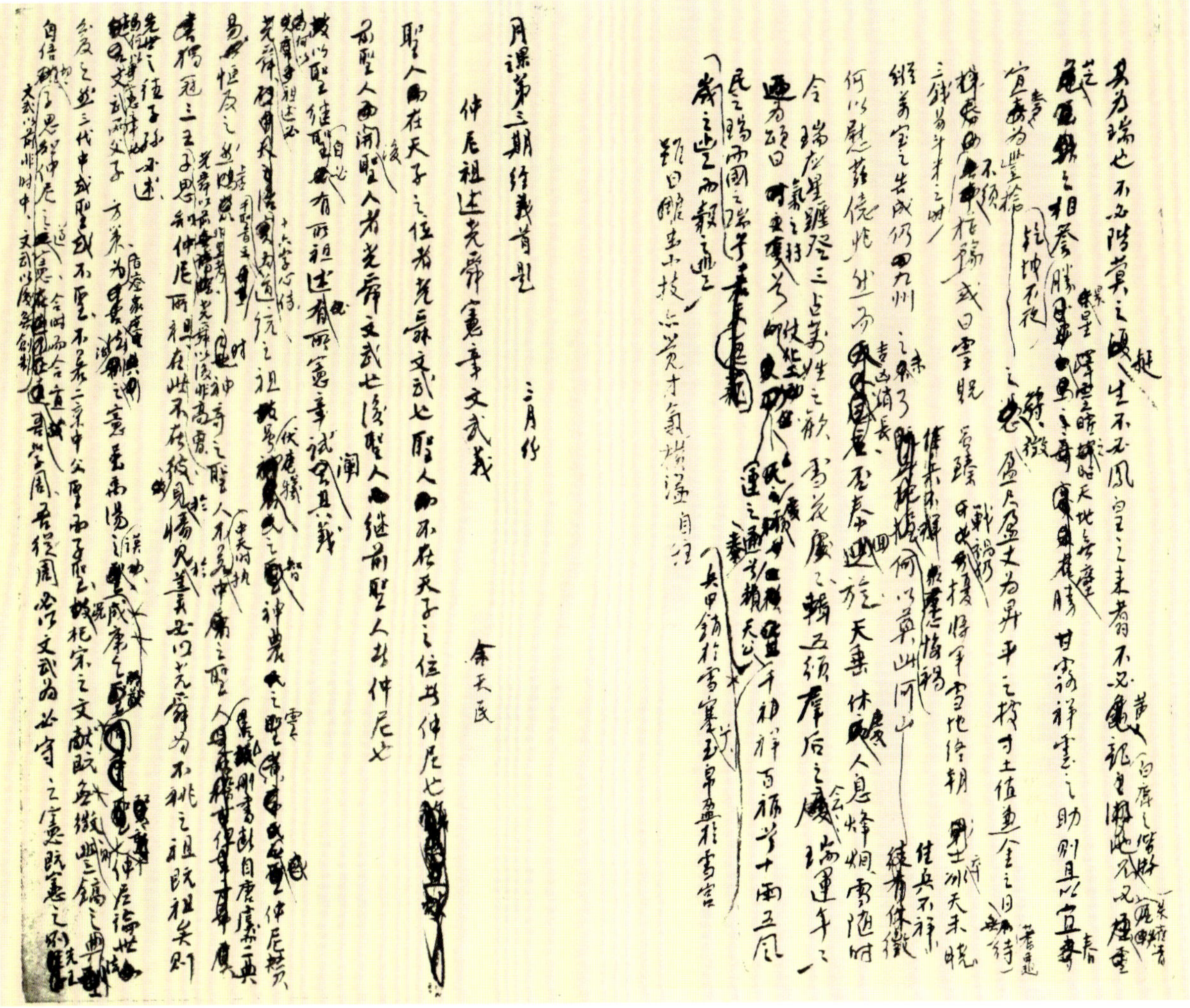
月課第三期經義首題　　三月作

仲尼祖述堯舜憲章文武義　　余天民

聖人而在天子之位者，堯舜文武也。聖人而不在天子之位者，仲尼也。

前聖人而開聖人者，堯舜文武也。後聖人而繼前聖人者，仲尼也。

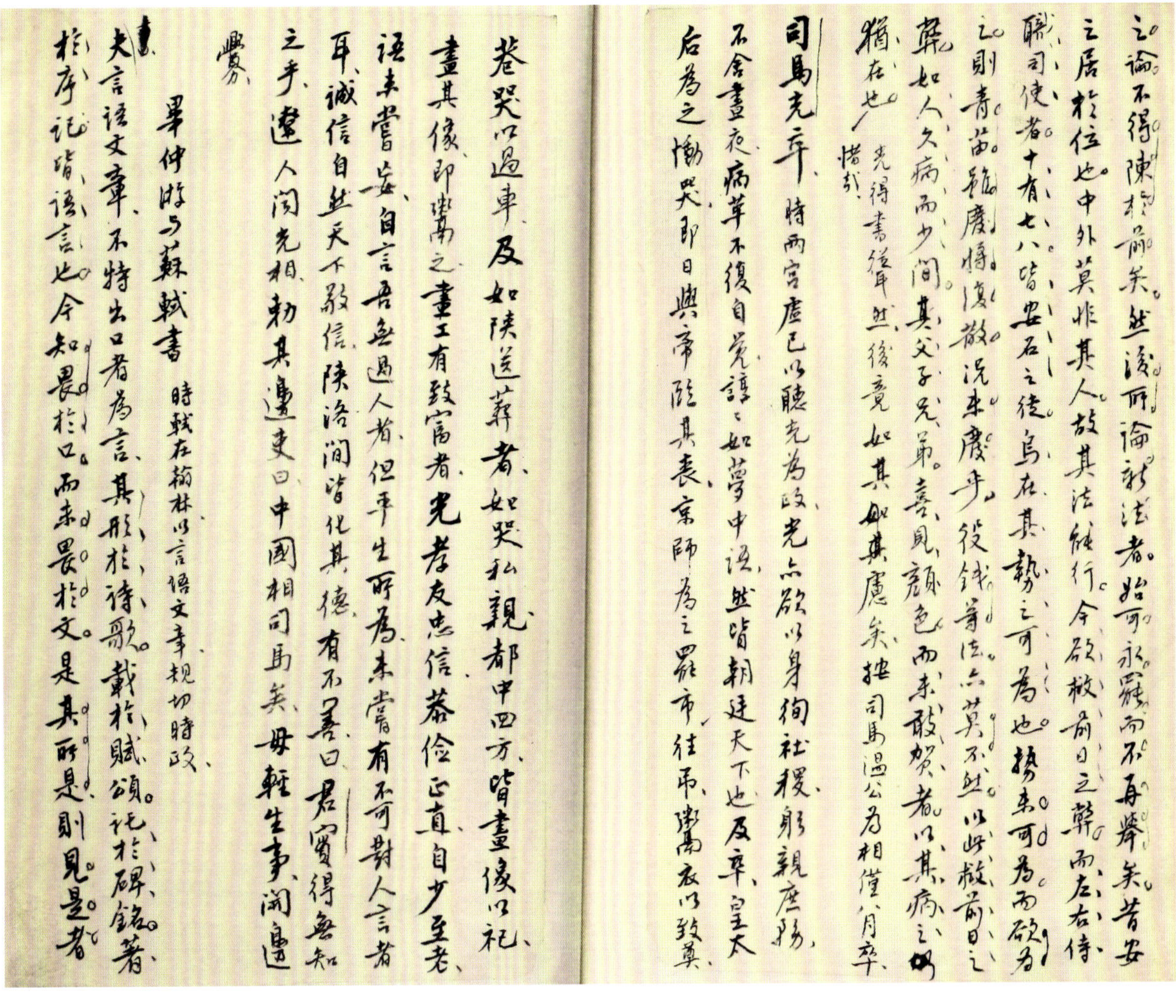
之論不得陳於前矣。然後所論新法者，皆可永罷而不再舉矣。昔安
石之居於位也，中外莫非其人，故其法能行。今欲救前日之弊，而左右侍
職司使者十有七八皆安石之徒，烏在其勢之可為也。勢未可為而欲為
之，則青苗雖廢將復散，況未廢乎。役錢、苗法亦莫不然。以此救前日之
弊，如人久病而少間，其父子兄弟喜見顏色而未敢賀者，以其病之
猶在也。　光得書後年，然後竟如其然其慮矣。挫司馬溫公為相僅八月卒，惜哉。

司馬光卒　時兩宮虛己以聽光為政，光亦欲以身徇社稷，躬親庶務，
不舍晝夜，病革不復自覺，諄諄如夢中語，然皆朝廷天下事也。及卒，皇太
后為之慟哭，即日與帝臨其喪，京師為之罷市，往弔，鬻衣以致奠，
巷哭以過車。及如陝送葬者，如哭私親。都中四方，皆畫像以祀，
畫其像即鬻之，畫工有致富者。光孝友忠信，恭儉正直，自少至老，
語未嘗妄。自言吾無過人者，但平生所為，未嘗有不可對人言者
耳。誠信自然，天下敬信，陝洛間皆化其德，有不善，曰君實得無知
之乎。遼人聞光相，勑其邊吏曰中國相司馬矣，毋輕生事開邊
釁。

畢仲游與蘇軾書　時軾在翰林，以言語文章規切時政。

夫言語文章，不特出口者為言，其形於詩歌，載於賦頌，託於碑銘，著
於序記，皆語言也。今知畏於口而未畏於文，是其所是，則見是者

（图四四）

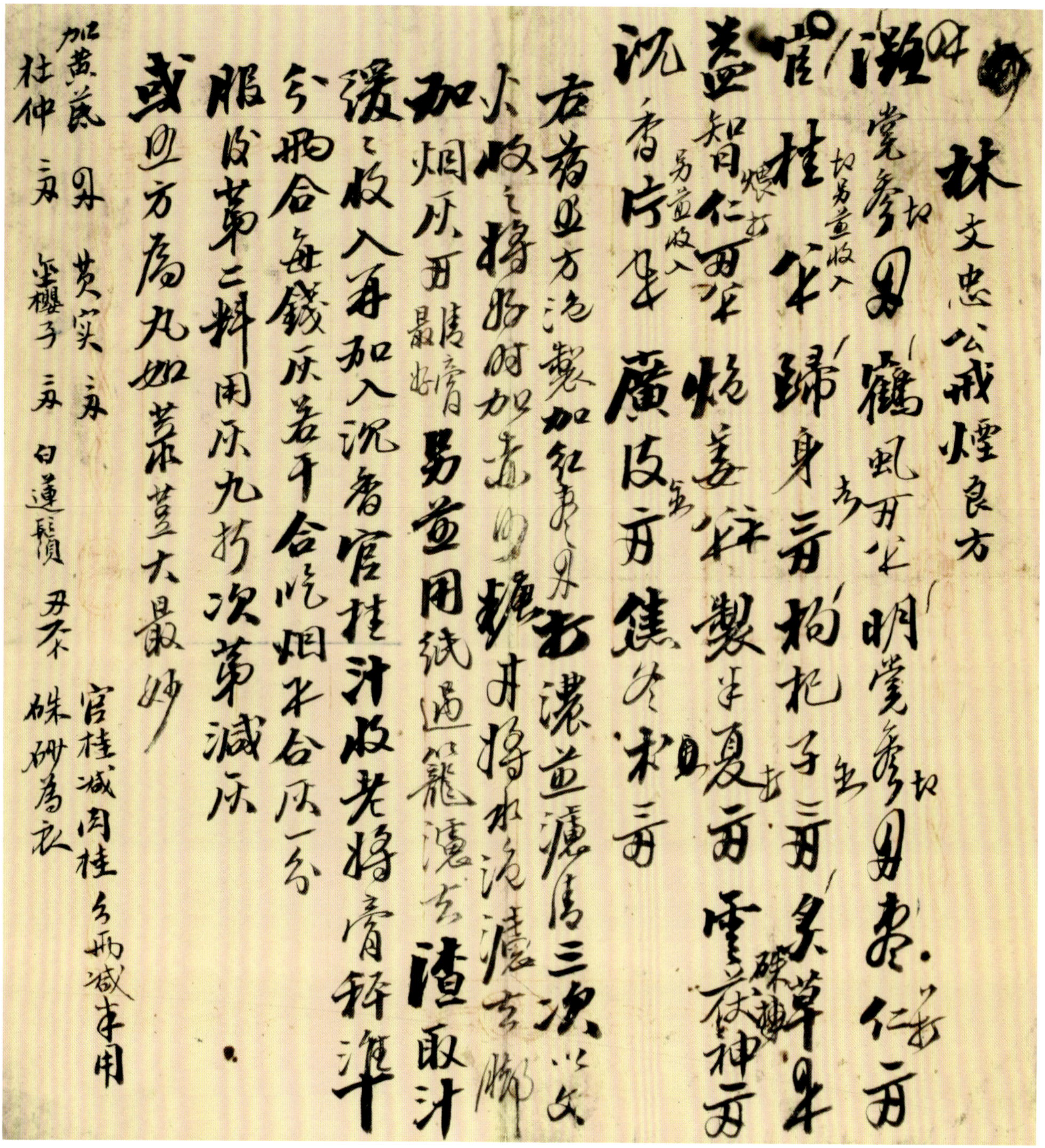

林文忠公戒烟良方

(图四五)

四五　林则徐　戒烟良方册页

林则徐（1785—1850 年），字少穆，福建侯官人。嘉庆进士，在湖广总督任上厉行禁烟，以钦差大臣赴广东，限期收缴外商鸦片，在虎门公开销毁。据《福建论坛》载，道光十二年（1832 年），林则徐在江苏巡抚任上时，曾请青浦名医何书田（1774—1839 年）泡制戒烟良方。此药方书写年代与此记载相符，为研究林则徐禁烟的珍贵史料。

四六　陈鳣　诗稿册

陈鳣（1735—1817 年），晚清著名经学家、藏书家。字仲鱼，号简庄，又号河庄，浙江海宁人。嘉庆三年（1798 年）举孝廉方正，游京师，与钱大昕、王念孙等名士往来。强记博识，精研文字训诂，长于校勘辑佚。阮元称其为浙中研究经学最深之士，家藏图书甚富。

嘉庆十二年（1807 年）八月十一日作

钤："雪坪藏印"、"曾经武林刘翰怡收藏"印。

其三 詞

銘艷哀時唱斷腸墜樓無地問仙娘荒苔舊路胭脂滑夕照殘碑姓字香風月於今迷露榭烟花終古雷塘阿房自覺圖儂禍可惜樽前步旧娘

其四

五里松楸鬱畫屏珠傾翠冷惜娉婷螢燈萬點燐飛碧一縷黛千年塚暈青照膽窗邊金鏡出消魂橋上玉簫聽雞頭有酒澆坏土小桂山多不忍醒

桃花庵 詞 清

棲檻蕭疏聳六嶺清涼亭致時祥似雙橋紅鎖山門浪雨寺鐘敲佛座烟淺色雨餘浮碧靄濃香風定出紅蓮官堤兒女迎神曲來祝音趁曉天

菊花

留春不住却留秋一片黃花貼地柔譜訂羣芳尊隱逸人居三徑擅風流新霜消瘦偏宜我晚節清高孰與儔聞說東籬能釀酒延齡即此是十卯

其二

日邊杏父倚雲栽更見幽姿傍午台莫道香隨朝露冷不妨秋向夕陽開排成類雲一抹起烟鬟點岸辭柯去不還天地何私憑象肅風林太寂任風刪紅歸牆角雙流水青露淮南萬登山試司登高臺上望無邊蕭瑟夕陽間

其三

子滿陰成素有思無端憔悴又參差秋容瘦入新霜後薄影飛從暮靄時人掃階間懷舊緒鳥歸巢冷踏空枝樓臺祇合添高曠此去未嫌月到遲

其四

漫悵吳江夜落楓初驚飄泊雪窓空幾番別恨疎砧外不盡寒声短笛中響答喧蛩敲竹戶點添小雀撲銅籠庾郎最是哀時客腸斷匡床半捲風

玉鈎斜

龍舟鼓吹寂隋家紅染殘春一抹霞人去已消裙畔蝶夢來猶噪鬢邊鴉六宮芳徑埋纖綺十院香泥葬落花調絕水翻新艷曲無端斷送舞腰斜

其二

摇得金釵感浪遊蕭娘空賸舊風流宮眉夜鎖楊花恨殿腳春含錦纜愁帝子夢驚歌旖施美人魂化草溫柔不知一片平蕪綠何地能安四帳秋

（图四六）

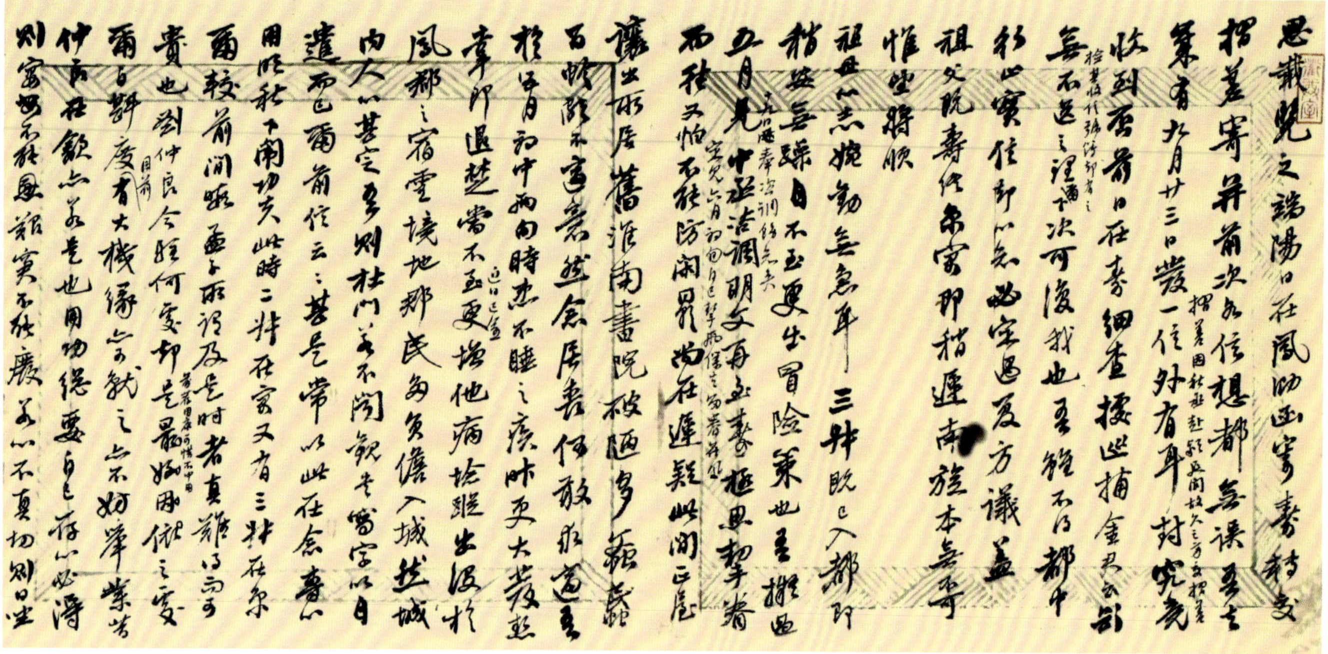

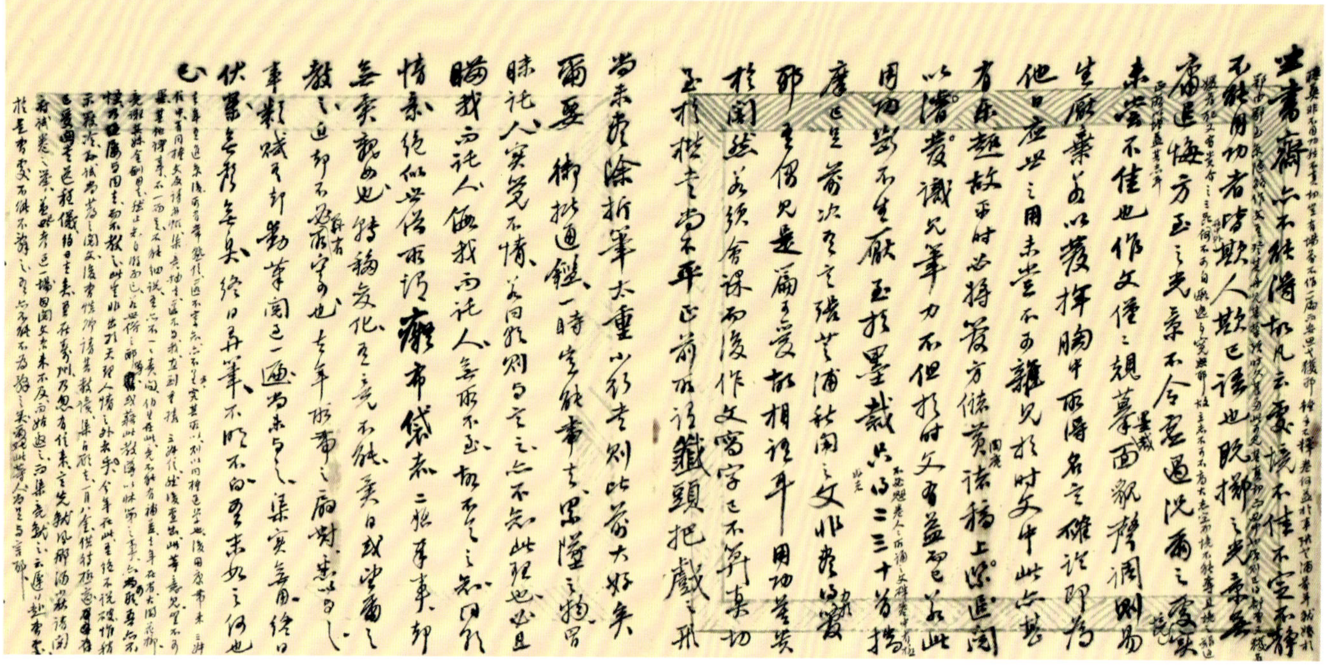

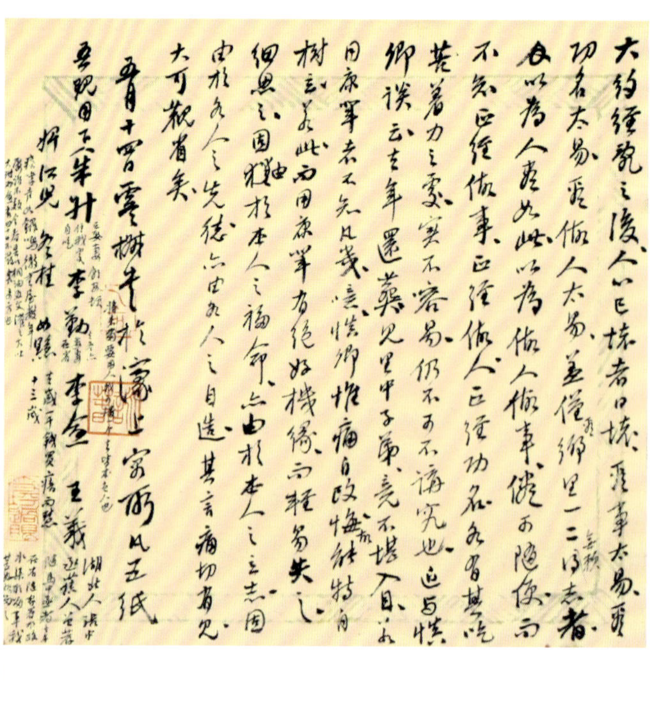

四七　杨沂孙　书札卷

（图四七）

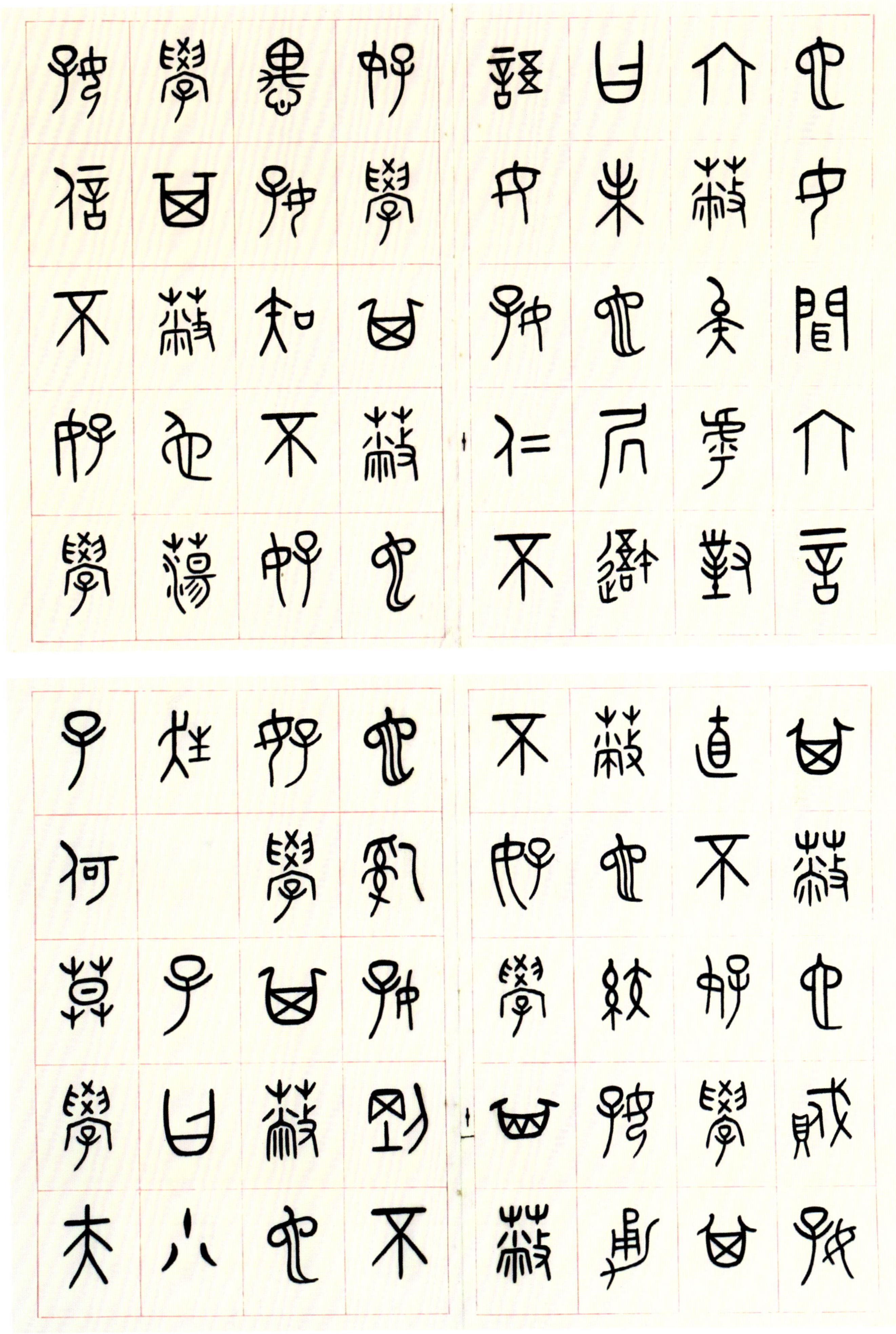

（图四八）

四八　罗振玉　篆书论语册

百家姓字課註解　己卯春二月既望胡適

趙　官話念照　照　對面為丨　竈　廚丨　兆　億　趙　犀丨

錢　鈔　前　後　乾　坤　蟬　夏虫　禪　機　鉗　大者丨小者剪　箝　口不言

孫　子之子曰丨　猻　猴類　順　遂

李　桃丨或行丨　禮　樂　理　天丨情丨　裏　外　裡　同上　里　鄰丨

周　舳　舟　丨船　洲　水　州　丨縣　鳩　班丨鳥俗名付哥々　糾　葛　週　圍

鬏　女人以髮代丨　赳　雄丨丨

吳　東丨　蜈　蚣虫　無　有　毋　必

鄭　音正　震　雷　鎮　市　振　家　証　憑　正　反　拯　濟

王　侯　亡　死

馮　姓　峯　山　蜂　虫　鋒　芒　逢　相　縫　紉

陳　新　城　郭　成　就　呈　獻　程　途　塵　灰　承　情　丞　相

誠　實　臣　君　層　叠　沉　浮　乘　車丨馬　岑　山　鴆　毒鳥

賀　祝　禍　福

倪　姓　泥　土

湯　水

滕　姓丨　謄　寫　騰　飛　籐　葛

殷　實　因　果　陰　陽　蔭　庇　鶯　鳥名　音　声　嬰　兒

櫻　桃　英　雄　鸚　鵡　纓　帽

羅　網　鑼　金丨　螺　螄　羸　羊瘦角　裸　赤体

畢　公事已丨　筆　墨　碧　綠　必　何　壁　板　璧　玉　逼　威　鱉　魚

郝　姓　鶴　仙

鄔　姓　烏　鴉　誤　錯　悞　事　悟　省　晤　會　嗚　嗚呼

安　樂　岸　堤　鞍　馬

常　時　長　短　藏　隱　場　疆　臟　腑

樂　禮　藥　湯

于　姓　魚　蝦　榆　樹桑丨　愚　拙　圩　港　虞　險虞　餘　乏

（图四九）

迦唐虞遠古殷叁宗周入暴秦争雄七国相兼并文章兩漢空陳
迹六粉南朝送廢塵李唐趙宋慌忙盡最可嘆龍盤虎踞盡銷磨
燕子春燈
弔狂逢哭比干羨莊周拜〻納未央宮裏王孫慘南來慧范徒興
譜〻尺珊瑚只自殘孔明枉作英雄漢早知道茅廬高卧省多少
只出祁山
撥琵琶續〻彈喚庸愚警懦頑四條絃上多哀怨黃沙白草無人
蹟古戍空雲亂鳥還處羅慣打孤飛雁收拾起漁樵事業任從他
風雪関山
風流家世元和老旧曲翻新調扯碎状元袍脱郏烏紗帽俺唱這
道情兒归山去了

呂祖仙师警世歌

紅塵白浪兩茫〻忍辱和柔是妙方到處隨緣延歲月終身安分
過时光休將自己心田坏莫把他人過失揚謹慎應酬無懊悔耐
煩作事好商量從來硬弩絃先斷每見剛刀易傷惹禍盡從
口舌招尤多爲熱心腸是非不必爭人我彼此何須論短長世界
自來稱缺陷幻身到底屬無常吃些虧處原無害讓幾分时也不
妨春日纔逢楊柳綠秋風又見菊花黃榮華總是三更夢富貴還
同九月霜老病死生誰替得酸鹹苦辣自承當人徒巧計誇伶俐
天自從來定主張諂曲貪嗔真地獄公平正直即天堂麝因臍美
自生喪蚕爲絲多命早亡一服養神平胃散多争強百年渾是戲
又場悲欢離合朝〻樂好醜妍媸日〻忙何須頻戚〻敎歇不知何
處是他鄉
神仙留下一良方固本保原種德堂熟讀存心長作用消災免禍
養生湯趨吉避凶能化氣寬怀解悶也心光益志清心治百病愆
游福壽自安康

乾隆廿六年五月錢塘袁枚記於隨園

勸貞詩 三十六首并跋

我曾失足走危坡子夭身淹妻久病一旦猛然真悔悟妻安子育
中高科
才子風流不乏人暗中折算每沉淪因吟里句逢人勸說法何妨
我現身
他人妻女想踰墻百計營求圖一歡汝女汝妻人若誘爾時君又
髮衝冠
雖無其事有其心意往神馳情不禁一念邪淫萬神怒福消禄减
禍駸〻

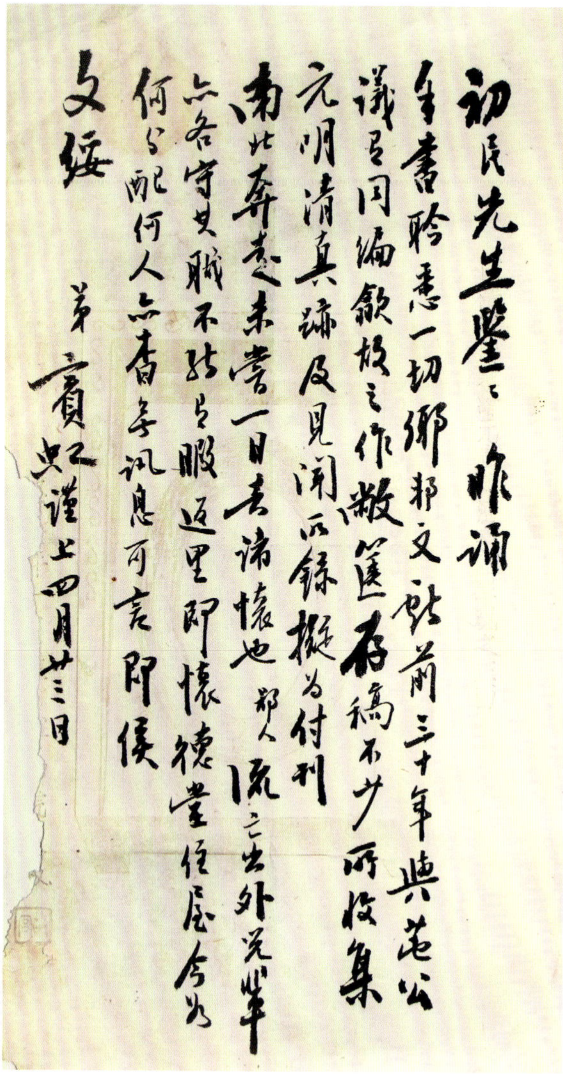

（图五一）

五一　黄宾虹　致初民函

五二　黄宾虹　行书跋青铜器铭文拓片册页

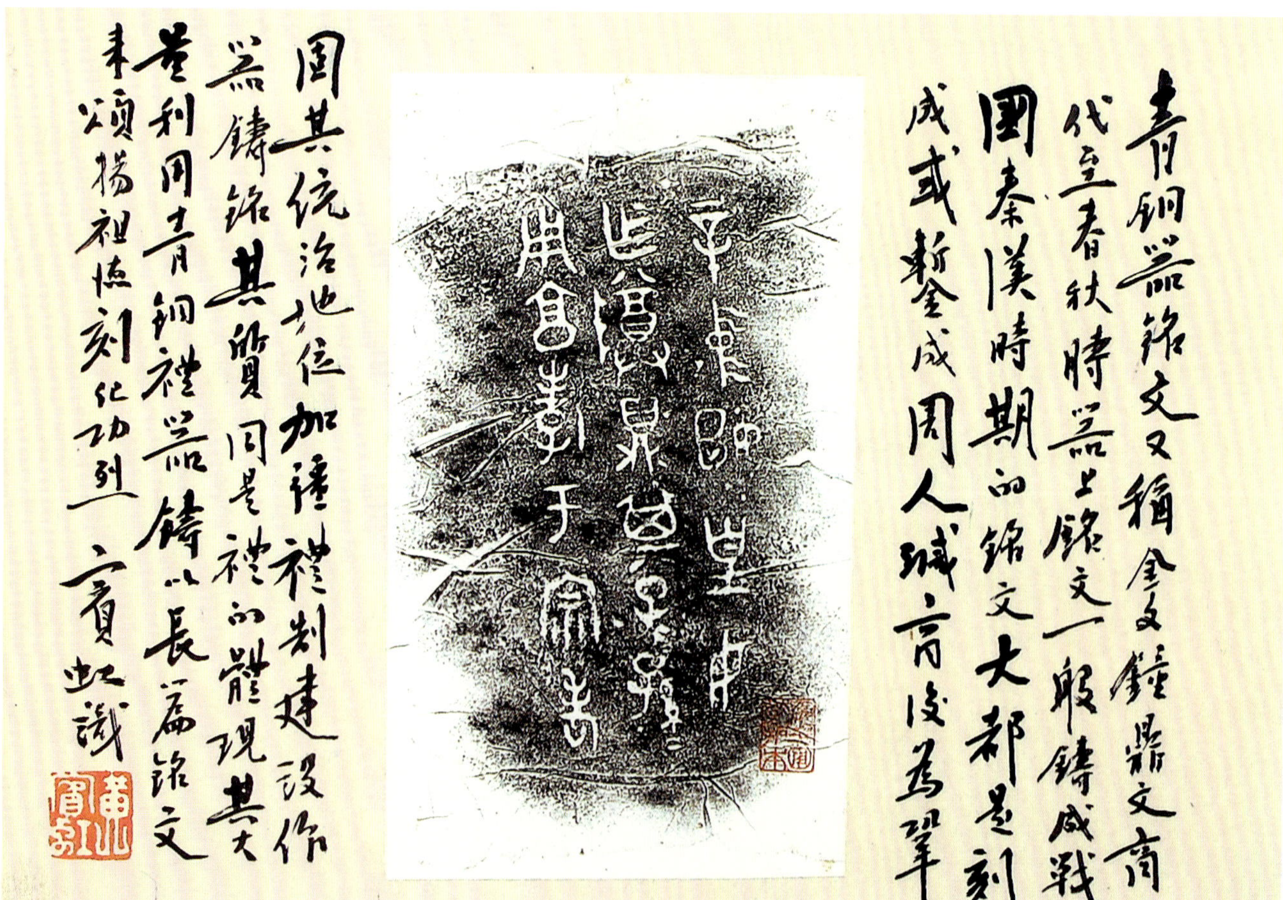

（图五二）

（图五三）

五三　黄宾虹　题武梁祠画像石拓本册页

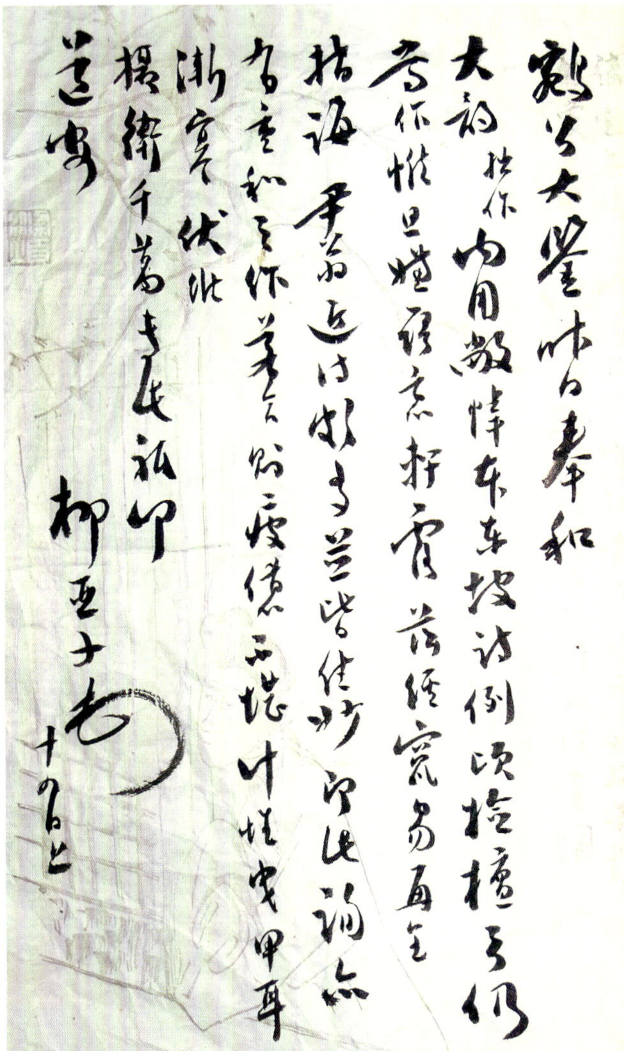

（图五四）

五四　刘亚子　致鸦公函

刘亚子（1887—1958 年），诗人。名慰高，号安如、亚庐，后改名弃疾，字稼轩，号亚子，江苏吴江人。出身书香门第，少时从母亲学唐诗，受父亲影响赞成变法维新，1905 年后加入国学保存会、光复会、同盟会。民国时任孙中山秘书，国民党中央监察委员等职。1949 年出席第一届全国政协会议，建国后任中央人民政府委员，全国人大常委会委员。著有《磨剑室诗词集》、《磨剑室文录》、《柳亚子诗词选》等。

如松柏之　二句

神錫無疆要於能繼而已蓋松柏之茂惟其承也而神之福君者如之詩何善言悠久哉若曰人閱人而爲世是故累世之謂累葉言乎其相代也嗟乎人之不能無相代于世也有如此綿々者乎臣于是續南山而有頌已嘗近覽于一世一世真須臾耳盛也朝榮衰也夕萎不知幾朝夕矣復遠覽夫百世百世猶須臾耳昔也春菀今也秋零不知幾春秋矣而彼奇岩秀壑之間有若悠然而自爲世者則松柏茂焉消長之幾物所莫能遁也曾是尋常迭爲遷變而亦不出尋常矣此落々者而豈無消長乎乃何以唯見其長不見其消且不見其消誰見其長一若獨保其貞于氣機之外而無興盈虛新故之感人所難爲懷也即夫揺落尋復鮮妍而已多此揺落矣彼丸々者而豈無新故乎乃何以第覺其新不覺其故且第覺其故不覺其新一若常示其美于嗟賞之餘而略無絕續則以其承而已如其茂者亦無不如其承而已非茂何以或承則承者自依然茂也究其間茂者潛移而松柏不移也非承何以長茂則茂者亦遞然承也迨其後承者屢易而松柏不易也此承々者非松柏之世乎如君之世而如松柏之有葉豈卜之所及哉

湛々露斯　豐草

天無私澤先見於物之豐者爲夫湛露不獨在豐草而在豐草若較多者此可以興同姓之燕乎且王者有燕以示慈惠既曰不醉無歸矣乃頌我諸父兄弟而復興懷于湛露者何也夫露之湛々必被于物而後見也試遐眺夫芳菀之中更近覽於玉堦之畔則有不忍芟夷萋々而繁衍者斯何物乎復有不勝厭浥冉々而低垂者又何爲乎蓋露與草相宜也自葉流根不啻淪肌而浹髓露與豐草尤相洽也自宵至旦有如滿意而傾心然則湛々露斯而在彼豐草乎何能無感也且天計物之數而加之惠沾者或未均也孰若不知其數而物自不能遺其數則汪濊詎有涯乎有豐草之地而露下之不必有豐草之地而露亦下之豐草固善取天之有餘者也而湛露不居其德已抑使準物之量而予之思飫者尚未快也孰若不爲之量而物自不能過其量則浩蕩豈無節乎豐草之能受而露注之非盡豐草之能受而露猶注之湛露固善處物之無厭者也而豐草易見其盈已是故天澤無窮不期其徧而徧湛々之露物々以爲天之私我而天非私也君澤無窮亦不期其徧而徧厭々之飲人々以爲君之私我而君無私也蓋王者之燕同姓如此而異姓可知矣

（图五五）

五六　蔡元培　行书题古镜拓本册页

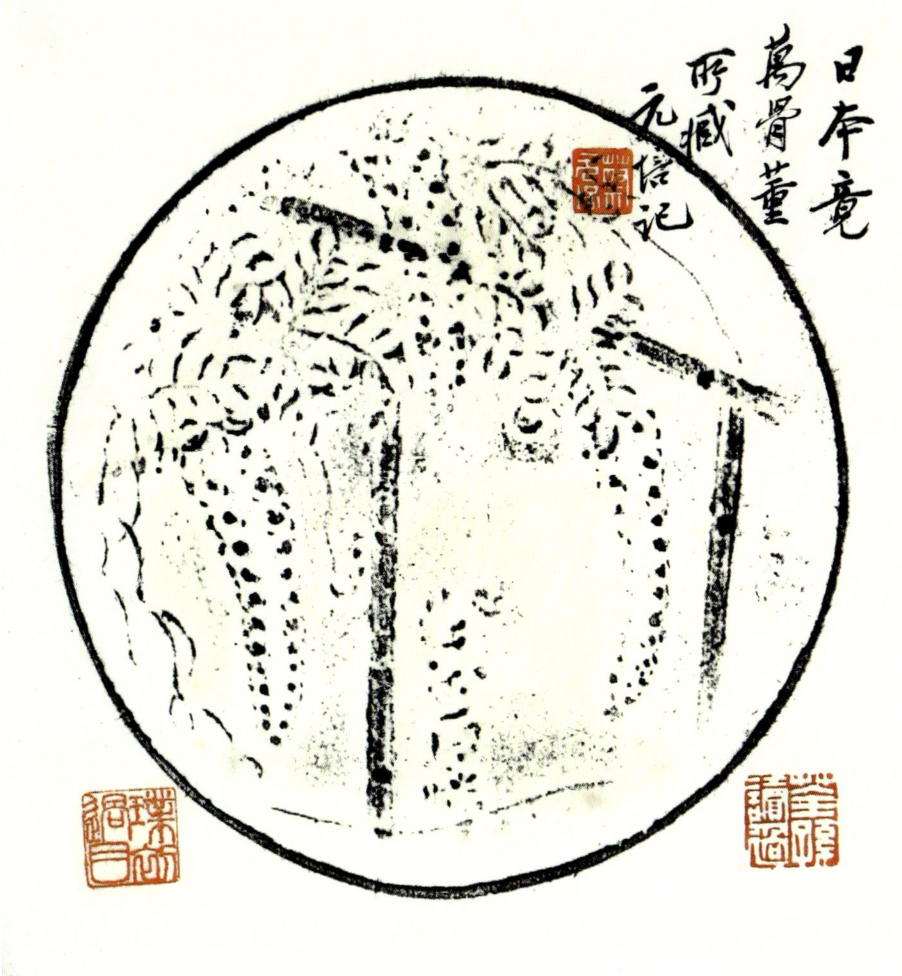

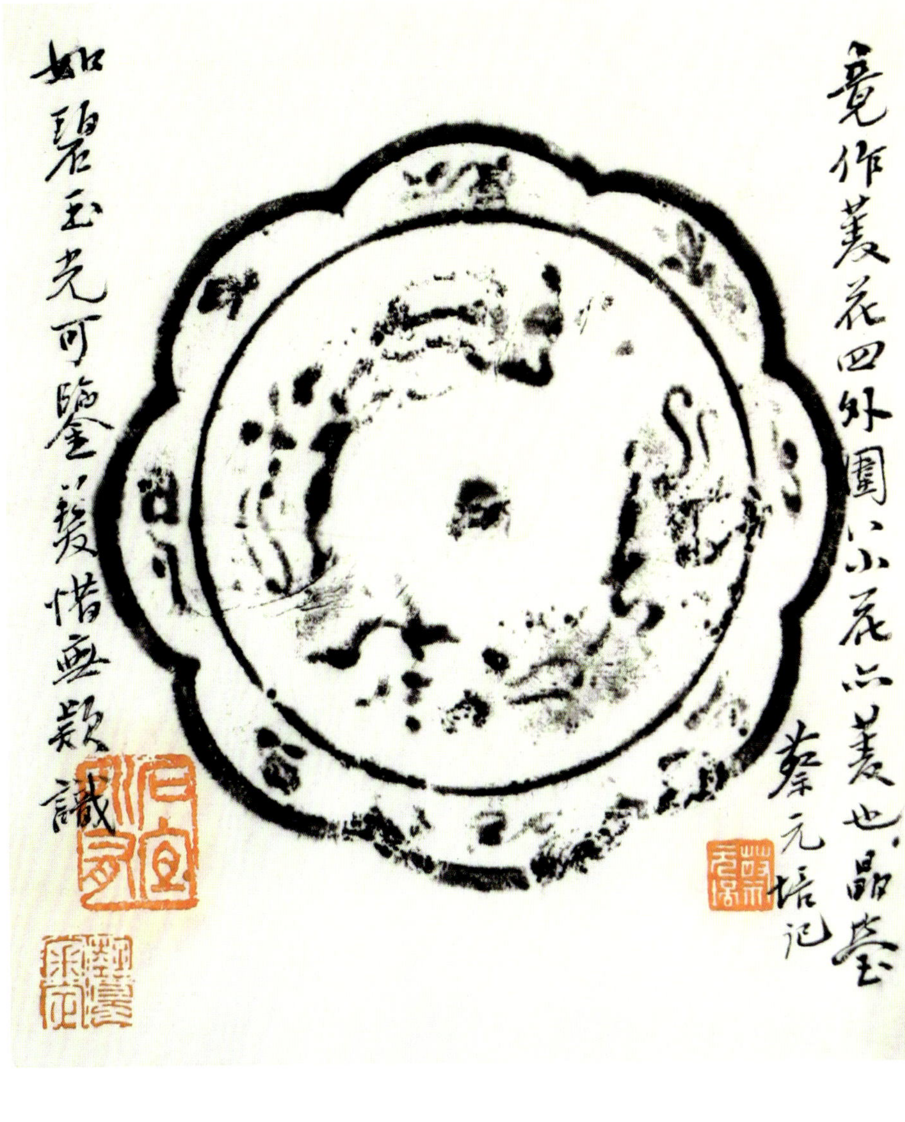

（图五六）

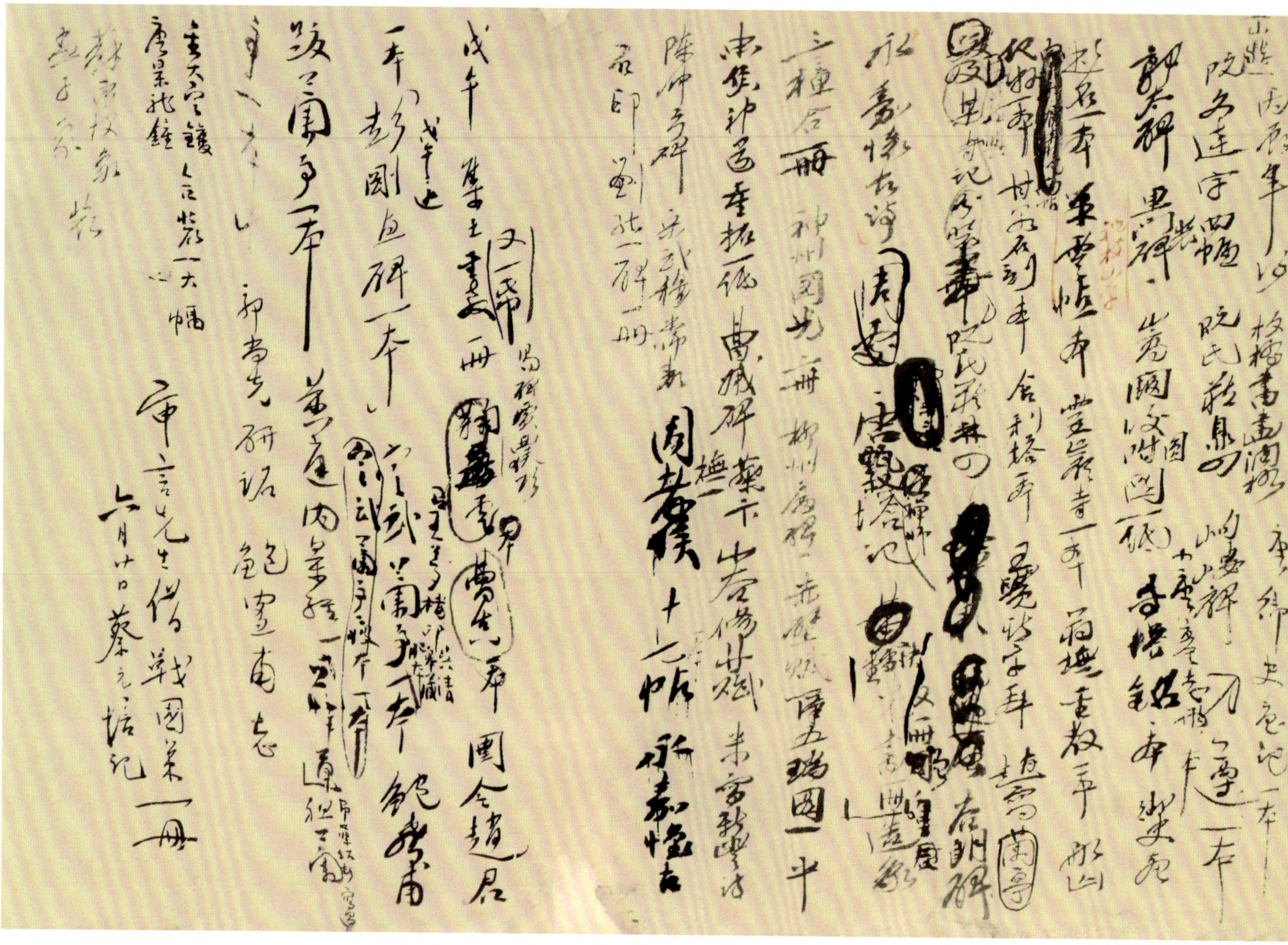

（图五七）

五七　蔡元培　记碑版目录草稿

蔡元培（1868—1940年），近代著名政治家、教育家、思想家。字鹤卿，号孑民，浙江绍兴人。光绪进士，早年以兴办教育和刊物提倡民权、宣传革命。留学德国莱比锡大学研究哲学、文学、美学和心理学，在法国创办留学勤工俭学会。1912年起任南京临时政府教育总长，1916年起任北京大学校长。

五八　谭嗣同　瘗鹤铭考

五九　谭嗣同　章草册页

谭嗣同（1865—1898年），近代著名革命家，“戊戌六君子”之一。字复生，号壮飞，湖南浏阳人。早年遍游南北，今文经学、佛学、西方自然科学无不涉猎。甲午战后，著《仁学》倡新学，兴办新政。变法失败后，誓不逃避，昂然就义。此批书稿，为光绪二十二年，也就是就义前两年的春天至秋天，在江南活动时所书。书写地点主要在宁波天一阁，也有在上元（南京）时书写的，书法清整，表现了一个青年革命家的勤奋与才华。

丙申（1896年）书于寥天一阁。

光绪二十二年（1896年）荷月复生客于上元并书。

钤：“复生”印。

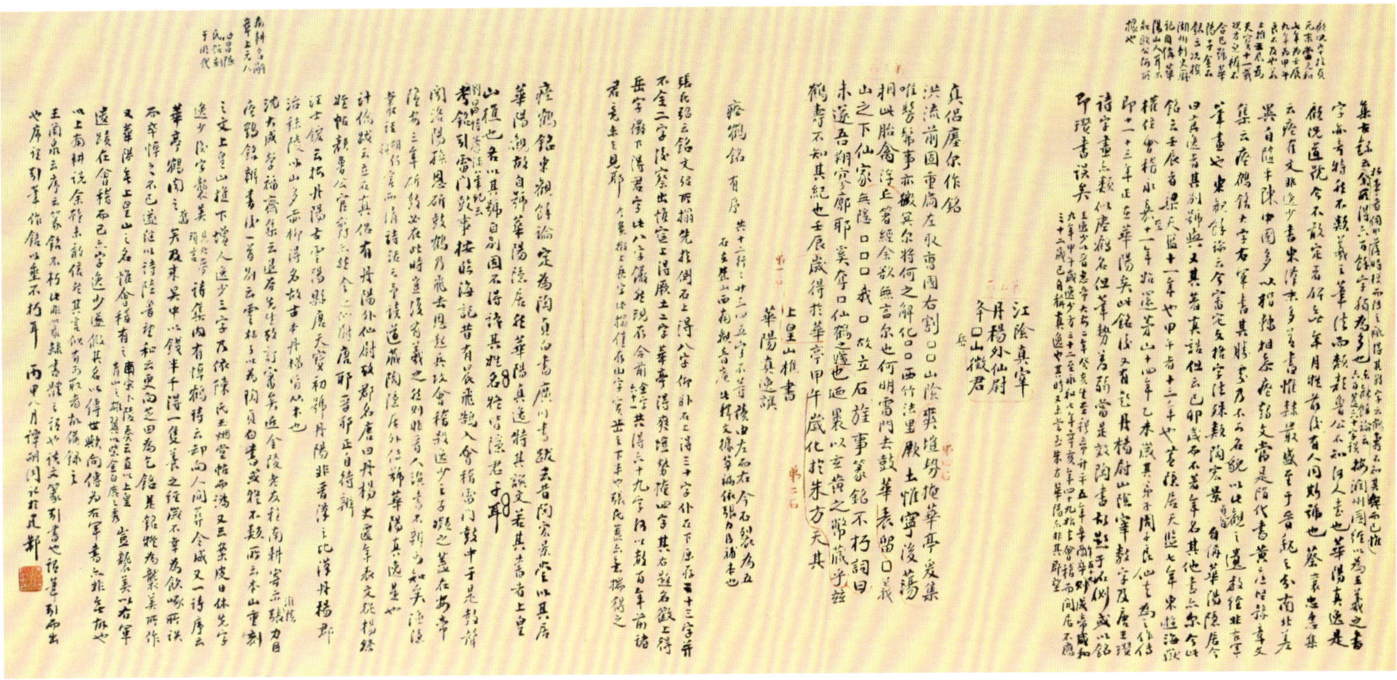

（图五八）

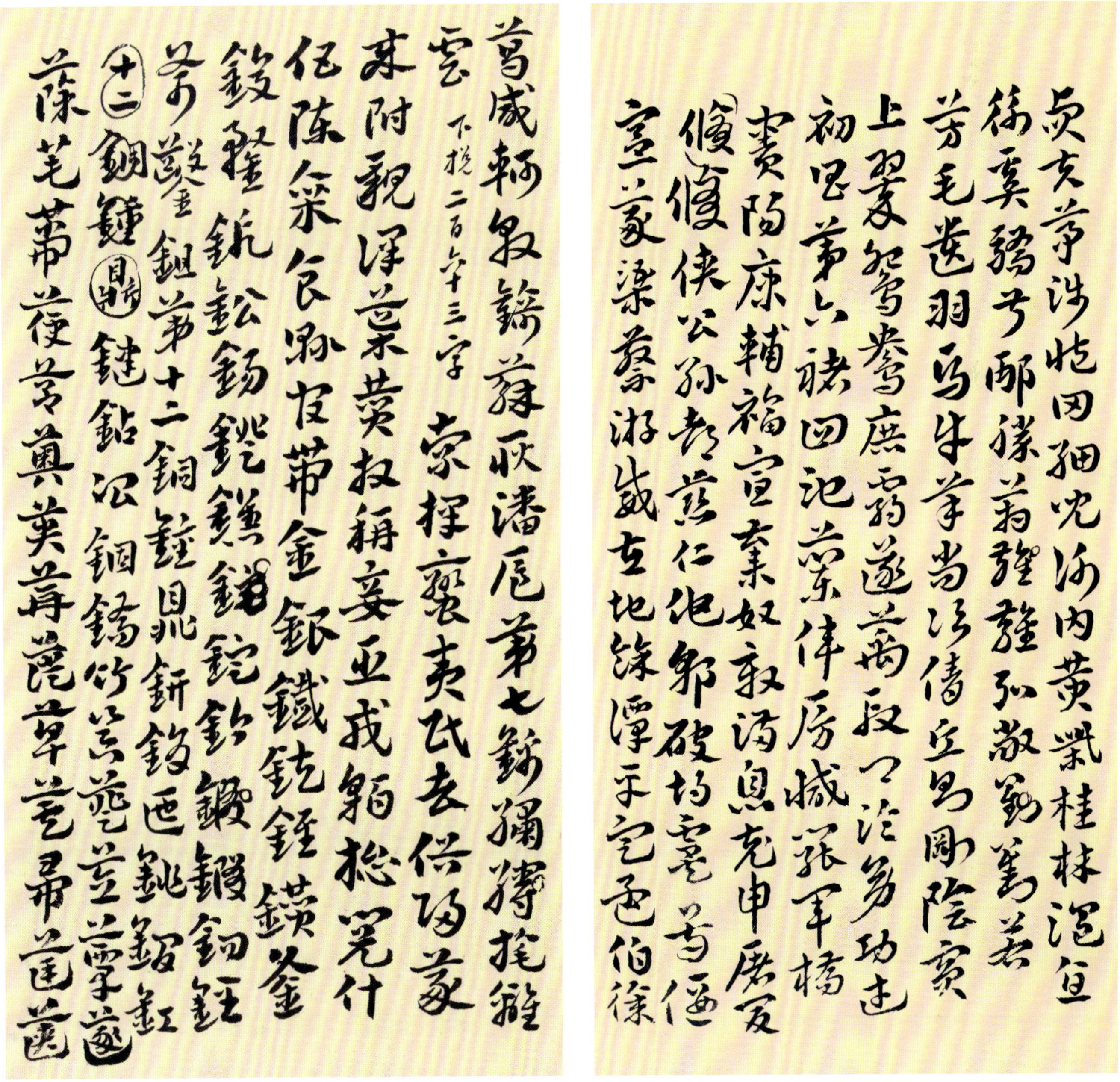

（图五九）

戲答趙伯充勸莫學書及為席子澤解嘲 黄魯直

平生飲酒不盡味五鼎饋肉如嚼蠟我醉欲眠便遣客三年窺牆亦面壁空餘小來翰墨場松煙兔穎傍明窗偶隨兒戲灑墨汁衆人許在崔杜行晚學長沙小三昧幻出萬物真成狂龍蛇起陸雷破柱自喜奇觀繞繩牀家人罵笑寧有道污染黄素敗粉牆誠不如南鄰席明府蛛網鎖硯蝸書梁懷中探丸起九死才術頗似漢太倉感君詩句喚夢覺邯鄲初未熟黄粱身如朝露無牢强玩此白駒過隙光從此永明書百卷自公退食一爐香

書磨崖碑後 黄魯直

長格類 第一正長格 十三韻 十四 蒔薰精舍

春風吹船著語溪扶藜上讀中興碑平生半世看墨本摩挲石刻鬢成絲明皇不作苞桑計顛倒四海由祿兒九廟不守乘輿西萬官已作烏擇栖撫軍監國太子事何乃趣取大物為事有至難天幸爾上皇跼蹐還京師内間張后色可否外間李父頤指揮南内凄涼幾苟活高將軍去事尤危臣結春陵二三策臣甫杜鵑再拜詩安知忠臣痛至骨世上但賞瓊琚詞同來野僧六七輩亦有文士相追隨斷崖蒼蘚對立久凍雨為洗前朝悲

走答明略適堯民來相約奉謁故篇末及之 黄魯直

君不見生不願為牛後寧為雞口吾聞向來得道人終誰與春工掀百蟄此時還復借君詩餘力汰輈仍貫笠揮毫落紙勿言疲驚龍再起震失匙

泰少游夢發殯而葬之者云是劉發之柩是歲發首薦泰以詩賀之劉涇亦作因次其韻 蘇子瞻

君看三代士執雉本以殺身為小補居官死職戰死綏夢尸得官真古語五行勝己斯為官官如草木吾如土仕而未祿猶賓客待以純臣蓋非古饋焉曰獻稱寡君豈比公卿相爾汝世衰道微士失己得喪悲歡反其故草袍蘆箠相嫵媚飲食嬉游事羣聚曲江船舫月燈毬是謂舞殯而歌墓看花走馬到東野餘子紛紛何足數

長格類 第一副長格 十三韻 四 蒔薰精舍

二生年少兩豪逸詩酒不知軒冕苦故令將仕夢發棺勸子勿為官所腐塗車芻靈皆假設著眼細看君勿誤時來聊復一飛鳴進隱不須煩伍舉

歲在丙申四月復生譚嗣同書於白下

六〇 谭嗣同 楷书古诗三格

（图六〇）

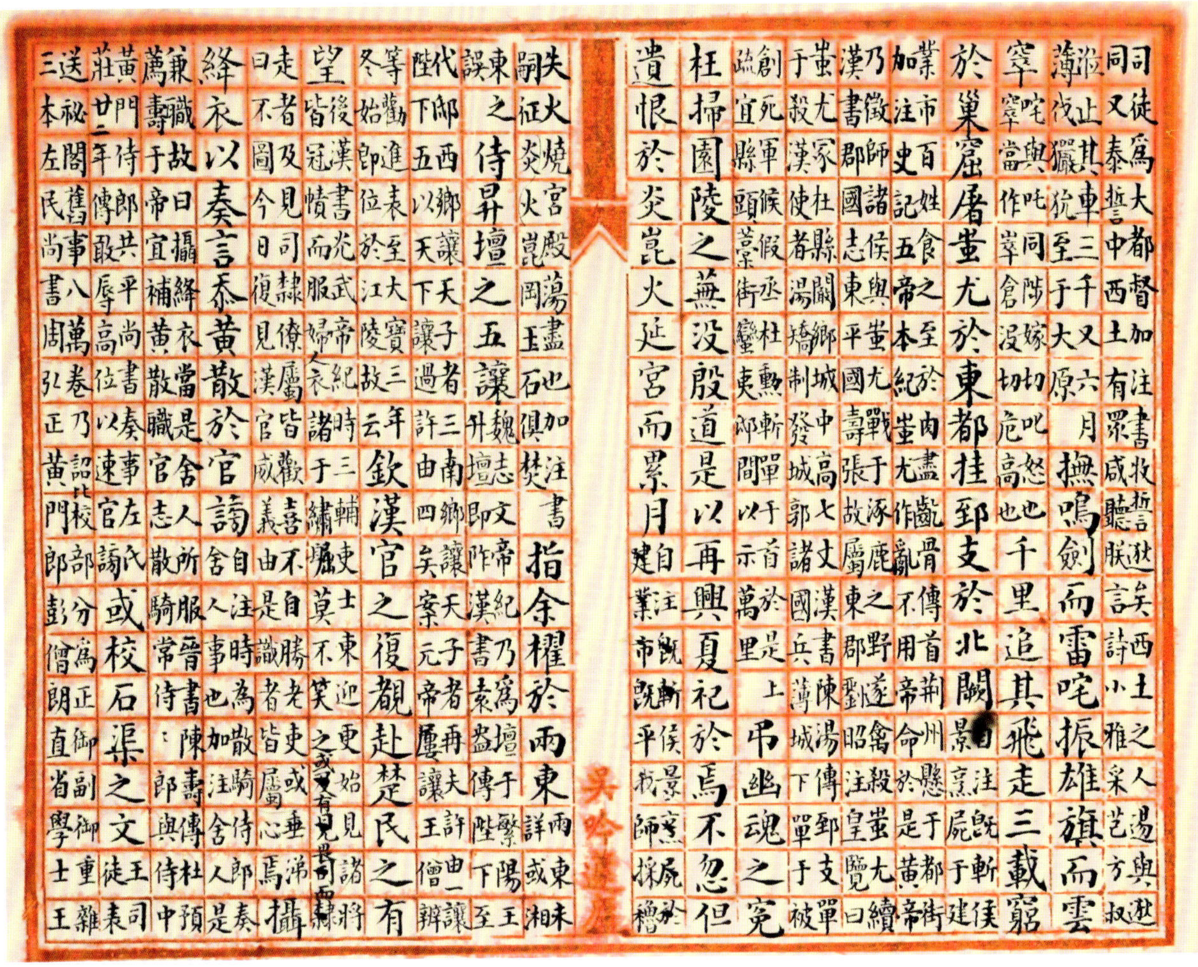

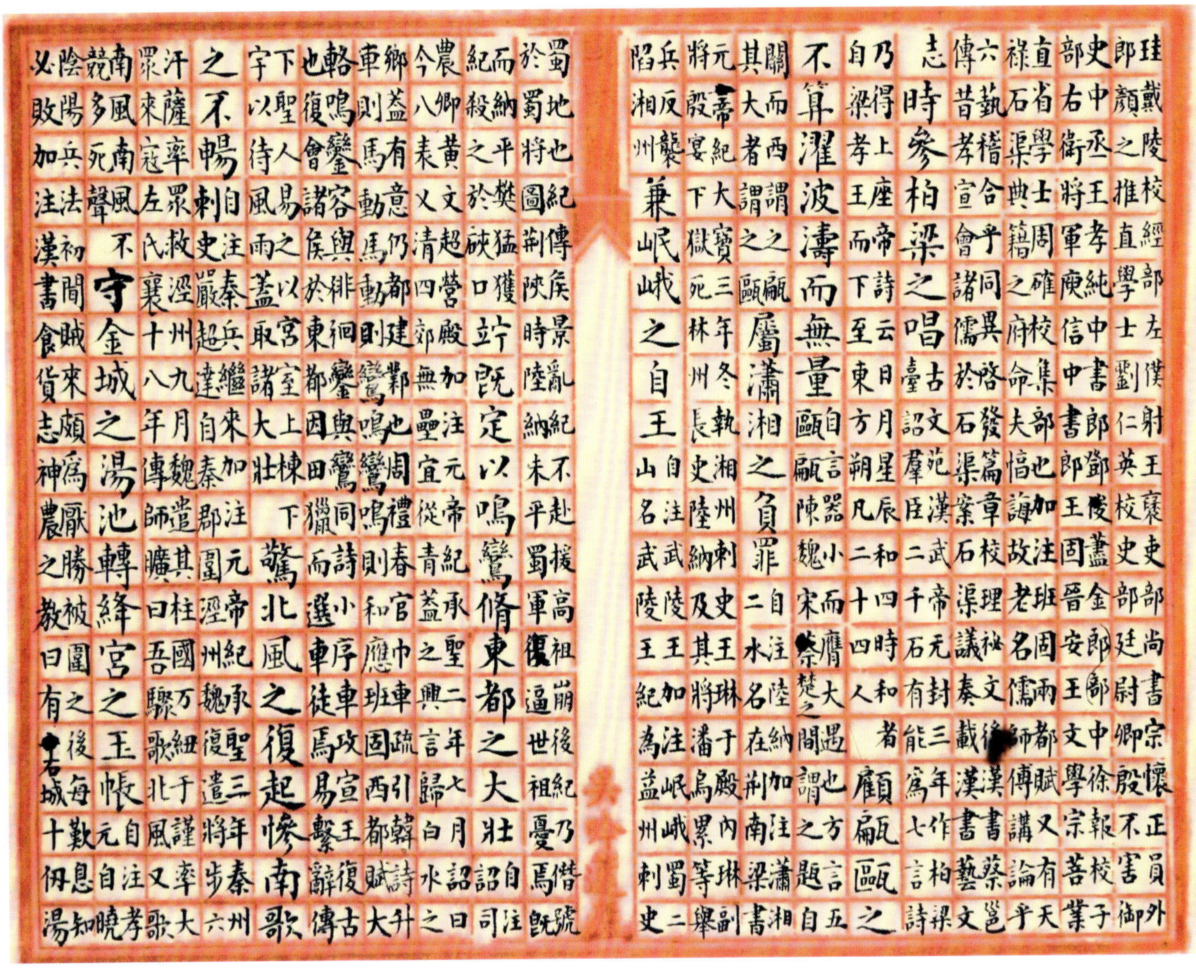

（图六一）

六一　潘祖荫　楷书录北齐书文苑传册

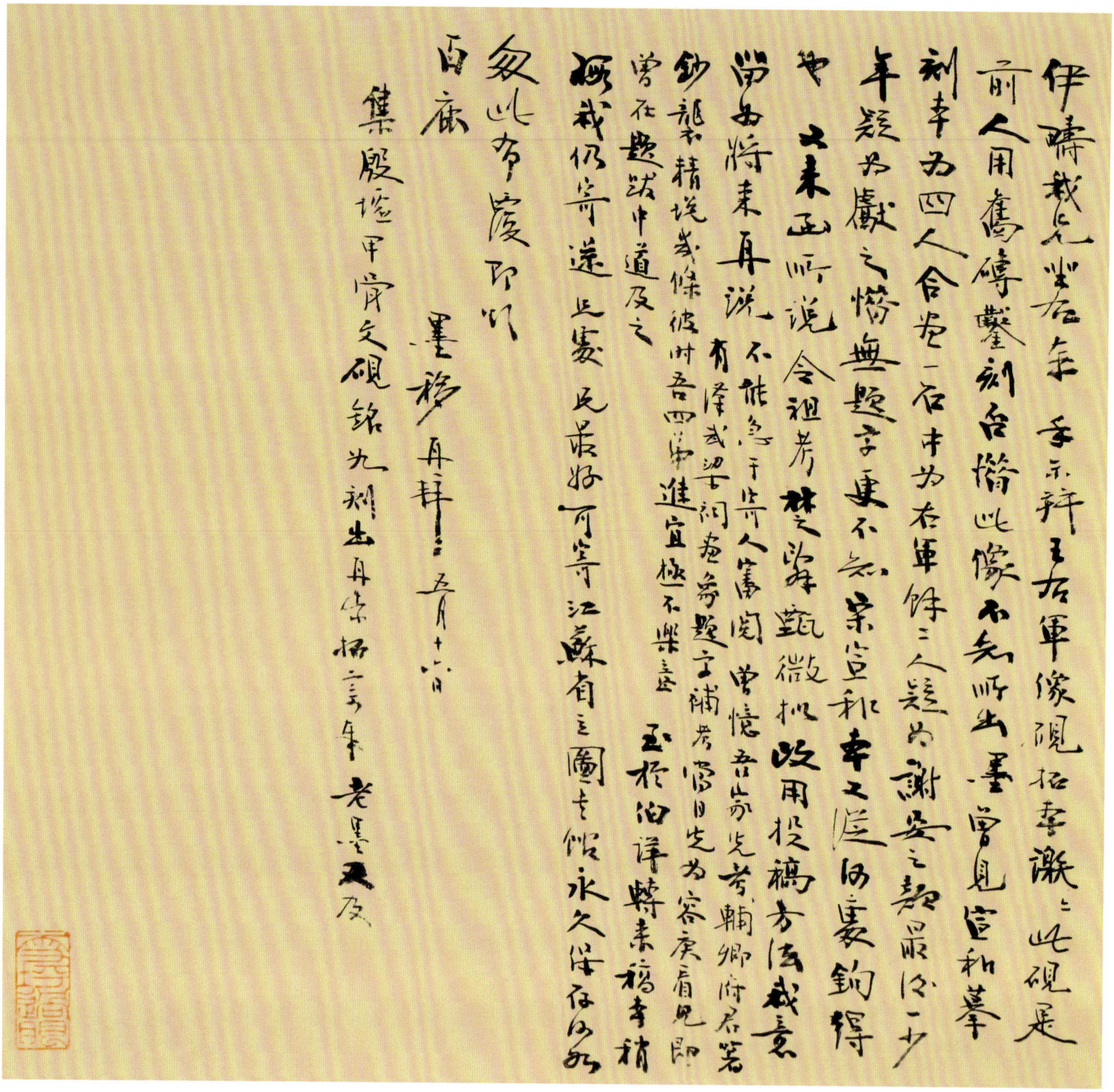

六二　陈邦福　致伊畴信函　（图六二）

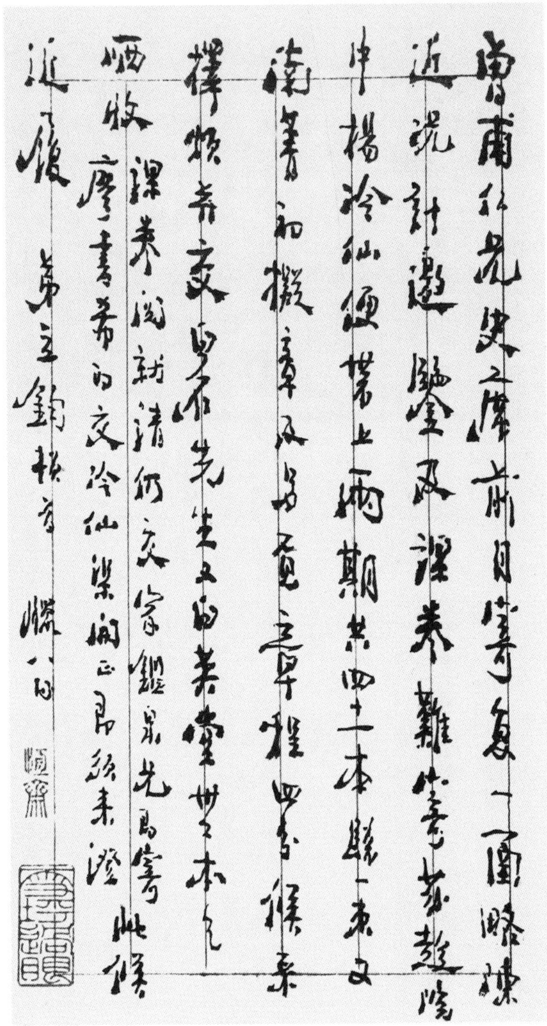

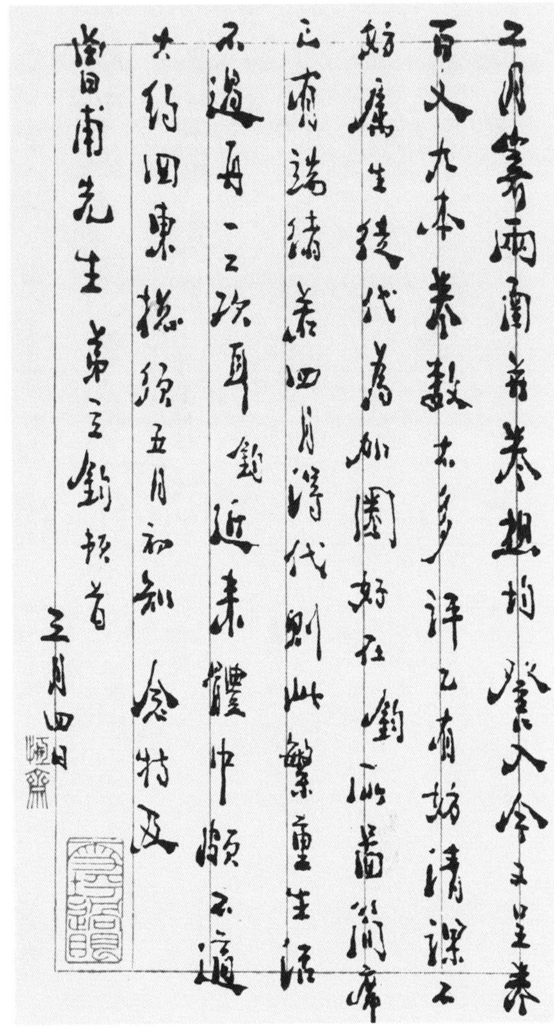

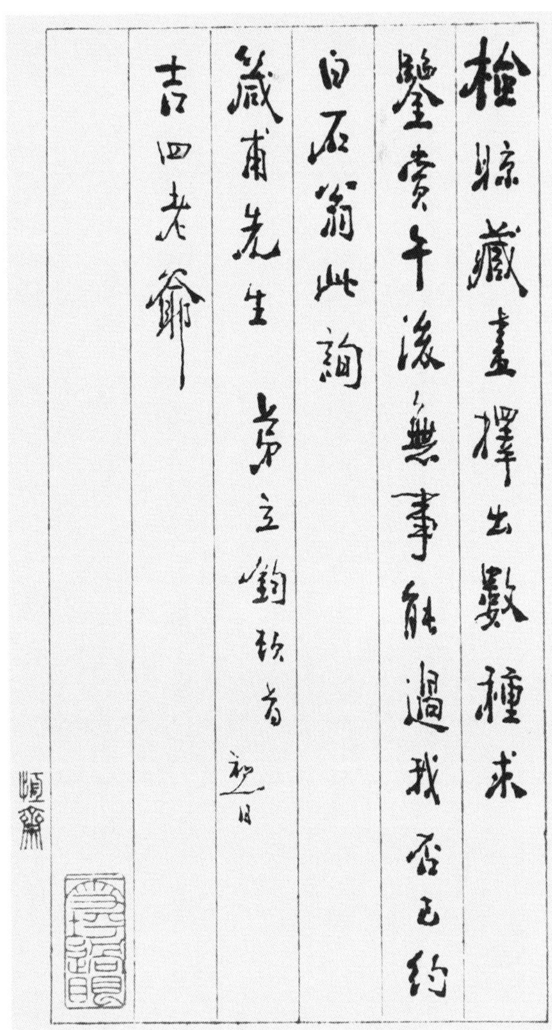

（图一 1—3）

一　丁立钧　致吉曾甫函

丁立钧（1854—1903 年），晚清著名学者、书画家。字叔衡，号恒斋，祖籍江苏镇江人，随父于清咸丰三年（1853 年）迁居东台城。光绪进士，官山东知府，曾典试湖南。甲午战争前，撰《历代边事辑要》一书，怒斥李鸿章甚力。清光绪二十一年（1895 年）七月与康有为等筹组北京强学会，并为此义捐。晚年主江阴南菁书院，后改办学堂教授士子。此册书札内容，多有新的办学体制思想。光绪二十八年七月病逝于东台寓所。

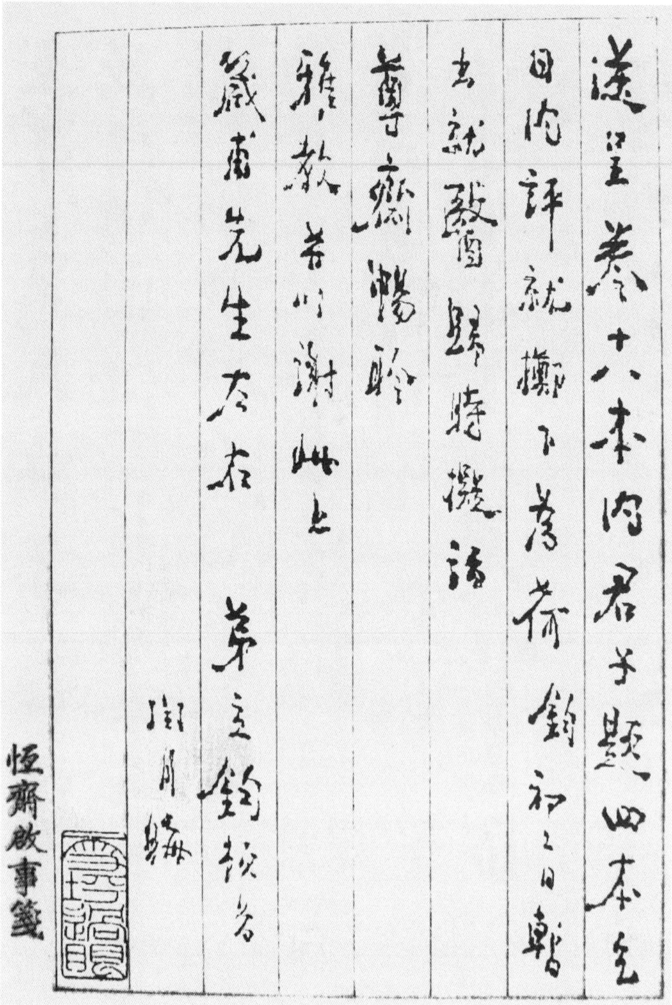

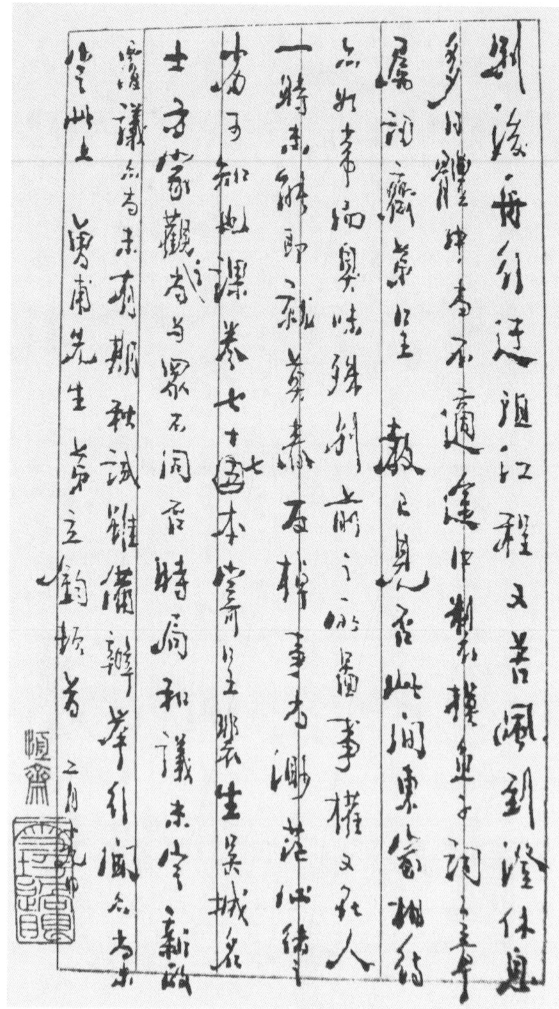

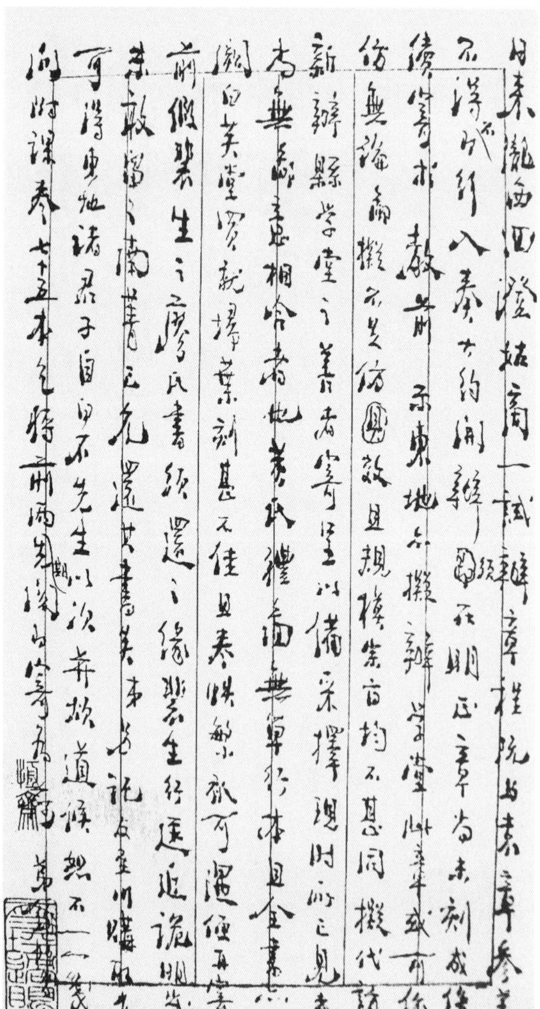

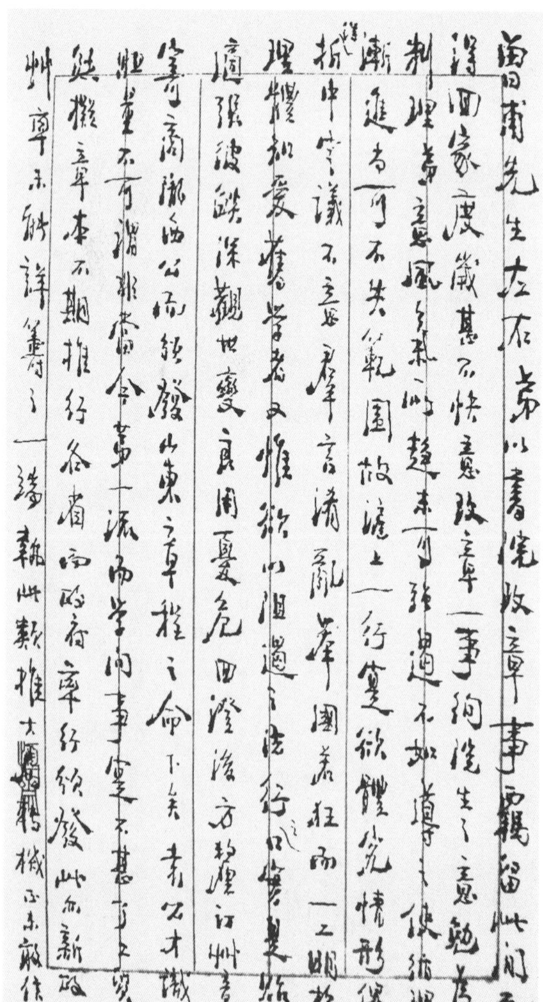

一　丁立钧　致吉曾甫函

（图一　12—15）

一 丁立钧 致吉曾甫函

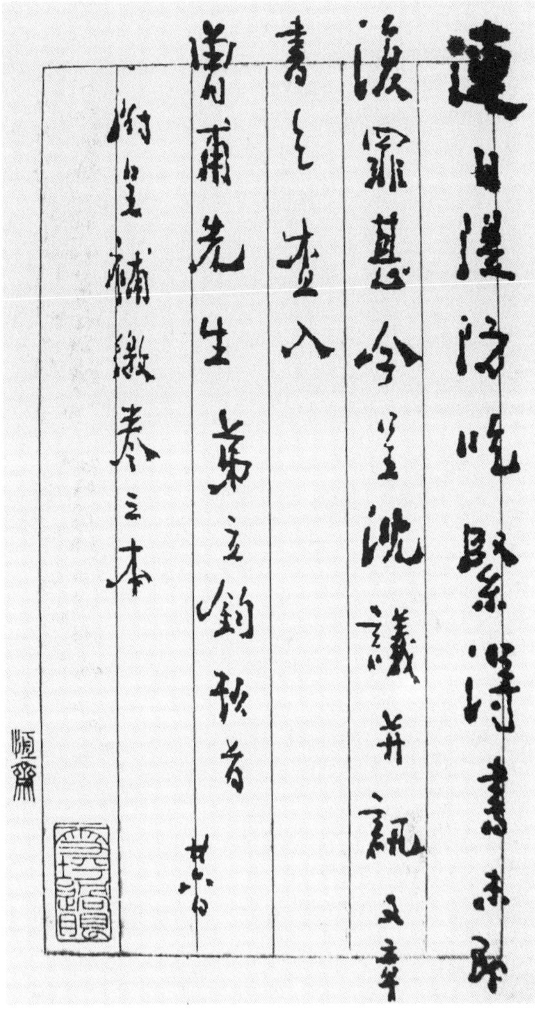
連日從防吃緊詩書未暇
讀羅甚念今呈沈議并[illegible]文章
書之查入
曾甫先生 弟立鈞頓首
附呈補徵[illegible]三本
恒齋

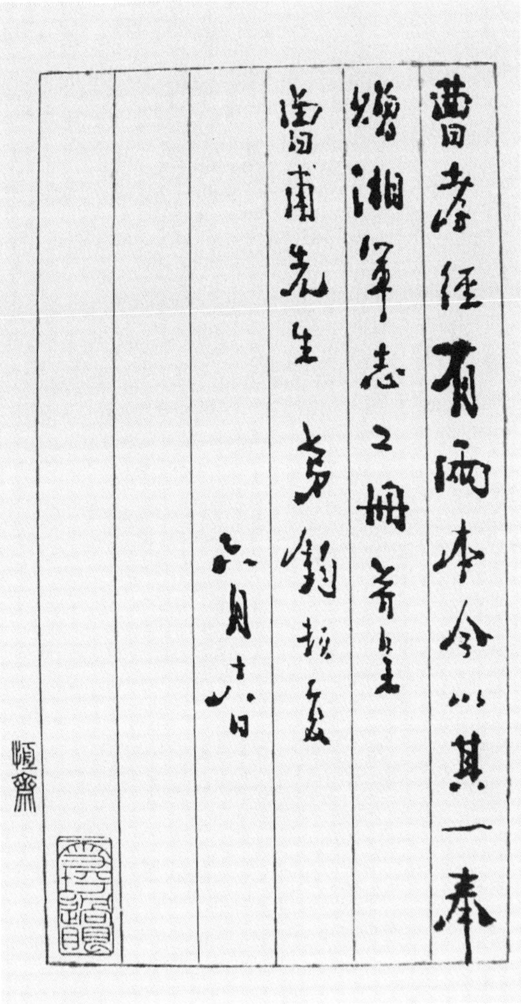
曹孝經有兩本今以其一奉
贈湘軍志之冊并呈
曾甫先生 弟鈞頓首
六月十六日
恒齋

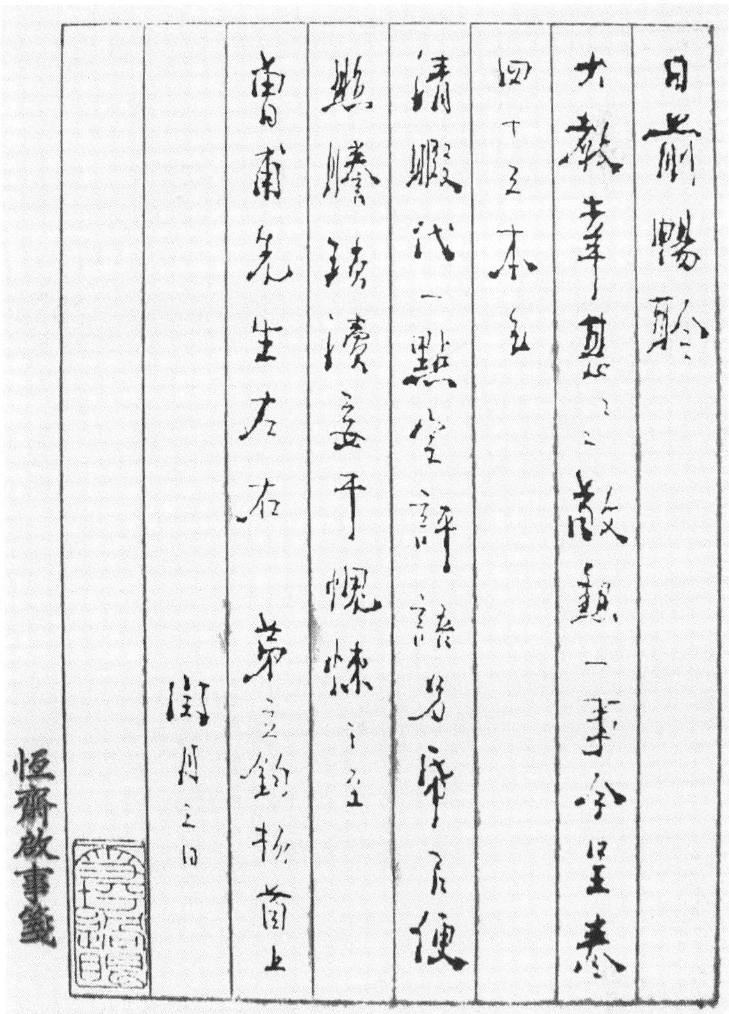
日前暢聆
大教幸甚幸甚[illegible]一事今呈奉
四十三本至
請暇代一點定評語[illegible]便
照謄瑣瀆至于愧悚[illegible]
曾甫先生左右 弟立鈞頓首上
閏月三日
恒齋啟事箋

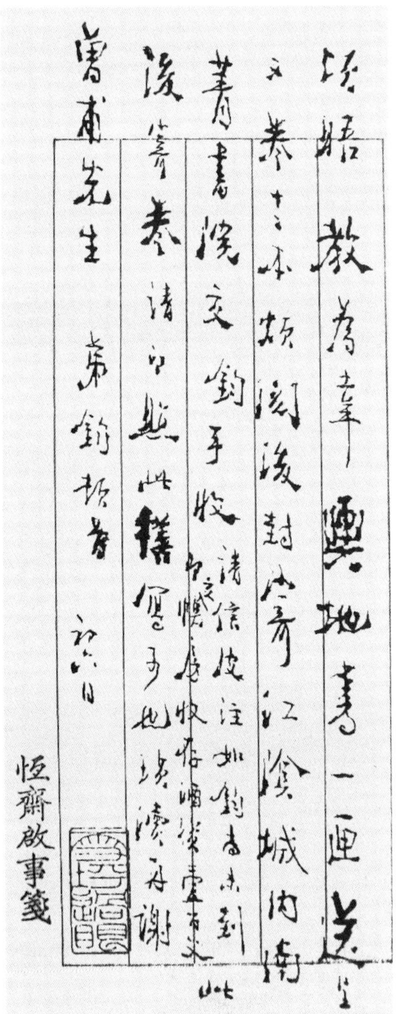
瑣瀆教[illegible]與地書一匣送呈
又叢十三本校閱後封[illegible]江陰城內[illegible]
菁書院文鈞手校[illegible]
後寄叢請即照此[illegible]
曾甫先生 弟鈞頓首
初六日
恒齋啟事箋

（图一 16—19）

一 丁立钧 致吉曾甫函

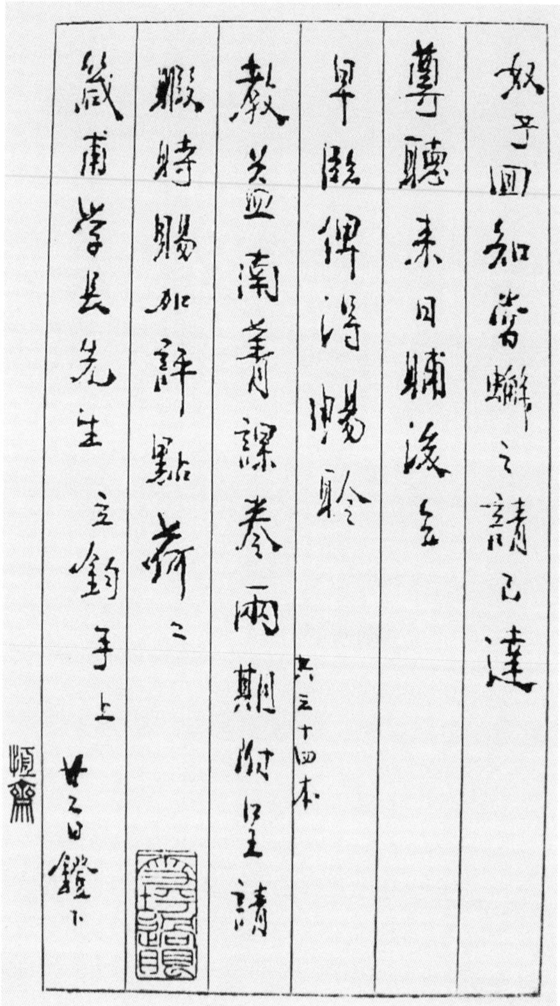
奴子回知當辦之請已達
尊聽未日晴後至
早啟俾得暢聆
教益南菁課卷兩期附呈請 共三十四本
暇時賜加評點爲之
箴甫學長先生 立鈞手上 廿七日鐙下

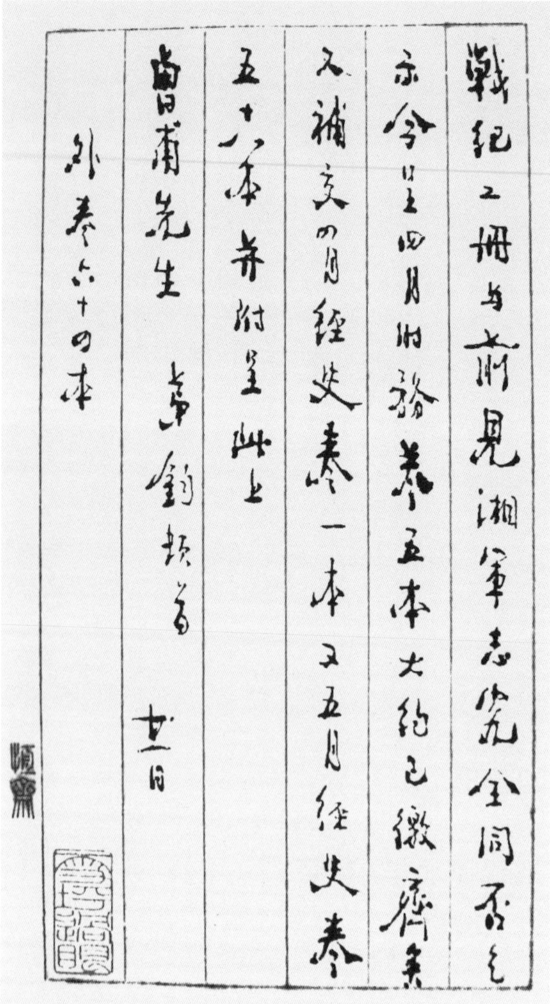
戰紀二冊與前見湘軍志完全同否乞
示今日又四月份務本卷五本大約已繳齊矣
又補交四月經史卷一本又五月經史卷
五十六本并附呈此上
曾甫先生 立鈞頓首 廿一日
外卷六十四本

（图一 20—21）

日前東巖來承
示賜和家兄述懷詩
凡近允推和詩第一惟家兄盼寄各殷
即希
付僕交下以便彙寄毋任企禱此上
曾丈吾師 立棠叩頭 七夕前日

（图二—1）

二 丁立棠 笺一通

丁立棠（1860—1918 年），字禾生，号訒庵，系丁立均堂弟。清光绪年间乡试附贡生。后在东台经营布匹油麻，1907年春，被商界人士公推任东台商会总理。清宣统年成立富商绅董民团，稳定盐阜一带社会秩序，推进地方工业和手工业生产的发展。民国七年病逝。

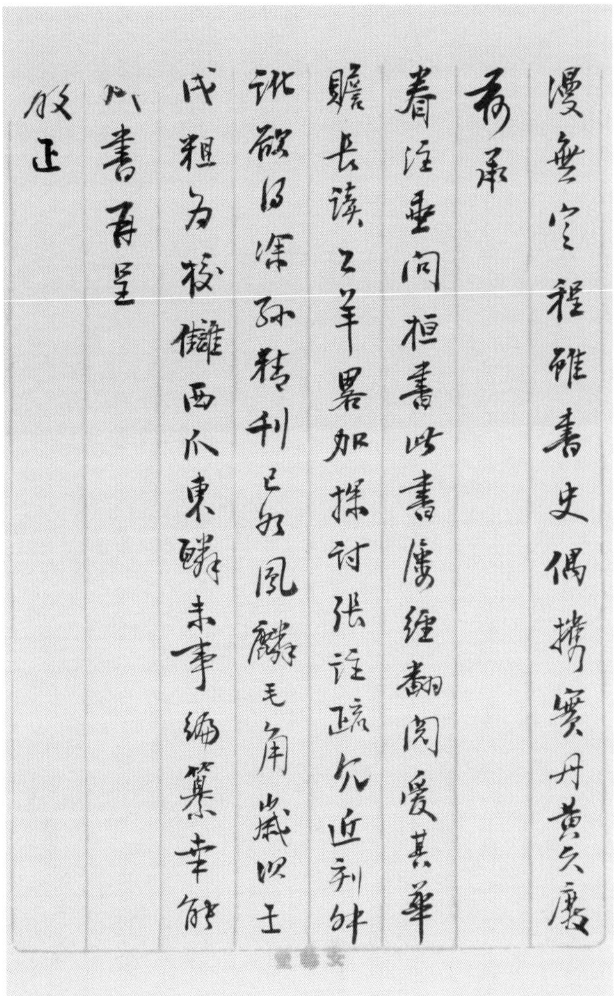

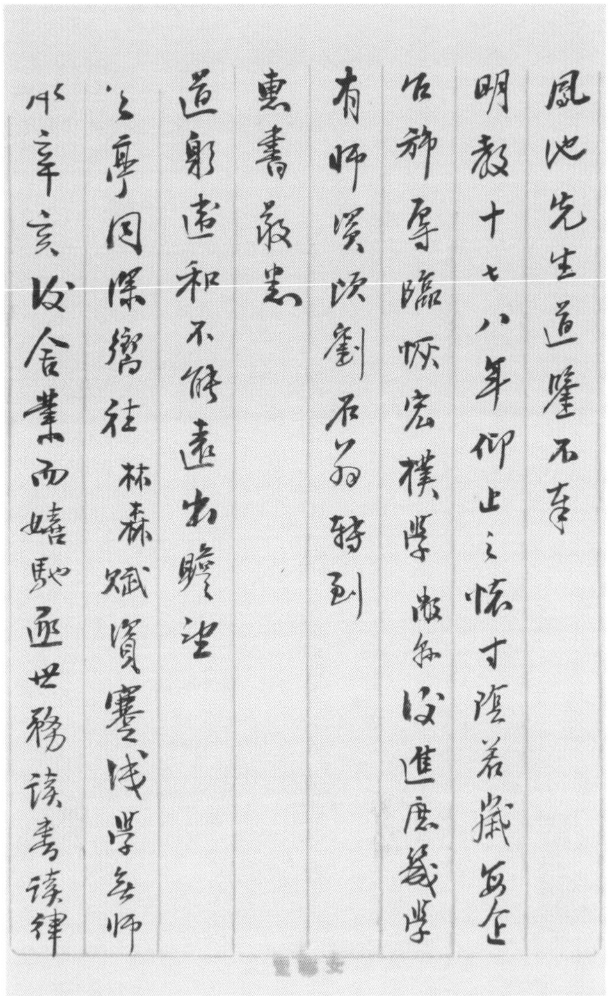

三　丁林森　致吉曾甫函

丁林森　不详

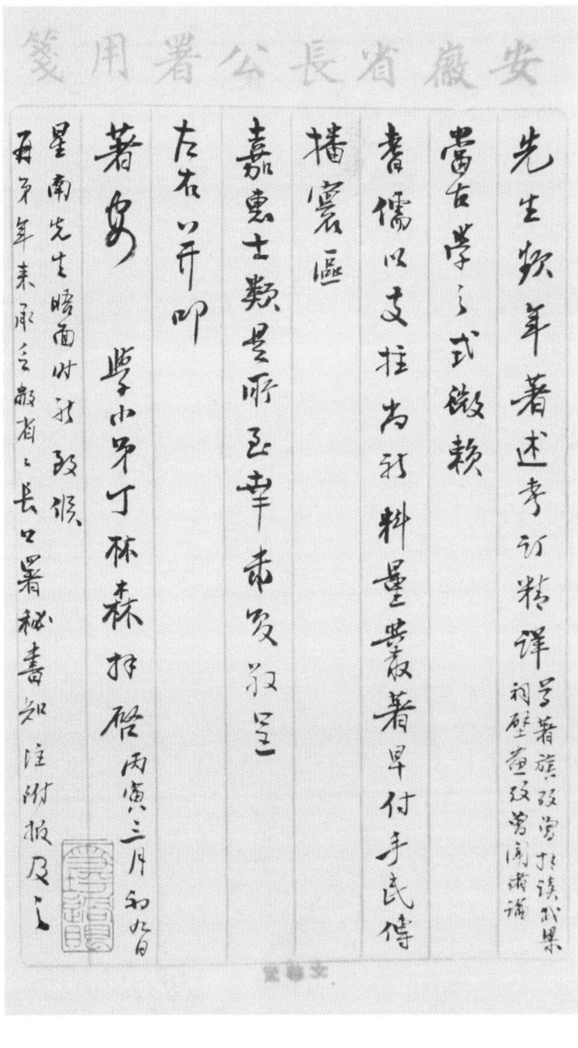

（图三　1—3）

四　丁林森　致石宜函

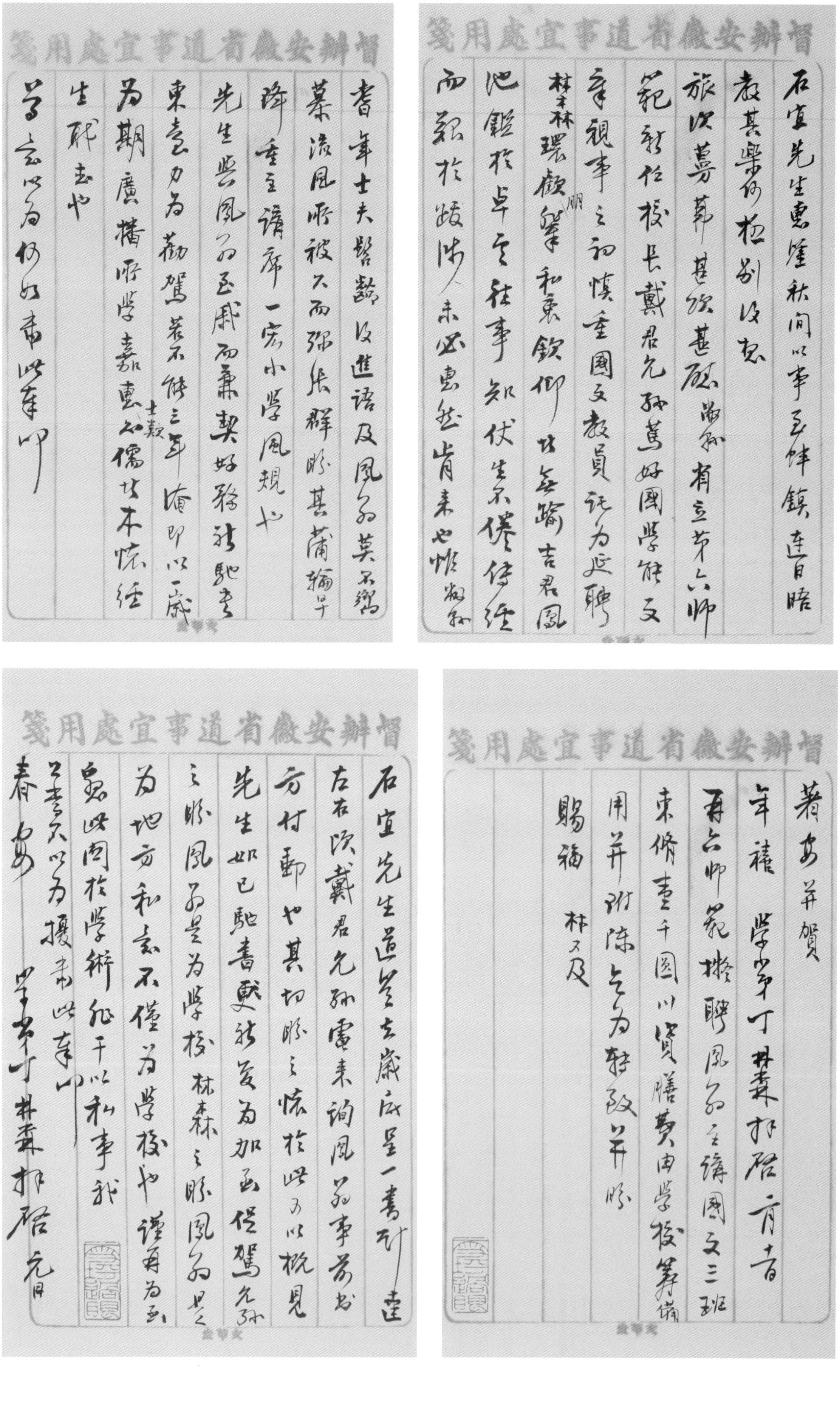

石宜先生惠鑒：秋間以事至蚌埠鎮，連日晤教，甚樂。自相別後，忽忽旅次，匆匆甚歉甚紉。省立第六師範新任校長戴君允孫，篤好國學，能文章，視事之初，慎重國文教員，託為延聘。林森環顧儕輩，和衷欽仰者無踰吉君鳳池。鑒於卓之往事，知伏生不僅傳經，而難於跋涉，未必惠然肯來也，悵惘。者年士夫譽齡以進，語及風氣，莫不嚮慕，清風所被，不而彌張，群盼其蒲輪早降，垂至講席，一宏小學風規也。先生其風氣且戚而兼契好，務祈馳書東吉君，力為勸駕，若不能三年，准即以一歲（士數）為期，廣播所學，嘉惠士儒，其本懷經生所志也。另念以為何如，希此佈即

著安，并賀

年禧。學弟丁林森拜啓　十二月十日

再啓者：六師範擬聘風氣至講國文三班，束脩壹千圓，以資膳費，由學校籌備，用并附陳，乞為轉致，并盼

賜覆。林又及

石宜先生道鑒：去歲曾呈一書，計達

左右。頃戴君允孫電來詢風氣事，茲將函付郵，其切盼之忱，於此可以概見。

先生如已馳書，更祈再為加函促駕。允孫之盼風氣，是為學校；林森之盼風氣，是為地方。和衷不僅為學校也。謹再為函懇，以關於學術，非干以私事。我公素以為援，希此布即

春安。學弟丁林森拜啓　元日

（图四　1—4）

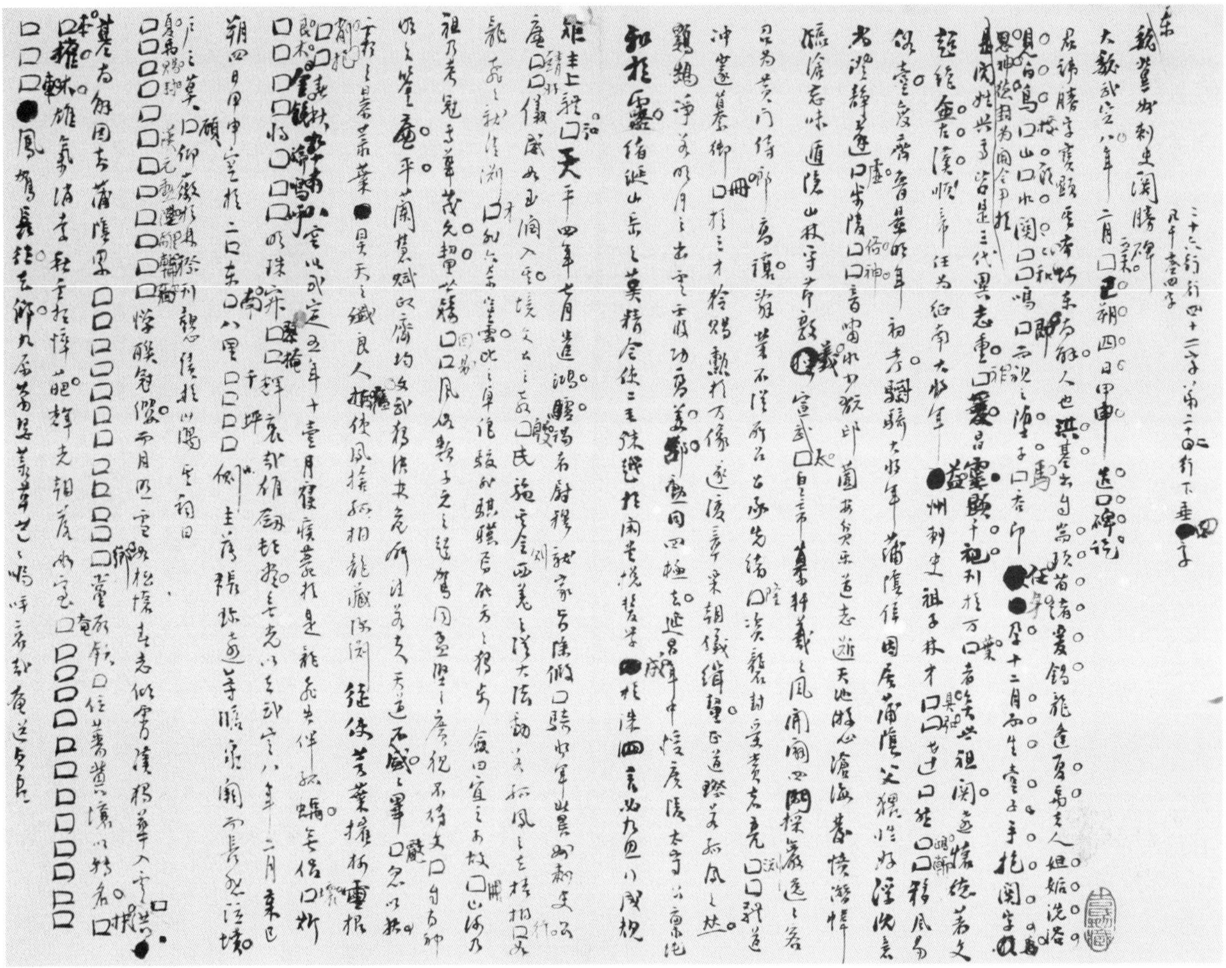

五　丁辅之　行书跋东魏冀州刺史关胜碑册页

丁辅之（1879—1949年），近代著名篆刻家，西泠印社创始人之一。名仁，字辅之，号鹤庐，浙江杭县人。1904年，在杭州与蒋仁等创办西泠印社。工画梅花果品，擅书甲骨文，嗜印成癖，家以藏书声闻海内。

民国三十五年（1946年）四月十八日行书跋东魏冀州刺史关胜碑，记于海上。

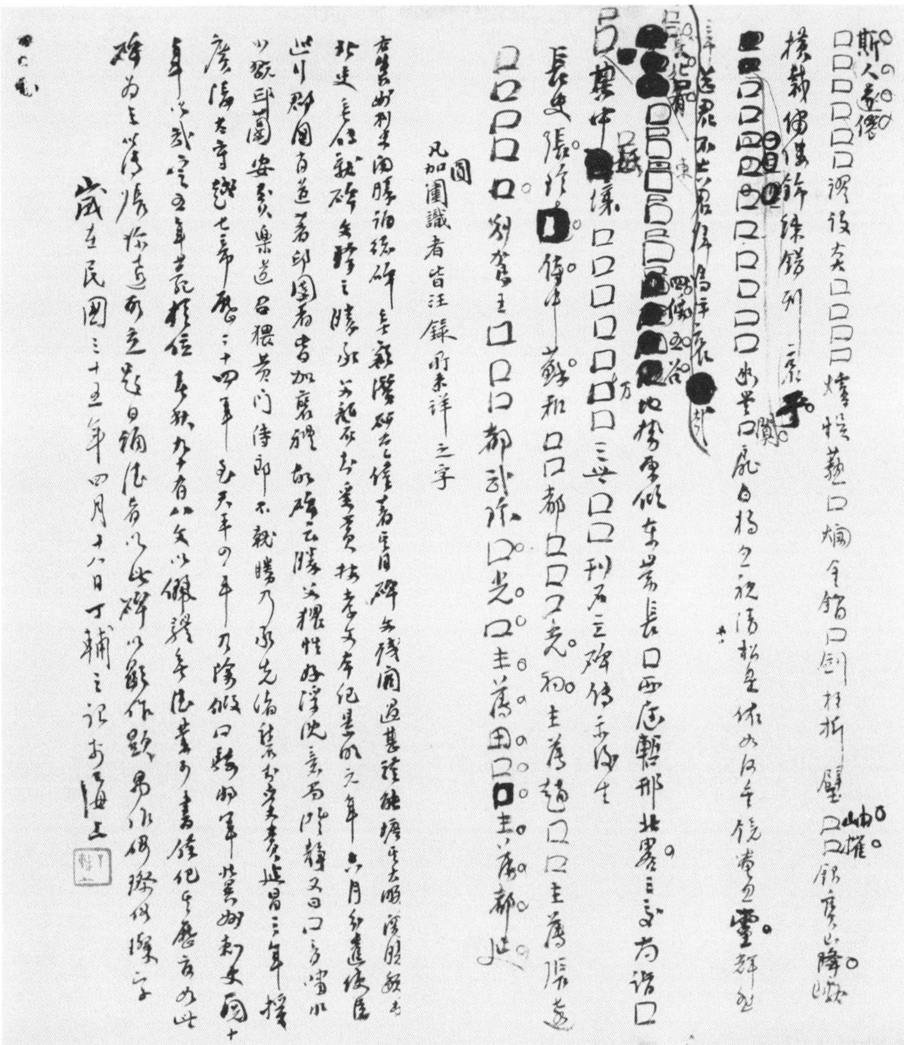

（图五　1—2）

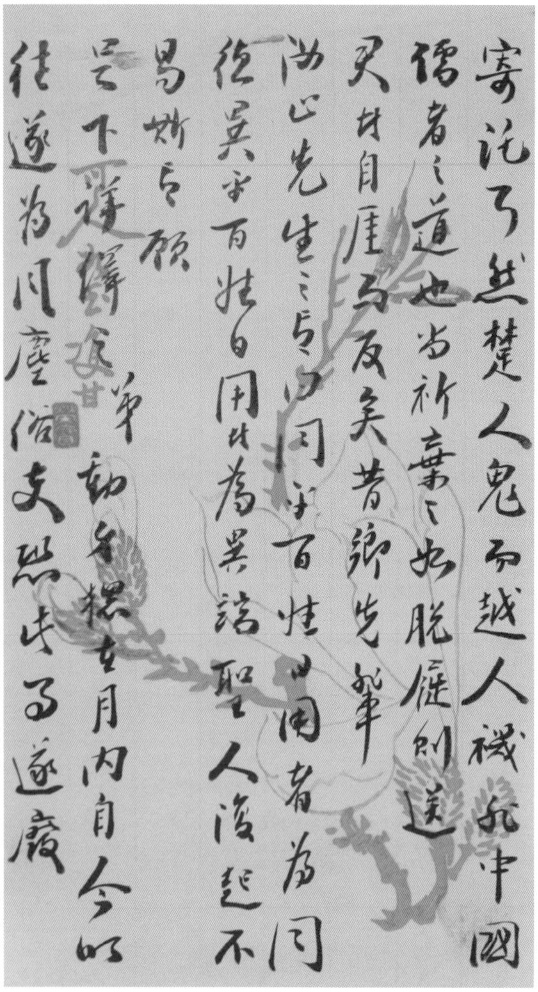

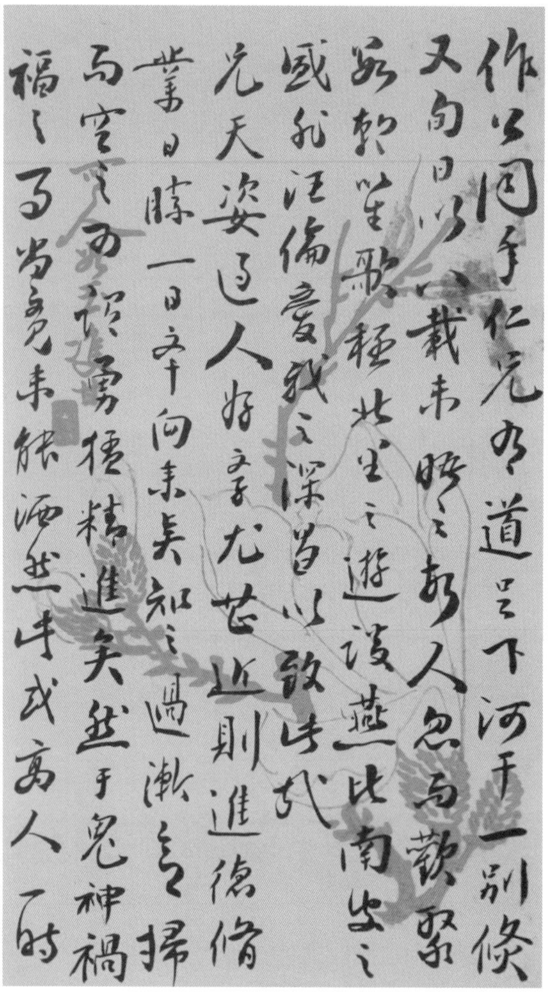

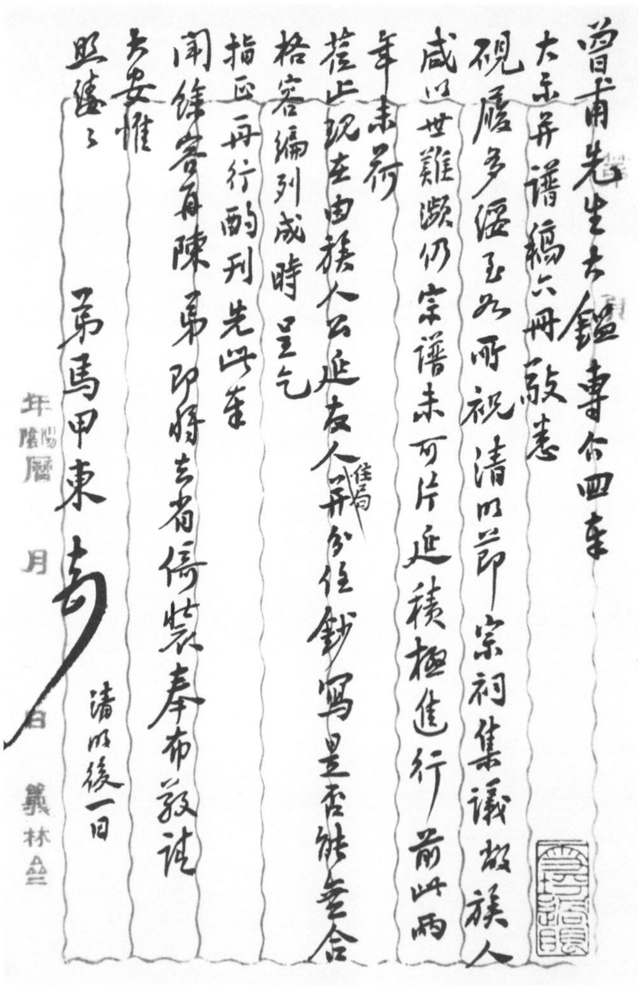

（图六）

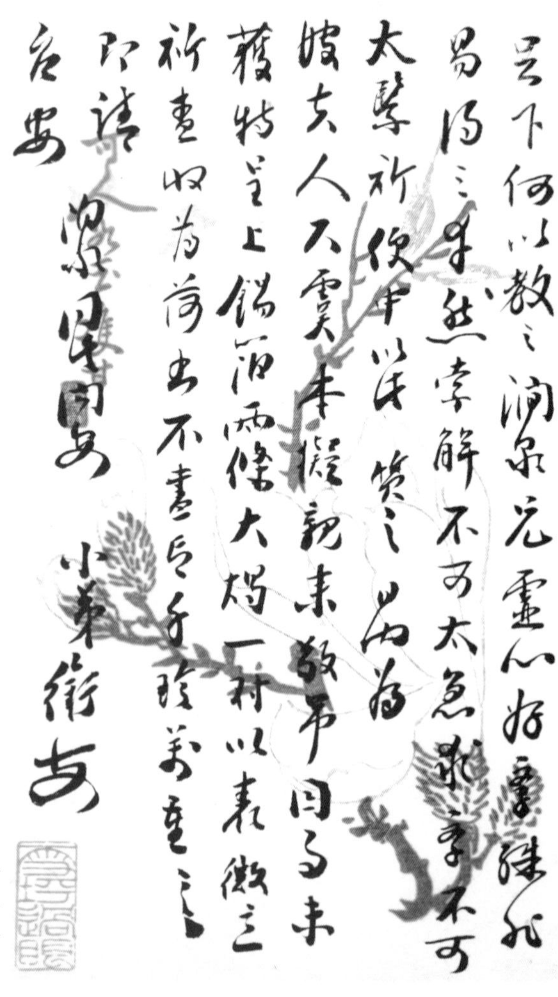

（图七　1—3）

六　**马甲东　致吉曾甫函**　马甲东　不详

七　**衔安　信函**　衔安　不详

八　戈铭猷　信函

戈铭猷（生卒年不详），东台人，乾隆秀才。字泊鸿，诗人、作家。曾任江西省铜鼓厅知县。著有《慎园诗文钞》等书。叔戈公振。

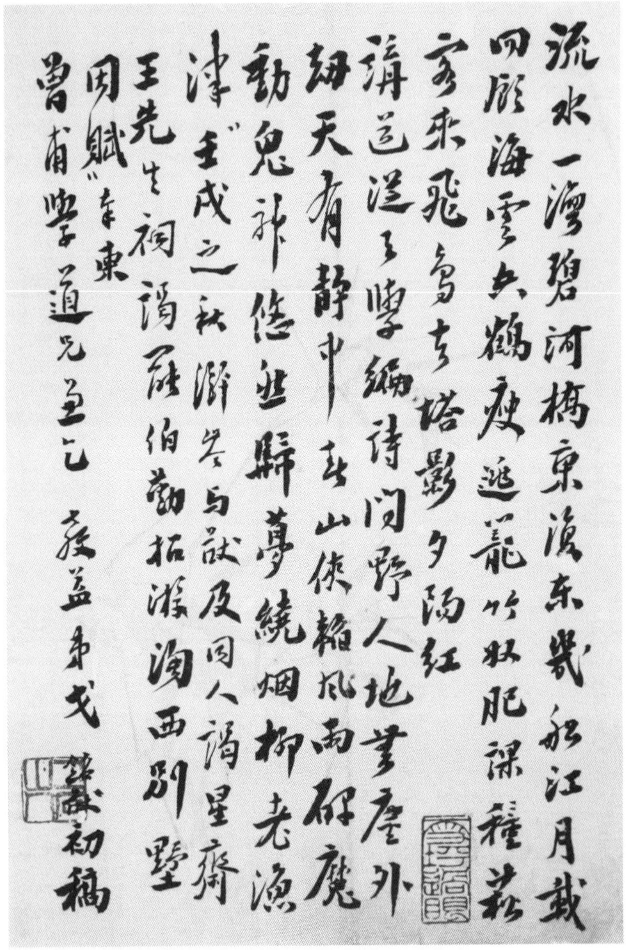

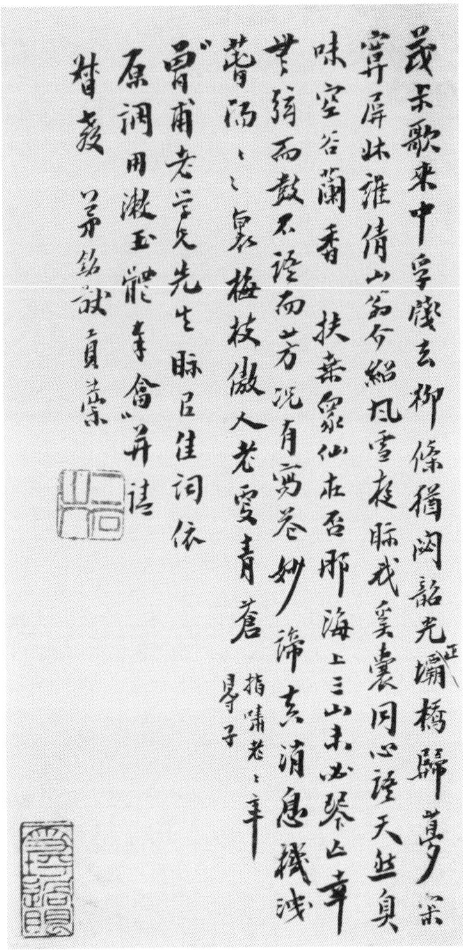

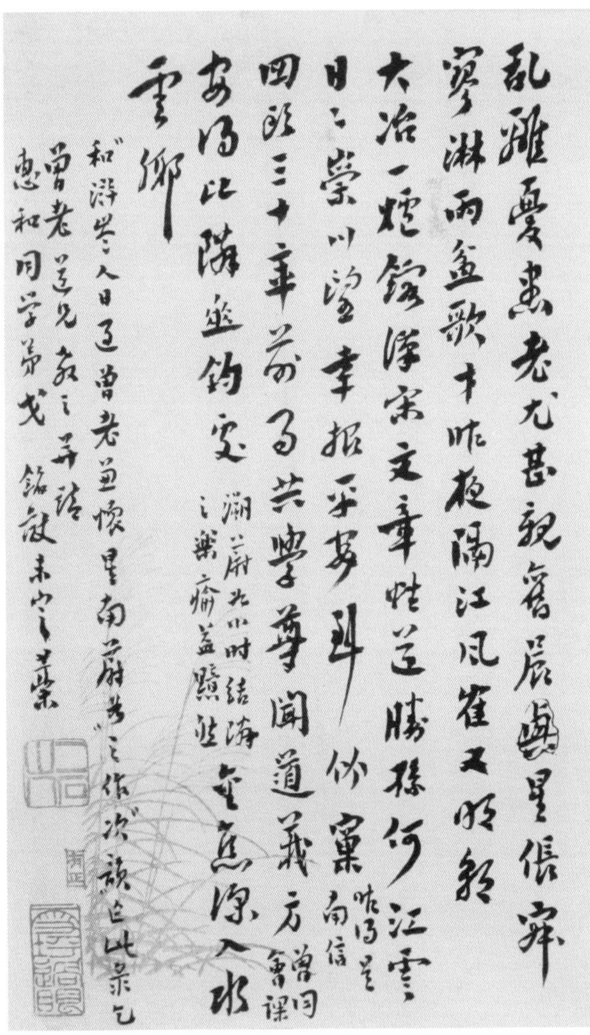

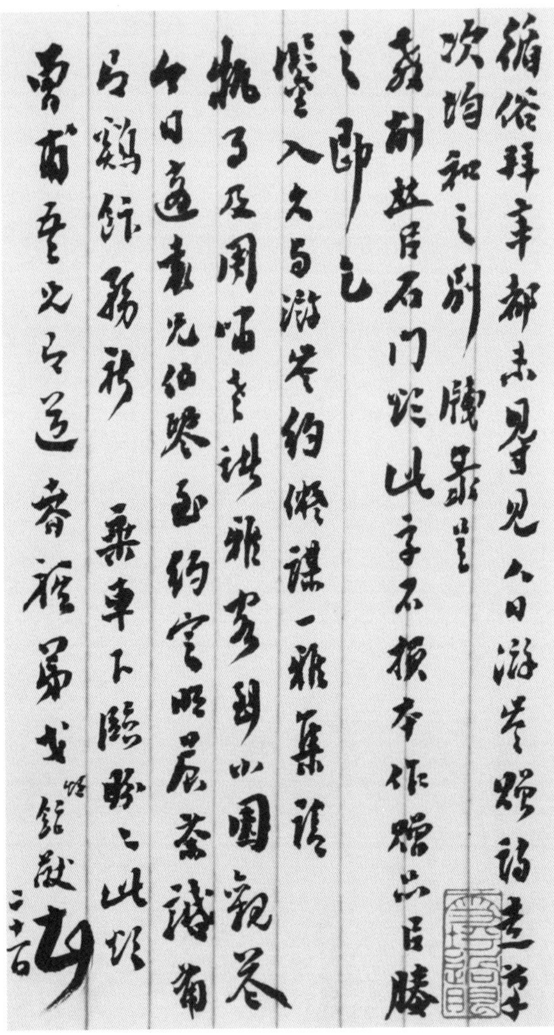

（图八　1—4）

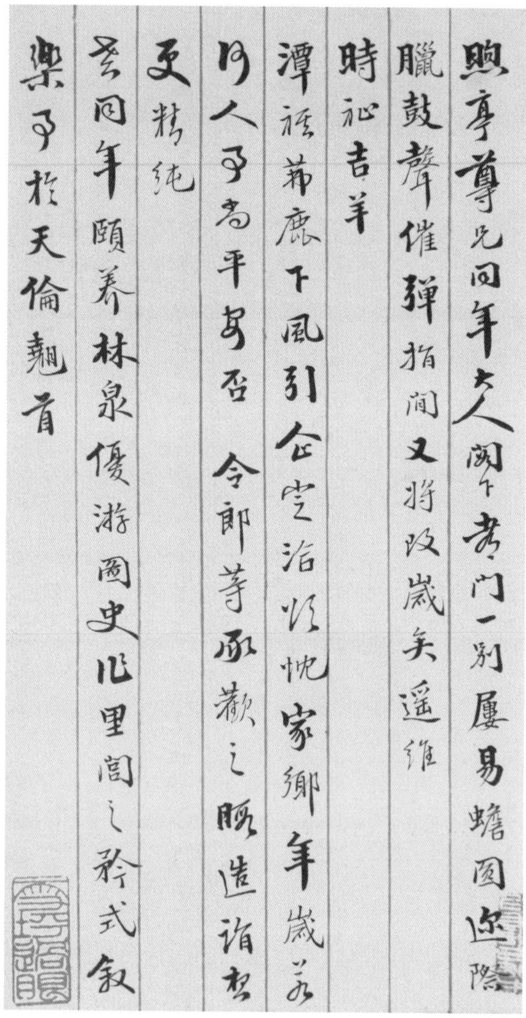

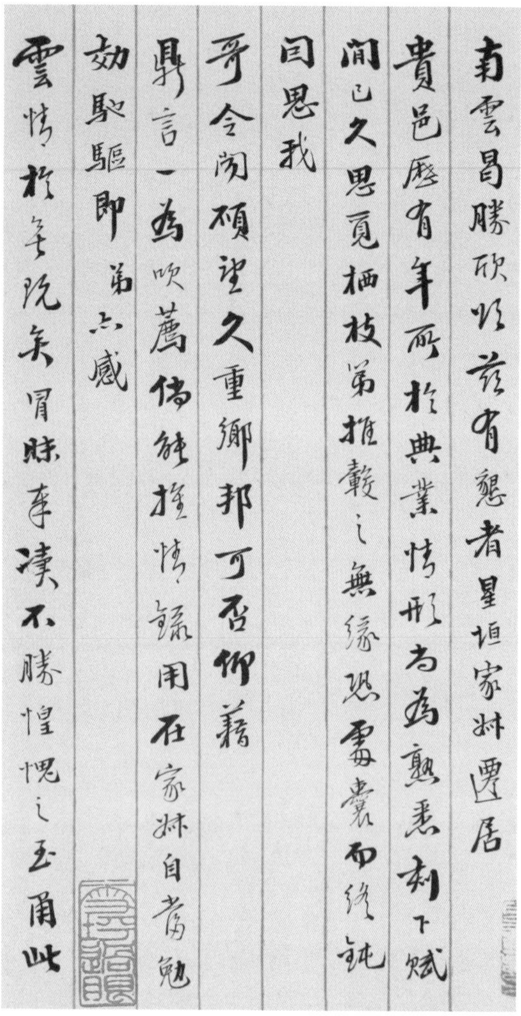

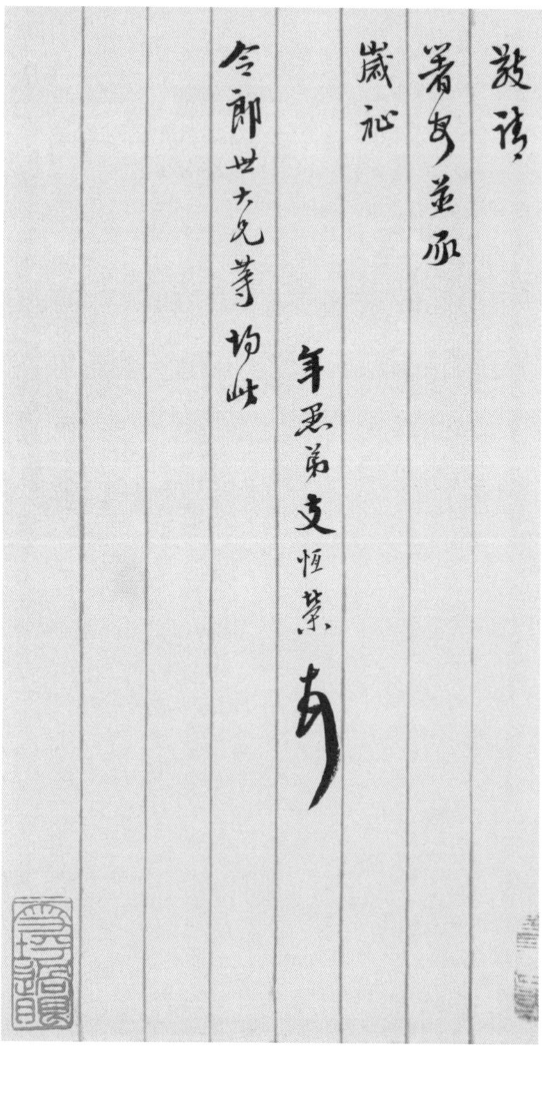

（图九 1—3）

九　支恒荣　致煦亭函

支恒荣　不详

一〇　王仁堪　致兰阶函

王仁堪（1848—1893 年），清晚期著名廉吏。字可庄，福建闽县人。光绪三年（1877 年）状元，授修撰，出知镇江府，后调苏州。为官清介自守，不事权贵，在江苏清厘积案，赈灾恤民，以至积劳卒于任上，为民所称颂。

一〇 王仁堪 致兰阶函

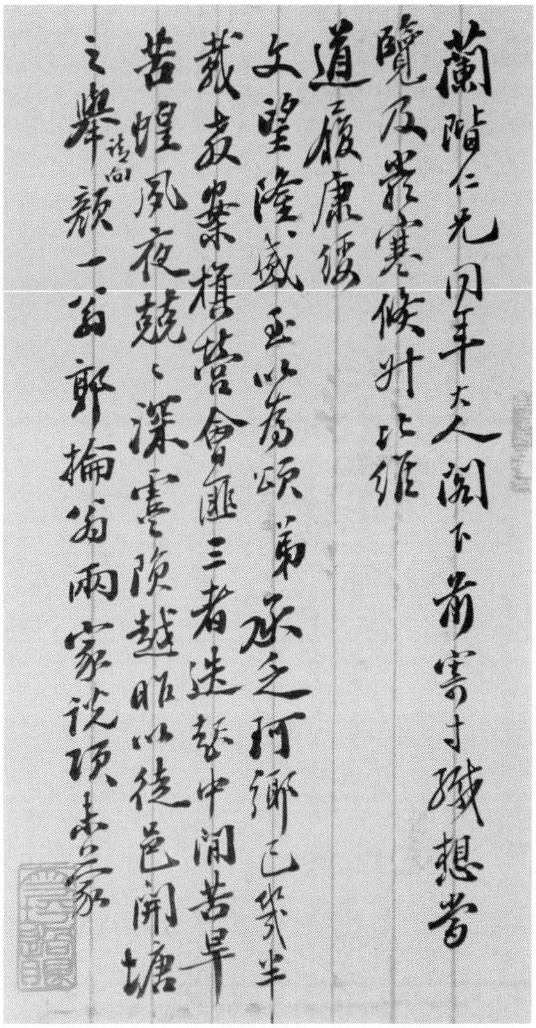
蘭階仁兄同年大人閣下前寄寸箋想當
覽及嚴寒候升北維
道履康綏
文望隆盛至以為頌弟承乏珂鄉已踰半
載教案標營會匪三者迭熟中間苦旱
苦蝗夙夜兢兢深虞隕越昨以徒邑開塘
之舉詳陳頗一翁郭掄翁兩家從頃未蒙

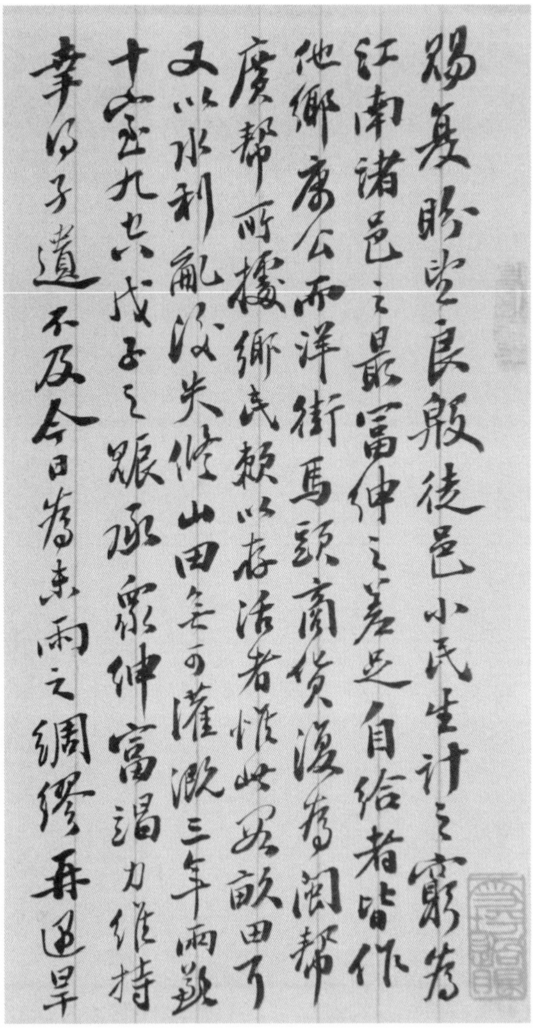
賜復盼望良殷徒邑小民生計之窮為
江南諸邑之最富紳之善足自給者皆作
他鄉寓公而洋街馬頭商貨滙為閩幫
廣幫所據鄉民賴以存活者惟此區區畝田可
又以水利亂設失修山田無可灌溉三年兩歉
十室九空戊子之賑承眾紳富竭力維持
幸得孑遺不及今日為未雨之綢繆再過旱

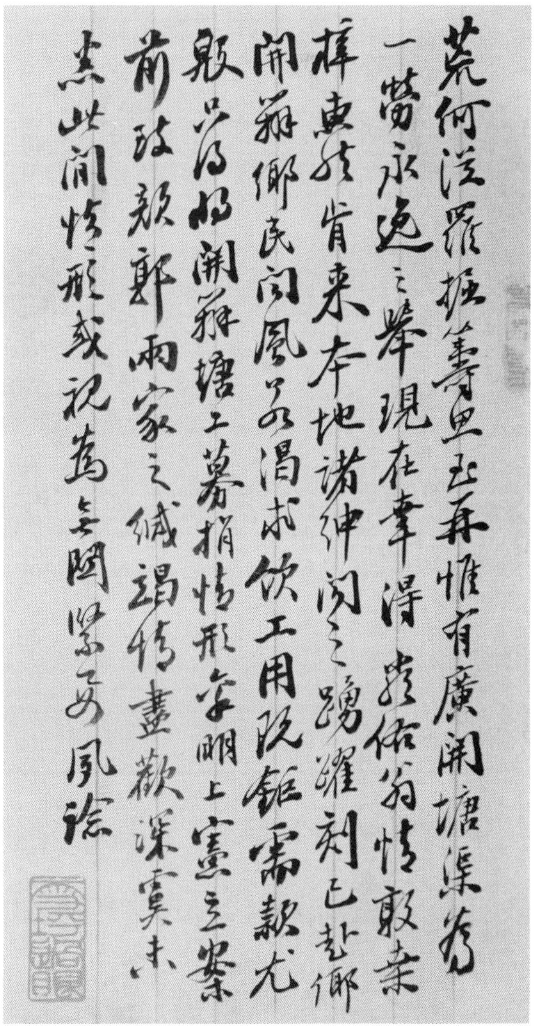
荒何從罷插籌至再惟有廣開塘渠為
一勞永逸之舉現在章得駿偕翁情敢棄
桿惠指肯來本地諸紳聞之踴躍刻已赴鄉
開濬鄉民聞風紛紛渴求飲工用段鉅需款尤
殷只得將開濬塘工募捐情形寫明上塞之案
前煩頗郭兩家之纖謁精盡歡深冀未未
悉此間情形或視為無關緊要也風諗

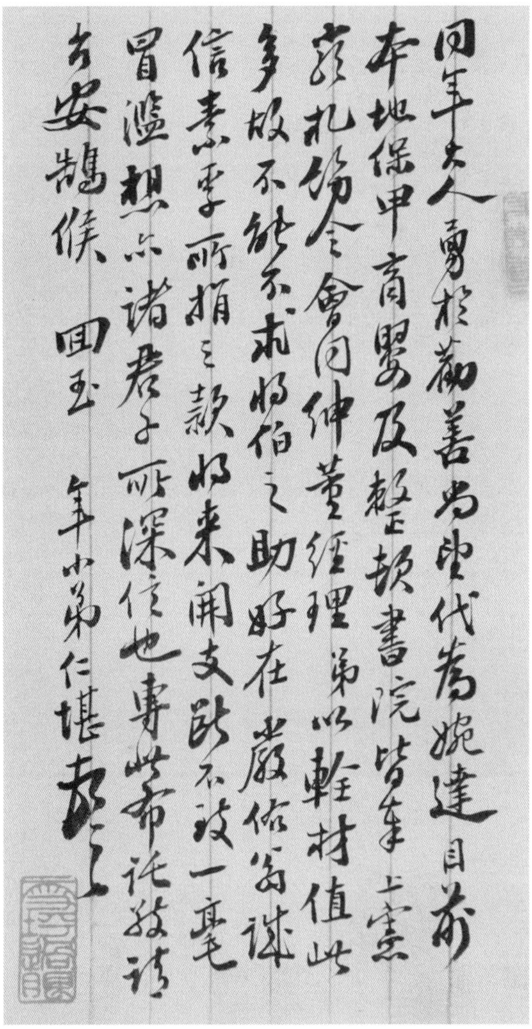
同年大人勇於為善為代為婉達目前
本地保甲育嬰及整頓書院皆年上塞
窘乏札飭令會同紳董經理弟以輇材值此
多故不能不求將伯之助好在嚴偕翁諸
信素孚所捐之款將來開支決不致一毫
冒濫想亦諸君子所深信也專此布託敬請
台安鵠候
回玉
年小弟仁堪頓首

（图一〇 1—4）

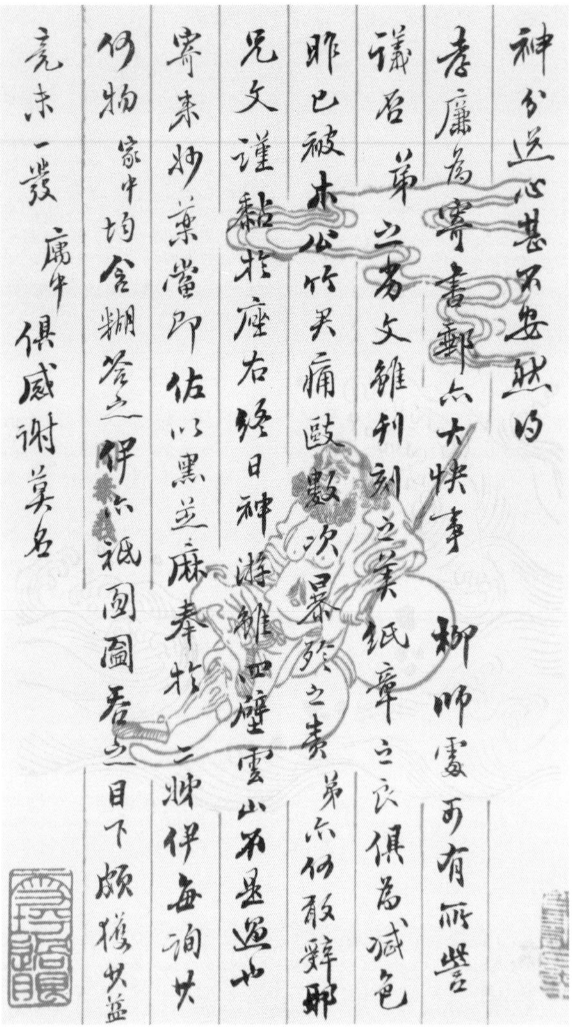

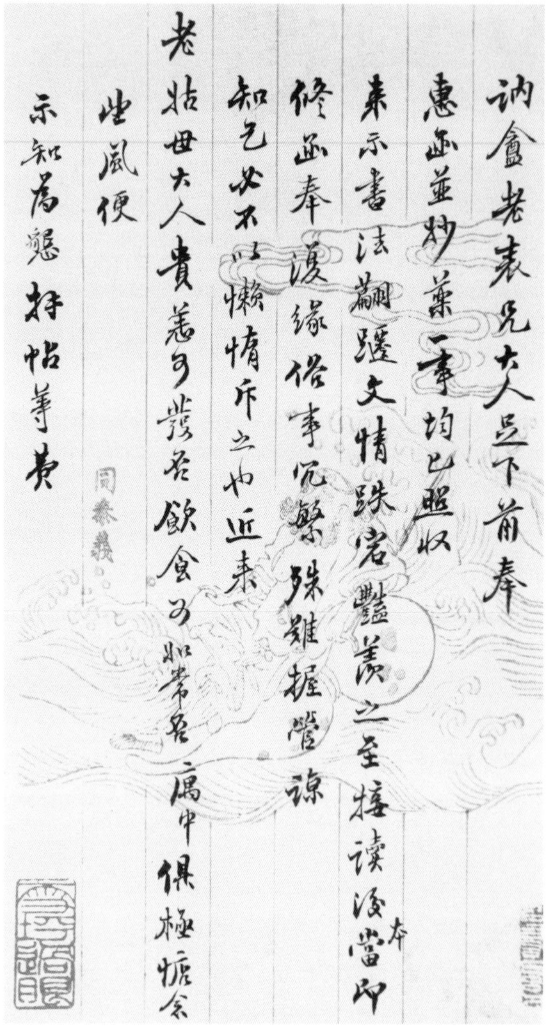

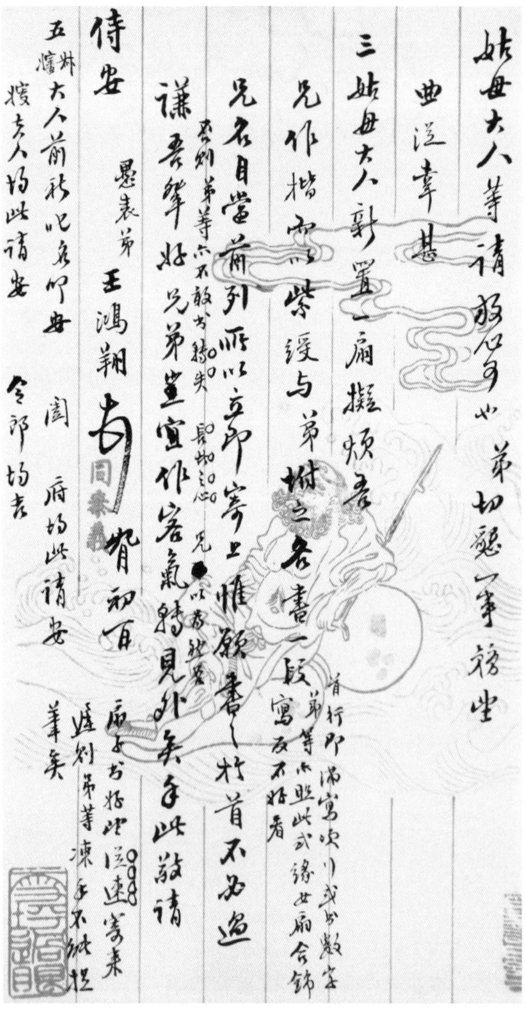

（图一一 1—3）

一一　王鸿翔　致家信札

王鸿翔（生卒年不详）字研荪。晚清太史。江苏淮安人。

一二　叶圣陶　作文稿册

叶圣陶（1894—1988 年），现代杰出教育家，出版家。名绍钧，字秉臣，更字圣陶，江苏苏州人。早年在苏州公立第一中学堂读书期间组织诗社，以关心时事而组织国家研究会。先后创办《学艺日刊》、《工馀丽泽》、《直声》文艺週刊、《光明》半月刊、《公理日报》、《苏州评论报》等刊物。曾任教于小学、中学、杭州第一师范学校、复旦大学、北京大学等多所学校。中华人民共和国成立后，历任出版总署副署长，教育部副部长，人民教育出版社社长，中国民主促进会副主席，中央文史馆馆长等职。此早年作文册，其间多经老师评改，为研究叶圣陶及现代教育发展的重要史料。

如見大賓

葉紹鈞

卽大賓擬存敬之心其見非眞見也夫大賓不可輕
見也乃未見而曰如見非卽大賓以擬存敬之心哉
今使雄豪自負者往往見猶未見而況未見而存如
見之心哉乃若敬畏常存宛若高人在望敬謹隨在
猶逢上客當前存誠主敬之謂何正不可有怠慢
之心而當存嘉賓之見也子問仁而仁莫要於存心
而存心莫先於主敬主敬亦非一端
試先以出門言之當出門在路之時則跬步之餘自
必凜凜然嚴憚自守雖未遇高賢尙不敢有侮慢之
態抑當出門在途之際則舉趾之候亦必兢兢然惕
厲自持雖未逢嘉客亦不敢有輕忽之形若是未見

大賓而亦如見大賓非仁者主敬之一端乎夫仁者
之見大賓豈敢漠然以視而見如未見之乎則惟心
存夫敬目雖未與大賓遇而敬早體於中懷目旣與
大賓隣而敬旣卽存而發外隨在皆大賓隨在皆敬
也爲仁不由此基哉抑仁者之見大賓又何敢藐然
以視而見如莫見之乎亦必心體於敬大賓未與其
接其敬足徵於和厚大賓旣與其接其敬更見於端
嚴大賓不常見敬則常在也爲仁不從此始哉非必
謂大賓越夫尋常見之則驚而敬之也非必謂大賓
超夫流俗見之則畏而敬之也而孰知敬者仁之發
而仁者故不待過大賓而敬亦有卽未遇大賓而敬
亦猶存見如是敬不見亦如是敬爲仁之道則在是

（图一二　1—2）

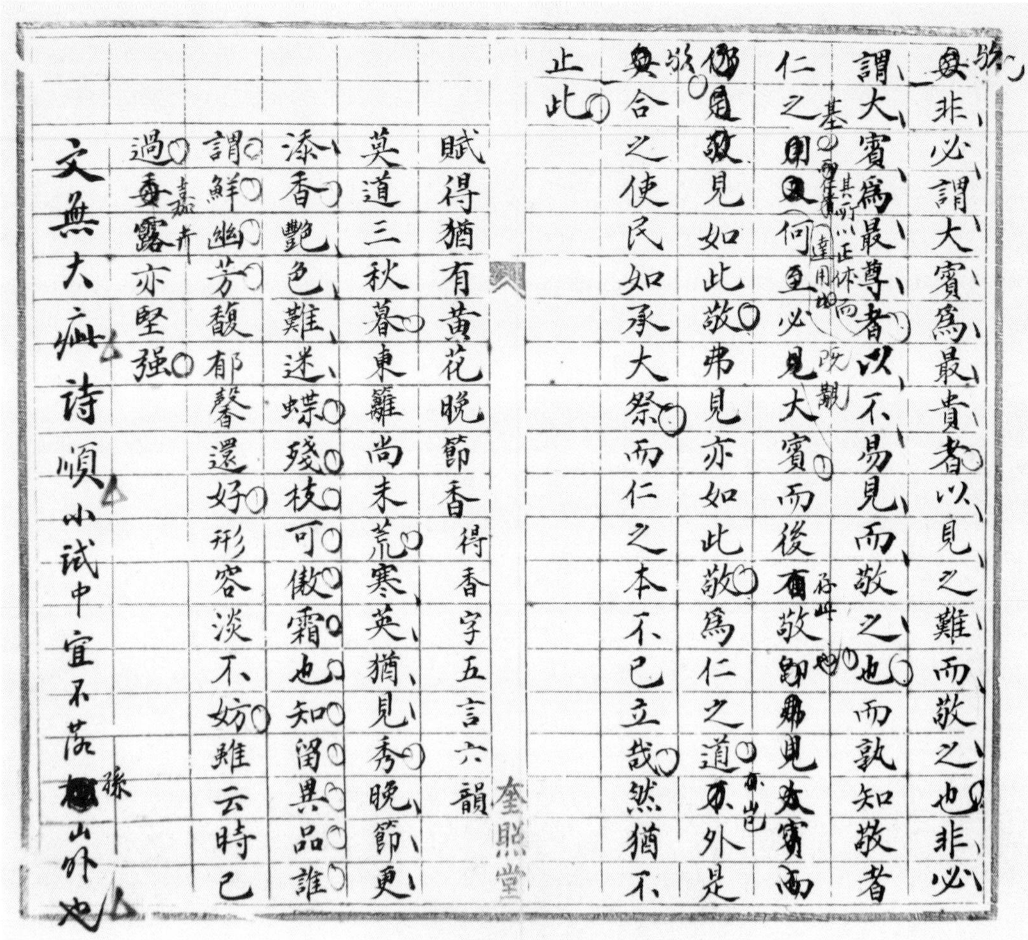

與非必謂大賓爲最貴者以見之難而敬之也非必
謂大賓爲最尊者以不易見而敬之也而孰知敬者
仁之[illegible]何至必見大賓而後有敬即弗見大賓而
亦見如此敬弗見亦如此敬爲仁之道不外是
合之使民如承大祭而仁之本不已立哉然猶不
止此

賦得猶有黃花晚節香 得香字五言六韻
英道三秋暮東籬尚未荒寒英猶見秀晚節更
添香艷色難迷蝶殘枝可傲霜也知留異品誰
謂鮮幽芳馥郁馨還好形容淡不妨雖云時已
過垂露亦堅強
文無大疵詩順 小試中宜不落孫山外也

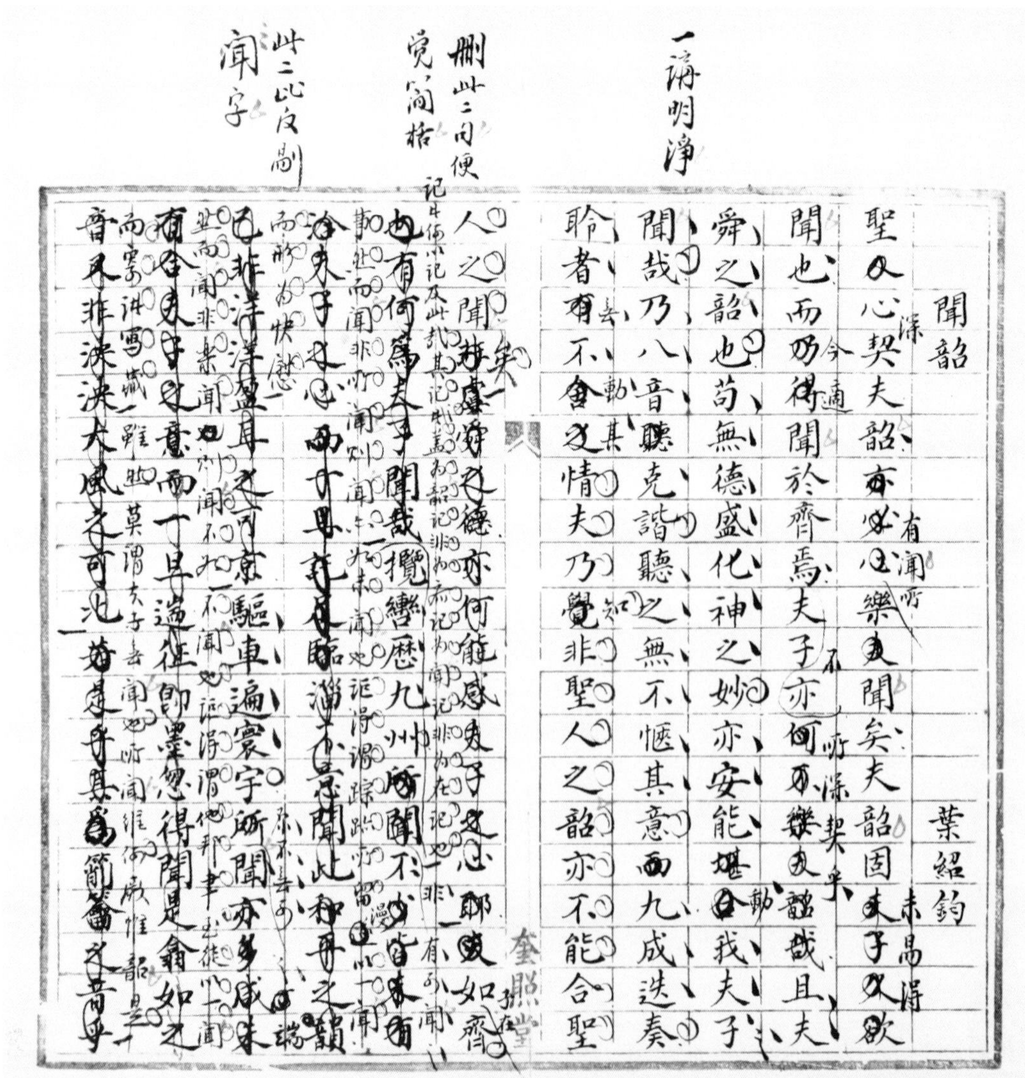

聞韶 葉紹鈞
聖人心契夫韶亦必樂夫聞矣夫韶固夫子所欲
聞也而乃得聞於齊焉夫子亦何必樂夫韶哉且夫
舜之韶也苟無德盛化神之妙亦安能使我夫子
聞哉乃八音克諧聽之無不愜其意而九成迭奏
聆者有不會其情夫乃覺非聖人之韶亦不能合聖
人之聞[illegible]

（图一二 3—4）

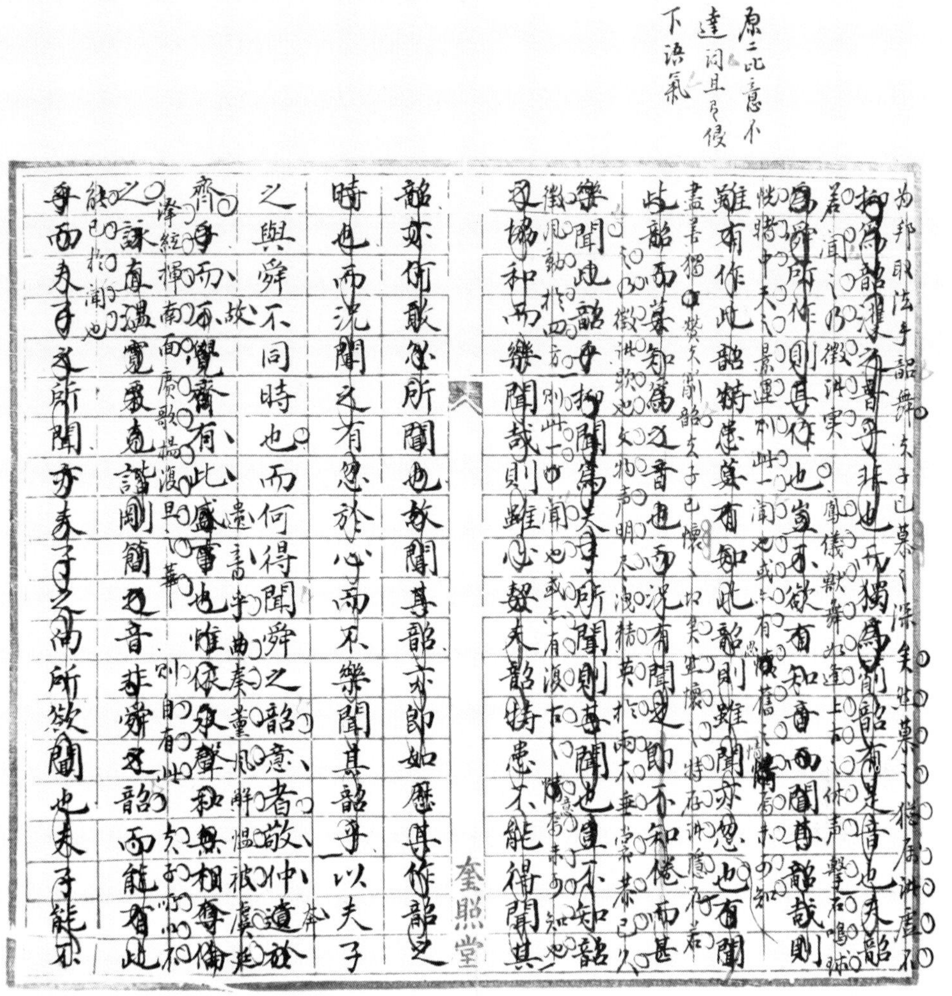

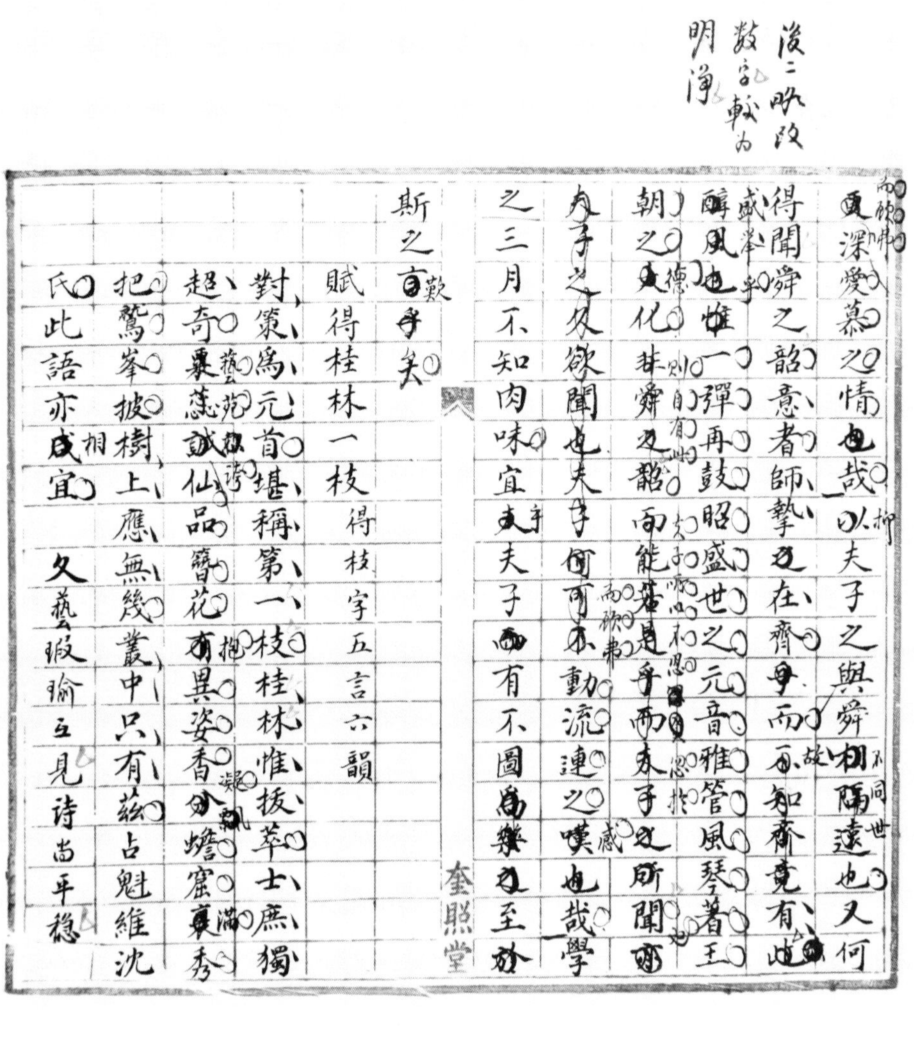

（图一二　5—6）

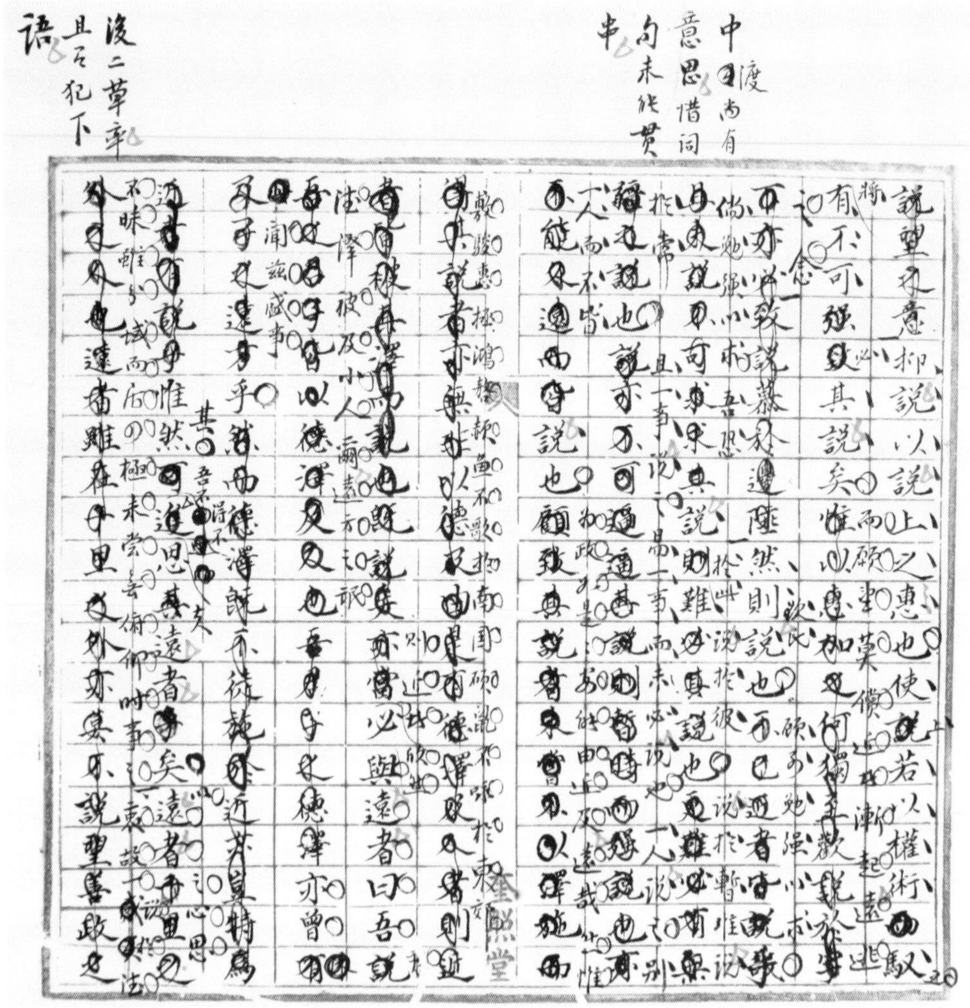
中渡而有意思借詞句未能貫串

說聖人意抑說以說上之惠也使說若以權術馭

後二草率且已犯下語

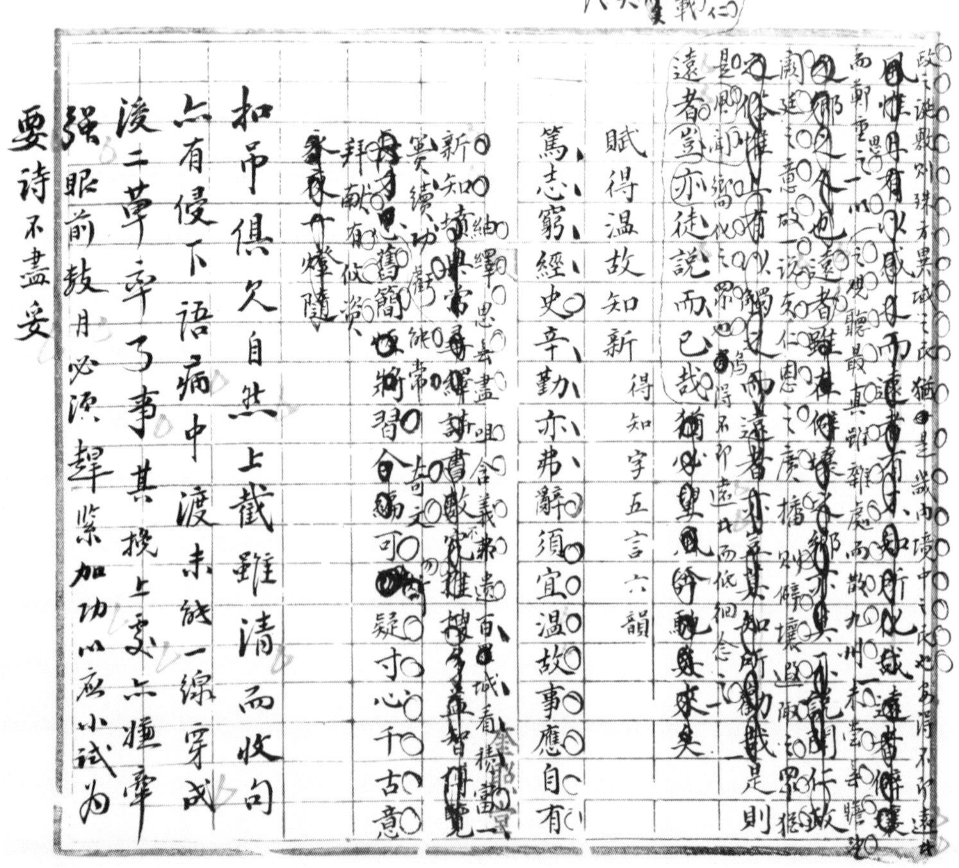
賦得溫故知新 得知字五言六韻

篤志窮經史，辛勤亦弗辭。須宜溫故事，應自有新知。

扣帀俱欠自然，上截雖清而收句亦有侵下語病，中渡未能一線穿成，後二草率了事，其挽上处亦犯牽強，眼前鼓月必須趕緊加功以應小試為要。詩不盡妥

（图一二 11—12）

一二　叶圣陶　作文稿册

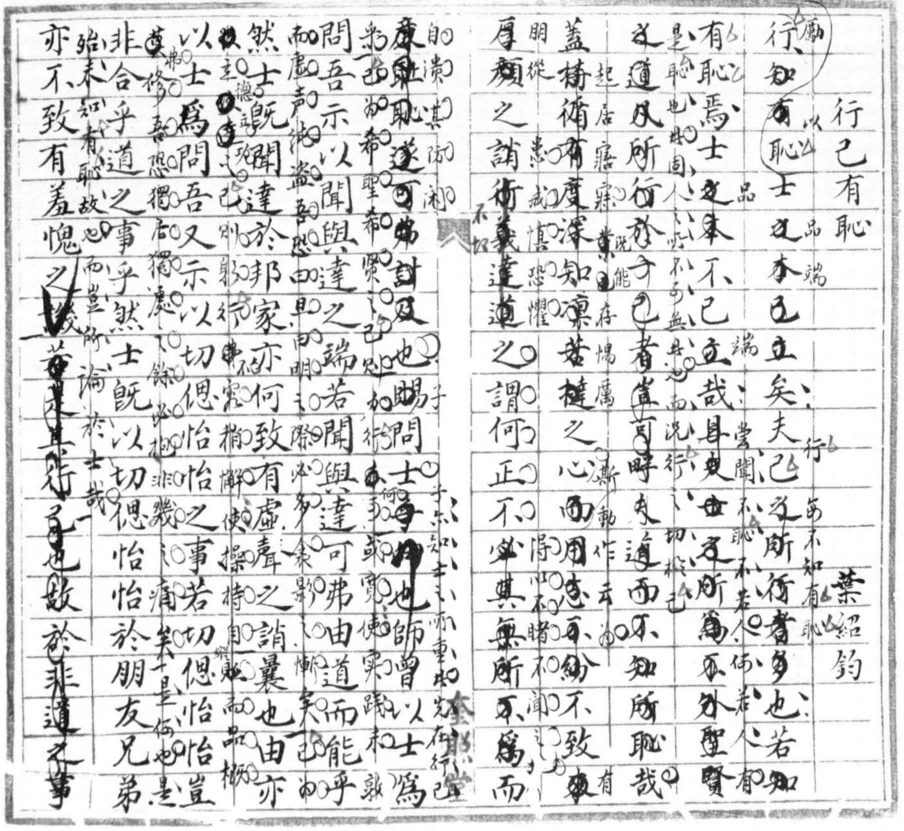

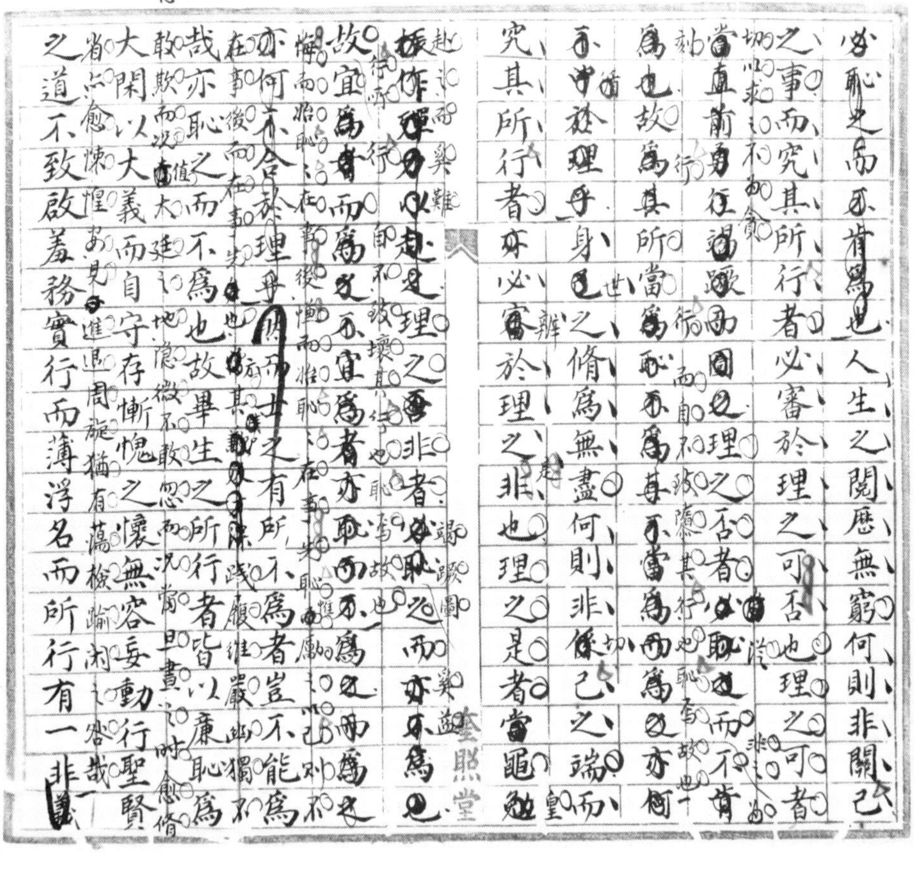

（图一二　13—14）

一二　叶圣陶　作文稿册

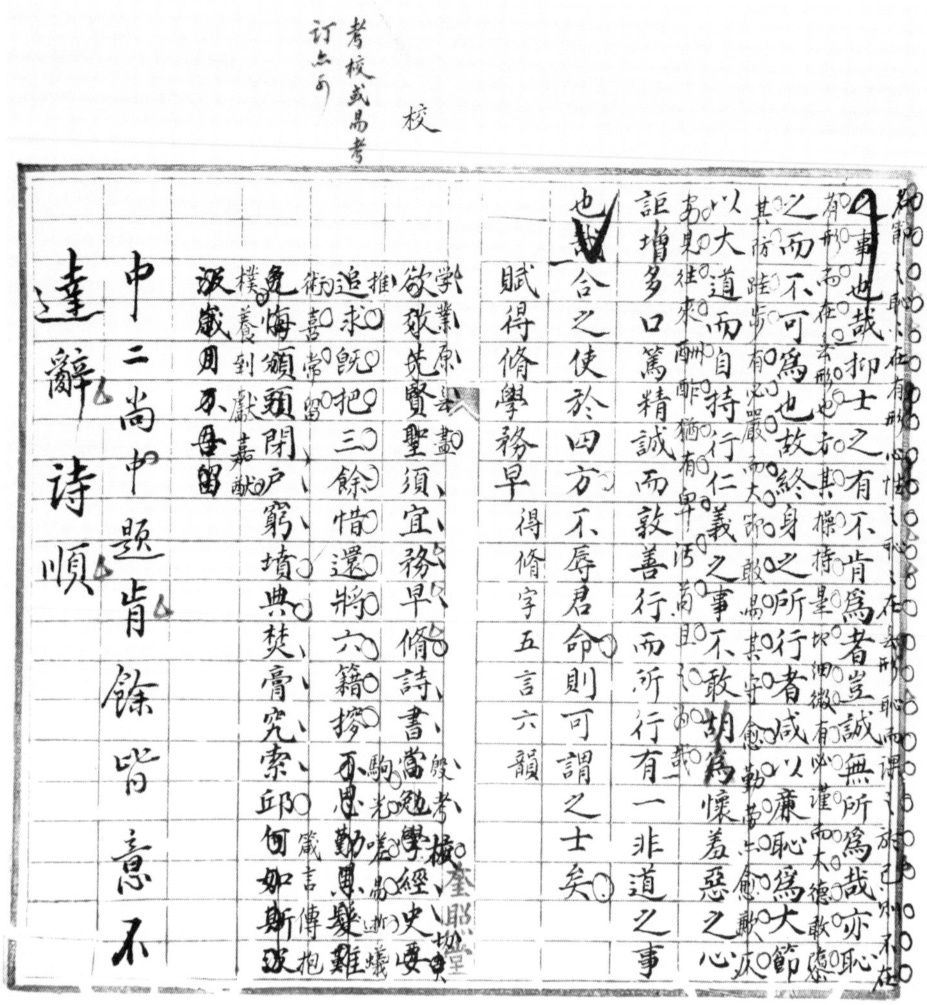

考校武昌考
訂亦可
校

事也哉抑士之有不肯爲者豈誠無所爲哉亦恥
之而不可爲也故終身之所行者咸以廉恥爲大節
以大道而自持行仁義之事不敢胡爲懷羞惡之心
証增多口篤精誠而款善行而所行有一非道之事
也合之使於四方不辱君命則可謂之士矣
賦得脩學務早　得脩字五言六韻
欲致先賢聖須宜務早脩詩書當勉學經史要
追求既把三餘惜還將六籍搜
免悔頭須閉户窮墳典焚膏究索邱何如斯
歲月不留
中二尚中題肯餘皆意不
達辭詩順

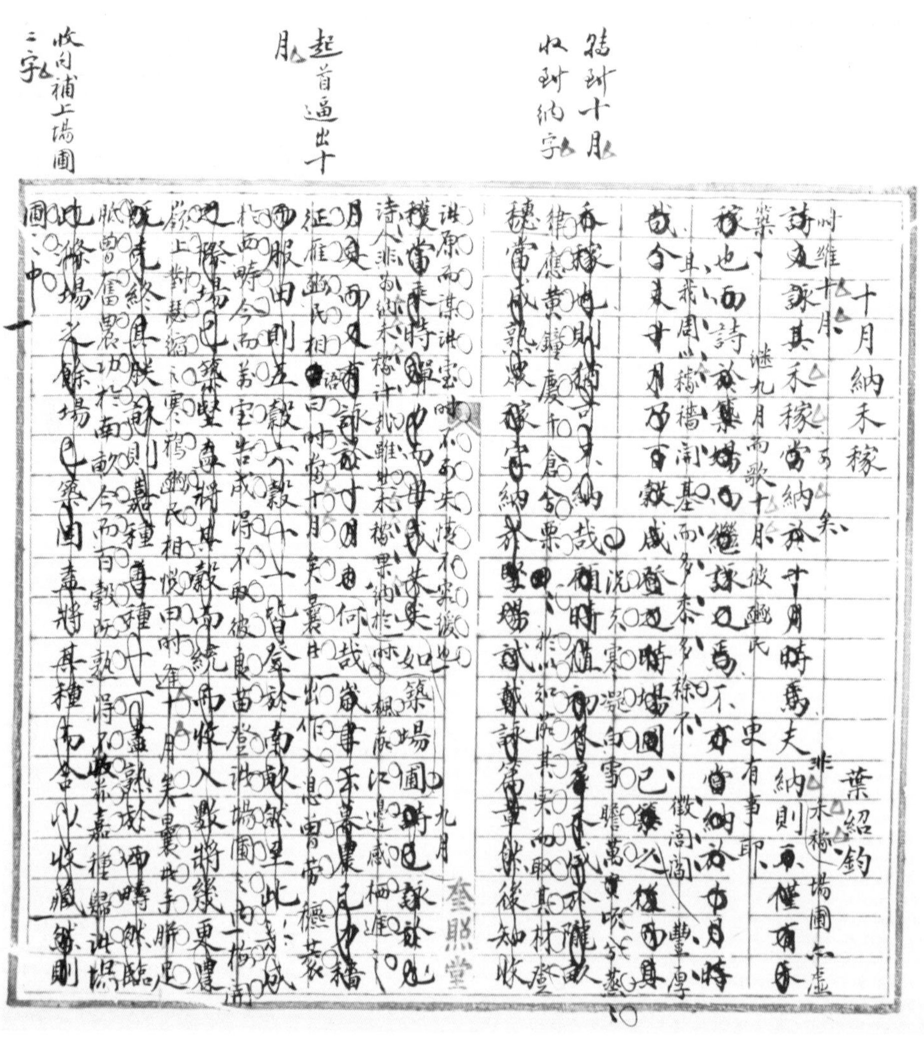

十月納禾稼
葉紹鈞

(图一二　15—16)

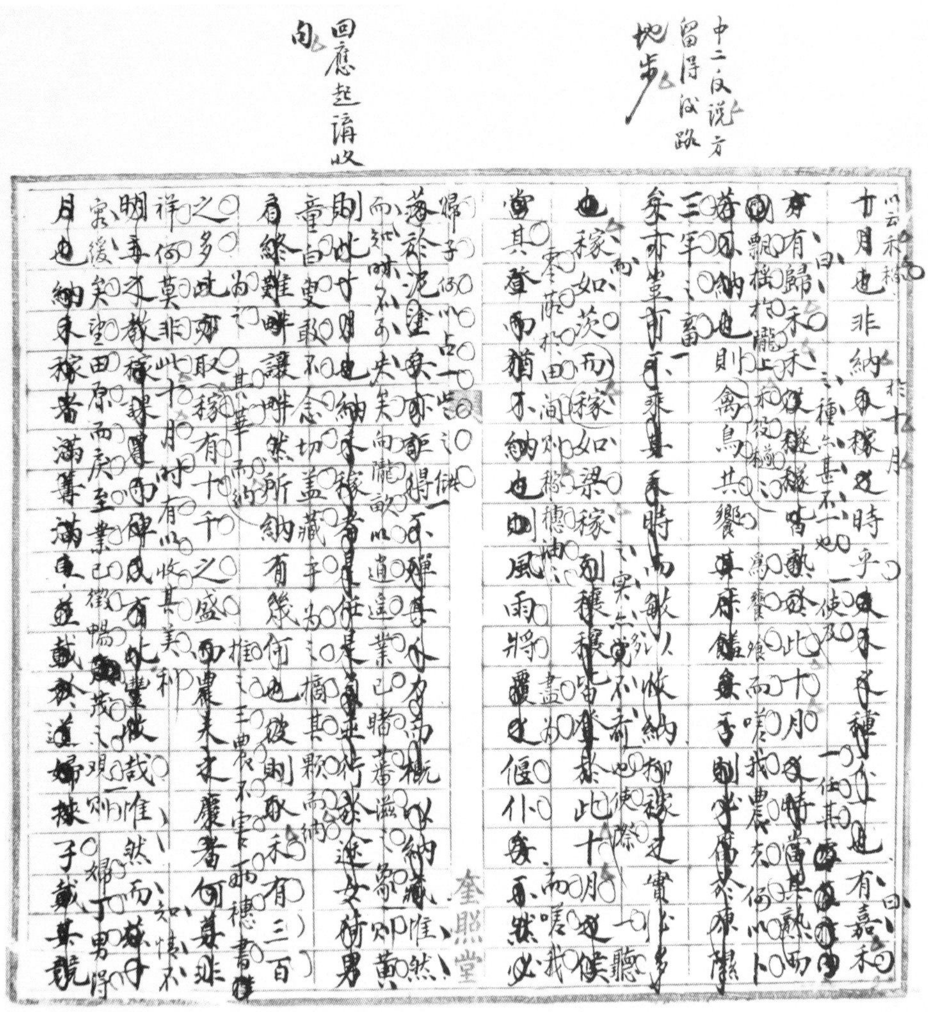
中二段說方留得從路地步
回應起語收句

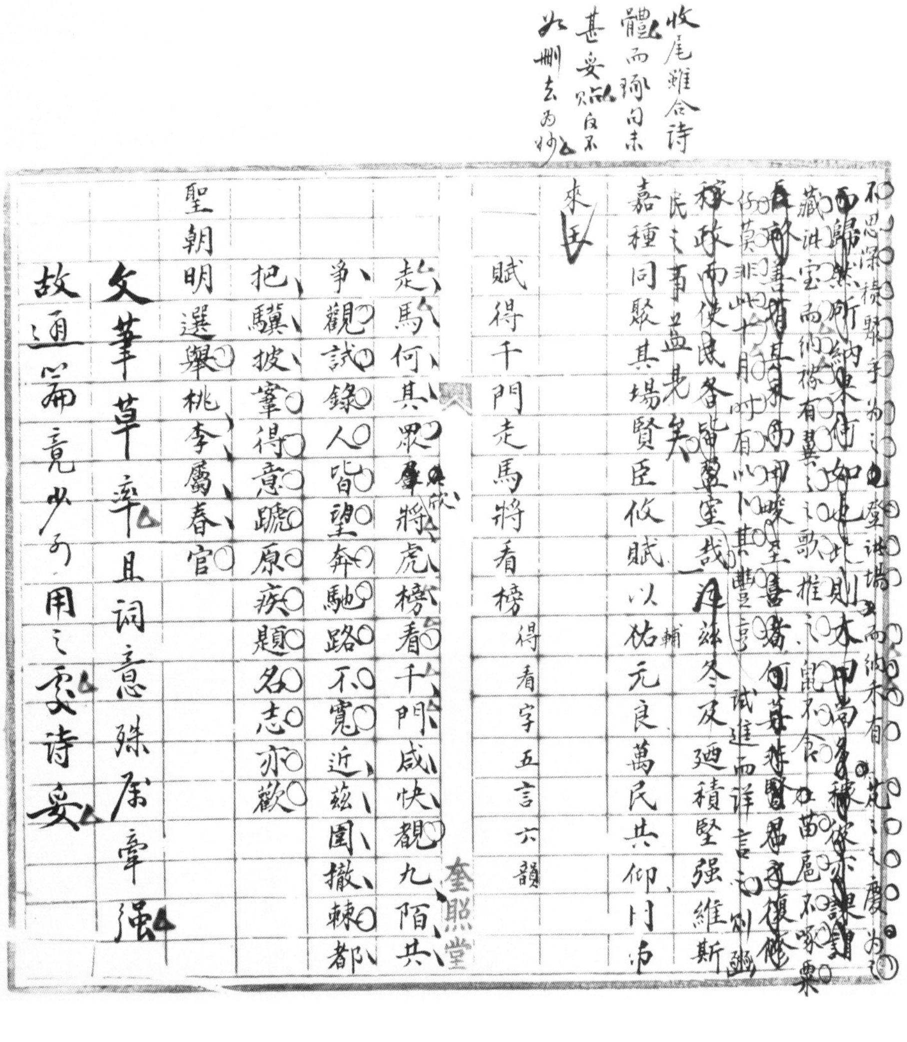
收尾雖合詩體而語句未甚妥貼只可刪去為妙
賦得千門走馬將看榜　得看字五言六韻
起馬何其眾
將虎榜看千門咸快觀九陌共
爭觀試錄人皆望奔馳路不寬近茲園撤棘都
把驥披韁得意蹄原疾題名志亦歡
聖朝明選舉桃李屬春官
文筆草率且詞意殊屠韋
故通篇竟少可用之處詩妥

（图一二　17—18）

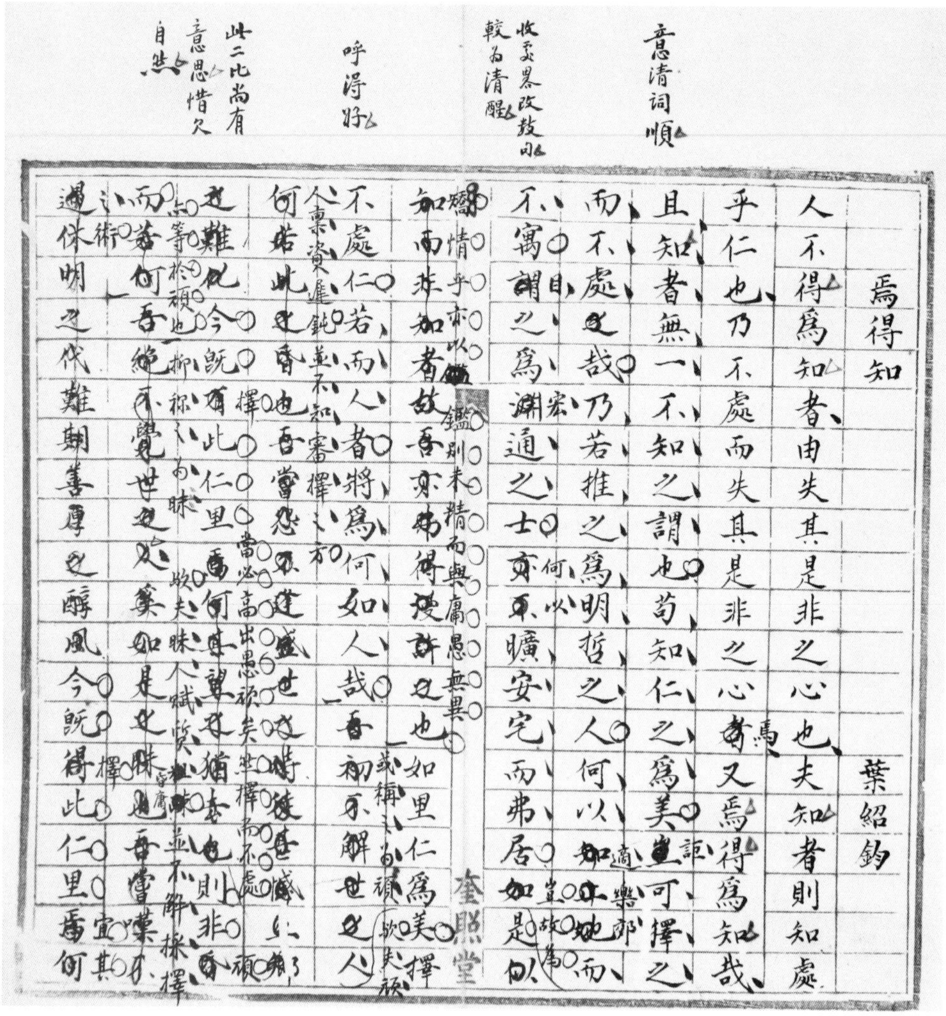

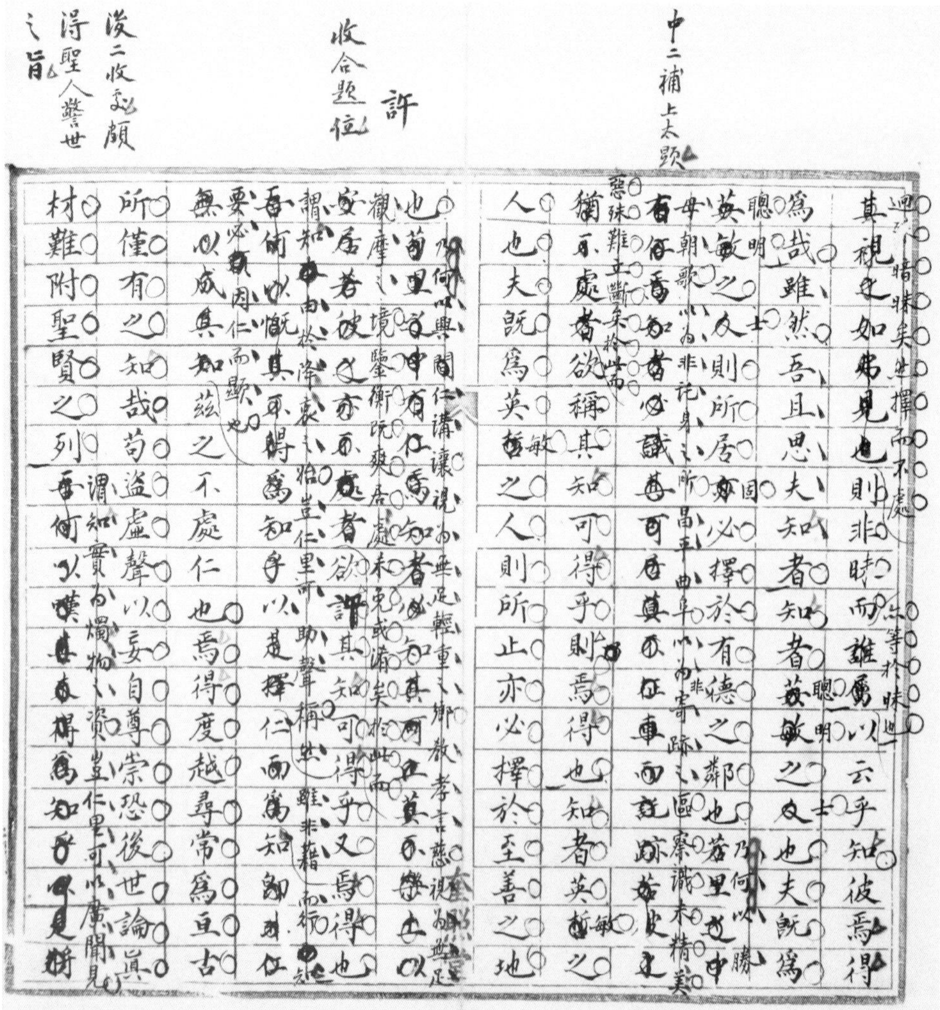

（图一二　19—20）

賦得春風風人 得人字五言六韻
通幅均有意思且措詞亦近清
妥必須從此加功以期漸進詩穩

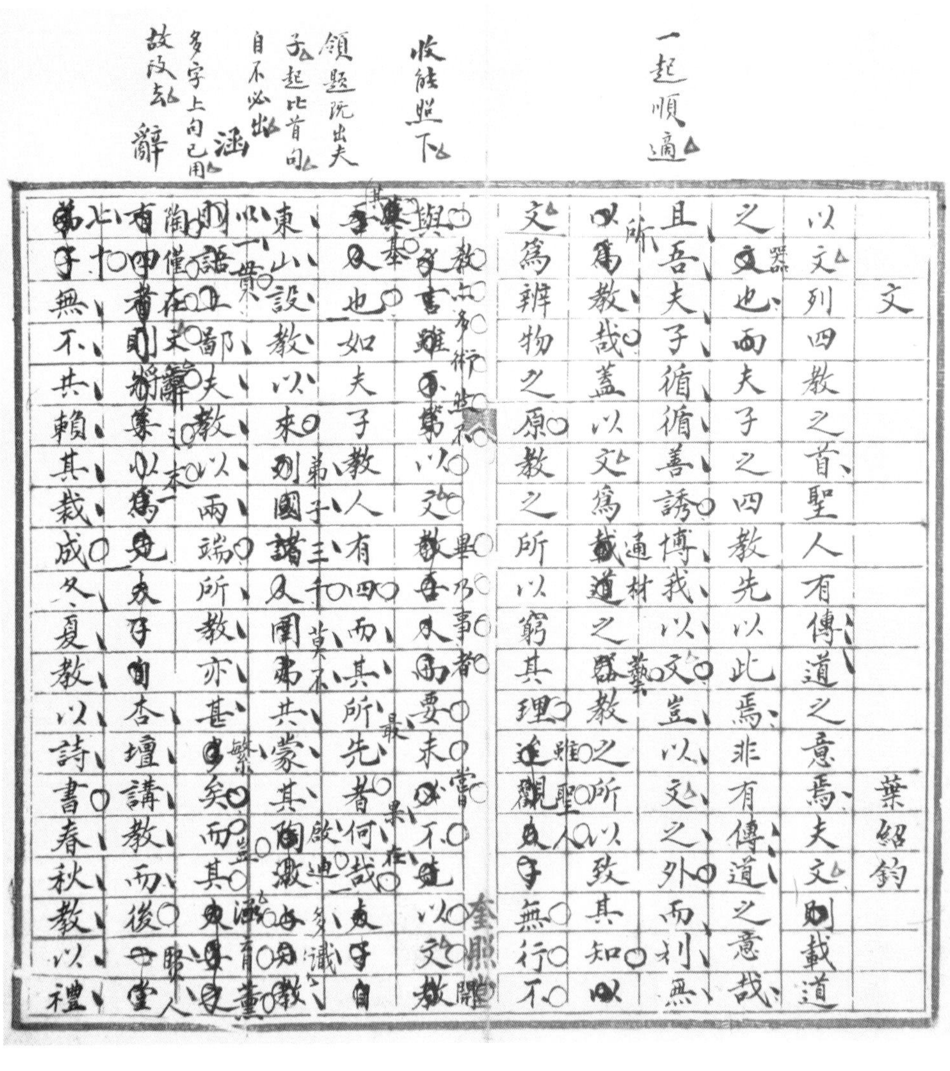
一起順適
收能照下
文
葉紹鈞
以文列四教之首聖人有傳道之意焉夫文則載道之文也而夫子之四教先以此焉非有傳道之意哉

（图一二　21－22）

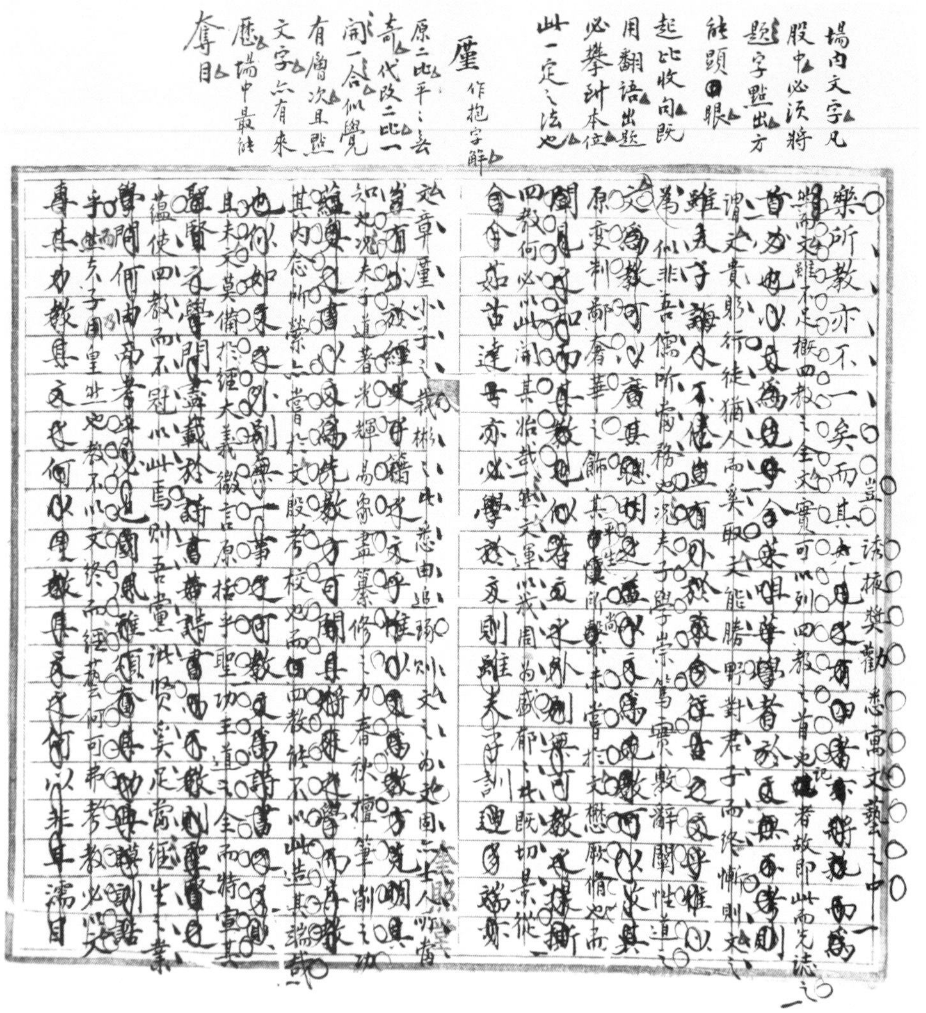
場內文字凡股中必須將題字點出方能顯出眼
起比收句既用翻語出題必攀到本位此一定之法也
壓 作抱字解
原二比平平無奇代改二比一開一合似覺有層次且點文字亦有來歷
端中最能奪目

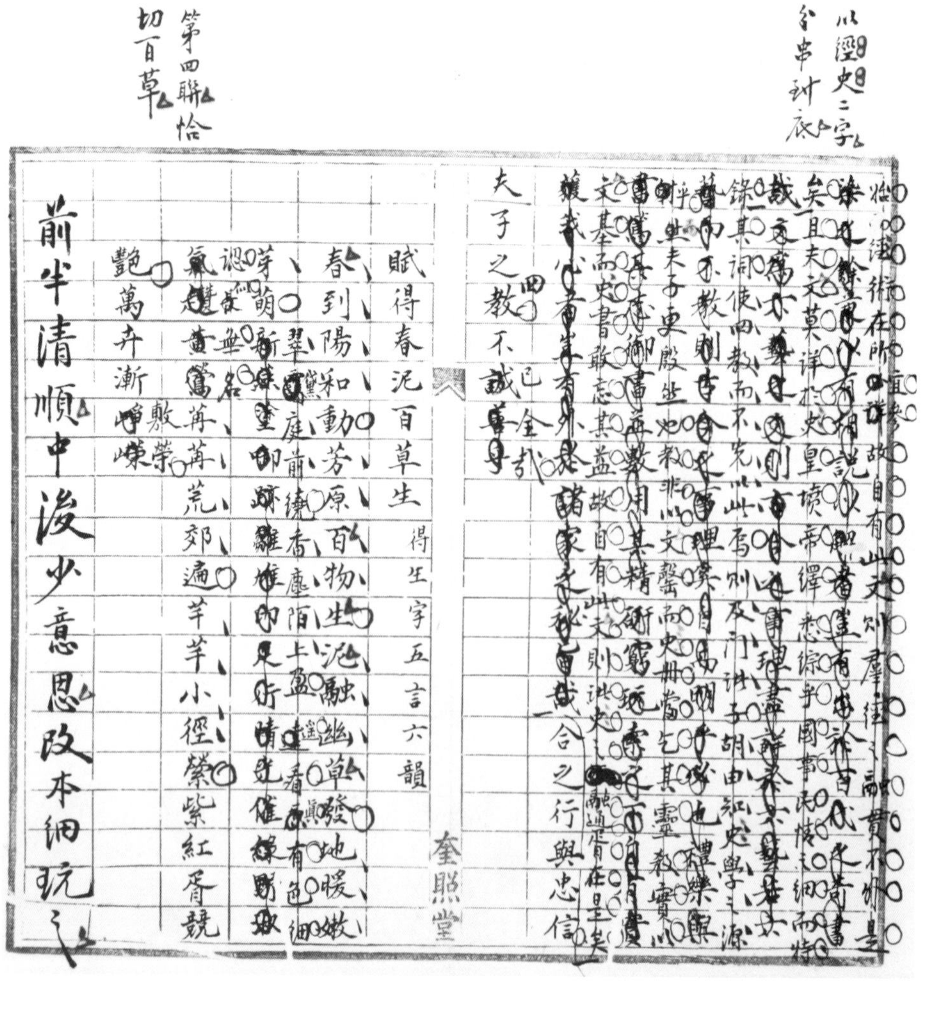
以經史二字分串到底
第四聯恰切百草
賦得春泥百草生 得生字五言六韻
春到陽和動芳原百物生泥融幽草發地暖嫩
前半清順中後少意思改本細玩之
奎照堂

（图一二 23—24）

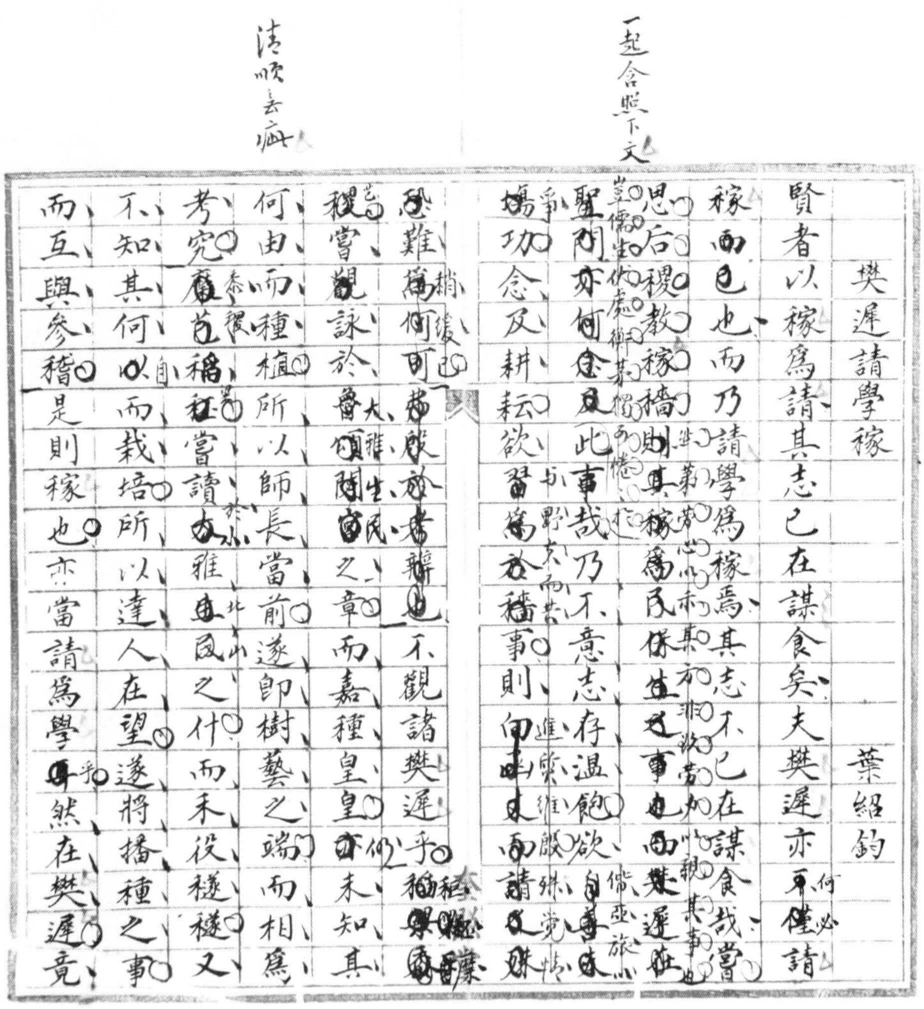

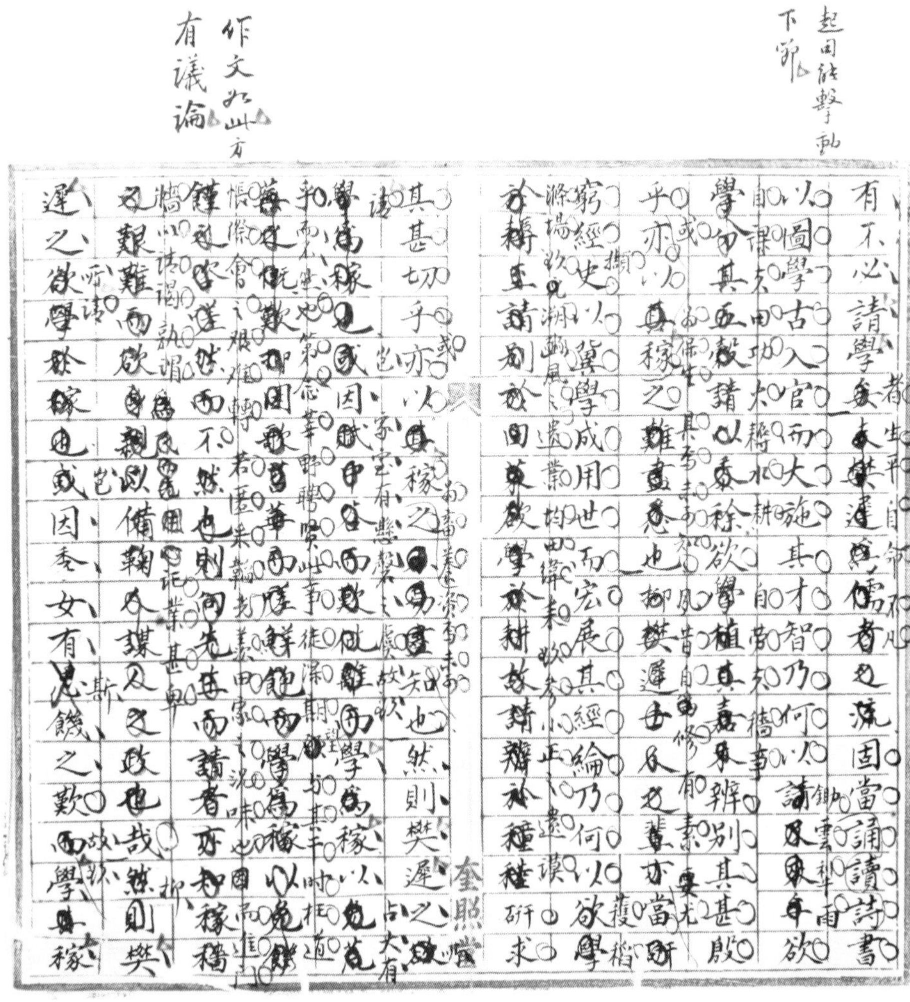

（图一二　25—26）

一二　叶圣陶　作文稿册

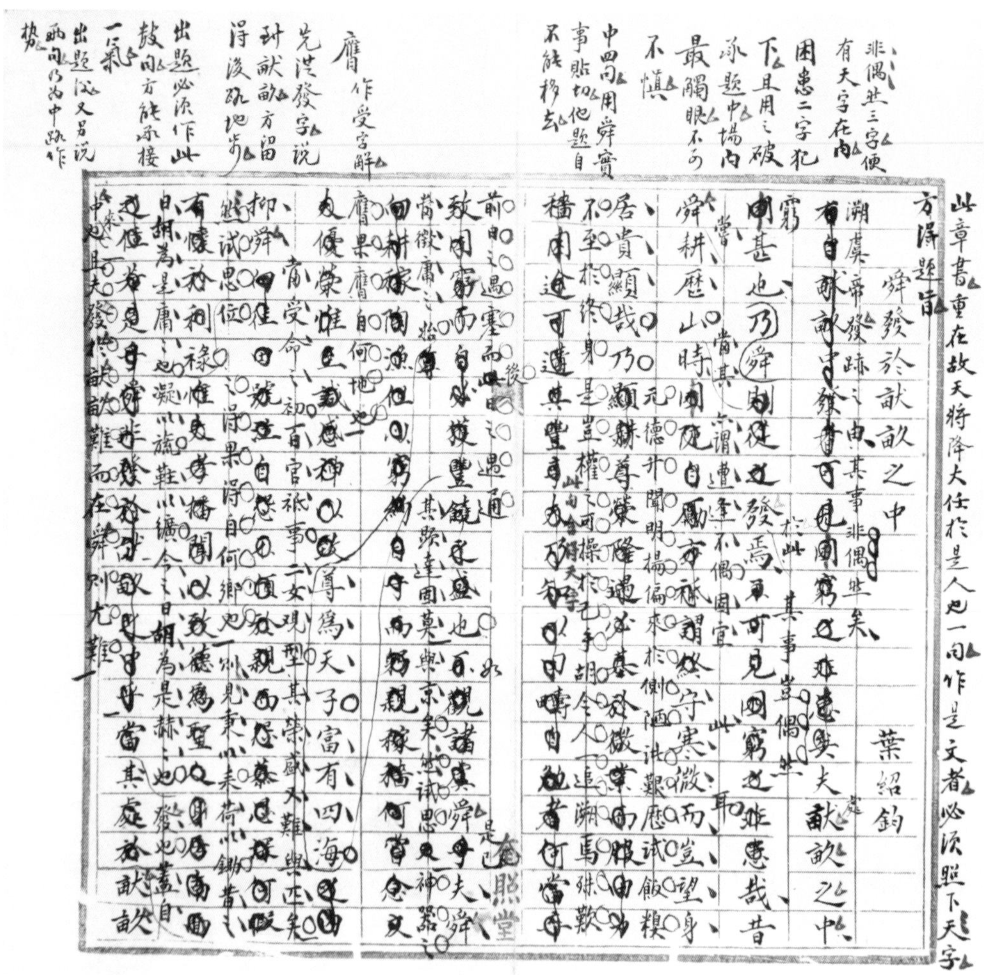
此章書重在故天將降大任於是人也一句作是文者必須照下天字方得題旨

舜發於畎畝之中

葉紹鈞

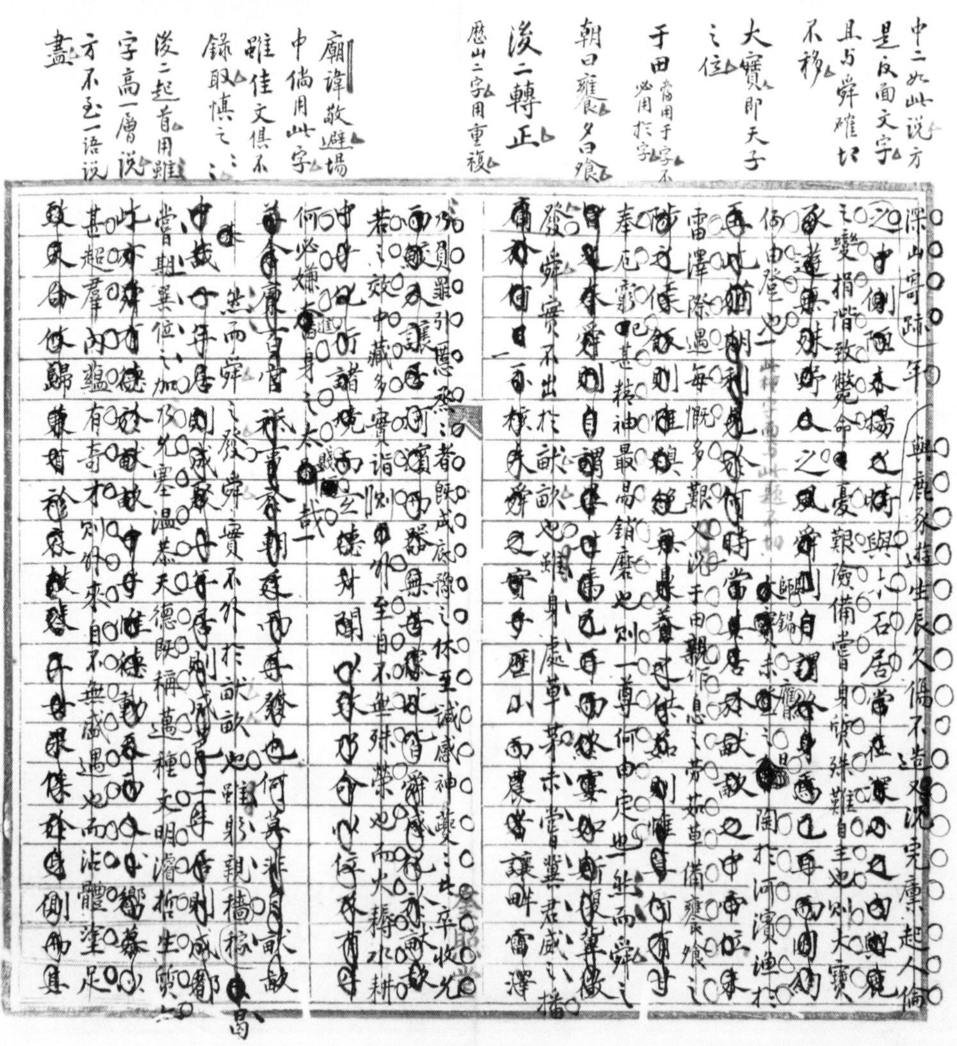

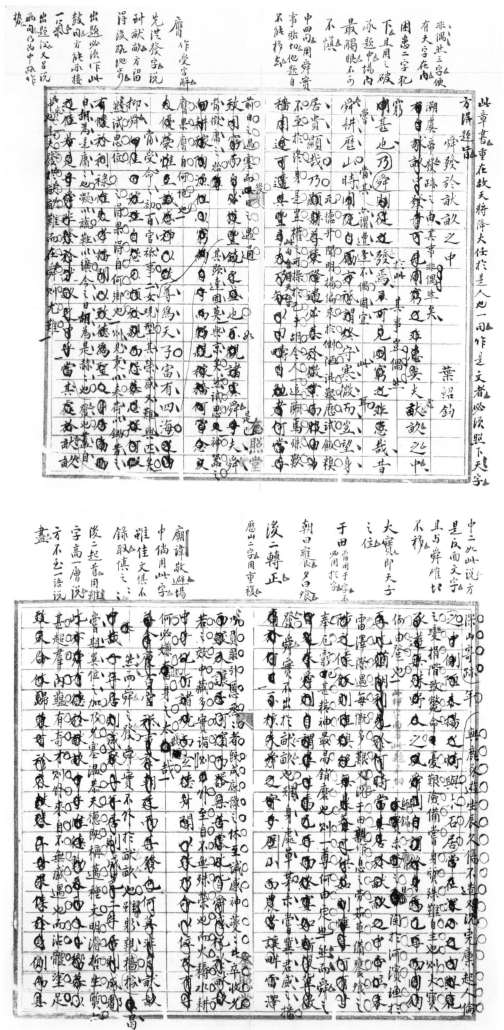

（图一二　31—32）

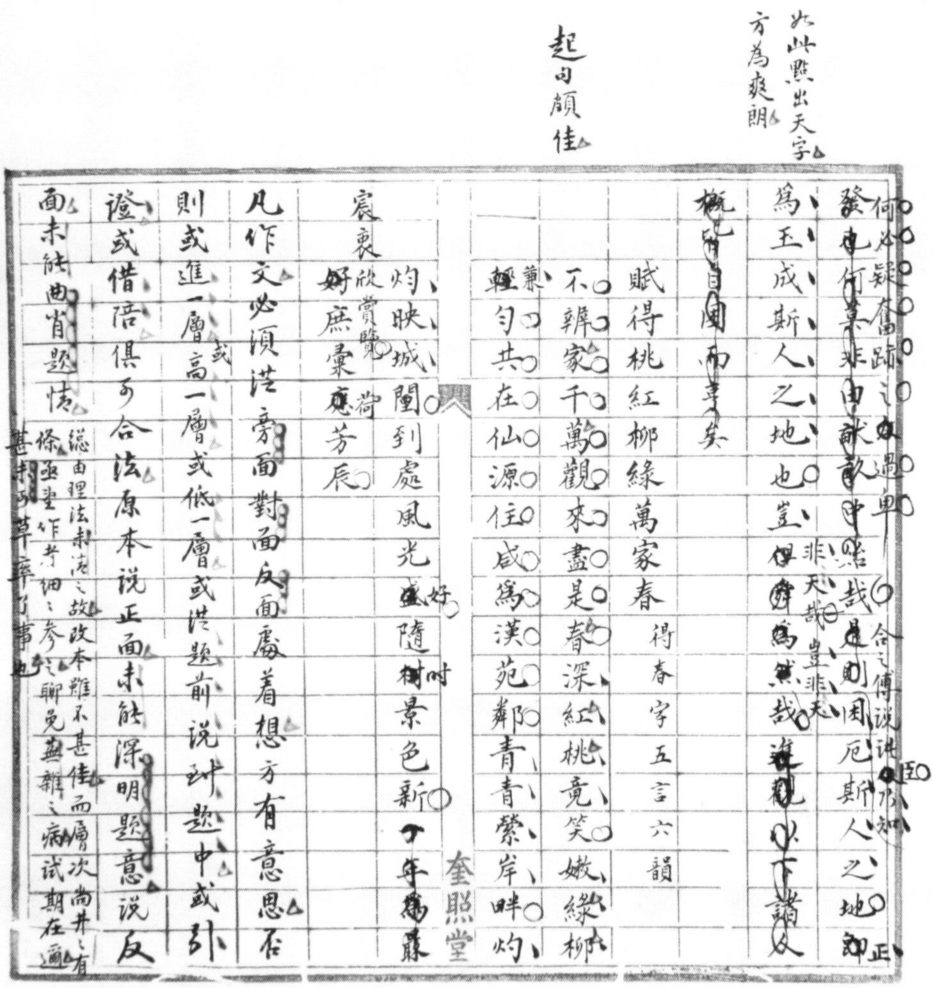

以此點出天字方為爽朗

起句頗佳

發中何莫非由畎畝中出哉是則困厄斯人之地即正
為玉成斯人之地也豈但舜為然哉以下諸人
概可自見而了矣

賦得桃紅柳綠萬家春　得春字五言六韻

不辨家千萬　觀來盡是春　深紅桃竟笑　嫩綠柳
兼輕勻　共在仙源住　咸為漢苑鄰　青青縈岸畔　灼
灼映城闉　到處風光好　隨時景色新　丁年為康
宸衷欣賞曉　荷庶彙應芳辰

凡作文必須從旁面對面反面處着想方有意思否
則或進一層高一層或低一層或從題前說到題中或引
證或借陪俱可合法原本說正面未能深明題意說反
面未能曲肖題情　總由理法未清之故　改本雖不甚佳而層次尚井井有
條　並非作者細細參之　聊免蕪雜之病　試期在邇
甚望勿草率了事也

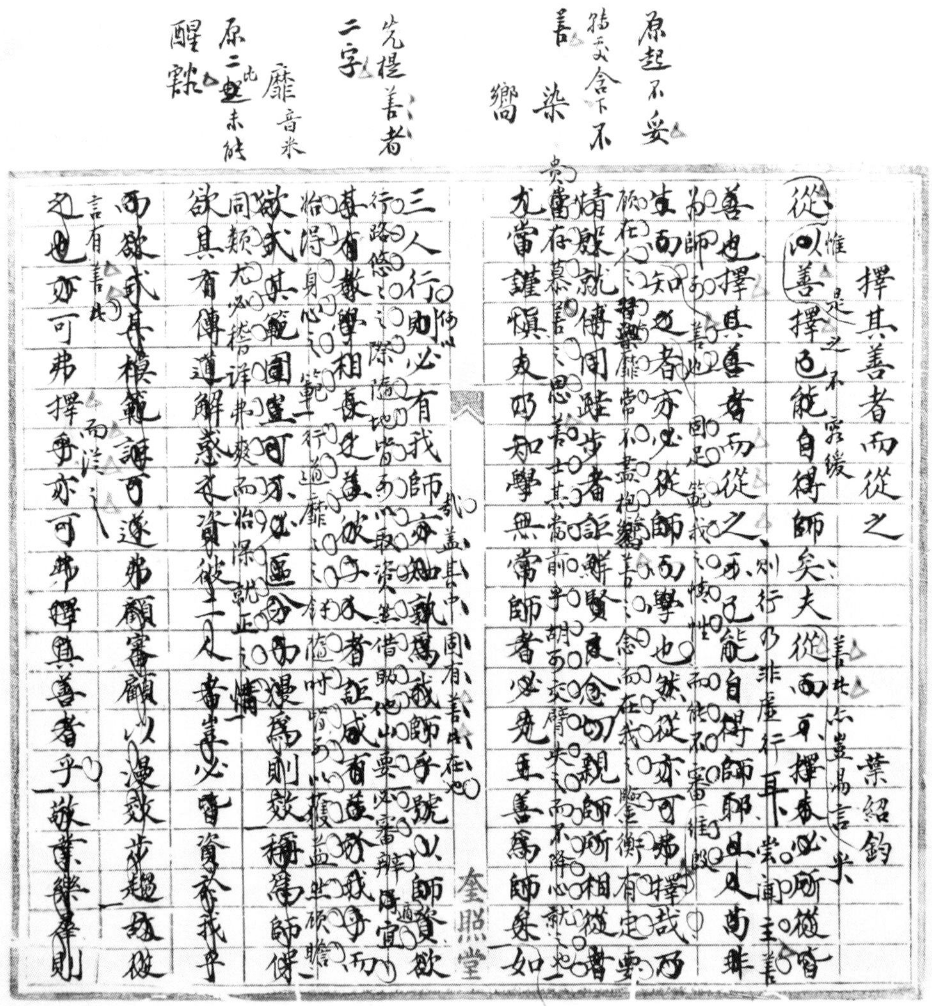

原起不妥

補出含下不善

染　嚮

先提善者二字

靡音米

原二比未能醒豁

擇其善者而從之

葉紹鈞

從以善擇已能自得師矣夫從而不擇必所從皆
善也擇其善者而從之而已能自得師耶且又苟非
其師而知之者亦必從師而學也然從亦可弗擇哉所
生而知之者亦必從師而學也
情就傳聞踐步者詣賢良念切親師所相從者要
當存慕善之思善其當前而不降心就也
尤當謹慎交而知學無常師者必先擇善為師矣如

三人行則必有我師一知孰為我師乎號以師資欲
其有教學相長之益彼於是者咸有益於我乎而
治得身心之範一行適靡[illegible]隨時皆可以獲益非淺
欲求其範圍豈可不分區而漫為則效稱為師傳
同類尤必詳審而治深就正
欲其有傳道解惑之資彼一人者豈必皆資於我乎
而欲求其模範誠可遂弗顧審顧以漫然效趨效彼
言有善者
之也亦可弗擇乎亦可弗擇其善者乎故業樂群則

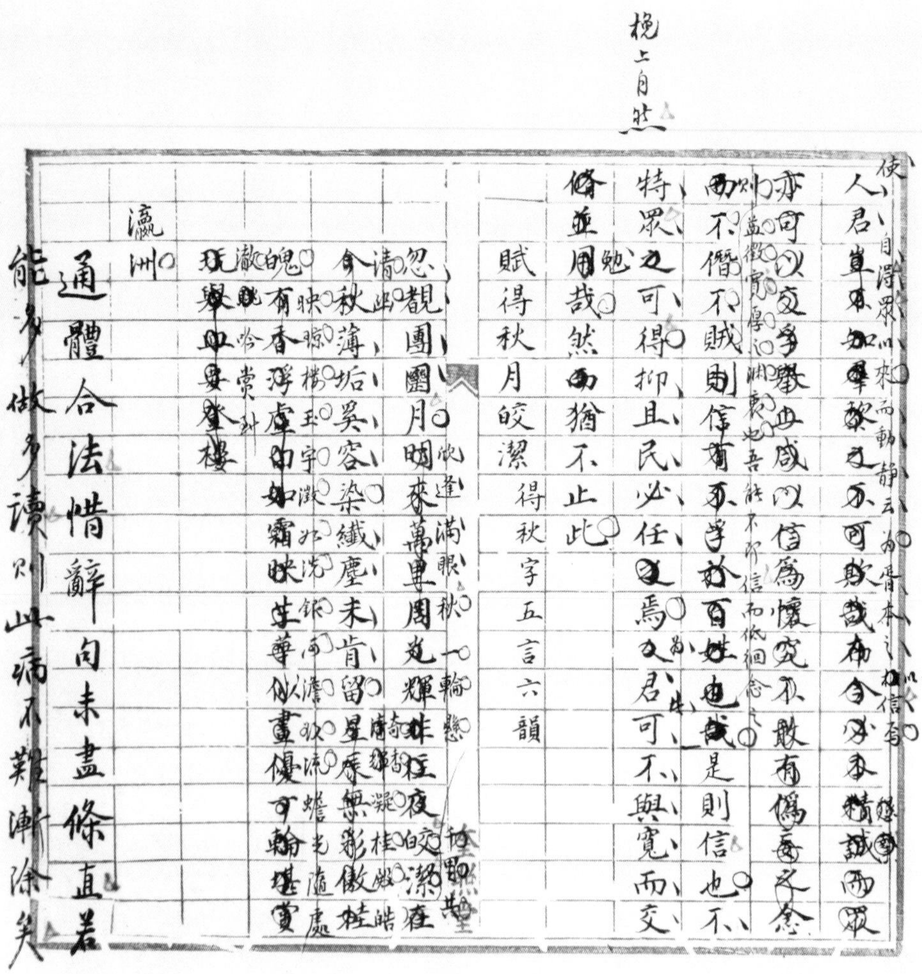

挽上自然

使人自得衆心而動靜云為皆本之於信者

人君豈不知羣欲之不可欺哉而今不精誠而衆亦可以交爭毋咸以信為懷究不敢有偽妄之念而不僭不賊則信有不孚於百姓也哉是則信也不特衆之可得抑且民必任之焉之君可不與寬而交修並用哉然而猶不止此

勉

蓋徵實厚心洞見也吾能不不信而依個念之

賦得秋月皎潔　得秋字五言六韻

忽覩團圞月明來萬里周光輝非在夜皎潔在……

瀛洲

通體合法惜辭句未盡條直若能多做多讀則此病不難漸除矣

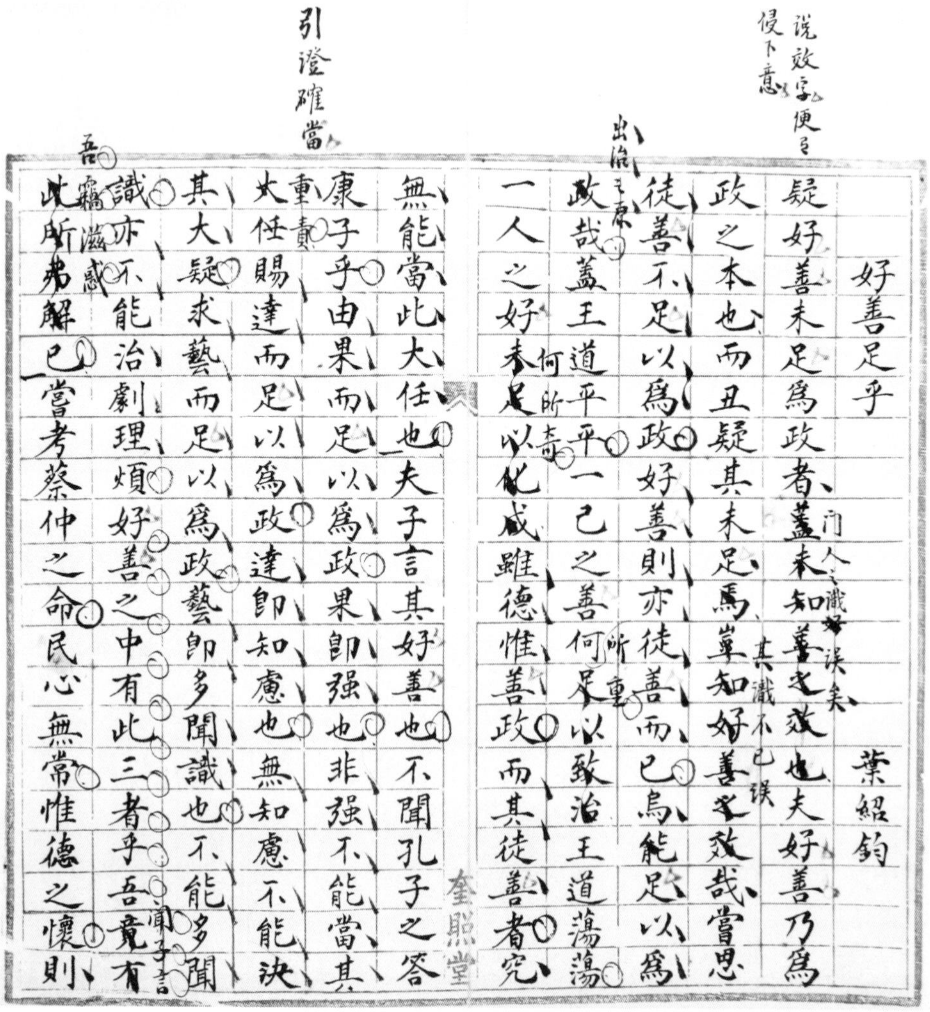

說致字便已侵下意

引證確當

好善足乎

葉紹鈞

疑好善未足為政者、蓋未知善之致也。夫好善乃為政之本也，而丑疑其未足焉，豈知好善之致哉？嘗思徒善不足以為政，好善則亦徒善而已，烏能足以為政哉？蓋王道平平，一己之善何足以致治？王道蕩蕩，一人之好未足以化成。雖德惟善政，而其徒善者究無能當此大任也。夫子言其好善也，不聞孔子之答康子乎？由果而足以為政，果即強也，非強不能當其重任；賜達而足以為政，達即知慮也，無知慮不能決其大疑；求藝而足以為政，藝即多聞識也，不能多聞識亦不能治劇理煩。好善之中有此三者乎？吾竟有此所弗解已。嘗考蔡仲之命，民心無常，惟德之懷，則

出治之原

何所奇

所重

門人之識殊淺矣

其識不已淺

吾竊滋惑

（图一二　39—40）

用此而二字便翻了

詞意清順

知爲政以德矣而樂正子亦惟好在於善耳也雖善教
得民諒亦難治臻上理耳又曾觀大甲之篇民罔常懷懷
於有仁則知行政以仁矣而樂正子不過所好惟善
也耳雖善人是富亦難副此重任也然而則好善也遂足
以爲政乎夫善亦僅不忮不求耳也然不忮不求但足
以臧身不足以治國是非違道以干百姓之譽哉而
是爲体野徑邪道
積善成名亦何有遠悅遠來之效抑好善亦不過就
賢體遠耳然就賢體遠僅足以動衆未足以化民是
亦咈百姓以從己之欲耳而好善爲念奚足致時雍
於變之休然子言其好善吾竟有所莫釋矣徒有宏
人之量道何足行必有偉畧之能魯奚足治而茲之
好善遂足以端風化之原乎據斯言也而經天緯地

奎照堂

之才無足尚已抑然子言其好善吾亦無能自明矣僅
能虛己之心民無足化不有治人才猷之具政豈足爲而
此之好善遂足以立有會歸之極乎執是說也而博學
多能之藝不足奇已好善足手且不敏以治乎敢問請

賦得月中桂
得中字五言八韻

桂樹縈何處蒼茫一望中花開金燦爛月映玉
玲瓏缺候枝應因掩圓時蕊更隆飄誰窺漏洩攀
其共仰遙空穴鼻觀能久吳剛伐枝困功萬千多清芬
聞說烏鵲巖皓魄遠蟾宮不辭老千點看蒼叢
葉葉五百尋高榮未種舟霄由塵座向廣寒宮天
香雲外挹佳景畫難工

月到中秋分外明　七律一首限八庚韻

節屆中秋景最清氣信今宵皓魄依欄望月更多情銀盤似畫三五界

奎照堂

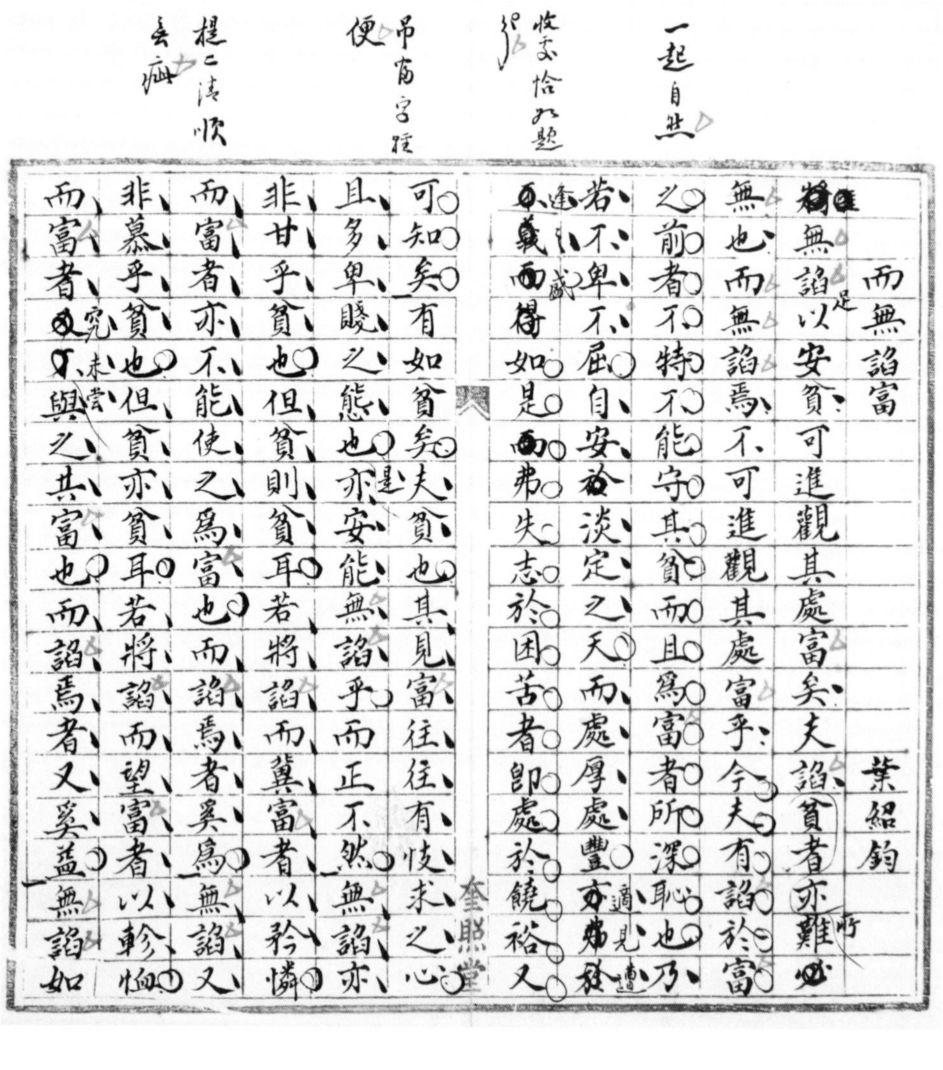

一二 叶圣陶 作文稿册

（图一二 43—44）

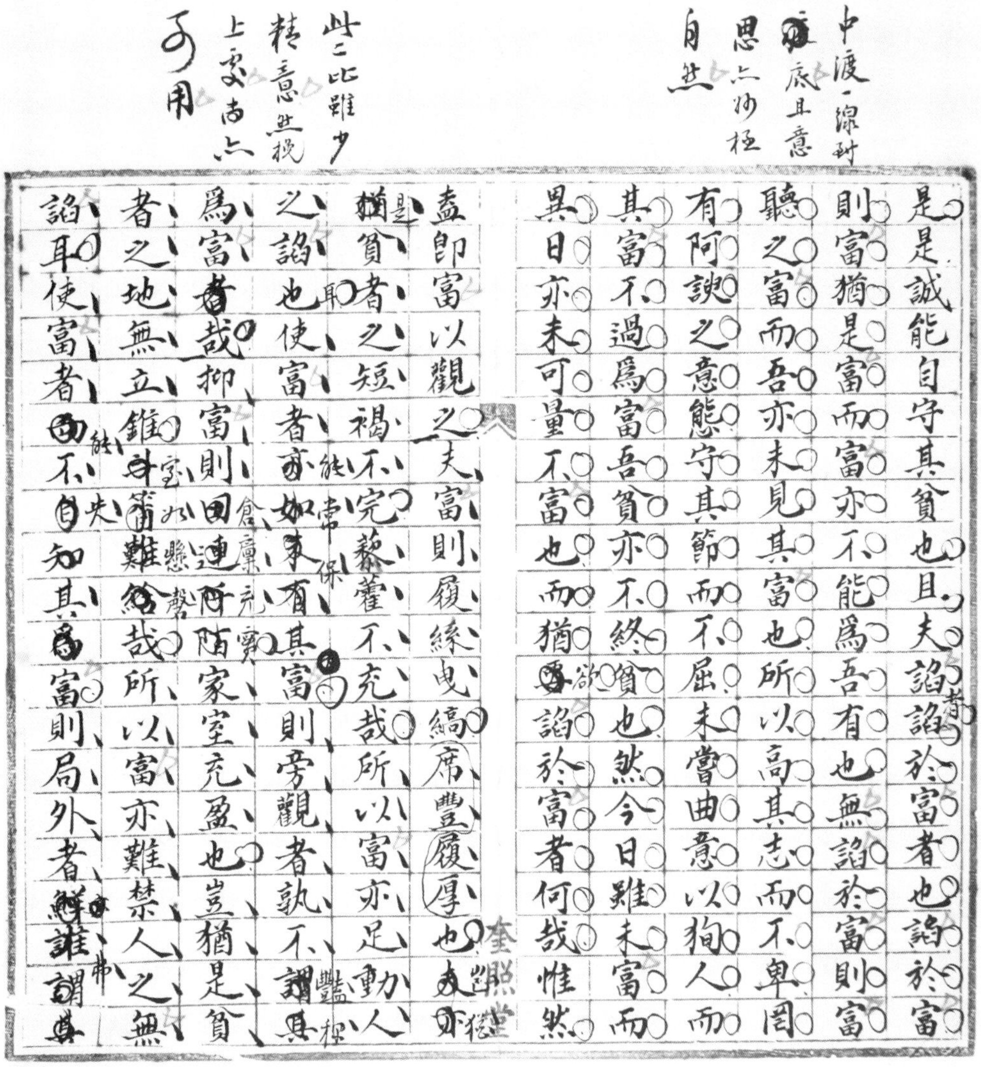

中渡一隙叶一直底且意思亦妙極自然

是是誠能自守其貧也且夫諂諂於富者也諂於富
則富猶是富而富亦不能爲吾有也無諂於富則富
聽之富而吾亦未見其富也所以高其志而不卑罔
有阿諛之意態守其節而不屈未嘗曲意以狗人而
其富不過爲富吾貧亦不終貧也然今日雖未富而
異日亦未可量不富也而猶以諂於富者何哉惟然

此二比雖少精意然擬上更高亦可用

盡卽富以觀之夫富則履綵曳縞席豐履厚也夫
猶是貧者之短褐不完藜藿不充哉所以富亦足動人
之諂也使富者亦如未有其富則旁觀者孰不謂其
爲富者哉抑富則田連阡陌家室充盈也豈猶是貧
者之地無立錐[illegible]難爲哉所以富亦難禁人之無
諂耳使富者而不自知其富則局外者誰謂其

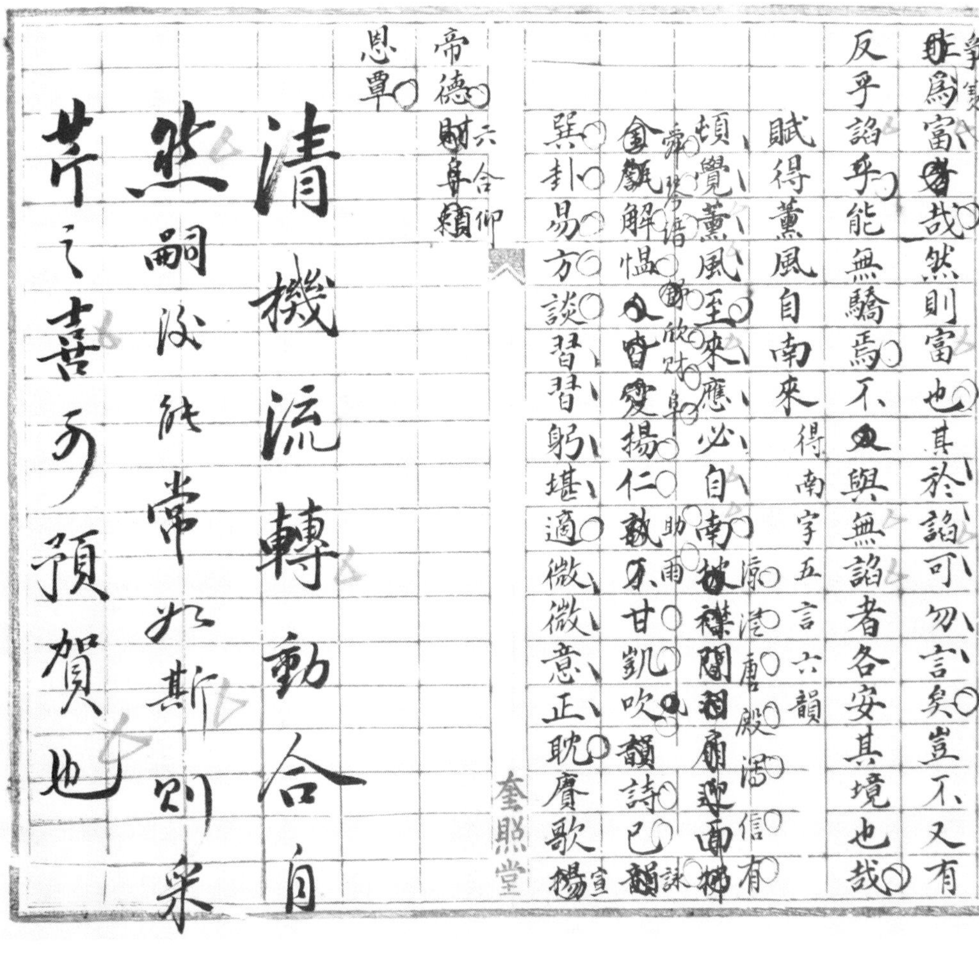

非爲富者哉然則富也其於諂可勿言矣豈不又有
反乎諂乎能無驕焉不[illegible]與無諂者各安其境也哉

賦得薰風自南來 得南字五言六韻

頌覺薰風至來應必自南披襟閒殿涼
[illegible]解慍[illegible]揚仁[illegible]不甘凱吹韻詩已[illegible]
巽卦易方談習習躬堪適微微意正耽賡歌揚
帝德[illegible]六合仰恩覃

清機流轉動合自然嗣後能常如斯則來年之喜可預賀也

（图一二 45—46）

一二　叶圣陶　作文稿册

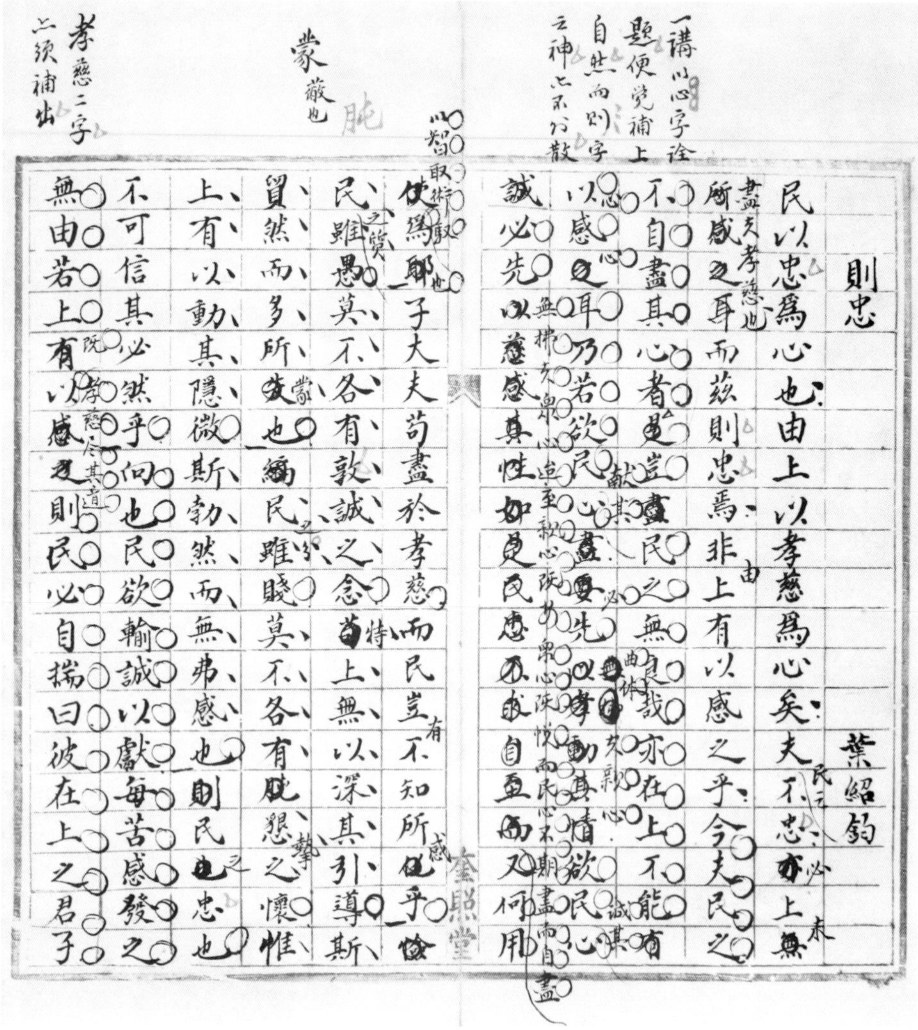

一講心字詮題便覺補上自然而則字

云神亦不散

蒙蔽也

孝慈二字亦須補出

則忠

葉紹鈞

民以忠爲心也由上以孝慈爲心矣夫不忠亦上無所感之耳而茲則忠焉非上有以感之乎今夫民之不自盡其心者豈盡民之無良哉亦在上不能有以感之耳乃若欲民之盡其心以孝慈動其情欲民之誠必先以慈感其性如是民忠不求自至而又何用使爲卿子大夫苟盡於孝慈而民豈有不知所從乎民雖愚莫不各有效誠之念特上無以深其引導斯貿然而多所失也綱民雖賤莫不各有懇摯之懷惟上有以動其隱微斯勃然而無弗感也則民之忠也不可信其必然乎向也民欲輸誠以獻每苦感發之無由若上有以感之則民必自揣曰彼在上之君子

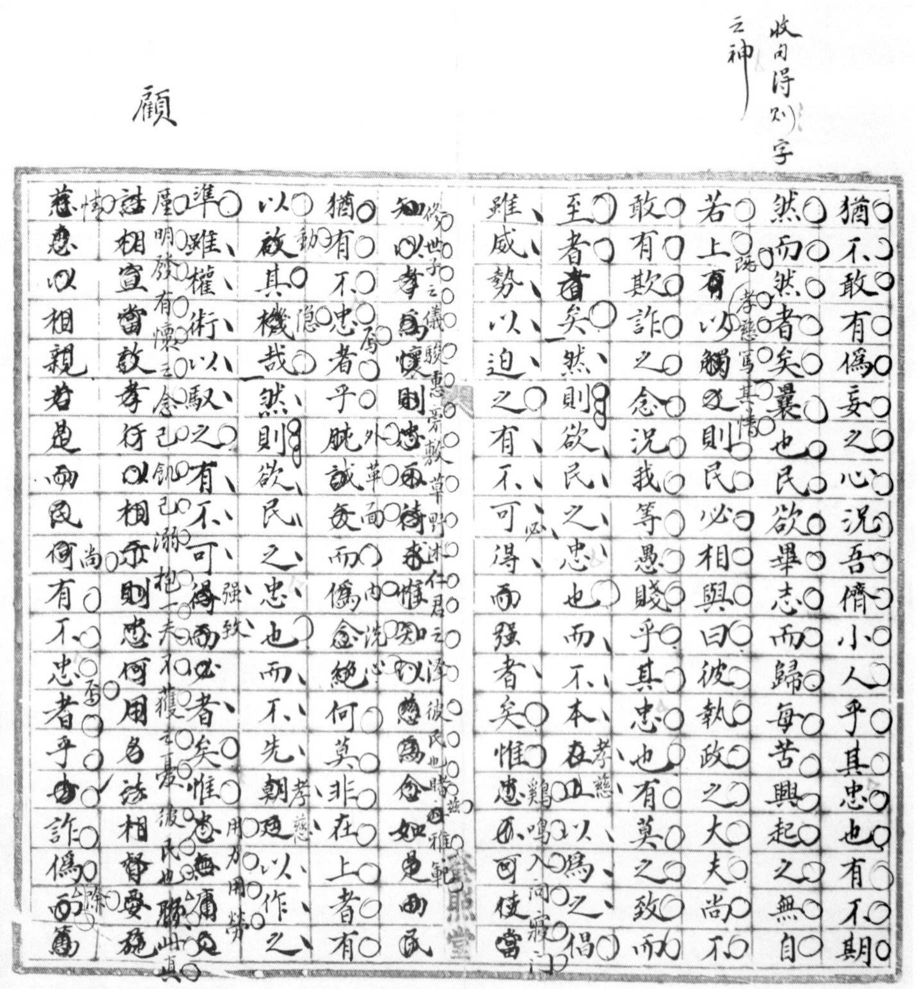

收用得則字

云神

顧

猶不敢有僞妄之心況吾儕小人乎其忠也有不期然而然者矣蓋也民欲舉志而歸每苦興起之無自若上有以觸之則民必相與曰彼執政之大夫尚不敢有欺詐之念況我等愚賤乎其忠也有莫之致而至者矣然則欲民之忠也而不本孝慈以爲之倡雖威勢以迫之有不可得而強者矣惟忠不可使知以孝慎明忠不待求惟知以慈爲念如是而民猶有不忠者乎誠而爲之念何莫非在上者有以啟其機哉然則欲民之忠也而不先以作之準雖權術以馭之有不可得而必者矣惟孝道無庸屢相宜當教孝弟以相勉則忠何用多詐相率要挾慈惠以相親若是而民何有不忠者乎

（图一二　47—48）

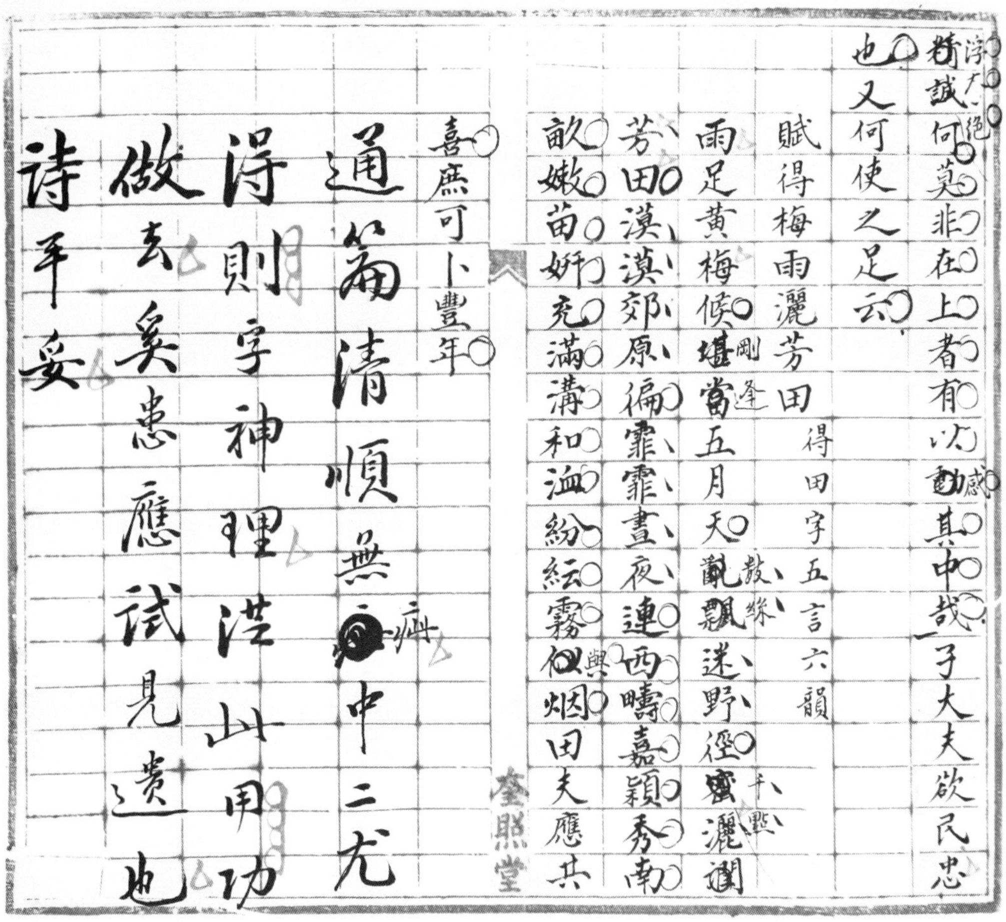

氣機尚暢

詞意平妥

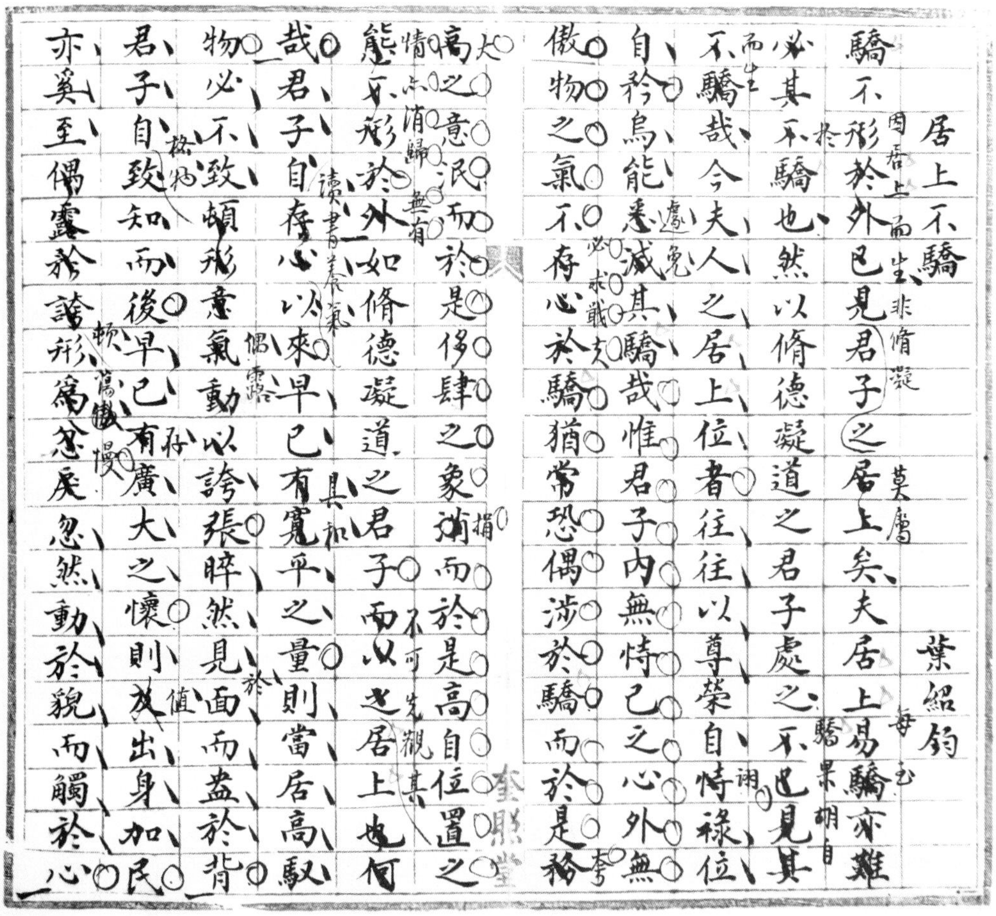

（图一二 49—50）

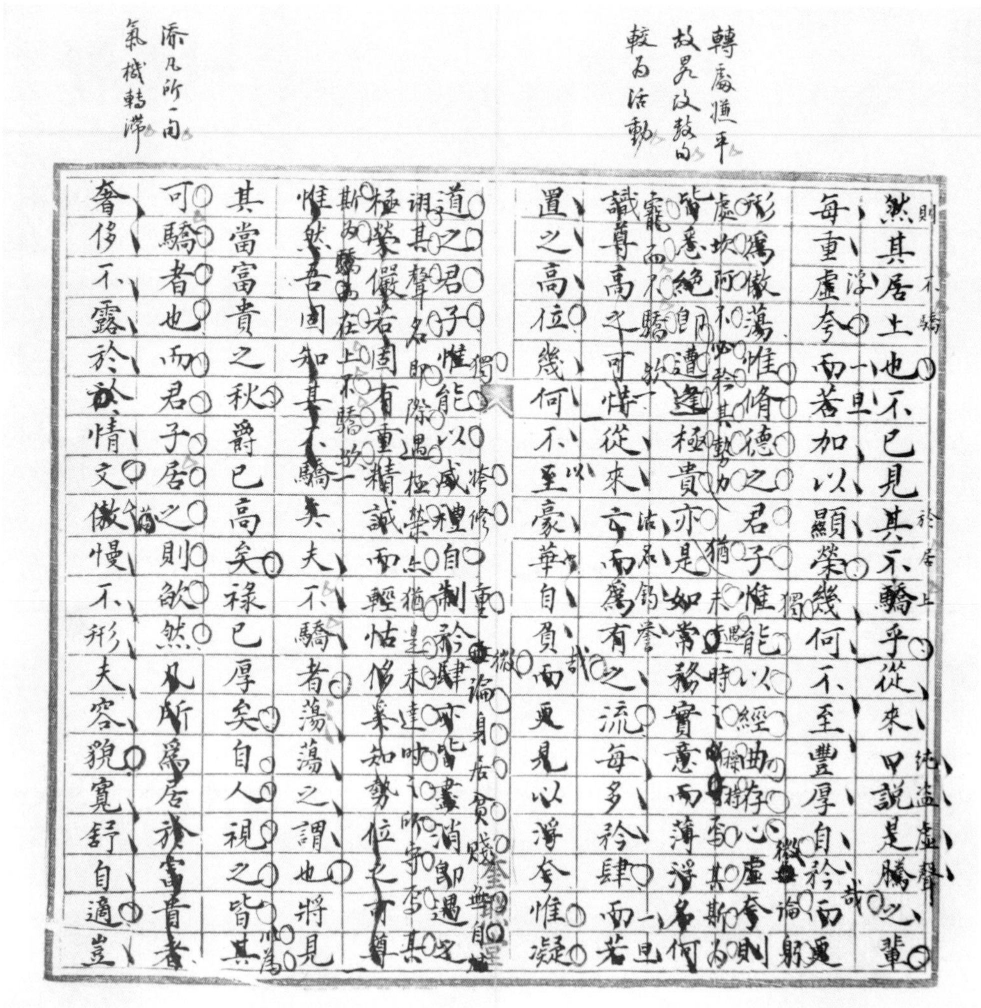

转處慥平
故見改敘的
較爲活動

添凡所二句
氣機轉滯

然其居上也不已見其不驕乎從來所說是驕之輩
每重虛夸而若加以顯榮幾何不至豐厚自矜而更
彩爲傲蕩惟脩德之君子惟能以經曲存心虛夸則
皆意絶自遁逵極貴亦是如常務實意而薄浮名何
識尊高之可惜從來亦而驕有之流每多矜肆而若
置之高位幾何不至豪華自負而更見以浮夸惟凝
道之君子惟能以咸禮自制於肆亦能盡消即遇之
謂其聲名即際遇極榮而猶是未達時所爭者其
極榮儼若固有重精誠而輕恬修養知勢位之有尊
斯爲驕在上不驕哉
惟然吾固知其不驕矣夫不驕者蕩蕩之謂也將見
其當富貴之秋爵已高矣祿已厚矣自人視之皆其
可驕者也而君子居之則歛然凡所爲居於富貴者
奢侈不露於情文傲慢不形夫容貌寬舒自適豈

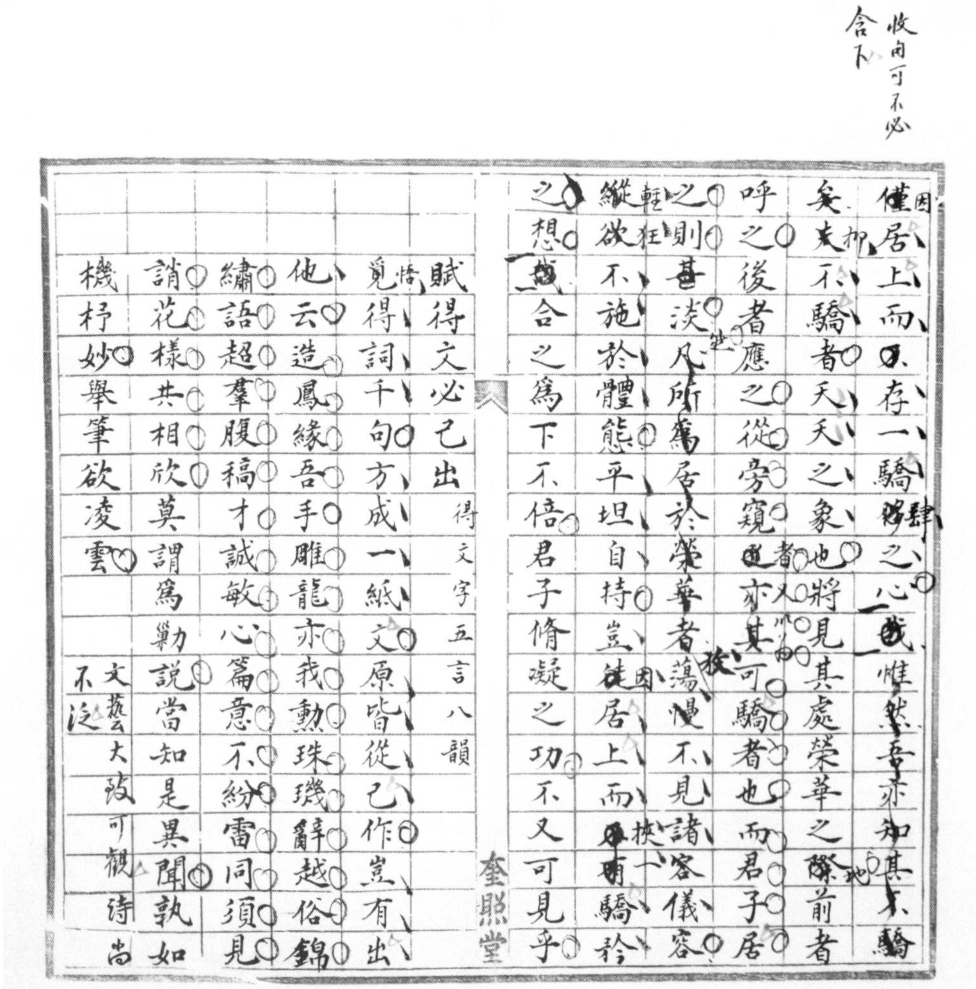

收句可不必
合下

僅居上而不存一驕肆之心哉惟然吾亦知其不驕
矣夫不驕者天天之象也將見其處榮華之際前者
呼之後者應之從旁窺者亦其可驕者也而君子居
之則甚淡凡所爲居於榮華者蕩慢不見諸容儀容
縱輕狂欲不施於體態平坦自持豈徒居上而不驕矜
之想未合之爲下不倍君子脩凝之功不又可見乎

賦得文必己出　得文字五言八韻
覓得詞千句方成一紙文原皆從己作豈有出
他云造鳳緣吾手雕龍亦我動珠璣辭越俗錦
繡語超羣腹稿才誠敏心篇意不紛雷同須見
誚花樣共相欣莫謂爲勤說當如是異聞孰如
機杼妙舉筆欲凌雲

文藝大致可觀詩尚不泛

奎照堂

（图一二 51—52）

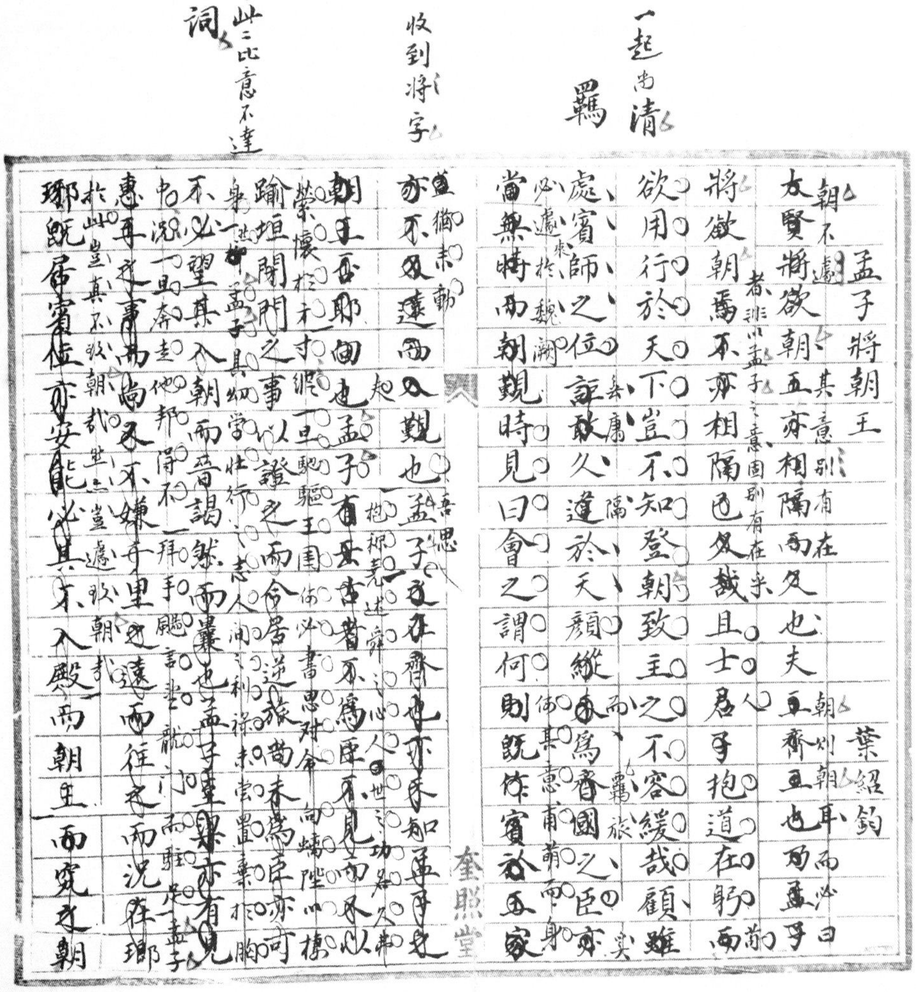

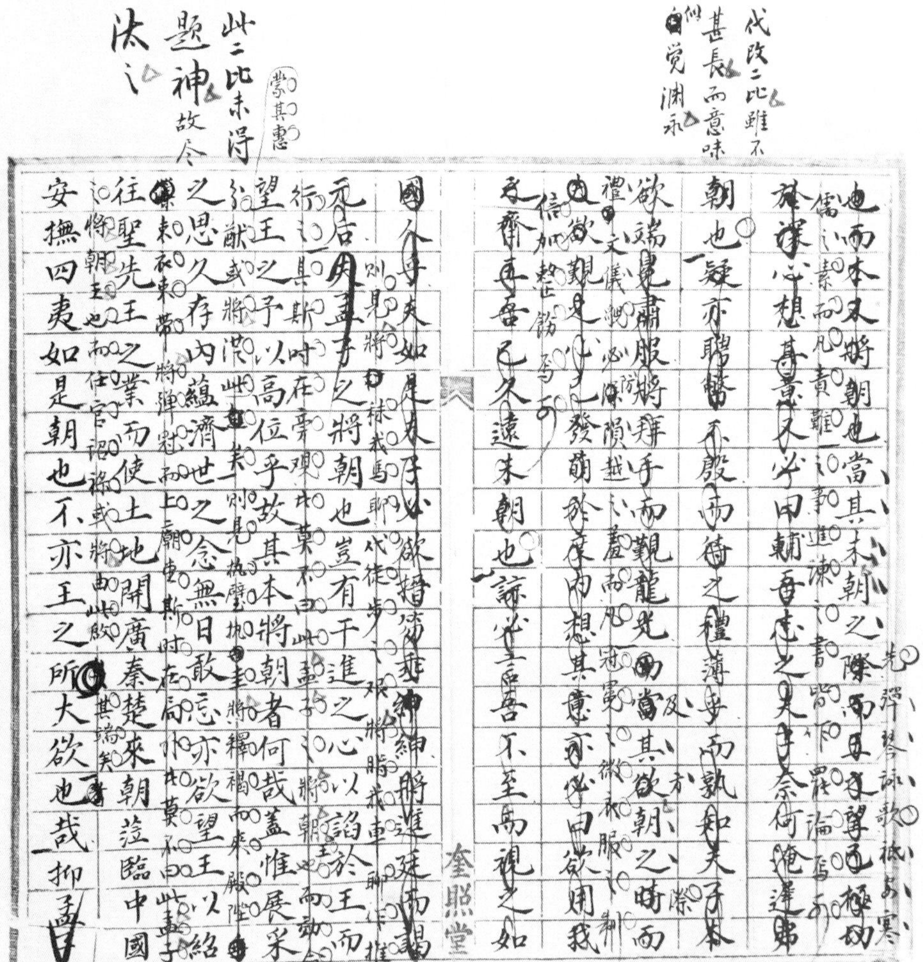

（图一二 53—54）

陪起有意

得詩之旨

清淺合度

關關雎鳩

葉紹鈞

詩首詠雎鳩之鳴以其音之有德也夫雎鳩水鳥也何足詠哉而詩首則詠其鳴之關關焉非以其音之有德哉且鶉之奔奔鵲之彊彊亦必居有常匹飛則相隨也而何必雎鳩而獨錄其詩之首哉蓋以其鳴則和而有德可以端風化之原情則摯而有別亦足正夫婦之禮試載詠篇章覺善其匹偶者亦必共載好音矣不觀詩首之詠關關乎韻雝雝者我知其爲雁鳴矣羽翩翩者我知其爲鷺聲矣而今聞此關關者抑亦爲雁鳴乎抑亦爲鷺聲乎然而不然也若雁與鷺則不錄其詩之首也語膠膠者我知其爲雞鳴矣音鶂鶂者我知其爲鵝聲矣而今聞是關關者抑

愜心貴當不蔓不支

獨得詩人意旨

亦爲雞鳴耶抑亦爲鵝聲耶然而不爾也若雞與鵝又何不足詠於詩首也乃獨而視之夫固爲雎鳩矣雎鳩有相好之情則必不獨居也故載飛載鳴獨得唱隨之義而相親相近無殊伉儷之歡此雎鳩蓋當盛世而出也而生我周時何異鳳鳥來儀以應虞廷之瑞雎鳩又有相配之禮則亦不亂匹也故雌雄有偶如諧鸞鳳之和鳴而頡頏雙飛更類鴛鴦之比翼此雎鳩亦必逢聖朝而有也而生我周代何殊天降元鳥而特聲商之祥聞其關關之聲何止獨一雎鳩之鳴也則下上其音亦必雌雄而相應而飛鳴共和毋致淫行以成風教其鳴於周則周室之之子家人皆被感通而淫風自革以致汝墳罝兔咸正其夫婦之情而

(图一二 67—68)

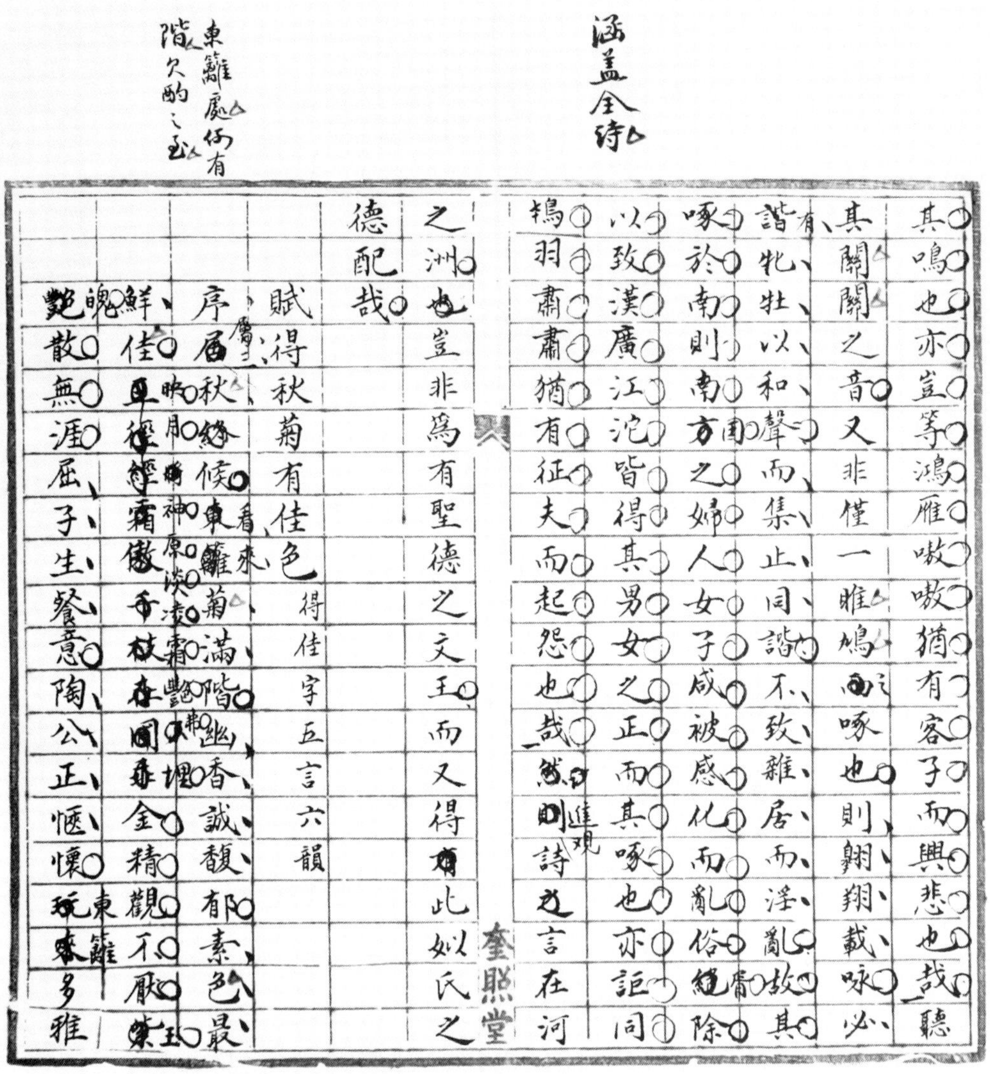

涵蓋全詩

東籬處何有 階欠酌之

其鳴也亦豈等鴻雁嗷嗷猶有客子而興悲也哉聽

其關關之音又非僅一雎鳩而啄也則翱翔載咏必

諧有牝牡以和聲而集止同諧不致雜居而淫亂故其

啄於南則南方之婦人女子咸被感化而亂俗綫除

以致漢廣江沱皆得其男女之正而其啄也亦詎同

鴇羽肅肅猶有征夫而起怨也哉然則進觀詩之言在河

之洲也豈非為有聖德之文王而又得有此姒氏之

德配哉

賦得秋菊有佳色 得佳字五言六韻

序屆秋紛候東籬菊滿階幽香誠馥郁素色最

鮮佳映月神原淡凌霜艷更幽埋金精觀不厭玉

艷魄散無涯屈子生餐意陶公正愜懷玩東籬多雅

奎照堂

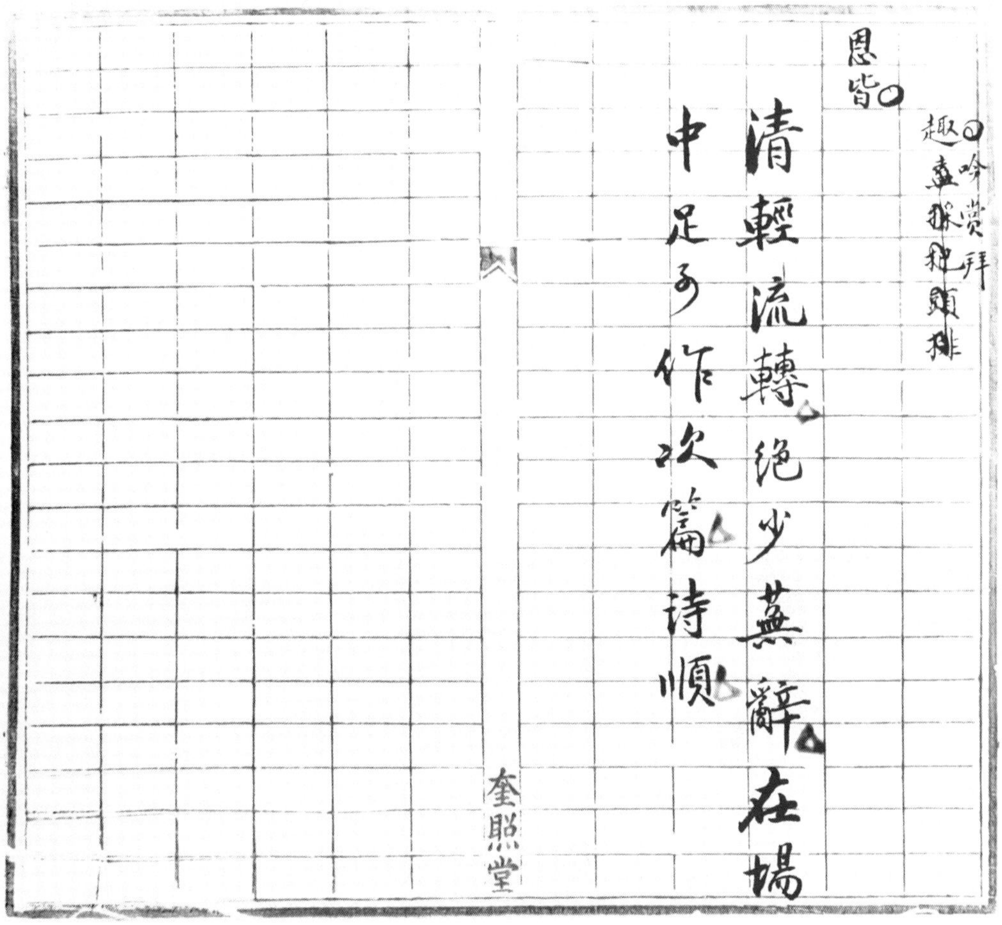

恩皆

趣 吟賞 拜

清輕流轉絶少蕪辭在場

中足子作此篇詩順

奎照堂

（图一二 69—70）

輕靈圓轉
曲折赴題
鈞下輕便
詞旨清晰
點題字
極醒豁
而后有定定
葉紹鈞
有定於知止之后而定又可進思焉夫定由知止而
后有則定亦非易言也然既有之而定不又可進思
乎且夫志者心之所之也使不誤於所之則勿二勿
三而志已有定向矣然不誤於所之則不貳不雜而
志又不僅有定衡矣蓋是非不昧而志氣有權吾固
知衷有定見者非可驟幾也吾尤知衷有定見者猶
有進境也如明德新民至善既已知止矣夫知止則
學術之邪正已判然定其理矣治道之純雜已昭然
定其法矣其有定也不可於知止而后決之哉事莫
不失於猝也猝然而臨之亦猝然而處之志有不
可言定者若知止則衷懷洞徹而后精神之所注不

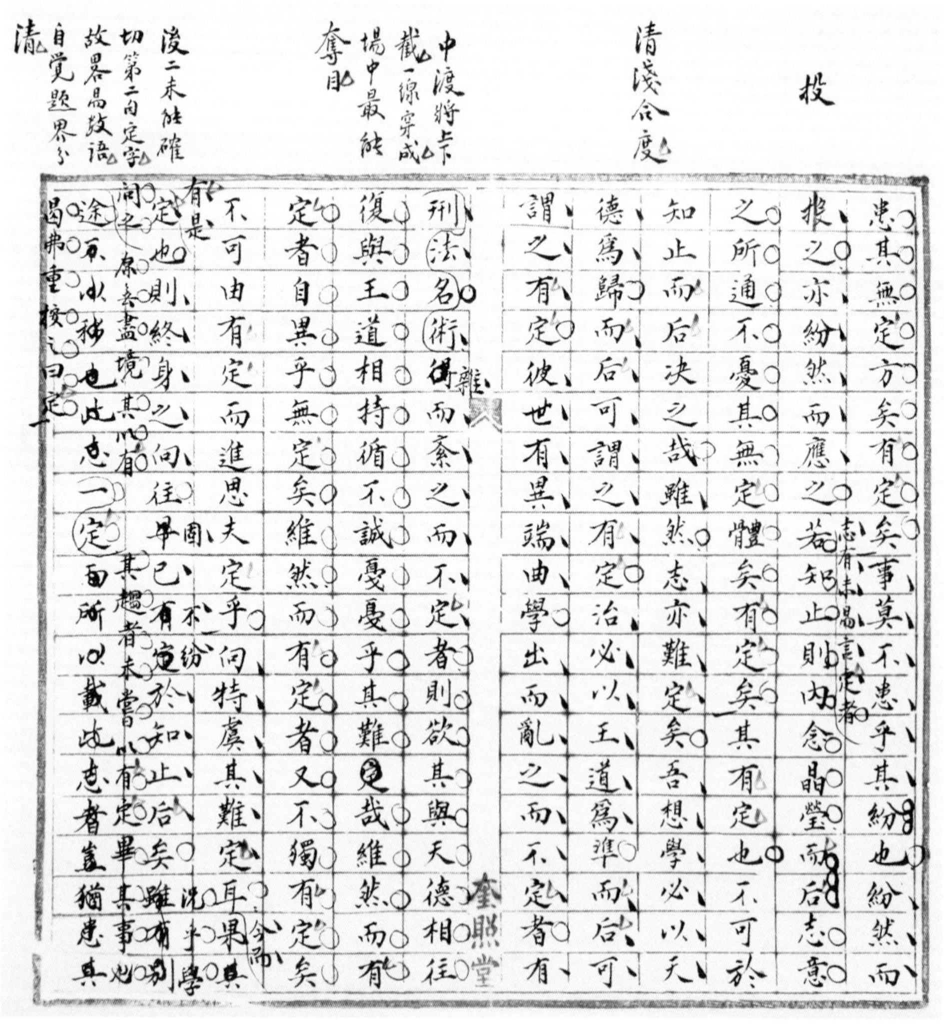
清淺合度
投
中渡將卡
截一線穿成
場中最能奪目
後二未能確切第二句定字故畧晶致語
自覺題界了了
清
患其無定方矣有定矣事莫不患乎其紛也紛然而
非之亦紛然而應之若知止則內念皆瑩而后志意
之所通不憂其無定體矣有定矣其有定也不可於
知止而后決之哉雖然志亦難定矣吾想學必以天
德為歸而后可謂之有定治必以王道為準而后可
謂之有定彼世有異端曲學出而亂之而不定者有
刑法名術雜而紊之而不定者則欲其與天德相往
復與王道相持循不誠憂憂乎其難是哉維然而有
定者自異乎無定矣維然而有定者又不獨有定矣
不可由有定而進思夫定乎向特虞其難定耳果其
定也則終身之向往畢已有定於知止后矣
途亦必移也此志一定而所以載此志者豈猶患其
曷弗重按之曰定

（图一二　71－72）

如此說來雖是第二句定字

憧憧哉何特懼其未定耳畢其定也則此生之趣方

固又已有定於知止后矣雖有歧路不能惑也此志其

于定而所以寧此志者誠循序其摸摸哉以言乎定

蓋知止以為基非知止后以究境也

固可於有定后使其循循焉以有常軌而臻其

趣由也進觀能靜以至能得皆於其如此信之矣入

大學者可昧於斯乎

賦得春風得意馬蹄疾　得春字五言六韻

得意長安路悠然玩賞春

[illegible]

拂錦標文帽絢宮花彩衣沾柳汁新環林方宴

罷執轡遍城闉

一講妙極自然鈎下亦不牽強標二點題字如土委地

中渡詞意清晏後二結未盡界限詩欠工穩作者尤宜自勉焉

奎照堂

弔下哦段啟字便見簡潔

與衣狐貉者立而不恥者其由也與不忮不求

何用不臧子路終身誦之子曰是道也何足

以臧子曰歲寒

與立不論其衣固歲寒而難討敝矣夫狐貉衣之重

貴也彼衣敝縕袍者與之立而不恥焉非固歲寒而

難討歟哉今使有狐貉之衣者固不憚其歲而寒也

初不料衣敝縕袍者亦與之立而不恥而同罹此寒

時哉乃有單身無飾無妨以己之襤褸而無與

摩潔栗

肩時享值冬閏當夜晚歲之風霜而嚴寒凜冽夷彭

知不恥卑於如濡之前者亦可當此寒威之候矣有

如衣敝縕袍矣夫衣敝縕袍者亦不過臨此歲暮嚴

寒之際而丁身單寒故難含此暴暑之衣耳而久與

奎照堂

（图一二　73—74）

一二 叶圣陶 作文稿册

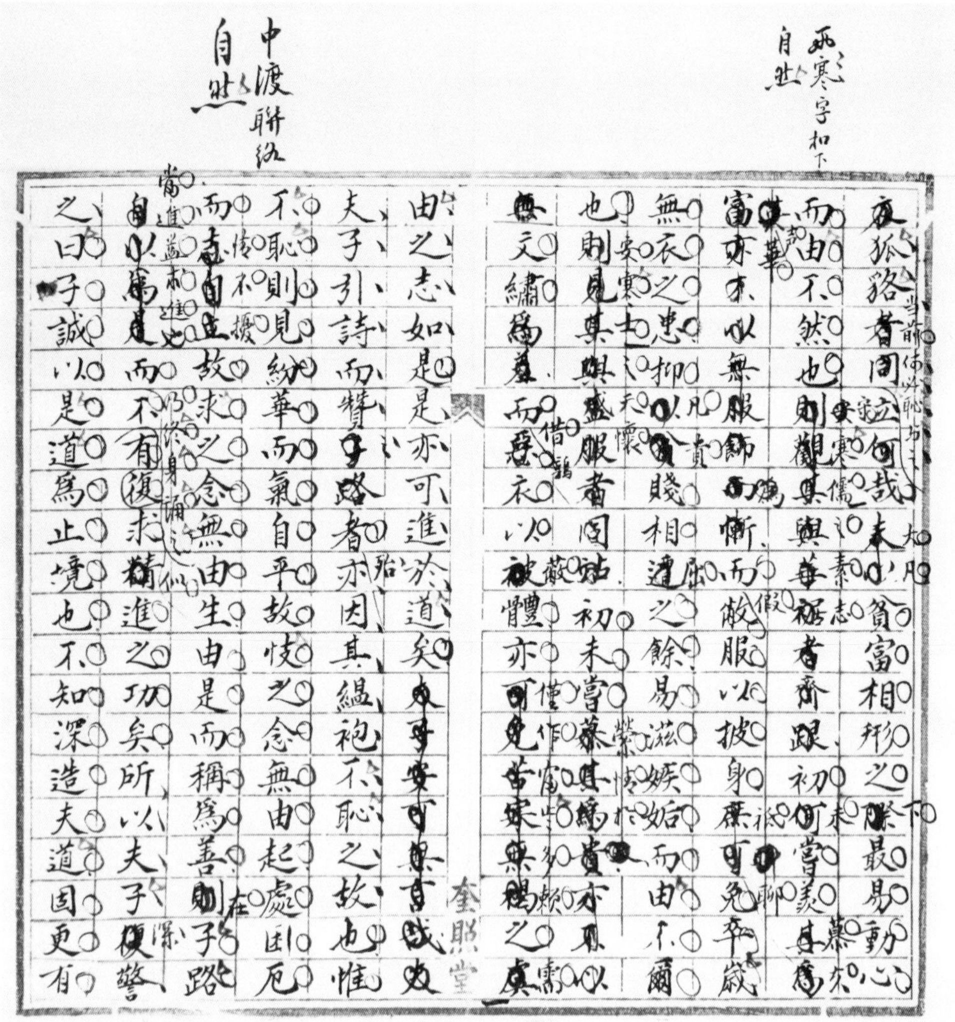

衣狐貉者同立何哉未以貧富相形之際最易動心
而由不然也則觀其與華服者齊跟初何嘗羨其爲
富亦不以無服飾而慚而敝服以披身[illegible]可免乎歲
無衣之患抑以貧賤相遭之餘易滋嫉妬而由不爾
也則見其與盛服者同站初未嘗慕其爲貴而不以
無文繡爲羞而[illegible]衣以被體亦可見當[illegible]其[illegible]之眞
由之志如是是亦可進於道矣[illegible]
夫子引詩而贊子路者亦因其縕袍不恥之故也惟
不恥則見紛華而氣自平故忮之念無由起處困厄
而[illegible]自足故求之念無由生由是而稱爲善則子路
自以爲是而不有復求精進之功矣所以夫子復警
之曰子誠以是道爲止境也不知深造夫道固更有

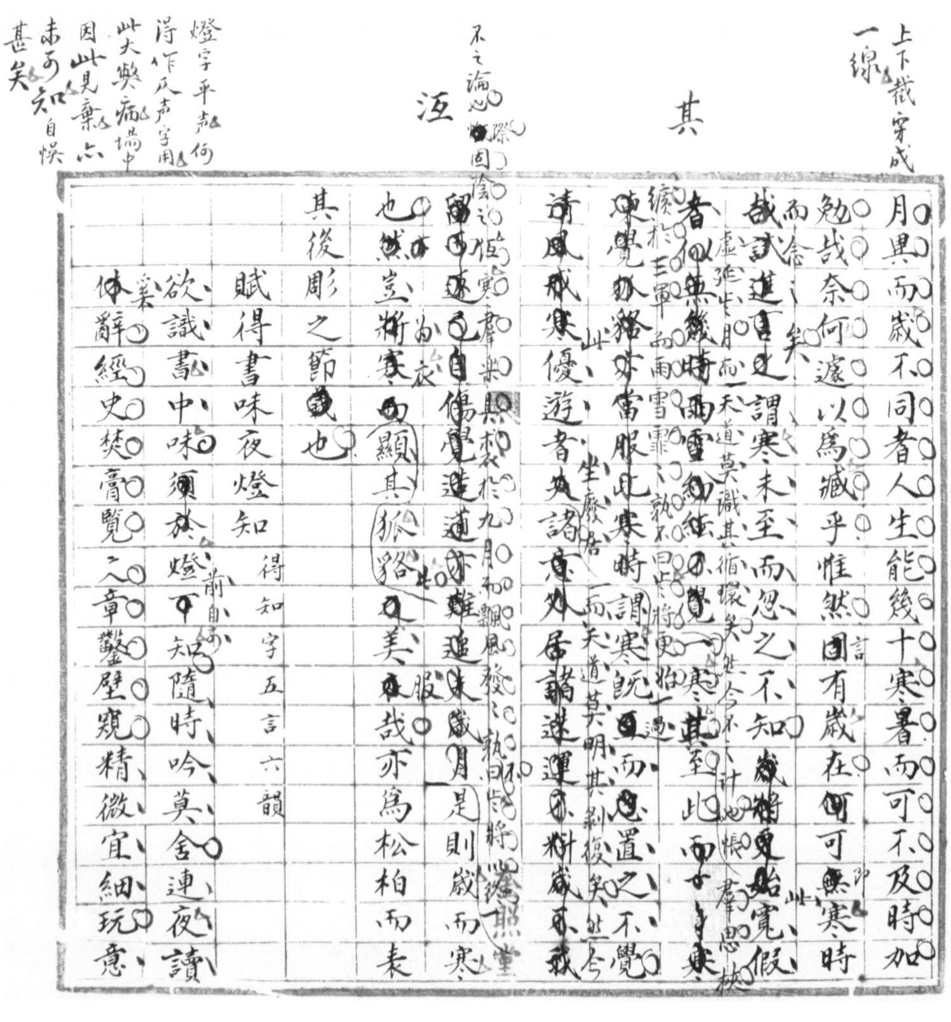

月異而歲不同者人生能幾十寒暑而可不及時加
勉哉奈何遽以爲臧乎惟然固有歲在何可無寒時
哉誠進[illegible]謂寒未至而忽之不知歲將更始寬假
[illegible]
[illegible]
清風[illegible]其優遊者[illegible]諸[illegible]居諸遂運[illegible]歲不我
[illegible]
也然豈斯寒而顯其孤貉之美哉亦爲松柏而表
其後彫之節哉也

賦得書味夜燈知 得知字五言六韻

欲識書中味須於燈下知隨時吟莫舍連夜讀
體[illegible]經史[illegible]膏覽之章鑿壁窺精微宜細玩意

（图一二 75—76）

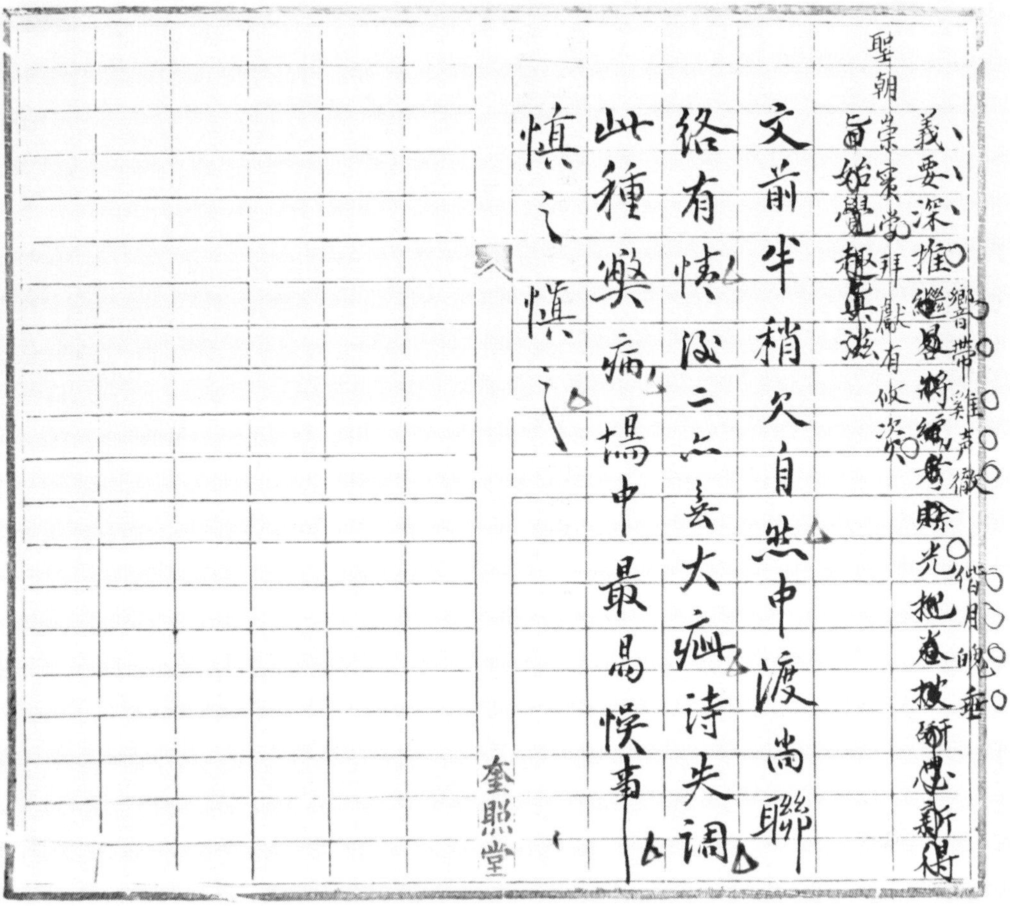
聖朝崇實學拜獻有攸資
義要深推繼晷將統緒光挹春披研思新得
旨始覺趣其滋
文前半稍欠自然中渡尚聯絡有憾以二六去大病詩失調
此種弊病場中最爲悞事
慎之慎之
奎照堂

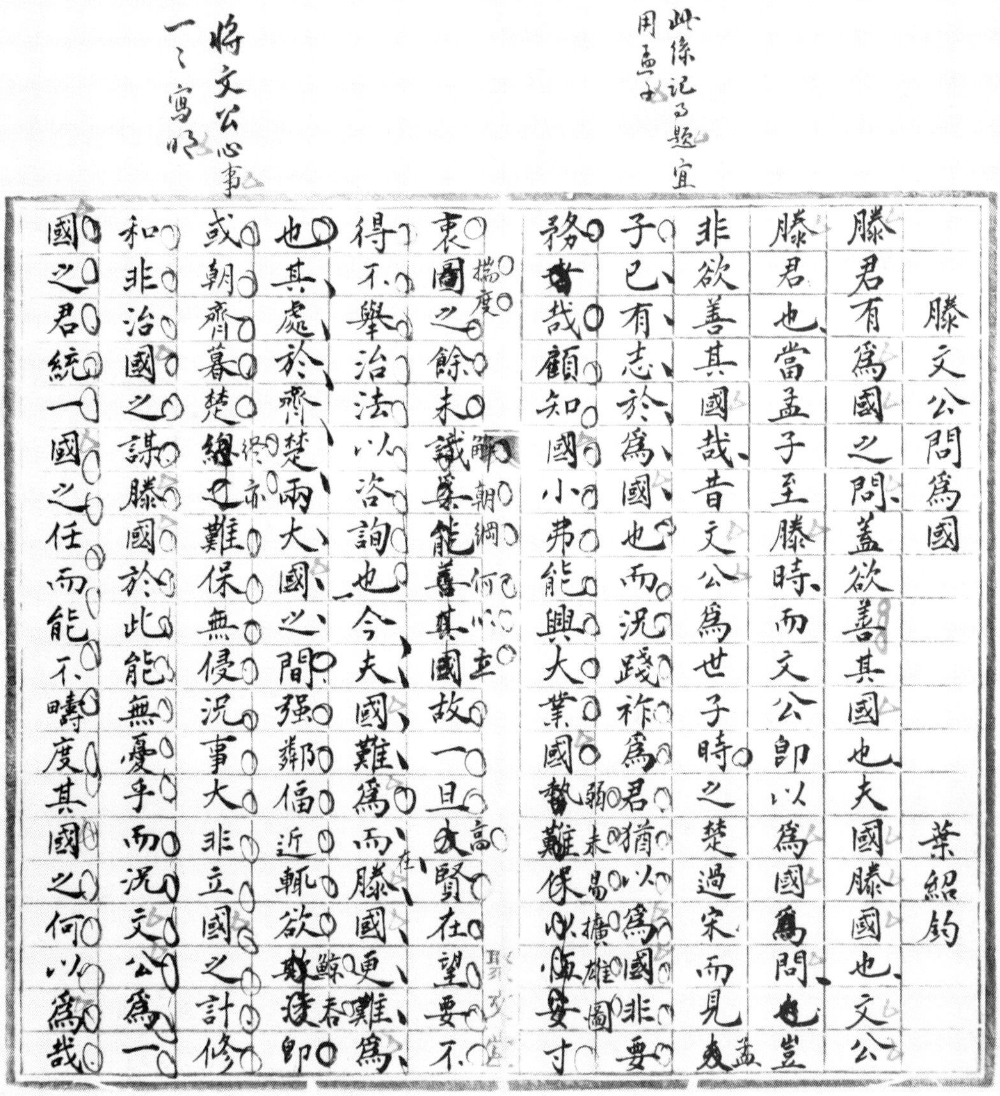
此係記問題宜用孟子
將文公心事一一寫明
滕文公問爲國
葉紹鈞
滕君有爲國之問蓋欲善其國也夫國滕國也文公
滕君也當孟子至滕時而文公即以爲國爲問也豈
非欲善其國哉昔文公爲世子時之楚過宋而見孟
子已有志於爲國也而況踐祚爲君猶以爲國非要
務[illegible]哉顧知國小弗能興大業國勢難保以[illegible]安寸
東國之餘未識某能善其國故一旦大賢在望要不
得不舉治法以咨詢也今夫國難爲而滕國更難爲
也其處於齊楚兩大國之間强鄰偪近輒欲[illegible]即
或朝齊暮楚總之難保無侵況事大非立國之計修
和非治國之謀滕國於此能無憂乎而況文公爲一
國之君統一國之任而能不疇度其國之何以爲哉

（图一二　77—78）

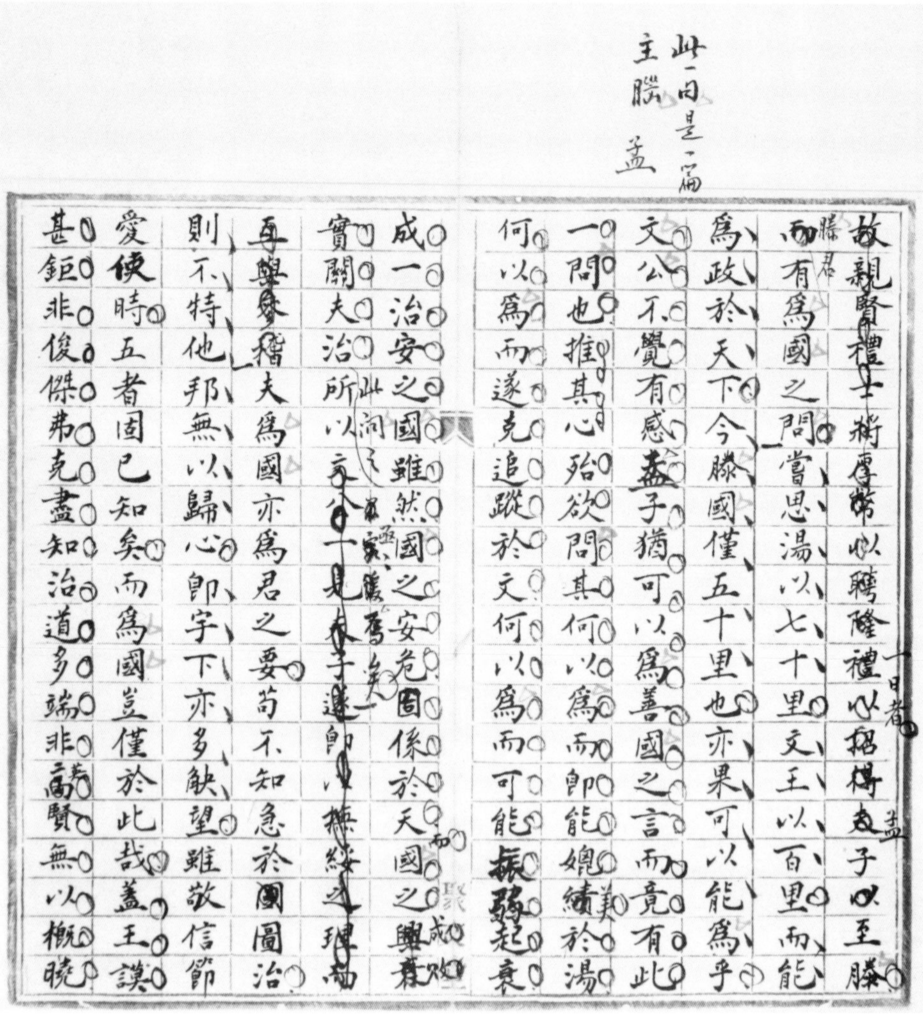

此一句是一篇主腦 孟

故親賢禮士，衛厚幣以聘，隆禮以招，得孟子以至滕，而滕君有為國之問。當思湯以七十里，文王以百里，而能為政於天下，今滕國僅五十里也，亦果可以能為乎？文公不覺有感，孟子猶可以為善國之言，而竟有此一問也。推其心，殆欲問其何以為而即能媲美於湯，何以為而遂克追蹤於文，何以為而可能振弱起衰，成一治安之國。雖然，國之安危，固係於天；國之興衰，實關夫治。[illegible] 再與參稽夫為國亦為君之要，苟不知急於圖治，則不特他邦無以歸心，望雖敬信節愛使時，五者固已知矣，而為國豈僅於此哉？蓋王謨甚鉅，非俊傑弗克盡知；治道多端，非聖賢無以概曉。

一日者

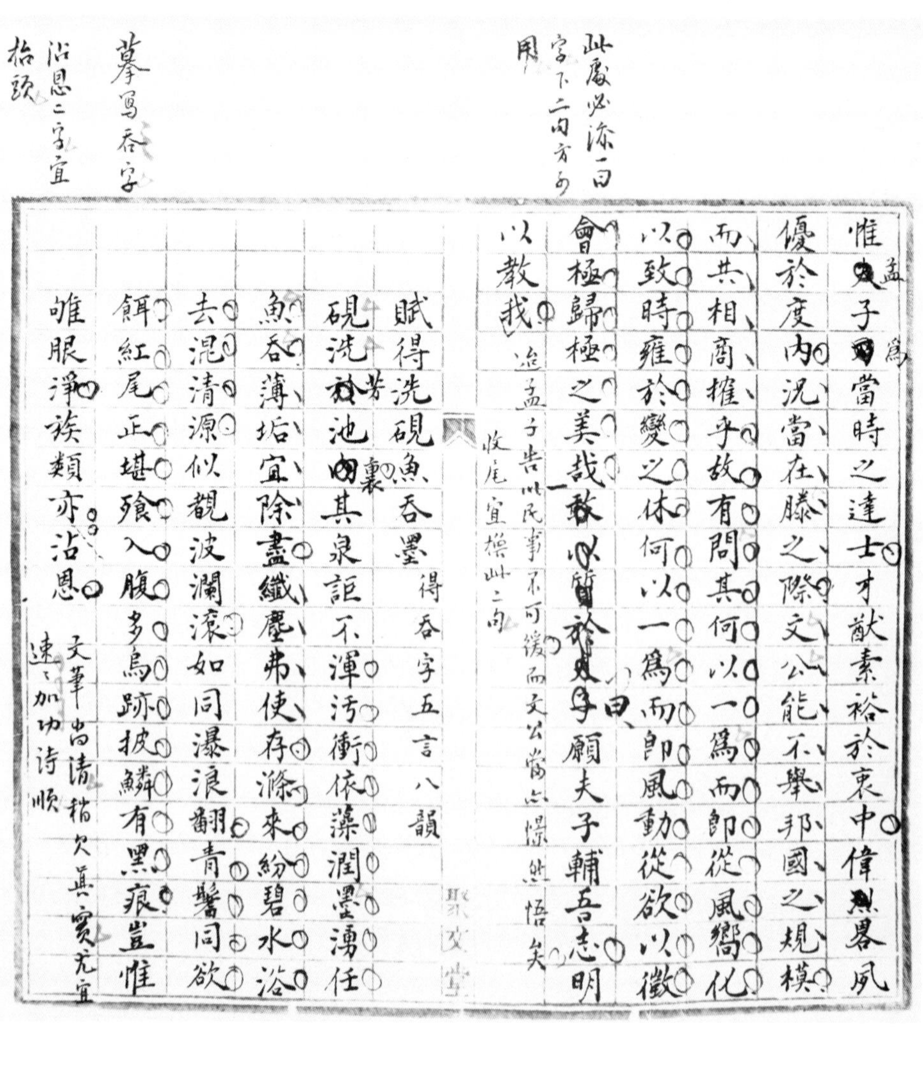

此處必添一句 字下二句方可用

惟孟子為當時之達士，才猷素裕，於東中偉略夙優於度內，況當在滕之際，文公能不舉邦國之規模而共相商榷乎？故有問其何以一為而即從風嚮化，以致時雍於變之休；何以一為而即風動從欲，以徵會極歸極之美哉。亦以質於孟子曰：願夫子輔吾志，明以教我。

述孟子告以民事不可緩而文公當亦憬然悟矣 收尾宜撰此二句

賦得洗硯魚吞墨 得吞字五言八韻

硯洗芳池裏，其泉詎不渾。污銜依藻潤，墨滌任魚吞。薄垢宜除盡，纖塵弗使存。滌來紛碧水，浴去混清源。似覩波瀾滾，如同瀑浪翻。青鬐同欲餌，紅尾正堪飧。入腹多烏跡，披鱗有黑痕。豈惟雌眼淨，族類亦沾恩。

文筆尚清 稍欠真實 尤宜速速加功 詩順

摹寫吞字 沾恩二字宜抬頭

（图一二 79—80）

一二 叶圣陶 作文稿册

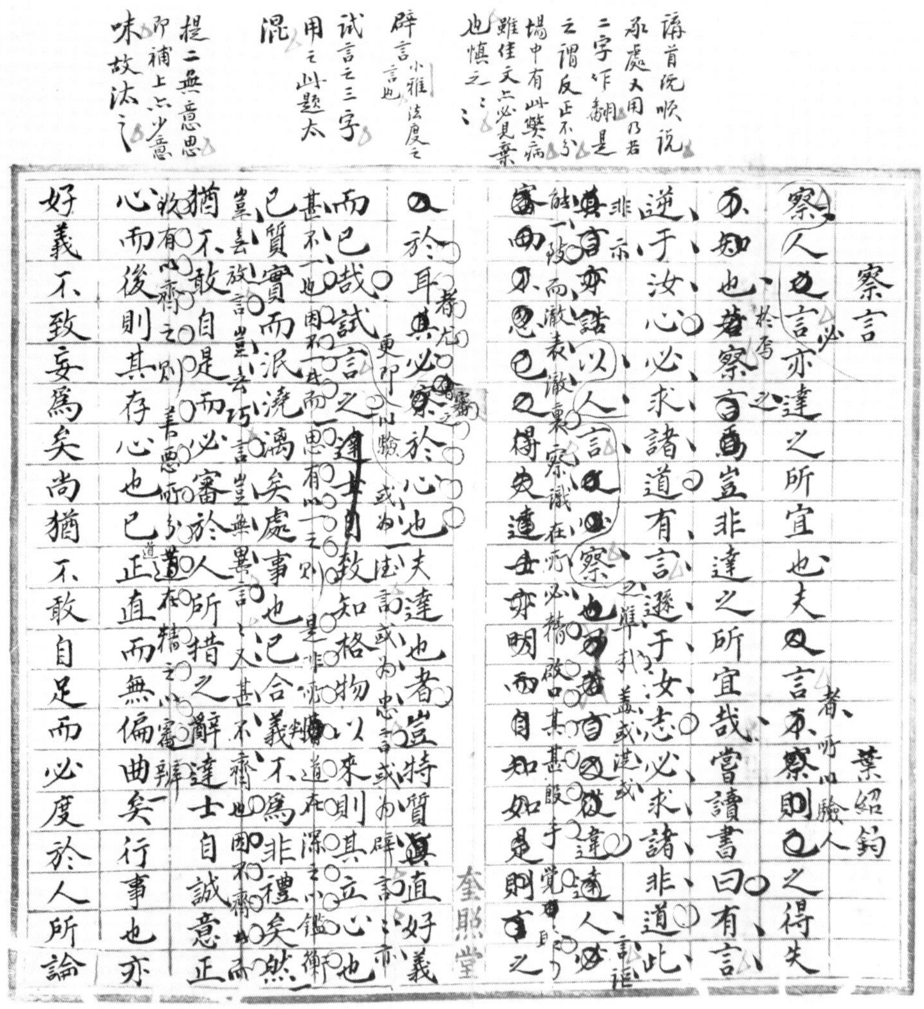

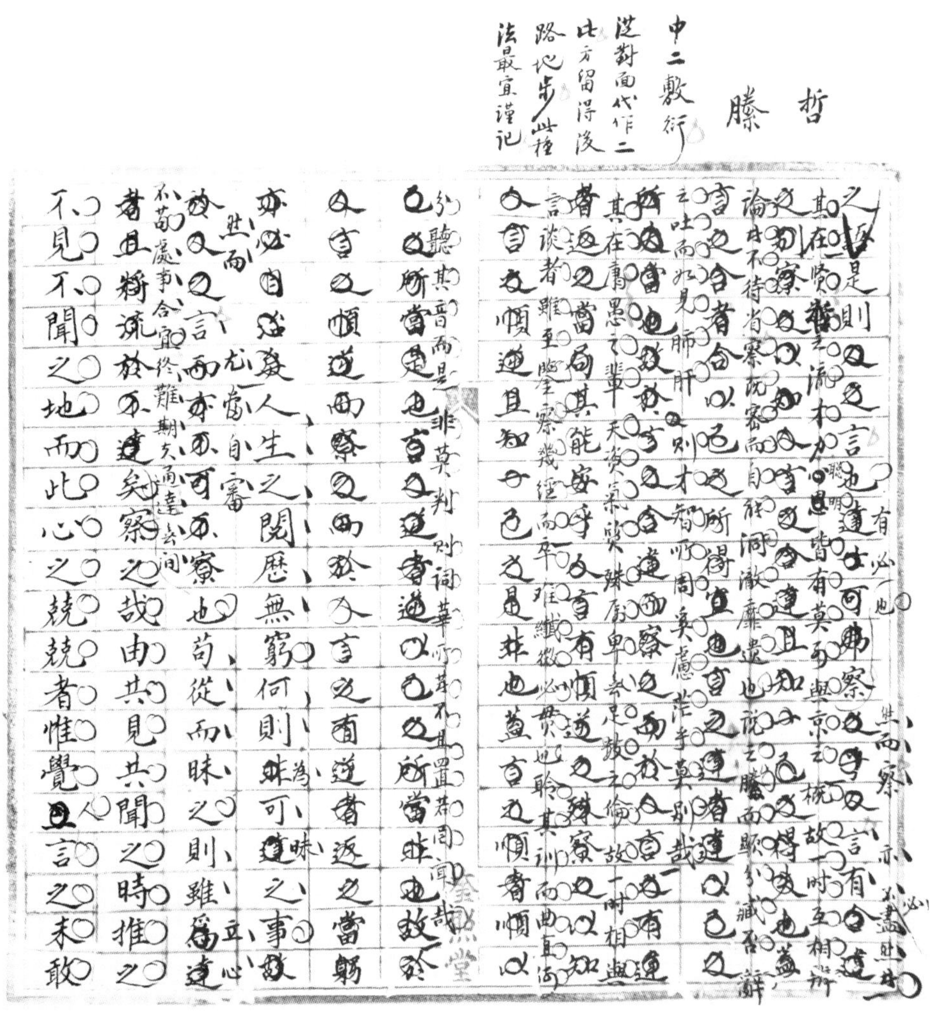

（图一二 81—82）

一二 叶圣陶 作文稿册

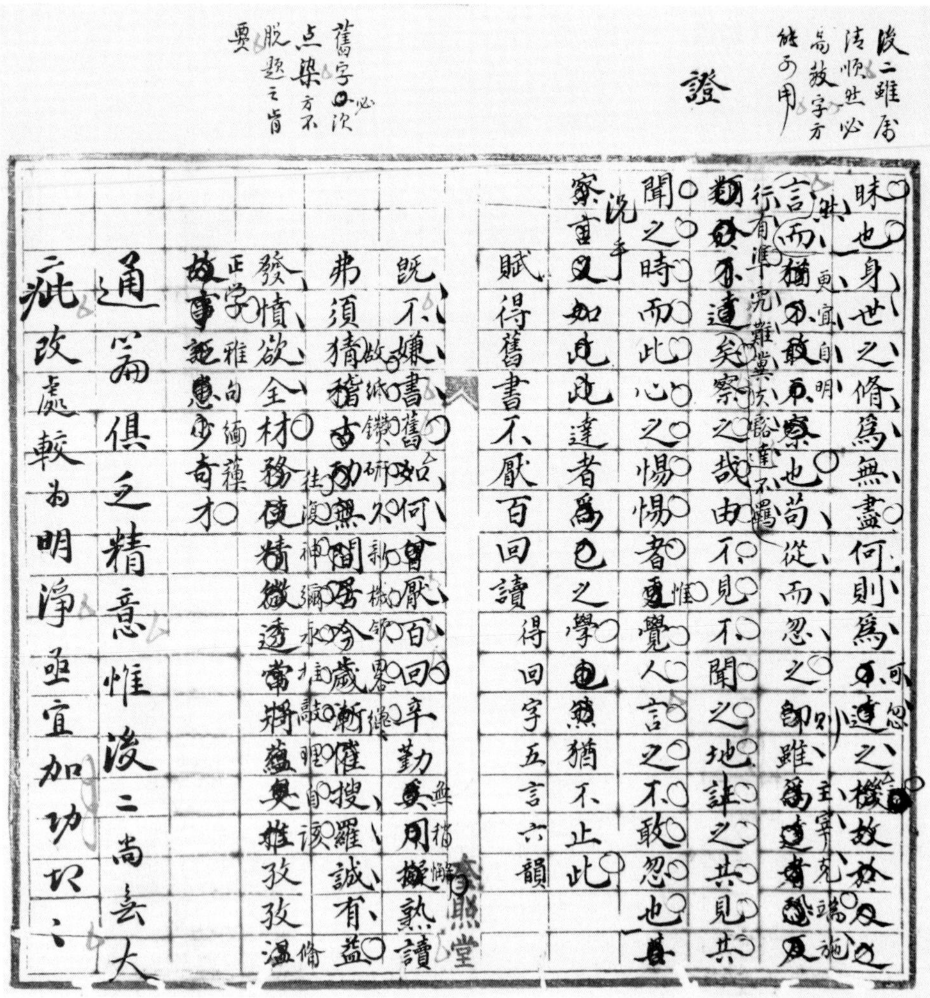

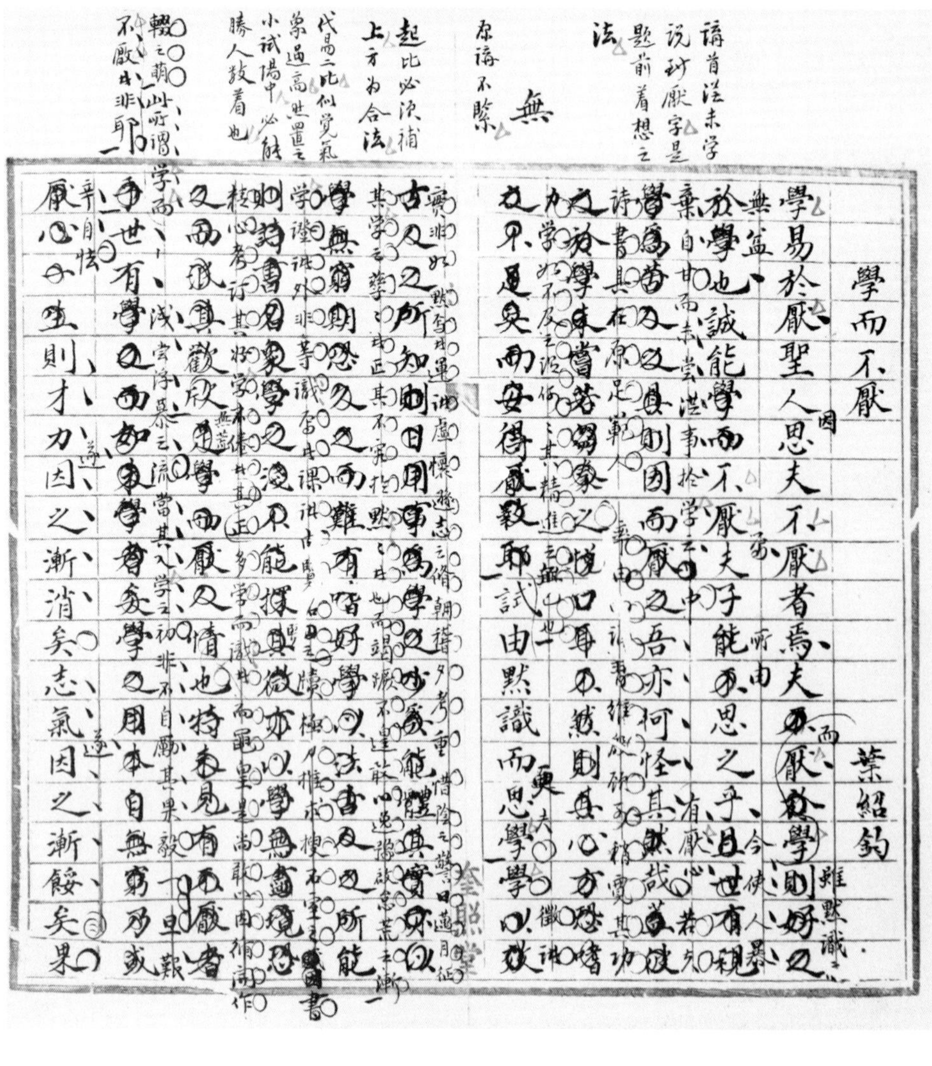

（图一二 83—84）

一二　叶圣陶　作文稿册

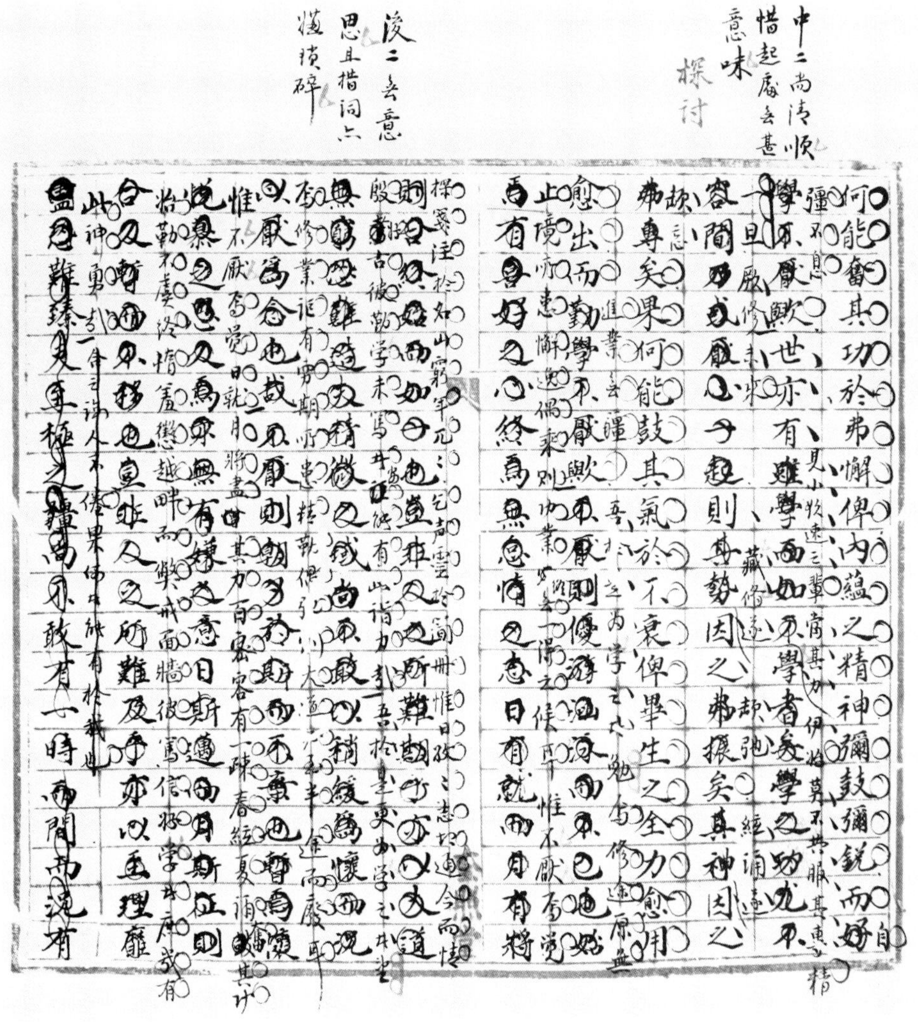
中二尚清顺惜起处无甚意味
採讨
後二无意思且措词亦殊猥琐
[illegible]

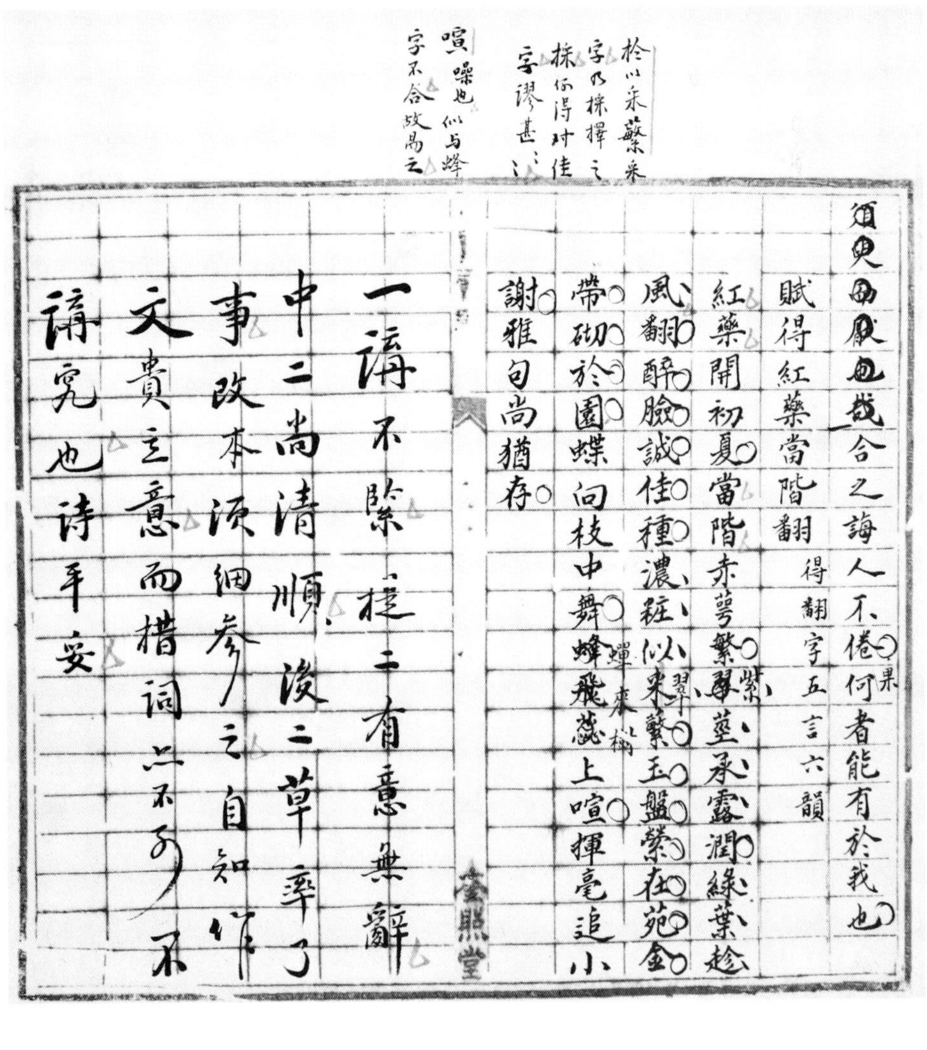
於以采蘩采字乃採擇之採何得对佳字谬甚
喧噪也似与蜂字不合故易之

須臾而厭也哉合之誨人不倦何者能有於我也（果）

賦得紅藥當階翻　得翻字五言六韻

紅藥開初夏當階赤萼繁（紫）翠莖承露潤綠葉趁
風翻醉臉誠佳種濃粧似來（翠）繫玉盤縈在苑金
帶砌於園蝶向枝中舞蜂（蟬）飛（來棲）蕊上喧揮毫追小
謝雅句尚猶存

一篇不除[illegible]二有意無辭中二尚清順後二草率了事改本須細參之自知作文貴主意而措詞亦不可不講究也詩平安

（图一二　85—86）

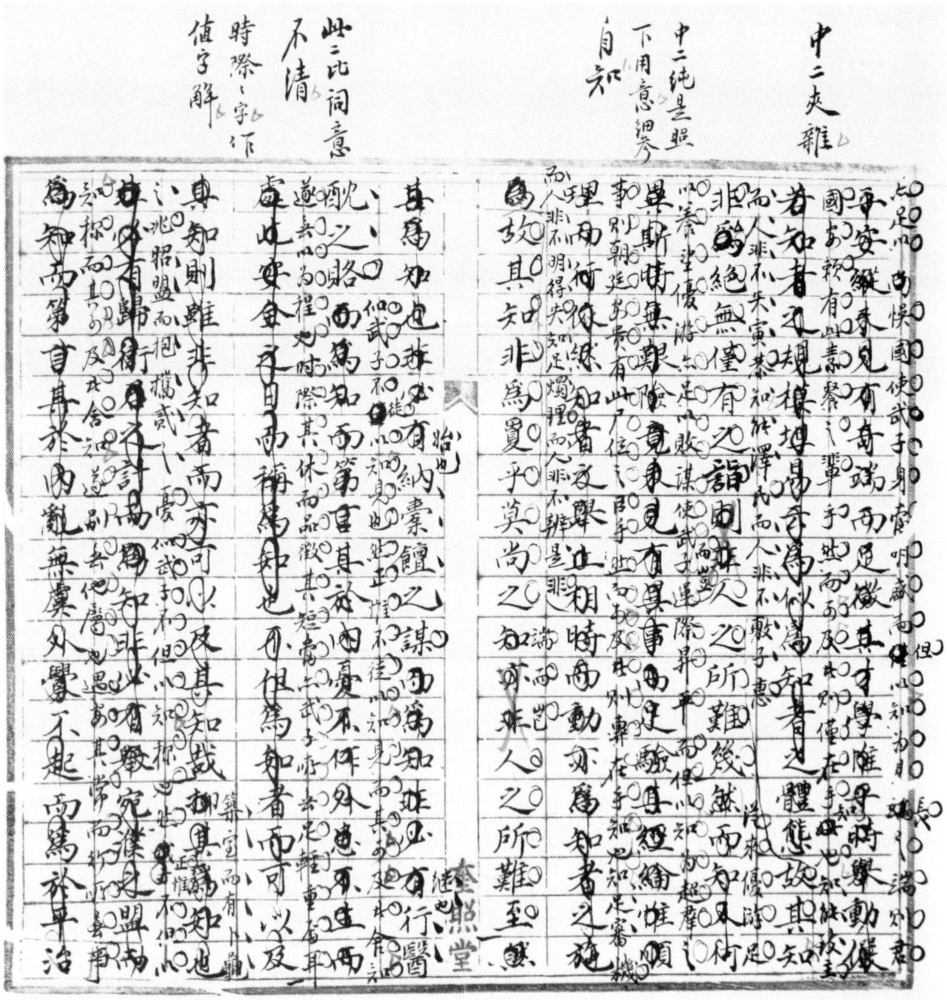
中二夾雜
中二純是照下用意細參自知
此二比詞意不清
時際二字作值字解

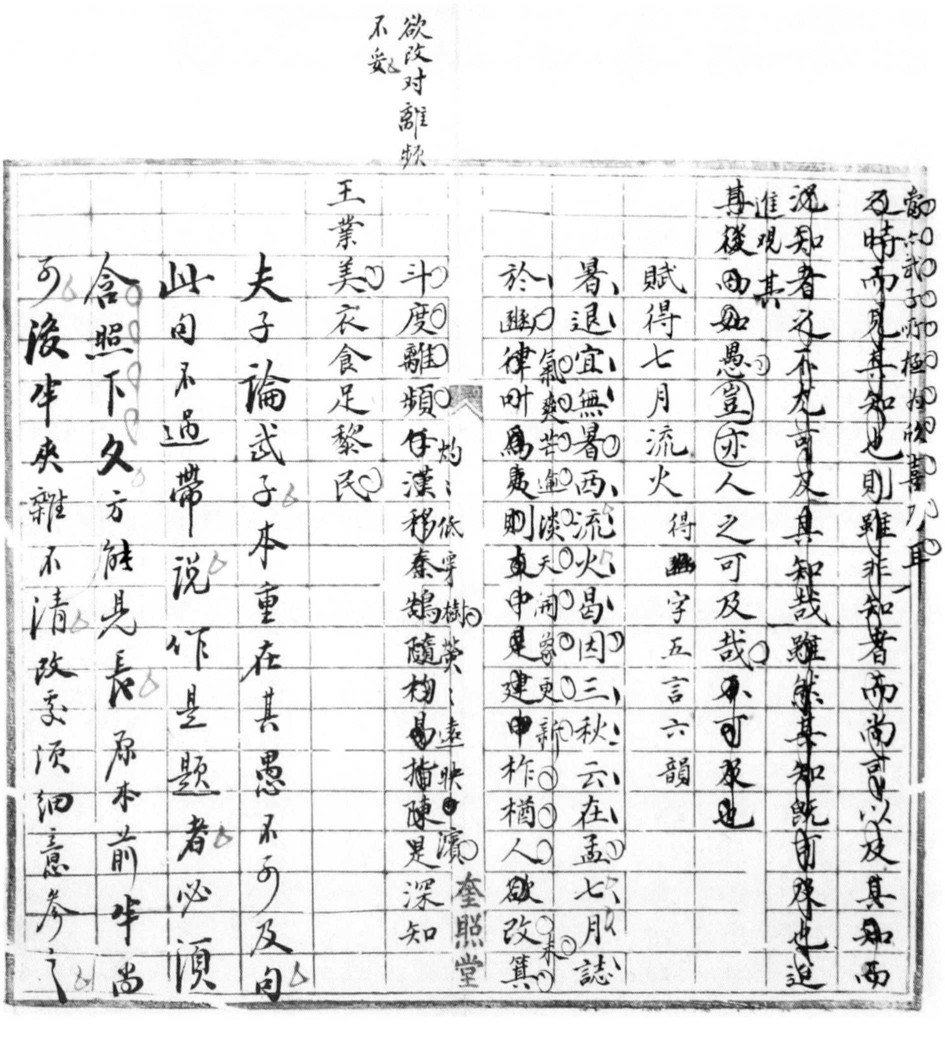
欲改对離頻不妥
及時而見其知也則雖非知者而尚可以及其知而
況知者又不尤可及其知哉雖然其知既可保其身進
觀其後而如愚豈亦人之可及哉亦不可及也
賦得七月流火 得火字五言六韻
暑退宜無暑西流火尚因三秋云在孟七月誌
於豳律時爲變剛直中是建申柞槱人欲改箕
斗度離頻漢移秦鵲隨杓轉斟酌是深知
王業美衣食足黎民
夫子論武子本重在其愚不可及句
此句不過帶說作是題者必須
合照下文方能見長原本前半尚
可後半夾雜不清改定須細意參之

（图一二 91—92）

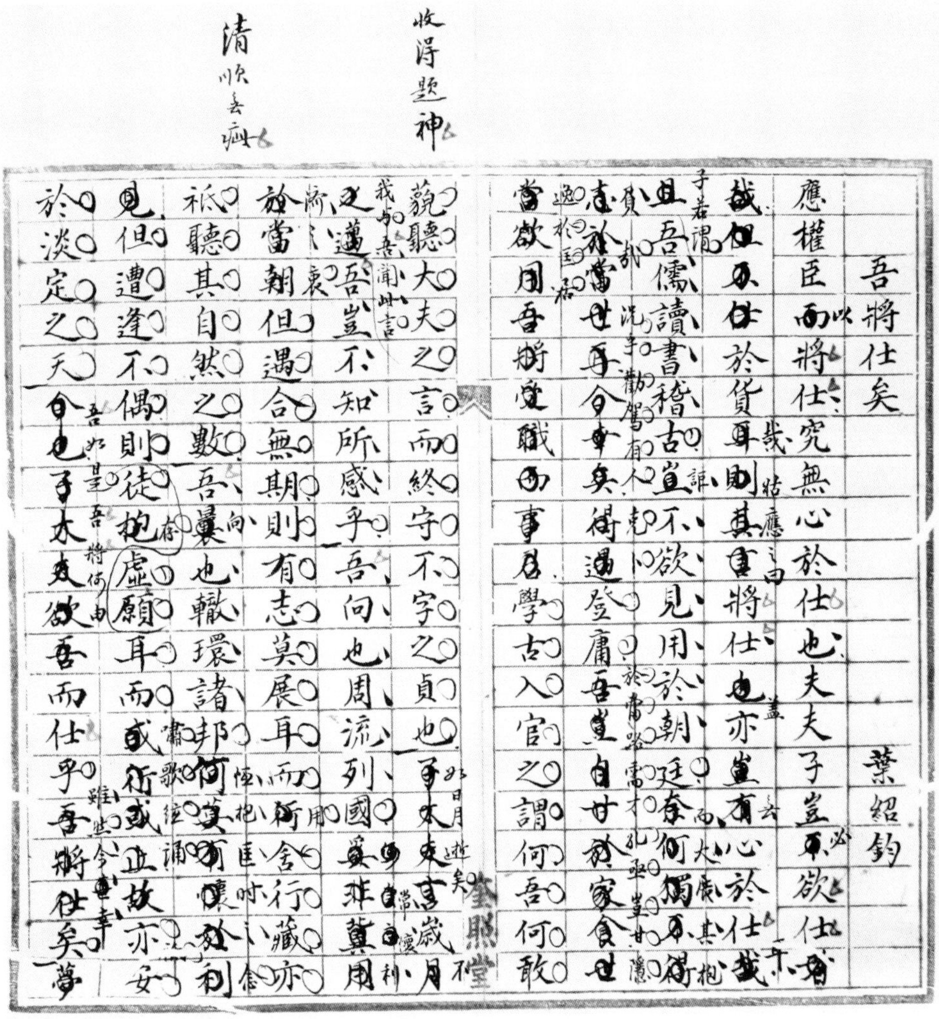
收得題神
清順妥適
吾將仕矣
葉紹鈞
應權臣而將仕究無心於仕也夫夫子豈不欲仕者
哉但不仕於貨耳則其害將仕也亦豈有心於仕哉
且吾儒讀書稽古豈不欲見用於朝廷奈何獨不得
志於當世耳今之世矣得遇登庸吾豈自甘於家食也
當欲用吾將受職而事吾學古入官之謂何吾何敢
藐聽大夫之言而終守不字之貞也吾本東之歲月
之適吾豈不知所感乎吾向也周流列國無非冀用
於當朝但遇合無期則有志莫展耳而何行舍藏亦
祇聽其自然之數吾曩也輒環諸邦何莫有懷於利
見但遭逢不偶則徒抱虛願耳而或行或止故亦安
於淡定之天命也乎太史欲吾而仕乎吾將仕矣

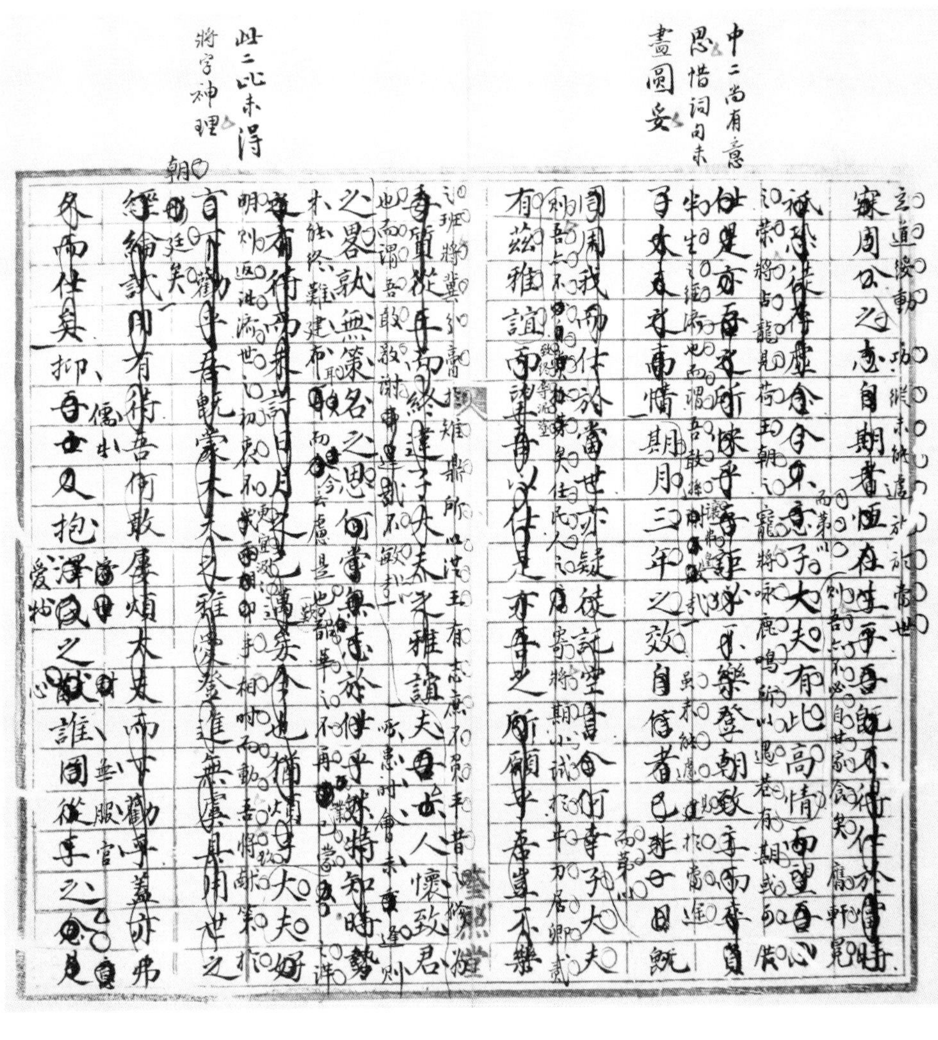
中二尚有意思惜詞句未盡圓妥
此二比未得將字神理

（图一二　93－94）

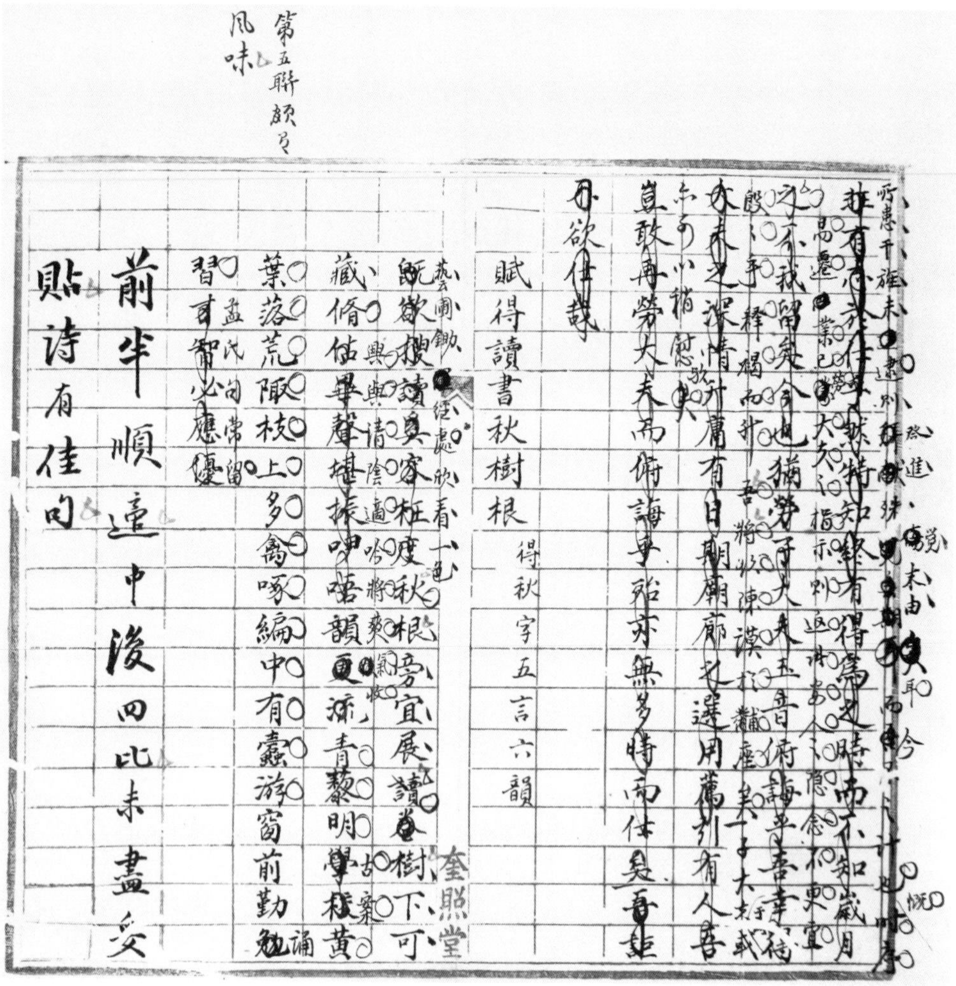

賦得讀書秋樹根　得秋字五言六韻

前半順適中後四比未盡妥貼詩有佳句

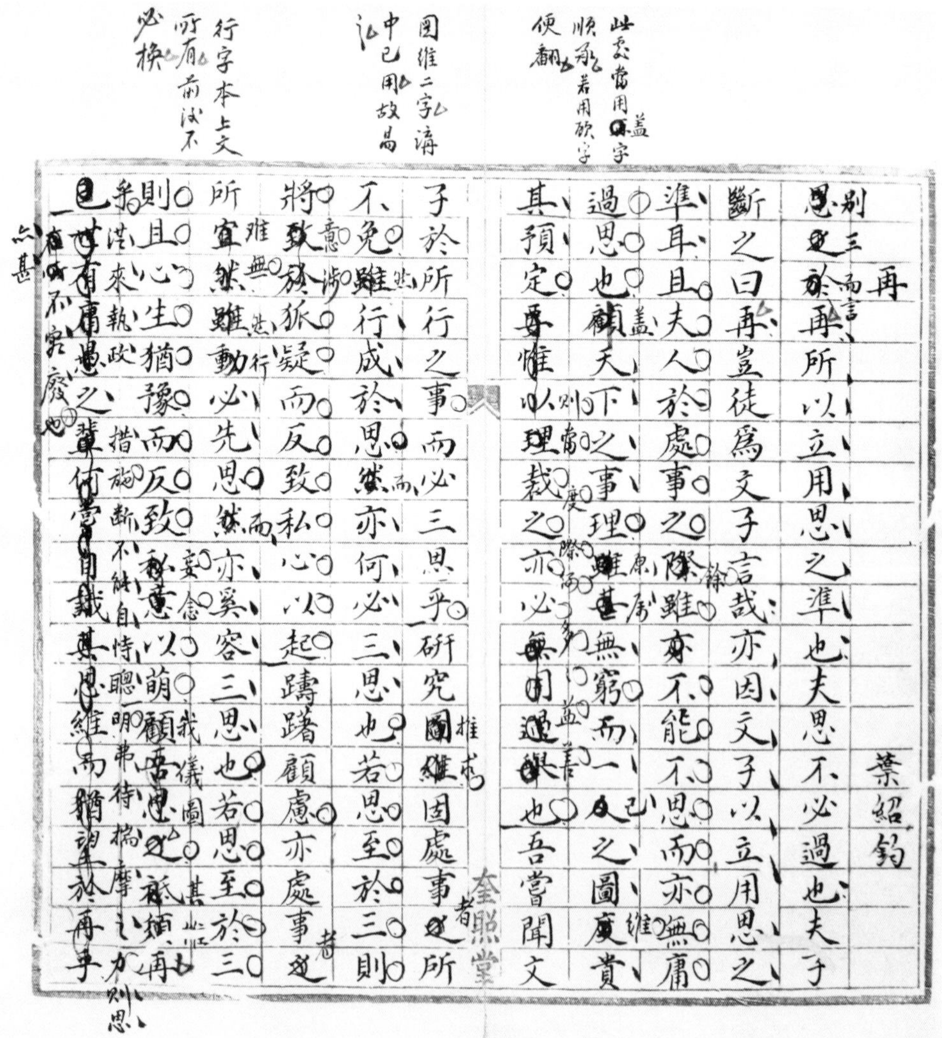

再　葉紹鈞

（图一二　95－96）

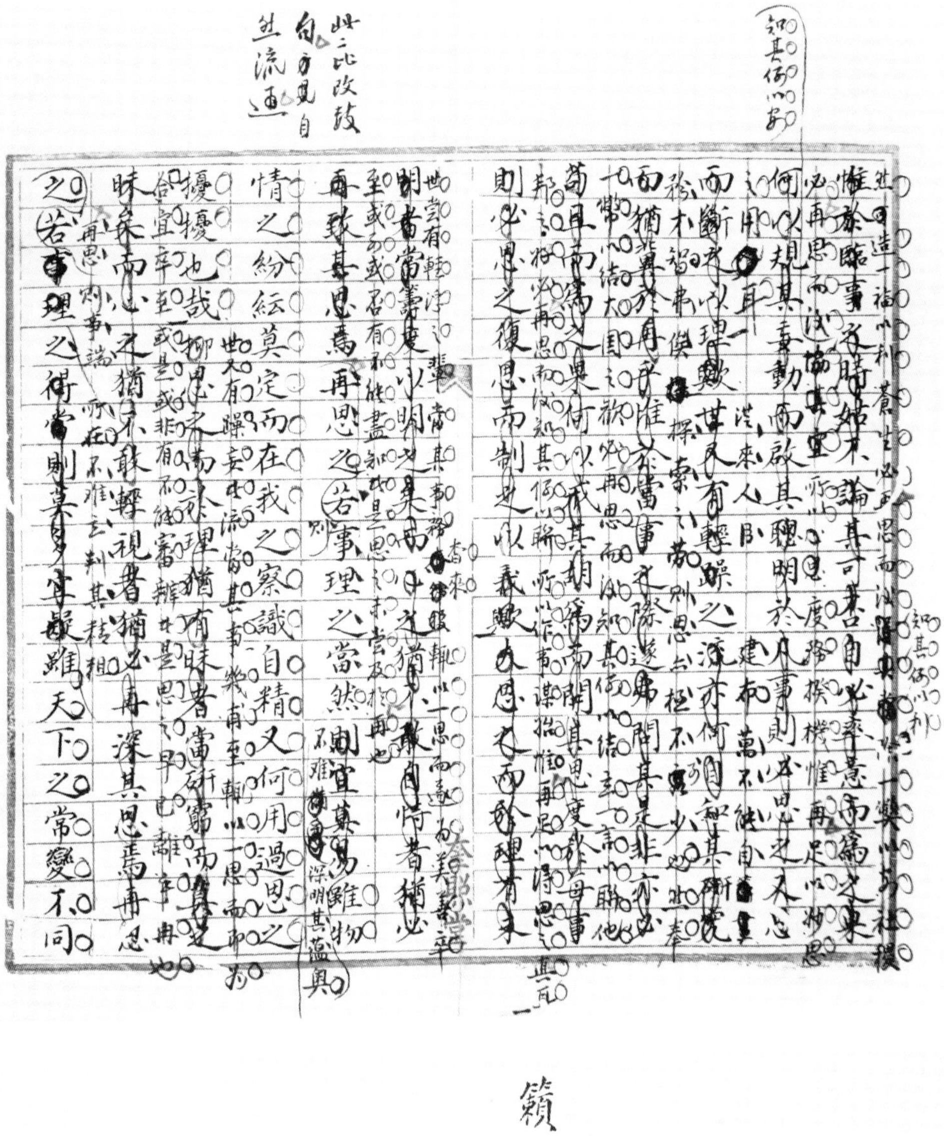

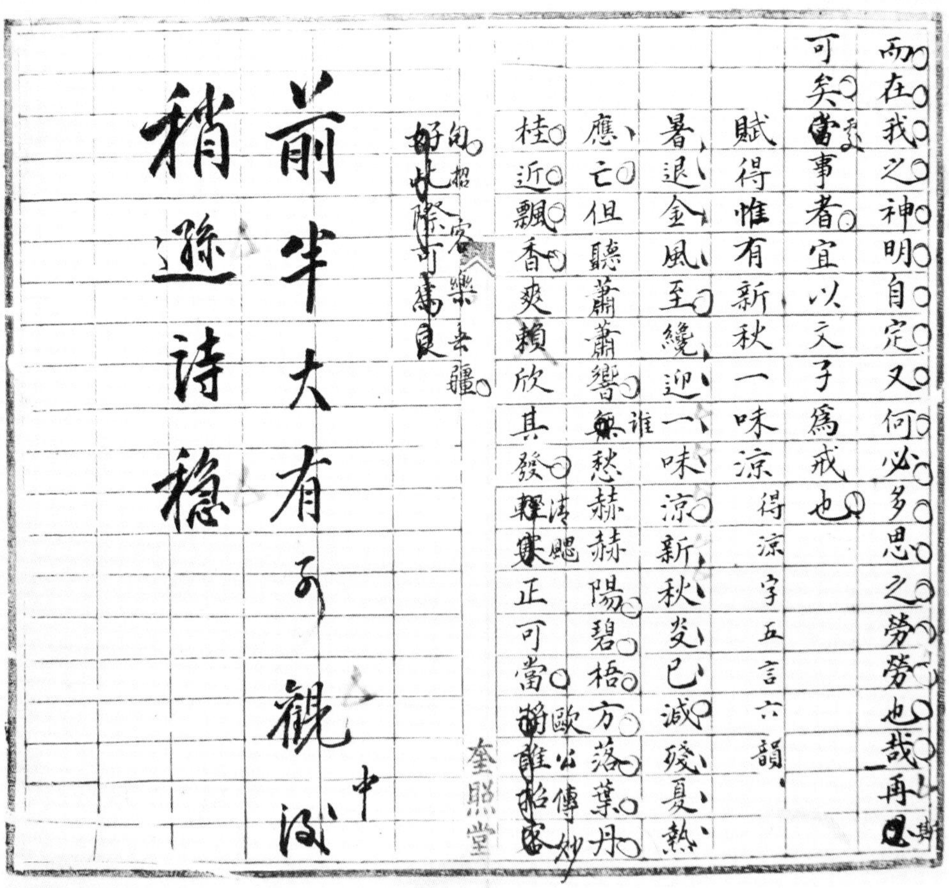
而在我之神明自定又何必多思之勞勞也哉再思可矣當事者宜以文子爲戒也

賦得惟有新秋一味涼　得涼字五言六韻

暑退金風至纔迎一味涼新秋炎已滅殘夏熱應亡但聽蕭蕭響無愁赫赫陽碧梧方落葉丹桂近飄香爽籟欣其發[illegible]正可當[illegible]

（图一二　97—98）

情和洽之淵衷必與天地爲同氣舉凡爲哀爲樂亦而無所或戾亦與天時之宜夏宜冬而無所或移其又由而致之亦何端而不涵養於寸衷若是則萬物也不皆各得其育哉且物之數有萬爲萬衆多也欲育之者莫不謂品類甚繁育於此而不能育於彼也然皆未致其和故也詎知舉世總在吾性中萬物悉歸吾度內惟致其和則一物得其育即萬物莫不各遂其生機抑物之總萬萬萬繁殖也欲育之者莫不謂育其偏而不能育其全也然亦未致其和故也詎不知凡事盡全吾內蘊萬物統具吾心中哉惟致其和則一物育之即萬物亦皆各蒙其長養萬物本與吾爲一體雖生諸天地之間實育諸吾中懷

未曾衰紫艷容奚瘦黃花首弗垂冷嚴偏與鬭栗冽亦難危詎怯金神隕何愁玉女司縱云時序往嘉卉更堅持

一讀稍欠精警餘皆順適詩之好的

（图一二　107—108）

原講不甚熨貼

收合不謂二字

此二比意是而詞非故界限之

劝父存母本闵子事用之文中太露

人不間於其父母昆弟之言

葉紹鈞

人皆信其孝則誠為純孝矣夫父母昆弟既言其孝矣而人亦不間之乎亦誠為純孝乎今夫有母於此母日稱其孝則雖而況有得於人之稱其孝者愈難哉乃若父母昆弟既言其為孝而鄉黨鄰里亦皆見以孝稱如是孝道無虧者不特人不克異於其

奎照堂

親貴父言而吾亦不得不稱其孝矣孝哉其閔子騫乎夫閔子騫之孝非他人之可比也其雖獨被蘆衣猶必曲致其親不使父母而受寒感悟親心而其全孝道故而外亦皆以孝稱抑閔子騫之孝亦他人之所難致也母雖獨違母姑猶必勸言以存母使見而皆轉善事親使而孝友兼至故家國無不稱其

題之意義未甚明白故說來[illegible]原润文

此題情信覺透露 中二反作兩

收句又用正筆乃是[illegible]润說跡地步

後二先翻說猜方見之意思疊出

孝哉是父必言其孝矣母必言其孝矣而兄弟亦必言其孝矣然而父母稱其孝也有之則父母之言亦難必其無間也倘父愛於此則父言此為孝矣母亦未必言此為孝也母愛於此彼則母言彼為孝矣父又未必亦言彼為孝也如是雖父母尚有異詞而昆弟亦可見不能無異詞矣抑父母昆弟言其孝也亦有之矣則父母昆弟之言亦不能無間也倘父私於此則父言其為孝矣昆弟未必皆言其孝也母亦私於此則母亦言其為孝矣昆弟亦未必即言其孝也如是雖父母昆弟且多異說而人亦可見更不能無異說矣而無如父母昆弟皆言其孝矣而人亦不間於其父母昆弟之言也是則有必同言矣父母之言

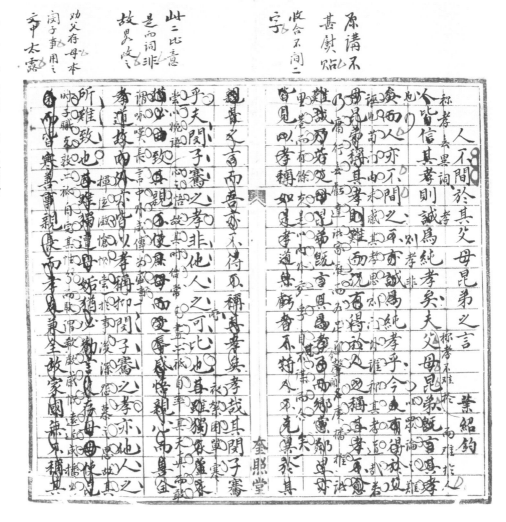

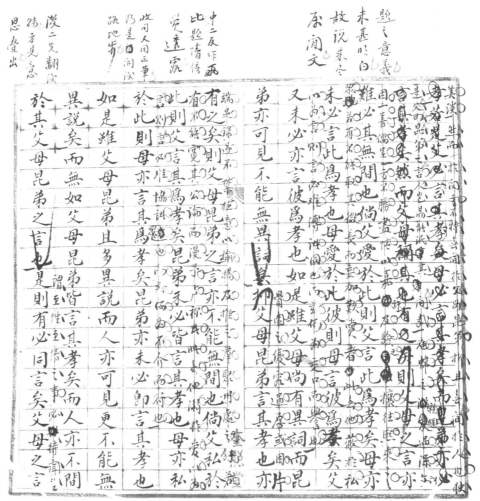

（图一二 109—110）

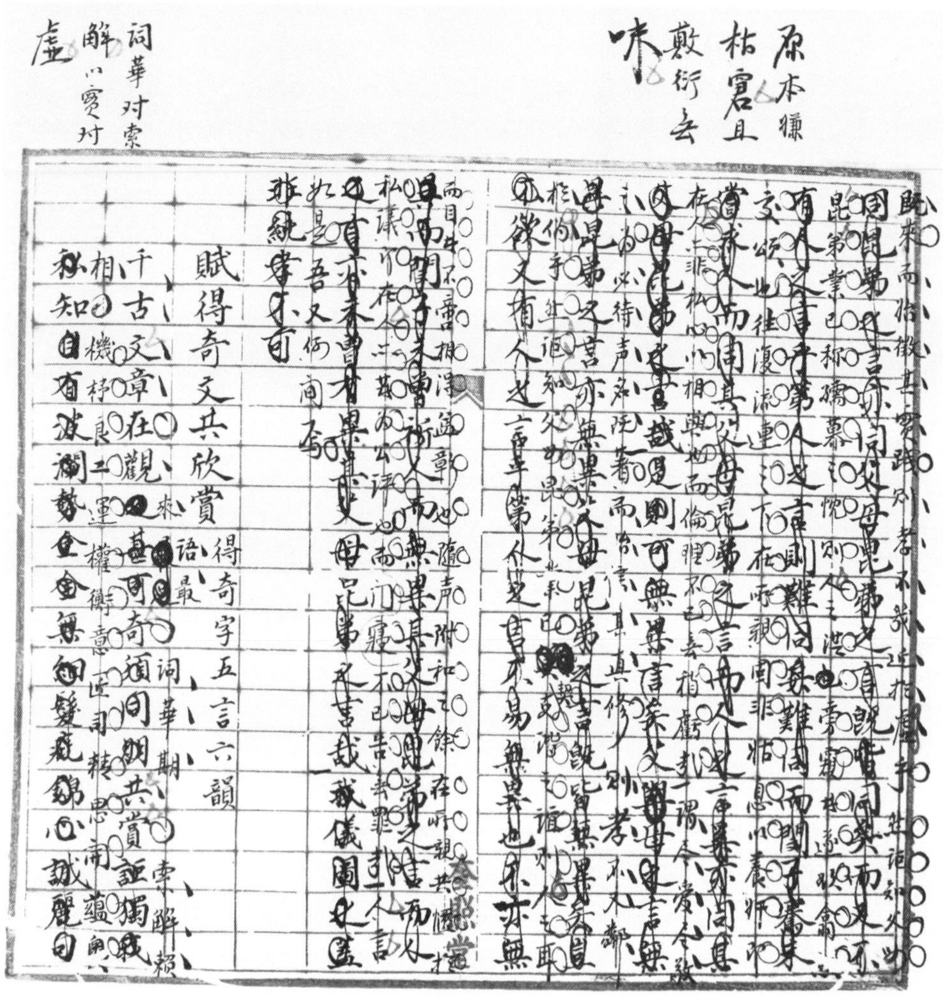
原本嫌枯窘且敷衍去味

詞華對索解以寬對虛

賦得奇文共欣賞　得奇字五言六韻

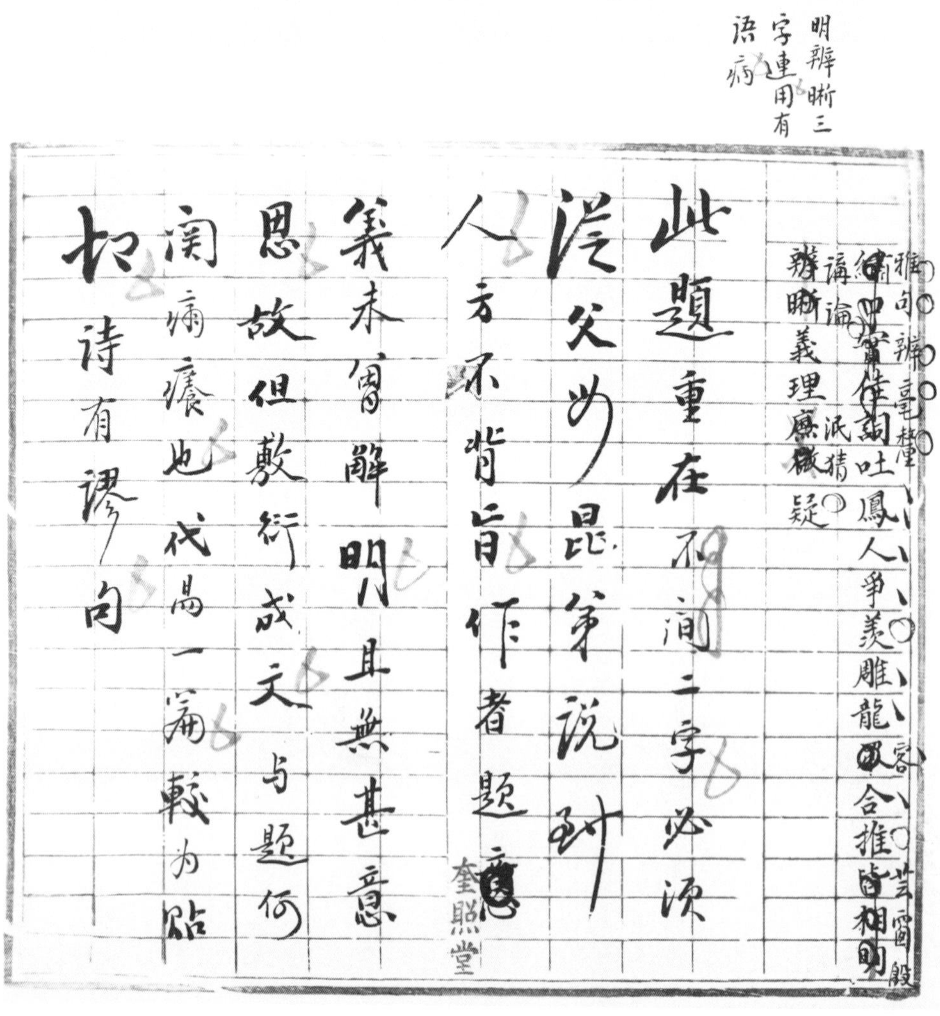
明辨晰三字連用有語病

此題重在間二字必須從父母昆弟說到人方不背旨作者題意義未曾辭明且無甚意思故但敷衍成文與題何關痛癢也代爲一篇較爲貼切詩有謬句

（图一二　111—112）

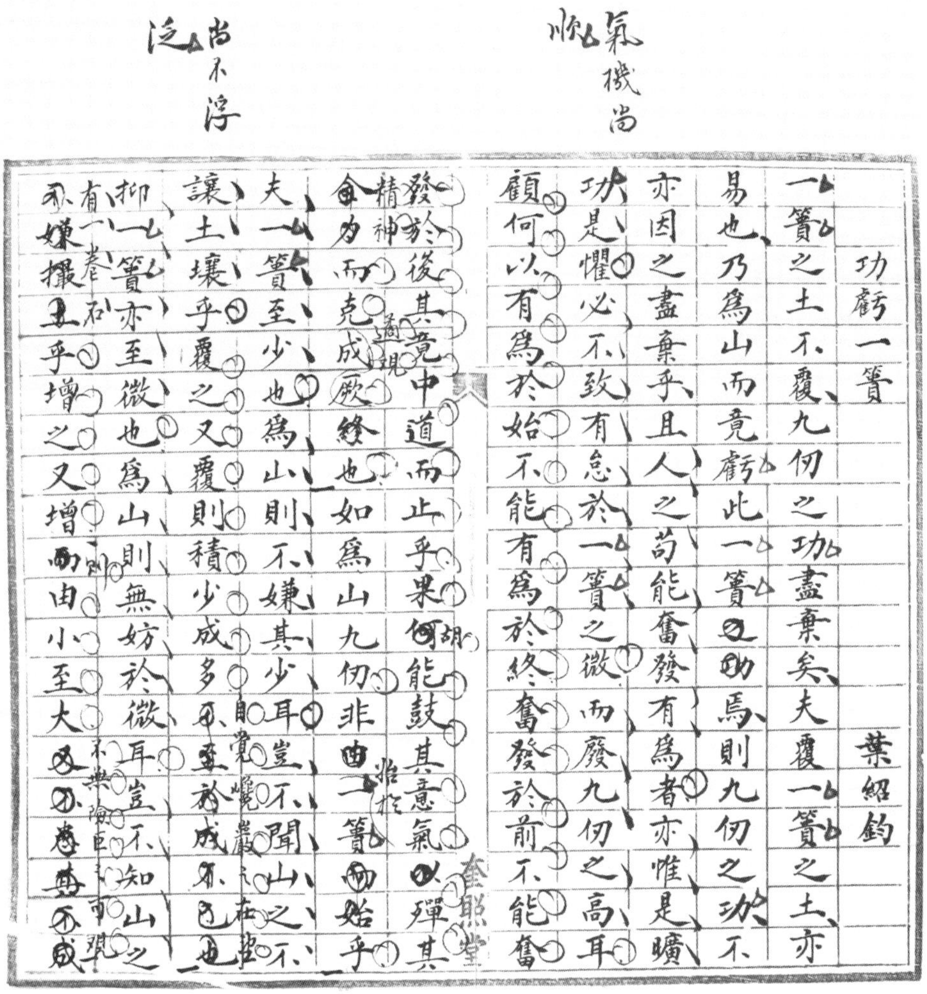

功虧一簣

葉紹鈞

一簣之土不覆，九仞之功盡棄矣。夫覆一簣之土，亦易也，乃為山而竟虧此一簣，又助焉，則九仞之功不亦因之盡棄乎。且人之苟能奮發有為者，亦惟是曠功是懼，必不致有怠於一簣之微，而廢九仞之高耳。顧何以有為於始，不能有為於終；奮發於前，不能奮發於後，其竟中道而止乎。果何能鼓其意氣以殫其精神，合力而克成厥緒也。如為山九仞，非由一簣而始乎。夫一簣至少也，為山則不嫌其少耳，豈不聞山之不讓土壤乎。覆之又覆，則積少成多，不患於成不已也。抑一簣亦至微也，為山則無妨於微耳，豈不知山之不嫌撮土乎。增之又增，而由小至大，又不患其不成

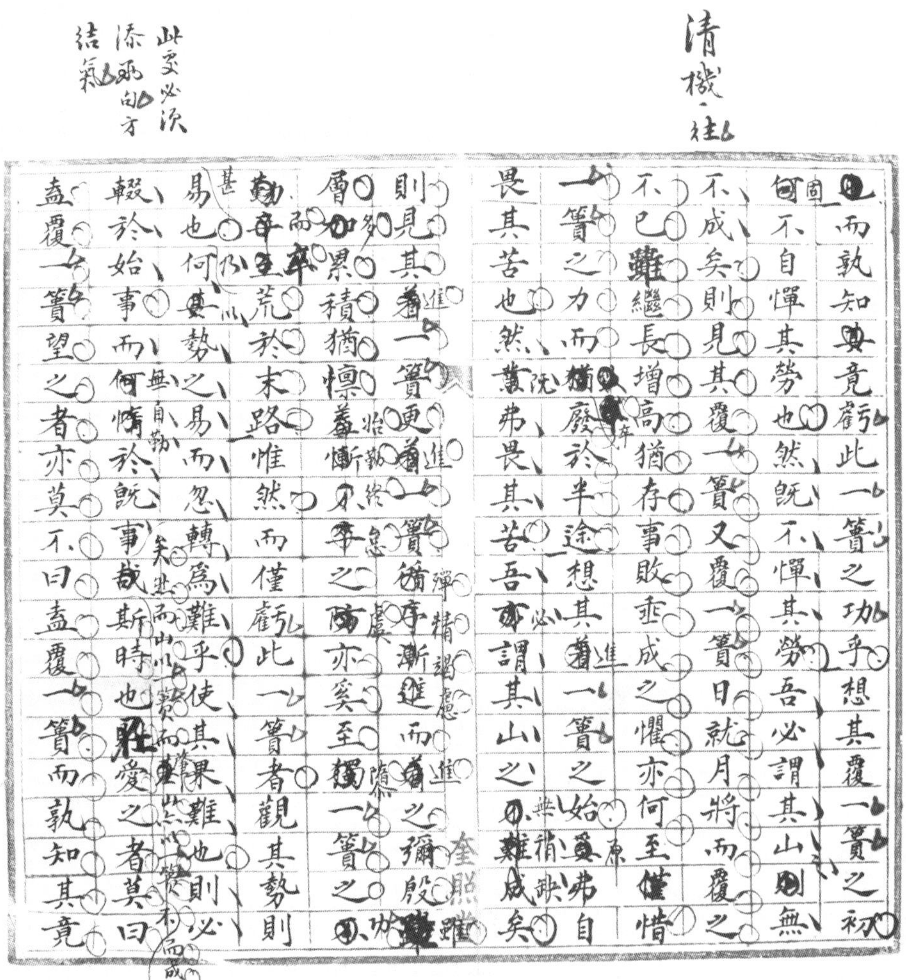

也，而孰知其竟虧此一簣之功乎。想其覆一簣之初，固不自憚其勞也；然既不憚其勞，吾必謂其山則無不成矣。則見其覆一簣又覆一簣，日就月將，而覆之不已，雖繼長增高，猶存事敗垂成之懼，亦何至僅惜一簣之力，而猶廢於半途。想其意一簣之始弗自畏其苦也，然弗畏其苦，吾亦謂其山之難成矣。則見其一簣更一簣，猶漸進而之彌殷，雖層累積猶懍懍不辛之慮，亦奚至獨一簣之功勤辛荒於末路。惟然而僅虧此一簣者，觀其勢則易也。何其勢之易而忽轉為難乎？使其果難也，則必輟於始事，而何情於既事哉。斯時也，雅愛之者莫曰盍覆一簣，望之者亦莫不曰盍覆一簣，而孰知其竟

（图一二　113—114）

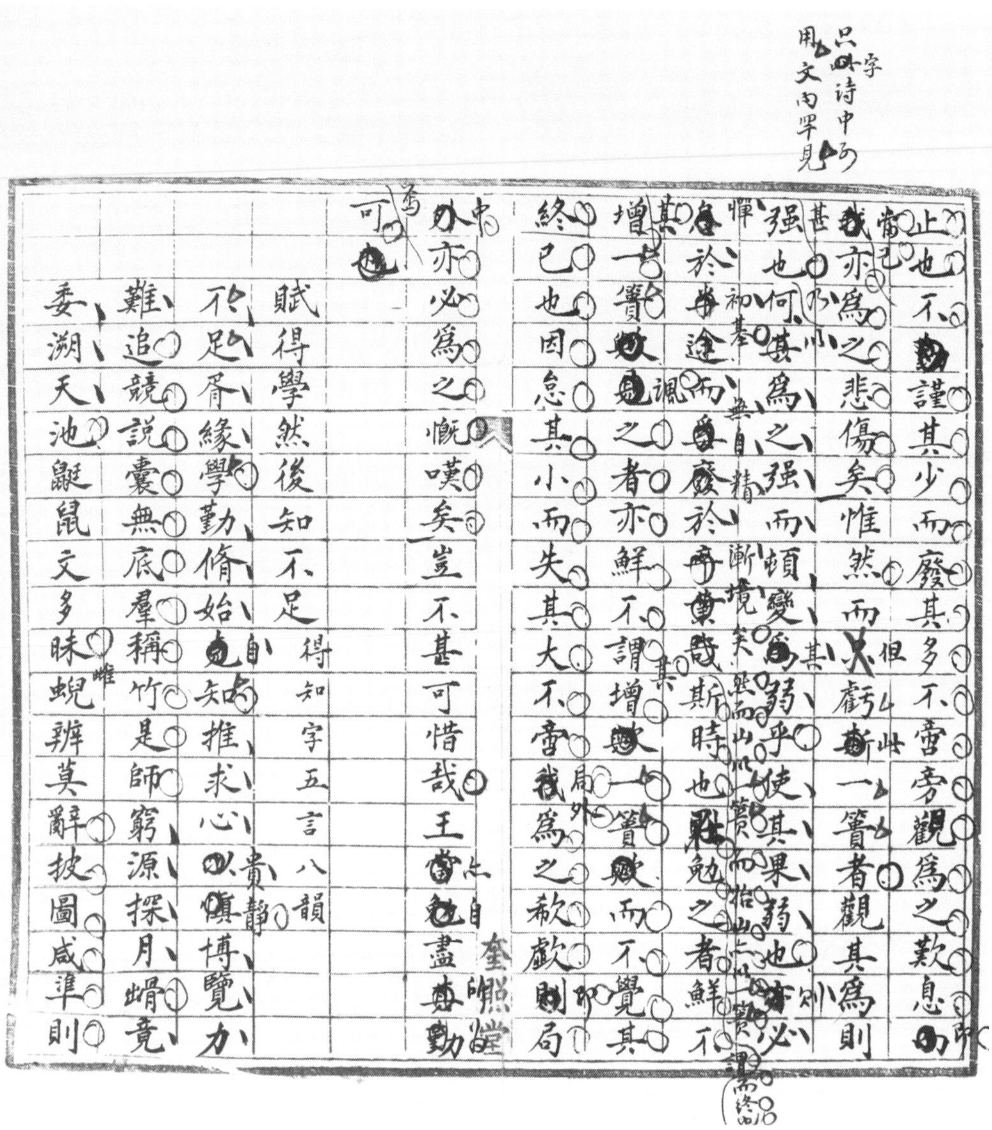
止也不勤謹其少而廢其多不當旁觀爲之歎息
當亦爲之悲傷矣惟然而又虧一簣者觀其爲則
强也何其爲之强而頓變爲弱乎使其果弱也亦必
各於半途而廢於垂成哉斯時也雖勉之者鮮不
增一簣敗覺之者亦鮮不謂增敗一簣敗而不覺其
終已也因息其小而失其大不當哉爲之欷歔則局
中外亦必爲之慨嘆矣豈不甚可惜哉王當勉盡母勤
可也

賦得學然後知不足 得知字五言八韻
不足緣學勤脩始自知推求心以慎博覽力
難追競說囊無底羣稱竹是師窮源探月蜎竟
委湖天池鼮鼠文多眛蜺辨莫辭披圖咸準則

展卷盡規爲務使精微透常將蘊奧窺寸心千
古意永夜一燈隨

文境清順惜承接處稍欠圓轉詩要洪此加功此道尚不難也

近年執教甚懷舊情鳳池夫子治學嚴謹育
人有道含以辛茹苦無類可比矣前重温舊學
慈父可見濃恩難忘令吾亦教習雖星燈寒
齒當時挂恩師教誨不負其囑育人也乃育
年大計耳
民國九年秋葉紹鈞記於保聖寺

（图一二 115—116）

一三　东　信函　东　不详

一四　仲容（孙诒让）　信函

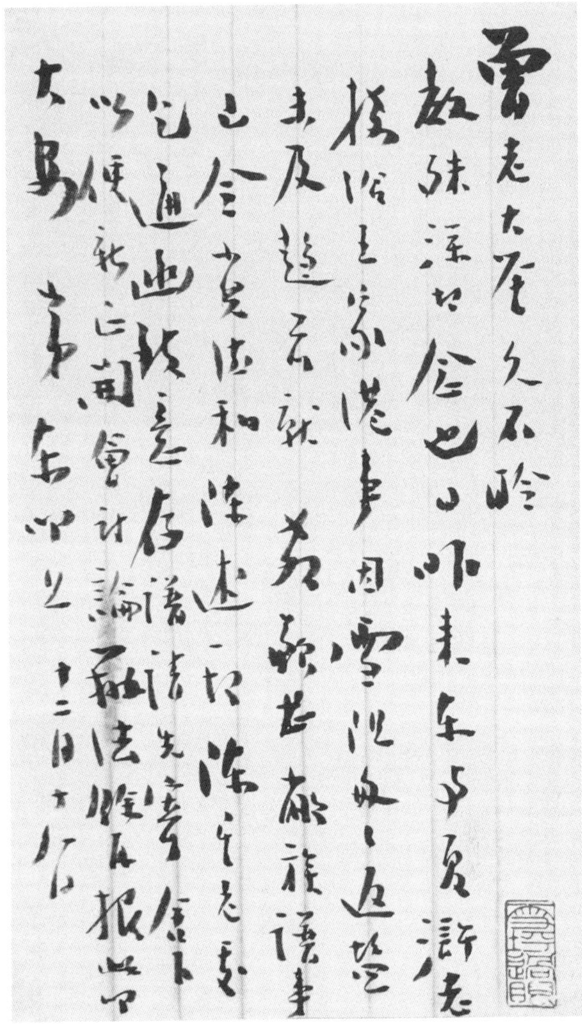

（图一三）

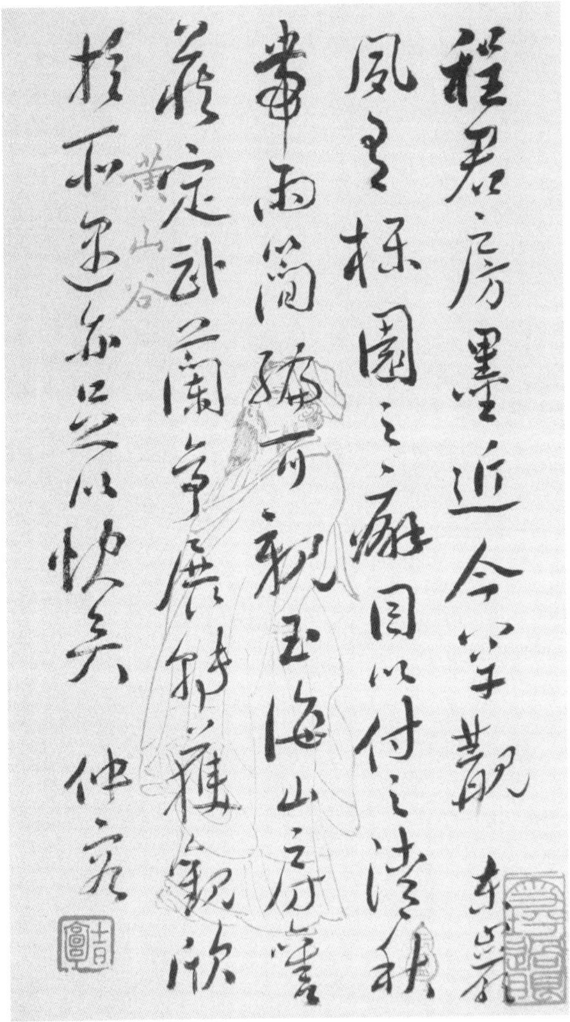

（图一四）

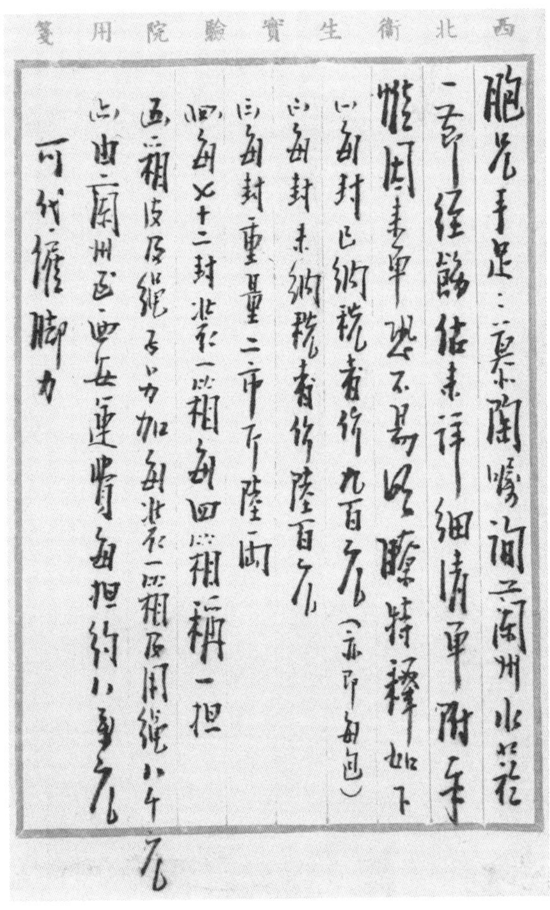

西北衛生實驗院用箋

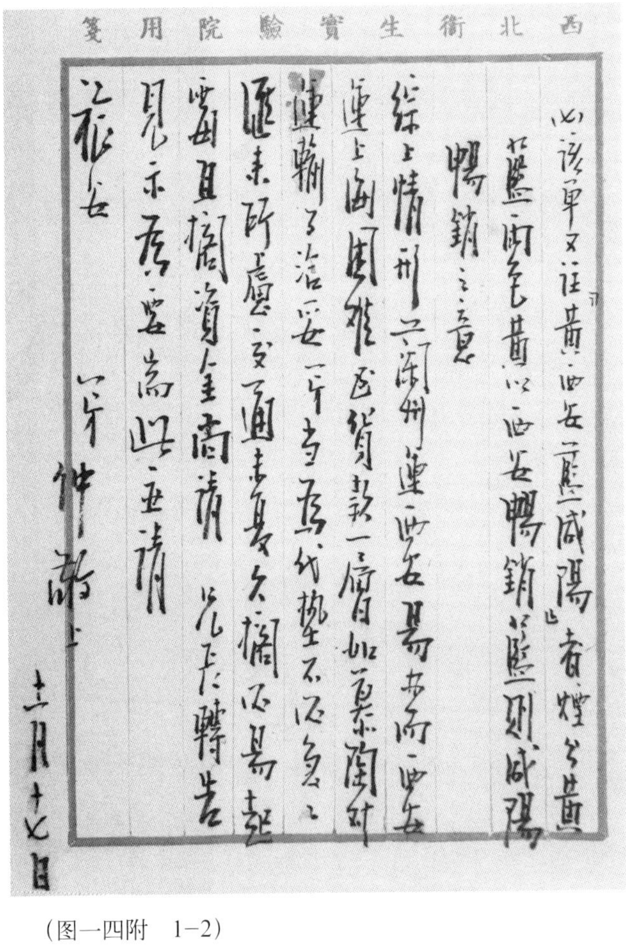

西北衛生實驗院用箋

（图一四附　1–2）

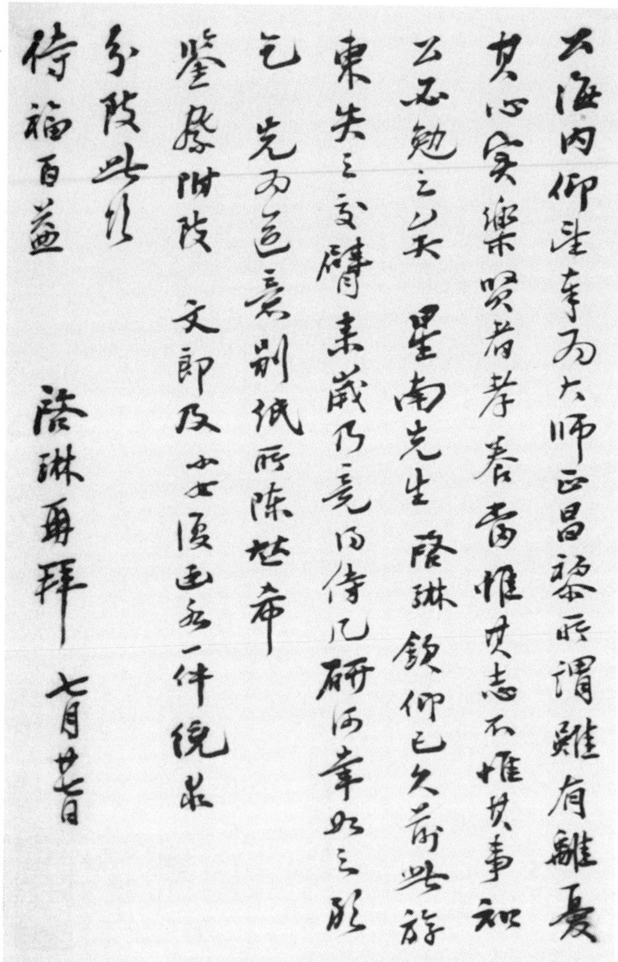

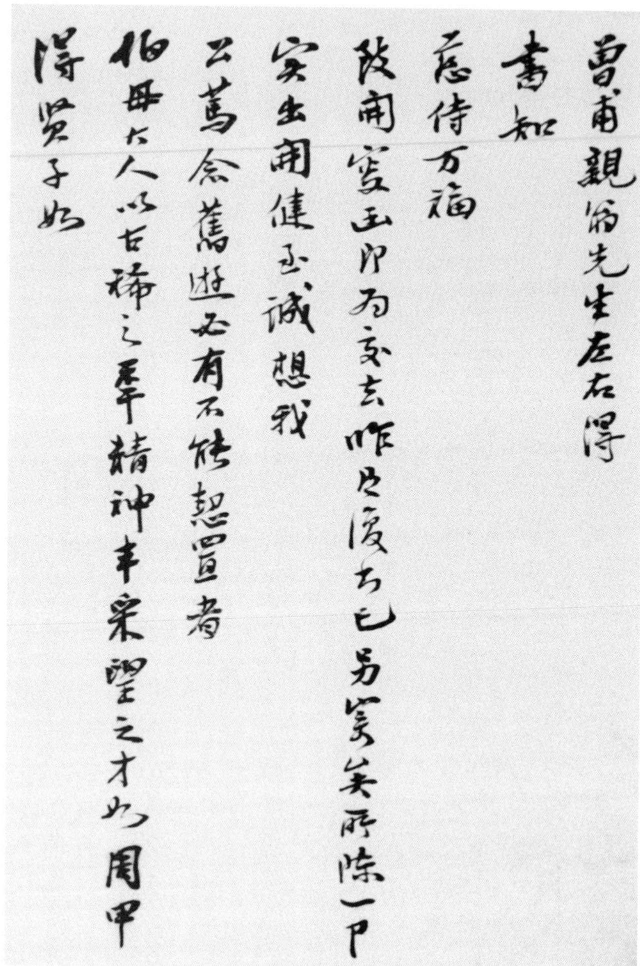

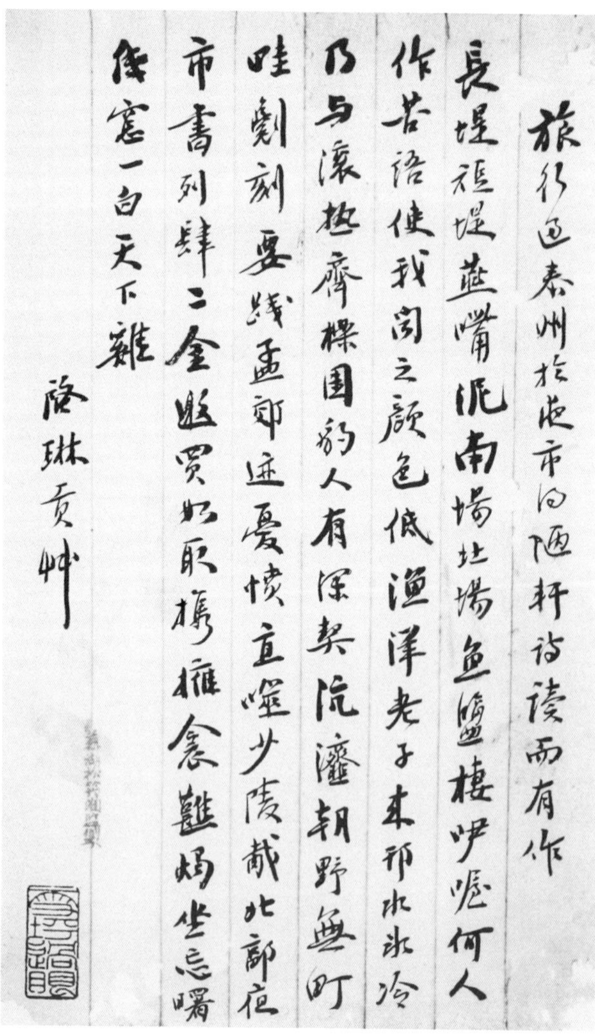

（图一五 1—3）

一五　刘启林　致吉曾甫函

刘启琳（生卒年不详），字适宜。出生于合肥，祖籍江宁人。曾任李鸿章的师爷、安徽督军秘书长，与吉城为亲家。

一四　仲容（孙诒让）　信函

孙诒让（1848—1908 年），清经学家、文字学家，字仲容，号籀庼。浙江瑞安人，文字学家。同治举人，官刑部主事，不久引疾归。穷经著书凡四十年，著有《周礼正义》、《墨子闲诂》、《契文举例》、《尚书骈技》、《礼迻》等。

曾父親翁先生左右：得
書敬承
伯母大人偶爾違和，旋已勿藥，月來頤養，定臻康福。
先生依戀庭帏，具見孺慕。第聞健二公及全校学
子仰企
大賢，有如望歲，堅屬啓琳再為勸駕，想我
公追念舊游，或不終拒，慰望耶。授課鐘點每周
十二小時，聞公謂校中匀酌配極費周章，業經就
定，未易移改。至丙班西史教科，
公意似不願居，今即改為中史。脩脯之奉，
來書未及，聞健之意，以
先生遠道跋涉，貲費不資，願於原約之外增奉
卅金，歲以五百四十金為獻。倘蒙
垂諾，幸即
示復，至禱至盼。星南先生惠然肯來，
薦賢雅意，健父至為紉荷。菴儀具函，右敬祈
轉致。來函塾中開學約在正月以內上元節後，
擬即遣使奉迎，惟至鎮后投何處，為希
開示空府為幸。舍下大致平適，肥地歲事豈
足可稱有秋，惟風鶴諸郡彼此交象甚重，
三家城盜匪勢頗猖獗，幸隨即撲滅，尚未蔓
延耳。專復，敬頌
侍福百益。 啓琳再拜 八月十九日
星南先生前請安，聞健二公附此道意。

陳星南先生
聘為李氏家塾教師，弟子李國芝今年十五歲。全年脩
敬漕銀五百两，按三節致送。午秋年三節分送節敬龍
銀共六十圓。來回川資每年另送龍銀共四十圓。正月
內到館，臘月內解館，平時不放學。閱書俟覆函到具送。

吉鳳池先生
聘為廬州中學堂教師，授丙戊两班國文、丙丁两班歷史。全年
脩膳共漕銀五百两，按四季致送。來回川資每年另送龍銀共
四十元。五約俟明年到堂繕訂。

（图一五 4–7）

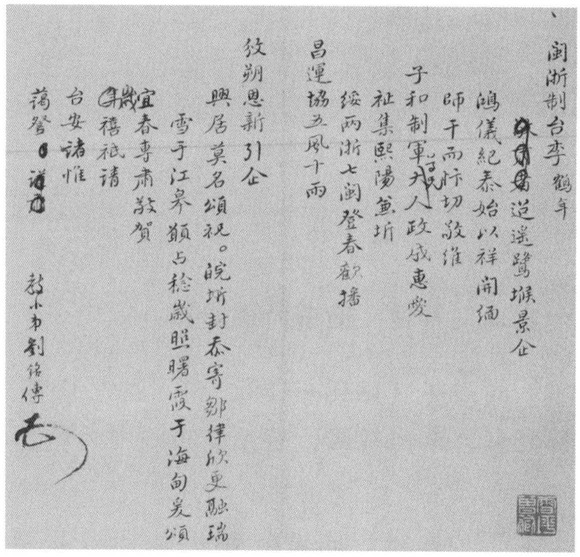

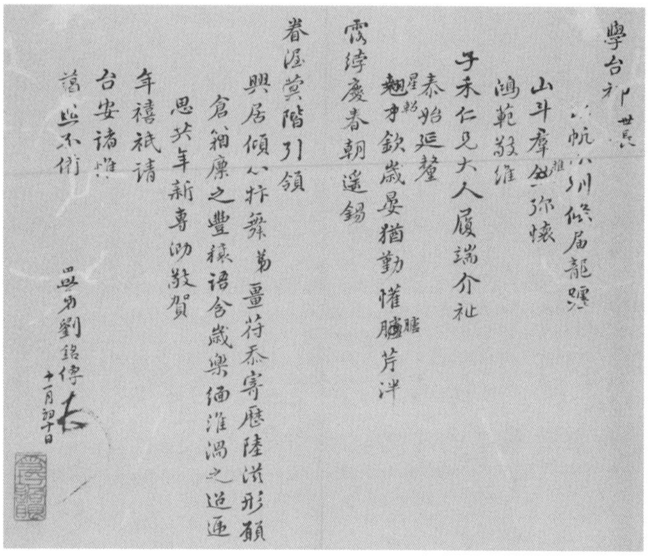

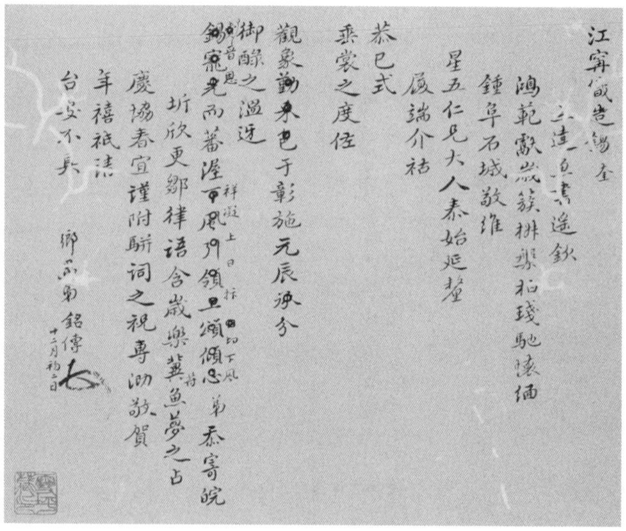

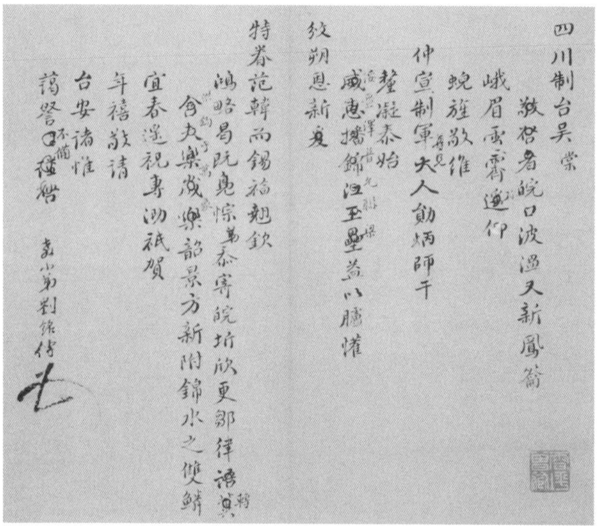

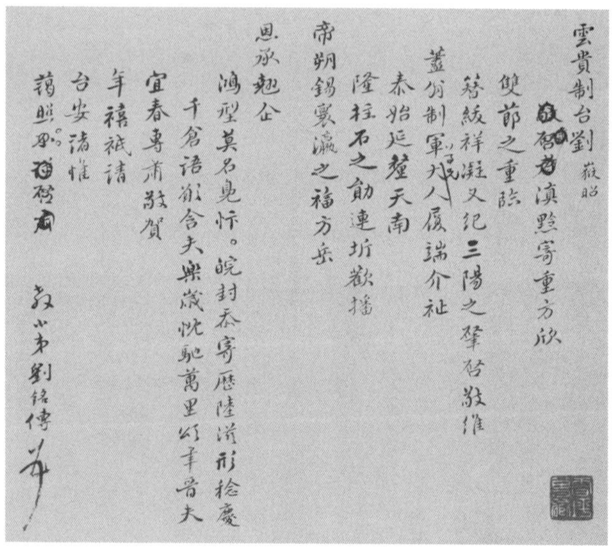

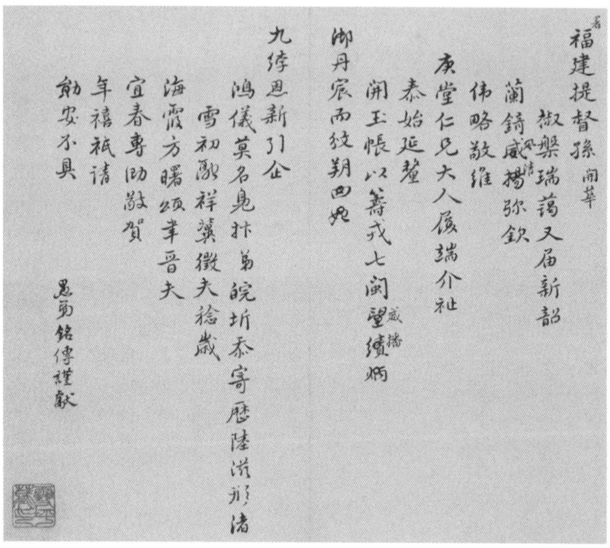

（图一七　6–11）

一七　刘铭传　外省年节贺稿

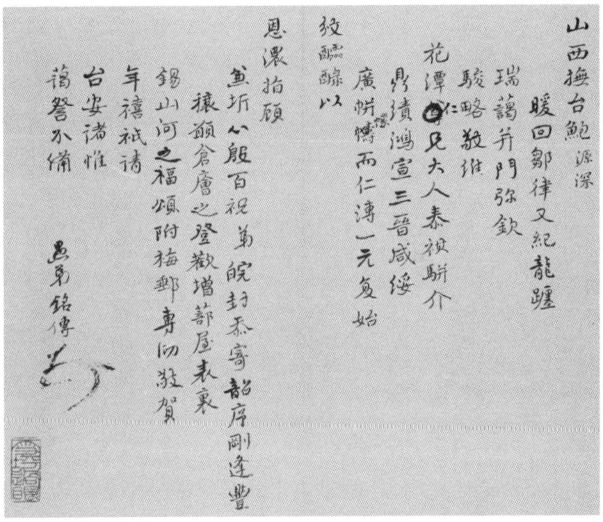
山西撫台鮑 源深
暖回鄒律又紀龍躔
瑞藹并門彌欽
駿略敬維
花潭仁兄大人泰祉駢介
乃績鴻宣三晉咸綏
廣帡幪而仁溥一元復始
致醲醁以
恩濃指顧
爲圻公般百祝弟皖封忝寄韶序剛逢豐
稂頌倉廥之登歡增鄙屋表衷
錫山河之福頌附梅郵專泐敬賀
年禧祗請
台安諸惟
藹詧不備
愚弟銘傳

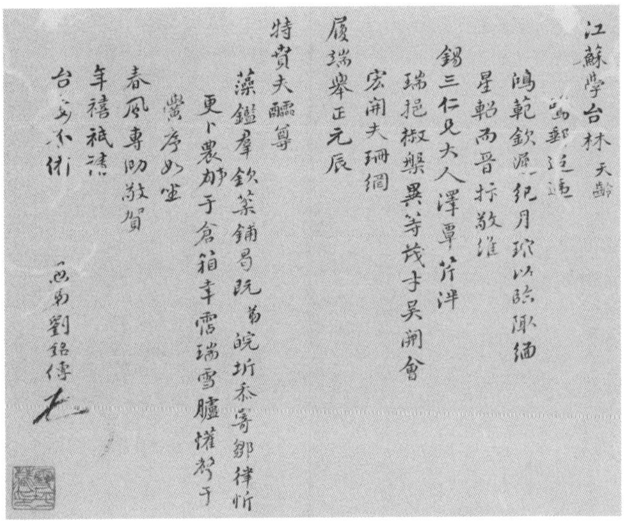
江蘇學台林 天齡
鴻範欽遲紀月琯以臨陬緬
星軺而晉抃敬維
錫三仁兄大人澤覃芹泮
瑞挹檄槃異等茂于吳閶會
宏開夫珊網
履端舉正元辰
特賁夫醲尊
藻鑑群欽菜鋪昌既弟皖圻忝寄鄒律忻
更卜農功于倉箱幸雪瑞雪臚懽契于
黌序如坐
春風專泐敬賀
年禧祗請
台安不備
愚弟劉銘傳

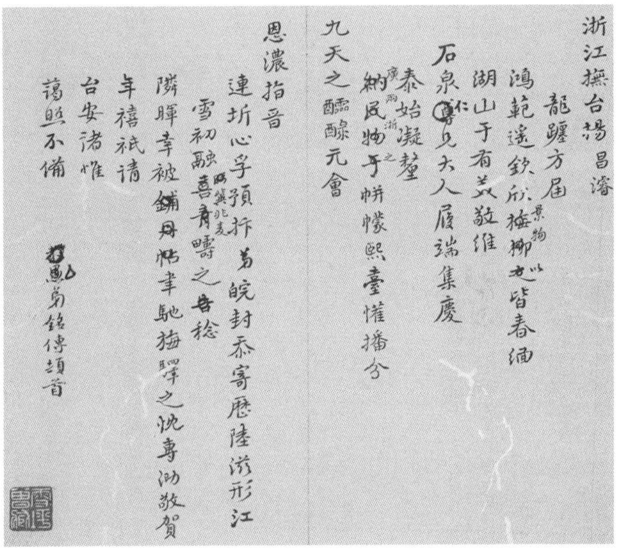
浙江撫台楊 昌濬
龍躔方届
鴻範遥欽欣梅柳以皆春緬
湖山于有美敬維
石泉仁兄大人履端集慶
泰始凝釐
納民物于帡幪熙臺懽播兮
九天之醲醁元會
恩濃指晉
連圻心孚頂祝弟皖封忝寄歷陸滋形江
雪初融喜青疇之吉稔
鋪舟帆聿馳梅驛之訊專泐敬賀
年禧祗請
台安諸惟
藹照不備
愚弟銘傳頓首

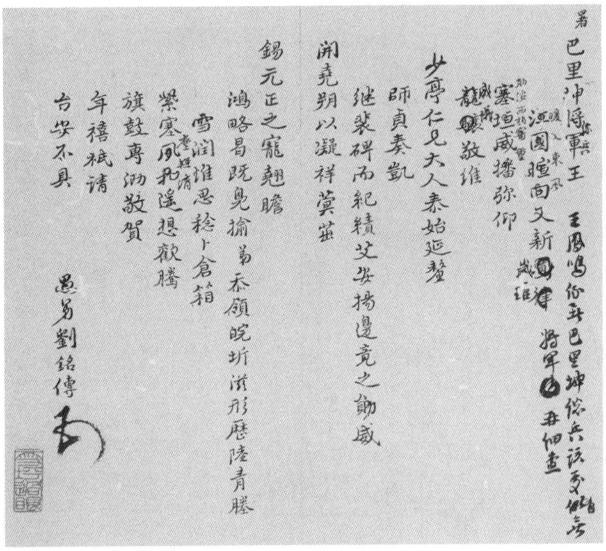
署巴里坤將軍王
沔國暄回又新
塞垣咸播弥仰
麟鳳敬維
少亭仁兄大人泰始延釐
師貞奏凱
继裘碑而紀績丈安揚邊竟之勛威
開堯朔以凝祥蓂莢
錫元正之寵翹瞻
鴻略昌既冕揄弟忝領皖圻滋形歷陸青塍
雪潤維忍稔卜倉箱
紫塞風飛遥想歡騰
旗鼓專泐敬賀
年禧祗請
台安不具
愚弟劉銘傳

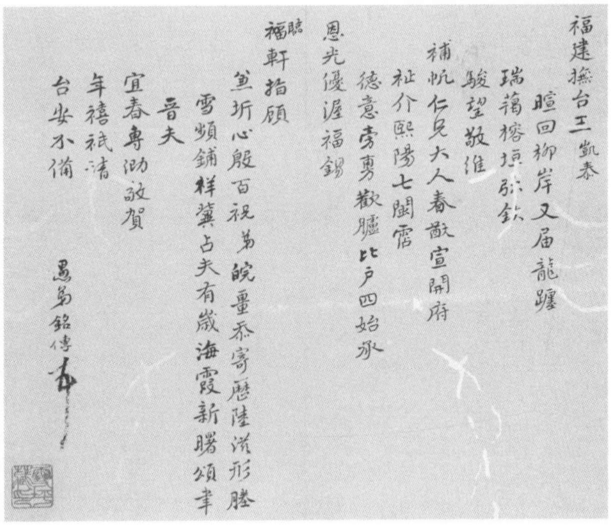
福建撫台王 凱泰
暄回柳岸又届龍躔
瑞藹榕垣彌欽
駿望敬維
補帆仁兄大人春啟宣閩府
祉介熙陽七閩雷
德意旁敷歡臚比户四始承
恩光優渥福錫
福軒指顧
爲圻心殷百祝弟皖壘忝寄歷陸滋形勝
雪頻鋪祥兆占夫有歲海霞新賸頌聿
晉夫
宜春專泐敬賀
年禧祗請
台安不備
愚弟銘傳

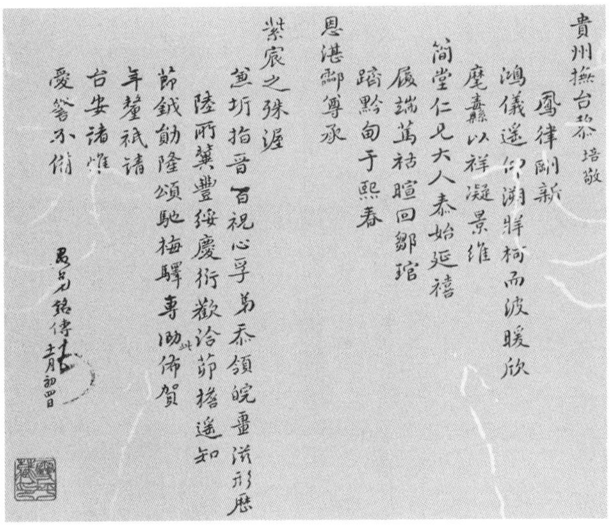
貴州撫台黎 培敬
鳳律開新
鴻儀遥仰湖畔柯而波暖欣
麾纛以祥凝景維
簡堂仁兄大人泰始延禧
履端萬祜暄回鄒琯
踏黔甸于熙春
恩湛御尊承
紫宸之殊遇
爲圻指晉百祝心孚弟忝領皖壘滋形歷
陸雨冀豐綏慶衍歡洽節橋遥知
節鉞勛隆頌馳梅驛專泐佈賀
年釐祗請
台安諸惟
愛鑒不備
愚弟銘傳

（图一七　12–17）

一七　刘铭传　外省年节贺稿

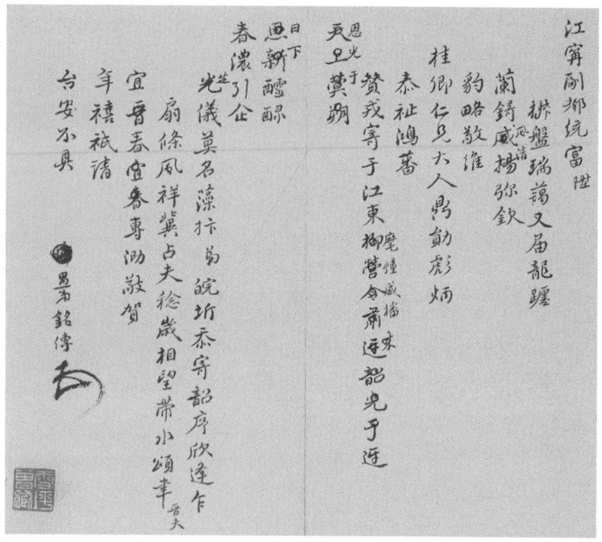

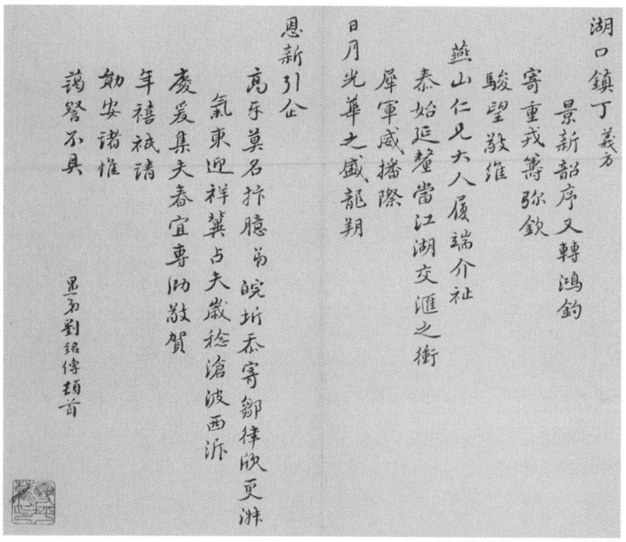

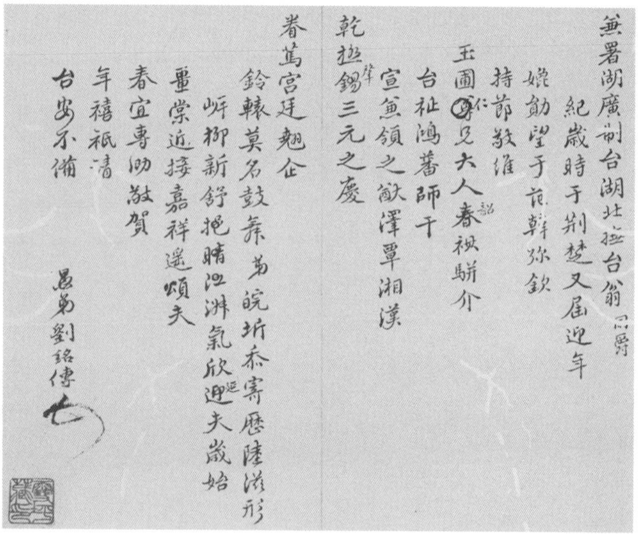

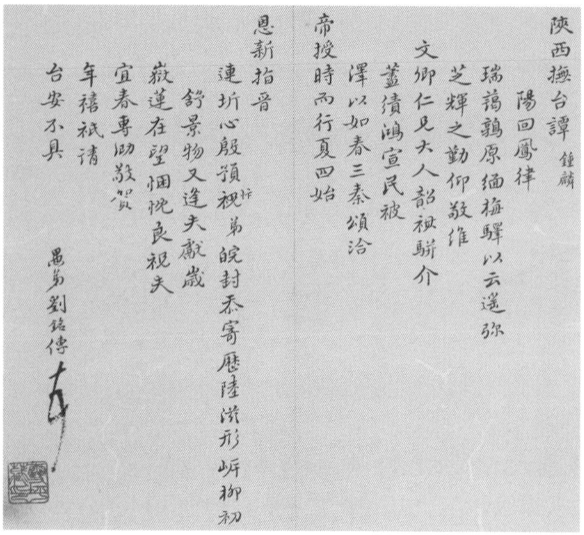

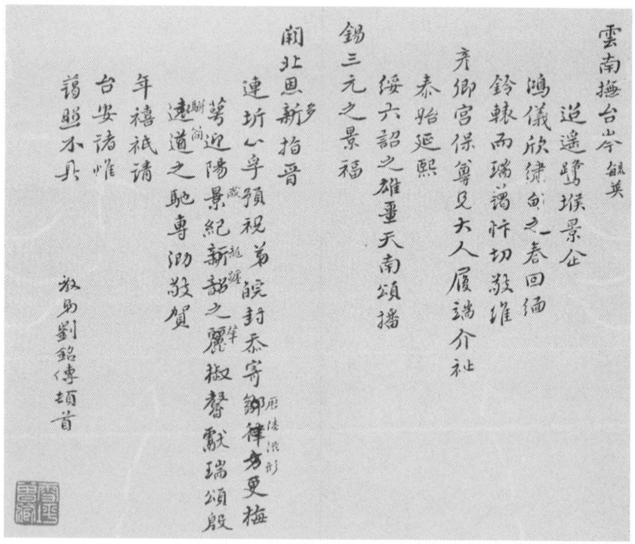

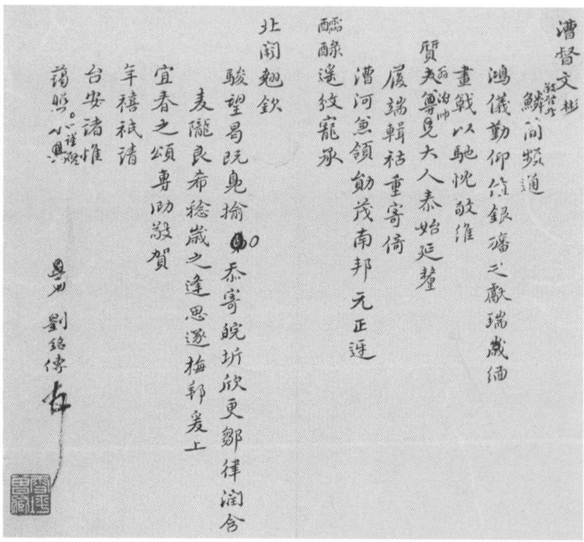

一七　刘铭传　外省年节贺稿

（图一七　18–23）

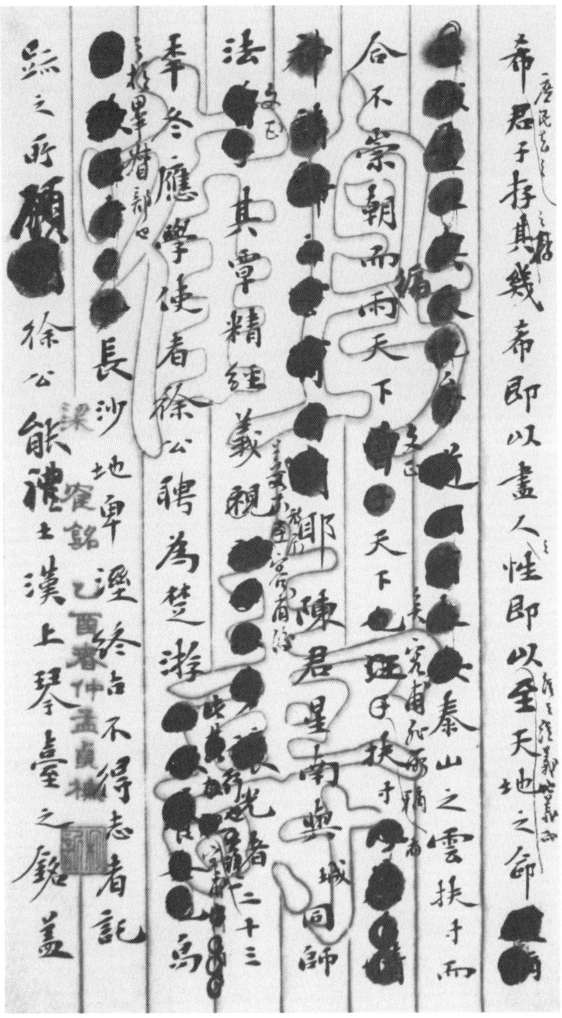

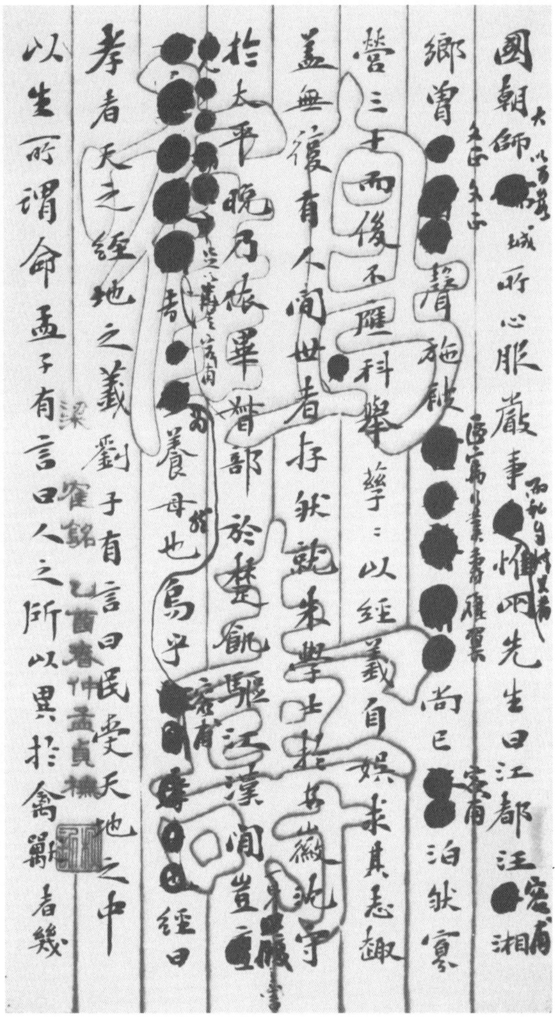

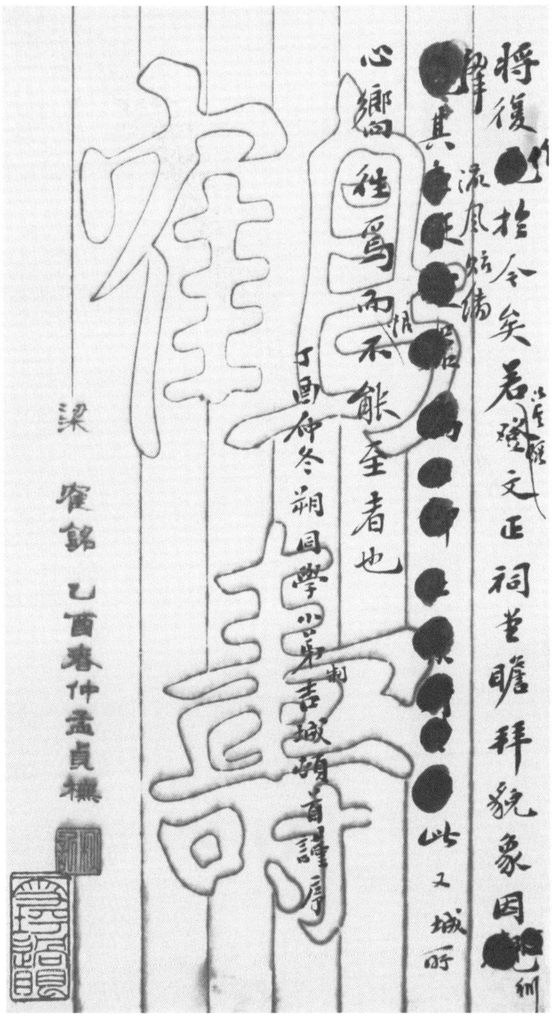

（图一八 1—3）

一八　吉城　信函

吉城（1867—1928 年），字凤池（凤墀），号曾甫（曾父），祖籍江苏丹阳。廪贡生，清末授文林郎候选训导。一生以求学和教学为务，先后担任山东沂州府书院阅卷、南京上江公学堂教习、安徽庐州府中学堂教习。晚年讲学于东台乐学馆。吉城一生遗著有《楚辞甄微》、《易学礼证》、《论语弟子名字古义述》、《论语王充义》、《读经积微》、《论语齐鲁学长篇》等 32 种。（更婴　曾甫字号）

一九　吉荣泰　赠郑孝胥七律诗

吉荣泰（1889—1920 年），字通士（通伯），吉城之子，号东严。清末任东台中学堂第二任堂长，东中早期教员之一，父子同堂教学传为佳话。中国古文字学家、考古学家陈邦怀曾师事吉荣泰。著有《娱经室诗文稿》。

一九　吉荣泰　赠郑孝胥七律诗

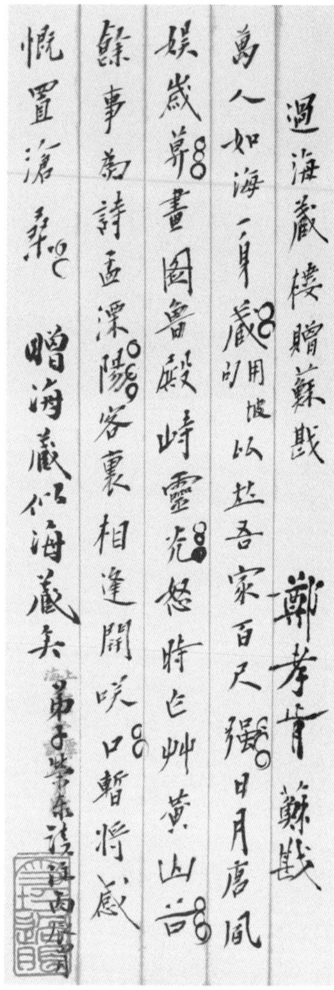

（图一九）

二〇　吉更婴　笺一通

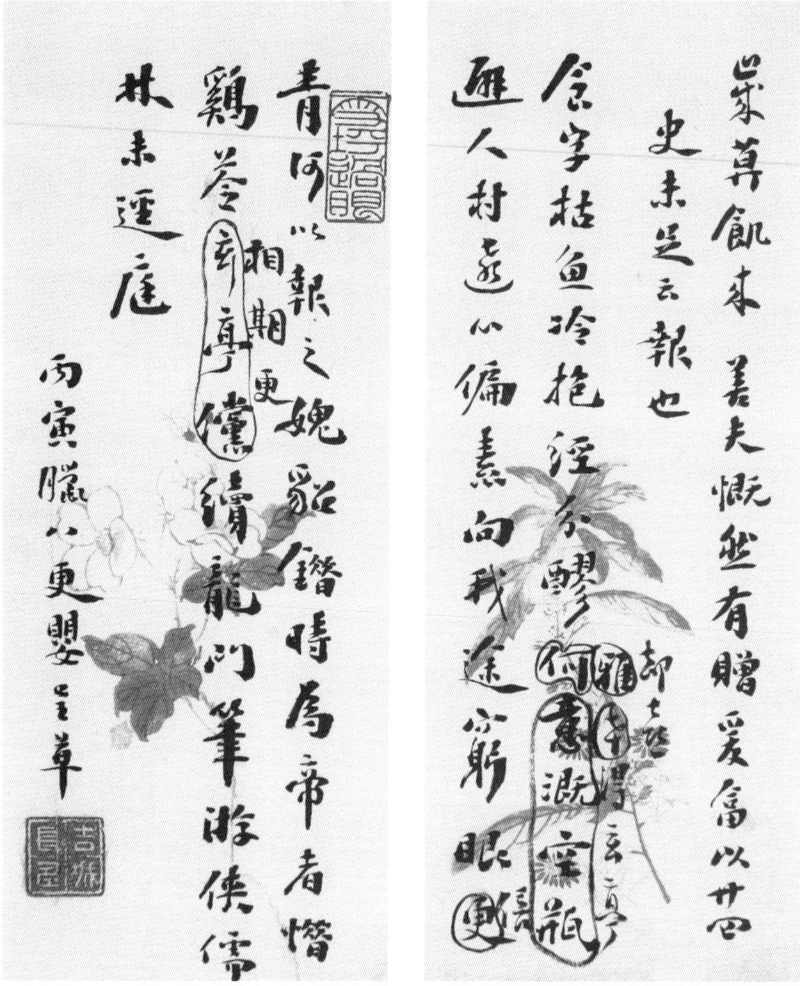

（图二〇　1－2）

二一　吉荣泰　信笺

（图二一）

二二　吉荣泰　致丁立钧函

（图二二）

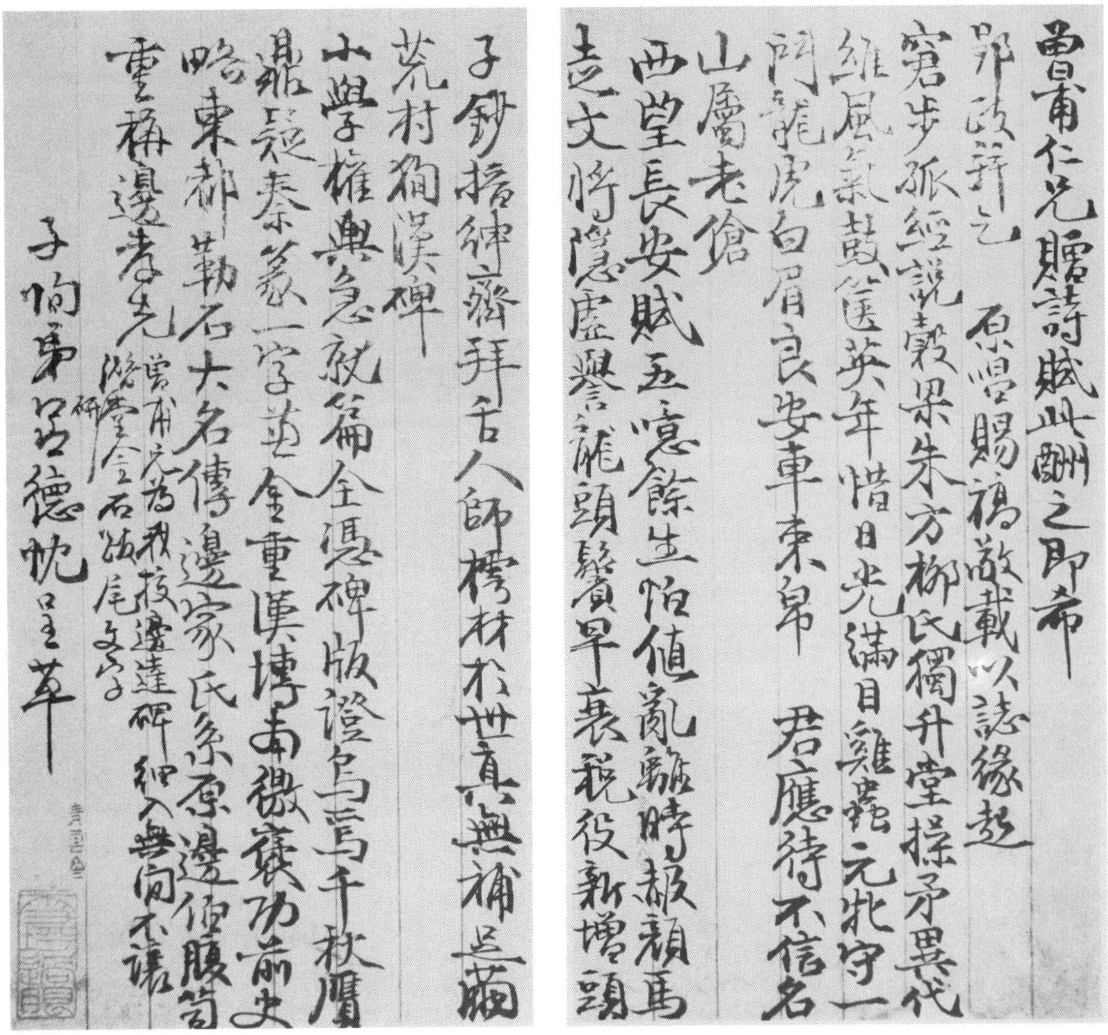

（图二三　1－2）

二三　吕德忱　赠吉曾甫诗三首

吕德忱（卒年不详），字子恂，原籍江苏东台，生于光绪元年。清代举人。著有《老计庵碑目》、《快口意斋诗》及感声诗词各一卷。

二四　吕传元　笺一通

吕传元（1907—1984 年），字贞白，江西九江人。其父为前清进士，家学渊源。十二三岁时能读古书作古文。14 岁随父寓居南通时拜张謇为师，学习诗词古文。白天读书于南通图书馆，晚间得名师指点传授。1930 年任上海税务署、上海交通银行科员秘书，1944 年任南京中央大学教授，1946 年任南京合作金库秘书，1948 年在上海松禅图书馆华东文化部文物处、上海人民图书馆任编辑馆员。1984 年 10 月去世。著有《淮南子补》、《吕氏春秋补》和稿本《吕伯子词集》《吕伯子诗集》。

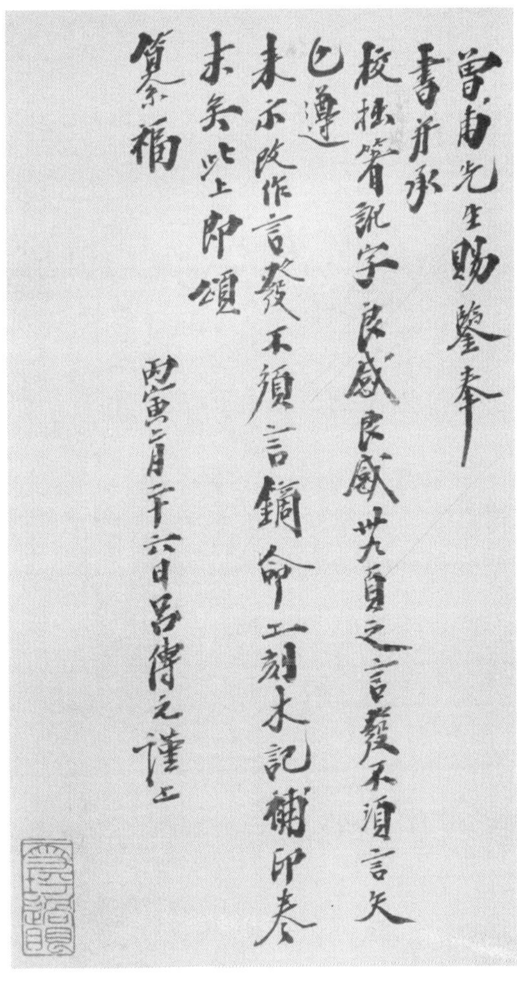

（图二四）

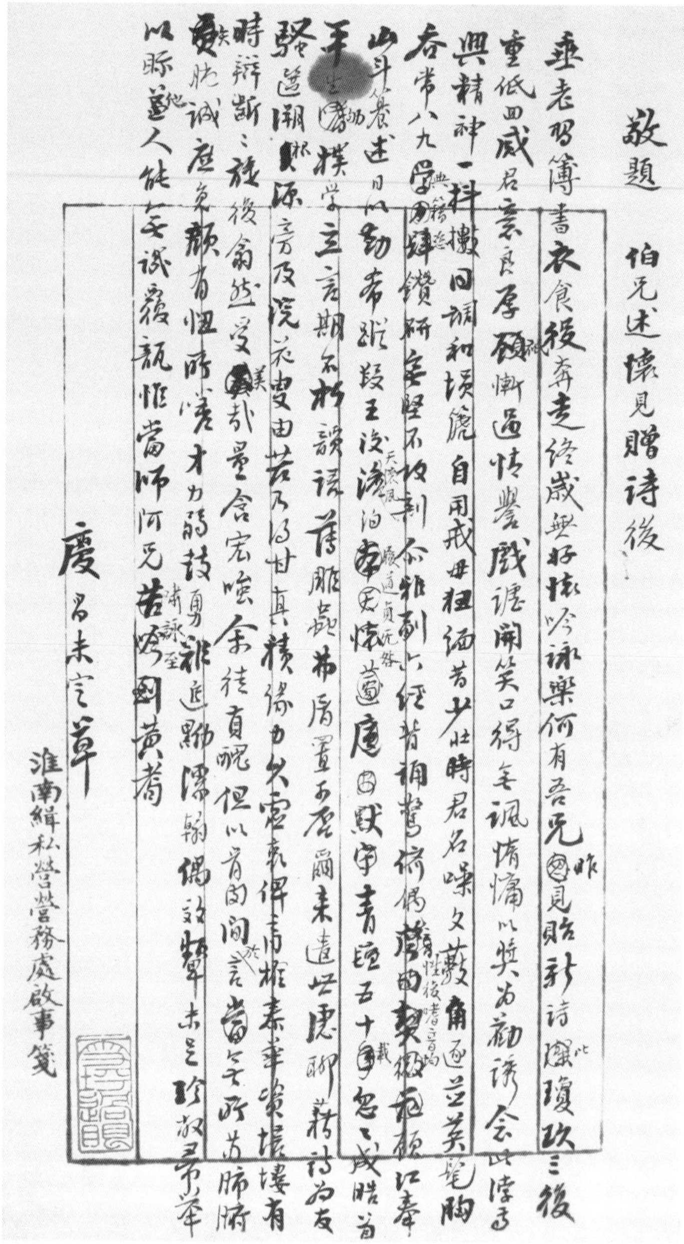

（图二五）

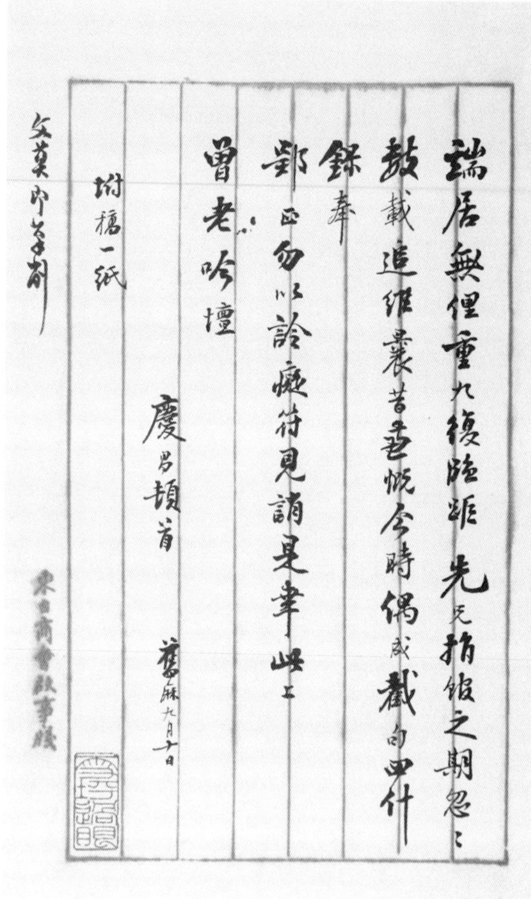

（图二六）

二六　庆昌　笺一通

二五　庆昌　五言古风一首

庆昌　不详

二七　朱自清　楷书诗文稿册

朱自清（1898—1948年），近代杰出文学家。字佩弦，号秋实，原籍浙江绍兴，江苏扬州出生。早年毕业于北京大学，先后在杭州、扬州、温州、宁波等地中学任教，同时从事写作，1922年与俞平伯等创办《诗》刊。1925年起，历任清华大学中国文学系教授、代理系主任，西南联大中国文学系教授、系主任等职。此是朱自清创作盛年时手稿，为极其重要的近代文学史料。

君子上達

第漸達於上惟君子然也夫達不但君子有也若上達焉非君子亦誰有是乎且夫成其德者第知循序漸進豈非日達於上哉蓋學之用無窮日就月將奮然屢遷於上達達之功亦難已優游涵泳習之漸進於高明斯人也若非成德者可得耶試以君子思之材已全也德已備也無非君子也豈敢天理不循而徒爲狎玩仁無不體也名無不成也又是君子也豈可徒爲狎玩而天理不循若是乎奚不上達乎然丘達者豈非君子哉

民國十三年二月朱自清稿於步瀛書屋

可以爲文矣

文可稱者無非賢臣也夫爲文亦良難也而夫曰枝可爲不亦賢臣乎且迺是稱文者其文必由於薦賢薦賢以在於忘分安得以分自拘哉苟或以分自拘斯知賢何見有所薦則若求夫順理成章者列國中往往難之吾但有聞子已驗之乎如文子薦賢並職而子聞之曰可專政弑君者爲臣之所不可爲斯其人以不可爲而欲爲之若知誤用其爲何不知自悔其爲也忘分薦賢者爲臣之所不能爲斯其人以不能爲而正爲之然更尤竟其爲亦應知不可不爲也若是乎安不可以爲文哉

賦得惟有新秋一味涼　得消字五言六韻

（图二七　1－2）

一味涼風至從知客可招新秋寒遞逐殘夏暑徹消但得申先建猶審未甫趋井梧搖葉落砧杵動聲饒爽氣循循誘炎光漸漸銷火流曾籍發樂景亦逍遥

民國十三年二月朔日朱自清未定稿

有德者必有言

誠必有德也惟粹詣者能焉夫德者言之本言者德之發也言必有德不已惟粹詣者能乎且文之言也本之心而達之口必是全材得於理而發於辭無非有德蓋懿美在躬言辭斆陳誠甚易臧嘉可式英華而發真無難一指顧焉已覺純脩有是矣未獨不見有德者乎朝乾夕惕有德之忠信無違然非僅存忠信之本也其中必有文章而發外矣直內方外有德之徽義已立然非徒操敬義之文也其中必有性道而施外矣然有德者則言斷乎可必乎

民國十三年仲春朱自清於步瀛書屋

（图二七　3—4）

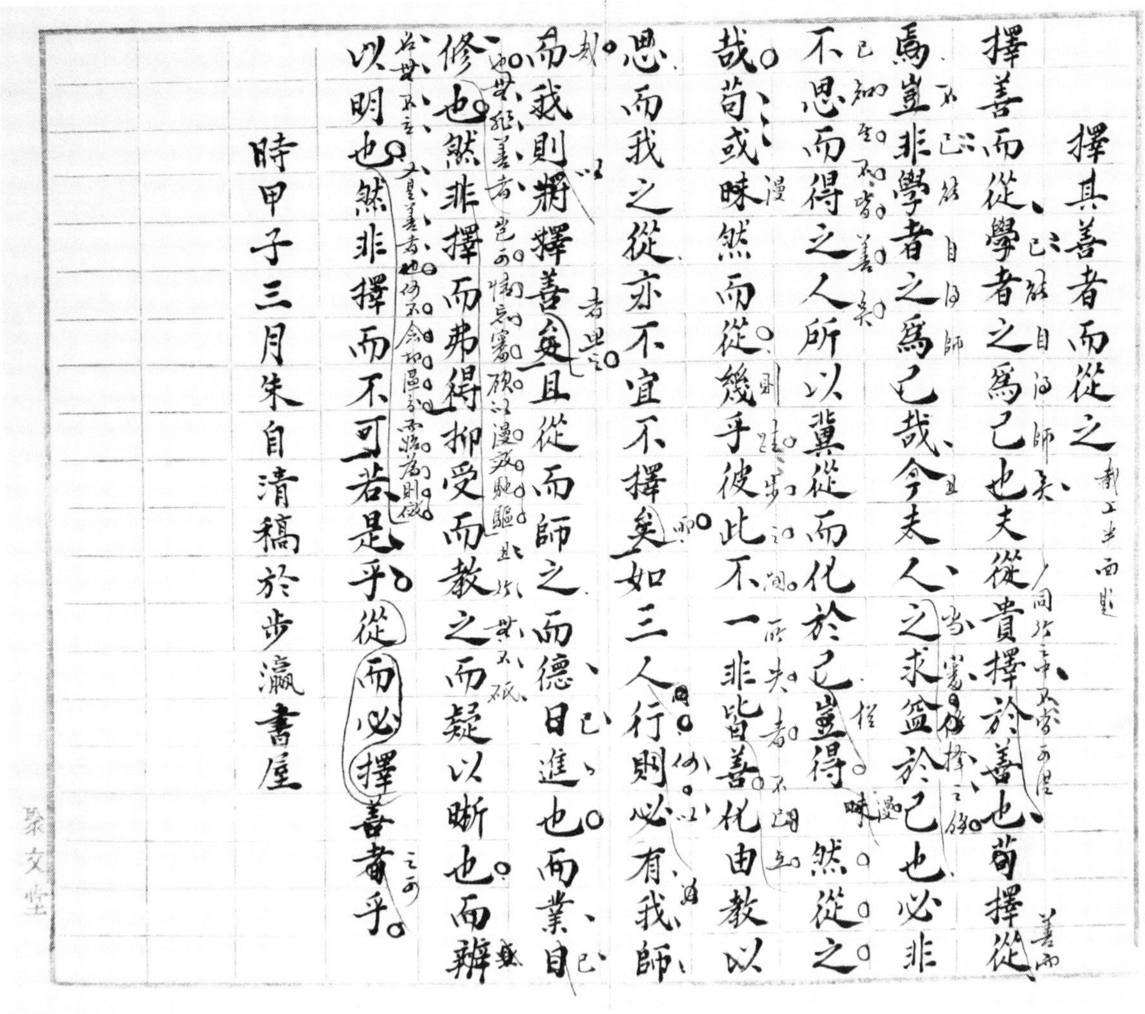

擇其善者而從之

擇善而從、學者之爲己也。夫從貴擇於善也。苟擇從焉、豈非學者之爲己哉。今夫人之求益於己也、必非不思而得之人所以冀從而化於己、豈得。然從之哉。苟或昧然而從、幾乎彼此不一、非皆善。化由教以思、而我之從亦不宜不擇矣。如三人行、則必有我師、而我則將擇善矣、且從而師之、而德日進也。而業自修也。然非擇而弗得、抑受而教之、而疑以晰也。而辨以明也。然非擇而不可、若是乎、從而必擇善者乎。

時甲子三月朱自清稿於步瀛書屋

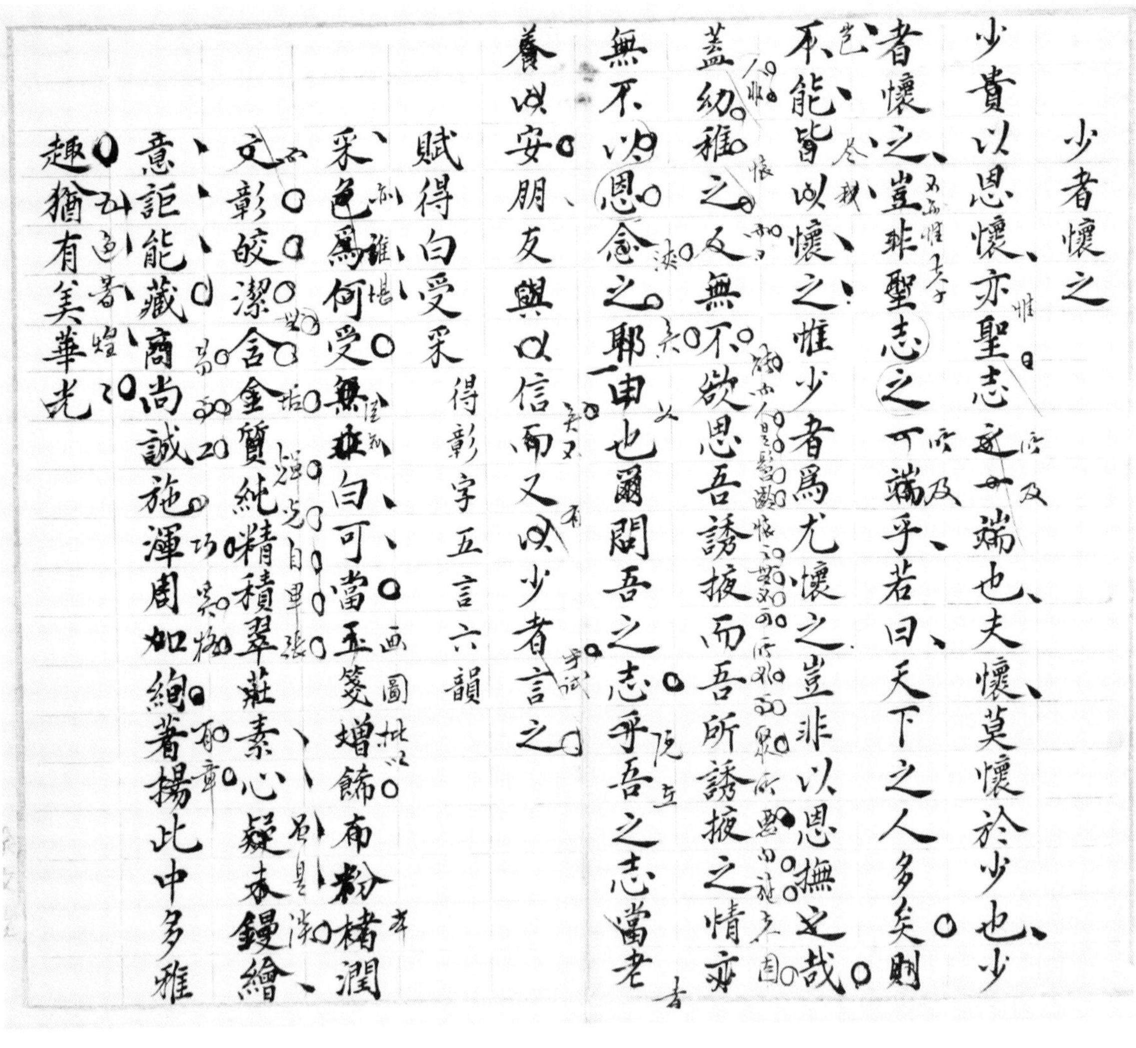

少者懷之

少貴以恩懷、亦聖志之一端也。夫懷莫懷於少也。少者懷之、豈非聖志之所端乎、若曰天下之人多矣。則不能皆以懷之、惟少者爲尤懷之。豈非以恩撫之哉。蓋幼稚之、又無不欲恩吾誘掖而吾所誘掖之情亦無不以恩念之耶。由也爾聞吾之志乎。吾之志當老養以安、朋友與以信、而又以少者言之。

賦得白受采　得彰字五言六韻

采色爲何受、無莊白可當。玉箋增飾布、粉楮潤文彰。皎潔含金質、純精積翠莊。素心疑未鏤、繪意詎能藏。商尚誠施渾、周如絢著揚。此中多雅趣、猶有美華光。

（图二七　5－6）

善與人交

與人交而盡善齊大夫交友之誠也夫交者未能得其善道也而平仲所為善焉豈非交友之至誠哉且夫天下之交友者每存苟交之心已失義合之志豈得謂之善交乎若夫情盡東南之美義至切偲之誠如是之善道者列國中往往難為吾茲竊有念乎平仲之交也如人所交者多而無如晏平仲之善也

賦得綠樹村邊合 得村字五言六韻

綠樹盈郊茂邊連一小村四圍簷近木百屋墻依園舍後青枝繞階前翠葉繁叢中通古道林外有高門縹緲松為伴微茫鳥共喧常觀千幹長風雅尚猶存

聽其言而信其行

信其言也己未究其行矣蓋言亦有虛誕也況可漫信乎苟信其言焉不已未究其行哉嘗思古者言之不出恐行之不逮也所言必顧行故不以為妄發哉若夫妄誕之言將持躬多輕躁之容矢口致浮誇之詞凡舉動未有物恒烏可以為信也如始吾於人則聽言而信矣

賦得五月鳴蜩 得鳴字五言四韻

節屆天中候時蜩適始鳴山林聞遠響庭院聽新聲夏令音猶細秋期韻更清地文偕並出天馬共同生

民國十三年四月朱自清於步瀛書屋

（图二七 7—8）

見不賢而內自省也

見不賢、則宜自省、則知所懼矣、蓋省在己、而不賢在人也、內自省之、不亦知所懼哉、且夫天下之人、豈必皆賢者哉、所不賢者、惟吾見之、而吾心大可懼矣、蓋不賢在彼、亦不可徒目惡之、當知反、知自思、即彼如是、我恐亦如是、彼此相觀、而吾心不得不省也、如吾之所見不皆爲賢者也、蓋又有不賢者在

賦得陰陰夏木囀黃鸝　得陰字五言四韻

喬木榮朱夏、黃鸝囀上林、非憐陽赫赫、惟憶曉陰陰、啄樂千章廣、鳴欣數幹深、火雲燒不入、亦日照難臨

民國十三年孟夏朱自清未定稿

就有道而正焉

取道而就正、亦君子之虛心也、夫有道者、事言之準也、乃以之而就正焉、不亦君子之虛心哉、且吾人與世相接、當知擇人而與、擇之者豈非有道之人哉、蓋有道之人、功深詣極、侃侃抑人、吾之修爲、即爲之所究、其精斯吾之是非、亦爲之所正、其實如是、則必宜虛心而親近耶、吾思君子豈特敏事愼言已哉、終必思夫就有道也

賦得分秧及初夏　得秋字五言四韻

夏令初交及、田夫正插秧、深埋分秫格、直種定成行、萬頃苗勻秀、千畦穎派揚、三春雖已去、西月尚堪當

（图二七　9—10）

過則勿憚改

過無憚於改惟君子然也夫過憚於改者多也若勿憚於改焉豈非君子然哉且夫人處天地之中而為之事則遂不能獨有功而無過知有過而速改焉則不復於過矣若夫畏難苟安則其過遂成而惡日長欲求日進乎高明終不可得也亦何不投非速改之乎吾且思夫有過矣

賦得四月清和雨乍晴 得晴字五言四韻

四月當交及清和令又行乍收雲忽雨曾展霧猶晴氣與兼時雜風光與序更晏如人意好沛若物身榮

民國十三年四月朱自清稿

使民以時

論以時而使於民亦治國之要也夫民非暇時亦可乃使也乃以時而使之不亦治國之要乎竟謂國家興作而致於使民固無妨於務農之時也然耕耘收穫之時夙興夜寐勤於農事故治國者必待於農隙以之乃為治民克盡者乎吾論治國者治國必又致於民而民亦何所使哉

賦得四月南風大麥黃 得黃字五言三韻

節屆清和候來年熟遍荒浪吹千頃綠風扇萬畦黃拂拂雙岐秀飄飄九穗莊

民國十三年清和月朱佩弦稿

（图二七 11—12）

傳不習乎

傳無不習、大賢省身之要也、夫傳不習是負於師矣、曾子乃以傳而勉習焉、不亦終省之要乎、且夫人之用功必受於師之傳、即習於己而熟、安得謨擲於腹外哉、苟怠棄自安、將傳如未傳、亦何不負於師乎、吾日三省之、如人謀交友又何事哉、

賦得燕乃睇　得巢字五言三韻

試覯孟春燕、呢喃擇樂郊、憶初來降所、睇始舊居巢、轉視誠堪戀、回翔詎忍拋、

民國十三年四月佩弦朱自清稿

十室之邑

聖人言其造道而嘆其十室也、夫十室小邑也、而夫子嘆之、其十邑豈不美哉、且夫十室乃至小之邑、未能造其大道也、惟其十尤舉賢才、制禮樂、施刑政、布紀綱、猶得謂小邑未能造道哉、試以十室想之、

雖覆一簣

丘而方覆其功而不已也、夫覆土爲山、未成一簣也、則雖一簣焉、其功豈有已意哉、若曰、吾思覆土之初、無異爲學之初也、豈不奮然用功哉、苟能一旦奮然、則雖一簣之功、其必勤修不息也、吾思平地如平地何未覆土也、

時甲子四月五日佩弦朱自清稿

（图二七　13—14）

其爭也君子

觀於射之所爭爲君子之爭也夫君子固無所爭者也惟於射而有爭乃有揖讓之理其爭豈小人哉若曰吾思君子與人恭遜乎昔必無所爭也若謂其有所爭必在於射之中而不超乎射之外乃一時之爭猶有雍容揖遜非君子誰能若是乎如射而後有爭乃有雍容揖遜其爭也將爲何等人哉

時甲子五月朱自清稿於步瀛書屋

君子不器

觀君子之所用不限於器也夫限於器者多也君子不然豈有限於器也哉且天下之人必有所用亦必非全材以其爲器也惟其不器則全體已立大用已備具衆理應萬事以其爲君子也吾爲君子思之

知之爲知之

知以爲知非自誇也夫天下之理未能盡知也若知爲知焉豈有自誇之說哉若曰吾今而知其所知之者惟在於誠實而不在於矜肆也蓋矜肆者但給乎知而誠實者已知乎理如是以知所言知吾正不能爲之驕矣知己誨女知之乎

民國十三年仲夏佩弦朱自清稿

（图二七　15—16）

溫故而知新

以故而溫則可以知新矣夫新非溫故不得也若時
溫焉豈不知新哉若曰天下之義理無窮則聞見無
幾豈不以時而溫哉然知故必溫有所得於心時溫
乃可應乎世亦能朝夕維勤則每有新知矣如學豈
不溫故哉

賦得春草明年綠　得年字五言三韻

臘破堪春至韶華滿眼鮮芽青從此日草綠待
明年日轉冬終後陽回歲首前

民國十三年仲夏佩弦朱自清稿

爲政以德

政以德而爲與民皆化於善矣夫德爲政之本也若
政以德治焉與民豈不偕善哉嘗觀詩之二南未有
不以德化民者也蓋治民者則以彫常先正禮法先
與然爲德者則內猶正其心外亦修其身如是之爲
政者則天下之民皆被感化於善矣吾爲政者思之
治民未必妄治也

賦得宜與鄰翁相對飲　得翁字五言三韻

過飲誰同飲因鄰宜與同想相黃髮老欲對白
頭翁嗜酒原無量交賓亦爾通

民國十三年荷月朱自清稿於步瀛書屋

（图二七　17—18）

道千乘之國

國不務道、聖人欲明其要焉夫千乘之國大國也、若

苟不思道之夫子不忘其要乎、

賦得冬嶺秀孤松　得寒字五言三韻

嶺到冬繁盡從知是歲寒惟能松靜秀獨有鶴

棲安月照龍鱗厚厚風吹鳳翮歡

則以學文

以文而學其餘功進矣夫學莫於文也、若能學文焉、

弟子之功豈不進乎、

橘

賦得經冬猶綠林　得林字五言三韻

丹橘知何在江南菓茂林經冬猶有綠過歲召

如金深處仙人語叢中古道音

為人謀

大賢為人而謀者已加功於身矣夫謀豈為己哉然

為人謀者亦是己省其身也其誠豈易及哉、

賦得同學少年多不賤　得多字五言三韻

數有珍儒貴寒窗勉學多少年皆不賤幼稱共

登科仕向光陰惜功從日夜摩

道千乘之國

論國而道聖人欲明君之務要焉夫千乘

（图二七　27—28）

二七　朱自清　楷书诗文稿册

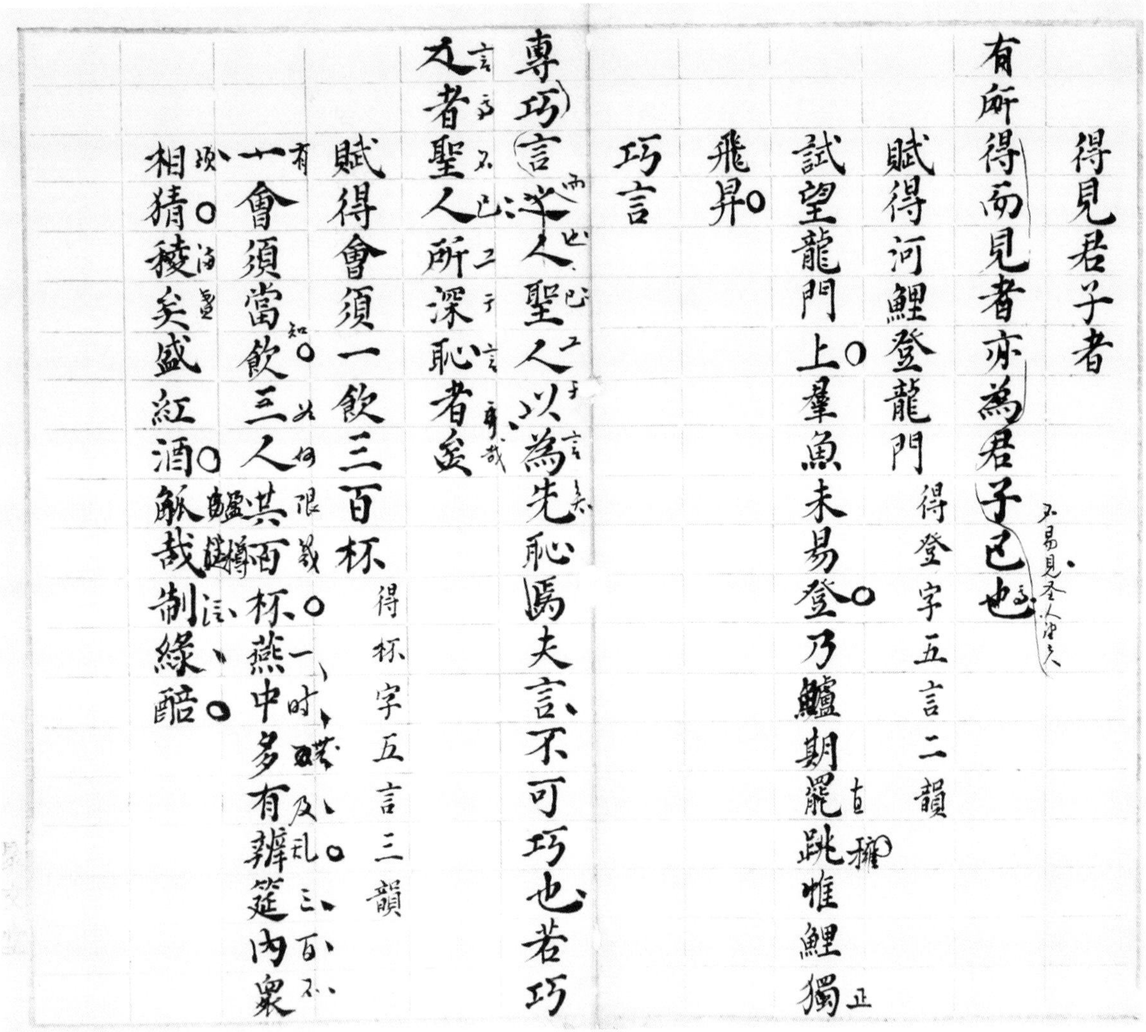

得見君子者

有所得而見者亦為君子已也

賦得河鯉登龍門　得登字五言二韻

試望龍門上　羣魚未易登　乃鱸期罷跳　惟鯉獨

飛昇

巧言

專巧言之人聖人以為先恥焉夫言不可巧也若巧

言者聖人所深恥者矣

賦得會須一飲三百杯　得杯字五言三韻

一會須當飲　三人共百杯　燕中多有辯　筵內衆

相猜稜矣盛　紅酒觚哉　制緣醅

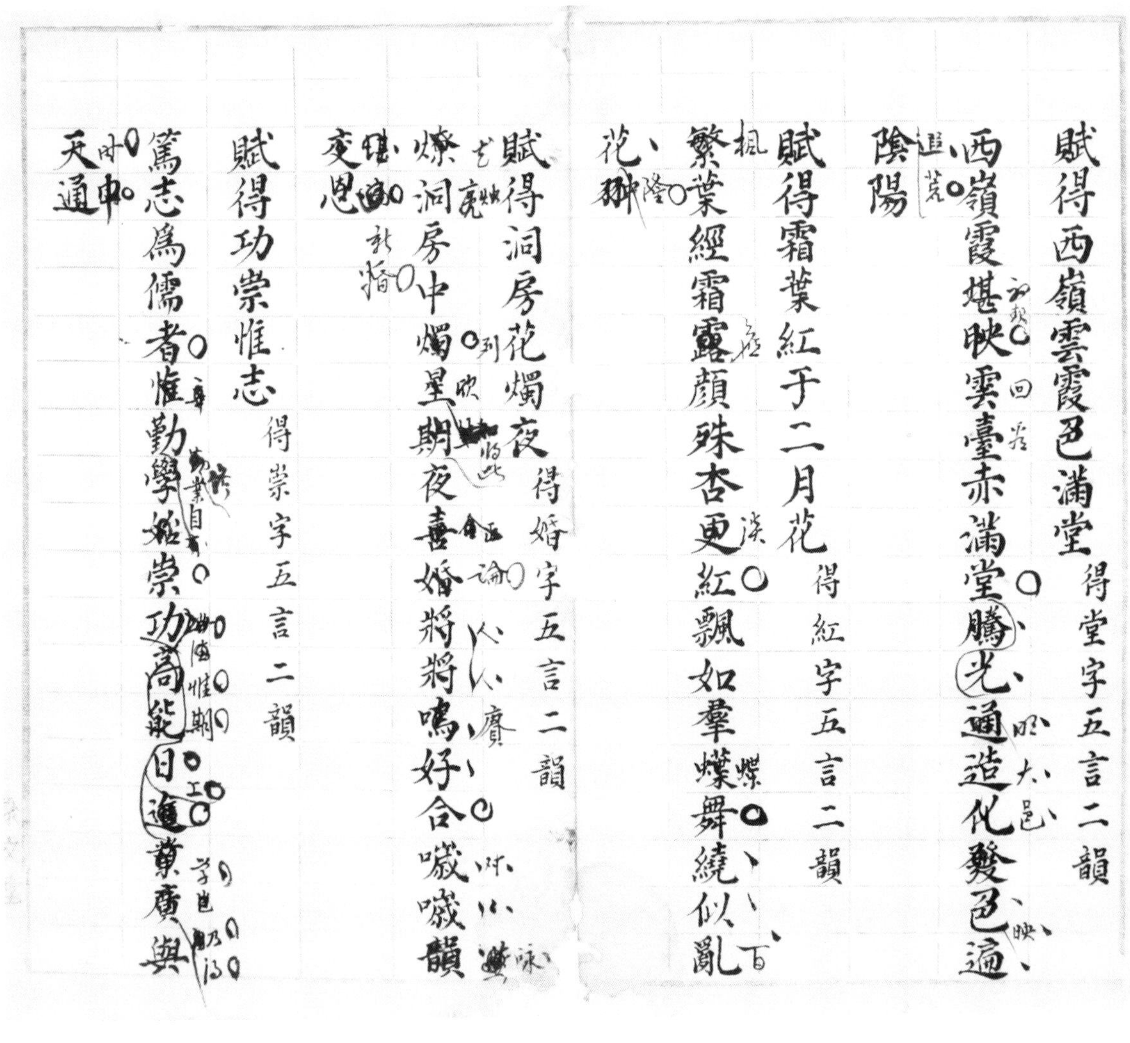

賦得西嶺雲霞色滿堂　得堂字五言二韻

西嶺霞堪映　雲臺赤滿堂　騰光通造化　發色遍

陰陽

賦得霜葉紅于二月花　得紅字五言二韻

繁葉經霜露　顏殊杏更紅　飄如羣蝶舞　繞似亂

花

賦得洞房花燭夜　得婚字五言二韻

燦洞房中燭　星期夜喜婚　將將鳴好合　噦噦韻

變思

賦得功崇惟志　得崇字五言二韻

篤志爲儒者　惟勤學始崇　功高能日進　黄廣與

天通

（图二七　29—30）

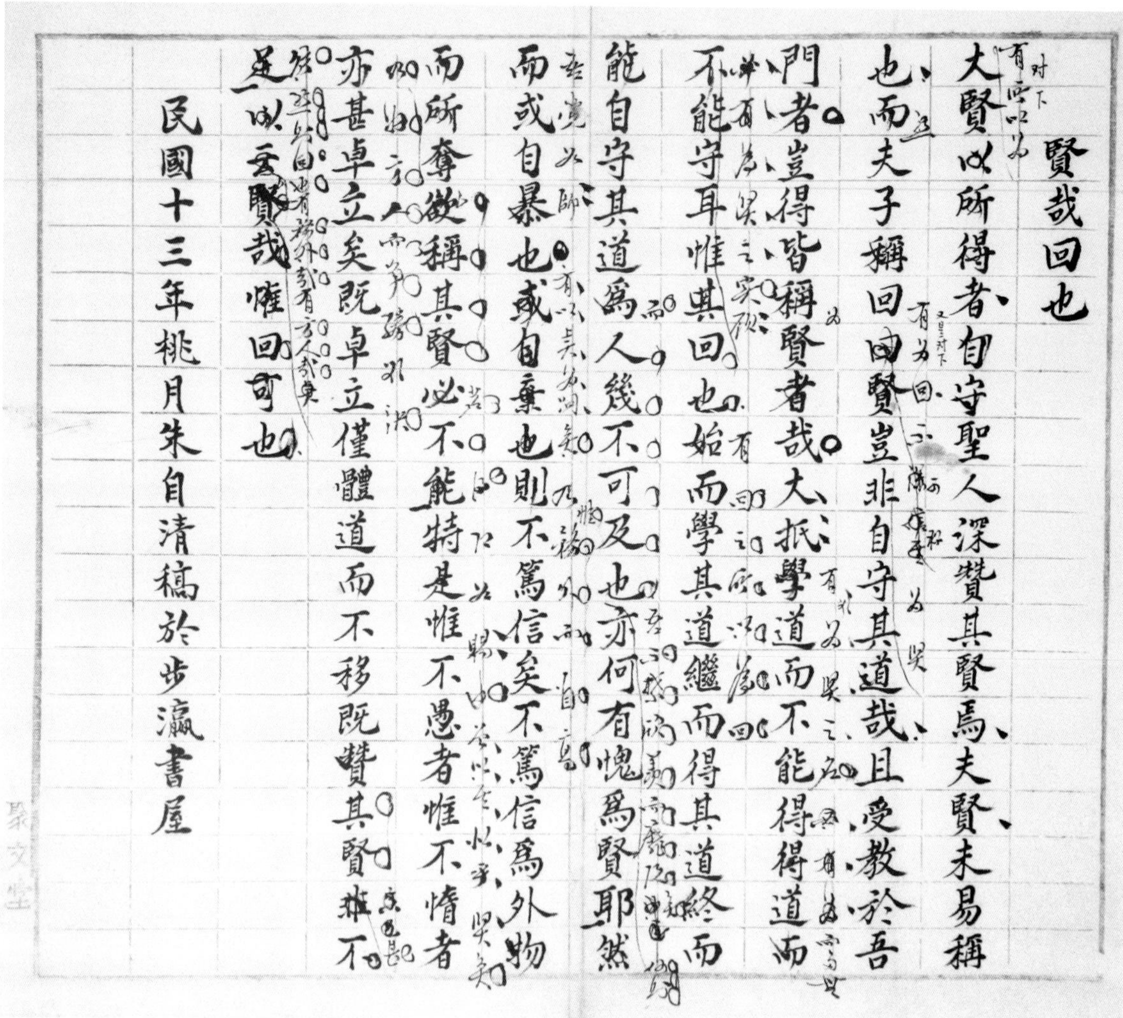

賢哉回也

大賢以所得者自守聖人深贊其賢焉夫賢未易稱也而夫子稱回曰賢豈非自守其道哉且受教於吾門者豈得皆稱賢者哉大抵學道而不能得得道而不能守耳惟其回也始而學其道繼而得其道終而能自守其道爲人幾不可及也亦何有愧爲賢耶然而或自暴也或自棄也則不篤信矣不篤信爲外物而所奪徵稱其賢必不能特是惟不愚者惟不惰者亦甚卓立矣既卓立僅體道而不移既贊其賢非不足以爲賢哉惟回可也

民國十三年桃月朱自清稿於步瀛書屋

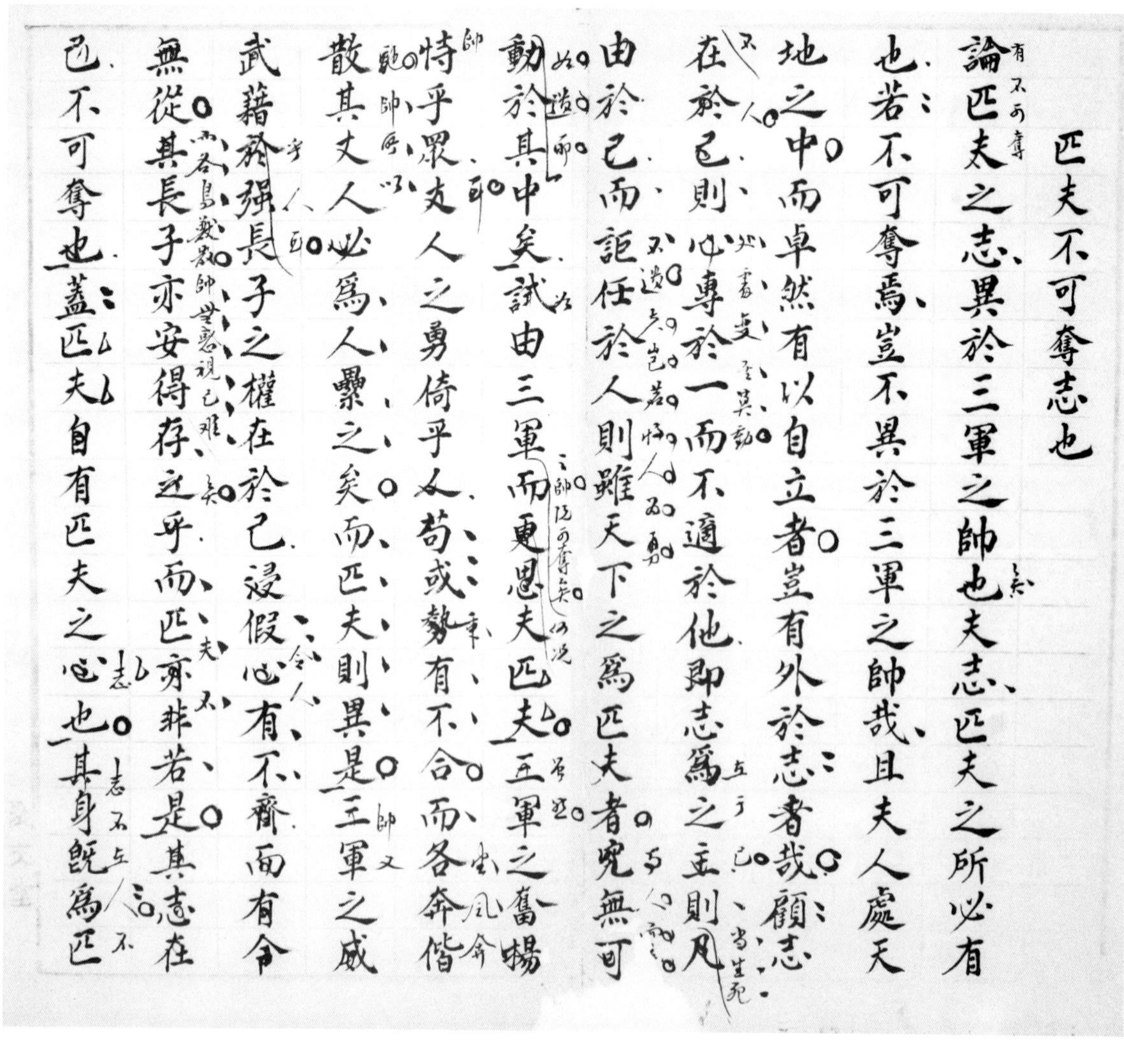

匹夫不可奪志也

論匹夫之志異於三軍之帥也夫志匹夫之所必有也若不可奪焉豈不異於三軍之帥哉且夫人處天地之中而卓然有以自立者豈有外於志者哉顧志在於己則心專於一而不適於他即志爲之主則凡由於己而詎任於人則雖天下之爲匹夫者宛無可動於其中矣試由三軍而思夫匹夫三軍之奮揚恃乎衆丈人之勇倚乎人苟或勢有不合而各奔偕散其丈人必爲人擧之矣而匹夫則異是三軍之威武藉於强長子之權在於己浸假心有不齊而有令無從其長子亦安得存乎而匹夫非若是其志在己不可奪也蓋匹夫自有匹夫之心也其身既爲匹

（图二七　31—32）

二七　朱自清　楷书诗文稿册

夫斯其心若無定見往往易爲人所惑也惟矢志旣
專而中懷固守則雖有千萬之人而欲奪其趨向也
不可也抑匹夫又有匹夫之事也其行旣當爲匹夫
則其事若有躊躇亦每至爲人所動也惟篤志不移
而內念堅貞則雖有雷霆之勢而欲奪其專向也不
可也

民國十三年蒲月朱自清稿

冉子爲其母請粟

有未識其家者則爲其請粟焉夫其母自當有膳在
也況待請乎乃求爲其母請粟諒未識其家乎且爲
人子者倘馭遠遊他方其親豈不先自慰哉乃有求
爲惑其亦關遊特恐缺膳於其母思其母罔供惟爲
請粟於聖人是其藝甚於人何嘗寸衷弗審亦奚爲
盡忠恕之誠如子華使於齊則又思夫冉子甫丞最
著之人也爲宰可能人之吉凶無一不昭於度內何
則同堂之人亦旣覩止況不知其之室何冉子亦博
藝之人也從政可許人之寡約孰事不具於心中是
則孔門之中亦旣見止猶不識其之家焉云其請粟
殆爲赤也母乎

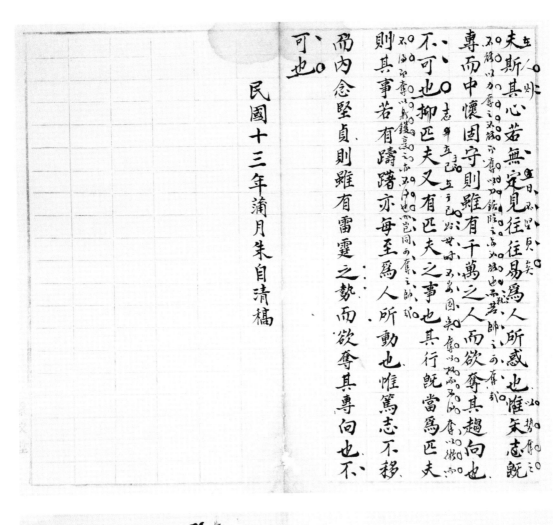

（图二七　33—34）

士之識尚是剛强之意至今日於丈人而自居莫非有請於丈人曩問津渡得耕者之諷皆是倨傲之情至此時於農長而致敬必因有望於農長者是乎丈人亦殆止宿乎

賦得九月團臍十月尖 得時字五言六韻

一特謂橫行蟹臍隨即事知團然無射候尖是應鍾時五五如梭布三三似碾施放螯劍舞動跪輅車馳節序分從此雌雄別在茲筵中當以饌因與今相宜

民國十三年季春朱自清稿於步瀛書屋

代之末始不可為今日之白話或淺率而意不深或繁多而辭莫達其比較為可讀者必於文言素有根柢之人故提倡白話不必遂攻擊文言宜於白話上求所以自立之道至於擁護文言者於以經義（科舉時代試士之文体）策論之陋調為掃除白話之利器亦恐其不自量蓋其淺率繁多一如白話其比較為可讀者使其改為白話仍可讀也故擁護文言亦不必攻擊白話宜於文言上求所以自立之道今兩方面祇知蹈敵之隙不知己隙之可蹈與敵人同不亦傎（顛倒也）乎　管見如此是否有當甫此即頌○近祉

以為淺陋而以艱深之詞文飾之是謂以艱深文淺陋文極一涸而倡為疏淡之說以便己作是謂以疏淡便窾（音坎 空也）空

史記秦始皇東巡項籍見之曰彼可取而代也　管中窺豹略見一斑言其見解之小也

与表弟　劝慎交

仲明表弟如晤別久良念昨承卑謙今日交游○弟所深知此以細故（小事也）遂致參商隙末凶終古人所惜既知今日何必當初讀詩而至谷風未免令人興感也矣○弟豪爽過人太邱道廣彼都

（图二七 43—44）

人士莫不接踵争趋函结纳既多品类易杂务闻直谅固不乏
八面玲微逐亦或不免在吾〇兄广作交欢（成径）原不设町畦之见
但薰犹同器即使善恶盛德足以难有佳果世往往有择友偶
疏致贻后悔者尚祈吾〇兄审慎交之也老生常谈或且厌闻
而不能已于言者亦以孔北海所谓崇笃斯义耳耑此佈达即
颂〇近祺不一　　弟仲宗〻谨啟

出於隙末言交道不能全其终也　谷风朋友相怨之诗也
后汉书许劭至颍川不候陈寔（字仲弓为太邱长）或问其故劭曰
太邱道广（言交游众多也）〻则难周故不造也　町畦田间区畔喻界之
界限也　左传〻薰〻犹十年尚犹有臭（薰香草犹臭草）二者相和虽積
千年而臭不散言善
易销而恶难除也　汉孔融尝为北海相故称孔北海

复友人　　谢唁信与礼

厚甫吾兄有道前承〇惠书存问不孝哀感無既（无尽也）弟十年浪迹一（行踪无定也）
无成壮志未酬羸年虚度（廿壮之年羸也）方于屏绝尘嚣留侍〇高堂庶几
爱日之诚稍尽万一乃昊天（大也）不吊罹此鞠凶抚已自思几不得
比于人数今者猥（谬也）荷唁函並承〇厚赙（音付帛粟之礼也）情文備至铭感無穷（五中）皆
愧尔生未获造门叩谢谨将尺素聊表寸丹伏乞〇矜鉴留此（二字不作普通用）
顺请〇台安　　弟宗〻稽颡

鞠盈也鞠凶大凶也见诗经　仪礼寝苫（蒲盖 音合）也枕块（土）也　古
诗客从远方来遗我双鲤鱼呼童烹鲤鱼中有尺素书　寸
丹寸心也（丹赤心也）

与友人　　劝勿恶家庭学

学兄惠鉴日昨到校未接〇光仪（光采风仪也）询之同学知已假旋〇珂
里因念吾〇兄〻日日坐上庠弦闺中静好家庭寡趣自适
动依恋之情但当此求学时期一刻千金光阴至为宝贵若
玩时愒日怀安败名（见左传）始宰予不雕（见论语）之讥坐伯鲁昧落之失则
将来必有追悔无及者吾〇兄在校成绩素优祇以旷课太
多未能除造遂令驽蹇（劣马也）奋于先路良骥（良马也 二句喻劣者占先而优者反落后也）落于后尘思之至为
可惜缪托知爱敢贡直言望吾〇兄采纳是幸耑肃顺颂〇
侍安　　弟宗〻上言

鸣珂里（言）故乡里中多仕宦之家佩玉者不乏人也亦曰珂
乡　玩愒贪也言贪玩岁月不图有功也　左传亦伯

（图二七　45—46）

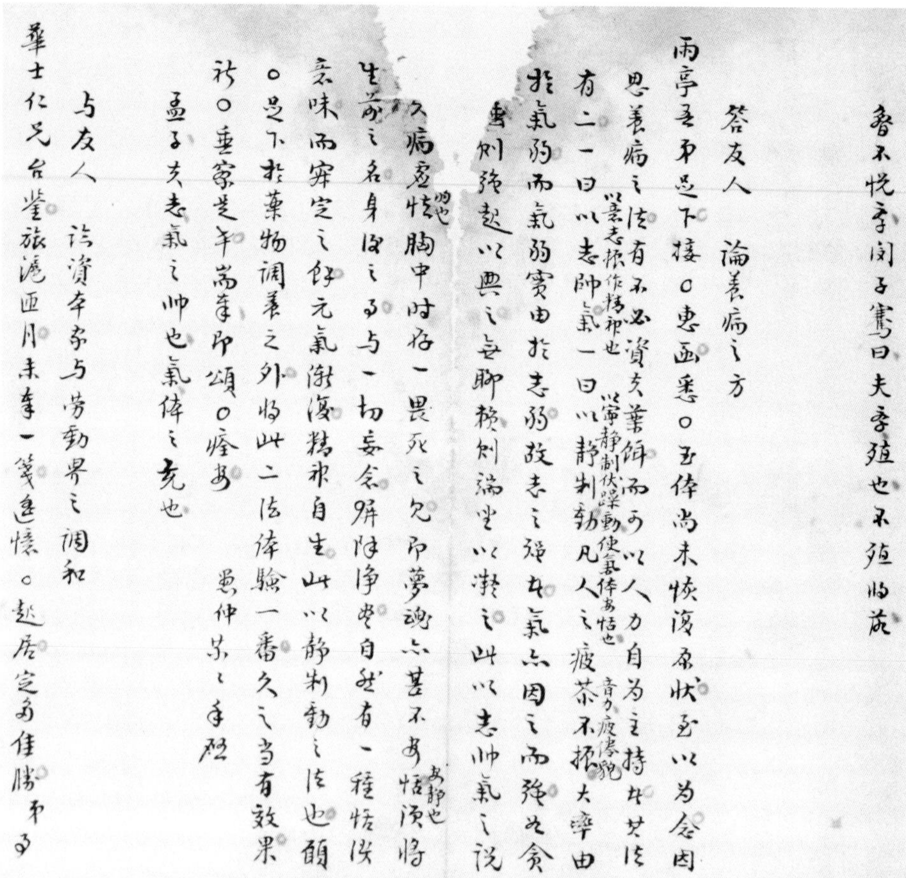

魯不悅學閔子騫曰夫學殖也不殖將落

答友人　論養病之方

雨亭吾弟足下接〇惠函悉〇玉體尚未恢復原狀至以為念因
思養病之法有不必資藥餌而可以人力自為主持者其法（以意志振作精神也）
有二一曰以志帥氣一曰以靜制動（以肅靜制伏躁動使身體安恬也）凡人之疲茶（音乃疲倦貌）不振大率由
於氣弱而氣弱實由於志弱故志之強者氣亦因之而強此孟
憊則強起以興之無聊賴則端坐以凝之此以志帥氣之說
久病臥牀（安靜也）胸中時存一畏死之見即夢魂亦甚不安恬須將
生前之名身後之事與一切妄念屏除淨盡自然有一種恬淡
意味而寧定之餘元氣漸復精神自生此以靜制動之法也願
〇足下於藥物調養之外將此二法體驗一番久之當有效果
祈〇垂察是幸尚希即頌〇痊安　愚仲[illegible]〇手啟

孟子言志氣之帥也氣體之充也

与友人　論資本家与勞動界之調和

華士仁兄台鑒旅滬匝月未寄一箋遙懷〇起居定多佳勝弟自

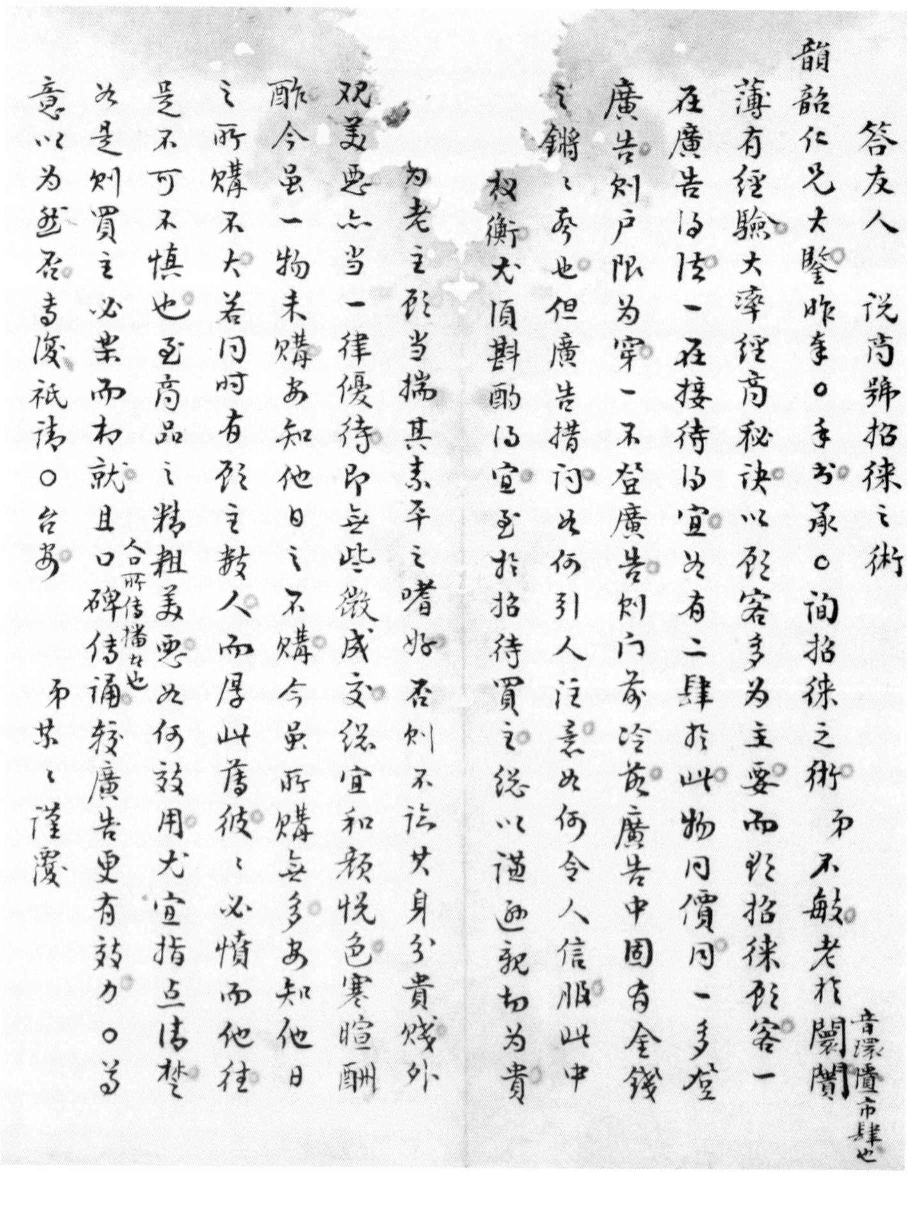

答友人　說商鋪招徠之術

韻谿仁兄大鑒昨奉〇手書承〇詢招徠之術弟不敏老於闤闠（音還潰市肆也）
薄有經驗大率經商秘訣以能容多為主要而能招徠能容一
在廣告得法一在接待得宜如有二肆於此物同價同一多登
廣告則戶限為穿一不登廣告則門前冷落廣告中固有金錢
之鏘鏘之聲也但廣告措詞如何引人注意如何令人信服此中
權衡尤須斟酌得宜至於招待買主總以謙遜親切為貴
為老主顧當揣其素平之嗜好否則不論其身分貴賤外
觀美惡亦當一律優待即無些微成交總宜和顏悅色寒暄酬
酢今雖一物未購安知他日之不購今雖所購無多安知他日
之所購不大若同時有顧主數人而厚此薄彼彼必憤而他往
是不可不慎也至商品之精粗美惡如何效用尤宜指點清楚
如是則買主必樂而忘就且口碑傳誦（合所傳播者也）較廣告更有效力〇芻
蕘以為然否當復祇請〇台安　弟[illegible]〇謹覆

（图二七　47—48）

二七　朱自清　楷书诗文稿册

上姑丈　论迷信风水之非

姑丈大人尊鉴：昨得家书，知〇大人将为吕太姻伯卜葬，偕术者（即地师）遍相阴阳，冀得佳地，孝思不匮，钦仰良深。然窃将进一解焉：葬经传自郭璞，后世堪舆家（即地师也。堪，天道；舆，地道也）多宗之，而璞实不得其死，故谓之北有「日中数莫逃，兵解世上人犹信葬」书之，则风水之不足信，彰彰明矣。且父母在世，身体肥瘠犹与子女无关，而谓埋枯骨于九泉，即系儿孙之穷达，有是理乎？先人骸骨入土为安，但得高燥地方便是吉壤（佳地也）。牛眠之处，特于偶然得之，若有意物寻，求福之谈，转蹈淹葬（安葬迟延也）之咎，非所以安（安也）先灵而尽子职也。至所地师伪托古说，以祸福簧人耳目，不过为觅食计耳。〇长者明达，当不受其欺蒙也。敬布区区，诸祈〇亮察。虔请〇钧安。吕姑母大人福安。

内侄某某谨上

葬经，晋郭璞（字景纯）撰。　晋王敦将反，使郭璞筮之，璞曰：无成。敦又问吾寿几何，璞曰：明公起事，祸必不久。敦怒曰：卿寿几何？曰：命尽今日日中。敦遂斩之。

与友侄　劝戒奢崇俭

祥桢贤阮青览：昨友雪来，言及吾侄服御起居务求美善，往来酬酢，颇以挥霍（轻散财物也。摇手曰挥，反手曰霍）自豪，致有入不敷出之虑。夫理财之道不外开源节流二端，而节流为尤要。是以崇俭列于美德，养廉垂为名言。绝奢去华，随时撙节（音准。节省也），既储有用之需，亦所以振颓波而挽末俗（喻风俗之衰败也）也。况际此南北偏灾，嗷嗷待赈，沟壑穷黎，求半菽而不可得；不解囊以惠之，亦已歉（感觉）矣，不安矣，讵忍穷奢极侈于乎？吾侄志趣高洁，而乃崇尚浮华，无乃非计。汪龙庄云「衣饫粱肉，念子有疚；好赉（赐予也）及优伶，念子有待济之戚」。友愿吾侄勿以此言为〇以笔代面，顺问〇近佳。

愚叔某某手泐

宋范纯仁曰：惟俭可以助廉，惟恕可以成德。又语云：俭以养廉。　礼记：君子恭敬撙节退让以明礼。　汪龙庄：清乾隆时进士，著有学治臆说、佐治药言等书，世称名吏。　河汉：天河也。言语大而无当，犹河汉之无极也。见庄子。

民国卅年四月朱自清记于過云书屋

（图二七　49—50）

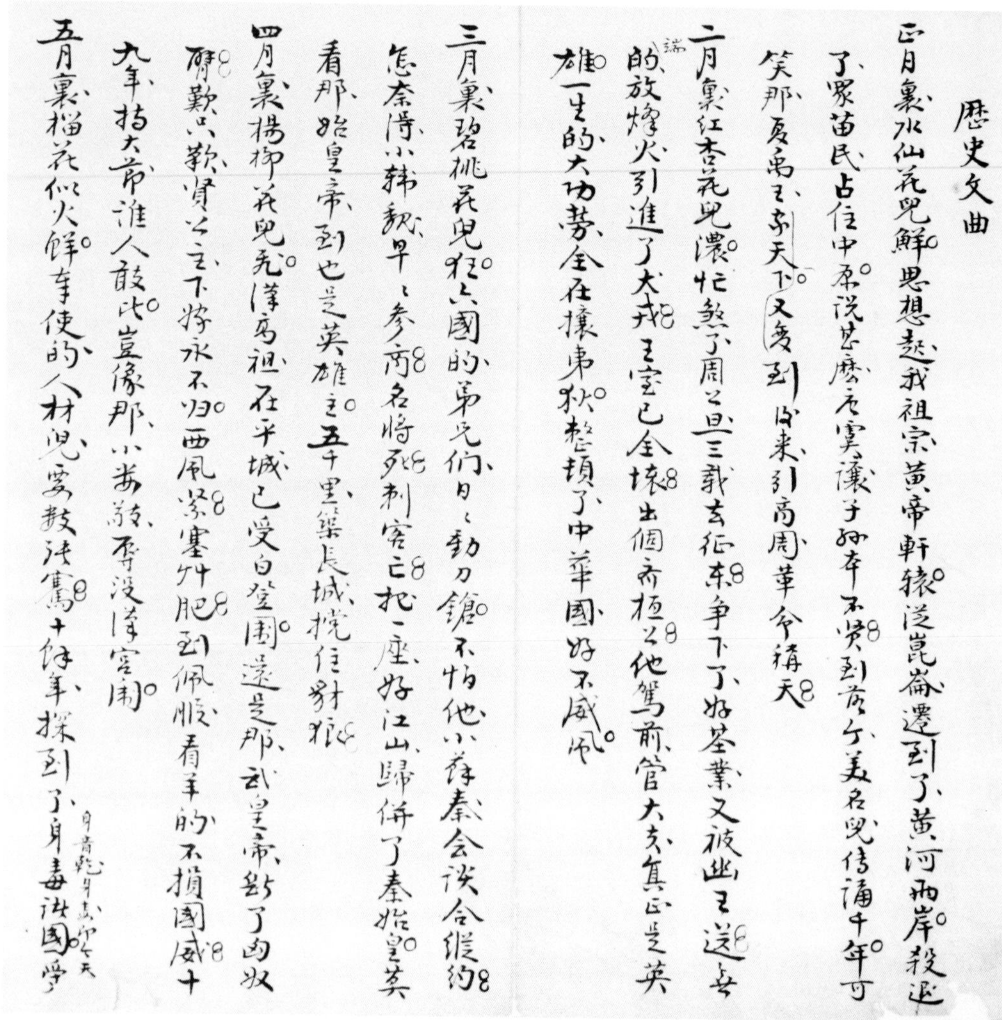

歷史文曲

正月裏水仙花兒鮮，思想起我祖宗黄帝軒轅。從崑崙遷到了黄河兩岸，殺退了眾苗民占住中原。說甚麼堯舜實讓于好本不費，到底今美名兒傳誦千年。可笑那夏禹王家天下，又傳到殷來，引商周革命稱天。

二月裏紅杏花兒濃，忙煞了周公旦三載去征東。爭下了好基業又被幽王送去，的放烽火引進了犬戎。王室已全壞，出個齊桓公，他駕前管大夫真正是英雄。一生的大功勞全在攘夷狄，整頓了中華國好不威風。

三月裏碧桃花兒狂，六國的弟兄們日日動刀鎗。不怕他小蘇秦会談合縱約，怎奈得小韩非早早參商。名將死，刺客亡，把一座好江山歸併了秦始皇。看那始皇帝到也是英雄主，五千里築長城攔住豺狼。

四月裏楊柳花兒飛，漢高祖在平城已受白登圍。還是那武皇帝趕了匈奴，嘆只嘆賢公主下將永不归。西風緊塞外肥，到佩服看年的不損國威。十九年持大節誰人敢比，豈像那小安發，季沒漢宮闈。

五月裏榴花似火鮮，年使的人材兒要數張騫。十餘年探到了身毒諸國學

身毒就是印度天

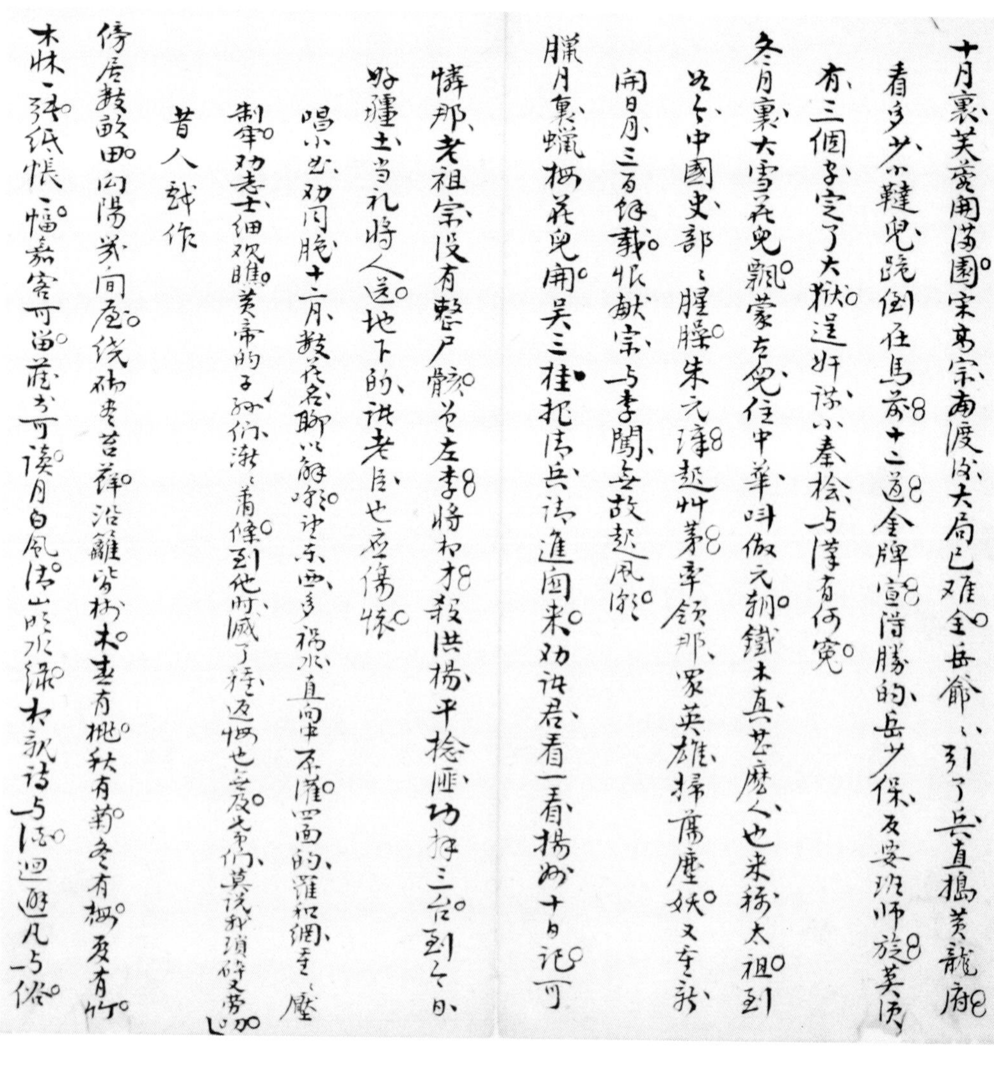

十月裏芙蓉開滿園，宋高宗南渡後大局已难全。岳爺爺引了兵直搗黄龍府，看多少小韃兒跪倒在馬前。十二道金牌宣回得勝的岳少保，反要班師旋。英雄有三個字定了大獄，是奸謀小秦檜与漢有何冤。

冬月裏大雪花兒飄，蒙古兒住中華叫做元朝。鐵木真甚麼人也來稱太祖，到如今中國史部部腥臊。朱元璋起草莽率領那眾英雄掃蕩塵妖，又奪之新開日月三百餘載，恨獻宗与李闖無故起風潮。

臘月裏蠟梅花兒開，吳三桂把清兵請進關來。劝諸君看一看揚州十日記，可憐那老祖宗沒有整尸骸。也有左李將和才殺洪楊平捻匪，功拜三台，到今日好疆土當禮將人送，地下的洪老臣也應傷懷。

唱小曲劝同胞十二月数花名聊以解懷，说东西多禍水直冲不擋，四面的羅刹個個是魔掌。劝志士細观瞧，黄帝的子孫們，滿漢條到他时滅了種，返悔也無及。大帝們莫说我煩碎又勞叨。

昔人戲作

傍居數畝田，向陽數間屋。後補老苔薜，沿籬皆種木。春有桃，秋有菊，冬有梅，夏有竹。木床一張，紙帳一幅。嘉客可留，藏書可讀。月白風清，山明水綠。不歌詩与酒，迴避凡与俗。

二七　朱自清　楷书诗文稿册

（图二七　51—52）

老了風霜，苦嘗透了腥羶。快投鞭，猛着鞭（以上說張騫，以下說班超，皆手使人才），大丈夫入虎穴当要争先。太史公为
李陵下了蠶室，到今日，有誰人偏惜司馬遷。

六月裏白荷花兒殘。篡位的晉司馬，搬下江南。最可憐華筵上青衣行酒。把一
個活皇帝当作優伶看。王也此世，民何地。且試試，漢族人可有心肝。辛苦是絲絲的，
要撐河此。一塊土，留江左朝廷可偏安。

七月裏菱角花兒秋。有劉淵和石勒，擾擾出了頭。十六國真鬧得天翻地覆。到
後來归一統，隋代宇文周。隋煬帝下揚州，一心心看瓊花，陸地去行舟。真天
子出在太原府（唐高祖），殺兄弟小秦王（唐太宗）居然坐龍椅。

八月裏金桂花兒香。看看的又到了五代殘唐。有黃巢鬧革命，殺人八百萬。破壞
了姓李的，成就了朱梁。沙陀國兵馬強。不同種，李克用也来做君王。生一個
好兒子，困在伶人手。滾熱的好中原，又送石敬瑭。

九月裏籬菊花兒寒。好一個皇帝兒，君父稱契丹。恨只恨異種的劉志遠。他又来
興甲兵，殘破好河山。笑郭崔登基難，快活一時只算一時間。柴世宗雖說是才多
英俊，江湖上趙玄郎（宋太祖趙匡胤），怎奈他羽毛乾。

鳶飛魚躍，可以忘機。川泳雲飛，忽焉滿目。風雨寒暑不出門，行止坐臥無拘束。庭
栽四時得意花。手展一卷長生錄。如此而已，乃为清福。

白樂天語

十畝之宅，五畝之園。有水一池，有竹千竿。勿謂土狹，勿謂地偏。可以容膝，足以息
肩。有堂有庭，有橋有船。有書有酒，有歌有弦。有叟在中，白髮飄然。識分知足，外
無求焉。靈鶴怪石，紫菱白蓮，皆我所好，盡在吾前。時飲一杯，或吟一篇。妻孥熙
熙，雞犬閑閑。優哉游哉，吾將終老於其間。

婆羅逸稿

掛冠歸去謝君王。脫朝衣，把布袍穿上。荷鋤犁，擲手版，辭了九重丹鳳闕。
照朝千頃白鷗鄉。滿西湖荷花正香。望東洲月輪初上。出岸楊柳，遊橋蘭槳。
只此便使可容得疏狂。

（图一七　53—54）

制也。因是罷方鎮兵权，而以文臣知州軍，而始矯其弊矣。然太祖但知鑒於前而不知慮其後也。當太祖受禪之初，征北漢，討南唐，其餘如燕岐荊楚之閩蜀吳越諸邦亦次第削平，衛趙統一，而鷹睇虎視於西北者契丹一族乃最為中國憂，特以大宋之兵力方強，故視覺而未敢遽動。為太祖計，正宜於削平諸國而後命宿將數人為防邊之策，今計何憂方鎮之強，而不知慮及此耶？且宋祖之患方鎮也，以唐與五代為殷鑒而已，不知唐與五季所以有方鎮之禍者，亦朝廷之姑息使然。太祖誠能以明察之才善為操縱，仍其固有之職，抑其太過之权，並令文臣轄土地錢穀諸政，如此則軍民分治，权限綦嚴，何至有外強內輕之患？顧乃矯枉過正，概用文臣，文臣挑為之談兵，議論紛不甚詳，使之典兵，經驗必有所不足，隨法無式，昔人所為深惜之也。以不能典兵之人知州軍，而固無怪軍政日弛，國勢日衰，外患因以乘虛而入。史載太宗之敗世，契丹入寇而中國之兵一敗於高梁，再敗於瓦橋，三敗於岐溝。至真宗卒有議和之舉，乃契丹甫平，女真又起，靖康之變，黃屋蒙塵，此其禍未嘗不胚胎於太祖之去罷方鎮而概用文臣之日也。

漢和帝與鄭眾謀誅竇憲論

西漢之禍在外戚，東漢之禍既在外戚，尤在宦官。然宦官之能為禍也，禍在制外戚，故往之依垂於宦官，故外戚之勢雖衰而宦官之勢轉盛，此其故皆於和帝之誅竇憲。當和帝之世，竟手柄於外戚禍。和帝誅之，信能防其微矣，獨是誅之之策，則貴乎毅然獨斷定自宸衷，否則宜與素所信任之臣密為計議。今皆不出此，而所與謀者乃惟鄭眾一中常侍耳，其可以誅戮之权倚之於其手耶？不可倚而倚之，雖誅竇憲之可幸而成功，而宦官之柄亦已萌芽於是。古人云：“虺蜴既除，豺狼入室。”此之謂矣。況自誅竇憲而後，東漢自和帝以後帝尤旌賞其功，以為大長秋，綱目書之。其後宦官之用权自此始，甚者封為鄛鄉侯，綱目又書之。至宦官之封侯自此始。故廢帝之微，昧於形察帝之意，但有鑒於西漢之禍由外戚，而庸知宦官之亦以致禍哉？視外戚且更為甚乎？惟帝不知其然，至特宦官以制外戚，故其端一啟而後嗣之君誅外戚者，遂皆倣為故例，舍大臣而不問，惟謀於左右近習之人。順帝之誅閻顯也，與孫程同謀；桓帝之誅梁冀也，與單超定議。又何怪宦官日盛，而漢亦隨以亡哉？此蒙讀范史，既痛恨於宦官之橫，又未嘗不嘆宦官之所以橫者實和帝有以階之厲也。

漢高祖封雍齒光武封朱鮪論

帝王之爵賞，所以示公於天下，而不可有徇私之見存也。存徇私之見以行其爵賞之恩，雖足以顛倒豪傑，駕馭英雄，而其心實不可共信於天下後世。此高祖之封雍齒，與光武之封朱鮪異也。論者不察，或援忘仇之說以為解，謂光武不以殺伯升之故而仇鮪，高祖亦不以窘辱之故而仇齒，一用之一封之，固皆有大過人之量，而無分軒輊於其間也。不知忘仇之道，二帝所同，特其所以忘仇者，光武之意出於公，高祖之意出於私也。何言之？國家之褒功臣，所以尊其爵，重其祿，如為功忠計耳。鮪當淮陽王即位時，光武比肩而事之。鮪固但知有淮陽，不知有光武，故雖助其殺大司徒縯，又陳其無遣蕭王北伐，所謂跖狗吠堯，各為其主也。及更始徙都洛陽，諸將皆自亡，鮪獨守高帝之約，辭脫東之去，受命守雒，百戰以爭旦夕之命。雖其後淮陽降於赤眉，洛陽孤立無援，猶且堅壁固守，以背更始為辱，而不去，以殺伯升為懟，而不降。無其所知於光武，則為仇而於淮

（图二七　55—56）

二七　朱自清　楷书诗文稿册

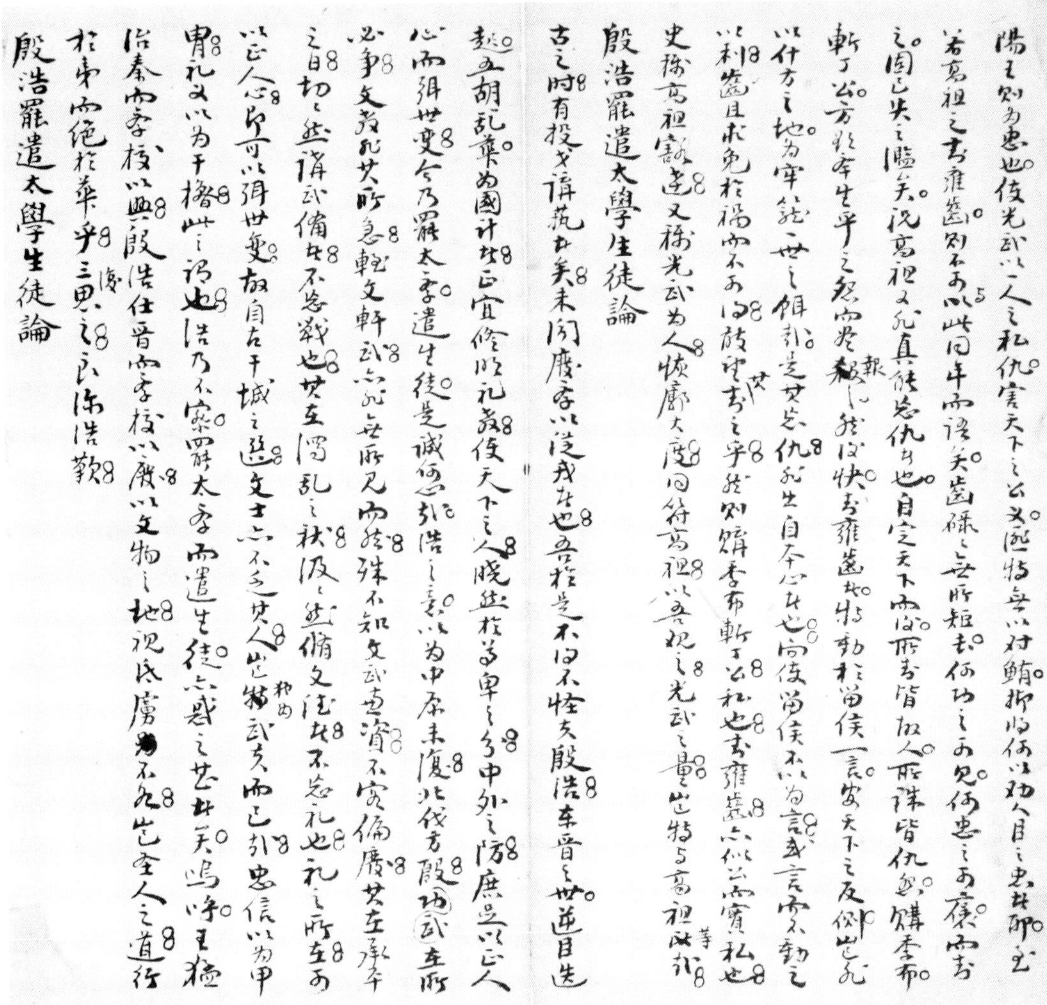

殷浩罷遣太學生徒論

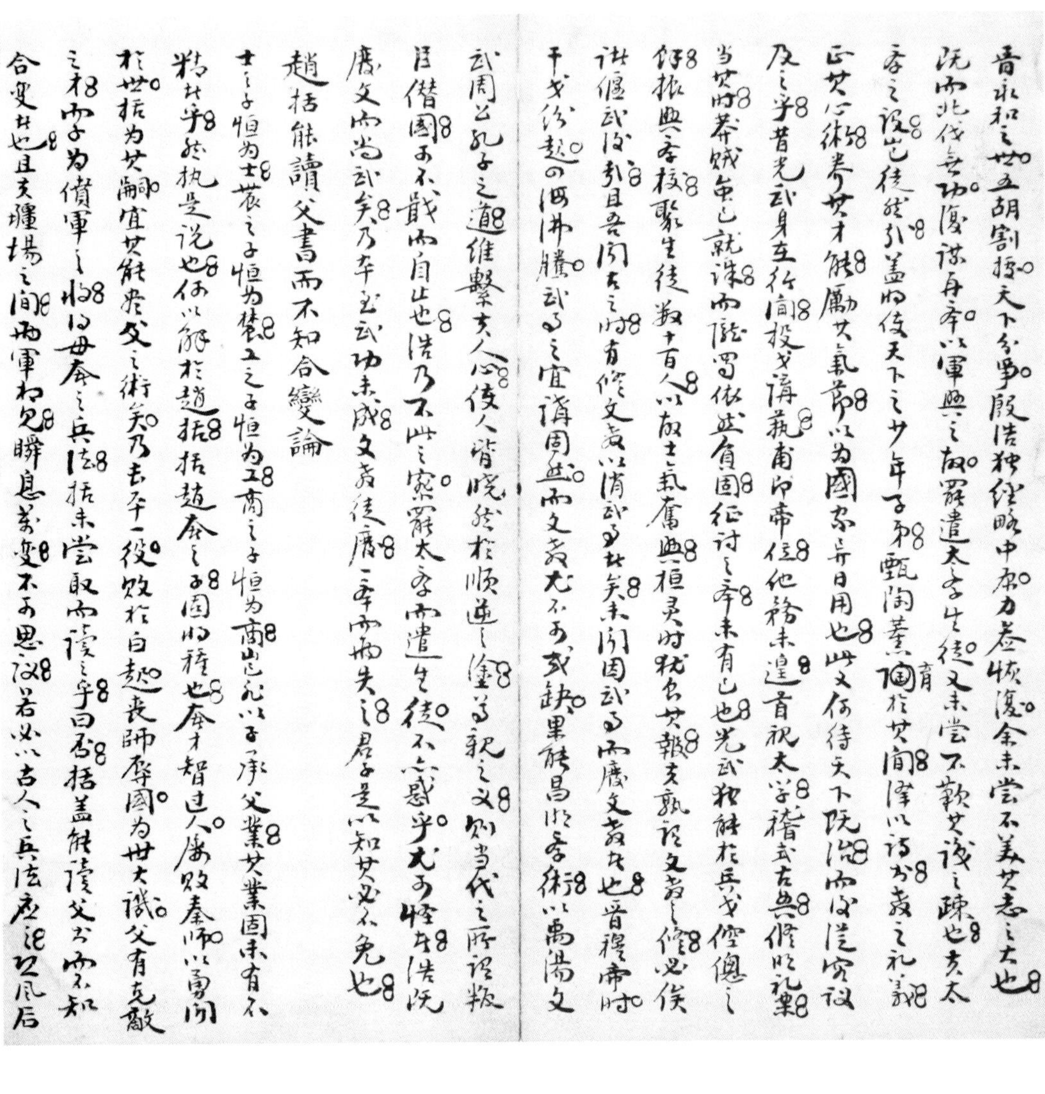

趙括能讀父書而不知合變論

（图二七　57—58）

拯救之文，太公陰符之經，孫武十三篇之言，穰苴司馬之法，有不能盡於用者。是故良將變生於未戰之先，審其機於將戰之時，度其機量敵以進，慮勝以會，惟變所適，不主故常。夫然後百出而不窮於應。岳忠武所謂運用之妙存乎一心是也。今括乃漫不加察，墨守成法，拘泥鮮通，是猶醫者用藥，不審夫時之宜、晁地之燥濕，與夫抱疾者之強弱，而概以古方投之，其不至於殺人者鮮矣。括之讀父書，奈何適類於是。此藺相如所以知其必敗，而阻趙王之使也。雖然，相如之識誠遠矣，而其言猶有未可盡信者。蓋既曰不知合變，豈猶謂其能讀父書？抑思天下之所謂能讀書者，非觀其通不求其迹，烏有既滯於迹而猶可謂能讀父書者乎？故相如以括為能讀父書，吾恐以括為不能讀父書者也。

石碏諫寵州吁論

蒙讀左氏傳，至石碏諫寵州吁一段，不禁佩夫石碏之忠，而痛恨夫莊公之闇也。公有嬖人之子曰州吁，好兵，公弗禁。石碏諫之，告以義方之訓，曉以邪僻之由，惕以禍亂之端，示以順逆之故。及處倖說，陳卬甚明。使莊公一聞其言，恍然於寵禄之不可太過，驕奢淫泆之不可不除，則又何至負縱逆之罪耶？乃不此之悟，聞碏之言而拒之。公之意豈不謂吾既愛州吁，必使其為所欲為，而後可以全其愛。不知此乃所以愛之，適所以惡之也。以惡為愛，不亦惑之甚乎？昔鄭莊之於叔段也，縱其所欲，而使之放；恣其惡，而使之成。子封、祭仲之徒屢以為言，卒不足以動鄭伯之聽。其所以然者，鄭伯有惡段之意，故將多其罪而斃之也。今衛莊之於州吁，豈亦將多其罪而斃之歟？不然，何以縱其欲，恣其惡，竟與鄭伯之惡叔段如出一轍也耶？吾故謂莊公之拒諫，非惟有負於石碏，抑亦有害於州吁。

花朝勸農說

今逢小卯節届，芳辰正當興作之期，而農務間之日。倘或荒於嬉戲，久而因循，則必舍業而嬉，輟耕以待。此惰農之恒態，而長吏所深憂也。昔北宋之世，具有勸農之責。今則須於郊野時刻定以花報。當是時也，春色三分，風番廿四度，已過桃菜之花，行届進瓜之節。于耜舉趾，為西(有)疇乎？東來南畝，維其時矣。花間撲蝶，漫為覽勝之游；花裏鳴鳩，時有催耕之語。此農人之所易忽，而長吏之所難忽者。乃命駕出郊，行行且止。駐車於花陌，停蓋於花村，課耕而不憚其勞，董功而莫辭其瘁。彼夫農家果能善體斯意，則凡服勤隴畝，無懈東作之期，庶幾歲熙滿篝，事不失西成之望。於此可覘吏治之勤，而亦將農夫之慶也。

端陽競渡說

時維五月，節届端陽。榴火垂紅，菖蒲結綠。景物之佳，殊堪玩賞。届有須適有二三知己，招余游江干。余隨之往，見有以竹筒盛黍而投於江者，又有以龍舟為競渡之戲者。其狀也，鳴鉦擊鼓，錯雜乎呼聲之間。俄而放棹中流，衝波踏浪，疾如脫兔。兩若驚鴻，一時岸上旁觀，莫不鼓掌欣欣。取錦標以相賞。余因戲謂友人曰：競渡之戲，豈所以悅游人而已乎？昔屈原仕楚，為三閭大夫，懷王信讒而疏之，原乃於五月五日投汨羅而死。楚人念其忠，憫其殁，於其死之日作龍舟以拯之，遂沿為例。此蓋所以表哀思之念，致追悼之誠也。嗚呼！自古賢人君子之死，後之人感其德澤，或為之

（图二七　59—60）

二七　朱自清　楷书诗文稿册

立祠或为之铸像，是身虽亡而德不亡，德不亡而名不亡，名不亡而身亦不灭。未尝灭也。今於屈原而躬拯之，以视立祠铸像，不更有进乎哉？嗟乎！介推死於火，而後人禁烟以吊之；屈原死於水，而後人竞渡以拯之。不忘见贤人君子之死异於常人之死也哉！

唐自肃代而後藩镇日强其故安在

驭之难，驭悍之尤难。驭一悍尚难，驭众悍尤难。然果不可驭也？虑其悍而急制之，未始不能消其焰；畏其悍而不制之，则适足以养其骄。不观唐藩镇之祸乎？藩镇之祸，虽见於天宝年间，而以肃宗代宗之时为烈。其跋扈可谓甚矣。虽然，人第知藩镇之跋扈，而不知其致此之由也。当肃代时，为节度者，统数州，州之吏为其属，既典军兵，又辖土地，又兼财赋，此三者，权之最大者也。举天下最大之权，尽归掌握，於是军帅日强，而朝廷日轻之势成矣。而肃代二君，有鉴於渔阳之变，开流之比，[illegible]，苟能裁抑其权，藩镇虽强，亦何至悍然不顾唐之宗社，岂竟不可维持哉？乃肃宗既姑息於先，代宗复优宽於後。节度之属，出自军人，犹不罪其动，又遣使授以旌节。一镇如此，诸镇效尤，遂其所为，无复顾忌，迨至德宗朱泚称兵，国已几如火之燎原，不可扑灭而不可为矣。呜呼！谁为为阶，一至於此，岂惟遗患当代，能无贻其咎哉！

问蒙古与何省接壤风俗如何其形胜之地约有几处试详考之

蒙古居我国极北，在汉为匈奴，在唐为突厥回纥，其与各省接壤之处，东至吉奉黑三省，西达新疆，北踰俄境，南接直隶、山西、陕甘四省，而北境界於俄属之西伯利亚。蒙古乃北部各省之屏藩，所赖以抵御俄人者也。考其风俗，强悍好斗，以畜牧为业，逐水草而居，行以驼马为交通，止以毡皮为庐舍，衣旃毛以御风雨，膻肉酪浆以充饥渴。且性好驰马射猎，不谙耕种，蒙人以畜为富，家畜以多为贵，虽有文字法律，而崇奉黄教，甘於卑陋，今西人所谓未开化之民族也。若以形胜言之，外蒙境内，东有库伦，西有乌里雅苏台，一旦强邻压境，东循克鲁伦河抵呼伦贝尔，可联络以壮声势；西走科布多，出伊犁，可犄角以为形援。内蒙境内，热河一路，可以东固奉瀋，南卫京师；宣大一路，可以北抚察哈尔，西联绥远；宁夏一路，可以策制陕甘，西通玉门，臂指相联，形强势厚。今日俄之协约已成，外蒙之声势已寒，若不设法经营，极力缀接，以北部各省而联接蒙疆，而蒙属边患，且复见於今矣。当轴诸公，其慎思之。

王夷甫自谓少无宦情论

人生天地间，所不能忘情者有二：一曰名，一曰利。名与利岂有异耶？名之中有利焉，其汲汲於名者，皆汲汲於利者也。因利以求名，则仕宦之情，盖为人所恒有者矣。吾以为有是情者，其志识不正；直有是情而自谓无是情者，其心尤不可问也。王夷甫少壮，身居要位，及为石勒所拘，乃自谓少无宦情，不豫世事，其说信乎哉？吾使夷甫果无宦情，则当八王构祸之时，上之则宜为庾衮之逃名，次之亦宜效李膺之解组，乃皆不闻有此，而贻为同徒，独为太尉，且复患得患失，与从敌二家为犄角，保位之谋，无宦情者能若是耶？其对石勒之言，乃林子所谓欺世而盗名者也。惟其有欺世盗名之智，故平日以此误苍生，今又能

（图二七　61－62）

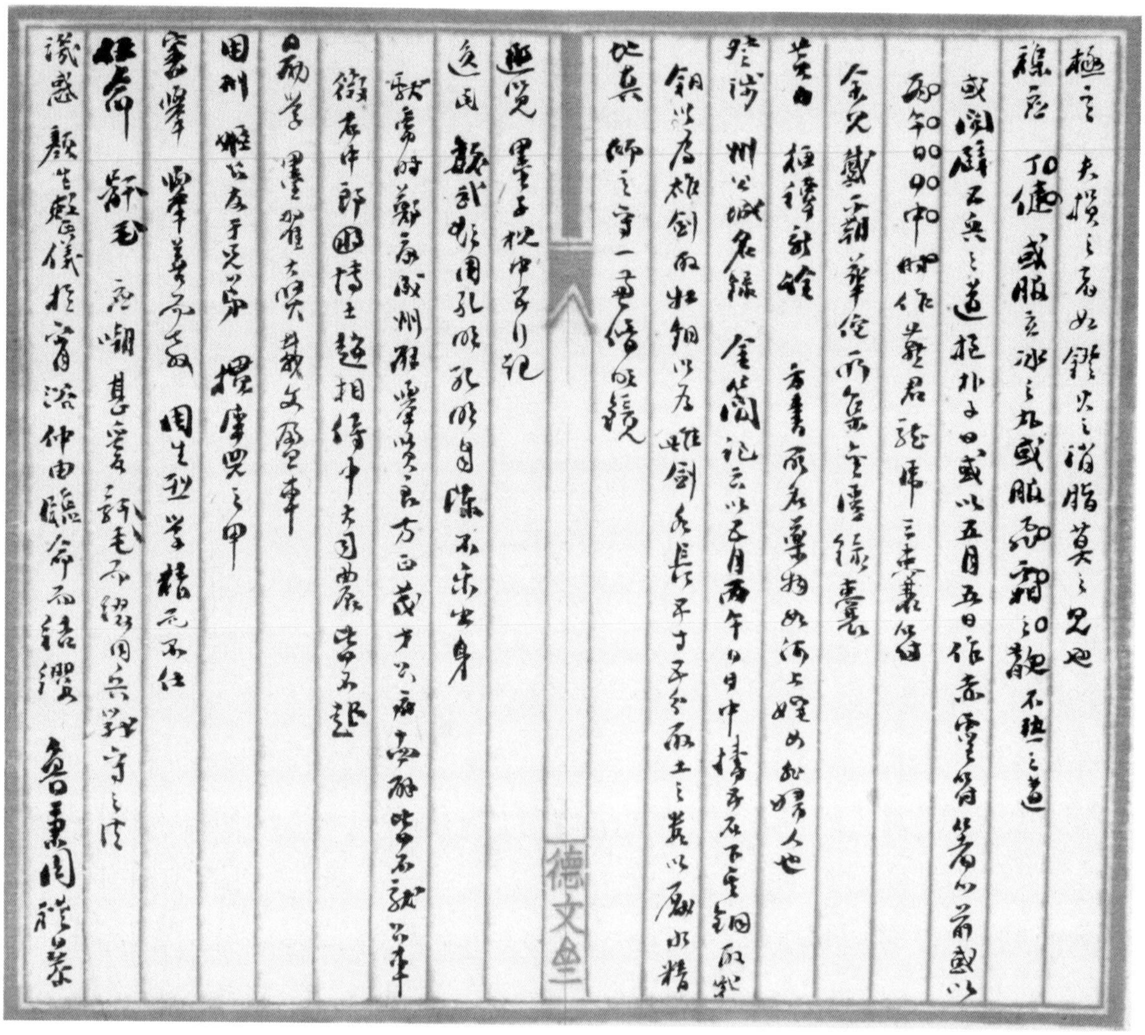

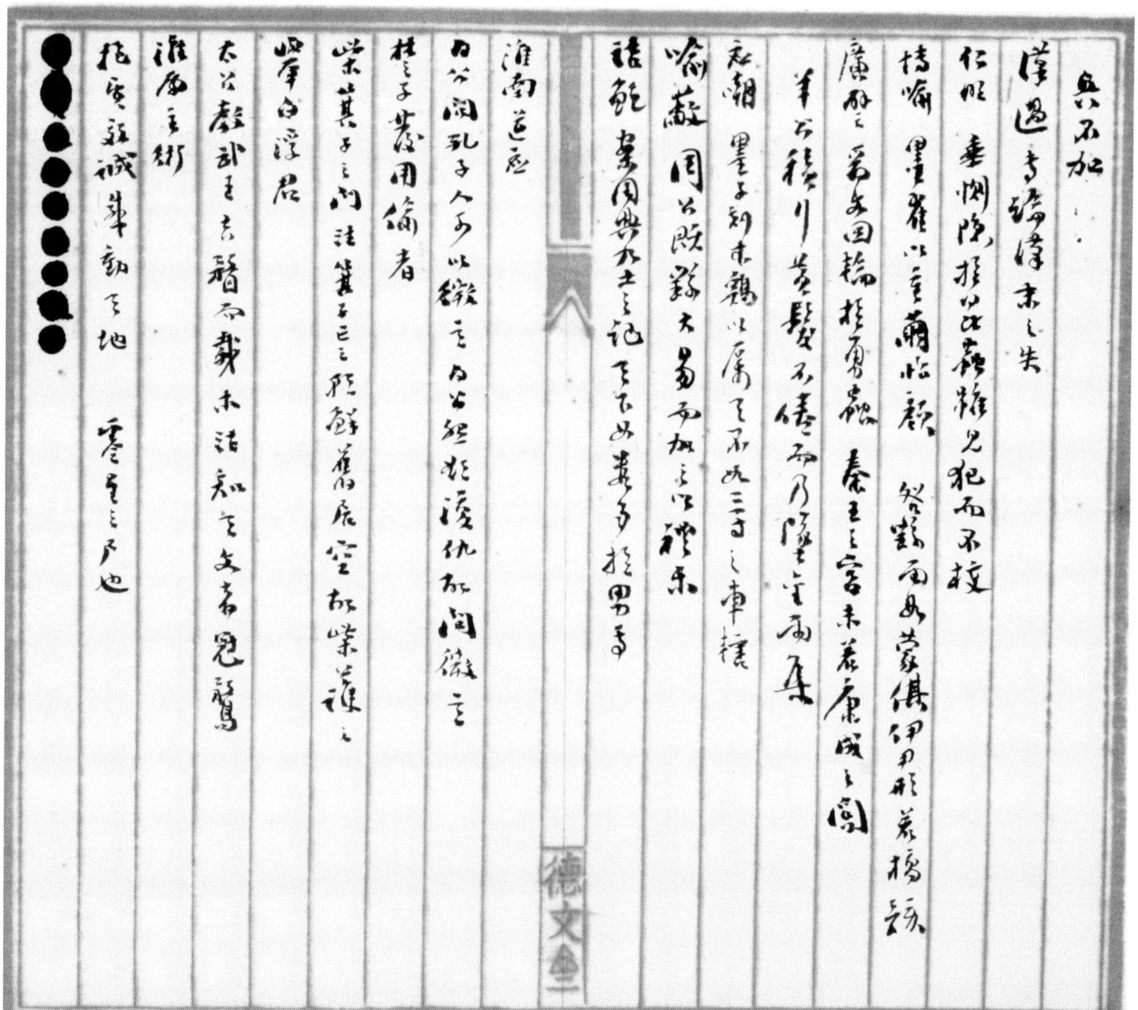

（图三一　26—27）

三一　江标　行书金石题识

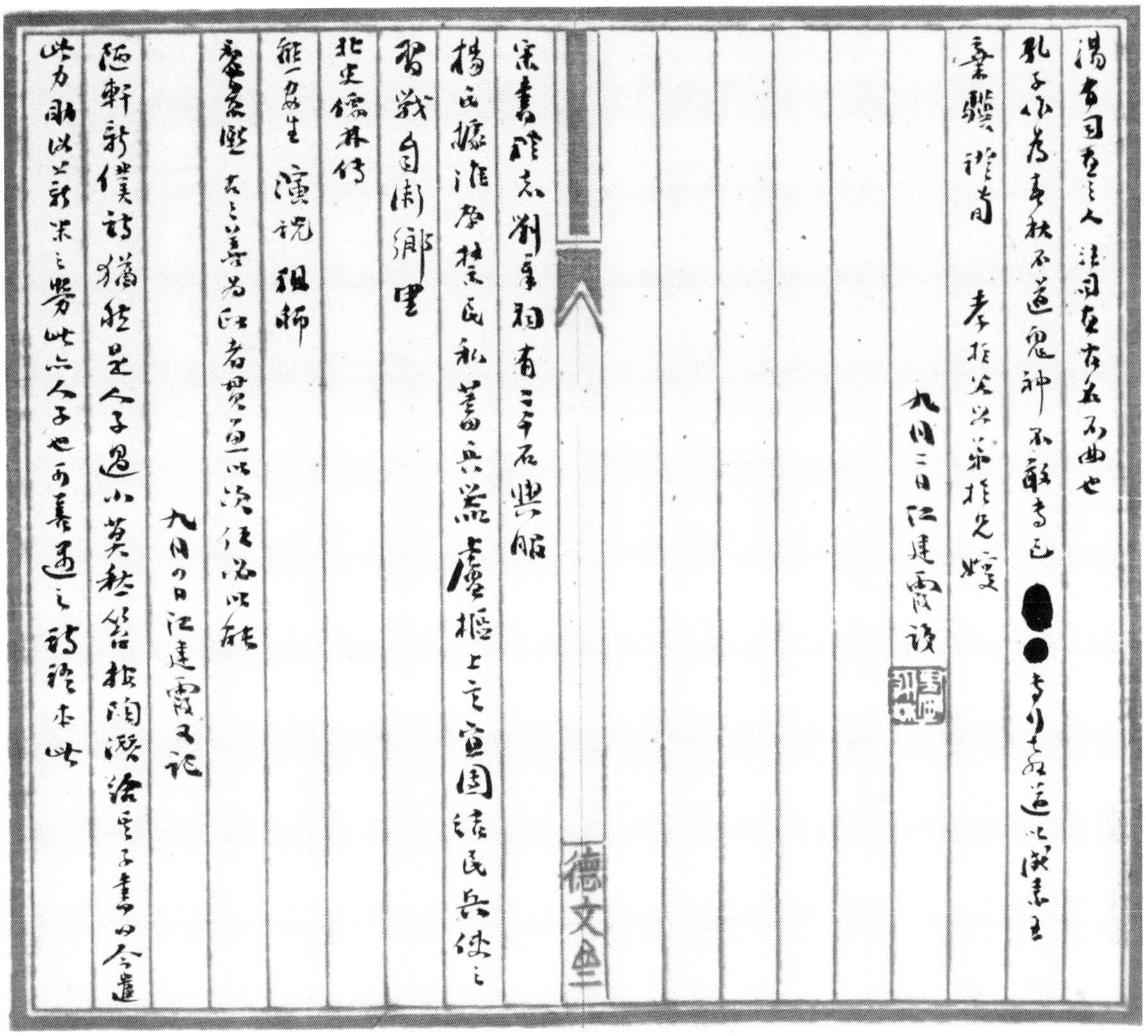

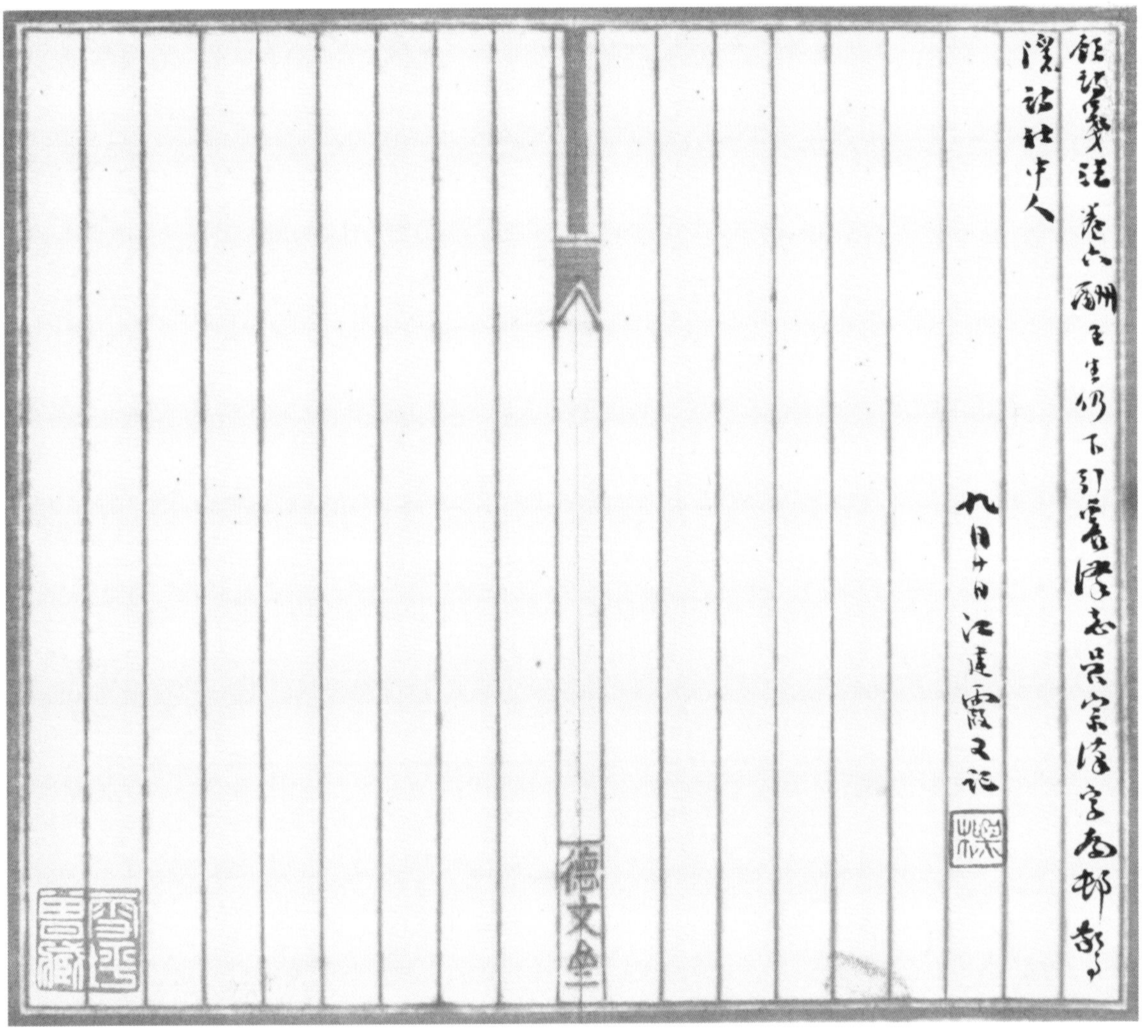

（图三一　28—29）

三一　江标　行书金石题识

南齊書劉善明傳善明爲海陵太守郡境邊海無樹木善明
課民種榆檟雜果遂獲其利吳野人諺有云地[illegible]無
高樹東臺邊海樹木稀少至宋元之日知錄之餘載明
實錄云洪武二十五年詔鳳陽滁州廬州等處民戶種桑
棗柿各二株光緒戊申予至廬州見其郊野絕無林木
種植之學不興蓋非止一時一地然也
舊唐書李德裕傳德裕奏論曰王智興於所屬泗州置
僧尼戒壇江淮自正月已來落髮者無算臣今於蒜山渡
點其過者一日一百餘人據此則當郡在唐時有蒜山渡
漢書灌夫傳首鼠兩端後漢書鄧訓傳首施兩端西羌傳
首尾兩端首鼠首施首尾其義一也
論語鳥獸不可與同羣吾非斯人之徒與而誰與孔注隱於山林
是同羣吾自當與此天下人同羣安能去人從鳥獸居乎
[illegible]淮南子主術訓[illegible]之不相善也[illegible]之不相入鳥獸之不
可同羣者其類異也虎鹿之不同游者力不敵也據此則鳥
獸不可同羣謂鳥與獸不同羣聖人之引此爲言者謂鳥
[redacted]不[redacted]獸[redacted]羣獸[redacted]不[redacted]鳥[redacted]羣人亦[redacted]有[redacted]其羣者[redacted]不興
沮溺[redacted]羣實[redacted]非斯人[redacted]羣也孔以鳥獸同羣爲隱山林非也

賈子新書匈奴篇上使樂府幸假之但樂按沈約宋書樂志
三云但歌四曲出自漢世無弦節作伎最先一人倡三人和但
樂[illegible]即但歌也但歌無弦節故下文云後吹簫[illegible]淮南子
說林訓使但吹竽雖中節而不可聽高注但古不知吹人善
能歌而不能吹者古語之但同而但歌無弦節即語之但歌
亦謂之但樂
左氏述名子之法甚詳無以戰事名子者桓二年之仇與
成師襄三十年之僑如與虺與豹定八年之陽州是
也
南史[illegible]費[illegible]宗[illegible]傳[illegible]歎息曰丈
夫當如是自謂[illegible]自比而[illegible]比者亦多比宋者
少[illegible]宗可謂翩翩者[illegible]
時在光緒二十年四月二日江標記於靈鶼閣

（图三一　30—31）

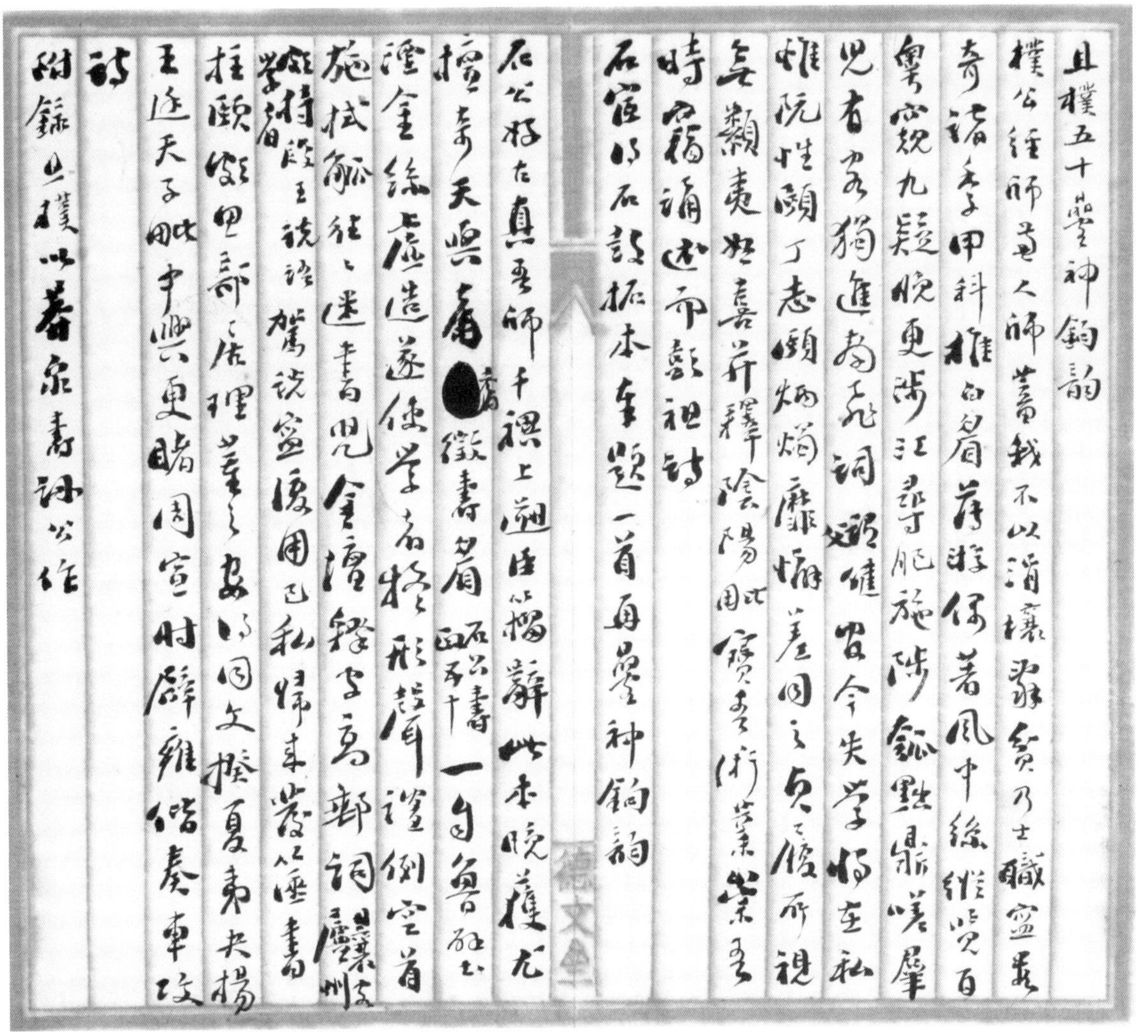

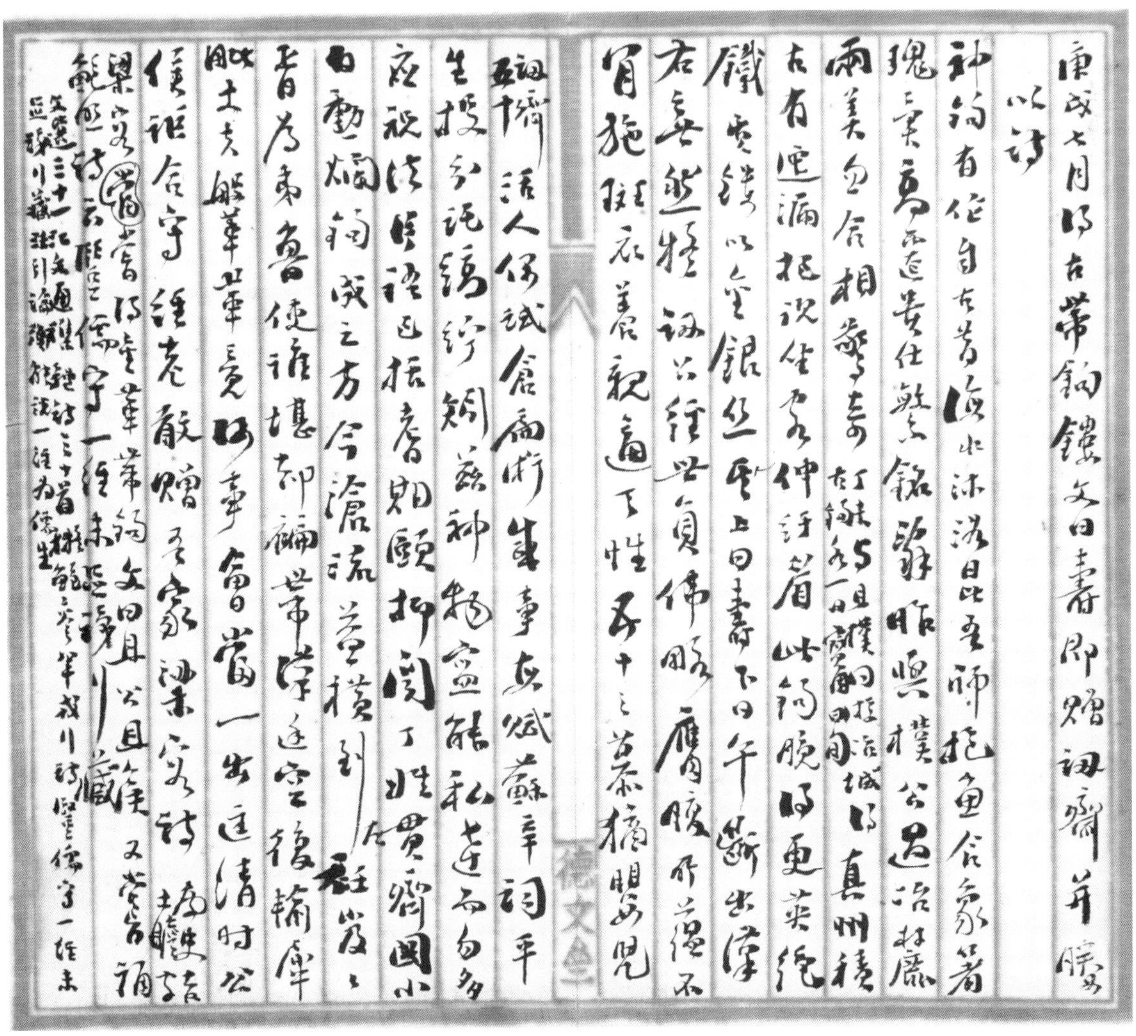

（图三一　32—33）

三一　江标　行书金石题识

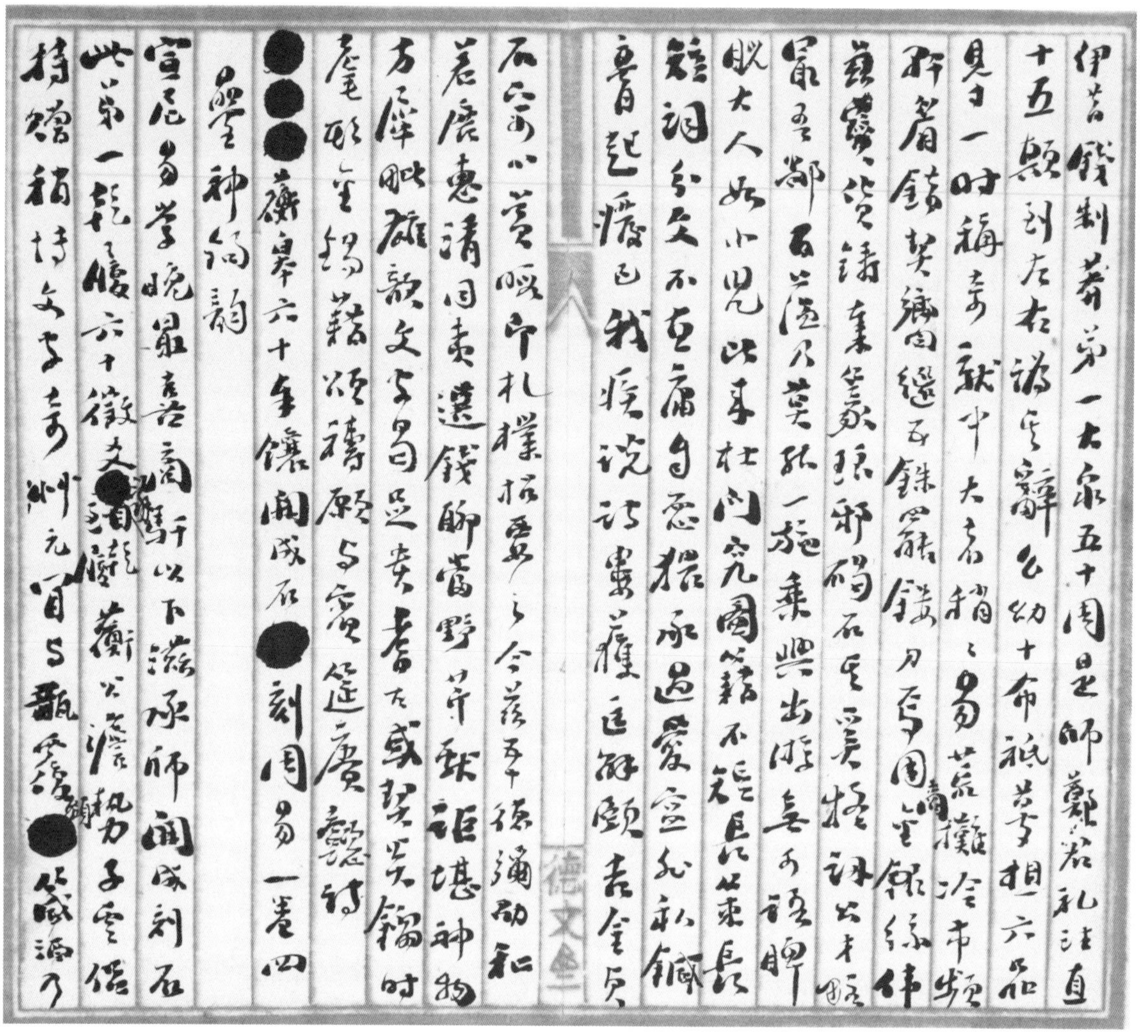

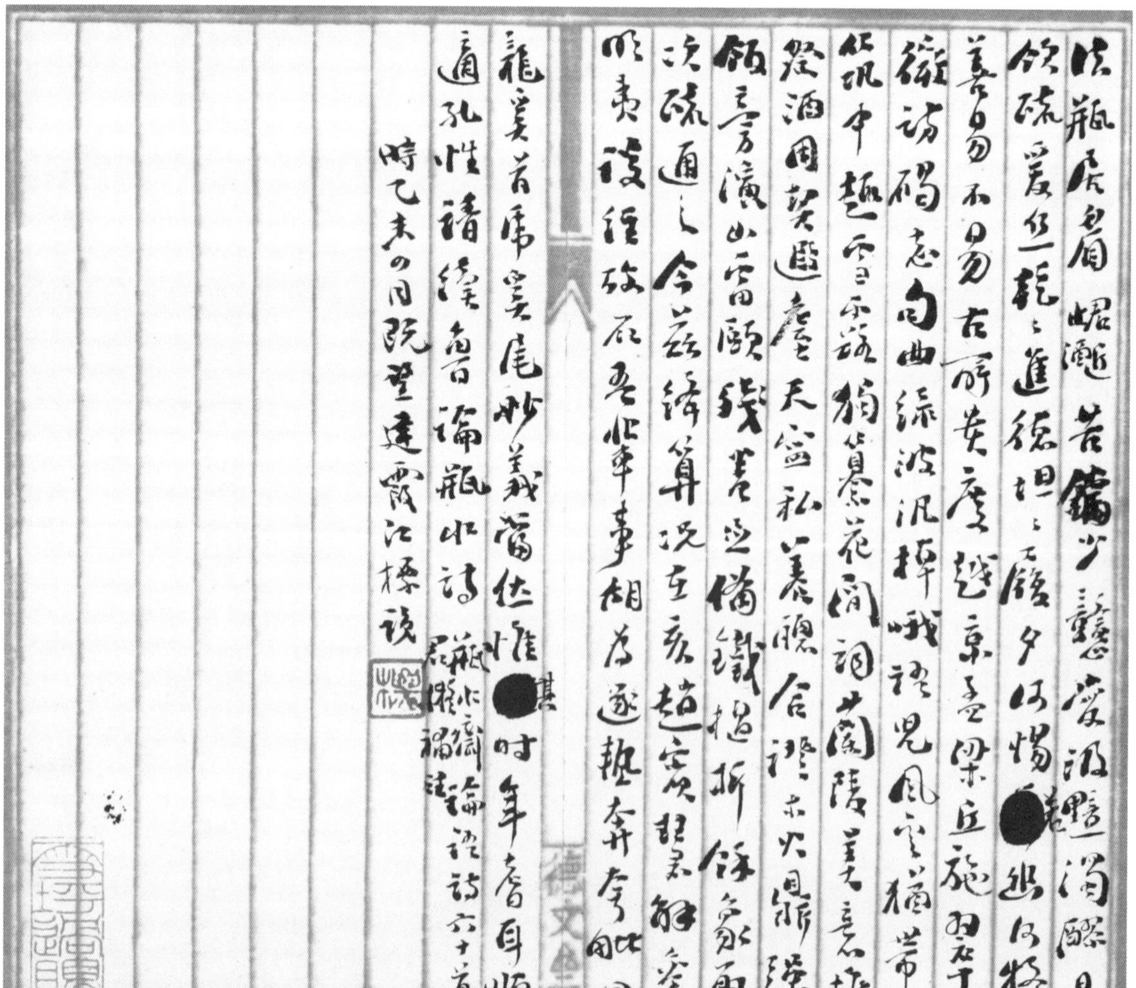

（图三一　34—35）

三一　江标　行书金石题识

校禮堂集 卷十三

壽星硯銘

角亢之次是名壽星龍尾四寸良工錯形 或云老人東井之側子孫眾多輝映南極膺者伊誰璞菴汪君發篋讀詩之上有慶雲 我持此硯歸遺老母文字吉祥 以介眉壽 程瑤田通藝錄考工創物小記篇陽燧用劍戟注生桂說文 ● 汪氏名有汪生璞菴璞菴發篋作字

東坡題跋

景壽昌龍尾石硯 僕所謂澀不留筆滑不拒墨者也 製似拱璧而以缺月為池

蘇易簡硯譜

歐陽永叔云歙石出龍尾溪以金星為貴

五月二日江標記

爾雅壽星角亢也郭注數起角亢列宿之長故曰壽

史記封禪書於社亳有壽星祠索隱壽星南極老人星也見則天下理安

秦蕙田觀象授時南方朱鳥七宿老人一星 云史記天官書狼比地有大星曰南極老人晉書天文志老人一星在弧南一曰南極常以秋分之旦見於丙春分之夕入于丁宋承祖

天文志南極一百四十三度入井宿五三度 又老人星旁子二星號二星

文獻通考卷二百九十四象緯考 自宋太祖朝以下屢書壽星見 或稱老人星見 ● 星見必加賀 主人君壽昌天下安寧 吳士進用

五月三日江標又記

張其錦編凌次仲先生年譜 乾隆二十二年丁丑八月二十四日巳時先生生於海州板浦場寓屋 先生二十生日詩序云日躔壽星月離崇鶉星降使予

選注引易林鳩杖扶老 卷四十五陶潛辭

選注慶雲喻父母也 卷十六潘岳賦

文選曹植上責躬應詔詩表 是以不別荊棘者慶雲之惠也 七子均養者鳲鳩之仁也

柳永樂章集醉蓬萊 嘉老人星見 云漸亭皋葉下隴首雲飛素秋新霽華闕中天鎖蔥蔥佳氣嫩菊黃深拒霜紅淺近寶階香砌玉宇無塵金莖有露碧天如水正值升平萬幾多暇夜色澄鮮漏聲迢遞南極星中有老人呈瑞此際宸遊鳳輦何處度管絃清脆太液波

（图三一 36—37）

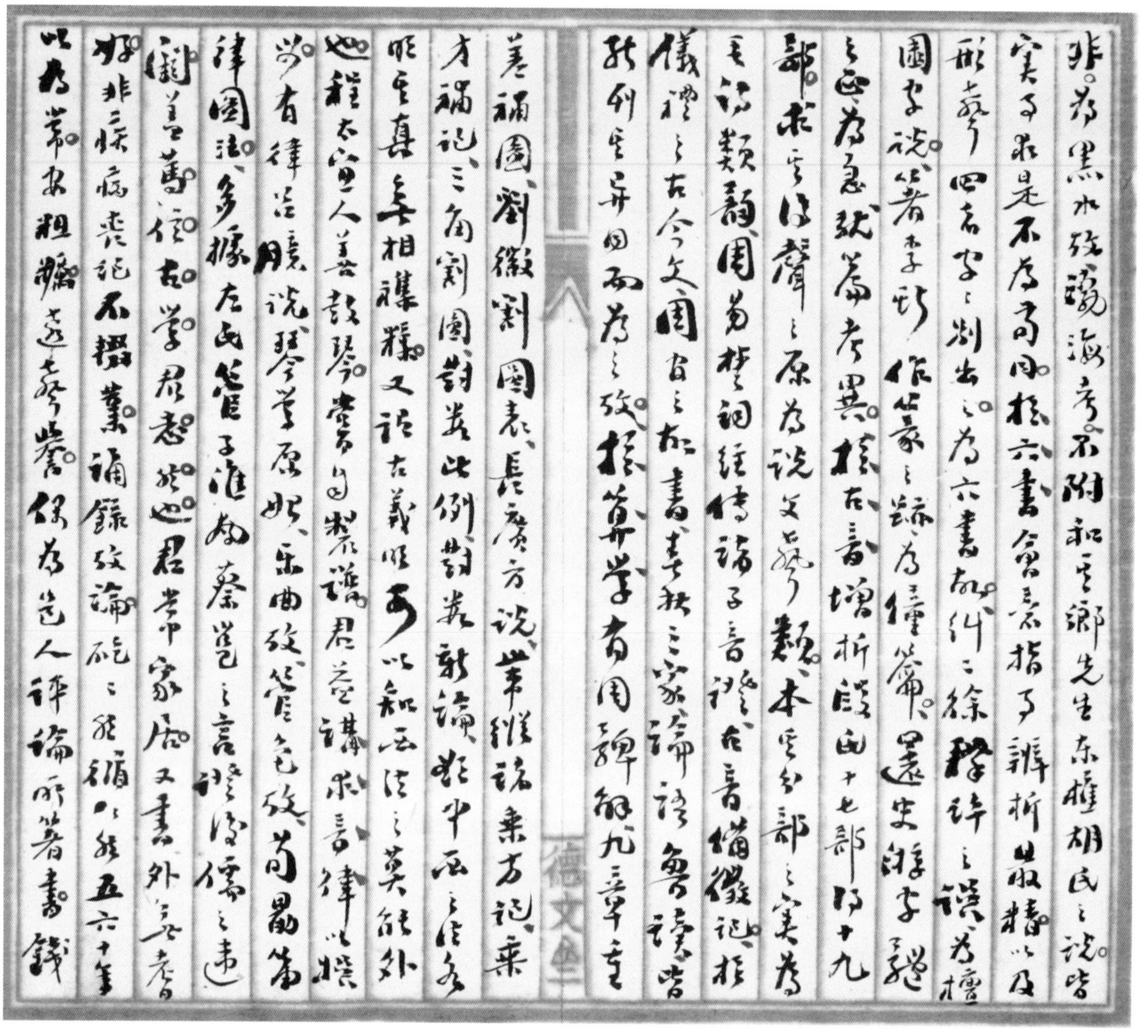

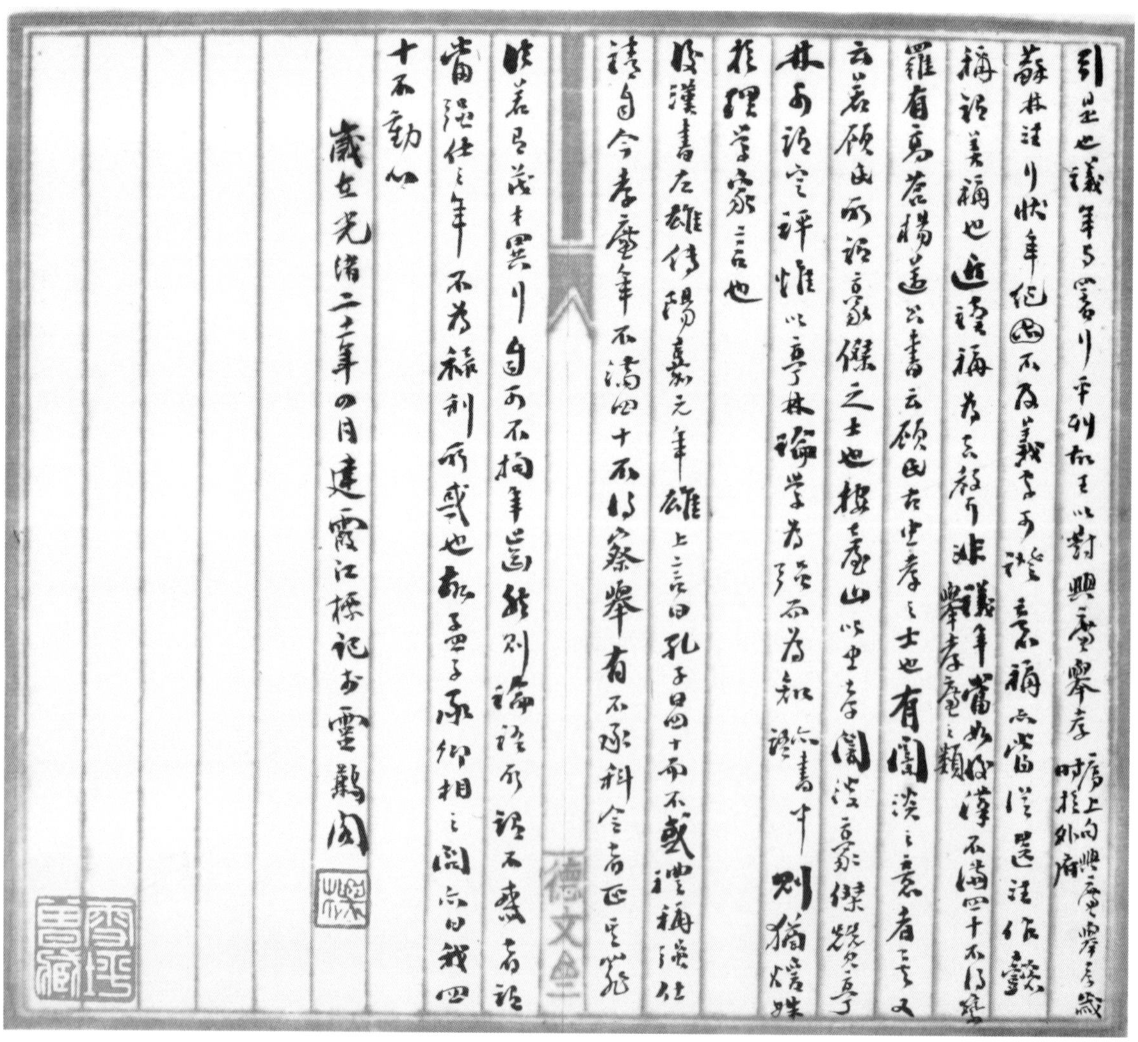

（图三一 38—39）

三一 江标 行书金石题识

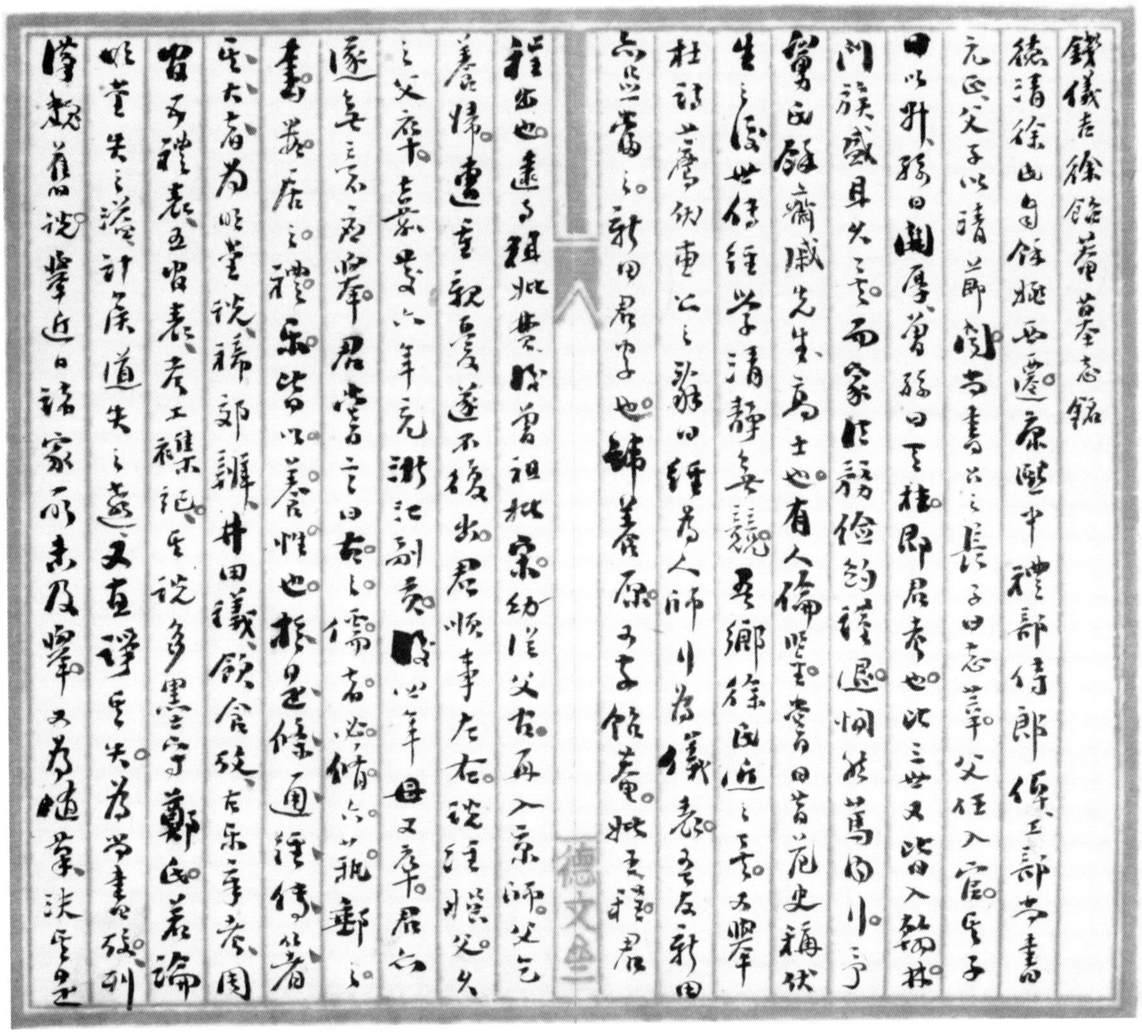
錢儀吉徐館菴墓志銘
德清徐氏自餘杭西遷，康熙中禮部侍郎倬、工部尚書
元正父子以清節顯。尚書之長子曰志莘，父任入官至
日以升。孫曰開厚，曾孫曰至桂，即君考也。比三世又皆入翰林。
門族盛且大之至，而家法務儉約，禮遇恂於篤內小子
曾氏敬齋臧先生，乃高士也，有人倫鑒，嘗曰首苑史稱狀
生之後世傳經學清靜無競，吾鄉徐氏近之矣。君舉
杜詩，六歲從重公之孫以經為人師，以為儀表。丞左新田
之四當之新田君字也。錦菴原子字館菴，妣王孺君
程出也。遠之祖妣費，曾祖妣宋。幼從父在臧入京師，父乞
養歸。連丁親憂，遂不復出。君順事左右，從經曉文。久
之父卒，以嘉慶六年充浙江副貢，嘗以年母又卒。君亦
遂無意科舉。君嘗言曰：吾之儒者，必備六藝。鄭之
書義，居之禮，樂皆以養性也。於是條通經傳，著
周大宗為明堂說、禘郊辨、井田議、飲食說、古樂章考、周
官五禮表、五官表、考工禘說、周說、多黑之字鄭氏義論
明堂失之深，計僞道失之遠，又直譯自失。為帶書後列
儒數篇說，學近日諸家所未及。學又為隨筆，決其是

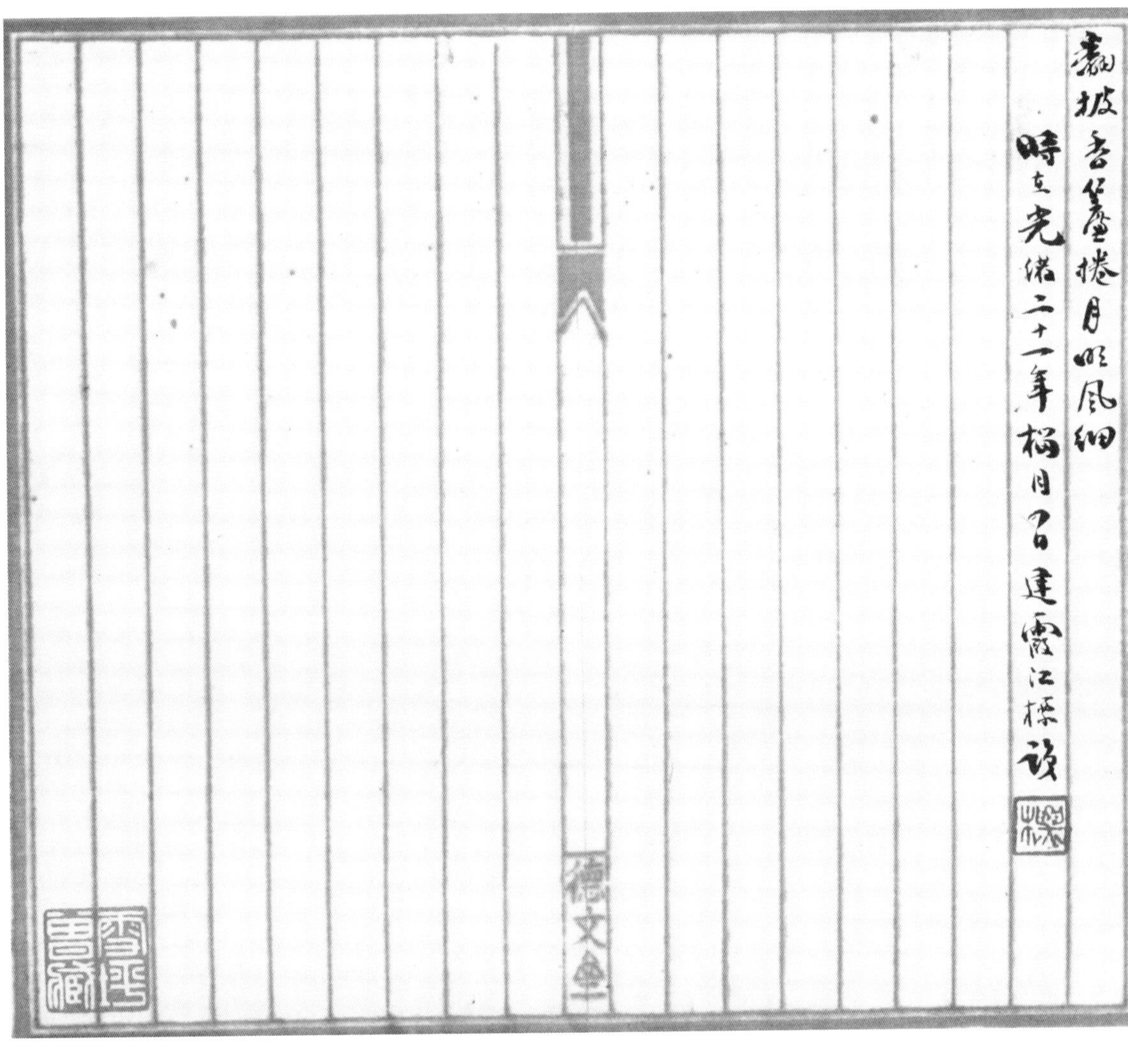
藹披香簃樓月明風細
時在光緒二十一年榴月一日建霞江標識

（图三一 40—41）

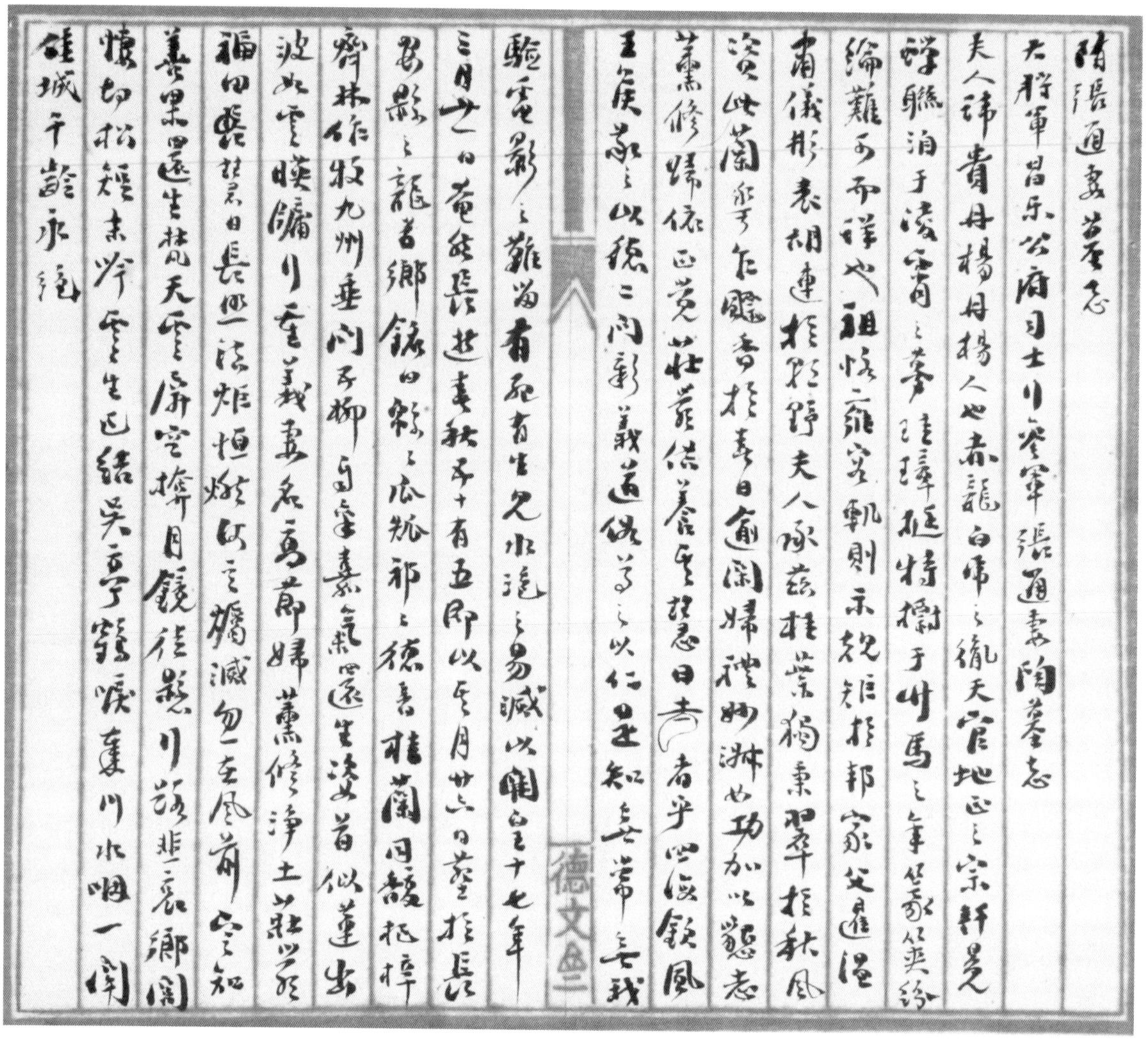
隋張通妻墓志
大將軍昌樂公府司士行參軍張通妻陶墓志
夫人諱貴，丹楊丹楊人也。赤龍白虎之徽，天官地正之宗，軒冕之
蟬聯，洎于陵霄之節，…延特獨于卅焉之年，…
綿難可詳也。祖恢，齊…則示矩於邦家，父進…
肅儀形，表胡連於朝野。夫人承茲桂葉，獨秉翠於秋風，
資此蘭芳，乍飄香於春日。肅閨帷禮，物淋也，功加以懿志
薰修，歸依正覺，莊嚴法義，…銘志曰 者乎，必欲鳳
王侯，家家以孫之內影，義道說篤之以仁，生知善常，乃我
驗苑影之雜諸，有死有生，見水泡之易滅，以開皇十七年
三月廿七日薨於長安，春秋年十有五，即以其月廿六日葬於長
安縣之龍首鄉。銘曰：懿之慈祁之德音，桂蘭同馥，松檟
齊林，作牧九州，垂問子柳，自茲嘉氣，四匹生淩，若似蓮出
波，如雲…道義重名高節，歸薰修淨土，莊嚴
福田，長林君曰長徂一諸炬恒燃，…之燭滅，匆一去風前雲知
善果，四匹生梵天，雲屏空掩，月鏡往懸，行路悲二鄉闕
懷切松楓，未吟雲生已結，吳言寂候，東川水咽，一闕
佳城，千齡永絕

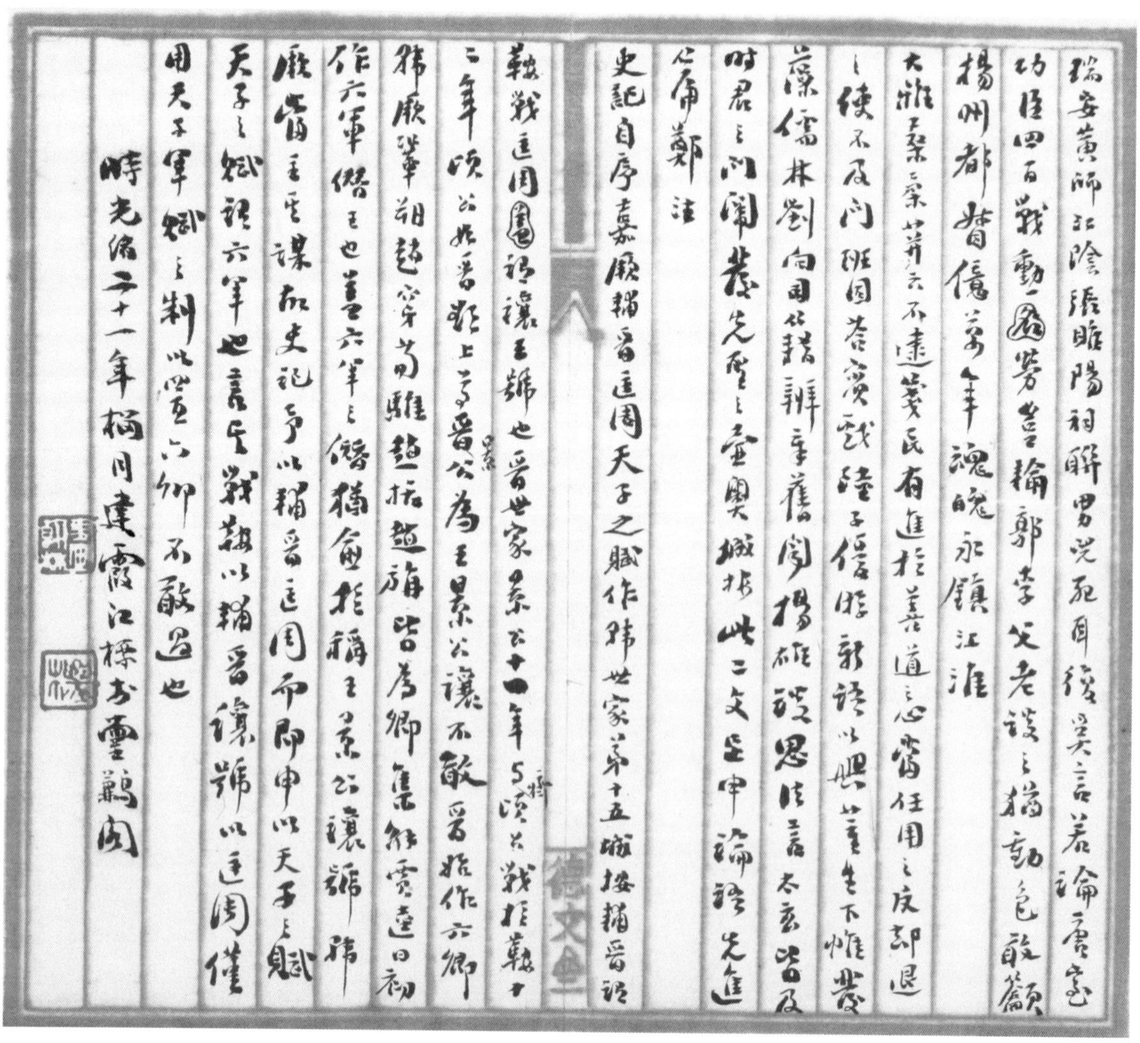
瑞安黃師江陰張晤陽祠聯：胃見死有後，吳言若論唐宋
功經四百戰，動一萬勞，若論郭李，父老談之，猶動色敢顧
揚州都督，億萬年魂魄永鎮江淮
大雅蓁蓁，蓁蓁云：莽不遠，羲民有進於善道之心，當任用之，反卻退
之，使不及門。班固答賓戲：隆子儒雅新語，以興業生下帷發
藻，儒林劉向司籍，辯章舊聞，揚雄談思法言、太玄，皆及
時君之門闈，恭先聖之壺奧，婉於此二文，以中論語先進
心前鄭注
史記自序：嘉厥輔晉匡周天子之賦，作晉世家第十五。按：輔晉語
鞍戰，匡周謂讓王錫也。晉世家：景公十一年，與諸侯戰於鞍。十
二年，頃公如晉，欲上尊晉景公為王，景公讓不敢。晉始作六卿，
韓厥、鞏朔、趙穿、荀騅、趙括、趙旃皆為卿。集解：賈逵曰：初
作六軍，僭王也。蓋六軍之僭，猶欲稱王，景公讓稱
厥皆王謀，故史記予以輔晉匡周，而即申以天子之賦。
天子之賦，謂六軍也。言其戰鞍以輔晉，讓稱以匡周，僅
用天子軍賦之制，以亞六卿，不敢過也
時光緒二十一年桐月建霞江標書于靈鶼閣

（图三一 42—43）

三一　江标　行书金石题识

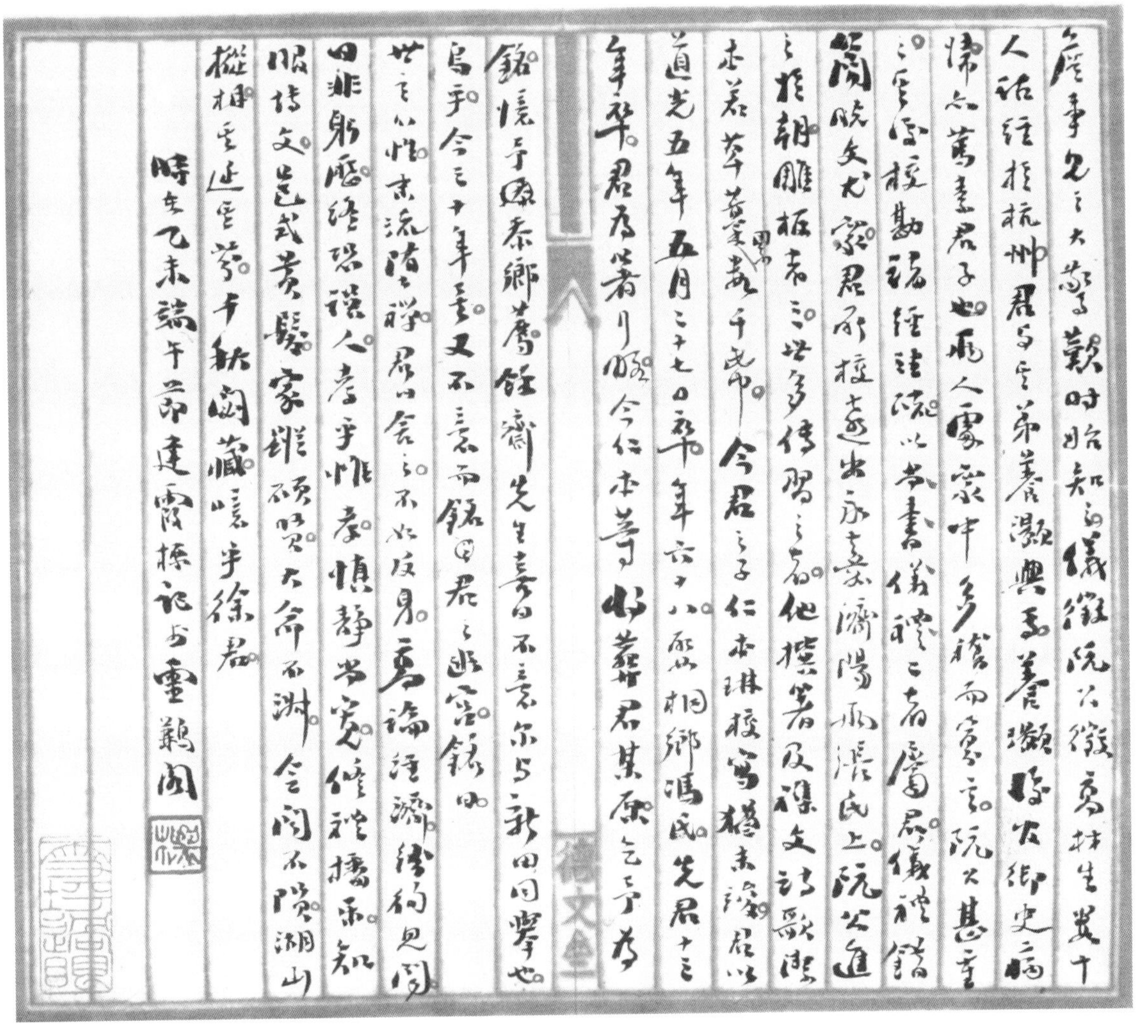

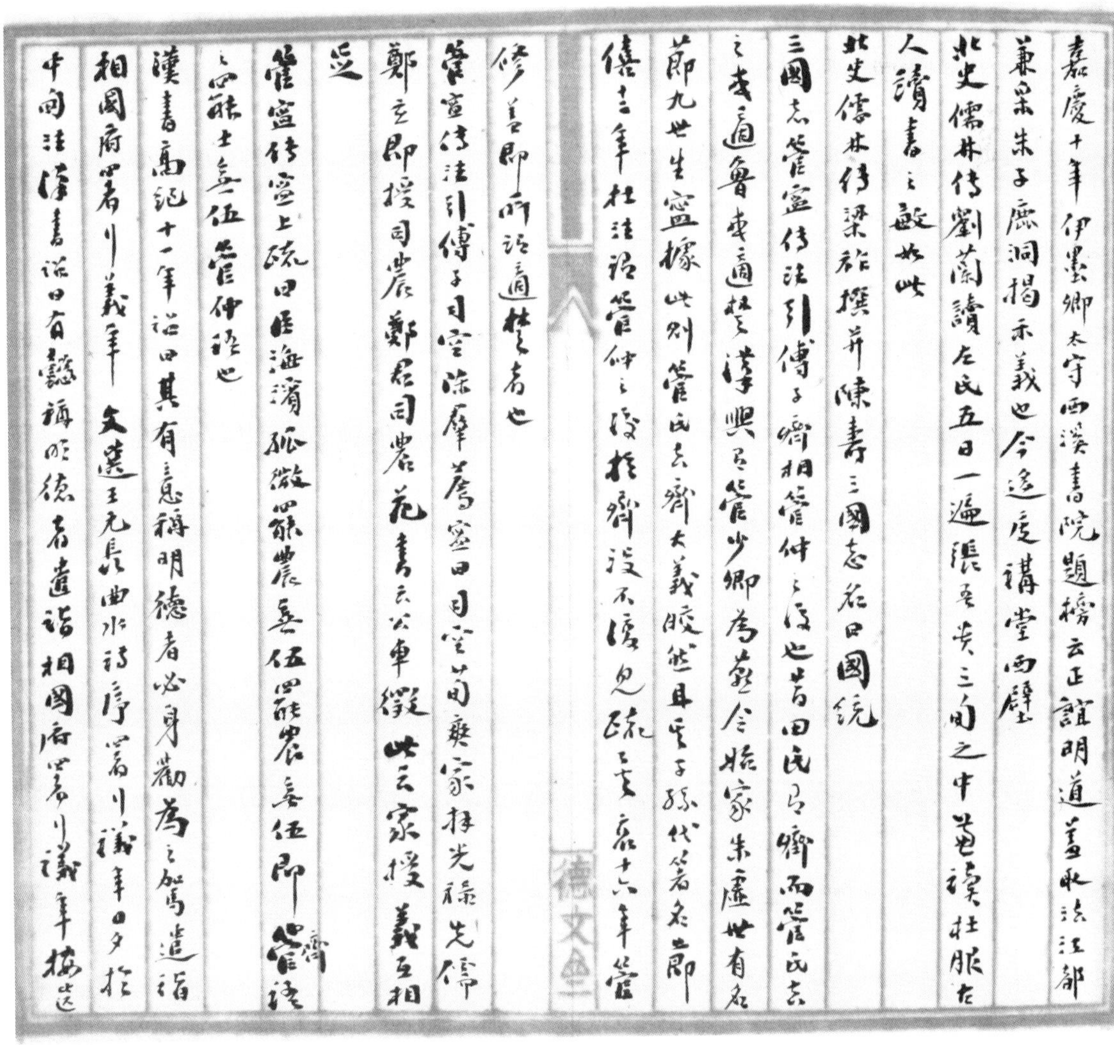

（图三一　44—45）

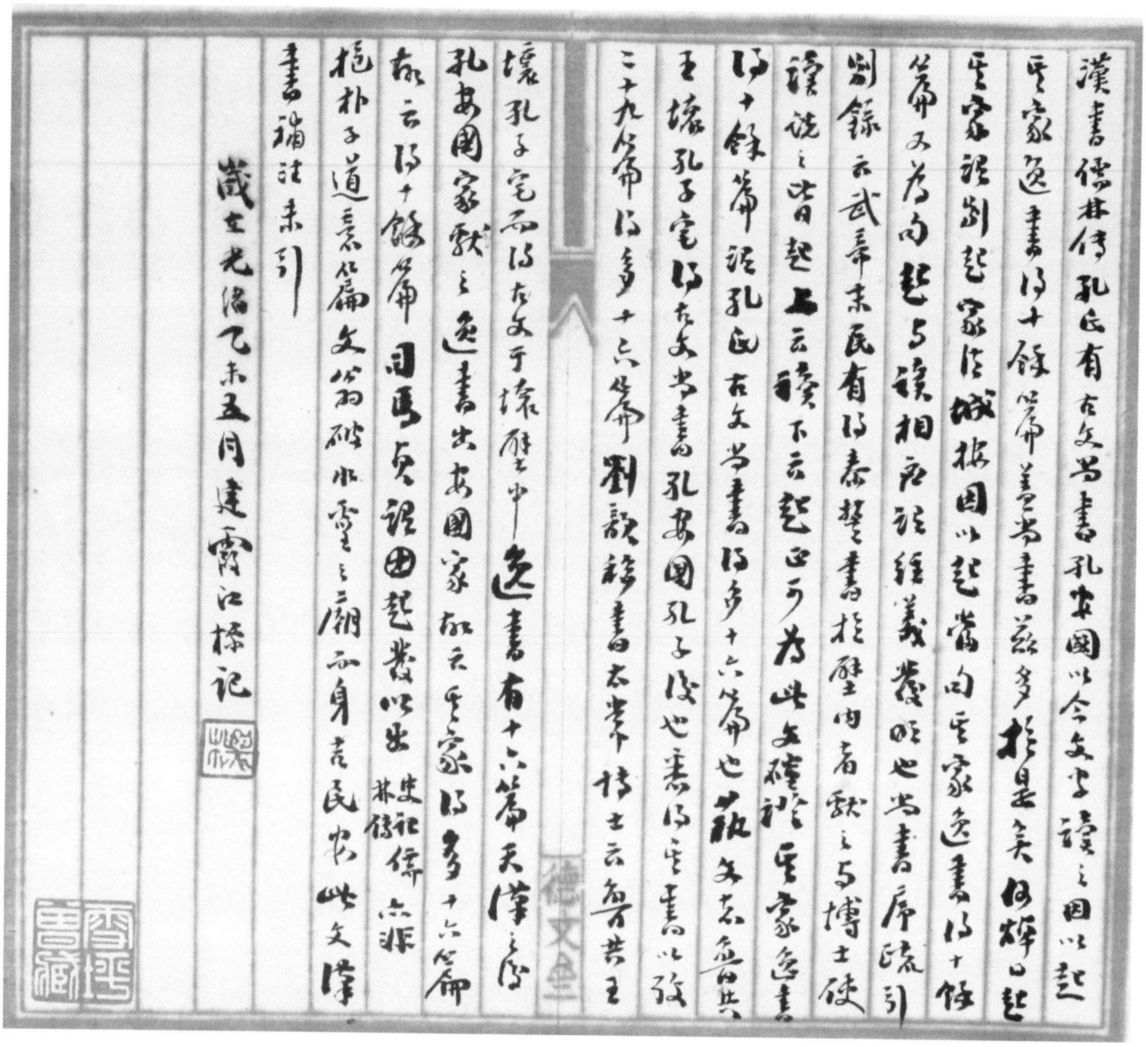

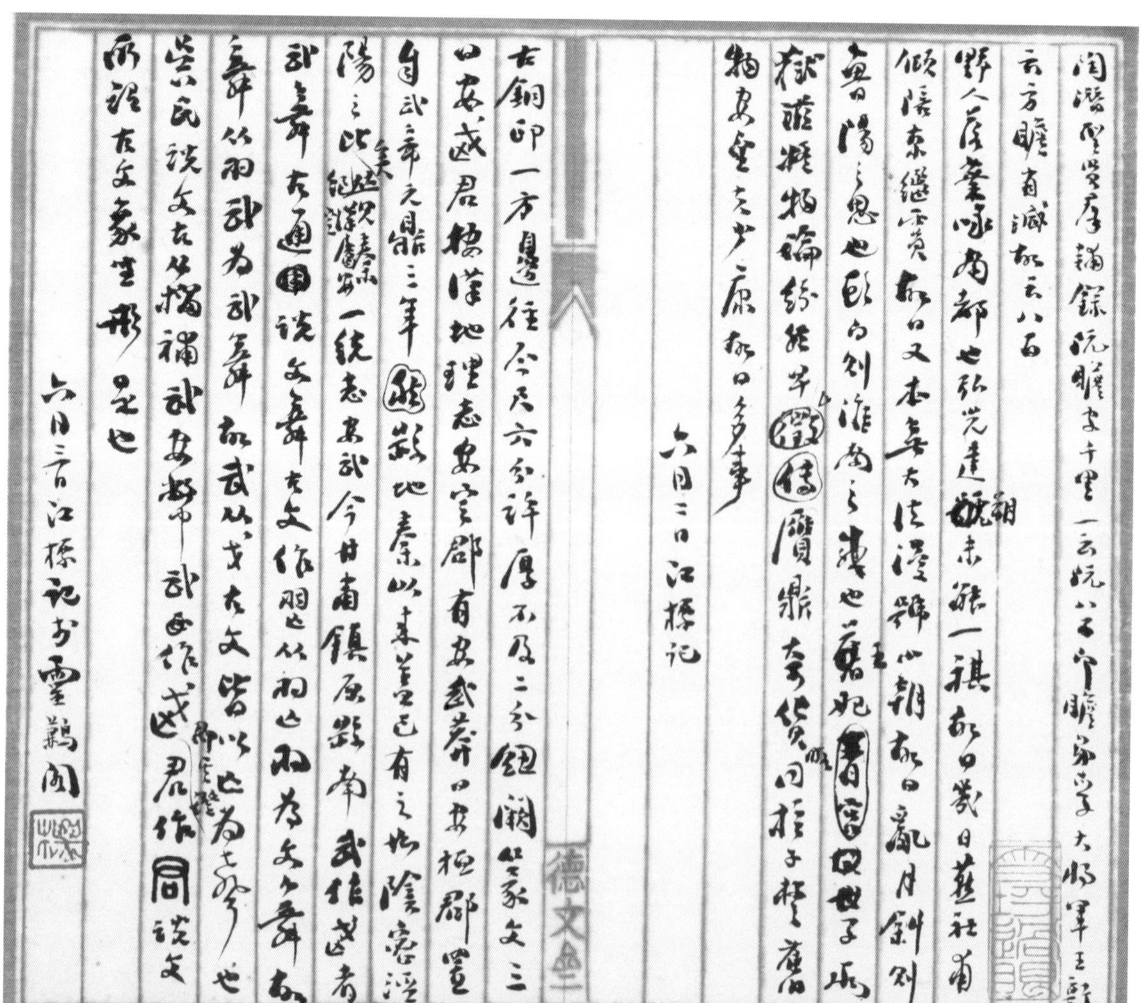

（图三一 46—47）

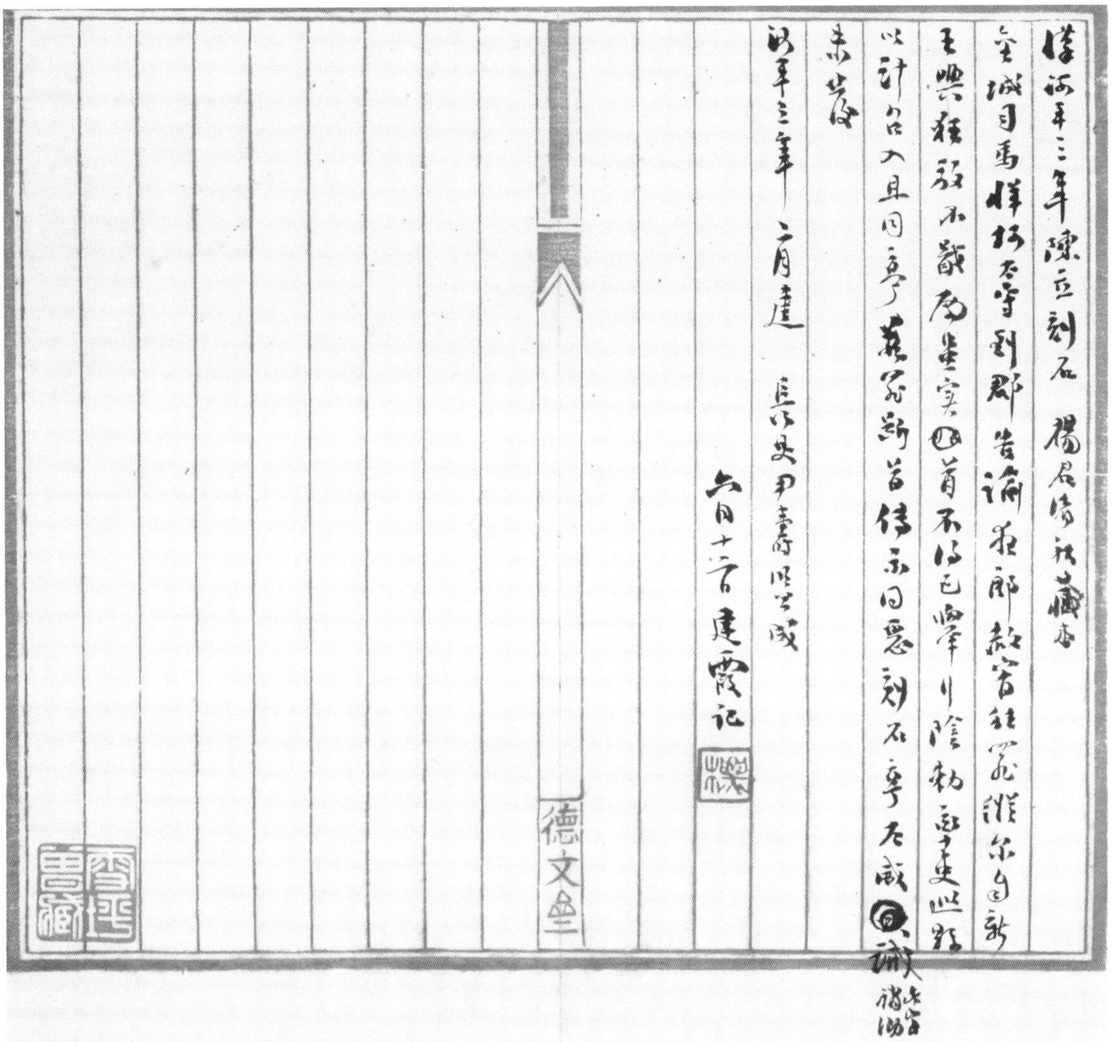

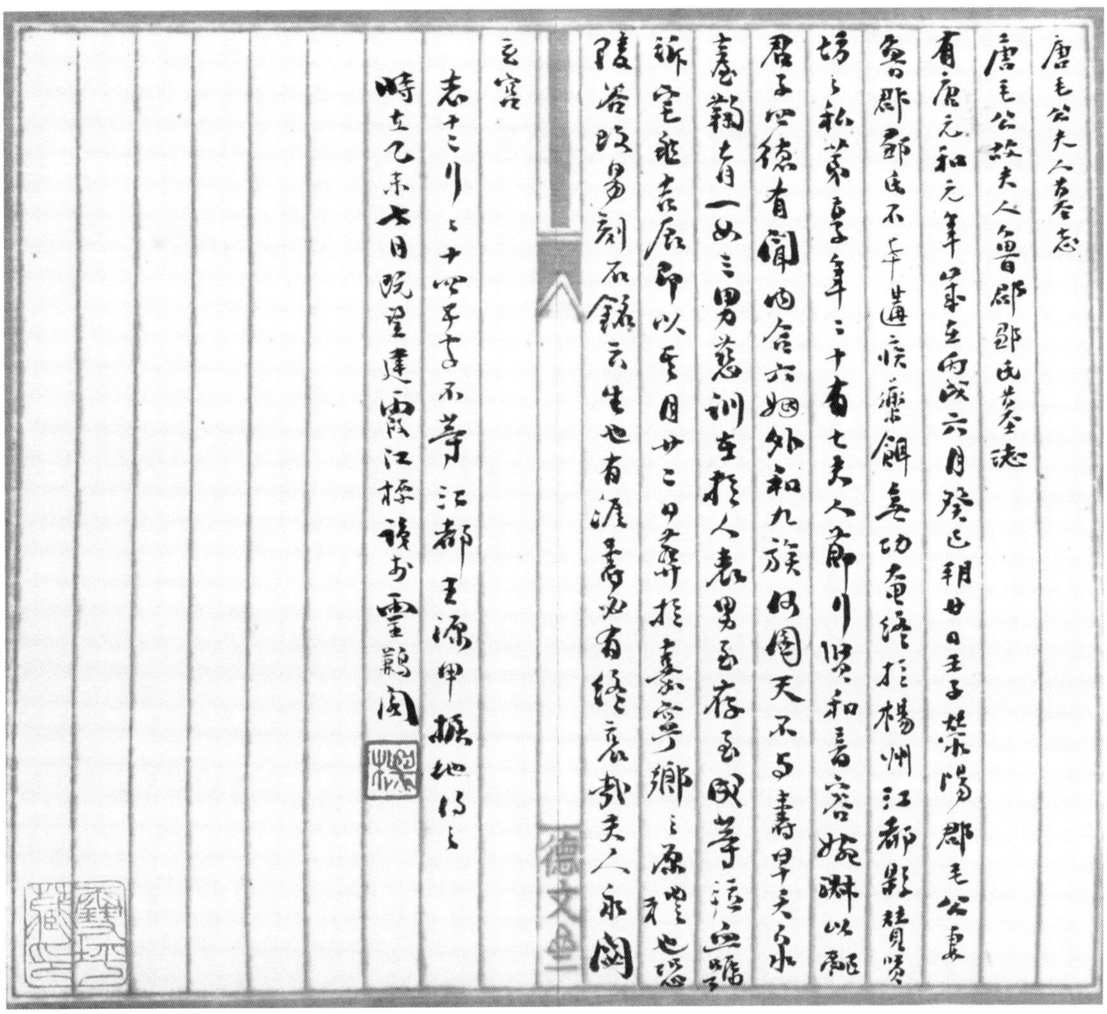

（图三一 48—49）

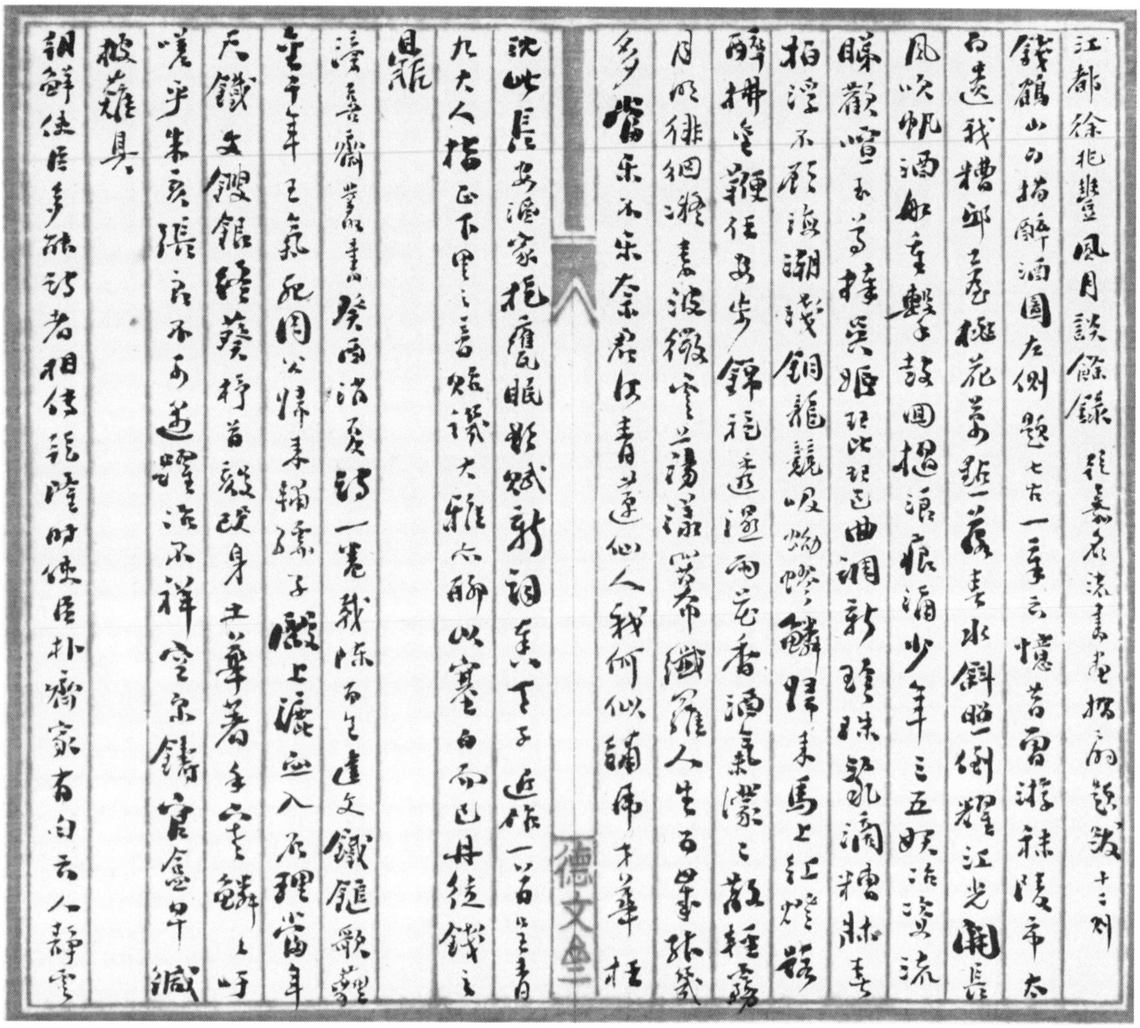

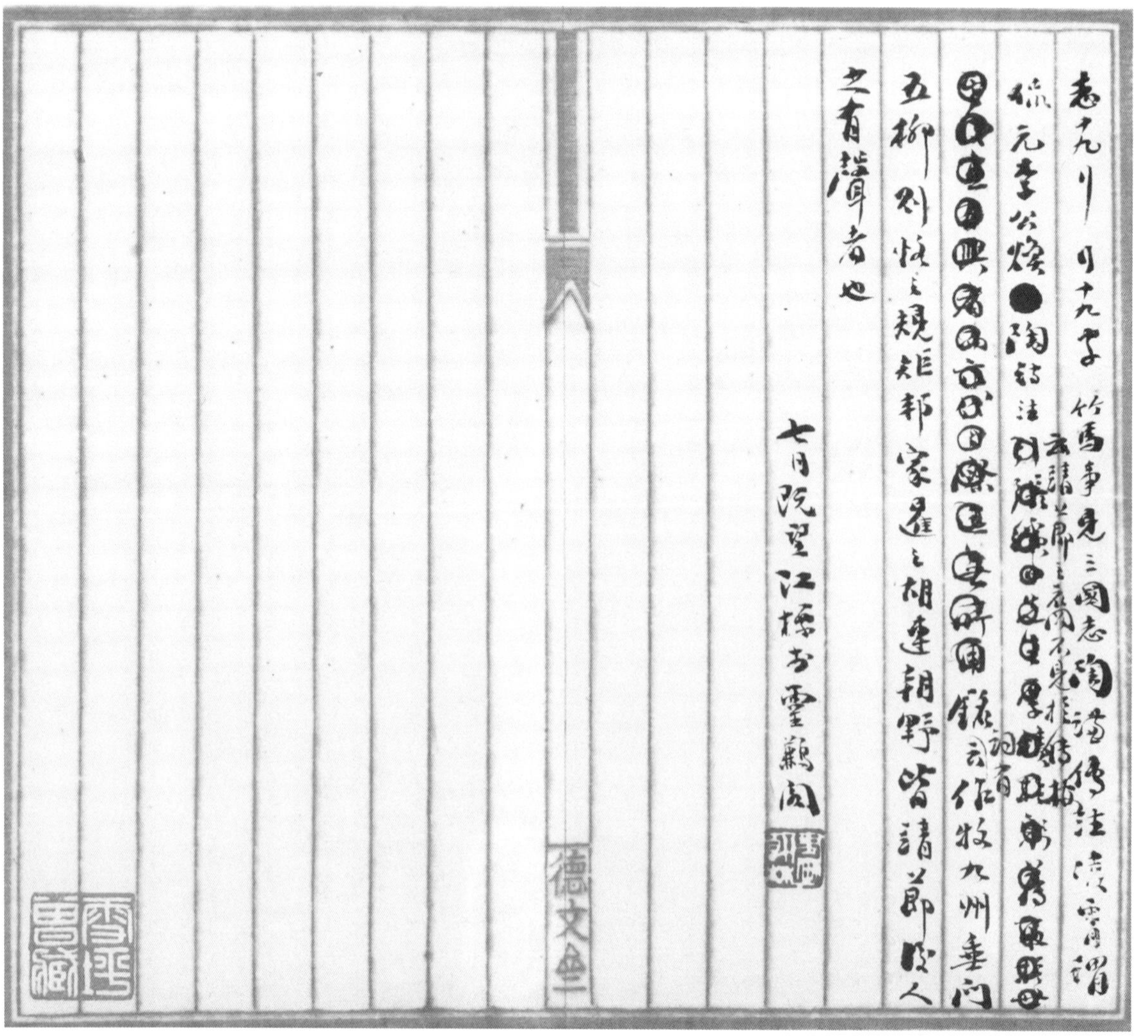

（图三一　50—51）

三一　江标　行书金石题识

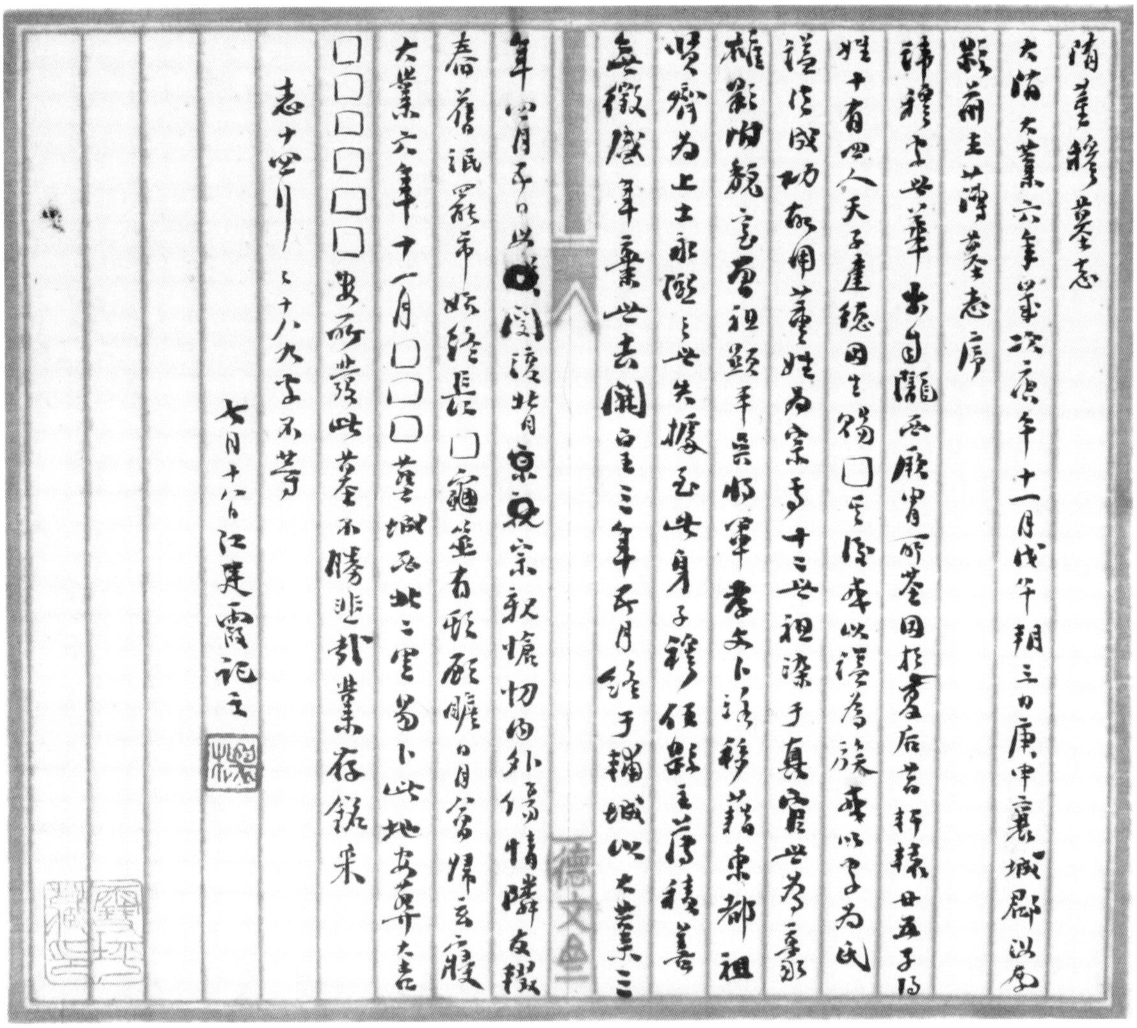

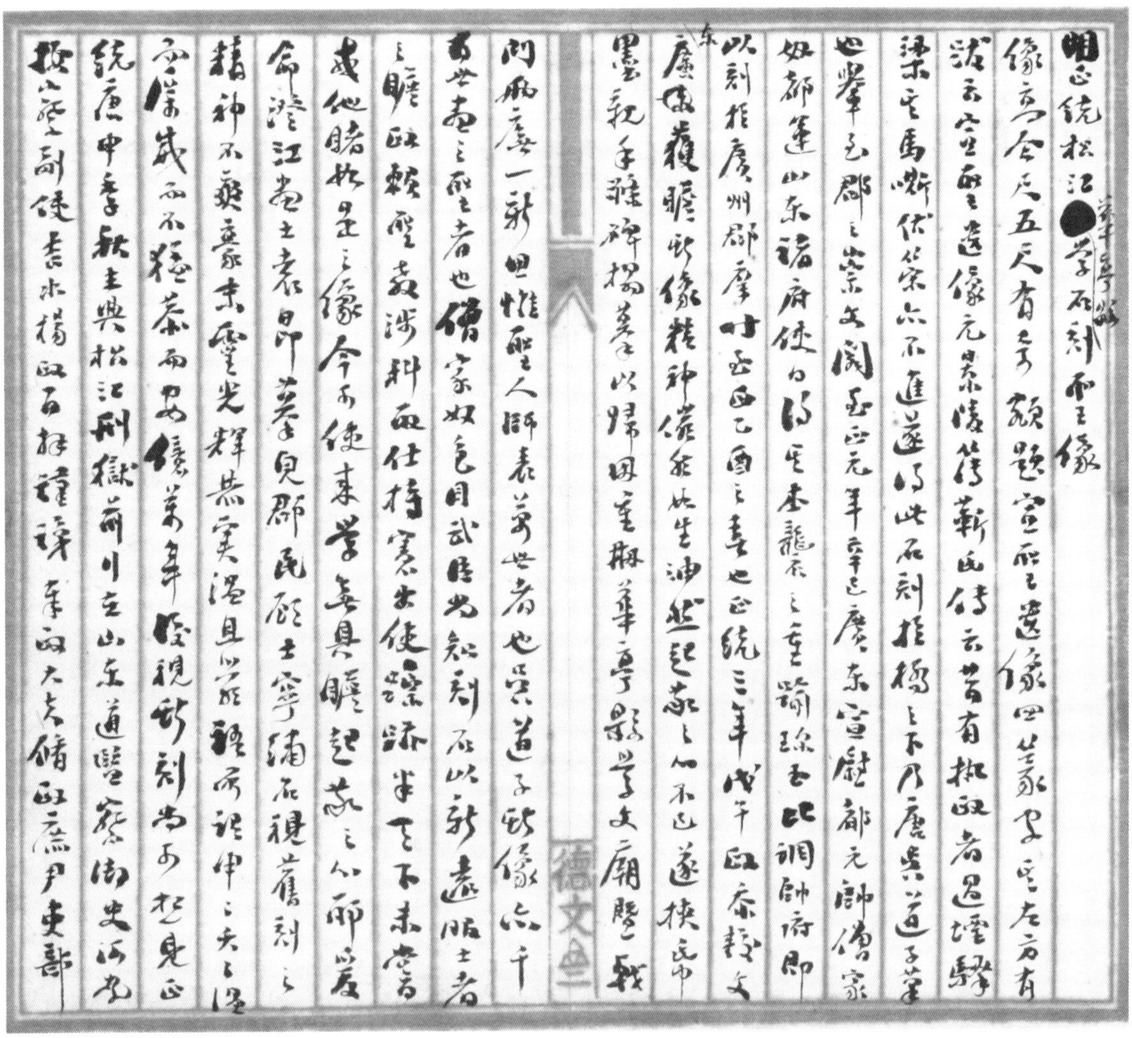

（图三一　52—53）

三一 江标 行书金石题识

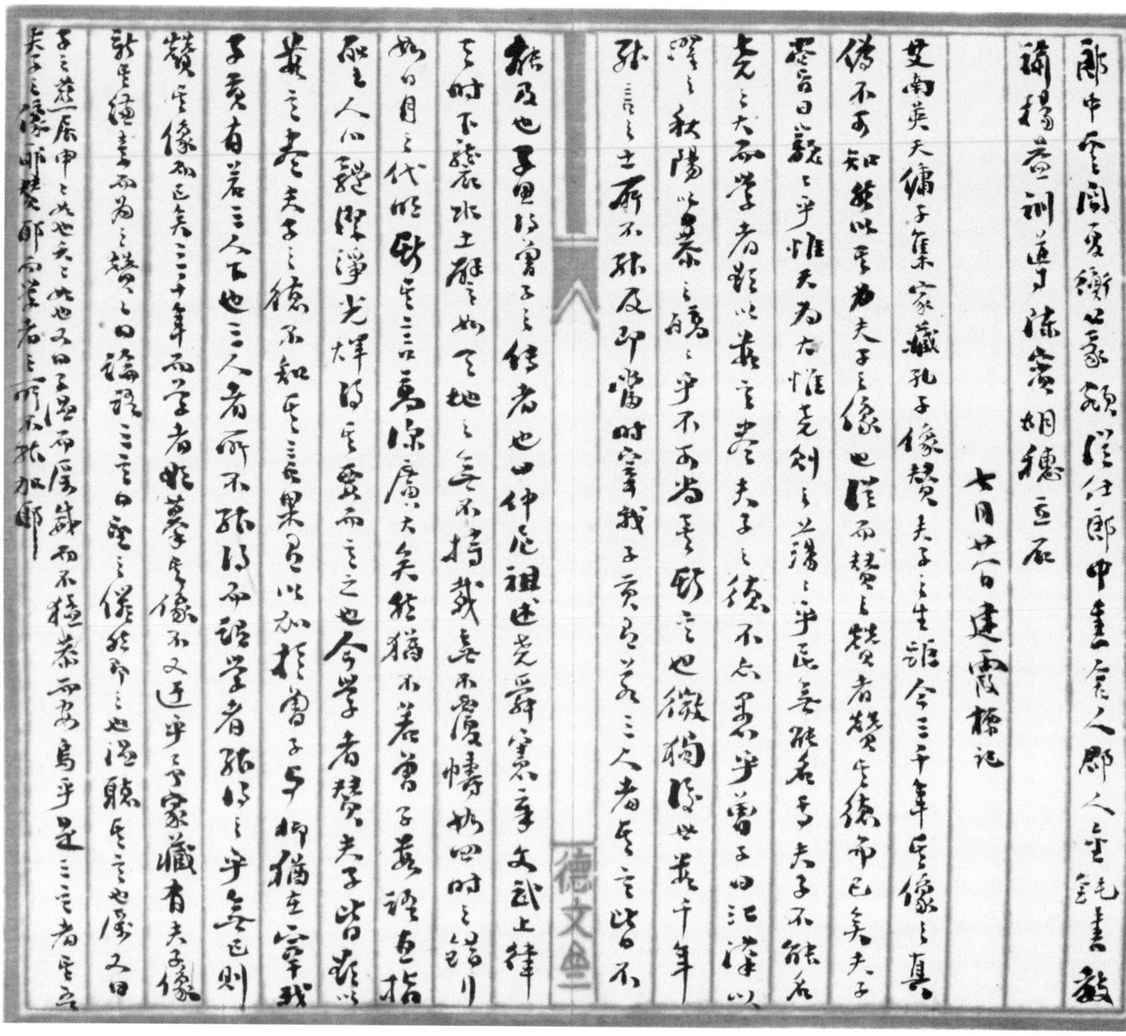

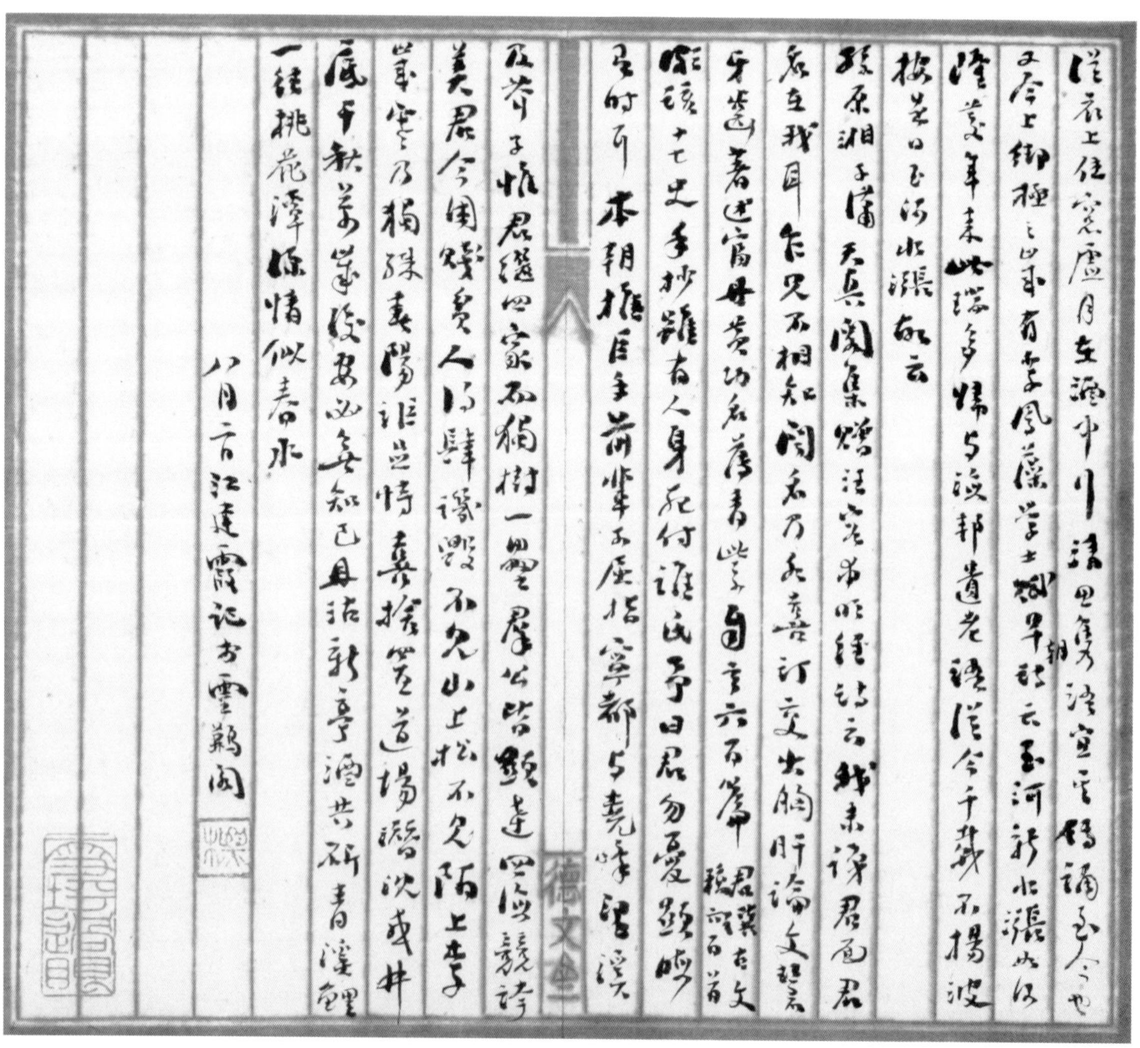

（图三一 54—55）

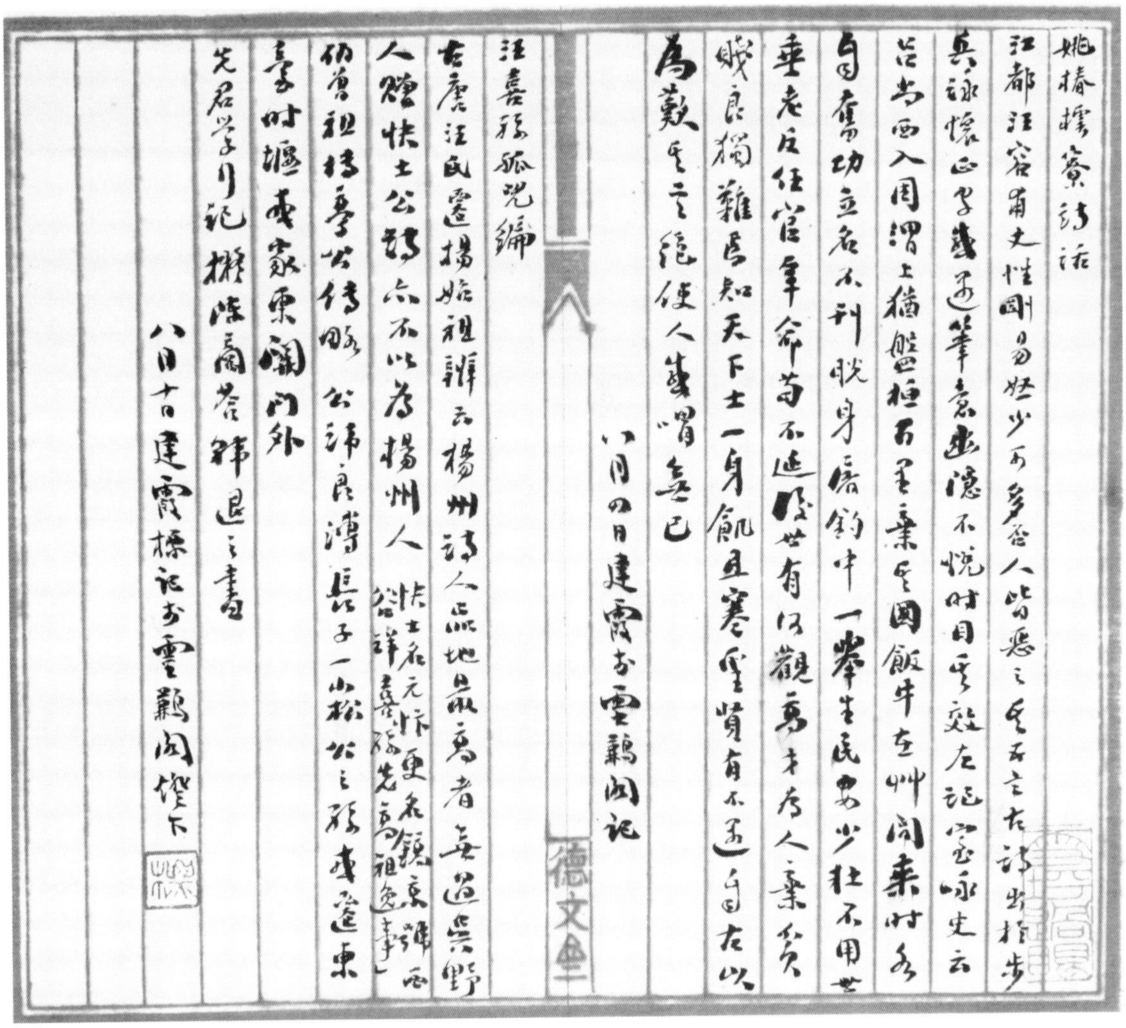

姚椿樗寮詩話
江都汪容甫丈性剛易忤，少可多否，人皆惡之。然其言古詩出於步兵詠懷、正字感遇，筆意幽隱，不悅時目，爲殺。左記室詠史云：
皆出西入周，渭上猶盤桓。百里棄其國，飯牛在州閭。乘時爲自奮，功立名不刊。耽身屠釣中，一舉生民安。少壯不用世，垂老反任官。拿命苟不延，後世有何觀。寓才爲人棄，負賤良獨難。豈知天下士，一身飢且寒。聖賢有不遇，自古以爲歎。其言之絕，使人歎喟無已。
八月四日建霞書于雲鶼閣記

汪喜孫孤兒編
古虞汪氏遷揚始祖諱云，揚州詩人品地最高者無過吳野人，贈怏士公詩亦不以爲揚州人（怏士名元怀，更名鏡，京諱西谷，喜孫先高祖逸事）。
仍曾祖揚亭公傳略：公諱良溥，長子一山，松公之孫，或遷東亭時避兵家東關門外。
先君學行記：擬陳商答韓退之書
八月十日建霞標記于雲鶼閣燈下

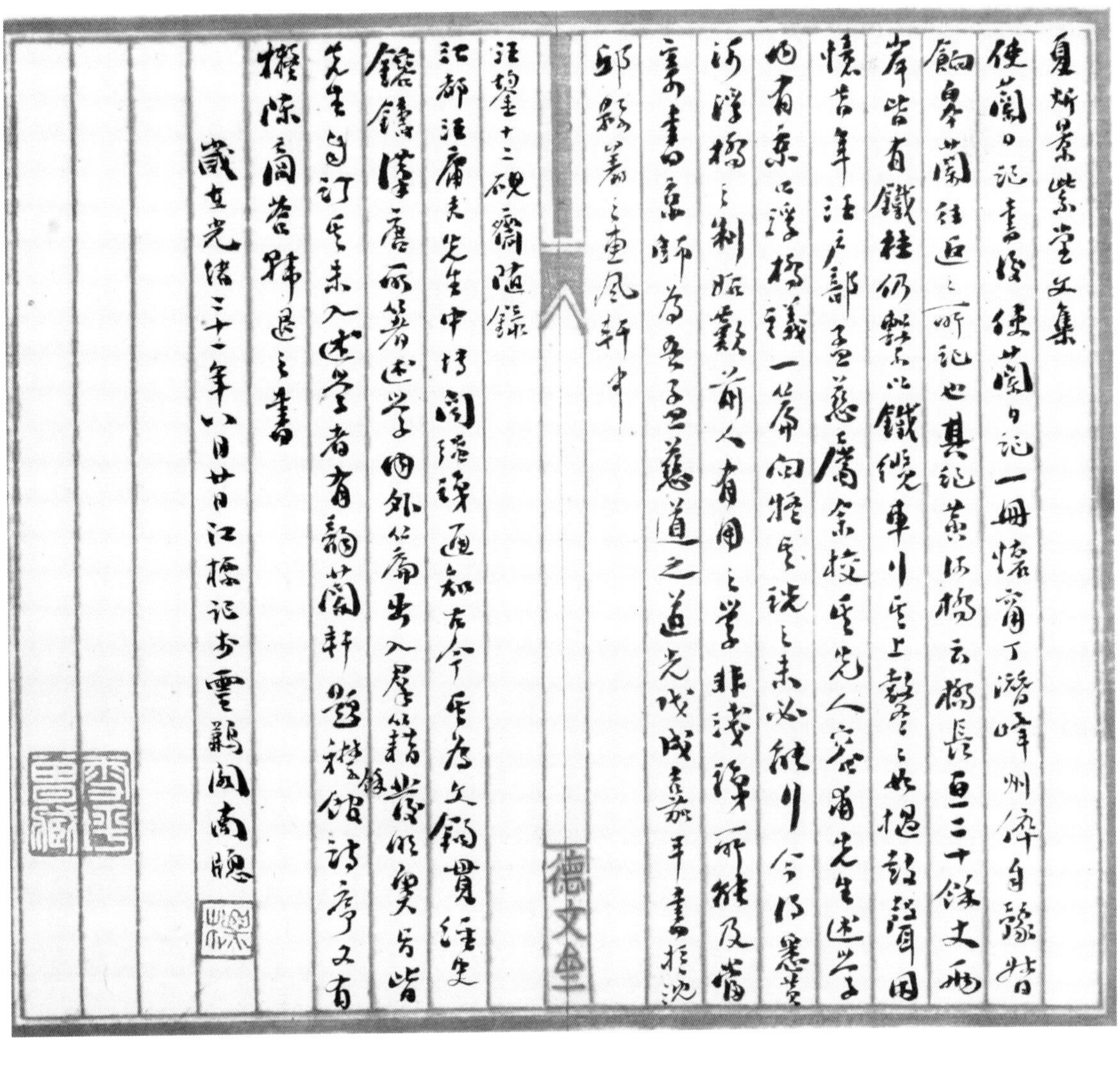

夏炘景紫堂文集
使蘭日記書後：使蘭日記一冊，婿翁丁潛峰州倅自錄，皆餉泉蘭往返之所記也。其記蘭州橋云：橋長百二十餘丈，兩岸皆有鐵柱，仍繫以鐵繩，車行其上，聲之如擂鼓，聲聞懷昔年汪户部喜慈屬余校其先人容甫先生述學，內有京口浮橋議一篇，向疑其說之未必能行，今乃悉黃河浮橋之制，始歎前人有用之學非淺識所能及。嘗聞書京師，爲其子喜慈道之。道光戊戌嘉平書于池郡毓蘭之垂風軒中

汪璧十二硯齋隨錄
江都汪容甫先生中持論通知古今，其爲文鎔貫經史，鎔鑄漢唐，所著述學內外篇，出入羣籍，發明奧旨，皆先生自訂。其未入述學者，有翁蘭軒錄題襟館詩序，又有擬陳商答韓退之書。
歲在光緒二十一年八月廿日江標記于雲鶼閣南牕

（图三二　1—2）

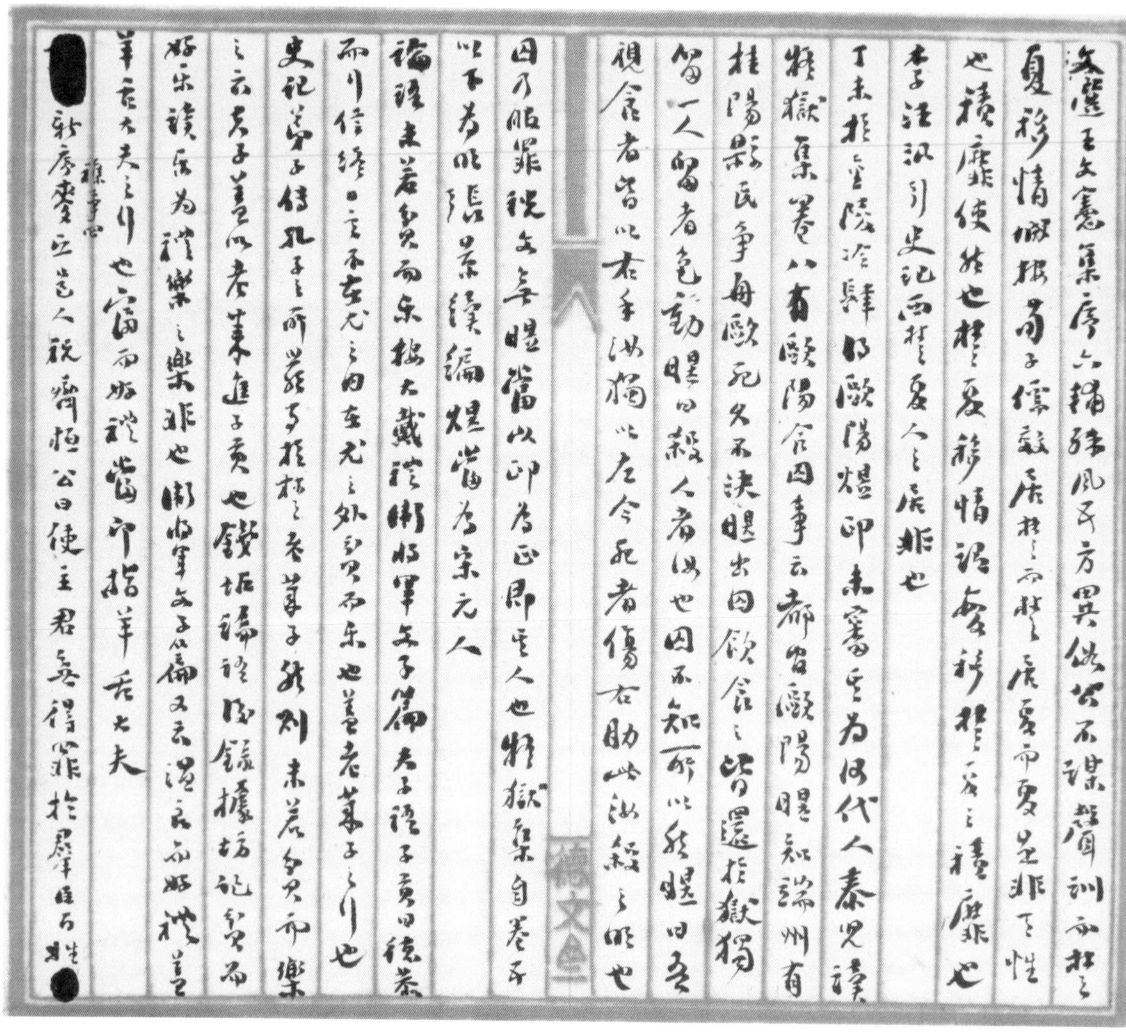
文選王文憲集序：六輔殊風，五方異俗，曾不謀於訓，而楚之
夏移情。撫按荀子儒效：居楚而楚，居夏而夏，是非天性
也，積靡使然也。楚夏移情，謂人移於楚夏之積靡也。
李注祇引史記西楚夏人之居，非也。
丁未於金陵於肆得歐陽煜即未審其為何代人，泰兒讀
折獄集卷八有歐陽曄因事云：都官歐陽曄知端州，有
桂陽縣民爭舟毆死，久不決。曄出囚飲食之，皆還於獄，獨
留一人，留者色動。曄曰：殺人者汝也。囚不知所以然。曄曰：吾
視食者皆以右手，汝獨以左，今死者傷在右脇，此汝殺之明也。
囚乃服罪。按文無曄，當以即為正，即其人也。折獄集自卷五
以下為明張景續編，煜當為宋元人。
論語未若貧而樂，按大戴禮衛將軍文子篇，夫子語子貢曰：孝恭
而則信，緒曰：吾不在尤之間，在尤之外，貧而樂也，蓋老萊子之行也。
史記弟子傳：孔子之所嚴事，於楚老萊子。然則未若貧而樂
之云，夫子蓋以老萊進子貢也。鐵据論語陰鐃據坊記貧而
好樂，讀樂為禮樂之樂，非也。衛將軍文子篇又云：貧而好禮
單言大夫之行也。富而好禮，當即指單言大夫。
[redacted]新序：齊宣公曰：使王君無得罪於群臣百姓

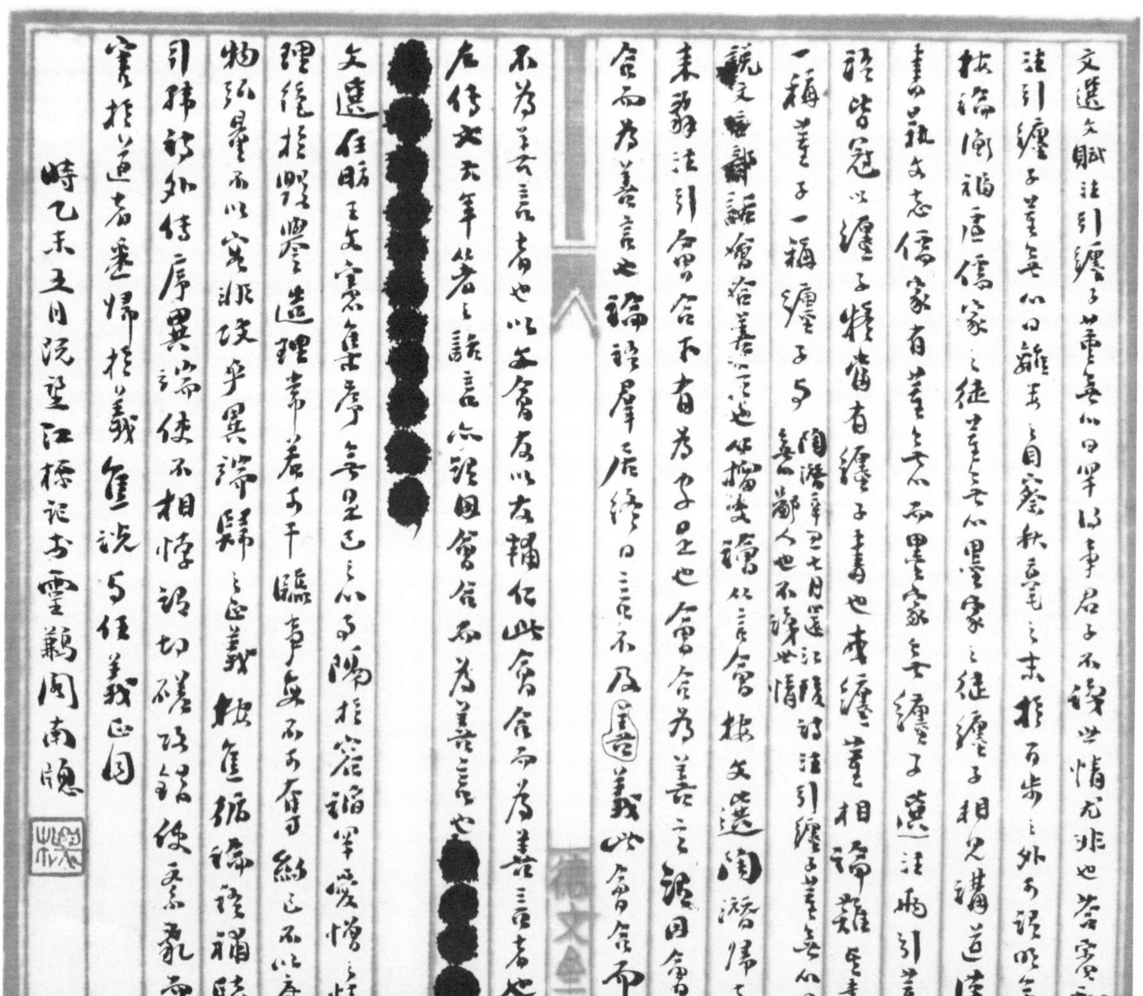
文選文賦注引纏子：董無心曰：罕得事君子，不識世情，尤非也。若寶試
注引纏子：董無心曰：離婁之目，察秋毫之末於百步之外，不能明矣。
按論衡福虛篇：儒家之徒董無心，墨家之徒纏子，相見講道。
書藝文志儒家有董子一篇，名無心，而墨家無纏子。蔗注兩引董
語，皆冠以纏子，蓋當有纏子書也。纏董相論難見書
一篇，董子一篇，纏子與。陶潛辛丑七月赴假還江陵夜行塗口詩注引纏子董無心曰：無鄰人也，不諳世情。
說文：善言也，以摘說議。按文選陶潛歸去
來辭注引曾子：不有為子是也，曾子為善言，說因曾
子而為善言也。論語群居終日言不及善義，此曾子而
不為善言者也。以友會友，以友輔仁，此曾子而為善言者也。
左傳文六年箸之話言，說因曾子而為善言也[redacted]
[redacted]
文選任昉王文憲集序：為是正之，而陽於容，福罕處情之
理，纏於衆，造理常若可干，臨事無不可奪，斷正不以奮
物，弘量不以容非，攻乎異端，歸之正義。按集據論語福瞭
引辨訥知條序，異端使不相悖，謂切磋琢磨，使無紊亂，而
實於道者，歸於義，集說與任義正同。

時乙未五月既望，江標記於靈鶼閣南牕

(图三二　3－4)

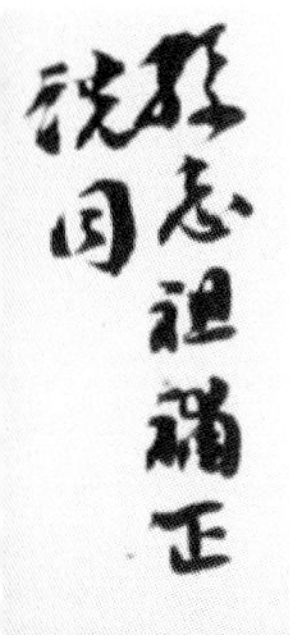

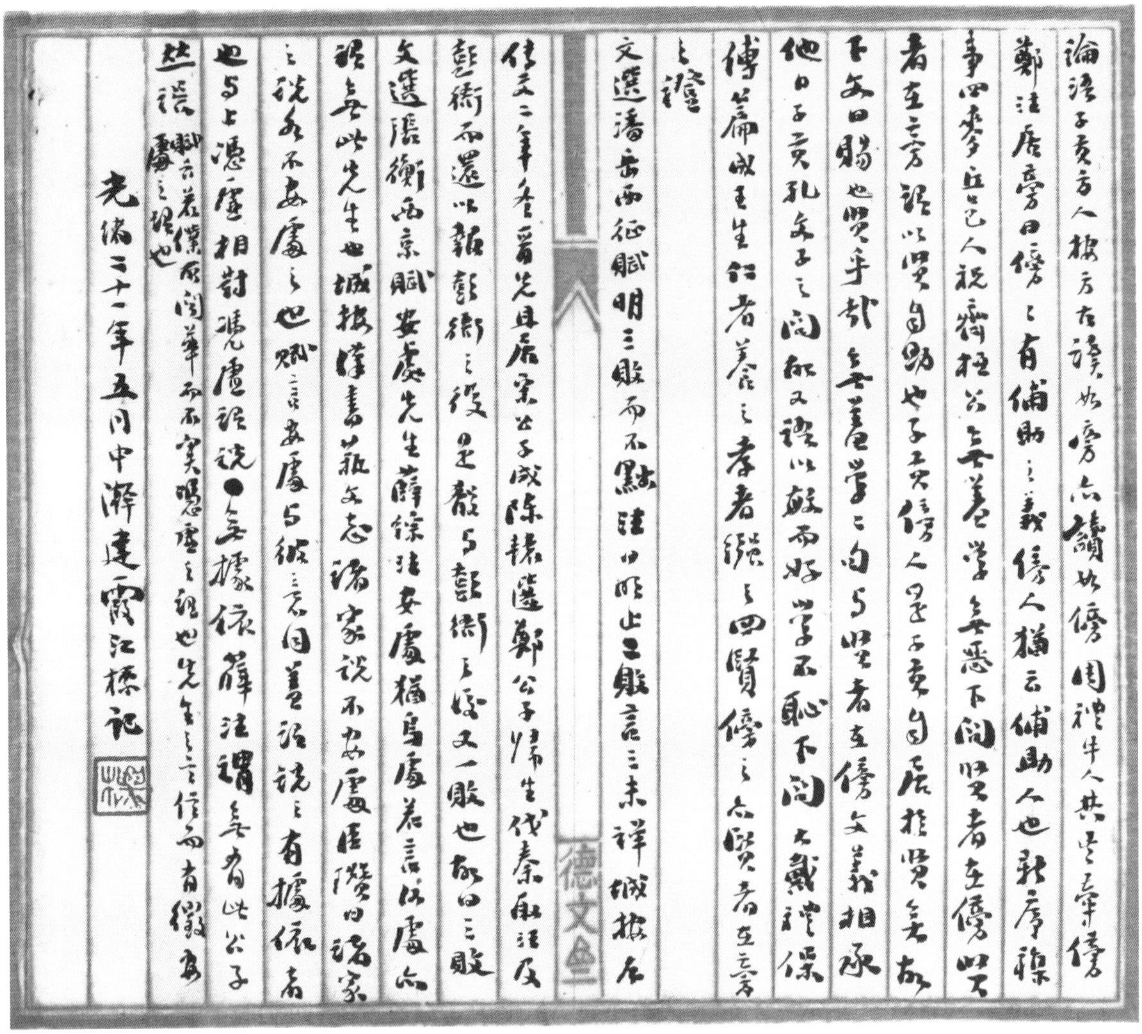
光绪二十一年五月中澣建霞江标记

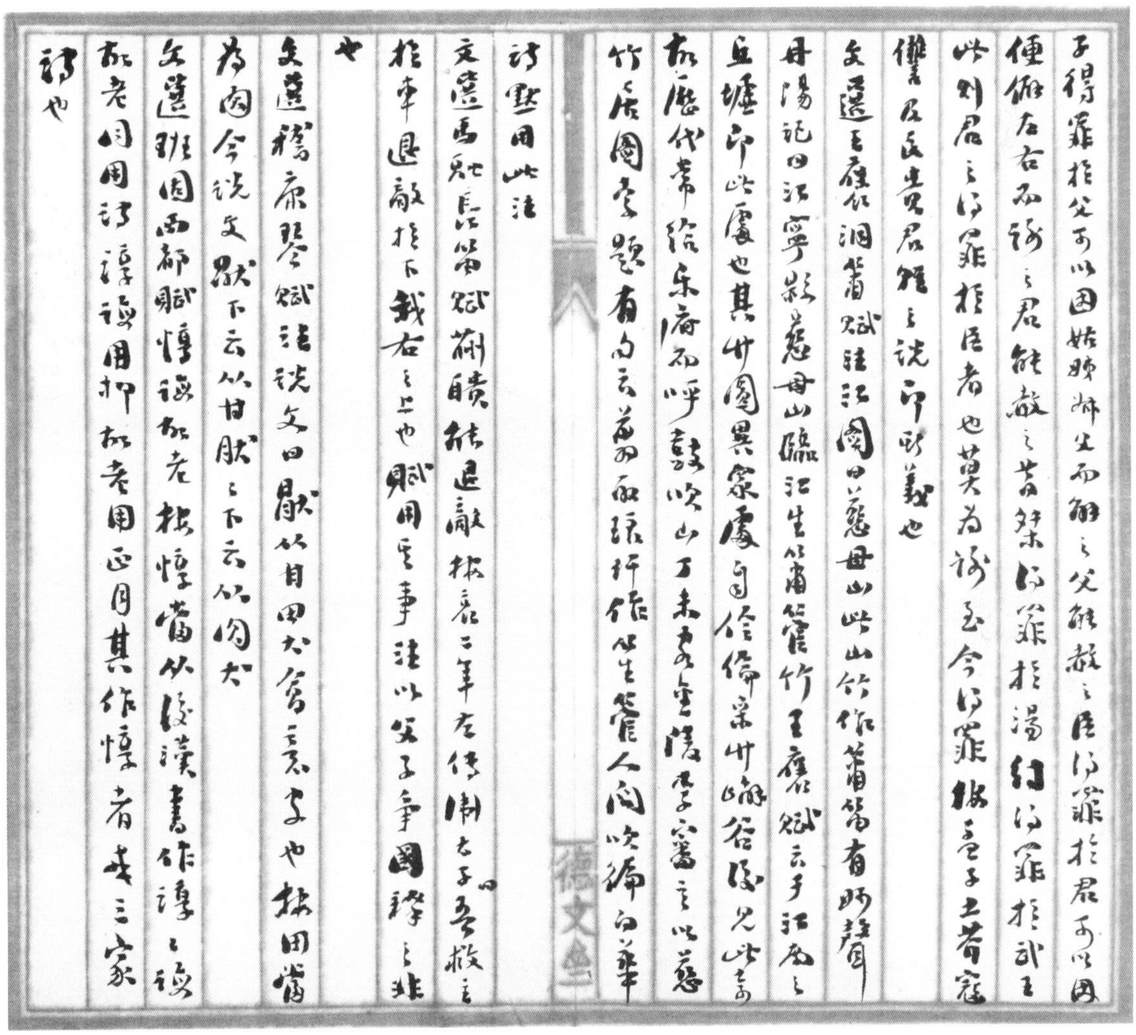

（图三二　5—6）

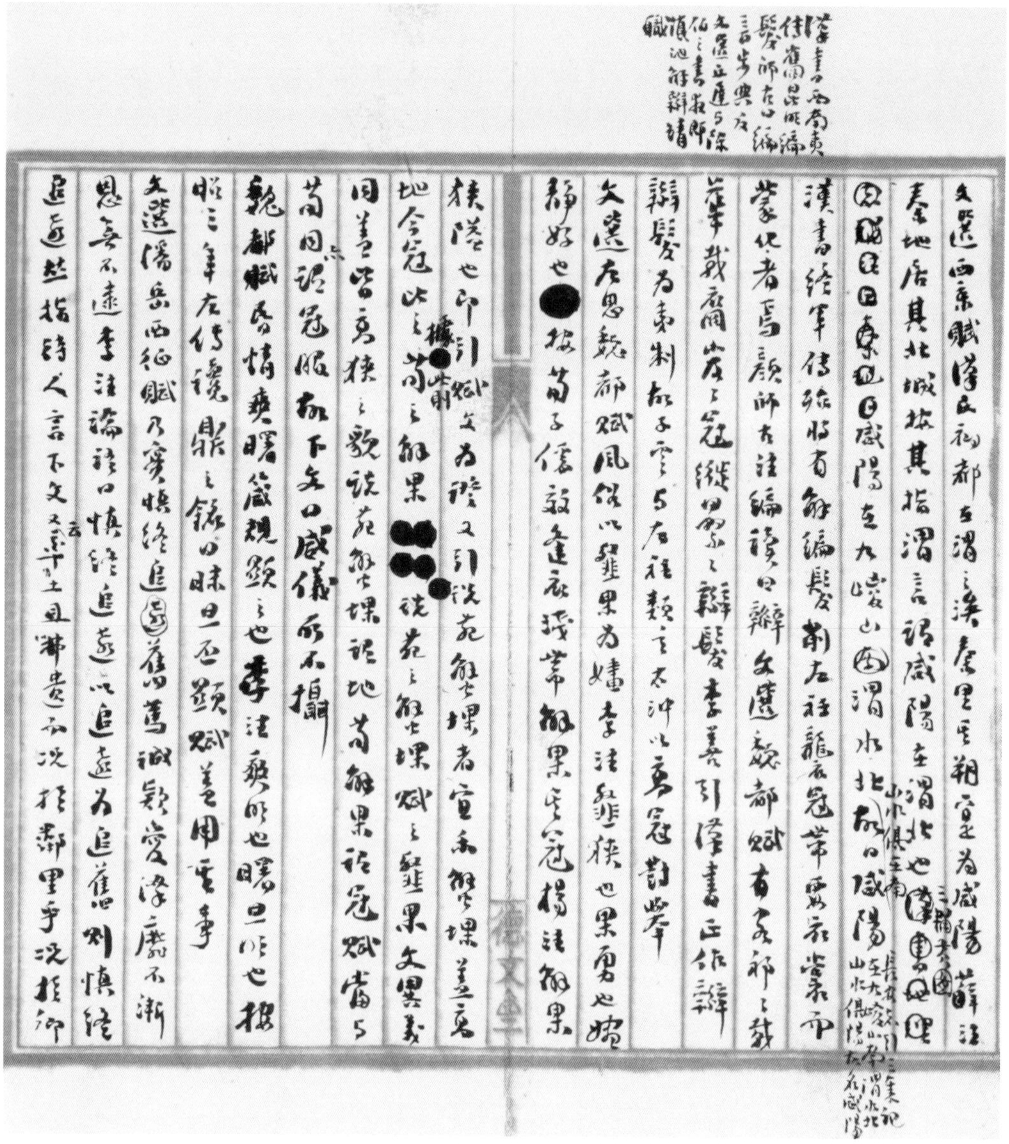

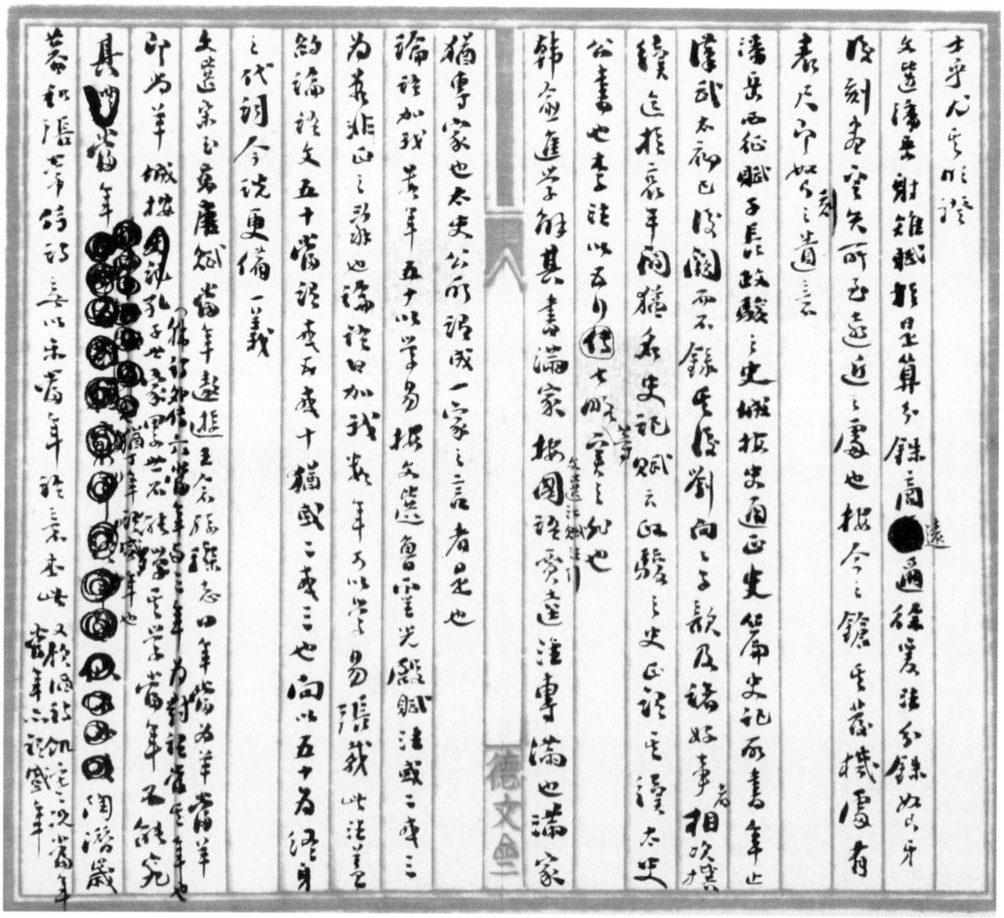

（图三二　7－8）

三二　江标　读书杂记

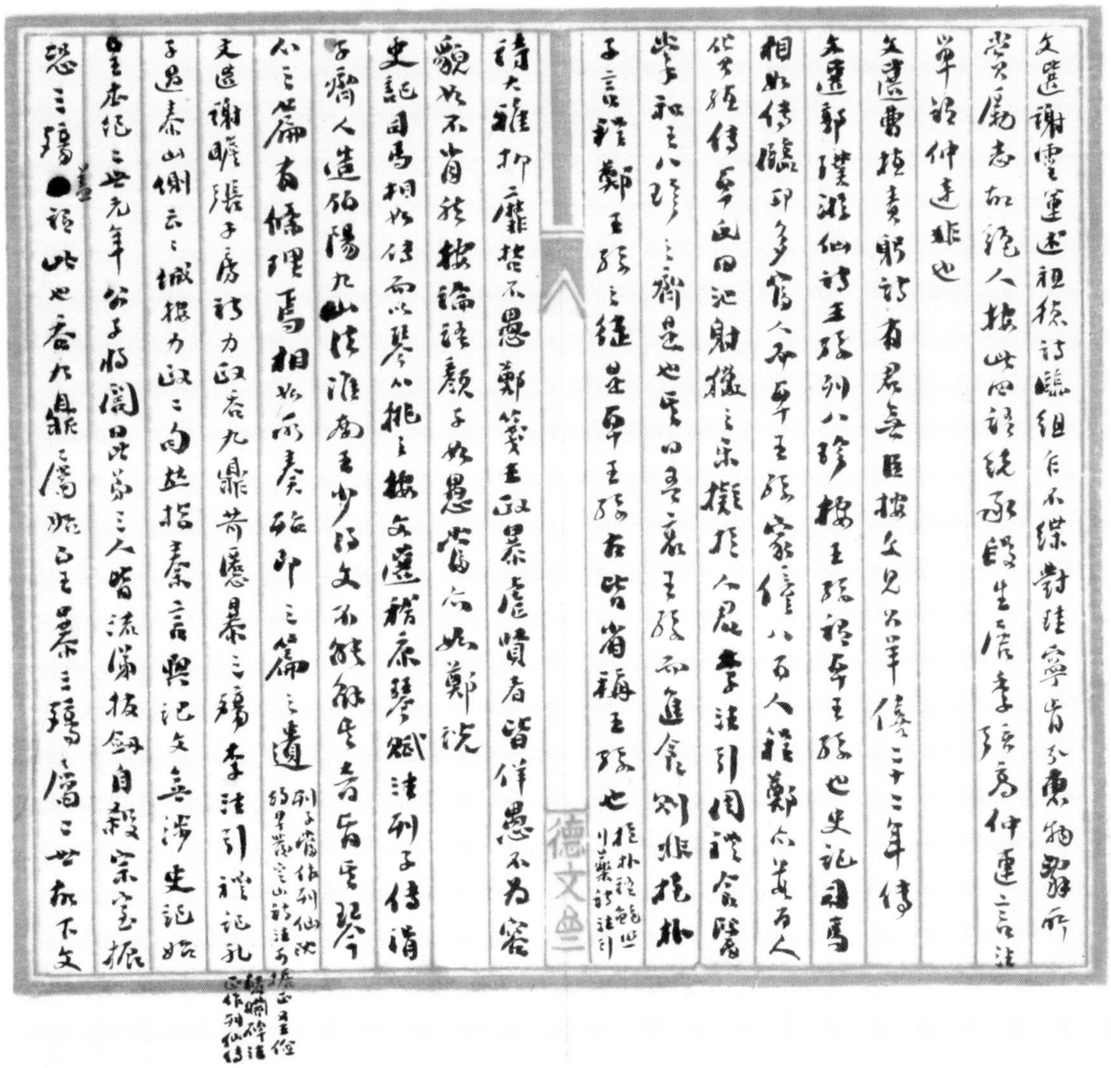

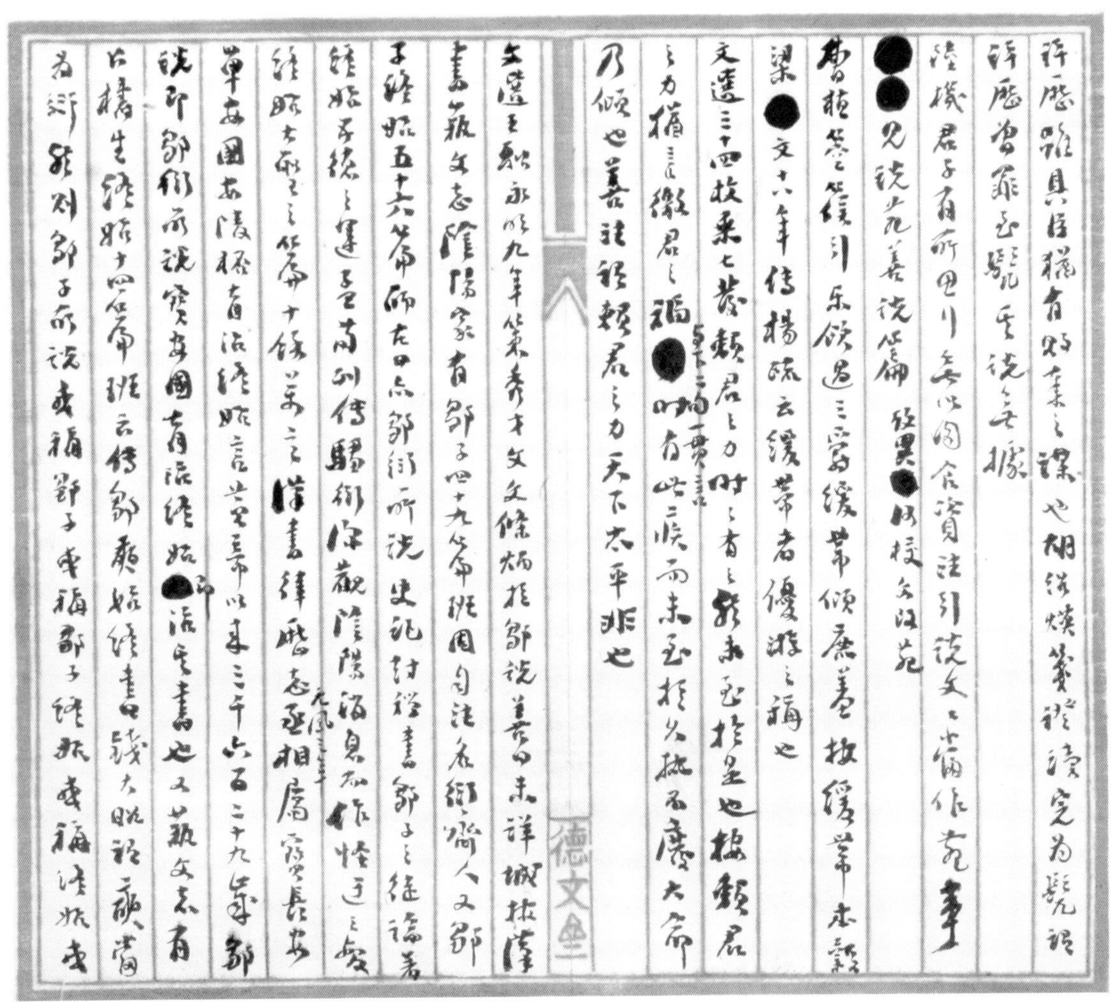

（图三二　9—10）

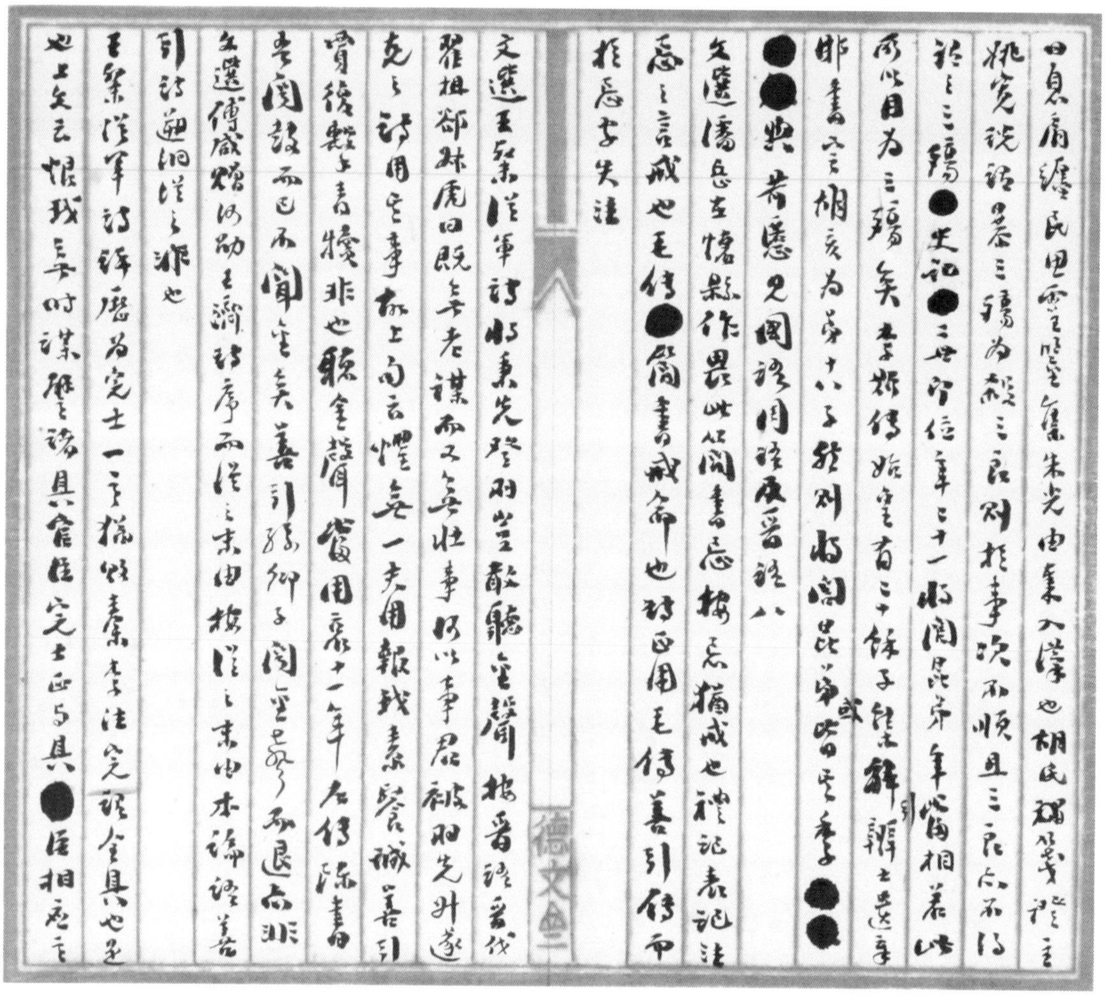

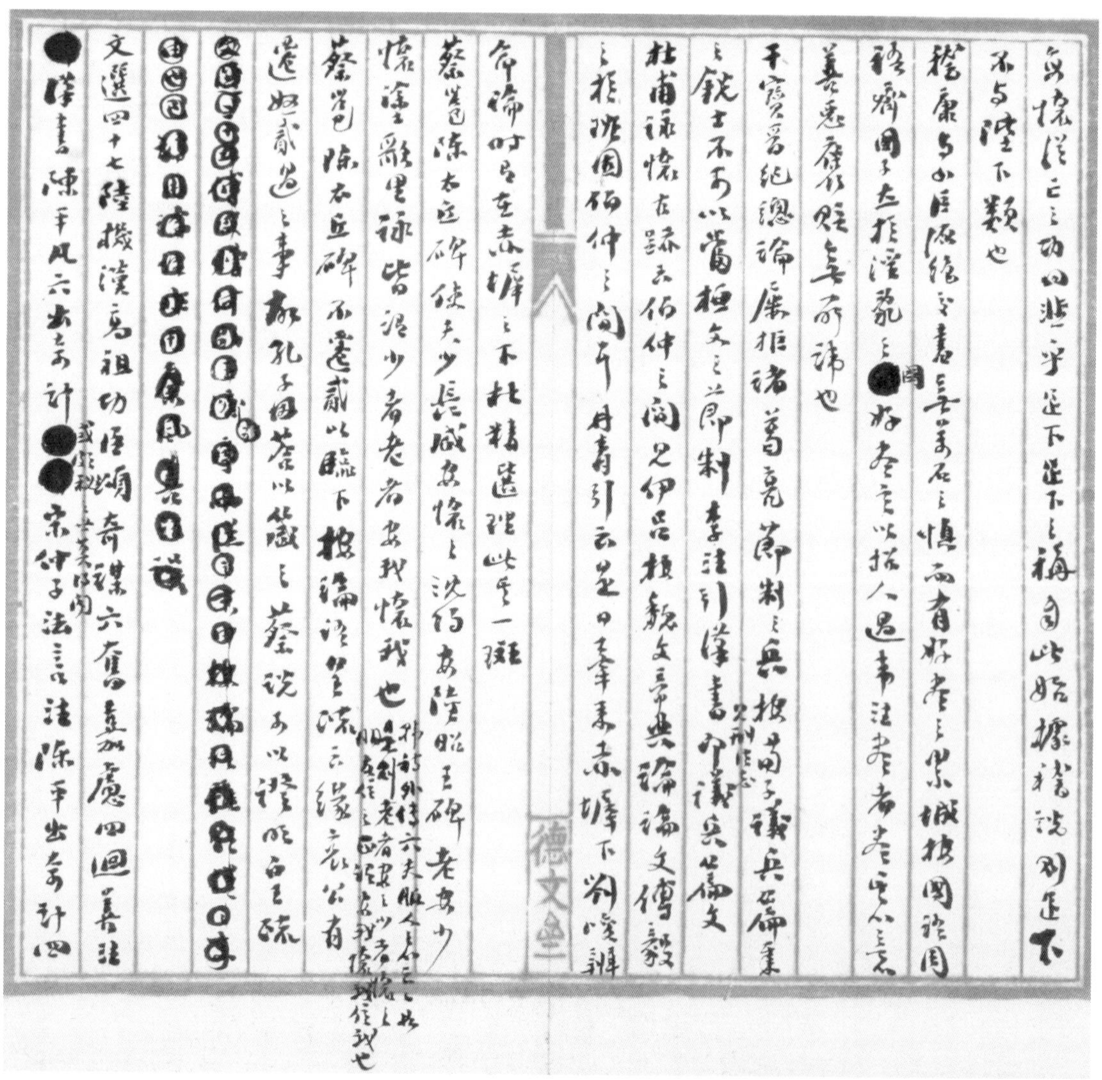

（图三二　11—12）

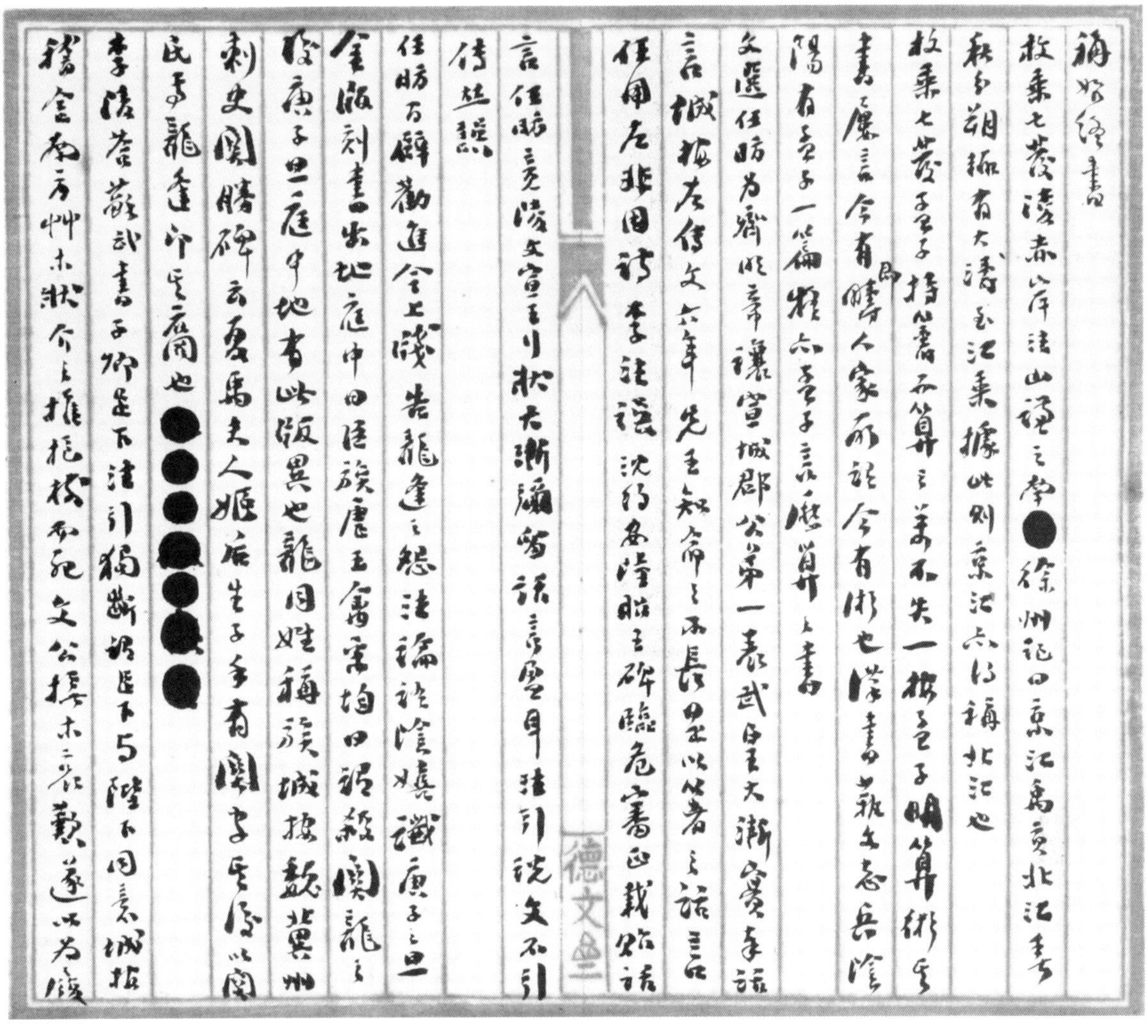

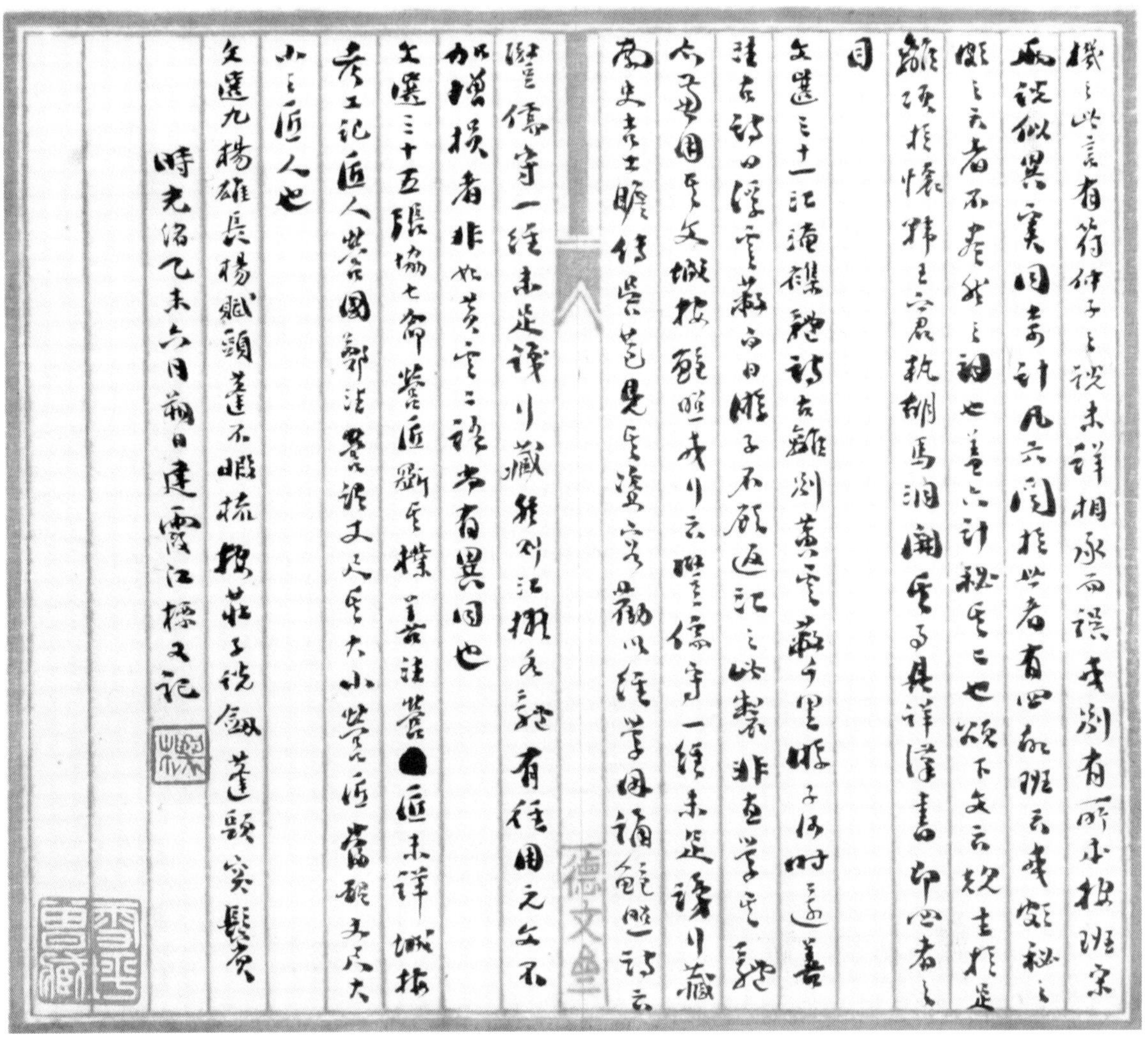

（图三二 13—14）

三三 许乃椿 致五桥函

许乃椿 不详

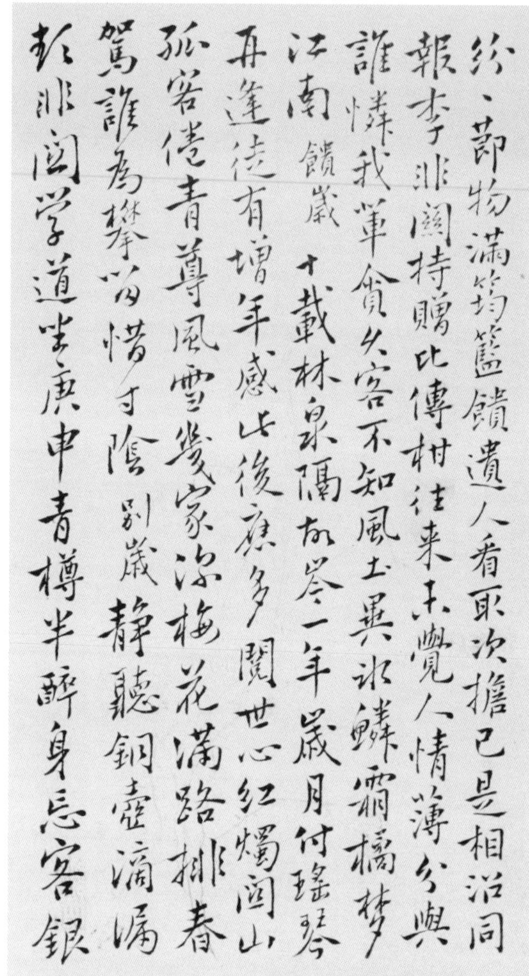

紛紛節物滿筠籃饋遺人看取次擔已是相沿同
報李非關持贈比傳柑往來未覺人情薄紛與
誰憐我筆貧久客不知風土異冰雪霜橋夢
江南 饋歲 十載林泉隔故吾一年歲月付瑤琴
再逢徒有增年感此後應多閱世心紅燭閒山
孤客借青尊風雪幾家涼梅花滿路排春
駕誰爲攀留惜寸陰 別歲 靜聽銅壺滴漏
聲非關學道坐庚申青樽半醉身忘客銀

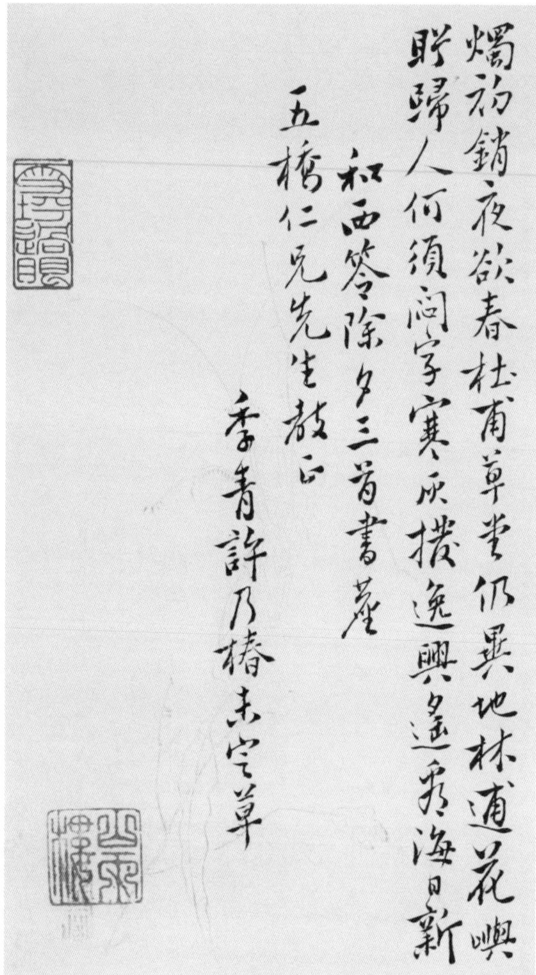

燭初銷夜欲春杜甫草堂仍異地林逋花嶼
賦歸人何須問字寒爐撥逸興遙飛海日新
和西笭除夕三首書塵
五橋仁兄先生教正
季青許乃椿未定草

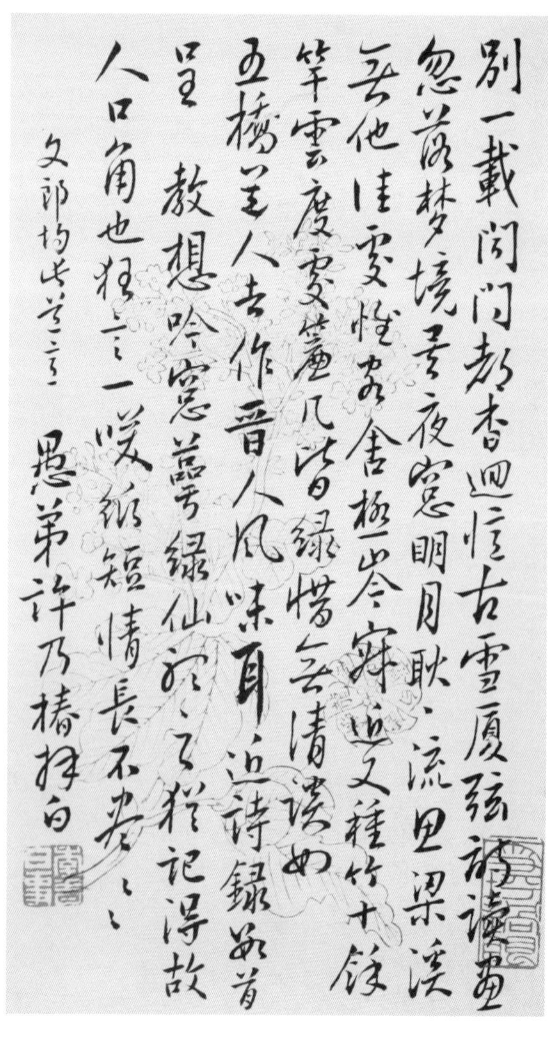

別一載閒門鬱杳迴憶古雪廔弦誦讀畫
忽若夢境吾夜窗明月耿耿流思梁溪
無他佳處惟書舍極岑寂近又種竹十餘
竿雲度處窗簾几皆綠惜無清談如
五橋其人者作晉人風味耳近詩錄兩首
呈教想吟窗當綠仙能一一記得故
人口角也狂言一噱紙短情長不盡
文郎均此道候
愚弟許乃椿拜白

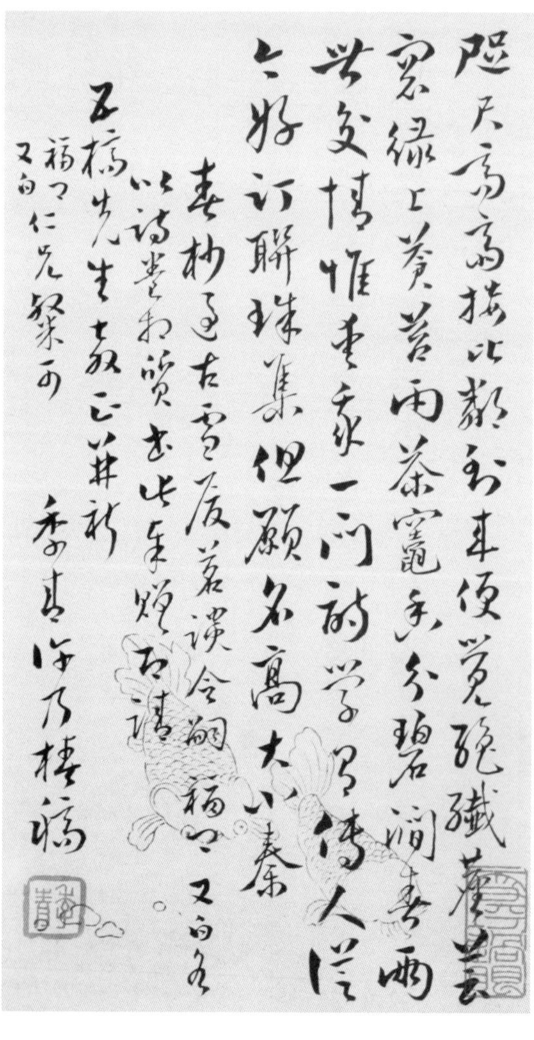

煙天高高樓此藪翁來便覺鶴鐵爐香
窗綠上蒼苔雨茶竈煙分碧澗春雨
世交情惟重我一門詩學得傳人憶
七子訂聯珠集但願名高大小秦
春杪過古雪廔茗談令嗣福福 又白兄
以詩見和賦此奉答即請
五橋先生教正並祈
福福仁兄繫可 又白
季青許乃椿稿

（图三三 1—4）

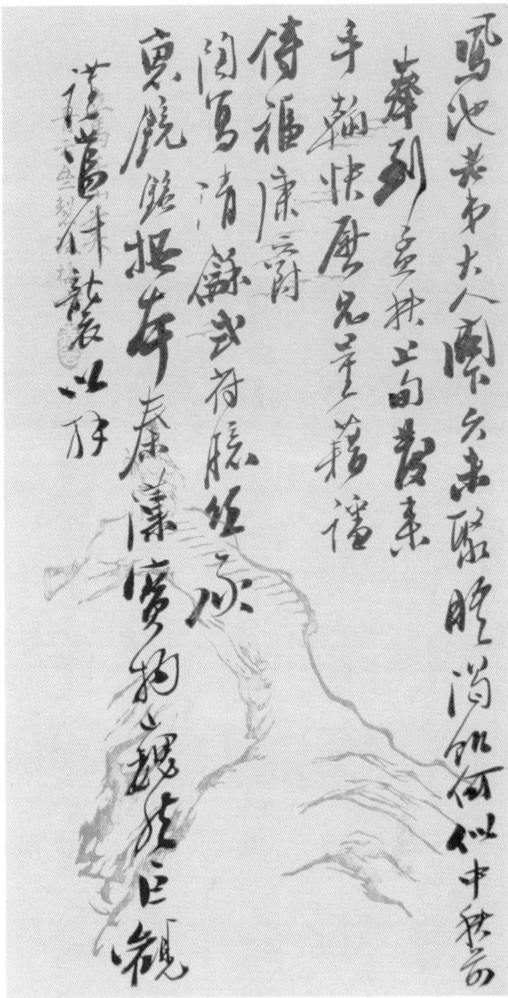

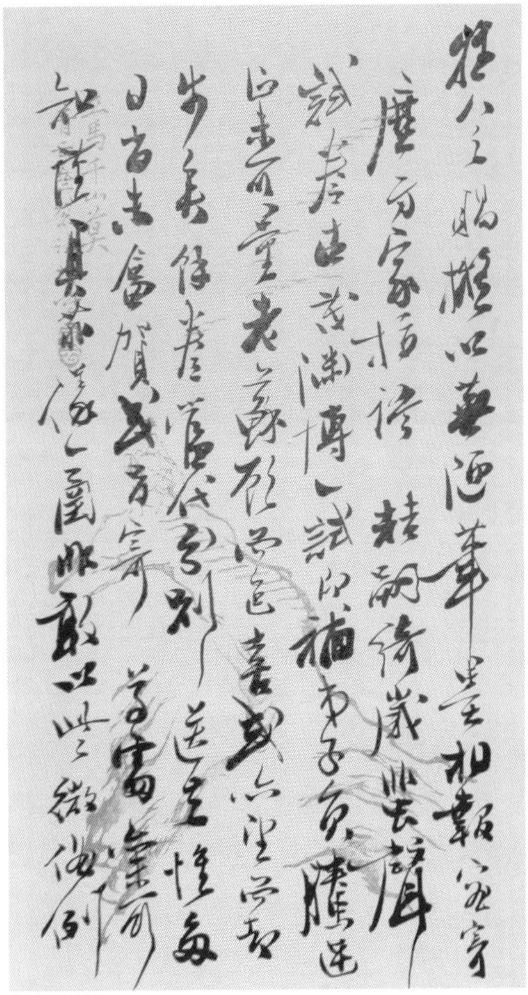

三四　仲承华　致凤池函

仲承华　不详

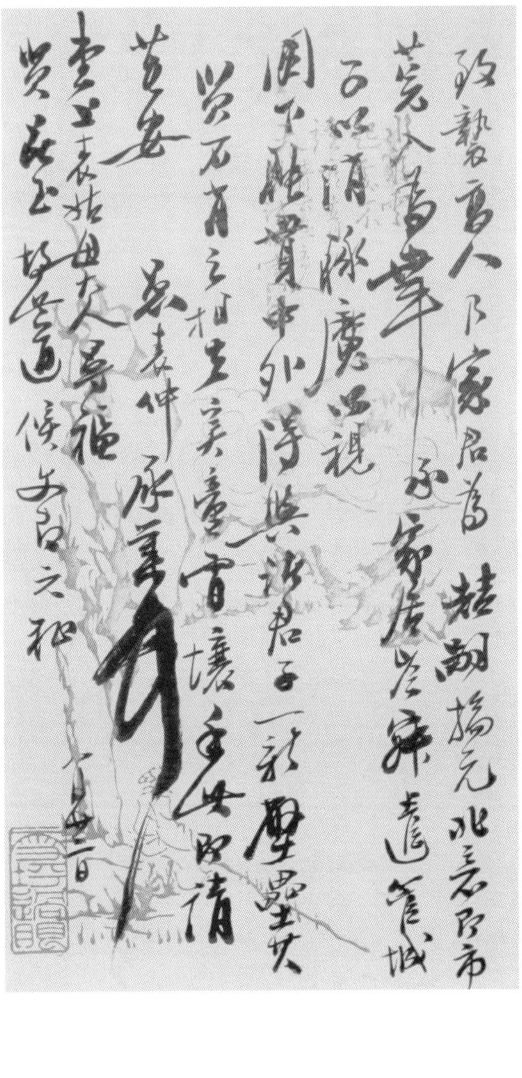

（图三四　1—3）

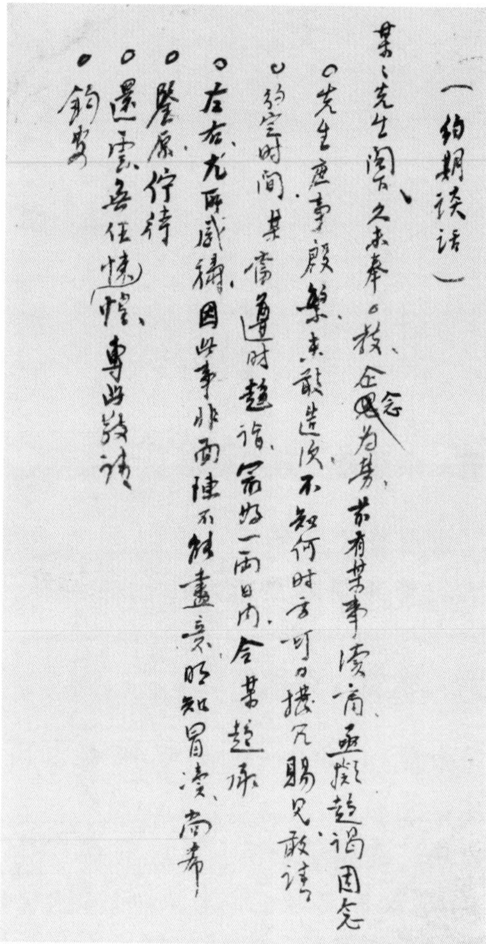

（约期谈话）
某某先生阁下：久未奉教，企念为劳。兹有某事须商，亟拟趋谒，因念
先生庶事殷繁，未敢造次，不知何时方可接见，敢请
约定时间，某当遵时趋谒，窃于一两日内，令某趋承
左右，尤所感祷。因此事非面陈不能尽意，明知冒渎，尚希
鉴原，仍待
还云，无任悚惶，专此敬请
钧安

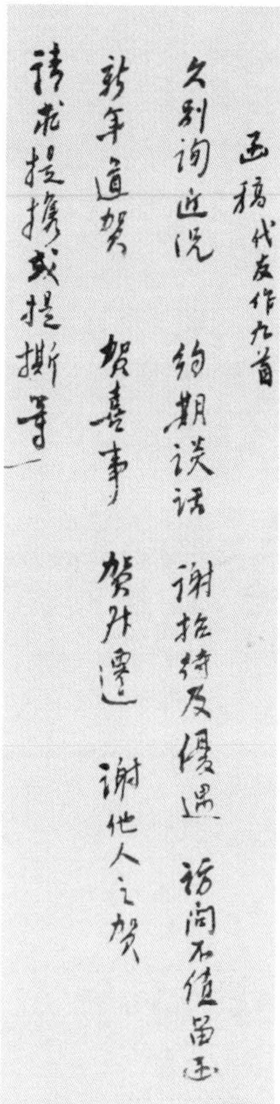

函稿代友作九首
久别询近况　约期谈话　谢招待及优遇　访询不值留函
新年道贺　贺喜事　贺升迁　谢他人之贺
请求提携或提撕等

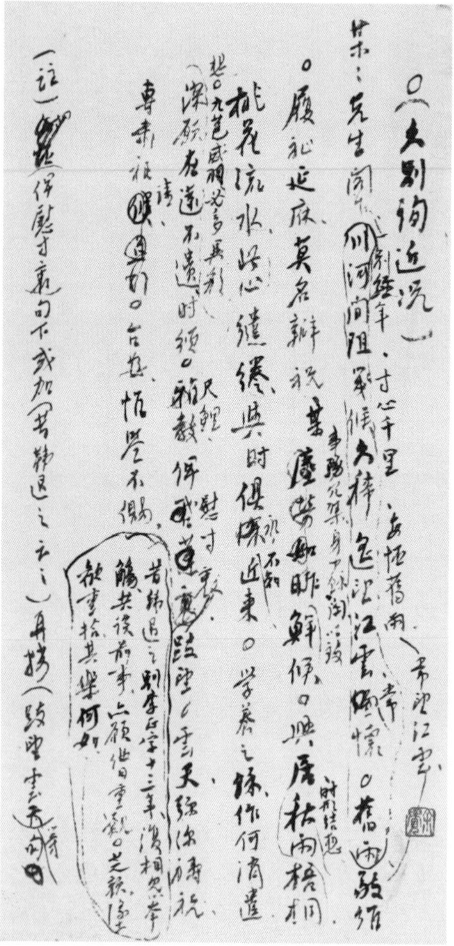

（久别询近况）（寄迎江云）
某某先生阁下：川河间阻，睽违经年，寸心千里，无任驰念，久钦江云，倍怀旧雨，敬维
履祉延庥，莫名辞祝。某尘劳鲜暇，兴居枯桐，
桃花流水，此心缱绻，与时俱深，近来学养之余，作何消遣，
深愿后达，不遗时赐瑶翰，俾慰寸衷，
专肃祇请台安，伫望示复

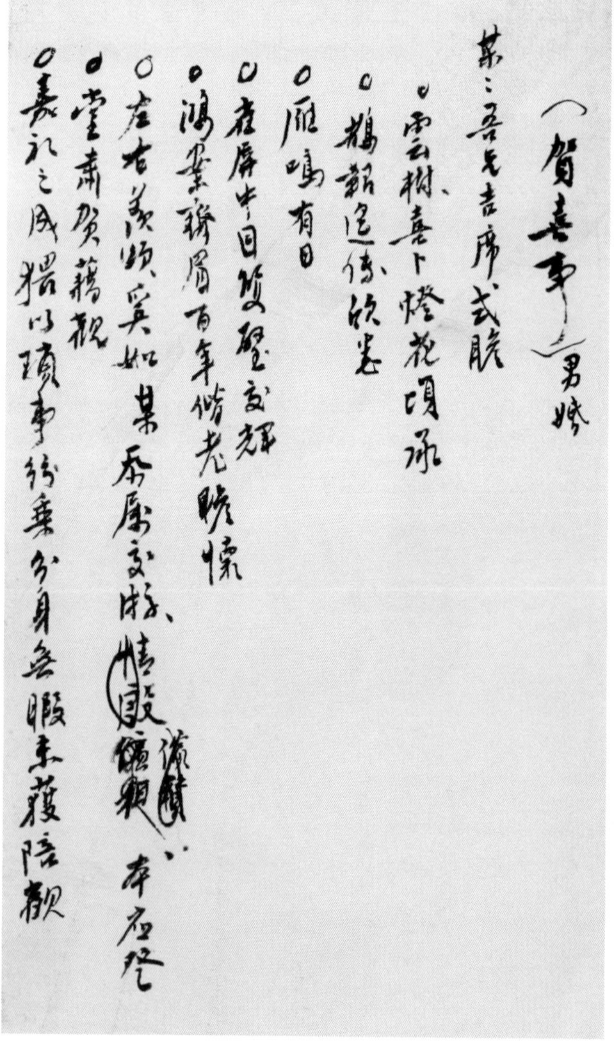

（贺喜事）男婚
某某吾兄吉席：式瞻
云树，喜卜灯花，顷承
鸿翰，遥传欣悉
雁鸣有日
庄席中同贺璧交辉
鸿案联眉，百年偕老，瞻怀
左右，羡颂实如。某忝属交游，情殷，本应
堂前贺籍观
嘉礼之成，猎以琐事缠身，分身无暇，未获陪观

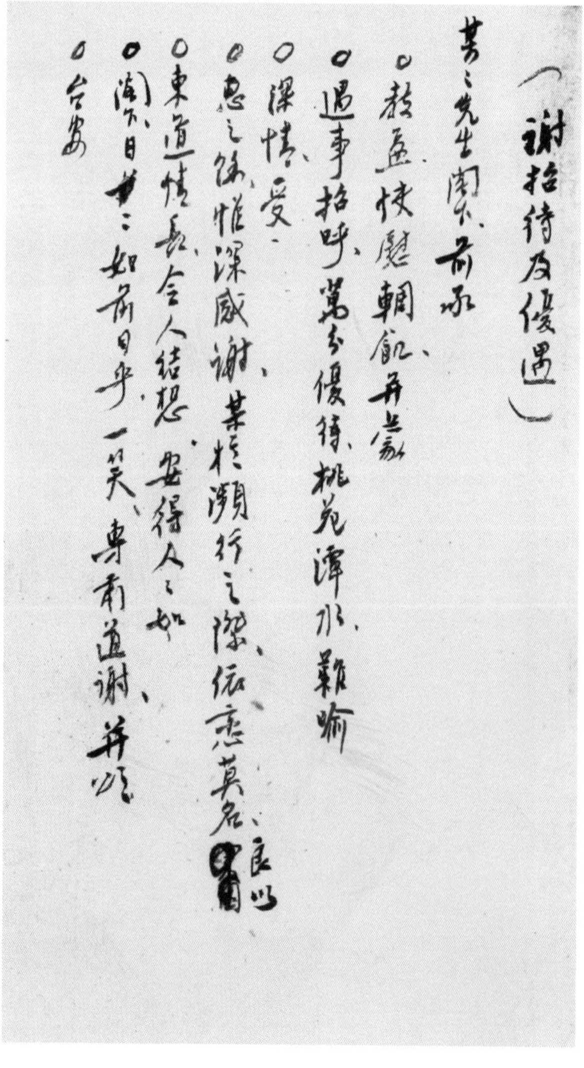

（谢招待及优遇）
某某先生阁下：前承
教益，快慰鞠饥，并蒙
过事招呼，万分优待，桃花潭水，难喻
深情厚爱，
感之余，惟深感谢。某于濒行之际，依恋莫名，良以
东道情长，令人结想，安得人人如
阁下日某某如前日再一笑，专肃道谢，并颂
台安

（图三六　3—7）

三六　余觉　杂稿手迹

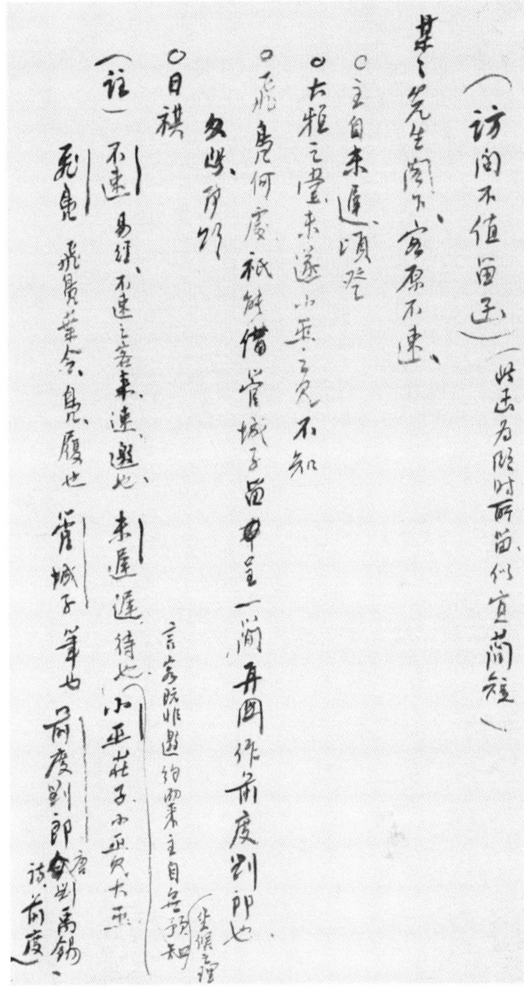

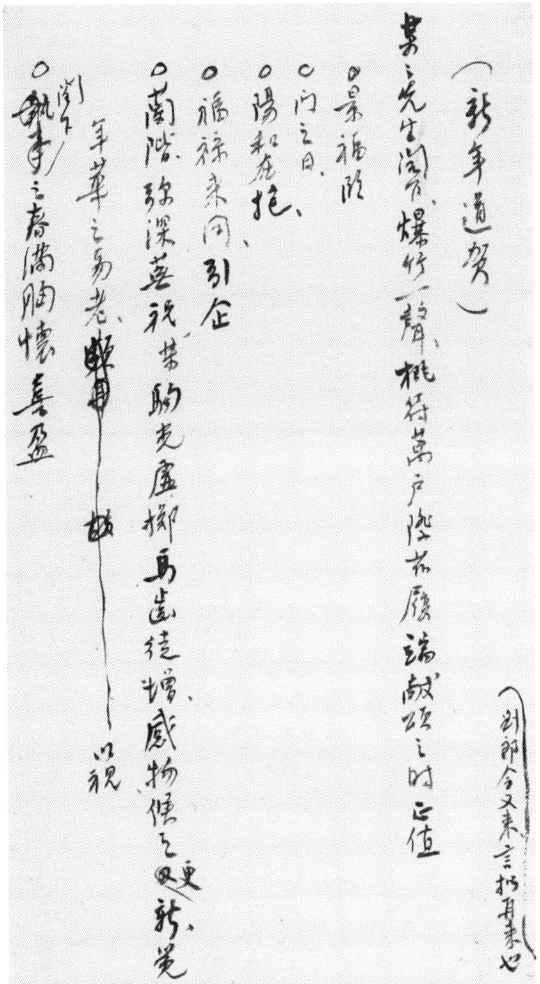

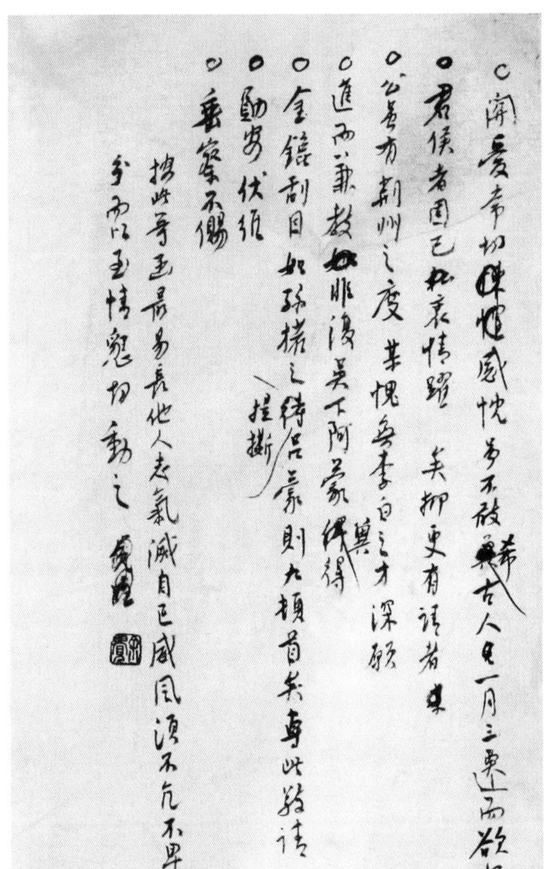

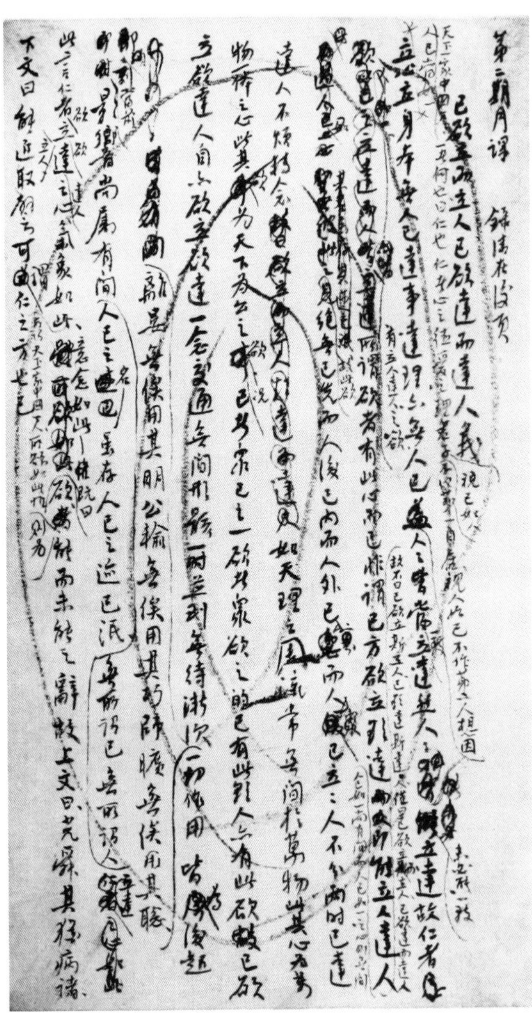

（图三六　8—11）

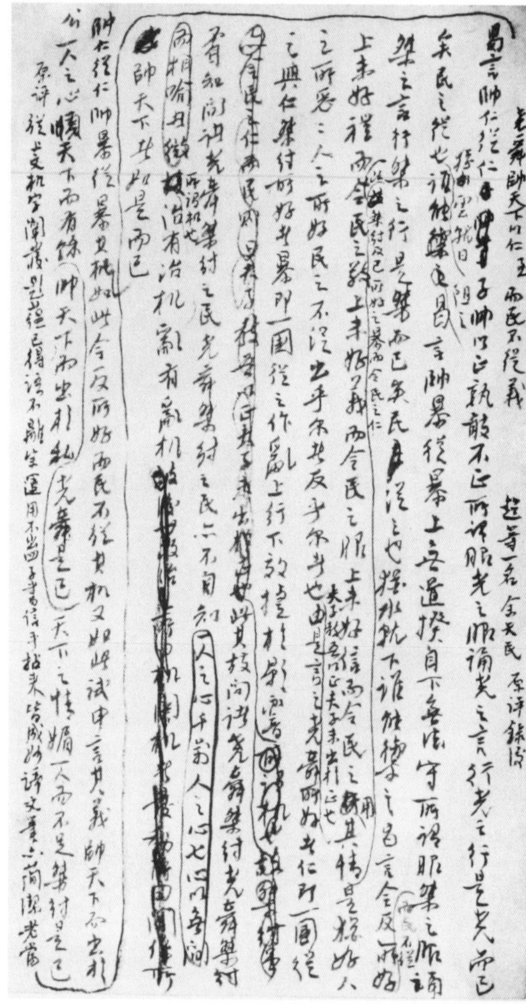

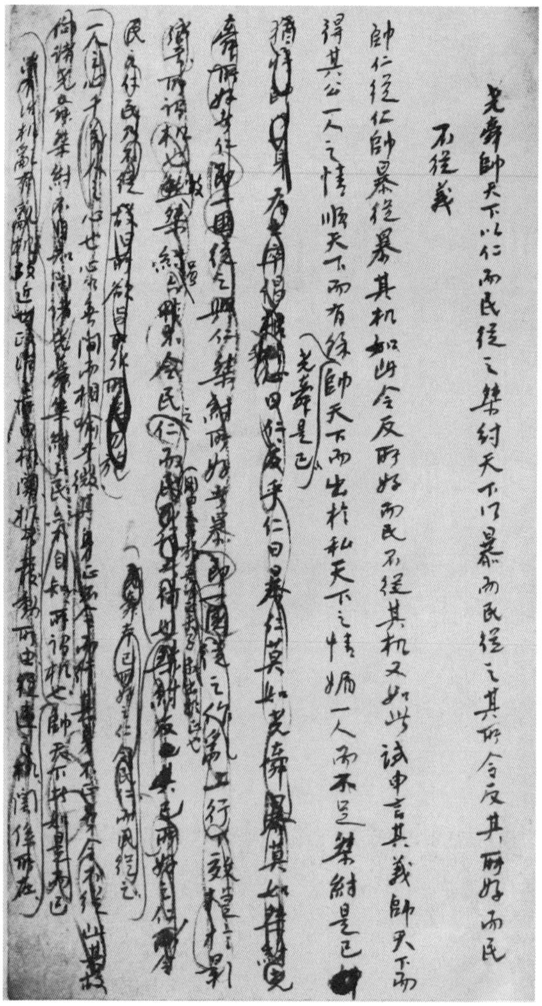

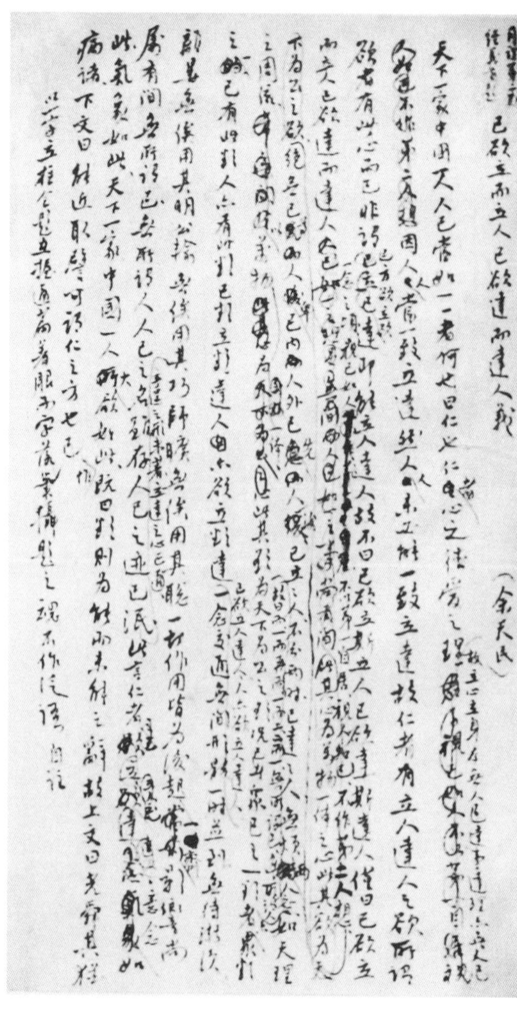

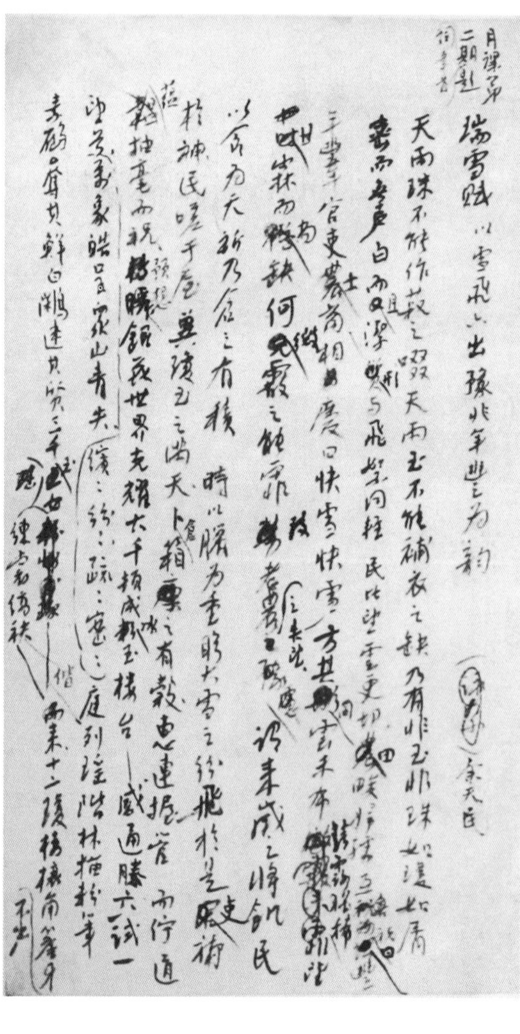

（图三六 12—15）

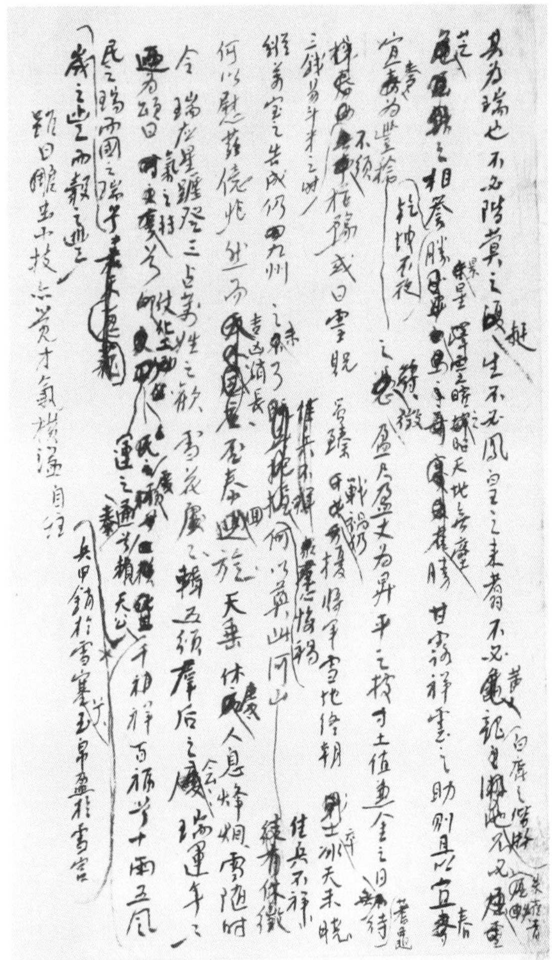

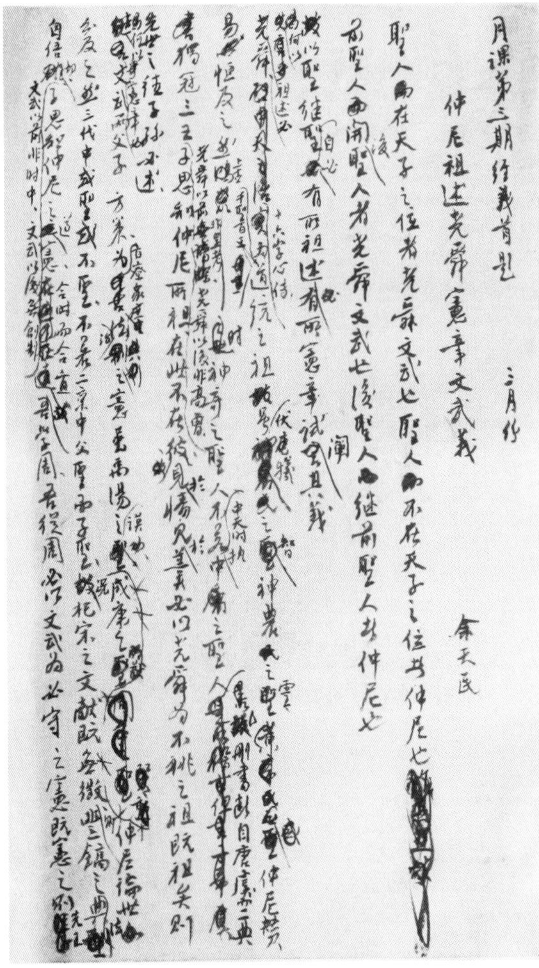

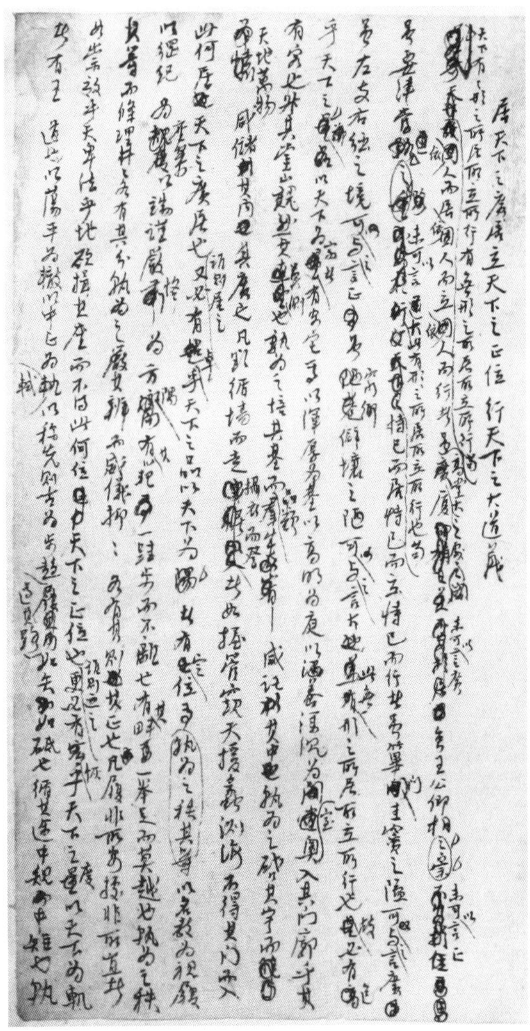

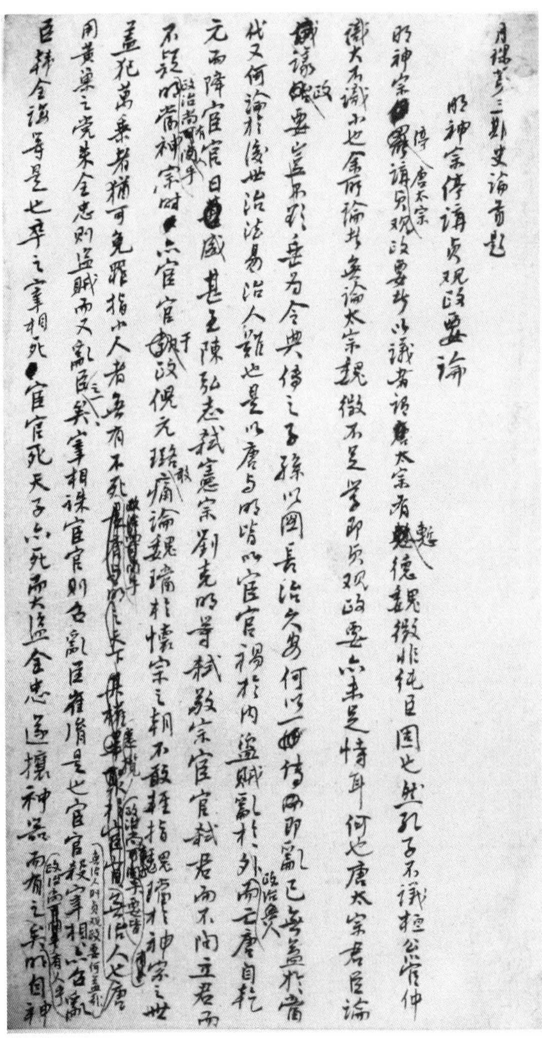

（图三六　16—19）

三六　余觉　杂稿手迹

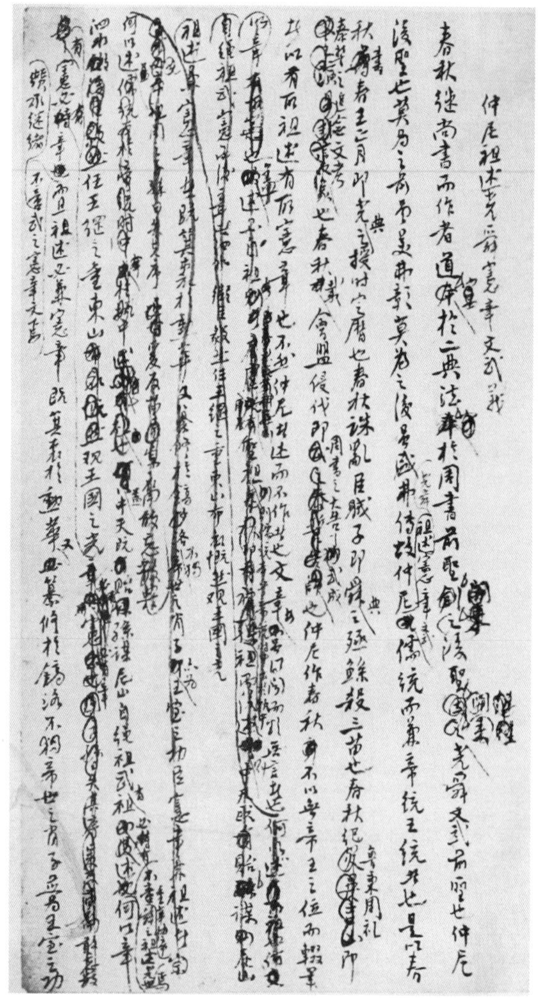

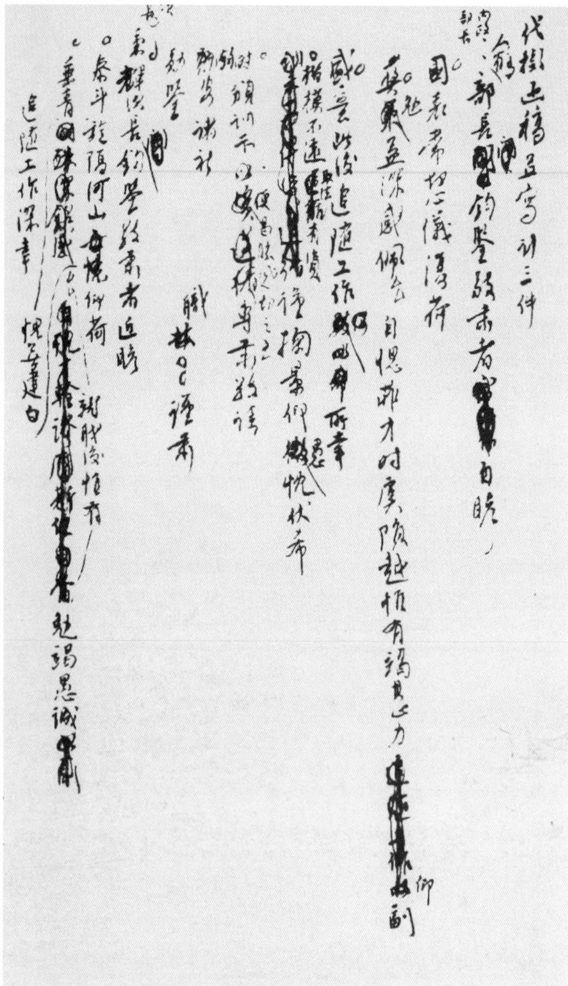

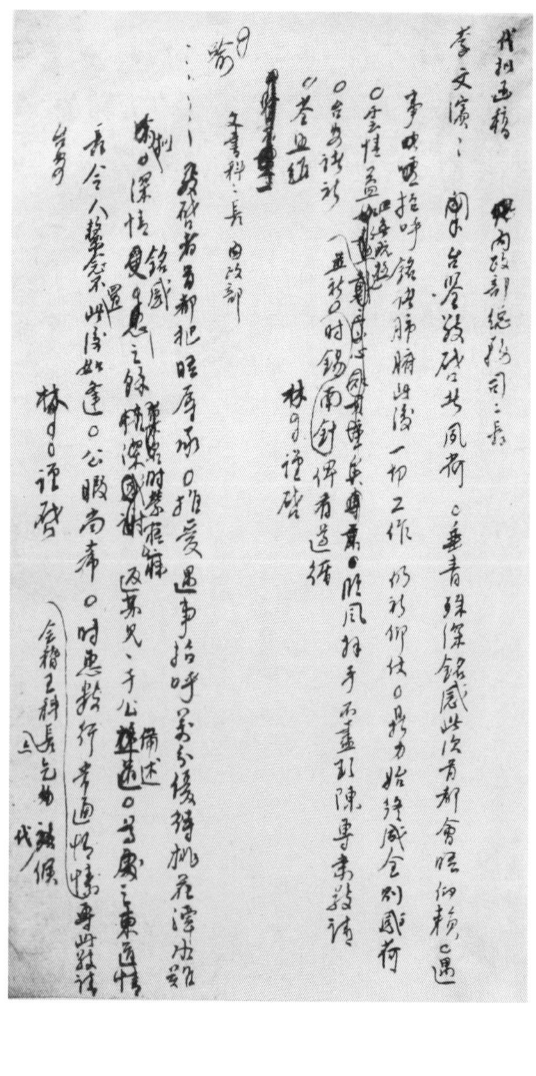

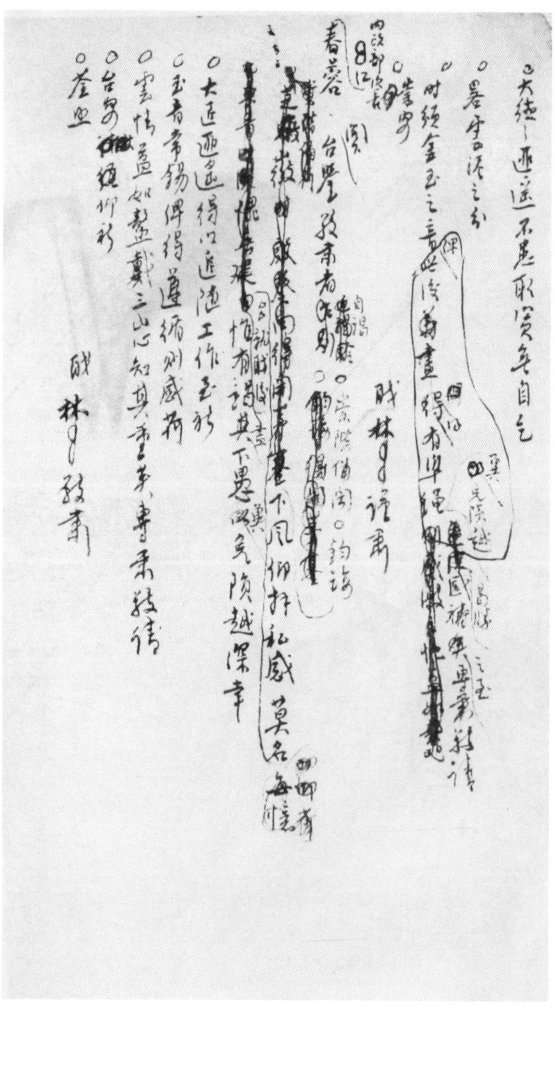

（图三六　20—23）

三六　余觉　杂稿手迹

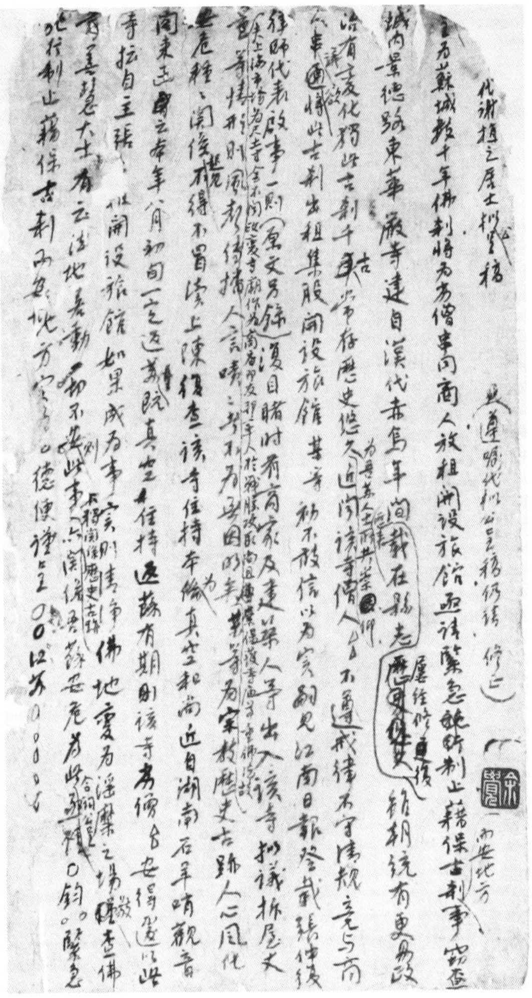

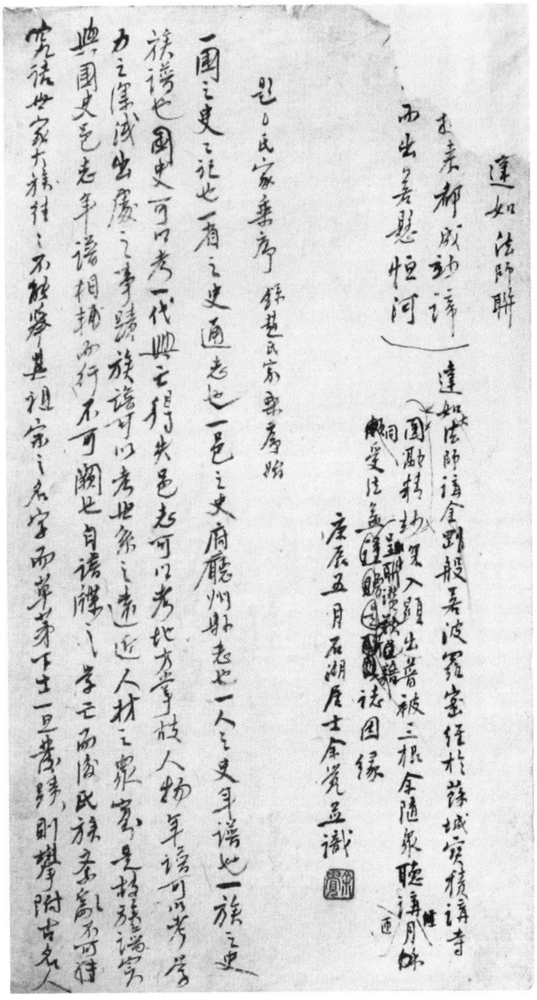

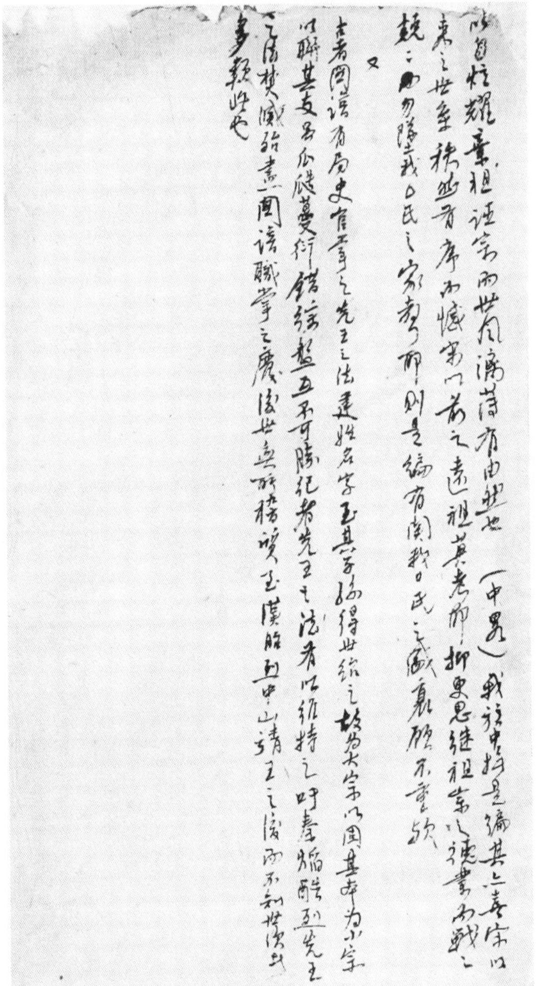

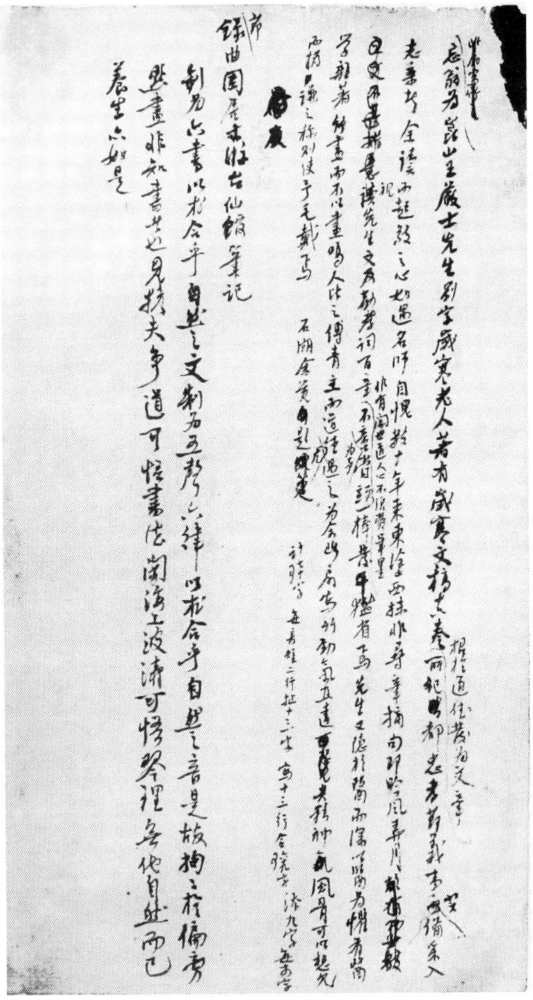

（图三六　24—27）

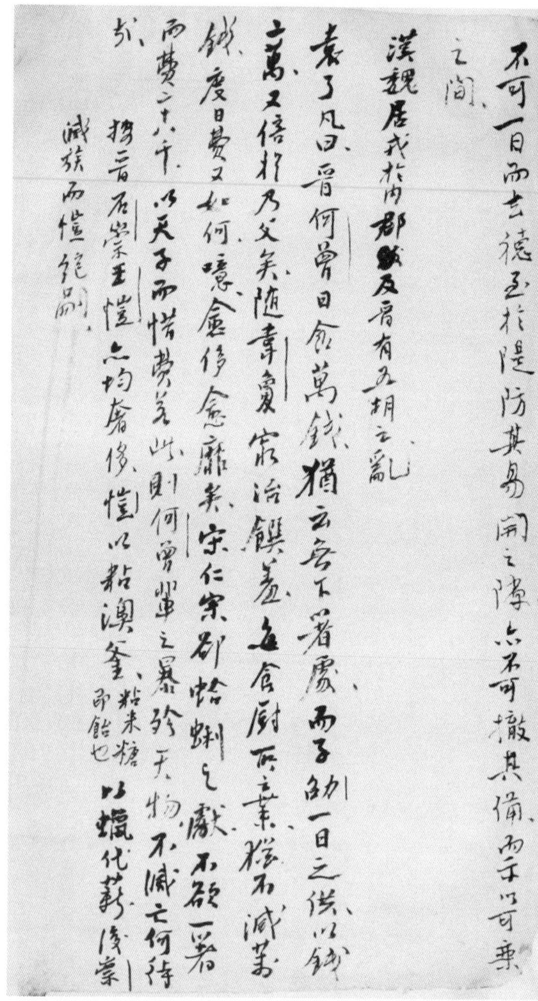
不可一日而去德、又在隄防其易閙之際、亦不可撤其備、而不以可棄
之間、
漢魏居戎於內郡，致及晉有五胡之亂、
袁了凡曰、晉何曾日食萬錢，猶云無下箸處，而子劭一日之供以錢
二萬，又倍於乃父矣，隨豪奢，宋治饌羞，每食尉所之業，猶不減萬
錢，度日費又如何，噫，今侈愈靡矣，宋仁宗郡蛤蜊之獻，不欲一箸
而費二十八千，以天子而惜費若此，則何曾輩之暴殄天物，不減亡何待
哉、　按晉石崇王愷亦均奢侈，愷以粘澳釜（粘米糖即飴也），以蠟代薪，後崇
滅族而愷能嗣、

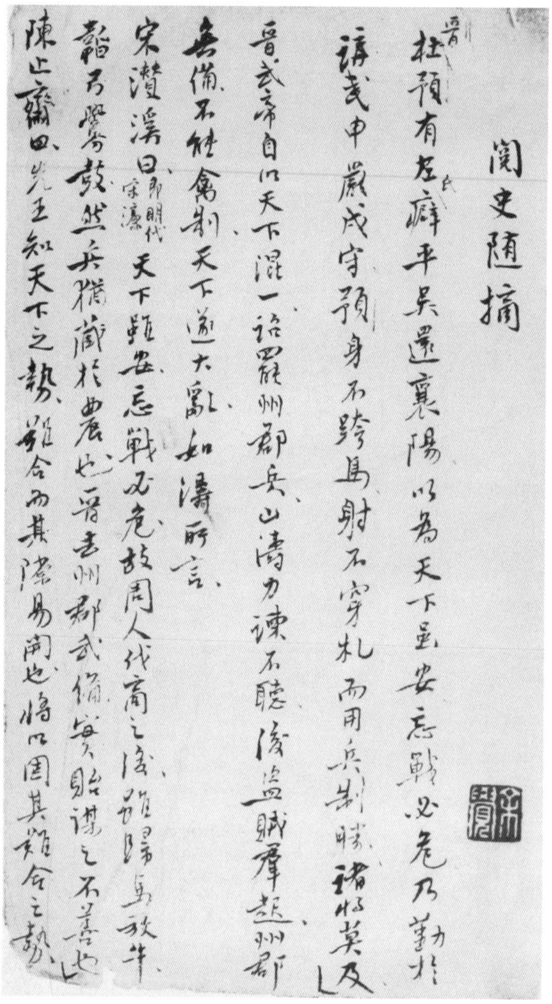
閱史隨摘
晉杜預有左（長）癖，平吳還襄陽，以為天下雖安，忘戰必危，乃勤於
講武，申嚴戍守，預身不跨馬，射不穿札，而用兵制勝，諸將莫及，
晉武帝自以天下混一，詔罷州郡兵，山濤力諫不聽，後盜賊群起，州郡
無備，不能禽制，天下遂大亂，如濤所言、
宋濂曰（即明代宋濂）、天下雖安，忘戰必危，故周人伐商之後，雖歸馬放牛，
韜弓竅鼓，然兵猶藏於農也，晉去州郡武備，無異貽謀之不善也，
陳止齋論曰、先王知天下之勢，雖合而其際易閙也，將以固其雖合之勢，

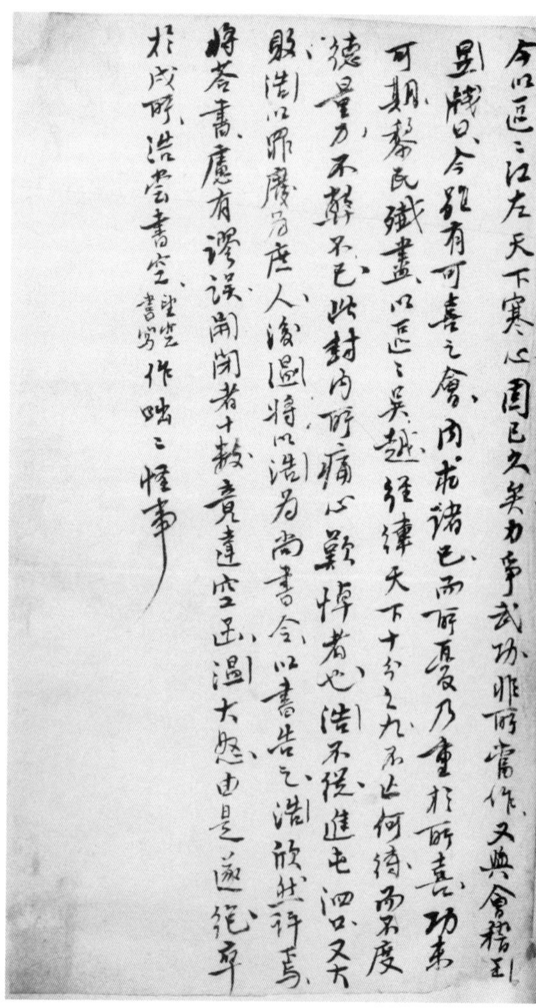
今以區區江左，天下寒心，固已久矣，力爭武功，非所當作，又與會稽王
昱牋曰、今雖有可喜之會，內求諸己而所憂乃重於所喜，功未
可期，黎民殲盡，以區區之吳越經緯天下十分之九，不亦何待而不度
德量力，不斃不已，此封內所痛心歎悼者也，浩不從，進屯泗口，又大
敗，浩以罪廢為庶人，後溫將以浩為尚書令，以書告之，浩欣然許焉，
將答書，慮有謬誤，開閉者十數，竟達空函，溫大怒，由是遂絕，卒
於戍所，浩嘗書空（望空書字）作咄咄怪事、

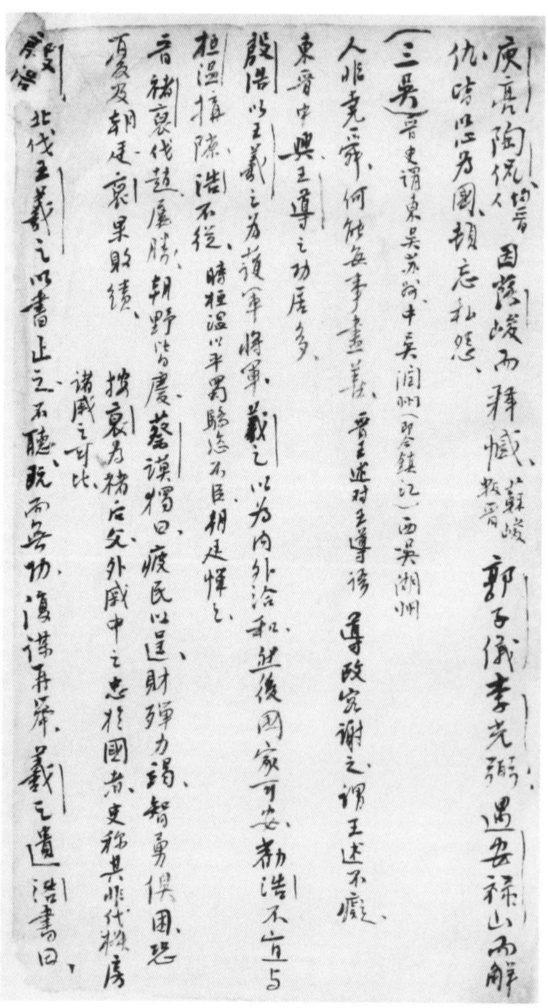
庾亮陶侃（均晉人）因蘇峻（蘇峻叛晉）而釋憾，郭子儀李光弼遇安祿山而解
仇，皆以為國，頓忘私怨、
（三吳）晉史謂東吳蘇州、中吳潤州（即今鎮江）、西吳湖州
人非堯舜，何能每事盡善，晉王述對王導語，導改容謝之，謂王述不癡、
東晉中興，王導之功居多、
殷浩以王羲之為護軍將軍，羲之以為內外洽和，然後國家可安，勸浩不宜與
桓溫構隙，浩不從，時桓溫以平蜀驕恣不臣，朝廷憚之、
晉褚裒伐趙，屢勝，朝野皆慶，蔡謨獨曰，疲民以逞，財殫力竭，智勇俱困，恐
憂及朝廷，裒果敗績，　按裒為褚后父，外戚中之忠於國者，史稱其非代族
諸戚之可比、
殷浩北伐，王羲之以書止之，不聽，既而無功，復謀再舉，羲之遺浩書曰、

（图三六　28—31）

三六　余觉　杂稿手迹

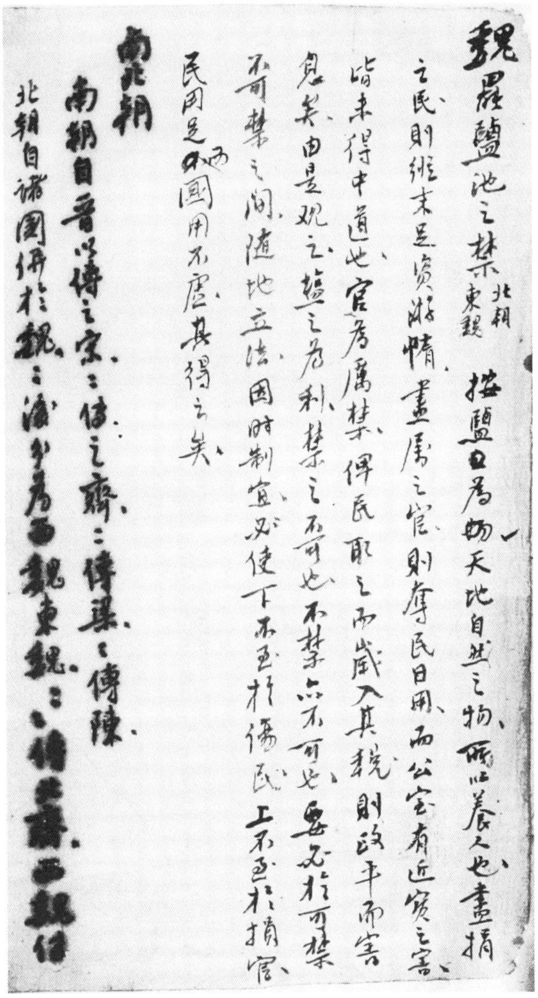
魏罷鹽池之禁 北朝東魏　按鹽目為物，天地自然之物，所以養人也。盡捐
之民則俾末匠資游情，盡屬之官則奪民日用，而公室有近資之害，
皆未得中道也。官為厲禁，俾民取之，而歲入其稅，則政平而害
息矣。由是觀之，鹽之為利，禁之不可也，不禁亦不可也。要在於可禁
不可禁之間，隨地立法，因時制宜，必使下不至於傷民，上不至於損官，
民同足而國用不匱，其得之矣。
南北朝
南朝自晉以傳之宋，宋傳之齊，齊傳梁，梁傳陳。
北朝自諸國併於魏，魏分為西魏東魏，東魏傳北齊，西魏傳

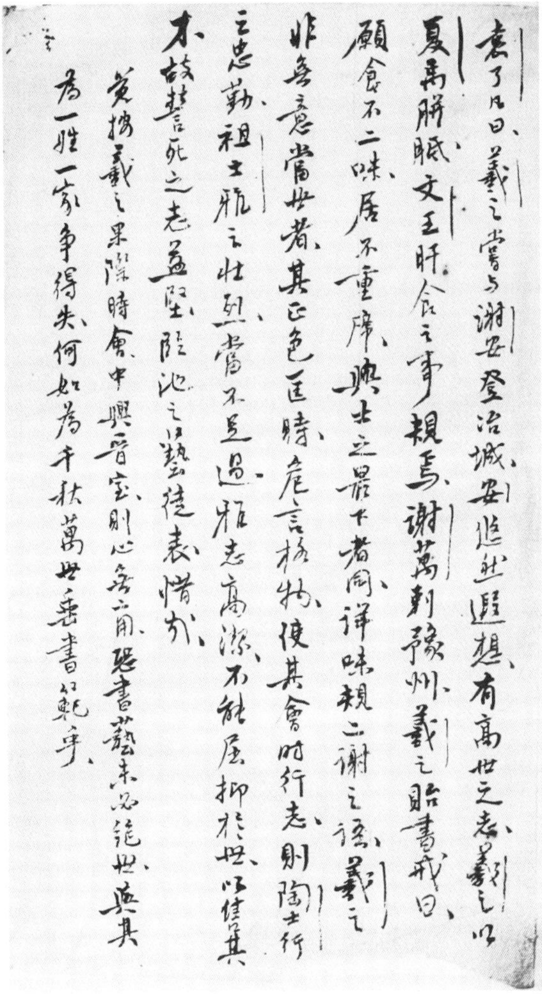
袁了凡曰：羲之嘗與謝安登冶城，安悠然遐想，有高世之志，羲之以
夏禹胼胝、文王旰食之事規焉。謝萬刺豫州，羲之貽書戒曰：
願食不二味，居不重席，與士之最下者同甘苦。詳味規二謝之語，羲之
非無意當世者，其正色匡時，危言極物，使其會時行志，則陶士行
之忠勤，祖士稚之壯烈，當不足過。雅志高潔，不能屈抑於世，以僅其
不鼓(?)誓死之志益堅，臨池之藝，徒表惜於
莫挽義之際時會，中興晉室，則必無偏(?)聽書藝未必能世與其
為一雅一家事得失，何如為千秋萬世垂書[illegible]乎。

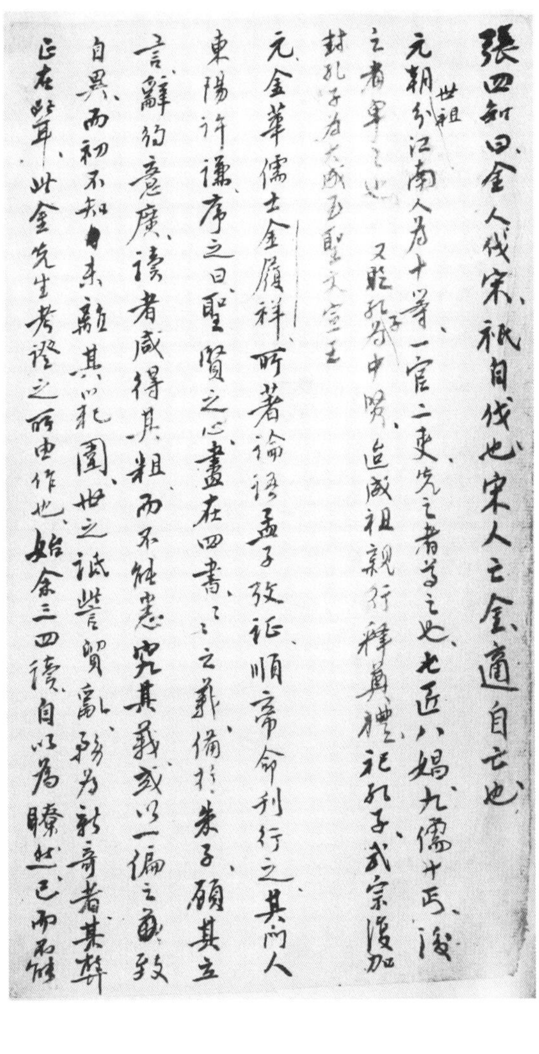
張四知曰：金人伐宋，祇自伐也；宋人亡金，適自亡也。
元朝分江南人為十等，一官二吏，先之者重之也；七匠八娼九儒十丐，後
之者卑之也。世祖又聽[illegible]孔子中[illegible]，追成祖親行釋奠禮，祀孔子，武宗復加
封孔子為大成至聖文宣王。
元金華儒士金履祥所著論語孟子攷証，順帝命刊行之。其門人
東陽許謙序之曰：聖賢之心盡在四書，四書之義備於朱子，顧其立
言辭約意廣，讀者或得其粗而不能悉究其義，或以一偏之見致
自異，而初不知未離其範圍，世之詆訾貿亂，務為新奇者，其弊
正在此耳。此金先生考證之所由作也。始余三四讀，自以為瞭然，已而不能

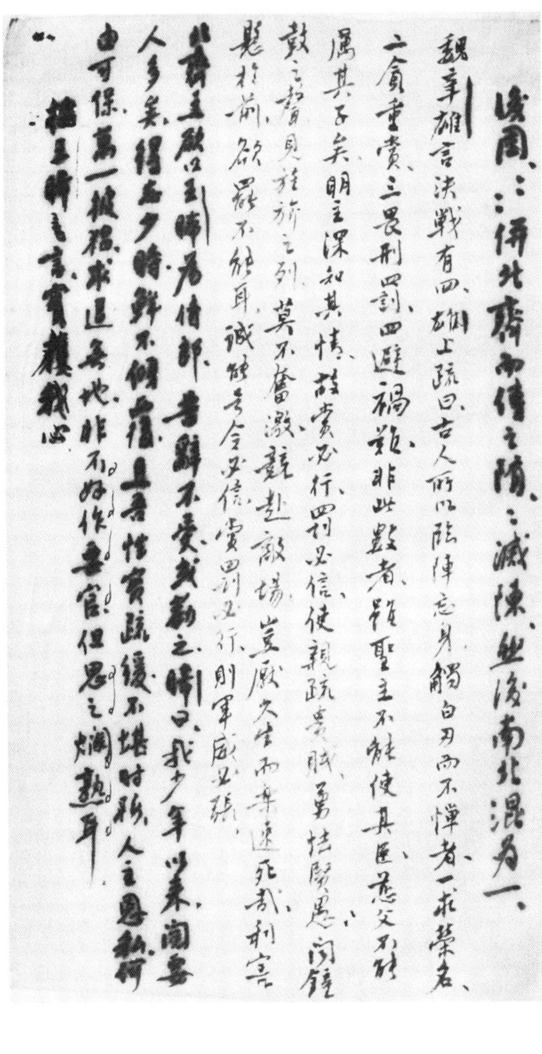
後周，周併北齊而傳之隋，隋滅陳，然後南北混為一。
魏辛雄言決戰有四，雄上疏曰：古人所以臨陣忘身，觸白刃而不憚者，一求榮名，
二貪重賞，三畏刑罰，四避禍難，非此數者，雖聖主不能使其臣，慈父不能
屬其子矣。明主深知其情，故賞必行，罰必信，使親疏貴賤勇怯賢愚，聞鍾
鼓之聲，見旌旗之列，莫不奮激，競赴敵場，豈厭久生而樂速死哉，利害
懸於前，欲罷不能耳。誠能號令必信，賞罰必行，則軍威必張。
北齊主殷以王晞為侍郎，苦辭不受。或勸之，晞曰：我少年以來，閱要
人多矣，得志少時，鮮不顛覆，且吾性實疏緩，不堪時務，人主恩私何
由可保，萬一披猖，求退無地，非不好作要官，但思之爛熟耳。
[illegible]王晞之言，實獲我心。

（图三六　32—35）

三六　余觉　杂稿手迹

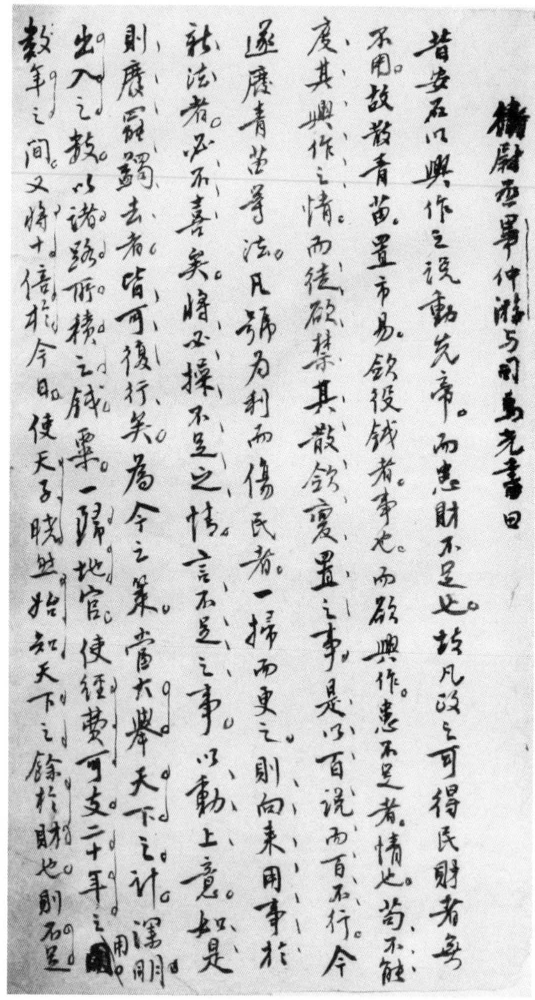
摘錄畢仲游与司馬光書曰

昔安石以興作之說動先帝，而患財不足也，故凡政之可得民財者無不用。故散青苗，置市易，斂役錢者，事也。而欲興作，患不足者，情也。苟不能度其興作之情，而徒欲禁其散斂，廢置之事，是以百說而百不行。今遂廢青苗等法，凡號為利而傷民者，一掃而更之，則向來用事於新法者，必不喜矣。將必操不足之情，言不足之事，以動上意。如是則廢罷者，皆可復行矣。為今之策，當大舉天下之計，深明出入之數，以諸路所積之錢粟，一歸地官，使經費可支二十年之用。數年之間，又將十倍於今日。使天子曉然，始知天下之餘於財也，則不足

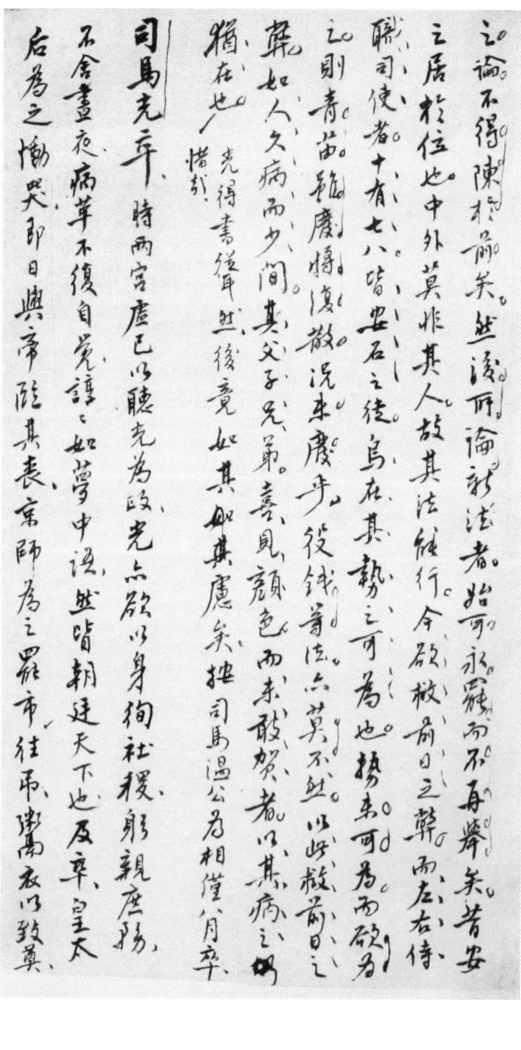
之論，不得陳於前矣。然後所論新法者，始可永罷而不再舉矣。昔安石之居於位也，中外莫非其人，故其法能行。今欲救前日之弊，而左右侍職司使者，十有七八皆安石之徒，雖在其勢之可為也，勢未可為而欲為之，則青苗雖廢將復散，況未廢乎。役錢等法亦莫不然。以此救前日之弊，如人久病而少間，其父子兄弟喜見顏色，而未敢賀者，以其病之猶在也。

光得書，僅歎服。然後竟如其所慮矣。惜哉！　司馬溫公為相僅八月卒

司馬光卒，時兩宮虛己以聽，光為政，光亦欲以身徇社稷，躬親庶務，不舍晝夜，病革不復自覺，諄諄如夢中語，然皆朝廷天下也。及卒，皇太后為之慟哭，即日與帝臨其喪，京師為之罷市，往弔，鬻衣以致奠，

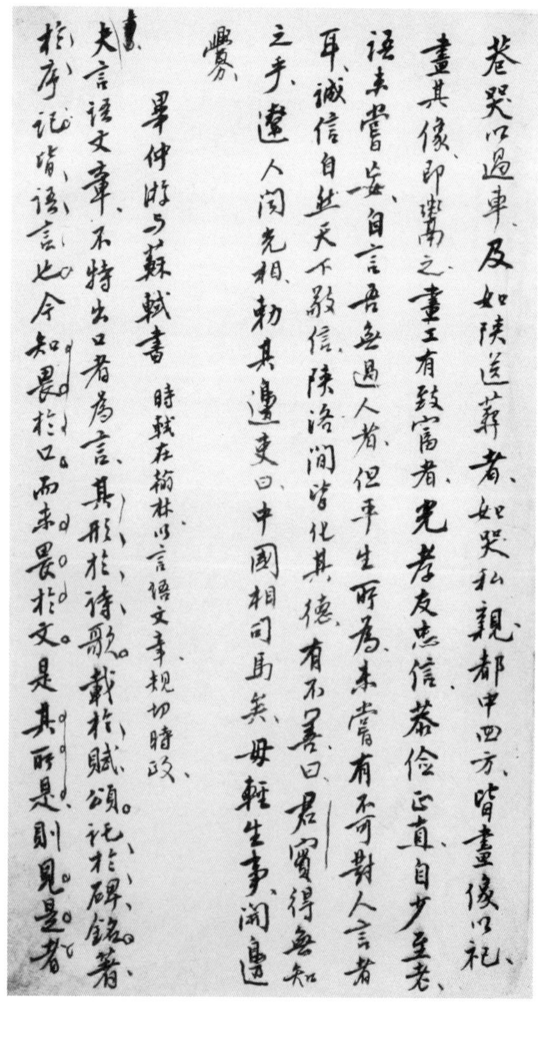
巷哭以過車，及如陝送葬者，如哭私親。都中四方，皆畫像以祀，畫其像，即鬻之，畫工有致富者。光孝友忠信，恭儉正直，自少至老，語未嘗妄。自言吾無過人者，但平生所為，未嘗有不可對人言者耳。誠信自然，天下敬信。陝洛間皆化其德，有不善，曰君實得無知之乎。遼人聞光相，勅其邊吏曰：中國相司馬矣，毋輕生事開邊釁。

畢仲游与蘇軾書　時軾在翰林，以言語文章規切時政

夫言語文章，不特出口者為言，其形於詩歌，載於賦頌，託於碑銘，著於序記，皆語言也。今知畏於口，而未畏於文，是其所是，則見是者

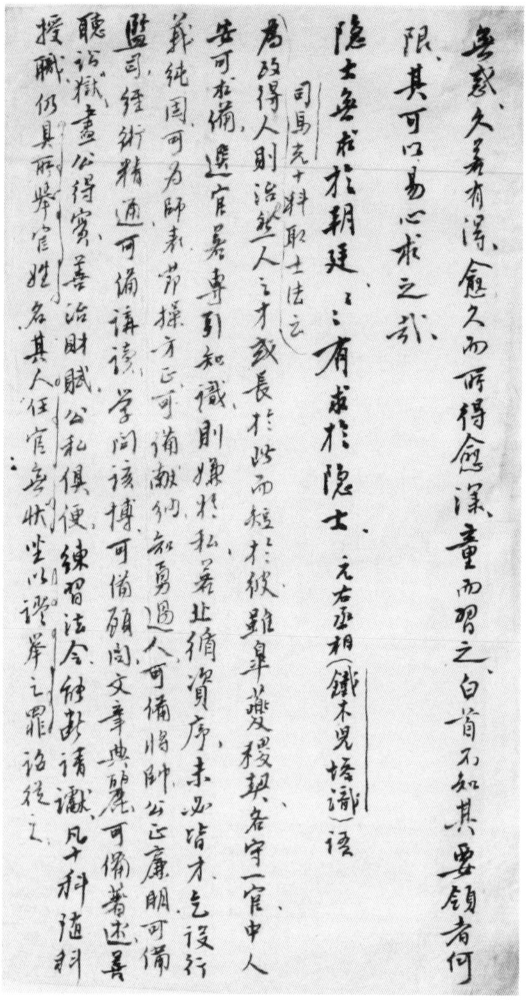
無惑，久暑有淚，愈久而所得愈深。童而習之，白首不知其要領者何限，其可以易心求之哉。

隱士無求於朝廷，之有求於隱士。　元右丞相（鐵木兒塔識）語

司馬光十科取士法云

為政得人則治。然人之才或長於此而短於彼，雖皋夔稷契，各守一官。中人安可求備。選官專引知識，則爛於私。若止循資序，未必皆才。宜設行義純固可為師表科，節操方正可備獻納科，智勇過人可備將帥科，公正廉明可備監司科，經術精通可備講讀科，學問該博可備顧問科，文章典麗可備著述科，善聽訟獄盡公得實科，善治財賦公私俱便科，練習法令能斷請讞科。凡十科隨科授職，仍具所舉官姓名。其人任官無狀，坐以謬舉之罪。詔從之。

（图三六　36—39）

高才美官盛名。古之所谓三不幸也。宜谦抑以避人之尊己。广大以容人之异己。刘定之语

邹瑗山曰宋世所谓贤人君子者一有议论异同即使求去当国家多事之时犹之可也及乎宗社存亡在此一举犹以所主不同挈身求去譬之行舟焉一主帆一主橹一主篙主人从主帆者之言则主橹与篙者即弃去不顾幸其舟覆以快吾言之不用不知舟既覆矣吾身能免乎宋士大夫之见绝有类于是为国乎为己乎

喜。非其所非则蒙非者怨。喜者未必能济君之谋。而怨者或已败君之事矣。官非谏官。职非御史。而好是非人。危身。触讳。以游其间。殆犹抱石以救溺也（轼不能从）

按孔子作春秋彰善阐恶不形言辞。寓诸微意。然犹曰罪我者其惟春秋乎。

刘挚为中丞数月弹劾多所贬黜。百僚敬惮。时人以比吕诲包拯尝与同列奏事论及人才挚曰人才难得。能否不一。性忠实而才识有余上也。才识不远而忠实有余次也。有才而难保可藉以集事又其次也。怀邪观望随时政变此小人也。太后及帝曰。卿常能如此用人。则国家何忧

定。大经。概举而监戒昭。众目毕张而几微着。春秋以后仅见此书。春秋者经中之史。纲目者史中之经也

南宋张栻南轩对孝宗曰必胜之形当在早正素定之时而不在两阵决机之日。当下哀痛之诏。明复仇之义。修德立政。用贤养民。选将练兵。以内修外攘。进战退守。通为一事。必治其实而不为虚文。则必胜之形隐然可见。虽有浅陋畏怯之人亦且奋跃而争先矣。帝深纳之。

（前略）。南宋刘珙上孝宗疏

荆襄之事。臣实讲之详矣。大概兵力单薄。财赋匮乏。要当责两路帅臣。训练民兵。以增壮军声。令荆南守臣。用度节财用。措置移易。以增广边围。此荆襄今日之急务也。然而利害之大则不在荆襄。荆襄回

丁南湖曰。正直之士。多轻为激。此所以被祸独惨。身名罕全也。予观王存孙固赵瞻傅尧俞皆善安石及与论新法皆以正直忤之。及元祐黜斥小人则又从宽不肯矫激太甚。凡处事率循此道。故于元祐诸臣中身名俱全

辽主戒群臣令勿生事疆埸曰南朝尽行仁宗之政矣

按此即所谓战胜于朝廷

弱者出战。强者继之。此孙子三驷之法。一败而二胜也

邱文庄曰。朱熹因司马光资治通鉴。作为纲目。纲仿春秋。而兼采群史之长。目仿左氏。而稽合诸儒之粹。岁周于上。而天道明。统正于下。而人道

（图三六　40—43）

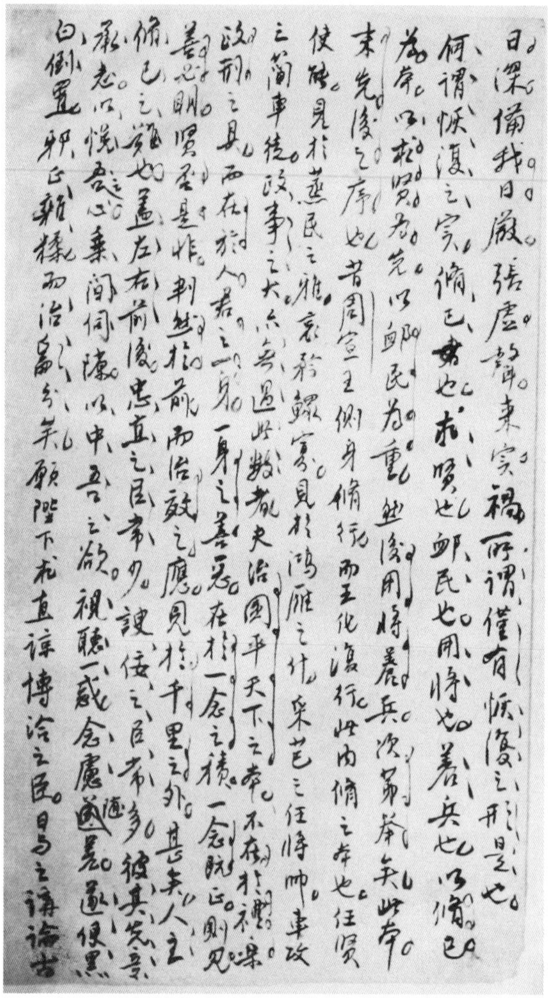
日深備我日嚴。張虐聲。東寇禍。所謂僅有恢復之形是也。
何謂恢復之實。備己也，求賢也，卹民也，用將也，養兵也。以備己
為本，以求賢為先，以卹民為重，然後用將養兵，次第舉行，此本
末先後之序也。昔周宣王側身脩行，而王化復行，此內脩之本也。任賢
使能，見於蒸民之雅；哀矜鰥寡，見於鴻雁之什；采芑之任將帥，車攻
之簡車徒，政事之大，亦無過此數者。夫治國平天下之本，不在於他
政刑之具，而在於人君之一身。一身之善惡，在於一念之積，一念既正，則凡
善也明，賢否是非，判然於前，而治亂之應，見於千里之外。甚矣人主
脩己之難也。蓋左右前後忠直之臣常少，諂佞之臣常多，彼其先意
承志，以悅君心，乘間伺隙，以中吾之欲，視聽一惑，念慮遂差，遂使黑
白倒置，邪正雜糅，而治亂分矣。願陛下求直諒博洽之臣，日與之講論古

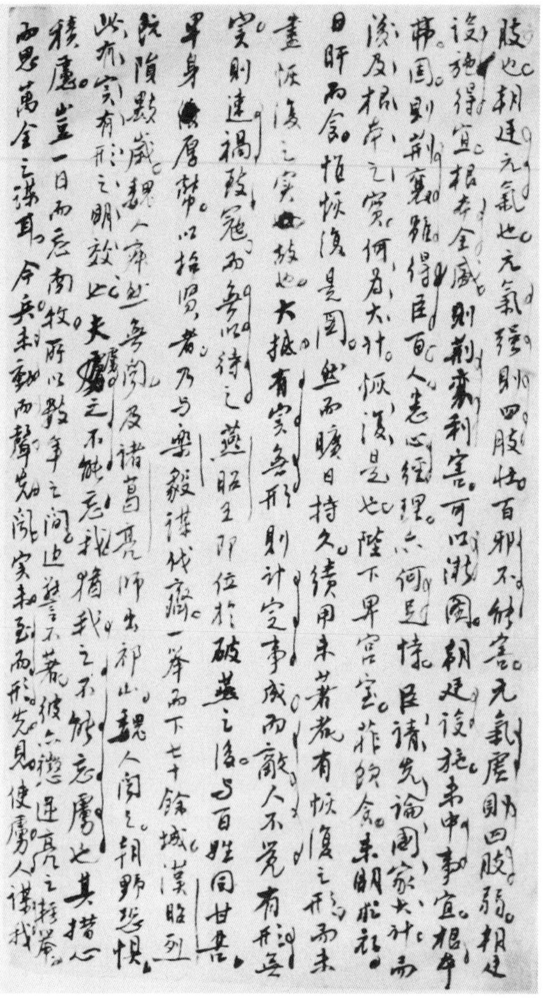
股肱也。朝廷元氣也。元氣經四肢，故四肢壯，百邪不能害。元氣虛，則四肢弱。相延
設施得宜，根本全盛，則荊襄利害，可以洞圖。朝廷設施未中事宜，根本
弗固，則荊襄雖得臣百人盡心經理，亦何益於事。臣請先論國家大計而
後及根本之實。何為大計，恢復是也。陛下卑宮室，菲飲食，未明求衣，
日旰而食，惟恢復是圖。然而曠日持久，績用未著，恢復之形未
盡，恢復之實未也。大抵有實無形，則計定事成而敵人不覺；有形無
實，則速禍致寇，而無以待之。燕昭王即位於破燕之後，與百姓同甘苦，
卑身厚幣以招賢者，乃得樂毅，謀伐齊，一舉而下七十餘城。漢昭烈
既隳敗之餘，親入茅廬，三顧諸葛亮，師出祁山，魏人聞之，朝野恐懼，
此有實有形之明效也。夫虜之不能忘我，猶我之不能忘虜也。其措心
積慮，豈一日而忘南牧，所以數年之間，邊警不聞，彼亦懲逆亮之輕舉，
而思萬全之謀耳。今兵未動而聲先聞，實未到而形先見，使虜人謀我

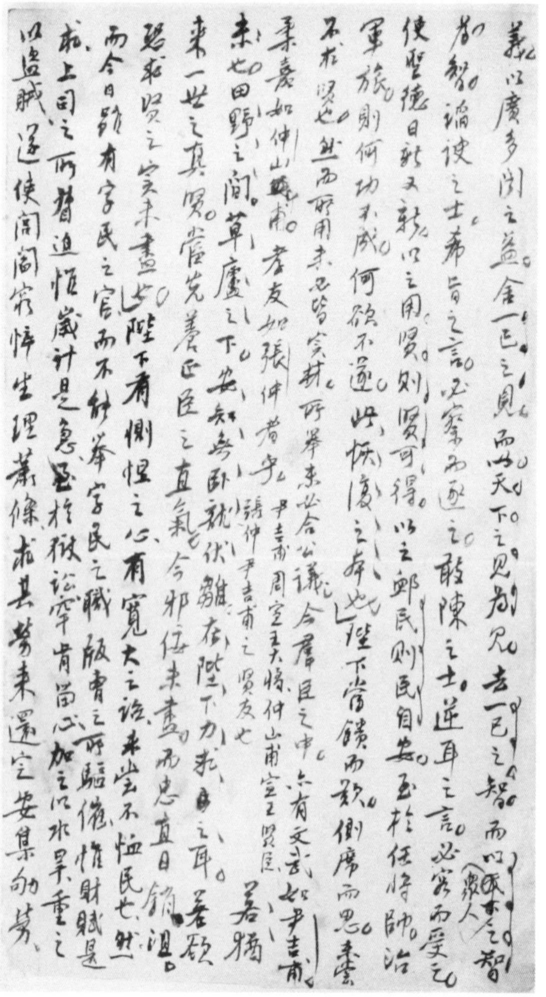
義以廣多聞之益。合一臣之見，而以天下之見為見；去一己之智，而以眾人之智
為智。諂諛之士，希旨之言，必察而遠之；敢陳之士，逆耳之言，必容而受之。
使聖德日新又新，以之用賢，則賢可得；以之卹民，則民自安；至於任將帥，治
軍旅，則何功不成，何欲不遂。此恢復之本也。陛下嘗鏡而歎，側席而思，求
不在賢也。然而所用未必皆實材，所舉未必合公議。今群臣之中，亦有文武如尹吉甫
兼長如仲山甫者乎？孝友如張仲者乎？（尹吉甫周宣王大將，仲山甫宣王賢臣，張仲尹吉甫之賢友也）若猶
未也，田野之間，草廬之下，安知無臥龍伏雛在。陛下力求而用之耳。若頗
求一世之真賢，嘗先養臣之直氣。今邪佞未盡而忠直日銷，沮
抑求賢之實未盡也。陛下有惻怛之心，有寬大之詔，未嘗不恤民也。然
而今日號有字民之官而不能舉字民之職，版曹之所驅催，惟財賦是
求；上司之所督迫，惟歲計是急。至於獄訟寃肯留心，加之以求異，重之
以盜賊，遂使閭閻窮悴，生理蕭條，求其勞來還定安集劬勞

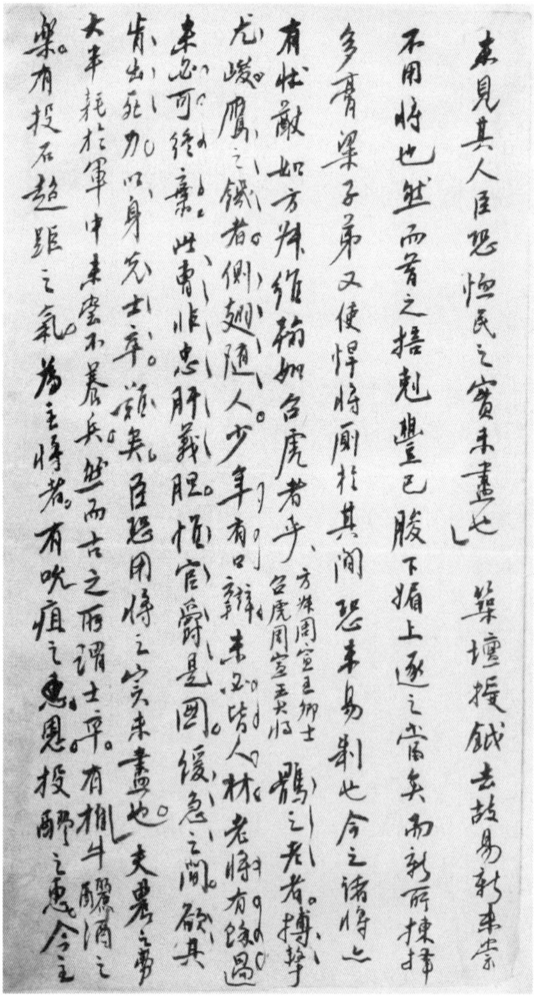
未見其人。臣恐恤民之實未盡也。築壇授鉞，去故易新，朱紫
不用將也。然而宥之搢紳，豈已勝下媚上逐之常矣，而新所揀擇
多膏粱子弟，又使悍將厠於其間，恐未易制也。今之諸將亦
有壯敵如方叔，縱猶如召虎者乎？（方叔周宣王卿士，召虎周宣王大將）鷹之老者搏擊
尤峻，鷹之饑者側翅隨人。少年有口辯，未必皆人材；老將有餘勇，
未必可終棄。此曹非忠肝義膽，惟官爵是圖，緩急之間，欲其
肯出死力，以身先士卒，難矣。臣恐用將之實未盡也。夫舉之師，
大率耗於軍中，未嘗不養兵，然而古之所謂士卒，有挾牛釃酒之
樂，有投石超距之氣，為之將者，有吮疽之恩，投醪之惠，今之

（图三六　44—47）

三六　余觉　杂稿手迹

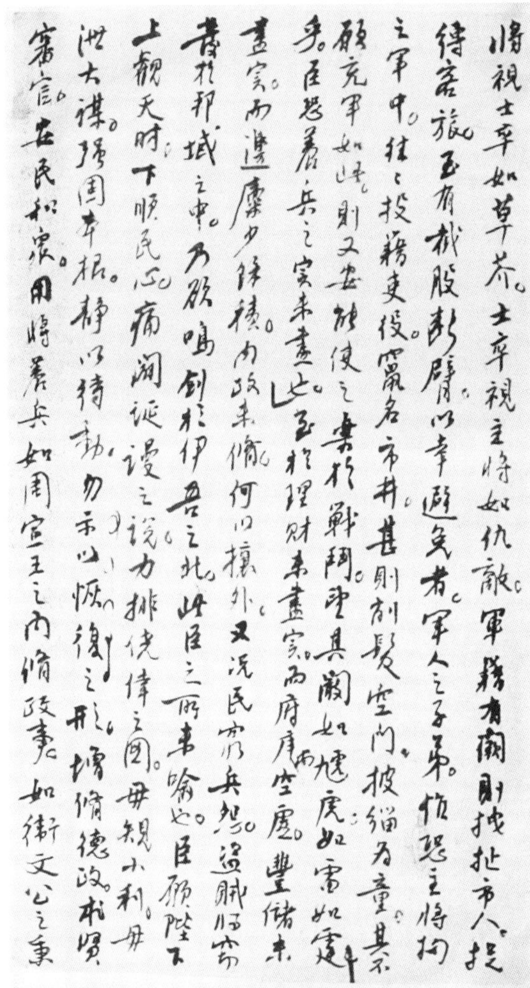

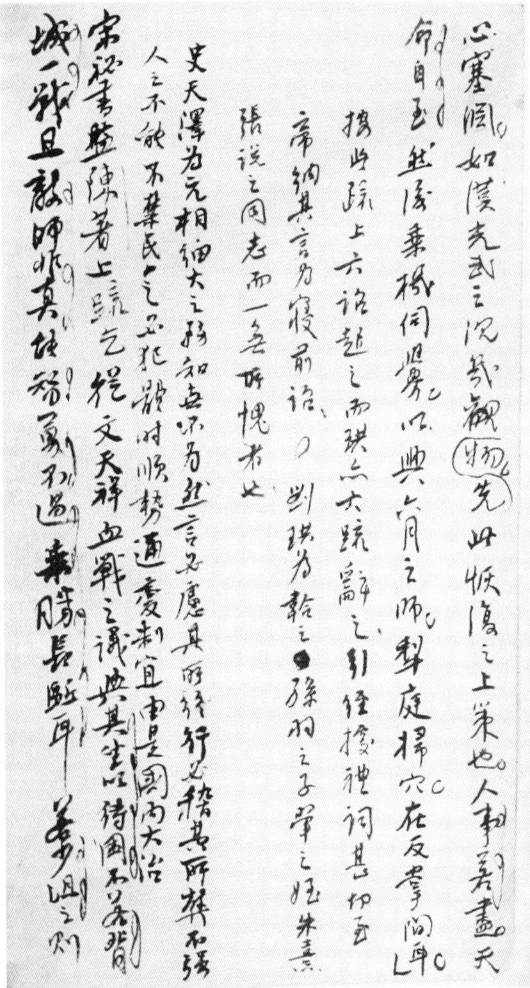

（图三六　48—49）

三七　余觉　手书杂记

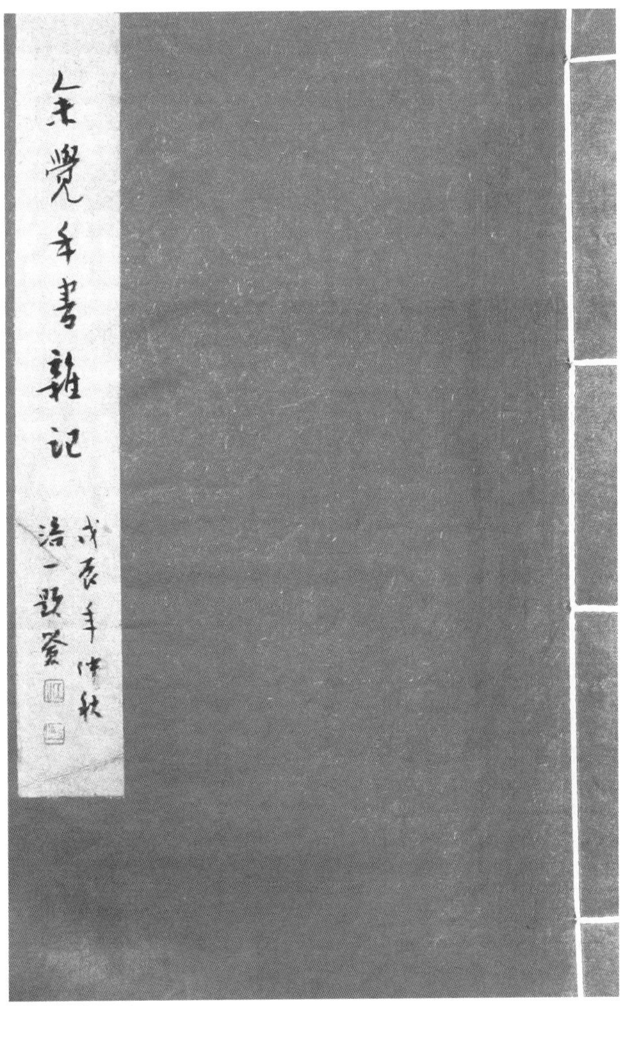

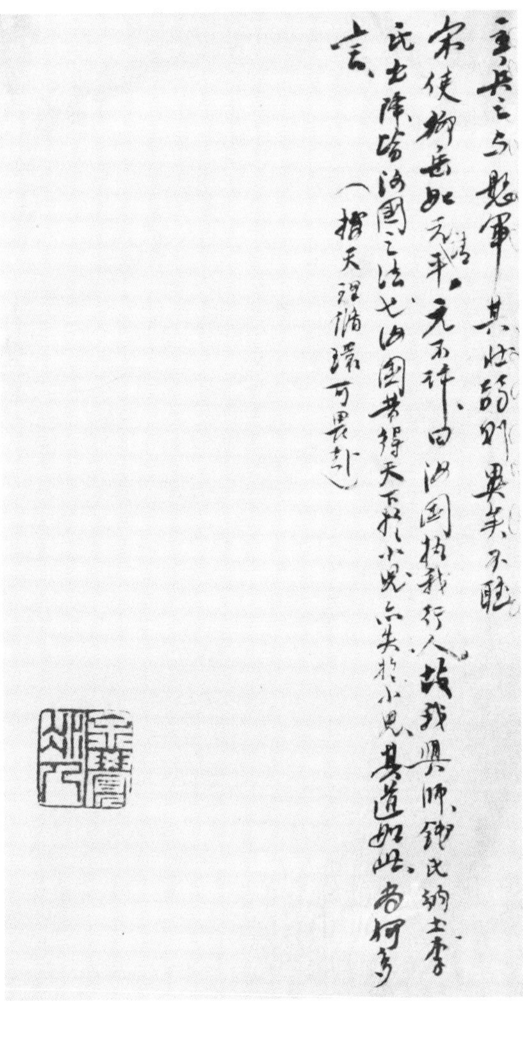

（图三七　1—2）

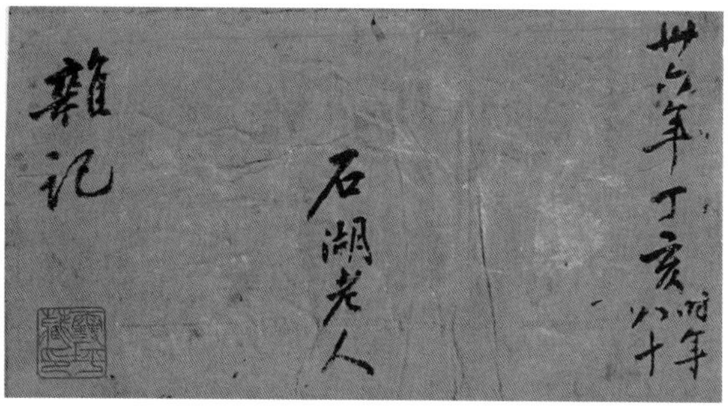

卅六年丁亥 八十

石湖老人

雜記

寄贈馮照坤所作壽序 徐珍

壁 (計大字八十三)

(剪貼上海卅五年十二月廿日新聞報)

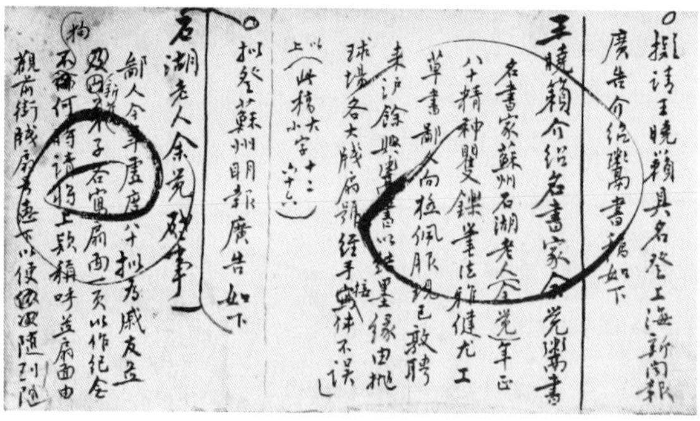

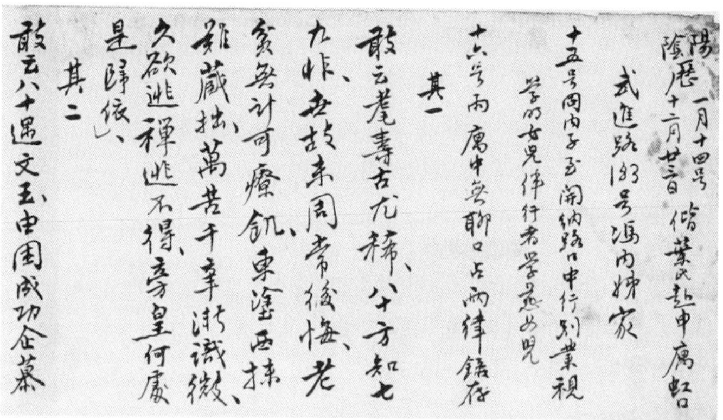

陽陰歷一月十四号 十二月廿三

武進路493号馮内姊家

十六号丙 廣申安聊口占兩律錄存

其一

敢云耄壽古稀稀，八十方知七九非，去故來新常後悔，老貧無計可療饑，東塗西抹難藏拙，萬苦千辛識微，久欲逃禪逃不得，旁皇何處是歸依。

其二

敢云八十遇文王，由周成功企慕

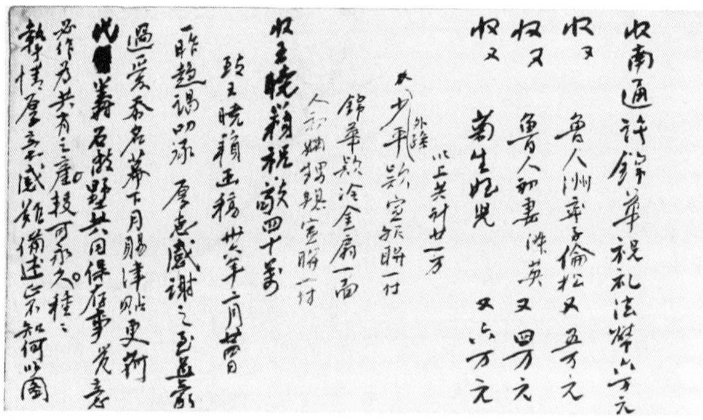

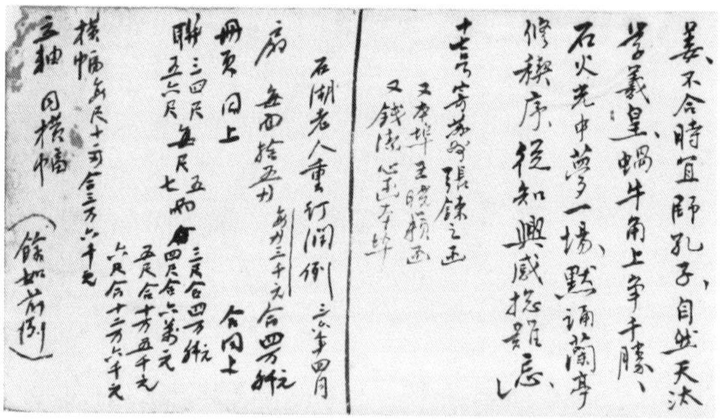

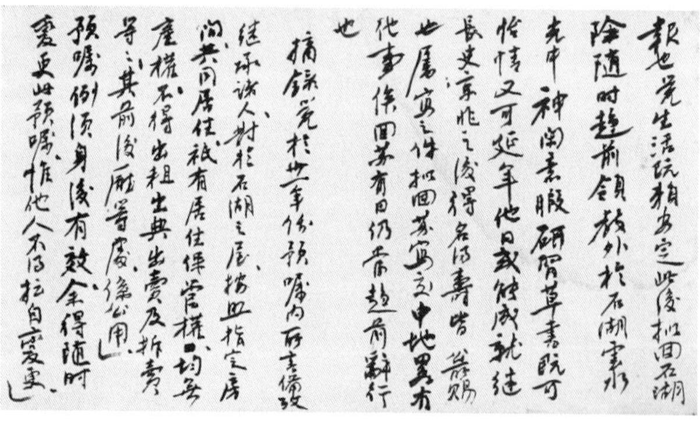

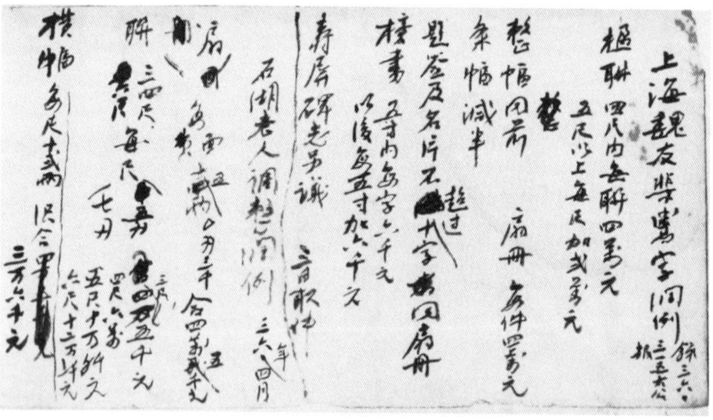

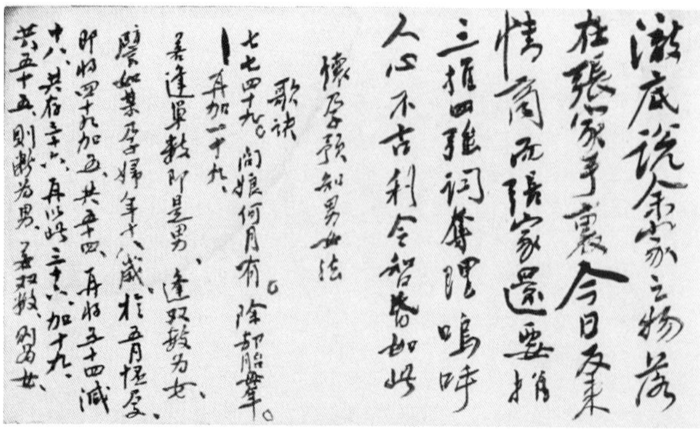

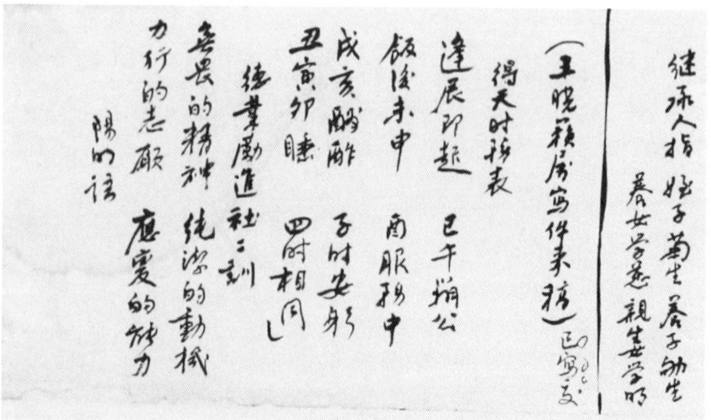

三七　余觉　手书杂记

（图三七　3–12）

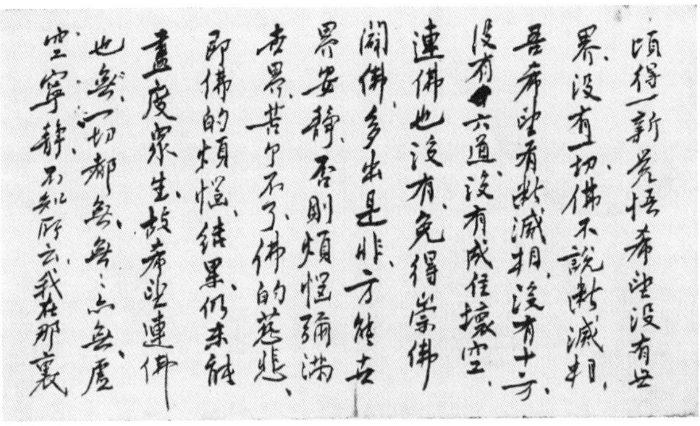

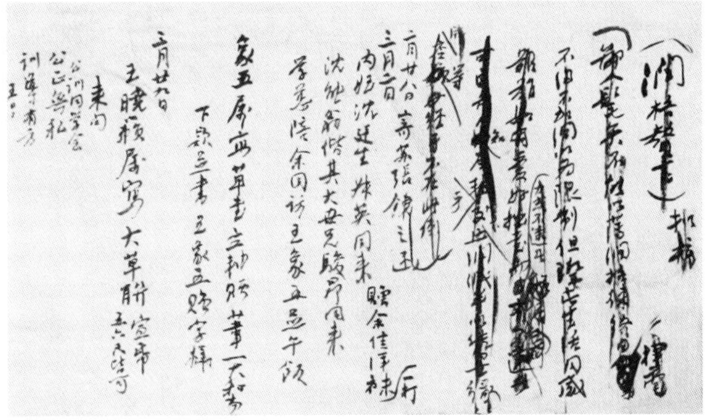

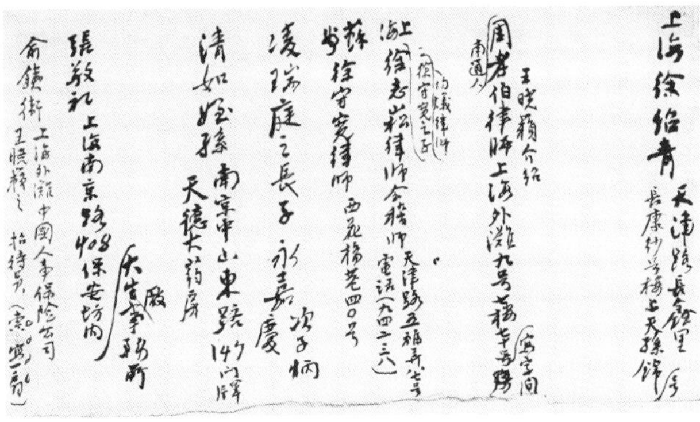

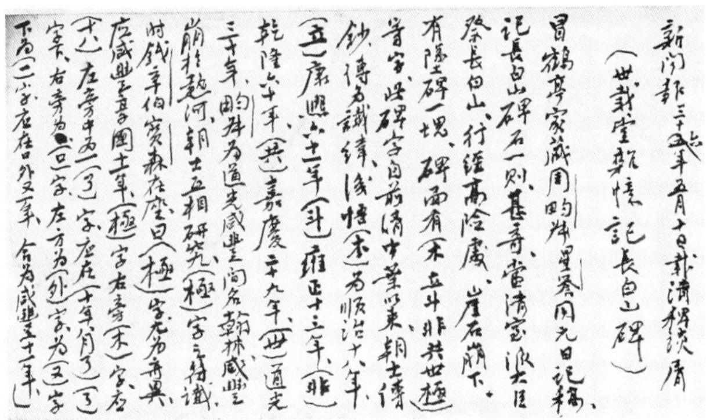

（图三七　13–16）

三七　余觉　手书杂记

三八　余觉　八十年书册

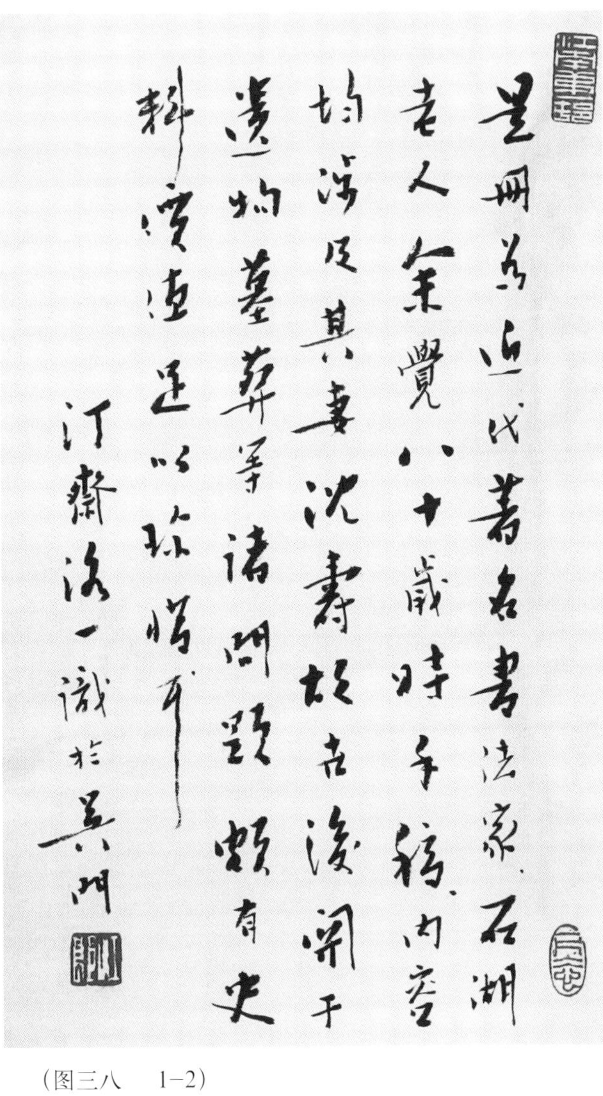

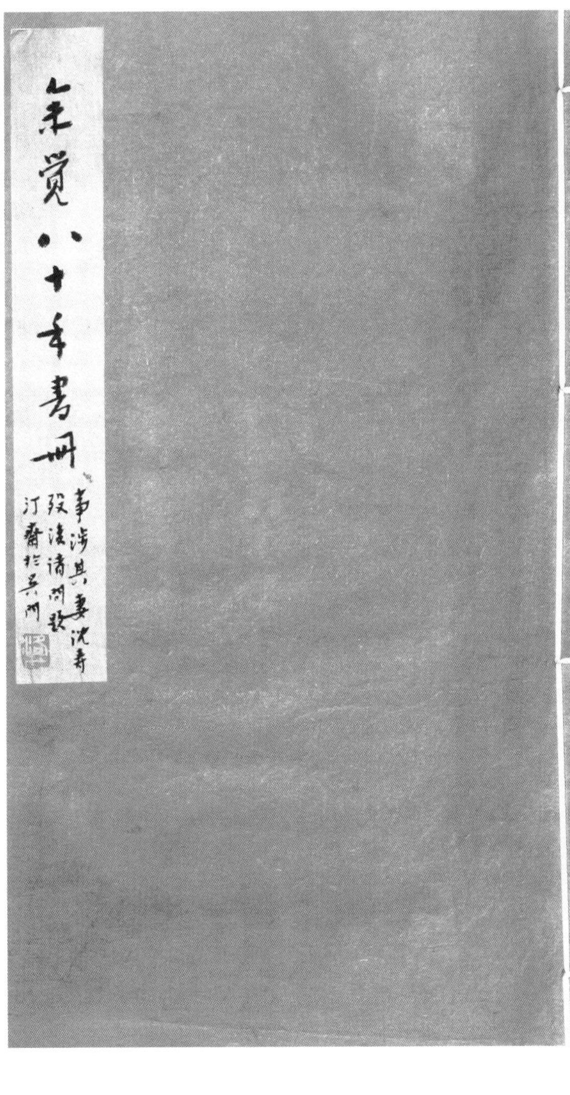

（图三八　1–2）

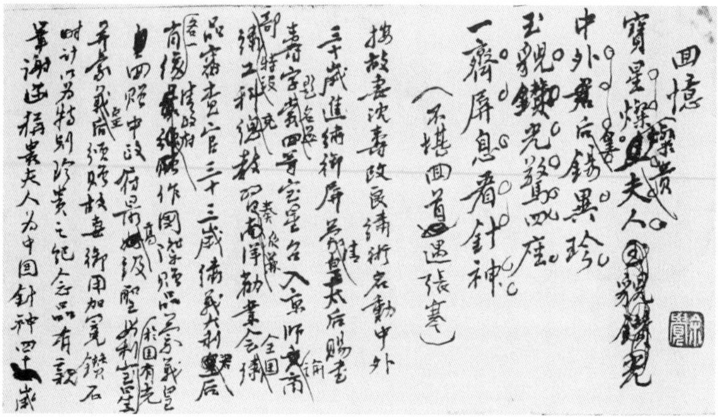

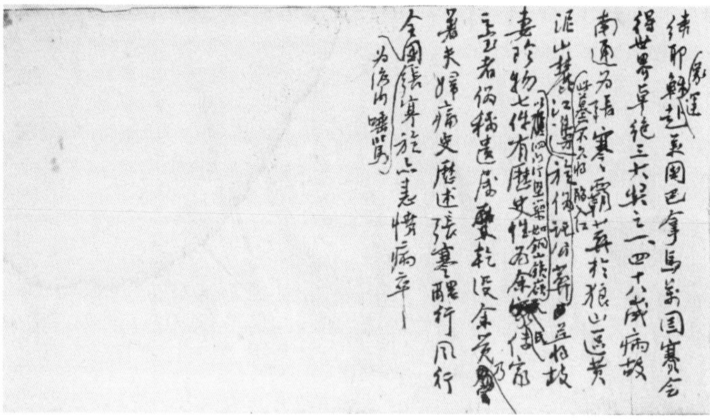

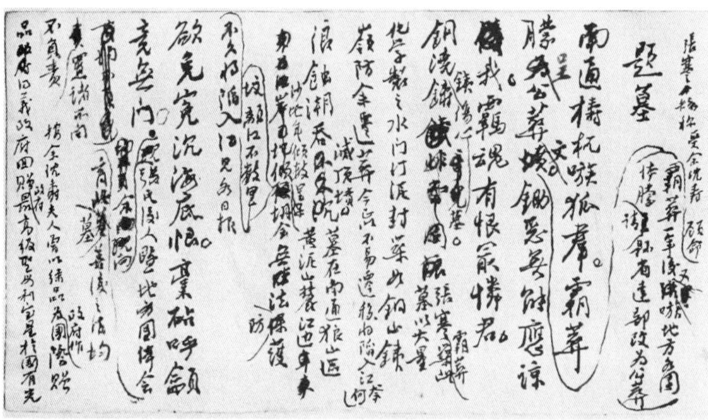

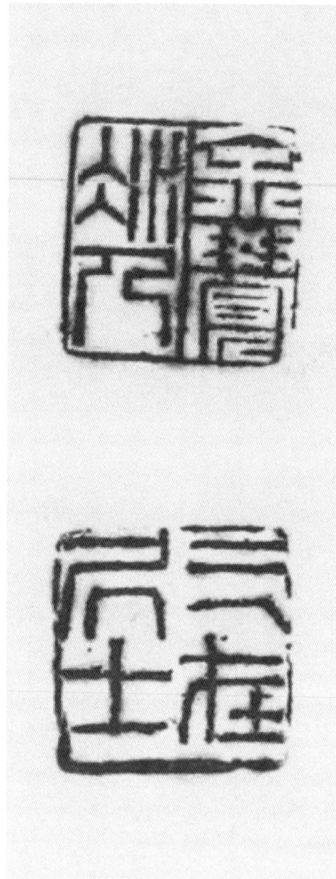

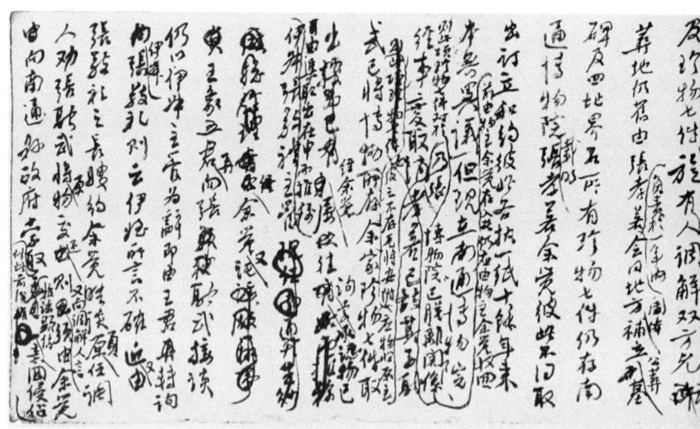

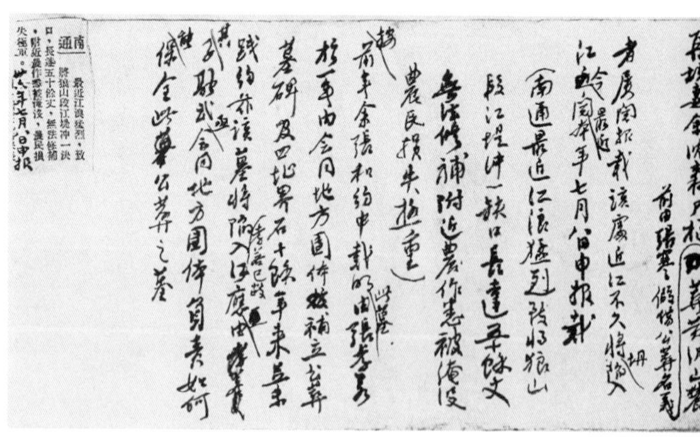

（图三八　3–10）

三八　余觉　八十年书册

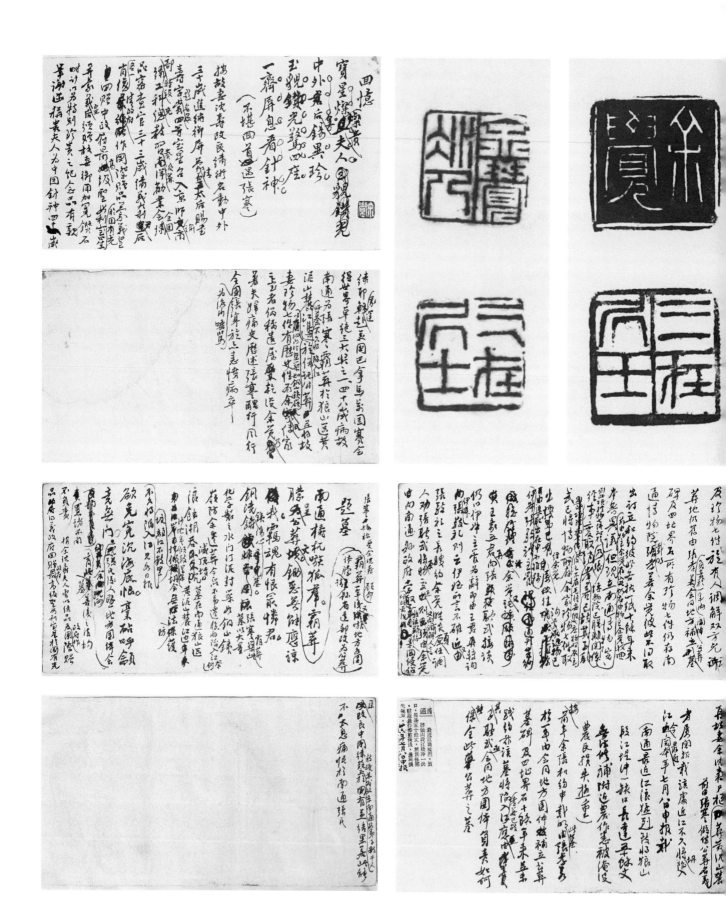

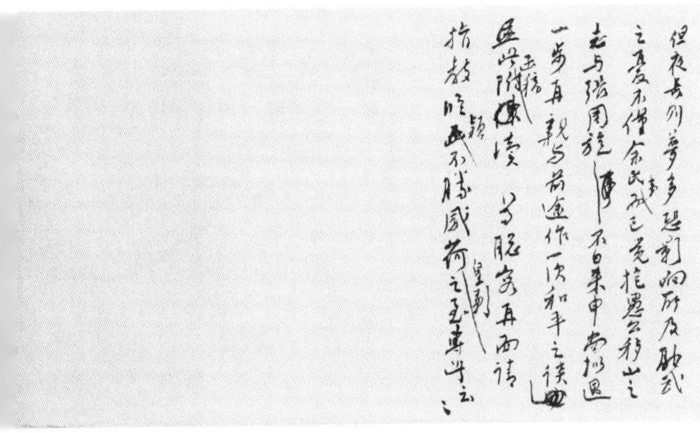

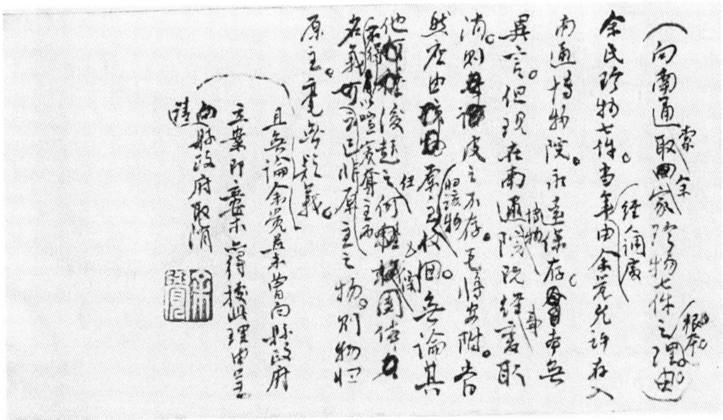

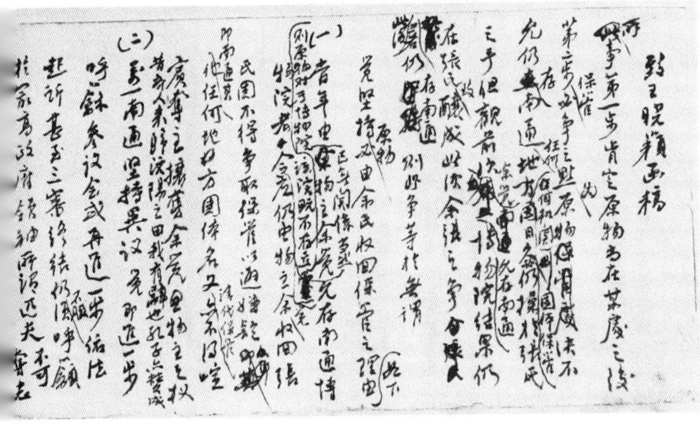

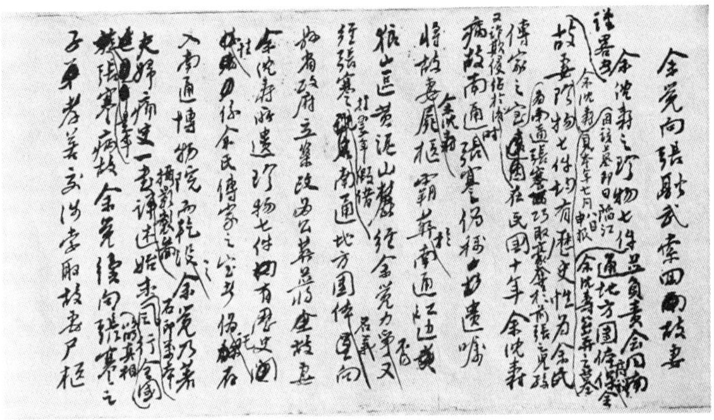

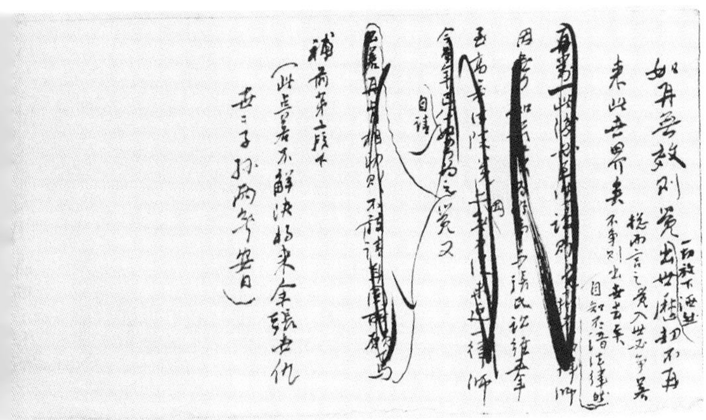

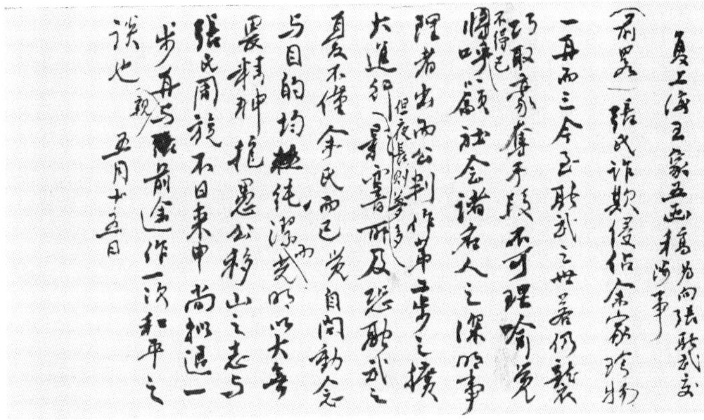

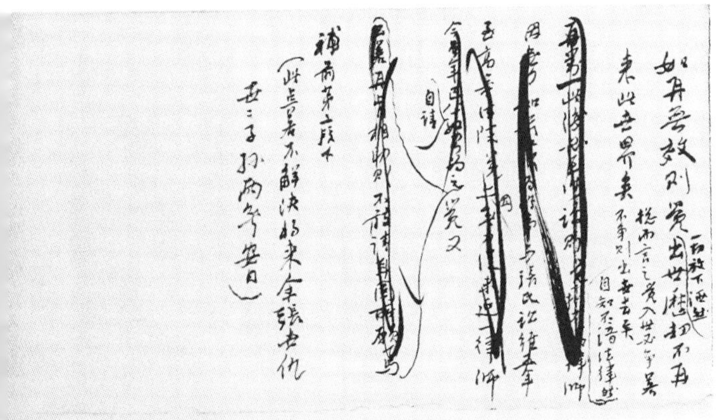

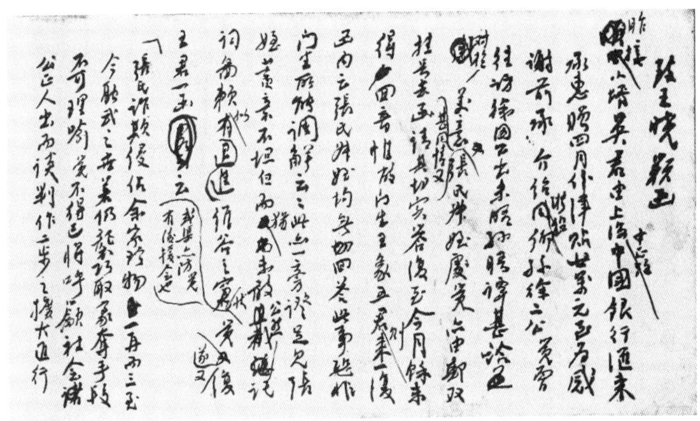

(图三八　11—18)

三八　余觉　八十年书册

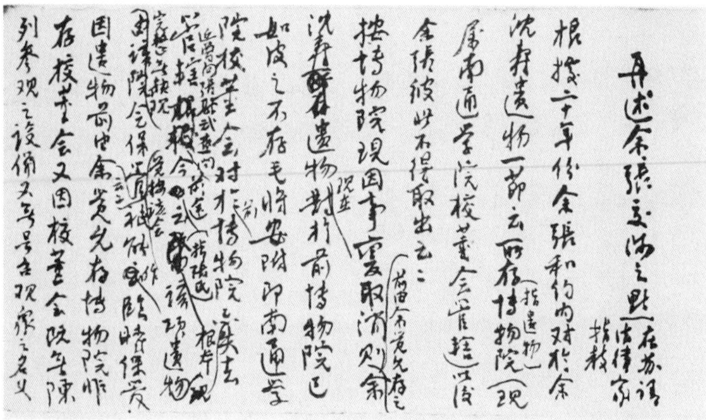

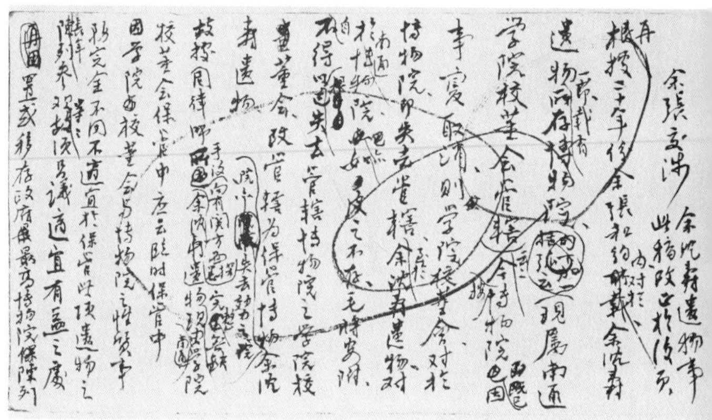

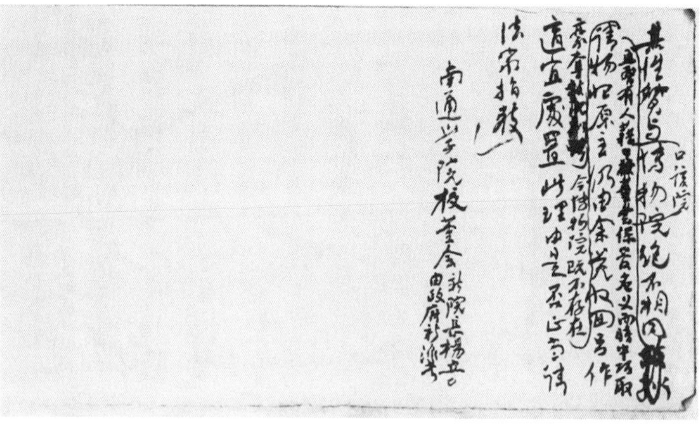

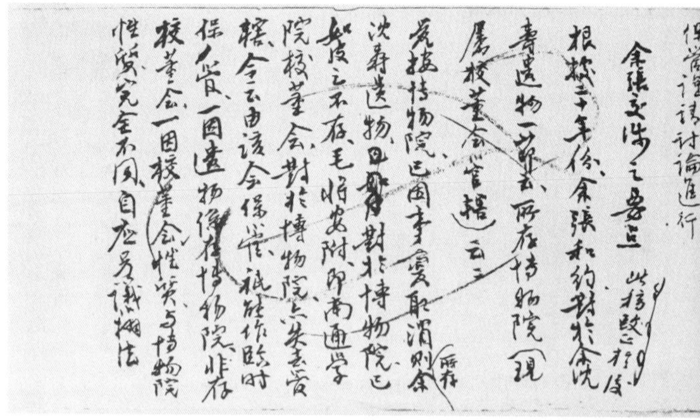

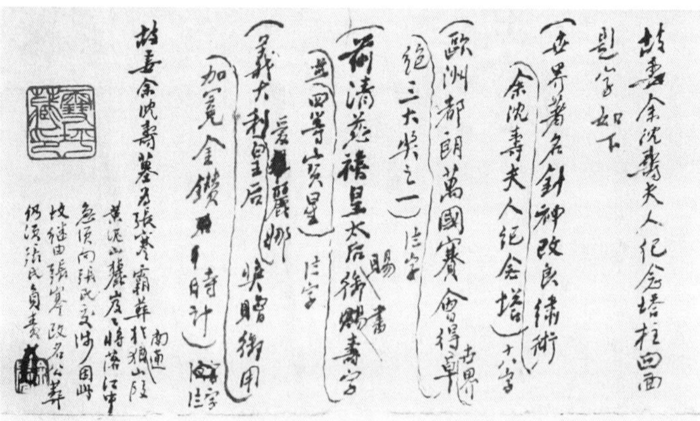

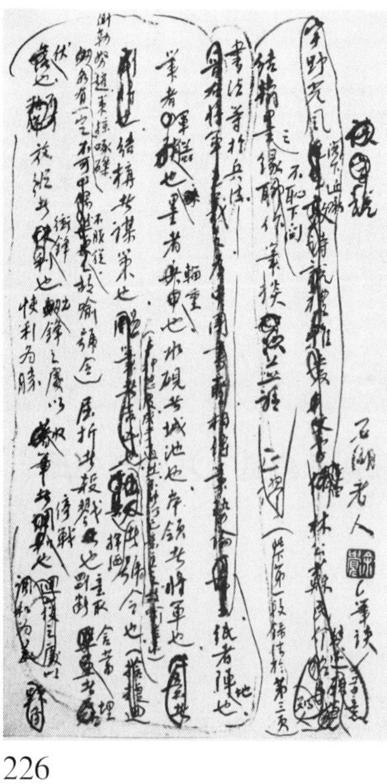

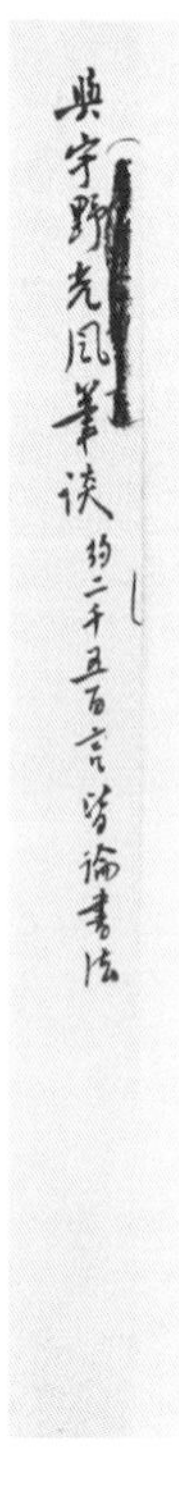

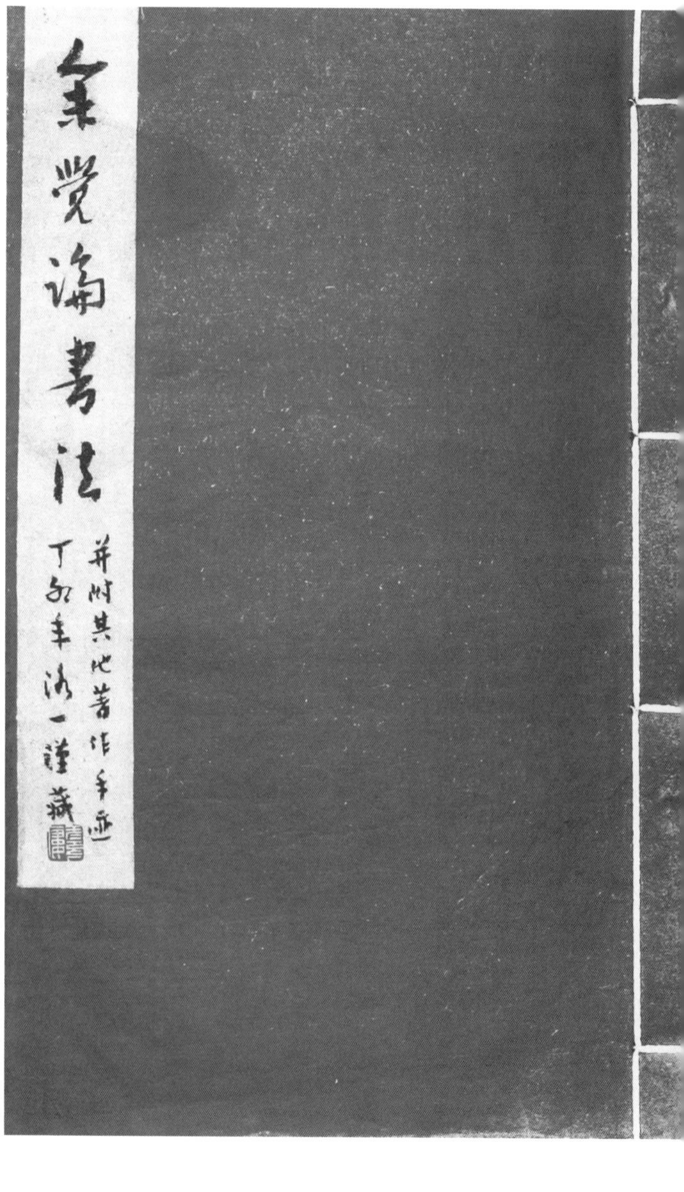

三九　余觉　论书法

三八　余觉　八十年书册

（图三八　35—40）

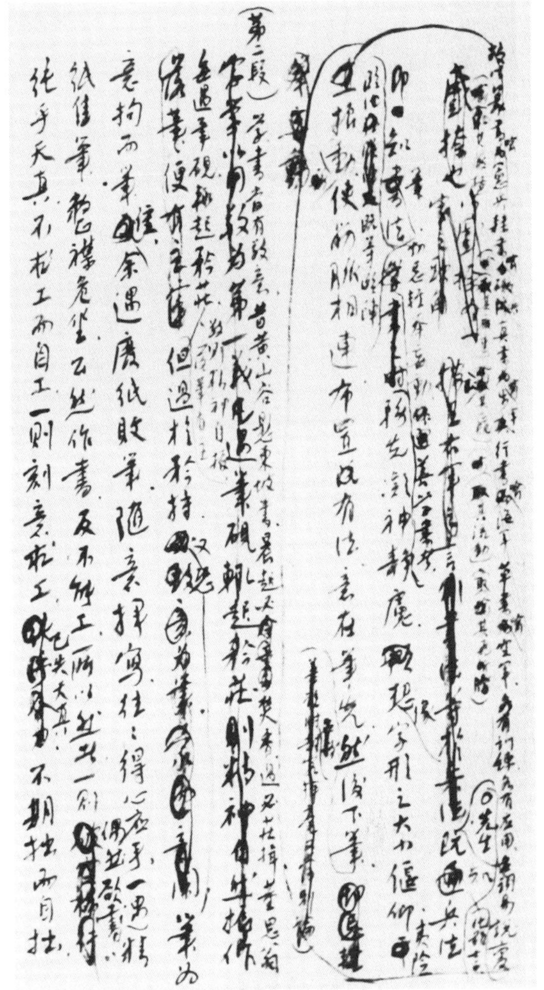

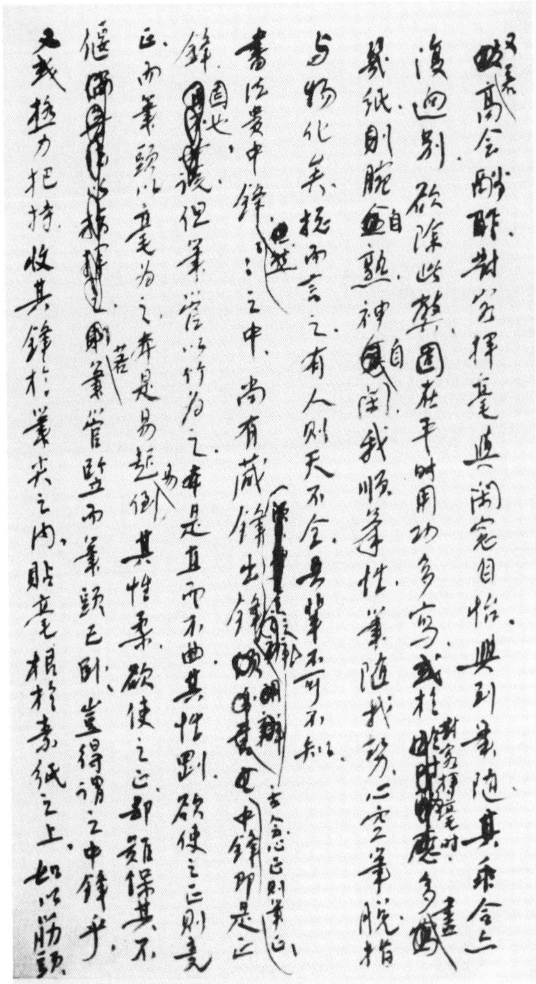

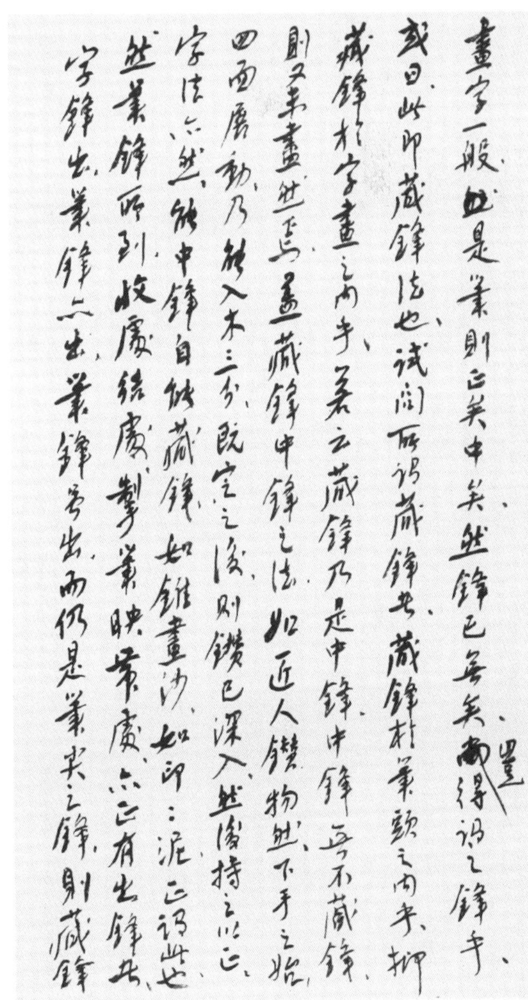

畫字一般，然是筆則正矣中矣，然鋒已無矣，安得謂之鋒乎。或曰此即藏鋒法也。試問所謂藏鋒者，藏鋒於筆頭之內乎，抑藏鋒於字畫之內乎？若云藏鋒乃是中鋒，中鋒無不藏鋒，則又未盡然也。蓋藏鋒中鋒之法，如匠人鑽物，然下手之始，四面厝動，乃能入木三分，既定之後，則鑽已深入，然後持之以正，字法亦然，能中鋒自能藏鋒，如錐畫沙，如印印泥，正謂此也。然筆鋒所到，收處結處，鬚芒叢映，紛處亦正有出鋒者，字鋒出，筆鋒亦出，筆鋒雖出而仍是筆尖之鋒，則藏鋒

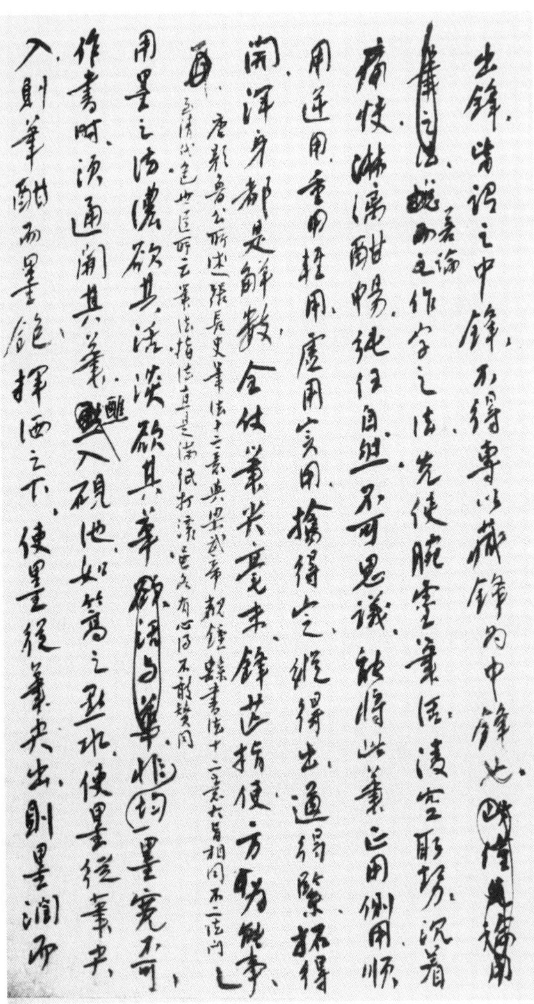

出鋒，皆謂之中鋒，不得專以藏鋒為中鋒也。作字之法，先使腕靈筆活，濃淡形勢，沉着痛快，淋漓酣暢，純任自然，不可思議。能將此筆正用側用順用逆用重用輕用虛用實用，擒得定，縱得出，遏得除，提得開，渾身都是解數，全仗筆尖毫末鋒芒指使，方能形事。用墨之法，濃欲其活，淡欲其華，（活與華非墨寬不可）作書時須通闔其筆，入硯池，如篙之點地，使墨從筆尖入，則筆酣而墨飽，揮灑之下，使墨從筆尖出，則墨潤而

（图三九　1－4）

三九　余党　论书法

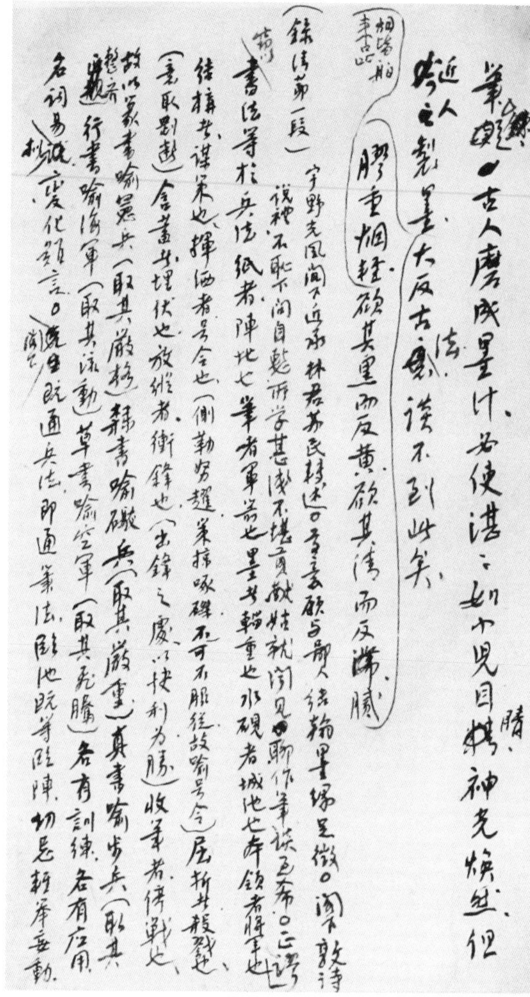

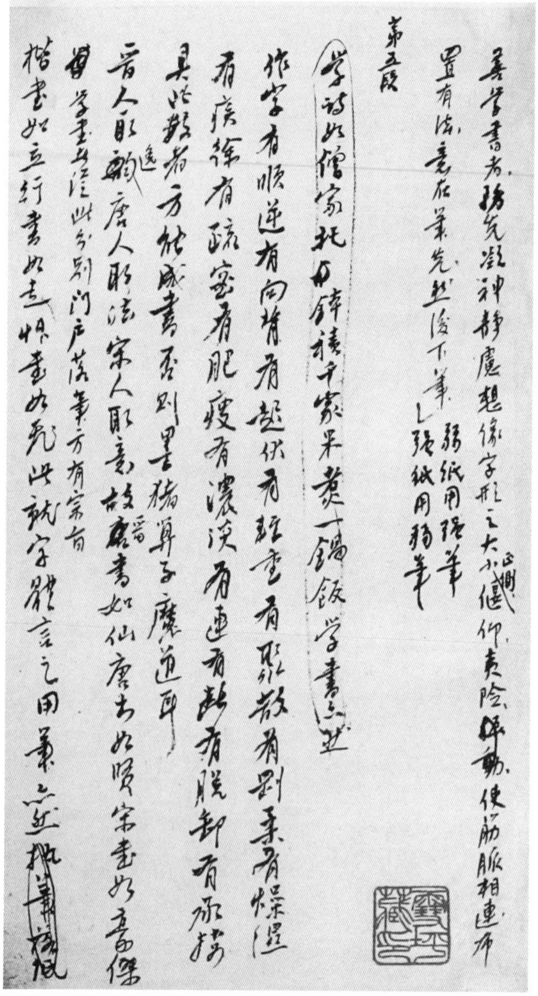

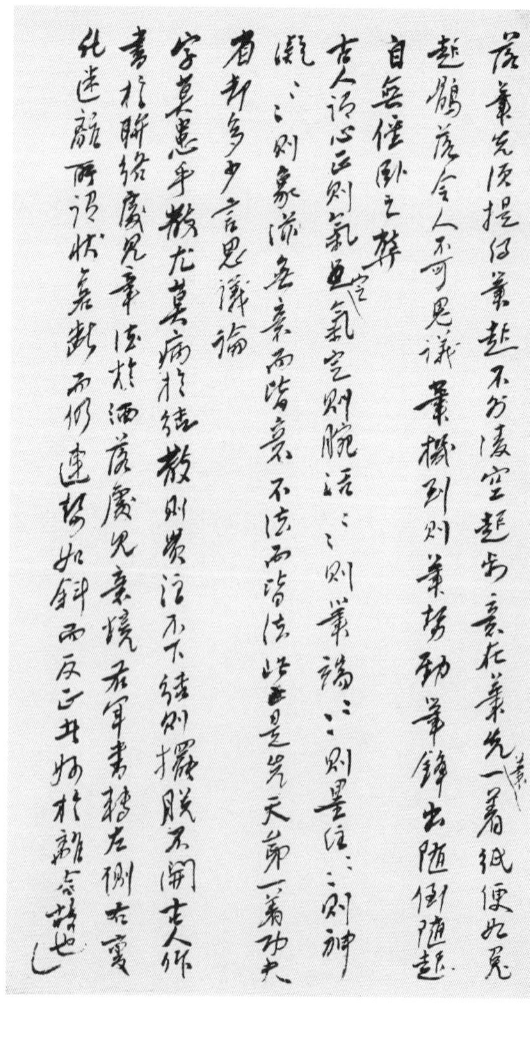

落筆先須提得筆起，不可凌空起步，意在筆先，一著紙便如兔起鶻落，令人不可思議，筆機到則筆勢動，筆鋒出，隨倒隨起，自無僵卧之弊。
古人論心正則氣定，氣定則腕活，腕活則筆端，筆端則墨注，墨注則神凝，神凝則象滋，無意而皆意，不法而皆法，此即是先天第一著功夫，有幾多少言思議論。
字莫患乎散，尤莫病於結，散則瀉注不下，結則擺脫不開，古人作書於聯絡處見章法，於洒落處見意境，右軍書轉左側右，變化迷離，所謂狀若斷而仍連，勢如斜而反正，其妙於離合者也。

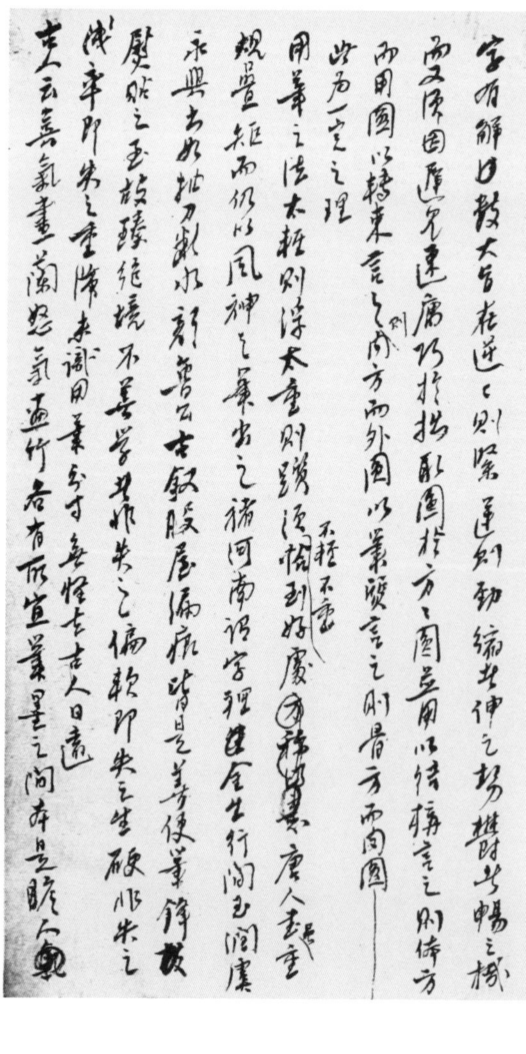

（图三九　5—8）

三九　余觉　论书法

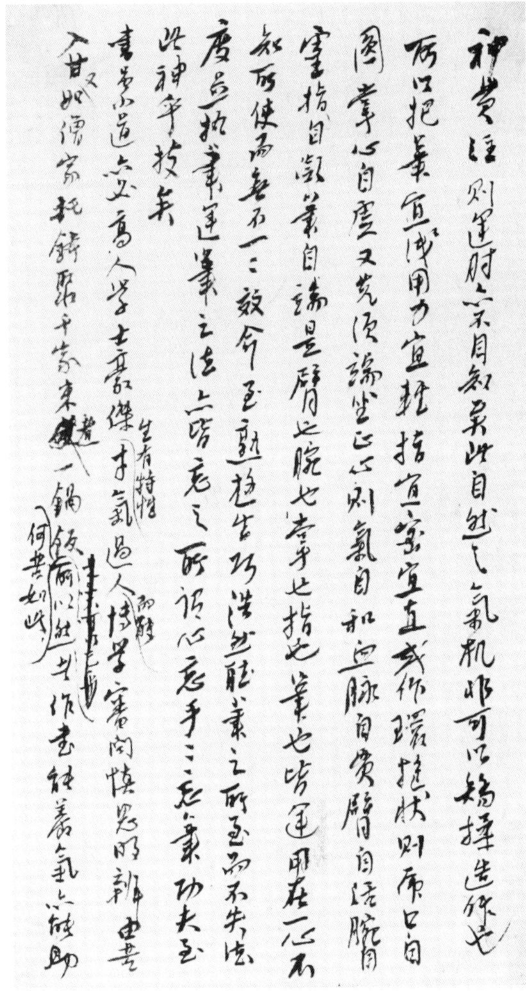

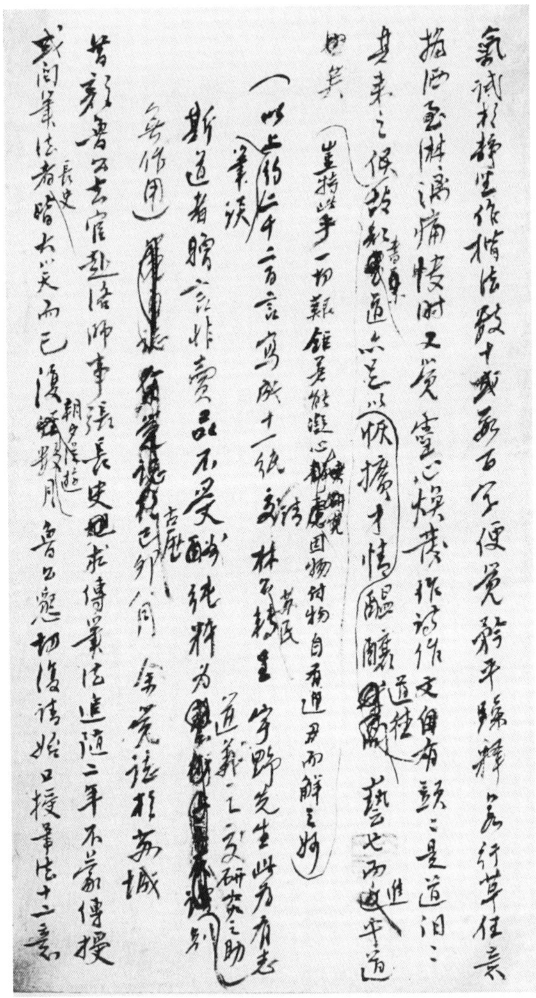

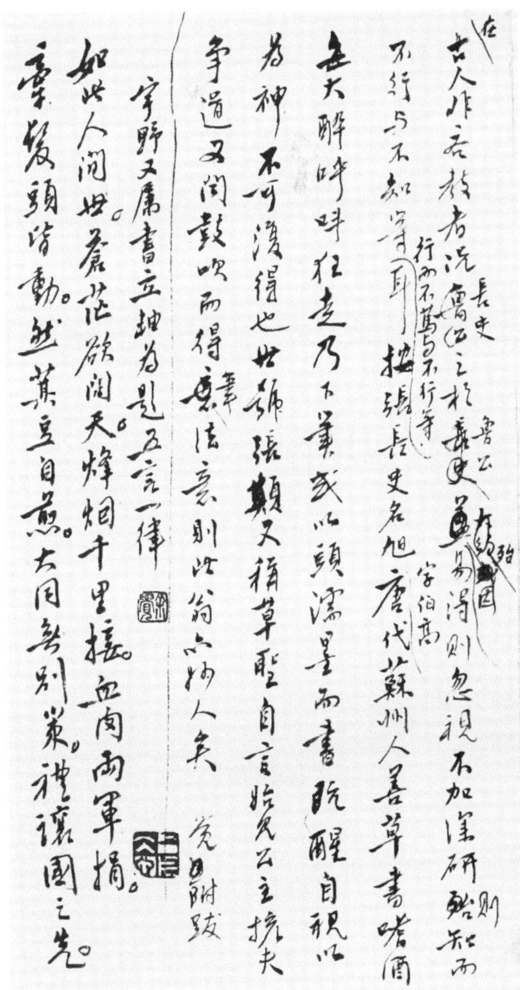

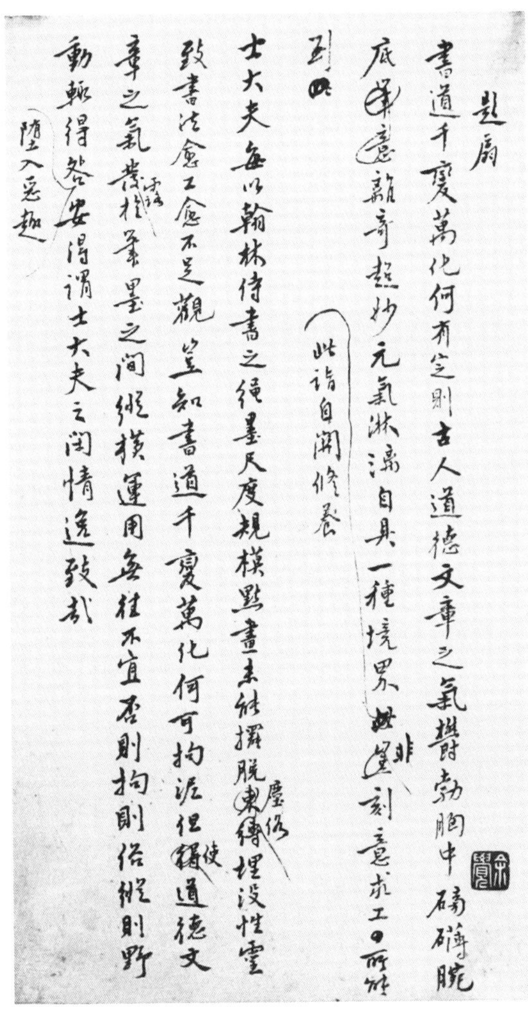

（图三九　9—12）

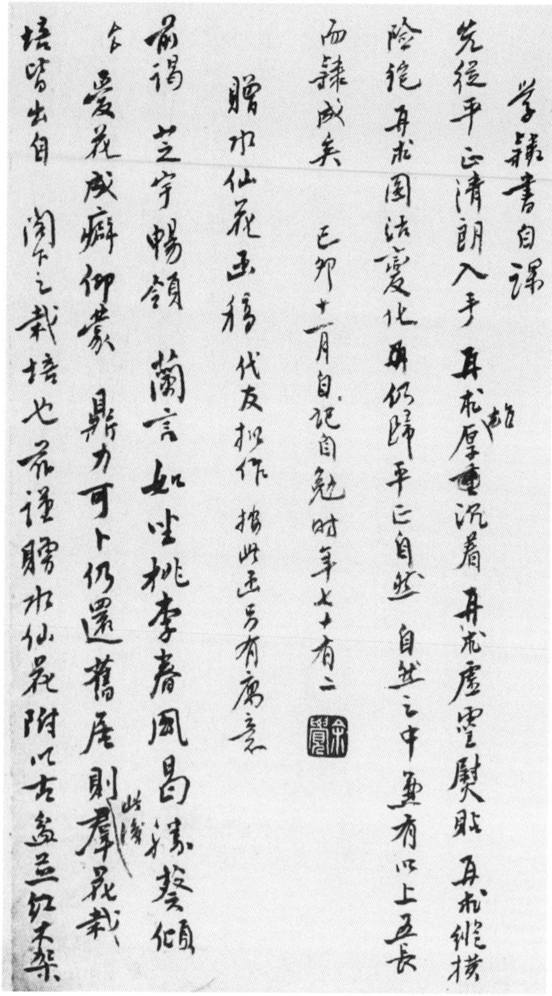
学隶书自课
先从平正清朗入手 再求厚重沉着 再求虚灵跌宕 再求纵横
险绝 再求圆活变化 再仍归平正自然 自然之中更有以上五长
而隶成矣
己卯十一月自记自勉 时年七十有二
赠水仙花函稿 代友拟作 换此函另有属意
前蒙 芝宇畅领 兰言如坐桃李春风
今爱花成癖 仰蒙 鼎力可卜 仍还旧居 则群花栽
培皆出自 阁下之栽培也 兹谨赠水仙花附以古盆并红木架

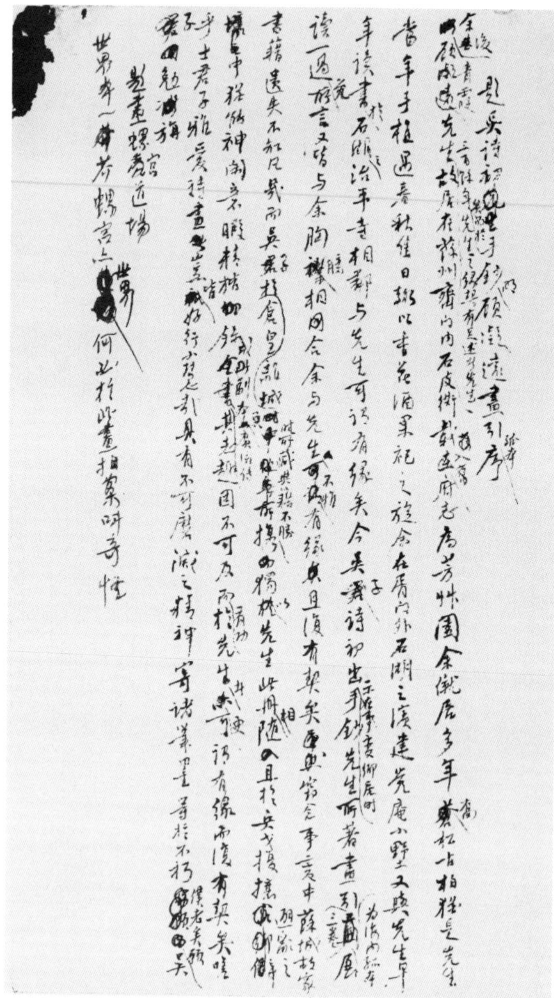

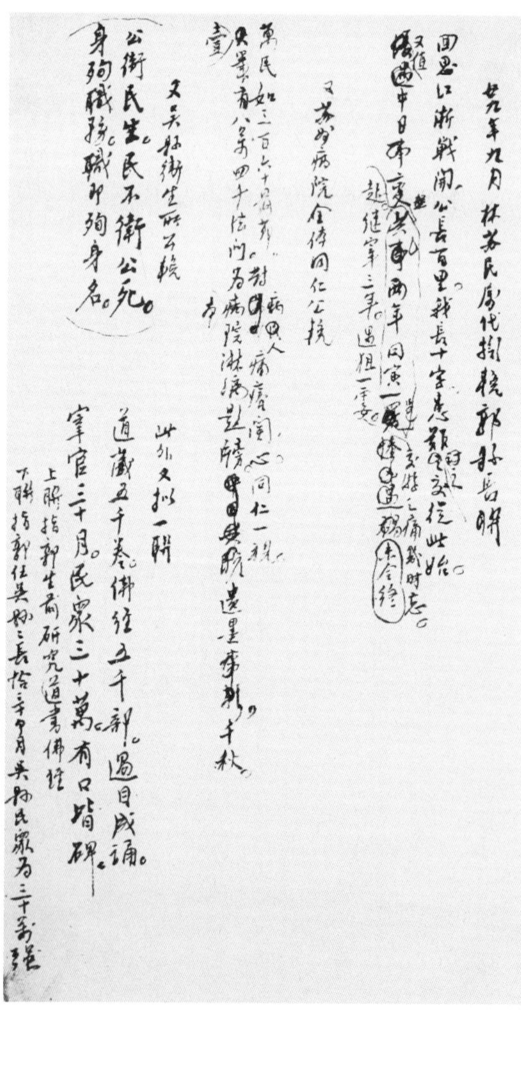

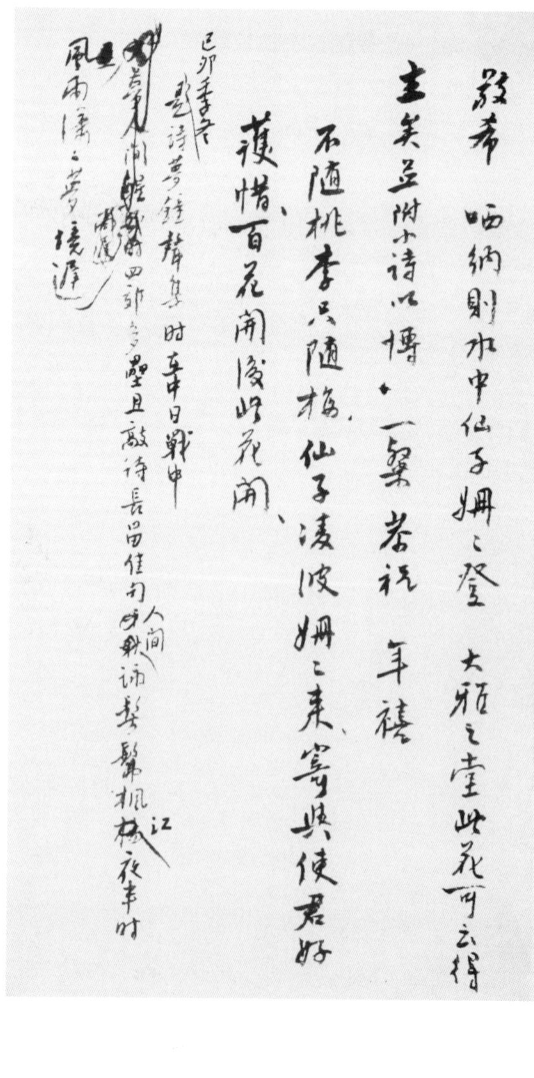
敬希 哂纳 则水中仙子姗姗登 大雅之堂 此花可云得
主矣 并附小诗以博 一粲 若祝 年禧
不随桃李只随梅 仙子凌波姗姗来 寄与使君好
护惜 百花开后此花开

（图三九 13—16）

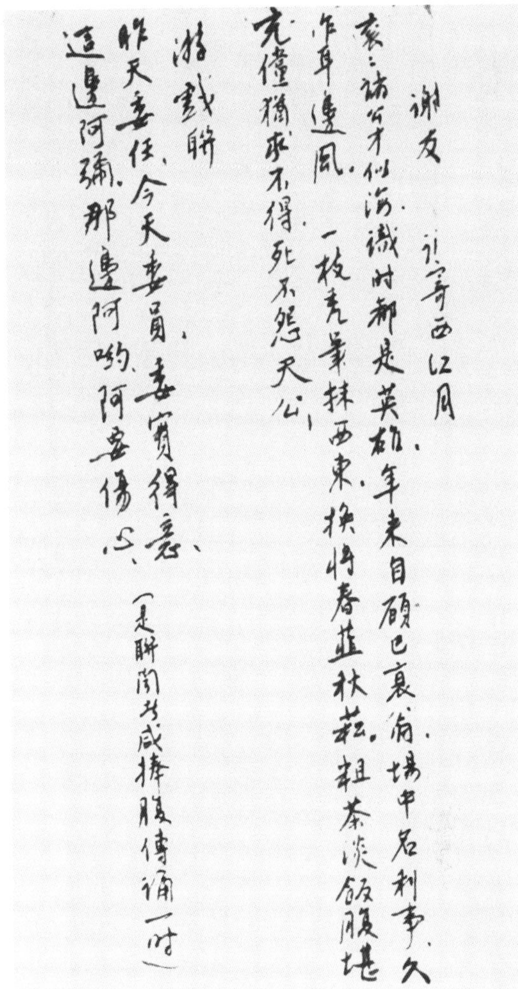

谢友（调寄西江月）

衮衮诸公才似海，识时都是英雄。年来自顾已衰翁，场中名利事久作耳边风。一枝秃笔抹西东，换将春韭秋菘。粗茶淡饭腹堪充，偿殖求不得死不怨天公。

游戏联

昨天委任，今天委员，委实得意，
这边阿瑞，那边阿哟，阿要伤心。

（是联闻者咸捧腹传诵一时）

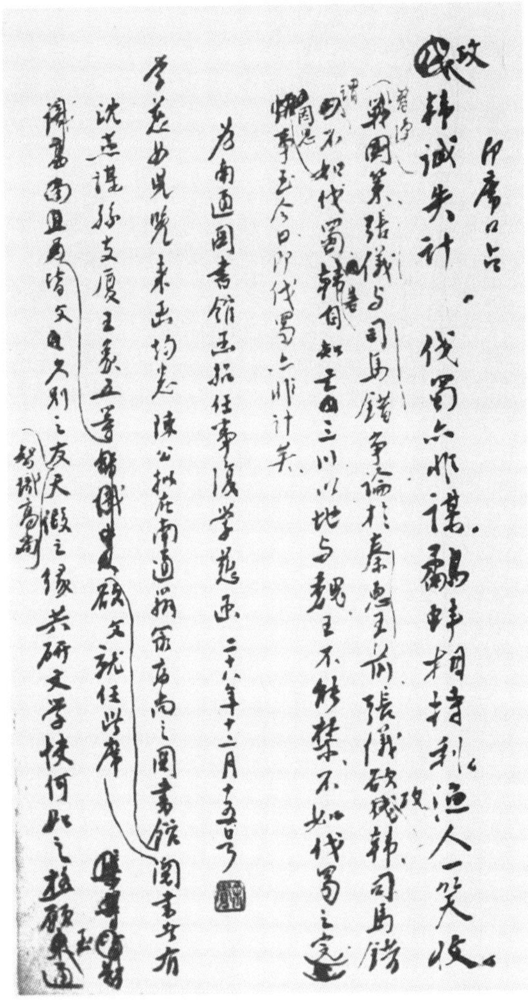

戏改韩识失计 即席口占。

伐蜀六非谋，翻韩相持利，渔人一笑收。

（暂停）战国策张仪与司马错争论于秦惠王前，张仪欲伐韩，司马错谓伐韩不如伐蜀，韩自知亡三川必以地与魏，王不能禁，不如伐蜀之完。此事至今日即伐蜀亦非计矣。

为南通图书馆函托任事复学慈函 二十八年十二月[illegible]

学慈如见，晓来函均悉。陈公拟在南通筹设南通之图书馆，闻吾有[illegible]

沈逵、谨孙、支厦、王豪五等[illegible]就任此席[illegible]

[illegible]文之友天假之缘共研文学，快何如之，[illegible]来函

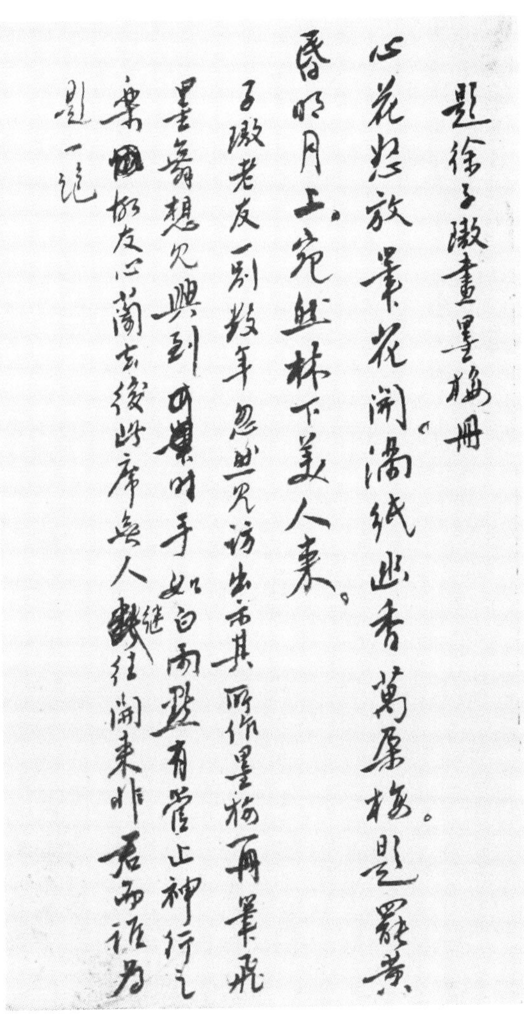

题徐子澂画墨梅册。

心花怒放万花开，满纸幽香万朵梅，题罢黄昏明月上，宛然林下美人来。

子澂老友一别数年，忽然见访出示其所作墨梅册，笔飞墨舞，想见兴到[illegible]时手如白雨，跳有尝止神行之乐。因拟友心兰出后此席无人，继往开来非君而谁，为题一绝。

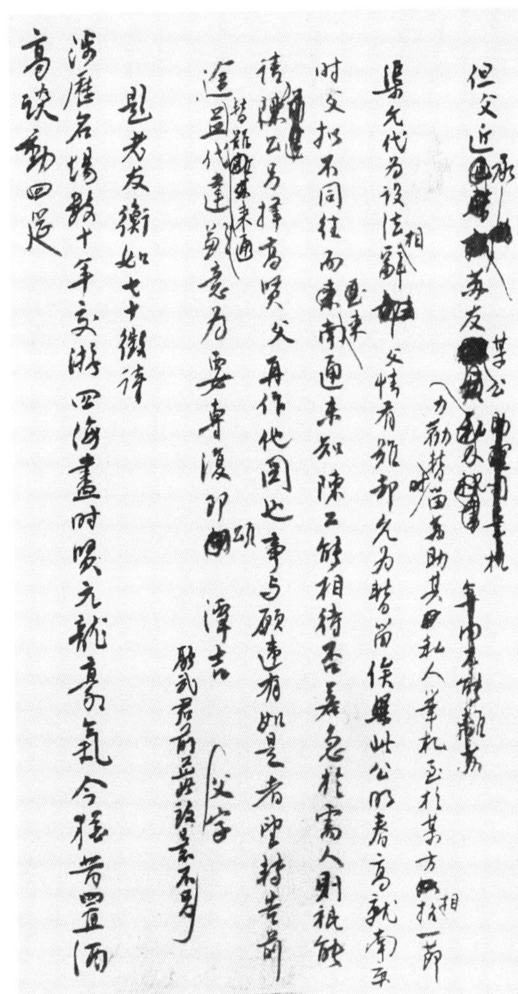

但文近[illegible]苏友[illegible]

（力劝其留为助其因私人笔札至于某方，据相一节[illegible]

时文情有难却，允为暂留，俟得此公明春离就南京时文拟不同往而来南通来，如陈三能相待否，姜急难需人则祇能请[illegible]公另择高贤，父再作他图也。事与愿违有如是者。即持告前途[illegible]代达鄙意为要。专复，即颂

潭吉

父字

[illegible]武君前函致意不另

题老友卫如七十征诗

涉历名场数十年，交游四海画时贤。元龙豪气今犹昔，置酒高谈动四筵。

（图三九 17—20）

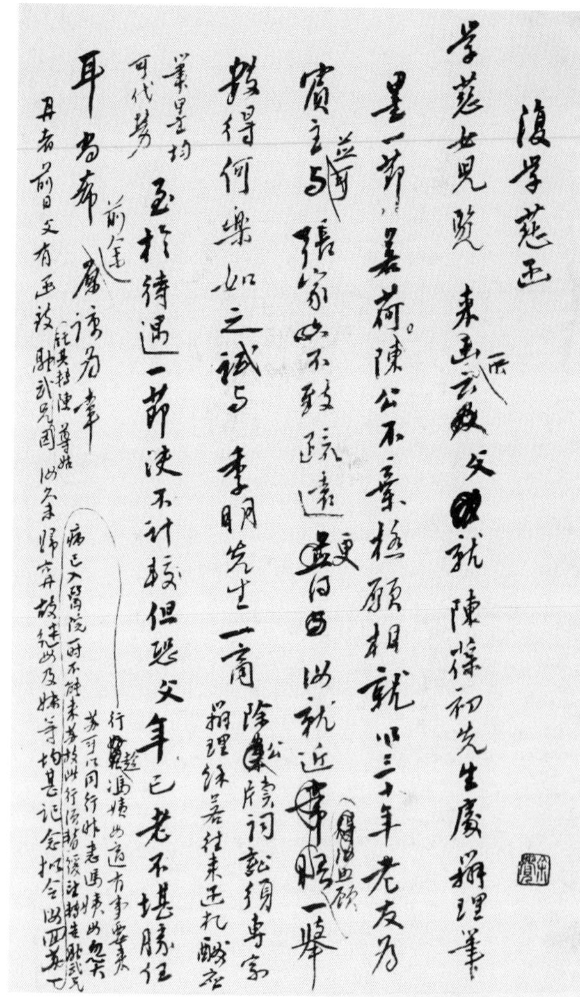
復学蒓函
学蒓女儿览：来函云收，文已就。陳蓀初先生處辦理筆
墨一節，以暑荷。陳公不棄，極願相就。以三十年老友為
賓主，與張家亦不致疏遠，更由此就近，一舉
兩得，何樂如之。試與季明先生一商。除公牘詞訟須專家辦理，餘若往來函札、酬應
筆墨均可代勞。至於待遇一節，決不計較，但恐父年已老，不堪勝任
耳。為茲覆，諭為筆。
[illegible]

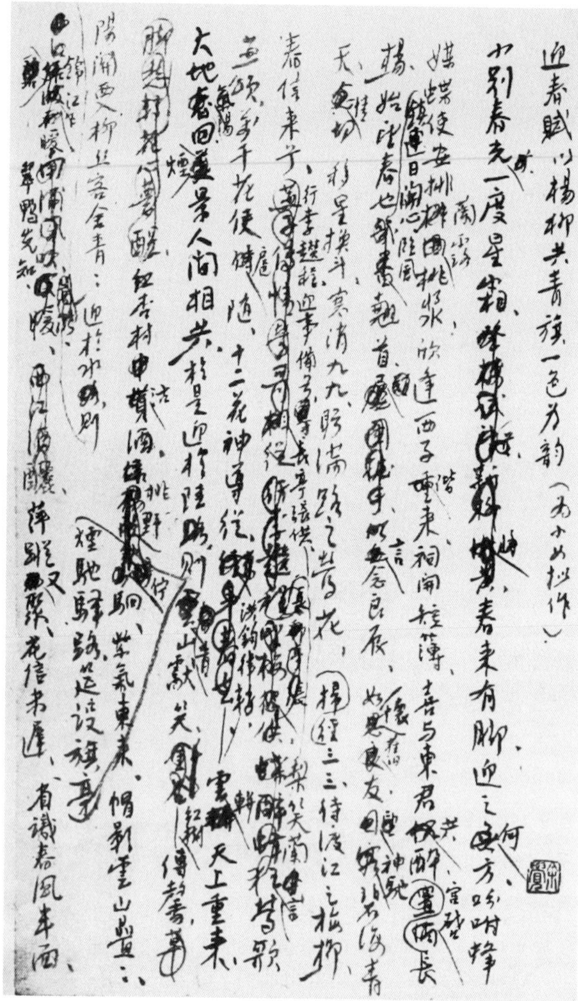
[illegible]

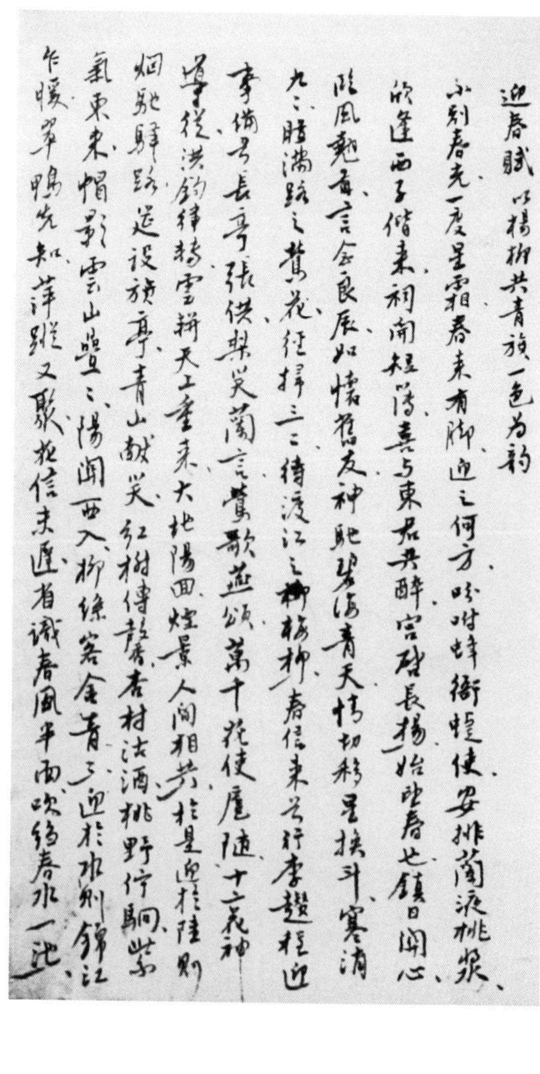
迎春賦　以楊柳共青旗一色為韻
小别春光，一度星霜。春来有脚，迎之何方。吩咐蜂衙蝶使，安排蘭液桃漿。
欣逢西子，偕来祠南。短簿喜与東君共醉，宫詹長揚。始晓春也，鎮日閑心
臨風勉奮。言念良辰，如懷舊友。神馳碧海，青天情切。移星换斗，寒消
九九，畴满踪之。葺花任择，三三待渡江之梅柳。春信来兮，行李趱程迎
李備兮長亭。張供巢笑蘭言，賞歌燕頌。萬十花使，扈随十二花神
導從，洪鈞律转，雲擁天上重来。大地陽回，煙景人間相共。於是迎於陆则
烟驰驿路，遥設旗亭。青山献笑，红树傳聲。杏村沽酒，桃野停驹。紫
氣東来，帽影雲山叠叠。陽關西入，柳絲容含青青。迎於水则錦江
作暖，鸭先知。萍蹤又聚，花信来遲。看識春風半面，吹绉春水一池。

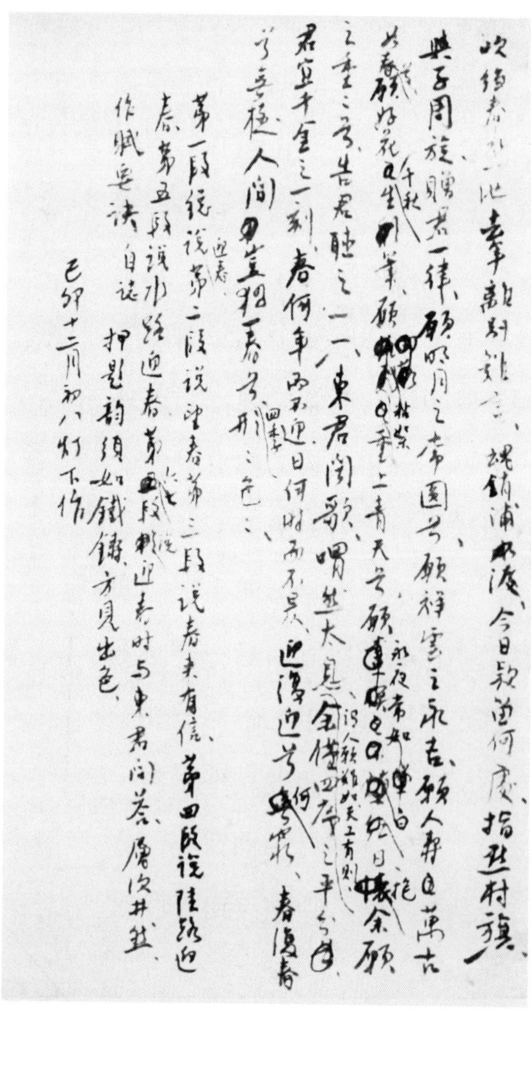
[illegible]
己卯十二月初八灯下作

（图三九　21—24）

清懿旨嘉奬
御賜福字特
賞四等商勳
浙江舉人
余覺肖影
原名兆熊

清懿旨嘉奬
御賜壽字特
賞四等商勳
美術家
余沈壽肖影
字雪君

此二照片為余沈夫婦於甲寅年在蘇州最後之同時攝影是年即入南通

余沈夫婦前在蘇州合辦福壽繡品夫妻公司商標之圖

按余沈夫婦於光緒三十三年丁未並召入都同辦商部綉工科蘇州公司即於是年休業嘆助該公司者為劉栢生先生

（附印二十年前 清懿皇太后賜福壽字暨當代名人詠題余夫婦事）

慈禧端佑康頤昭豫莊誠壽恭欽獻崇熙皇太后御筆光緒三十年十月十八日

福

賞佩雙龍寶星商部四等勳章浙江舉人臣余兆熊

慈禧端佑康頤昭豫莊誠壽恭欽獻崇熙皇太后御筆光緒三十年十月十八日

壽

賜

賞佩雙龍寶星商部四等勳章浙江舉人臣余兆熊之妻沈氏

去日年顏別難言，魂銷浦渡，今日歸留何處，指點村旗，與子周旋。贈君一律，願明月之常圓兮，願祥雲之永吉，願人壽萬古如春兮，願好花千秋生葉，願粘綴重上青天兮，願永夜常如白日，抱余願之無已兮，告君聽之一一。東君聞歌，喟然太息，謂人願難如天工有則，余借四序之平分，君宜十全之一，刻春何年而不迎，日何時而不昃，迎復迎兮何有，春復春兮無極，人間匪獨一春兮，四季形之色之。

（图四〇 1－4）

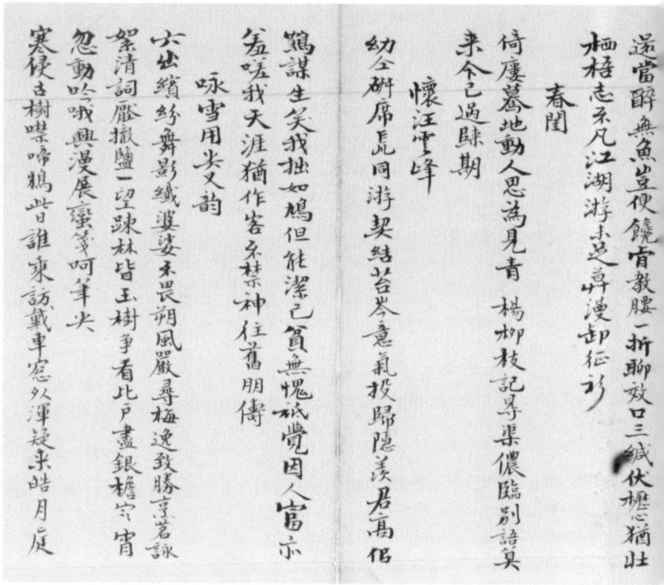
遥當醉無魚豈便饒肯教腰一折聊效口三緘伏櫪心猶壯
棲枝志不凡江湖游未足蕁漫卸征衫
春閨
倚屢驀地動人思為見青 楊柳枝記得渠儂臨別語莫
來今已過歸期
懷汪雲峰
幼今解席昆同游契結苔岑意氣投歸隱羨君為侶
鶴謀生笑我拙如鳩但能潔己貧無愧祇覺因人富亦
羞嗟我天涯猶作客不禁神往舊朋儔
咏雪用尖叉韻
六出繽紛舞影纖渠婆不畏朔風嚴尋梅逸致勝烹茗詠
絮清詞壓撒鹽一望疎林皆玉樹爭看北户盡銀檐客宵
忽動吟哦興漫展蠻箋呵筆尖
寒侵古樹噤啼鴉皆誰來訪戴車窓外渾疑來皓月庭

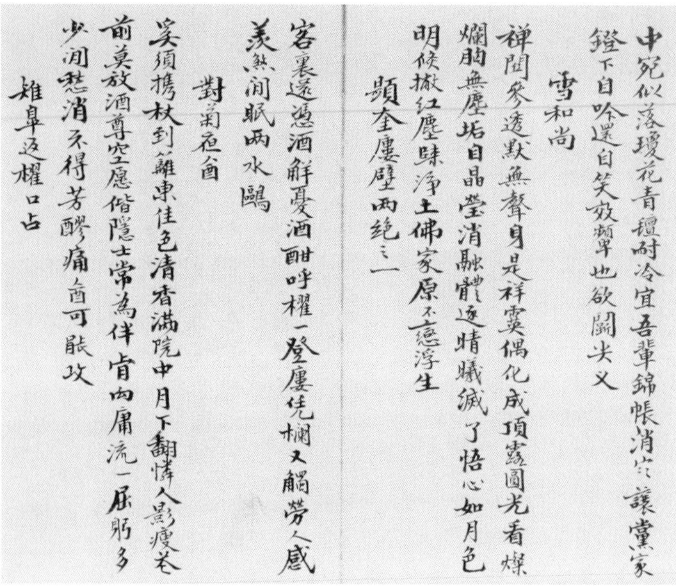
中宛似落瓊花青氊耐冷宜吾輩錦帳消寒讓黨家
鐙下自吟還自笑效顰也欲鬭尖叉
雪和尚
禪關參透默無聲身是祥霙偶化成頂露圓光看爍
爛胸無塵垢自晶瑩消融體遂晴曦滅了悟心如月色
明倏撇紅塵歸淨土佛家原不戀浮生
題全塵壁兩絕之一
容裏逍遥酒解憂酒酣呼櫂一登樓凭欄又觸勞人感
羨煞閒眠兩水鷗
對菊飲酒
奚須携杖到籬東佳色清香滿院中月下翻憐人影瘦卷
前莫放酒尊空應偕隱士常為伴肯向庸流一屈躬多
少閒愁消不得芳醪痛飲可賦攻
雄阜返櫂口占

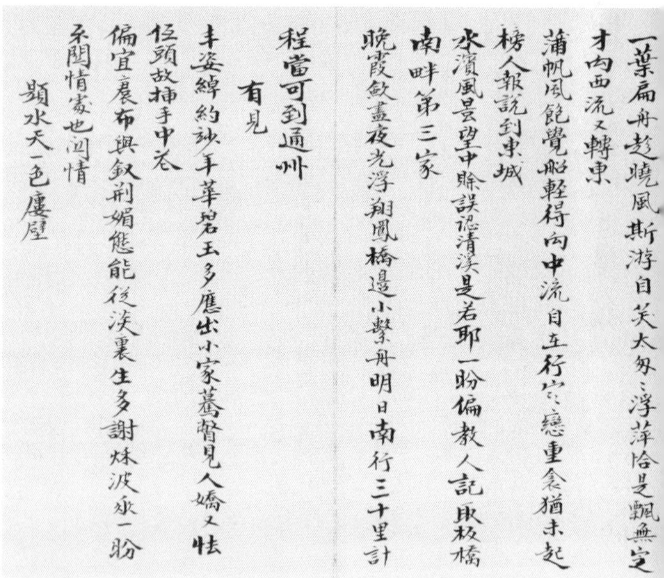
一葉扁舟趁曉風斯游自笑太匆匆浮萍恰是飄無定
才向西流又轉東
蒲帆風飽覺船輕得向中流自在行宿戀重衾猶未起
榜人報說到東城
水濱風景望中賒誤認清溪是若耶一盼偏教人記取杈橋
南畔第三家
晚霞斂盡夜光浮翔鳳橋邊小繫舟明日南行三十里計
程當可到通州
有見
丰姿綽約妙年華碧玉多應出小家驀暫見人嬌又怯
低頭故拂手中花
偏宜裊布與釵荊嫵態能從淡裏生多謝妹波承一盼
不關情處也関情
題水天一色樓壁

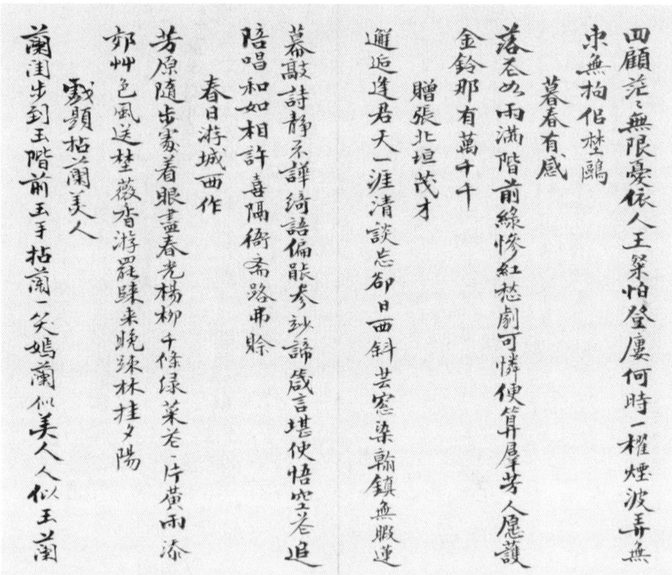
四顧茫無限愁依人王粲怕登樓何時一櫂煙波去無
束無拘侶狎鷗
暮春有感
落花如雨滿階前綠慘紅愁劇可憐便算犀芳人應護
金鈴那有萬千千
贈張北垣茂才
邂逅逢君天一涯清談忘卻日西斜芸窓染翰鎮無暇運
暮敲詩静不譁綺語偏能參妙諦箴言堪使悟空花退
陪唱和如相許喜隔衡齋路弗賒
春日游城西作
芳原随步寄着眼盡春光楊柳千條綠菜花一片黄雨添
郊艸色風送楚薇香游罷歸來晚疎林挂夕陽
戲題拈蘭美人
蘭闺步到玉階前玉手拈蘭一笑嫣蘭似美人人似玉蘭

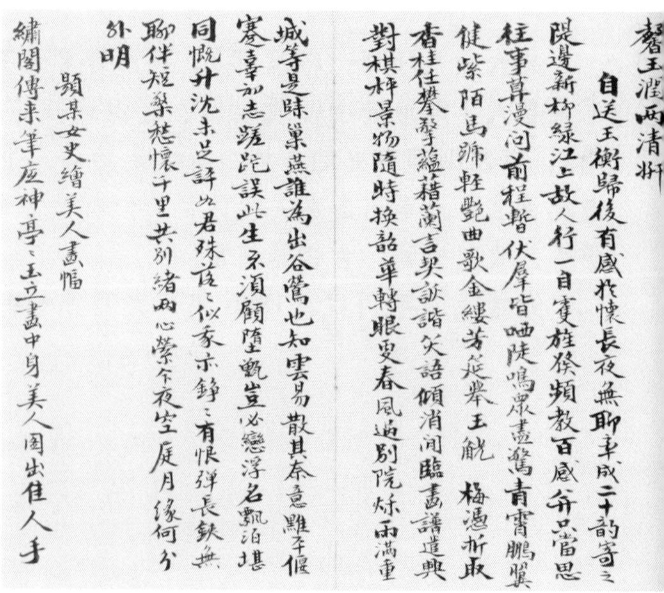
馨王渡兩清淵
自送王衡歸後有感於懷長夜無聊率成二十韻寄之
隄邊新柳綠江上故人行一日旌旗發頻教百感并亞當思
往事蕁漫問前程暫伏犀皆晒陡鳴衆盡驚青宵鵬翼
健紫陌馬蹄輕艷曲歌金縷芳筵舉玉觥 梅邊祈取
香桂仕攀擎蘊藉蘭言契詼諧笑語傾消閒臨畫譜遣興
對棋枰景物隨時換韶華轉眼更春風過別院梅雨滿重
城等是歸巢燕誰為出谷鶯也知雲易散其奈意難平假
寐章加志蹉跎誤此生不須顧陸甑豈必戀浮名瓢泊堪
同慨升沈未足評如君殊落落似我亦錚錚有恨彈長鋏無
聊伴短檠愁懷千里共别緒兩心縈今夜空庭月緣何分
外明
題某女史繪美人畫幅
繡閣傳來筆底神亭亭玉立畫中身美人因出佳人手

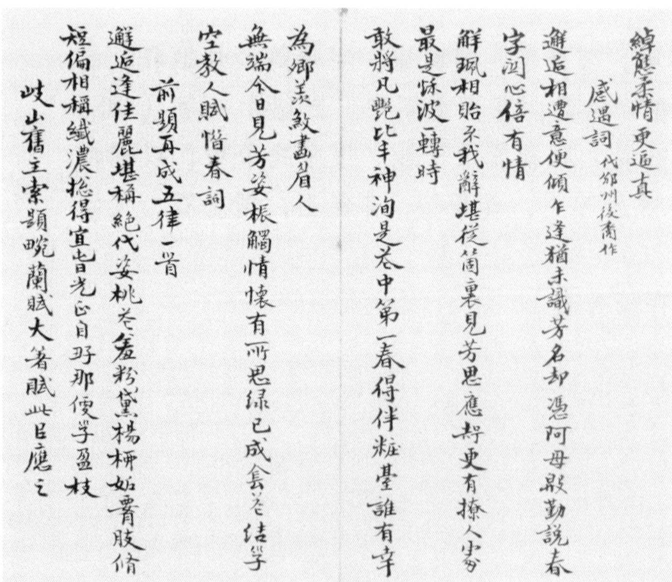
綽態柔情更逼真
感遇詞 代鄧州後裔作
邂逅相遭意便傾乍逢猶未識芳名卻憑阿母殷勤說春
字図心倍有情
鮮珮相貽不我辭堪從筒裏見芳思應將更有撩人處
最是嬌波一轉時
敢將凡艷比年神洵是花中第一春得伴妝臺誰有幸
為卿並敛畫眉人
無端今日見芳姿悵觸情懷有所思綠已成陰花結子
空教人賦惜春詞
前題再成五律一首
邂逅逢佳麗堪稱絕代姿桃花羞粉黛楊柳妬腰肢倚
短偏相稱纖濃總得宜皆光正自好那便子盈枝
岐山舊主索題畹蘭賦大著賦此呈應之

(图四一 5–10)

四一 吴大澂 诗文稿册

幽蘭本自生空谷雨露頻沾靈秀毓一朝化作女兒身香艸美人顏如玉女兒生小便嬌癡喜傍粧臺學畫眉刺罷女紅無箇事静日吟哦一卷詩如梭日月雙丸促已是年華十五六一縷芳心不自持月下花前時感觸周郎丰度劇翩翩詢是江東美少年驀然覿面嬌無限兩心相印兩情牽那堪更有撩人處阿母偏教共綺筵多少幽衷訴未得酒闌人去倍堪憐相見何遲别何速蓬山忽隔空勞目時密緒託芳詞青鳥殷勤頻往復春光纔去又經秋風波猝起意難卜應拚白璧自無瑕狂且屢事飛謗謗讟無端謗讟欲何為此情獨有妾心拚可憐為拙含沙口魍且相親志不移箇郎那得拚衷曲既蘭寫成紙盈幅貽恨緘愁墨不濃不堪獨對掀鐙讀無何兒蜮態畢呈怜似雲開月更明伊人自是同心侣宵便輕忘疇昔盟前番有誤還容贖兩意無猜思愈篤一封書寄重逾解此日情絲斷復續我本天涯淪落人頻年潦倒滬江濱大好韶光空辜負羈愁蕭索孰與親近更傷春困杜牧有酒難澆愁萬斛昨宵喜得故人來傾譚共剪西窗燭一篇示我意沈吟者番枉煞美人心如此深情焉可負未償夙愿感難禁我今一語為君視有情畢竟成眷屬請抒往事擬休論藏嬌先且營金屋

岐山舊主贈蘭占此謝之

惠贈見情真分來幽谷春宵深清不寐如對素心人

閨中納涼限十五咸韵偕蒂廬人作

鬟天火繖怡初減便覺炎威暑解嚴對鏡含情梳晚髻卷簾無意蕊鐵拶踈襟引月侵欠簟園扇摇風遠藕衫為嫒宵涼因坐久庭前清影已移杉

詠菊

小隱寄東籬經霜强自支世無陶五柳何處覓相知

南郭吹竽 蒂廬分詠

身無長技欲何之濫食因人莫漫嗤今日猶多逐隊處可曾三為誰吹

禰衡撾鼓

磊落襟懷孰與京坦胷無愧傲公卿三撾足奪奸雄魄豈但當時四座驚

閒情

廿載悠浮沈空教歲月侵黄卷多傲骨君子本虛心少得棋中趣聊参絃外音閒情寄翰墨時復一長吟

同三閏後入蒂廬主人游張園作

載酒結伴快遨游堪羨名園景色幽遠隔囂塵饒逸趣宜觴宜詠足句留

大家池畔小稽留竹果茶煎茶興更幽我與花中君子約明朝還待續芳游

蕉田夜雨枕上口占

擾亂銅壺滴漏聲芭蕉戰雨隔窗鳴誰憐旅館蕭條夜感離鄉心夢不成

月下有懷

清宵寂坐對銀蟾觸景牽情愁倍添猶憶粧臺同玩賞曾勞素手捲珠簾

碧天如水月如鈎料得伊人正倚樓待向嫦娥相借問眉峰深鎖幾多愁

題畫

微雨捲帘讀書究奥義忽聞款乃聲莫是故人至

洋場竹枝詞錄二

不夜城開十里場西人妙用自非常却差寰宇貽雖編畢竟月光勝電光

喜學時髦新様翻海天春勝聚豐園烹調異性渾難辨皺着眉頭吃大餐

和穗化縣避水詩媛沈氏絶命詩原韵八首

年荒業盡家居難輾徙流離道路間推己及人深感慨未遑自惜到紅顏 原詩有百萬生靈誰憫惜遑徒薄命一紅顏之句

淒絶窮途殞玉身冷雲冷雨蔽江天還知題壁詩成日注斷柔腸更慘然

深閨弱質最堪憐運蹇偏遭水患年一縷芳魂羈異地影雲散盡玉成煙

窮極何堪錐立無空嗟薪桂米如珠不知怨甘辛苦遠勝卑污小丈夫

已是思鄉淚不乾況兼貧病更增酸牛衣相對愁何極琵琶鹵風徹夜寒

臨危不盡話千千説到還鄉倍可憐泉下料應情未泯癡心猶自繫郎邊

四壁蕭條下葬難藁砧無計淚成斑不因鄰里哀孝女窀穸何能安此間

露侵青塚夜黄昏點點潮如舊淚痕惟有多情天上月為他千古伴吟魂

七夕錄一

銀河皎潔夜迢迢天上雙星會此時兒女情懷應一例乍逢料也話相思

次蒂廬人秋雨感懷韵

西風片雨絲絲冷透紗窗水滿陂塘溜連朝推敲葉鐙挑五夜獨吟詩驚殘客夢潮無迹滴碎鄉心只自知最是添人悵觸處寒蛩聲澀雁聲悲

題枯蘭美人

東風料峭嫩寒侵無語拈花意自深幽抱情懷誰解得獨憐香艸是同心

（图四一　11—16）

四一　吴大澂　诗文稿册

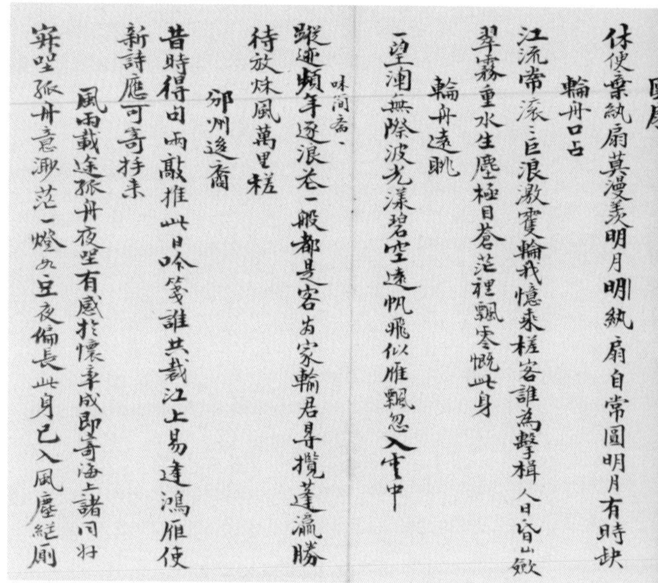

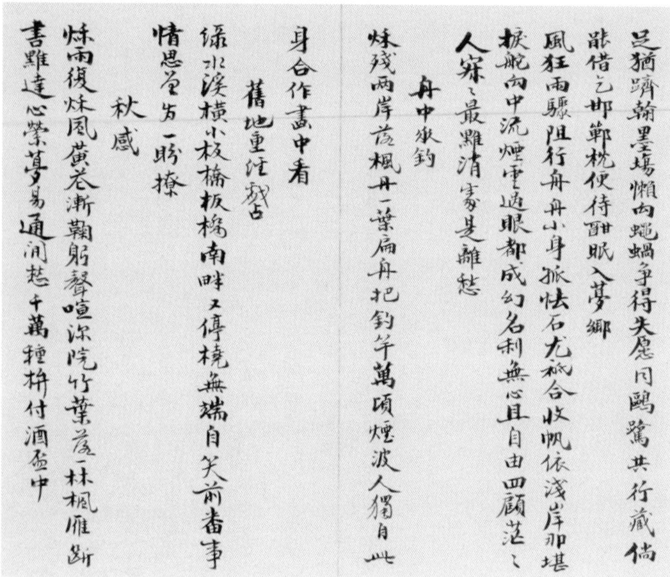

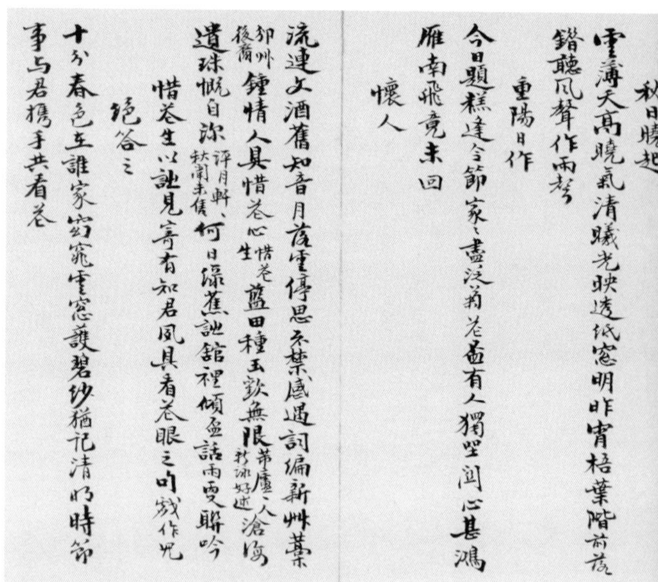

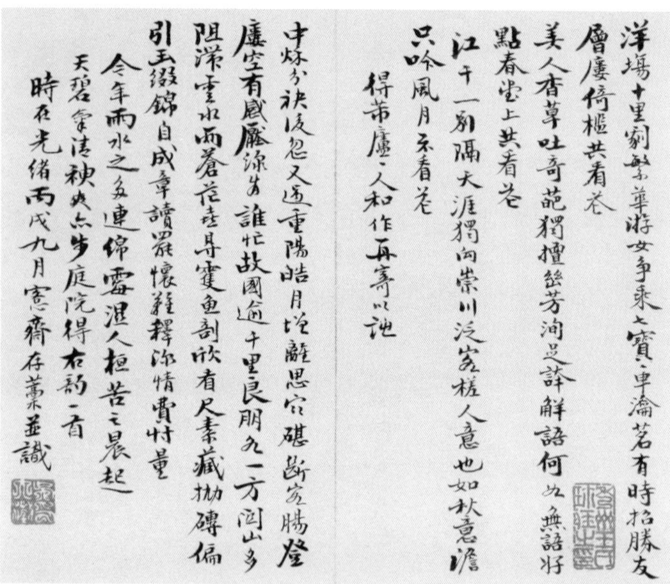

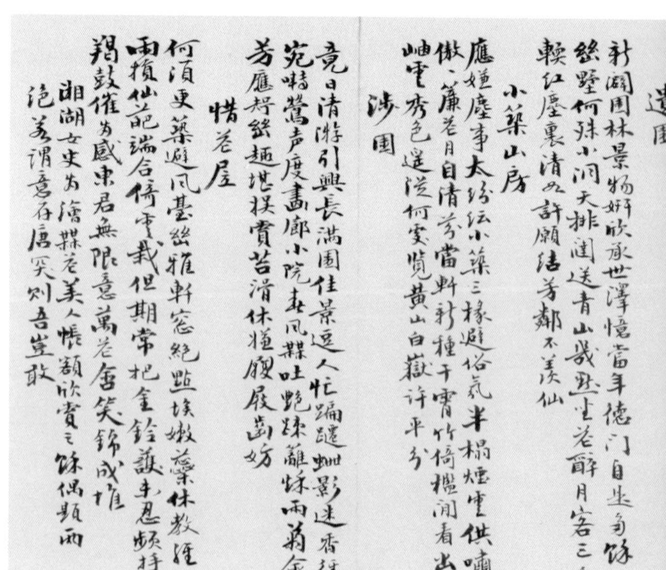

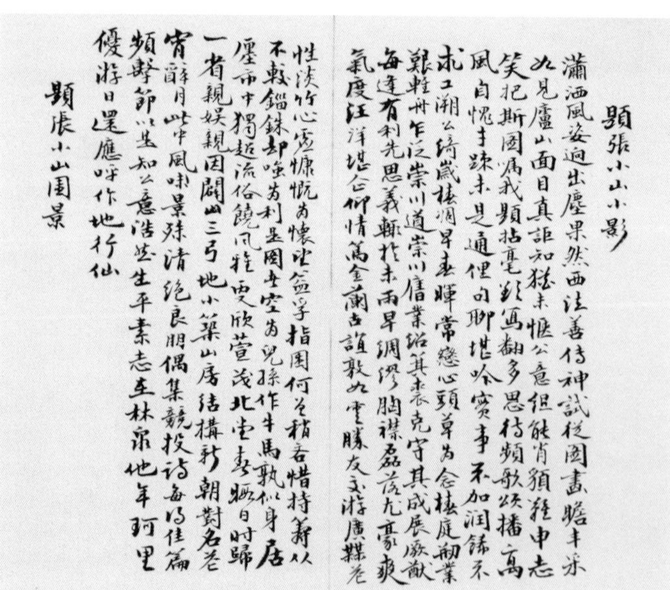

四一　吴大澂　诗文稿册

（图四一　17–22）

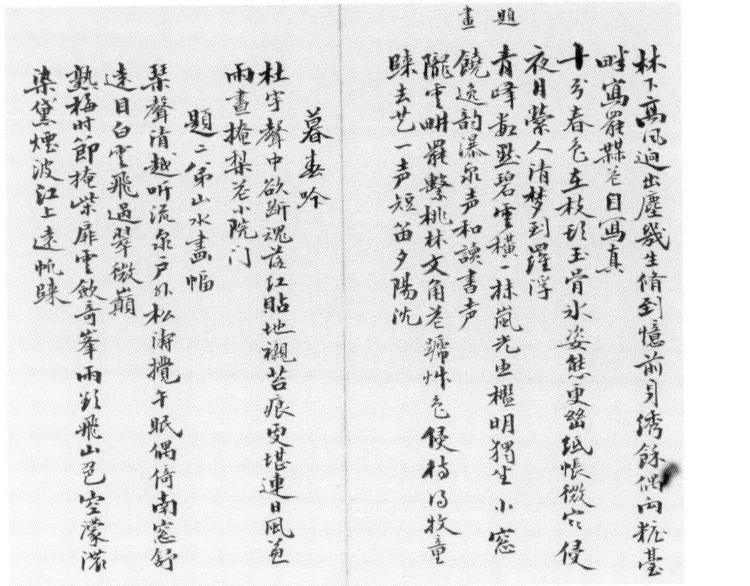

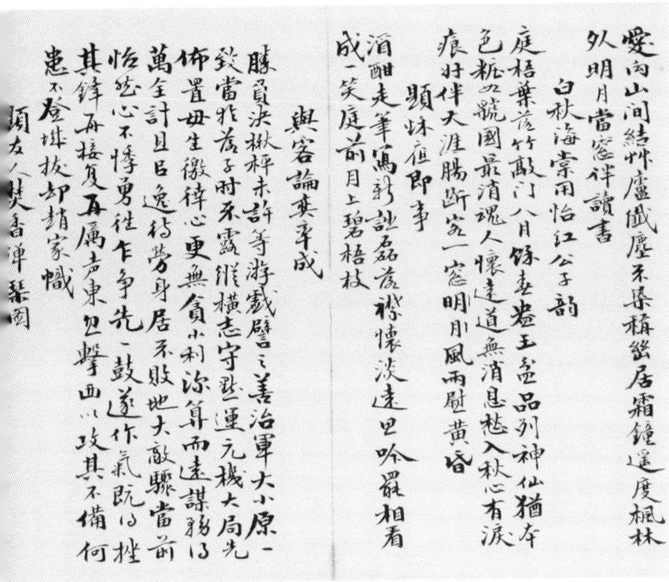

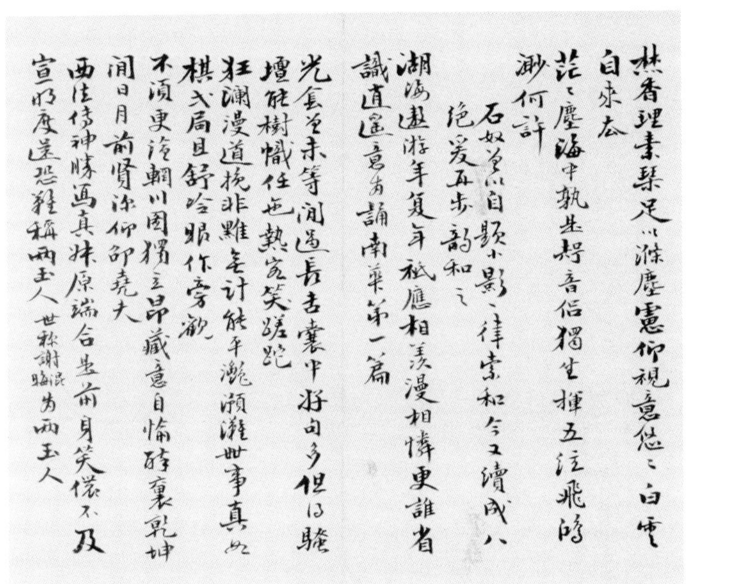

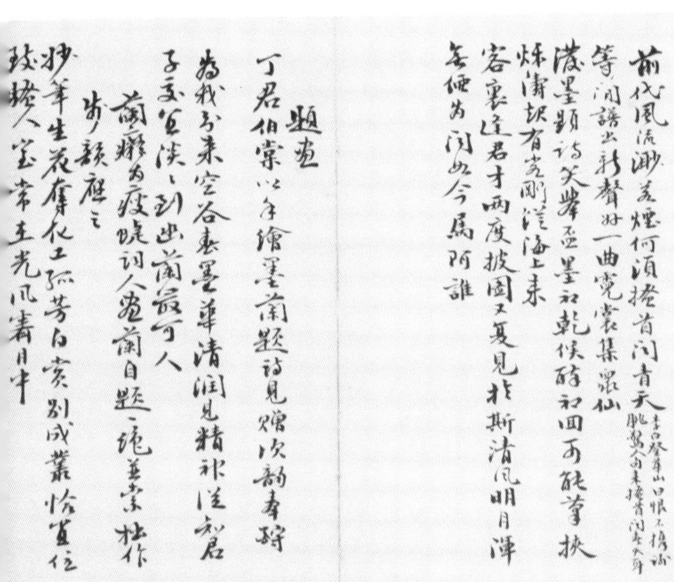

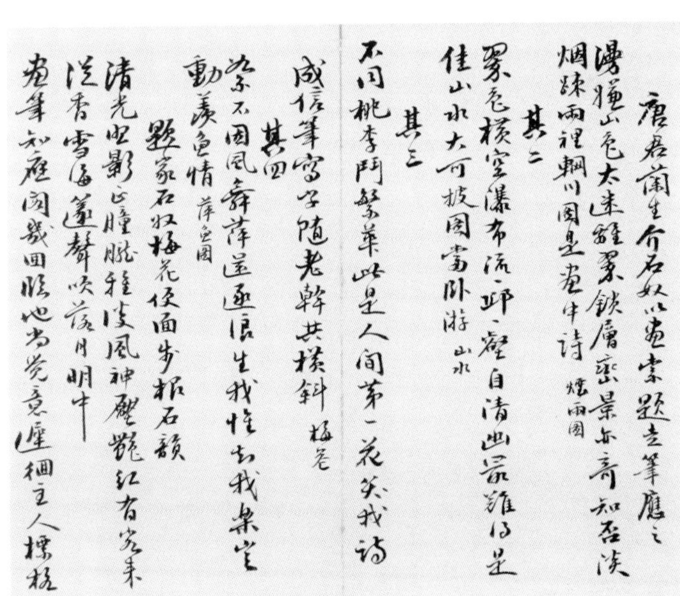

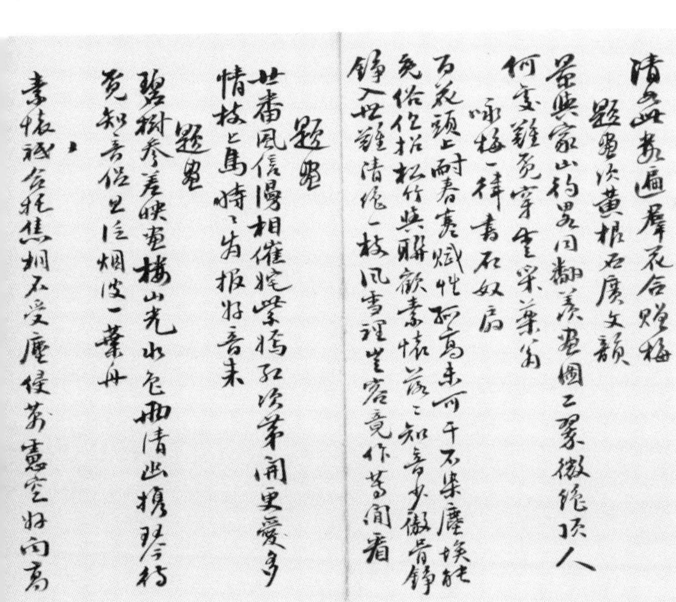

（图四一　23–28）

四一　吴大澂　诗文稿册

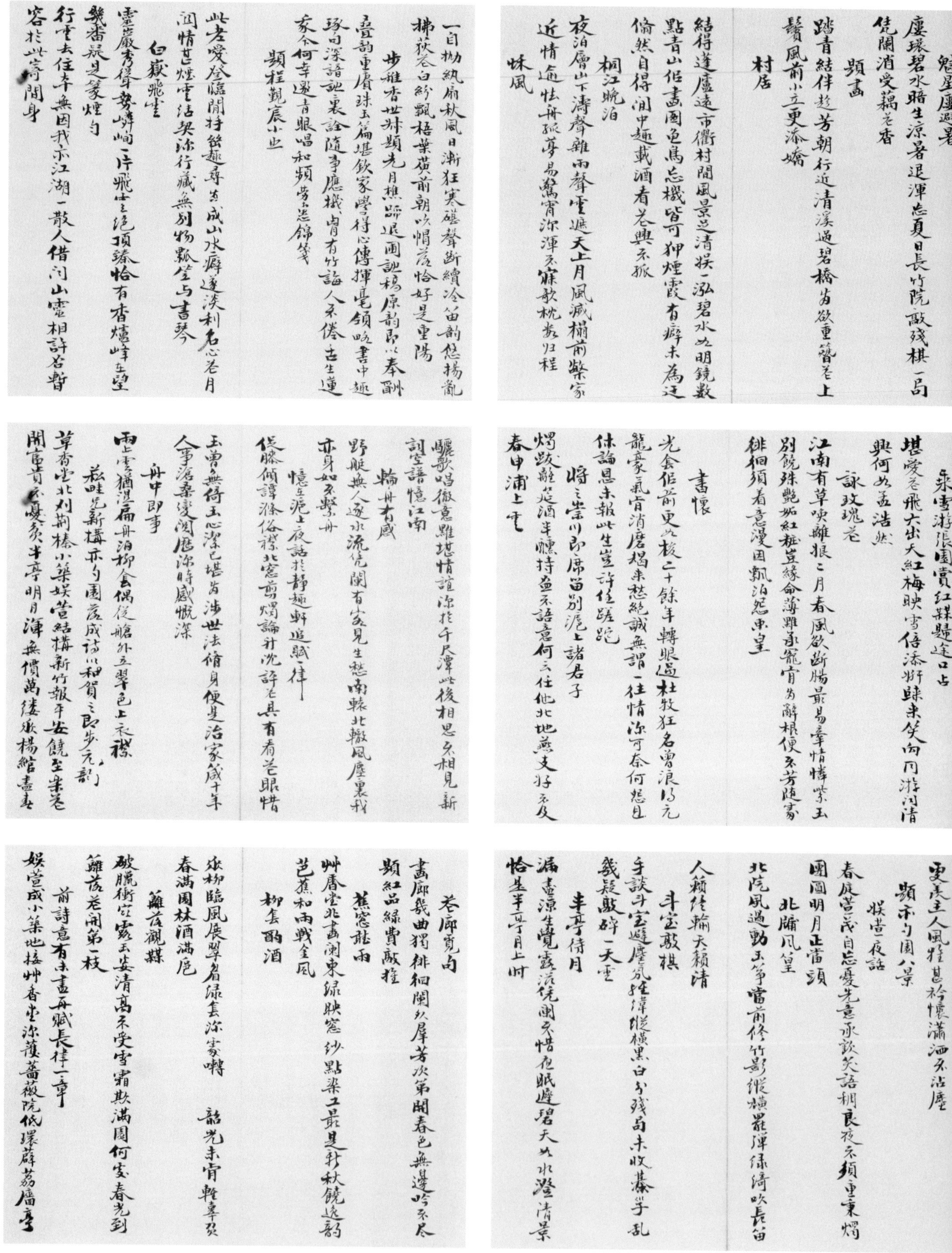

魁星慶避暑
慶環碧水賠生涼暑退渾忘夏日長竹院敲殘棋一局
凭闌消受藕花香
題畫
踏青結伴趁芳朝行近清溪過碧橋笑欲重簪花上
鬢風前小立更添嬌
村居
結得蓬廬遠市衢村間風景足清娛一泓碧水如明鏡數
點青山似畫圖魚鳥忘機皆可狎煙霞有癖未為迂
倘然自得閒中趣載酒看花興不孤
桐江晚泊
夜泊層山下濤聲雜雨聲雲遮天上月風滅樹前螢家
近情逾怯舟孤夢易驚宵深渾不寐欹枕數歸程
咏風

一自拗紈扇秋風日漸狂寒砧聲斷續冷笛韻悠揚亂
拂荻花白紛飄梧葉黃前朝吹帽落恰好是重陽
步維香世姊題先月樓蹄退画詠稿原韻即以奉酬
疊韻重賡珠玉篇堪欽家學得心傳揮毫領略書中趣
琢句深諳話裏詮隨事應機胸有竹論人不倦舌生蓮
家令何幸邀青眼唱和頻勞寄錦箋
題程觀宸小照
此老愛登臨閒將幽趣尋甚成山水癖遂淡利名心花月
閒情甚煙雲結契深行藏無別物瓢笠與書琴
白嶽飛雲
靈巖秀聳勢嶙峋一片飛雲繞頂臻恰有香爐峰在望
幾番疑是篆煙勻
行雲去住本無因我亦江湖一散人借問山靈相許否暫
容於此寄閒身

乘雪游張園賞紅梅疑逢口占
堪愛花飛六出天紅梅映雪倍添妍蹤來笑向同游問清
興何如孟浩然
詠玫瑰花
江南有草喚離娘二月春風欲斷腸最易牽情憐紫玉
別饒殊艷妬紅粧豈緣命薄難承寵肯為辭根便不芳隨寄
徘徊須着意漫因飄泊怨東皇
書懷
光陰倏忽更如梭二十餘年轉眼過杜牧狂名曾浪得元
龍豪氣肯消磨燭來愁絕誠無謂一往情深可奈何愁且
休論恩未報此生豈許任蹉跎
將之崇川即席留別滬上諸君子
燭跋離筵酒半醺持盃不語意何云任他北地燕支好不及
春申浦上雲

驪歌唱徹意難堪情誼深於千尺潭此後相思不相見新
詞空譜憶江南
舟中有感
野艇無人逐水流凭闌有客見生愁南轅北轍風塵裏我
亦身如不繫舟
憶在滬上夜話於靜趣軒追賦一律
促膝傾譚滌俗襟北窗剪燭論升沈許花具有看花眼惜
玉曾無倚玉心潔已堪為涉世法修身便是治家箴十年
人事滄桑變閱歷深時感慨深
舟中即事
雨止雲猶濕扁舟泊柳陰偶從艙外立翠色上衣襟
蘇畦兄新構亦園落成詩以和賀之即步元韻
草香堂北列荊榛小築娛萱結構新竹報平安饒至樂花
開富貴不憂貧半亭明月渾無價萬縷垂楊繪畫春

更羨主人風雅甚衿懷瀟灑不沾塵
題亦園八景
娛萱夜話
春庭萱茂自忘憂先意承歡笑語稠良夜不須重秉燭
團圓明月正當頭
北牖風篁
北院風過動玉箏當前修竹影縱橫罷彈綠綺吹長笛
人籟終輸天籟清
斗室敲棋
手談斗室避塵氛棋墮縱橫黑白分殘局未收棋子亂
幾疑敲碎一天雲
半亭待月
滿畫涼生覺露流凭闌不惜夜眠遲碧天如水澄清景
恰是半亭月上時

花廊覓句
畫廊幾曲獨徘徊闌外犀芳次第開春色無邊吟不盡
題紅品綠費敲推
蕉窗聽雨
艸層堂北畫闌東綠映窗紗點染工最是新秋饒逸韻
芭蕉和雨戰金風
柳蔭酌酒
依柳臨風展翠眉綠陰深處囀
韶光未肯輕辜負
春滿園林酒滿卮
籬落觀梅
破臘衝寒露玉姿清高不受雪霜欺滿園何處春光到
籬落花開第一枝
前詩意有未盡再賦長律一章
娛萱成小築地接草香堂深護薔薇院低環薜荔牆

四一　吴大澂　诗文稿册

（图四一　29–34）

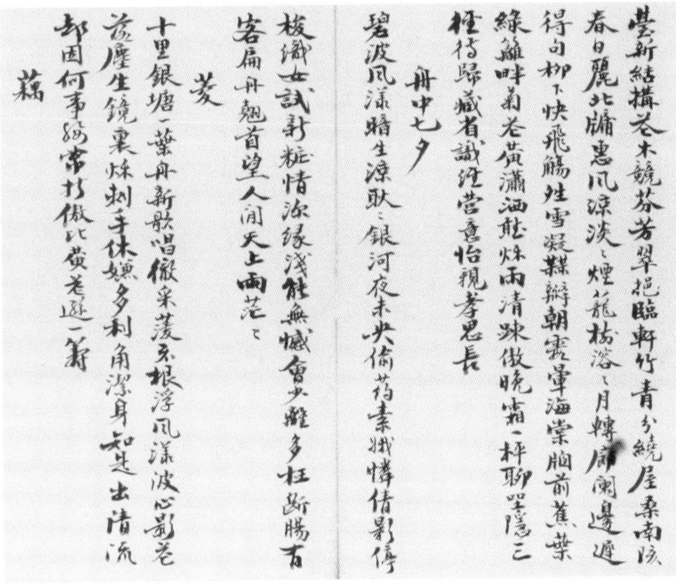

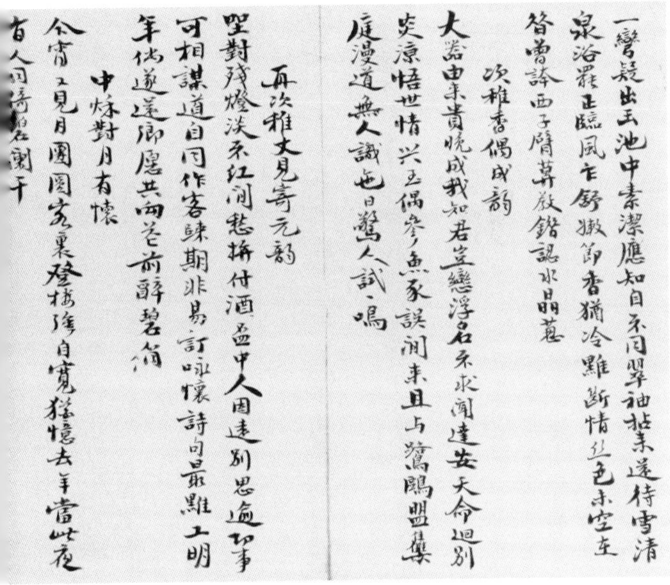

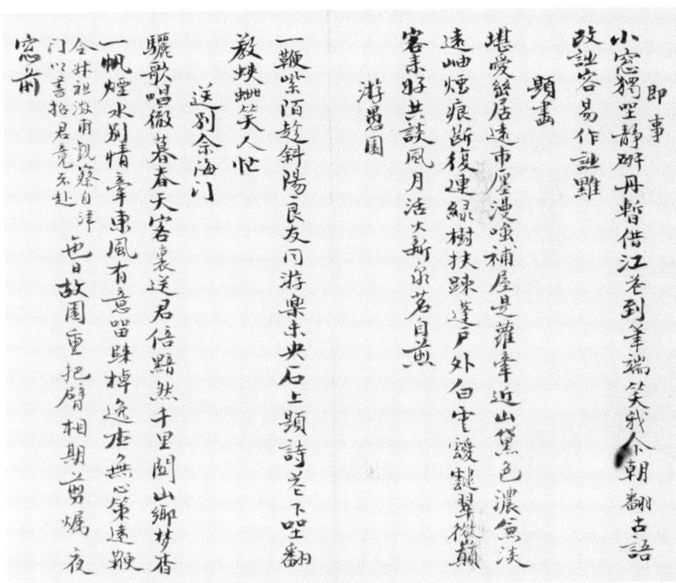

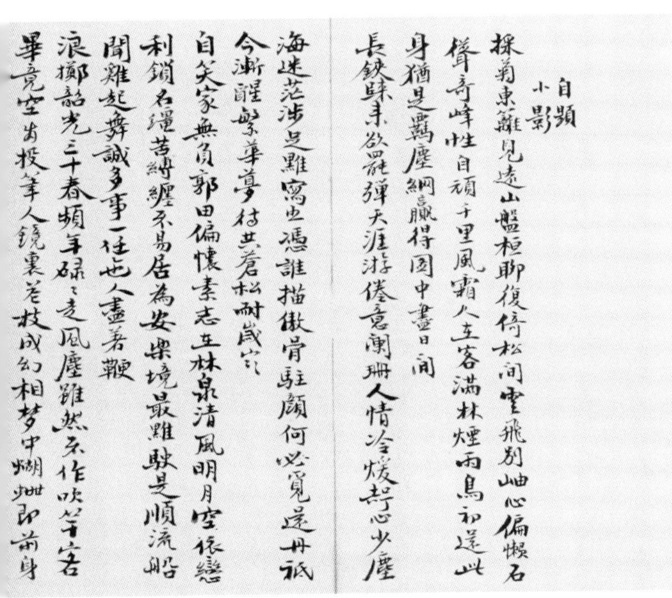

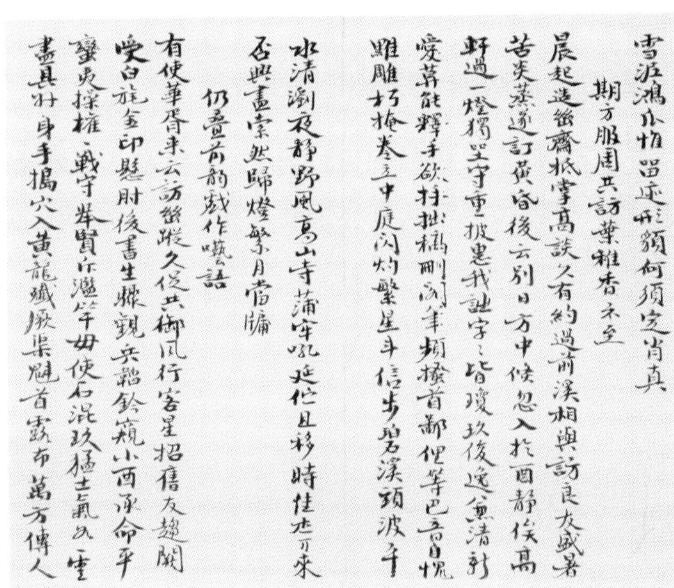

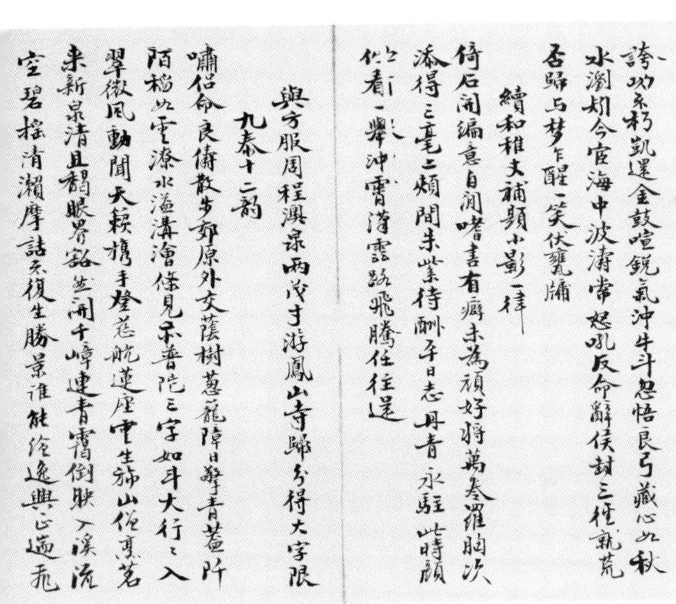

（图四一　35—40）

四一　吴大澂　诗文稿册

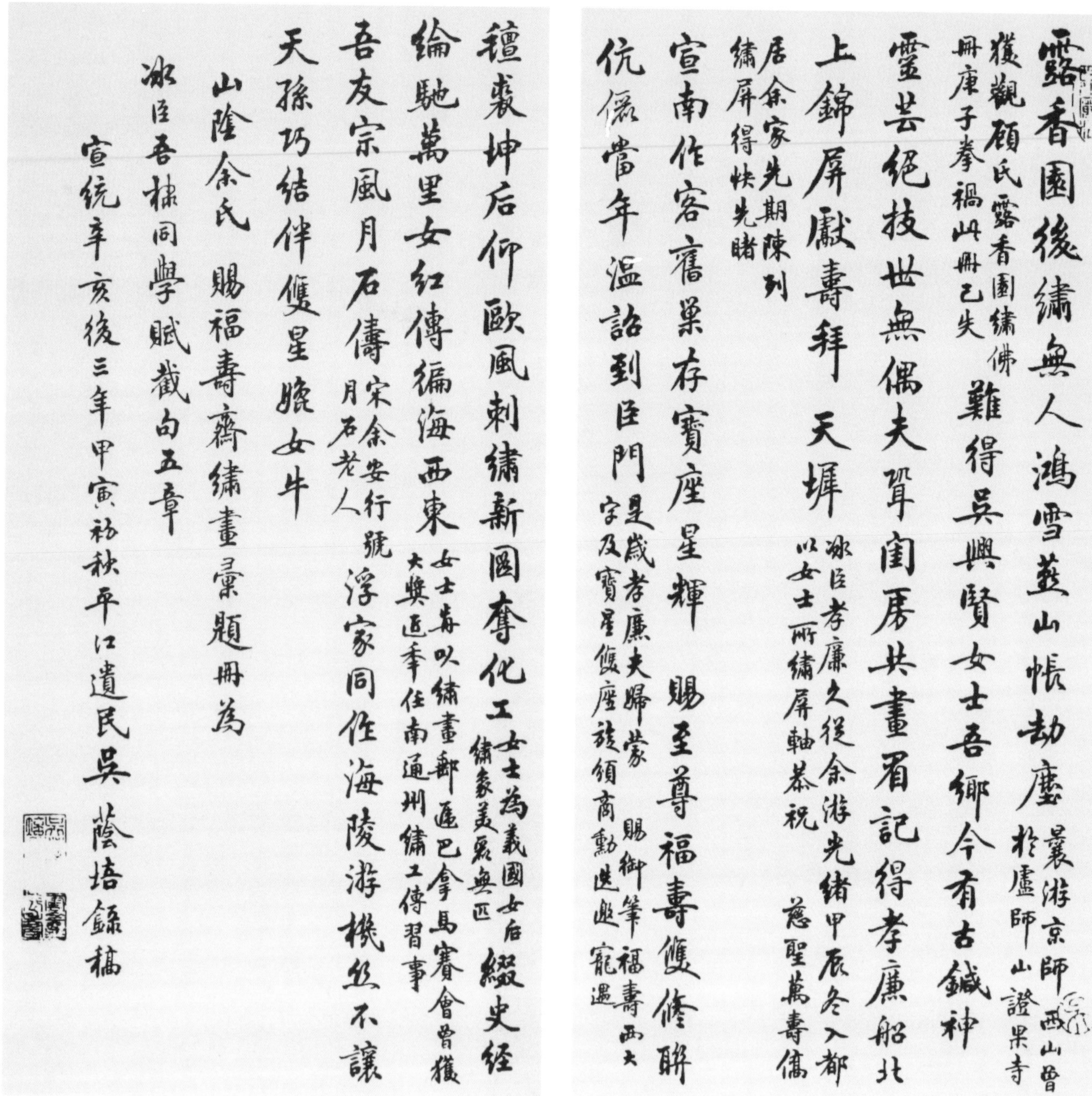

四二　吴荫培　绣画汇题册录稿　　(图四二　1–2)

吴荫培（1851—1931 年），字树白，号颖之，一号云庵。江苏吴县人。光绪十六年以一甲三名探花及第，授职翰林院编修，曾任潮州等府知府。1911 年上海拳术研究会创办人。著有《岳云庵诗文稿》。

四三　吴荫培　南通感痛实录

癸未六月筆記

南通感痛實錄

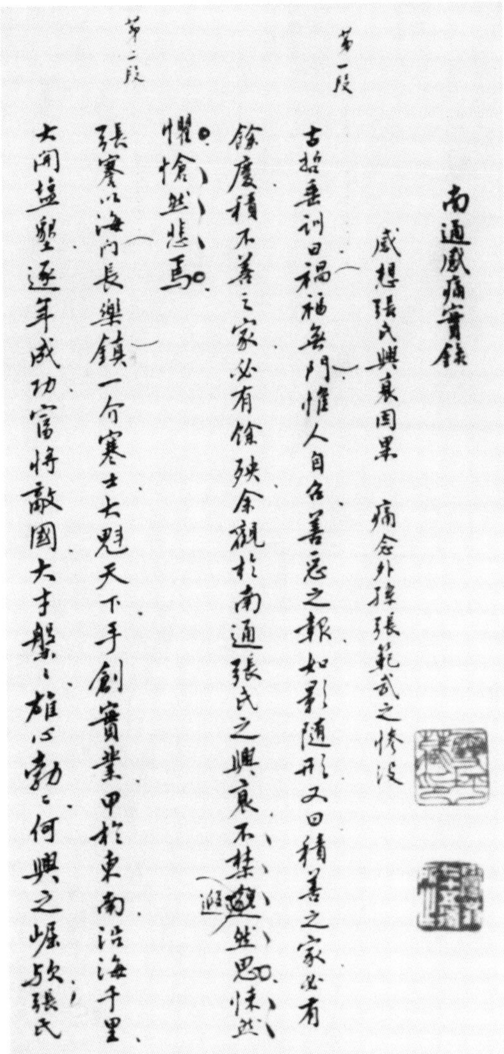
南通感痛實錄

感想張氏興衰因果　痛念外孫張範武之慘沒

第一段

古哲垂訓曰福禍無門惟人自召善惡之報如影隨形又曰積善之家必有餘慶積不善之家必有餘殃余觀於南通張氏之興衰不禁遐然思怵然惕然愴然悲焉

第二段

張謇以海內長樂鎮一介寒士大魁天下手創實業甲於東南沿海千里大開墾墾逐年成功富埒敵國大事盤盤雄心勃勃何興之崛然張氏

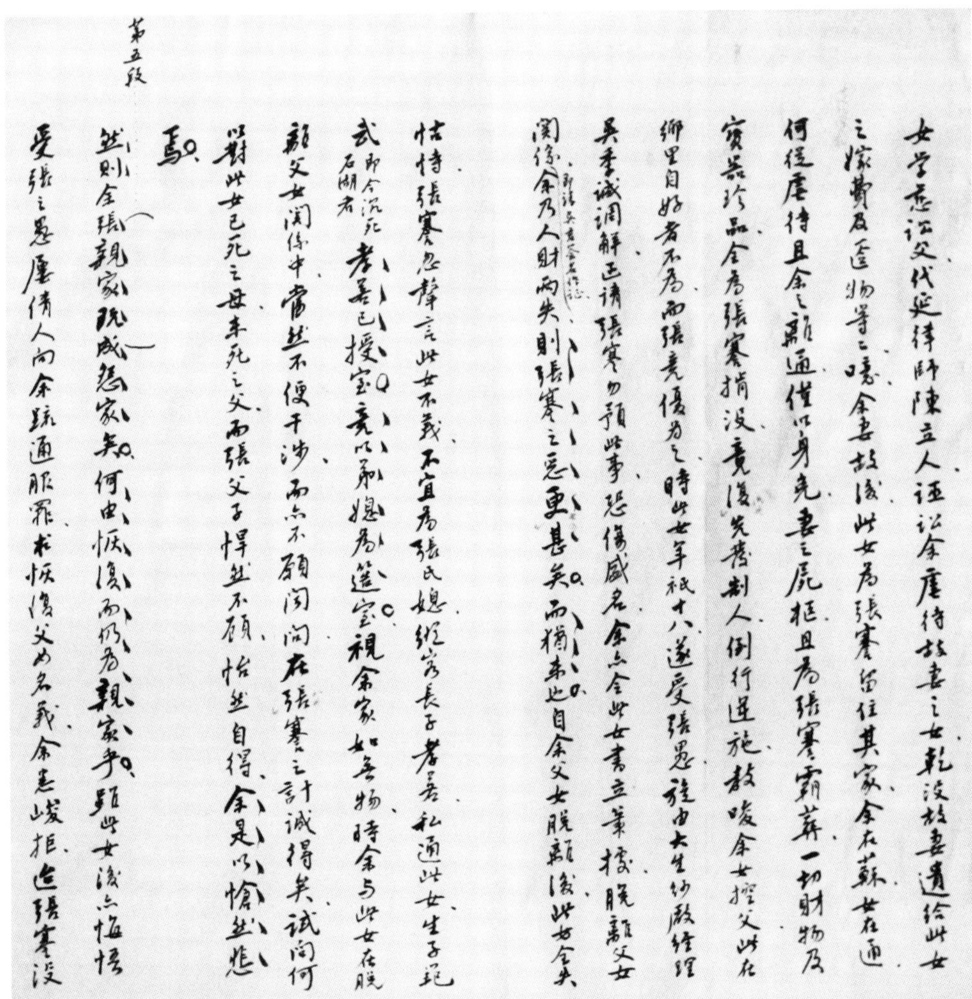
女字慈泌父代延律師陳立人狂訟余虐待故妻之女乾沒故妻遺給此女之嫁奩及遺物等等噫余妻故後此女為張謇留住其家余在蘇女在通何從虐待且余之顧通僅以身免妻之屍柩且為張謇霸葬一切財物及賓器珍品全為張謇指沒竟復先發制人倒行逆施教唆余女控父此在鄉里自好者不為而張竟優為之時此女年祇十八遂受張愚弄由大生紗廠經理吳季誠調解匹請張謇勿預此事悲傷感君余亦令此女書立某據脫離父女關係（即張吳季誠之行証）余乃人財兩失則張謇之惡更甚矣而獨未也自余父女脫離後此女全失怙恃張謇忽聲言此女不義不宜為張氏媳從容長子孝若私通此女生子範武（即今沉死石湖者）孝若已授室竟以卑媳為遂室視余家如無物待余與此女在脫離父女關係中當然不便干涉而亦不顧問聞在張謇之計誠得矣試問何對此女已死之母未死之父而張父子悍然不顧怡然自得余是以愴然悲焉

第五段

然則余張親家既成怨家矣何由恢復而仍為親家乎雖此女後亦悔悟受張之愚虐待人向余疏通脈罪求恢復父女名義余恚峻拒迨張謇沒

（图四三　1—3）

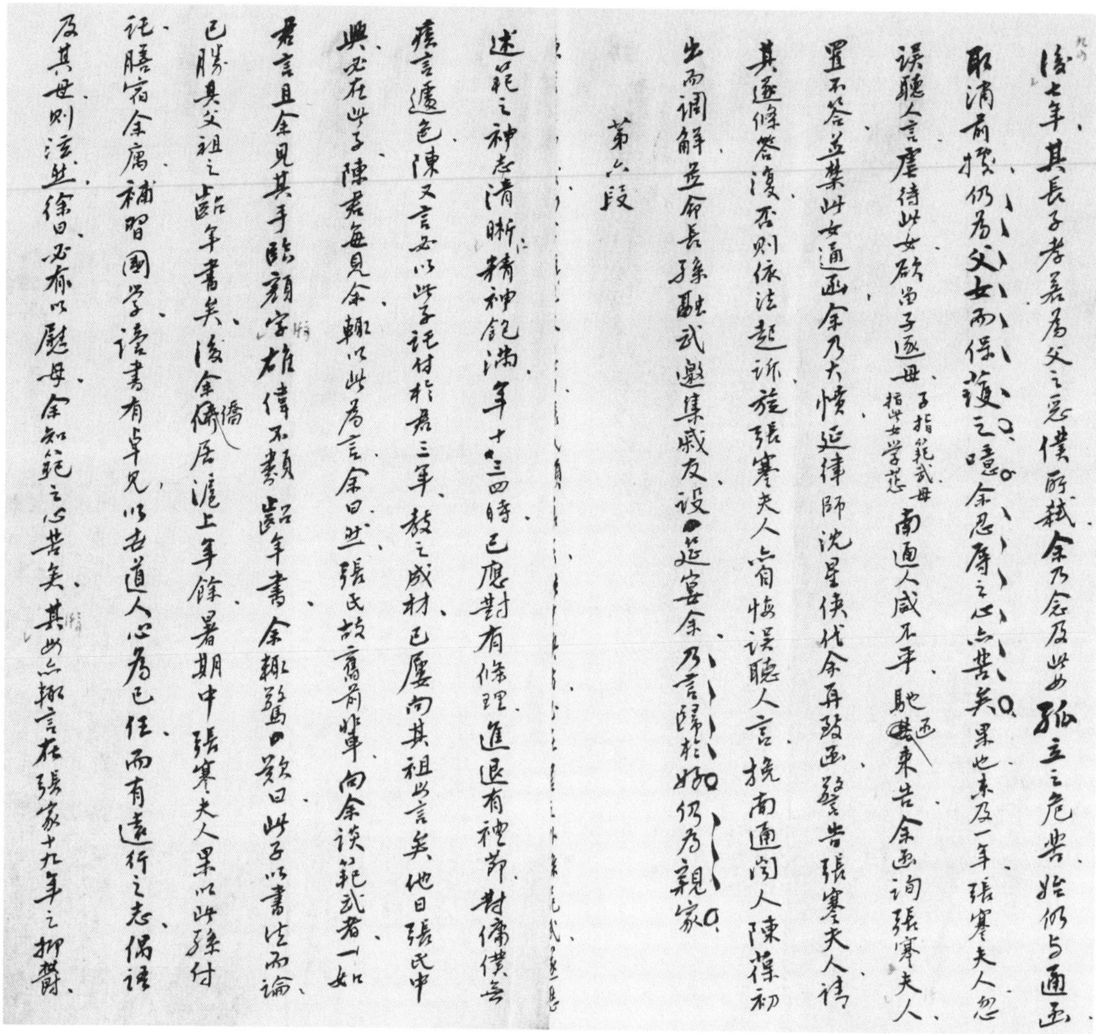
後七年、其長子孝慕為父之惡僕所弑、余乃念及此女孤立之危、若始仍與通函、
取消前撥、仍為父女、而保護之、噫、余忍辱之心亦苦矣。果也未及一年、張寒夫人忽
誤聽人言、虐待此女、啟子（指范武母）逐母（指此女學慈）、南通人咸不平、馳函來告、余函詢張寒夫人、
置不答、並禁此女通函、余乃大憤、延律師沈星俠代余再致函、警告張寒夫人、請
其逐條答復、否則依法起訴、旋張寒夫人亦有悔、誤聽人言、挽南通閔人陳葆初
出而調解、並命長孫融武邀集戚友、設筵宴余、乃言歸於好、仍為親家。

第六段

述范之神志清晰、精神飽滿、年十三四時、已應對有條理、進退有禮節、對儕僕無
疾言遽色、陳又言、必以此子託付於君三年、教之成材、已屢向其祖此言矣、他日張氏中
興、必在此子、陳君每見余、輒以此為言、余曰然、張氏故舊前輩、向余談范武者、一如
君言、且余見其手臨顏字、雄偉不群、髫年書、余輒驚異、歎曰、此子以書法而論、
已勝其父祖之髫年書矣、後余僑居滬上、年餘暑期中、張寒夫人果以此孫付
託、膳宿余寓、補習國學、讀書有卓見、以吾道人心為己任、而有遠行之志、偶語
及其母、則泫然、餘曰、必有以慰母、余知范之心苦矣、其此亦輒言、在張家十九年之抑鬱、

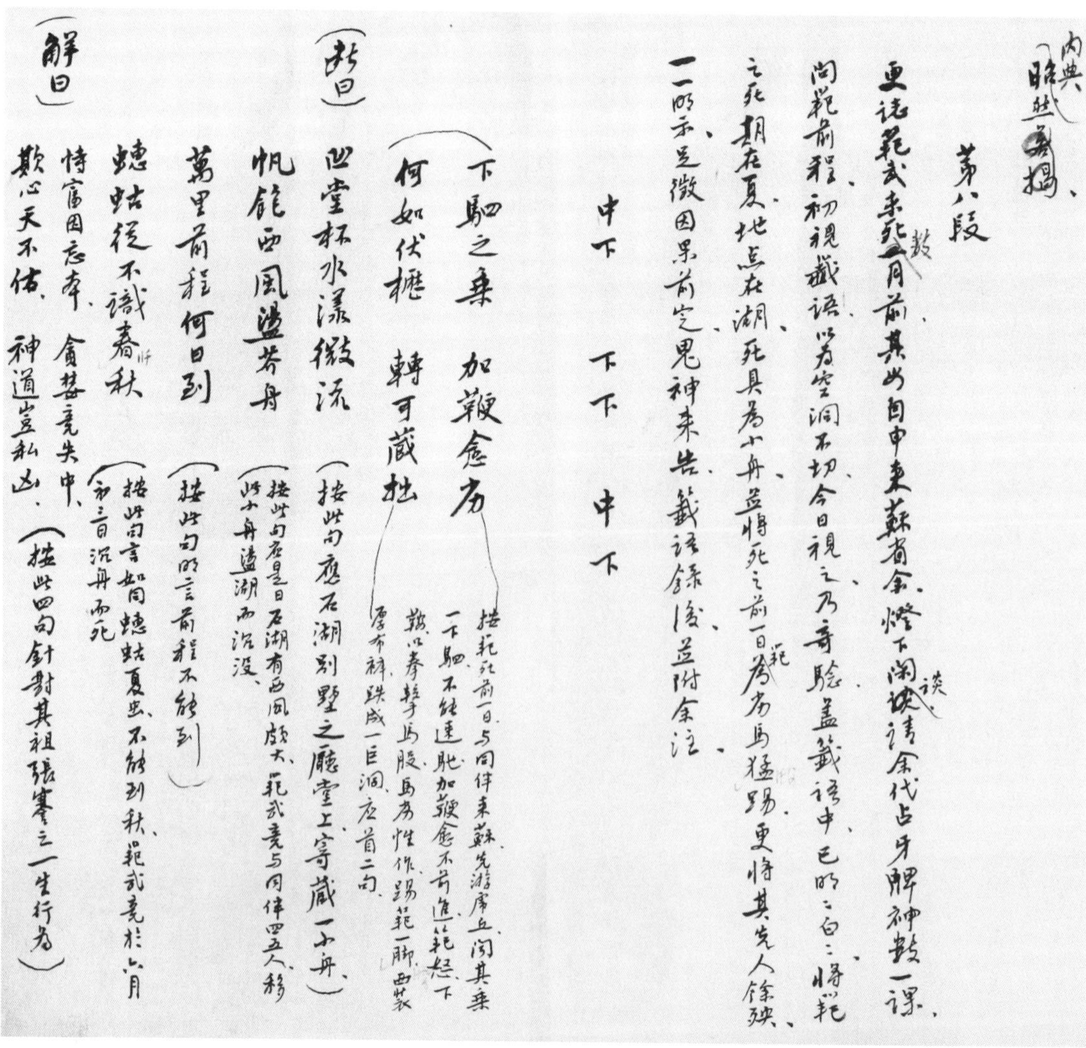
（內典）昭然若揭、

第八段

更誌范武未死數月前、其由申來蘇、省余、燈下閒談、請余代占牙牌神數一課、
問范前程、初視讖語、以為空洞不切、今日視之、乃奇驗、蓋讖語中已明明白白將范
之死期在夏、地點在湖、死具為小舟、並將死之前一日、范為馬猛踢、更將其先人餘殃、
一一明示、足徵因果前定、鬼神來告、讖語錄後、並附余注、

中下　下下　中下

（下駟之乘　加鞭愈劣）
（何如伏櫪　轉可藏拙）（按范死前一日、與同伴來蘇、先遊虎丘、閱其乘一下駟、不能速馳、加鞭愈不前進、范怒下鞍、以拳擊馬股、馬劣性作、踢范一腳、西裝厚布袜、跌成一巨洞、應首二句、）

（批曰）
凹堂杯水漾微流（按此句應石湖別墅之廳堂上寄藏一小舟、）
帆能西風蕩芥舟（按此句應是日石湖有西風頗大、范武竟與同伴四五人移此小舟盪湖而沉沒、）
萬里前程何日到（按此句明言前程不能到）
蟪蛄從不識春秋（按此句言如同蟪蛄夏虫、不能到秋、果范武竟於六月初三日沉舟而死）

（解曰）
恃富因忘本、貪甚竟失中、
欺心天不佑、神道豈私凶、（按此四句針對其祖張謇之一生行為）

（图四三　4—5）

四四　吴涑　致曾甫、星南函

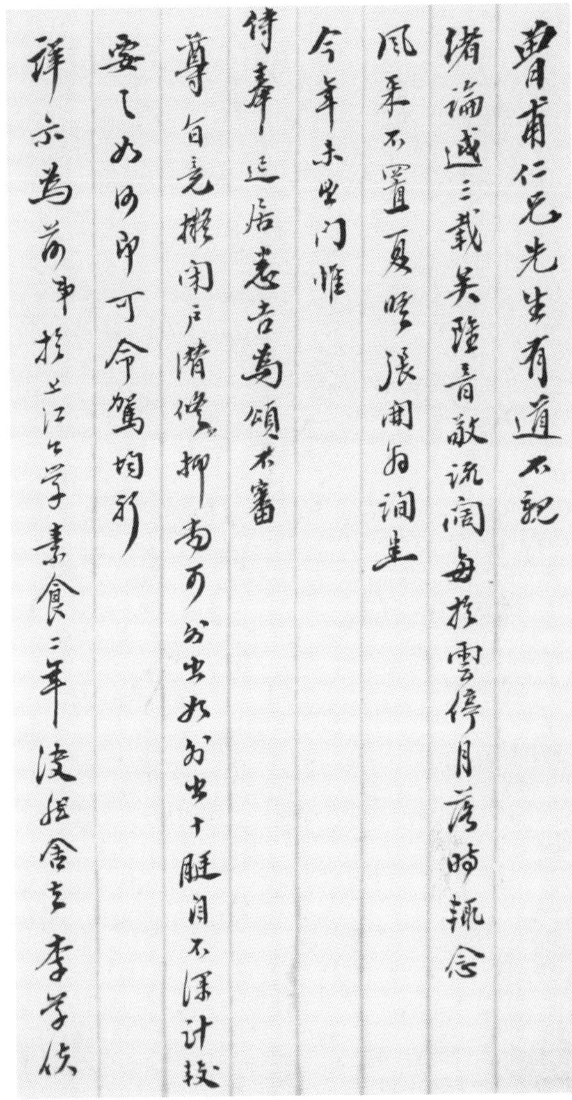

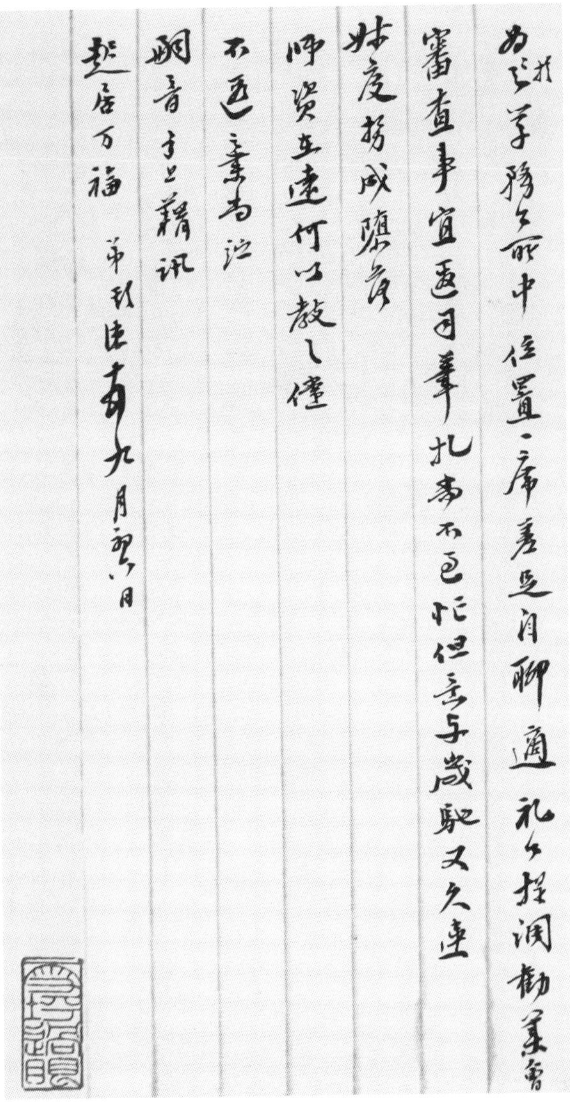

（图四四　1—5）

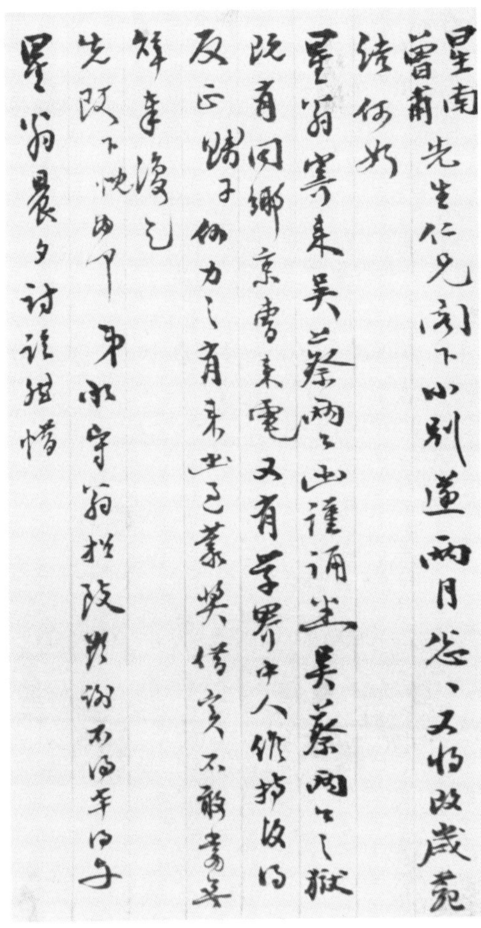

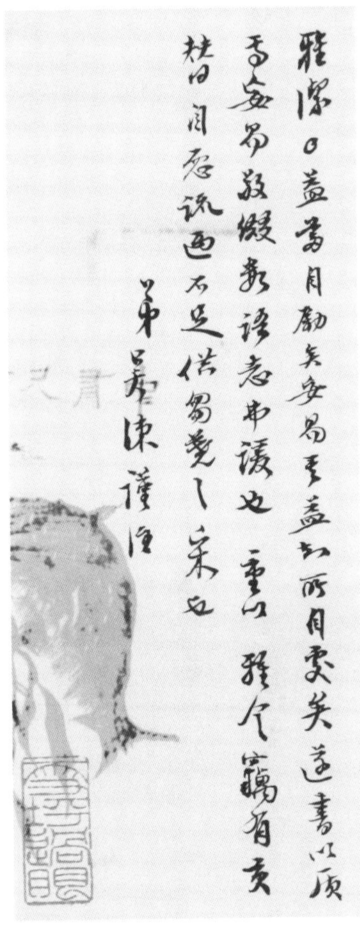

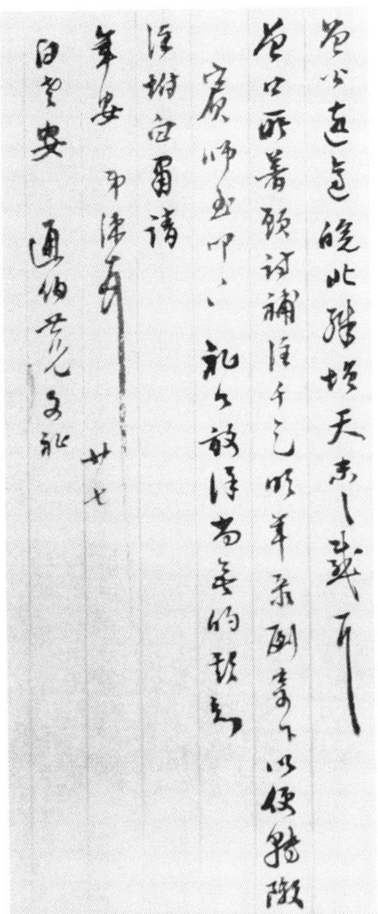

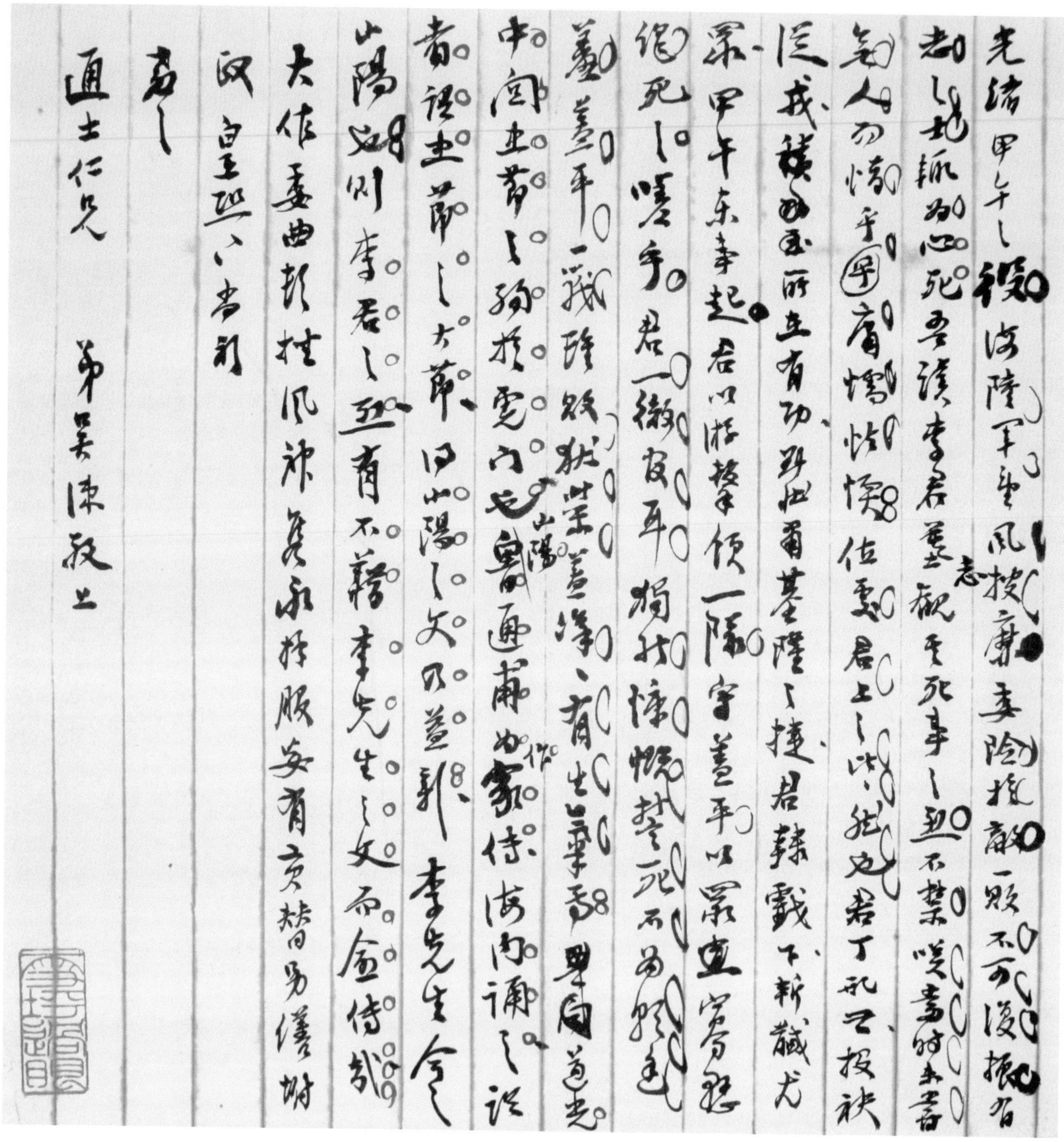

（图四五－1）

四五　吴涑　致通士函

吴涑（1866—1920年），江苏淮阴人。字温叟，又字白石，号击存，室名抑抑堂。曾至广州参与护法。著有《抑抑堂集》。

四六　吴梅　行书南献遗徵笺

吴梅（1884—1939年），现代著名历史学家、词曲文学家。字瞿安，晚号霜厓，江苏吴县人。历任东吴大学、北京大学、东南大学、中山大学、南京中央大学等校教授。著有《中国戏曲概论》、《曲学通论》、《词学通论》、《南北词简谱》、《辽金元文学史》等多部著作。

四六　吴梅　行书南献遗徵笺

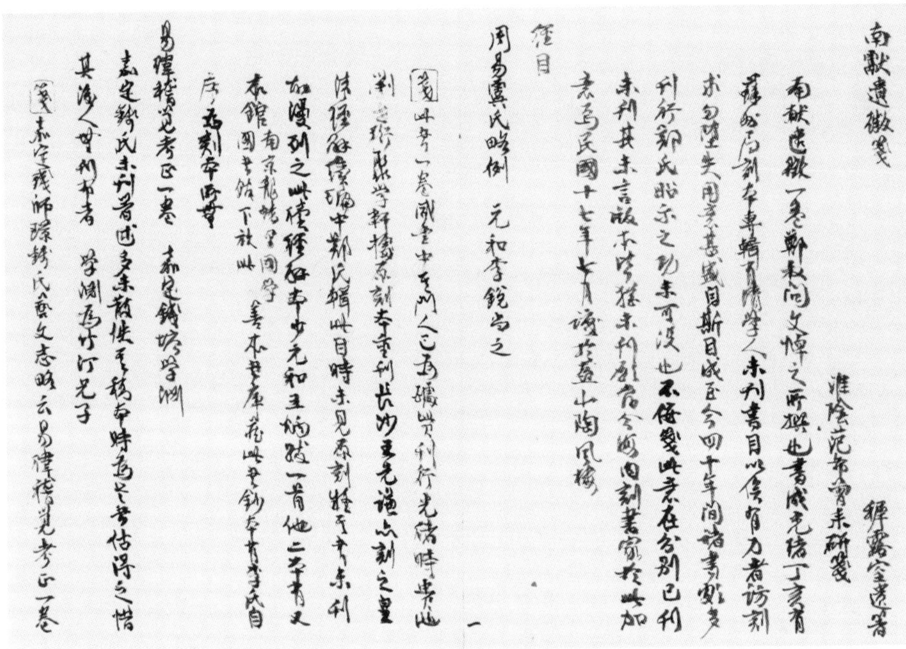

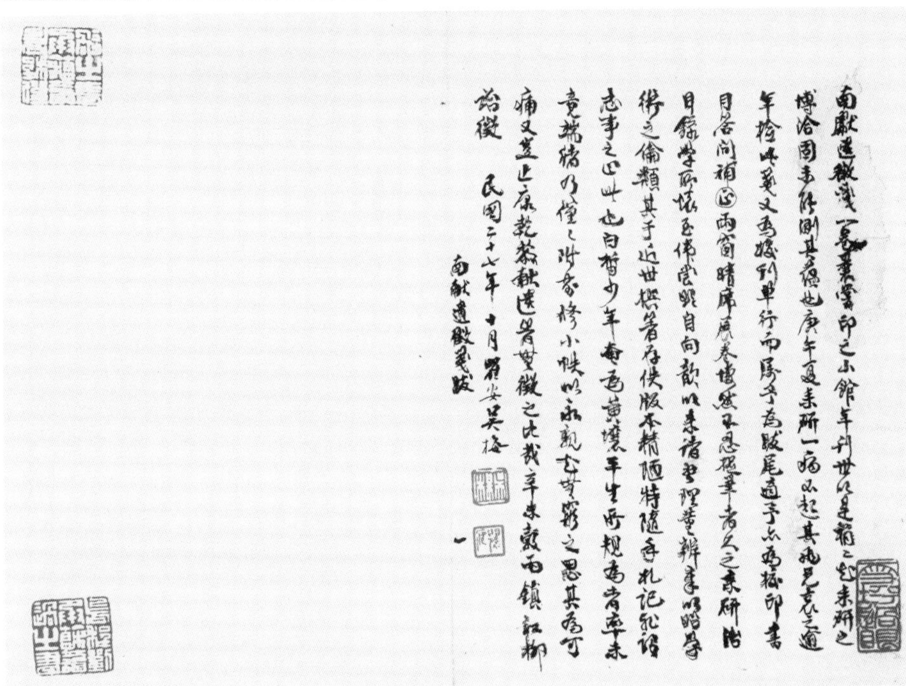

（图四六　1—4）

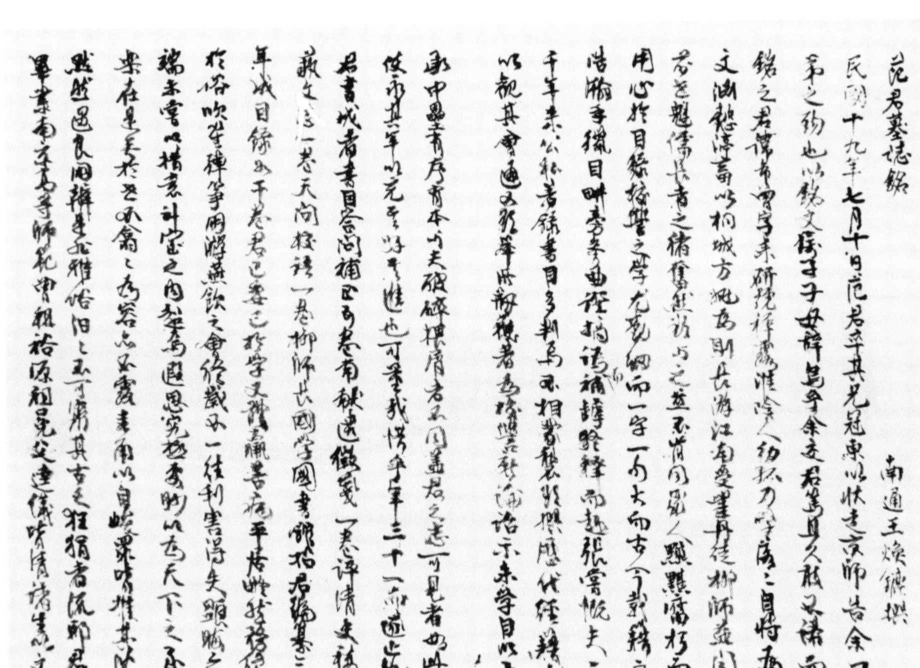

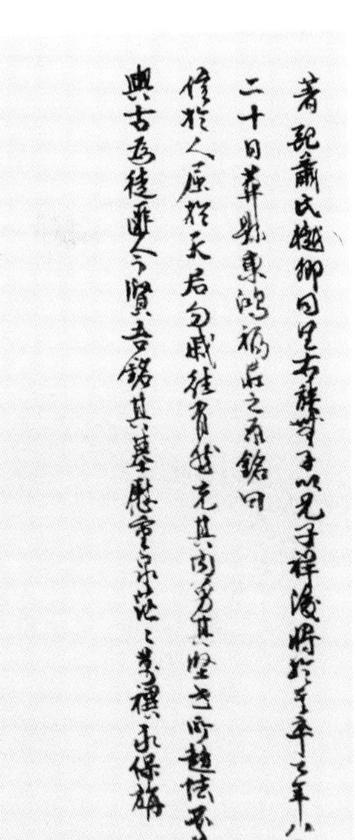

四六　吴梅　行书南献遗徵笺

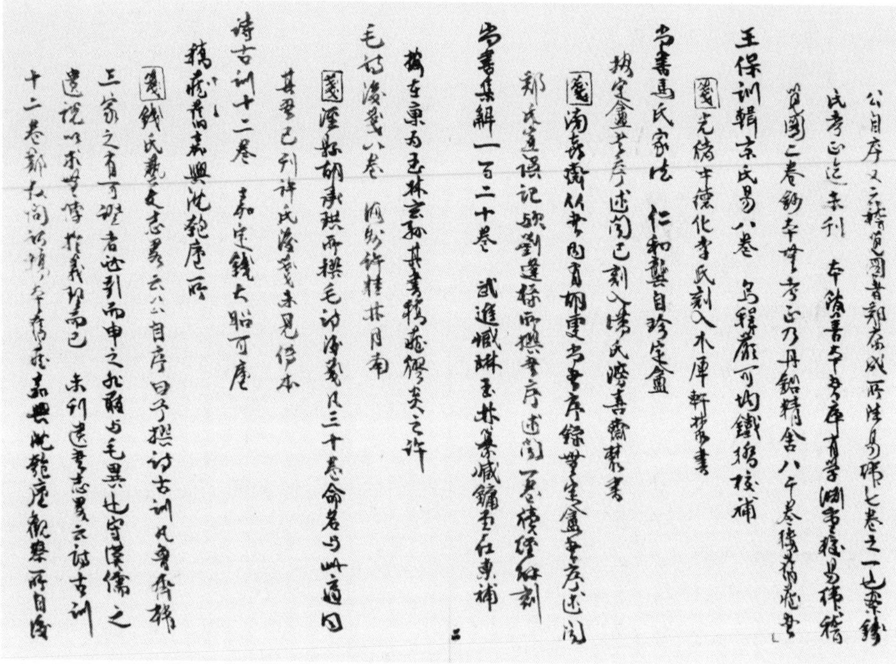

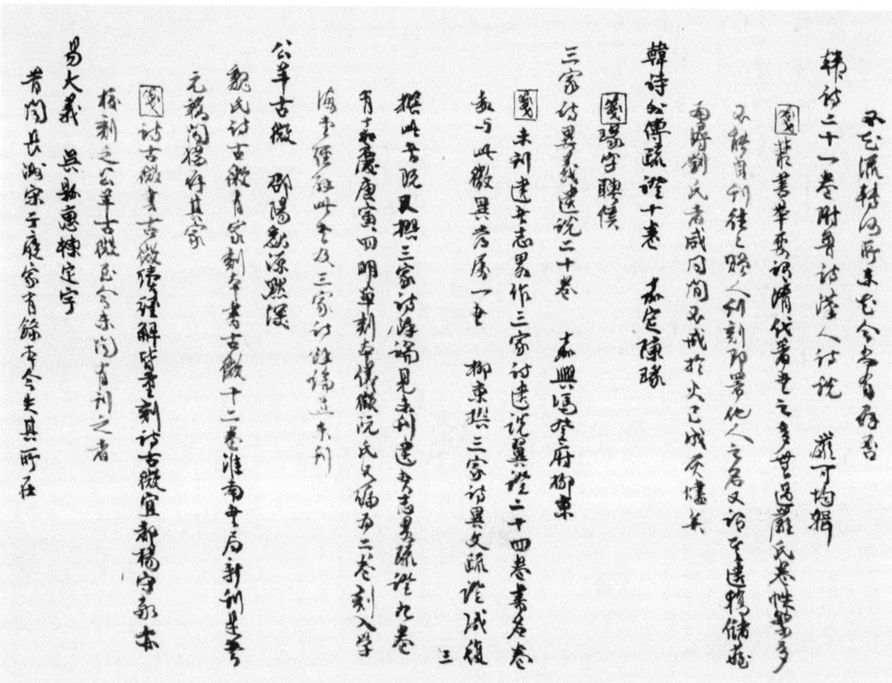

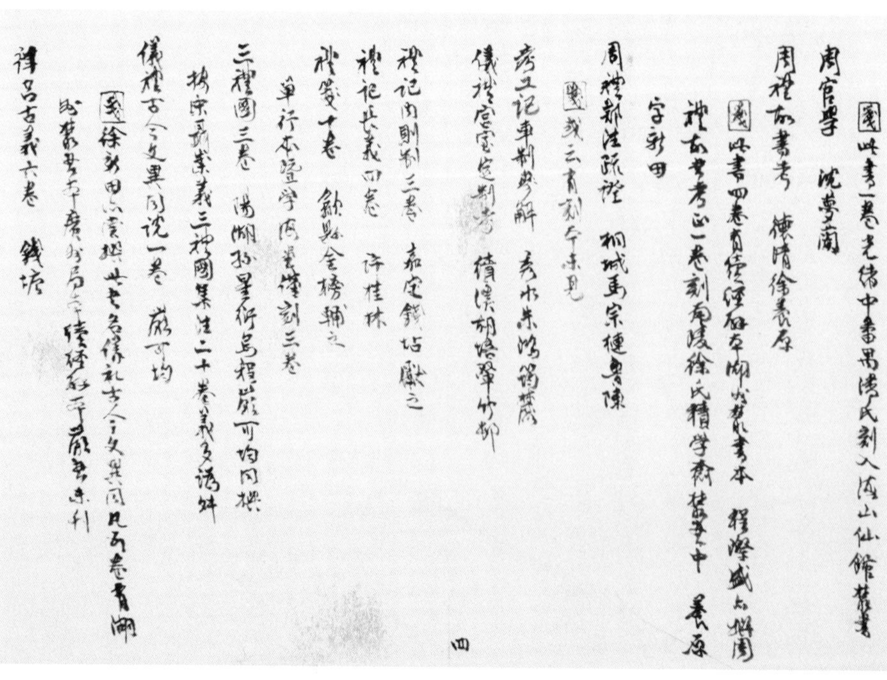

（图四六　5—7）

四六　吴梅　行书南献遗徵笺

是書亦名韓呂考文校江永律呂新論闡微二書並見精校
圈 光緒中王先謙刻入南菁書院叢書又名古律呂古義
春秋左傳古義六卷　錢坫
圈 臧壽恭亦撰春秋左氏古義六卷有[illegible]刻本流傳
錢本南菁叢書古義書未刊
左通六種　錢塘梁處素履繩
其例曰補釋駁證考異廣傳古音肥說合之補釋三十二卷
圈 補釋三十二卷有振綺堂本續經解本今觀此局本即
書即振綺堂刻成補釋以外各種迄未刊行
春秋長曆　烏程汪曰楨謝城
其第一篇中朔表閏是據見山太守所撰以下謝城本成之
圈 此書錢印在謝城所撰歷代長術中[illegible]
一卿書凡五十三卷[illegible]在吳興[illegible]此書一名
二十四史月日考[illegible]謝城以曾書卷帙太繁別撰歷
代長術輯要十卷附古今推步諸術考二卷刻於荔牆叢
刻中今入南陵陳垣撰中西回史日曆二十卷用意與謝
城[illegible]同可流[illegible]書未行之[illegible]有北京大學排印本
春秋闡例日食例　曲阜孔廣森[illegible]
春秋左傳風俗考二十卷　番禺林伯桐月亭
圈 或云有刻本未見

五

春秋味事比　龔自珍
圈 此書一卷續經解刻
公羊釋例三十卷　長洲[illegible]
穀梁傳疏證　馬宗槤
春秋三傳釋地十卷　錢坫
穀梁古注八種[illegible]
公穀古義　陽湖洪亮吉稚存
圈 此書二卷見錢坫吳錫麒撰洪北江墓碑
論語三十七家輯注四卷　遵義鄭珍子尹
論語魯讀考　徐養原
圈 此書一卷有湖州叢書本續經解本
論語溫故錄[illegible]
論語孜記　武進莊述祖葆琛
原稿存莊氏
孟子解誼十四卷　嘉定錢塘溉亭
孟子正義十四卷　嘉定錢侗
圈 錢氏藝文志畧云孟子正義十四卷公自序文云此書
以趙岐注為主[illegible]明趙氏家
理國疑孔經得詳加考訂而作之
四書因論二卷　許桂林

六

圈 或云有刻本未見
四書釋地　武進張惠言輯　上論陸[illegible]通錄　下論李兆洛輯
學庸孟子
孝經集解　烏程周中孚信之
爾雅一切注音十卷　嚴可均輯
圈 此書刻入李氏木犀軒叢書
郭璞爾雅圖贊一卷　嚴可均
圈 此書有長洲葉德輝觀古堂刻本亦刊全上古三代秦
漢三國六朝文全晉文中
爾雅郭注補正　戴鎣
圈 此書九卷光緒中陽湖莊氏刻
爾雅說文證三卷　錢大昭
圈 錢氏藝文志畧云公自序文云此書補陸氏音兼補郭
氏景純注書所之所未備
爾雅疏證十九卷　錢繹
圈 錢氏藝文志畧云此書[illegible]
著之書就古音以求古義引伸觸類疏通證明[illegible]
序[illegible]
毛氏四書改錯改四卷　嚴可均
九經古義注　馬應潮

七

（图四六　8—10）

四六　吴梅　行书南献遗徵笺

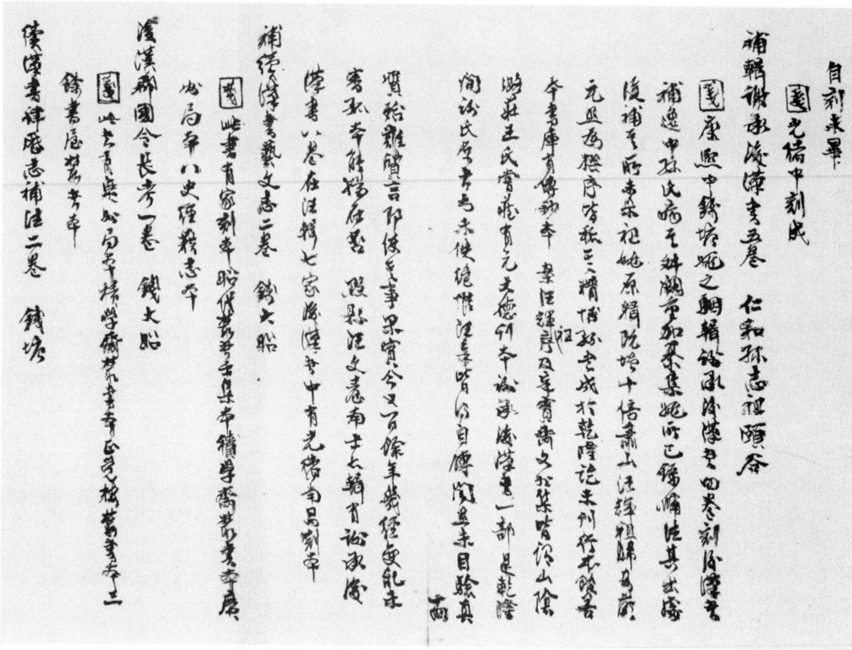

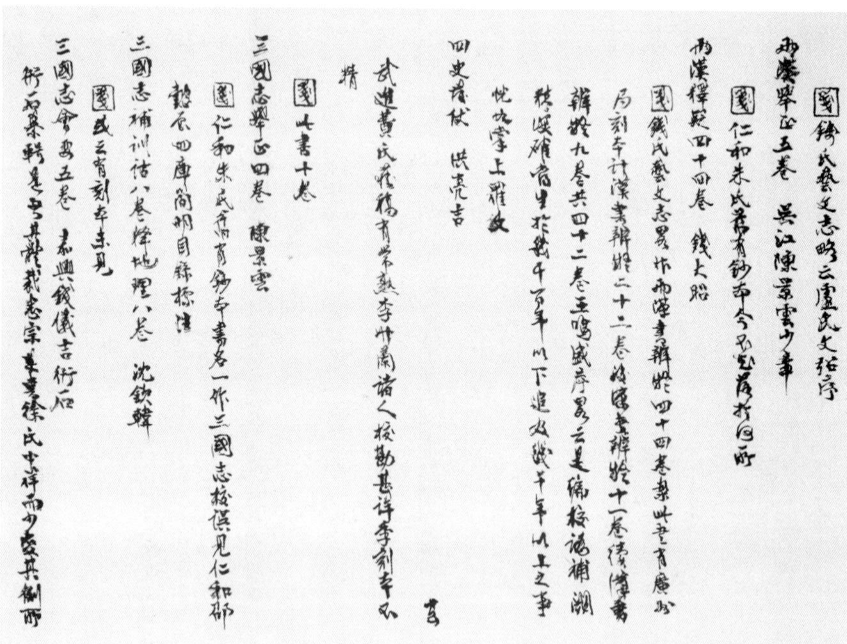

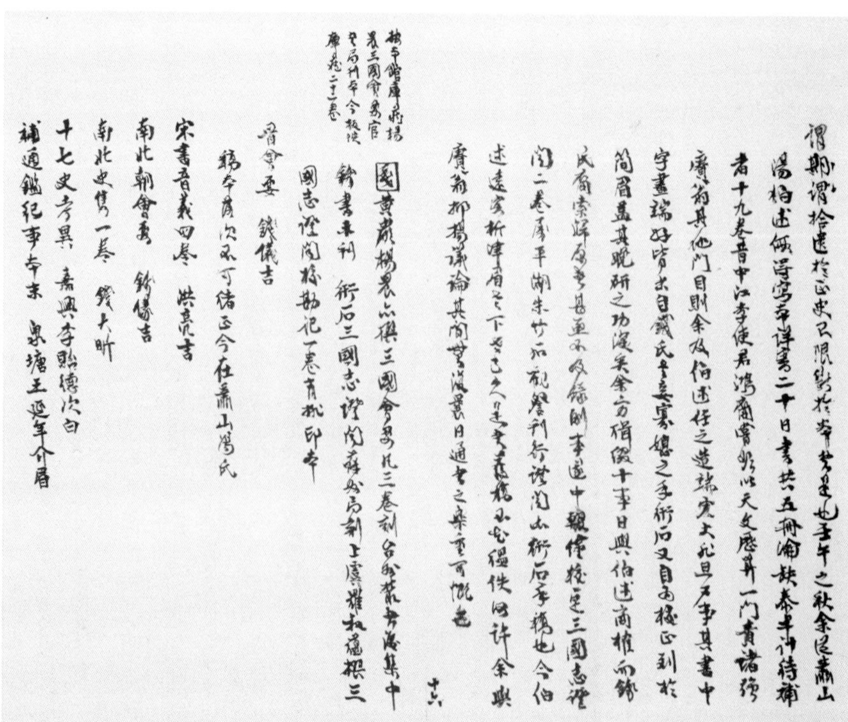

（图四六　17—19）

四六　吴梅　行书南献遗徵笺

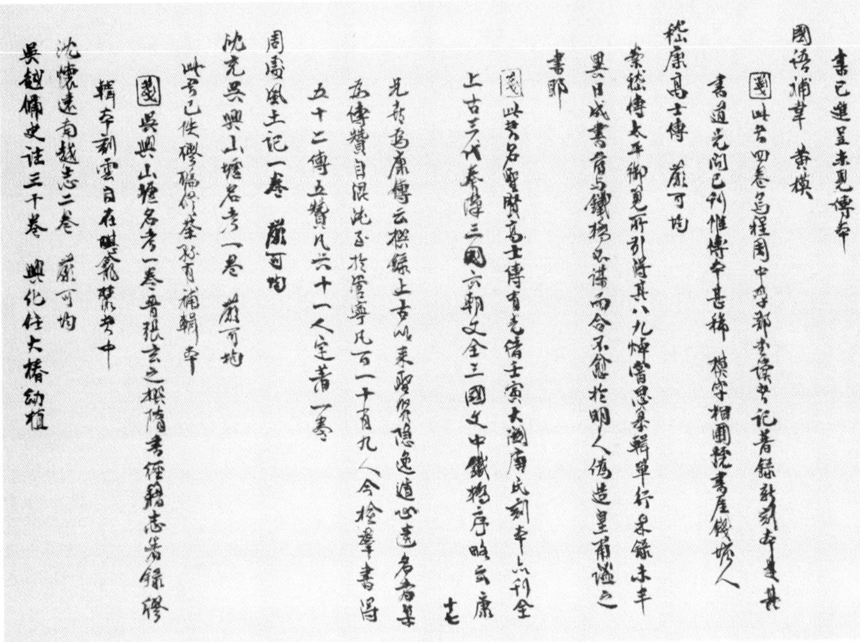

書已進呈未見傳本
國語補韋　黃模
國 此書四卷為程園中季鄭玄讀書記著錄新刻本書其
書道光間已刊惟傳本甚稀　模字相圃號書屋錢塘人
嵇康高士傳　嚴可均
案嵇傳太平御覽所引僅其八九惟嘗思集輯單行未錄未半
累日成書首與鐵橋子諸而今不愈於明人偽造皇甫謐之
書耶
國 此書名聖賢高士傳有光緒壬寅大關唐氏刻本亦刊全
上古三代秦漢三國六朝文全三國文中鐵橋序略云康 七
此書為康傳云樵錄上古以來聖賢隱逸遁心遺名者集
為傳贊自混沌至於管寧凡百一十有九人今檢群書得
五十二傳五贊凡六十一人定著一卷
周處風土記一卷　嚴可均
沈充吳興山墟名考一卷　嚴可均
此書已從繆編修荃孫有補輯本
國 吳興山墟名考一卷晉張玄之撰隋書經籍志著錄繆
輯本刻雲自在龕叢書中
沈懷遠南越志二卷　嚴可均
吳越備史注三十卷　興化任大椿幼植

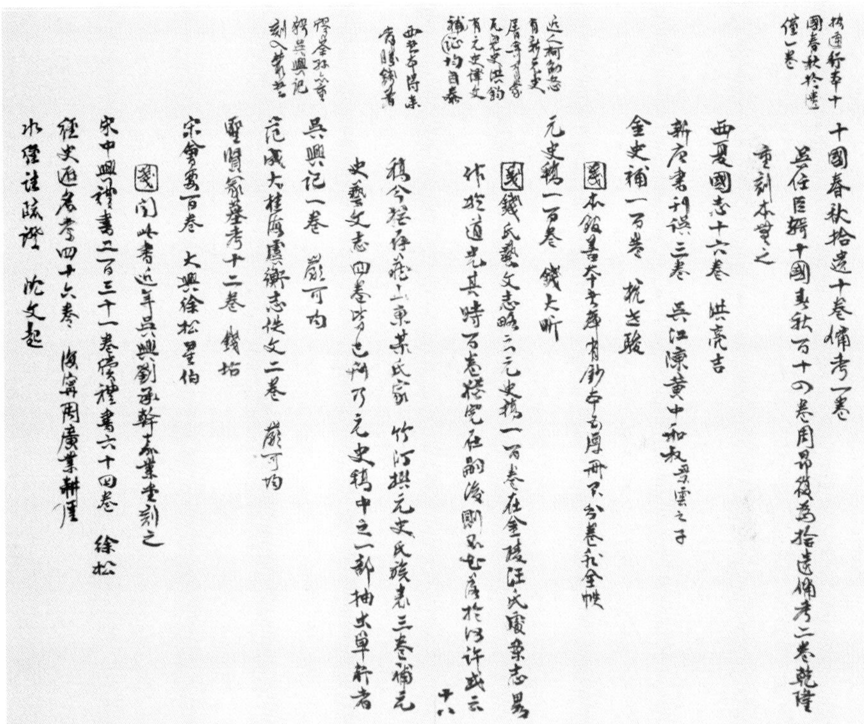

按道行本十國春秋拾遺僅一卷
十國春秋拾遺十卷備考一卷
吳任臣撰十國春秋百十四卷周昂復為拾遺備考二卷乾隆
重刻本曾之
西夏國志十六卷　洪亮吉
新唐書糾謬三卷　吳江陳黃中和叔景雲之子
金史補一百卷　杭世駿
國 本館善本書庫有鈔本已厚冊只分卷非全帙
近人柯劭忞有新元史屠寄有蒙兀兒史洪鈞有元史譯文補證均自成
元史稿一百卷　錢大昕
國 錢氏藝文志略云元史稿一百卷在金陵汪氏處象志易
作於道光其時百卷猶完在嗣後則只七十卷於吾許或云 十八
稿今檢存於山東某氏家　竹汀撰元史氏族表三卷補元
史藝文志四卷皆已刊乃元史稿中之一部抽出單行者
西夏書傳未有勝錄者
吳興記一卷　嚴可均
范成大桂海虞衡志佚文二卷　嚴可均
聖賢冢墓考十二卷　錢坫
繆荃孫有輯吳興記刻入叢書
宋會要百卷　大興徐松星伯
國 聞此書近年吳興劉承幹嘉業堂刻之
宋中興禮書二百三十一卷續禮書六十四卷　徐松
經史避名考四十六卷　海寧周廣業耕厓
水經注疏證　沈文起

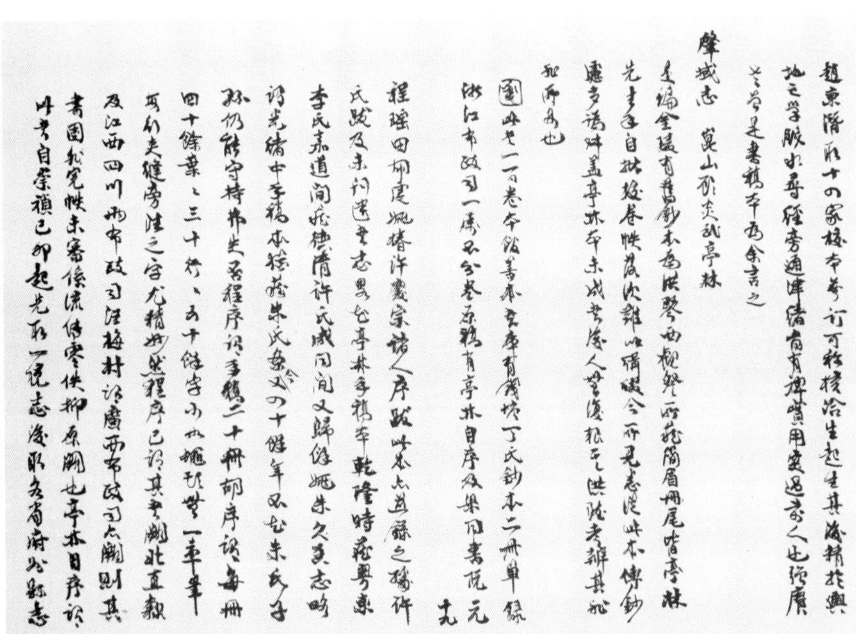

趙東潛取十四家校本考訂可稱校讎之學生甚後精於輿
地之學賅以吾經旁通律諸有裨實用要過前人也紹廣
之為是書稿本為余言之
肇域志　崑山顧炎武亭林
是編全從有舊鈔本為洪琴西觀察所藏間眉冊尾皆亭林
先生手自批校卷帙殘缺雜以塗改今所見者從此本傳鈔
遽多訛誤蓋亭林本未成書後人整理頗亦考辨其紕
和所為也
國 此書一百卷本館善本書庫有錢塘丁氏鈔本二冊單錄
浙江布政司一隅不分卷系稿有亭林自序及梁同書阮元 十九
程瑤田胡虔姚椿許喬宗諸人序跋此本亦無錄之梁許
氏跋及未刊遺書志略云亭林手稿本乾隆時藏粵東
李氏嘉道間歸德清許氏咸同間又歸餘姚朱久香志略
謂光緒中季稿本猶藏朱氏今又四十餘年不知朱氏子
孫仍能守持弗失否程序謂手稿二十冊胡序謂每冊
四十餘葉葉三十行行五十餘字小如蠅頭書一筆筆
不苟夫蠅頭注之字尤精妙然程序已謂其中湖北直隸
及江西四川兩布政司注梅村謂廣西布政司亦闕則其
書固非完帙未審係流傳零佚抑原闕也亭林自序謂
此書自崇禎己卯起先取一統志後取各省府州縣志

（图四六　20—22）

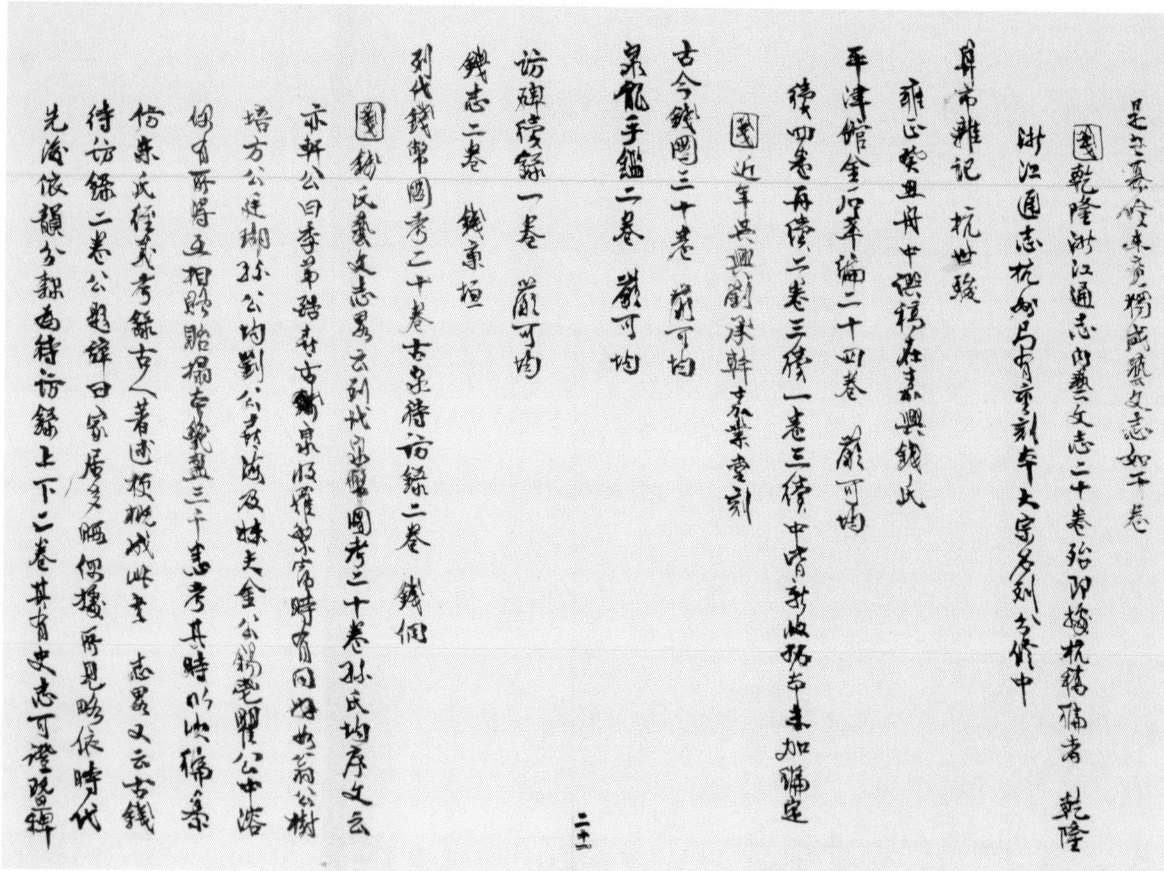
是書纂修未竟獨成藝文志如干卷
（印）乾隆浙江通志內藝文志二十卷殆即據杭稿編者　乾隆
浙江通志杭氏所有意刻本大宗多刻於修中
東城雜記　杭世駿
雍正癸丑丹中選稿於嘉興錢氏
平津館金石萃編二十四卷　嚴可均
續四卷再續二卷三續一卷三續中皆新收拓本未加編定
（印）近年吳興劉承幹嘉業堂刻
古今錢圖三十卷　嚴可均
泉龍手鑑二卷　嚴可均
訪碑續錄一卷　嚴可均
錢志二卷　錢東垣
列代錢幣圖考二十卷古泉待訪錄二卷　錢侗
（印）錢氏藝文志畧云列代錢幣圖考二十卷孫氏均序文云
亦軒公曰季弟蒼古錢泉收羅泉布時有同好如翁公樹
培方公廷瑚孫公均劉公燕庭及妹夫金公錫鬯瞿公中溶
何有所得互相贈遺存錢盈三千志考其時所收編系
信泉氏從父考錄古人著述校概成此書　志畧又云古錢
待訪錄二卷公題辭曰家居多暇偶撰所見略依時代
先後依類分隸爲待訪錄上下二卷其有史志可證隨釋
二十二

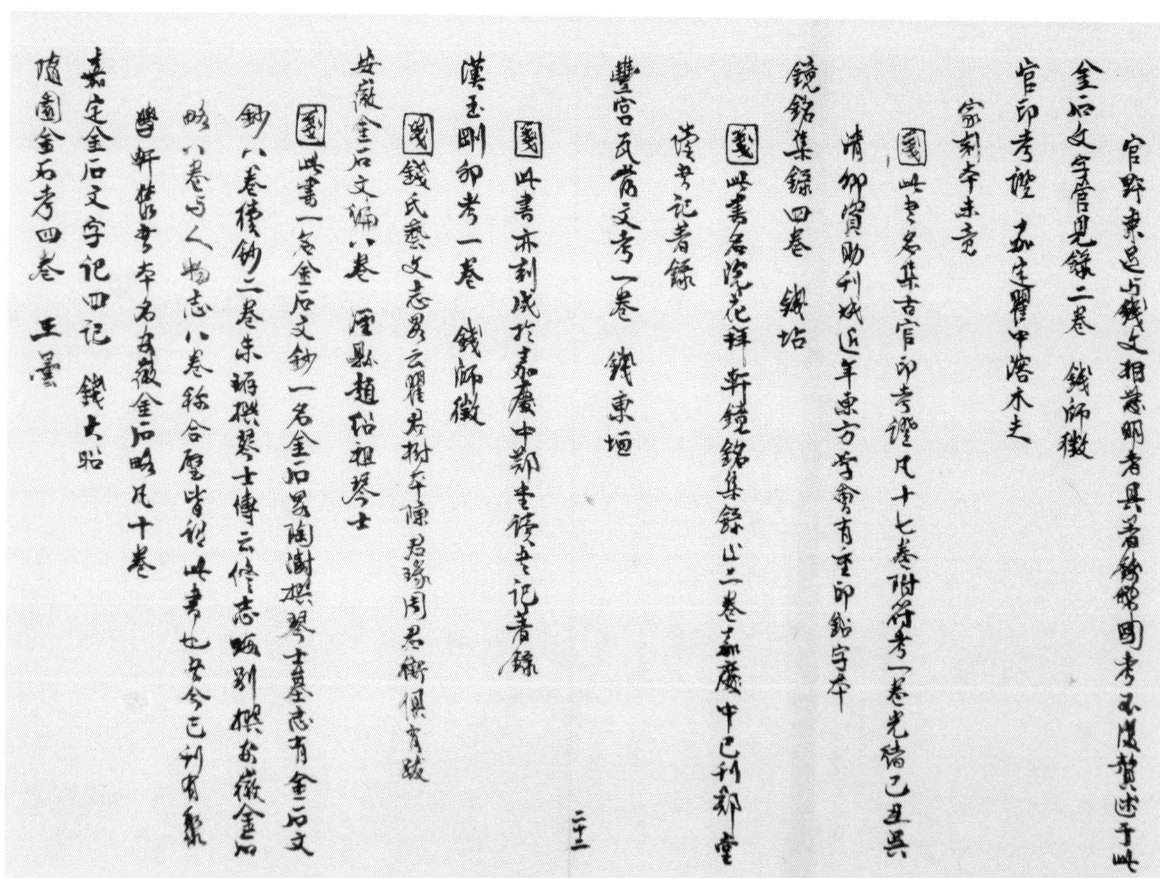
官印與泉文相發明者具著錢幣圖考不復贅述于此
金石文字管見錄二卷　錢師徽
官印考證　嘉定瞿中溶木夫
家刻本未竟
（印）此書名集古官印考證凡十七卷附符考一卷光緒己丑吳
清卿資助刊成近年東方學會有重印鉛字本
鏡銘集錄四卷　錢坫
（印）此書名浣花拜石軒鏡銘集錄止二卷嘉慶中已刊鄭堂
讀書記著錄
豐宮瓦當文考一卷　錢東垣
（印）此書亦刻成於嘉慶中鄭堂讀書記著錄
漢玉剛卯考一卷　錢師徽
（印）錢氏藝文志畧云瞿君樹本陳君瑑周君衡俱有跋
安徽金石文編八卷　涇縣趙紹祖琴士
（印）此書一名金石文鈔一名金石略陶澍撰琴士墓志有金石文
鈔八卷續鈔二卷朱珔撰琴士傳云修志數別撰安徽金石
略八卷古人物志八卷錄合肥皆謂此書也今已刊有聚
學軒叢書本名安徽金石略凡十卷
嘉定金石文字記四卷　錢大昭
隨園金石考四卷　王墨
二十三

（图四六　23—24）

四六　吴梅　行书南献遗徵笺

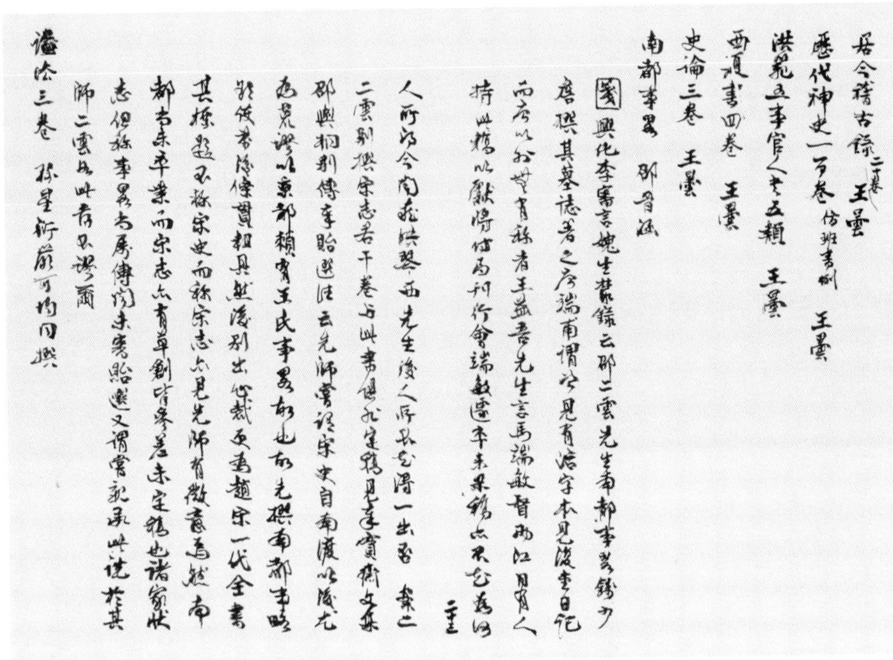
居今稽古録二十卷　王棻
歷代神史一百卷　仿班書例　王棻
洪範五事官人考五類　王棻
西夏書四卷　王棻
史論三卷　王棻
南都事畧　邵晉涵
國興化李審言媿生叢錄云邵二雲先生南都事略錄少
唐撰其墓誌者之序端甫謂公見有鈔本見後書日記
而序以爲世有稱者王益吾先生言馬端敏督兩江日有人
持此稿以獻隨付局刊行會端敏遇害未果稿亦不知爲何
人所得今聞在洪容兩先生後人所[illegible]得一出否[illegible]之
二雲別撰宋志若干卷与此書俱未定稿見章實齋文集
邵與桐別傳章貽選注云先師嘗擬宋史自南渡以後尤
爲荒謬以東都稍有王氏事畧故也故先撰南都事畧
欲使[illegible]貫相與越淺別出心裁更爲趙宋一代全書
其[illegible]題不稱宋史而稱宋志亦見先師有微意焉然南
都尚未卒業而宋志亦有草創皆參差未定稿也諸家狀
志但稱事畧而傳[illegible]未審貽選又謂嘗親承此說於其
師二雲先此書不得而
讀法三卷　孫星衍嚴可均同撰
二十三

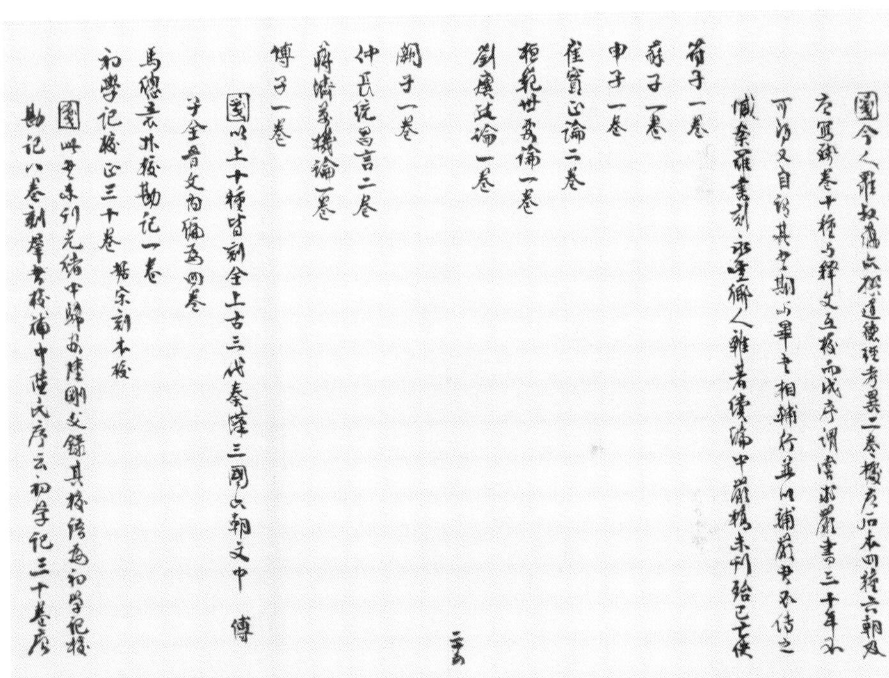
國今人羅叔蘊氏撰道德經考異二卷據唐石本四種六朝及
唐寫殘卷十種与釋文互校而成序謂當求嚴書三十年不
可得又自謂其書雖與嚴書相輔行並以補嚴書所不傳之
憾余按羅書刻於[illegible]鄉人雖著續論中嚴稿未刊殆已亡佚
荀子一卷
孫子一卷
申子一卷
崔寔正論二卷
桓範世要論一卷
劉廙政論一卷
闕子一卷
仲長統昌言二卷
蔣濟萬機論一卷
傅子一卷
國以上十種皆刻全上古三代秦漢三國六朝文中　傅子全晉文內編爲四卷
馬總意林校勘記一卷　據宋刻本校
初學記校正三十卷
國此書未刊光緒中歸安陸剛父錄其校語爲初學記校勘記八卷刻羣書校補中陸氏序云初學記三十卷序
二十五

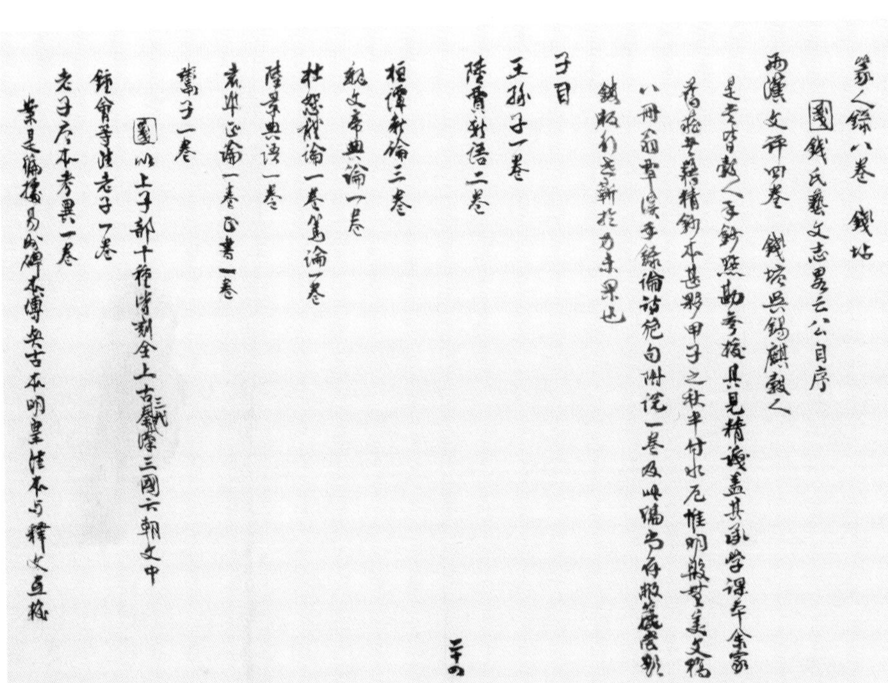
篆人錄八卷　錢坫
國錢氏藝文志畧云公自序
西漢文評四卷　錢塘吳錫麒穀人
是書皆穀人手鈔照勘參校具見精識蓋其啟學課本余家
舊藏是稿精鈔本甚夥甲子之秋半付水厄惟明[illegible]堂美文稿
八冊翁覃溪手錄論詩絕句附說一卷及此編尚存敝篋
錢板刻或新於力未果也
子目
王孫子一卷
陸賈新語二卷
桓譚新論三卷
魏文帝典論一卷
杜恕體論一卷篤論一卷
陸景典語一卷
袁準正論一卷正書一卷
譙子一卷
國以上子部十種皆刻全上古三代秦漢三國六朝文中
鍾會等注老子一卷
老子唐本考異一卷
[illegible]是編據易州碑本傅奕古本明皇注本与釋文互校
二十四

（图四六　25—27）

四六　吴梅　行书南献遗徵笺

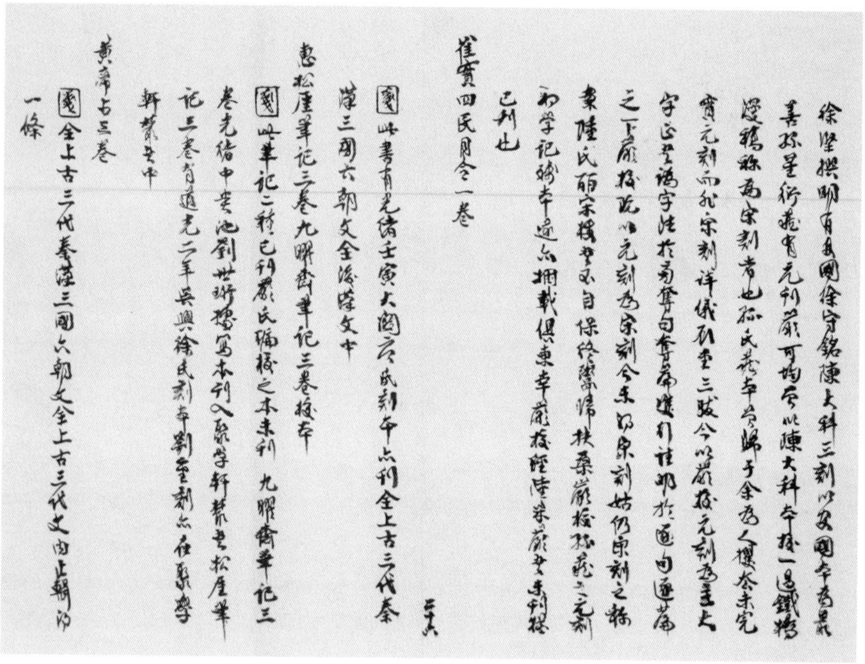

徐堅撰明有安國徐守銘陳大科三刻以安國本為最
善孫星衍藏有元刊蔵可均以陳大科本校一過鐵橋
漫稿稱為宋刻者也孫氏藏本今歸于余為人攫去未完
實元刻而非宋刻詳[illegible]三跋今以蔵校元刻為主大
字正文[illegible]字注於句[illegible]遂[illegible]於道句[illegible]
之下蔵校既以元刻為宋刻今未得宋刻始仍宋刻之[illegible]
秦陸氏藏宋槧本不自保終歸扶桑蔵校抄藏之元刻
初學記端本遂亦捆載俱東本蔵校經陸本蔵本未刊樣
已刊也
崔寔四民月令一卷
國此書有光緒壬寅大關唐氏刻本亦刊全上古三代秦
漢三國六朝文全後漢文中　二十六
惠松崖筆記二卷九曜齋筆記三卷校本
國此筆記二種已刊蔵氏瑞校之本未刊　九曜齋筆記三
卷光緒中貴池劉世珩據寫本刊入聚學軒叢書松崖筆
記三卷有道光二年吳興徐氏刻本劉刻亦在聚學
軒叢書中
黄帝古三卷
國全上古三代秦漢三國六朝文全上古三代文內止輯得
一條

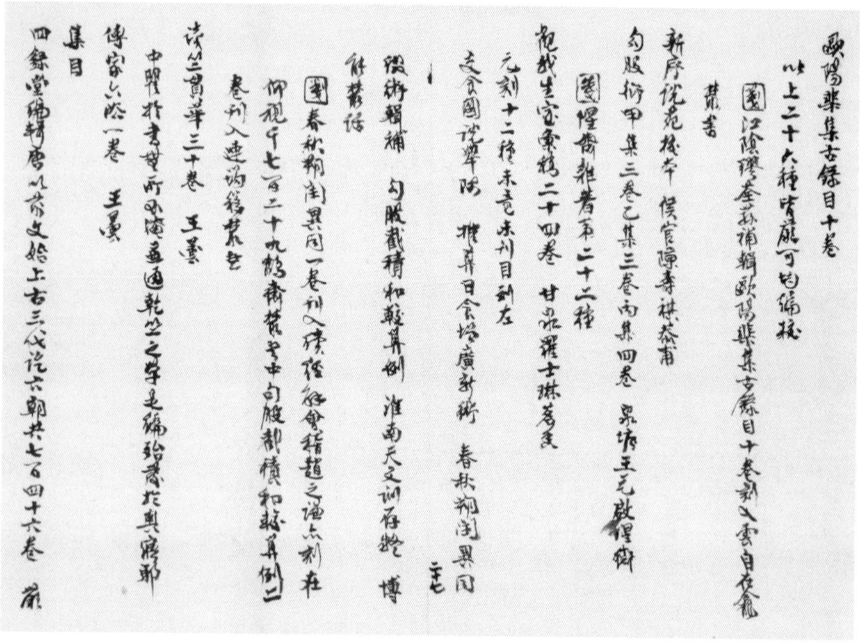

歐陽棐集古錄目十卷
以上二十六種皆蔵可均編校
國江陰繆荃孫補輯歐陽棐集古錄目十卷刻入雲自在龕
叢書
新序說苑校本　侯官陳壽祺恭甫
句股術甲集三卷乙集三卷丙集四卷　泉塘王元啟惺齋
國惺齋雜著凡二十二種
觀我生室彙稿二十四卷　甘泉羅士琳茗香
元刻十二種未竟未刊目列左
交食圖說舉隅　推算日食增廣新術　春秋朔閏異同　二十七
綴術輯補　句股截積和較算例　淮南天文訓存疑　博
能叢話
國春秋朔閏異同一卷刊入續經解會稽趙之謙亦刻在
仰視千七百二十九鶴齋叢書中句股截積和較算例二
卷刊入連筠簃叢書
讀[illegible]筆三十卷　王曇
中瞿於書無所不窺蓋通乾竺之學是編殆成於[illegible]耶
傳家[illegible]一卷　王曇
集目
四錄堂編輯唐以前文始上古三代訖六朝共七百四十六卷　蔵

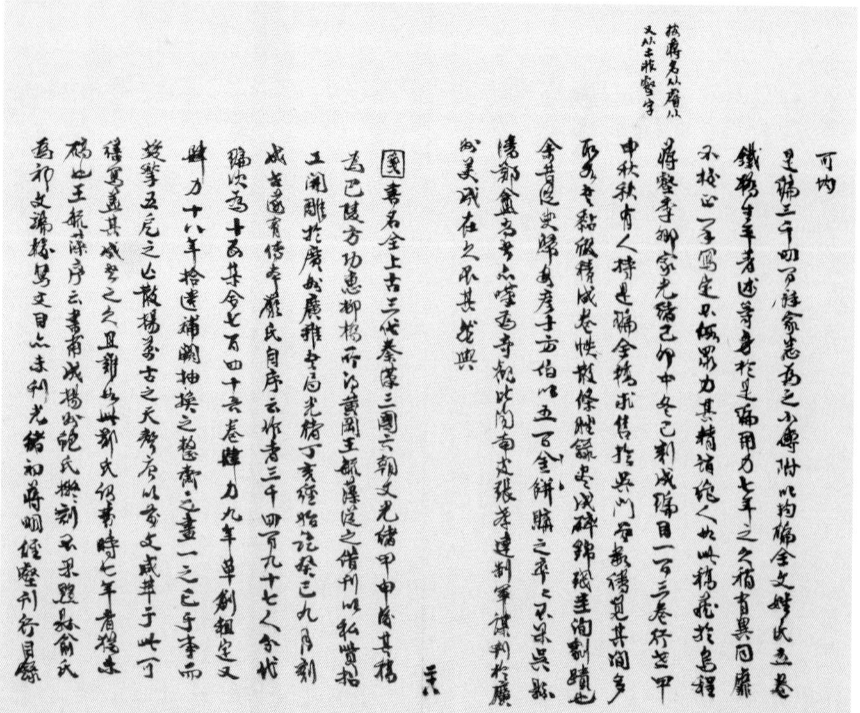

校齋名从肴从
又从土非聲字
可均
是編三千四百餘家悉為之小傳附以均編全文姓氏五卷
鐵橋生平著述等身於是編用力七年之久稽古異同靡
不校正一手寫定不假眾力其精詣絕人如此稿藏於烏程
蔣鑒李卿家光緒己卯中冬已刻成編目一百三卷行世甲
申秋有人持是編全稿求售於吳門余數請見其閒多
[illegible]黏綴精成卷帙散條附錄並成碎錦雖圭[illegible]劃續也
余昔從吏歸有彥子方伯以五百金餅購之率之不果吳縣
潘鄭盦尚書亦嘗為奇觀比聞南皮張孝達制軍謀刊於廣
州美哉在之[illegible]其成典
國書名全上古三代秦漢三國六朝文光緒甲申[illegible]其稿
為巴陵方功惠柳橋所得黃岡王毓藻逕之借刊以私貲招
工開雕於廣州廣雅書局光緒丁亥經始訖癸巳九月刻
成其通有傳本蔵氏自序云作者三千四百九十七人分代
編次為十五集合七百四十六卷肆力九年草創粗定又
肆力十八年拾遺補闕抽換之總齋之畫一之己手寫而
[illegible]五危之不散[illegible]古之天聲居以為文成于此下
稽寫益其成始之又且鄭[illegible]鄭氏所為時七年者楊未
稿也王毓藻序云書甫成揚州鮑氏擬刻不果[illegible]俞氏
為刊文編標寫文目亦未刊光緒初蔣明經壑刊行目錄　二十八

（图四六　28—30）

四六　吴梅　行书南献遗徵笺

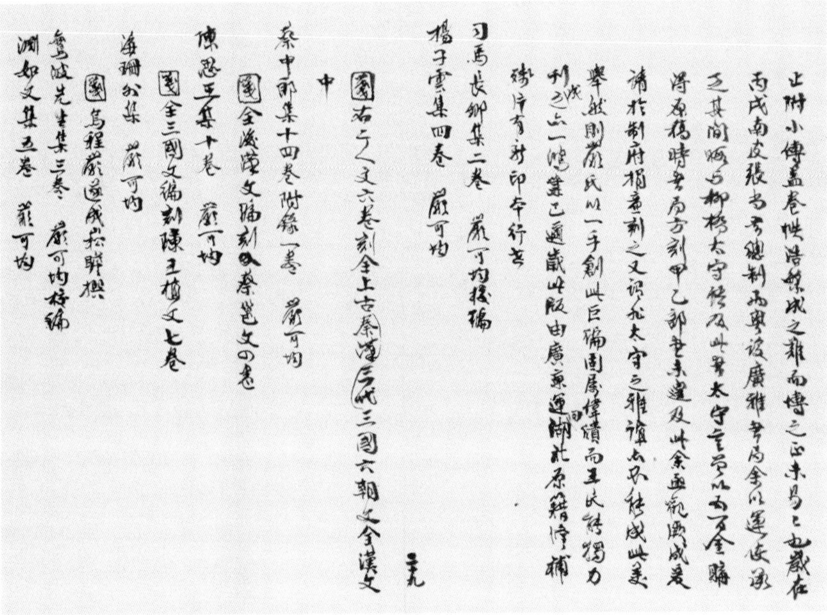

止附小傳並卷帙浩繁成之非而傳之正未易言也歲在
丙戌南皮張尚書總制兩粵設廣雅書局命以選政屬
之其間嘗與柳橋太守往復及此事太守言宜以南方金鑾
得原稿時尚局方刻甲乙部書未遑及此余亟欲成是
舉於是府稿屬刻之又謂於太守之非謂太不能成此美
奉然則嚴氏以一手創此巨編閱歷偉績而王氏能獨力
刊之亦一時盛事也遂藏此版由廣東運湖北原籍傳補
殘缺並印本行世

司馬長卿集二卷　嚴可均校編
揚子雲集四卷　嚴可均
國 右亡人文六卷刻全上古秦漢三國六朝文全漢文中
蔡中郎集十四卷附錄一卷　嚴可均
國 全後漢文編刻入蔡邕文四卷
陳思王集十卷　嚴可均
國 全三國文編刻陳王植文七卷
海珊公集　嚴可均
國 烏程嚴遂成松聯撰
魯陂先生集三卷　嚴可均校編
淵如文集五卷　嚴可均

二十九

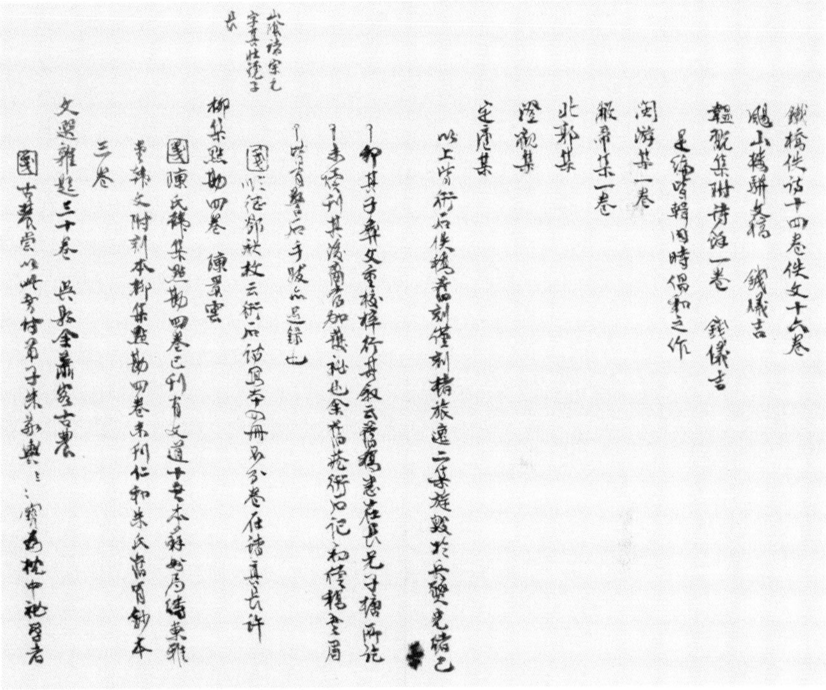

鐵橋佚詩十四卷佚文十六卷
颺山樓駢文稿　錢儀吉
[illegible]號集附詩餘一卷　錢儀吉
是編皆韓同時倡和之作
閩游草一卷
瓶[illegible]集一卷
北郭集
澄觀集
定應集
以上皆附后佚稿者由刻僅刻楮旅遠二冊旋毀於兵燹光緒己
卯其子彝文重校梓行並叙云舊稿甚在其先子猶所記
未經刊其後商之知藏秘也余於[illegible]苑行所記初稿[illegible]居
時有整手跋無遺錄也
國 [illegible]注鄭[illegible]校云行所傳寫本四冊只多卷在諸真長許
柳集照勘四卷　陳景雲
國 陳氏韓集照勘四卷已刊有文道十書本蘇州爲傳東雅
堂韓文附刻本柳集照勘四卷未刊仁和朱氏有鈔本
三卷
文選雜題三十卷　吳縣金蕃家古農
國 古農嘗以此書付弟子朱彝與[illegible]爲枕中祕者

山陰諸宗元字真壯號[illegible]子
其

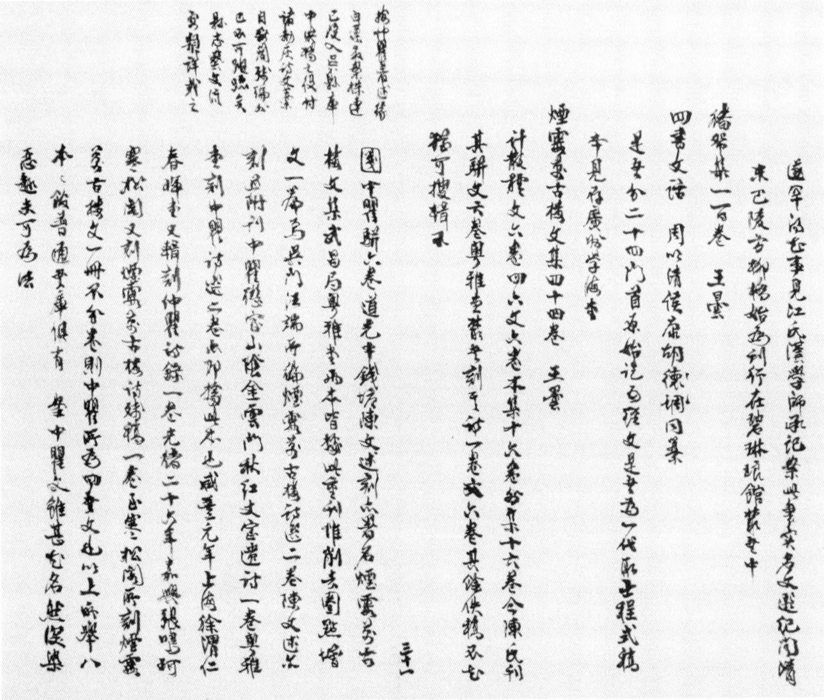

遂平以壯事見江氏漢學師承記案此書實爲文選紀聞增
宋已陵方柳橋始爲刊行在碧琳琅館叢書中
補梁集一百卷　王曇
四書文話　周以清後原胡徽卿同纂
是書分二十四門首原始說至經文是書爲一代取士程式精
華見存廣雅學海堂
煙霞萬古樓文集四十四卷　王曇
計駢體文六卷四六文六卷本集十六卷共十六卷今陳氏刊
其駢文六卷粵雅堂叢書刻王詩一卷文六卷其餘佚稿不
稿可搜輯補
國 中瞿駢文六卷道光中錢塘陳文述刻本署名煙霞萬古
樓文集或曰爲粵雅堂兩本皆據此書刊行刪去閏題增
文一篇爲吳門汪端所編煙霞萬古樓詩選二卷陳文述
刻並附刊中瞿[illegible]山陰金雲門秋紅丈室遺詩一卷粵雅
堂刻中興詩選二卷亦即據此本也咸豐元年上虞徐渭仁
春暉堂又輯刻仲瞿詩錄一卷光緒二十六年嘉興張鳴珂
寒松閣文刻煙霞萬古樓詩稿一卷正寒松閣所刻煙霞
萬古樓文一冊不分卷則中瞿所爲四書文也以上所舉八
本論者謂要卑俱有　[illegible]中瞿文雖甚也名然深染
惡趣未可爲法

[illegible]

三十一

（图四六　31—33）

四六 吴梅 行书南献遗徵笺

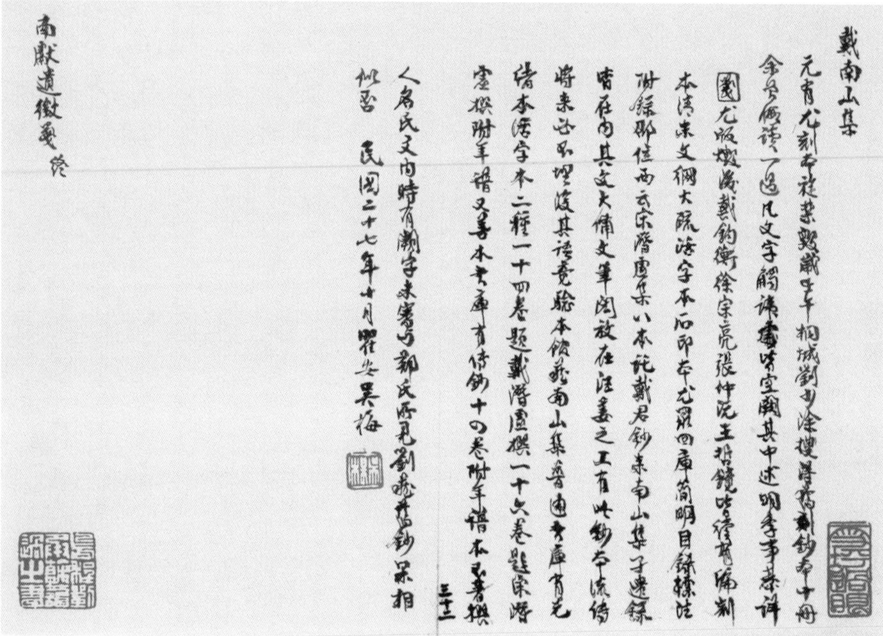
戴南山集

元有尤刻本毀燬今年桐城劉氏[illegible]樸[illegible]鈔本十册
余為讀一過凡文字觸諱處皆空闕其中述明季事某詳
國尤備故燬版戴鈞衡徐宗亮張仲沅王拙鏡皆續有編訂
本清末文綱大疏活字本石印本尤眾四庫簡明目錄標注
附錄聊住西云宋潛虛集八本託戴君鈔來南山集子遺錄
皆在內其文大備文筆閎放在汪姜之上有此鈔本流傳
潛來世不埋沒其語竟驗本館藏南山集普通本庫有光
緒本活字本二種一十四卷題戴潛虛撰一十六卷題宋潛
虛撰附年譜又善本書庫有舊鈔十四卷附年譜本不著撰
人名氏又內時有潮字未審為鄭氏所見劉說者鈔本相
似否　民國二十七年十月甕安吳梅

三二

南獻遺徵箋

（图四六－34）

四七 吴梅 行书师友渊源记册

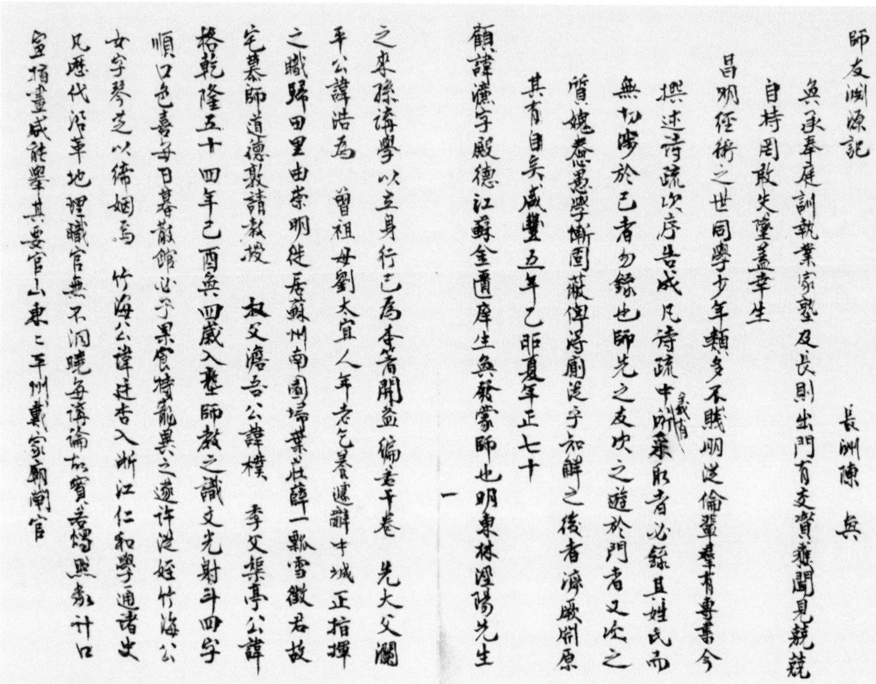
師友淵源記　長洲陳奐

奐承奉庭訓執業家塾及長則出門有交資聞見兢兢
自持罔敢失墜蓋幸生
昌明經術之世同學少年類多不賤明從倫輩皆有專業今
撰述詩疏次序告成凡詩疏中所采取者必錄且姓氏而
無切涉於己者勿錄也師先之友次之遊於門者又次之
質姚蕃愚學慚固陋俾得廁從予知解之後者溯厥本原
其有自奐咸豐五年乙卯夏年正七十

一

顧諱濂字殿德江蘇金匱庠生奐發蒙師也明東林涇陽先生
之來孫講學以立身行己為本著開益編若干卷　先大父瀾
平公諱浩為　曾祖母劉太宜人年老乞養遂辭中城正指揮
之職歸田里由崇明徙居蘇州南園場葉莊薛一瓢雪徵君故
宅塾師道德敦請教授　叔父滄吾公諱樸　季父渠亭公諱
格乾隆五十四年己酉奐四歲入塾師教之識文先射斗四字
順口色喜每日暮散館必予果食持龍異之遂許從姪竹海公
女字琴芝以締姻焉　竹海公諱廷杏入浙江仁和學通諸史
凡歷代沿革地理職官無不洞曉每談論故實若燭照數計口
宣指畫咸能舉其要官山東之平州戴家廟閘官

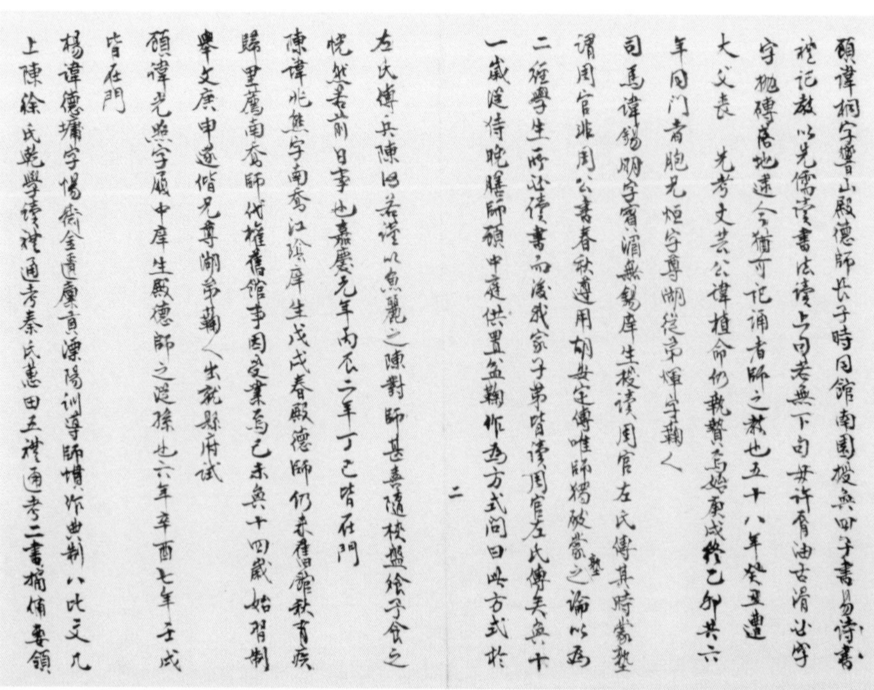
顧諱桐字譽山殿德師長子時同館南園授奐四子書易詩書
禮記教以先儒讀書法讀上句若無下句毋許看油古滑必字
字樵磚落地迷今猶可記誦者師之教也五十八年癸丑遭
大父喪　先考文芸公諱植命仍執贄為始庚戌終己卯共六
年同門有胞兄恆字尊湖從弟煇字鞠人
司馬諱錫明字霄湄無錫庠生授讀周官左氏傳其時蒙塾
謂周官非周公書春秋遵用胡安定傳唯師獨破蒙塾之論以為
二經學生所必讀書而後我家子弟皆讀周官左氏傳矣奐十
一歲從侍晚膳師頤中庭供置盆鞠作為方式問曰此方式於

二

左氏傳奐陳必若漢以魚麗之陳對師甚喜隨校盤餘予食之
恍然若前日事也嘉慶元年丙辰二年丁巳皆在門
陳諱兆熊字南喬江陰庠生戊戌春殿德師仍來館秋有疾
歸里薦南喬師代權館事因受業焉己未奐十四歲始習制
舉文庚申遂偕兄尊湖弟鞠人出就縣府試
顧諱光燕字厥中庠生殿德師之從孫也六年辛酉七年壬戌
皆在門
楊諱德墉字鴻稼金匱廩貢溧陽訓導師博作曲制八比文凡
上陳徐氏乾學讀禮通考秦氏蕙田五禮通考二書摘備要領

（图四七　1－2）

四七　吴梅　行书师友渊源记册

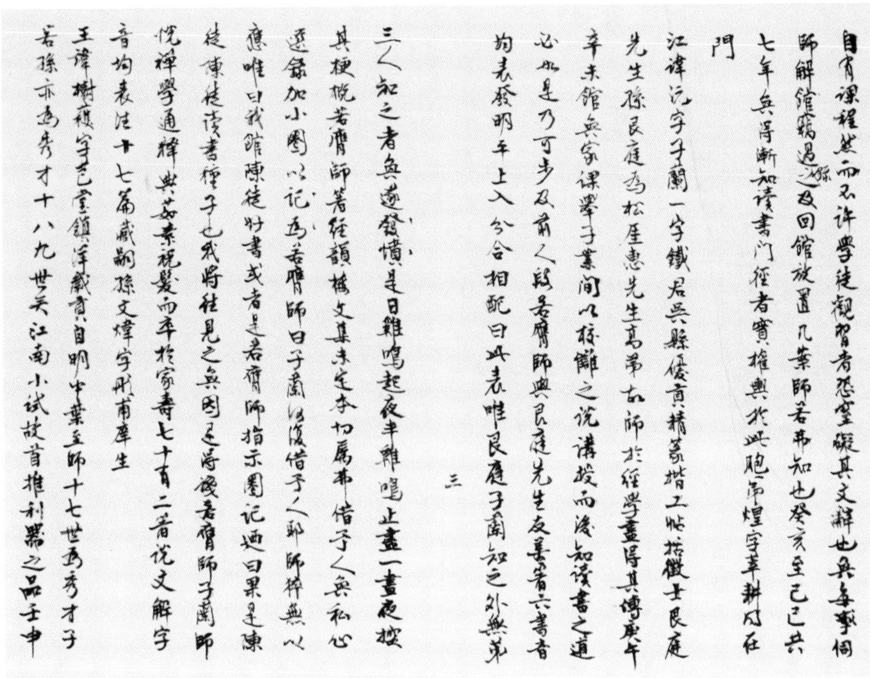

自有課程然而不許學徒觀習者恐窒礙其文辭也吳每事倘
師解館歸過之孫及回館放置几案師若弗知也癸亥至己巳共
七年吳得漸知讀書門徑者實權輿於此胞弟煌字華耕入在
門
江諱沅字子蘭一字鐵君吳縣優貢精篆楷工帖括徵士艮庭
先生孫艮庭爲松厓惠先生高弟故師於經學盡得其傳庚午
辛未館吳家課舉子業閒以校讎之說講授而後知讀書之道
必如是乃可步及前人段若膺師與艮庭先生友善著六書音
均表發明平上入分合相配曰此表唯艮庭子蘭知之外無弟

三

三人知之者吳遂發憤是日雞鳴起夜半雞鳴止盡一晝夜校
其梗概若膺師著經韻樓文集未定本切屬弗借予人吳私心
選錄加小圈以記爲若膺師曰子蘭以後借予人耶師特無以
應唯曰我館陳徒好書或者是若膺師指示圈記迺曰果是陳
徒陳徒讀書種子也我將往見之吳因是得識若膺師子蘭師
悅禪學通禪典安素視髮而卒於家壽七十有二著說文解字
音均表注十七篇藏嗣孫文煒字戒甫庠生
王諱樹穀字艺堂鎮洋歲貢自明中葉至師十七世爲秀才子
若孫亦爲秀才十八九世矣江南小試故首推利器之品壬申

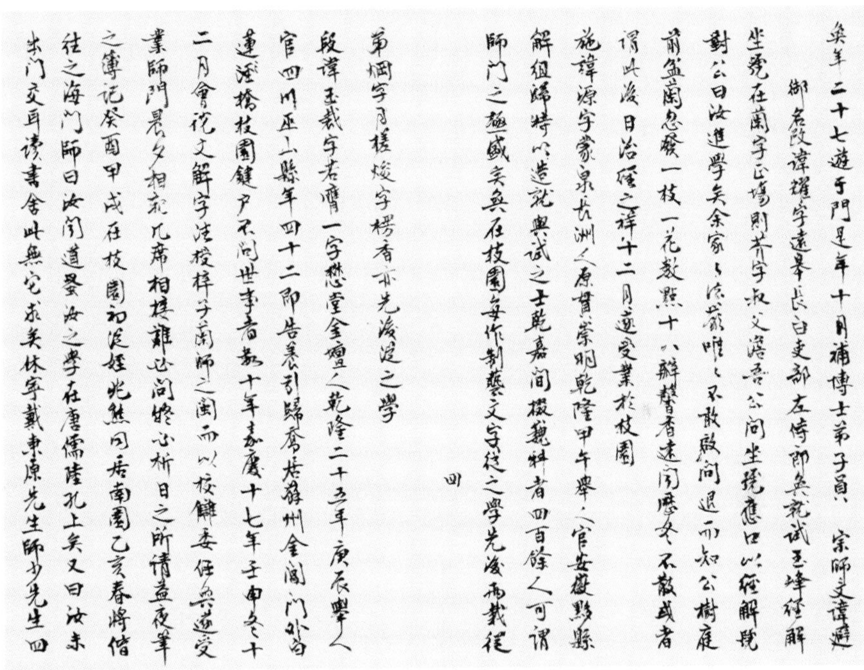

吳年二十七遊于門是年十月補博士弟子員　宗師文諱通
御名改諱耀字遠峯長白吏部左侍郎吳說試玉峰經解
坐號在蘭字正場則芥字說文路吾公問坐號應曰以經解號
對公曰汝進學矣余家家法嚴唯唯不敢啟問退而知公樹庭
前盆蘭忽發一枝一花數點十八瓣聲香遠聞歷冬不散或者
謂此後日治經之祥十二月遂受業於枝園
施諱源字蒙泉長洲人原貫崇明乾隆甲午舉人官安徽黟縣
解組歸特以造就與試之士乾嘉間擬魏科者四百餘人可謂
師門之極盛矣吳在枝園每作制藝文字從之學先後兩載從

四

弟烱字月槎燦字楞香亦先後從之學
段諱玉裁字若膺一字懋堂金壇人乾隆二十五年庚辰舉人
官四川巫山縣年四十二即告養引歸喬居蘇州金閶門外留
連涇橋枝園鍵戶不問世事者數十年嘉慶十七年壬申冬十
二月會說文解字注校梓子蘭師之閩而以校讎委任吳遂受
業師門晨夕相親几席相接離必問終必析日之所請益夜筆
之簿記癸酉甲戌在枝園初從姪光然同居南園乙亥春將偕
往之海門師曰汝聞道晏海之學在唐儒陸孔上矣又曰汝未
出門交耳讀書舍此無它求矣休寧戴東原先生師少先生四

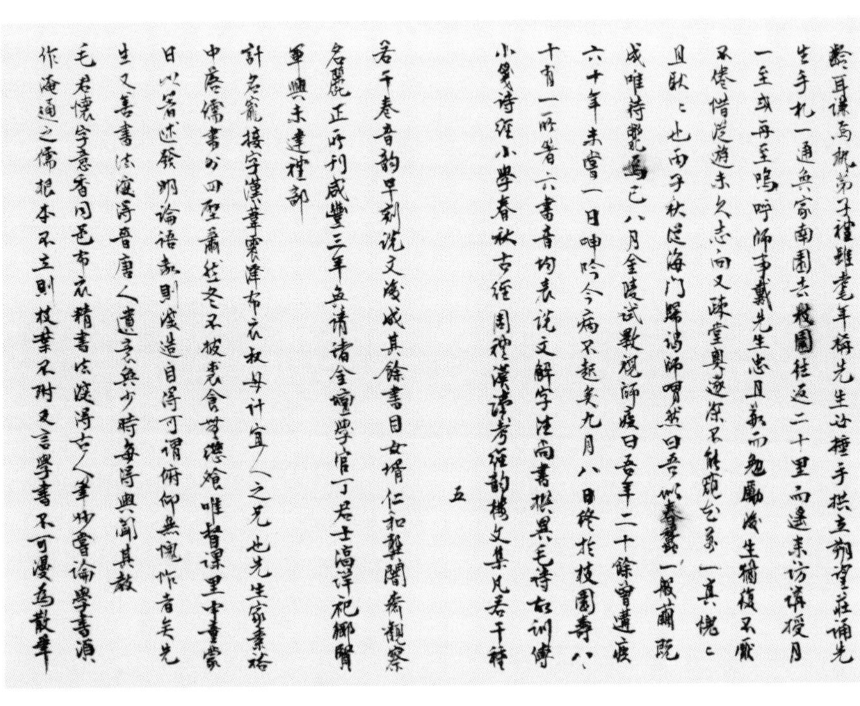

歲耳謙爲執弟子禮雖耄年猶先生必整手拱立朝望莊誦先
生手札一通吳家南園去枝園往返二十里而遂來訪講授月
一至或再至嗚呼師事戴先生忠且敬而勉勵後生猶復不厭
不倦惜從遊未久志向又疎堂奧邃深不能窺見一真愧愧
且耿耿也丙子秋從海門歸謁師喟然曰吾以春衰一般蘭既
成唯待覩焉已八月金陵試歸覲師疾曰吾年二十餘曾遺疾
六十年未嘗一日呻吟今病不起矣九月八日終於枝園壽八
十有一所著六書音均表說文解字注尚書撰異毛詩故訓傳
小箋詩經小學春秋古經周禮漢讀考經韻樓文集凡若干種

五

若干卷音韻早刻說文後成其餘書目女婿仁和龔闇齋觀察
名麗正所刊咸豐三年吳請諸金壇學官丁君士涵詳祀鄉賢
軍興未達禮部
許名宧接字漢章袁浦布衣叔母計宜人之兄也先生家素裕
中落儒書分四壁肅然冬不披裘食菜懋飧唯督課里中童蒙
日以著述發明論語義則深造自得可謂俯仰無愧作者矣先
生又善書法深得晉唐人遺意吳少時每得與聞其教
毛君懷字意香同邑布衣精書法深得古人筆妙嘗論學書須
作海通之儒根本不立則枝葉不附又言學書不可漫爲散筆

（图四七　3—5）

四七　吴梅　行书师友渊源记册

心於古人中摹百餘字成片段者併其行間布置而學之久之
自寫卷軸隨手揮之亦成準度其緒論大率如此從游學者頗
衆尊翁光華耕萼皆能得其枕中秘矣從旁竊聽亦稍稍知筆
法先生品格高有不當意者雖權貴懇重資勿應其求最服膺
吾　父稱文善德（一曰文芸）先生君子人也道光四年甲申秋
七月十三日吾　父即世先生書志信篤森擘窠四大字懸於
靈帷前廳楹堂扁皆出臣手七年丁亥重陽日　母趙安人即
世先生書亦如之壽七十有五子國寶字琴山庠生亦能書

王名念孫字懷祖一字石臞高郵州人乾隆乙未進士直隸從

六

永定河道尚書文肅公安國子公晚年始生先生四歲即口授
爾雅稍長從學於戴東原先生故戴氏有段王兩家之學嘉慶
二十三年戊寅與入都謁先生先生有嚴爽疾遂者扶而行命
無楫且曰吾不見客十七年矣段君膺先生歿後天下遂無讀
書人矣送出及衚衕口曰癃病不能答拜明日遣兒子引之答
拜世前輩之接待後進如此每論著書必於所託者尊或其書
中經後人改竄又復不能違後人理則奮志研慮日定以課程
發前人之未發味衆人之不味必底於有成而後止書示集韻
三則毛詩傳三則端楷數千言子引之孫彥和曾孫恩沛皆有
題為檮四代手墨裝成長卷余

又備載顛末記不一記附以余門諸弟子若晉慶洪淄遵祁弟
希甫子姪觀保貴生馬釗帝銘丁士涵費寶洋陳倬楊峴李善
蘭汪縣沈隨俊贊跋合記淵源卷長五六丈庚申四
月十三日蘇城陷此卷遺棄鈕家巷寓相國館中　盡以淡造
自得者海人也年八十無書聯六代推小學有達人天假大儒
以長日稱先生壽句當表以為吾且守藏篋中而不與世俗富
貴壽考作頌禱者同張縣矣道光七年丁亥再入都猶及見先
生處校管荀書間有校語則載記橅志中前輩之不沒人言又
如此撰廣雅疏證十卷音一卷讀書雜志十種八十二卷志餘
二卷壽八十有九

姚名學塽字鏡塘浙江歸安人嘉慶元年丙辰進士兵部郎中

七

制藝恚遵先正典型又能博學多聞學徒日益衆先生恒居京
邸以課文得脩餔自膳而李府門所得印結費既受仍納之公
不肯見異於同僚而與同僚異志也熟悉掌故凡兵政馬政有
疑議長官必就問之婉其辭以對而直陳利弊無諱卒不得保
薦御史泊如也道光元年辛巳與先生同寓京師順治門外
水月禪林得親承其教益自言年十五始自淬厲用慎獨功至
奉山陰念臺劉先生為灋今而後幾三十年無不背念矣其素
信然也平時喜飲酒每以不持戒為恨然自酤之酒自飲人餽
之酒則待客飲客至不設肴饌以肘腐為樂客不告止無倦容

遇讌會過三爵則弗復也嚴冬披敝緼袍客有製新而往見者
終坐不敢出諸口有饋獻朝珠者曰昔吾官中書例得用朝珠
向友人借之今遷郎已在琉璃廠五百錢買之矣前所借者行將
還諸也又有客來求見未嘗具衣冠先生具衣冠出見客恆嘶
以去其廉潔恭約類如此六年丙戌十一月辛亥年六十有
一無子殁之日不赴而至者千家門人為之擇立嗣孫歸送
靈輀刊刻竹素齋遺集曾為先曾祖王父璞完公撰朝玉作
家傳載集中所著感應篇注文極簡絜而懇勸切中人心其手
稾存吾處

八

李宏信字柯溪家住浙江山陰柯山之溪橋因以柯溪自號焉
少時讀論語子路篇出書塾而後書無不覽淹通群籍曾傳官
於滇南與山東桂未谷馥相善好讀書上官忌之以為說鬻民
事藉其官還學貫隨官開肆於蘇閶南濠增居三層樓中書以
擁蔽收藏多秘鈔不下數萬卷時與鮑淥飲廷博往還苕上雜布
褐混跡闤闠而莫之知者曾注隨園駢體文以為獨學老人石
韞玉注未能詳覈遂發篋補稽盡得其故實及見段若膺
師曰柯溪博物素何作人尾學為于是忍屏棄之終身不復道
為亡友未答投刊札璞行於世

（图四七　6－8）

四七　吴梅　行书师友渊源记册

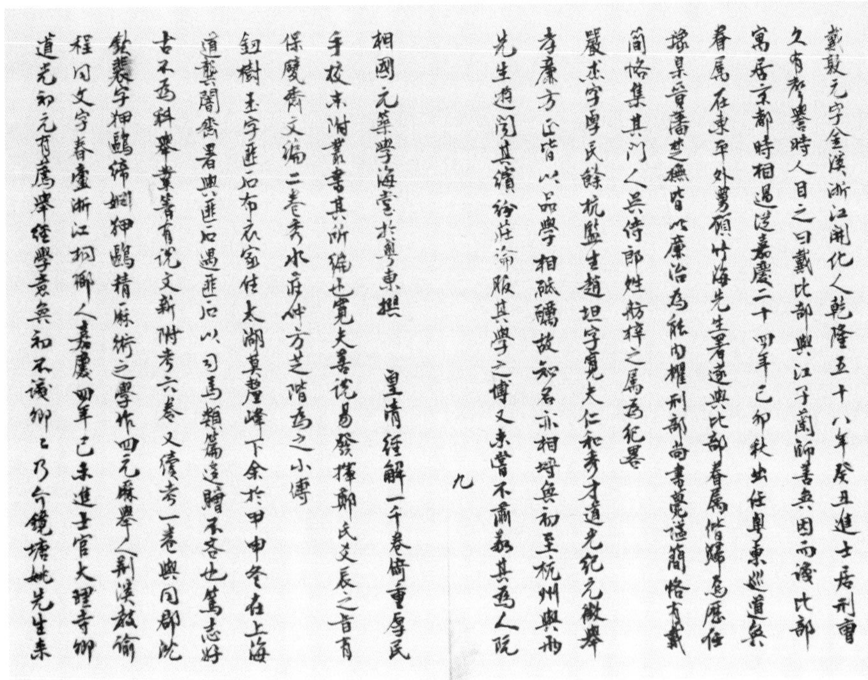

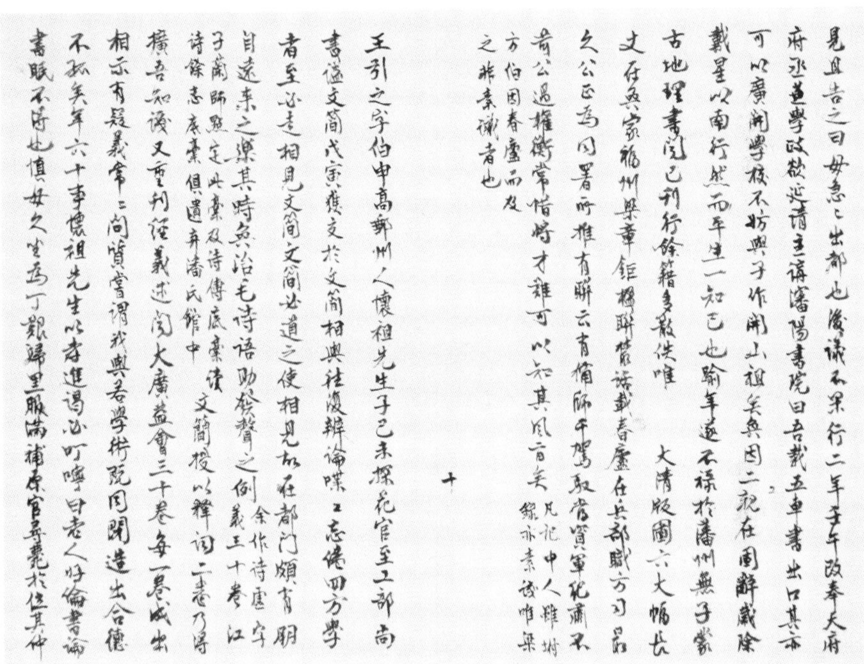

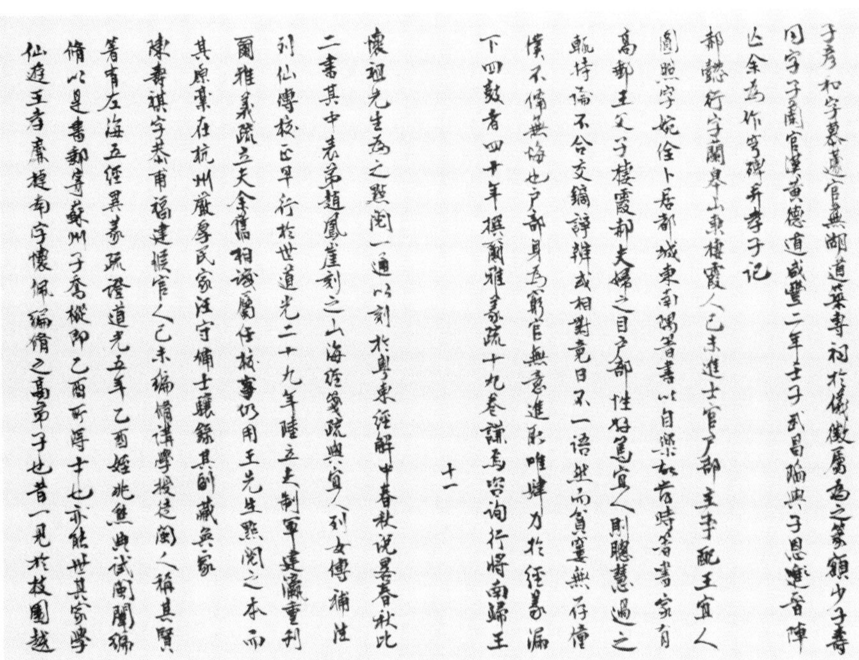

（图四七　9—11）

四七　吴梅　行书师友渊源记册

三十年又見於武林之振綺堂撰閣中沿革表
徐松字星伯順天大興人嘉慶十年乙丑傳臚年始壯督學湖
南因公被譴出使回疆周行二萬里星伯謂余曰未通籍時嘗
夢至一大殿跪於垂冕旒者御下而授以水晶圖畫繪記山川
地圖瞭如指掌此即出使之先兆乎所撰漢書西域傳補注伊
犁總統事略新疆南北路賦二篇西域水道記五卷西域志乘
由是大備矣久之得環歸官中書出守陝西榆林
徐頲字直卿居同里又同受業於若膺師乙丑榜眼督學安徽
拔黟縣胡積城貢屬刊說文解字注所以報師德者甚摯也嘗
十二
至閣學沈濤字西雝浙江嘉興人著有說文古本考論語孔注
辨偽常山志亦師之高弟子庚午舉人官江西糧道
顧書伸字翼亭金匱諸生余婦之族弟也予延又為其館甥焉
翼亭為明涇田先生之裔涇田先生涇先先生兄也故克承序
理學服膺許文正公薛文清公最崇信朱子小學有小學博趣
編一室吟超然堂詩
吳志忠字有堂吳庠生長姑之子與余為中表昆弟簡舟先生
名英篤學年八十猶疊疊不厭有傳著經句說四卷舉鄉飲賓有
堂承庭訓又與同郡黃主政蕘圃丕烈顧文學澗蘋廣圻交遊

故長於目錄校勘之學曾子建秦中郎集雒陽伽藍記元和郡
縣志皆有校勘本
胡承珙字墨莊安徽涇人乙丑進士由翰林遷御史己卯秋七
月同人公祭鄭康成先師於京東陽萬柳堂始獲與墨莊交尋
放福建延建邵道調臺灣兵備道在臺者三年旋即引疾歸里鍵
戶著書書無不覽唯專意於毛氏詩傳志術既同往復討論不
絕於月篇謂墨莊治詩有年於毛氏經傳必為完書敏已所治
詩特編為義類及其病革之日遺言屬校讎魯頌泮水下無
稾本并為補篇乃知所治毛詩條到章句不為完書無遺憾焉
十三
以義類採疏乙未有此志至是乃得墨西丁戌己四年而疏成
惜乎墨莊還道山不能重與細論也著有毛詩後箋儀禮古今
疏義爾雅古義小爾雅義疏文集詩集共若干卷年五十七朱
琦字蘭坡壬戌進士時論與墨莊同邑主講吳郡正誼紫陽敬
肴甚眾著共詁經文鈔七十卷續鈔二十卷卒年八十三裒
者萬柳堂公祭十有三人胡給事墨莊承珙朱編修蘭坡琦陳
編修石士用光徐戶部樗亭璈錢戶部衎石儀吉蔣中書香度
廷恩魏明經默深源郭戶部竹村尚先裴上舍彥惟成孫馮中
書晉魚啟蓁光刑部栗原聰皆名賢雅集極一時盛事矣重刷

殿與姪陳庶常季伯兆熊焉
徐璈字樗亭安徽桐城人嘉慶十四年己巳進士戶部主事余
一見於京師萬柳堂後以迎養乞改官浙江知壽昌臨海縣事
著有詩經廣詁若干卷王劼字海樓四川巴人亦官浙江知西
安縣事著有毛詩傳說
金鶚字誠齋浙江台州臨海人嘉慶二十三年戊寅以優貢入
都余偕宿內城夜出書聲出壁戶初以為與試士也細聆之朗
朗然誦小戴禮記竊怪之平旦正衣冠往拜之拒而不納排闥
入竟不得亦以我為與試子也強請其所業乃擲稾本於几上
十四
曰此非舉子業也余知義而受讀之後已大夫三門諮欲與語
君說容曰子亦喻於此道者乎挽手納之坐恨相見晚不兩月而
卒稿幸留藏於汪瑟庵相國第君固相國孝廉生也生館死殯
既而斂財與櫬以歸臨海相國殁余致書王伯申尚書報云其
稿既小芸再刻粵東經解局矣及檢經解目錄並無此書小芸
已卒伯申又老子是遺不可得矣余在涇川校刻胡觀察墨
莊後箋中往往引用其說墨莊稿鈔二卷及鄉黨一篇意從錄
其副流於經解叢書鈔寫其詁經之文得數篇合鄉黨為一卷
共三卷此是吉光片羽而全稾埒不可得余弟煒知黃巖縣事

（图四七　12—14）

四七　吴梅　行书师友渊源记册

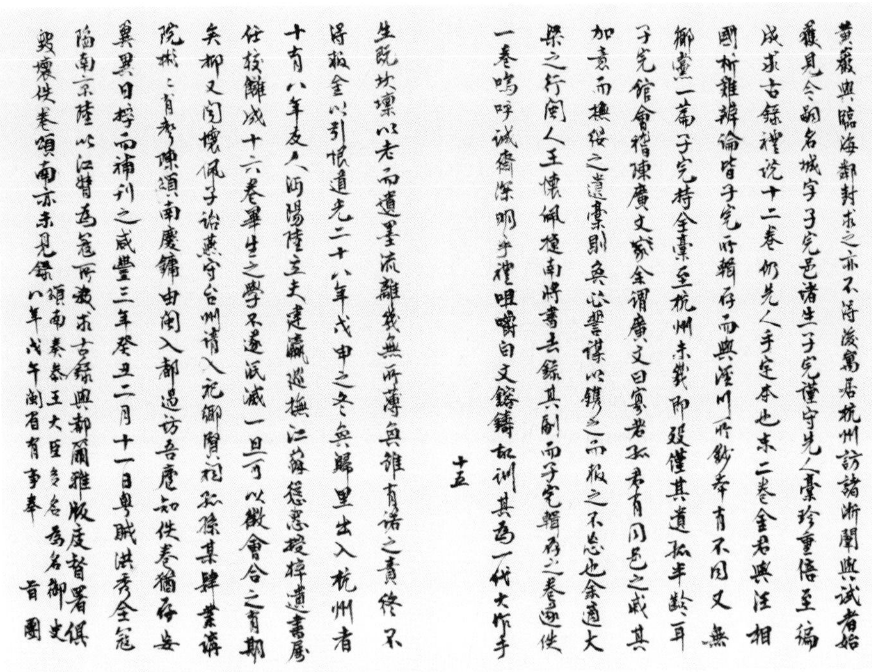

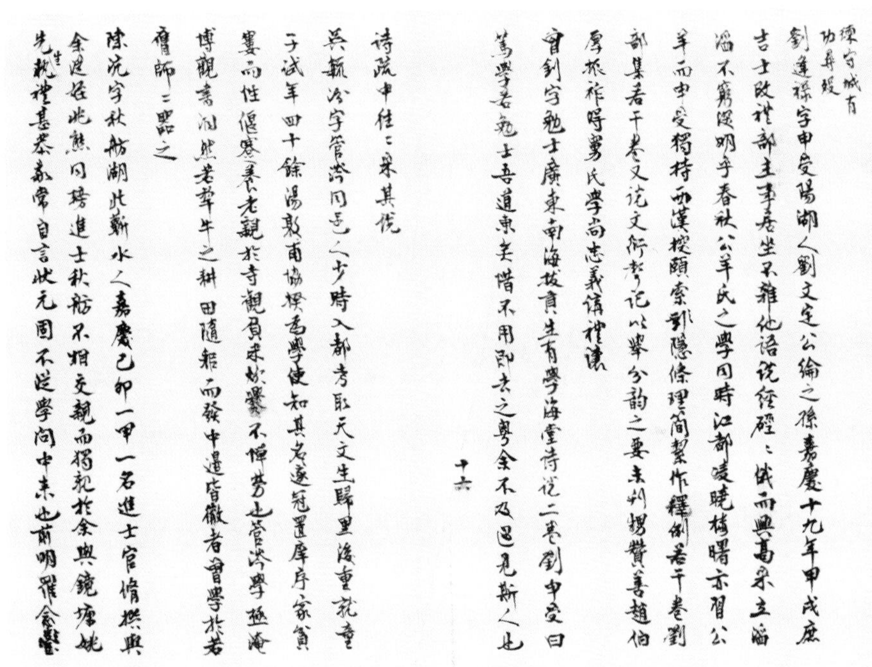

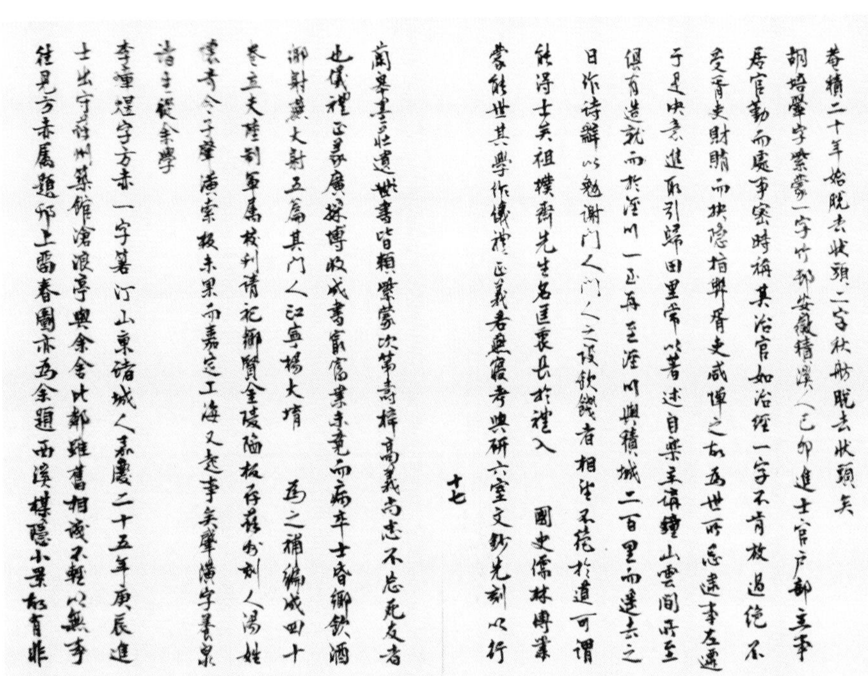

（图四七　15—17）

四七　吴梅　行书师友渊源记册

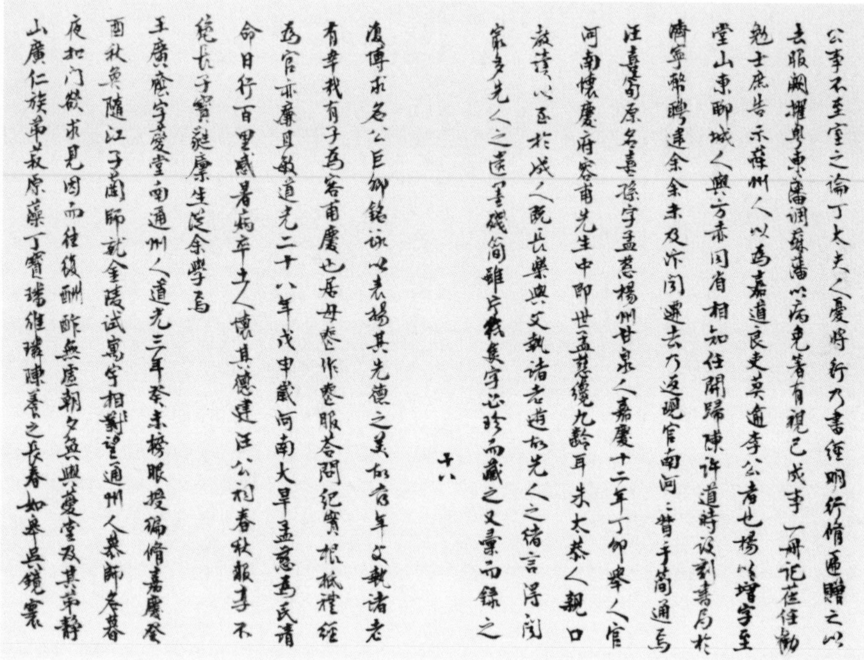
公事不至室之論丁太夫人憂將行乃書繹明行脩通贈之以
去服闋擢粵東藩調蘇藩以病免著有視已成事一冊記莅任勸
勉士庶告示蘇州人以為嘉道良吏莫逾李公者也楊以增字至
堂山東聊城人與方赤同省相知任開歸陳許道時設刻書局於
濟寧幣聘逮余余未及游閩遽去乃返硯官南河河督手簡通焉
汪喜荀原名喜孫字孟慈揚州甘泉人嘉慶十二年丁卯舉人官
河南懷慶府容甫先生中即世孟慈纔九齡耳朱太恭人親口
授讀以至於成人既長與文執諸老遊故先人之緒言得聞
家多先人之遺墨殘簡雖片紙隻字必珍而藏之又彙而録之
復傅求名公巨卿銘詠以表揚其先德之美故當年文執諸老
有幸我有子為容甫慶也居母憂作憂服咨問紀實根据禮經
為官亦廉且敏道光二十八年戊申歲河南大旱孟慈為民請
命日行百里感暑病卒士人懷其德建汪公祠春秋報享不
絕長子寶綖麐生從余學焉
王廣蔭字愛堂南通州人道光三年癸未榜眼授編脩嘉慶癸
酉秋吳隨江子蘭師就金陵試寓宇相對望通州人恭師冬暮
夜扣門欲求見因而往復酬酢無虛朝夕吳與愛堂及其弟靜
山廣仁族弟叔原藻丁寶瑞維璉陳春之長春如皋吳鏡寰

十八

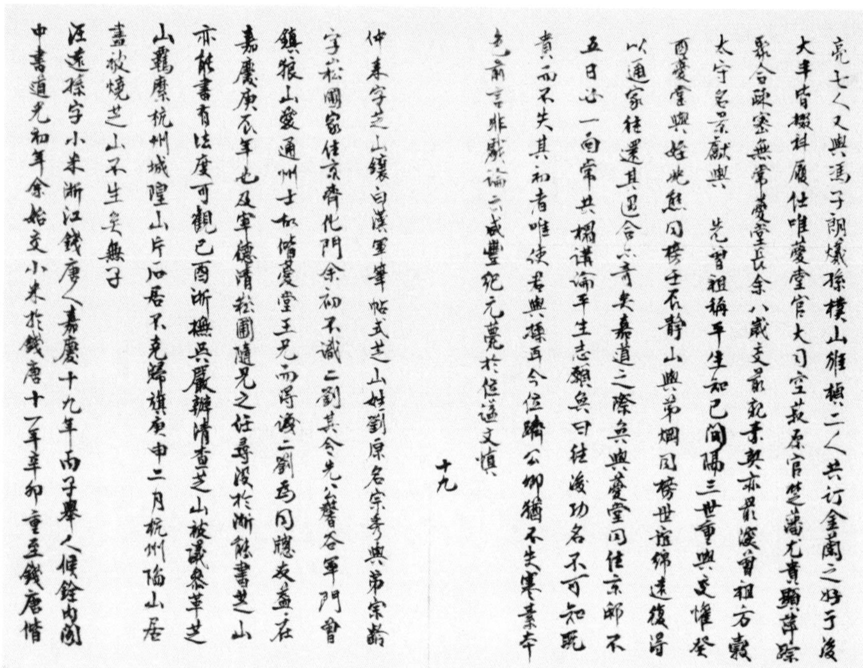
亮七人又與馮子朗燨孫樸山維楨二人共訂金蘭之好于後
大半皆擬科履仕唯愛堂官大司空叔原官楚藩尤貴顯萍踪
聚合疏密無常愛堂長余八歲文最孰余與亦最深曾祖方穀
太守名景獻與　先曾祖稱平生知己同隔三世重與文惟癸
酉愛堂與姪兆熊同榜壬辰靜山與弟烱同榜世誼綿遠復得
以通家往還其遇合亦奇矣嘉道之際吳與愛堂同住京邸不
五日必一面常共榻讌論平生志願吳曰徒溷功名不可知既
貴而不失其和者唯使君與揉耳今位躋公卿猶不失寒素本
色前言非戲論云咸豐紀元蒐於丝道文慎
仲來字之山鑲白漢軍筆帖式芝山姓劉原名宗孝與弟宗齡
字松圃寄住京齊化門余初不識二劉其令先人誓谷軍門曾
鎮狼山愛通州士故償愛堂王兄而得識二劉為同聽友蓋在
嘉慶庚辰年也及寅德清松圃隨兄之任尋沒於浙能書芝山
亦能書有法度可觀己酉浙撫吳嚴辦清查芝山被議參革芝
山羈麋杭州城隍山片石居不克歸旗庚申二月杭州陷山居
盡被燒芝山不生矣無子
汪遠孫字小米浙江錢唐人嘉慶十九年丙子舉人候銓內閣
中書道光初年余始交小米於錢唐十一年辛卯重至錢唐偕

十九

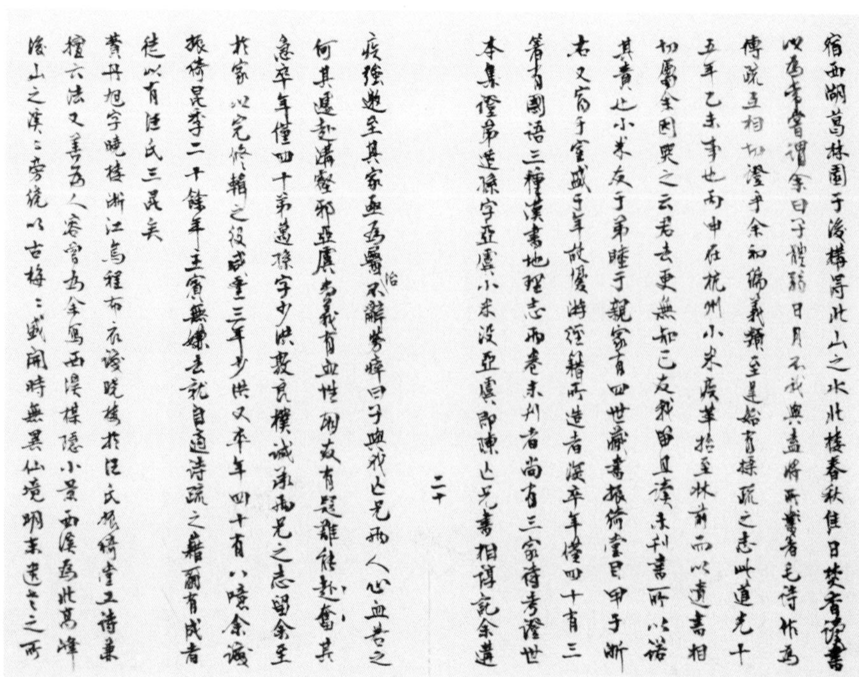
宿西湖葛林園于後樓見此山之水北樓春秋佳日焚香讀書
以為常嘗謂余曰子體弱日月不我與盡將所業者毛詩作為
傳疏互相切磋乎余初編義類至是始有撰疏之志此道光十
五年乙未事也丙申在杭州小米疾革招至林前而以遺書相
切屬余因哭之云君去更無知己友我留且讀未刊書所以諾
其貴也小米友于弟睦于親家有四世藏書振綺堂甲子浙
右又富于室盛于年故優游經籍所造者深卒年僅四十有三
著有國語三種漢書地理志而卷未刊者尚有三家詩考證世
本集證弟遠孫字亞虞小米沒亞虞即陳亡兄書相傳既余遺
疾強邀至其家並為醫(治)不辭勞瘁曰子與我亡兄兩人心血若之
何其退赴滿蜜邪亞虞為義有血性朋友有題雖能赴奮其
急卒年僅四十弟邁孫字少洪最良樸誠承兩兄之志留余至
於家以完修輯之役咸豐三年少洪又卒年四十有八噫余識
振綺昆季二十餘年主賓無嫌去就自適詩疏之稿爾有成者
徒以有汪氏三昆矣
黄丹旭字曉樓浙江烏程布衣識曉樓於汪氏振綺堂工詩兼
擅六法又善為人寫容嘗為余寫西溪樸隱小景西溪為北高峰
後山之溪溪之旁繞以古梅梅盛開時無異仙境明末遺老之所

二十

（图四七　18—20）

四七　吴梅　行书师友渊源记册

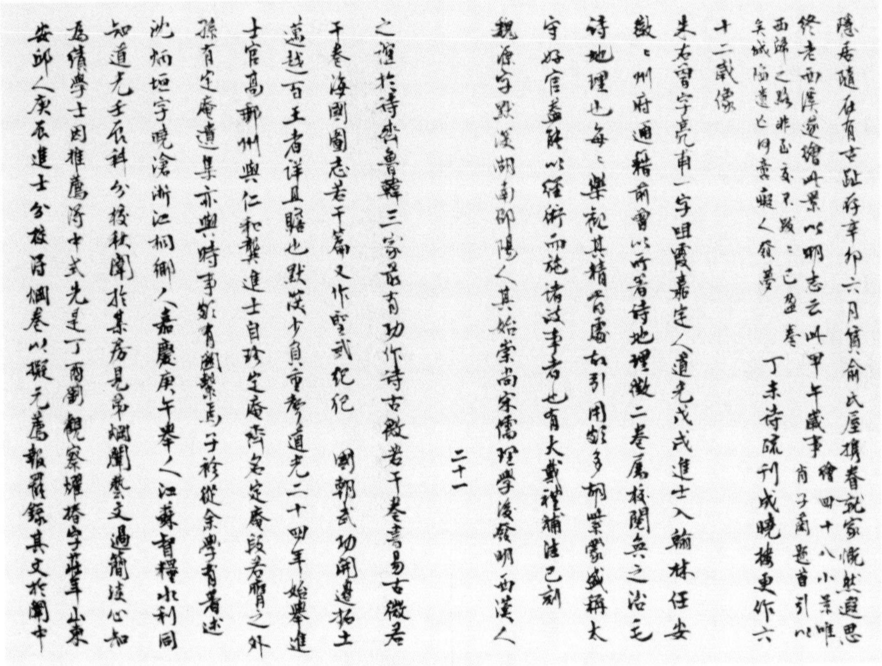
隱居隨在有古趾，於辛卯六月繪命氏屋携眷就家，慨然遐思
終老西溪，遂繪此景以明志云。此甲午歲事。繪四十八小景，唯
有子爾題首引以
西歸之路非正求不敢〻已丑春
矣城偏遣已同燕瑕人發夢
丁未詩疏刊成，晚樓更作六
十二歲像
朱右曾，字亮甫，一字曰霞，嘉定人。道光戊戌進士，入翰林，任安
徽〻州府通，精前會，以所著詩地理徵二卷屬校閱，無之治毛
詩地理也。每〻樂觀其精當處，如引用經多胡(?)，業(?)盛稱太
守好官，蓋能以經術而施諸政事者也。有大戴禮補注已刻
魏源，字默深，湖南邵陽人。其始崇尚宋儒理學，後發明西漢人
之誼，於詩齊魯韓三家說有功，作詩古微若干卷，書古微若
干卷，海國圖志若干篇，又作聖武紀紀。國朝武功開邊拓土
遠越百王者，詳且賅也。默深少負重名，道光二十四年始舉進
士，官高郵州，與仁和龔進士自珍定庵齊名。定庵殁，君贈之外
孫，有定庵遺集，亦與時事有關繫焉。子移從余學，有著述
沈炳垣，字曉滄，浙江桐鄉人。嘉慶庚午舉人，江蘇督糧水利同
知。道光壬辰科分校秋闈，於其房見吊桐闈藝文，過簡清心如
爲請學士，因推薦得中式。先是丁酉科，觀察燿椿，字蓮峯，山東
安邱人，庚辰進士，分校得偶卷，以擬元薦，報罷，錄其文於闈中

二十一

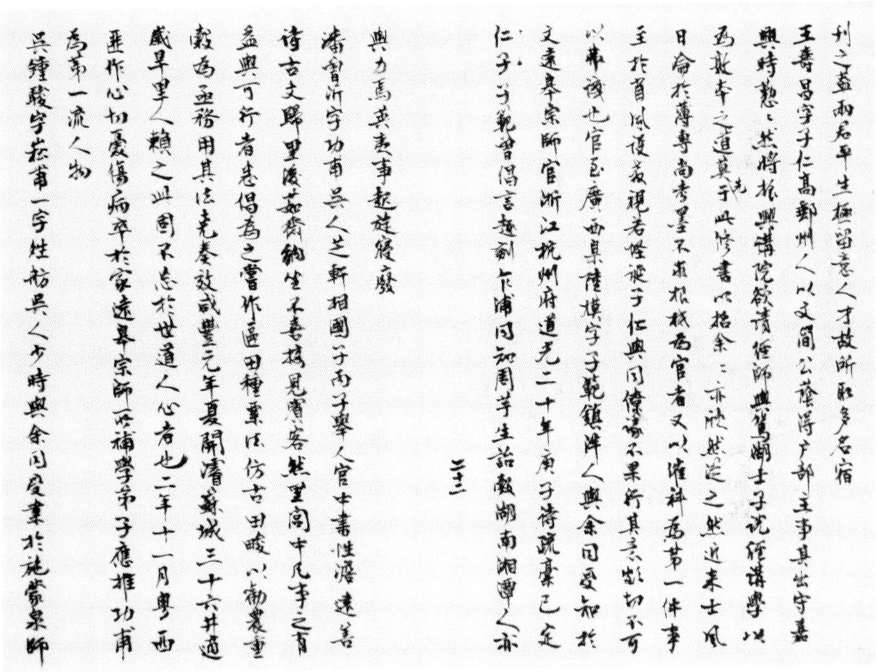
刊之，益兩君平生極留意人才，故所取多名宿
王壽昌，字子仁，高郵州人，以文簡公蔭得戶部主事，其出守嘉
興時，慇〻然將於興講院欲請經師與鴛湖士子說經講學，以
爲敦本之道，莫先于此，修書以招余，〻亦欣然從之。然近來士風
日偷，於薄專尚李墨，不求根柢，爲官者又以准科爲第一件事，
至於首風復義，視若怪誕。于仁與同僚議，不果行，其言皆切不可
以弗識也。官至廣西臬。陸模，字子範，鎮洋人，與余同受知於
文達季宗師，官浙江杭州府。道光二十年庚子詩疏稿已定，
仁子子範曾倡言捐刻，於浦同知周芋生詒毅，湖南湘潭人，亦
與力焉。其夷事趣旋發發
潘曾沂，字功甫，吳人，芝軒相國子。丙子舉人，官中書。性淡遠，善
詩古文辭。里居茹齋，納生不妻，椅見賓客，然里閭中凡事之有
益與可行者，悉倡爲之。嘗作區田種粟法，仿古田畯，以勸農重
穀爲亟務，用其法者奏效。咸豐元年夏，開濬蘇城三十六井，通
感早里人，賴之。此固不忘於世道人心者也。二年十一月，粵西
匪作，心切憂傷，病卒於家。遠泉宗師以補學弟子應推功甫
爲第一流人物
吳鍾駿，字崧甫，一字姓帖，吳人，少時與余同受業於祐棠泉師

二十二

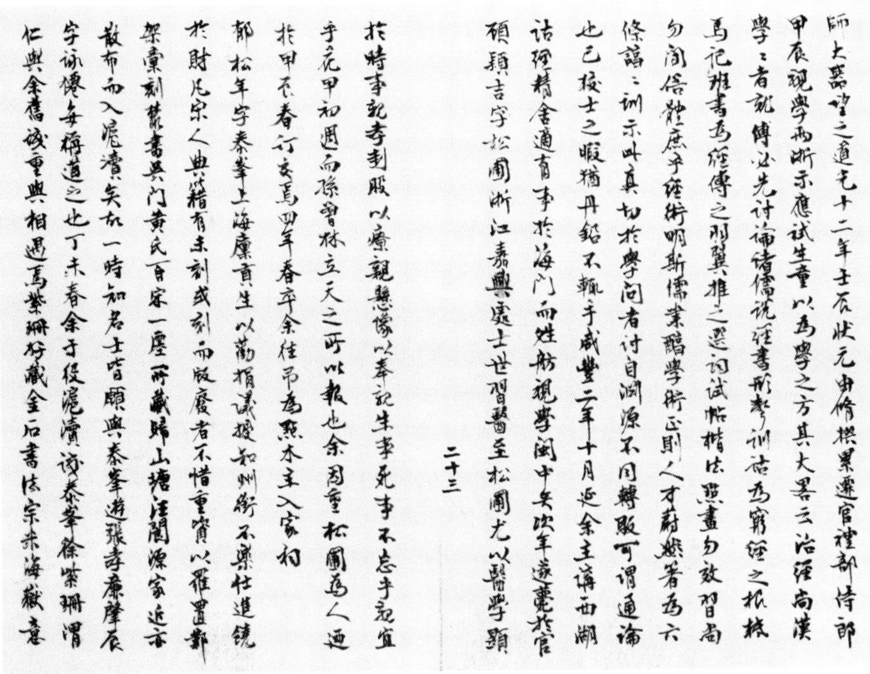
師大器望之。道光十二年壬辰狀元，由修撰累遷官禮部侍郎。
甲辰視學兩浙，示應試生童以爲學之方，其大略云：治經尚漢
學，〻者就傳必先討論諸儒說經書，形聲訓詁，爲窮經之根柢；
馬班書爲經傳之羽翼，推之選詞試帖楷法，莫畫勿致，習尚
勿閑，倍體庶乎經術明，斯儒業醇，學術正，則人才蔚然。著爲六
條，諄〻訓示，此真切於學問者，討自淵源，不同轉販，可謂通論
也。已校士之暇，猶丹鉛不輟。于咸豐二年十月延余主講西湖
詁經精舍，適有事於海門而姓舫視學閩中，矣次年遂薨於官。
頤穎吉，字松圃，浙江嘉興處士，世習醫，至松圃尤以醫學顯
於時。事親孝，割股以療親疾，繪像以奉，記生事死事，不忘乎祀。宜
乎花甲初週而孫曾林立，天之所以報也。余因重松圃爲人，適
於甲辰春，行李焉。四年春，卒。余往弔焉，然木主入家祠。
郁松年，字泰峯，上海廩貢生，以勸捐議叙知州銜，不樂仕進，饒
於財。凡宋人典籍有未刻或刻而版廢者，不惜重資以羅置，鄒
架彙刻叢書。吳門黃氏百宋一廛所藏歸山塘汪閬源家，近亦
散布而入滬瀆矣。故一時知名士皆願與泰峯遊。張壽康摩辰
字詠懷，每稱道之也。丁未春，余于役滬瀆，詣泰峯，徐紫珊渭
仁與余舊識，重與相遇焉。紫珊所藏金石，書法宗米海嶽，章

二十三

（图四七　21—23）

四七　吴梅　行书师友渊源记册

咸豐元年以優選直隸隆平縣之任旋卒于官三年八月初五日廣
閩人滋事陷上海泰峯崇珊皆被虜執四年正月克服始免于難
練笙名吐瓚廣東連平州人官松江府知府長於書法與泰峯
崇珊稱知己友歿李前不遇害

項爾康字甫卿浙江仁和人甫卿一切嗜好無所染唯專盼勸善
懲惡聰聰然以懲勸為先所刻不下數十種蓋善人也四子而延
四師語人曰吾子幼異日得師若陳某者四子各授一經一年
勝讀十年書矣余隨高小垞學院讀甫卿感甫卿言則後之
卒年三十五

二十四

勞權字平甫格言字季安浙江仁和之唐棲鎮人髫年即以治經
補弟子員後遂不與試事昆弟講習天倫朋友終日納戶丹鉛
雜陳專攻於羣史多所著述歷任學使采訪其能終不應時
人有二勞之目每從容閒談恨近尚志趣卑下輒以爛惡之
孝廉因後其性靈自以為急功近名不足貪求而愈遠此真
抵俗之論矣余謂子弟入塾授讀孝經弟子職學庸論孟閒
之故以朱子小學引先入之言稍長讀易詩書禮問義之以許氏
說文明識字之要再讀左國前後史漢問參之以時事故實以
為切體達用之學窮則有守達則有為寧為貧賤之君子毋為
富貴之小人學者從此得其門徑苟自好者不走入斷港絕潢矣
二勞果表倡設立讀書義塾教育為己任卒自以老耄而舍我也
新城羅鏡泉以為亦然余是言

陸元綸字稷民同邑人詞章文藝噪冠於時時余作詩疏凡
祭祀衣服宮室制度每一義成稷民必討論而備記之余深喜
其好學亦必懇懇懇懇以道其指歸稷民抱用世才不屑屑為經
生年四十僅獲副車

潘生遵祁字順之吳縣人道光二十五年乙巳進士現官編修
憶嘉慶癸酉歲與在校園得讀三松先生要篤先生與吾　大

二十五

父瀾平公先後官京師相與往還至是重始相識丁丑歲屬為
保孫遵祁與弟希甫同受業焉每以家訓孫太上感應篇曰世達
皆險窄唯為善斯康莊耳子世璜字理齋乾隆六十年乙卯探
花改主事乞養在家理齋先生事三松先生色笑備至雖六十
儼如嬰兒三松年九十餘己丑科重宴瓊林晉秩四品卿銜復
以姪芝軒相國追封贈光祿累代簪纓家鼎隆盛理齋先生
松殁三松亦相繼殁潘生昆季儀踰冠然跡其所行為皆
已成人李建義莊立宗祠奉光祿公又具題奉主事公入祀鄉
賢（義莊記鄉賢記兩碑撰文并）書一氣一楷俱余一手所作據人以禮治家者經亦不荒蕪

考業得遂功名以承祖君父遺教三世皆成進士閭黨榮之蓋吳
門善義學育嬰堂惜字施衣藥諸善舉首肇始其議創擬祉先
生家今滎陽效法紹而行之雅特教養此固栽者培之之道也
希甫字補之道光乙未舉人現官內閣侍讀

梁生寶森字子善山東萊州府榮城人父名蘭滋花案安徽叔
名蕃海遊撫山西梁氏喬處蘇州與我屋南園不一里子善
年十二從讀書道光戊子己丑庚寅三載皆館宿其家余時
專意治毛詩晝夜不輟輒通翻然曰目不能兩視而明耳不
能兩聽而聰好為人師自古為患為己且為人病顧必一生今

二十六

而後善不處糜館家穀矣遂力辭而後已十一年辛卯之杭州
任西湖敷二十年成詩疏三十卷予以知前誓之為不謬也子
善不以科第起其家世援例為鹽官補南通州石港分司

汪生獻玗字月生同邑庠生精熟許氏說文即以此受知祁
淳甫學使擊節歎賞屬為俊才月生既通小學兼擅詩古文
辭詩近魏晉高華典實稚絮不作膚淺之言皆不永年有存
稿藏其弟毓沈字東方東方亦從余學術術有李庠庠月生
所輯胡氏禹貢錐指為家塾課本王方伯藻刊諸通州

李生善蘭字秋紉一號壬叔浙江海寧州學生甫入學在錄遺

（图四七　24—26）

四七　吴梅　行书师友渊源记册

場中偶受教官訓言遂辭出終身不就試癸卯余在禾郡未學
壬午春金陵失守江右沸騰其有女弟子周閑藝仰巢尼壬叔
約同志立節扎政於余有以身同志之語此言固不必然亦可
見其宏篆云執習九數之術常立表儀用長短式依節候以測
日景便易稽考有摯經算術對數探源弧矢啟秘方圓闡幽數
學一隅四元釋楕圜捷法八線數新術等書名冠於時
蔣生仁榮字根亭嘉興海鹽人未識面以李壬叔以執贄肄之
勤問書札時通學大戴禮於李布衣
馬生劉字遠林同邑甲辰舉人宗室教習英吏李起大將軍奏

二十七

遣以帮欽置改之幕下遠林不就聘讀者嘆其有見長於隱算
步數又明於聲音訓詁手校丁氏集韻余曰集韻怨字其見類
篇先以類篇校集韻再參諸釋文音義說文解字廣韻玉篇
博雅則校讎之功過半矣至於是非顛倒瑕瑜錯雜尤在好學
深思心知其意者也咸豐三年粵匪起御史懋堅保奏在籍郡
團鄉勇又為向經略榮許中丞乃釗留軍帮辦有水路攻擊章
程惜不得用其才弟銘之生優廩亦從學與遠林同在軍營以
軍功遠林授內閣中書之生得六品銜俱戴藍翎 遠林於庚申春領軍丹陽陣亡

管生慶祺字心梅元和庠生丁未歲心梅年四十猶恂恂祇後
進禮手授陸氏釋文余曰釋文宋本嘗於集韻求之今尚書釋
文經開寶中陳鄂等刪改之本集韻則未經刪改者段先生尚
書撰異可謂入道門也至於義即寓音音之有變
有轉不能全執古音而繩今音矣心梅以為然乙卯九月余病
自海門歸心梅與時醫異服其藥得愈 子碧呂秀才於乙未冬與余長孫女小吉定親
丁生士涵字永之元和庠生其先人月波先生承父志建莊建
塾之規有訓子弟先入言一說合余向所言者為文記之先生
喜名人墨寶不惜重貲必購得焉而永之獨耆經籍藏書亦富

二十八

熟讀周官經而於攷工記一名一物時時之詢余教之先鄭司
農之說謂內外朝五門制度最碻而時祭閒祀後鄭說亦未嘗
不同又習讀筦子以為尹知章注為空疏劉績補注亦疏漏積
數歲校讎之力成筦子案若干卷余向有校語一卷亦錄以備
解城陷後錄副寄示述叙房君注若音若逸文稟余手定之
本悉遺棄無存也永之又專治嗜許氏說文嘗編作義類又兼
涉劉成國釋名余謂釋名與毛傳說文多不合然可以付漢末
說經家之沿流者此耳永之謹余言徐中丞有壬字君青湖州
歸安人為余素識治西漢學最精步算下車伊始訪問吳下通

經之士余以永之對其兄小波士良守金壇城升任四川綿水縣
以女字余孫丙喜締姻焉
袁生清賀字子姓又號婕洲吳江諸生居盧里鎮袁氏素富於
藏書於婕洲寓閣 乙未恩科中式四十一名舉人
楊生峴字見山湖州歸安人身幹然修長佐治有才能長於春
秋余曰學春秋者從公羊以知例治穀梁以明禮穀梁氏文句
極簡必得治禮數十年用力既久而後可發明其要義也杭州
曹葛民籀作春秋鑽燧問序於余余為言穀梁義十餘條余
於庚戌歲成公羊逸禮一卷乙卯八月以寄示見山見山即於此

二十九

科中式四十名舉人
陳生倬字培之元和人熟文選能背誦好明古人制度余教之
吉禘時禘之辨殷學周學之分路寢太廟與朝寢昭穆大
廟不當合為一制遂作禘祫宗廟學校諸大典數篇咸豐
二年壬子二場題為士行枚行作行微解從余疏說主司沈
朗亭兆霖知此說獲雋焉 咸豐九年己未進士戶部主事
邵生希濤字湘帆福建汀州上杭縣人習五星官度戊申八月
來就學臧書肓
費生寶鍔字尚三蘇州府廩生篤行好學士也讀段先生說文

（图四七　27—29）

四七　吴梅　行书师友渊源记册

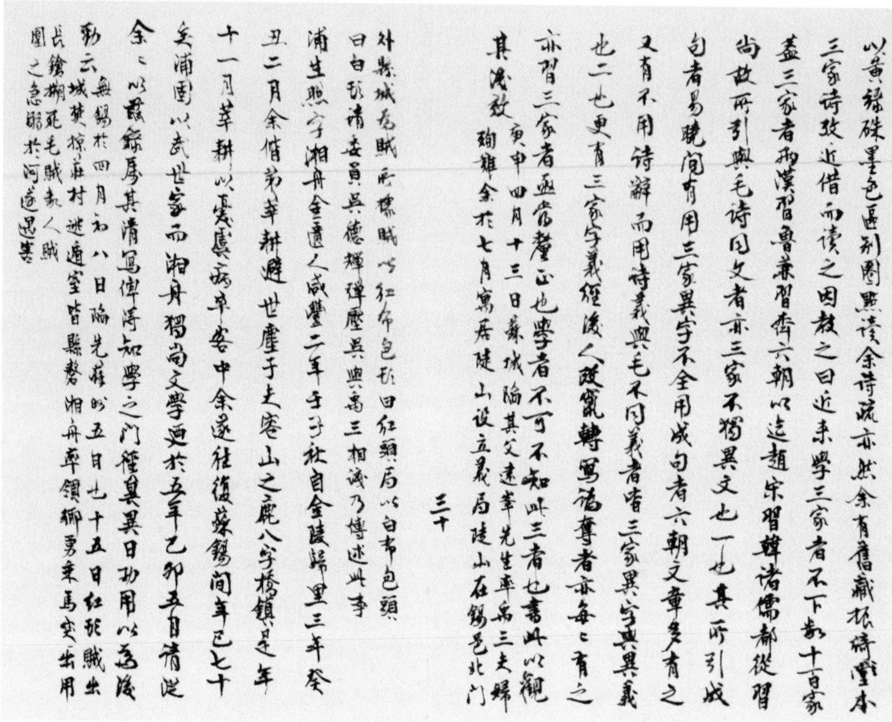

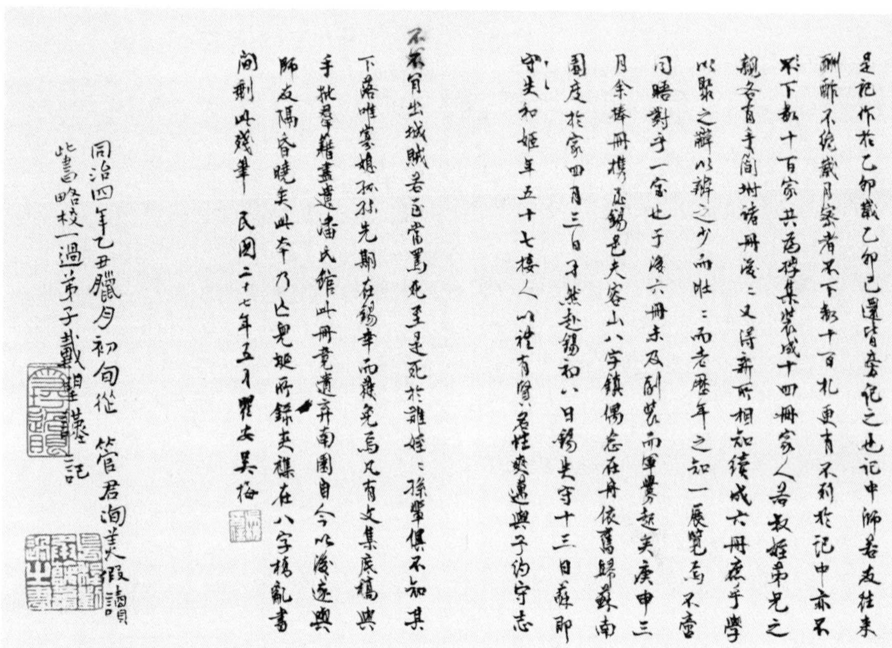

（图四七　30—31）

四八　吴梅　行书仇英画著录册

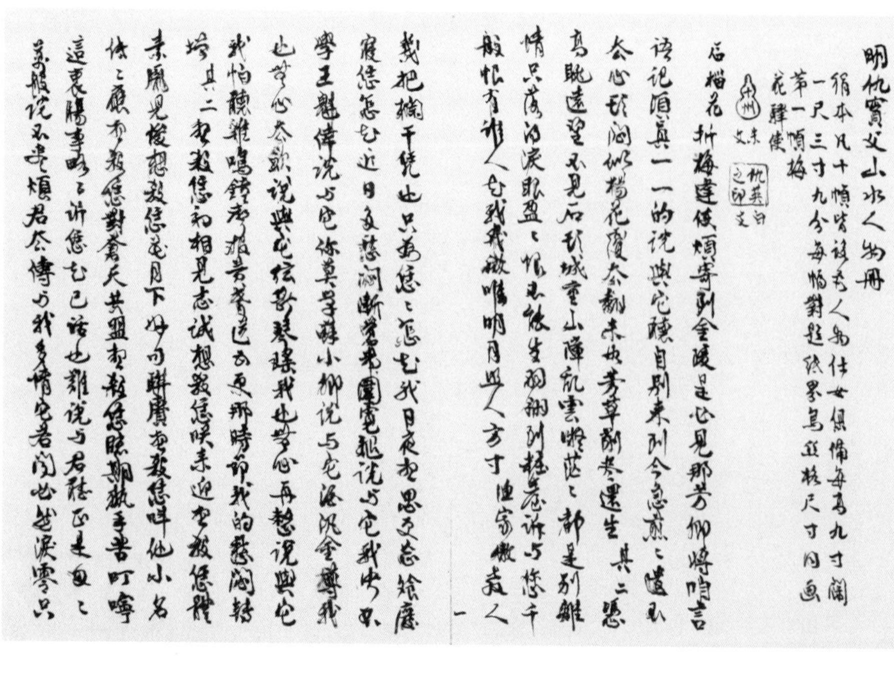

（图四八—1）

四八　吴梅　行书仇英画著录册

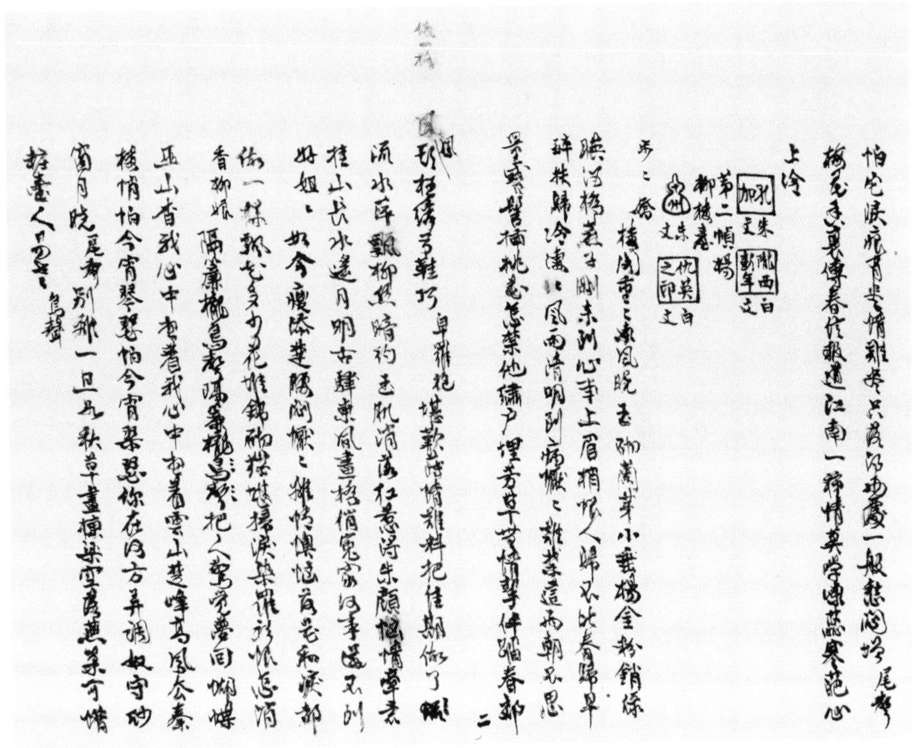

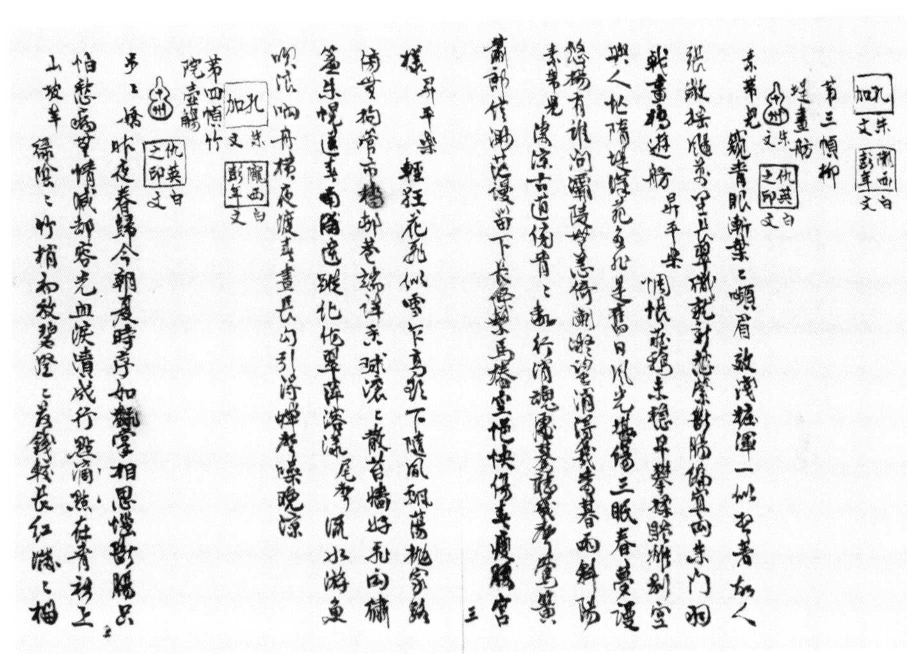

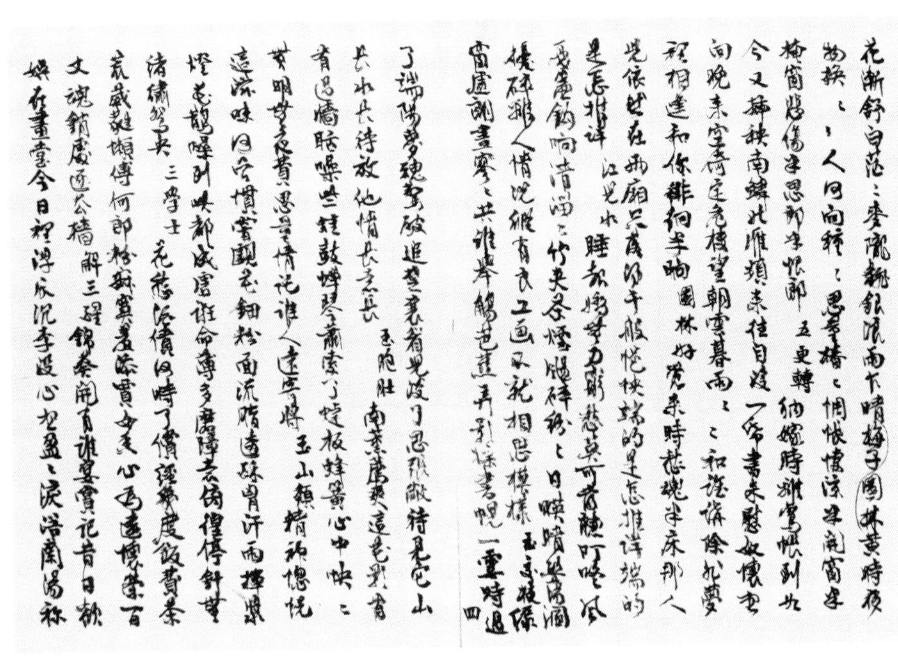

（图四八　2—4）

四九　吴梅　行书善本传奇十种提要册

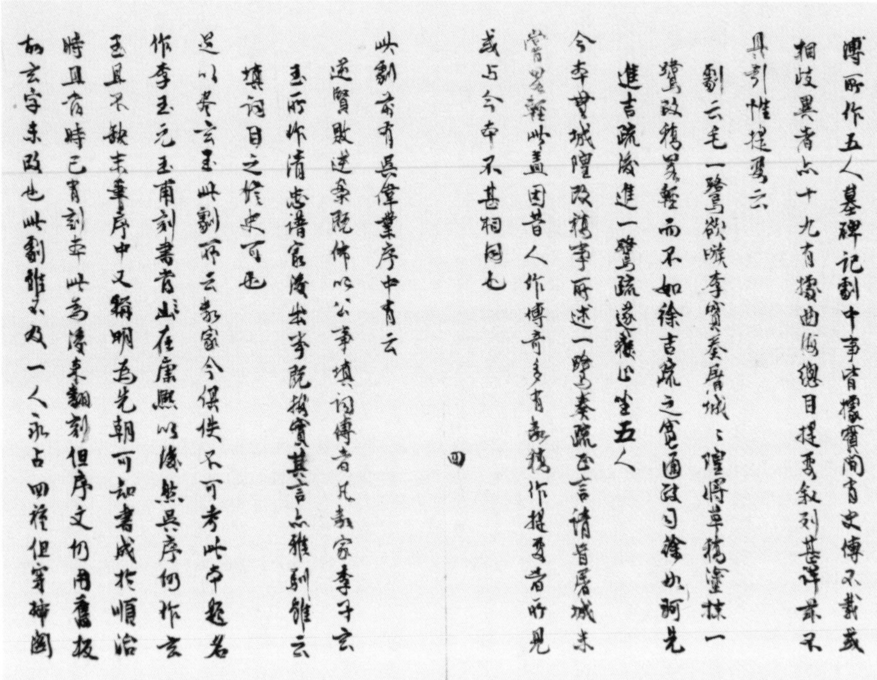
傳所作五人墓碑記劇中事皆據實間有史傳不載或
相歧異者亦十九有據曲海總目提要敘列甚詳兹不
具引惟提要云
劇云毛一鷺爲欲媚李實奏屠城　城隍將草稿塗抹一
鷺改稿甚輕而不如徐吉疏之筆酒改引徐吉有阿先
進吉疏後進一鷺疏遂殺此五人
今本曾城隍改稿事所述一鷺奏疏各言請旨屠城未
嘗異轄此蓋因昔人作傳奇多有數稿作提要者所見
或與今本不甚相同也
四
此劇前有吳偉業序中有云
逆賢敗逆案既佈以公事填詞傳者凡數家李子玄
玉所作清忠譜最後出最晚核實其言亦雅馴雖云
填詞目之信史可也
又以參玄玉此劇所云數家今俱佚不可考此本題名
作李玉元玉甫刻書當亦在康熙以後然吳序仍作玄
玉且不缺末筆序中又稱明爲先朝可知書成於順治
時且在時已有刻本此爲後來翻刻但序文仍用舊板
知玄字未改也此劇非只一人亦占四種但穿插閩

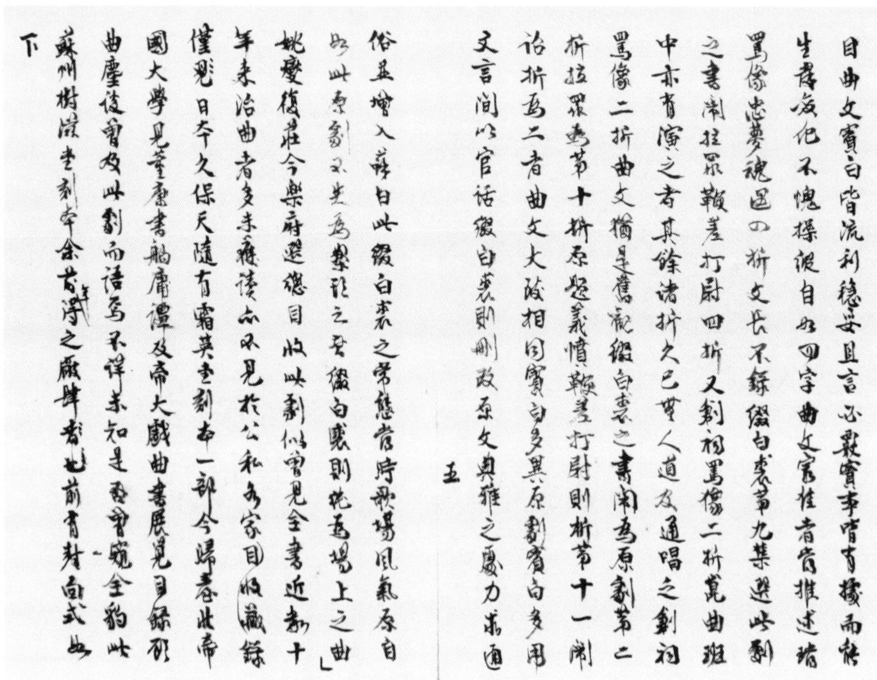
目曲文賓白皆流利穩妥且言必覈實事皆有據而能
生發演化不愧操觚自如四字曲文寫性者皆推述諸
罵像忠夢魂遇四折文長不錄綴白裘第九集選此劇
之書鬧拉眾鞭差打尉四折又劇相罵像二折萬曲班
中亦有演之者其餘諸折久已無人道及通唱之劇祠
罵像二折曲文猶是舊觀綴白裘之書鬧爲原劇第二
折拉眾爲第十折原題義憤鞭差打尉則析第十一齣
詒折爲二者曲文大致相同賓白多異原劇賓白多用
文言間以官話綴白裘則刪改原文典雅之處力求通
五
俗並增入蘇白此綴白裘之常態當時歌場風氣原自
如此原劇只無爲擊鼓之登綴白裘則純爲場上之曲
姚燮復莊今樂府選總目收此劇似曾見全書近數十
年來治曲者多未獲讀亦不見於公私各家目收藏錄
僅見日本久保天隨有霜英堂刻本一部今歸臺北帝
國大學見董康書舶庸譚及帝大戲曲書展覽目錄所
曲塵談曾及此劇而語焉不詳未知是否曾窺全豹此
蘇州樹滋堂刻本余昔年得之廠肆者也前有封面式如
下

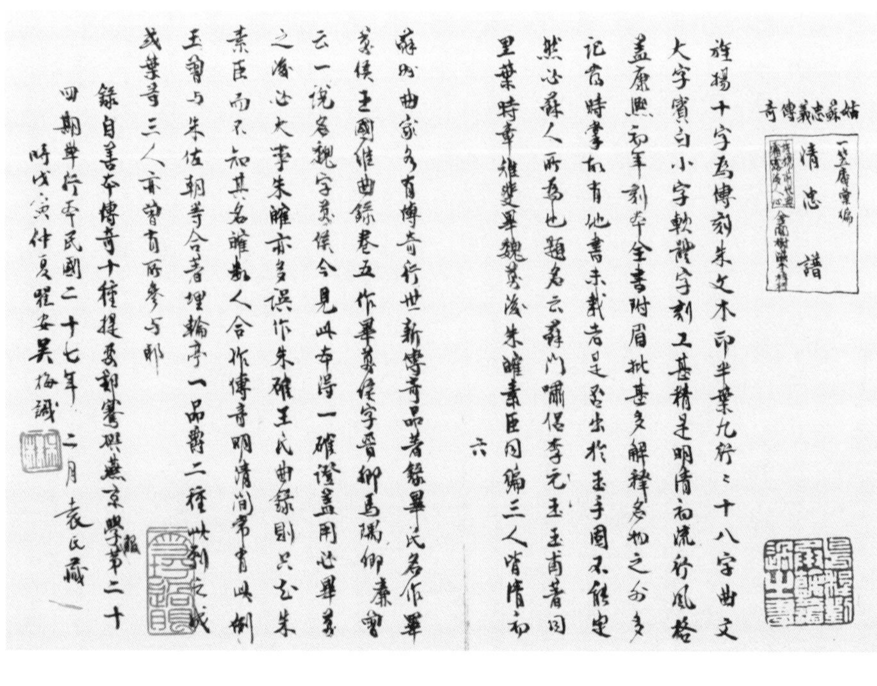
姑蘇忠義傳奇
一笠庵重編
清忠譜
金閶樹滋堂梓
旌揚十字爲傳刻朱文木印半葉九行行十八字曲文
大字賓白小字軟體字刻工甚精是明清初流行風格
蓋康熙初年刻本全書附眉批甚多解釋多物之分多
記當時事故有他書未載者是否出於玉手固不能定
然必蘇人所爲也題名云蘇門嘯侶李元玉玉甫著同
里葉時章雉斐畢魏萬後朱確素臣同編三人皆清初
六
蘇州曲家各有傳奇行世新傳奇品著錄畢氏名作畢
萬侯王國維曲錄卷五作畢萬後字晉卿焉陽卿秦曾
云一說名魏字萬侯今見此本得一確證蓋用心畢萬
之後也大事朱確亦多誤作朱確王氏曲錄則只云朱
素臣而不知其名確數人合作傳奇明清間常有此例
玉曾與朱佐朝等合著埋輪亭一品爵二種此劇又成
於葉等三人亦曾有所參與耶
錄自善本傳奇十種提要載燕京學報第二十
四期單行本民國二十七年二月袁氏藏
時戊寅仲夏瞿安吳梅識

（图四九　5—7）

五〇 吴梅 行书意斋（吴大澂）自订年谱册

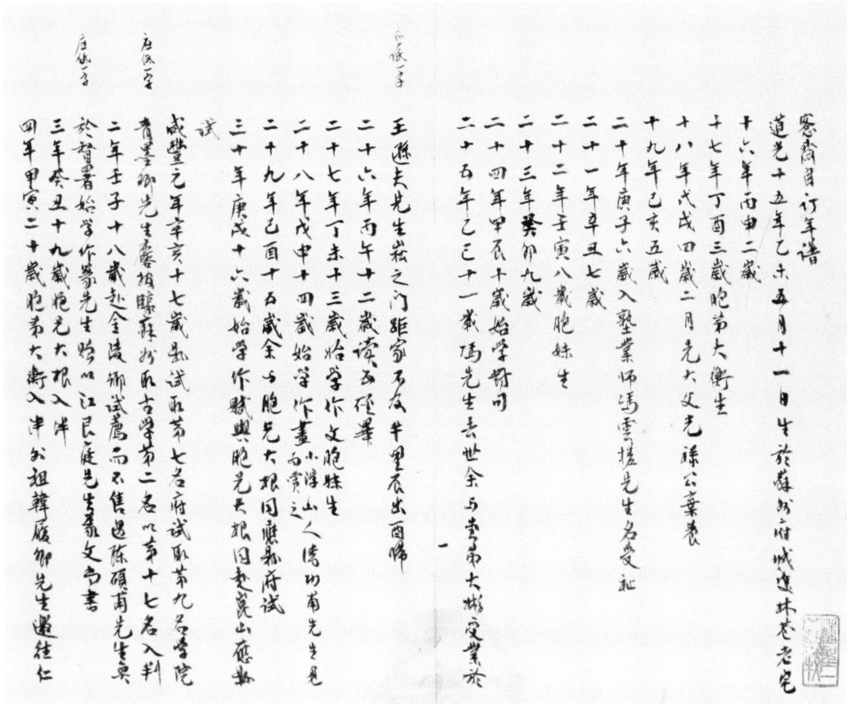

愙齋自訂年譜
道光十五年乙未五月十一日生於蘇州府城[illegible]巷老宅
十六年丙申二歲
十七年丁酉三歲胞弟大衡生
十八年戊戌四歲二月先大父光祿公棄養
十九年己亥五歲
二十年庚子六歲入塾業師馮雲樵先生名受祉
二十一年辛丑七歲
二十二年壬寅八歲胞妹生
二十三年癸卯九歲
二十四年甲辰十歲始學對句
二十五年乙巳十一歲馮先生去世余與李弟大彬受業於
王遜夫先生嶽之門距家不及半里夜出而歸
二十六年丙午十二歲讀五經畢
二十七年丁未十三歲始學作文胞妹生
二十八年戊申十四歲始學作畫小谿山人陸雨甫先生見而賞之
二十九年己酉十五歲余與胞兄大根同應縣府試
三十年庚戌十六歲始學作賦與胞兄大根同赴崑山應縣試
咸豐元年辛亥十七歲縣試取第七名府試取第九名學院
青墨卿先生麐[illegible]蘇州取古學第二名正場第十七名入泮
二年壬子十八歲赴金陵鄉試薦而不售遇陳碩甫先生奐於督署始學作篆先生時以江艮庭先生篆文尚書
三年癸丑十九歲胞兄大根入泮
四年甲寅二十歲胞弟大衡入泮外祖韓履卿先生遷往仁
一

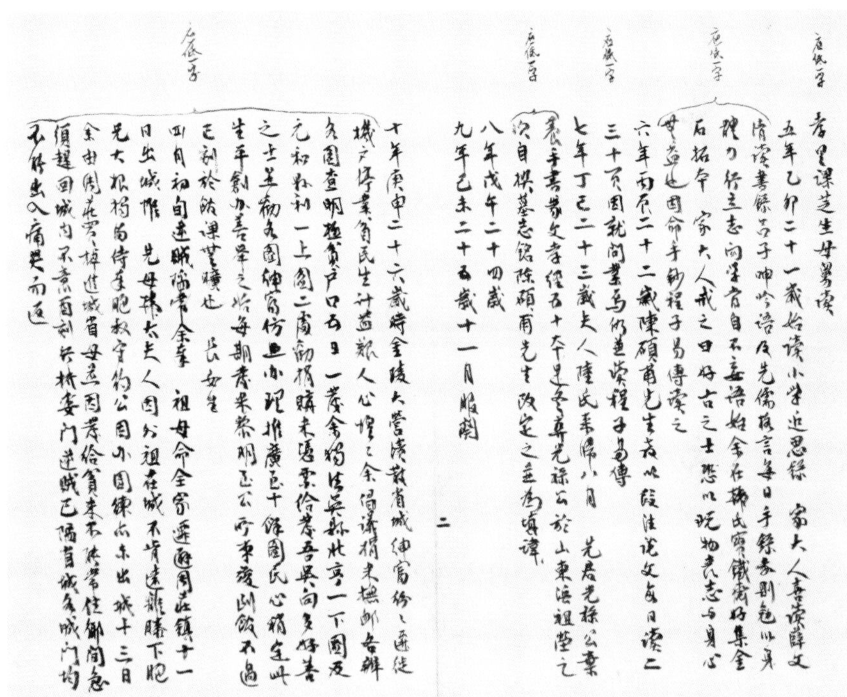

孝里課芝生母舅讀
五年乙卯二十一歲始讀小學近思錄 家大人喜讀薛文清讀書錄呂子呻吟語及先儒格言每日手錄數則勉以身體力行立志向學自不妄語始余在韓氏見鐵橋好集金石拓本 家大人戒之曰好古之士恐以玩物喪志當身心有益之學命手錄程子易傳讀之
六年丙辰二十二歲陳碩甫先生書來以段注說文每日讀二十頁因就問業焉始兼讀程子易傳
七年丁巳二十三歲夫人陸氏來歸八月 先君光祿公棄養[illegible]光祿公於山東濱祖塋之次自撰墓志銘陳碩甫先生改定之並為填諱
八年戊午二十四歲
九年己未二十五歲十一月服闋
二
十年庚申二十六歲時金陵大營潰散省城紳富紛紛遷徙城外停業貧民生計益艱人心惶惶余倡議捐米撫卹各鄉先圖查明極貧戶口每日一發余獨任吳縣北亨一下圖及元和縣利一上圖二處勸捐購米隨票給發吾吳向多好善之士並勸各圖紳富仿照亦理推廣至十餘圖民心稍定此生平創辦善舉之始[illegible]凶餓不遏已剏於防課業頓止 長女生
四月初旬逆賊陷常州余奉 祖母命全家遷避周莊鎮十一日出城惟 先母韓太夫人因外祖在城不肯遠離膝下胞兄大根獨留侍奉[illegible]公同外同練於東北城十三日余由周莊[illegible]進城省母[illegible]不能常往鄉間急須趕回城內不意[illegible]婁門逆賊已陷省城各城門均不能出入痛哭而返

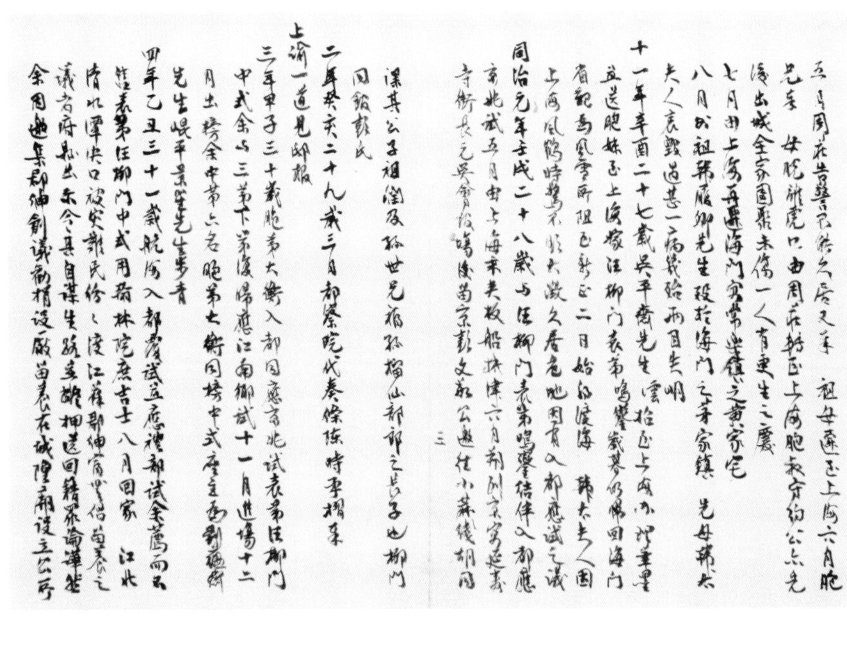

至周莊[illegible] 祖母遷至上海六月胞兄及[illegible]由周莊轉至上海[illegible]公亦先後出城全家團聚未傷一人有更生之慶
七月由上海再遷海門寓常樂鎮之黃家宅
八月外祖韓履卿先生殁於海門之茅家鎮 先母韓太夫人哀毀過甚一病幾殆兩目失明
十一年辛酉二十七歲吳平齋先生雲招至上海[illegible]並送胞妹至上海嫁汪柳門表弟鳴鑾歲暮仍偕回海門省親為風雪所阻至新正二日始由渡海 韓太夫人因上海風鶴時驚不能久居[illegible]入都應試之議
同治元年壬戌二十八歲與汪柳門表弟鳴鑾偕伴入都應京兆試五月由上海乘夾板船抵津六月到京寓延壽寺街長元吳會館[illegible]公邀住小蔣家胡同課其公子祖[illegible]及孫世兄[illegible]都部之長子也柳門同館鮑氏
三
二年癸亥二十九歲三月都察院代奏條陳時事摺奉
上諭一道見邸報
三年甲子三十歲胞弟大衡入都同應京兆試表弟汪柳門中式余與三弟下第後歸應江南鄉試十一月進場十二月出榜余中第六名胞弟大衡同榜中式座主為劉[illegible]
先生崐平景[illegible]先生步青
四年乙丑三十一歲航海入都覆試並應禮部試余薦而未[illegible]汪柳門中式用翰林院庶吉士八月回家 江北清水潭決口被災難民紛紛渡江蘇郡紳富[illegible]議者府縣出示令其自謀生路並撥船押送回籍眾論譁然余因邀集郡紳創議勸捐設廠留養在城隍廟設立公所

（图五〇 1—3）

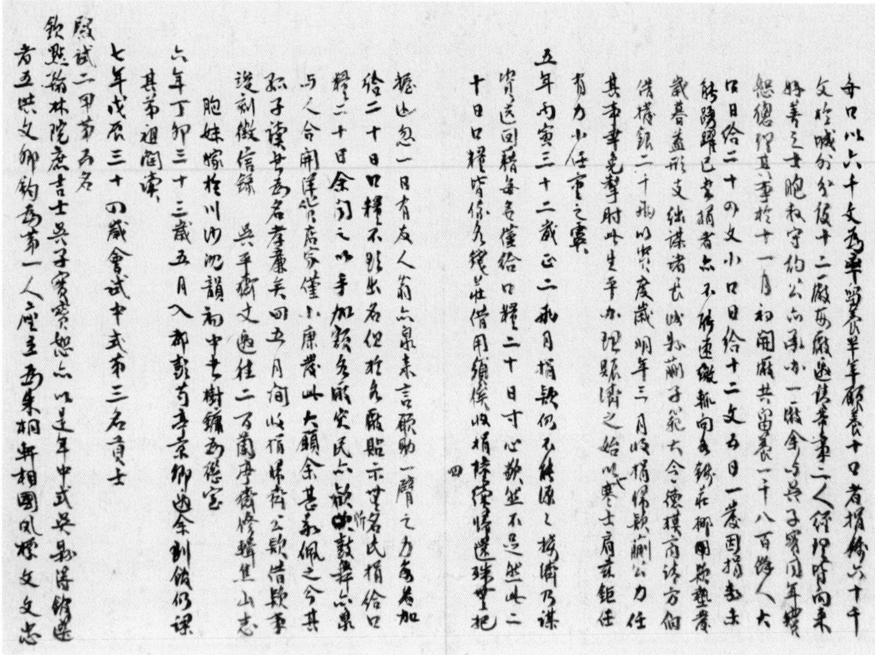

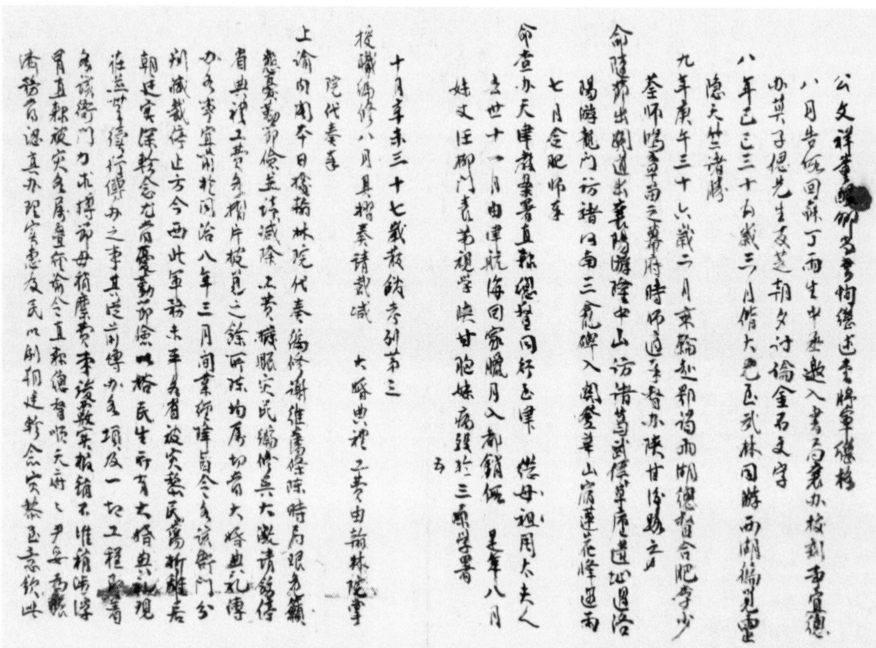

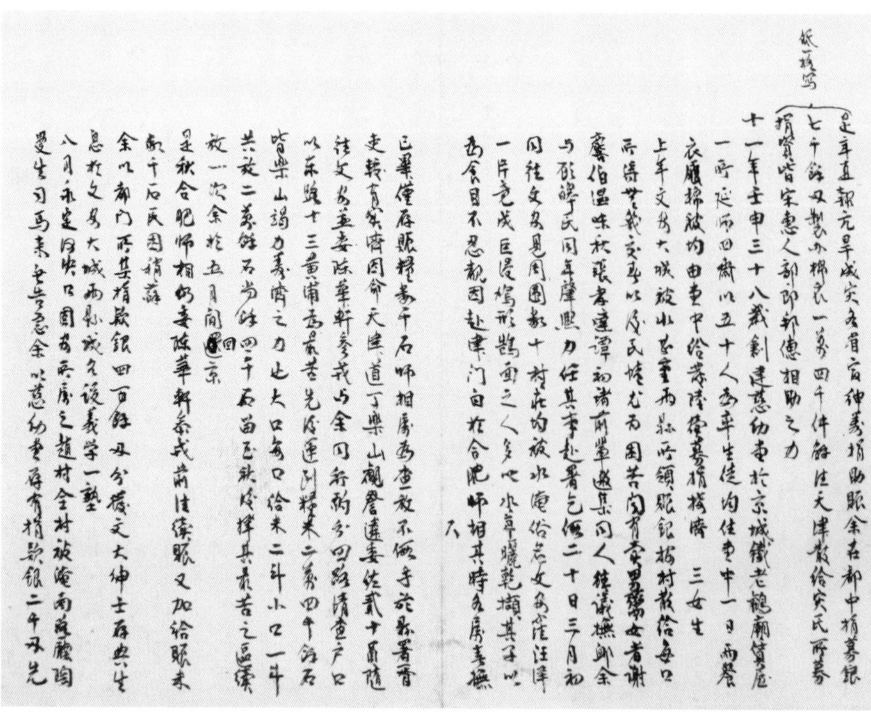

（图五〇 4—6）

五〇　吴梅　行书愙斋（吴大澂）自订年谱册

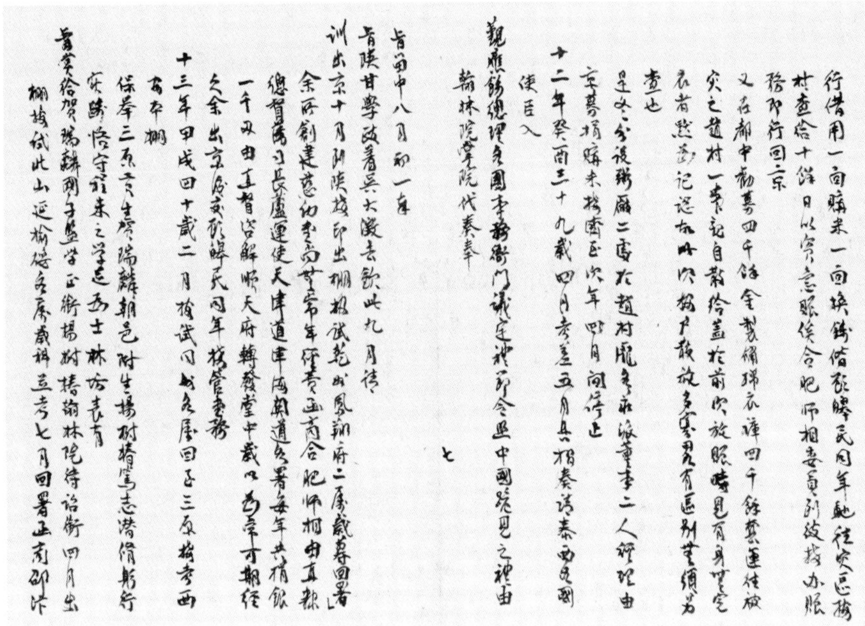

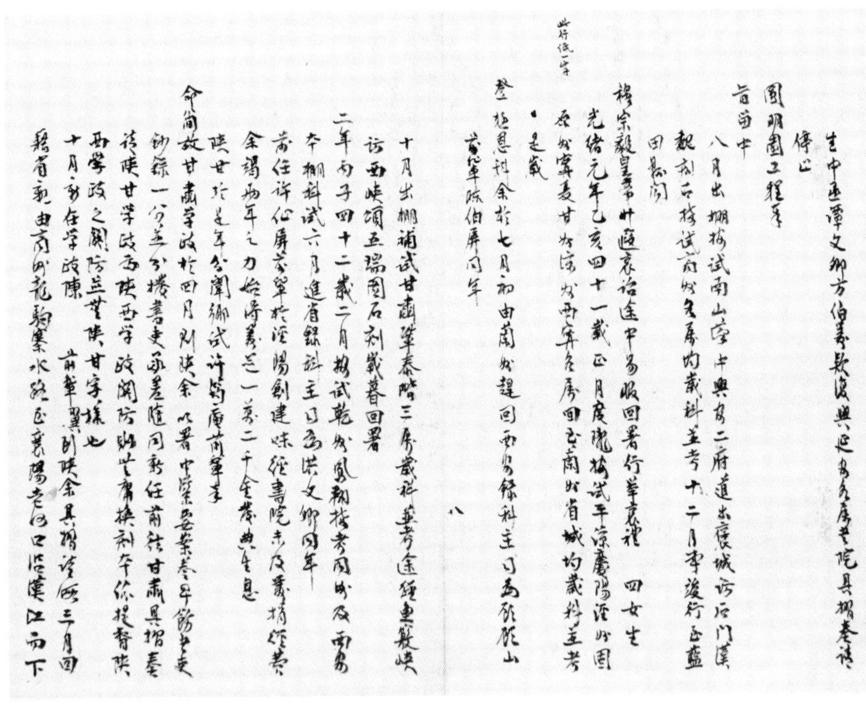

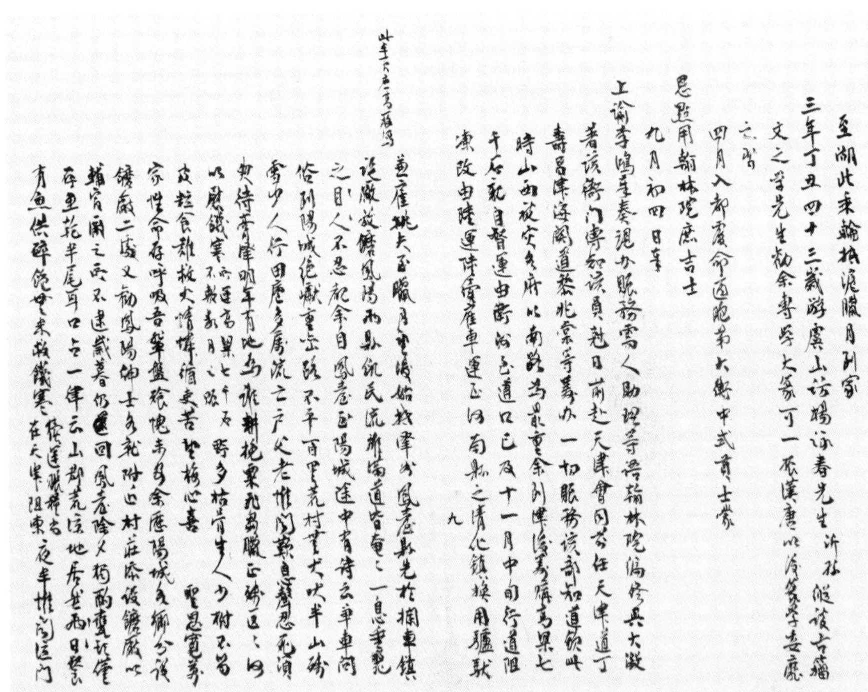

（图五〇　7—9）

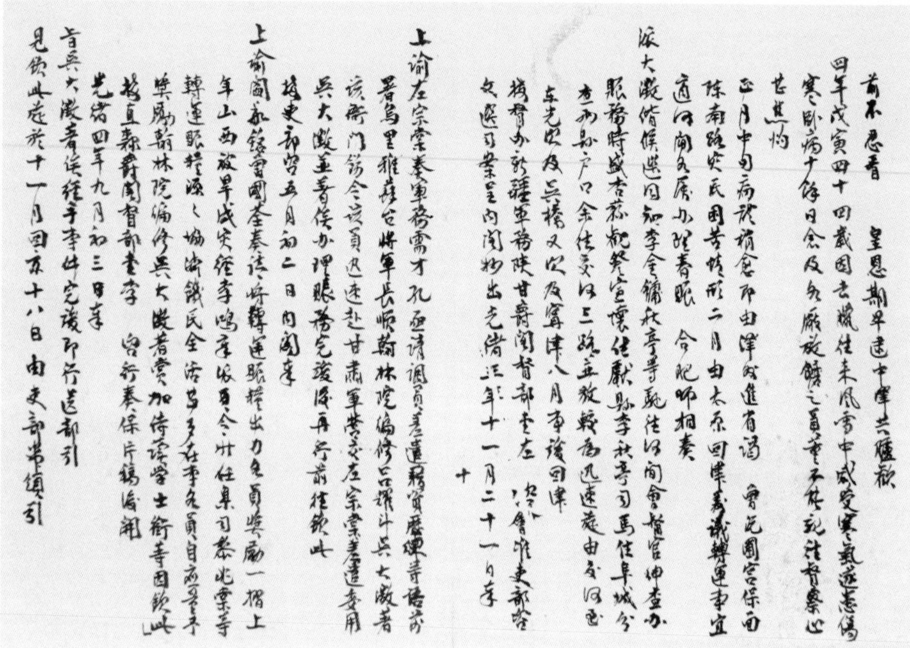

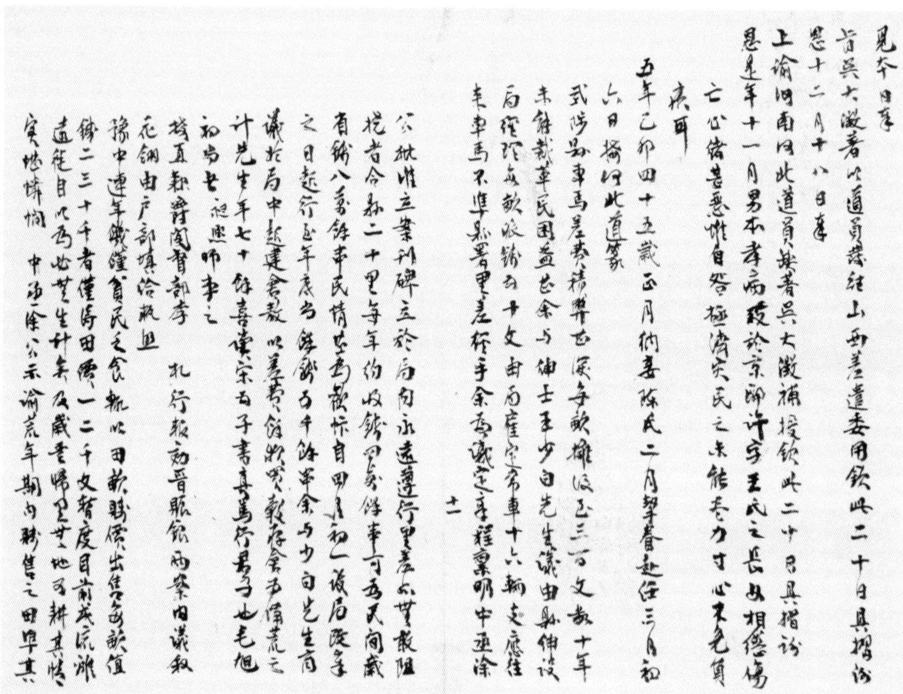

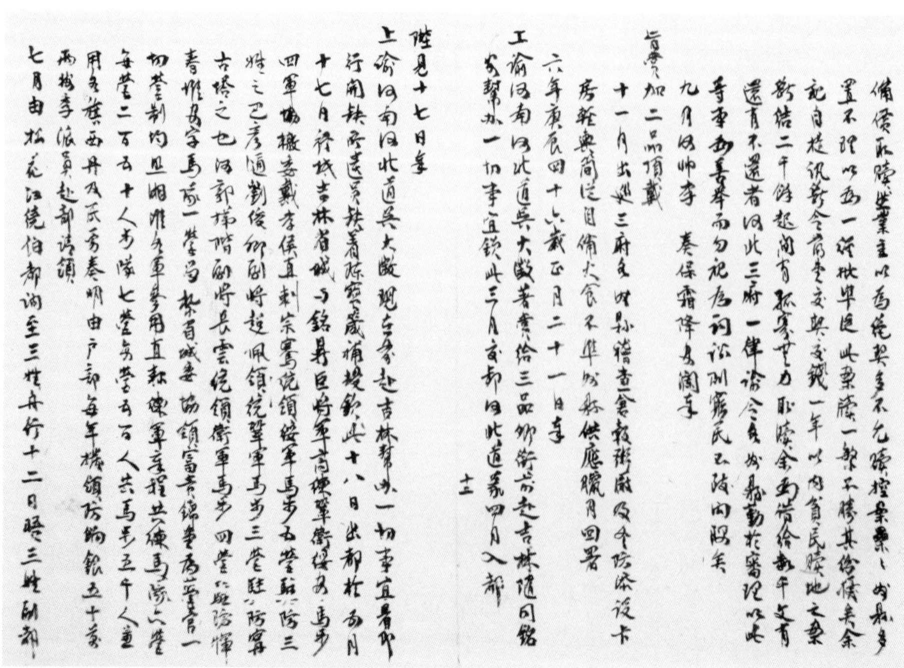

（图五〇 10—12）

五〇　吴梅　行书愙斋（吴大澂）自订年谱册

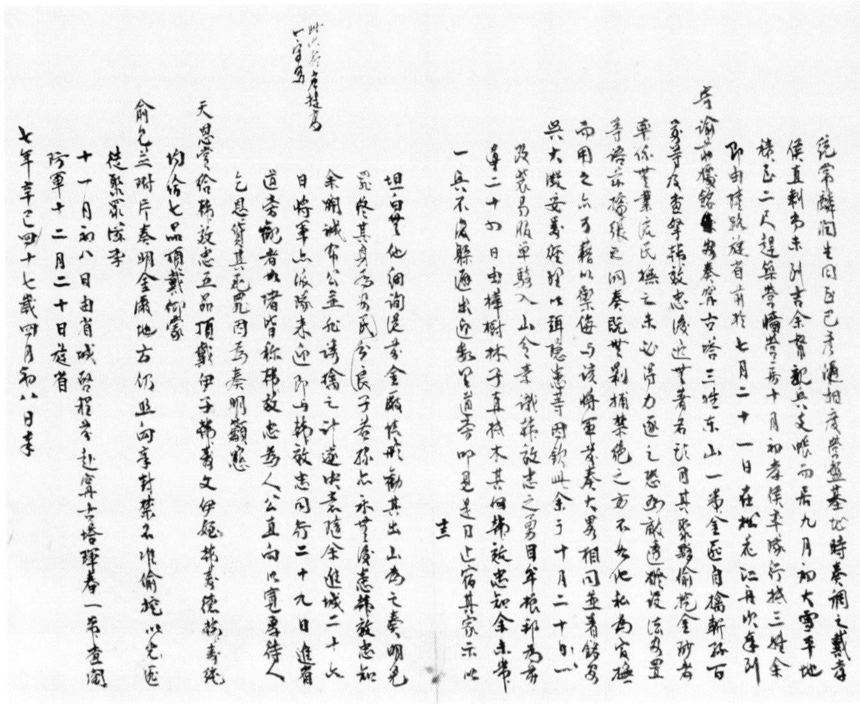

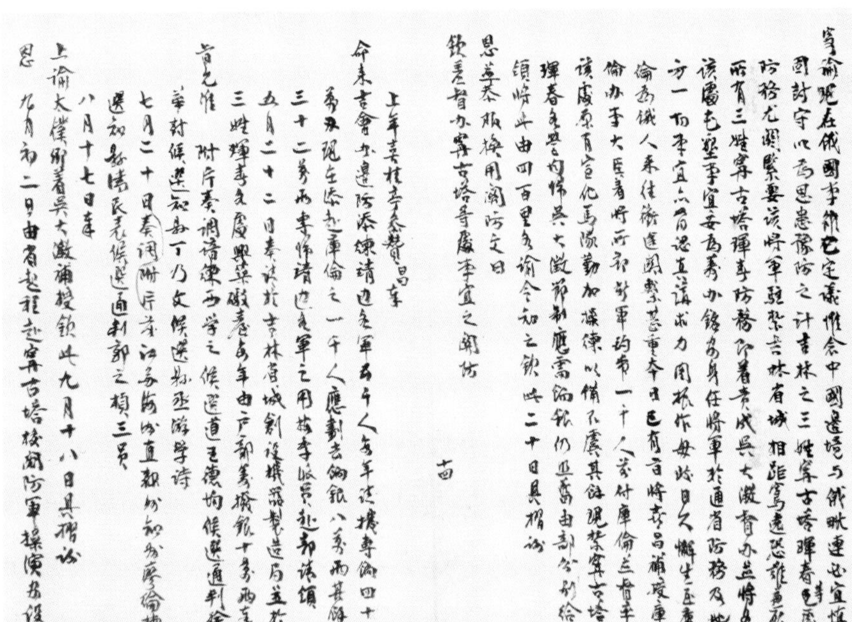

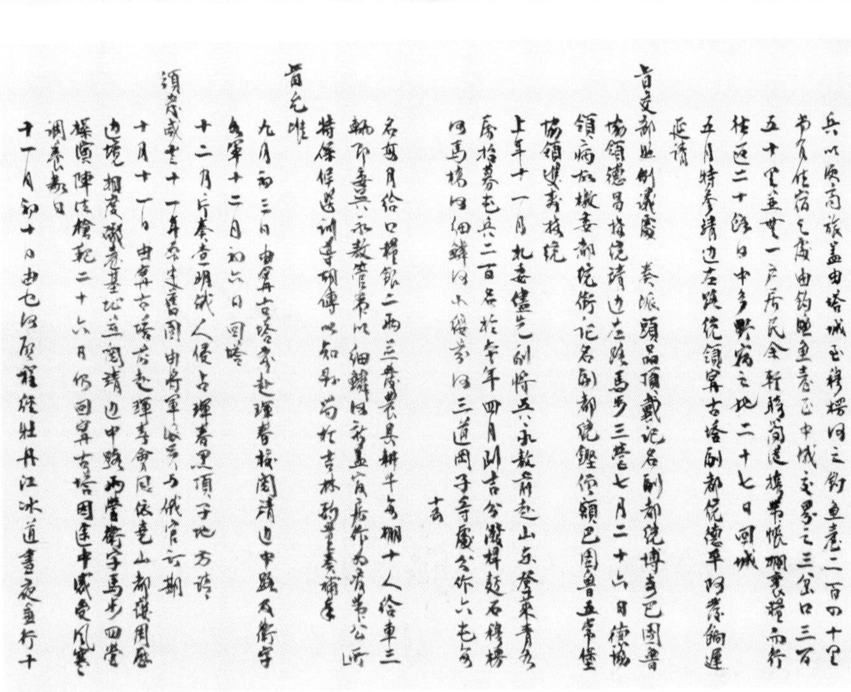

（图五〇　13—15）

五〇　吴梅　行书窸斋（吴大澂）自订年谱册

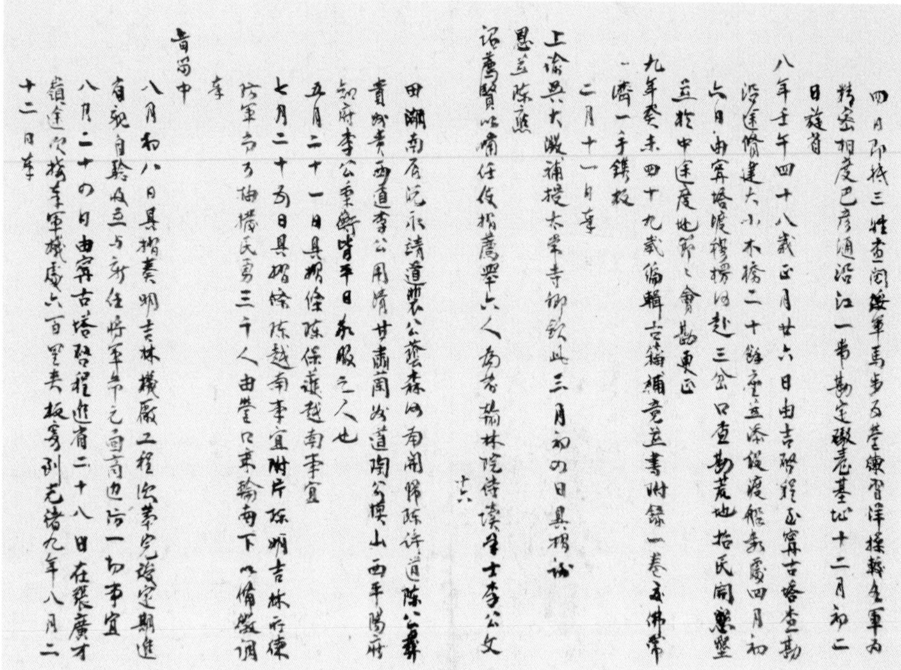

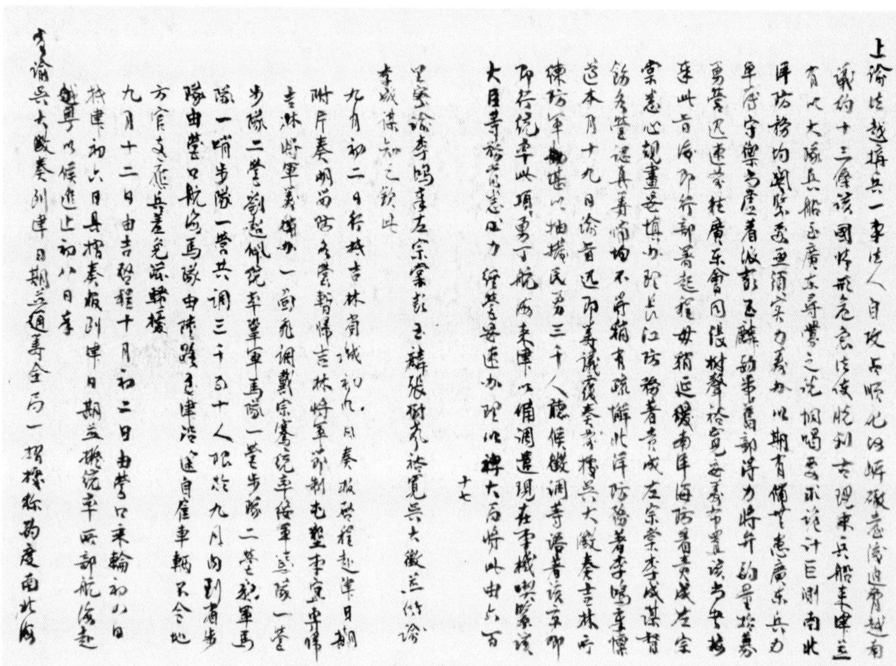

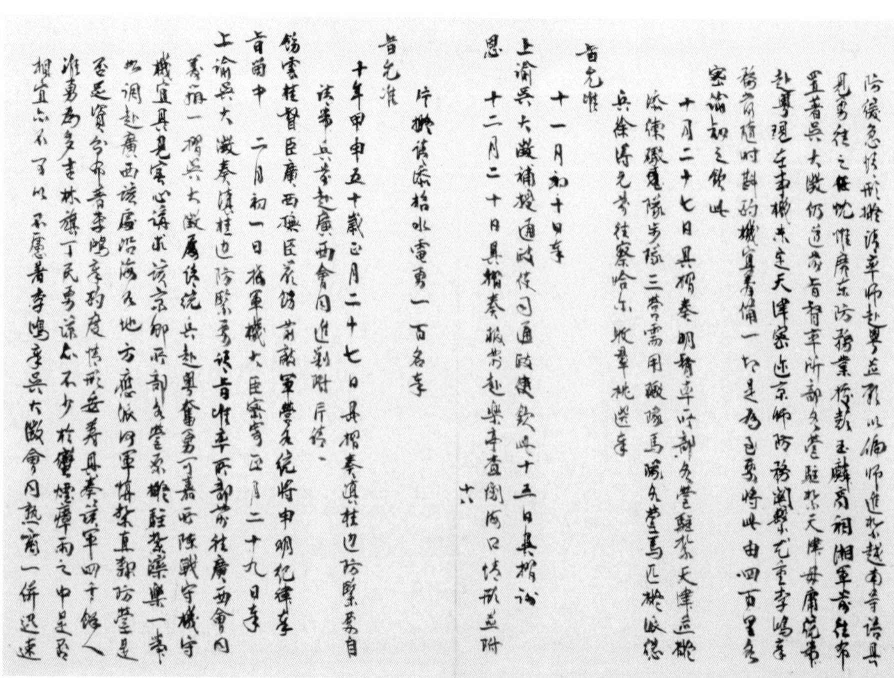

（图五〇　16—18）

五〇　吴梅　行书窸斋（吴大澂）自订年谱册

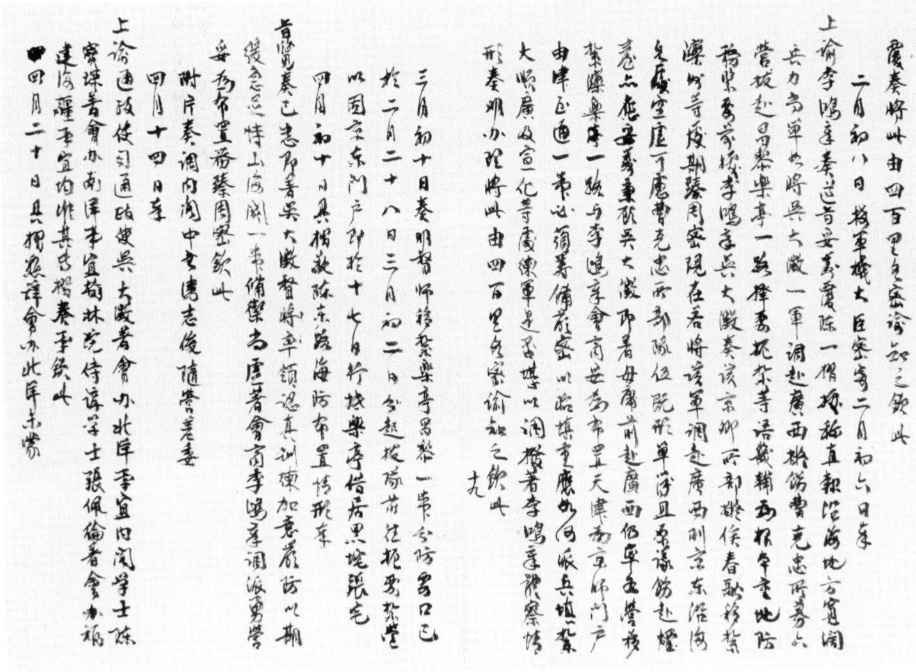

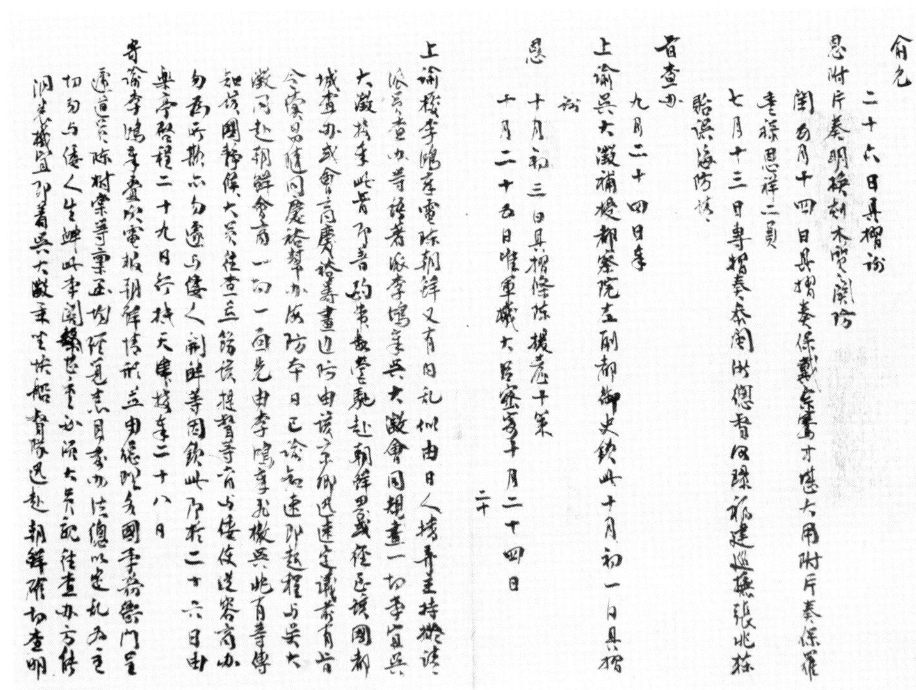

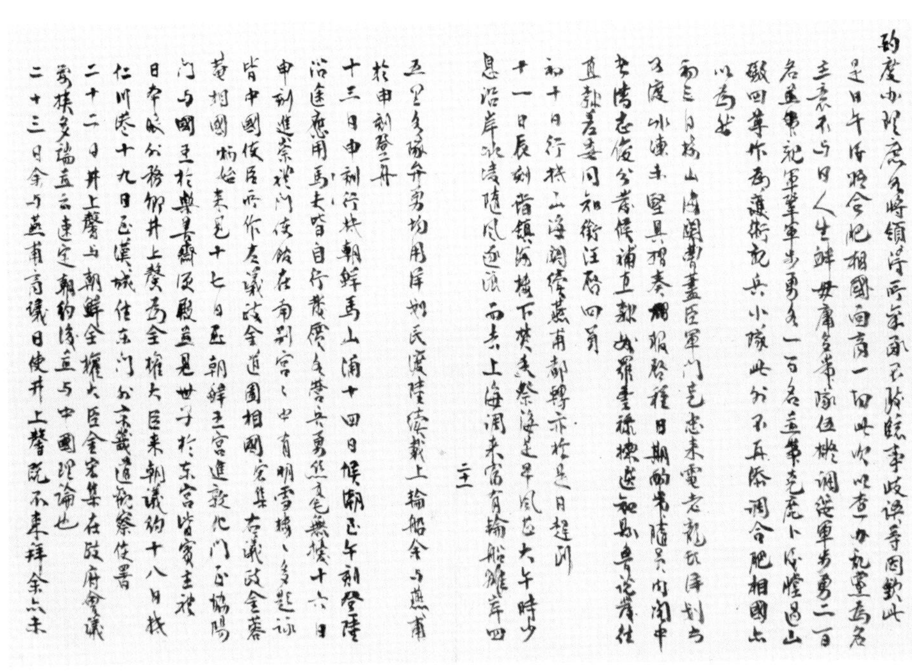

（图五〇　19—21）

五〇 吴梅 行书窸斋（吴大澂）自订年谱册

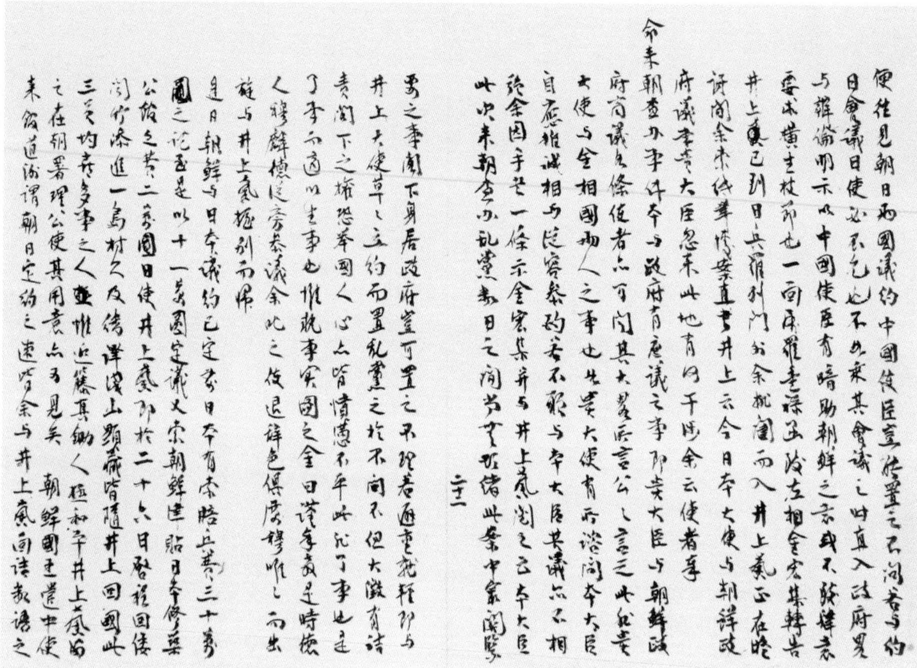

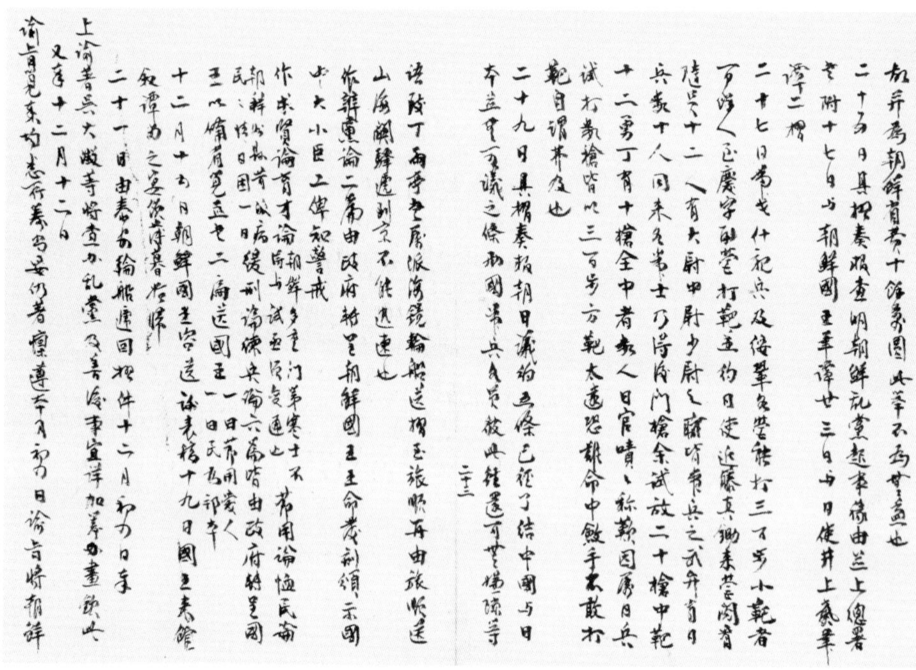

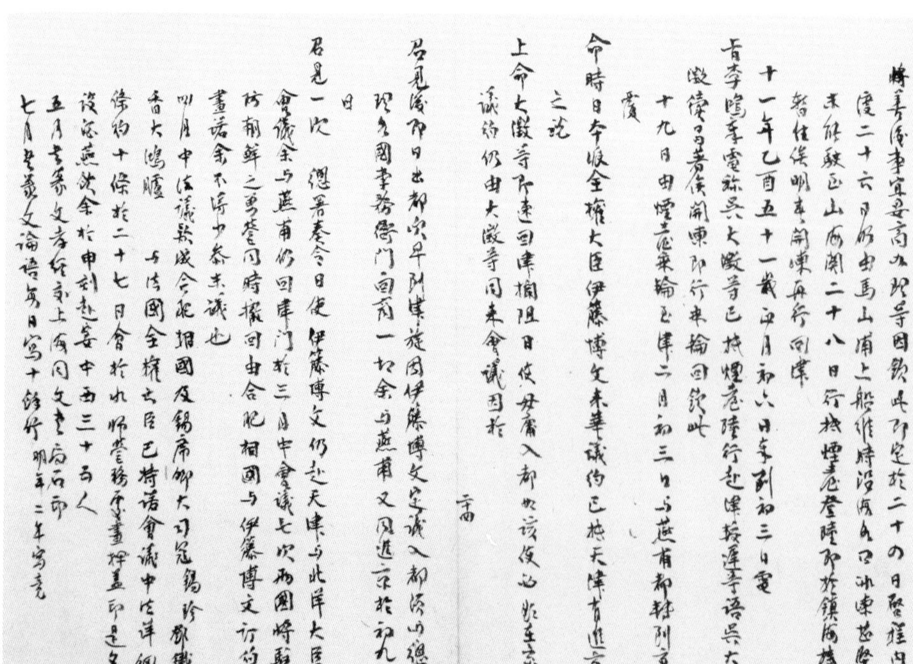

（图五〇 22—24）

五〇　吴梅　行书愙斋（吴大澂）自订年谱册

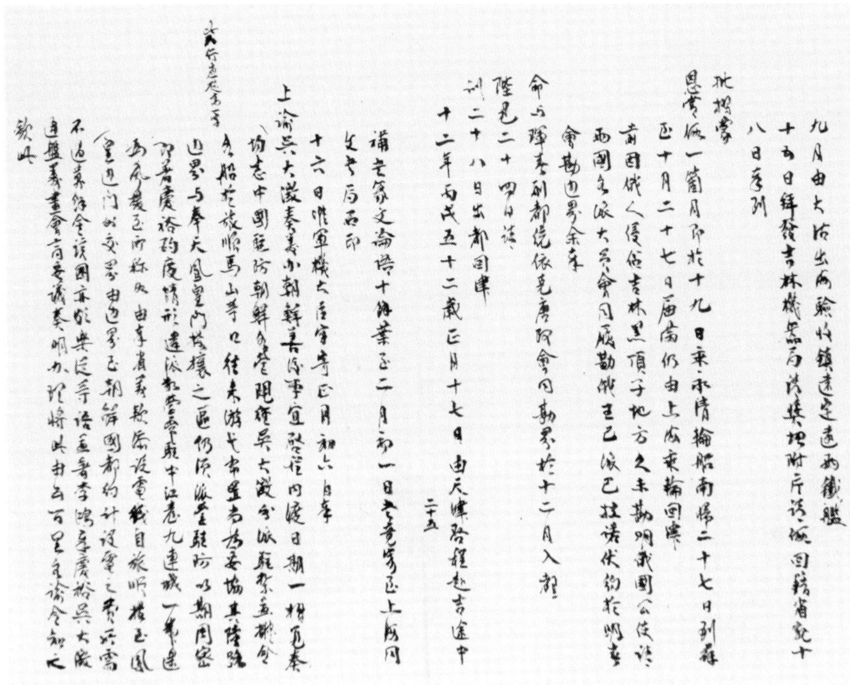

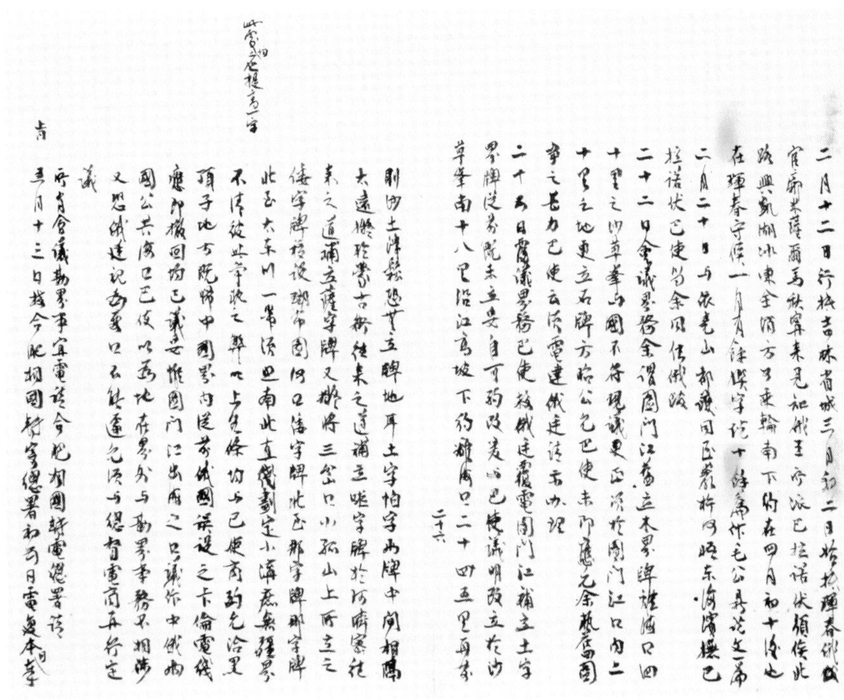

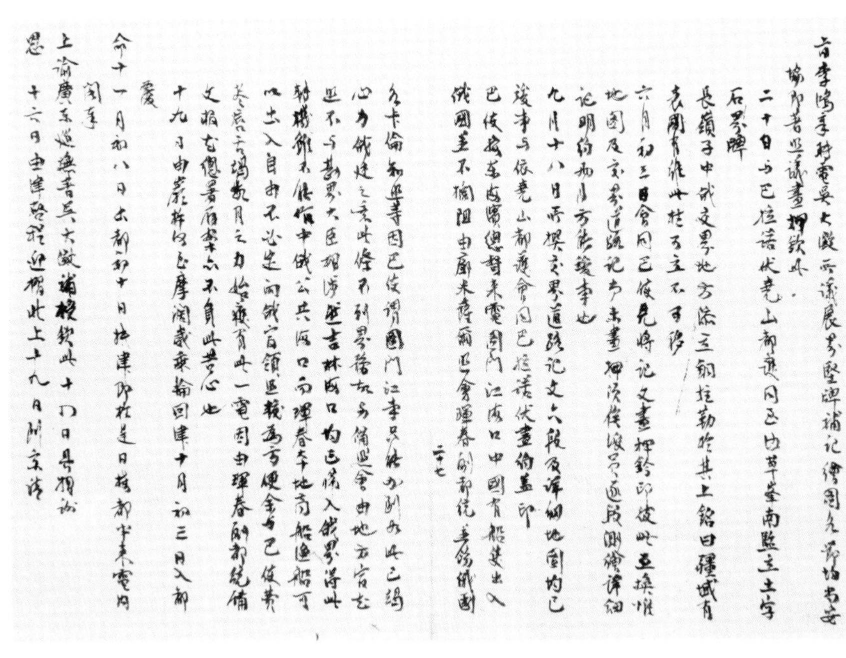

（图五〇　25—27）

五〇　吴梅　行书窓斋（吴大澂）自订年谱册

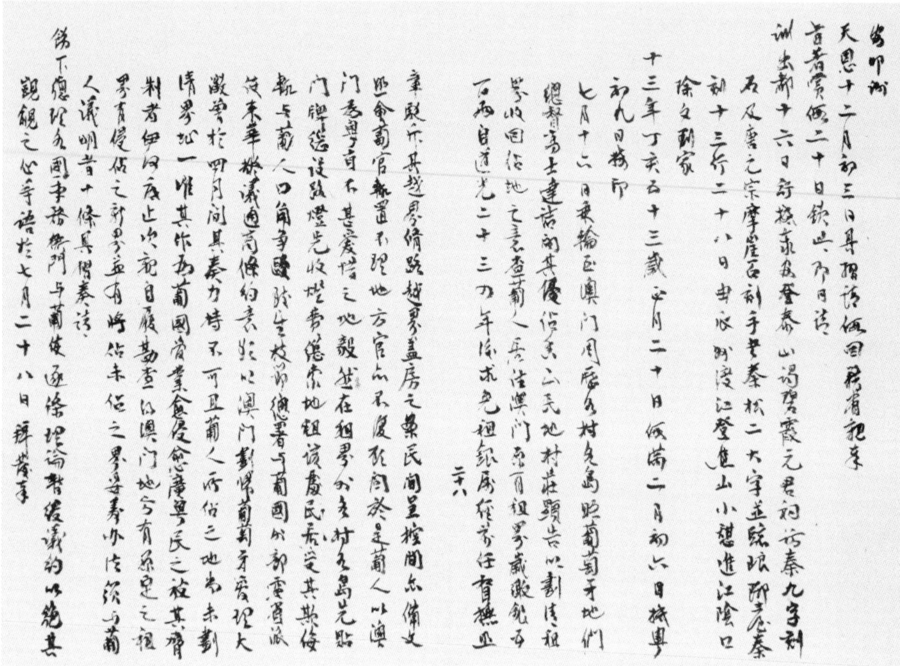

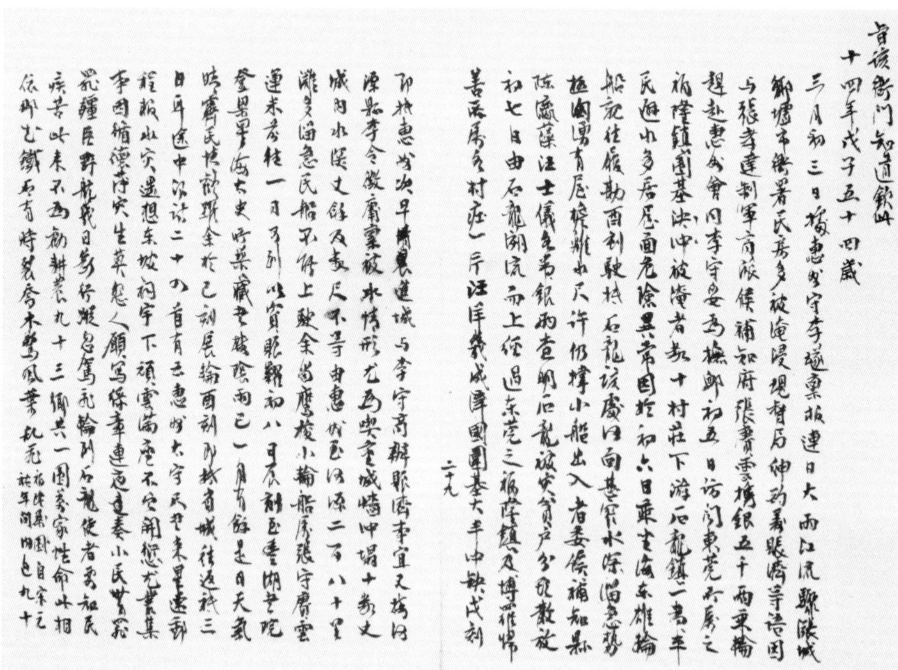

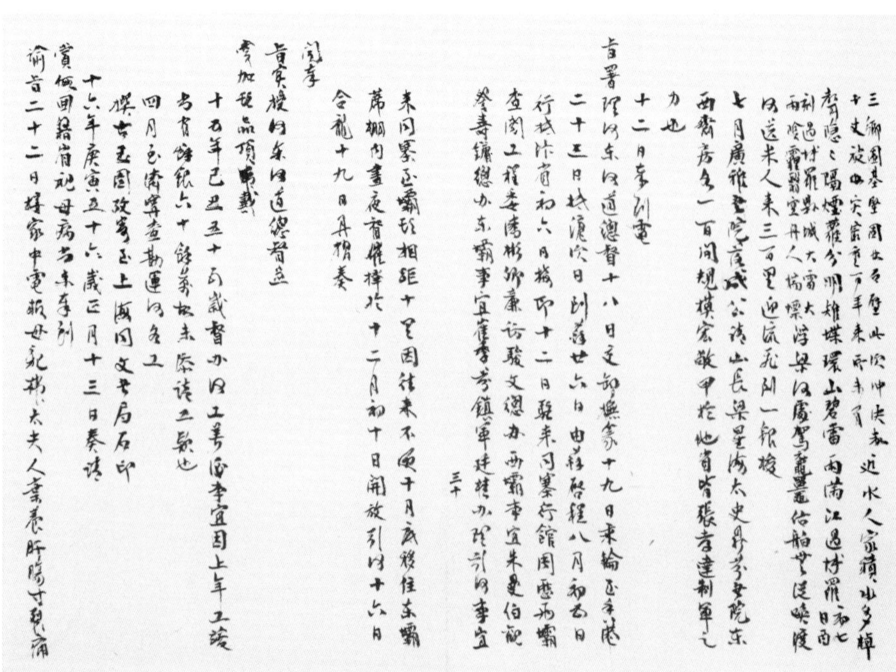

（图五〇　28—30）

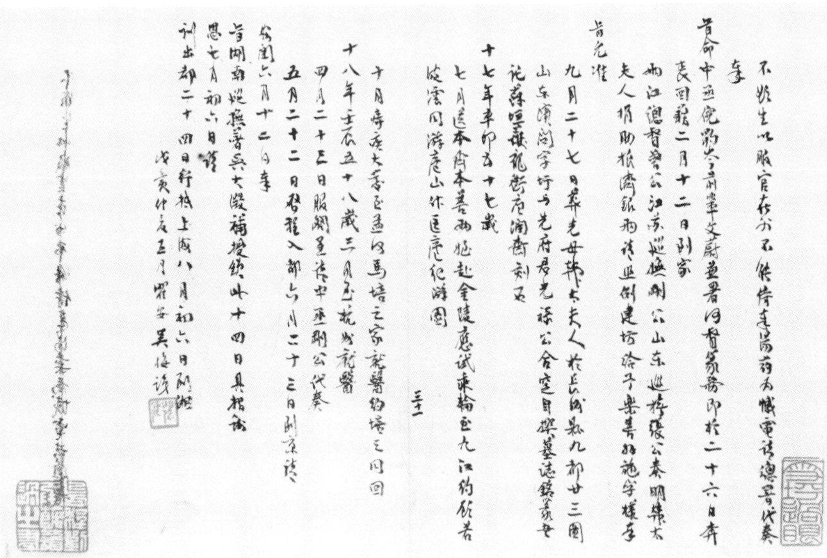

（图五〇—31）

五一　吴梅　行书蔡方炳诗册

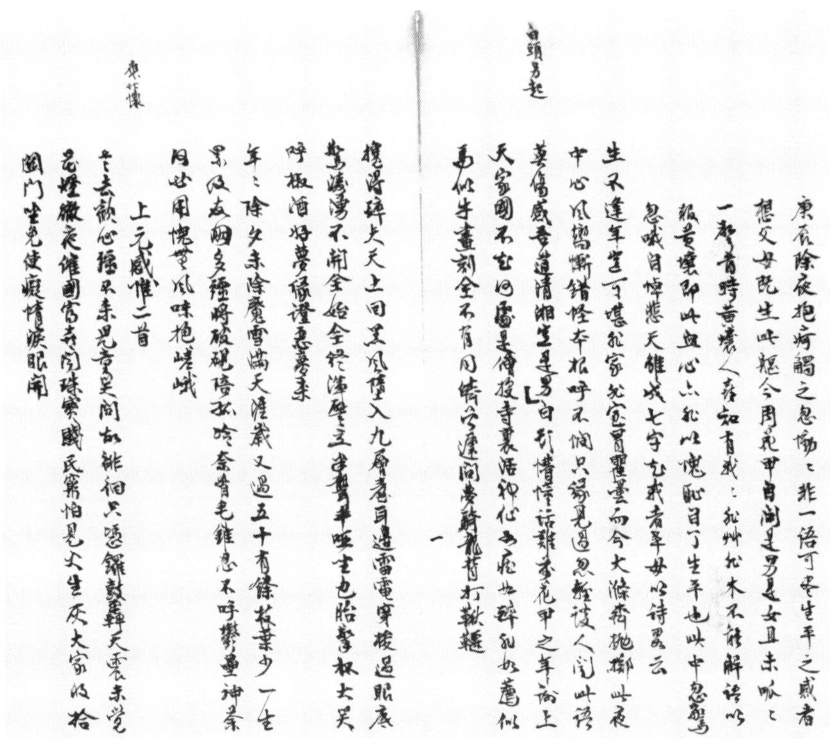

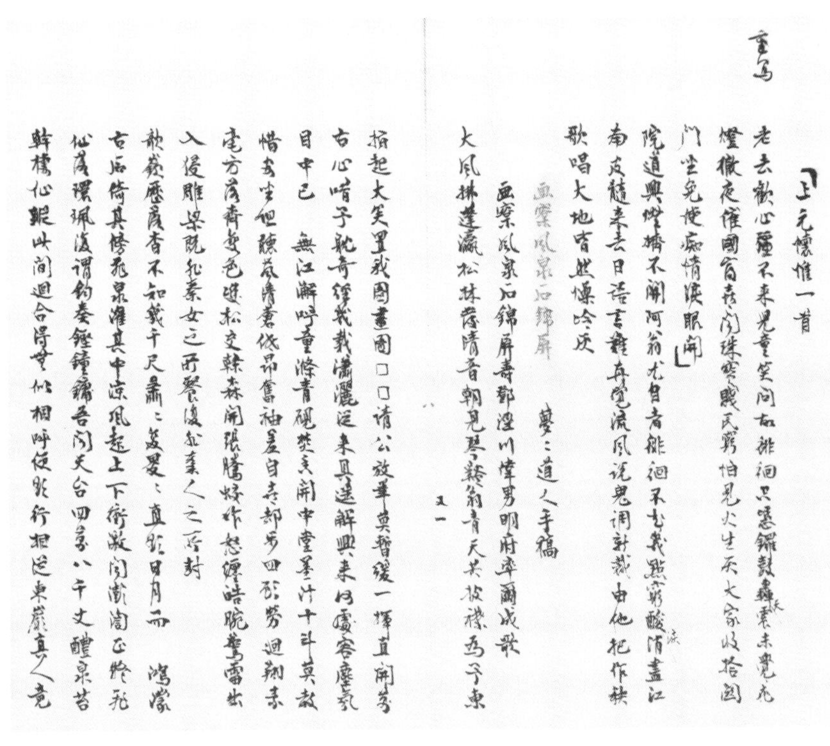

（图五一　1—2）

五一　吴梅　行书蔡方炳诗册

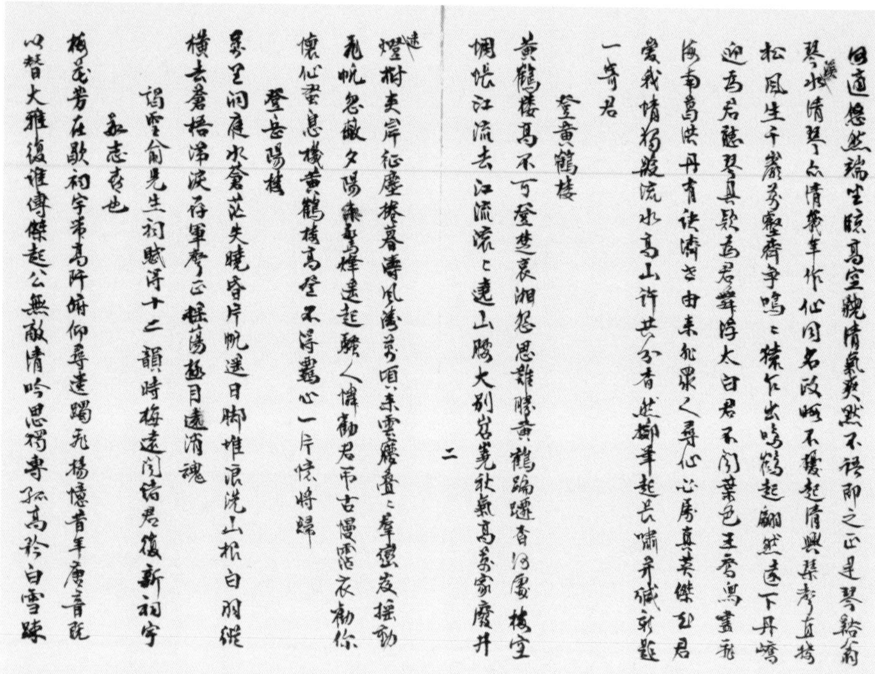

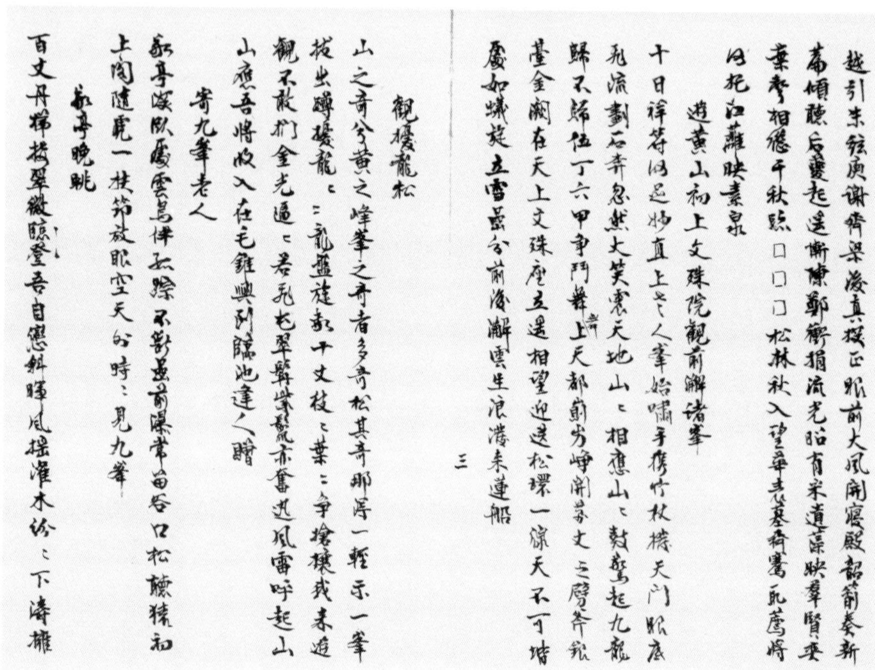

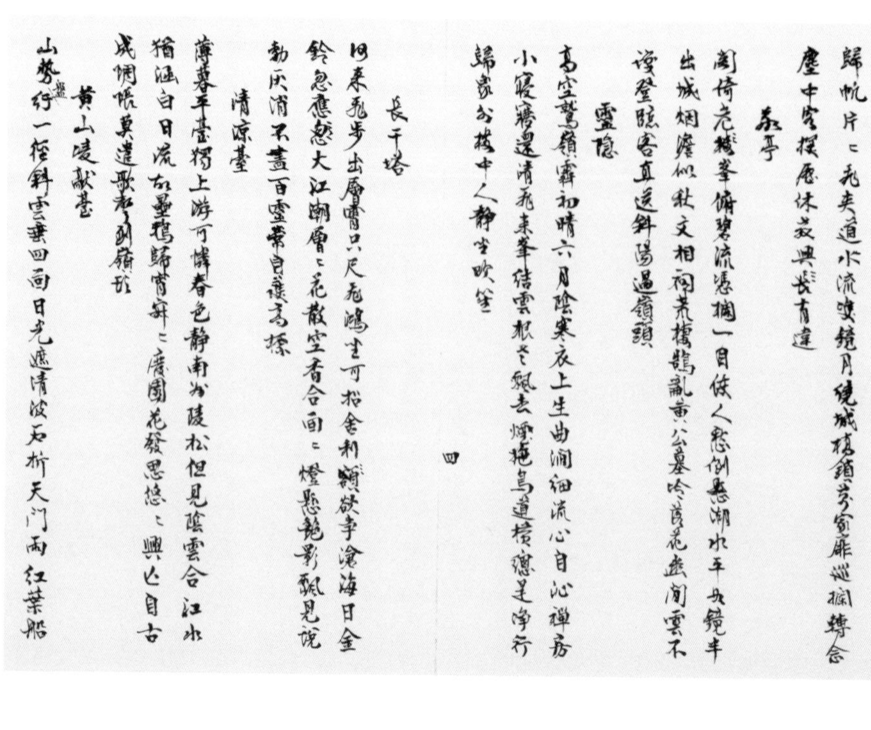

（图五一　3—5）

五一　吴梅　行书蔡方炳诗册

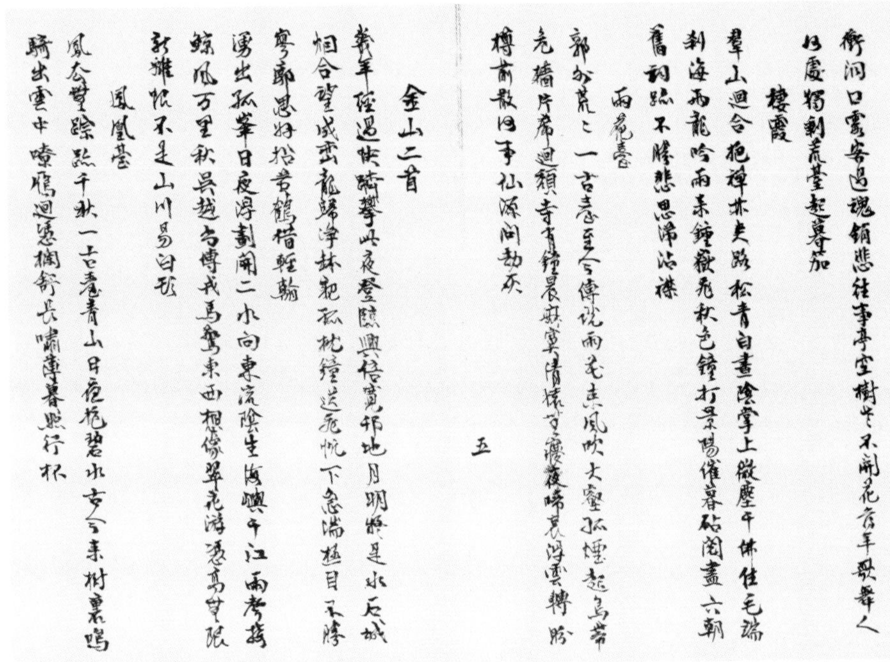

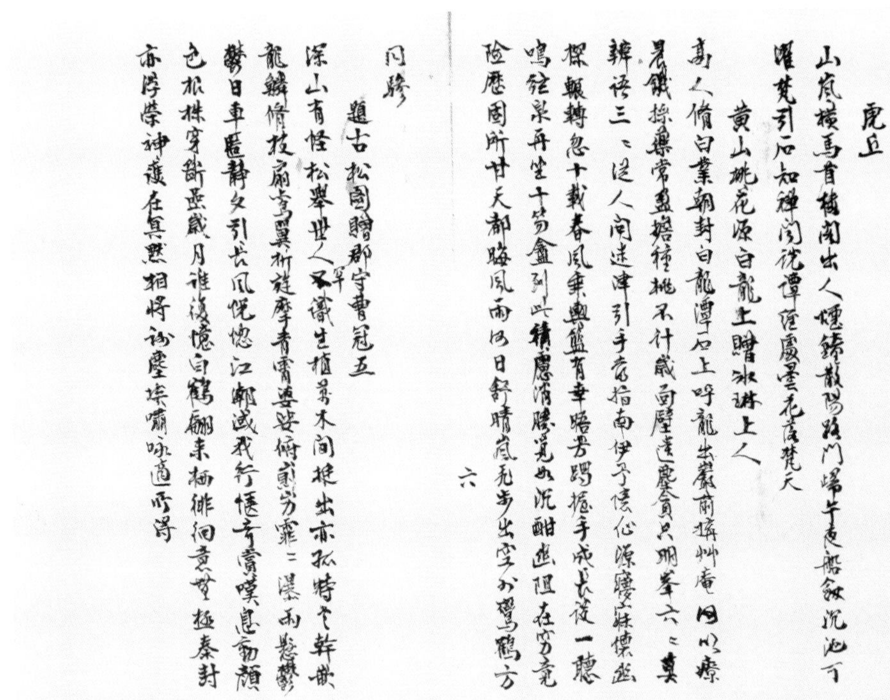

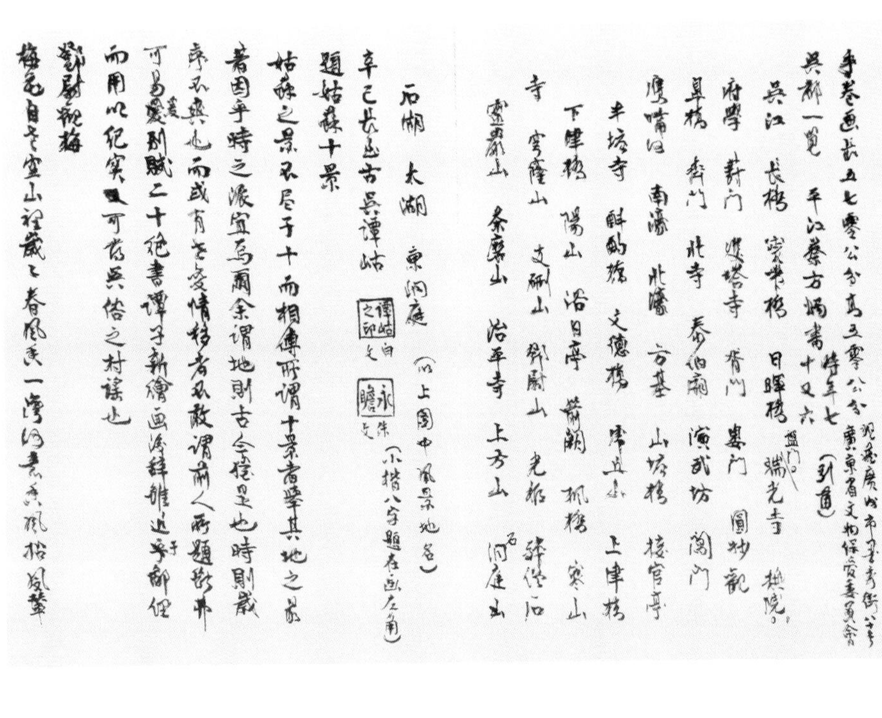

（图五一　6—8）

五一　吴梅　行书蔡方炳诗册

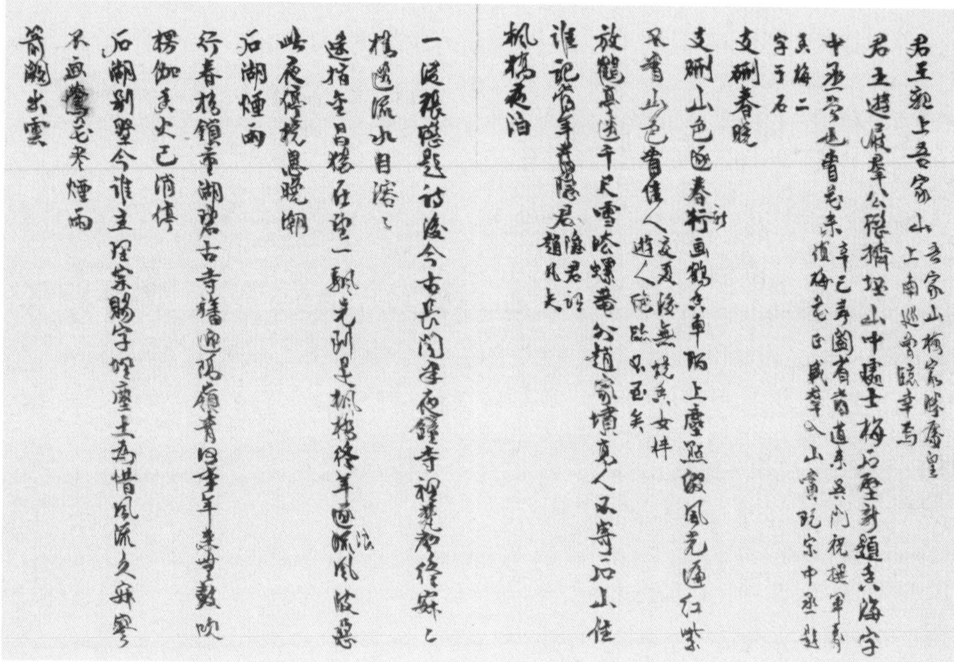

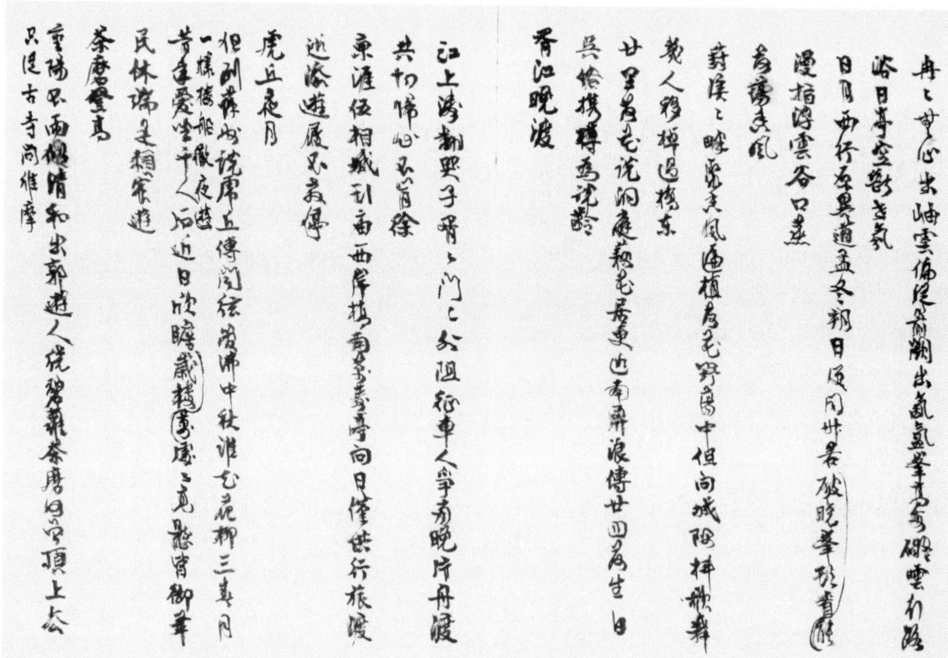

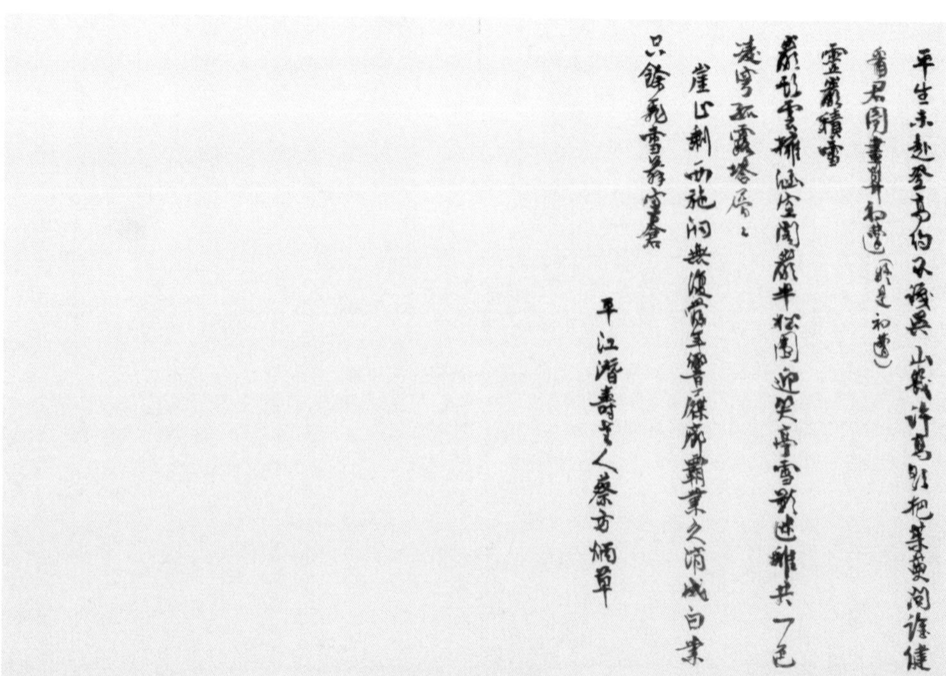

（图五一　9—11）

五一　吴梅　行书蔡方炳诗册

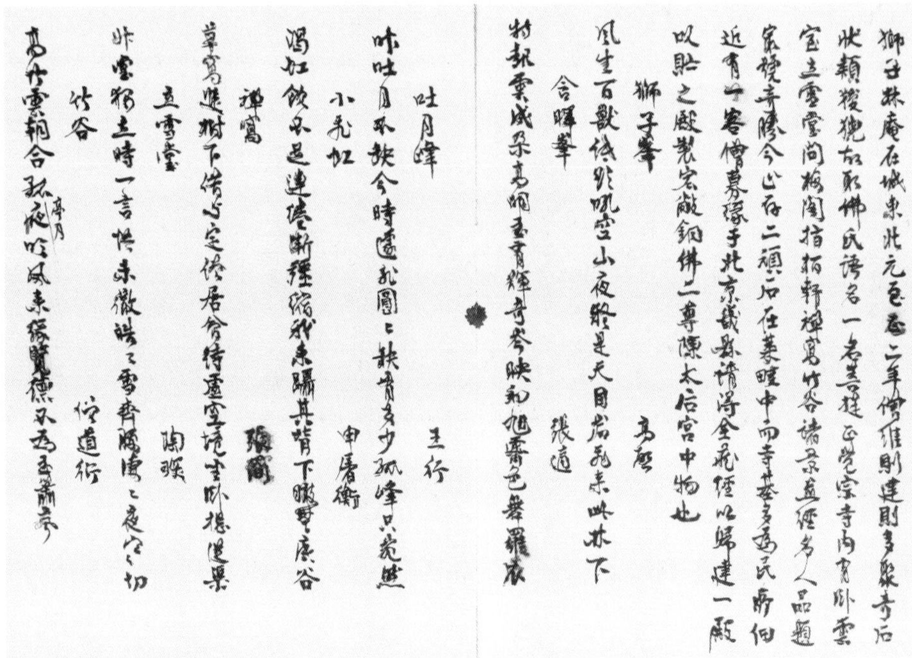

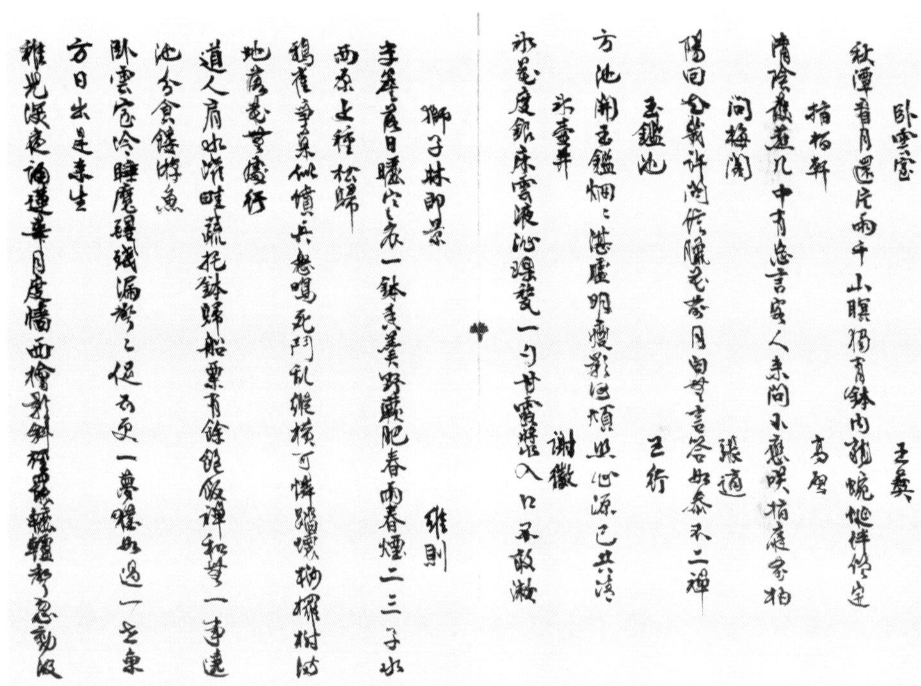

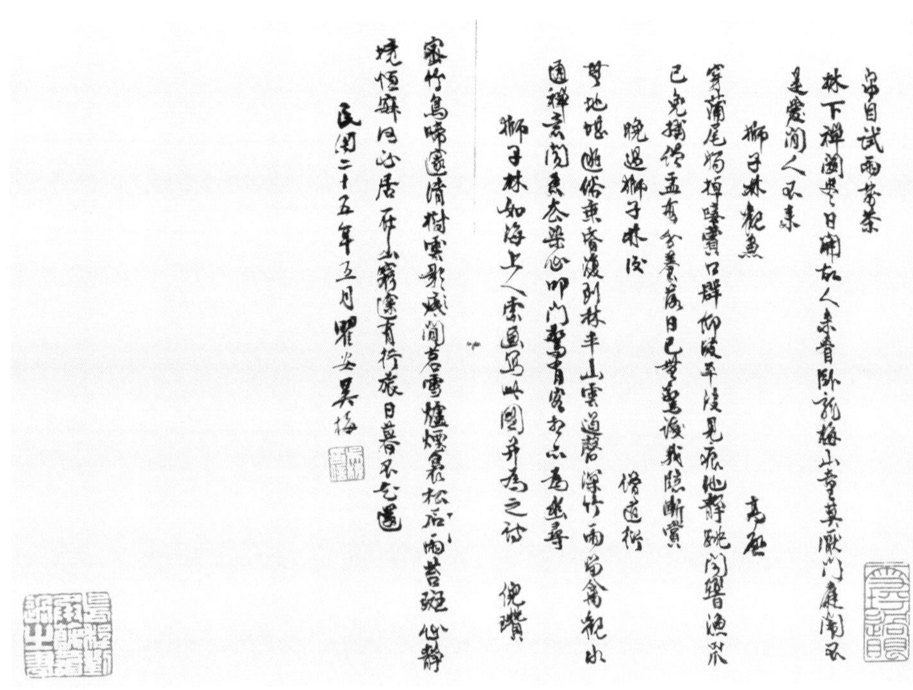

（图五一　12—14）

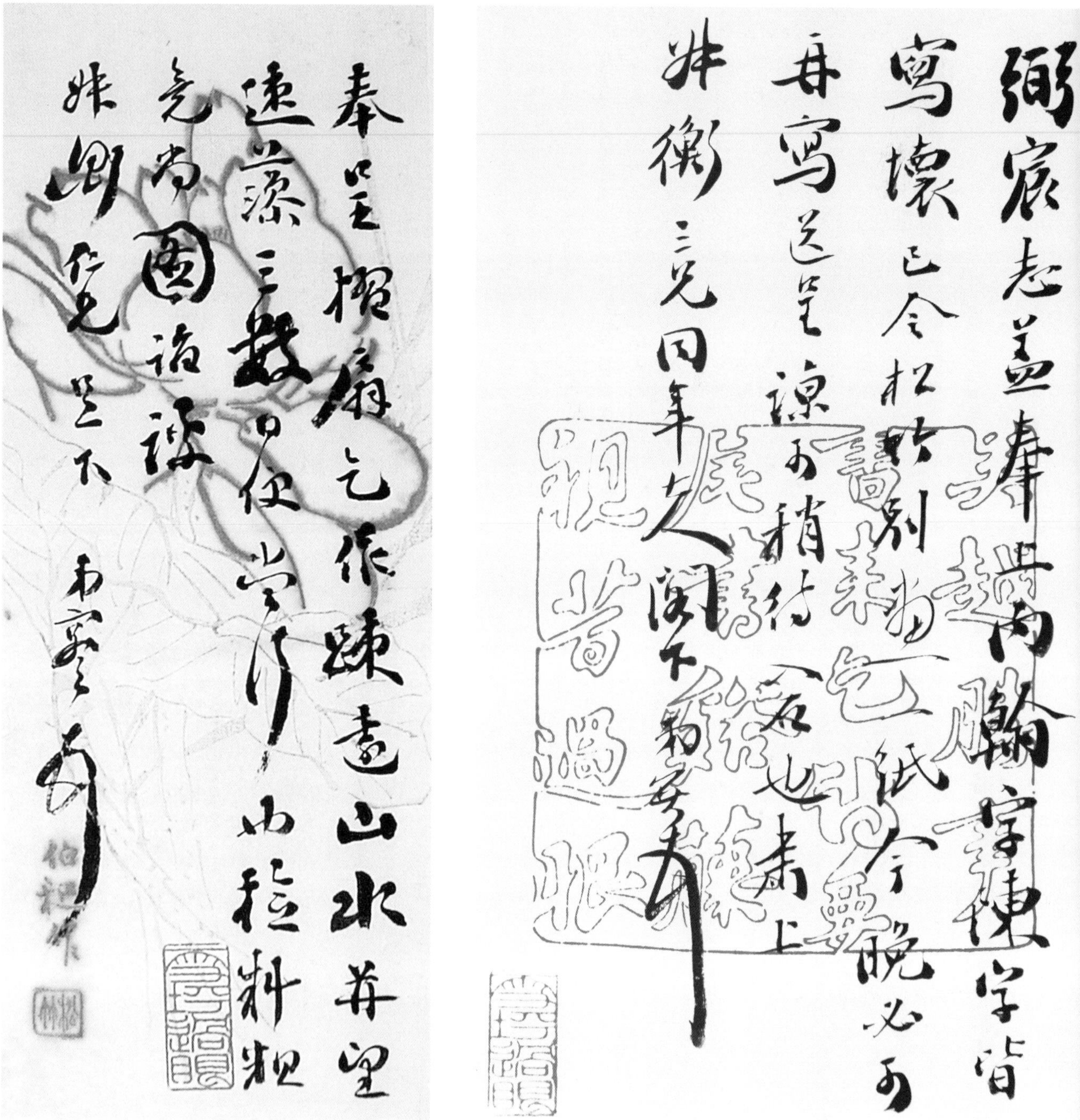

(图五五　1–2)

五五　张謇　致丁立钧函

张謇（1853—1926 年），开创近代实业、文化、教育的先驱者。字季直，又署季子，号啬庵，江苏南通人。光绪二十年状元，授翰林院修撰，先后掌教赣榆、崇明书院。甲午战争后，返乡兴办实业，建成大生纱厂、面粉厂、轮船公司、机器厂等；创办通州师范、女子师范、农业师范等校；创设南通图书馆、博物院、气象站，办育婴堂、养老院、残废院等社会事业。被学部任为中央教育会长。辛亥革命后曾任南京临时政府实业总长，后改任北京政府农商总长兼全国水利局总裁等职。民国 19 年辞职南归，继续在南通地区兴办实业等。

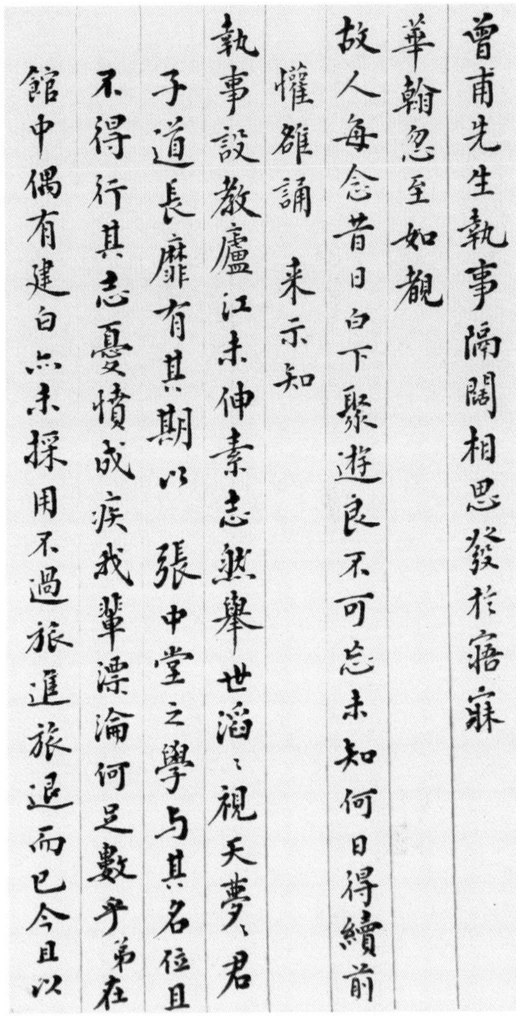
曾甫先生執事隔闊相思發於寤寐
華翰忽至如覩
故人每念昔日白下聚遊良不可忘未知何日得續前
懽雅誦 來示知
執事設教廬江未伸素志然舉世滔滔視天夢夢君
子道長靡有其期以 張中堂之學與其名位且
不得行其志憂憤成疾我輩漂淪何足數乎弟在
館中偶有建白亦未採用不過旅進旅退而已今且以

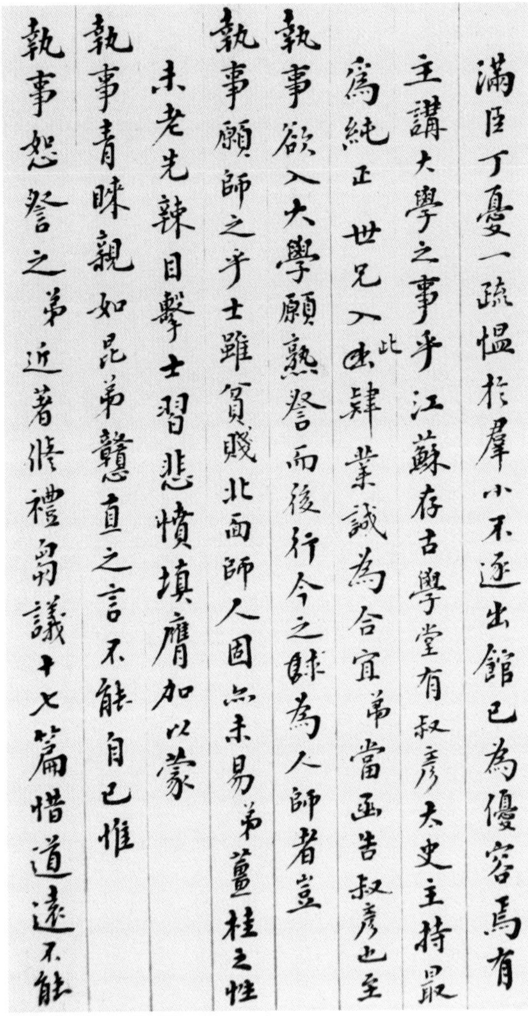
滿臣丁憂一疏慍於羣小不逐出館已為優容焉有
主講大學之事乎江蘇存古學堂有叔彥太史主持最
爲純正 世兄入此肄業誠為合宜弟當函告叔彥也至
執事欲入大學頗熟籌而後行今之號為人師者豈
執事願師之乎士雖貧賤北面師人固亦未易弟薑桂之性
未老先辣目擊士習悲憤填膺加以蒙
執事青睞親如昆弟戇直之言不能自已惟
執事恕詧之弟近著修禮芻議十七篇惜道遠不能

五六　张锡恭　致吉曾甫函

张锡恭（1858—1924 年），清末民初江苏娄县（今上海市松江区）人。字闻远，号殷南。清光绪十四年（1888 年）举人。潜心研究三《礼》，兼攻百家之说，以经学负盛名。光绪二十五年，被聘为两湖书院经学分教。光绪三十三年，北京设“礼学馆”，纂修《大清通礼》，被召为纂修官，分任纂订丧礼部分。辛亥革命后回乡，毕生精力用于读书著述。著有《修礼刍议》、《丧服郑氏学》、《丧礼郑氏学》、《茹荼轩文集》等。

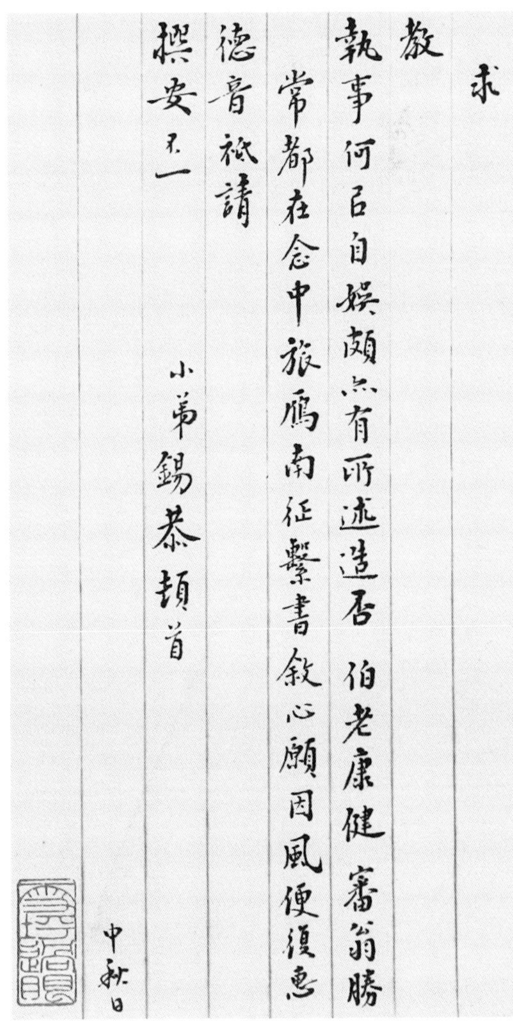
求
教
執事何以自娛頗亦有所述造否 伯老康健 審翁勝
常都在念中旅雁南征繫書敘心願因風便復惠
德音祗請
撰安不一
小弟錫恭頓首
中秋日

（图五六　1—3）

五七　张文运　致凤池函

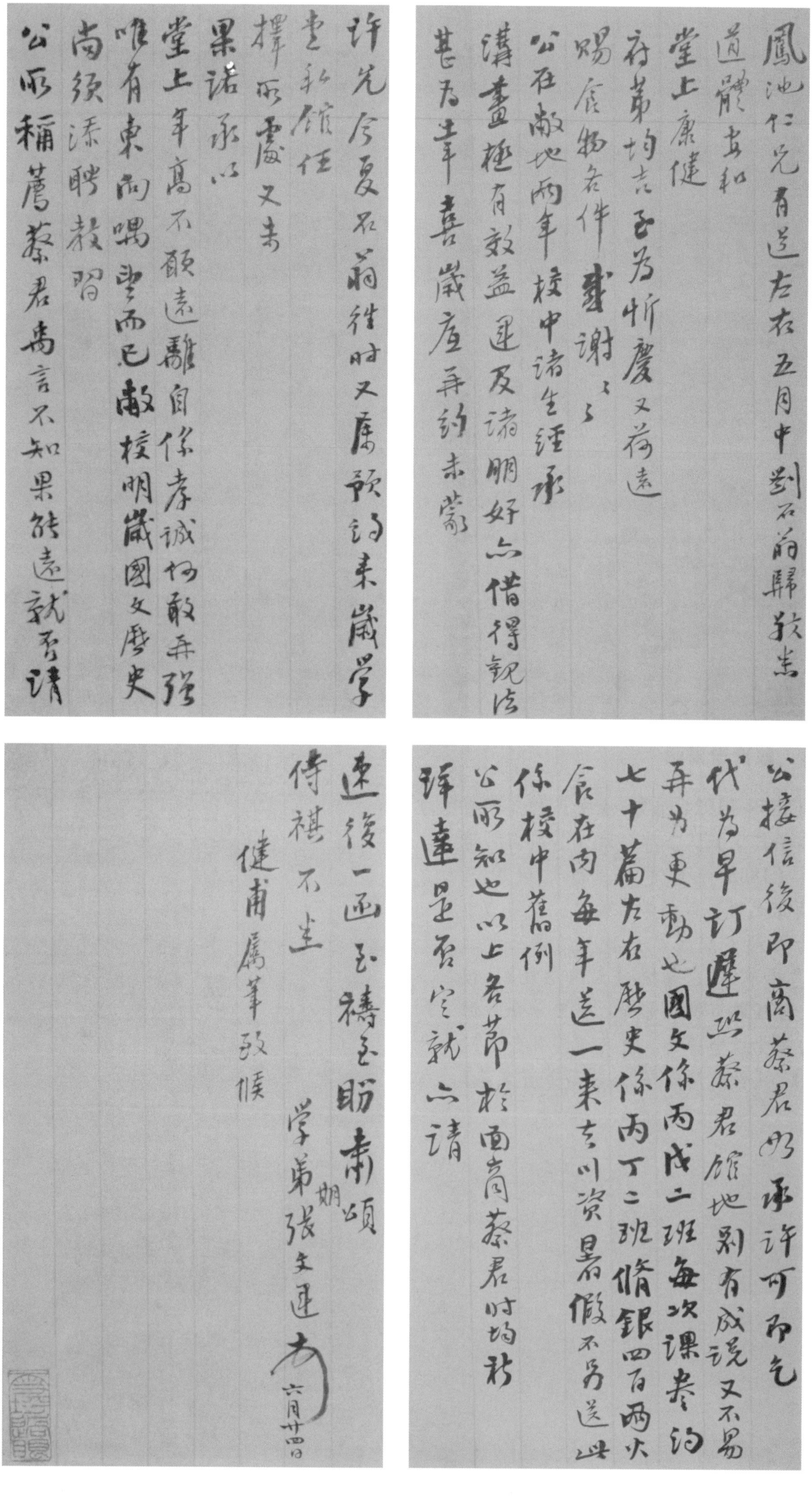

鳳池仁兄有道左右五月中劉石蓀歸敬悉
道體安和
堂上康健
府第均吉至為忻慶又荷遠
賜食物各件感謝感謝
公在敝地兩年校中諸生經承
講畫極有效益運及諸朋好亦借得親炙
甚為幸喜歲底再約來鄂
許先今夏石蓀往時又屬頌詢來歲學
堂私館任
擇所處又未
果諾承以
堂上年高不願遠離自係孝誠何敢再強
唯有東向喁望而已敝校明歲國文歷史
尚須添聘教習
公所稱薦蔡君禹言不知果能遠就否請
公接信後即商蔡君如承許可即乞
代為早訂遲則蔡君館地別有成說又不易
再為更動也國文係丙戊二班每次課卷約
七十篇左右歷史係丙丁二班脩銀四百兩伙
食在內每年送一來去川資暑假不另送此
係校中舊例
公所知也以上各節於面商蔡君時均祈
詳達是否定就亦請
速復一函至禱至盼肅頌
侍祺不盡
姻學弟張文運頓首
六月廿四日
健甫屬筆致候

（图五七　1—4）

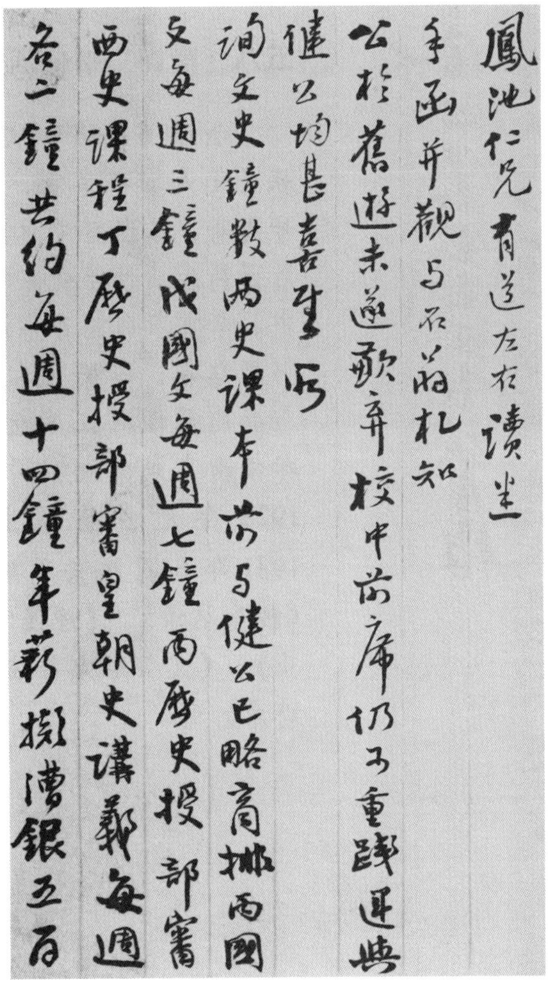

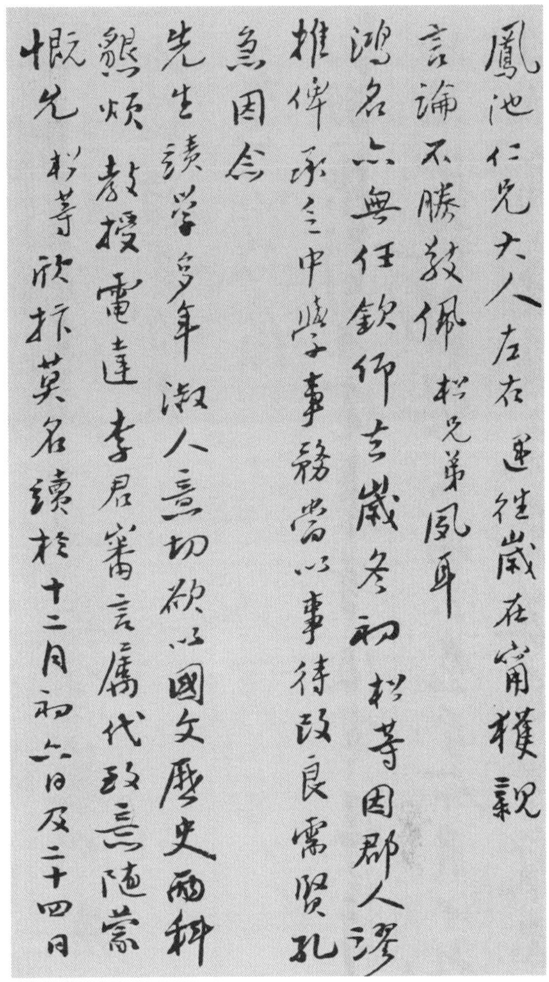

五七　张文运　致凤池函

张文运（生卒年不详），祖籍上海松江人。光绪三十三年（1907 年）在南京成立江南国文研究会。工作生活于合肥。曾在庐州中学堂教席。

李国松（？—1918 年），生年不详。安徽合肥人。榜名松寿，字健甫，号木公，别号梣斋，光绪二十三年举人。任度支部郎中，特赏四品衔为庐州中学监督。1907 年襄办皖省学务，充咨议局议长。辛亥革命后寓居上海，好收藏，工诗古文辞　为李经羲长子，李经羲为李鸿章侄子。弟国筠。

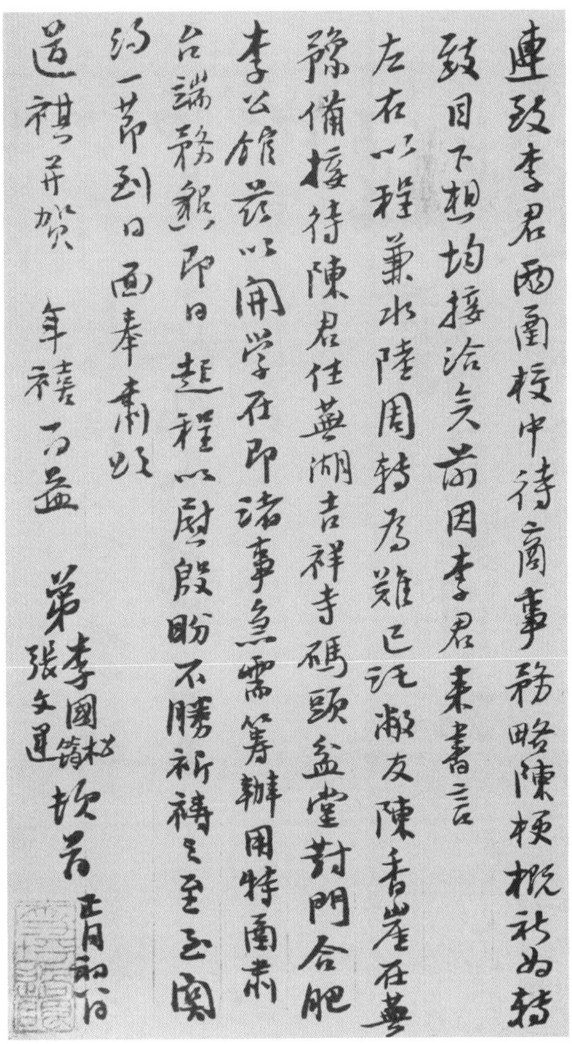

（图五七　5—7）

五八　李详　书信函

賜書謹謝程伯敷叟小長當向仲猷先
生言之劉公造家祀有吾丘所以勵哭
仲路由生長懷五江之去典請
檢為晰　伯石先生所藏又牘諸人齋墨
一時未能釋然　貴仲弟去乞
轉交　向荀早向所購左傳乃缺一冊經
撿來思其子慈也比得印請
曾甫先生尊兄　弟李詳頓

此文平江李氏先正事略未及采入而海上獲
事如陳葛諸公皆有佳傳其為闡論勵文
經藝風先生輯入續碑傳集忠義一門
李君可以慰矣因論道及之文偶拜及之
春畫方求勛書之暇尚希有以教我幸
甚不宣　弟李詳叩頭謹上
道傑世兄足下　丁未三月十一日

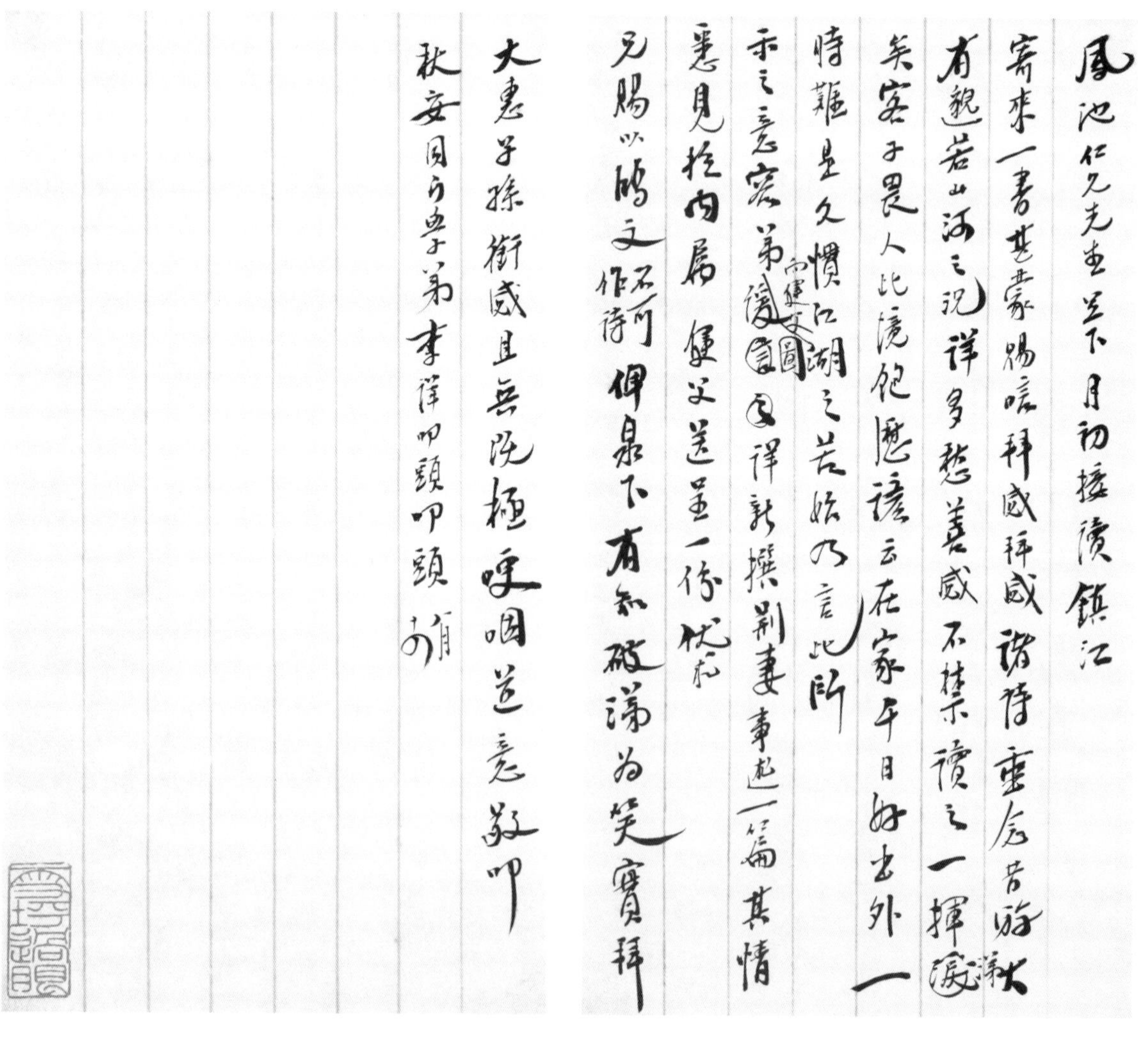

風池仁兄先生足下月初接讀鎮江
寄來一書甚蒙賜唁拜感拜感諸詩垂念苦節大
有貌岩山河之說詳多感慨不禁讀之一揮淚
矣客子畏人此境飽歷諺云在家千日好出外一
時難是久慣江湖之言然乃言此所
示之意[illegible]弟僕[illegible]詳新撰荊妻事述一篇其情
悲見於內篇便又送呈一份伏乞
兄賜以悼文作詩不可俾泉下有知破涕為笑實拜
大惠子孫銜感且無既極嗚咽並意敬叩
秋安　同鄉世弟李詳叩頭叩頭　十八日

（图五八　8—11）

昨奉
手教，別以名花俏檝萱蘇釋勞，何以加茲。
大箸讀竟，嚴定去取，納於條貫，詳所見諸文
橫學斯推，
吾子為之必折。鄙見妄參數語，略寫於上，佛頭著
糞，難逃譴訶。別為跋一首，另紙即塵
教，所以重之如此。督
君賜題慈竹居圖，以相報也。弟李詳頓首
鳳池仁兄先生即覽

尊主二首讀畢，漫時識語呈上。另索嚴輯文
五本、太平廣記四冊，請
撿入尊部弟中為感。葛劭齋叢刻，汪謝城所推，
長懸望
借一閱。潛研堂金石題跋三冊，容後再繳。此請
曾甫先生即覽。弟詳頓首 廿晉

尊文及世兄文共四首送上，慈竹居圖附呈，
伏乞
賜以詩文，獲擇其一。俟足病愈，再為踵叩。
尊文沖夷淵雅，自不待言；世兄文妙能每篇
皆有古證推助波瀾，足占福分，他日應為
學人之文也。昨日因謁亭林先生祠，弟任此五年，
尚未展拜，慚愧之至。午後有暇，可過我。不盡。此請
鳳池先生近覽。詳謹啟 初四

鑒河獻喻一助
嗟嘆耳南北僻左，相見為難，塵藉書疏往來，通其移結
子懷故宇，吾程舊鄉，白雲在天
青眼未遂，因瑞羽翰，致其先施，俾知件悰意通尚念
嵇生一候，先長諒不忘
高子：麟鳴則龍躍，虎嘯則風應，物類且然，何況我輩。亟抒隱曲，冀枉
瑤華，意素易達，勿吝
金玉

（图五八 12—15）

五八　李详　书信函

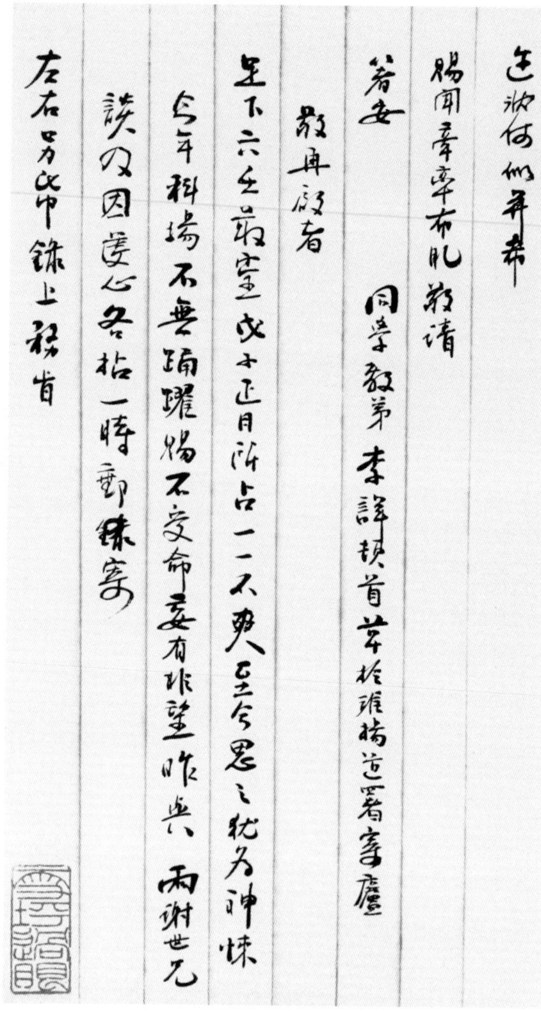
近狀何似并希
賜聞　率布肊　敬請
著安　　同學教弟　李詳頓首　草於班搞(?)道署寓廬
敬再啟者
足下六壬最靈　戊午正月所占一一不爽　至今思之　犹為神妙
今年科場不無蹭蹬　竊不安命　妄有非望　昨與　雨澍世兄
談及　因要心各占一時　敬祈(?)錄寄
左右另紙錄上　稿(?)省

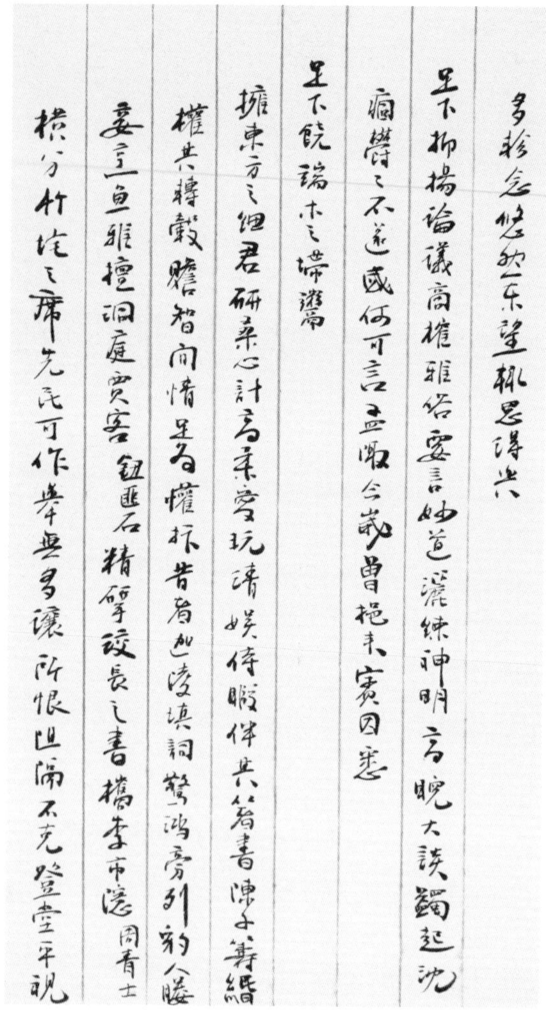
多稔念悠然東望　桃思得此
足下抑揚論議　高雅雅俗　宴言妙道　灑練神明　高曉大談　踔厲起沈
痼　嫚嫚之不遂　或何可言　去歲今歲　曾挹未實因恙
足下既瑞木之增瀾
擁東方之細君　研桑心計　高桑實玩　請娛侍暇　伴共翁書　陳子壽緝
權其樽戲　聽智向情　足為懽杯　昔者延陵填詞　驚鴻旁列　豹人睥
晏宣亦能擅洞庭曲容　紐匪石　精擘致長之書　橋李市隱　周青士
横之竹垞之席　先民可作　舉無多讓　所恨但滿不充　登堂平視

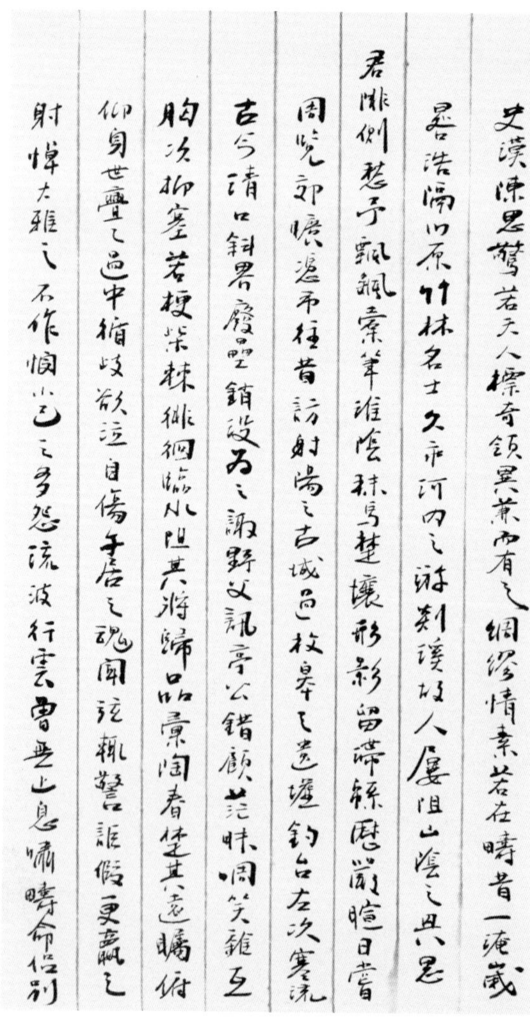
史漢陳思鶩若天人　標奇領異　蕭而有之　綢繆情素　若在疇昔　一庵藏
器浩滿似原竹林名士　久亦河內之游　對談故人　屢阻山陰之興　思
君悱惻　慈子飄飄　素筆難陰　秋昌楚壤　形影留滯　經歷嚴　瞻日當
同覽郊墟　遙希往昔　訪射陽之古城　邑枚皋之遺址　釣台左次　寒流
古今　請日斜　畧塵曾鎖　設為之詠　野父亂亭公　錯顧　茫昧　咽笑　雖亙
胸次抑塞　若梗柴棘　徘徊臨水　但其將歸　品量陶春　坐其遺　矚俯
仰身世　豐之邑中　循岐欲泣　自傷千名之魂　聞該耗　嘗詎假　更感之
財悼大雅之不作　惘惘之多怨　疏波行雲　曹無止息　嘯疇命侶　別

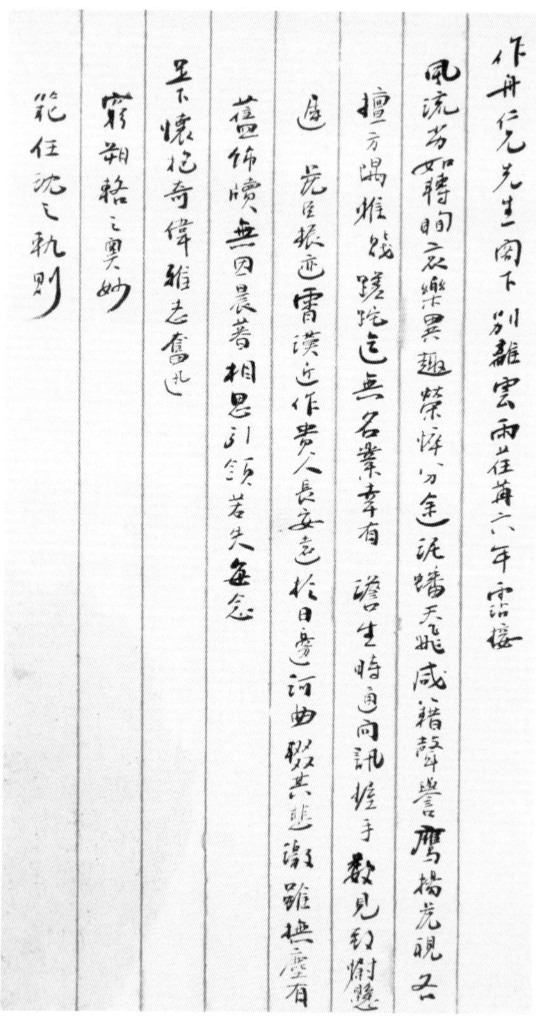
作舟仁兄先生閣下　別離雲雨　荏苒六年　雲樓
風流若如聘詞定樂異趣　榮悴分途　泥蟠天飛　咸籍聲譽　鷹揚虎視　名
擅方隅　惟鯫跼蹐　遂無名業　幸有　譚生時通問訊　握手　數見豹澍懸
遠　虎臣振迹　雷溪近作　貴人長安　意於日邊　河曲　殽其悲激　雖無塵有
蘊　飾牘無因晨暮　相思　引領若失　每念
足下懷抱奇偉　雅志高兆
窮翔轄之奧妙
範任沈之軌則

（图五八　16—19）

五八　李详　书信函

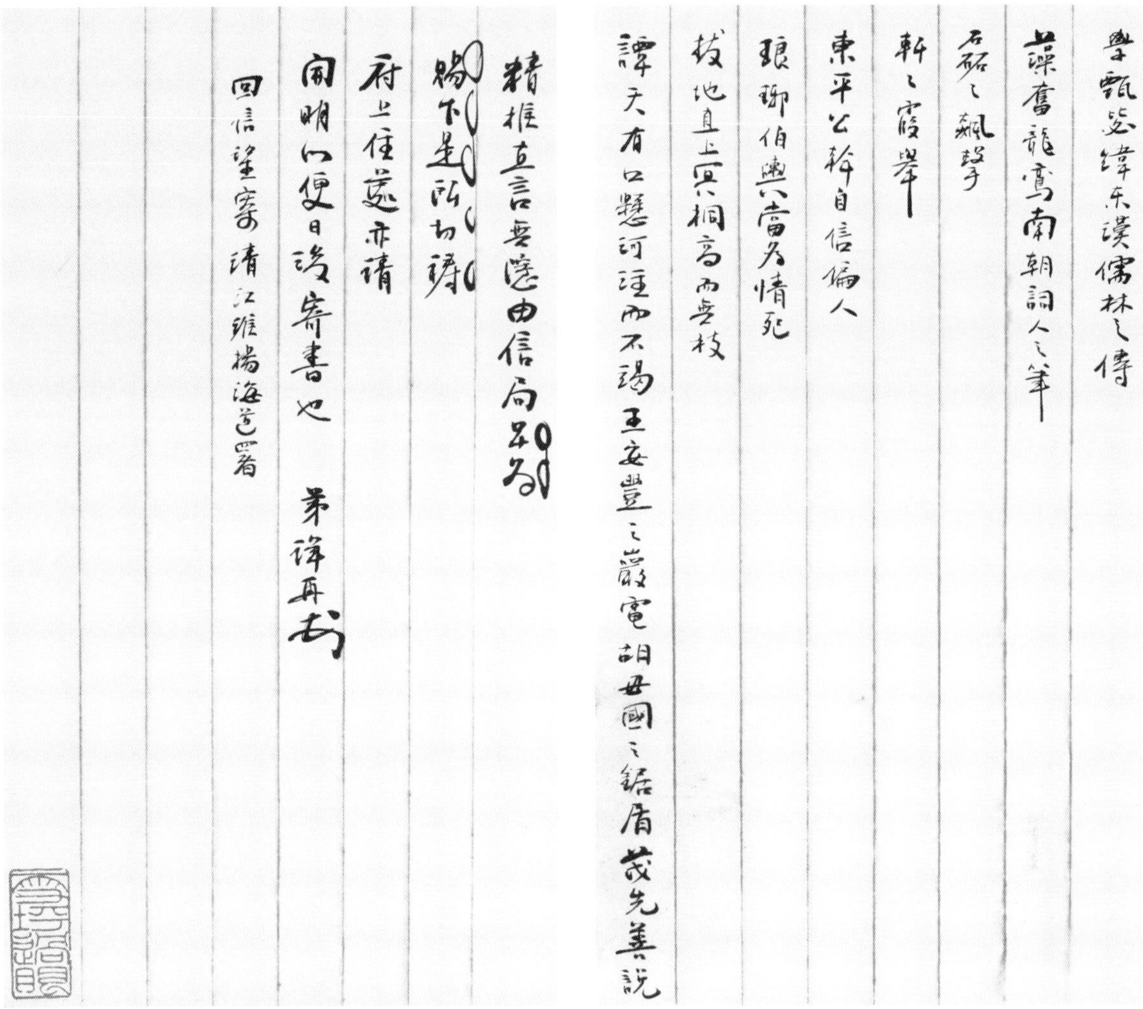

學甄鉤緯東漢儒林之傳
藻奮龍驤南朝詞人之筆
石磊之飄擧
軒之霞擧
東平公矜自信偏人
琅琊伯與當名情死
拔地直上真桐高而無枝
譚天有口懸河注而不竭　王安豐之巖電　胡母國之話屑　哉先善說

精推直言無隱由信向知爲
賜下是所切禱
府上住處亦請
開明以便日後寄書也　弟詳再拜
回信望寄　請江雅揚海道署

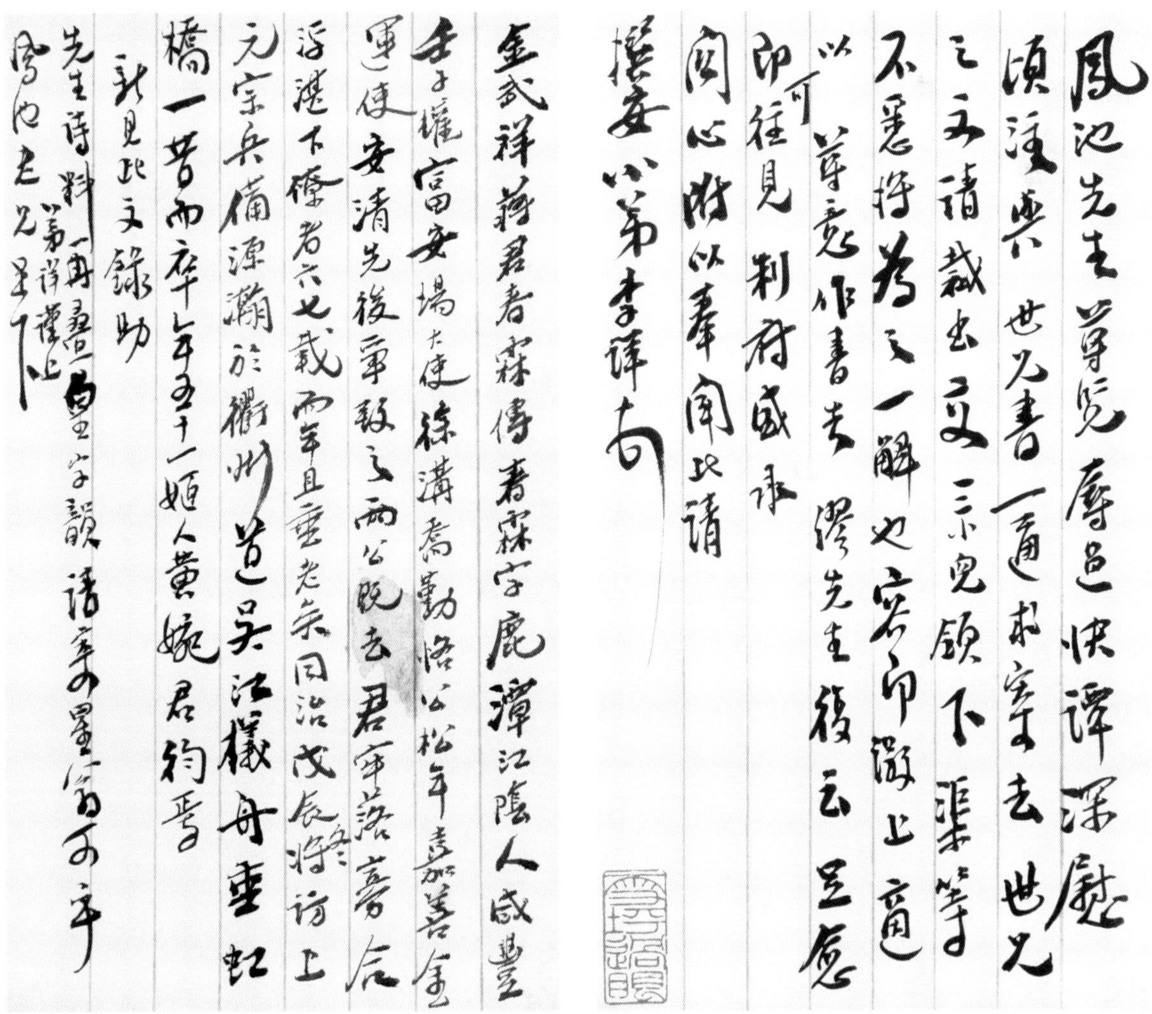

鳳池先生尊鑒　辱書快讀深慰
須注無以　世兄書一通　求寄去　世兄
之文　請裁出交　示兄領下　渠等
不惡擇爲之一解也　容印職上覆
以可尊意作書去　潛先生復云　至感
印往見　制府盛承
關心　謝以奉聞　此請
撰安　小弟李詳頓

金武祥　蔣君春霖傳　春霖字鹿潭　江陰人　咸豐
壬子權富安場大使　徐溝喬勤恪公松年嘉其才
運使安清先後事致之而公既去　君卒落寞居
淮堤下僚者六七載　而卒且垂老　無同治戊辰將詣上
元宗兵備源瀚於衢州　道出吳江　檥舟垂虹
橋一昔而卒　年五十一　姬人黃婉君殉焉
新見此文錄助
先生詩料　再書白　字韻　請　弟詳謹上
寄也之先生

（图五八　20—23）

五八　李详　书信函

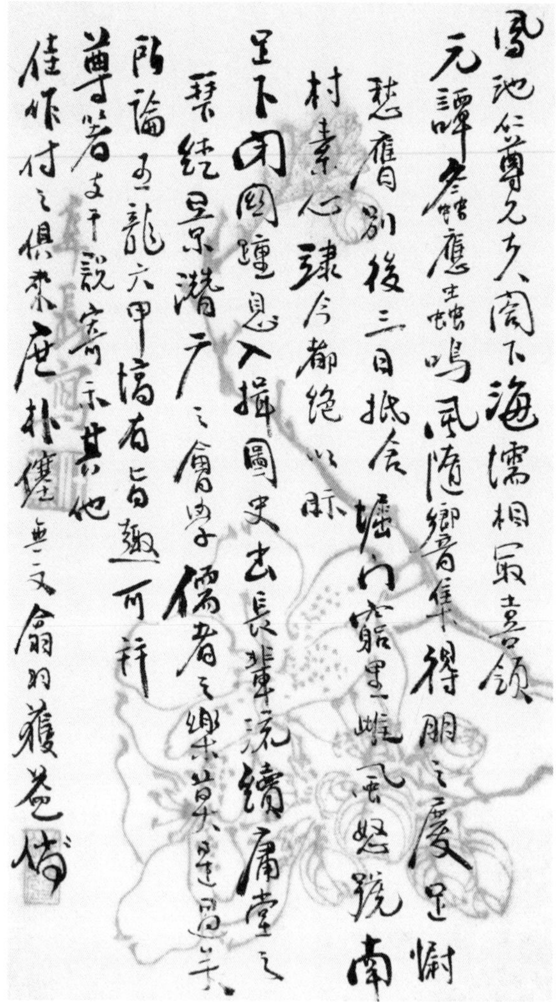

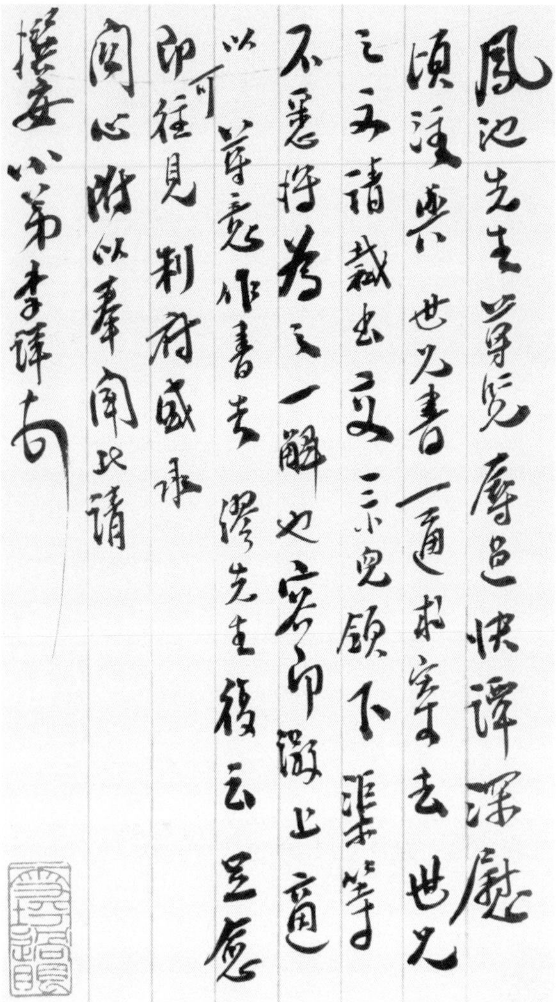

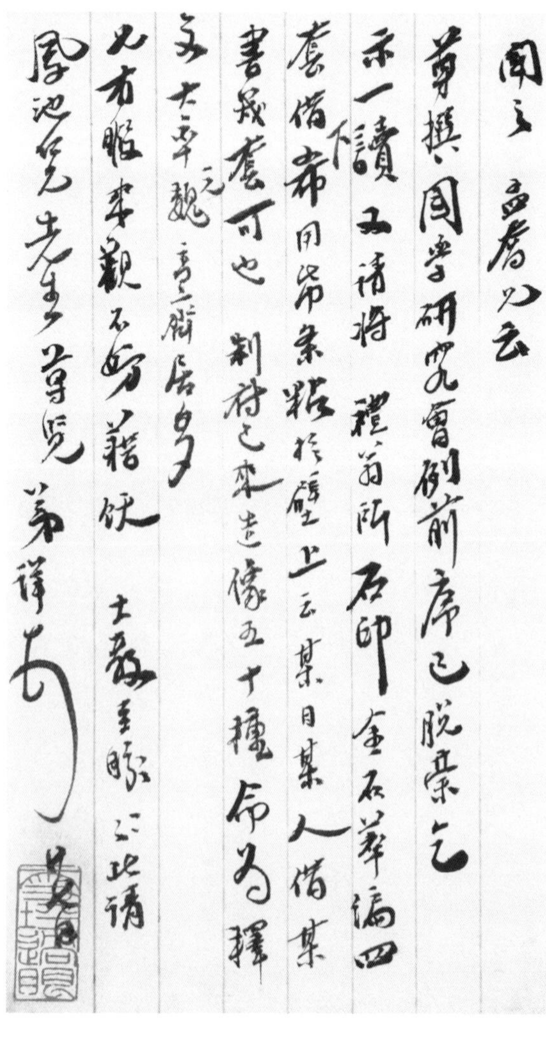

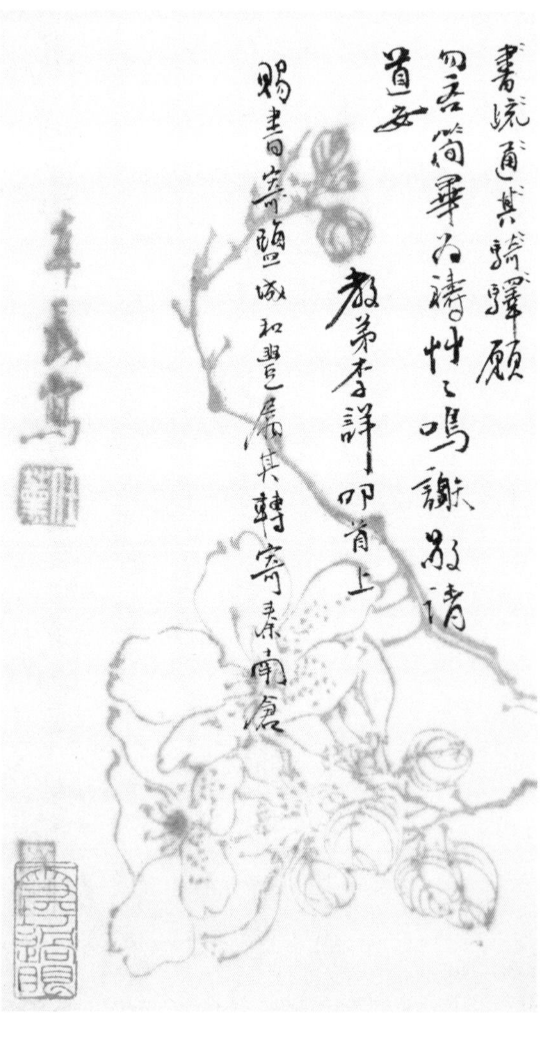

（图五八　24—27）

五八 李详 书信函

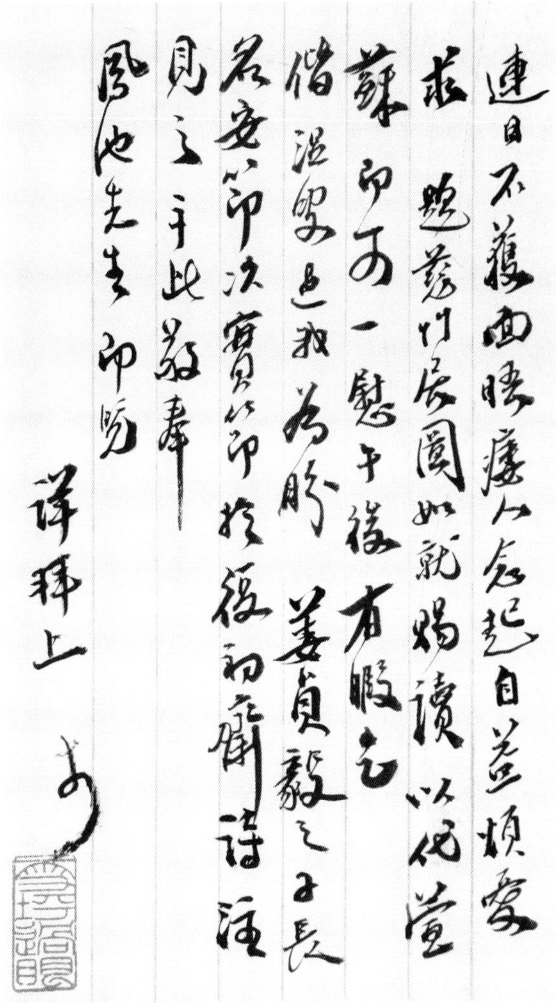
連日不獲面晤遽人忽起自益頓愛
求 照遊藝竹居圖如就燭讀以代萱
蘇 仰可一慰中後有暇乞
借溫叟遺教為貽 姜貞毅之子長
君安節次寶仰於後而龐詩注
見之 手此敬奉
鳳池先生 印覽
詳拜上

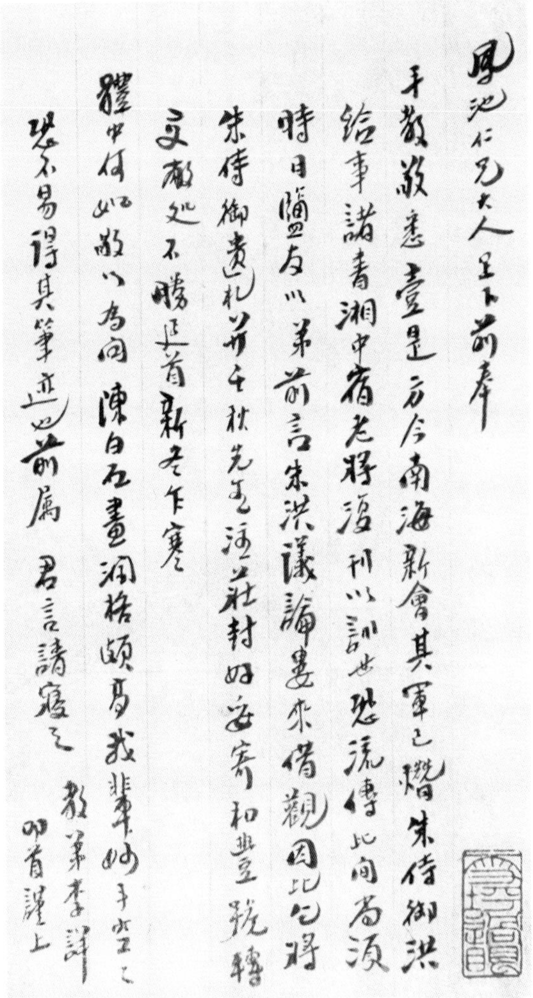
鳳池仁兄大人足下前奉
手教敬悉壹是方今南海新會其軍已燬朱侍御洪
給事諸書湘中宿老將浮刊以詔世恐流傳此間當須
時日僅友以弟前言朱洪議論要求借觀因此乞將
朱侍御遺札并千秋先生江社材好安寄和豐號轉
交敝處不勝延首 新冬作寒
體中何如敬以為問 陳白石畫閣格頗有我輩氣手之
恐不易得其筆亦迹也 前屬 君言請寢之
敬弟李詳 叩首謹上

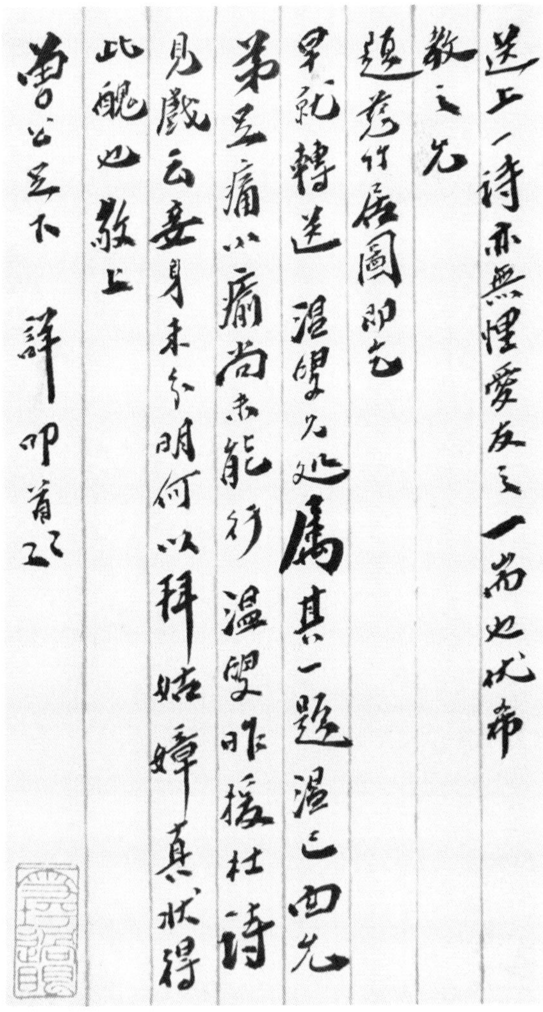
送上一詩亦無俚愛友之一篇也伏希
教之 乞
遊藝竹居圖 即乞
早就轉送 溫叟兄處 屬其一題 溫已西允
弟足痛以瘉尚未能行 溫叟非援杜詩
見戲云妾身未分明何以拜姑嫜 真狀得
此醜也 敬上
曾公足下 詳 叩首上

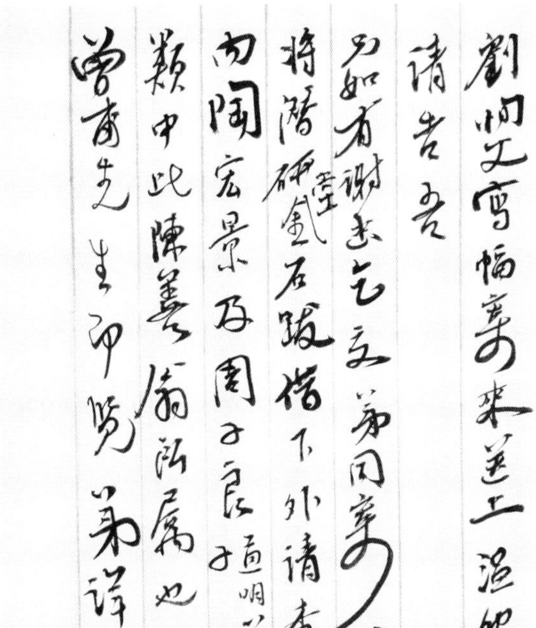
劉炯文寫幅寄來 送上 溫叟一幅尚須序之
請書之
兄如有謝乞交弟同寄 若有請者乞
將潘碩（雲台）石跋借下 外請查（弟承）平廣記
內閩宏景及周子良（通明弟子）傳在神仙
類中 此陳蕉翁所屬也 此請
曾君先生 印覽 弟詳 頓首

（图五八 28—31）

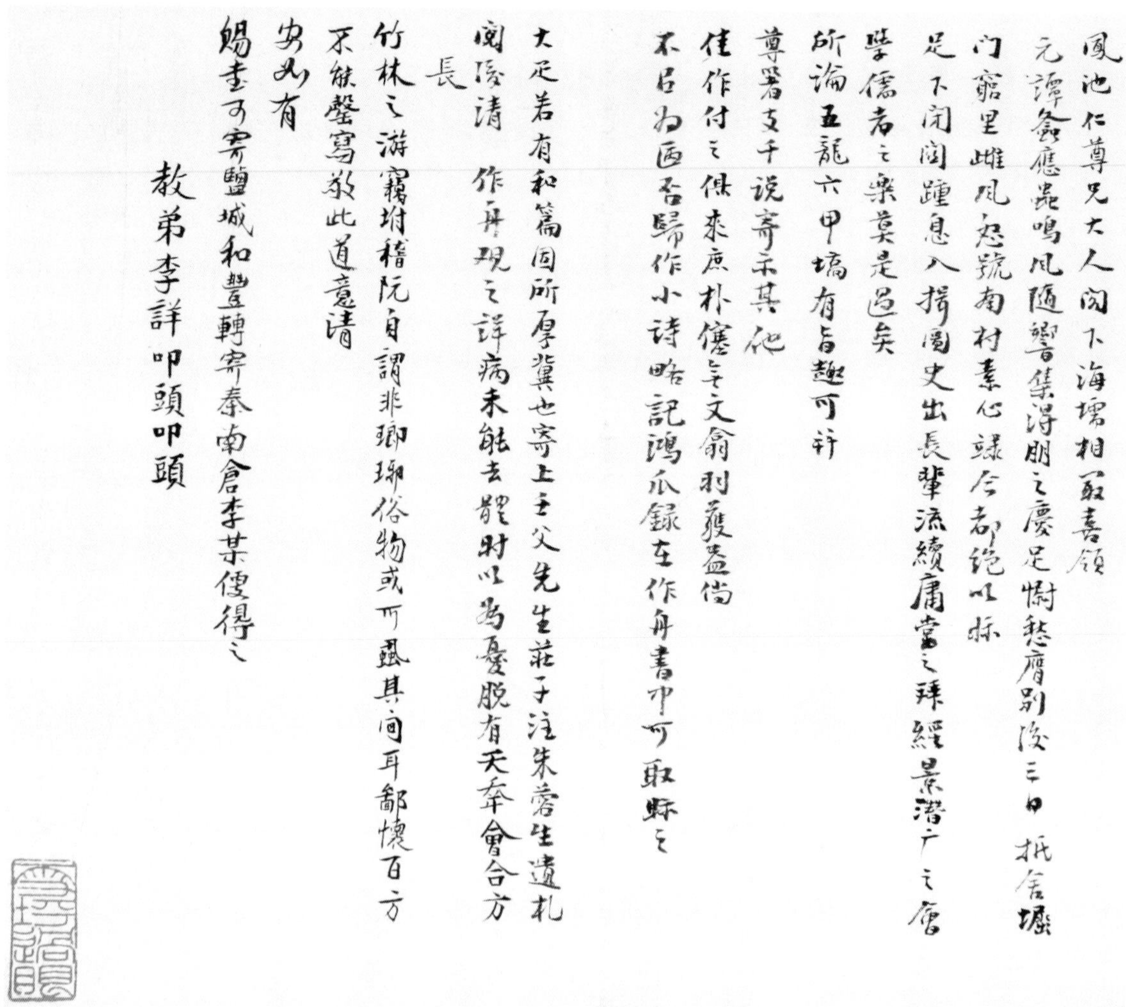

鳳池仁尊兄大人閣下海壖相敘喜領
元譚翕應蟲鳴風隨響集得朋之慶足慰愁腸別後三日 抵舍塚
門窮里雖風怒號南村素心寥今都絕以探
足下閉閣踵息入揖圖史出長輩流績膚寫之珠經景潛广之唐
學儒者之樂莫是過矣
所論五龍六甲瑞有旨趣可許
尊署支干說寄示其他
佳作付之俱來庶朴僿之文翁刊獲益倘
不吝為函吾歸作小詩略記鴻爪錄存作舟書中可取録之
大足若有和篇固所厚冀也寄上王父先生莊子注朱蓉生遺札
閱後請 作舟觀之詳病未能去體肘以為憂脫有天幸會合方
長
竹林之游竊附嵇阮自謂非瑯琊俗物或可厠其間耳鄙懷百方
不能盤寫欲此道意請
安如有
賜書可寄鹽城和豐轉寄泰南倉李某便得之
教弟李詳叩頭叩頭

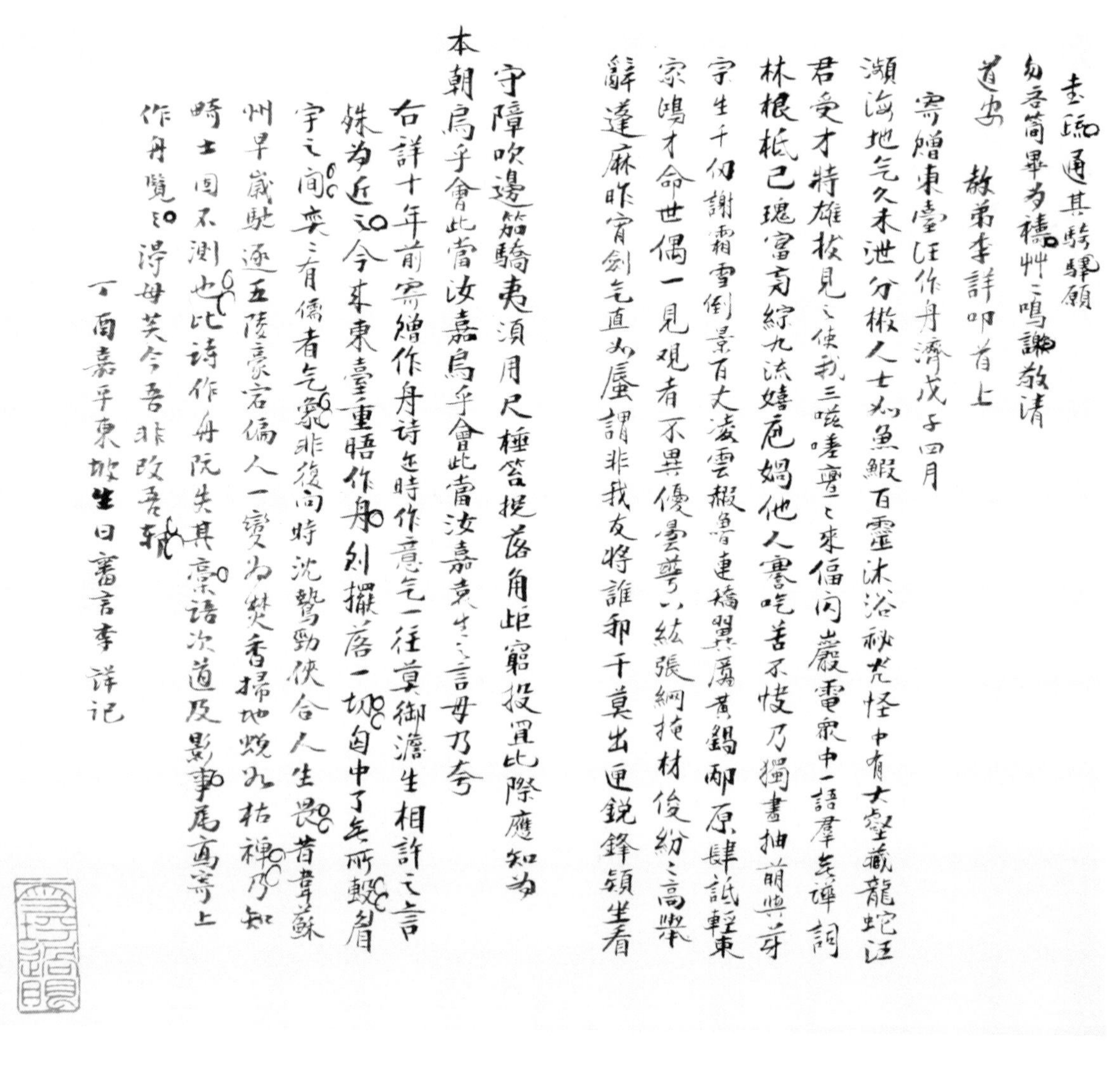

圭臲通其騎驢願
勿吝簡畢為禱草草鳴謝敬請
道安 教弟李詳叩首上
寄贈東臺汪作舟濟戊子四月
瀕海地氣久未泄分散人士如魚鰕百靈沐浴秘尤怪中有大壑藏龍蛇汪
君受才特雄拔見之使我三嘆嗟齊之來偏困巖電衆中一語羣失嘩詞
林根柢已瑰富旁綜九流嬉庖娼他人囂吃苦不快乃獨書抽萌與芽
字生千仞謝霜雪倒景百丈凌雲掇魯連矯翼厲黃鵠郁原肆詆輕東
家鳴才命世偶一見觀者不異優曇萼八紘張網掩材俊紛之高舉
辭達麻昨宵劍气直如虹謂非我友將誰邪千莫出匣銳鋒穎坐看
守障吹邊笳騎夷須用尺棰笞提落角距窮投置比際應知為
本朝烏乎會此當汝嘉烏乎會此當汝嘉袁生之言毋乃夸
右詳十年前寄贈作舟詩是時作意气一往莫御澹生相許之言
殊為近之今來東臺重晤作舟糾擷落一切自中了無所斂眉
宇之間奕奕有儒者气象非復向時沈鷙勁俠令人生畏昔聲蘇
州早歲馳逐五陵豪宕偏人一變為焚香掃地燬瓦枯禪乃知
畸士固不測也比詩作舟既失其稾語次道及影事庽爲寄上
作舟覽之得毋笑今吾非故吾耶
丁酉嘉平東坡生日審言李詳記

（图五八 40—41）

興化李審言詳書訖
作舟仁兄先生閣下扁舟過謁盛荷
殷懃待
文擧之佩尊顏嘉賓之公讌
鄭驛蘊心示無限
識直明而不向人十年同好含譆生非
君莫屬也詳告別後順流而下二日奉抵里門家母倚閭妻詢
日劇恐在舟中舊疾加劇於見無恙喜謝慈顏但歲莫遙以謝臺
高樓鄰難以達觀恕之奈何承
示調息之談每日作兩度俱稍有功效不知向後何如舟中作小
詩數首略揭層合之情敬塵
詩史伏希
和章王壬父先生莊子注朱蓉生侍御遺札并寄風 凤池處渠
閱後屬付
足下一擲前所贈詩承稟寄上向與壹甚長句之覽寫手不得容
再奉
教久國摩牙而免見日朝議云如若有大變
京華之游妨有阻礙
足下將何以自處耶知距僻左惟籍

東臺晤作舟鳳池嘯溪諸君子得數截句寄塵
拜教
兩倫李白情親後凡 瑚之在遠孫往事十年成一喚客中焦牽不堪論
春風開徧洛如花幾輩飛騰日未斜可惜漸西袁虎去生謂譆不來同謁魯東
家作舟新刱志學會尊孔教抑袁說 梁益彫荒向字亭東南部落漸前珊 海隅喜見文
昌冣兼謂錦襄冠卿諸子誰信中間有審星末言鳳池
天下何曾有山水平生冣憶杜陵詩瓶前辟俗都緣懶不許人稱老
畫師陳伯石欽遲久矣作舟介與相見天寒未果
上頭夫婿鬢鬚之詩詔金門東馬嚴直是婉佺儷恂九粒鈴對影
磐書籤虎臣通籍陶鈍手相見丙戌重陽之會坐中詩友達者推虎臣可其配汪夫人作舟之妹工詩詞喜閱經世書故以樓霞福
山比作舟計偕入都可寫此首示 虎臣當念我否
摩醯基智今為改恐絕支那震旦否何處桃源招隱士與君同泛
武陵春
教弟興化李詳呈艸

（图五八 42—43）

五九　李详　瓦当碑文考略

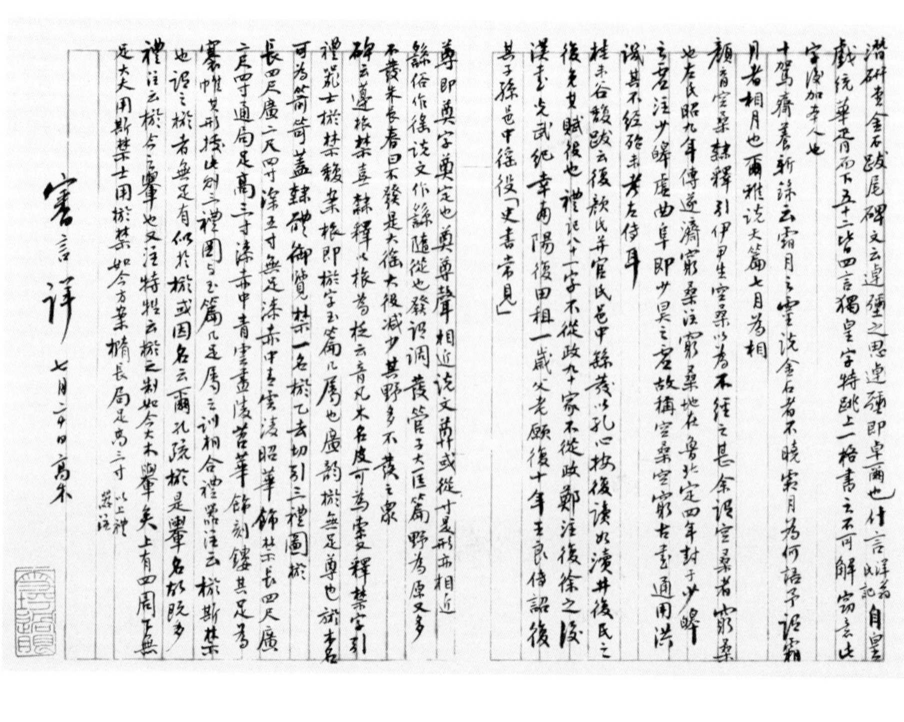

（图五九　1—3）

五九　李详　瓦当碑文考略

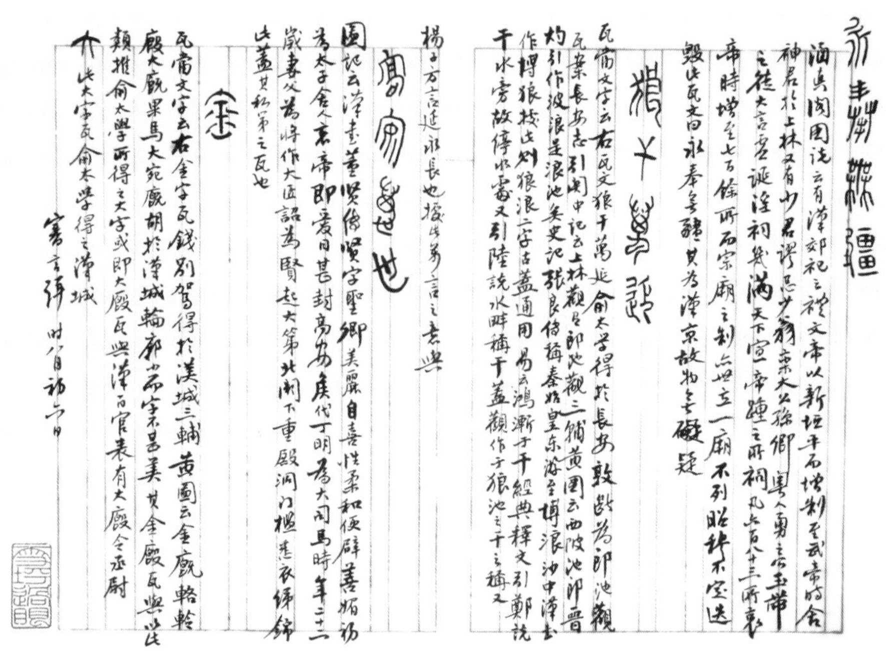

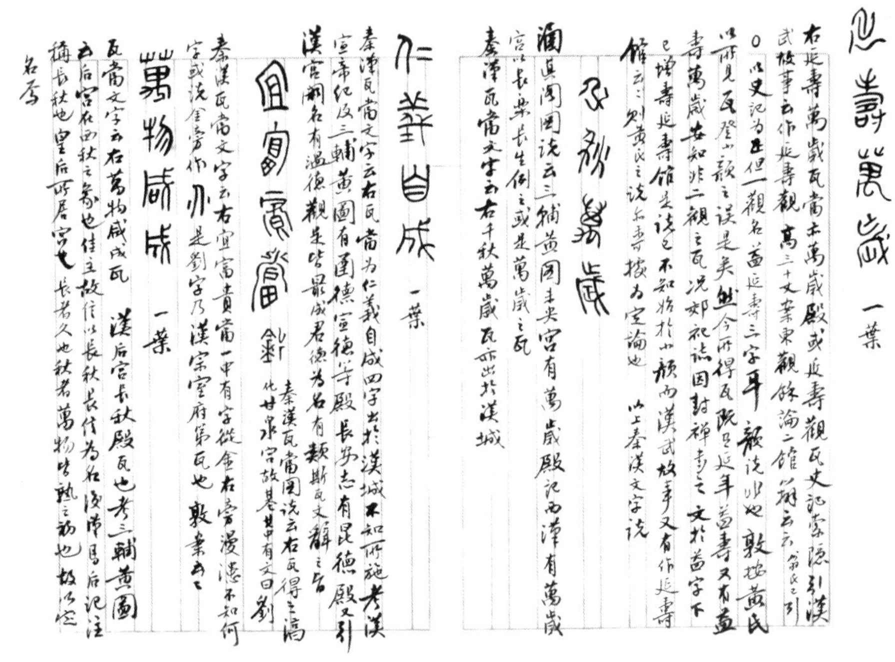

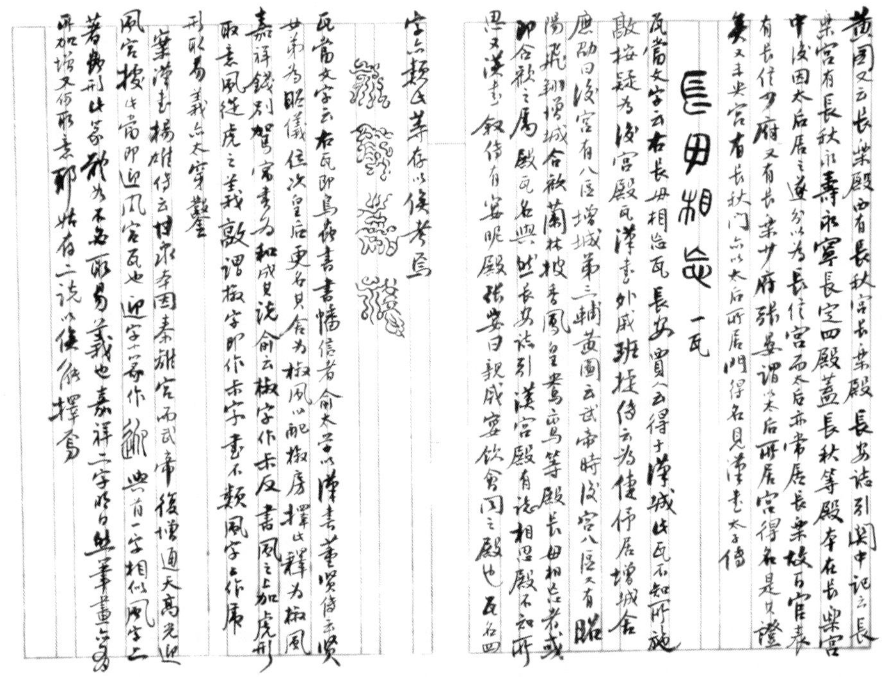

（图五九　4－6）

五九 李详 瓦当碑文考略

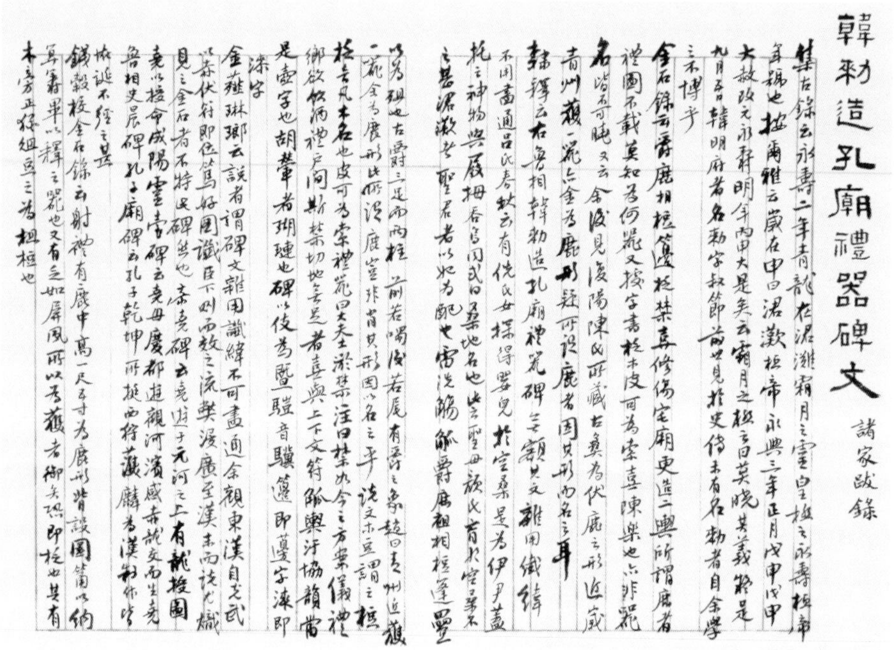
韓勑造孔廟禮器碑文

諸家跋錄

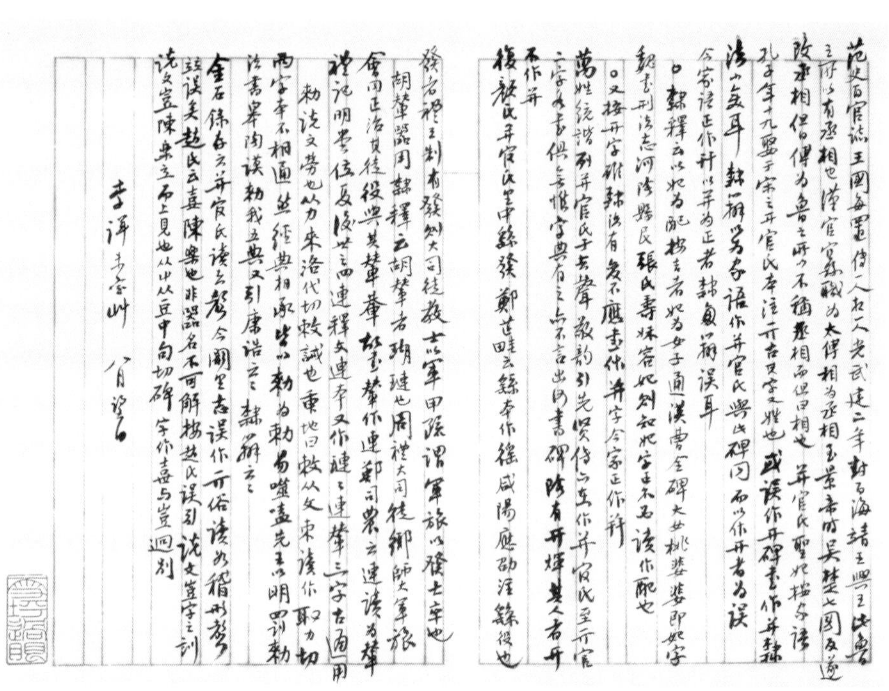
李详手录此

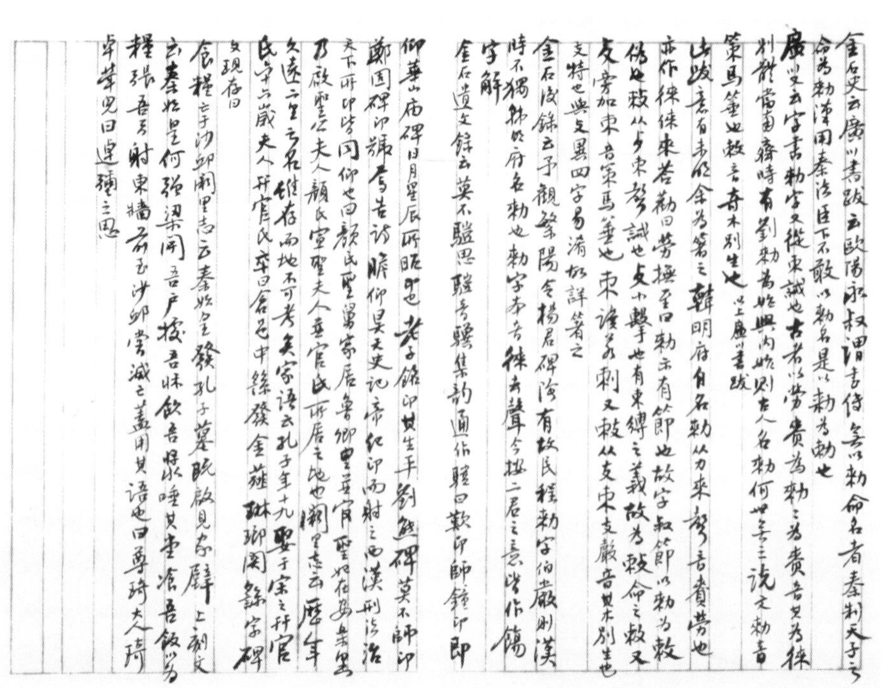

（图五九 7－9）

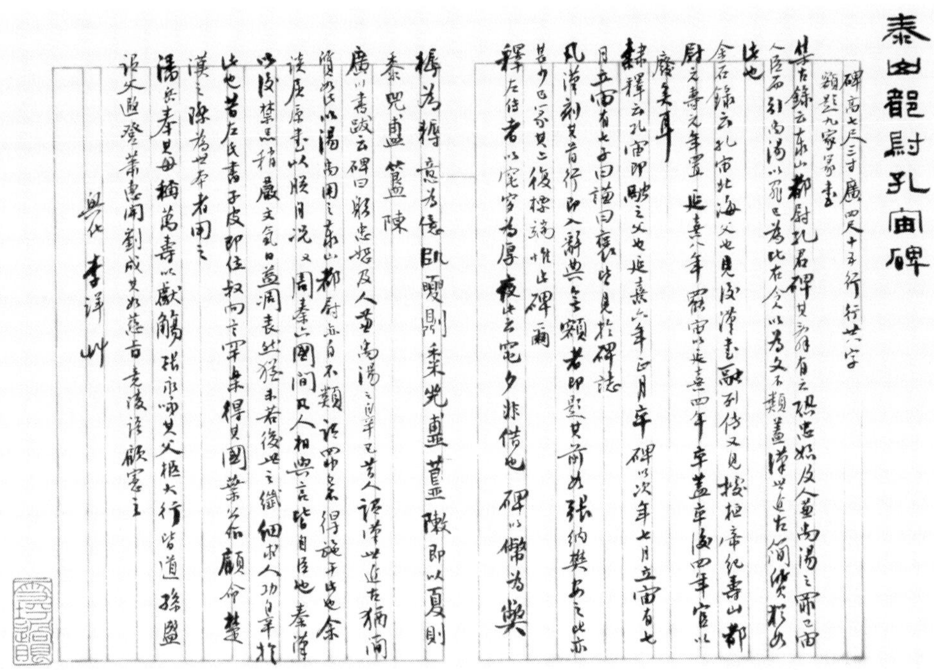

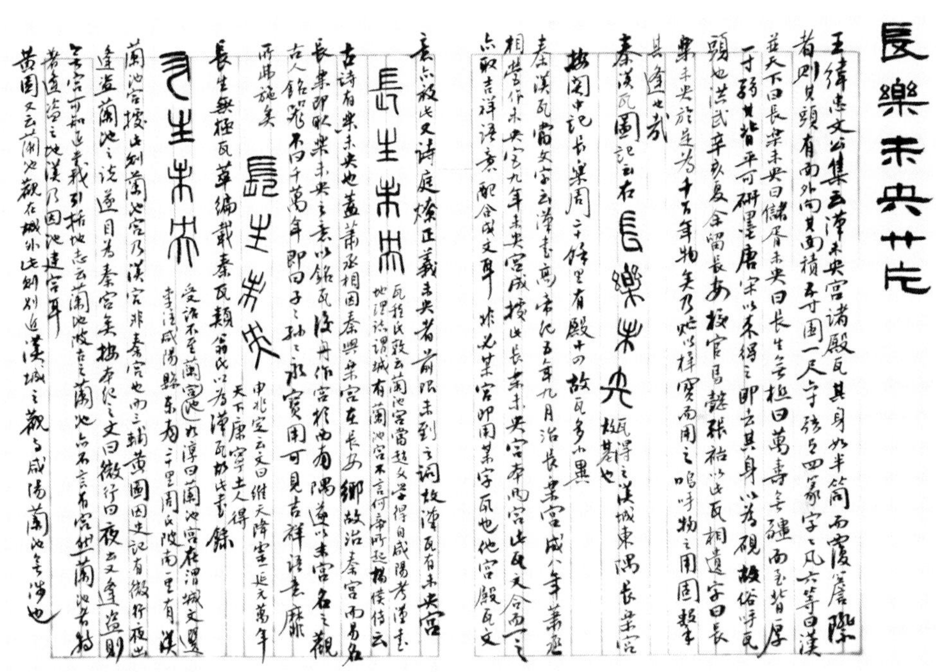

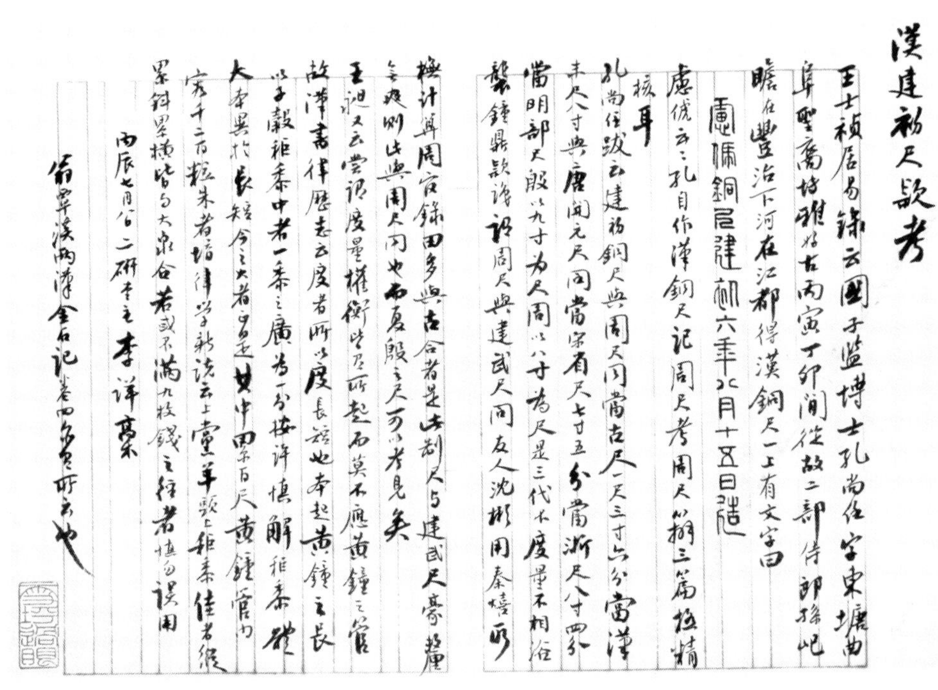

（图五九　10—12）

五九　李详　瓦当碑文考略

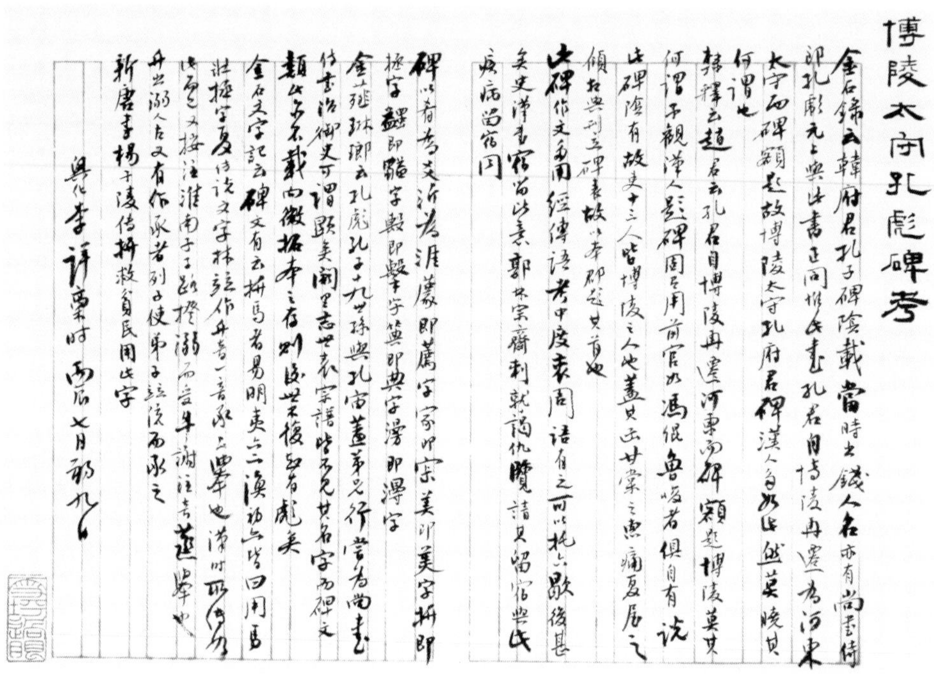

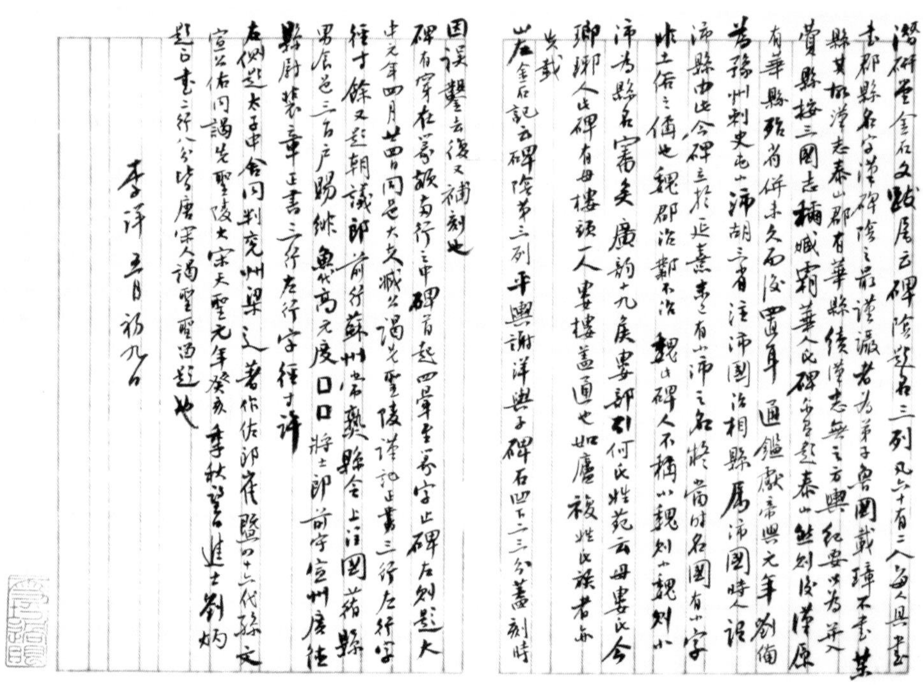

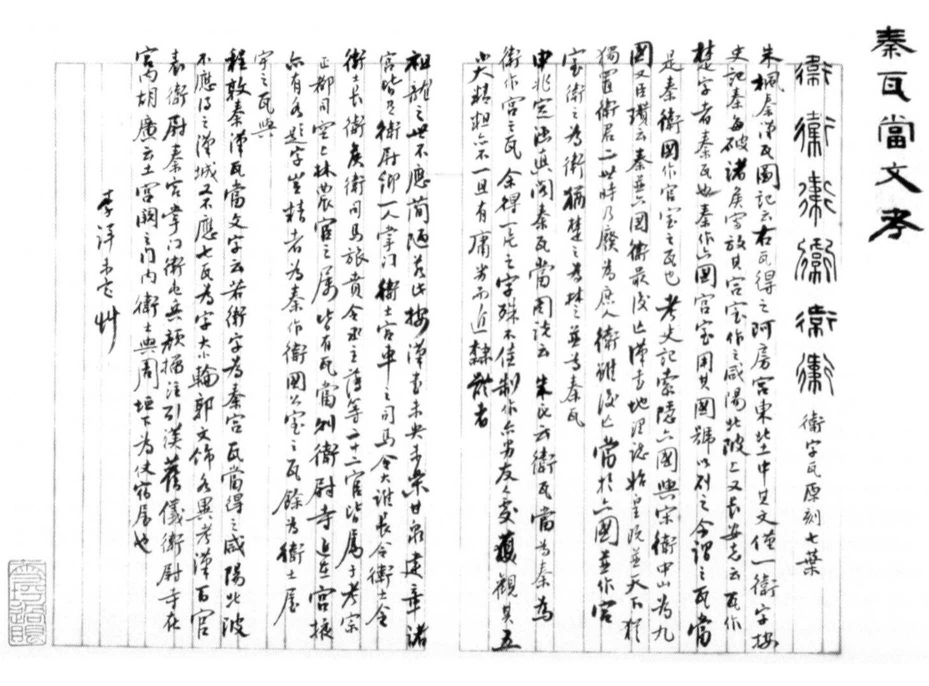

（图五九　13—15）

五九　李详　瓦当碑文考略

巂氏冢舍

巂氏冢舍

右巂氏冢舍瓦文與漢人碑刻隸書相同錢別駕得於馬嵬所謂巂氏者古無此姓魏字有文長安志引孫景安征圖記稱馬嵬是人名觀此可知此謬漢書游俠傳云原涉自以先人墳墓儉約乃大治起冢舍亦武帝時京兆曹氏葬茂陵民謂其道為京兆仟涉慕之乃買地開道立表署曰南陽仟人不肯從謂之原氏仟蓋冢舍有遺迹留今者

[illegible] [illegible] [illegible]

秦漢瓦當文字云右有萬嘉二字是錢別駕于漢城獲一不全瓦但有萬嘉二字後申有朝邑於長安市上獲半瓦有一有字半萬字上下文筆皆相合因著放成之然此瓦不知所施或說為民舍瓦合嘉樂也嘉語也漢書嘉語多有作嘉惠者後人乃著嘉通用

○按華編錄秦漢瓦文三十三種翁氏錄漢瓦二十四種內有長生無極瓦並漢碑二種王氏本所無華編載長生未央瓦十八式大略相同惟長字多變

長生未央 五葉正 王氏所摹十八瓦當文皆不正排列中有未審翁氏所指何葉

來齋金石刻考略云按三輔黃圖甘泉一曰雲陽宮史記秦始皇二十七年作甘泉宮及前殿築甬道自咸陽屬之宮周匝十餘里漢武帝建元中增廣之周十九里師古曰秦林光宮在磨林館之側有甘泉故武帝即為取名漢書云烽火通甘泉此帝不居長干故匠築烽火而通之也巫蠱事起亦居甘泉宮成四門行幸甘泉居今二千餘年王迹久湮不表於世獲此瓦篆長生未央四字何異商周彝鼎

詳 五月廿七日

漢甘泉宮瓦文

華編文云瓦當名種徑六七八寸一至五六字不等其制度大小行款約略相同

泰山都尉孔宙碑陰

隸釋云漢碑多有陰然稀少有額獨此刻以篆大篆表其上凡門生四十二人門童一人弟子十人故吏八人故民一人都昌者四泰山者五漢儒開門受徒著錄有盈萬人者其親受業則曰弟子以久次相傳授則曰門生舊所治官府其掾屬則曰故吏在籍者則曰故民昨所隸則曰志士義民亦有稱議民賤民者逢盛碑有姓殊者二人趙氏謂此族譜無殊姓此碑有都昌殊章則古來自有殊氏信但諸者考之不詳耳

漢人姓氏亦借用字如伍為五歐陽為歐羊之類或是借證為解亦奇邑 麟即麟 襄即襄 部即邳字

金薤琳瑯云前碑云故吏門人隴山采石勒名示後則此所載皆其人也

金石遺文錄云郡邑中有曰邑中有曰衛國者屬東郡第十四屬國也本觀故國姚姓光武更名有河牧城

有曰甘陵者本清河國孝子清河郡歷縣安帝以孝德王后葬於歷改曰甘陵范史於清河國屬邑甘陵下注曰故厝蓋自桓帝建和二年則又改清河國為甘陵也

有曰貝丘者范史郡國志作具邱余觀碑文適見字可以正史之偽

有曰華者前漢書地理志泰山郡屬有華縣後漢書郡國志泰山郡屬亦云華今按此碑則桓帝延帝時尚未嘗廢范史今載失缺也

金石存云漢碑陰多不題額惟此及陳德鄭季宣碑陰有此

隸釋云親受業則曰弟子以次相傳授則曰門生未冠則曰門童此碑前列門生門童後列弟子如果親授業為弟子而以次相傳授為門生則不應弟子反列門生門童之後洪氏此言非本之歐陽集古錄恐未深信也

瓦當說

維天降靈延元萬年天下康寧

秦漢文字云瓦當者宋李好文長安圖志謂之瓦頭皆屋皆仰當兩瓦之際為半規之瓦以覆之俗謂簡瓦漢簡瓦長二尺餘兩端皆有筒距至覆檐之瓦一端下鉤為正圓形徑五六寸有至七八寸者其面篆書吉祥語或宮殿門觀之名有十二字五字四字二字一二字不等篆文皆隨勢出曲為之閒有方整者以當藻飾謂之瓦當者以瓦當文中有蘭池宮當中正宮當宜富貴當千風壽存當足秦漢時本名說文云當田相值也韓非子外傳玉卮無當注家謂當底也瓦覆檐際者正當衆瓦之底又櫛比於檐端瓦瓦相值故有當名關中為漢故郡云西安城西北十餘里俗名楊家城即漢書城也從此直抵咸陽境亡延袤二三十里居民數十堡畫其地漢城闕宮殿基址隱隱尚有瓦礫雜厝土中滿目皆是其仰瓦之背橫縱作繩迹故舊相傳謂以園泥有痕者為漢瓦瓦當有華有字置為難得

耕夫牧豎偶然值之則以寺與家琢兩以市字中最多者為長生無極長樂未央與天無極上林衛字等其他若蘄然同文字瓦而字又有不同處蓋當時非一人一手所造之三原根州淳化亦往往有得者然不及漢城之多瓦當文字不著宋歐陽文忠公集古錄蓋所於未之逮也

元祐六年寶雞縣民權氏濬池得古瓦銘曰羽陽千歲乃秦武公羽陽宮瓦其事載王闢之澠水燕談錄瓦當之見於記籍始此後李好文著長安圖志所見有長樂未央等四瓦類為之圖又黃思伯東觀餘論稱嘗見此年三字瓦自是而後聞余聞焉

（图五九　16—18）

五九 李详 瓦当碑文考略

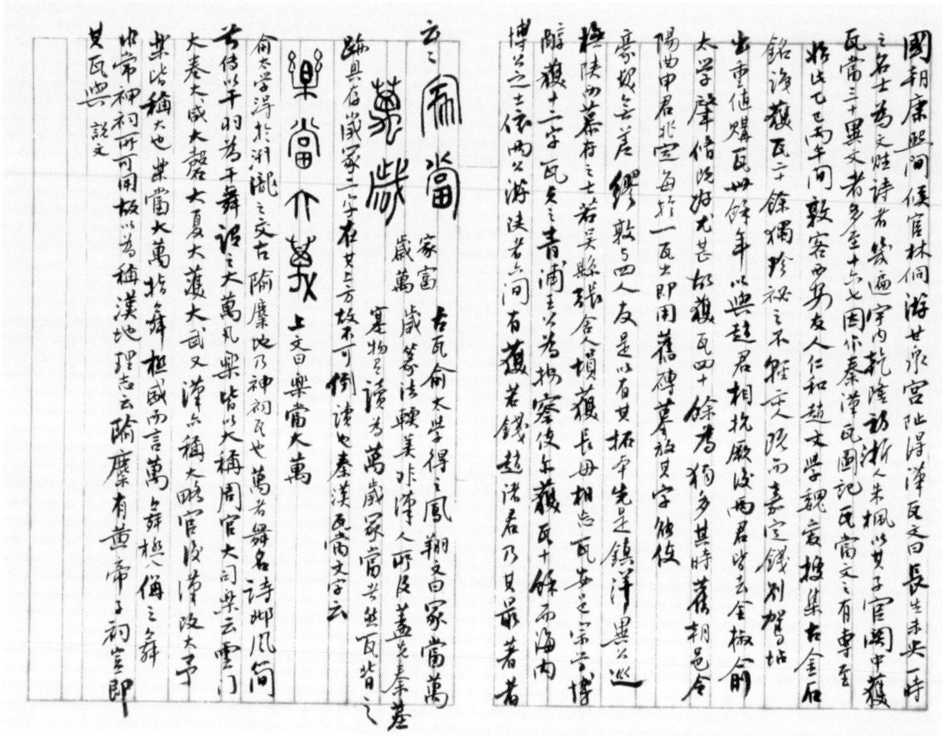

國朝康熙間侯官林佶游西京宮阯得漢瓦文曰長生未央一時
之名士為之賦詩者幾遍宇內乾隆初浙人朱楓以其子官關中獲
瓦當三十異文者多至十六七因作秦漢瓦圖記瓦當之有專書
始此乙巳丙午間敦客西安友人仁和趙文學魏裒輯古金石
銘識獲瓦二十餘獨珍秘之不輕示人既而嘉定錢別駕坫
出重值購瓦卅餘年以與趙君相抗厥後兩君皆去余校俞前
太學肇偕從游尤甚好獲瓦四十餘者猶多其時蒼桐邑令
陽曲申君兆定每於一瓦出即用舊碑易拓其字仿佼
亭毀無差繆數與四人友是以有其拓本先是鎮洋畢公巡
撫陝西幕府之士若吳縣張舍人塤獲長毋相忘瓦每足字字博
辭獲十二字瓦吳之青浦王公為按察使亦獲瓦十餘而海內
博古之士欲與兩公游者亦間有獲若錢趙諸君乃其最著者

云云 家當萬歲 家富 歲萬
古瓦俞太學得之鳳翔文曰家當萬歲篆法精美非漢人所及蓋先秦差
寔物是讀為萬歲家當無瓦皆之
跡具在歲家二字在其上方故不可倒讀也秦漢瓦當文字云

樂當大萬 上文曰樂當大萬
俞太學得於汧隴之交古隃麋地乃神祠瓦也萬者舞名詩邶風簡
兮傳以干羽為萬舞語之大萬凡樂皆以大稱周官大司樂云雲門
大卷大咸大磬大夏大濩大武又漢亦稱大曉官後漢改大予
樂皆稱大也樂當大萬指舞樞盛而言萬舞搖佾之舞
非常神祠所可用故以為稱漢地理志云隃麋有黃帝子祠室即
其瓦與 說文

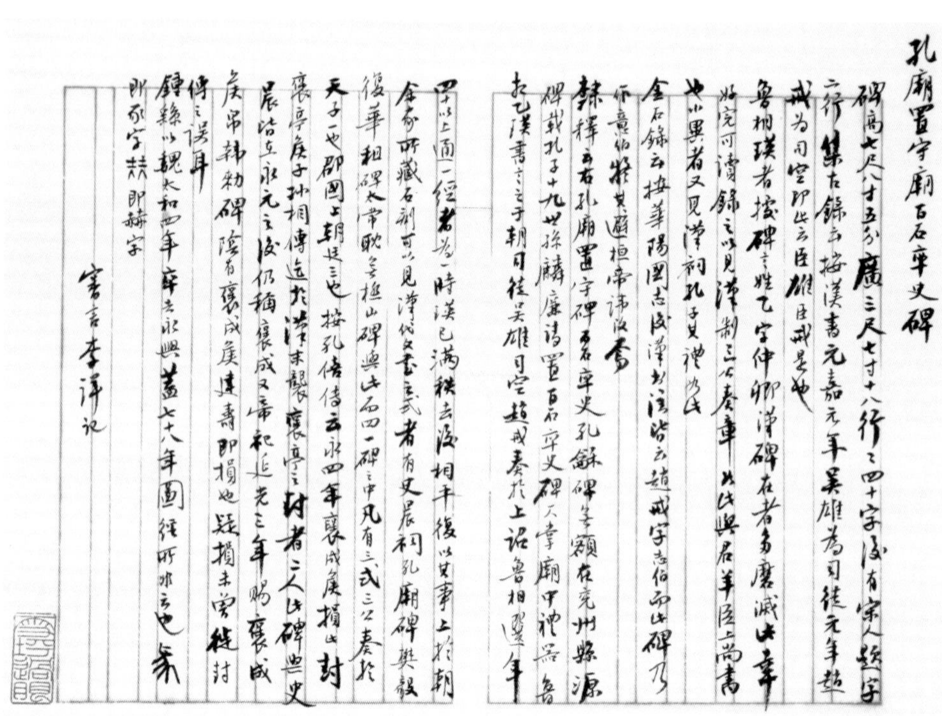

孔廟置守廟百石卒史碑
碑高七尺八寸五分廣三尺七寸十八行行四十字後有宋人題字
二行集古錄云按漢書元嘉元年吳雄為司徒元年趙
戒為司空即此云臣雄臣戒是也
魯相瑛者按碑之姓乙字仲卿漢碑在者多磨滅此韓
勑完可讀錄之以見漢制三公奏事此與君草陸上尚書
也小異者又見漢祠孔子其禮如此
金石錄云按華陽國志後漢趙戒字志伯而此碑乃
作意伯并其避桓帝諱故書
隸釋云右孔廟置守碑百石卒史孔龢碑篆額在兗州縣源
碑載孔子十九世孫麟廉請置百石卒史碑又章廟中禮器魯
相乙瑛奏請言之朝司徒吳雄司空趙戒奏於上詔魯相選年
四十以上通一經者為一時漢已滿秩去後相平復以其事上於朝
余家所藏石刻可以見漢代書之式者有史晨祠孔廟碑樊毅
復華嶽碑太常耿勳樞山碑與此石而四一碑之中凡有三式三公奏於
天子一也郡國上朝廷二也 按孔傳傳云永四年褒成侯損之封
褒亭侯子孫相傳迄於漢末襲褒亭之封者二人此碑與史
晨皆在永元之後仍稱褒成又帝紀延光三年賜褒成
侯常韓勑碑陰有褒成侯建壽即損也疑損未嘗襲封
傳之誤耳
鍾繇以魏太和四年卒去永興蓋七十八年圖經所以云也 家
所承字㝬即隸字
審言李詳記

(图五九 19—20)

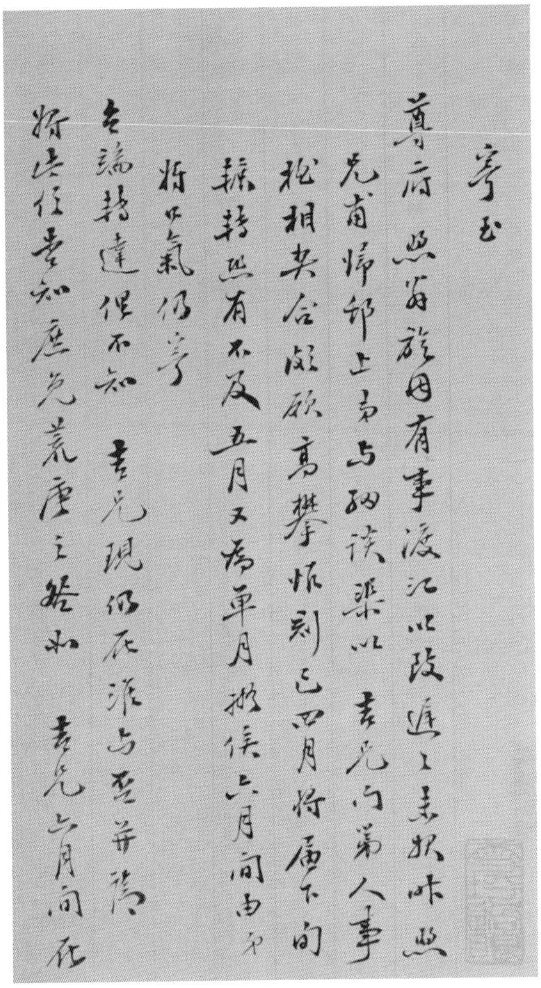

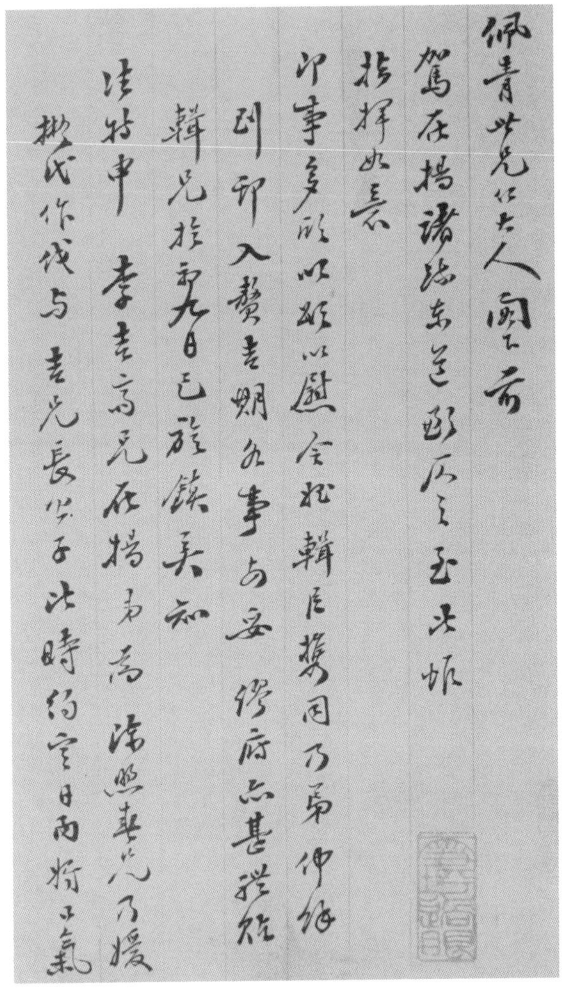

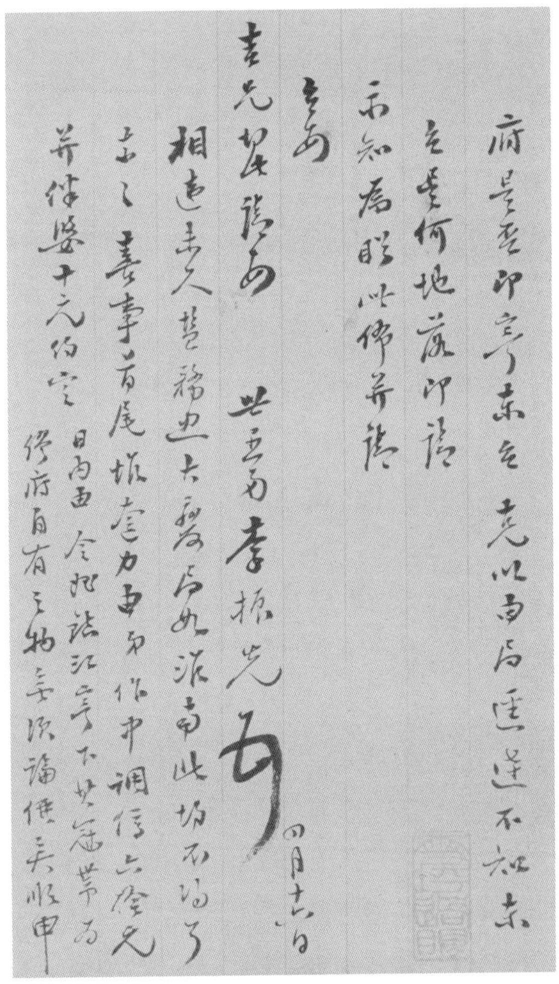

（图六〇 1—3）

六〇　李振先　致佩青函

李振先　不详

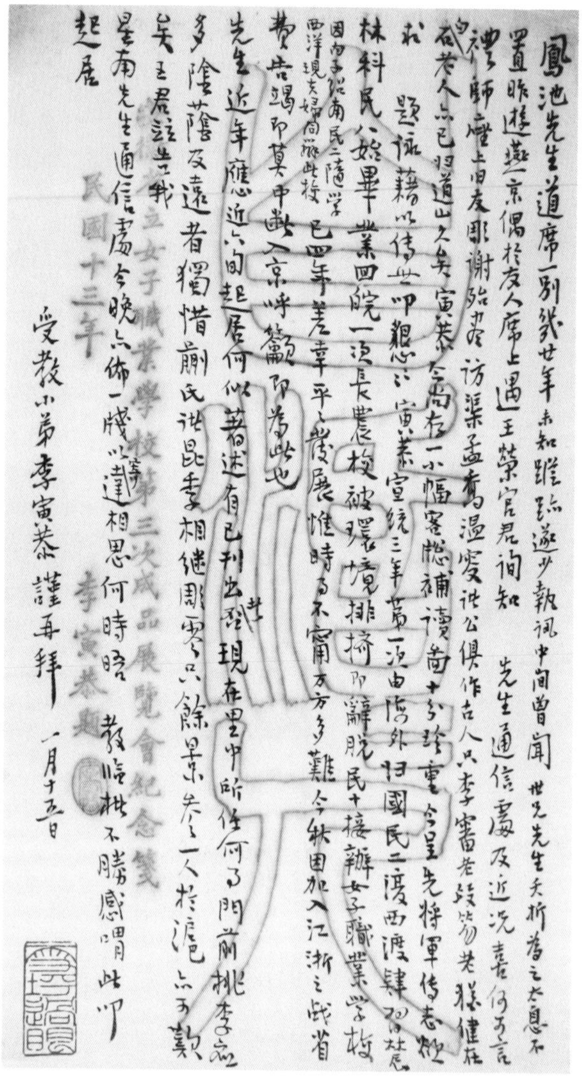
鳳池先生道席：一別幾廿年，未知蹤跡，遂少執訊。中間曾聞 世兄先生夭折，為之太息不置。昨游燕京，偶於友人席上遇王榮官君，詢知 先生通信處及近況，喜何可言。禮師屢上田友那謝貽君訪渠孟甫為溫變，諸公俱作古人，只李審老殁，勞老猶健在，白石老人亦已歸道山久矣。寅恭今尚存一小幅，審老補讀齋十分珍重，今呈 先將軍傳志，煩君 題詠，藉以傳世，叩懇之。寅恭宣統三年第一次由滬外出[illegible]，歸國民二渡西渡肄習林科，民八始畢業回皖，一返長農校，被環境排擠，即辭脫，民十接辦女子職業學校（因內子從南民二隨學西洋，現夫婦同服此校），已四年，差幸平平發展，惟時局不寧，方方多難，今秋因加入江浙之戰，省費告竭，即莫申數入京呼籲，即為此也。先生近年應心近以何，起居何似，著述有已刊出并現在墨中所作何？明前挑李寵多陰蔭及遠者，獨惜蒯氏諸昆季相繼凋零，只餘景東先生一人於滬，亦可歎矣。王君注生[illegible]是南先生通信處，今晚亦作一牋以達相思，何時賜 教，臨楮不勝感謂，此叩
起居
受教小弟李寅恭謹再拜 一月十五日

六一　李寅恭　致凤池函

李寅恭，字勰宸，1914 年自费去英国阿伯丁大学攻读农林科，毕业后在剑桥大学任林业技师。

1919 年回国，先后担任安徽省第一农业学校林科主任、安徽省第二农业学校校长、安徽省教育公有林技师、《实验杂志》编辑所所长，1928 年任国立中央大学森林科副教授。1930 年任教授兼系主任，并一度兼任江苏省教育林场场长。

是我国较早研究森林病虫害的学者之一。

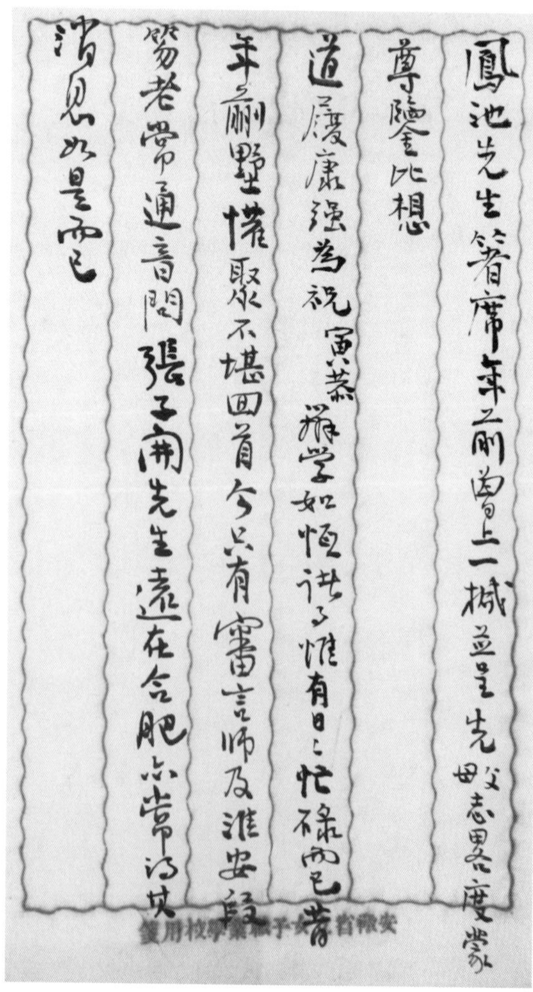
鳳池先生箸席：年前曾上一緘，並呈先母父志田名度，鑒
尊驂北想
道履康強為祝。寅恭服學如恒，諸子惟有日以忙碌而已。昔年翩躚，群聚不堪回首，今只有審言師及淮安勞老常通音問，張子開先生遠在合肥，亦常得其消息，如是而已。

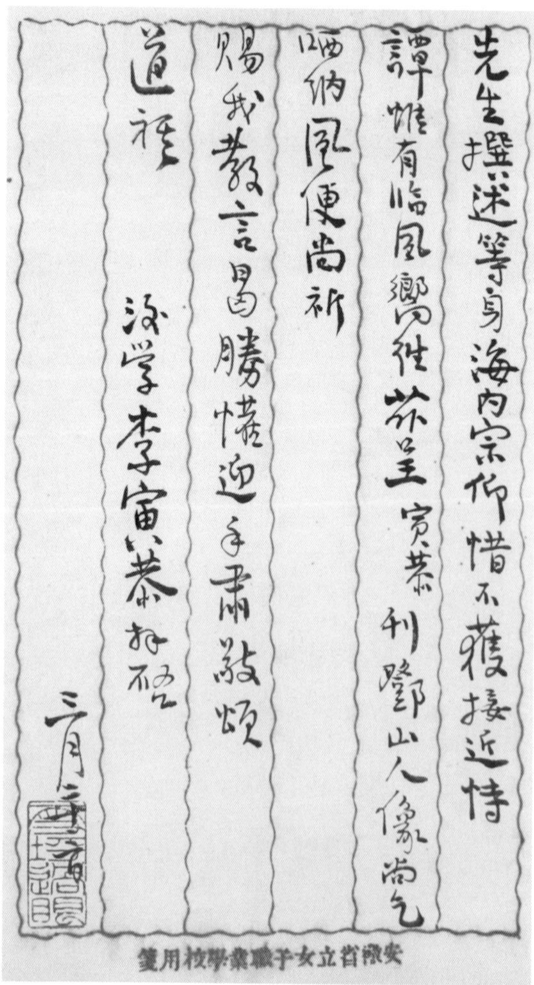
先生撰述等身，海內宗仰，惜不獲接近，時譚帷有臨風嚮往。茲呈 寅恭刊鄧山人像，尚乞哂納，風便尚祈賜我教言，曷勝情迎。手肅，敬頌
道祺
後學李寅恭拜啓 三月二十二日

（图六一　1—3）

六二　李寅恭　致吉曾甫函

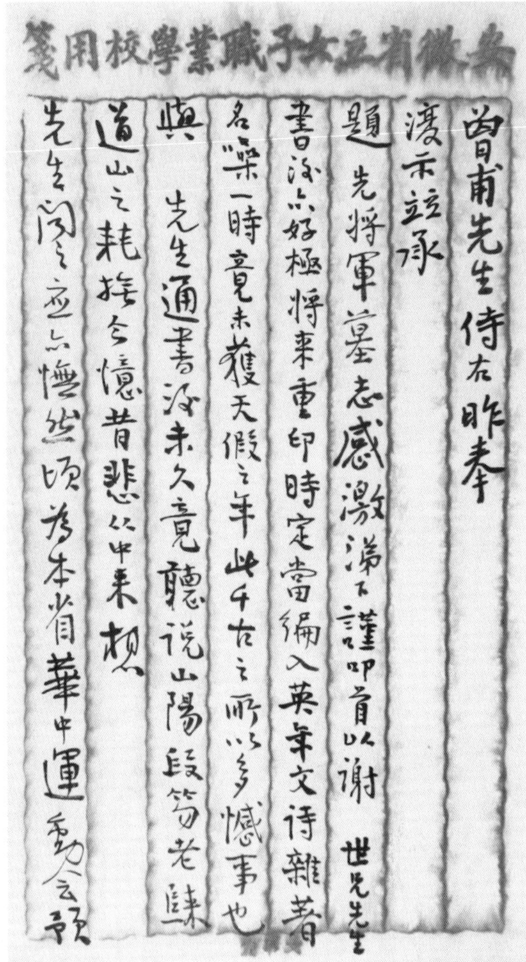
安徽省立女子職業學校用箋

曾甫先生侍右 昨奉
渡示 並承
題 先將軍墓志 感激涕下 謹叩首以謝 世兄先生
書法亦好極 將來重印時定當編入英年文詩雜著
名噪一時 竟未獲天假之年 此千古之所以多憾事也
與 先生通書後未久 竟聽說山陽段笏老歸
道山之耗 接今憶昔 悲從中來 頃
先生聞之亦必憮然 頃為本省華中運動會預

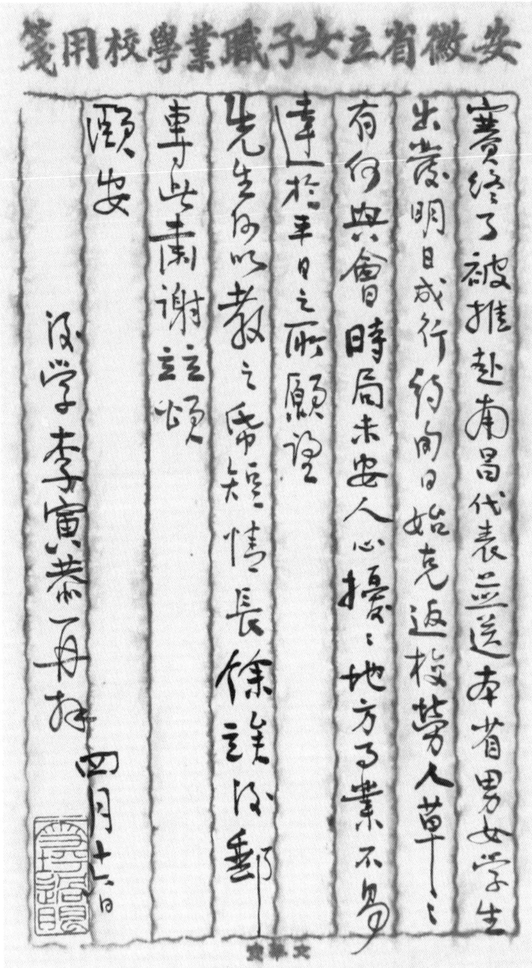
安徽省立女子職業學校用箋

賽終了 被推赴南昌代表並送本省男女學生
出發 明日成行 約向日始克返校 勞人草草
有何興會 時局未安 人心擾擾 地方事業不易
達於平日之所願望
先生何以教之 希短信長 [illegible]
專此肅謝 並頌
頤安
後學李寅恭再拜 四月十六日

（图六二　1－2）

六三　佚名　信函

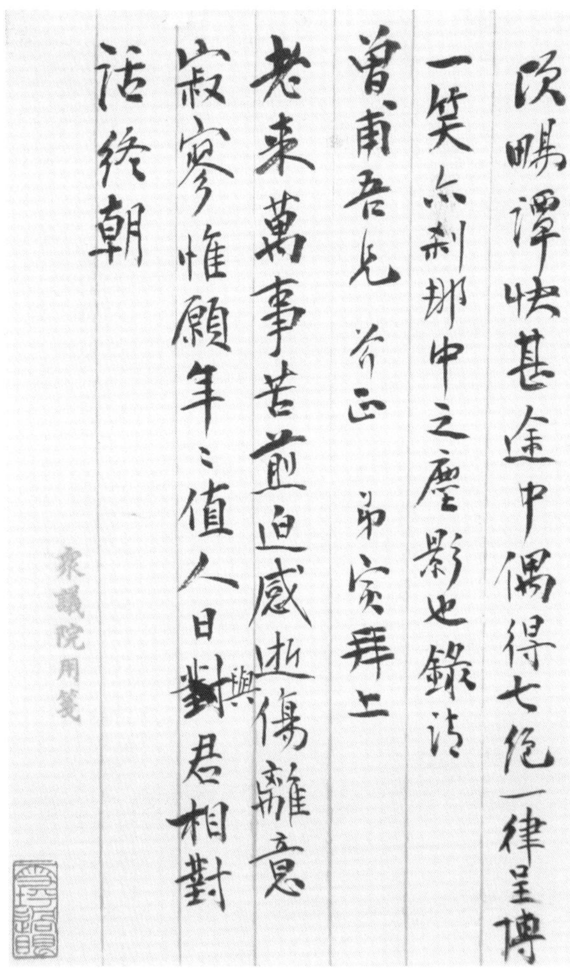
欣聞譚快甚 途中偶得七絕一律呈博
一笑 亦剎那中之塵影也 錄請
曾甫吾兄 斧正 弟寅拜上
老來萬事苦煎迫 感逝傷離意
寂寥 惟願年年值人日 對（與）君相對
話終朝

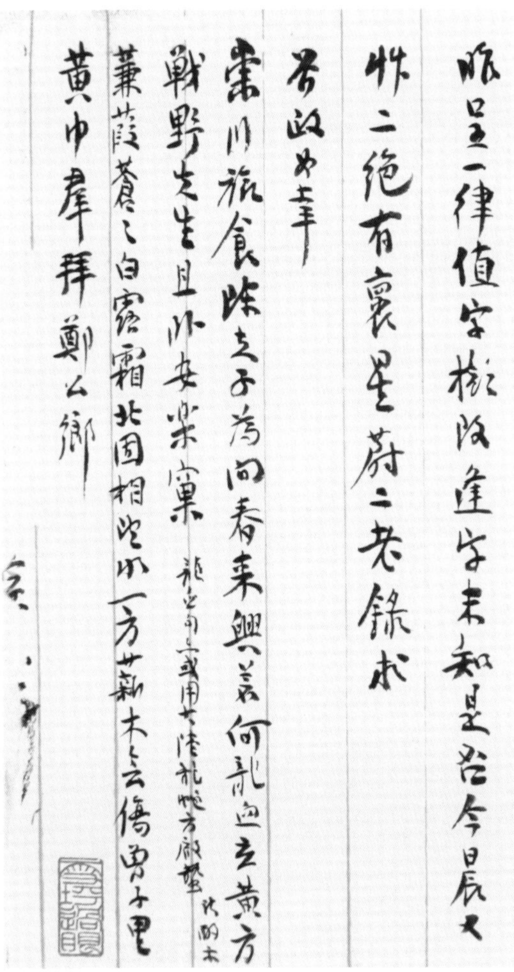
昨呈一律 值字擬改逢字 未知是否 今日辰大
作二絕 有[illegible]星蔚二老 錄求
哂政 如上年
[illegible]
[illegible]
蒹葭蒼蒼白露霜 北園相思水一方 [illegible]
黃中群拜 鄭公鄉

（图六三　1－2）

六三　佚名　信函

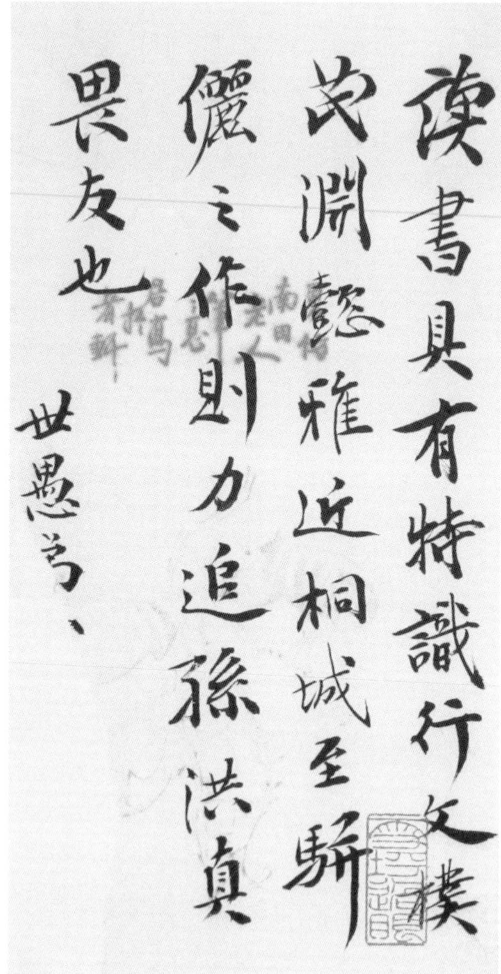

漢書具有特識行文樸茂淵懿雅近桐城至駢儷之作則力追孫洪真畏友也

世愚弟、

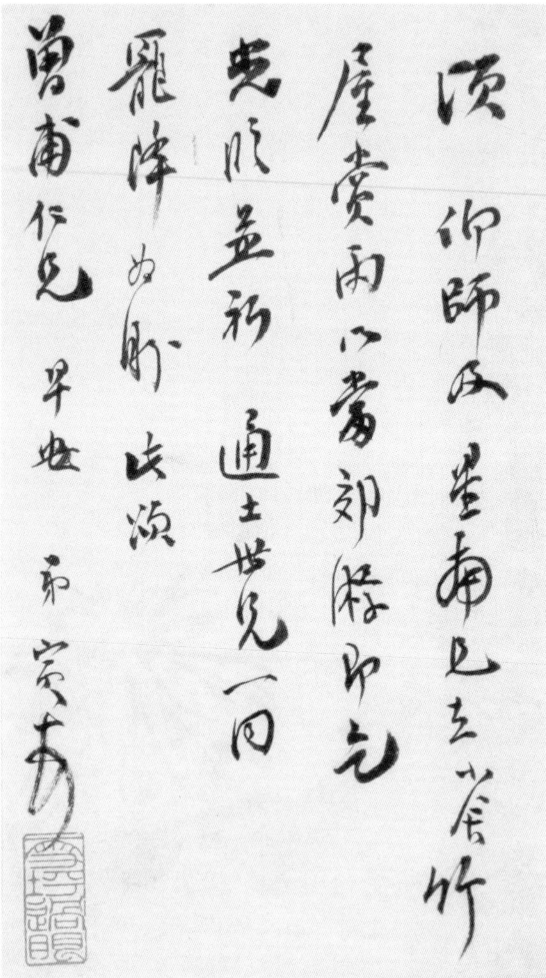

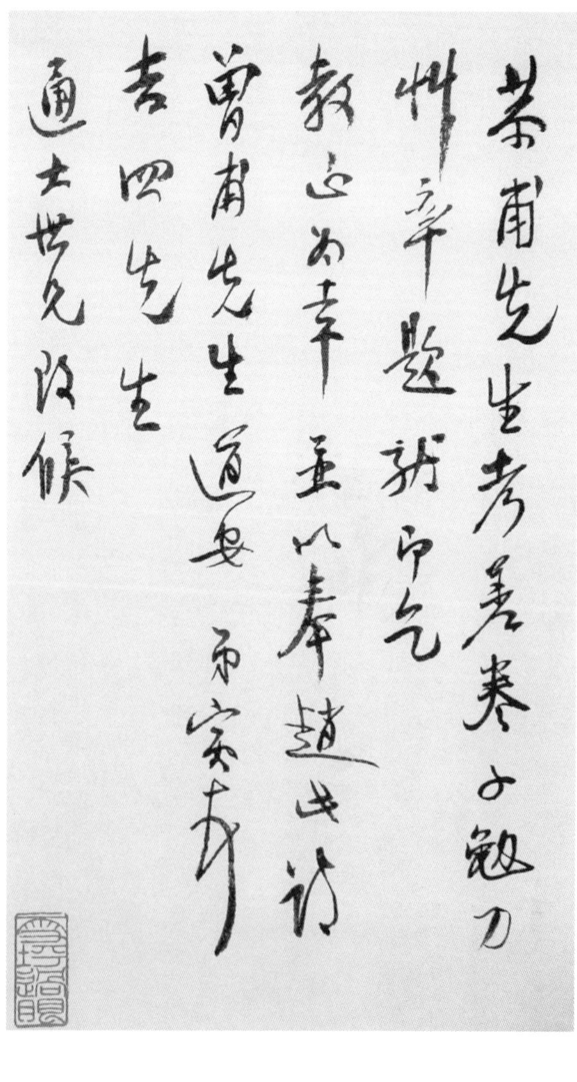

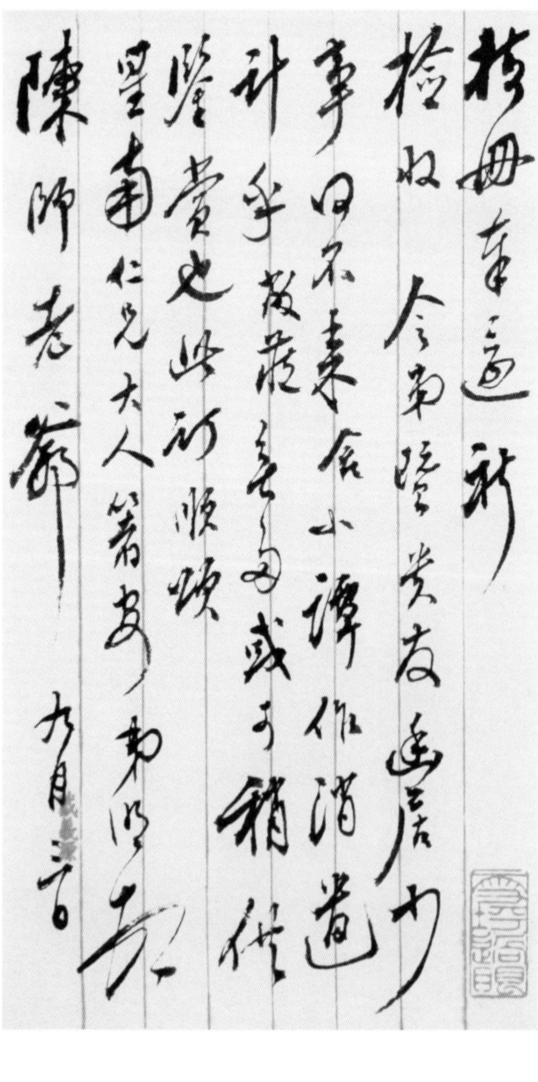

（图六三　3－6）

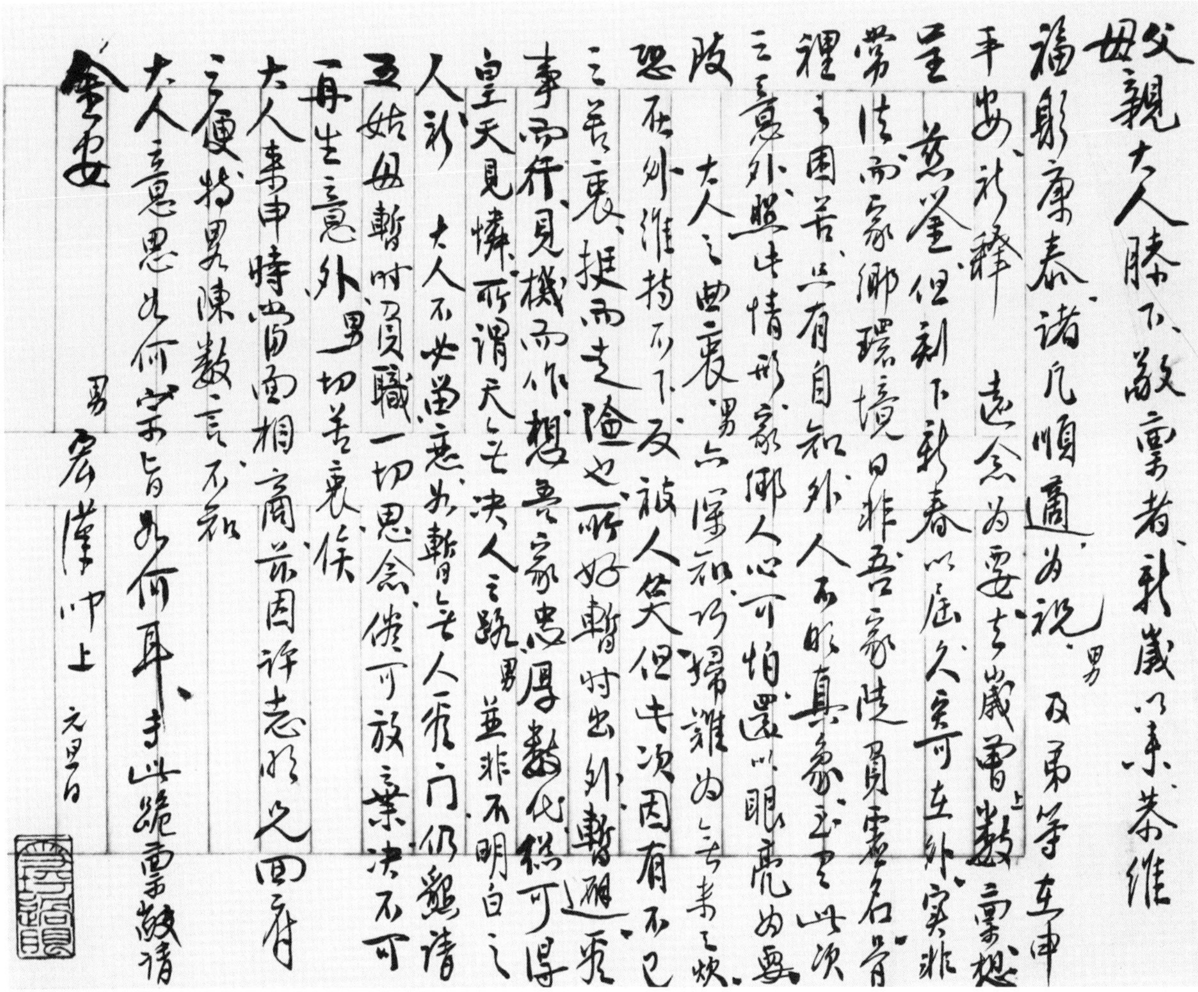

父母親大人膝下，敬禀者，新歲以來，恭維
福躬康泰，諸凡順適為祝。男及弟等在申
手安，祈釋遠念為要。去歲曾上數禀，想
呈慈鑒，但刻下新春以屆，久留可在外，實非
常法，而家鄉環境日非，吾家陡負虛名，背
裡之困苦，只有自知，外人不明真象，去年此次
之意外照片情形，家鄉人心可怕，還以眼光為要。
大人之忠厚，男亦深知，巧婦難為無米之炊，
恐在外維持不下，反被人笑，但此次因有不已
之苦衷，挺而走險也。所好暫時出外，暫避
事而行，見機而作，想吾家忠厚，數代稍可得
皇天見憐，所謂天之決人之路。男並非不明白之
人，祈大人不必過慮，為暫在人處，門仍鎖着，
五姑母暫時負職，一切思念，僅可放棄，決不可
再生意外。男一切苦衷，俟
大人來申時，當面相商，並因許志明之回府
之便，特此陳數言，不知
大人意思如何，宗旨如何耳。專此跪禀，敬請
金安。
男宏漢叩上　元月日

（图六四）

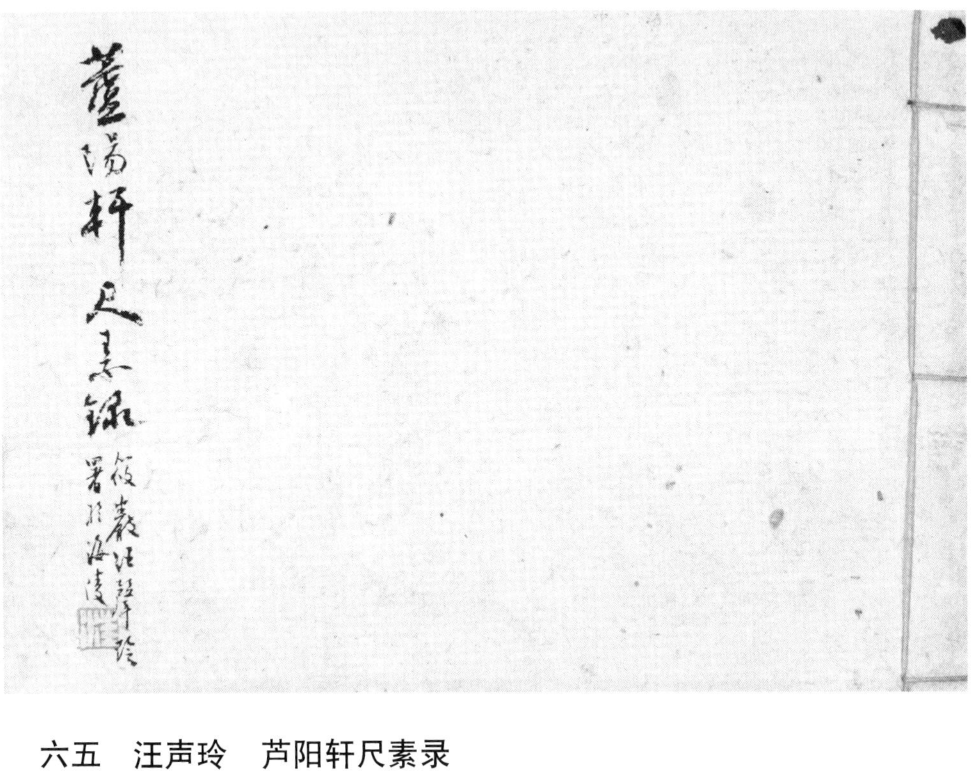

蘆陽軒尺素錄
筱巖汪聲玲署於海陵

（图六五—1）

六五　汪声玲　芦阳轩尺素录

汪声玲（1866—1934 年），安徽旌德人，一作江苏泰州人。原名生陵，字筱岩，光绪二十年进士。曾任清武毅军文案，总理营务处。1904 年后，历任两广行营营务处总办。辛亥革命后，历任山东岱南观察使、福建省民政长、参议院议员、段祺瑞执政府顾问。1934 年卒。著有《枕戈偶录》、《乌桓泥爪》等手稿，藏于台湾中央研究院近代史研究所。

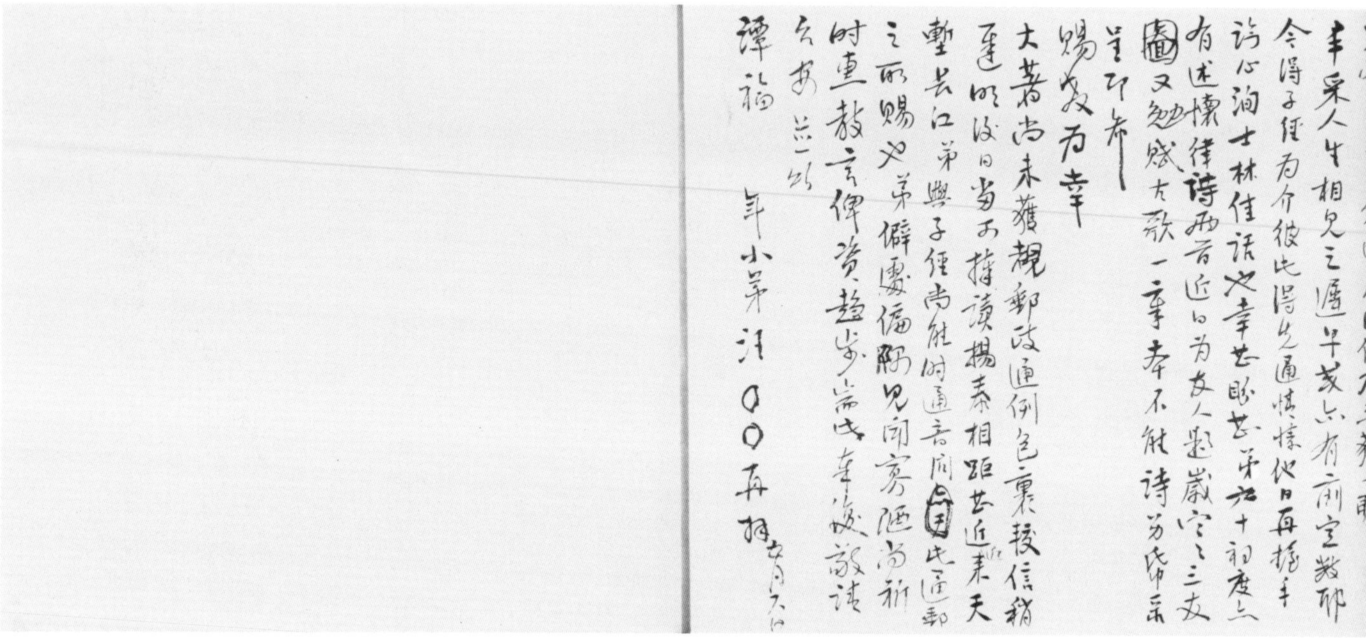

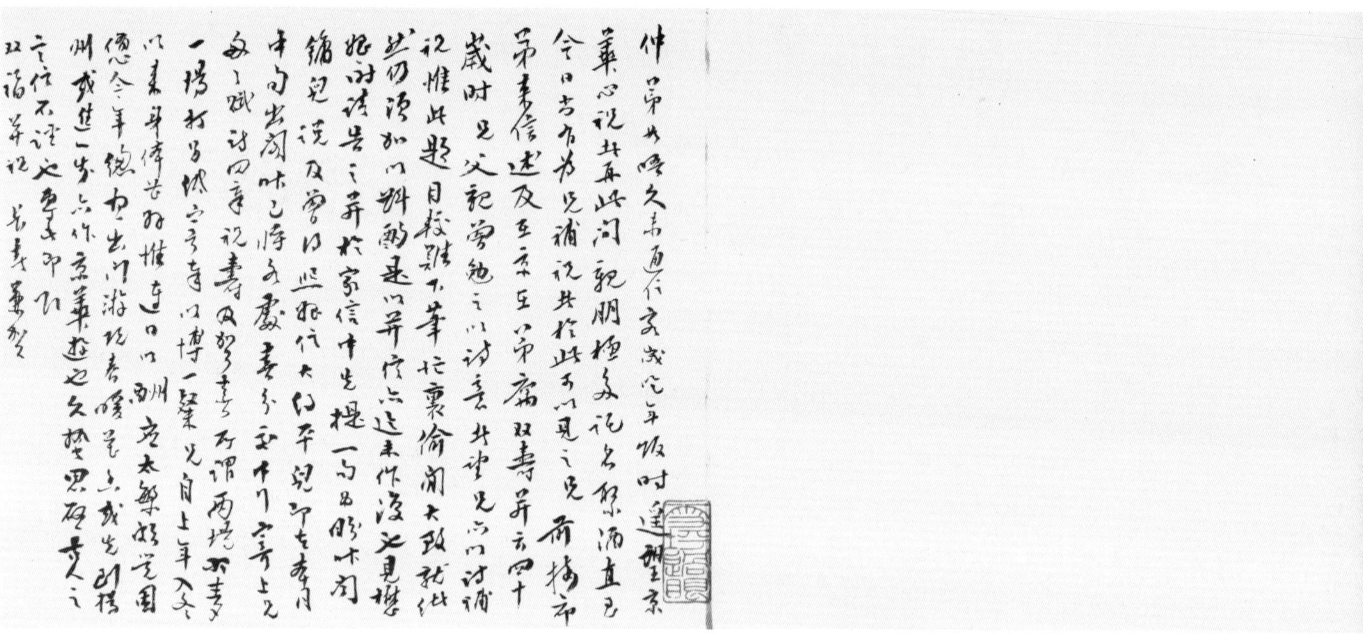

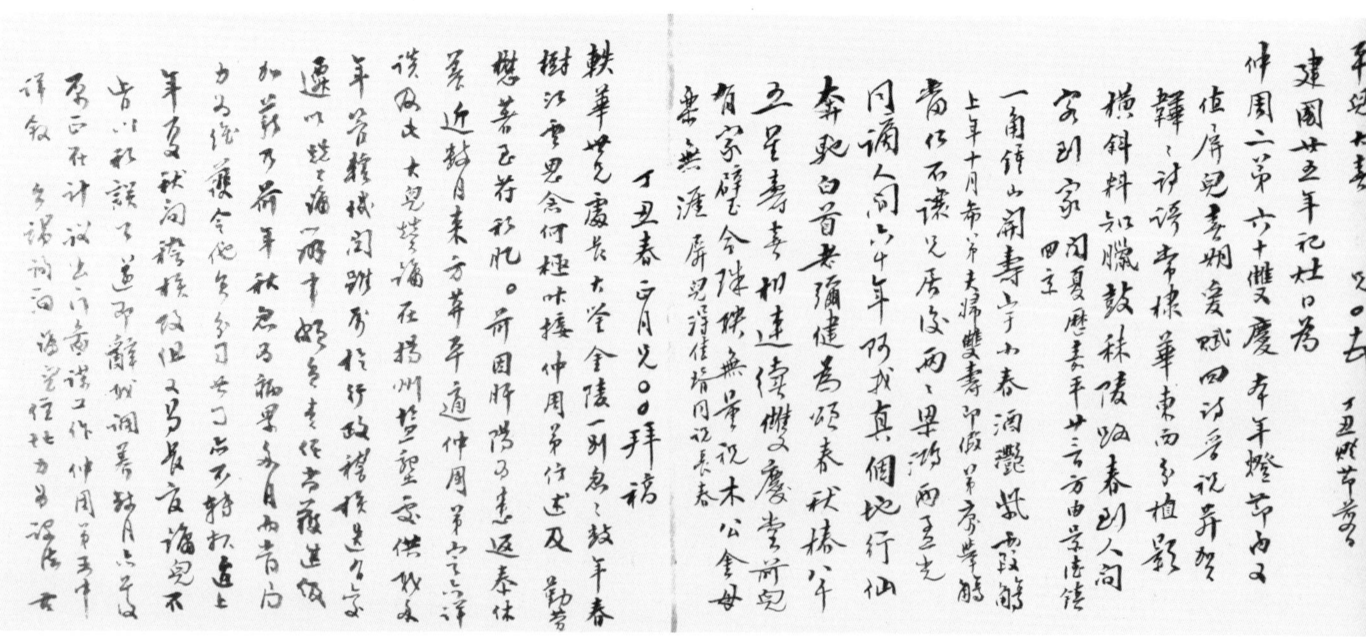

六五　汪声玲　芦阳轩尺素录

（图六五　2-4）

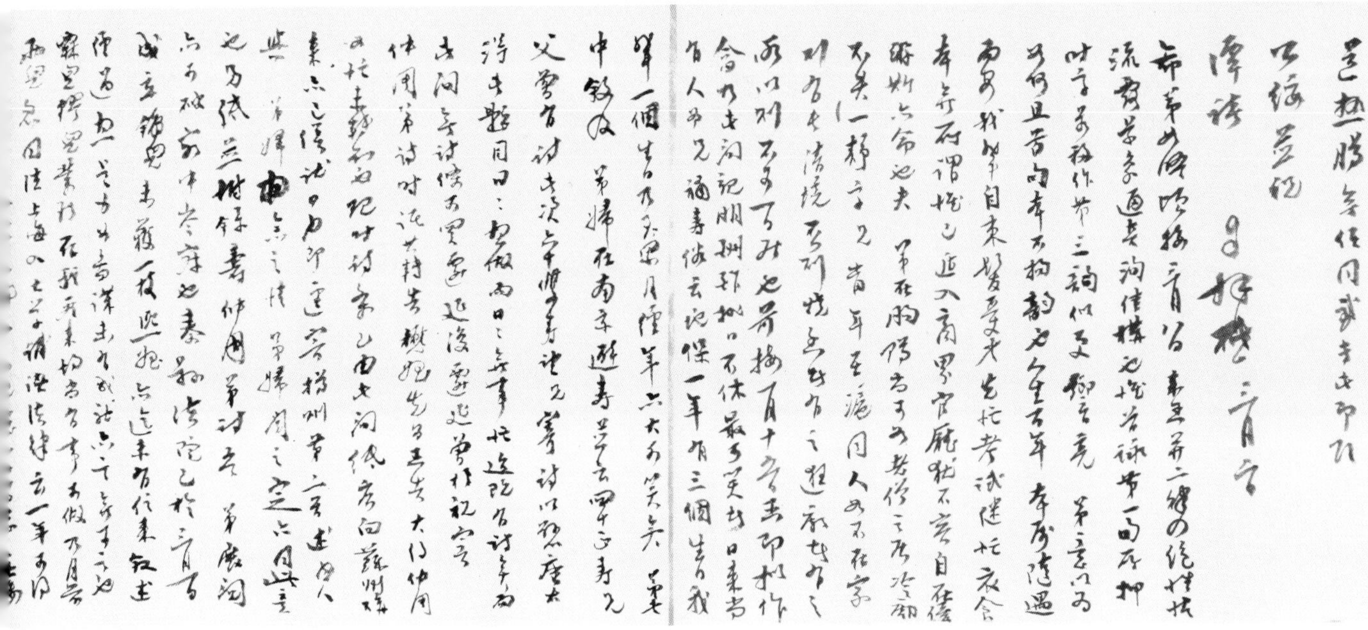
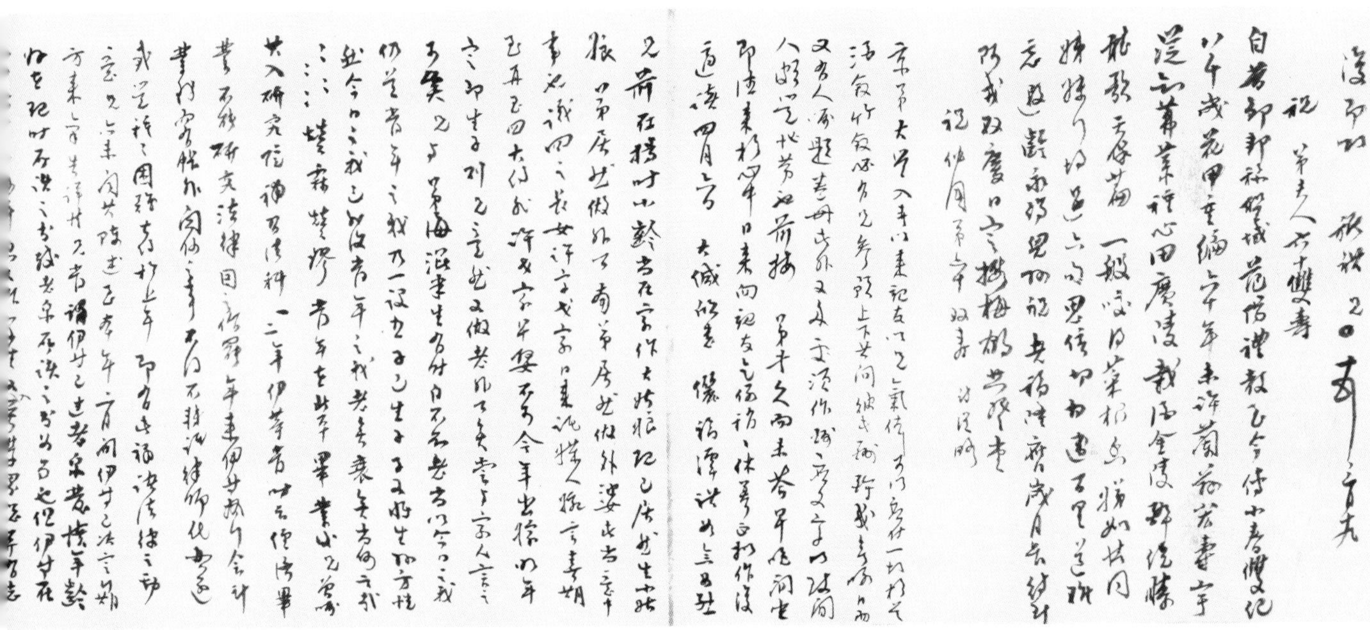
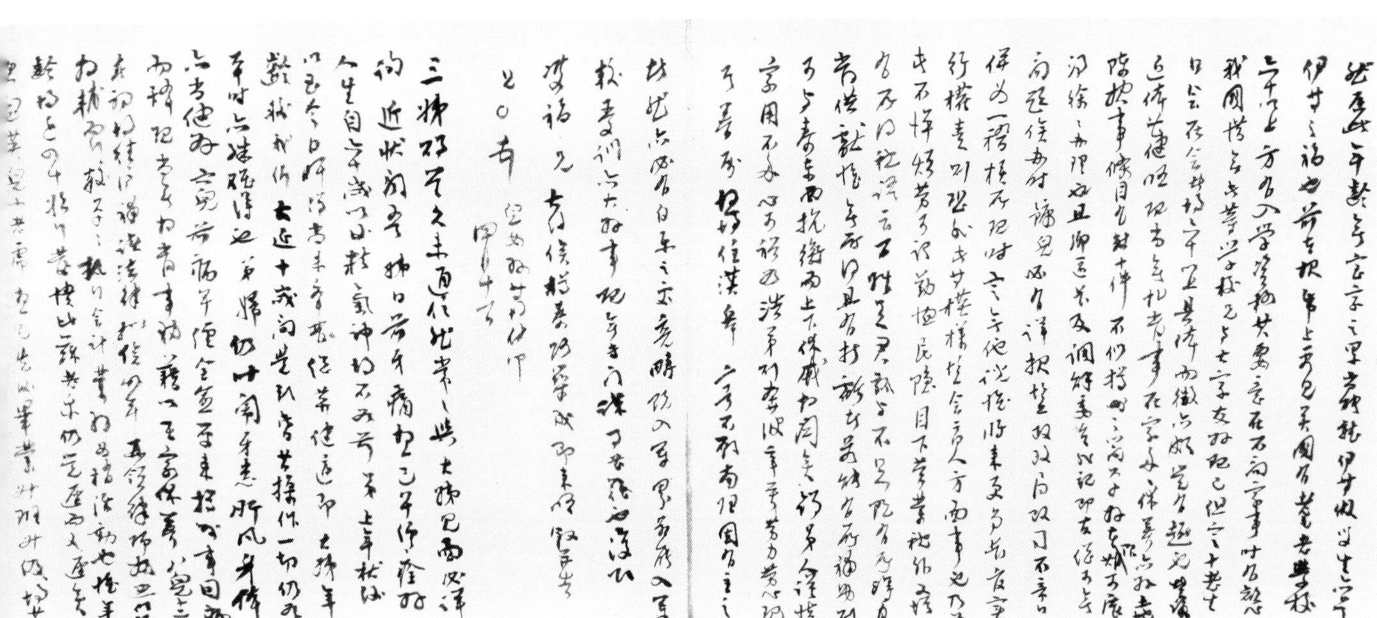

(图六五　5-7)

六五　汪声玲　芦阳轩尺素录

（图六五　8–10）

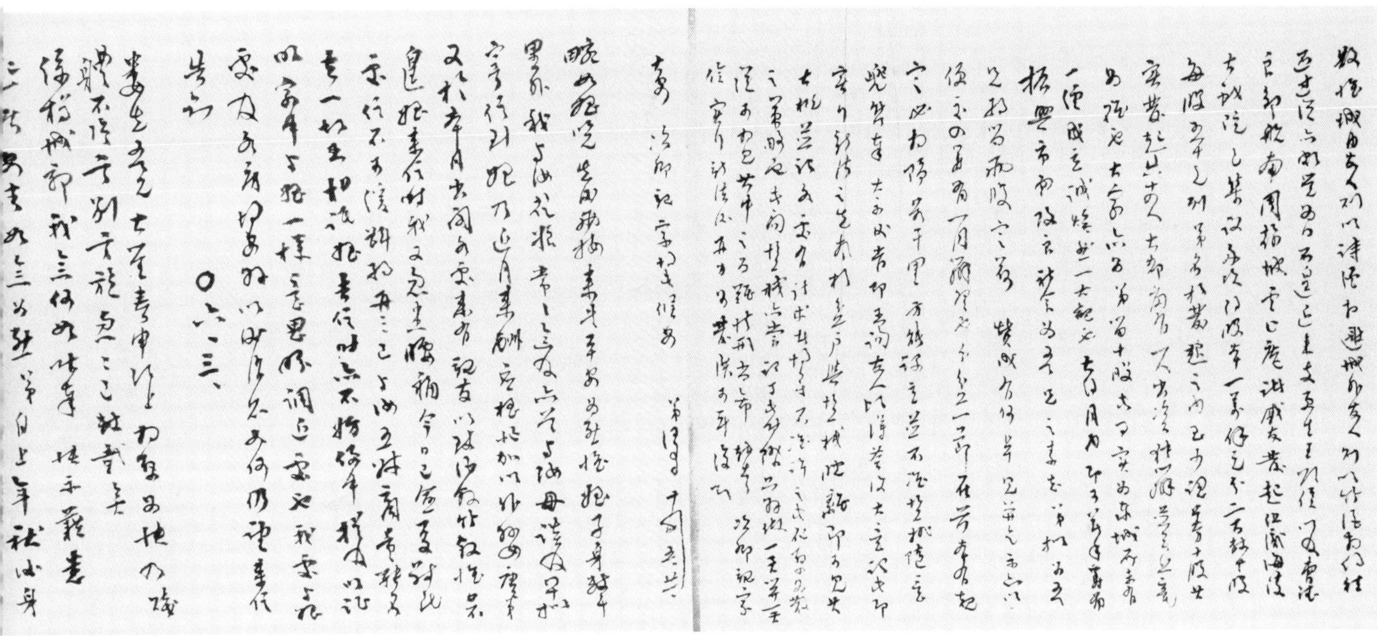

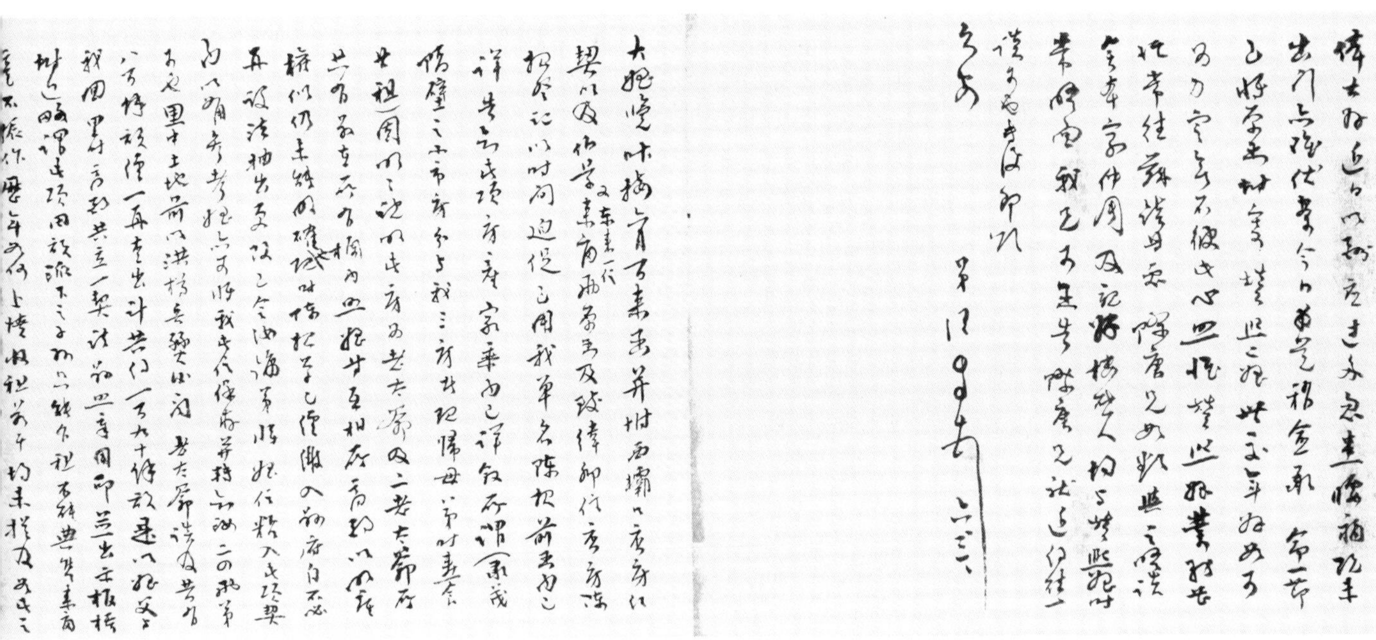

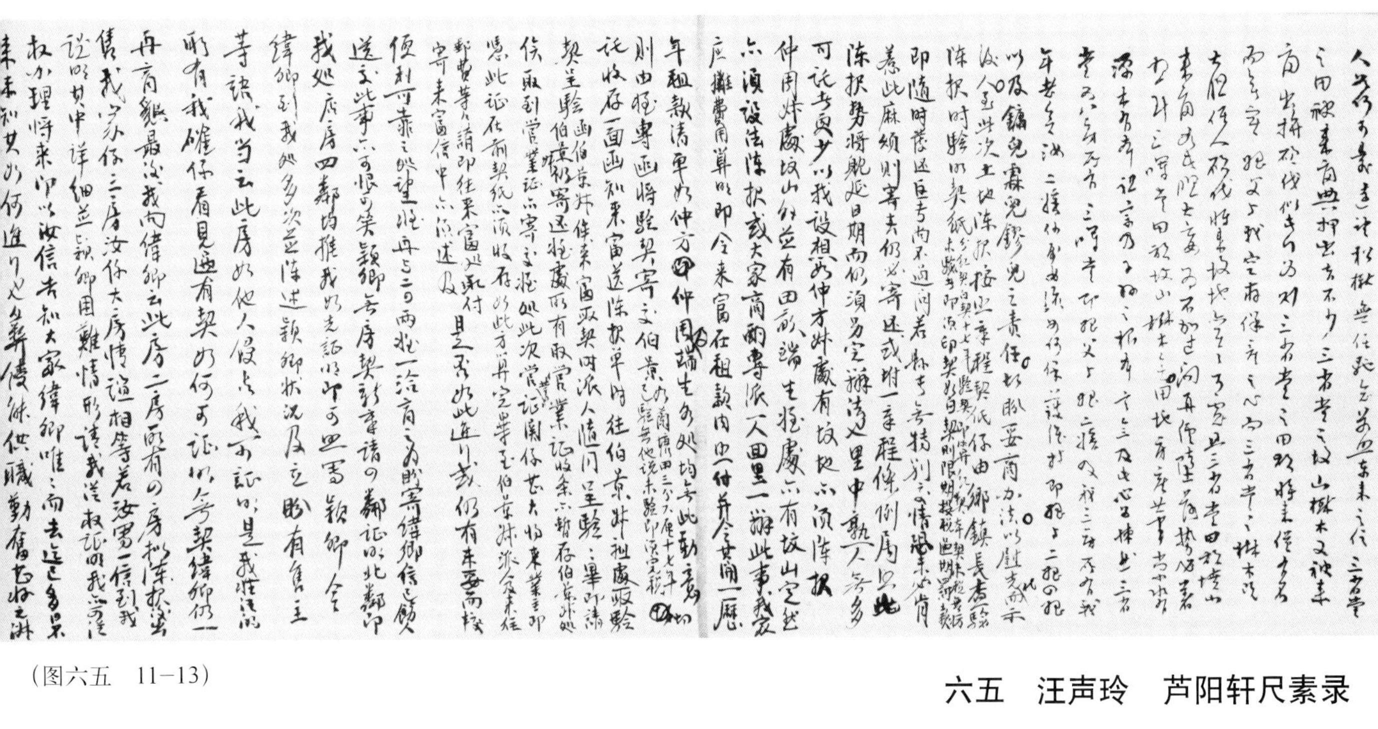

（图六五　11−13）

六五　汪声玲　芦阳轩尺素录

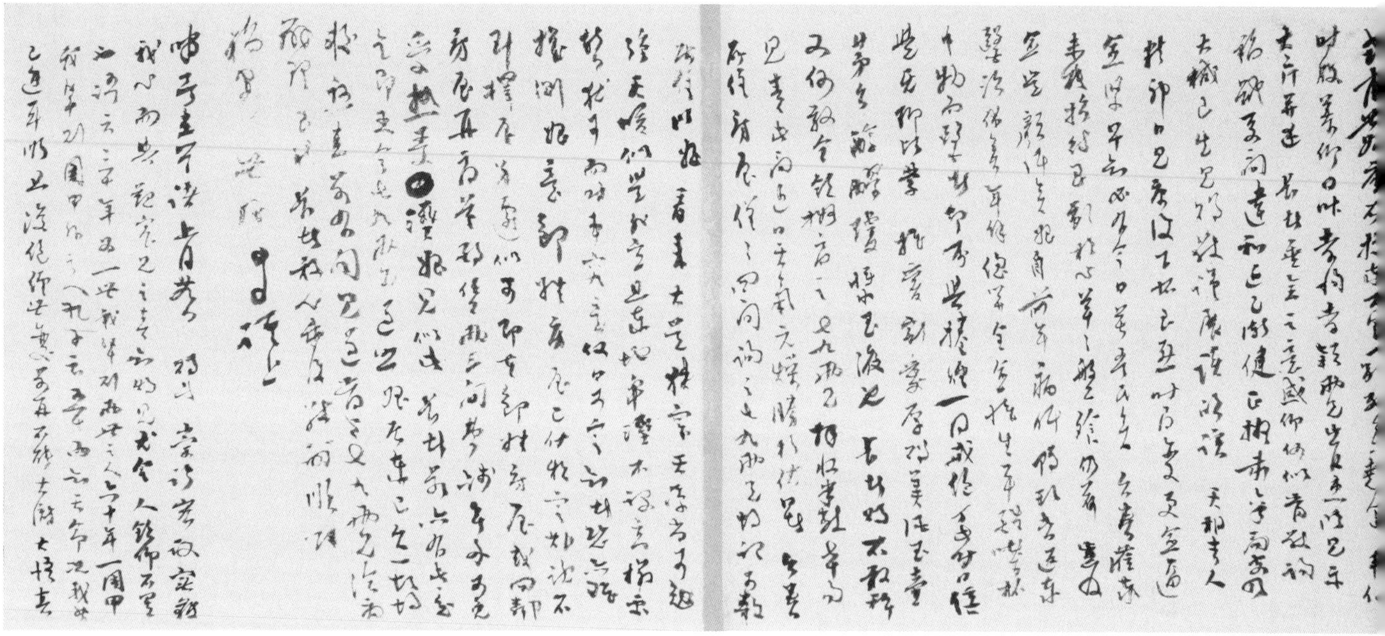

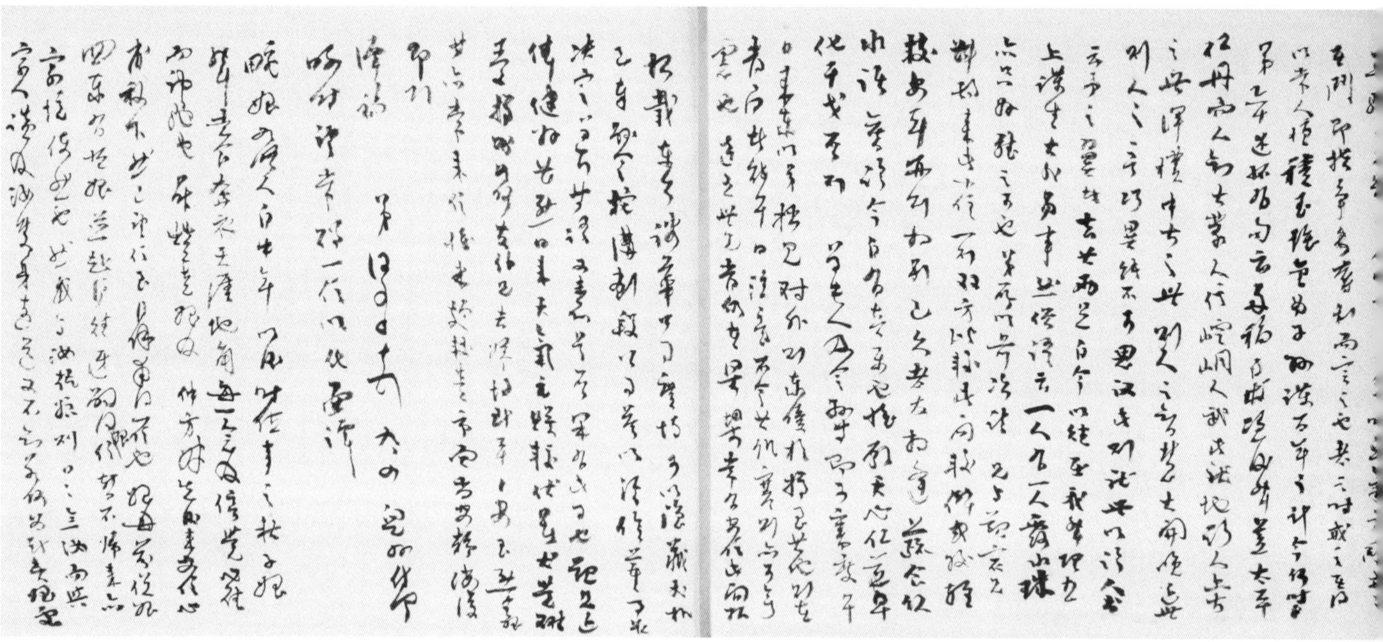

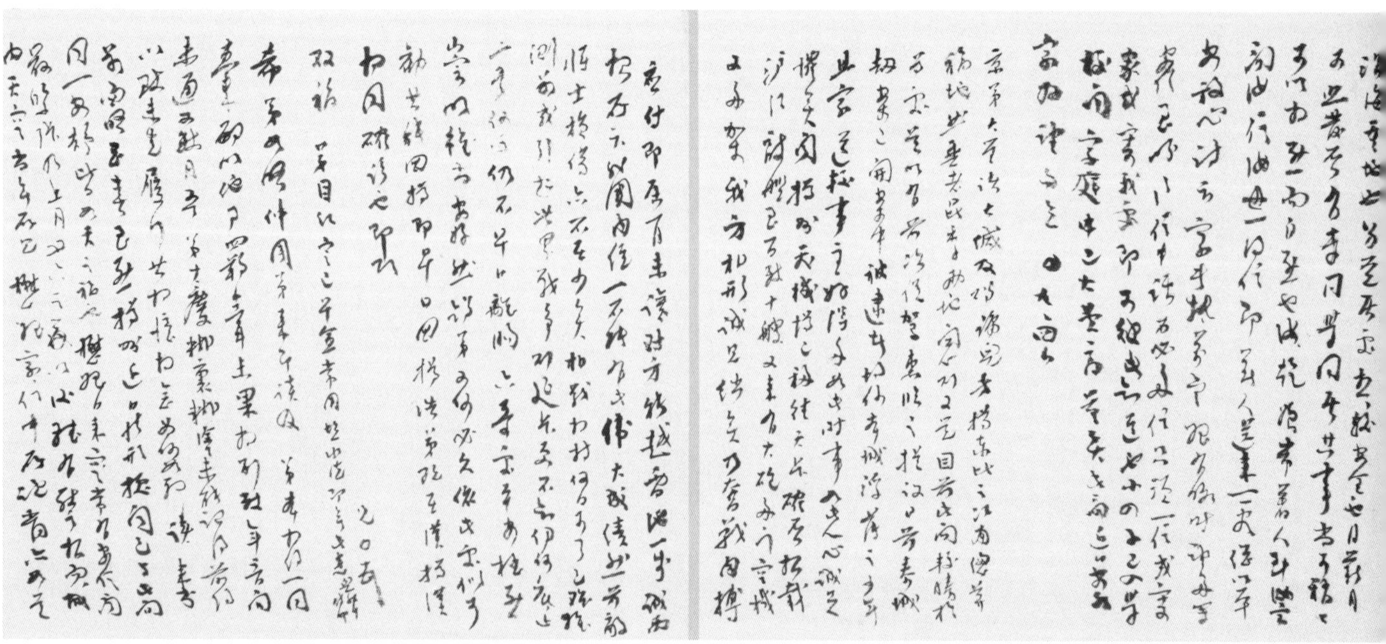

（图六五　26—28）

六五　汪声玲　芦阳轩尺素录

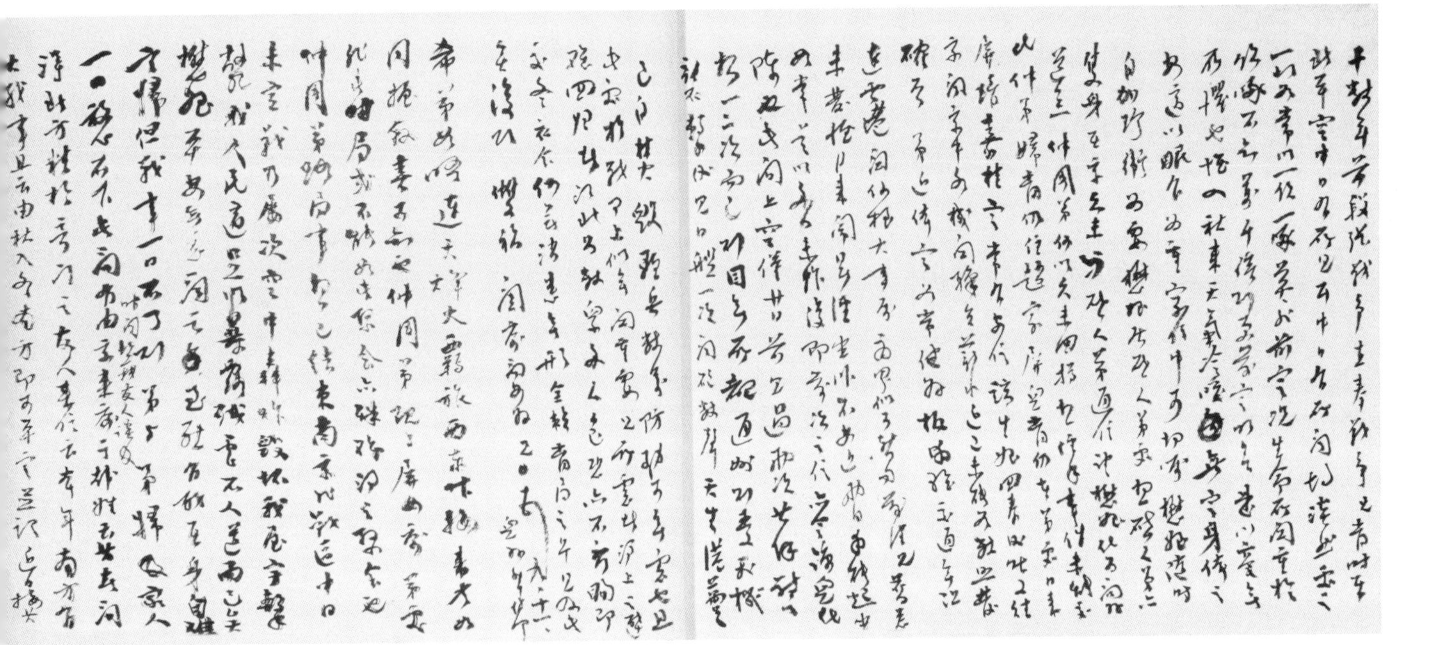
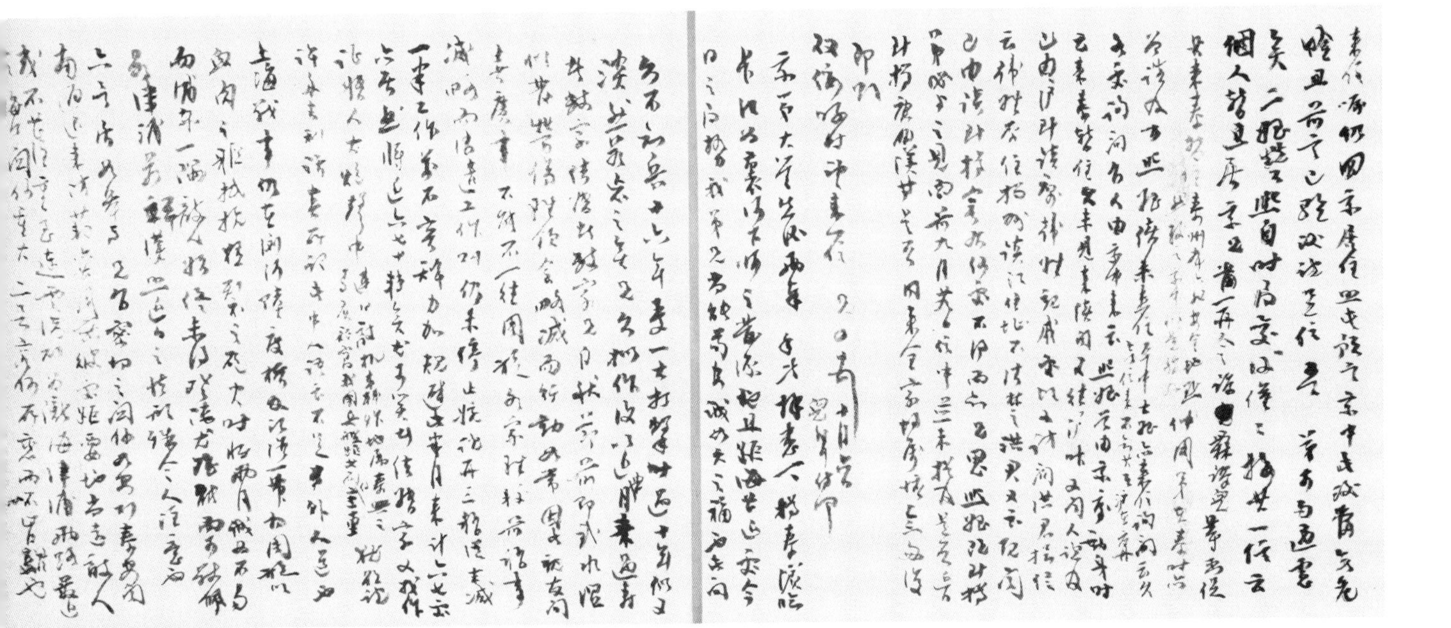
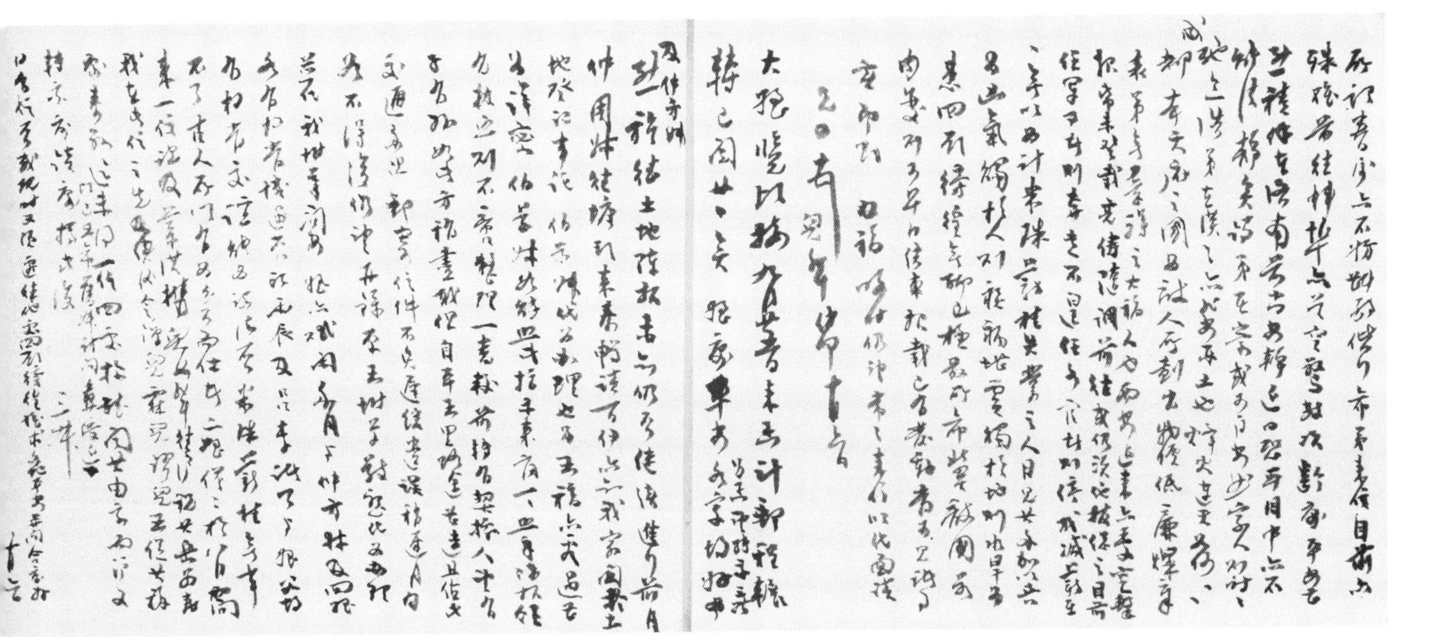

(图六五　29—31)

六五　汪声玲　芦阳轩尺素录

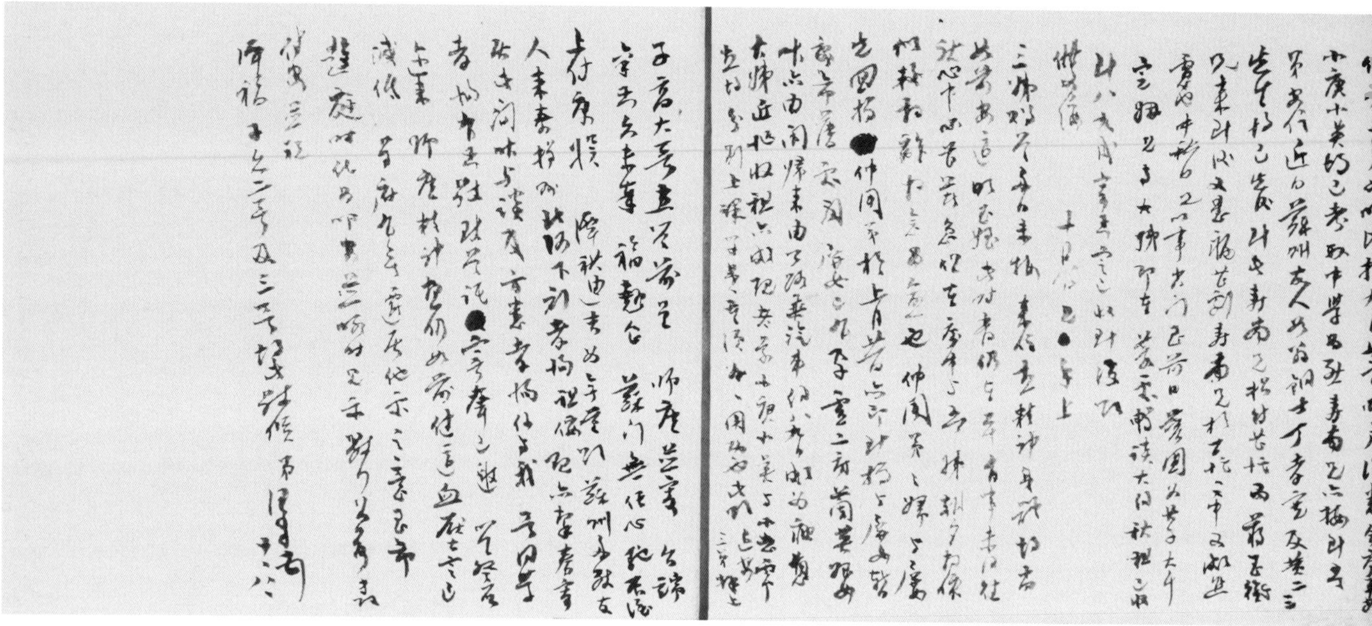

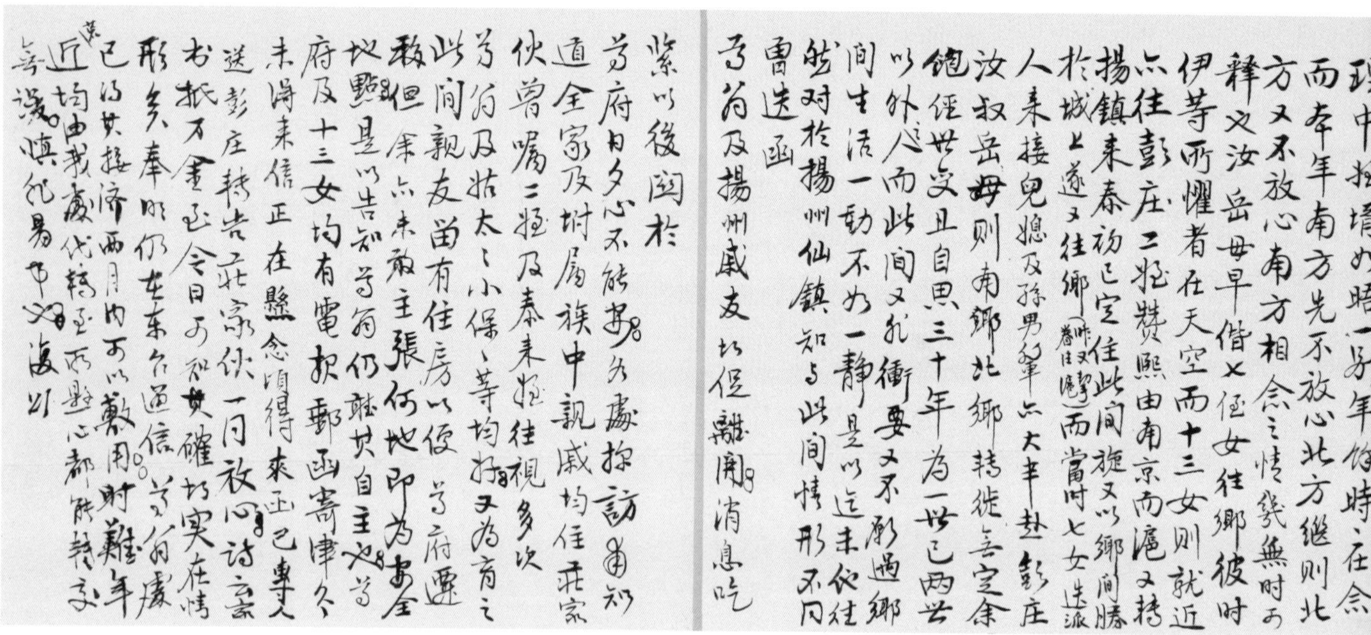

理中擾境如晤一別年餘時在念
而本年南方先不放心北方繼則北
方又不放心南方相念之情幾無時不
釋又汝岳母早偕又侄女往鄉彼時
伊等所懼者在天空而十三女則就近
亦住彭庄二姪禁熙由南京而滬又轉
揚鎮來泰初亡定住此間旋又以鄉間勝
於城上遂又往鄉（[illegible]）而當時七女未派
人來接兒媳及孫男輩亦大半赴彭庄
汝叔岳母則南鄉北鄉轉徙無定余
飽經世變且自思三十年為一世已兩世
以外心而此間又非衝要又不彰過鄉
間生活一動不如一靜是以近來從往
然對於揚州仙鎮知與此間情形不同
曾迭函
箭府及揚州戚友均促離開消息吃
緊以後函於
箭府日夕心不能安多處探訪函知
道全家及坿屬族中親戚均住莊家
伙曾囑二姪及泰來姪往視多次
箭府及姑太太小保等均好又為育之
此間親友留有住房以便箭府遷
移但余亦未敢主張何地即為安全
地點是以告知箭府仍聽其自主也箭
府及十三女均有電報郵函寄津久
未得來信正在懸念頃得來函已專人
送彭庄轉告莊家伙一同放心該處
者抵不重函令日可知其確切實在情
形矣奉此仍在東台通信箭府處
已得其接濟兩月内可以敷用財難年
近均由我處代轉至所懸心都能幾矣
無識慎紀易中浵復以

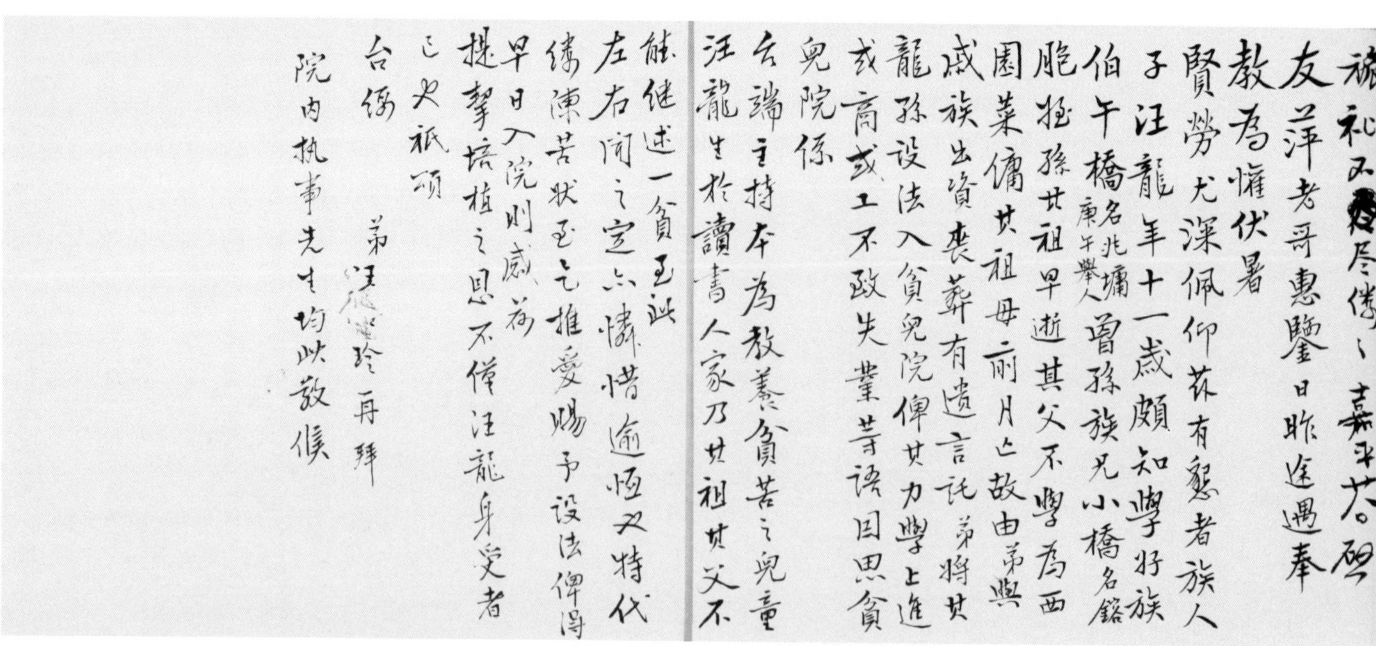

禧祉又[illegible]盡佳、嘉平芬硯
友萍老哥惠鑒日昨途遇奉
教為慚伏暑
賢勞尤深佩仰茲有懇者族人
子汪龍年十一歲頗知學好族
伯午橋（名兆墉，庚午舉人）曾孫族兄小橋（名銘）
胞姪孫其祖早逝其父不學為西
園菜傭其祖母前月亡故由弟與
戚族出資喪葬有遺言託弟將其
龍孫設法入貧兒院俾其力學上進
或商或工不致失業等語因思貧
兒院係
台端主持本為教養貧苦之兒童
汪龍生於讀書人家乃其祖其父不
能繼述一貧至此
左右聞之定亦憐惜逾恆又特代
緣陳苦狀至乞推愛賜予設法俾得
早日入院則感荷
提挈培植之恩不僅汪龍身受者
已也祇頌
台綏
弟汪聲玲再拜
院內執事先生均此致候

六五　汪声玲　芦阳轩尺素录

（图六五　32–34）

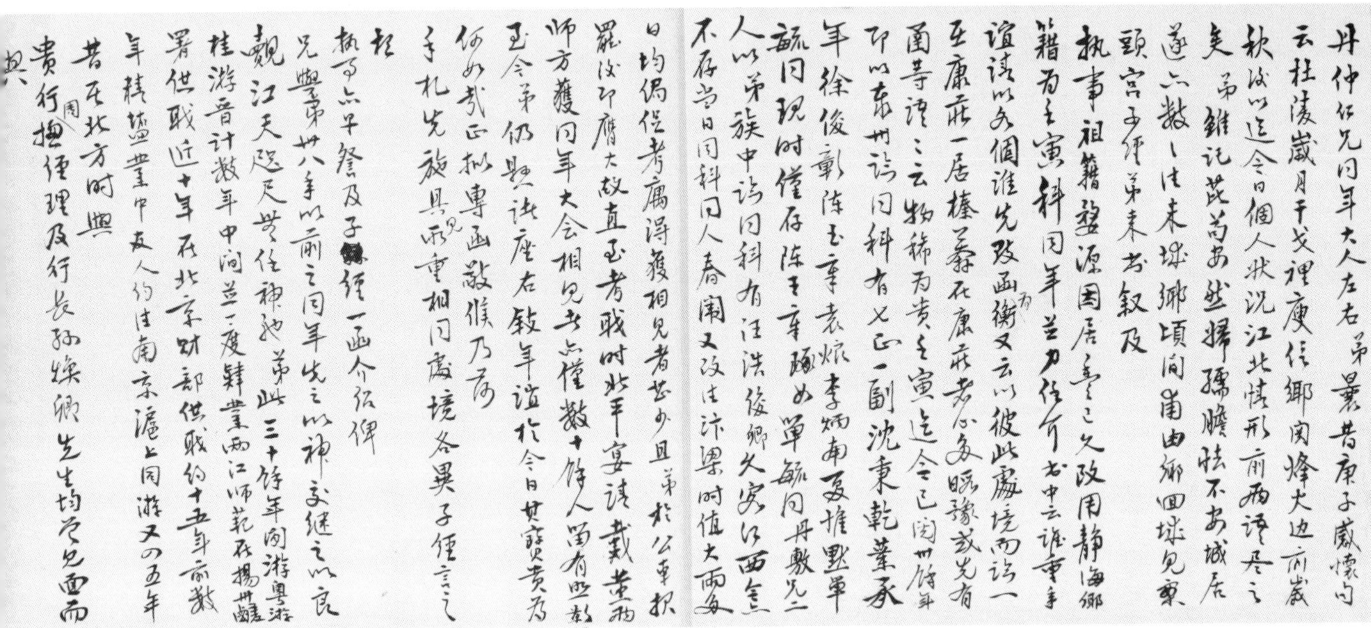

（图六五 −35）

六五　汪声玲　芦阳轩尺素录

六六　沈尹默　楷书古货币通考稿册

沈尹默（1882—1971 年），现代杰出书法家。原名实，号君墨，又作君默，后改尹默，晚号秋明室主，祖籍浙江湖州，生於陕西西安。早年毕业于嘉兴师范学校、日本京都帝国大学文科。先后任北京大学文预科教授，兼北京政府教育部国文教科书审查及稿纂委员会委员，主持北京大学书法研究会，燕京大学教授、中法大学教授兼孔德学校校长、国民政府教育部大学委员会北平分会委员兼河北省教育厅厅长、北平大学校长、北平研究院史学研究会研究员、国民政府监察院监察委员等职。中华人民共和国成立后，历任中央文史馆副馆长，上海市文联副主席，上海中国书法篆刻研究会主任等。书法融合碑帖之长，在追寻二王以来书法精髓的基础上，创时代新风。

（图六六　1−2）

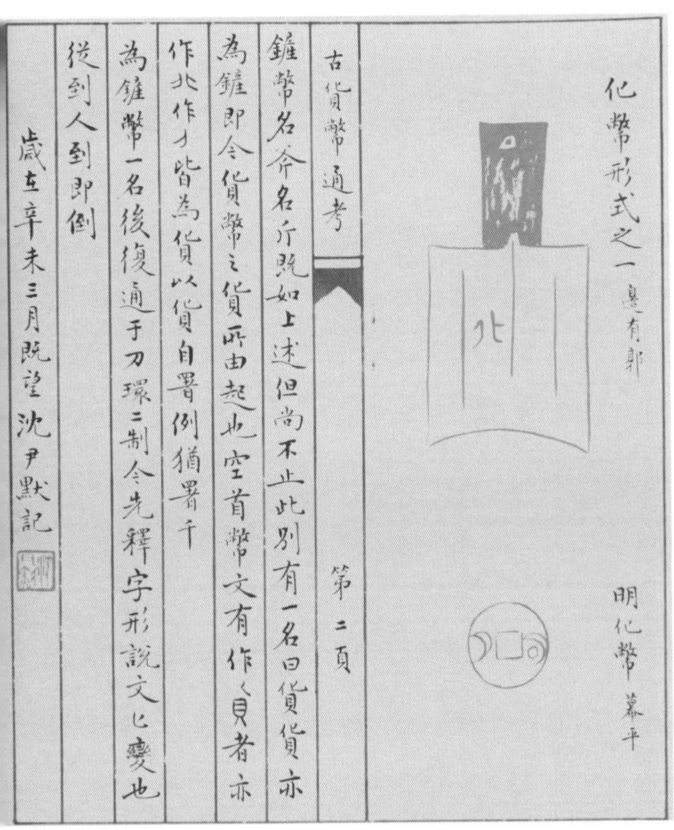

化幣形式之一 邊有郭

明化幣 幕平

古貨幣通考　第二頁

鏟幣名瓜名斤既如上述但尚不止此別有一名曰貨貨亦為鏟即今貨幣之貨所由起也空首幣文有作亻貝者亦作北作才皆為貨以貨自詈例猶詈千為鏟幣一名後復通于刀環二制今先釋字形說文匕變也從到人到即倒

歲在辛未三月既望沈尹默記

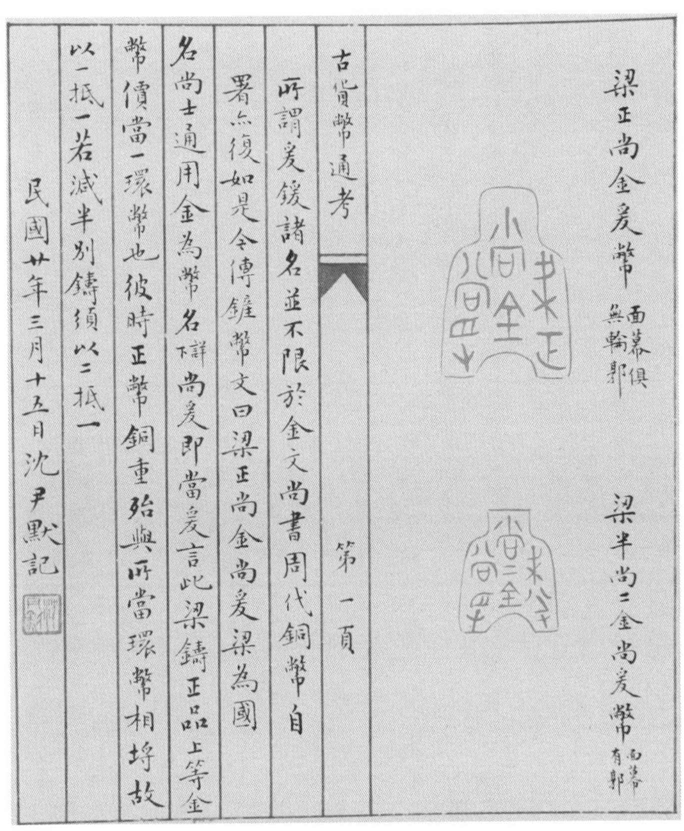

梁正尚金孚幣 面幕俱無輪郭

梁半尚二金尚孚幣 面幕有郭

古貨幣通考　第一頁

所謂孚鍰諸名並不限於金文尚書周代銅幣自署亦復如是今傳鏟幣文曰梁正尚金尚孚梁為國名尚士通用金為幣名 下詳 尚孚即當孚言此梁鑄正品上等金幣價當一環幣也彼時正幣銅重殆與所當環幣相埒故以一抵一若減半別鑄須以二抵一

民國廿年三月十五日沈尹默記

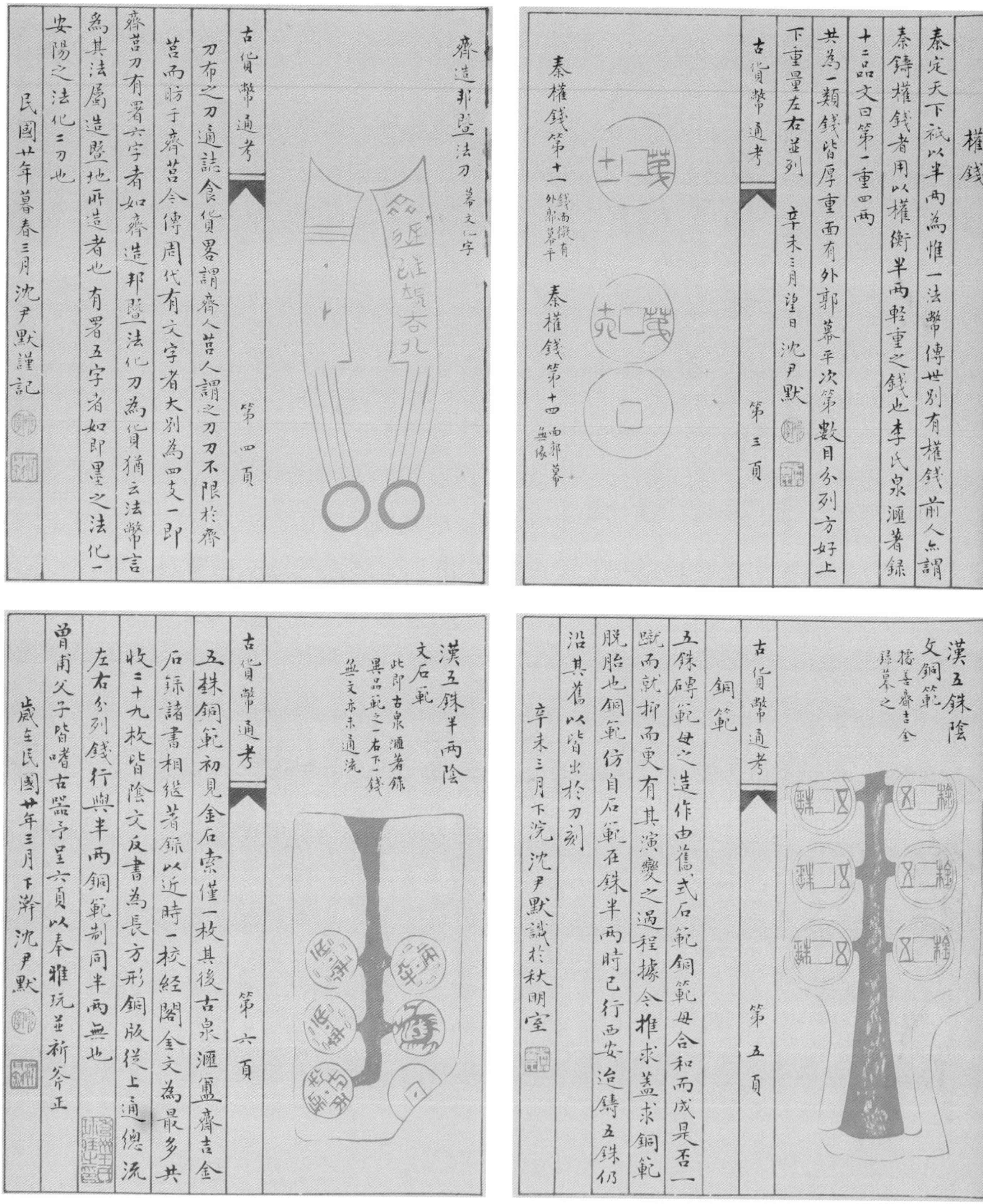

權錢

秦定天下祇以半兩為惟一法幣傳世別有權錢前人點謂

秦鑄權錢者用以權衡半兩輕重之錢也李氏泉滙著録

十二品文曰第一重四兩

共為一類錢皆厚重而有外郭幕平次第數目分列方好上

下重量左右並列　辛未三月望日　沈尹默

古貨幣通考　第三頁

秦權錢第十一　錢面微有外郭幕平

秦權錢第十四　面郭幕無緣

齊造邦盬法刀　幕文化字

古貨幣通考　第四頁

刀布之刀通志食貨畧謂齊人莒人謂之刀刀不限於齊

莒而昉于齊莒今傳周代有文字者大別為四支一即

齊莒刀有署六字者如齊造邦盬法化刀為貨猶云法幣言

為其法屬造盬地所造者也有署五字者如即墨之法化一

安陽之法化二刀也

民國廿年暮春三月沈尹默謹記

漢五銖陰文銅範　據善齋吉金録摹之

古貨幣通考　第五頁

銅範

五銖磚範毋之造作由舊式石範銅範毋合和而成是否一

蹴而就抑而更有其演變之過程據今推求蓋求銅範

脫胎也銅範仿自石範在銖半兩時已行西安冶鑄五銖仍

沿其舊以皆出於刀刻

辛未三月下浣沈尹默識於秋明室

漢五銖半兩陰文石範　此即古泉滙著録異品範之一右下一錢無文亦未通流

古貨幣通考　第六頁

五銖銅範初見金石索僅一枚其後古泉滙簠齋吉金

石録諸書相繼著録以近時一校經閣金文為最多共

收二十九枚皆陰文反書為長方形銅版從上通總流

左右分列錢行與半兩銅範制同半兩無也

曾甫父子皆嗜古器予呈六頁以奉雅玩並祈斧正

歲在民國廿年三月下澣沈尹默

六六　沈尹默　楷书古货币通考稿册

（图六六　3–6）

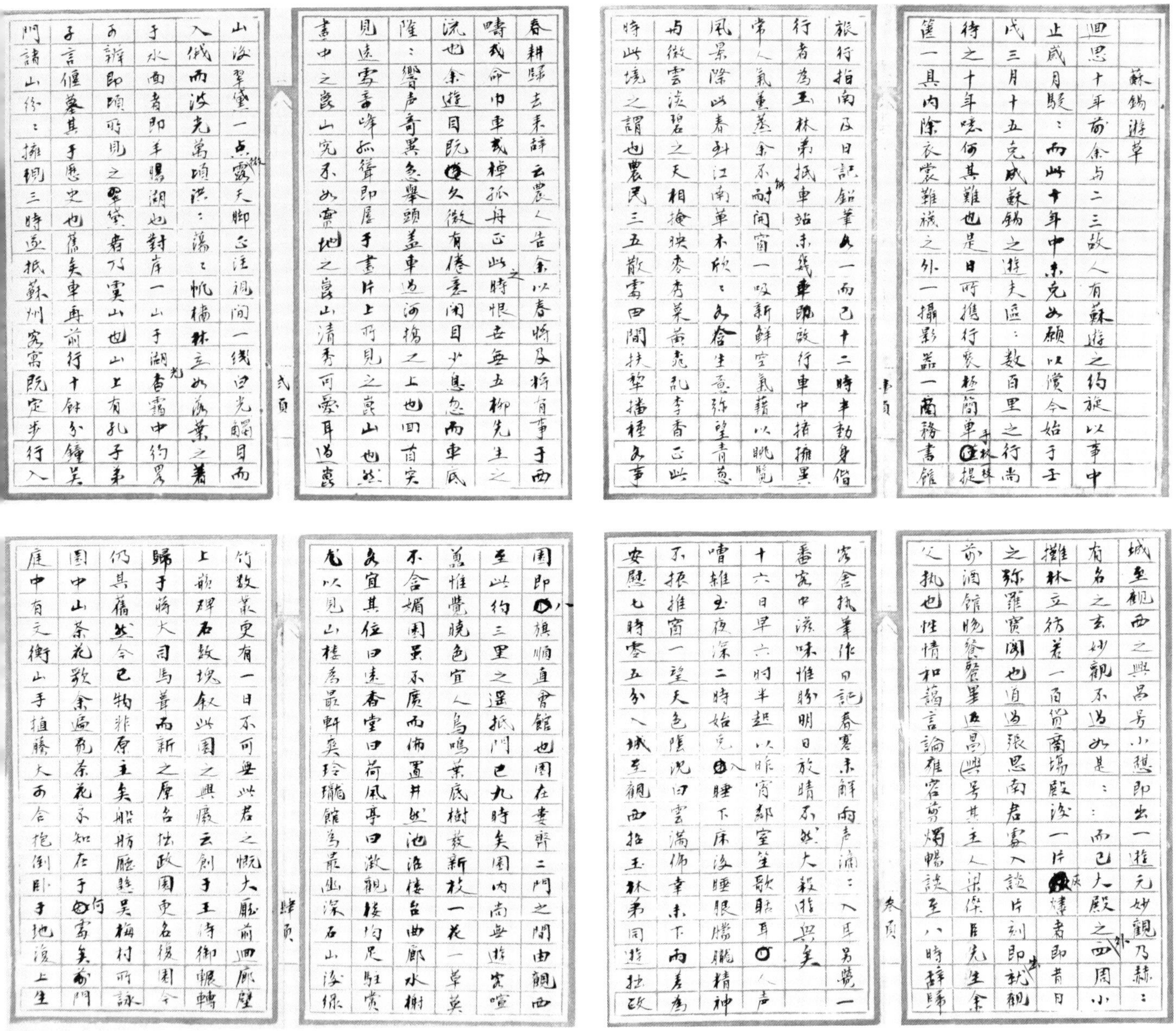

（图六七　1–4）

六七　沈钧儒　苏锡遊记

沈钧儒（1875—1963 年），现代著名政治家。字秉甫，号衡山，浙江嘉兴人。1904 年中国科举最后一科进士，日本东京私立法政大学法政速成科毕业。早年在浙江、上海、北京等地从事民主救国运动，1936 年上海发生的“救国会七君子事件”之中成员。中华人民共和国成立后，历任最高人民法院院长、民盟全国委员会主席、政协全国委员会副主席、全国人大副委员长等职。

民国十一年（1922 年）暮春三月。

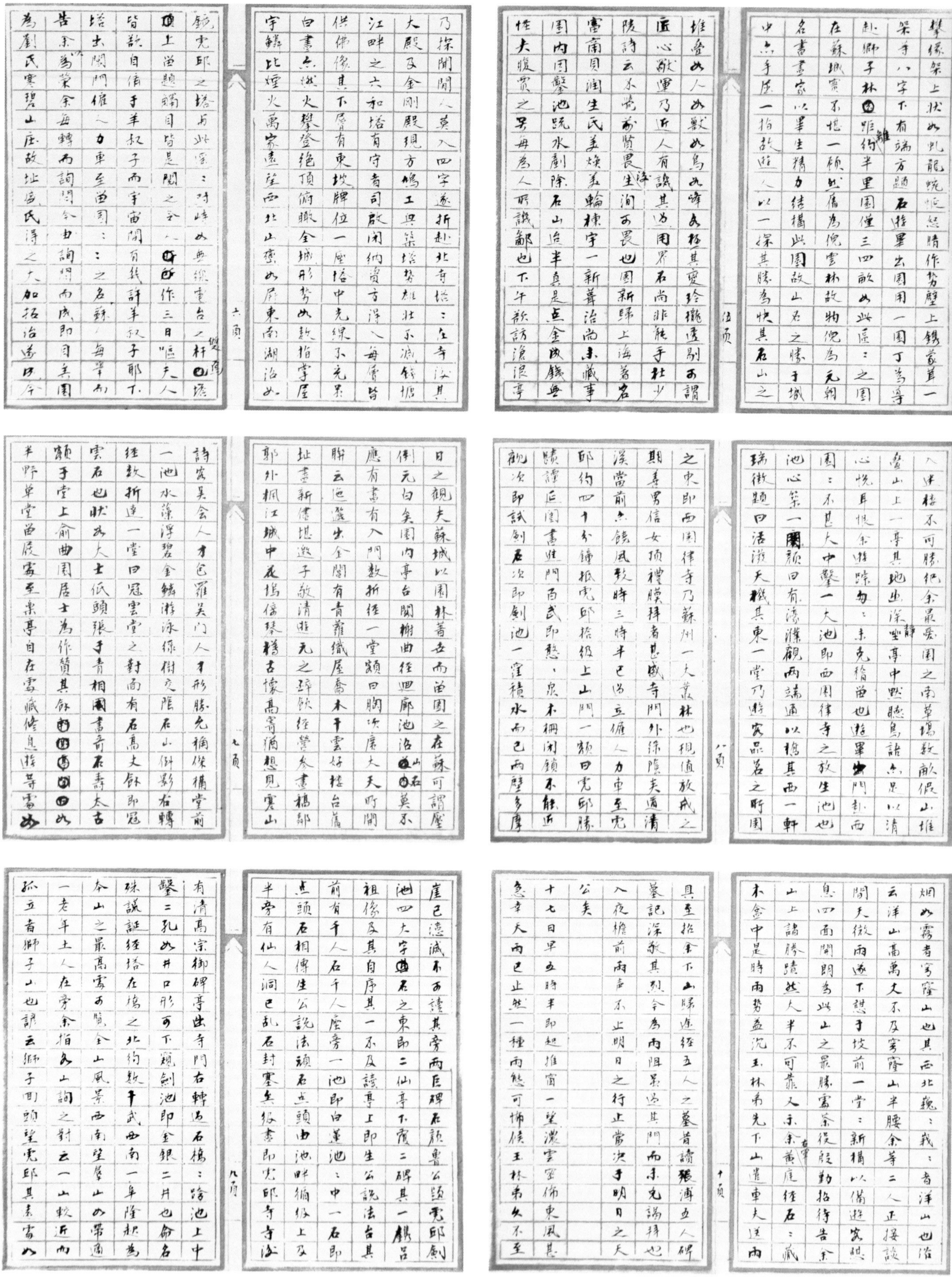

攀緣架上狀如虬龍蜿蜒盤結作勢壁上鐫蒙茸一架等八字下有端方題石游畢出園用一園丁為導赴獅子林園距約半里園僅三四畝如此區區之園在蘇城實不過一顧然倪雲林故物倪為元朝名畫畫家以畢生精力結構此園故山石之勝于城中亦首屈一指故遊人以一探其勝為快其石山之堆疊如人如獸如鳥如峰各極其變玲瓏透剔可謂匠心獨運乃近人有識其為用界石尚非能手杜少陵詩云不覺前賢畏後生洵可畏也園新歸上海著名富商貝潤生氏美煥美輪棟宇一新葺治尚未藏事園內園鑿池跣水劇除石山治半真是點金成鐵無怪大腹賈之見每為人所譏鄙也下午款訪滄浪亭

伍頁

乃探開閘人莫入四字遂折赴北寺塔塔在寺後其大殿及金剛殿現方鳩工興築塔勢雄壯不減錢塘江畔之六和塔有守者司啟閉納資方得入每層皆供佛像其下層有東坡牌位一座塔中光線不充累白晝亦燃火攀登絕頂俯瞰全城形勢如數指掌屋宇鱗比煙火萬家遠望西北山巒如屏東南湖泊如鏡虎邱之塔與此遙遙對峙如無線電台之杆塔頂上留題觸目皆是閱之令人作三日嘔夫人皆款自稱羊叔子而宇宙間有幾許羊叔子耶下塔出閣僱人力車至留園園之名蘇人每舉而告余以為榮余每轉而詢問今由詢問而成即目矣園為劉氏寒碧山莊故址盛氏得之大加括治遂以今

六頁

日之觀夫蘇城以園林著而留園之在蘇可謂壓倒元白矣園內亭台閣榭曲徑迴廊池沼山石莫不應有盡有入門數折經一堂額曰胸次廣大又聞聯云遊讖出金閣有青蘿織屋喬木干雲好樓台址盡新儒堪邀子敬清遊元之評飲經營參畫稿鄰郭外楓江城中花塢倚琴轉古懷高寄猶想見寒山詩客吳會人才包羅吳門人才形勝允稱傑構堂前一池水藻浮碧金鱗游泳綠樹交陰石山倒影右轉經數折達一堂曰冠雲堂堂之對面有石高丈餘即冠雲石也狀如大士低頭張手青相國書奇石壽太古額于堂上俞曲園居士為作贊其餘如半野草堂留羨客至樂亭自在處瓶修息游春審如

七頁

入味樓不可勝紀余最愛園之南草場數畝假山堆疊山上一亭其地幽深靜亭中默聽鳥語亦足以清心悅耳恨余游踪匆匆未克稽留也遊畢出門赴西園園不甚大中鑿一大池即西園律寺之放生池也池心築一閣額曰有濠濮觀兩端通以橋其西一軒瑞徵題曰活潑天機其東一堂乃遊客品茗之所園之東即西園律寺乃蘇州一大叢林也現值放戒之期善男信女頂禮膜拜者甚盛寺門外係隱夫道清溪當前亦饒風致時三時半已治立僱人力車至虎邱約四十分鐘抵虎邱拾級上山門一額曰虎邱勝蹟讀匠園畫進門西武即憨泉木柵閉鎖不能近觀次即試劍石次即劍池一窪積水而已兩壁多摩

八頁

崖已漶滅不可讀其旁兩巨碑石額曹公題虎邱劍池四大字石之東即二仙亭下覆二碑其一麟呂祖像及其自序其一不及讀亭上即生公說法台其前有千人石千人座旁一池即白蓮池池中一石即點頭石相傳生公說法頑石點頭由池畔循級上及半旁有仙人洞已亂石封塞矣級盡即虎邱寺寺後有清高宗御碑亭出寺門右轉過石橋橋下臨池上中鑿二孔如井口形可下窺劍池即金銀二井也命名殊誕經塔在橋之北約數十武西南一阜隆起為本山之最高處可覽全山風景西南望靈山如帶適一老年土人在旁余指而詢之對云一山較近而孤立者獅子山也諺云獅子回頭望虎邱其意如

九頁

烟如霧者穹窿山也其西北巍巍峨立者洋山也諺云洋山高萬丈不及穹窿山半腰余等二人正接談間天微雨遂下憩于坟前一堂堂新構以備遊客憩息四面開朗為此山之最勝處茶役殷勤招待告余山上諸勝蹟然大半不可靠又示余黃庭經石石藏木盒中是時雨勢益沈王林弟先下山僱車大送雨具至招余下山歸途經五人之墓昔讀張溥五人碑墓記深敬其烈今為雨阻暴過其門而未克謁拜也入夜檐前雨聲不止明日之行止當決于明日之天公矣

十七日早五時半即起推窗一望濃雲密佈東風甚急幸天雨已止然一種雨態可怖候王林弟久不至

十頁

（图六七　5–10）

六七　沈钧儒　苏锡遊记

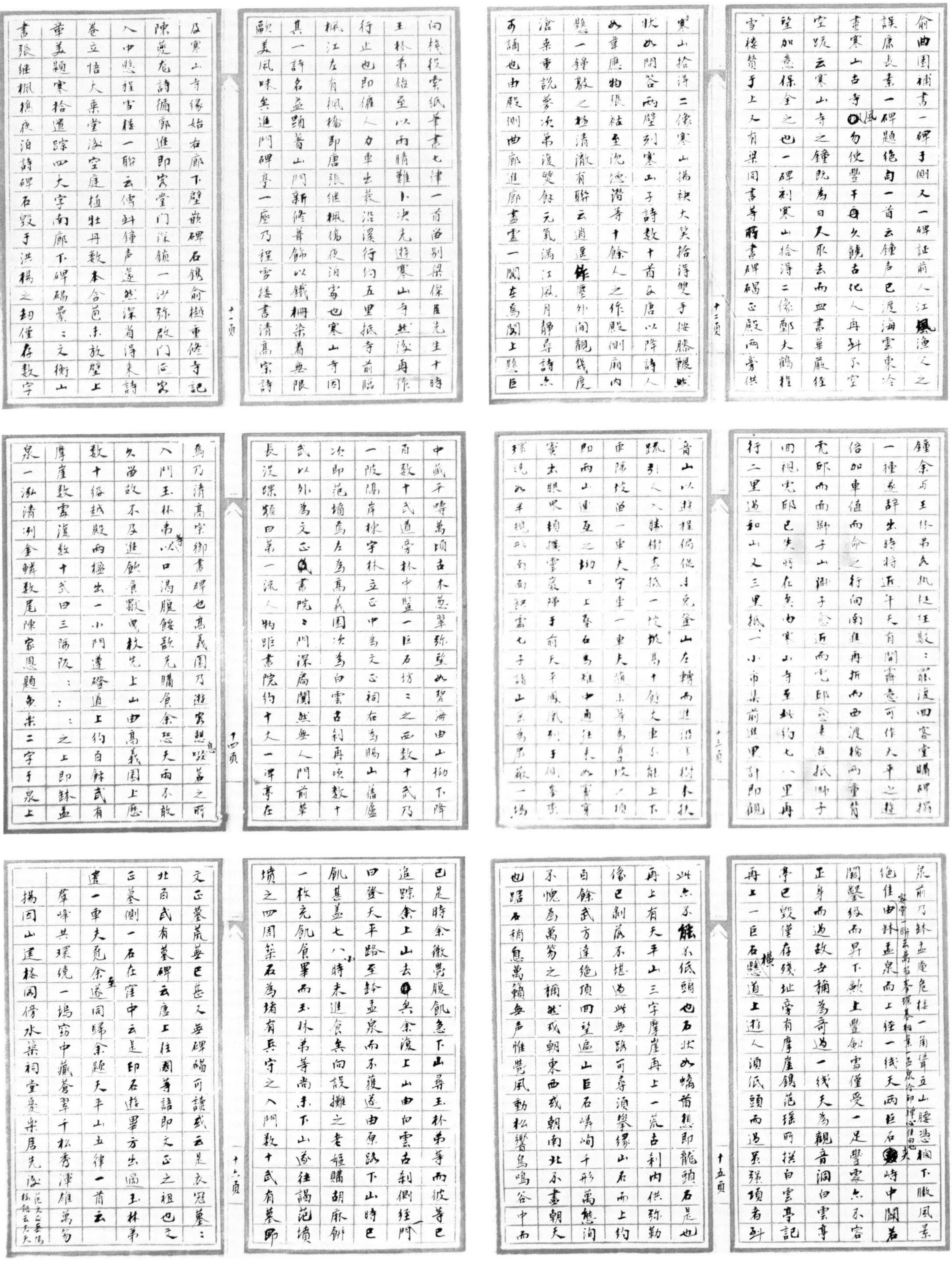

向榛從索紙筆書七律一首留別梁保厓先生十時王林弟始至以雨晴難卜決先遊寒山寺然後再作行止也即僱人力車出發沿溪行約五里抵寺前臨楓江左有楓橋即唐張繼楓橋夜泊處也寒山寺因其一詩名益顯著山門新修葺飾以鐵柵涂着無限歐美風味矣進門碑亭一座乃程雪樓書清高宗詩及寒山寺緣始右廊下壁嵌碑石鐫俞樾重修寺記陳夔龍詩循廊進即客堂門深鎖一沙弥啟門延客入中懸程雪樓一聯云傳到鐘声遠然深省得來詩卷立悟大乘堂後空庭植牡丹數本含苞未放壁上章美題寒拾遺踪四大字南廊下碑碣累累文衡山書張繼楓橋夜泊詩碑石毀于洪楊之劫僅存數字

十一頁

俞曲園補書一碑于側又一碑証前人江楓漁火之誤康長素一碑題絶句一首云鐘声已渡海雲東冷盡寒山古寺風勿使豐干再饒舌化人再到不空空跋云寒山寺之鐘既為日人取去而血書華嚴経望加意保全之也一碑刻寒山拾得二像鄭大鶴推雪樓贊于上又有梁同書等聯書碑碣正殿兩旁供寒山拾得二像寒山揭袂大笑拾得雙手按膝覷然狀如問答兩壁列寒山子詩數十首及唐以降詩人如韋應物張祜至沈德潛等十餘人之作殿側廟內懸一鐘敲之極清澈有聯云逍遥[illegible]塵外間觀幾度滄桑重說夢次第復興館元氣滿江風月靜尋詩点可誦也由殿側曲廊進廊盡一閣左為閣上懸巨

十二頁

鐘余與王林弟及[illegible][illegible][illegible]：：蘇復四客堂瞻碑揭一種逸辭出時將近午天有閒靄意可作天平之遊倍加車值雨命之行向南進再折而西渡橋兩重背虎邱而西獅子山獅子念近而虎邱念遠抵獅子回視虎邱已失所在矣由寒山寺至此約七八里再行二里過和山又三里抵一小市集前進里許即觀音山以游程倘從山允登山左轉而進沿溪樹木扶疏引人入勝街盡抵一坡坡高十餘丈車不能上下[illegible]陽坡道一車夫守車一車夫隨余等為首坡之頂即兩山[illegible]互之坳：上登石[illegible][illegible]中[illegible]往來如雲穿竇出眼界頓擴雲巖禪寺前天平風物手[illegible][illegible]環繞如半規形面對[illegible]盡七子諸山[illegible][illegible]屏蔽一塢

十三頁

中藏千疇萬頃古木蔥翠彌望如碧海由山坳下降百數十武道旁林中豎一巨石坊：之西數十武乃一陂陽岸棟宇林立正中為文正祠右為賜山舊廬次即范墳為左為高義園次為白雲古刹再進數十武以外為文正書院：門深扃闃然無人門前草長沒踝類四第一流人物距書院約十丈一碑亭在焉乃清高宗御書碑也高義園乃遊客憩息啜茗之所入門王林弟等以口渴腹餒歆先購食余恐天雨不敢久留故不及進飲食戲覓杖先上山由高義園上歷數十級越殿兩楹出一小門遵磴道上約百餘武有摩崖數處復數十武曰三陟陟：：：之上即鉢盂泉一泓清冽金鱗數尾陳家恩題魚樂二字于泉上

十四頁

泉前乃鉢盂庵危樓一角聳立山腰憑欄下瞰風景絶佳由鉢盂泉而上經一線天兩巨石夾峙中闢若（客堂一聯云萬笏參環看柏葉一泓泉冷印禪心佳句也）闌鑿級而昇下歛上豐僅受一足豐竇亦不容正身而過故每稱為奇過一線天為觀音洞白雲亭亭已毀僅存殘址旁有摩崖鐫范瑶所撰白雲亭記再上一巨石橫道上遊人須低頭而過莫强項者此亦不能不低頭也石狀如蝸首想即龍頭石是也再上有天平山三字摩崖再上一荒古刹內供彌勒像已剝落不堪過此無路可尋須攀緣山石而上約百餘武方達絶頂四望遍山巨石嶙峋千形萬態洵不愧為萬笏之稱然或朝東西或朝南北不盡朝天也踞石稍息萬籟無聲惟覺風動松響鳥鳴谷中而

十五頁

已是時余微覺腹飢急下山尋王林弟等而彼等已追踪余上山去矣余復上山由白雲古刹側経門回登天平路至鉢盂泉而不獲遂由原路下山時已飢甚蓋七八小時未進食矣向設攤之老嫗購胡麻餅一枚充飢食畢而王林弟等尚未下山遂往謁范墳墳之四周築石為墻有兵守之入門數十武有墓即文正墓荒蕪已甚又無碑碣可讀或云是衣冠墓：北百武有墓碑云唐上柱國等語即文正之祖也文正墓側一石在窪中云是印石遊畢方出遇王林弟遣一車夫覓余遂至同歸余題天平山五律一首云

羣峰共環繞一塢窈中藏蒼翠千松秀渾雄萬笏揚因山建樓閣傍水築祠堂憂樂居先後

范文正墓陽 楊鉦云右天

十六頁

（图六七 11–16）

六七 沈钧儒 苏锡遊记

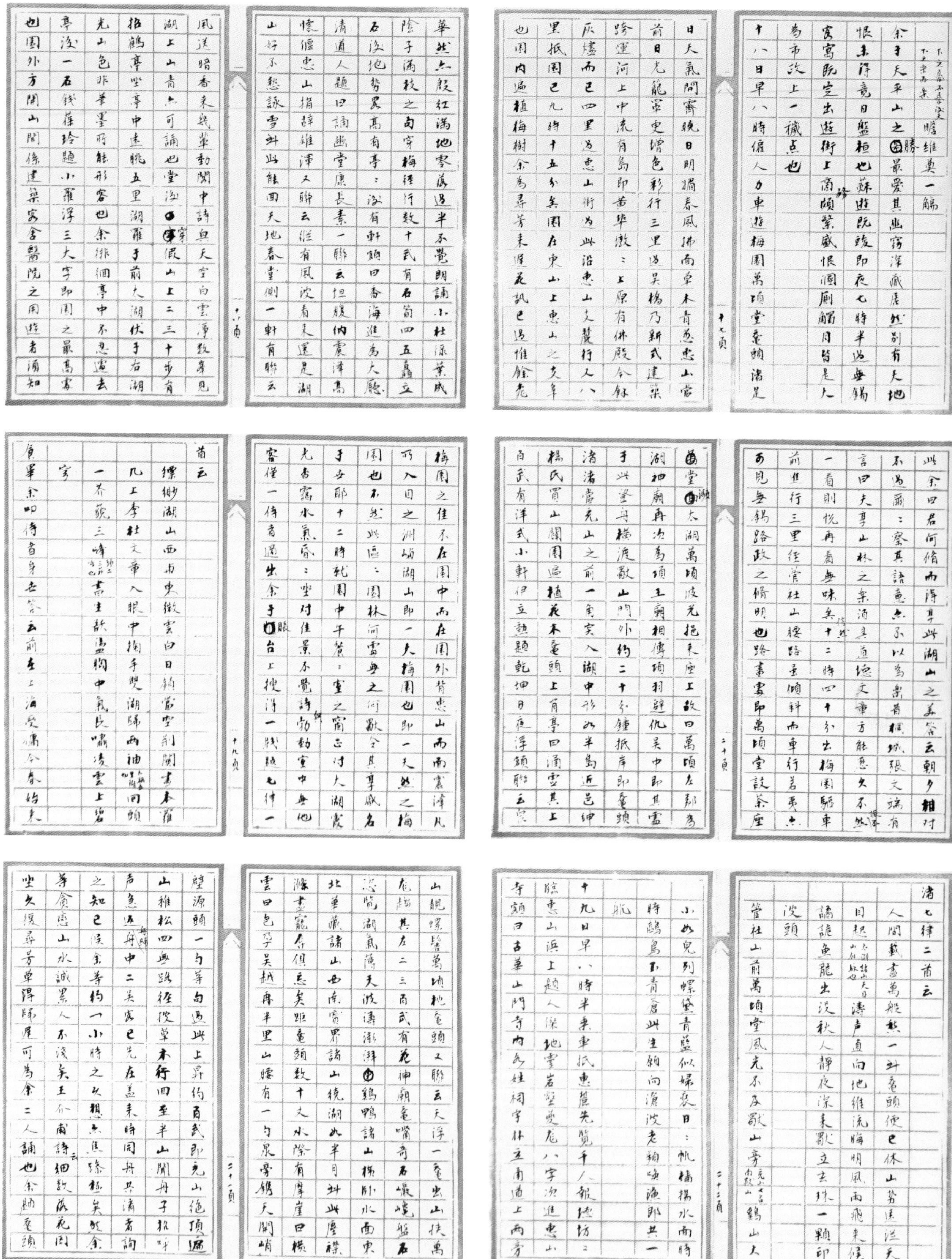

六七　沈钧儒　苏锡遊记

（图六七　17–22）

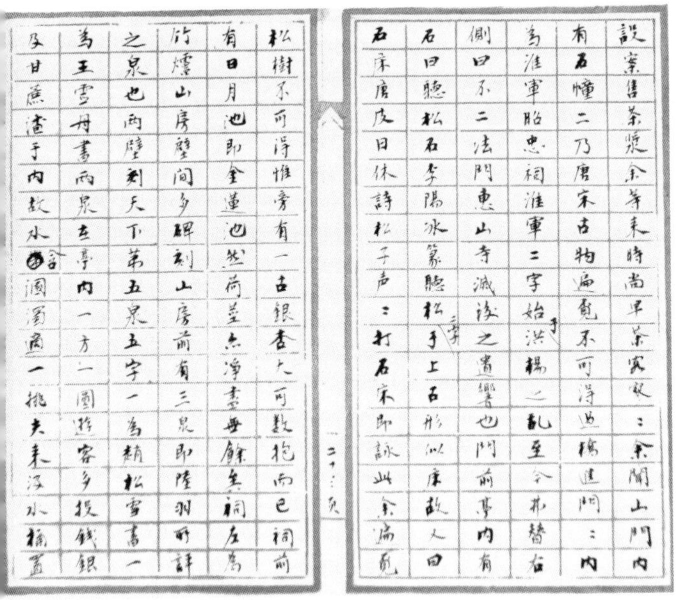

設案售茶漿余等來時尚早茶客寥寥余閑山門內有石幢二乃唐宋古物遍覓不可得過橋進門門內為淮軍昭忠祠淮軍二字始于洪楊之亂至今未替右側曰不二法門惠山寺滅後之遺響也門前亭內有石曰聽松石李陽冰篆聽松二字于上石形似床故人曰石床唐皮日休詩松子聲聲打石床即詠此余徧覓松樹不可得惟旁有一古銀杏大可數抱而已祠前有日月池即金蓮池然荷莖亦淨盡無餘矣祠左為竹壚山房壁間多碑刻山房前有三泉即陸羽所評之泉也兩壁刻天下第五泉五字一為趙松雪書一為王雲丹書兩泉左亭內一方一圓遊客多投錢銀及甘蔗渣于內故水含涸濁腐一挑夫來汲水桶置

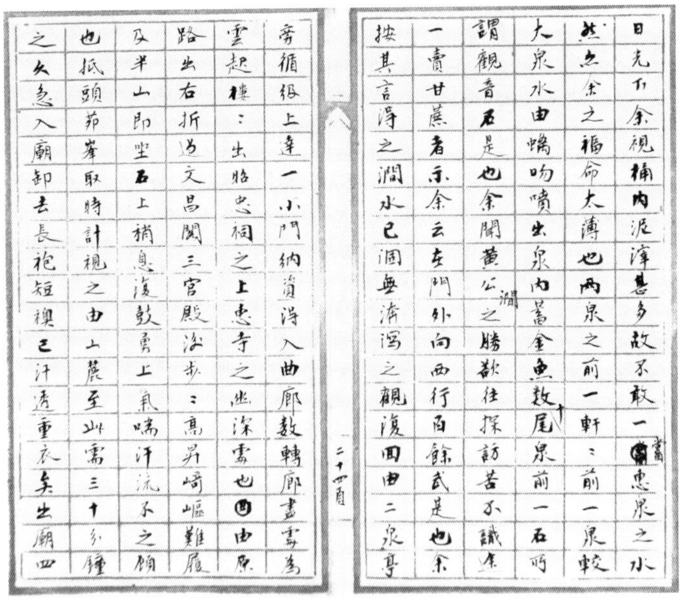

日光下余視桶內泥滓甚多故不敢一嘗惠泉之水然亦余之福命太薄也兩泉之前一軒軒前一泉較大泉水由螭吻噴出泉內蓄金魚數十尾泉前一石所謂觀音石是也余聞黃公澗之勝欲往探訪苦不識途一賣甘蔗者示余云左門外向西行百餘武是也余按其言得之澗水已涸無流瀉之觀復回由二泉亭旁循級上達一小門納資得入曲廊數轉廊盡為雲起樓樓出昭忠祠之上惠寺之幽深處也回由原路出右折過文昌閣三官殿後步步高昇崎嶇難履及半山即坐石上稍息復鼓勇上氣喘汗流不之顧也抵頭茆峯取時計視之由山麓至此需三十分鐘之久急入廟卸去長袍短襖已汗透重衣矣出廟回

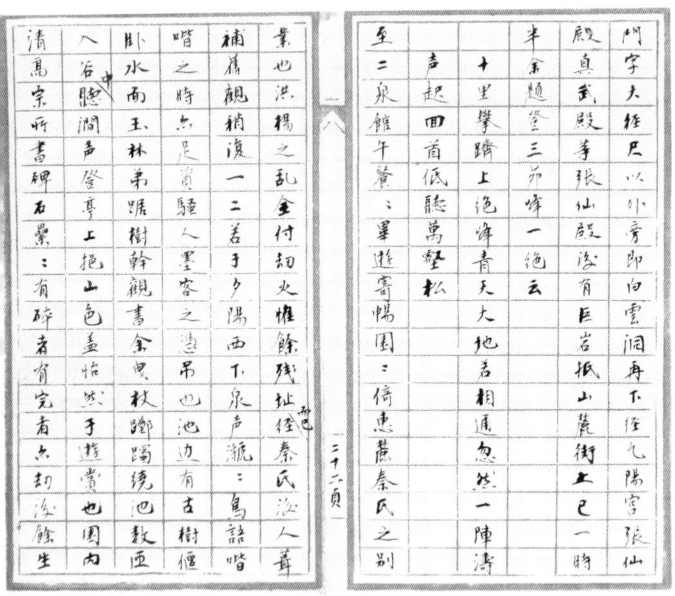

門字大徑尺以外旁即白雲洞再下經九陽宮張仙殿真武殿等張仙殿後有巨岩抵山麓街上已一時半余隨登三茆峯一絕云

十里攀躋上絕峯青天大地若相通忽然一陣濤聲起回首低聽萬壑松

至二泉館午餐餐畢遊寄暢園園倚惠麓秦氏之別業也洪楊之亂全付劫火惟餘殘址經秦氏後人葺補舊觀稍復一二茗于夕陽西下泉聲潺潺鳥語喈喈之時亦足有騷人墨客之遺風也池邊有古樹偃臥水面玉林弟踞樹幹觀書余曳杖躑躅繞池數匝入谷中聽澗聲登亭上挹山色蓋怡然于遊賞也園內清高宗所書碑石纍纍有碎者有完者亦劫後餘生

望山下屋宇小如蜂房錫山俯伏于腳下遠處黑影一片者邑城也煙波浩渺者太湖也農田水道黃綠縱橫由頭茆峯上沿路平坦不若前之傾斜余穿單衣手挈袍襖行以手杖讓與玉林弟行二里過二茆峯不及入復越二小峯約三里即抵三茆峯惠山絕頂也三茆峯之高出頭茆峯者無幾峯頂濯濯如僧頭即飲水亦取諸山下廟內灰塵滿積余等安頓衣物畢出踞峯頂大石恣意眺望數十里遠近盡入眼簾惟西北為龍尾陵所蔽此山形勢如龍故又回龍山余已倦甚仰臥峯頭行雲可攀復至龍尾陵一覽遂匆匆下山山路曲折難行俗名擺車灣行里餘經石門懸崖峭壁一綫中分曰珠簾泉泉現涸有摩崖曰石

六七　沈钧儒　苏锡遊记

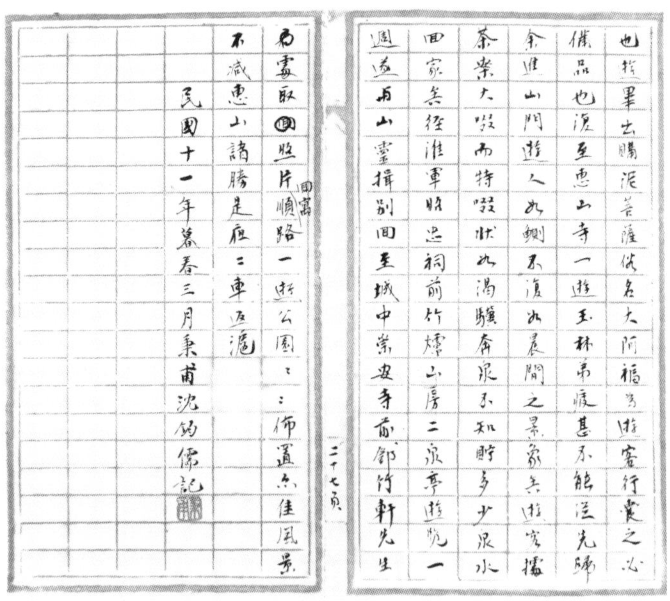

也指畢出購泥菩薩俗名大阿福為遊客行賞之必備品也復至惠山寺一遊玉林弟疲甚不能從先歸余進山門遊人如鯽不復如晨間之景象矣遊客擁茶案大啜而特啜狀如渴驥奔泉不知酹多少泉水回家余經淮軍昭忠祠前竹壚山房二泉亭遊覽一週遂向山靈揖別回至城中崇安寺前鄧竹軒先生處取照片回寓順路一遊公園園佈置亦佳風景不減惠山諸勝是夜夜車返滬

民國十一年暮春三月秉甫沈鈞儒記

(图六七　23—27)

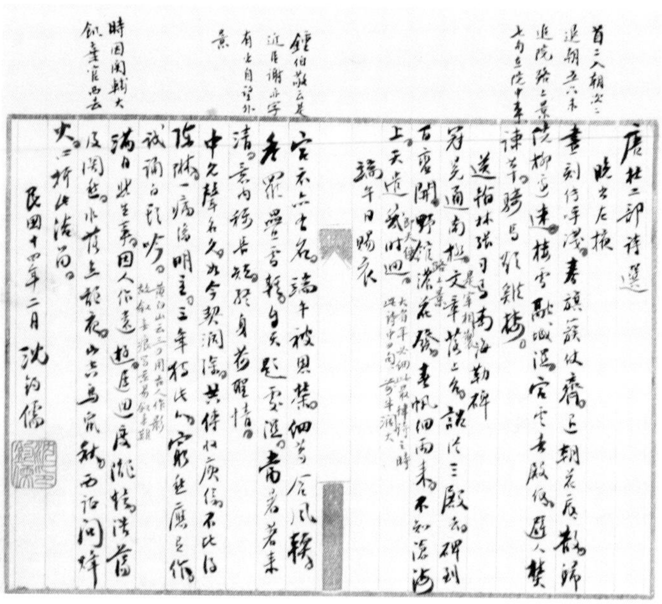

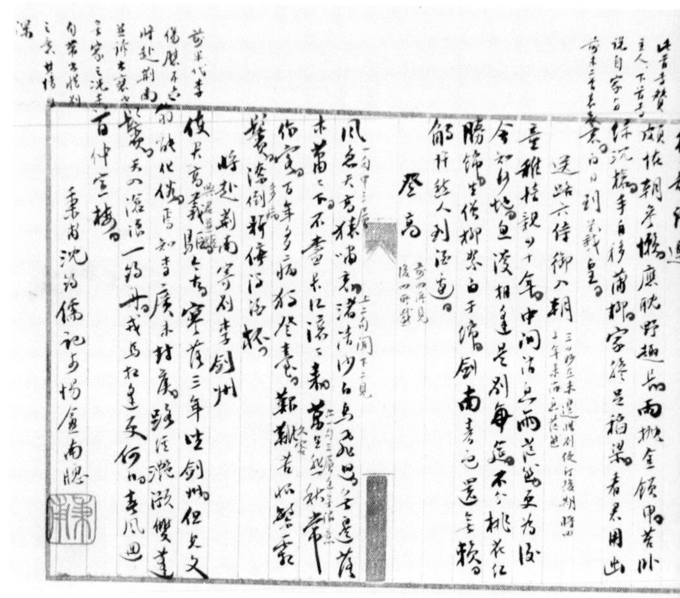

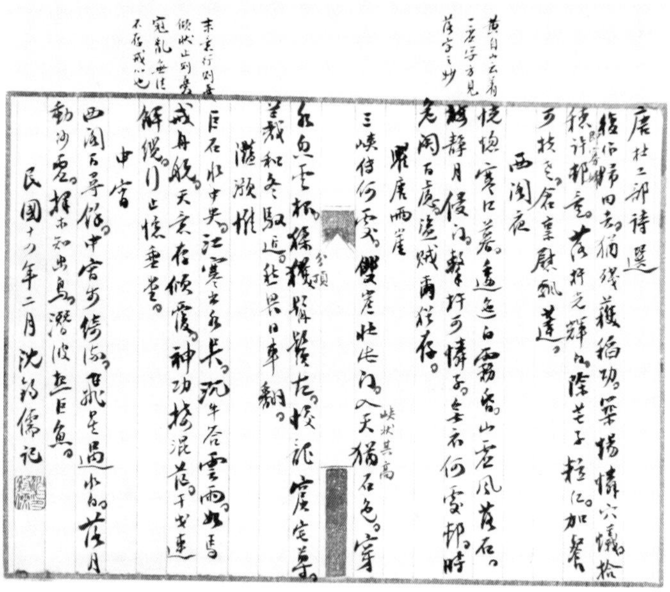

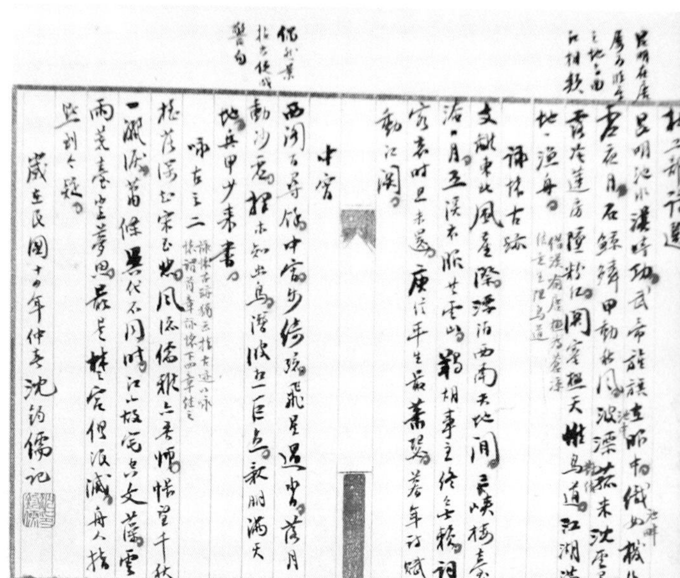

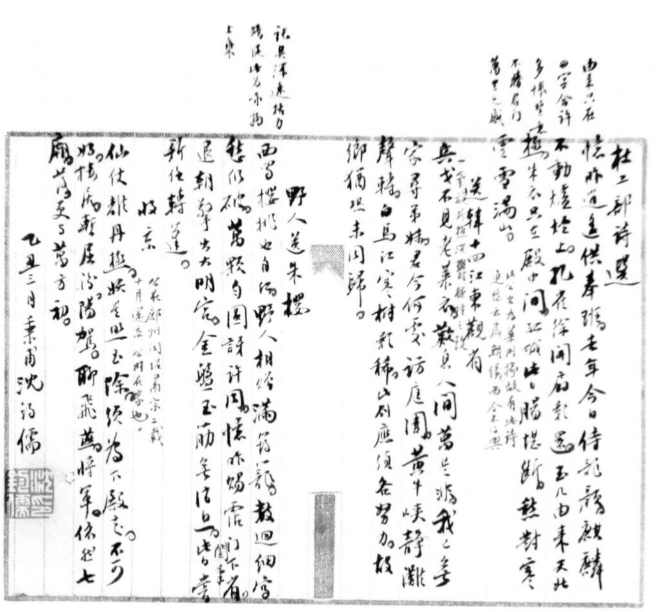

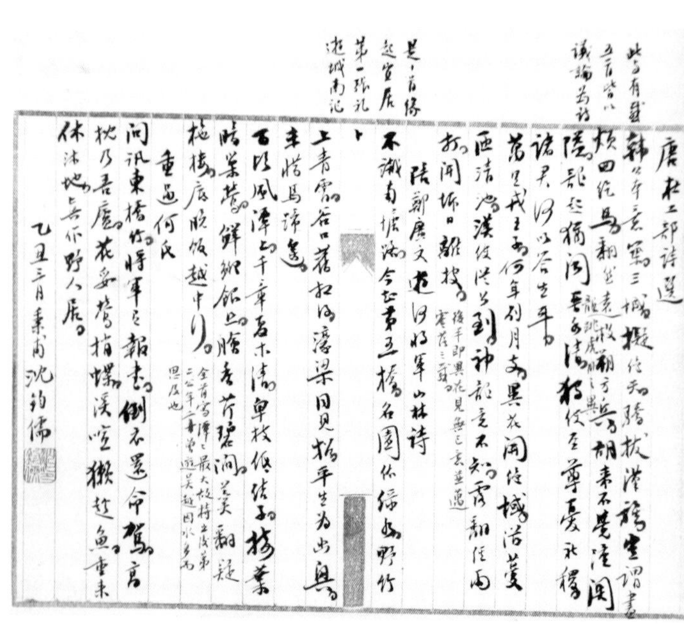

六八　沈钧儒　诗文稿册

（图六八　1–6）

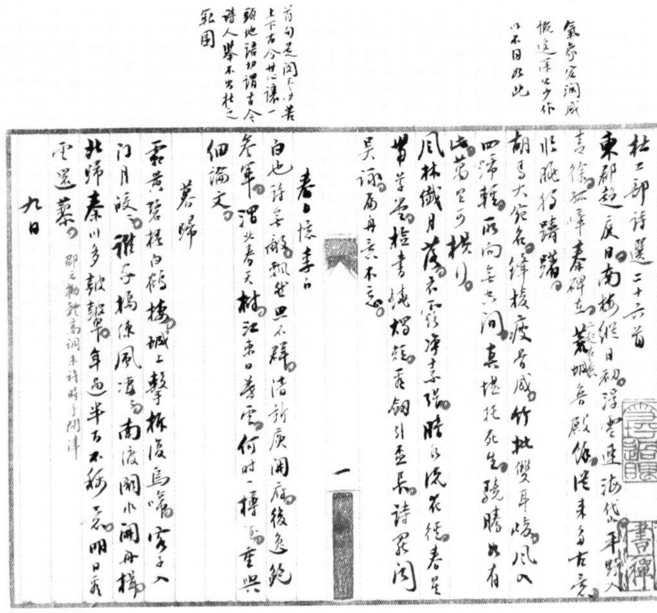
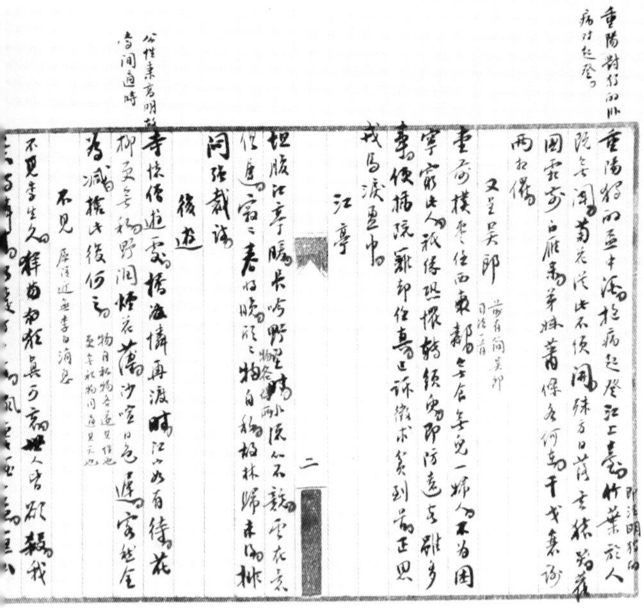
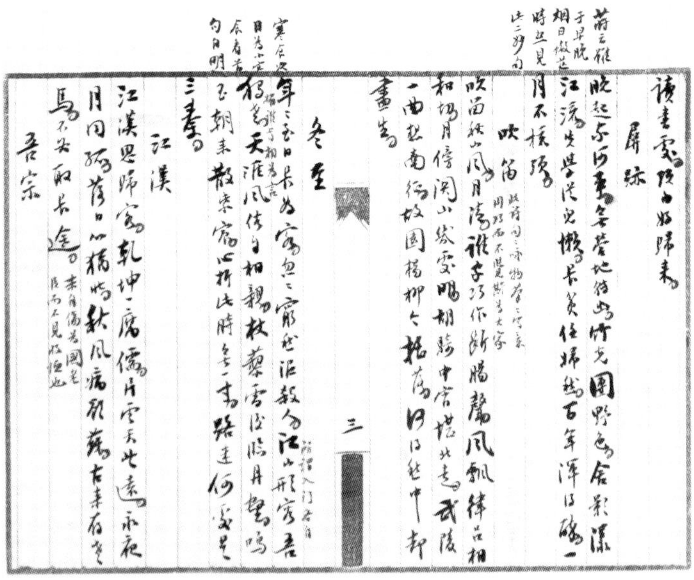
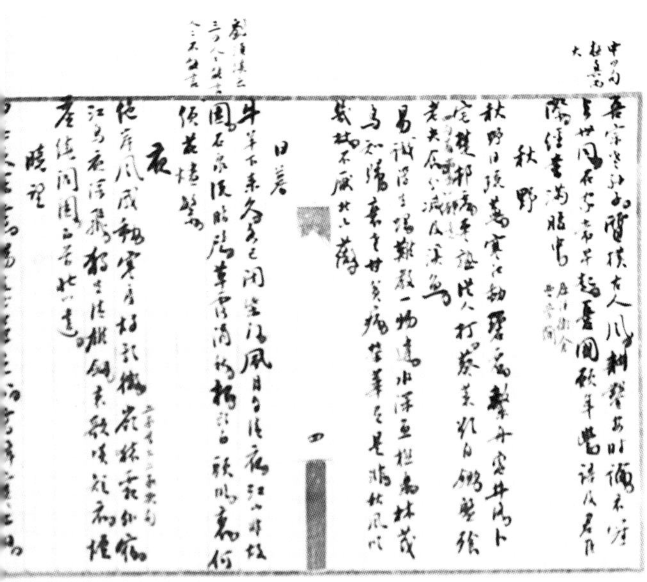
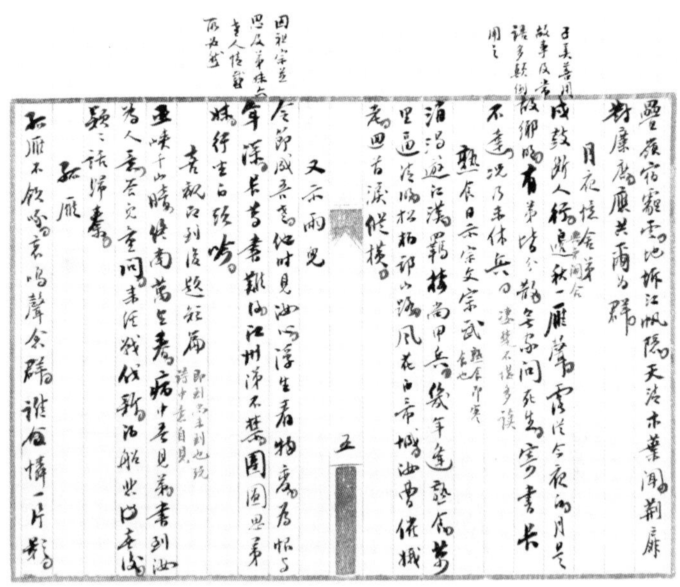
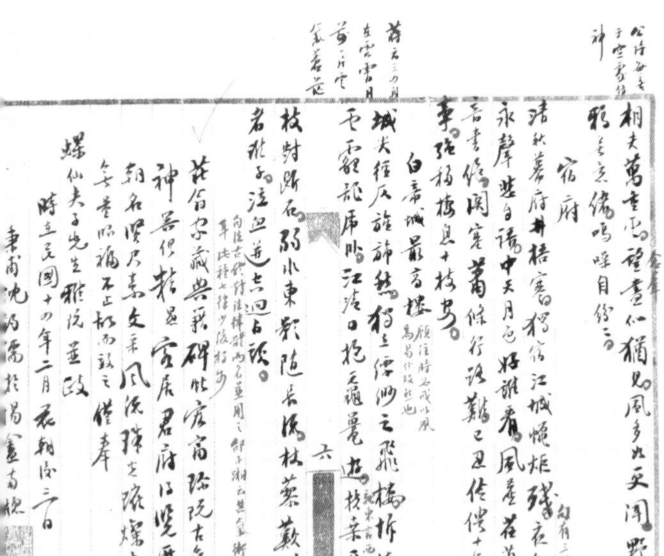

（图六八 7–12）

六八　沈钧儒　诗文稿册

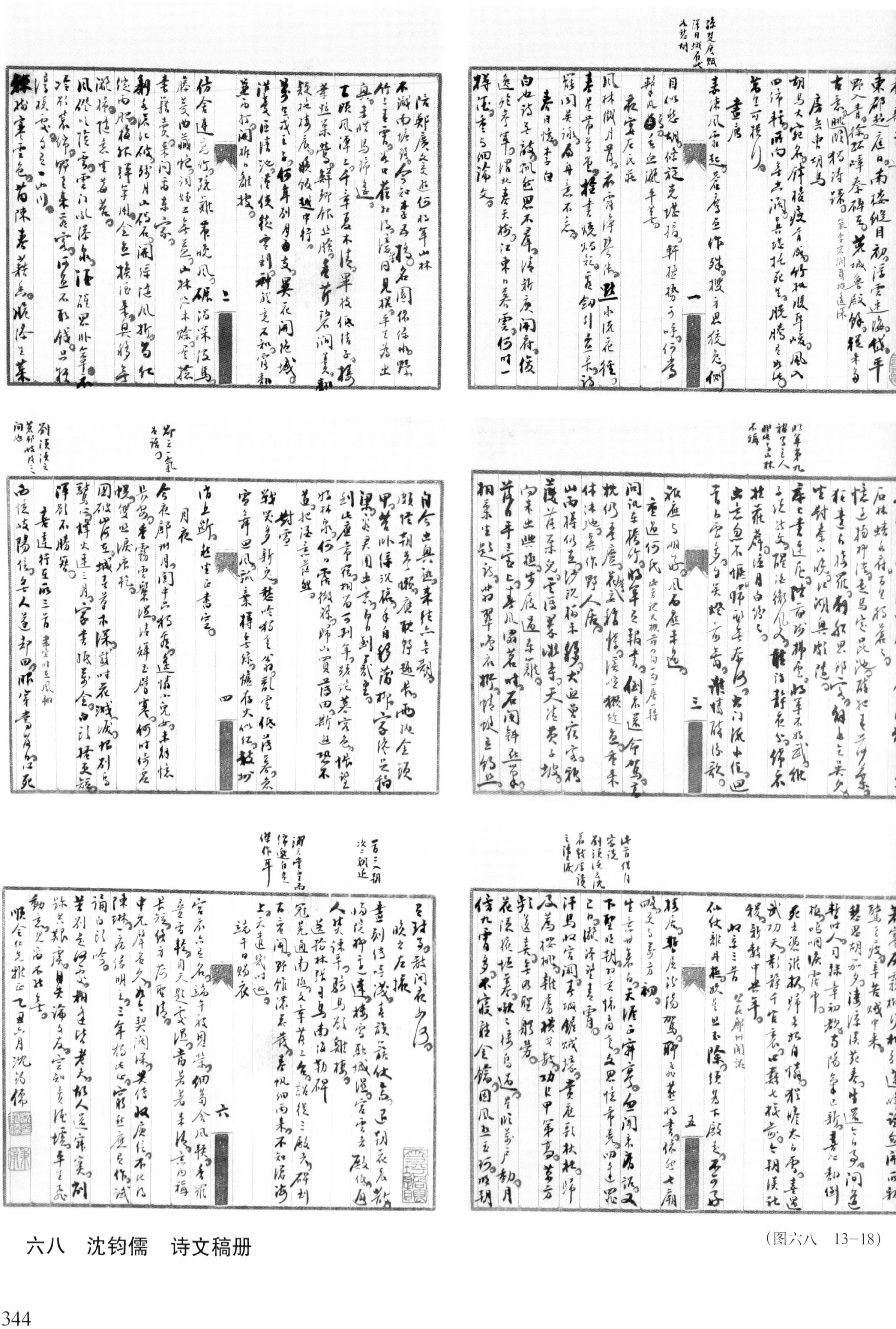

(图六八　13–18)

六八　沈钧儒　诗文稿册

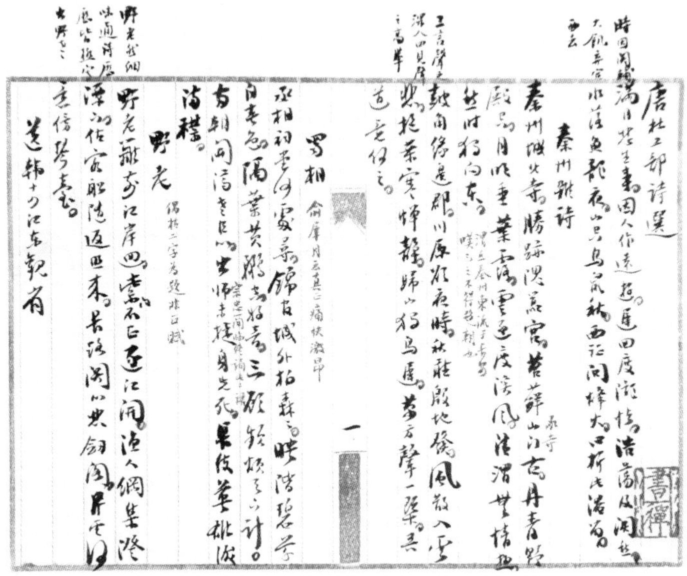

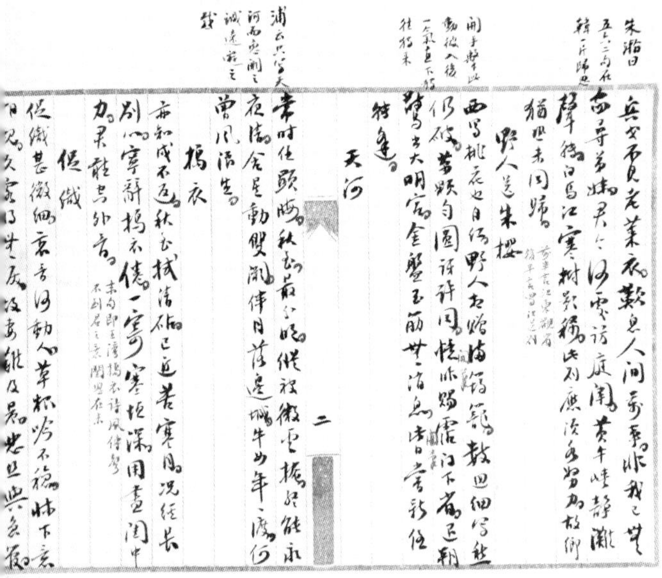

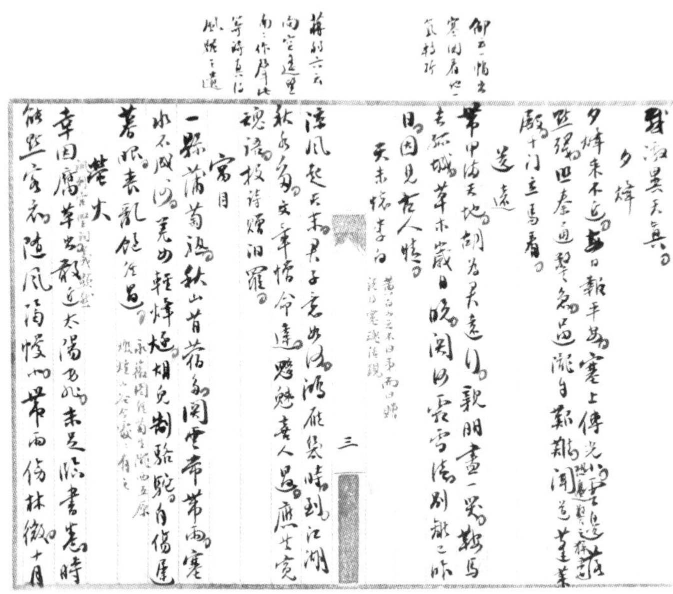

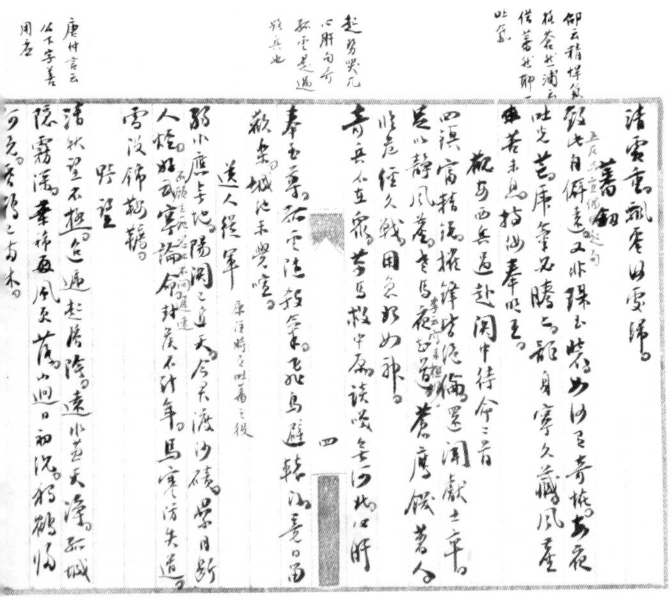

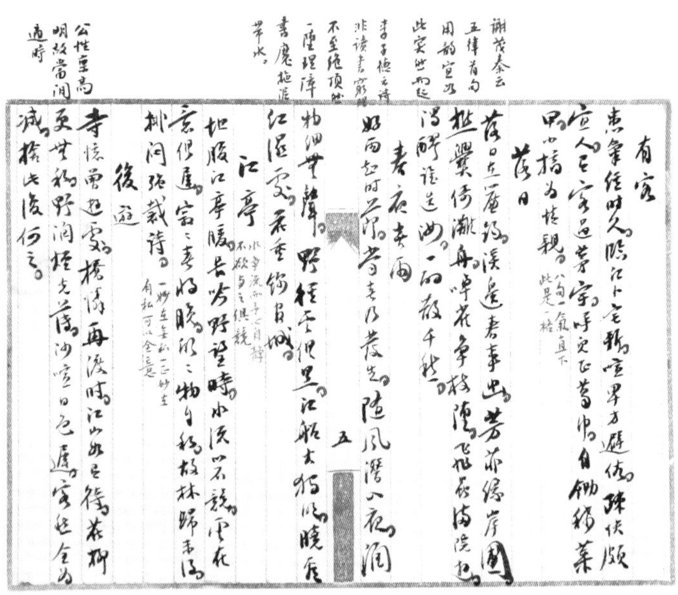

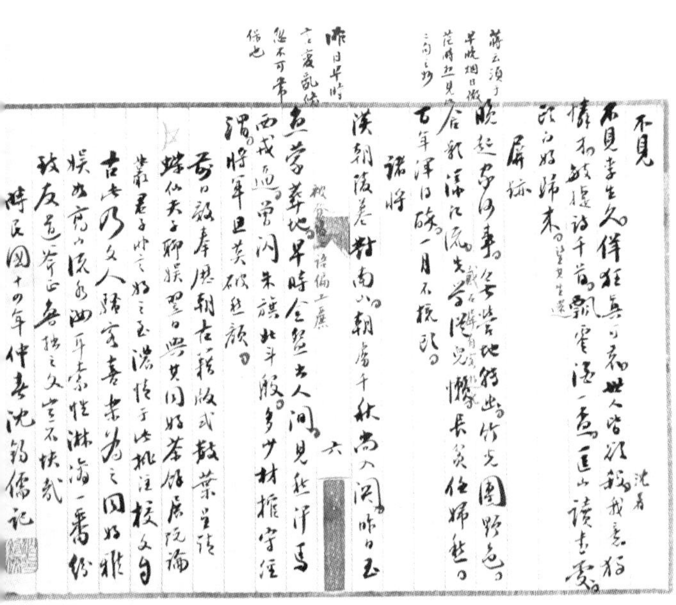

（图六八　19—24）

六八　沈钧儒　诗文稿册

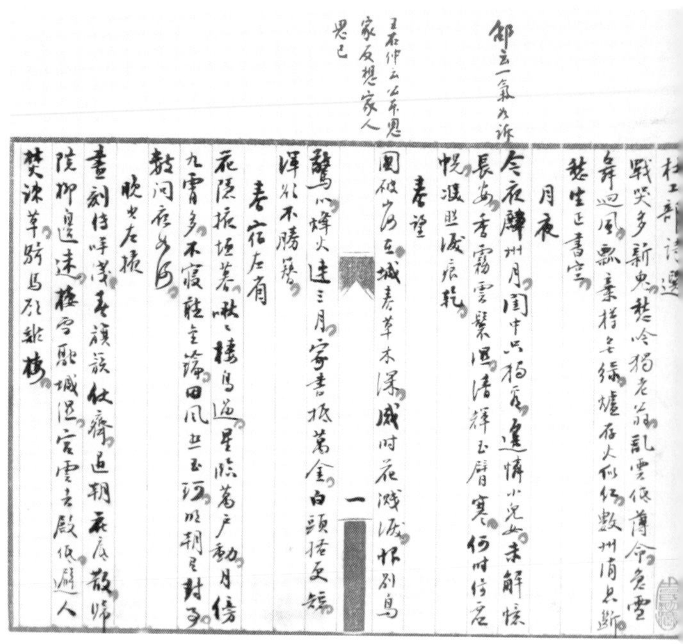
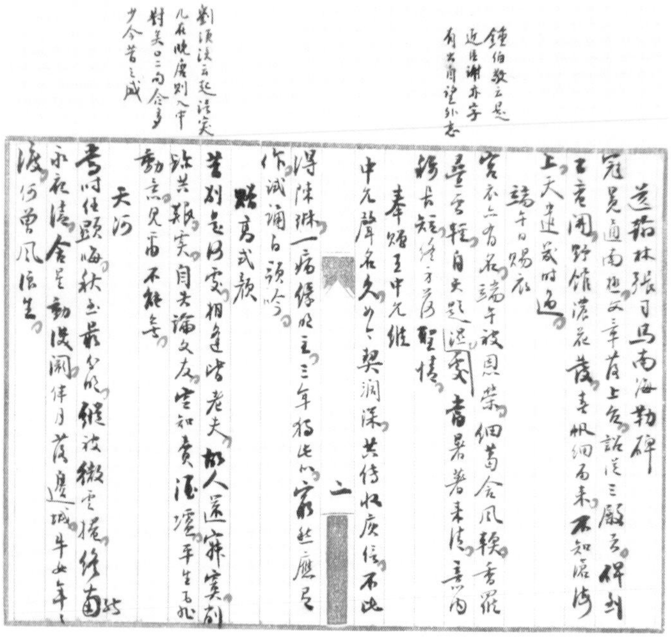
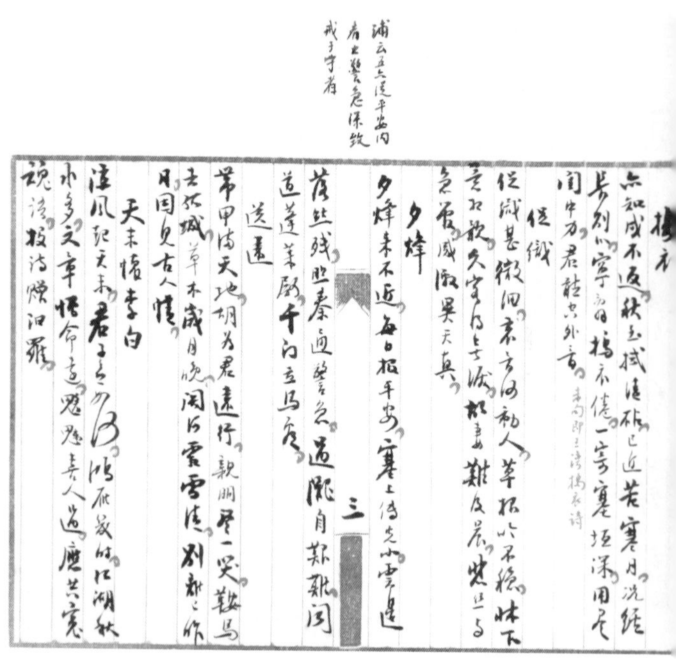
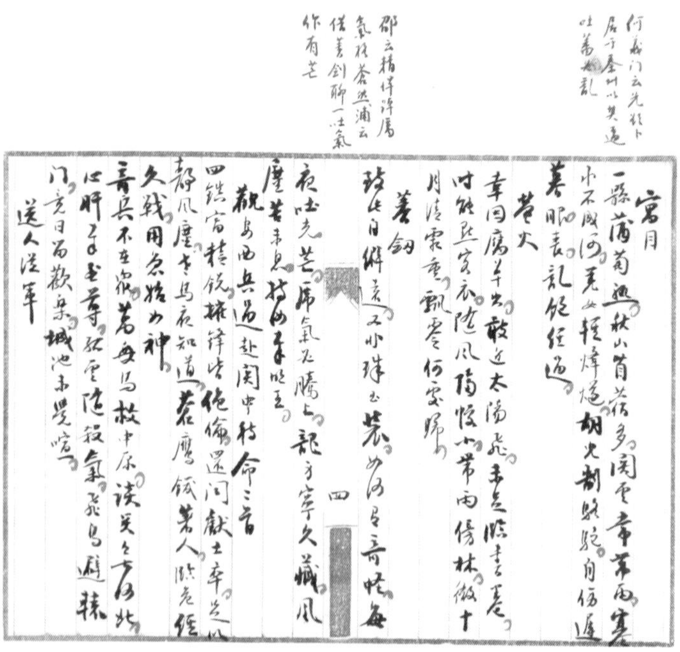
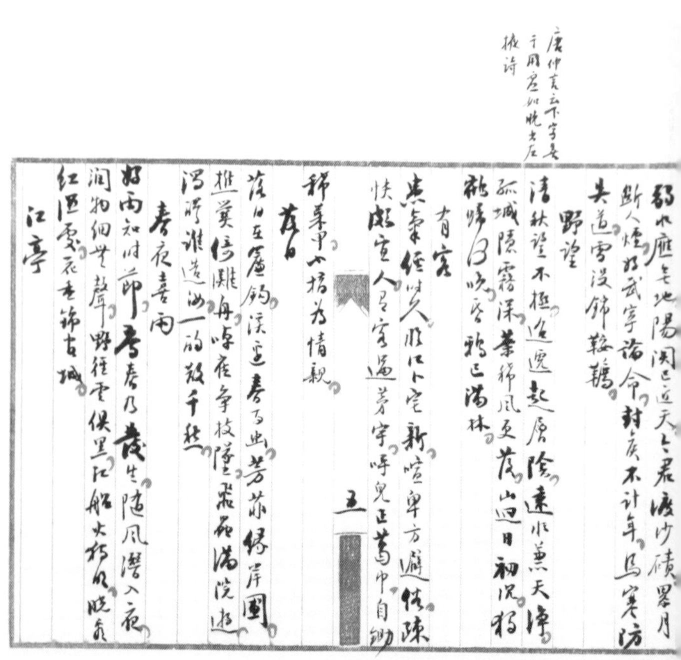
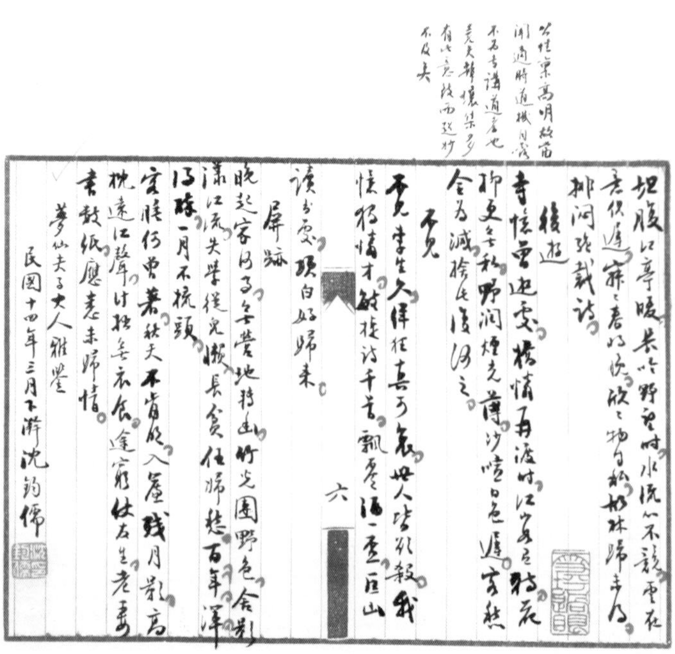

六八　沈钧儒　诗文稿册

(图六八　25—30)

（图六八　31–36）

六八　沈钧儒　诗文稿册

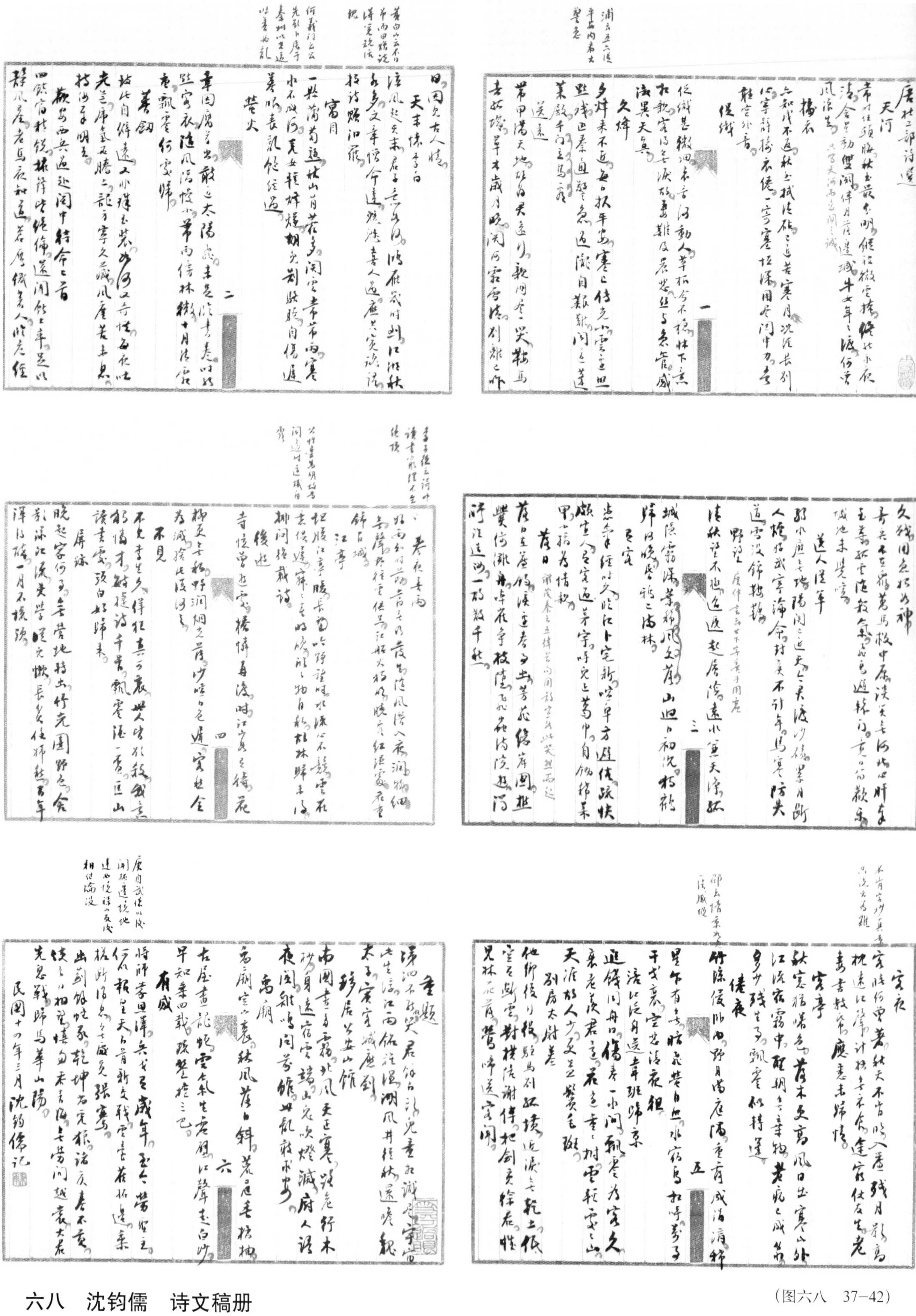

六八　沈钧儒　诗文稿册

（图六八　37–42）

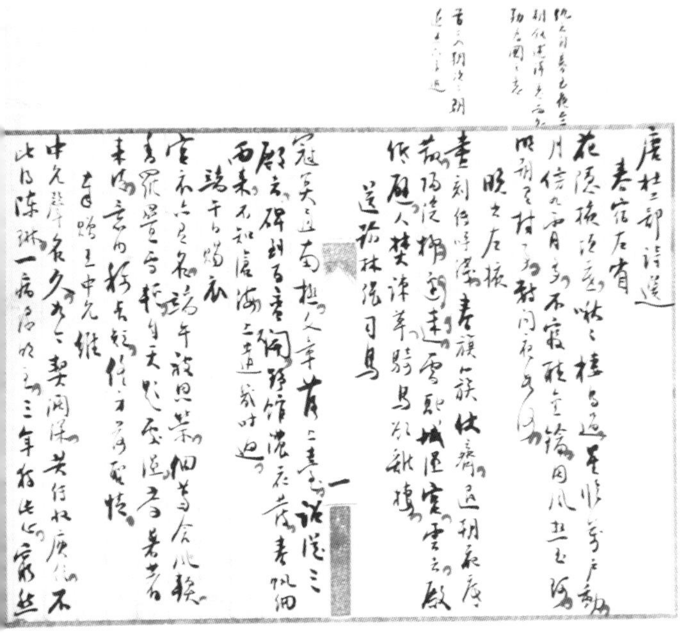

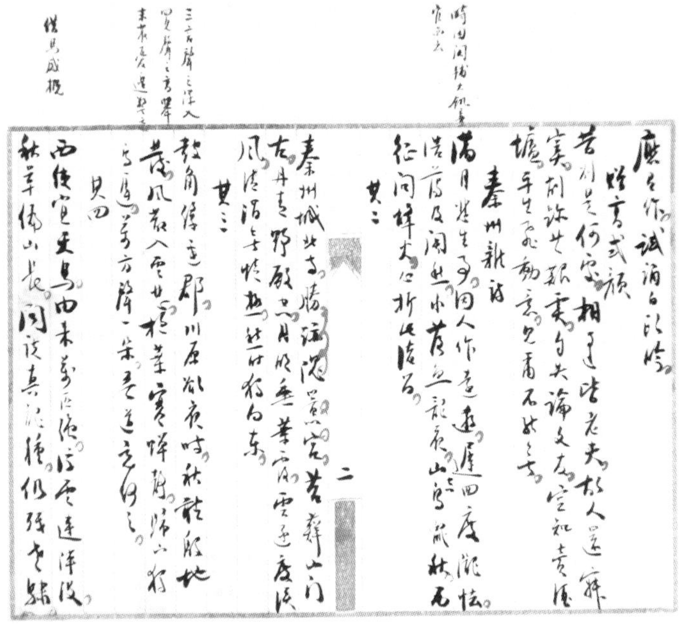

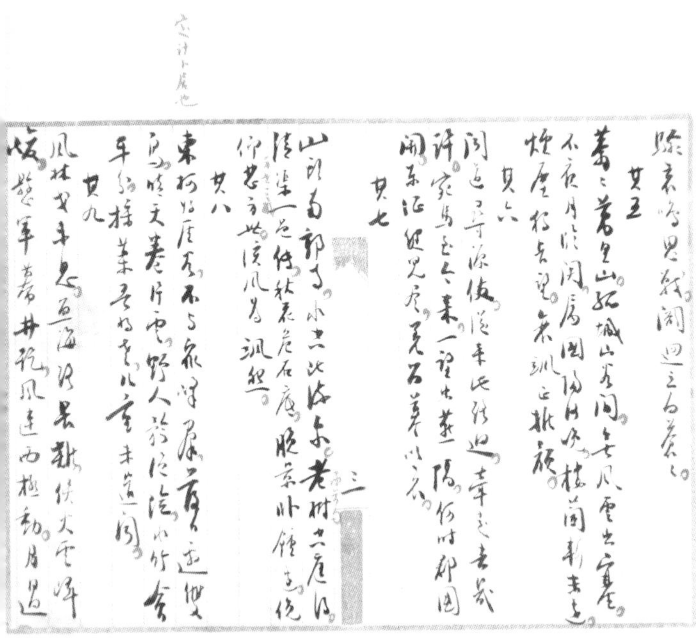

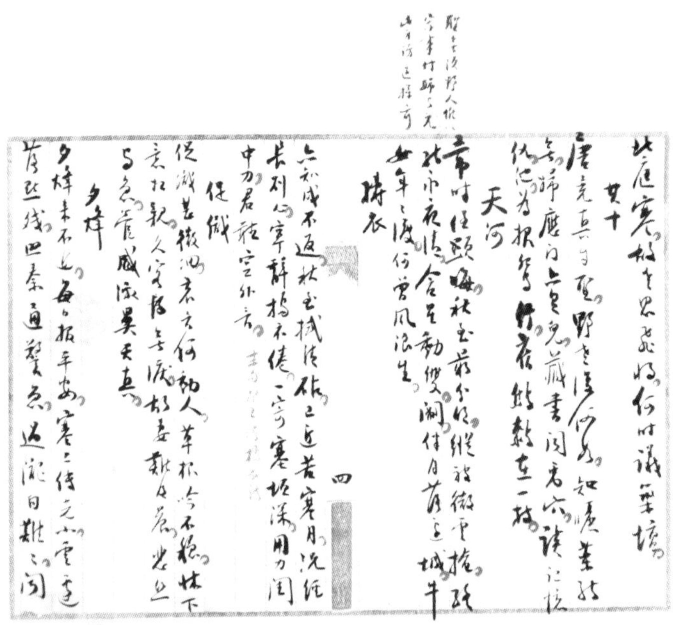

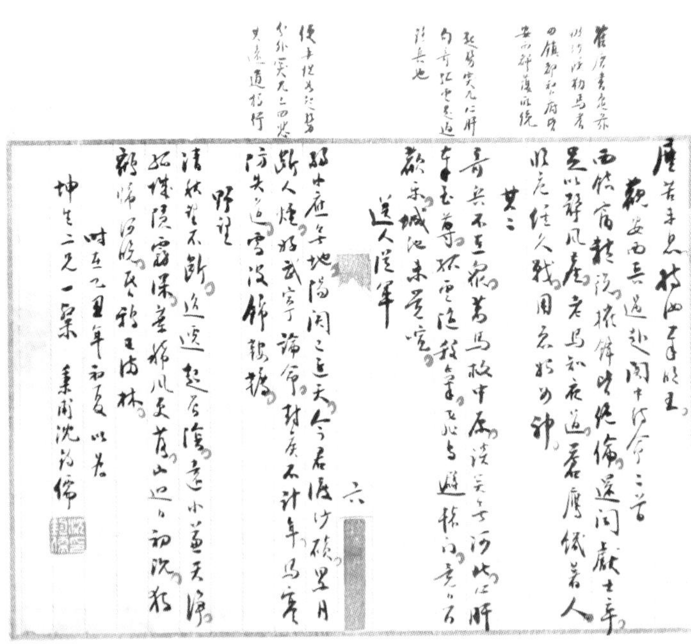

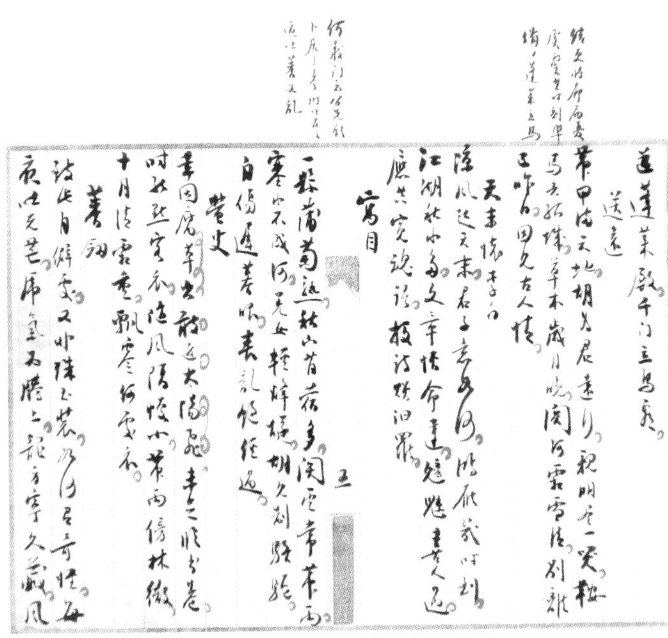

（图六八　43–48）

六八　沈钧儒　诗文稿册

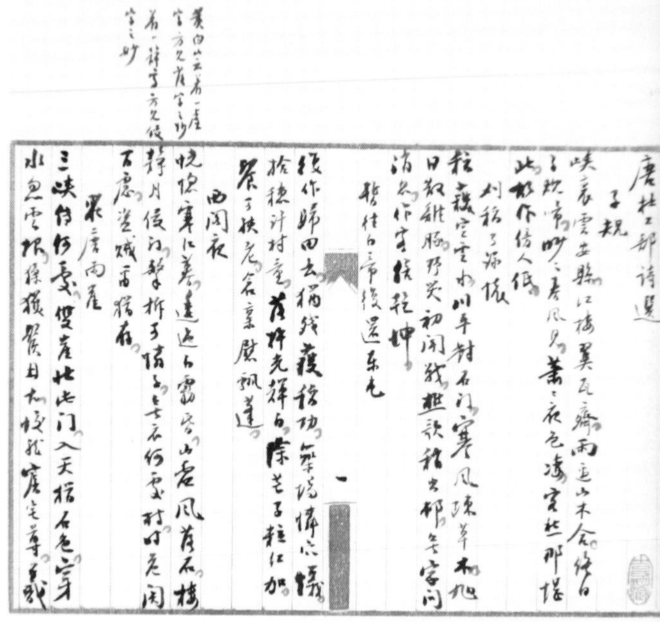

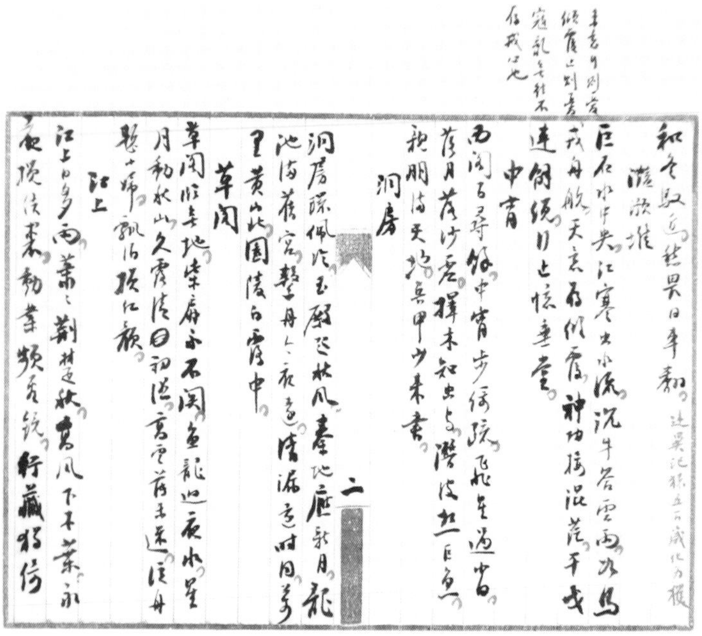

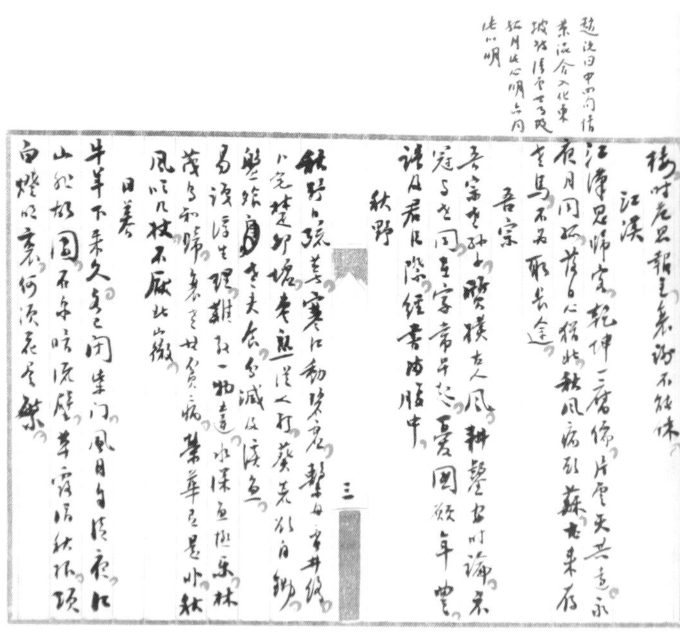

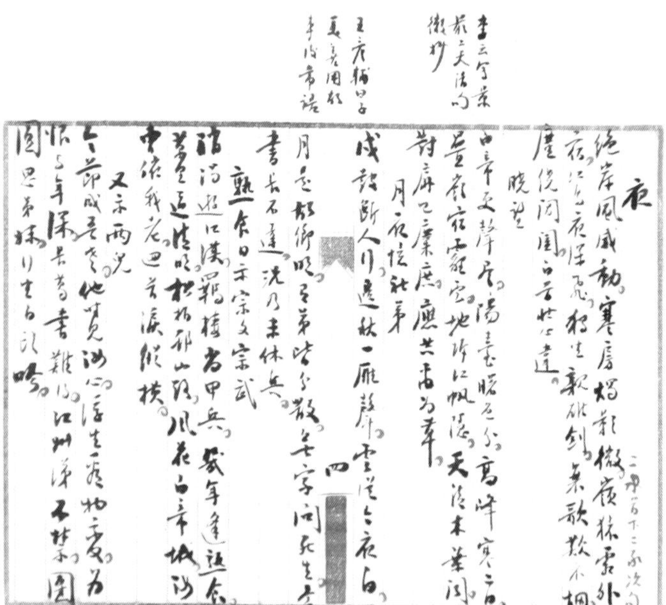

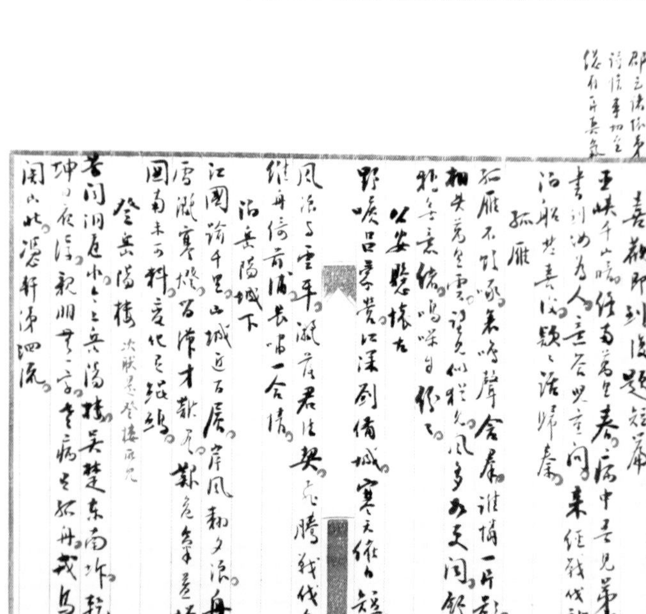

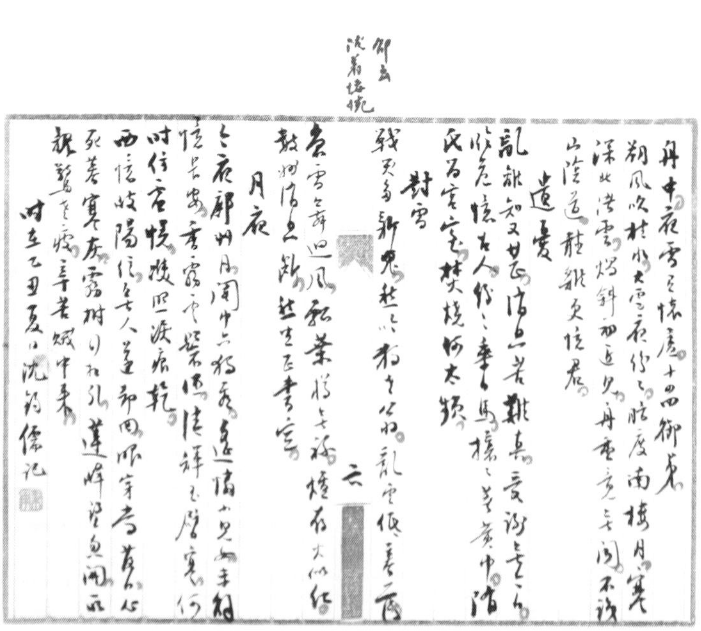

六八　沈钧儒　诗文稿册

（图六八　49—54）

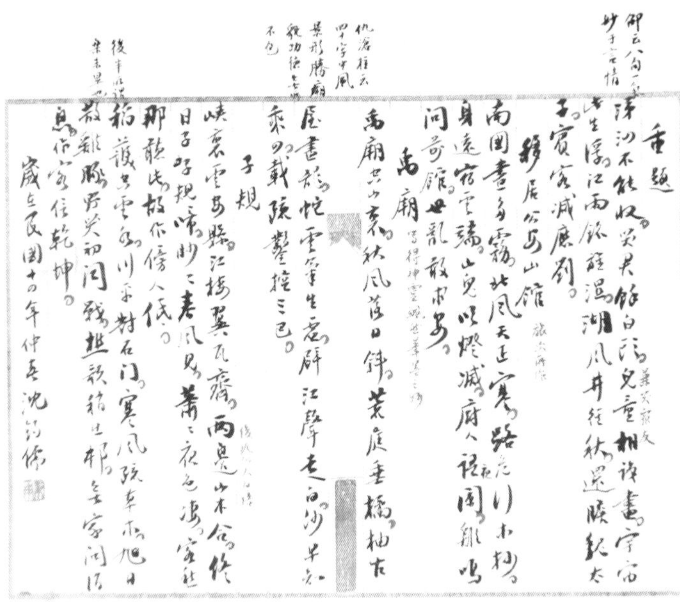

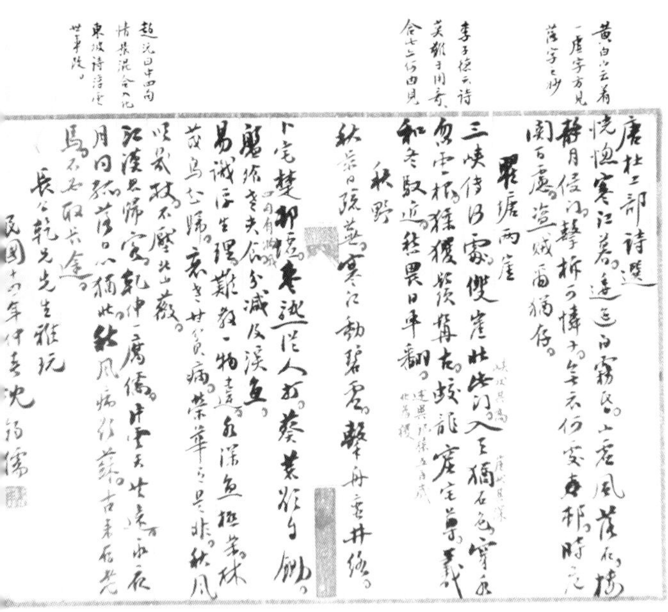

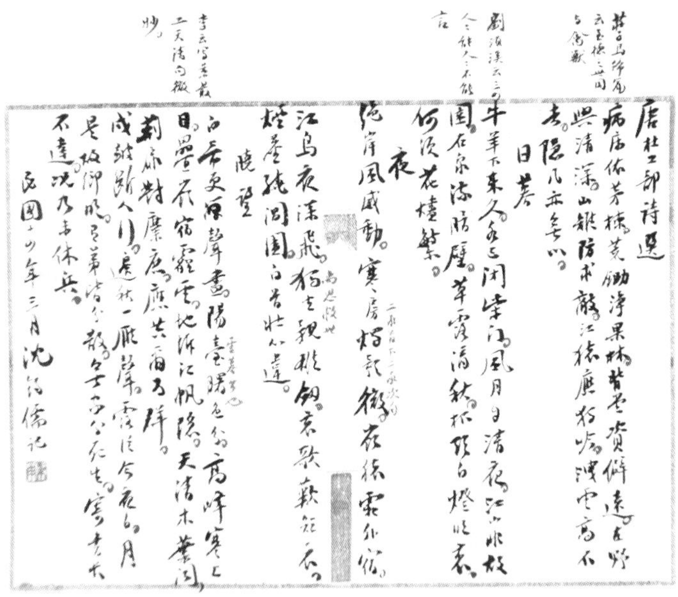

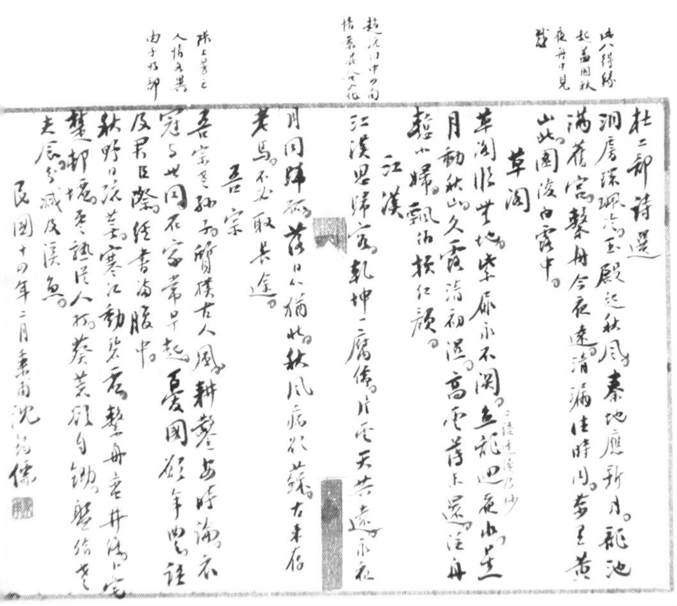

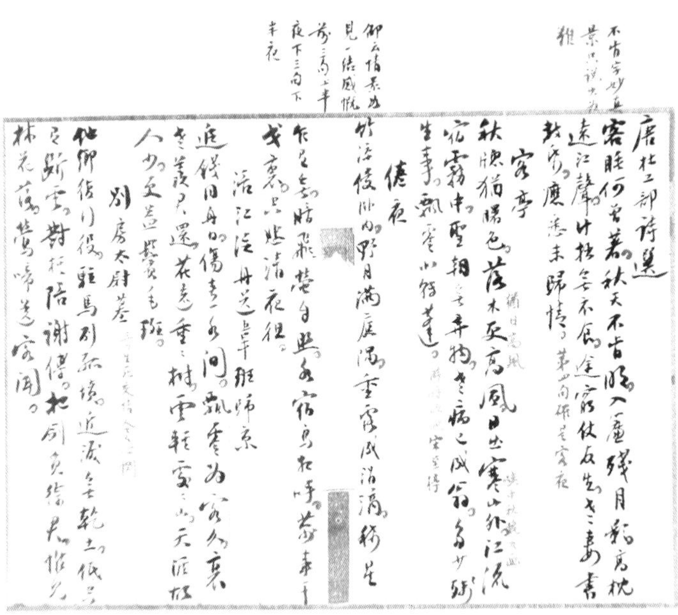

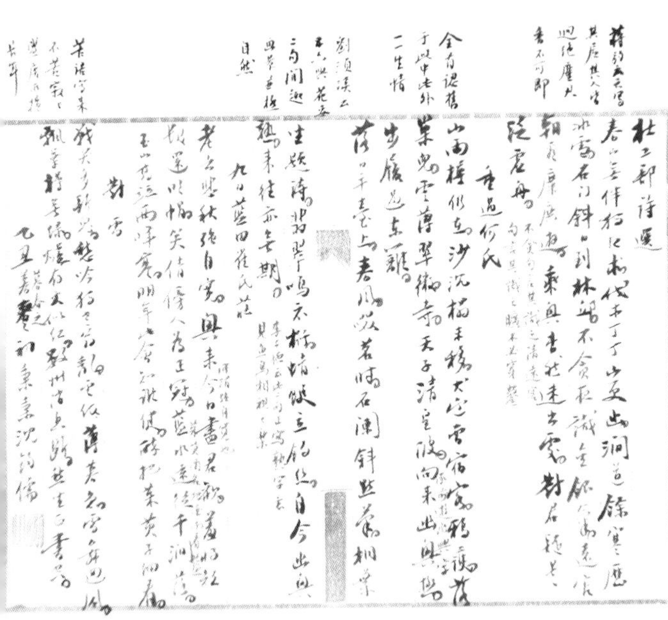

（图六八　55—60）

六八　沈钧儒　诗文稿册

六九　沈雁冰　日记册

沈雁冰（1896—1981 年），现代杰出文学家。原名德鸿，字雁冰，笔名茅盾，浙江桐乡人。1916 年北京大学预科毕业。先后任《小说月报》主编、《政治日报》副总编辑、《民国日报》总主笔，创办《文艺阵地》、香港《笔谈》等刊。1921 年在上海参加共产主义小组，中国左翼作家联盟发起人之一。中华人民共和国成立后，历任文化部部长、政协全国委员会副主席。中国文学艺术界联合会全国文联副主席、名誉主席，中国文学工作者协会主席，中国作家协会主席等职。此册内容涉及沈雁冰在三十年代的政治、文学等多种活动日记，为极其重要的现代文学史料。

辛未（1931 年）作

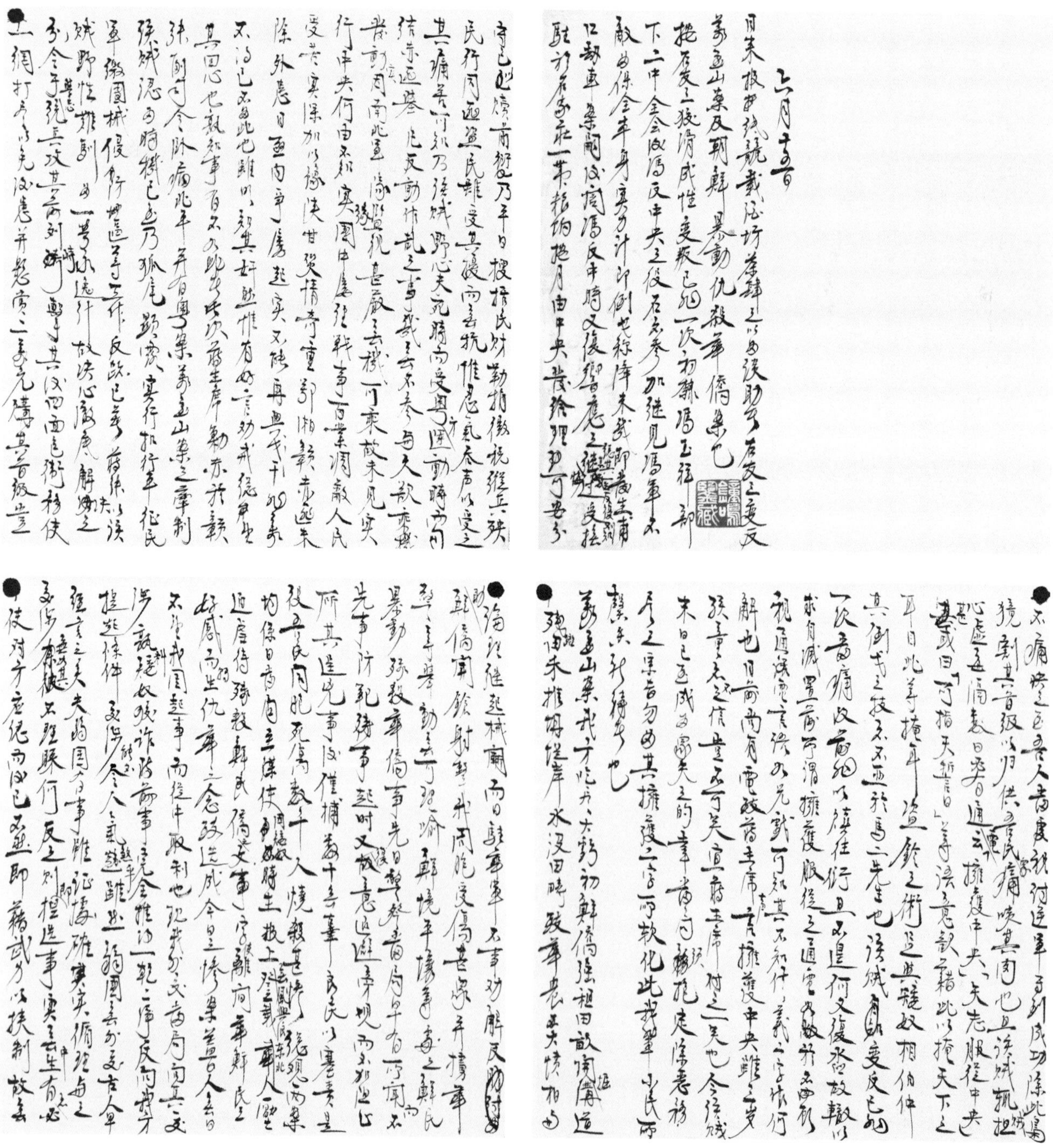

（图六九　1—4）

往不利。何谓强？本身之强也。吾國受條约束縛，關
税界失，航行權、領判權、海陸軍、登岸權，時聞
而组织政团会，時而宣言，其时而遊行集会，大声疾呼
完全独立，[illegible]外人[illegible]引为笑
柄。就近言之，如事變之五九、五卅、五三重之[illegible]案、沪越
界[illegible]案、[illegible]争[illegible]五卅、五六[illegible]
教育人員案、漢口水案、日船[illegible]華水手案大小
種種案，事起時[illegible]組織后援会及日会採
貨会、[illegible]会等，宣言告成，遊行示威，標語
傳單，一時備起，而閙得滿城風雨，鬼哭神愁。但日久
則風消雲散，雨過天晴，[illegible]未見如
其有一事能過於[illegible]今日多一紀念会耳。
長此以往，一年中三百六十日，有紀念日，甚至一日中有二
之紀念[illegible]外人[illegible]笑柄
於我國外交[illegible]
移[illegible]遍[illegible]成為一種

時[illegible]已極，而民衆喧[illegible]
派送一二[illegible]何謂[illegible]
[illegible]時[illegible]
[illegible]民衆之喧[illegible]
[illegible]事[illegible]
[illegible]
是[illegible]
之義[illegible]
[illegible]也宜矣。
錫邑自月初以來，大雨連綿，河水驟漲，最大為
[illegible]
[illegible]田[illegible]
正[illegible]
虞[illegible]民[illegible]
有[illegible]
[illegible]物[illegible]米價

造成[illegible]
棉[illegible]
有[illegible]
[illegible]
倭既[illegible]
[illegible]
列[illegible]
[illegible]
以[illegible]
[illegible]
[illegible]
之狀[illegible]
仍積極侵略[illegible]
定[illegible]
尚希我國對於[illegible]
國已收數十萬方里[illegible]邊徼以固吾疆圉，保我

剥板文章[illegible]
[illegible]
數以萬計[illegible]
犧牲[illegible]國民生命，輕如鴻毛也耶？
今人伏案痛哭乎？
嗚呼！以吾國疆域之廣，物產之富[illegible]
强之國，何以竟如彼小弱[illegible]
吾國握兵符執政治者之自私自利心太重耳。
爭地盤[illegible]
有以逆其[illegible]
成為四分五裂之形勢[illegible]
平戈[illegible]
於是外人乘隙以進[illegible]
法[illegible]侵[illegible]
[illegible]
民之汗血金錢而[illegible]

李[illegible]
來[illegible]
[illegible]

十六日

昨見報載有美人侵略[illegible]
[illegible]
臨江[illegible]
人士[illegible]
考[illegible]
[illegible]
[illegible]
秀[illegible]
其[illegible]
[illegible]
而最富[illegible]
之[illegible]

民族民權利[illegible]再任美人侵略[illegible]
[illegible]
觀乎上述一篇[illegible]
侵略[illegible]
利權[illegible]
[illegible]
移[illegible]
戰[illegible]
國[illegible]
[illegible]
敵侵略[illegible]
[illegible]
不識[illegible]
事[illegible]

十七日

錫邑[illegible]

(图六九 5—10)

初往法院派检验下仰相验，吾国吏被告之随意
称并无伤痕，致乡民大愤，共行蜂拥之围县府，场
欲打死该员，后经之同围掩护，由后门逃出，乃县长又
不付，状请高院派员覆验，该员即派员于十四十五两日
覆验，验出伤处六处，确系打伤身死，一场冤案得
告大白云。观乎上文，余不禁有感焉。夫沈检验吏受
命相验，应本其忠直天良之心以从事，应伤则
伤，应无则无，以明案情，安可受贿而枉使一死
者不瞑目于九泉之下，[illegible]杀人者[illegible]
[illegible]事[illegible]更无可尊[illegible]执法人恐[illegible]徇情从
此不获信任于人民矣，吾不禁为之惋惜，且此青天
白日之下，竟发生此种事业，诚吾党国之大不幸，
政界之大玷辱，亦人民之大隐忧也。故深望东北监
察院将该检验吏及检察官加以严重处分，重惩
以维政纪，而尊奸人，并使民意而安[illegible]焉。
此案[illegible]父等虽知其女惨死，然[illegible]其情忠[illegible]

[illegible]事，乡人无力上诉，竟欲[illegible]冤[illegible]事
幸有同村人吴[illegible]女士（吴雅辉之胞妹）才识兼优，
并挽法律擅口才，[illegible]闻之，[illegible]不平，愿任申诉之劳。
今幸得以案情大白于世，女士之力居多也，死者于九泉之下亦当
感激不置也。设无吴女士挺身而出，则死者
之冤沉大海，死不瞑目，非宇宙间之大不幸事
乎。
金钱万能一语近无之害生也，衣食住而官职也，人心
也，无非势也，缺德也，无一不须金钱，虽于诉讼，有钱者
更不容说，及其伤情果最有关，人命不可[illegible]以金
钱所挽回也，高人见之能不怪哉？是言也。试观另地之无有
剧[illegible]逍遥[illegible]教其往衍犯案伤生，何止百十，然
例[illegible]判属死刑，[illegible]其审讯之
期其延情，所谓大律师之[illegible]为之[illegible]
辩护其结果[illegible]原判[illegible]仅
判徒刑数年而已，更有藉金钱以减轻刑罚者，试

观乎案[illegible]时有不服上诉者，上诉後判决[illegible]无救
前次减轻或加重，安然上诉，时之费用不亦甚难乎
役欲上诉者，无力于此费用，时势必致诉不能，[illegible]
忍气吞声，任此冤屈，案情永莫从大白乎。
虽然其为之审判官者，其侦查之不详细，审讯时之不严，
可知疏忽之处，为不容辞，不识其亦愧对小民乎。
昨阅报载上（[illegible]）见有电影明星[illegible]
一文内云（一）[illegible]梅花[illegible]
[illegible]
[illegible]

过去均[illegible]张[illegible]
[illegible]电影[illegible]
未[illegible]
即[illegible]
胜矣，大方也。

自欺一物为用甚广，举凡建筑业、手工业、制衣造
纸，其等均不可缺，惟我国向无出品，完全仰给于
英日等国，而尤以日本为尤多，每年进口者，总数之
之价之多，每年损失千百万元，此次抵制日货，其向
[illegible]增[illegible]生意[illegible]而吾国又无出品，祇可任其
[illegible]
[illegible]
[illegible]
此我国工业界所消息也，盖[illegible]
实[illegible]
实现也，然又有一[illegible]
毅力[illegible]
温州之新闻[illegible]
地位[illegible]

国实业界之好消息也
日前[illegible]
济[illegible]
底[illegible]
知[illegible]
[illegible]
[illegible]
甚[illegible]
国[illegible]
实[illegible]
[illegible]
入[illegible]
出[illegible]
年约六千五百[illegible]
[illegible]
内工业命脉之[illegible]

（图六九 11—16）

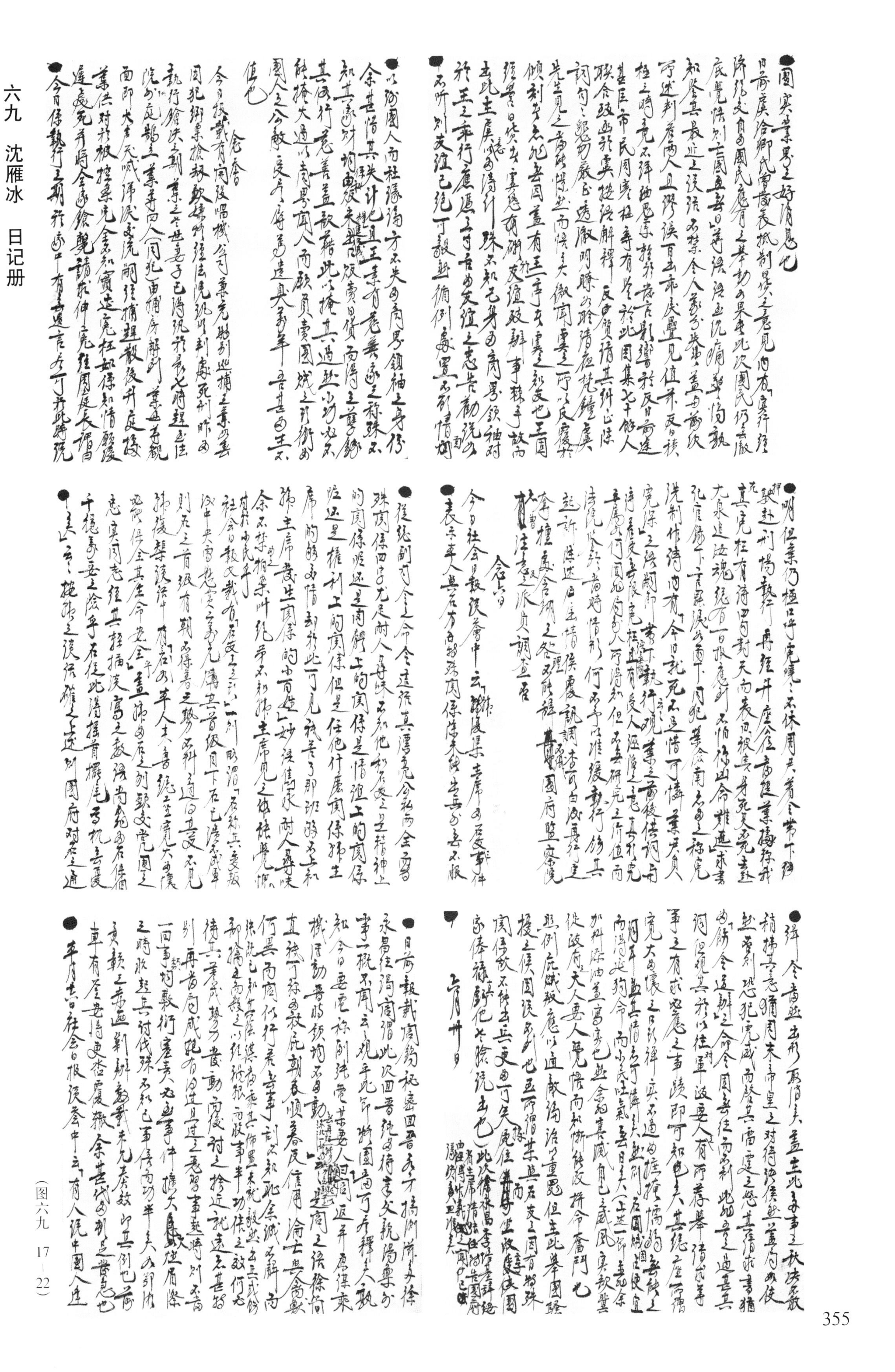

(图六九　17—22)

到危急之秋便是召集市民大会拍發通電报作
似這樣一來之危急之事便可解決了除此以外一無辦法
可以說在对日事件有人以为市民会已开过了電报也
拍过了大約反日工作自可適可而止也可笑吾代得過了
三々雖然以往反日時之实情此次移至愛國同胞
爭一口氣不要三不能再抄々文章了
本埠針織同業昨会議計各廠代表一百卄餘人議
決創辦工廠針織業線廠資本暫定一百萬兩由全
市同業任發起人即日起從之籌備處开始辦公以抵
制日貨云　又江浙染織会業發起組織棉業紗廠由
業業發起担任發起人者九常踊躍昨開会組織籌備会規
定籌備員十三人分科染織業及用紗最多之吳錫江
陰武進杭州吳縣常熟等縣各推人本市棉織業
針織業毛巾業各推一人積極進行云
日本近十年来對於棉織業突飛猛進每年運銷中國甚印度
不知凡我中國棉織業之幼稚不振無可諱言近年来

雖稍々進步但棉織業織十六支二十枝及四十支之双股者及其
於各種細布技術上实更塵莫及并查中国手帕一業所
用原料皆為八十支六十支及四十二支單紗織成從前皆仰給
於英国每年進口總数不下五六百萬近二三年間日本截
奪此項營業故已有出品運華競爭無除少数手帕
廠採用外尚未得有大廠之信任自五六年来該業欲
袖觀新手帕廠總經理馮無樂有自織原料之計
劃但因種々關係因難一時未能实現今年自進口
税加增以來此項原料無足須納進口税二兩餘并匯率跌落
頗巨其勢非自織不可故該廠銳意進行於本月間
裝置機件從事試辦三月以来結果甚為滿意并
已有出品供給該手帕部自用并擬招集巨資從
事擴充據該廠總經理云此後該廠擬添購最新
式機一百部專織手帕原料以供中國各手帕廠之
需求并歡迎各界参觀云々上述三節均摘報載際
此舉國反日之秋能自組立廠製造該根本之抵制

織工業界之好現象也

七月五日

今日快信來載有秋寒(?)一封云「禮佛拜經可以息
災寡慾但如有所希冀即是迷信」「由陰入陽如水之
下流由陽返陰則難如登天」「武人之月齋因戰爭殺人之
月不遑多食則國來必無好處」「某是自己的好々婆生
人家的好吾人當視國貨為自己的兒子切莫說洋
貨如別人家的好々婆」「減價貨織輕擇開市生活程
統長增高」莊諧並重語亦戴深長洵至理名言也

七月六日

漢口水勢續增危浸水十餘日倒塌日有所聞最〔平地積水四尺五〕
於本月十日旅館〔五樓〕倒塌死傷者災民千餘名多數負傷
落水而死者更不知凡幾我中國災民數萬以鐵道線路為唯
一避難所今鐵道亦浸水三尺得達之人浸在水中進退兩
難其死者猶在附近飄流此俾婦孺哀聲震天男子
則多發狂動輒互毆雖犯獄之情無以加并看再浸

一週勢必死亡相繼已一人不存而官所救助不勝至今
任其浸在水中軍隊多數集於武漢救助災民其唯一
希望〔重〕在於軍隊但軍隊恐已不及耳云々漢口災情
之重於茲亦可見災民避難鐵道上〔illegible〕之重矣
下游獨流之浸蝕而不死於浪激者當亡於瘟疫
疾亦有已失生去者援危不及待其至官所速〔寄〕
辦法〔表〕任其浸在水中須久計要急後法由圓富
甫大批播發載赴漢邑多原武山工成此為第一步
工作此後方能再籌其他不識該官所當現下是
否〔正〕在如此辦理也
報載哈爾濱雙合盛皮革廠大火國貨物機悉被毀
損失在五百萬以上保險一百萬該廠與雙合盛麥酒廠同為哈
商會主席張廷閣創辦為國內惟一華人建樹实
業被燒後無力恢復云々誠我工業界之不幸事件也
報載贛旅京同鄉以載校院係現充聘款特電
蔣主席表示反對無常人才級當部國傳并張分

各同鄉会請一致反對拒陳調主贛政云々按陳調
元本皖人初皖民以為用皖人主皖政既被政
鄉之數以為於皖民必得便利故甚歡迎孰知適得
其反蓋濫用權限違反民意其罪惡昭彰多如強
迫種烟及法勤政未捐私殺拘留一意橫行醜底最
聚衆集指向要求釋放衛兵并免敵開槍射
擊死傷之同民多人改為來商聯名呈報國府務
仰政府行須其經國府之命令并命即予放行非嚴
之覓置并同閱勤捐扣押不放其藐視法令於此可見
於是贛傳都與聯合各界上書監察院將其彈劾嚴
懲攸不知行來同有懲治辦法而陳仍安居泰山
其行為既如此宜乎贛同報閱志矣其為贛之將臨務
起對也
報載蕭山孫璋被銅肩坐婦據宣以得更秩失人不遂
經杭州法院判處徒刑一年本月旋因檢察官認為
太輕提起上訴於是法院將檢察官研訊改處徒

刑四年六月云々謀夫而被判處徒刑一年二月似
太便宜本有該鎮面無私之檢察官起訴改判藉
徹辣婦〔蕭州〕更使其死夫之吾甚為稱快
於泉下人多表同情也無而該婦於法院之審判宣判之既
忽職務之怒不能辯夫民國以來犯法犯律之
馮其於當之徹換清律此種案件早判處死刑矣
直乎今日之報案日見增多也

七月八日

今日報載漢水又漲四寸長江水標及達五十三尺七寸十數萬災民
避難之鐵道線路水深已達四尺溺死者無數災
民多攀上鐵路之車及屋頂之上惟已無陸地可容
未能攀上者仲有水分浸哀號求救且鐵路本身亦有
隨決之虞一旦潰決則十數萬之生靈有其真之陸沉但
當局既見如此危急生命繫於頃刻何不多設船
隻將災民救出危險之地但去已無救助之道惟有坐嘆嗟息
誠屬百思不解者也

（图六九　23—28）

●川沱江、岷江、沱江水涨，富顺、内江、资州等处俱成泽国，灾民登屋呼救，惨不忍闻，沿岸损失数百万，淹毙人口一万有余，诚空前浩劫也。

初八日

日前本埠发生一惊人之谣言，谓有[illegible]可令生[illegible]病危，床[illegible]数，及屠牛惠者，医生已[illegible]，欲[illegible]前往伏侍，亲诊视等云云，民众咸骇，相告一时，群情惶恐，若大祸将临，谣谚纷纭，莫衷一是，普[illegible]。俄来如失[illegible]，际此国基方奠（详于十九日后）。武汉现任国术馆长兼江苏绥靖署参赞张之江先生与冯玉祥先生事[illegible]，平民化接[illegible]，[illegible]先生等二人相与[illegible]国人[illegible]，[illegible]判冯氏之平民化将[illegible]，[illegible]造作沽名钓誉而已，但也惟朱氏[illegible]其[illegible]言行相合，终身如一日……者之谓乎，其形容可谓贴律入微矣。

●今日报载欧亚航空公司拟筹办中俄飞航，由新疆迪化起至边境再换俄机飞往俄境云云。[illegible]机为交通之利器，其捷便自能[illegible]，[illegible]航空自为近世之要图，但我国因[illegible]，[illegible]其时请[illegible]，通航尚[illegible]，不使消息迟缓[illegible]，[illegible]航空局[illegible]，但欲与俄通航，则有[illegible]，而[illegible]一利[illegible]，[illegible]且[illegible]，[illegible]航之[illegible]也。况苏俄正积极向我蒙[illegible]，[illegible]有中俄[illegible]，[illegible]一旦[illegible]，[illegible]航[illegible]，[illegible]十里之[illegible]一日[illegible]，[illegible]一[illegible]心可[illegible]，[illegible]通航[illegible]，[illegible]者[illegible]，即[illegible]一步言，即使中俄通航果成事实，届[illegible]时[illegible]，彼强我弱。

●我方不是[illegible]吃亏[illegible]，此次中俄会议[illegible]，俄方一味强横，殊难即明证也。

七月十五　中元节

报载西安公安局[illegible]破获第三宪[illegible]机关，[illegible]会今[illegible]，[illegible]捕人[illegible]，[illegible]捕犯由[illegible]，[illegible]，[illegible]人往[illegible]去[illegible]，[illegible]事[illegible]，[illegible]现[illegible]之文[illegible]，[illegible]口[illegible]，[illegible]人[illegible]，[illegible]也[illegible]，[illegible]事[illegible]宜[illegible]而行，其一所以不通[illegible]，[illegible]，[illegible]全[illegible]，[illegible]一国[illegible]，[illegible]府人[illegible]张宗[illegible]动犯[illegible]，其[illegible]之铁[illegible]。

●何其[illegible]一时[illegible]而不稍察耶，无怪我国之[illegible]通地[illegible]。此次举国均罹水灾，本埠[illegible]，[illegible]成就[illegible]，[illegible]提倡振款，而[illegible]，[illegible]筹[illegible]，[illegible]为[illegible]，[illegible]起募[illegible]，[illegible]之表现[illegible]，[illegible]我[illegible]，[illegible]见[illegible]，[illegible]故[illegible]何[illegible]，[illegible]以[illegible]，[illegible]为灾民[illegible]，[illegible]，[illegible]元，[illegible]其他均数十元数百元不一，[illegible]有数千元也，[illegible]灾民，[illegible]诚不虚此举也。

●今日报载本埠[illegible]。

●救国水灾义振会[illegible]会陈述灾区[illegible]状[illegible]，[illegible]集大洋廿六元[illegible]，[illegible]，[illegible]人[illegible]，[illegible]救人之举[illegible]，[illegible]普及全国[illegible]，[illegible]善之士[illegible]，[illegible]全国十六行省大灾[illegible]，不难救济也。

[illegible]贫者[illegible]捐[illegible]，[illegible]一个[illegible]，[illegible]报的穷人[illegible]，[illegible]过一二百文[illegible]。

●但是我拿来比救这水灾的同胞，则我又比他们好得多了。

●我这几天寝食不安的，时常想着去劝说他们，但是心有余而力不足[illegible]，[illegible]的人[illegible]，[illegible]一个[illegible]，[illegible]过[illegible]，[illegible]一般[illegible]，[illegible]及[illegible]的大人[illegible]，[illegible]同胞[illegible]，[illegible]他们[illegible]，[illegible]是[illegible]，[illegible]要[illegible]他们[illegible]，[illegible]大洋一元[illegible]，[illegible]一件[illegible]，[illegible]赶快[illegible]，[illegible]一条命[illegible]，[illegible]以一[illegible]，[illegible]救之[illegible]，[illegible]十元[illegible]捐[illegible]款[illegible]。

●请报[illegible]。

(图六九　29—34)

●遗偽灾年累積六十餘萬元。八元抵五两承約免匯尾
悉数刷銀即可大量清理款無日由申報館照數收解金城
銀行代收

十九日

新聞報新評中載有今達君之「兵燹後之蘇省農田與丈
式」「江西有史未過蹂躪最烈今幸斷就數年政府乃議
減免被匪區域田賦此誠於即邊荒之先務也愚獨有
一事要商諸者頗用未經匪河區極其破壞之能事於
是用兵之事也我農不無不敢我有不將田畝所佰畦畛
已多被其夷平倘使信說地經剿後有地農田此後界限
悉除私權莫辨耕者將何據以為標準以至強者兼并
弱者擬耕援張何經而農業之遺之但其安無遺害甚
蓋莫此為甚也今者既須減免田賦對於農田戶籍自應加
以調查藉免減免根據窮竟要宜同時屢勘速加清
釐阡陌畦畛果有夷平不得不為速謀恢復庶足以維
持於秋收及今來之困猶未晚云云所稱不即詢為當務

●之急已宜速加勘正歸屬否不可或緩也
（陳齊原因）可傷為已內亂未平之際主腦有失調度無人
一般失意政客皮皮動彷子將群起活動又講九任主席
不得相讓勢不能不有重興（主靈）將復遭塗炭故也孰
料時已逝無來處但毫無小疾而神精反較前充
足於是一場虛驚乃無形散或謂謠言係由交易
所中所來蓋欲利用以緣投機市價耳有某謠
言之興也發矣如國內通報所載政變時謠操
祝同將士卒 [illegible] 令年底信張劉同令
主平病發等言未繪影繪聲千真萬確對于雄
均不可將稍者無事後證之則絕無其事蓋均係一班
反動派所傳佈其淆亂人心而藉以達其陰謀無
宛為空中樓閣毫無根據一經辨穿誠不值一笑
也

十九日

●獨鶴新評 回憶 郁元沖 村年夜記 昔 張 [illegible]

●主席既前逝過八千萬元偷不幸黃生因為五款無
為我 [illegible] 去就力爭并云即今美國貸麥事成功合法
根據不僅一萬千萬元以之分配於五六千萬災民所
得不為有限」若并此而復減銷則救年水災之禅益
幾何……故無論中央財政如何困難無論經濟如何艱
難寧此振災公債之數款自應從持原案不可使之
更有減削也柳有進者吾人之所希望者不獨在公債數
款早日發足并望其早日發行而為何等募集何以發
補充救濟之計停可延緩現款散佈災區救急災
之款止不敷甚多救災之道只務求其速適地哀鴻
不保朝夕一日稽延輒轉以填溝壑者不知將增多若
干主此現在待救之時固不遑靜待主計之者從容
考慮也以上云云誠為所言洵至理名言也
獨鶴評抹購東北糧食云「京電謂主席既昔無從為昔購
對於購糧扳災咸主向東北為省採購雜糧則於貸進而作
●不產糧之區 [illegible] 依吾人之觀察此種主張固甚

●有見地不甚有研究之价值也　美國借麥之款始無偏
條件之已借麥無份事實上甚爲難對而麥作投機或投
遷則絕合目來而以消息强不能免麥作昂則我方之損
失距貸則達到好所意欲之三作而國為災振計固將來
但負將均無所利不難惟是美府政之目顧照美雖備概
念中國水災出於美值上之好感實則不未嘗不有無計畫
款利用此機會以解決其產麥過剩之問題也
美國以產麥過剩影響經濟則東北為有糧食者何
嘗不有生產過剩之患故移東北之糧以濟各處災民而
利之許吾人甚真美國解決一部之困難何不就國內通盤
籌莫以羨補不足之為患五洲免除利益之可益猶甚在事
也武謂向美取麥可以除貸入向東北購糧不能不需現款此
為暫時計固未嘗不是之感但此事可其東北當局對商
一特殊之辦法倘東北當局此次黎燭與動念對於購辦振
災糧食能為財政上之極力發整一部份之鉅數再議定辦
●法分期攤還其辦法務使有利於災振而又不致影響

●子東北之經濟狀況則 [illegible] 實際其殘購之性質更無
甚差別矣」
報載鄂災民通電云「工迷遲堤淹決之經過及慘狀（從略）其又
金城陸堤沉者大也天災固此後免之民以為經陳朝夕於發何政府
及國人必甚於之商但天下政者為籌者於此次空前奇災非實之
執食救之能無要義敷有散漏湖自改革以後遲提未從無
過感陳潮水而能暢流不僅月餘受虎未潛實大年遭致
圩有以堤之加以水利為何以自便私圖投取新舊魚畝捐以任
任意挪用自命私為化王服光視堤河如無物振年大錯循此
鑄成考其用人則凡庸求新王程任土木者尤甚者更為天時
夏所則土木不備此一固也更鑿攏提集土方法勉適速發決堤年往來提
堤身震動為之泥水滿爰刷堤床不加培植土此又一固也速至
湖河江堤速發所長承陽施通部地方國作方欲面陳而乃竟推而免
駐所以為人者為旬長官以外所在官者仲強奪赴官人一肢多平日是部員人一味
挾勤金錢所獲固無帶職撥除不知注意土方可漏其乃就夜中女七之是非
●後身挖土用加以埝挖土補筐所行大忌一千三百下之七公里郡叛挑土至

●何服指給以偏之甚於後則一大為不遵守其務年以挑土兵人工
貴來手此的為從廢為為誤決之重大原因也大員所作挪用挑款
而逃亡者卸何事無此人禍從為天災堤地壞損（下略）」云云親視上
述情形水利當局私挪公款修堤堤事付本待事之所不容已云是今科
為黨化之眼光 [illegible] 工程任王不當門殷人可謂指肩之能事
蓋自今一再經況辭我新黨職而實際毫無經驗專以為是
者人以社會化之 [illegible] 帝於於其可奈何計稱揭為之時尤為
不稱其職者化之不 [illegible] 權蓋作以稽其地以而 [illegible] 之
良可慨嘆深自詳研黨化之憂大去哉直於所以提防速為此
事特府舊法不有其長蓋一切均由數千年經驗試中得來
並非空構無稱不可固舊由舊法而亂視之也尤可痛恨而死不
為洪水人連長承職爭奪充任更固與為撈事先時急待成大者
直深自引咎一面嚴辦負責在在撿故以收桑榆之功固決無報於
事一旦為進乃竟能救於地方國作救面除一切時大擾與實非擬
揆見雖多食其而猶不足以報年深慎而治其冤不至於至題也
●他義并李敬詞 [illegible] 指動全縣 [illegible] 人民痛苦於不可證

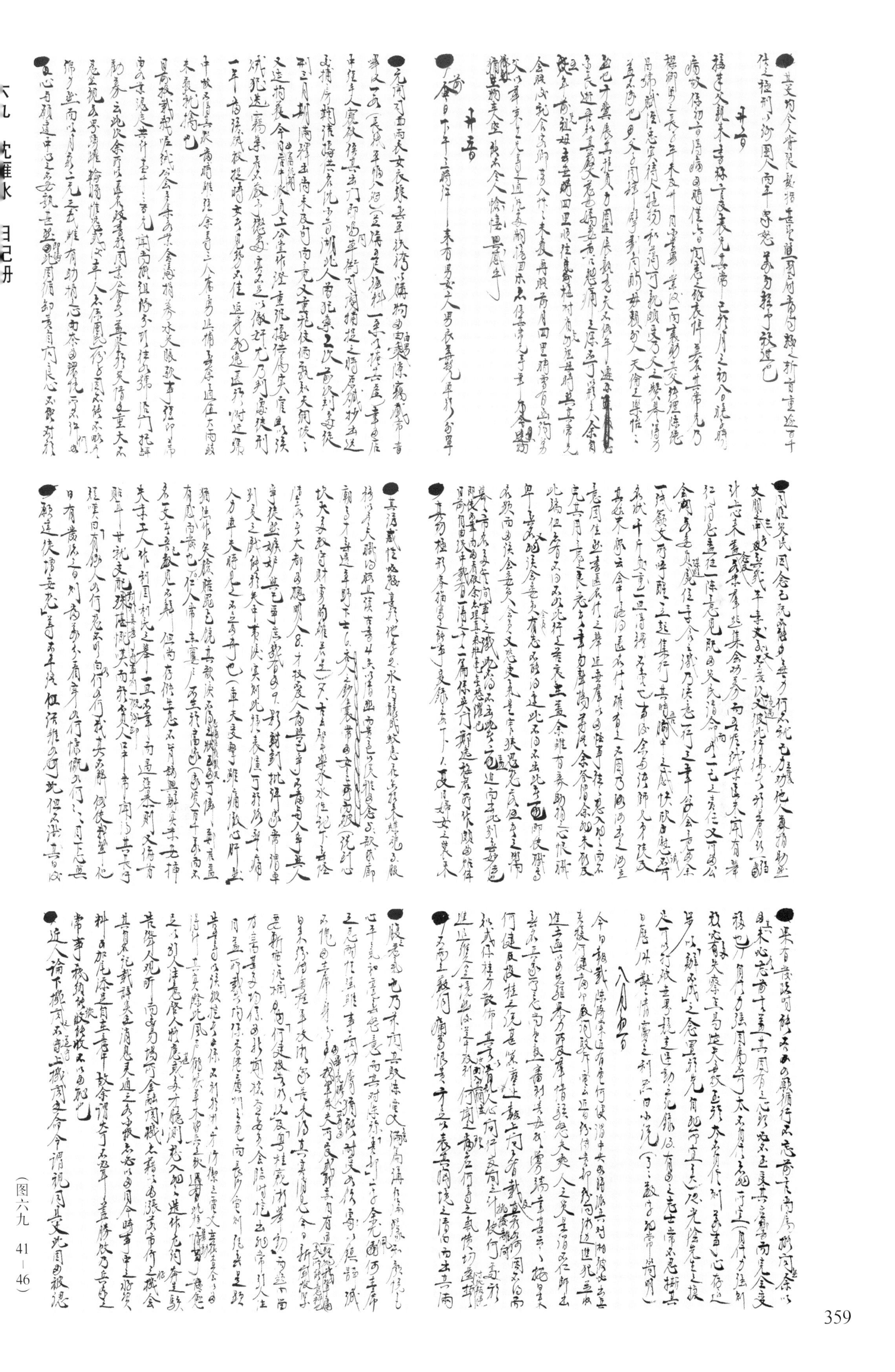

[illegible]

（图六九　41—46）

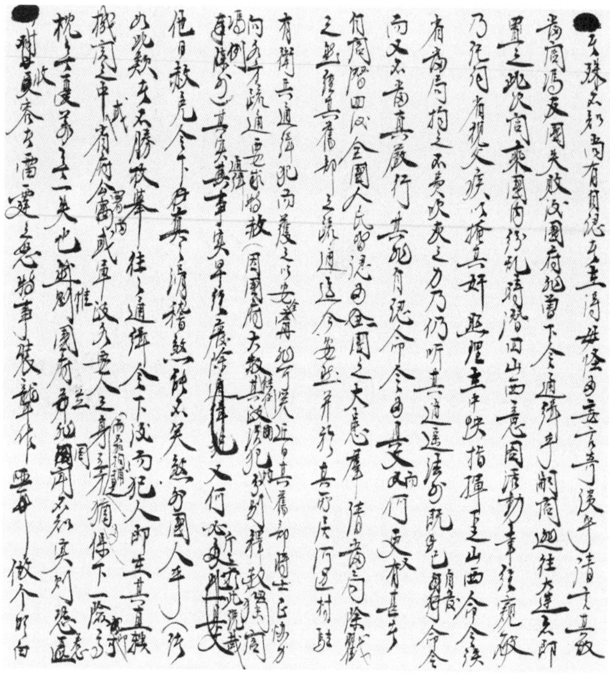

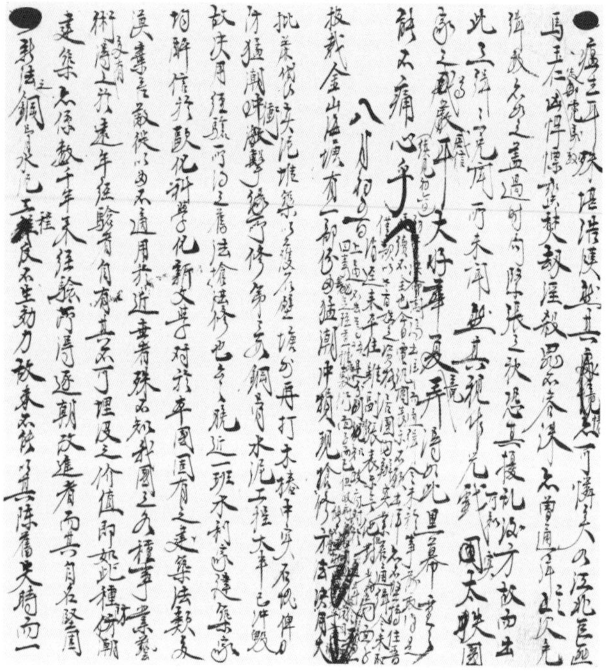

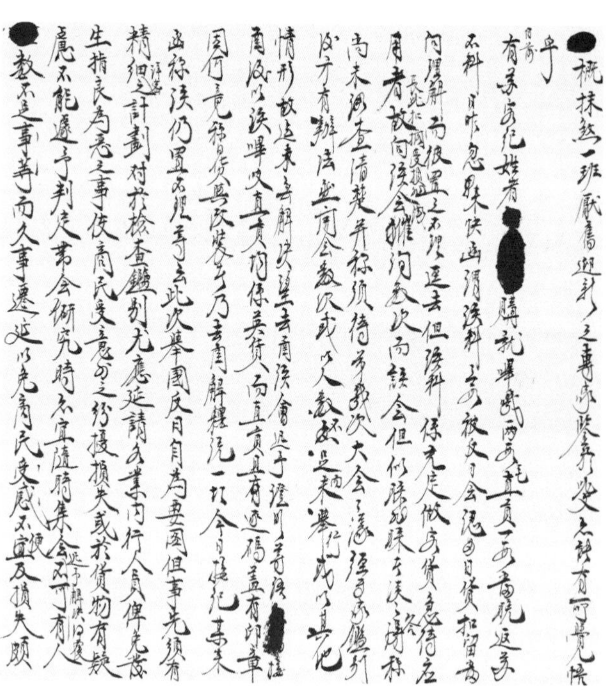

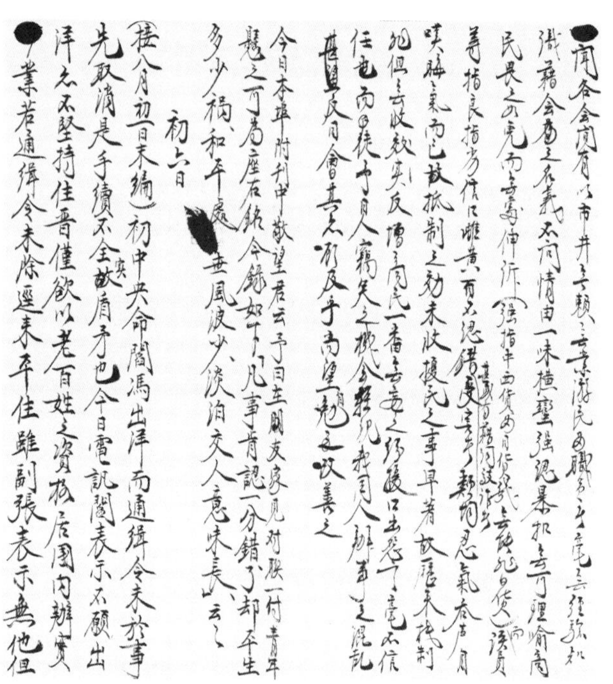

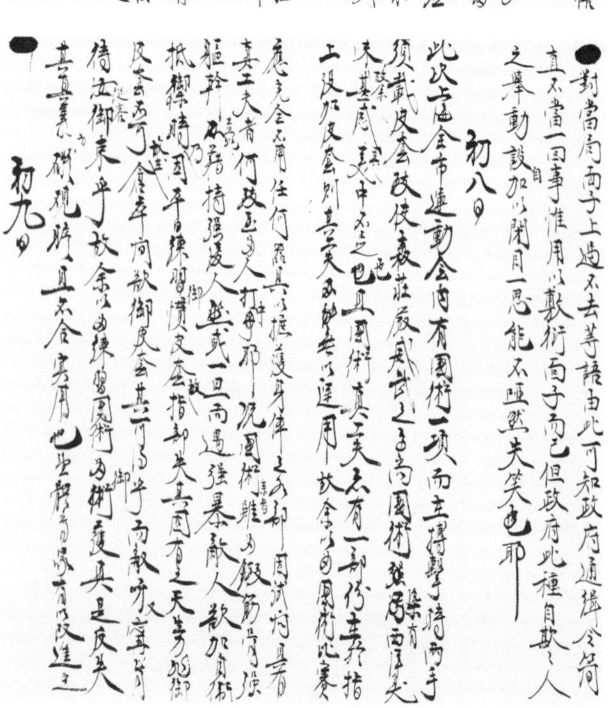

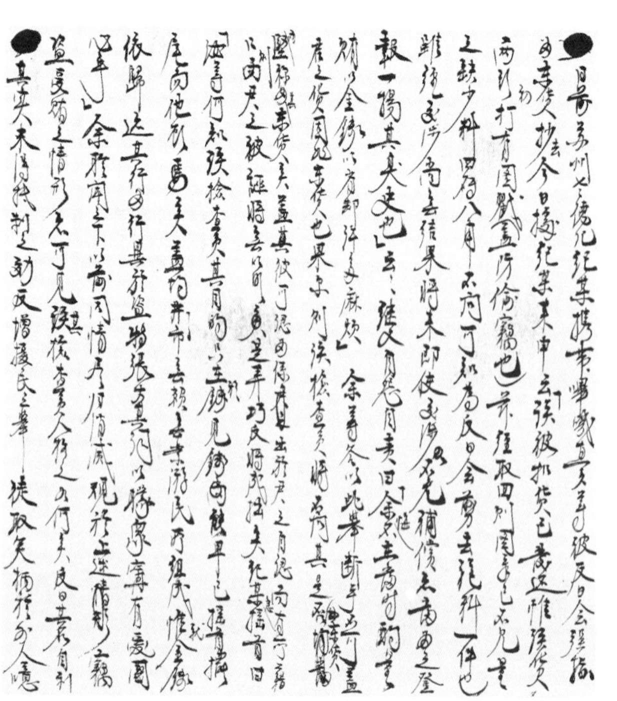

（图六九 47—52）

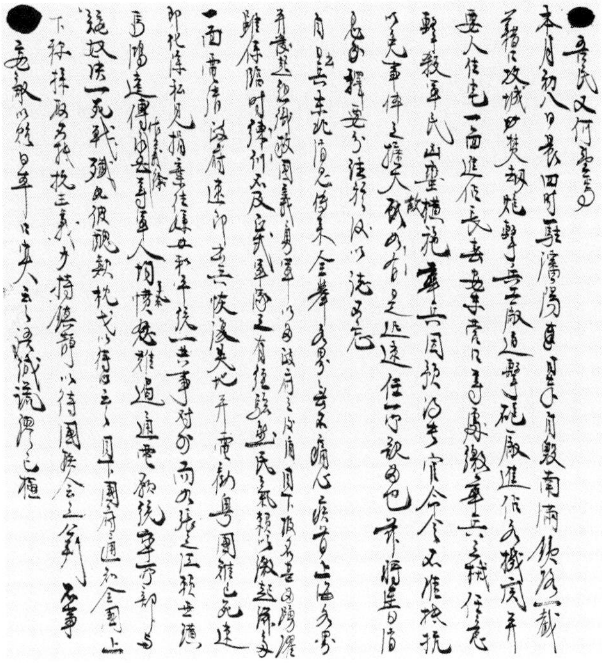

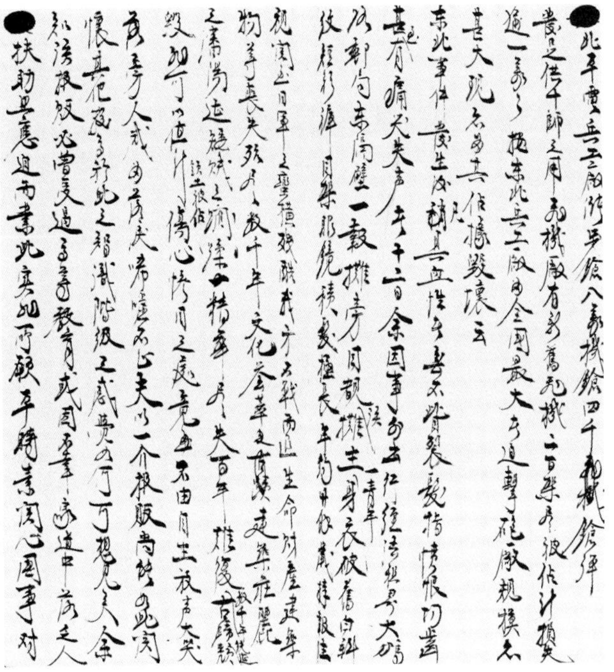

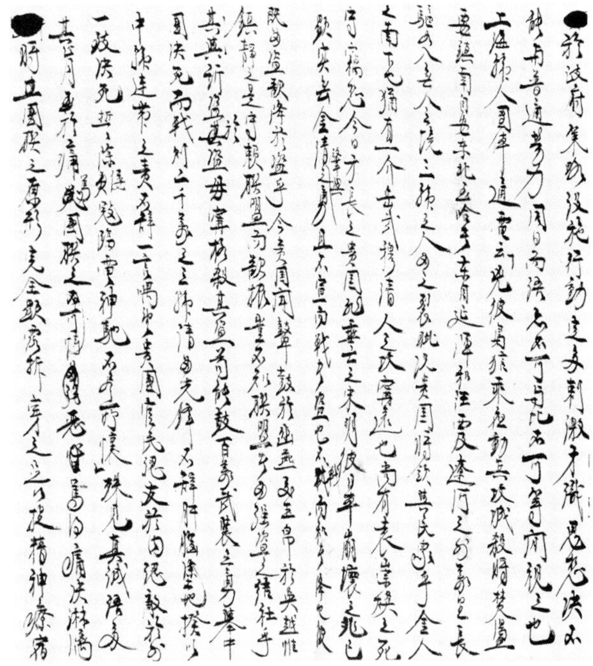

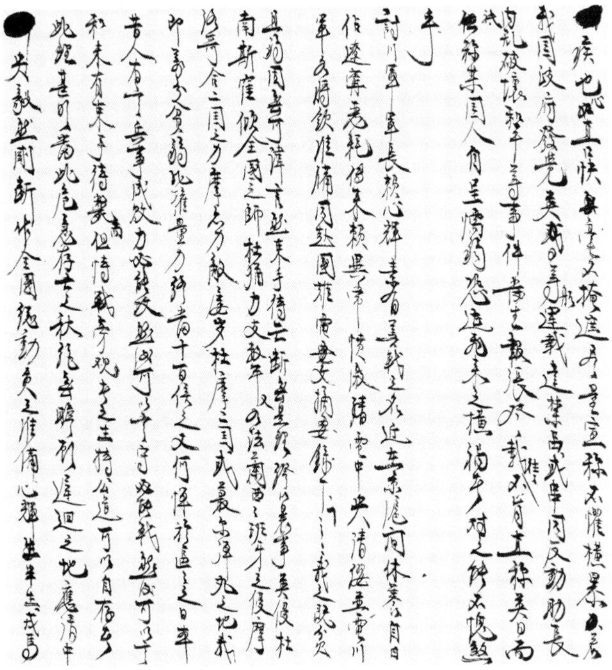

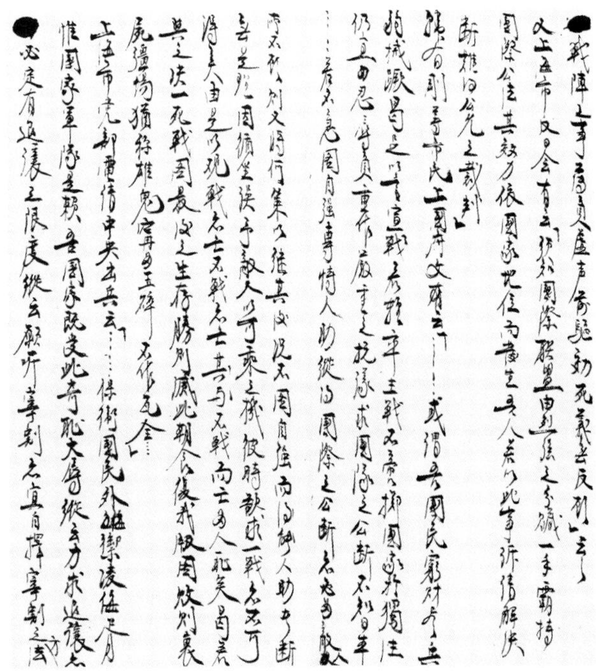

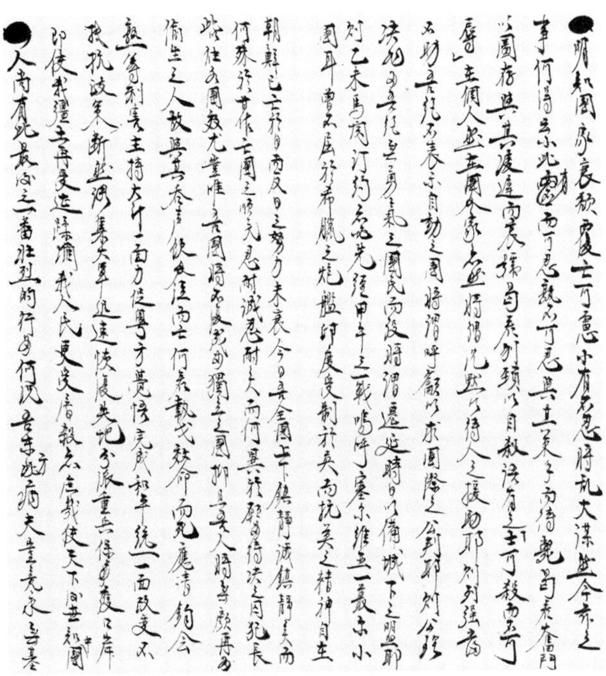

（图六九 53—58）

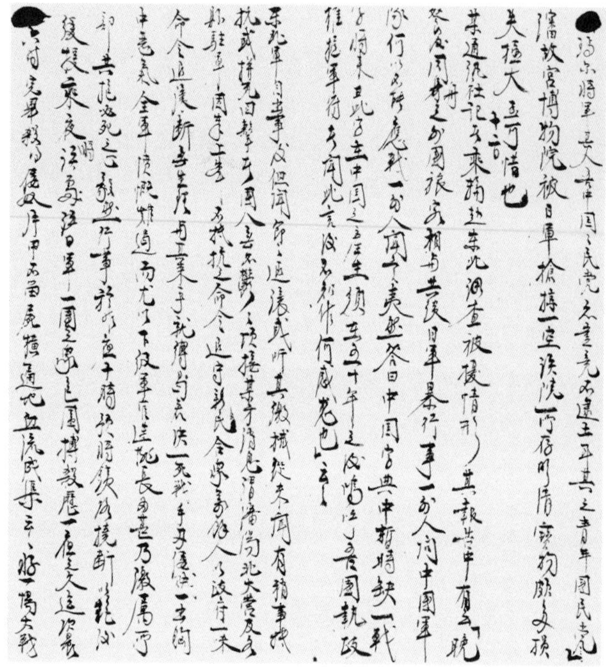

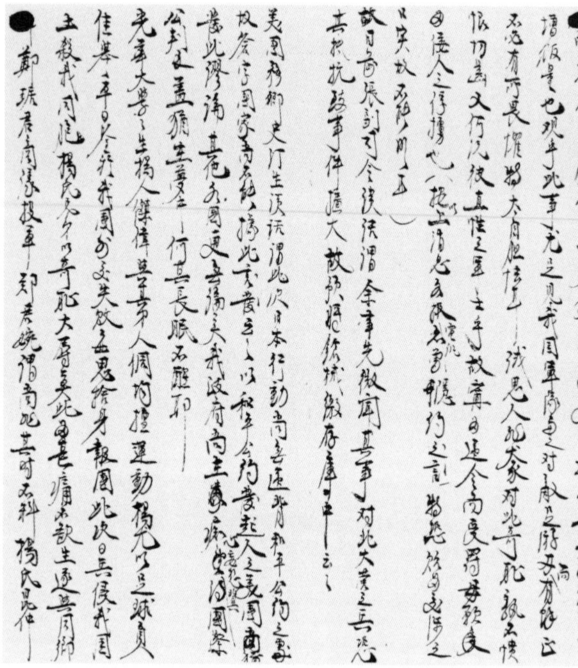

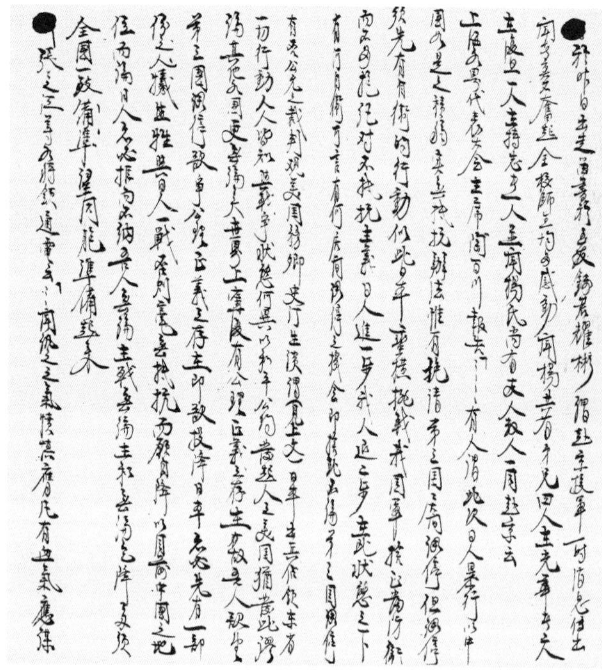

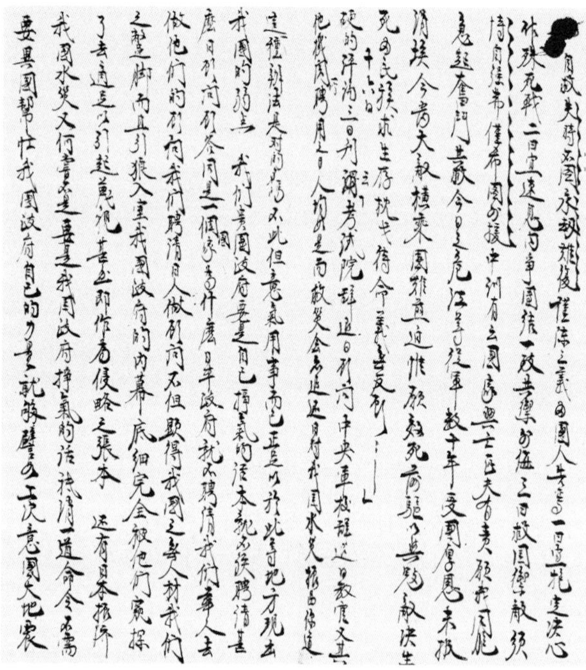

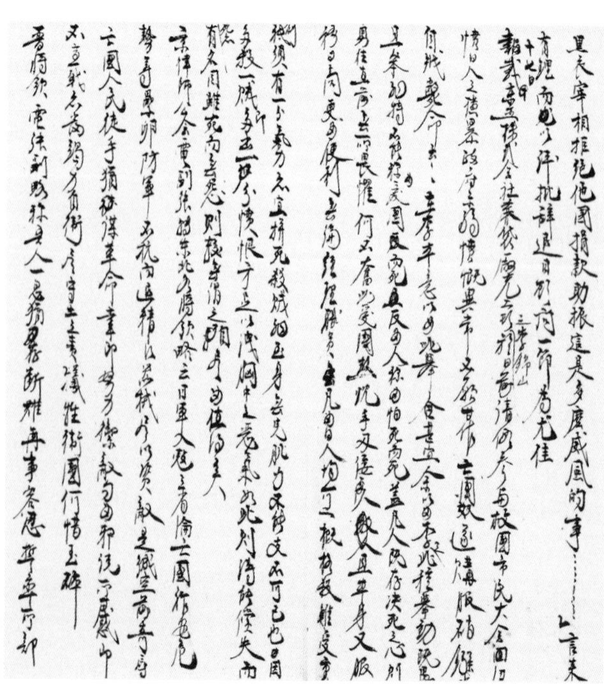

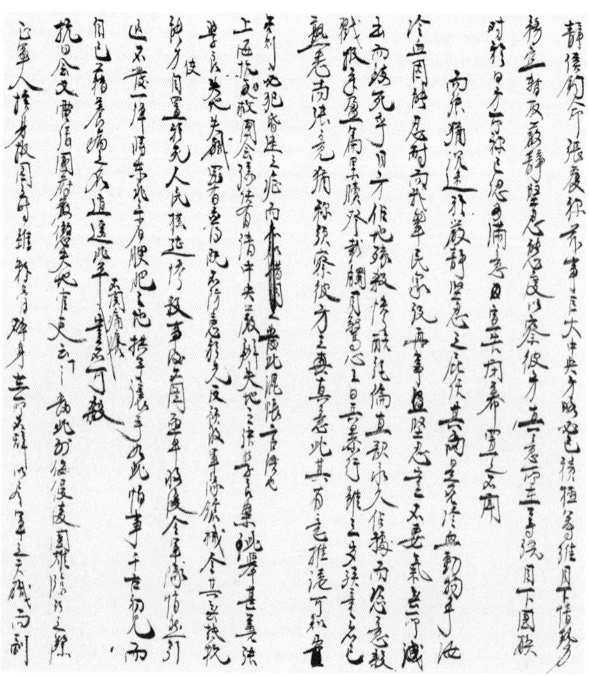

（图六九 59—64）

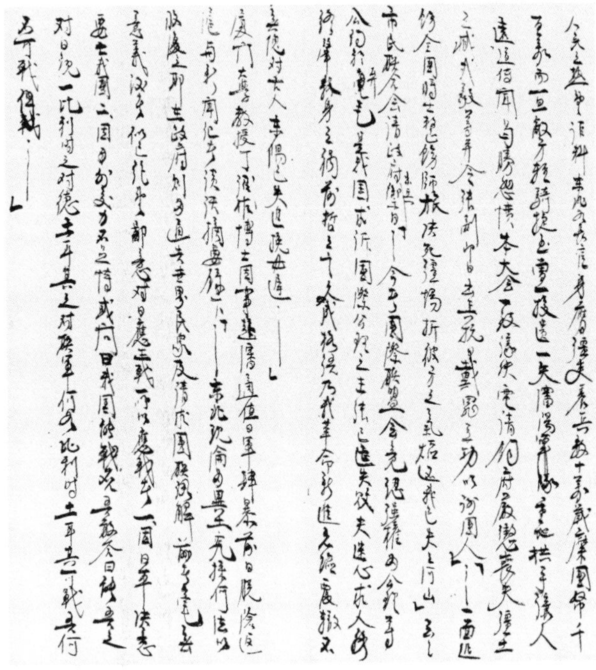

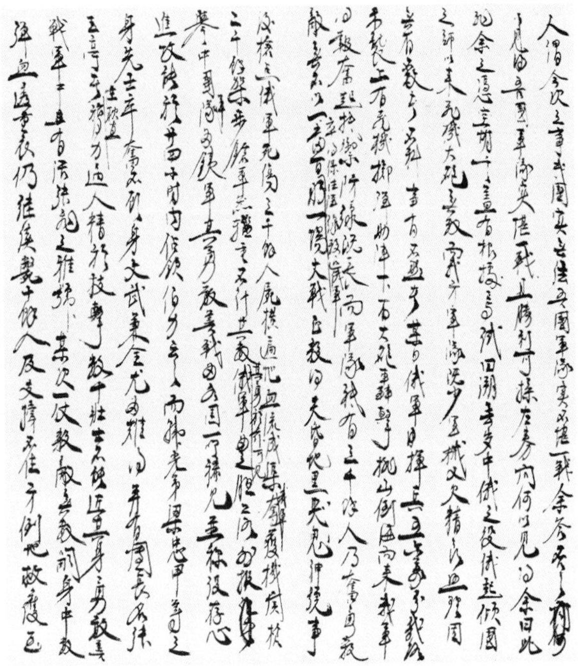

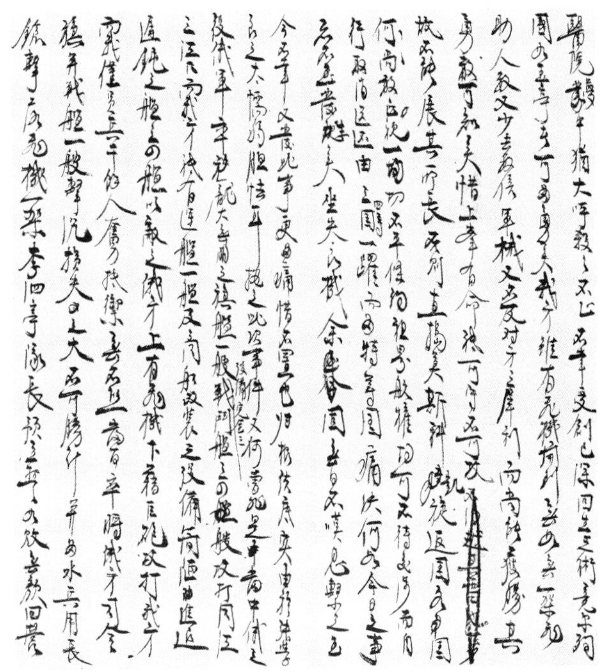

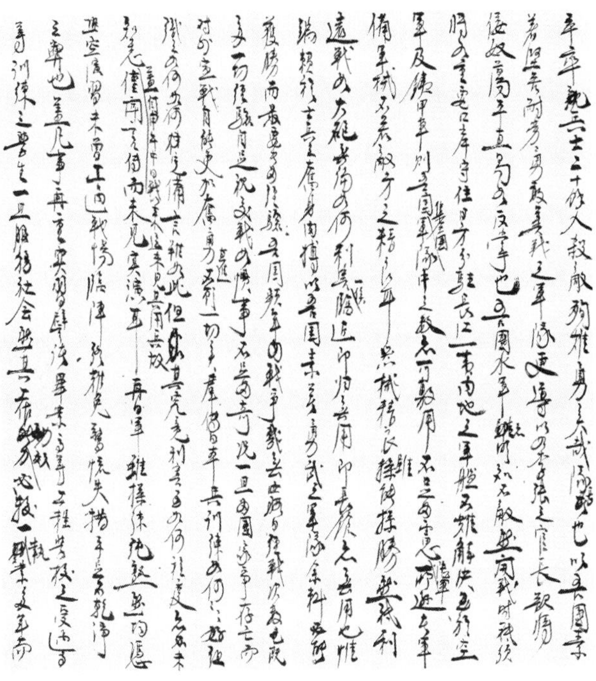

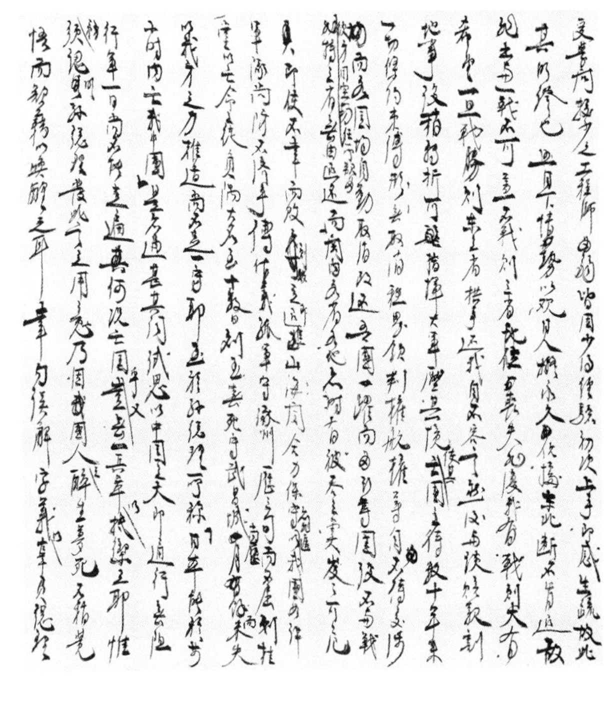

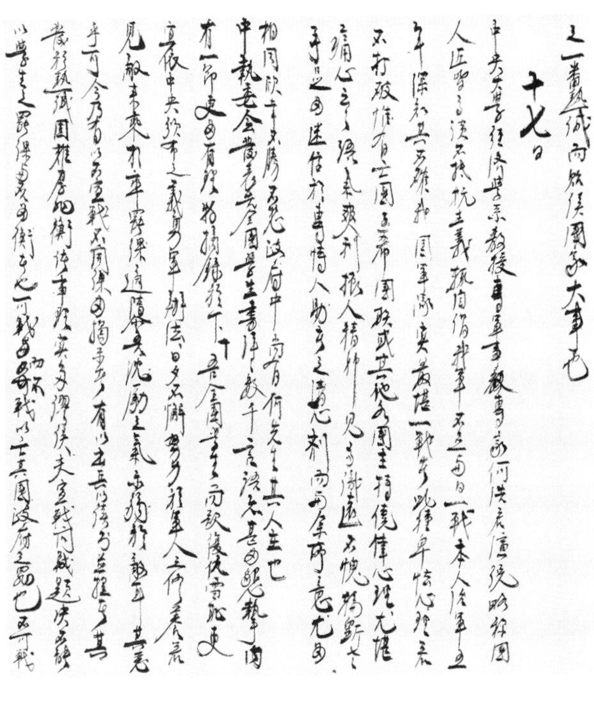

（图六九　65—70）

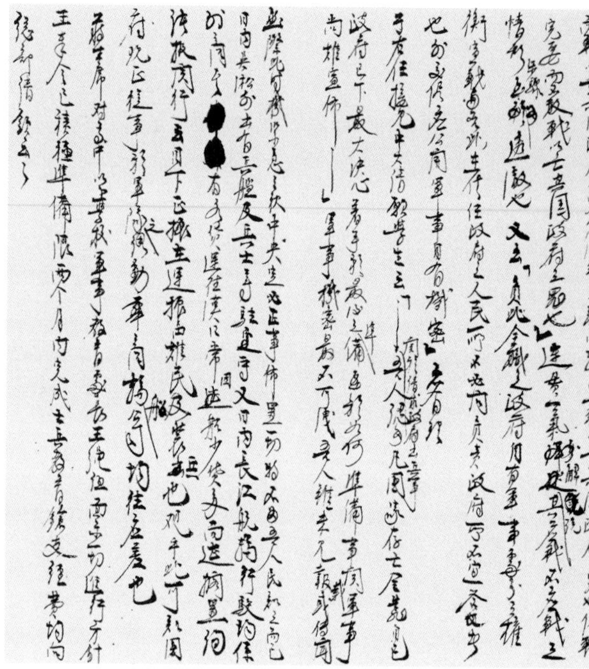

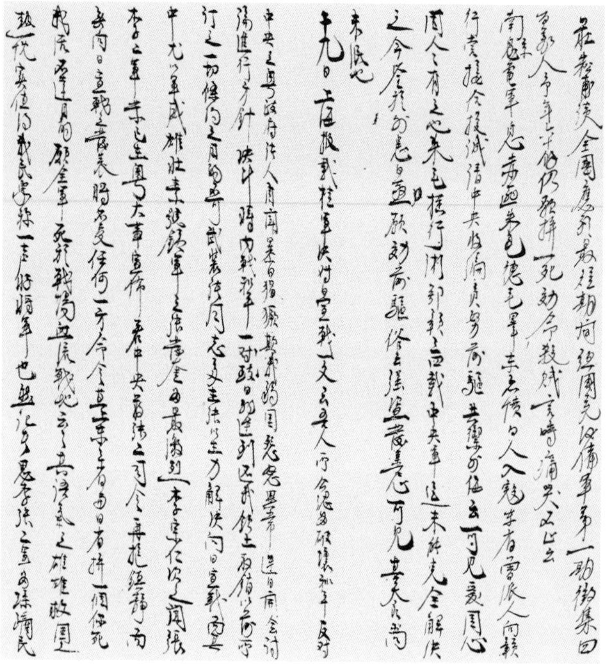

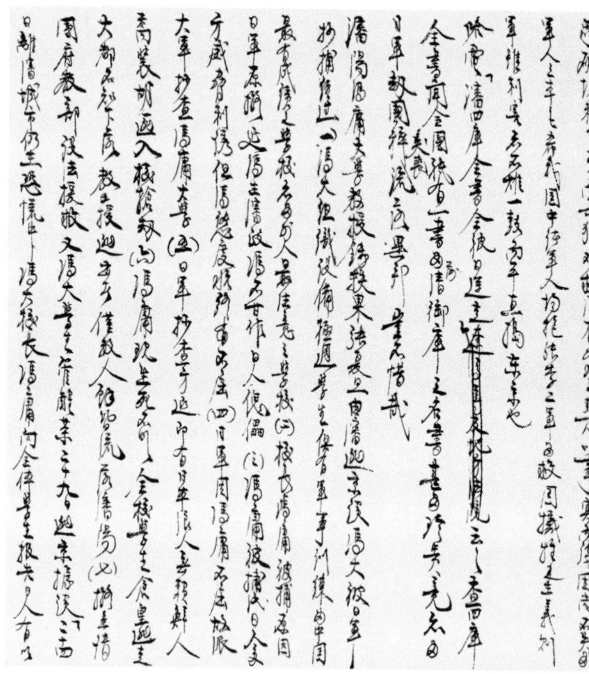

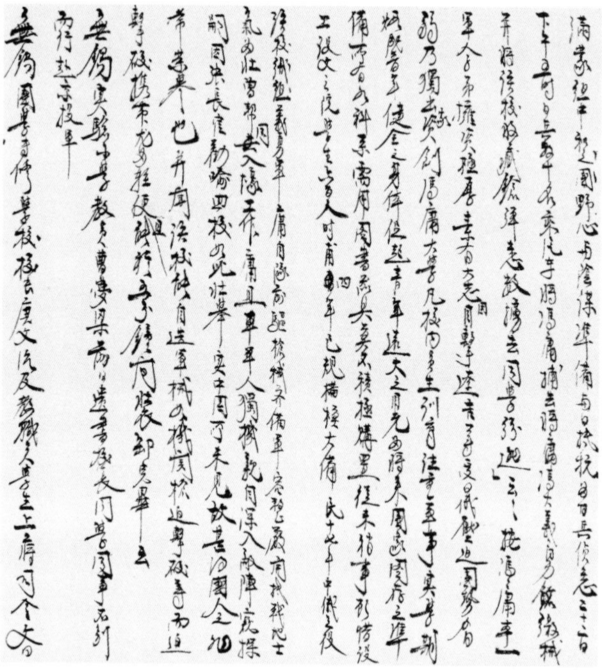

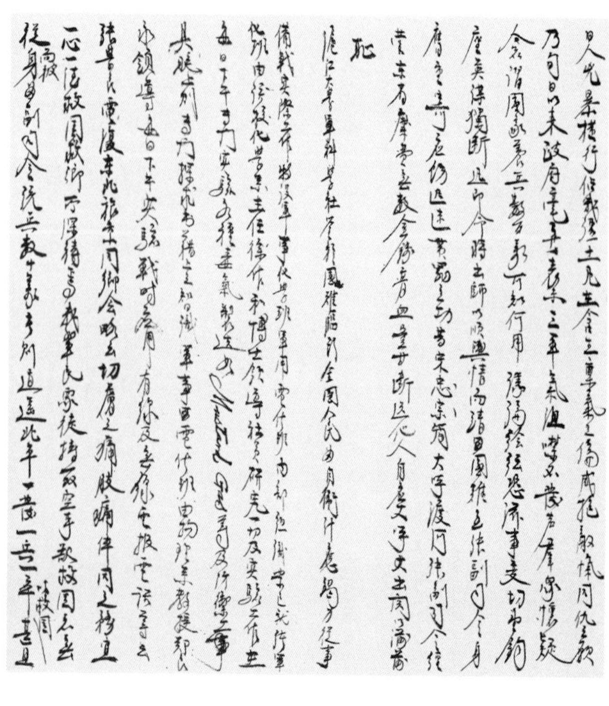

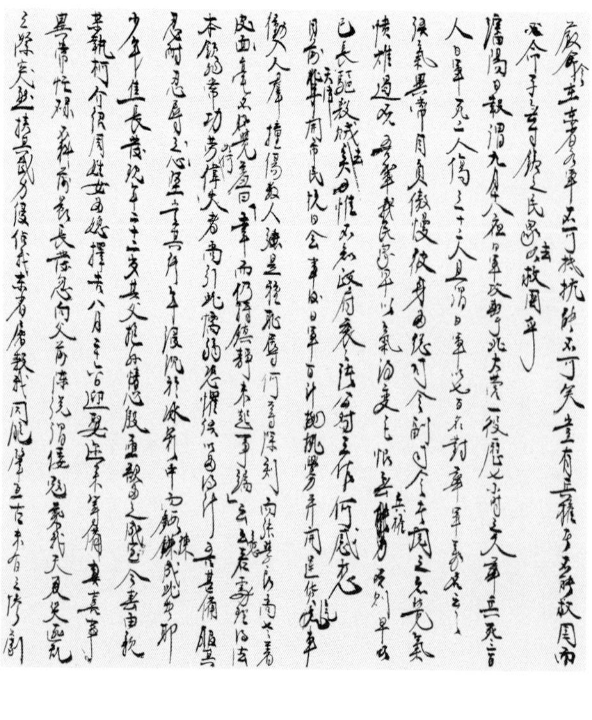

（图六九 71—76）

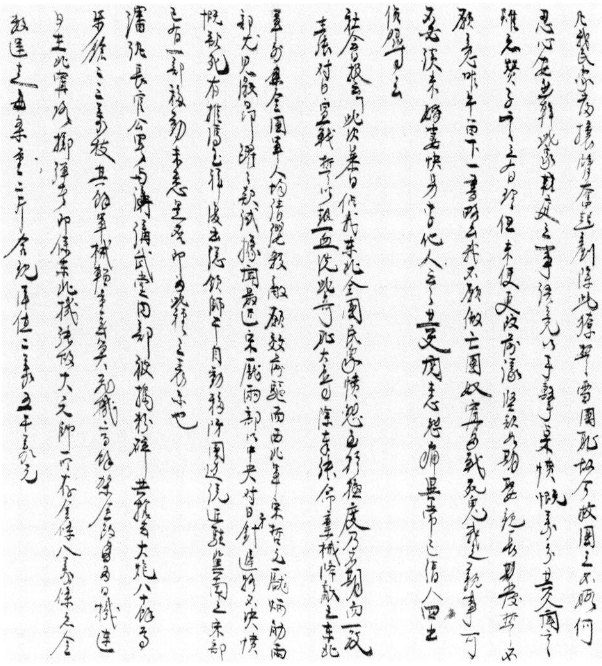

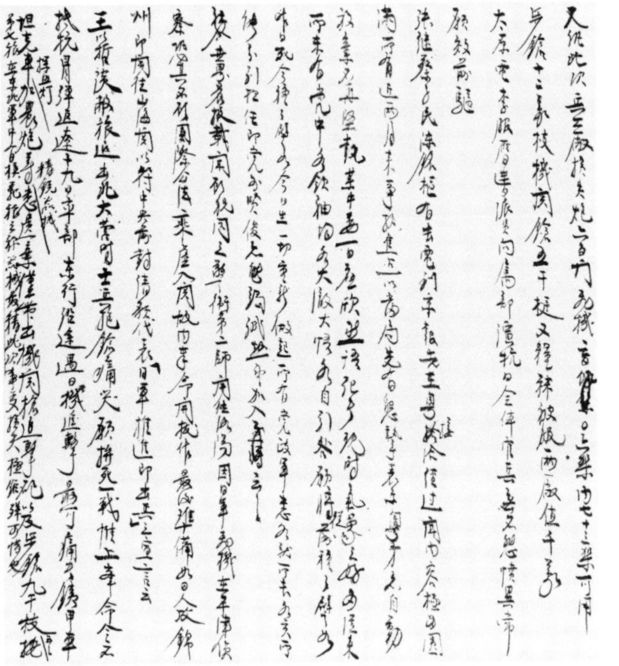

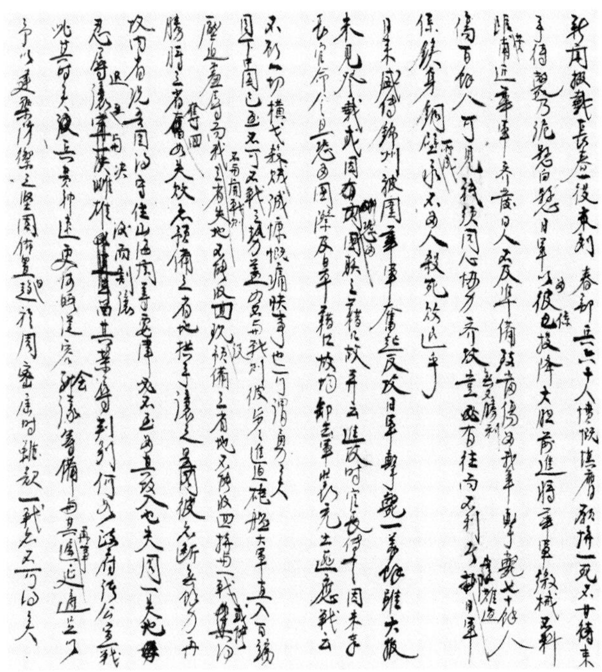

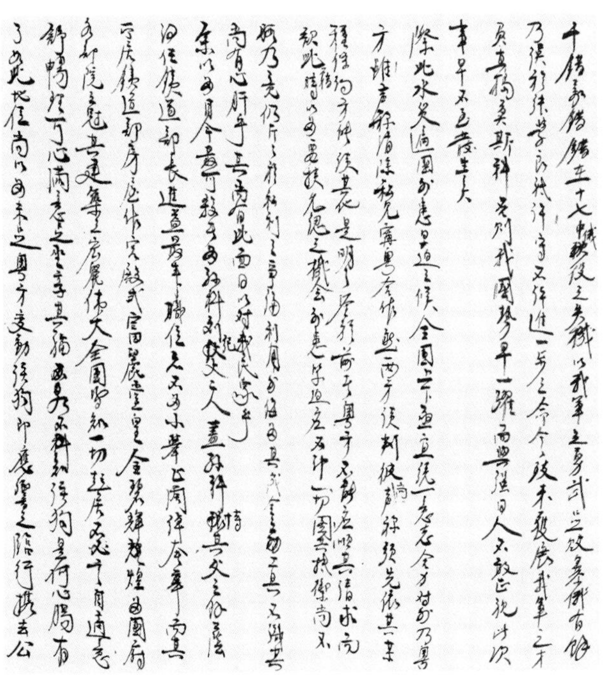

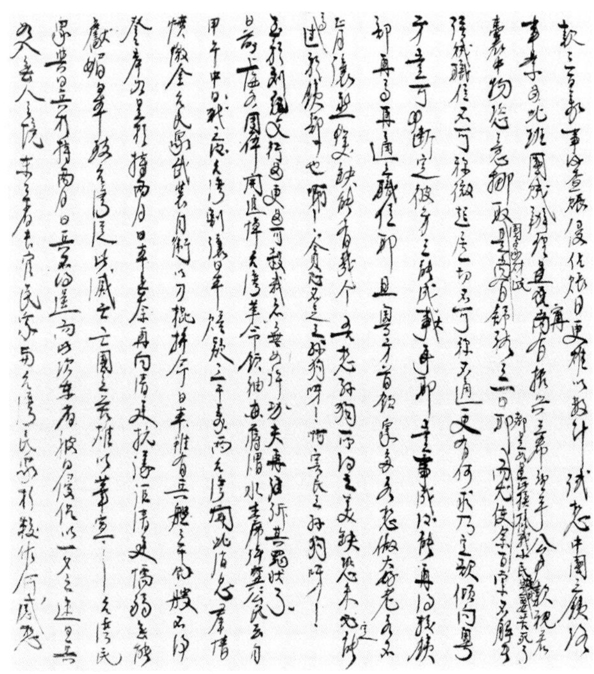

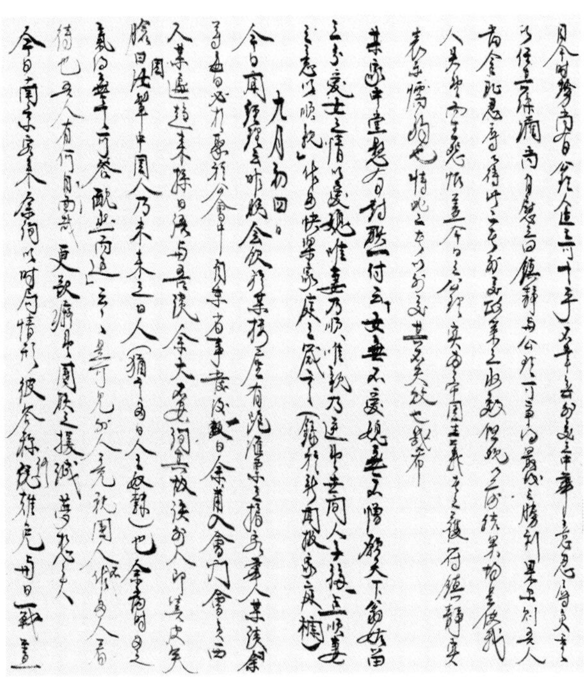

（图六九 77－82）

（图六九　83—88）

（图六九 89—94）

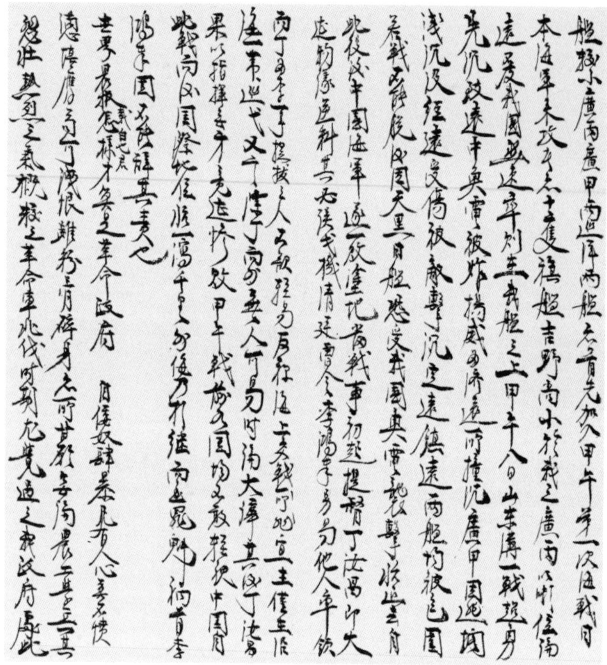

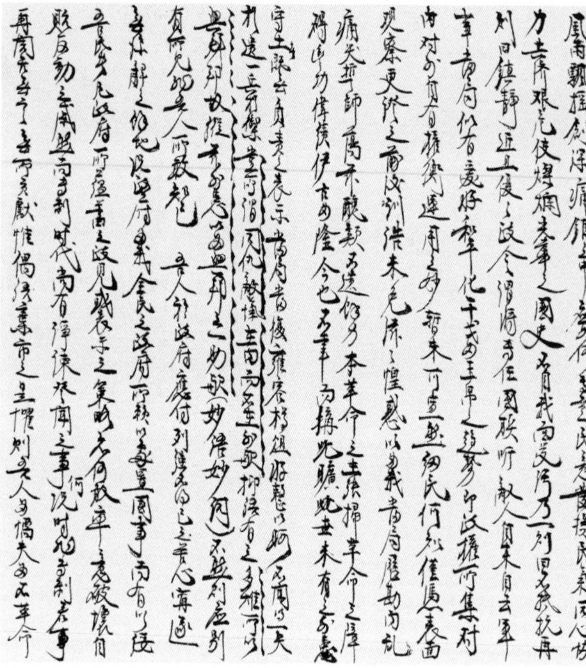

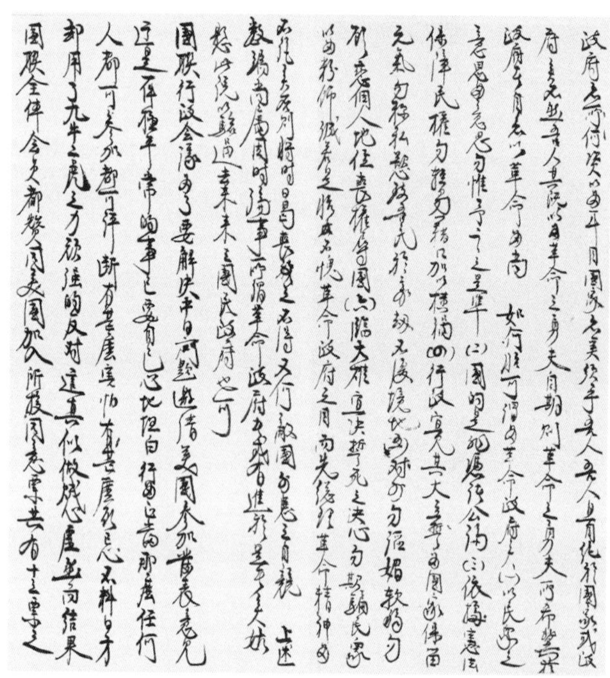

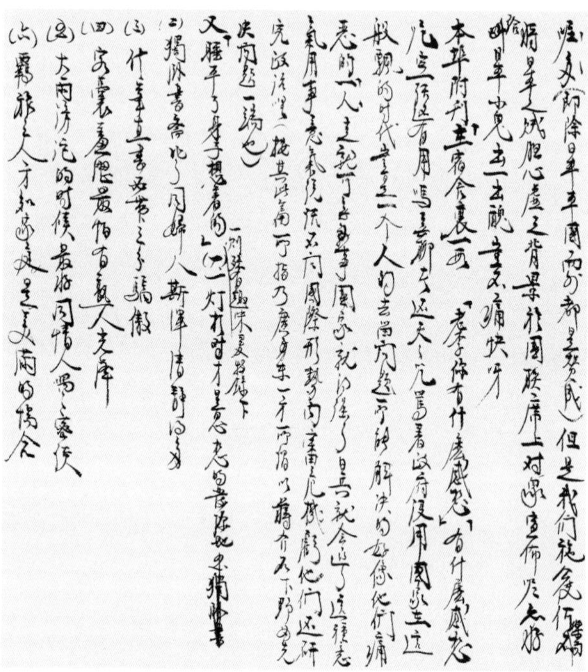

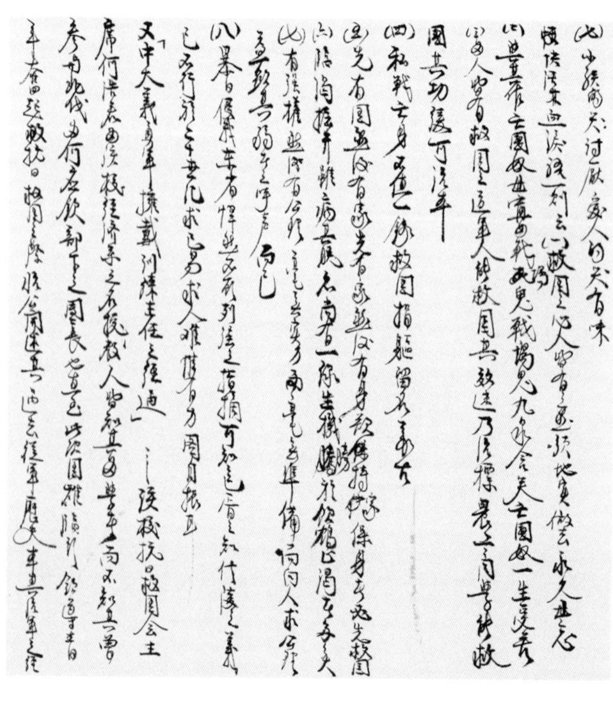

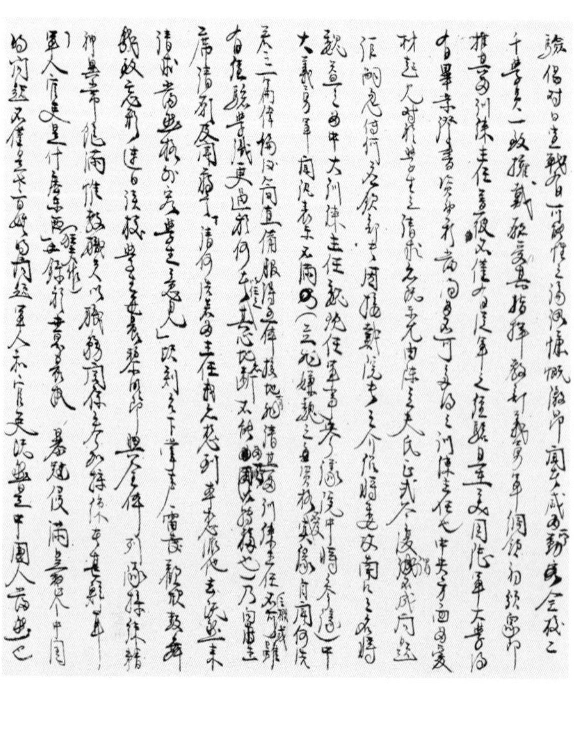

（图六九　95—100）

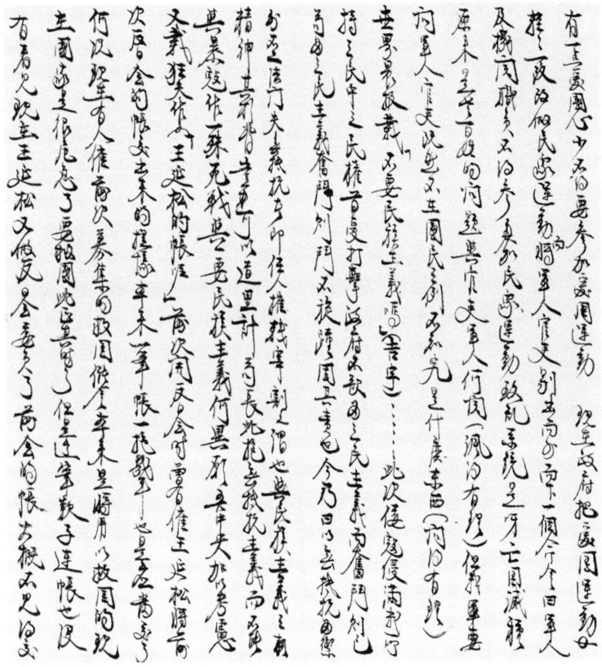

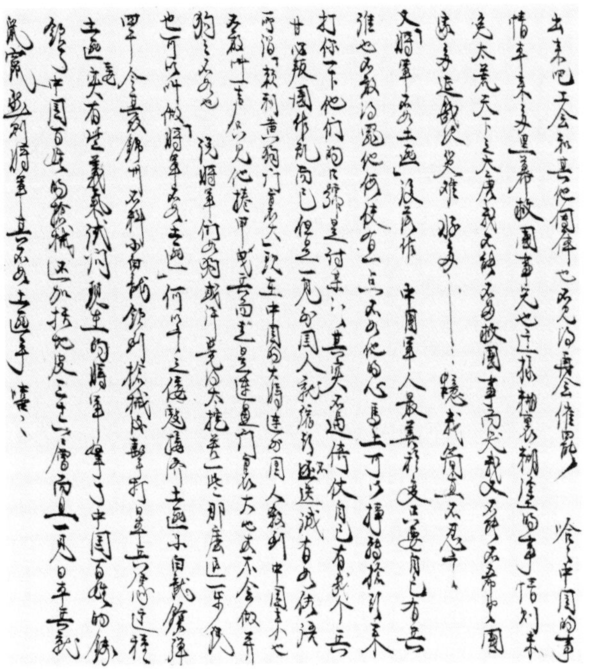

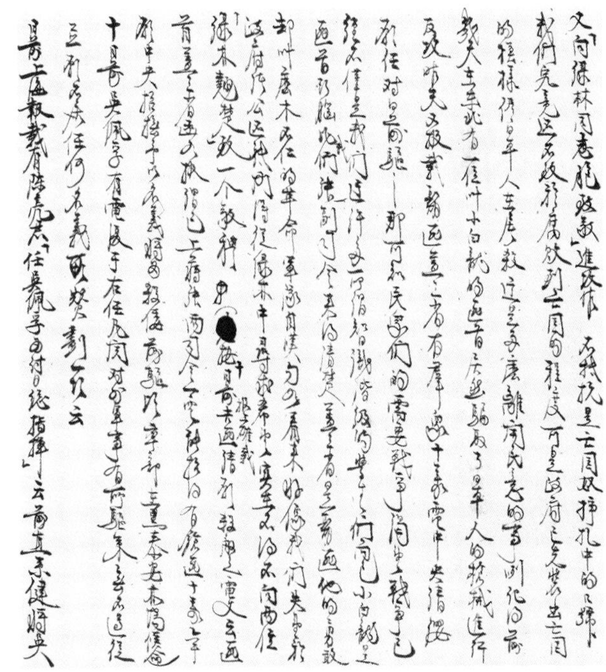

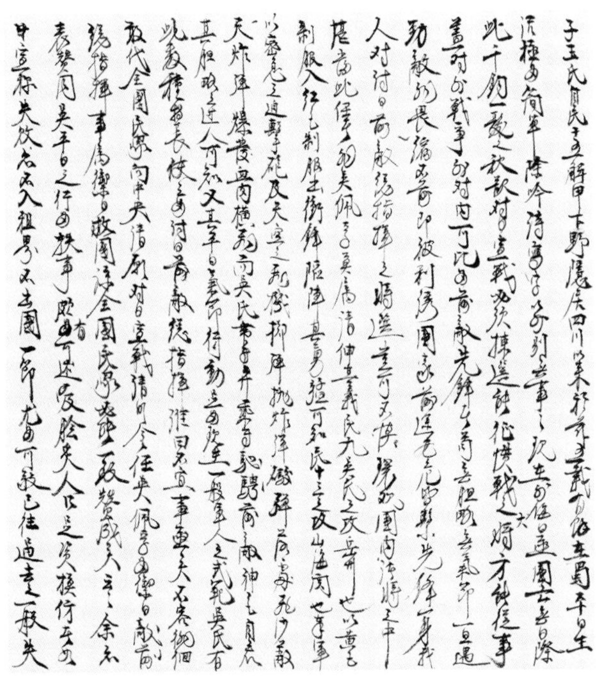

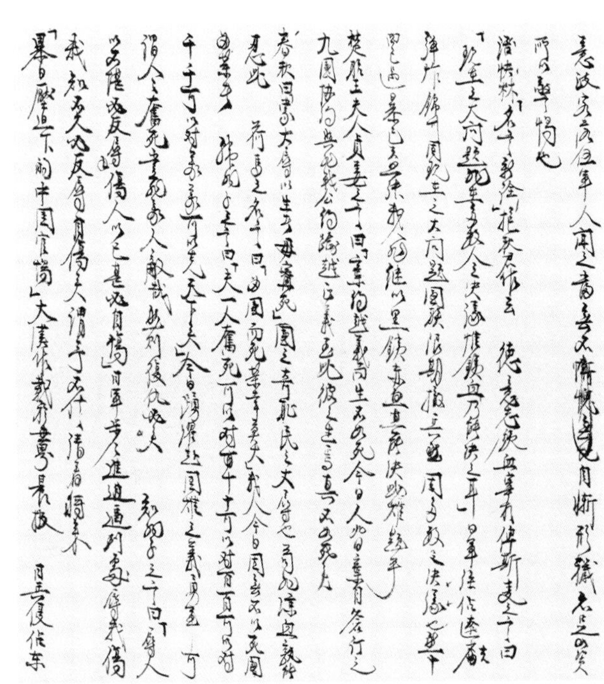

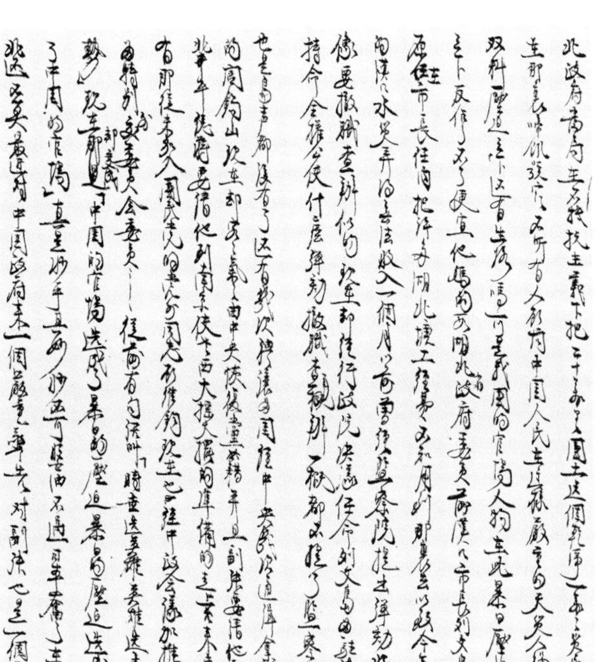

（图六九　101—106）

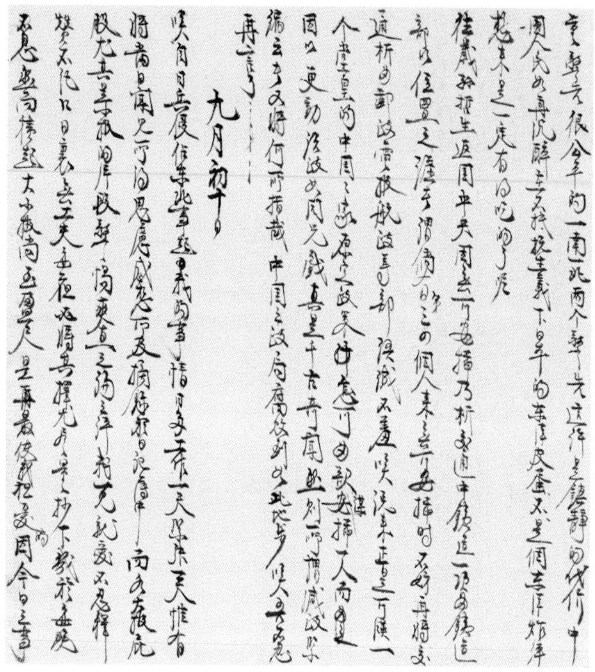

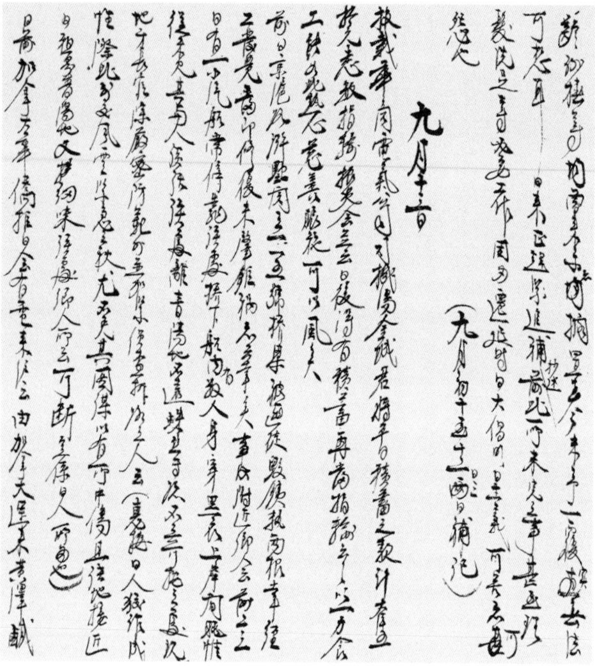

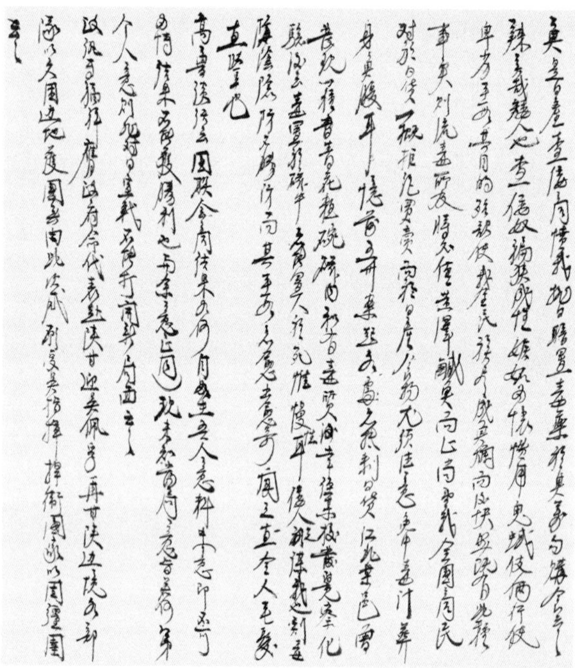

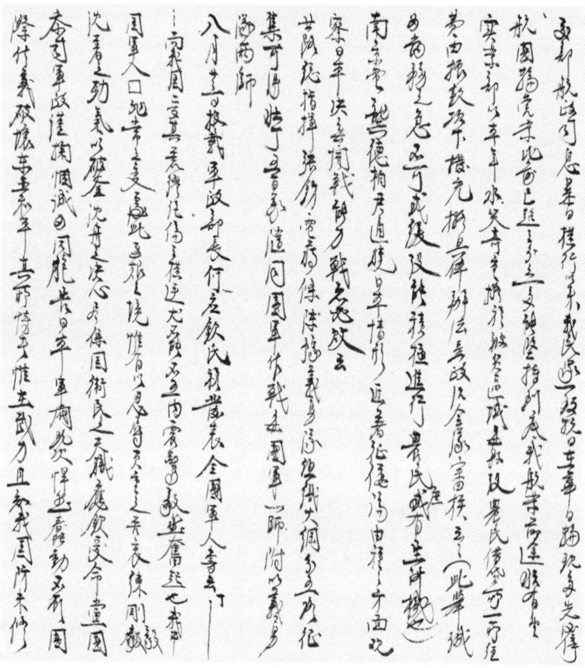

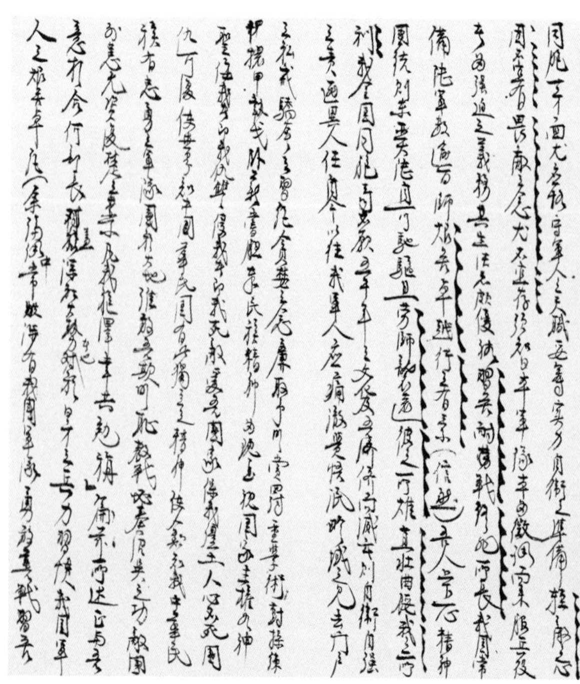

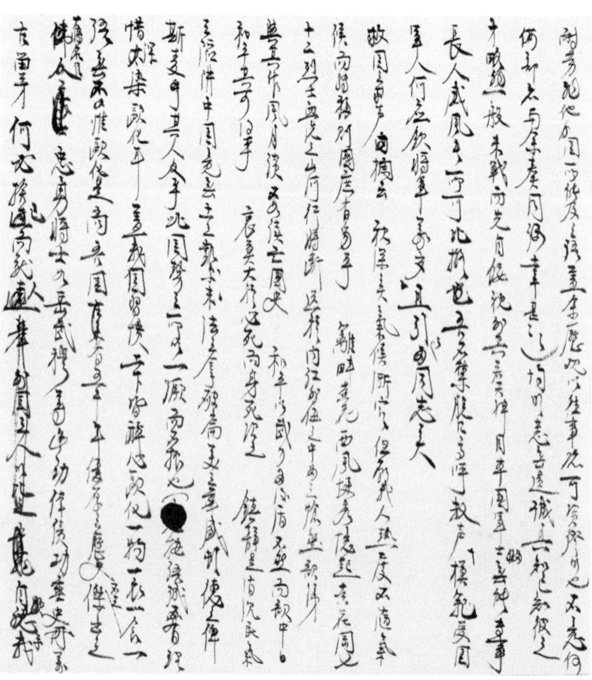

（图六九　107—112）

（图六九　113—118）

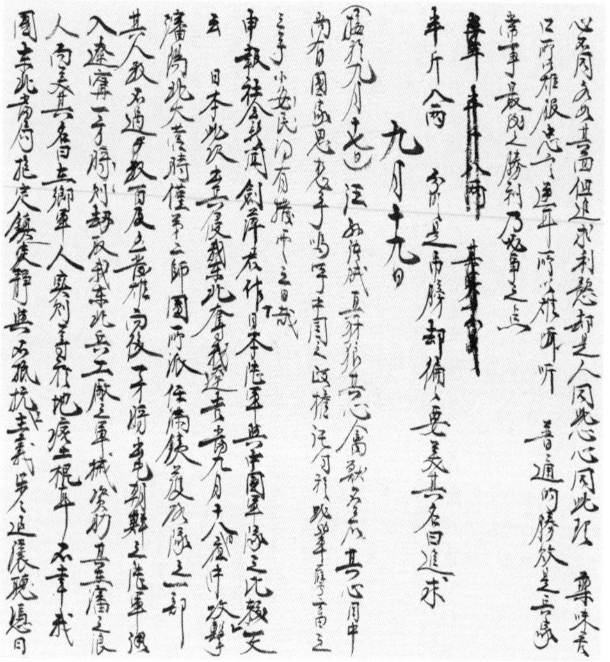

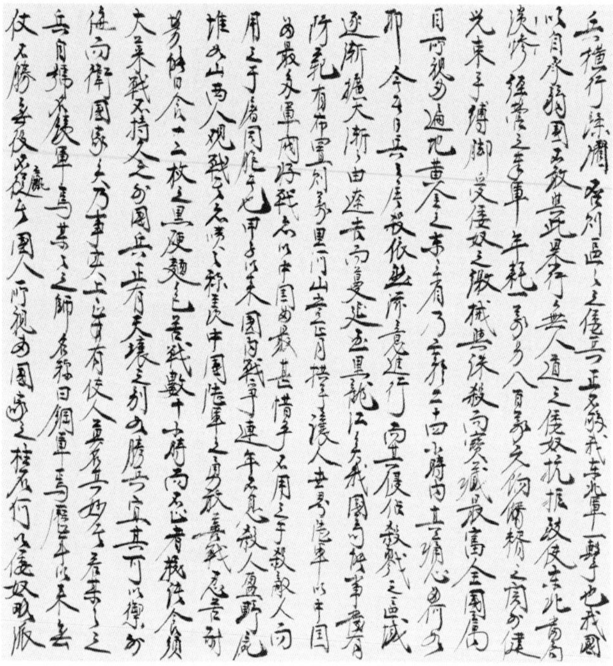

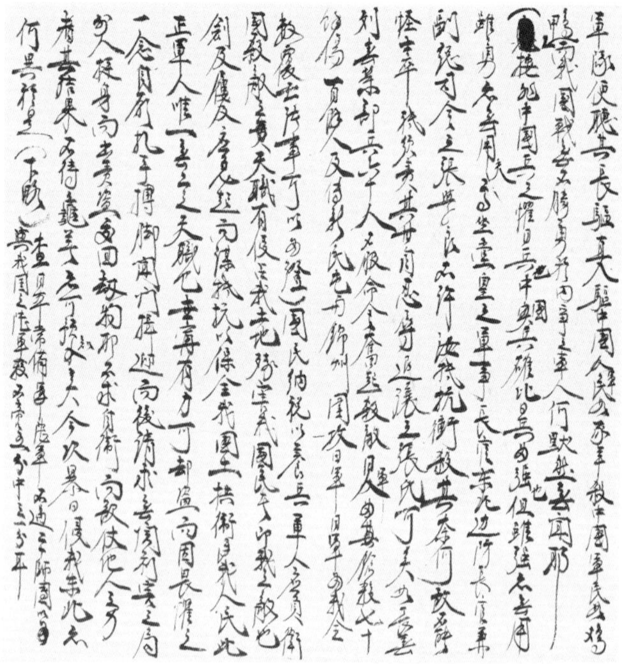

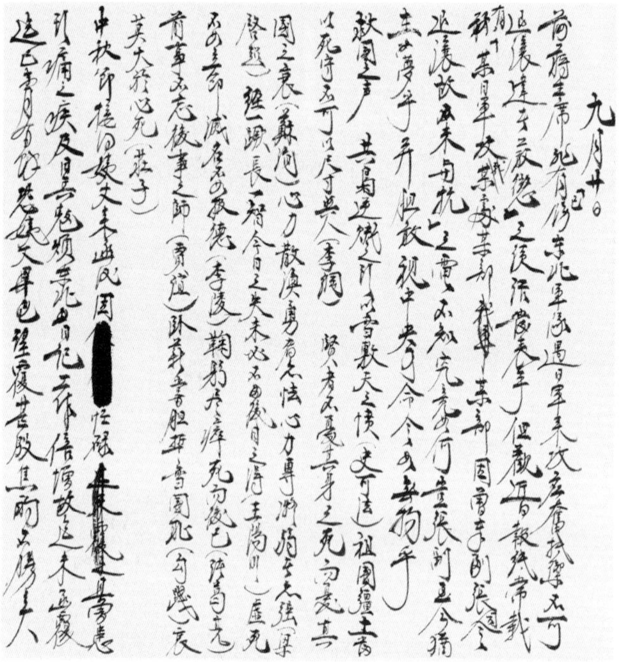

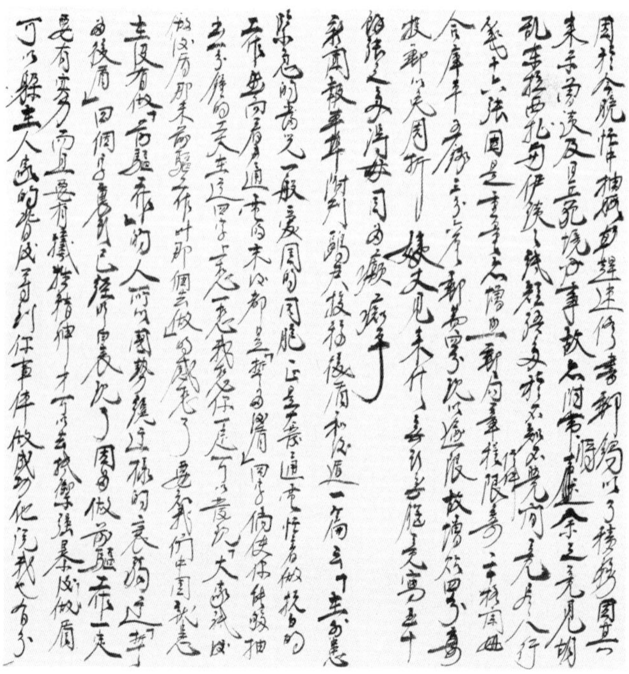

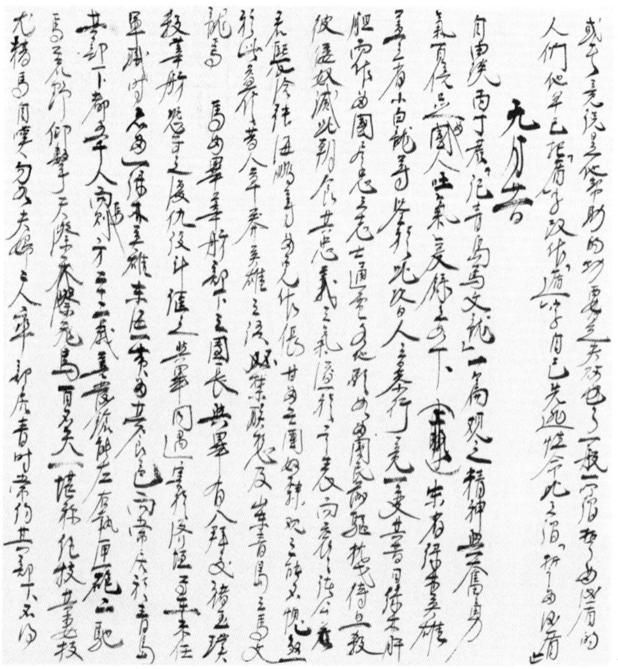

（图六九 131—136）

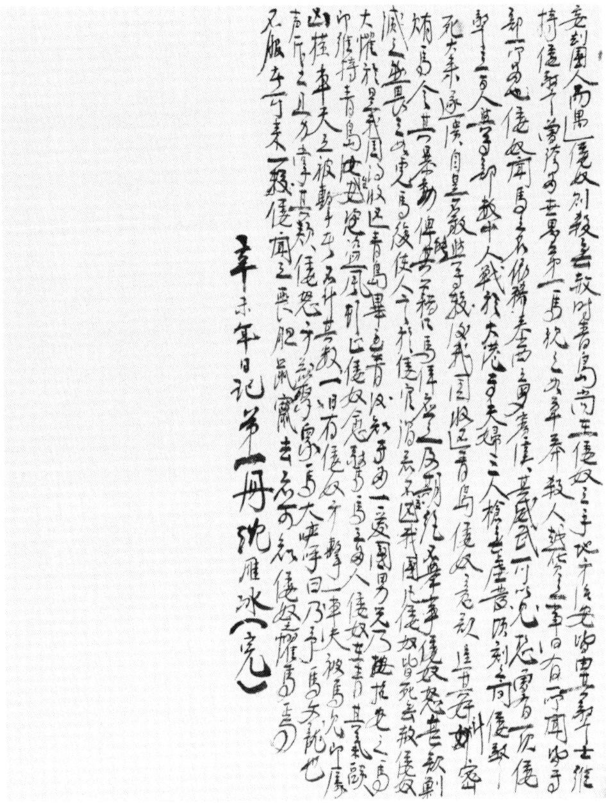

（图六九　137–138）

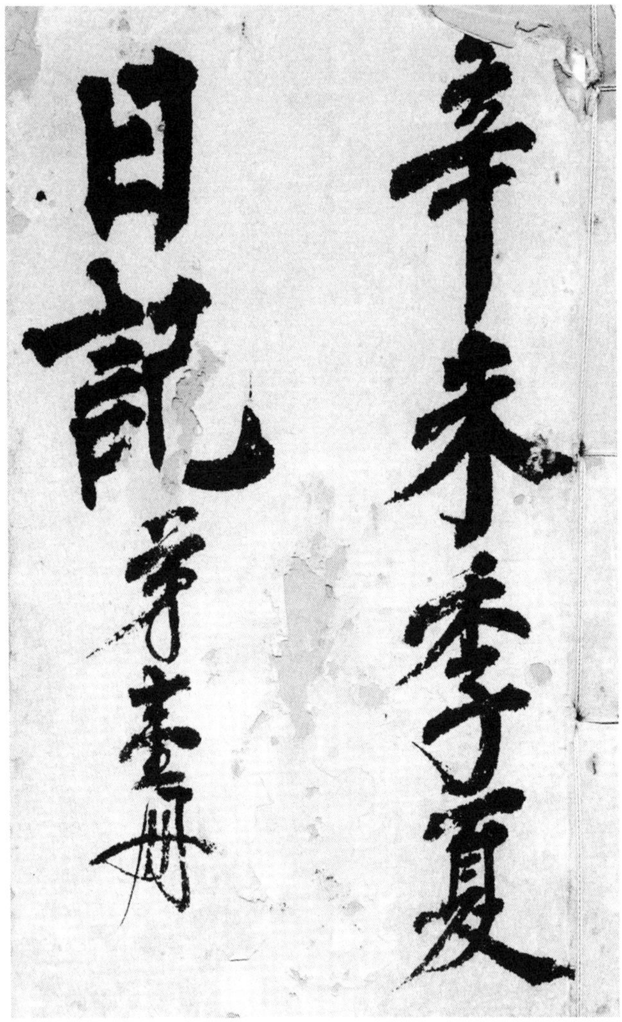

六九　沈雁冰　日记册

七〇　沈雁冰　录时事文稿册

此册所记奇闻轶事，为极其重要的新闻史料。民国十九年（1930 年）作。

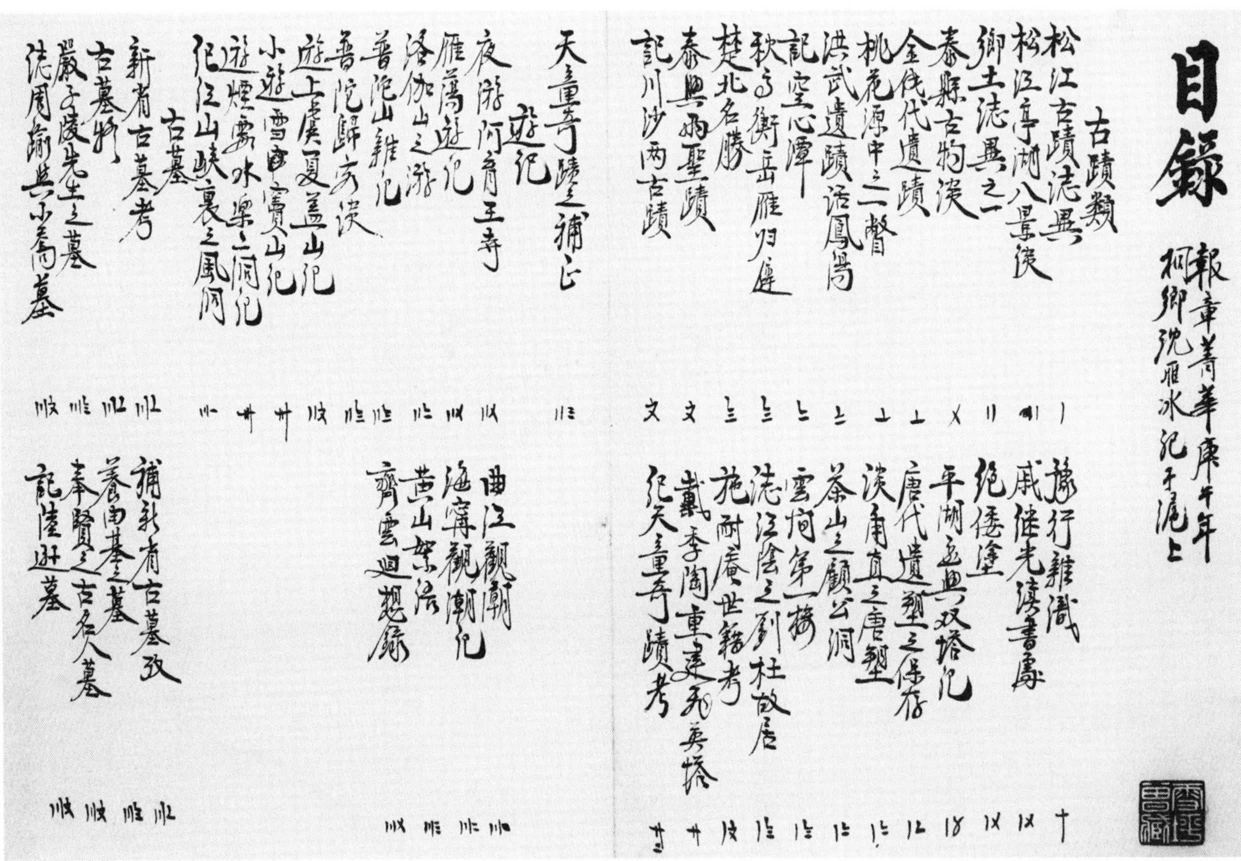

（图七〇－1）

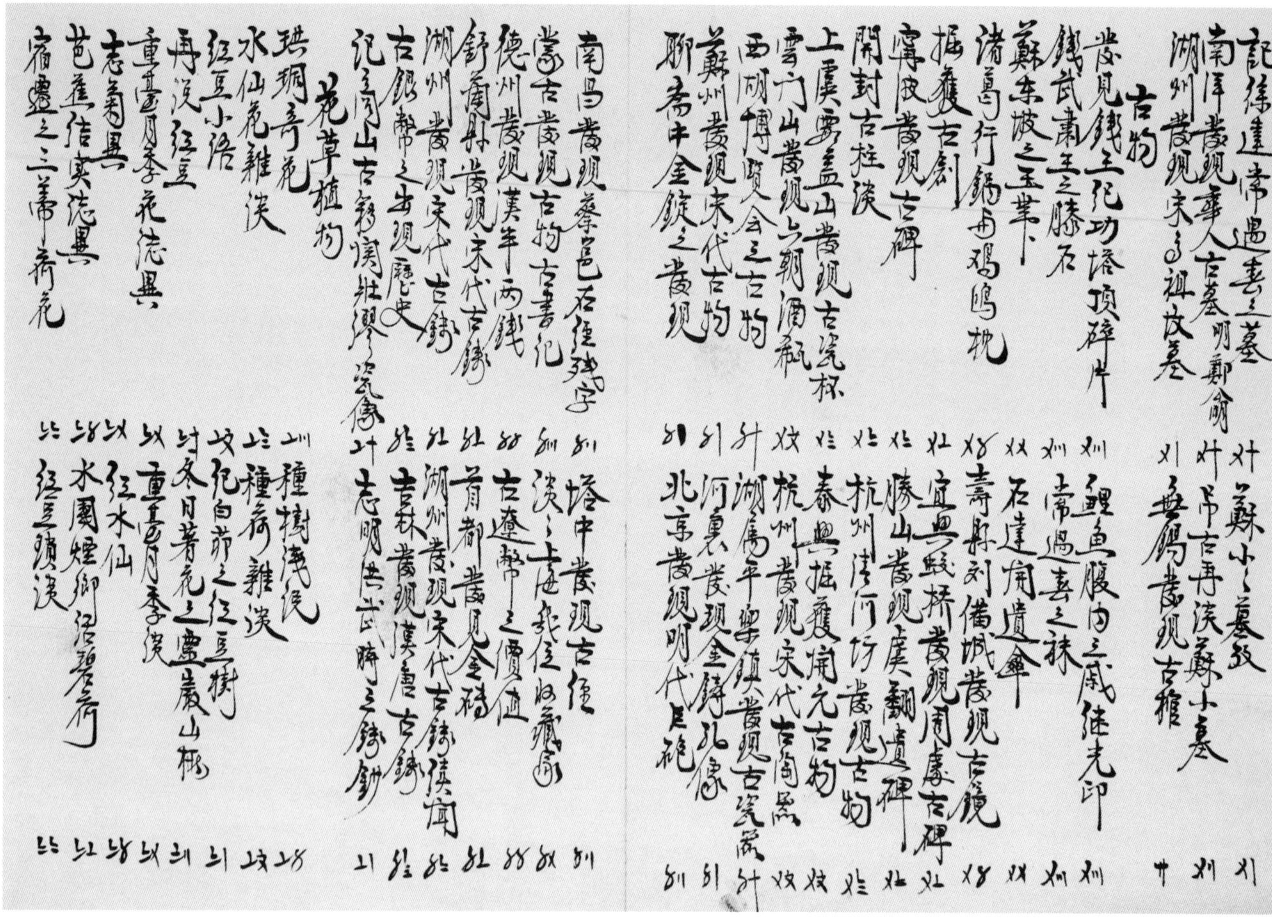

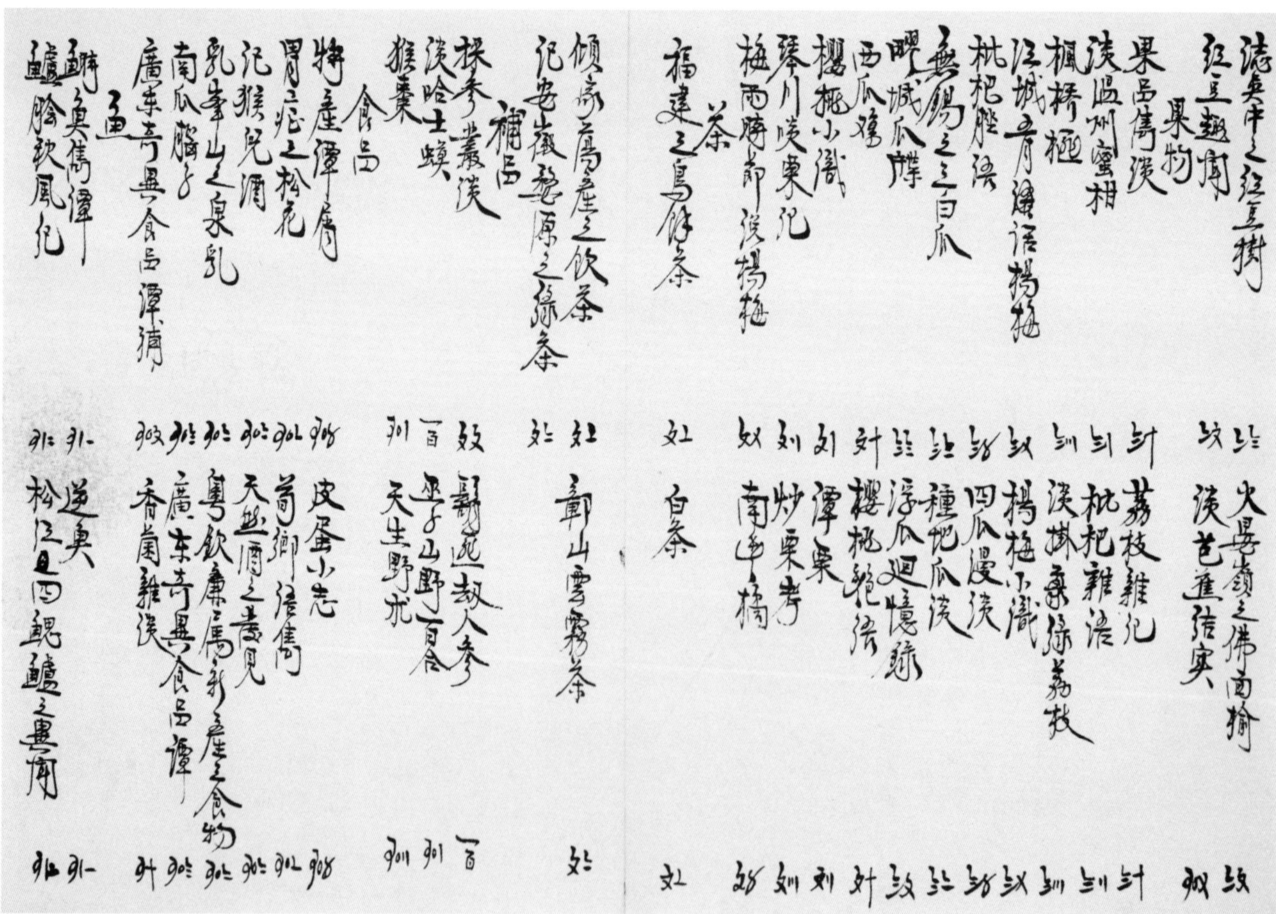

七〇　沈雁冰　录时事文稿册

（图七〇　2–3）

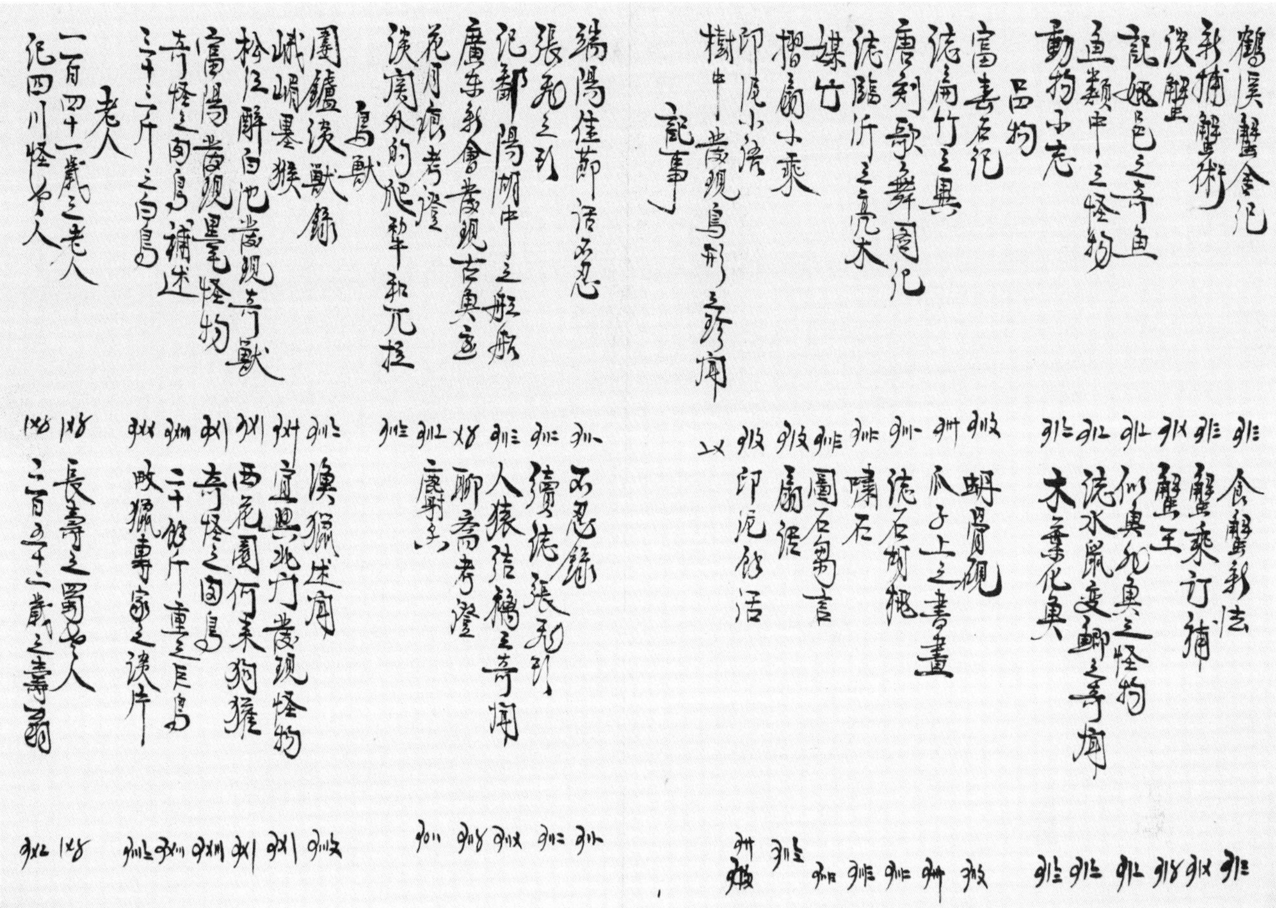

（图七〇　4–5）

七〇　沈雁冰　录时事文稿册

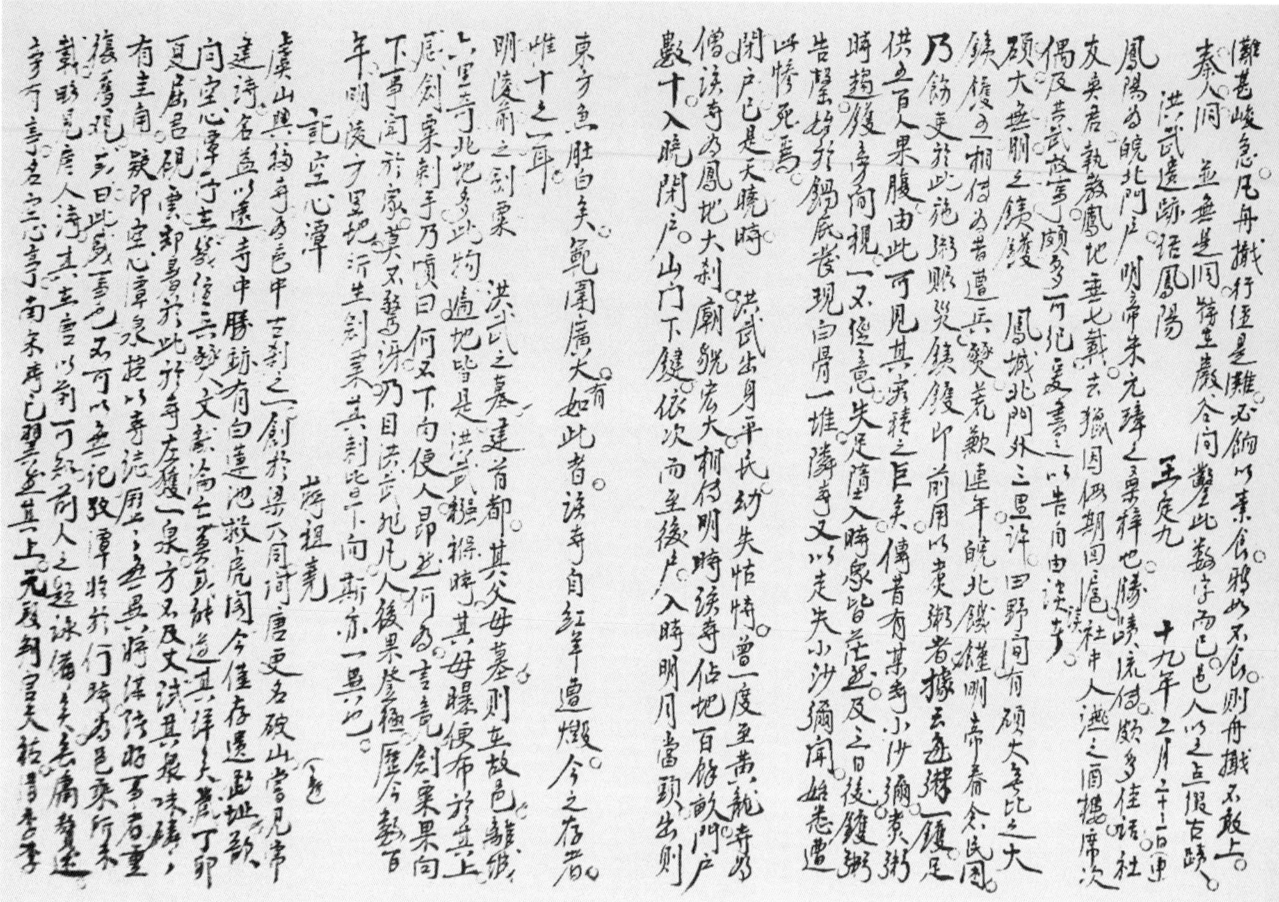

灘甚峻急，凡舟楫行經是灘，必御以素食，祭如不食，則舟楫不敢上。
秦人同 並無是阅籍生發，今向灘此數字而已。邑人以之互傳古跡。

洪武遺跡話鳳陽　王定九　十九年二月二十一日連

鳳陽為皖北門戶，明帝朱元璋之桑梓也。勝跡流傳，頗多佳話。社友吳君執教鳳地垂七載，去臘因假期回籍，社中人邀之酒樓席次，偶及昔武故事，頗多可紀處，書之以告同由諸友。

碩大無朋之鎮鑊　鳳城北門外三里許，田野間有碩大無比之大鎮鑊五，相傳為昔遭兵燹，荒歉連年，皖北饑饉，明帝眷念民困，乃飭吏於此施粥賑災，鎮鑊即前用以煮粥者。據云每鑊一鑊足供五百人果腹，由此可見其容積之巨矣。傳昔有某寺小沙彌煮粥時，趨鑊旁向視，一不經意，失足墮入，時眾皆茫然，及之日後鑊粥告罄，始於鍋底發現白骨一堆，蓋寺之以走失小沙彌聞，始悉遭此慘死焉。

閉戶已是天曉時　洪武出身平民，幼失怙恃，曾一度至皇覺寺為僧。該寺為鳳地大剎，廟貌宏大，相傳明時該寺佔地百餘畝，門戶數十，入晚閉戶，山門下鍵，依次而至後戶，入時明月當頭，出則東方魚肚白矣。範圍廣大有如此者。該寺自紅羊遭燬，今之存者，惟十之一耳。

明陵前之劍痕　洪武之墓建首都，其父母墓則在故邑，離城六里許，北地多此物，遍地皆是。洪武微時，其母使布於其上，見劍痕刻手，乃嘆曰：何不下向使人跪也？何為言竟，劍痕果向下，事聞於家，莫不驚異，乃目洪武非凡人。後果登極，歷今數百年，明陵方里地所生劍痕，其刻皆下向，斯亦一異也。

記空心潭　崔祖堯

虞山興福寺為邑中古剎之一，創於梁大同間，唐更名破山。嘗見常建詩，名益以遠。寺中勝跡有白蓮池、救虎閣，今僅存遺址。歎向空心潭，寺志云其泉能避……丁卯夏，居邑碩袁和易於此，於寺左獲一泉，方不及丈，試其泉味甚，有主角，疑即空心潭泉。考之寺志，……時僧……君重復舊觀，……曰此泉……亦不可以無記，……所未載，……唐人詩……以前，可知前人之題詠備矣。……亭，……空心亭，南宋時已有之，……其上……

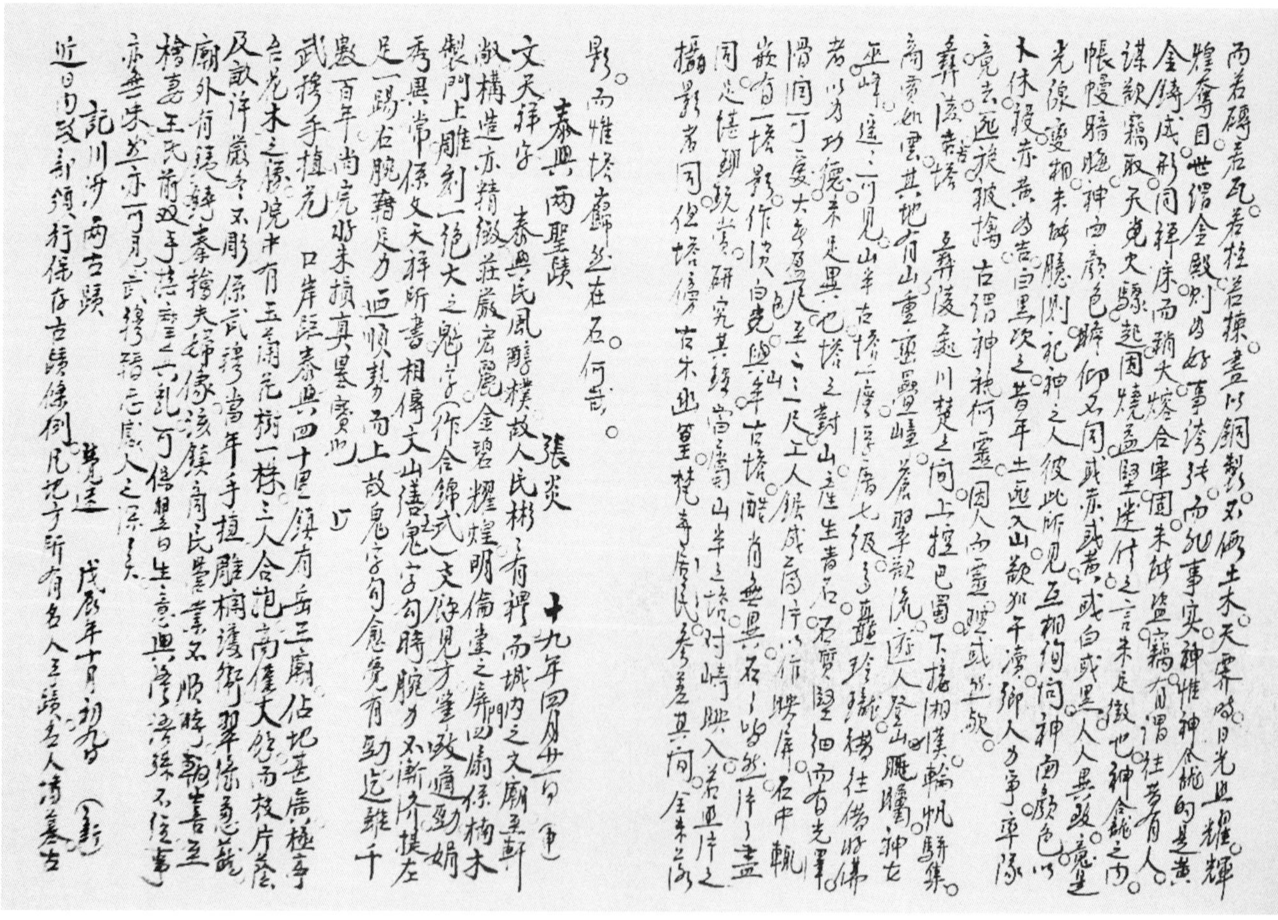

而若磚若瓦若柱若棟，盡以銅製，不假土木。天霽時日光照耀，輝煌奪目，世謂金殿，則為好事誇張，而非事實。神惟神龕的是黃金鑄成，形同祥床，而稍大，鎔合牢固，未能盜竊。有謂往昔有人謀欲竊取，天兕大驟，起因燒香……付之言未足徵也。神龕之內帳幔……神面顏色，……仰不同，或赤或黃，或白或黑，人人異致，蓋是光線變相，未能騰則。祀神之人，彼此所見互相同，向神面顏色以卜休咎，赤黃為吉，白黑次之。昔年土匪入山，欲犯千濟，鄉人為第……隊竟去，匪旋被擒。古謂神祇何靈，因人而靈，理或然歟。

彝陵寺塔　彝陵處川楚之間，上控巴蜀，下據湘漢，輪帆駢集，商賈如雲。其地有山，重巒疊嶂，蒼翠欲流，遊人登山眺矚，神往巫峰。遙遙可見山半古塔一座，層層七級，亦極玲瓏，構造佳佛者以為功德，未足異也。塔之對山，產生青石，石質堅細而有光彩，潤間可處大石為屋色，至二三尺，工人鑱成各式，以作鏤屏。石中輒嵌有一塔影，作淡白色，與山半古塔酷肖無異，石石皆然，……盡同。……研究其理，當本山半之塔……影之際，……攝影者同，但塔傍古木幽篁，梵寺居民，參差其間，全未之……影，而惟塔影存在石，何哉。

泰興兩聖蹟　張炎　十九年四月廿四日（申）

文天祥字　泰興民風醇樸，故人民彬彬有禮，而城內之文廟，至軒敞，構造亦精緻，莊嚴宏麗，金碧輝煌。明倫堂之屏門四扇，係楠木製，門上雕刻一絕大之魁字（作合錦式），……見者筆致遒勁婀秀異常，係文天祥所書。相傳文山書之魁字勾時，腕力不濟，提左足一踢，右腕藉足力迴順勢而上，故魁字勾愈覺有勁，迄雖千數百年，尚完好未損，真異寶也。

武穆手植花　口岸距泰興四十里，鎮有岳王廟，佔地甚廣，極亭台花木之勝。院中有玉蘭花樹一株，三人合抱，高僅丈餘，而枝片蔭及畝許，嚴冬不彫，係武穆當年手植。……翠綠異常。廟外有……秦檜夫婦像，該鎮商民營業不順時，輒出……檜像王氏前，雙手……可得翌日生意興隆，……亦可見武穆遺愛人之深矣。

記川沙兩古蹟　戴遠　戊辰年十月初五（新）

近日……頒行保存古蹟條例，凡地方所有名人古蹟，各人請慕古

七〇　沈雁冰　录时事文稿册

（图七〇　6–7）

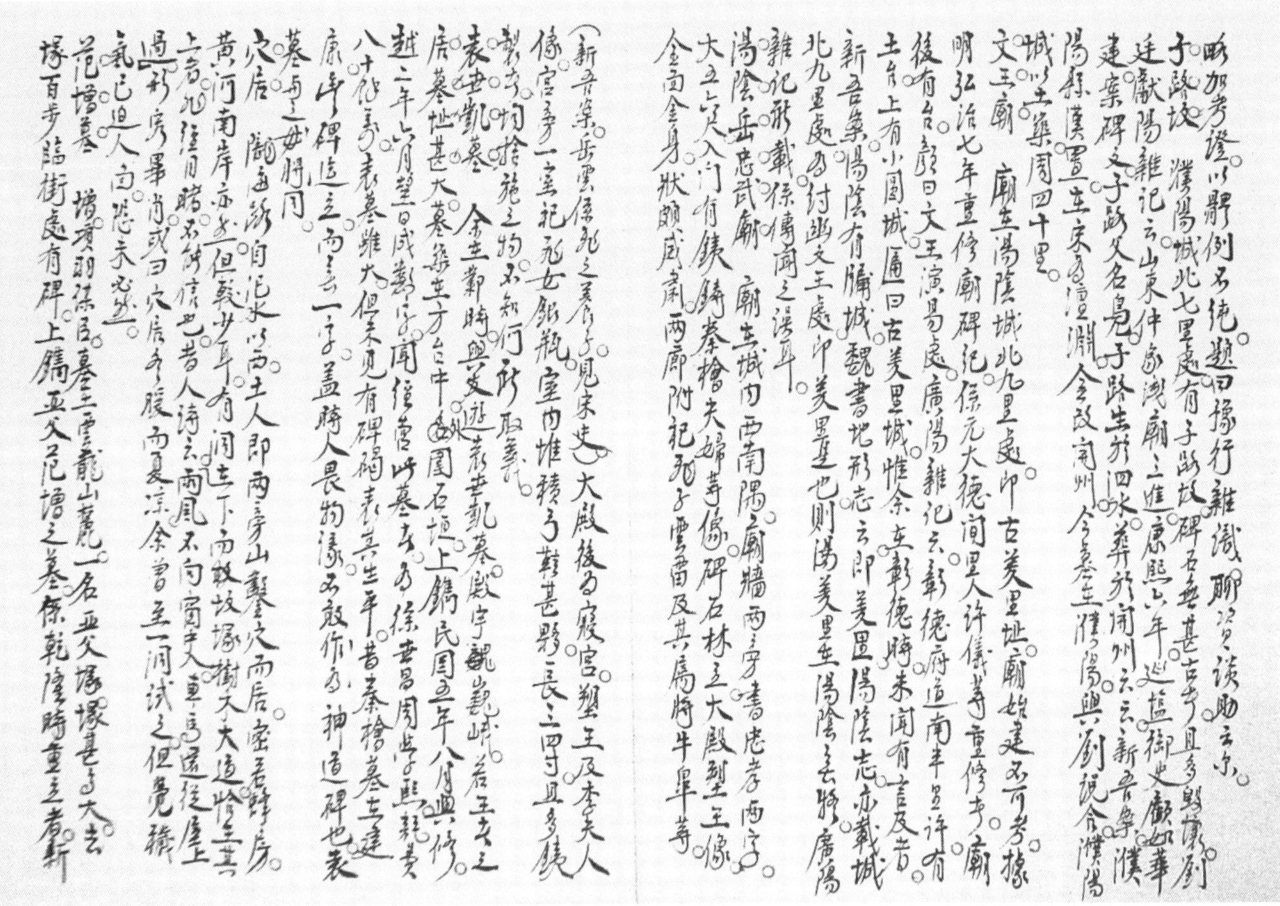

盼加考證以辨例名绝題曰掾行雜識聊以談助云尔
子路故 濮陽城北七里處有子路故碑石無甚古者且多毀壞創
廷獻陽雜記云山東仲家淺廟之進康熙六年巡鹽御史觀如華
建崇碑文子路文名見子路生於泗水葬於開州云云新音學濮
陽縣漢置宋為澶淵今改開州今治在濮陽與劉說合濮陽
城以土築周四十里
文王廟 廟在湯陰城北九里處即古羑里址廟始建不可考據
明弘治七年重修廟碑記係元大德間里人許儀等重修大廟
後有台額曰文王演易處廣陽雜記云彰德府治南半里許有
土台上有小圓城匾曰古羑里城惟余在彰德時未聞有言及者
新音學湯陰有牖城魏書地形志云即羑里湯陰志亦載城
北九里處為紂幽文王處即羑里是也則湯羑里在湯陰無疑廣陽
雜記所載係傳聞之誤耳
湯陰岳忠武廟 廟在城内西南隅廟牆西之南書忠孝兩字
大五尺入門有鐵鑄秦檜夫婦等像碑石林立大殿塑王像
金面金身狀頗威肅兩廊附祀飛子雲雷及其属將牛皋等
(新音學岳雲係飛之義子見宋史)大殿後為寢宮塑王及李夫人
像宮旁一室祀孤女銀瓶室内堆積多轎甚夥長三四寸且多鐃
製各均拾施之物不知何所取義
袁世凱墓 余在鄭時與友遊彰德世凱墓殿宇甚巍峨若王者之
居墓址甚大墓築在方台中為圓石垣上鐫民國五年八月與修
越二年六月望日成數語聞係曾此墓者為徐世昌周學熙輯袁
八十老者表墓雖大但未見有碑碣表其生平昔秦檜墓未建
康坊碑造之而云一字蓋時人畏物議不敢作為神道碑也袁
墓亦無時同
穴居 豫西諸自汜水以西土人即西旁山鑿穴而居密若蜂房
黃河南岸亦有但較少耳有開在下而攻攻掘樹大道旁上其
上者

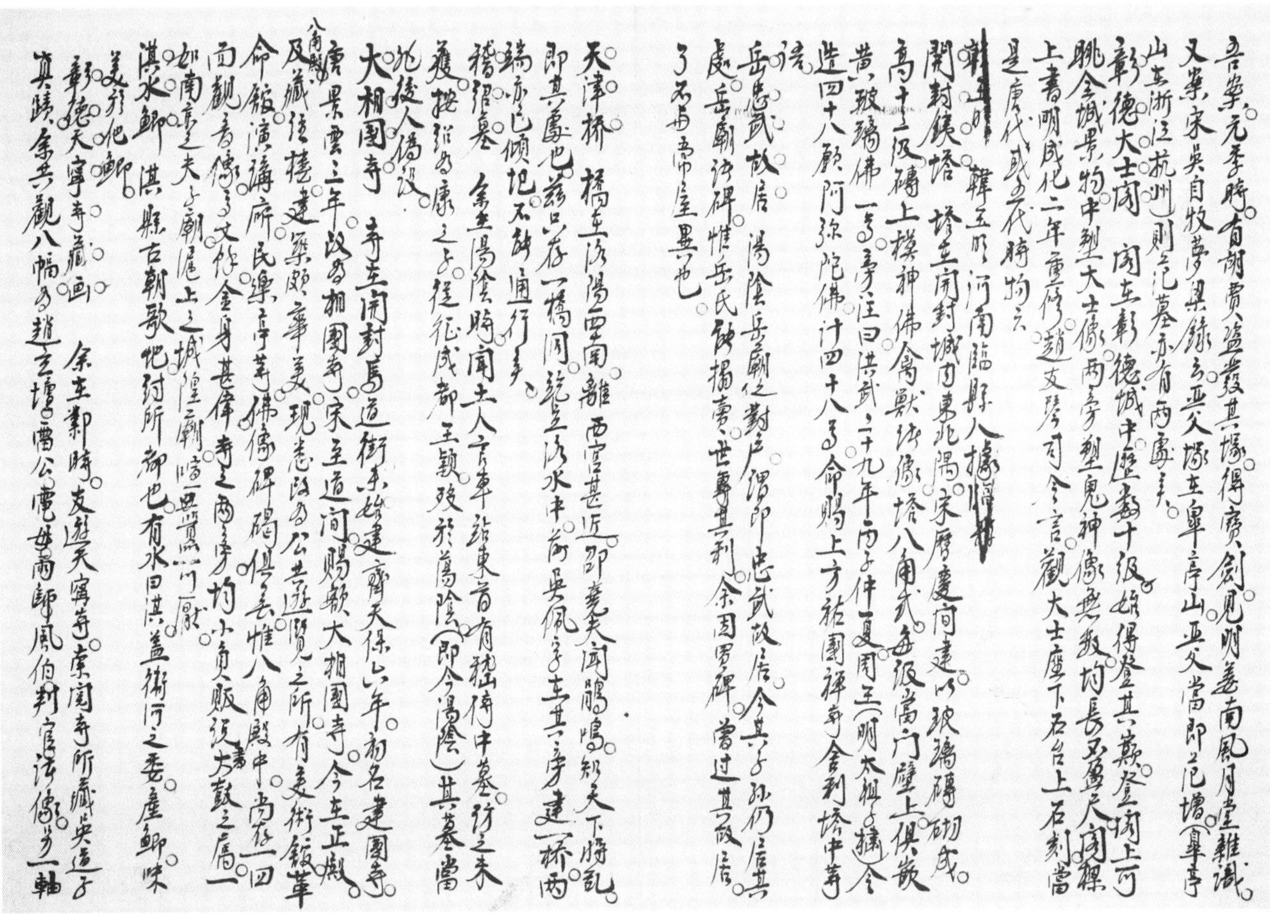

音學元季時有胡貴人盜發其塚得寶劍見明姜南風月堂雜識
又宋吳自牧夢梁錄云岳父塚在皋亭山岳父當即元汜墳(皋亭
山在浙江杭州)則元墓亦有兩處矣
彰德大士閣 閣在彰德城中塔高十級始得登其巔塔頂上可
眺全城景物中塑大士像兩旁塑鬼神像無數均長不盈尺閣額
上書明成化二年重修趙文璧司令言觀大士座下石台上石刻當
是唐代或宋代時物云
韓王府河南臨縣人據
開封鐵塔 塔在開封城内東北隅宋慶曆間建以琉璃磚砌成
高十三級磚上模神佛禽獸狀塔八角式每級當門壁上俱嵌
黃琉璃佛一尊旁注曰洪武二十九年丙子仲夏周王(明太祖子橚)令
造四十八尊阿彌陀佛計四十八尊命賜上方祐國禪寺金剎塔中等
語
岳忠武故居 湯陰岳廟之對廬偶即忠武故居今其子孫仍居其
處岳廟諸碑惟岳氏能搨賣世專其利余因買碑當過其故居
子孫均以帝崖墨也
天津橋 橋在洛陽西南離西宮甚近即康夫聞鵑鳴知天下將亂
即其處也蕩存一橋圈已在洛水中前安佩子在其旁建一新橋兩
端亦已傾圮不能通行矣
稽紹墓 余在湯陰時聞土人言車站東首有稽侍中墓舊之未
獲據紹為康之子從征成都王穎歿於蕩陰(即今湯陰)其墓當
在彼後人僞設
大相國寺 寺在開封馬道街東始建齊天保六年初名建國寺
唐景雲二年改為相國寺宋至道間賜額大相國寺今在正殿
及藏經樓建築頗華美現悉改為公共遊覽之所有是街鋪革
命歆演講所民衆亭等佛像碑碣俱毀惟八角殿中尚存一四
面觀音像為一文作金身甚偉寺之兩旁均小負販設攤貨大鼓之攤
如南京之夫子廟滬上之城隍廟
淇水鄉 淇縣古朝歌地紂所都也有水曰淇蓋衛河之委產鯽味
美於他鄉
彰德天寧寺藏畫 余在鄭時友遊天寧寺康閣寺所藏吳道子
真蹟余其觀八幅為趙王墳雷公電母雨師風伯判官諸像另一軸

(图七〇　8-9)

七〇　沈雁冰　录时事文稿册

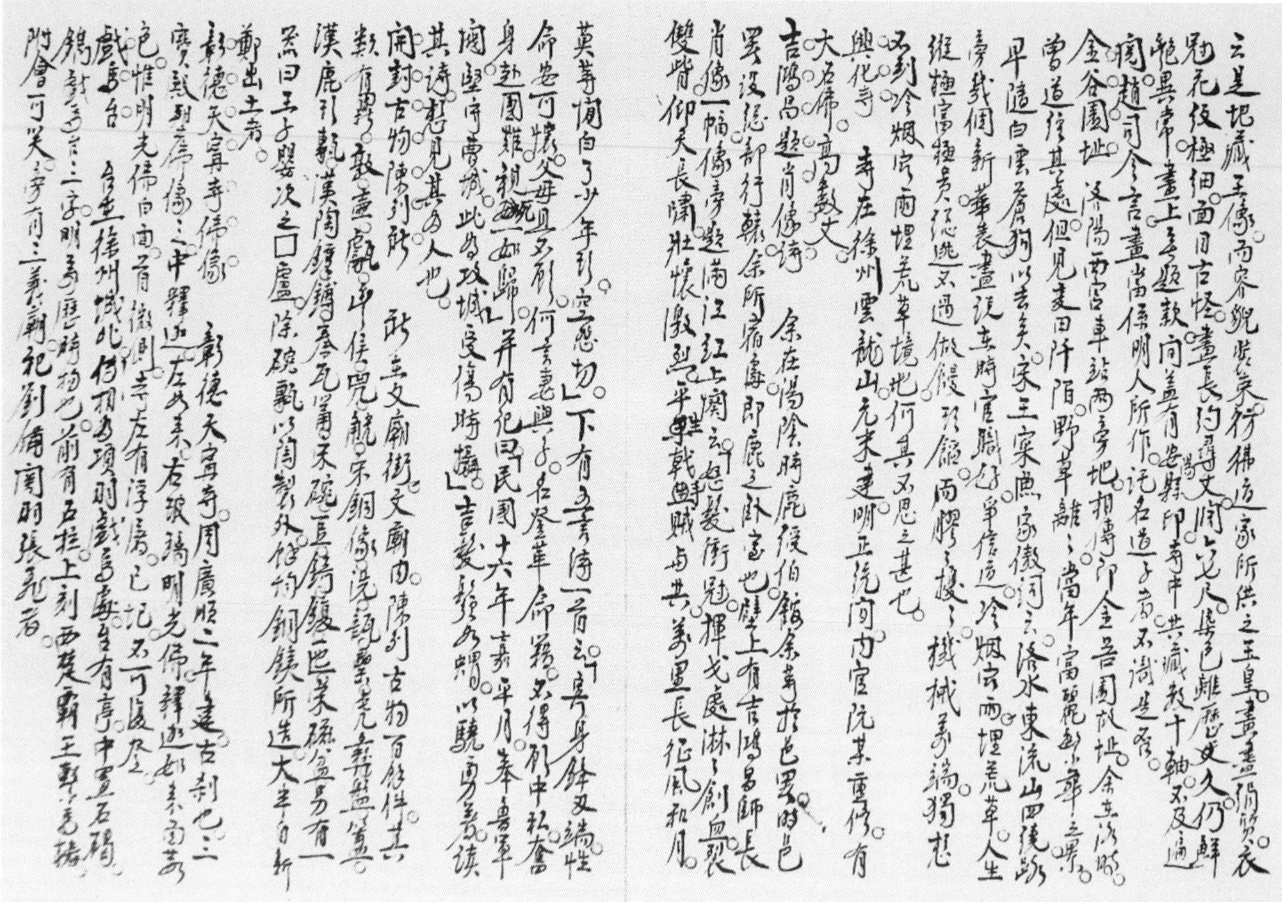

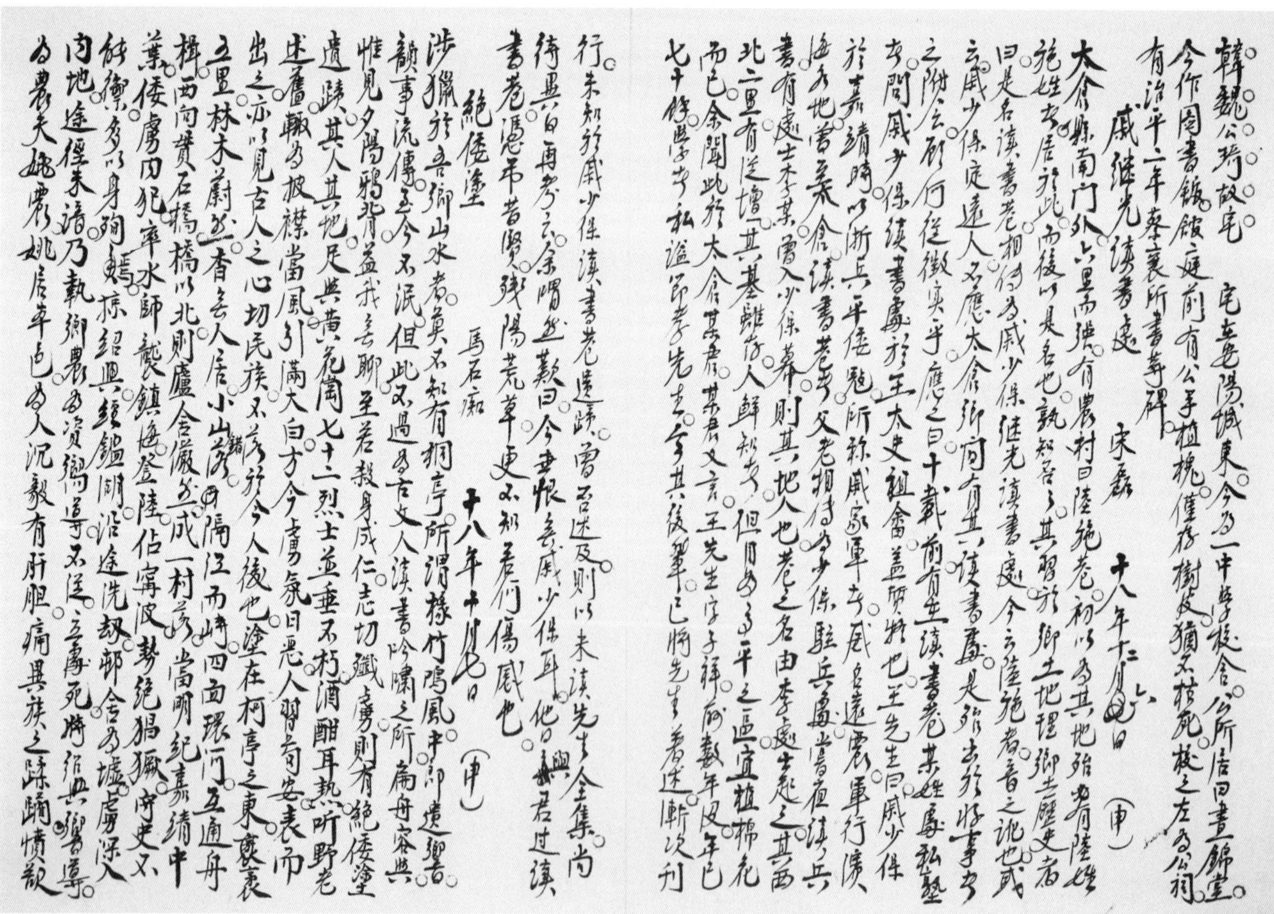

七〇　沈雁冰　录时事文稿册

（图七〇　10–11）

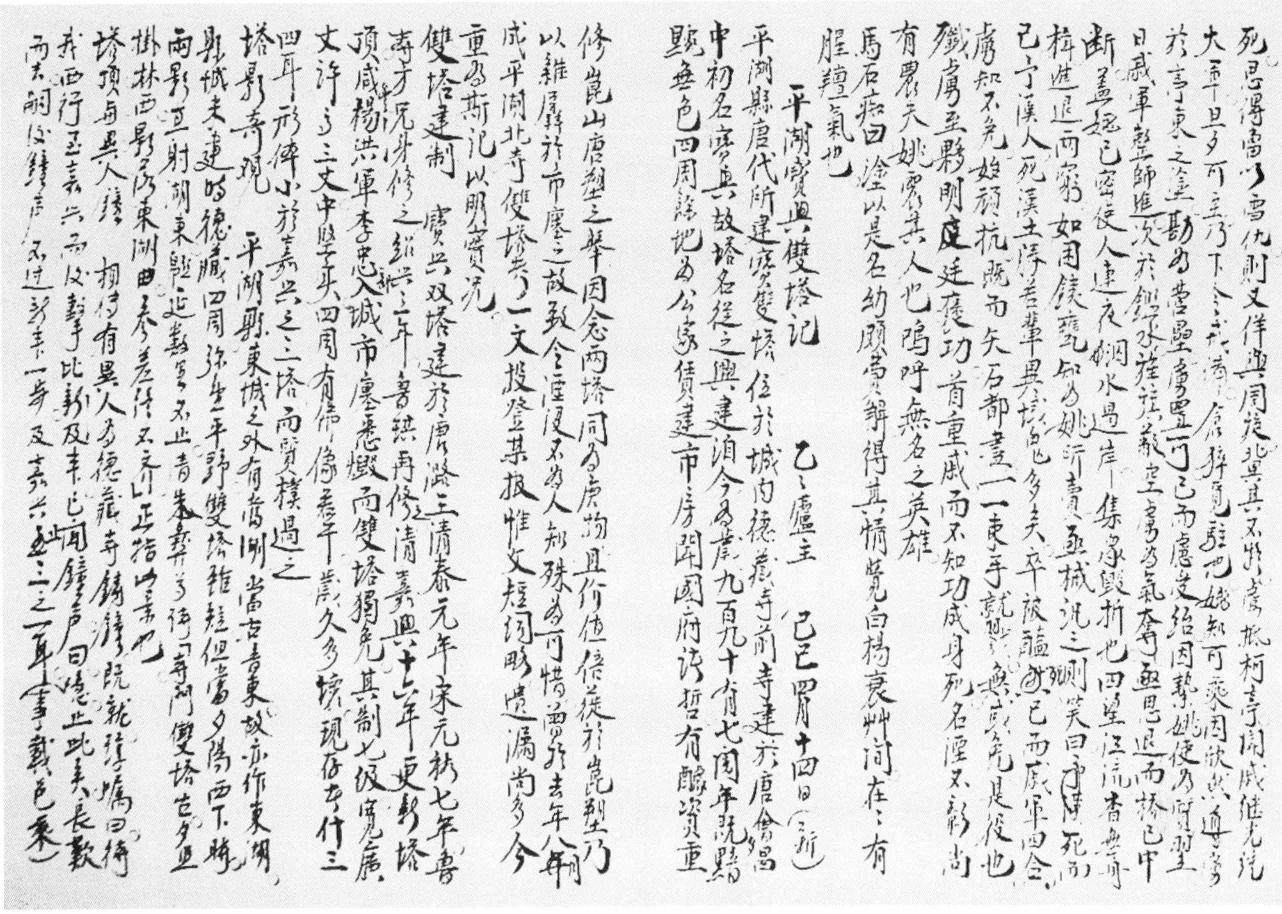

死忌得當少雷仇則文祥與周旋其其不將處柩柯亭閣成維光緒
大事旦夕可立乃下令[illegible]倉猝更醒也姚知可乘因欲與通書
於亭東之金勘為營壘廣豎可已而慮是紿因勢姚使為附其望
日戚軍整師進次於銅水旌旂蔽空虜為氣奪亟思退而橋已中
斷蓋姚已密使人連夜網水過岸一集衆毀折也回望江流沓無舟
楫進退兩窮如困鼠[illegible]姚所責亟械況之則笑曰予誓死而
已予漢人死漢土將若輩異域[illegible]多矣卒被[illegible]已而戚軍四合
虜知不免始頑抗既而矢石都盡一一束手就[illegible]是役也
殲虜至夥明廷褒功首重戚而不知功成身死名湮不彰尚
有農夫姚粟其人也嗚呼無名之英雄
馬石[illegible]曰塗以是名幼顧為耕得其情覓白楊衰草間在在有
腥羶氣也

平湖寶興雙塔記　乙之廬主　己巳四月十四日（新）

平湖縣唐代所建之雙塔位於城內德藏寺前寺建於唐會昌
中初名寶興故塔名從之興建迄今為歲九百九十有七閱年既歷
既無色四周[illegible]地為公家賃建市房閱國府請哲有醵資重
修崑山唐塑之舉因念兩塔同為唐物且價值倍蓰於崑塑乃
以雜屋於市廛之故致令湮沒不為人知殊為可惜爰於去年八月
成平湖北寺雙塔考一文投登某報惟文短詞略遺漏尚多今
重為斯記以明寶況

雙塔建制　寶興双塔建於唐[illegible]清泰元年宋元祐七年重
[illegible]修之紹興之六年[illegible]再修清嘉慶十七年更新塔
頂咸豐楊洪軍李忠[illegible]入城市廛悉燬而雙塔獨免其制七級寬廣
丈許高三丈中空其四周有佛像歲年既久多壞現存者僅什三
四耳形體小於嘉興之三塔而質樸過之

塔影奇觀　平湖縣東城之外有當湖當古者東故亦作東湖
縣城未建時德藏四周係皆一平野雙塔雖矮但當夕陽西下時
兩影直射湖東[illegible]延數里不止青朱齋為之稱「寺門雙塔古夕照
掛林西影[illegible]落東湖曲」[illegible]差得不斜以正指此景也

塔頂有異人鐘　相傳有異人為德藏寺鑄鐘既就[illegible]塔頂自鐘
飛西行至嘉興而復歸其[illegible]及來已聞鐘聲回復止此矣[illegible]長歎
而去銅質鑄鐘不過寺東一寺及嘉興[illegible]之一耳（事載邑乘）

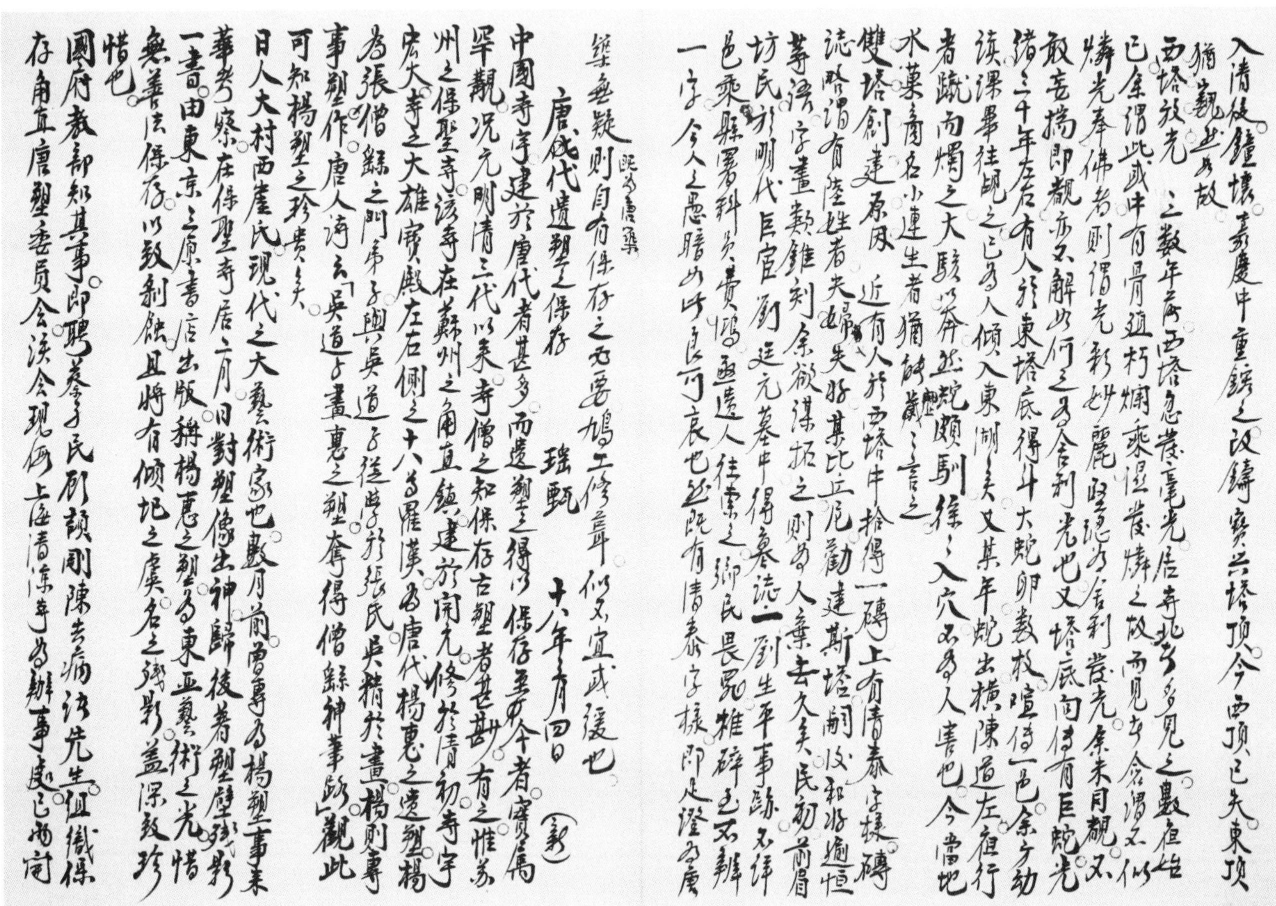

入清後鐘壞嘉慶中重鑄之改鑄寶興塔頂今西頂已失東頂
猶觀也[illegible]故

西塔放光　數年前西塔忽發毫光居寺北者多見之數夜始
已余謂此或中有骨殖朽爛[illegible]燐發燐之故而見者僉謂不似
燐光奉佛者則謂光彩妙麗此為舍利發光余未同觀不
敢妄揣即觀亦不解此何之為舍利光也又塔底向傳有巨蛇光
緒二十年左右有人於東塔底得斗大蛇卵數枚喧傳一邑余方幼
讀課畢往觀之已為人傾入東湖矣又其年蛇出橫陳道左徂行
者蹴而觸之大駭以斧斷蛇頭馴徐之入穴不為人害也今當地
水藻[illegible]名小蓮生者猶能[illegible]言之

雙塔創建原因　近有人於西塔中拾得一磚上有清泰字樣磚
誌略謂有陸姓者夫婦失於其北丘尼勸建斯塔嗣[illegible]和尚[illegible]
等語字畫斷離剝余欲謀拓之則為人棄去久矣民初前眉
坊民於明代巨宦劉廷元墓中得墓誌一劉生平事跡不詳
邑乘縣署科貢碑遺人往禁之鄉民畏罪椎碎乃不辨
一字今人惡膽此為可哀也然既有清泰字樣即足證為唐（既為唐築）
築無疑則自有保存之必要鳩工修葺似不宜或緩也

唐代遺塑之保存　瑶甄　十八年七月四日（新）

中國寺宇建於唐代者甚多而遺塑之得以保存至今者寶屬
罕覯況元明清三代以來寺僧之知保存古塑者甚尠有之惟蘇
州之保聖寺該寺在蘇州之角直鎮建於開元修於清初寺宇
宏大寺之大雄寶殿左右側之十八尊羅漢為唐代楊惠之遺塑楊
為張僧繇之門弟子與吳道子從學於張氏吳精於畫楊則專
事塑作唐人詩云「吳道子畫惠之塑奪得僧繇神筆路」觀此
可知楊塑之珍貴矣
日人大村西崖氏現代之大藝術家也數月前曾專為楊塑事來
華考察保聖寺居二月日對塑像出神歸後著塑壁殘影
一書由東京之原書店出版稱楊惠之塑為東亞藝術之光惜
無善法保存以致剝蝕且將有傾圯之虞名之殘影蓋深致珍
惜也
國府教部知其事即聘蔡孑民顧頡剛陳去病諸先生組織保
存角直唐塑委員會該會現假上海清涼寺為辦事處已開會

（图七〇　12–13）

七〇　沈雁冰　录时事文稿册

合議籌集經費，擬於六月四日趕往蘇州，該寺實行改築，設法保存，以垂永久。

該項經費由教部撥現款壹萬元，由陳委員向江蘇省府方面籌一萬元，由蔡委員向中央各方面籌一萬元，籌集之經費存之上海銀行。並請國內善塑者前往設計，設計之標準聞已議定，將傾斜者扶直之，剝蝕者修補之，務不損其真像，且將框以玻璃櫃云云。此次國內愛好藝術者群起負保存我文明古邦之遺跡之責任，崇揚我中華之古代藝術，亦國之光也。

談角直之唐塑　丁广

十八年三月十日

角直唐塑自經葉恭綽倡議保存後，教育部已有唐塑保存會之設，委員蔡元培、葉恭綽、陳去病、馬叙倫等已議有具體辦法。自此係偉有待，不致再令日人目為塑壁殘影矣。

保聖寺之羅漢本有十八尊，為唐時楊惠之所塑。楊與吳道子同出張僧繇門下，詎時人重吳輕楊，於是楊之名遂不彰，後憤而棄畫習塑，故道子以畫名，楊則以塑聞於世矣。然楊之手澤今所存者固不止保聖寺之羅漢，即崑山慧聚寺之天王像亦出其手。奉無僧繇俗致為近匠斲喪，佛像雖舊，面目已非，惜哉惜哉。今保聖寺所存者雖號稱有五，而完好者僅二三。該寺大殿又不幸於去歲八月傾圮，設或不再加意保護，恐數十年後吾人不復能觀矣。

搶塑像手續複雜，成功不易，其工作大略可分為二步：先將木架固砌壁間，以定局勢，然後再就木架堆塑以成泥芽，及乾，擇後方飾繪以油彩，施以粉墨。近人之能此者，以蘇幫為最，台幫則粗俗惡劣，無美術可言焉。茲探悉該會已借得倩該寺下院為會址，待實地履勘後，即著手進行將該寺重建，步驟悉依日本東京美術學校教授大村西崖所著「塑壁殘影」，庶形俾不失真。其屋架門窗全用水泥鋼骨，以冀持久，與杜絕火患並歸。「塑壁殘影」一書用珂羅版翻印，以廣流傳云。

茶山之獄公洞　胡文樵錄

十八年十月廿九日

離永嘉縣城四十里，有茶山焉，以產茶名。茶山闊故名山，山麓有五美院，相傳為聖僧法川禪師得道之所。故寺火燬，義舉寺後有洞，曰獄公洞，華嚴禁界，深不及底，一進洞門即黑暗不見天日，遊者入洞即影無光竟也。

溫州小南門某號虔東年近古稀，因繼業有人，特築茅屋一椽於洞口，日唯誦經念佛，以娛天年。曾有陳得川其人者，秉性奇特，酷信神鬼，一夜，勝臘間見一僧人授以簡帖一紙，啓而視之，上幅繪有丘壑寶劍，下幅則為「法川藏，得川收」六字。驚醒後，知為夢境，以法川為五美院之得道高僧，乃異想天開，謂兵書寶劍，決藏於獄公洞，倚其領取，無不轉於是。未待黎明，即僱舟至茶山，適遇一老者於五美院之大雄寶殿，彼此因素稔，遂互道來意。某老者言，願與偕入獄公洞一探，得川感甚。午餐後，多攜紅燭，相率進洞。第一層蝙蝠之多大多有不勝枚舉之概，四圍潮濕異常，陰氣凜然。第二層入口僅可側身而過，且去一線光明，若非於事前備有燈燭，恐已伸手不辨五指矣。比及五層之洞口，高丈外，無從攀登，乃失望而出，翌日復攜小梯帶乾糧，繼續其冒險之工作，至第五層洞口，果可緣梯而上，因得以愈進愈深，自朝至向午，不能窮其底，且亦無若何發現，惟覺寬闊處間有石凳石桌而已。旋築處足下偶絆一物，燭視之，赫然一腐敗之女屍也。駭極狂奔，汗流浹背，騎已離洞口不遠，忽迷所向，驚訝不止。日將暮矣，寺中和尚頗憶及二人進洞何久不出，急令小沙彌上山探覓，未至洞門，忽聞洞内隱隱有呼救聲，乃飛步進洞，引之使出，相顧愕然。自此好奇之士咸裹足不敢再行嘗試，恐能受虛驚，去秋舜於事也。今年春余以掃墓憩於五美院，友適備有電筒，偕遊相約作獄公洞之遊，詎未及二層均已面有難色，蓋以陰氣森森，毛髮為戴，因以氣寒而慄也，乃不得不乘興而來，敗興而返矣。

十八年七月廿五日

雲間第一樓　謹權

松江舊府署光復後改為縣公署，其頭門係一極閎壯之鼓樓，樓頂題曰雲間第一樓。該樓相傳為三國時陸遜將台，事無可考，要之為千年前之建築物可斷言也。樓凡三層，高逾十丈，登樓遠眺，可九峰屏幛，歐浦帆檣，舊松風景，歷歷在目。惜椽瓦飄零，牆垣剝蝕，石級又復凌亂不齊，執難攀登，觀以樓為官衙，遂任其坍塌，從未修葺，地方人士亦遂聽之而已。今夏金縣長慶章慨念古蹟之將就湮沒，捐資修興，佐計工料，聞在二千金以上，一俟工竣，即將闢辦民眾書報社，保存舊蹟，啟迪新知，可謂一舉兩得矣。

誌江陰之劉杜故居　田西魏

十八年九月廿四日

七〇　沈雁冰　录时事文稿册

（图七〇　14–15）

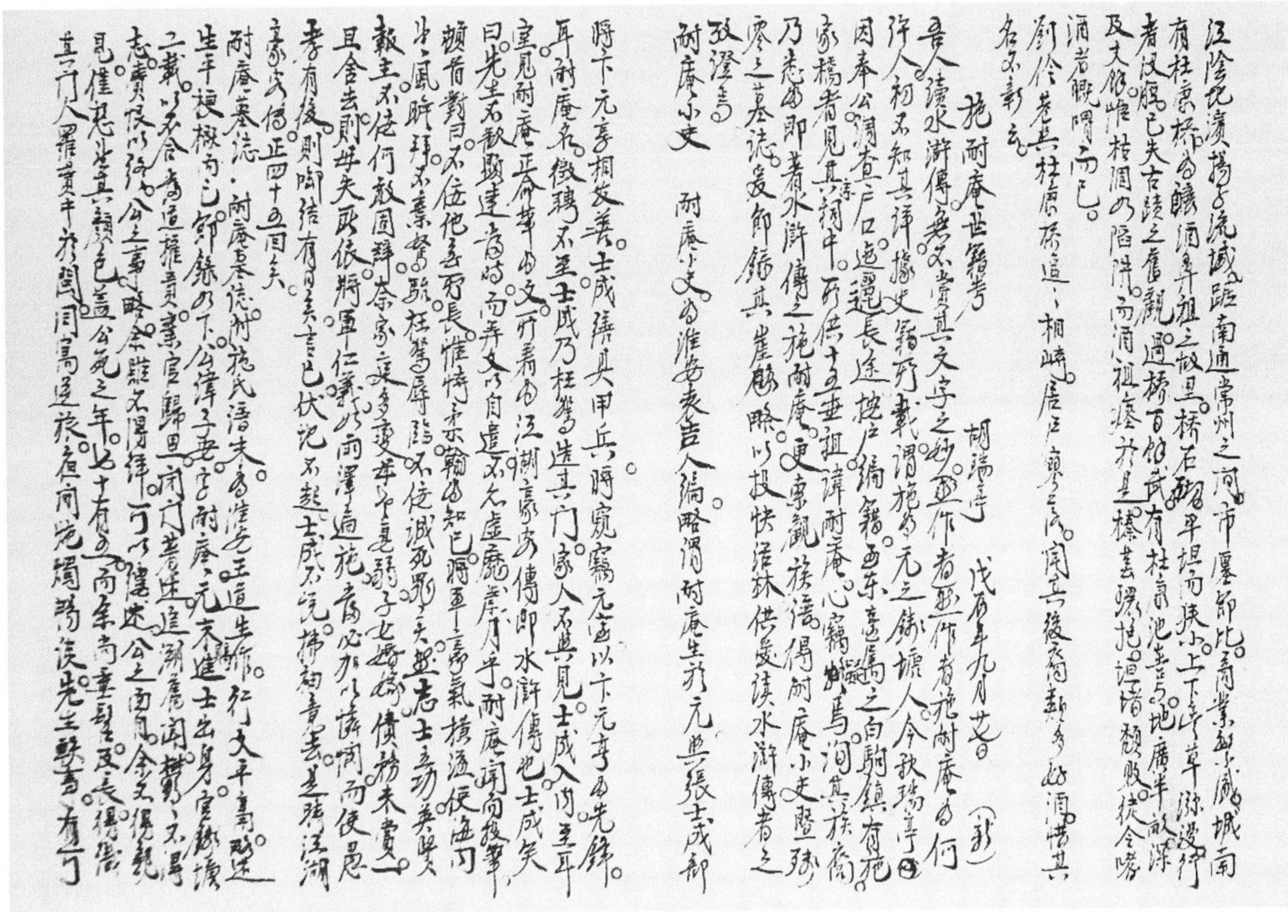

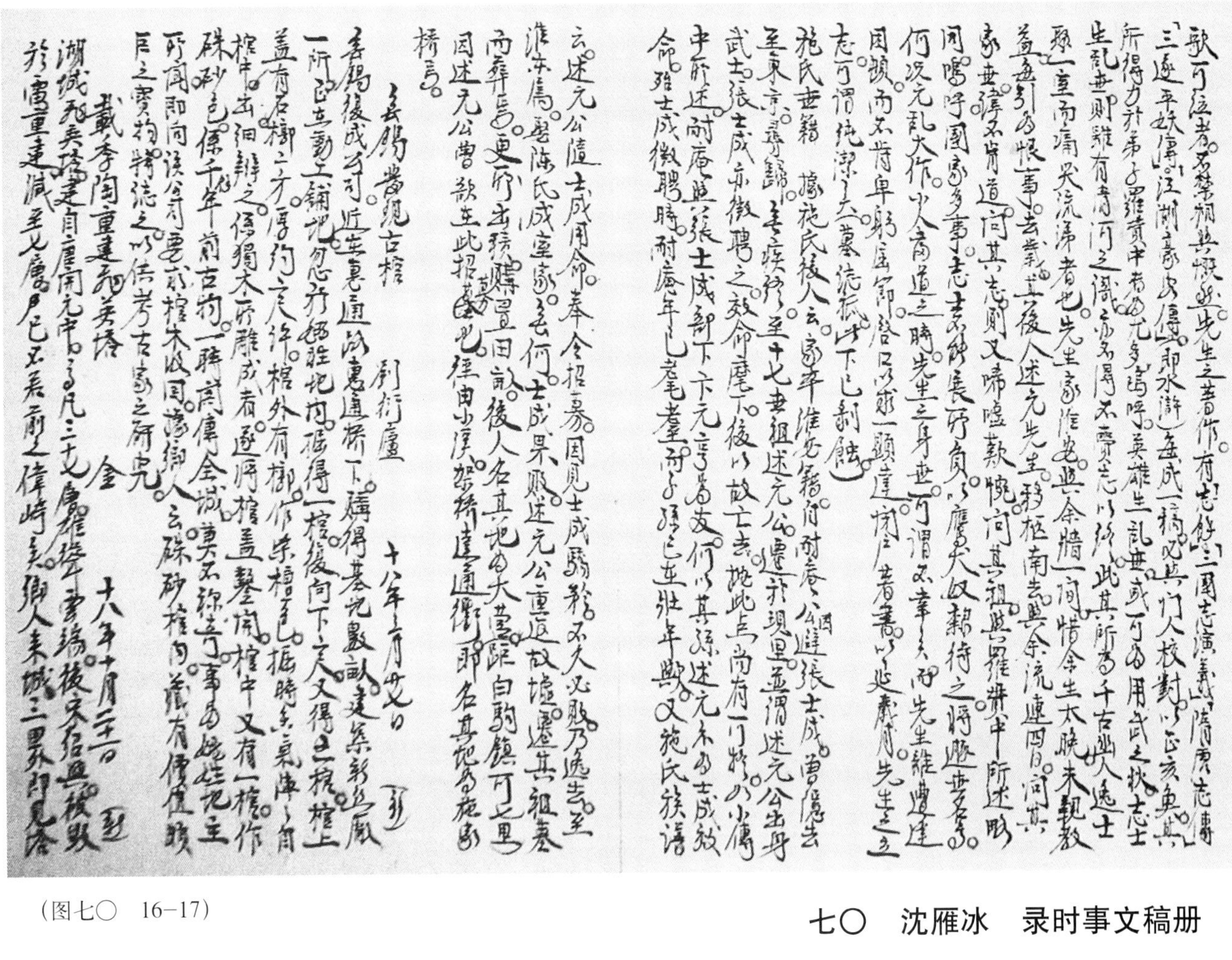

(图七〇　16–17)

七〇　沈雁冰　录时事文稿册

頂去年八月十八日晨以歲久失修更因連日風雨其頂轟然崩墜以是湖
郡名勝減去風光不少。地方人士雖擬重建但因連年荒歉籌款維艱未
能成事。現中央委員國軍湖州籍者有工程師盧匯淩來便作
一度之觀察並為擬建之人現任杭建設廳所科長擔渭建造責須十
五萬元以鋼骨水泥為之藏前形高五尺諸旁更添購地皮建造
一大模範之公園俾壯觀瞻已托往事籌募建築費矣
民國十九年秋月桐鄉沈雁冰記

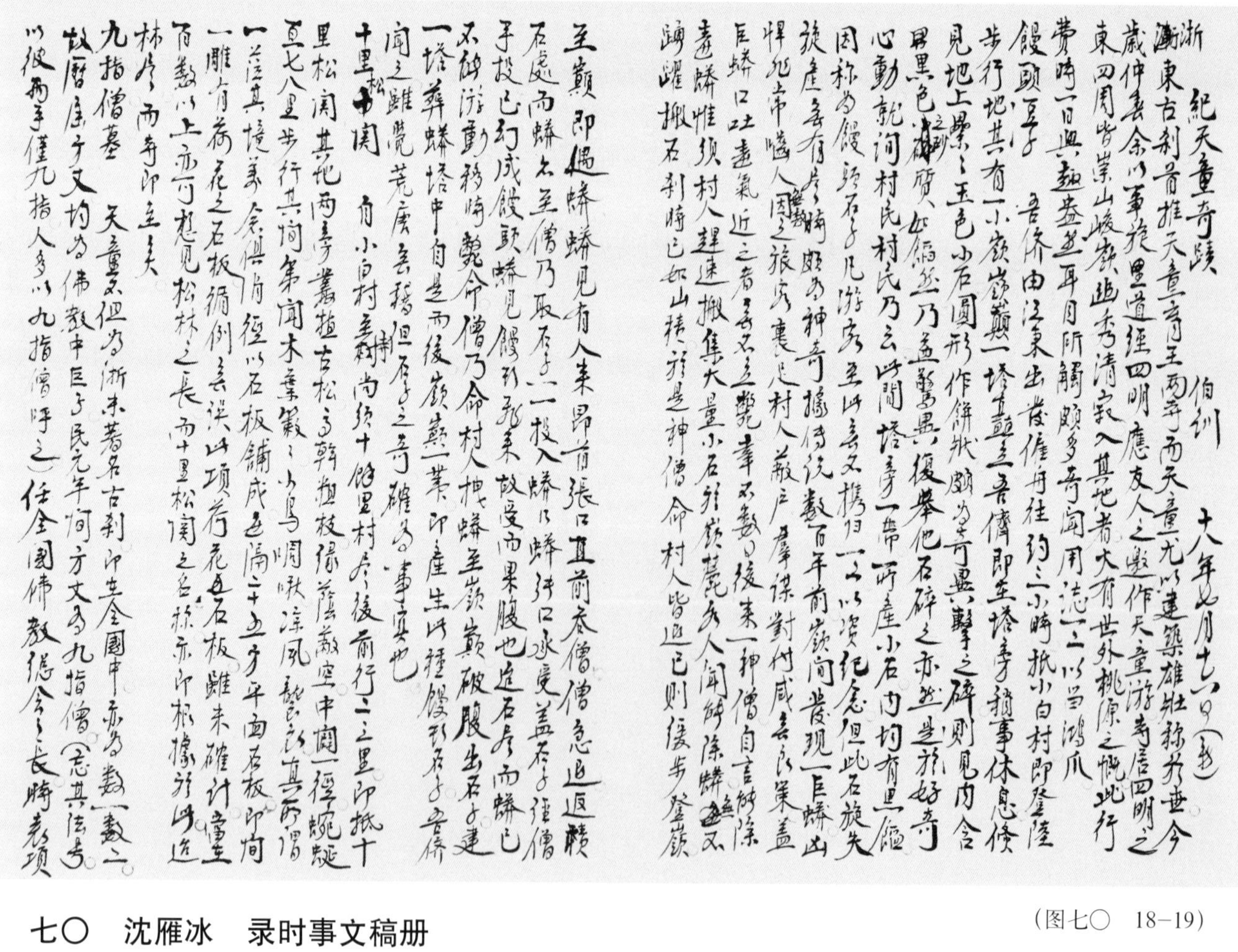

紀天童奇蹟　伯訓　十八年九月十九日（錄）
浙東古剎首推天童育王兩寺而天童尤以建築雄壯稱於世今
歲仲春余以事旋里道經四明應友人之邀作天童遊寄居四明之
東四周皆崇山峻嶺幽秀清寂入其地者大有世外桃源之慨此行
費時一日興趣盎然耳目所觸頗多奇聞用志一二以留鴻爪
饅頭石子　吾儕由汪象出發僱舟往約二小時抵小白村即登陸
步行地其有一小嶺嶺巔一塔高而吾儕即坐塔旁稍事休息倏
見地上纍纍玉色小石圓形作餅狀頗為奇異擊之碎則見內含
黑色之砂粒質如餡然乃益驚異復舉他石碎之亦然是於好奇
心動就詢村民村民乃云此間塔旁一帶所產小石內均有此餡
因稱為饅頭石子凡遊客至此無不攜歸一二以資紀念但此石旋失
旋產無有窮時頗為神奇據傳說數百年前嶺間發現一巨蟒出
悍兇常噬人無數因之旅客裹足村人敝之群謀對付咸無良策蓋
巨蟒口吐毒氣近之者無不立斃群不數日後來一神僧自言能除
毒蟒惟須村人趕速搬集大量小石於嶺麓多人聞能除蟒無不
踴躍搬石剎時已如山積於是神僧命村人皆避已則僅步登嶺
至巔即遇蟒蟒見有人來昂首張口直前吞僧僧急退返顧
石處而蟒亦至僧乃取石子一一投入蟒口蟒張口承受蓋石子經僧
手投已幻成饅頭蟒見饅頭飛來故受而果腹也迨石盡而蟒已
不能游動移時斃命僧乃命村人拽蟒至嶺巔破腹出石子建
一塔葬蟒塔中自是而後嶺巔一帶即產生此種饅頭石子吾儕
聞之雖覺荒唐無稽但石子之奇確為事實也
十里松關　自小白村至寺尚須十餘里村居後前行二三里即抵十
里松關其地兩旁叢植古松高幹虬枝綠蔭蔽空中闢一徑蜿蜒
直七八里步行其間第聞木葉簌簌小鳥啁啾涼風襲衣真所謂
一塵其境矣余俱循徑以石板鋪成互闊二十五方平面石板即向
一雕有荷花之石板循例無誤此項荷花之石板雖未確計當在
百數以上亦可想見松林之長而十里松關之名稱亦即根據於此迨
林盡而寺即至矣
九指僧墓　天童寺但為浙東著名古剎即在全國中亦為數一數二
故歷屆方丈均為佛教中巨子民元年間方丈為九指僧（忘其法號
以彼兩手僅九指人多以九指僧呼之）任全國佛教總會會長時為頂

七〇　沈雁冰　录时事文稿册

（图七〇　18–19）

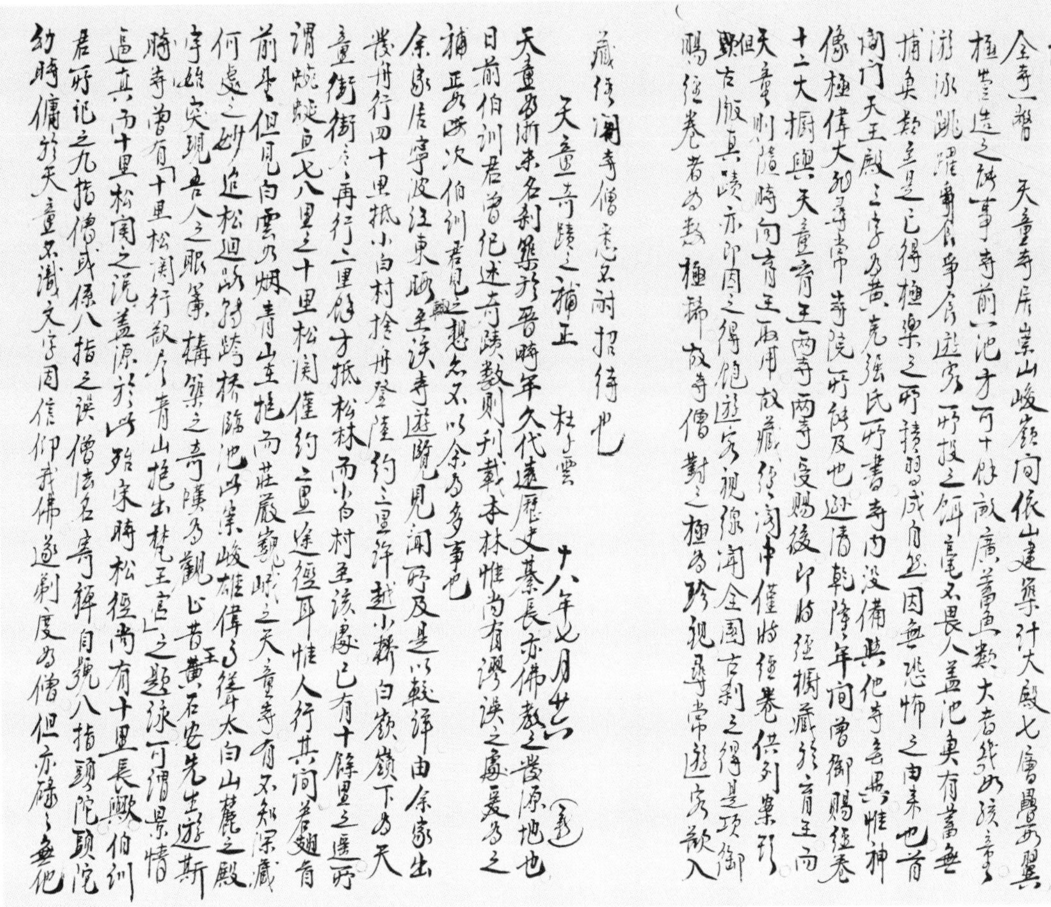

城當國以籌募奉寓為名責成全國佛教總會籌效軍餉四百萬
元九指曾自恃走於廣間且以全國僧眾之衆不難立籌此款貿然承允
刑事以無不急之籌款致期已至而款項毫無着落卒因不勝
袁氏逼迫孝全自尽從僧哀之特立寺側山間為營墓所并建
一座石置甚精并作遺書之作不窮有感軍閥時代之勢焰逼人
也

全寺一瞥　天童寺居崇山峻嶺間依山建築計大殿七層翼翼
極莊嚴之能事寺前一池方可十餘畝廣蓄魚數大者幾如孩童
游泳跳躍爭食遊客所投之餅食毫不畏人蓋池魚有蓄無
捕魚至是已得極樂之所矣習成自然因無恐怖之由來也首
向門天王殿之後為黃先張氏所書寺內設備與他寺無異惟神
像極偉大非尋常寺院所能及也遜清乾隆年間曾御賜經卷
十二大櫥與天童育王兩寺兩寺受賜後即將經櫥藏於育王而
天童則隨時向育王取用故藏經閣中僅將經卷供列案前
但殿古版真蹟亦即因之得飽遊客視線聞全國古剎之得是項御
賜經卷者為數極稀故寺僧對之極為珍視尋常遊客欲入
藏經閣寺僧悉不耐招待也

天童寺蹟之補正　杜子雲　十八年七月廿六　（義）
天童為浙東名剎築於晉時年久代遠歷史甚長亦佛教之發源地也
日前伯訓君曾記述奇蹟數則刊載本林惟尚有謬誤之處爰為之
補正如次伯訓君見之想亦不以余為多事也
余家居寧波江東與至該寺遊覽見聞所及是以較詳由余家出
發舟行四十里抵小白村捨舟登陸約二里許越小橋白嶺嶺下為天
童街街之再行二里餘方抵松林而小白村至該處已有十餘里之遙所
謂蜿蜒五七八里之十里松關僅約二里途經耳惟人行其間若翅首
前望但見白雲如烟青山環抱而莊嚴巍峨之天童寺有不知深藏
何處之妙追松迴路轉跨橋臨池此崇峻雄偉之儼然太白山麓之殿
宇始突現吾人之眼簾構築之奇嘆為觀止昔黃石安先生王遊斯
時寺曾有「十里松關行欲盡青山抱出梵王宮」之題詠可謂景情
逼真而十里松關之說蓋源於此殆宋時松徑尚有十里長歟伯訓
君所記之九指僧或係八指之誤僧法名寄禪自號八指頭陀頭陀
幼時備於天童不識文字因信仰我佛遂剃度為僧但亦碌碌無他

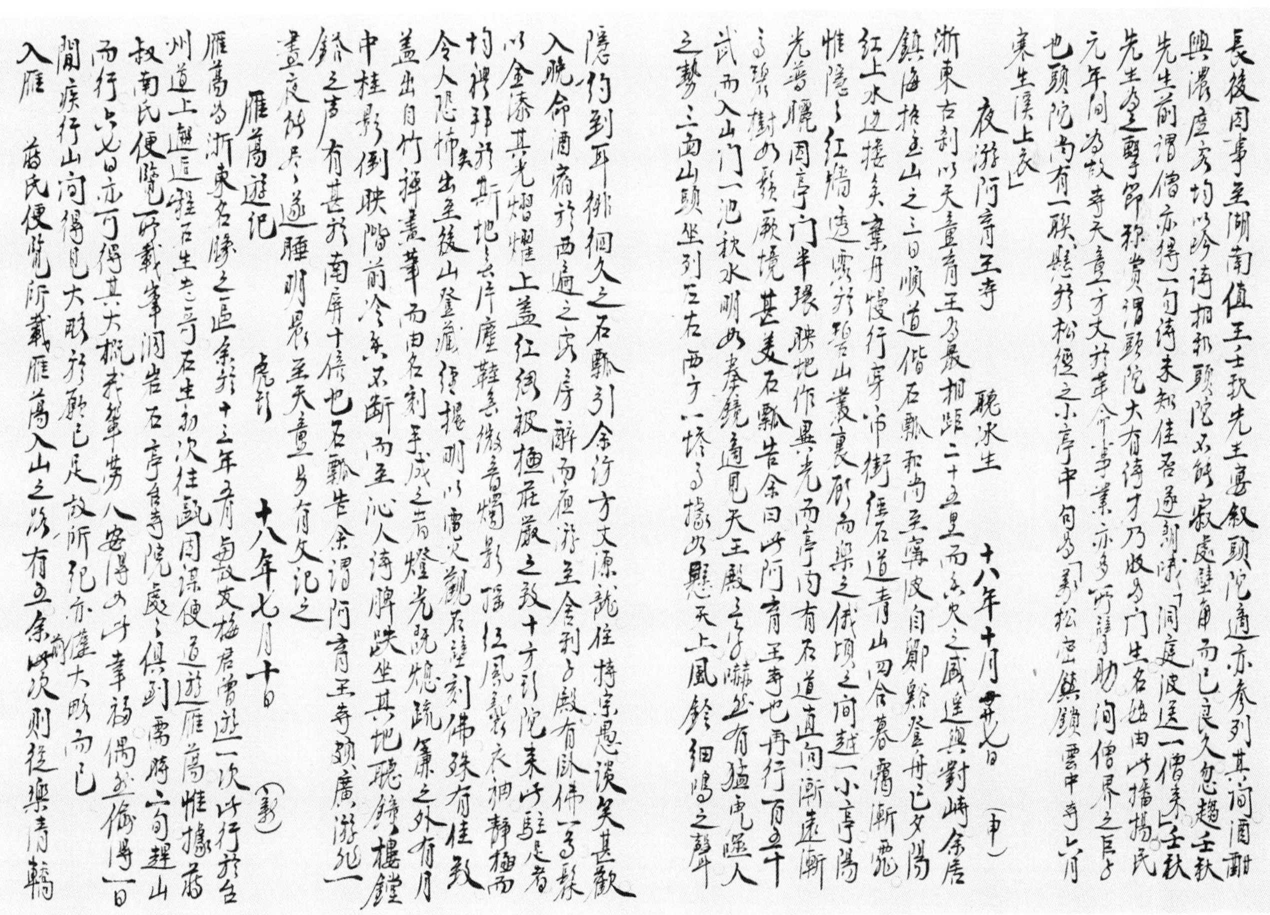

長後因事至湖南值王壬秋先生宴敘頭陀適亦參列其間酒酣
興濃座客均以吟詩相和頭陀不能寂處壁角而已良久忽趨壬秋
先生前謂僧亦得一句詩未知佳否遂朗誦「洞庭波送一僧來」壬秋
先生為之擊節稱賞謂頭陀大有詩才乃收為門生名始由此播揚民
元年間為故寺天童方丈於革命事業亦多所贊助洵僧界之巨子
也頭陀尚有一聯懸於松徑之小亭中句為「萬松深鎖雲中寺一片
寒生溪上衣」

夜游阿育王寺　曉冰生　十八年十月廿七日　（申）
浙東古剎以天童育王為最相距二十五里而香火之盛并與對峙余居
鎮海於五山之三日順道偕石瓢和尚至寧波自鄞縣登舟已夕陽
紅上水邊捨矣棄舟徒行穿市街經石道青山四合暮靄漸飛
惟隱隱紅牆透露於碧山叢裏廟宇樂之俄頃之間越一小亭陽
光普照因亭門半環映地作異光而亭內有石道直通向漸遠漸
高綠樹如蓋一派境甚美石瓢告余曰此阿育王寺也再行百五十
武而入山門一池秋水明如秦鏡適見天王殿之巍峨有猛虎臨人
之勢三面山頭坐列左右西方一塔高聳如懸天上風鈴細鳴之聲
隱約到耳徘徊久之石瓢引余訪方丈源龍住持寒暄談笑甚歡
入晚命酒宿於西廂之客房辭而夜游至舍利子殿有臥佛一尊縣
以金漆其光熠燿上蓋紅綢被極莊嚴之致十方引院來此駐足者
均禮拜於斯地之六座座鞋無微音燭影搖紅風影衣袖靜極而
令人恐怖矣出至後山登藏經樓捫以雷火觀石壁刻佛殊有佳致
蓋出自竹禪畫筆而由名剎手成之者燈光既熄疏簾之外有月
中桂影倒映階前冷氣不斷而至沁人詩脾跌坐其地聽鐘樓鏜
鎗之声有甚於南屏十倍也石瓢告余謂阿育王寺頗廣游処一
晝夜殊未之遊睡明晨至天童另有文記之

雁蕩游記　虎竹　十八年七月十日　（義）
雁蕩為浙東名勝之區余於十三年五月與戴文梅君曾遊一次時行於台
州道上邀途程石生先生石生初次往甌因謀便道遊雁蕩惟據蔣
叔南氏便覽所載峯洞岩石亭台寺院處處俱到需時六旬趕山
而行亦七日亦可得其大概若欲筆勞八要得此幸福偶然倘得一日
閒疾行山間得見大概於願已足故所記亦僅大略而已
入雁　蔣氏便覽所載雁蕩入山之路有五余此次則從樂清轎

（图七〇　20–21）

七〇　沈雁冰　录时事文稿册

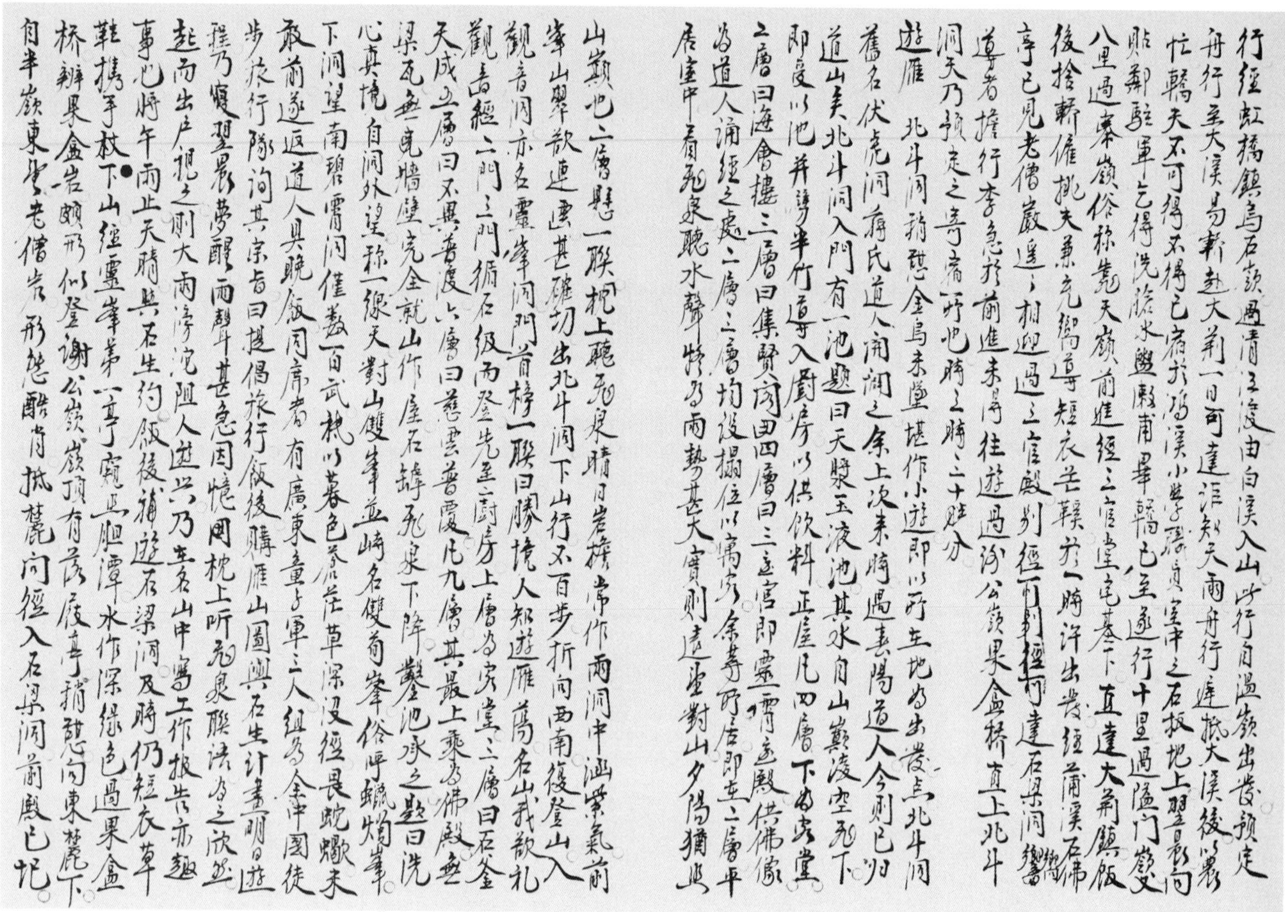

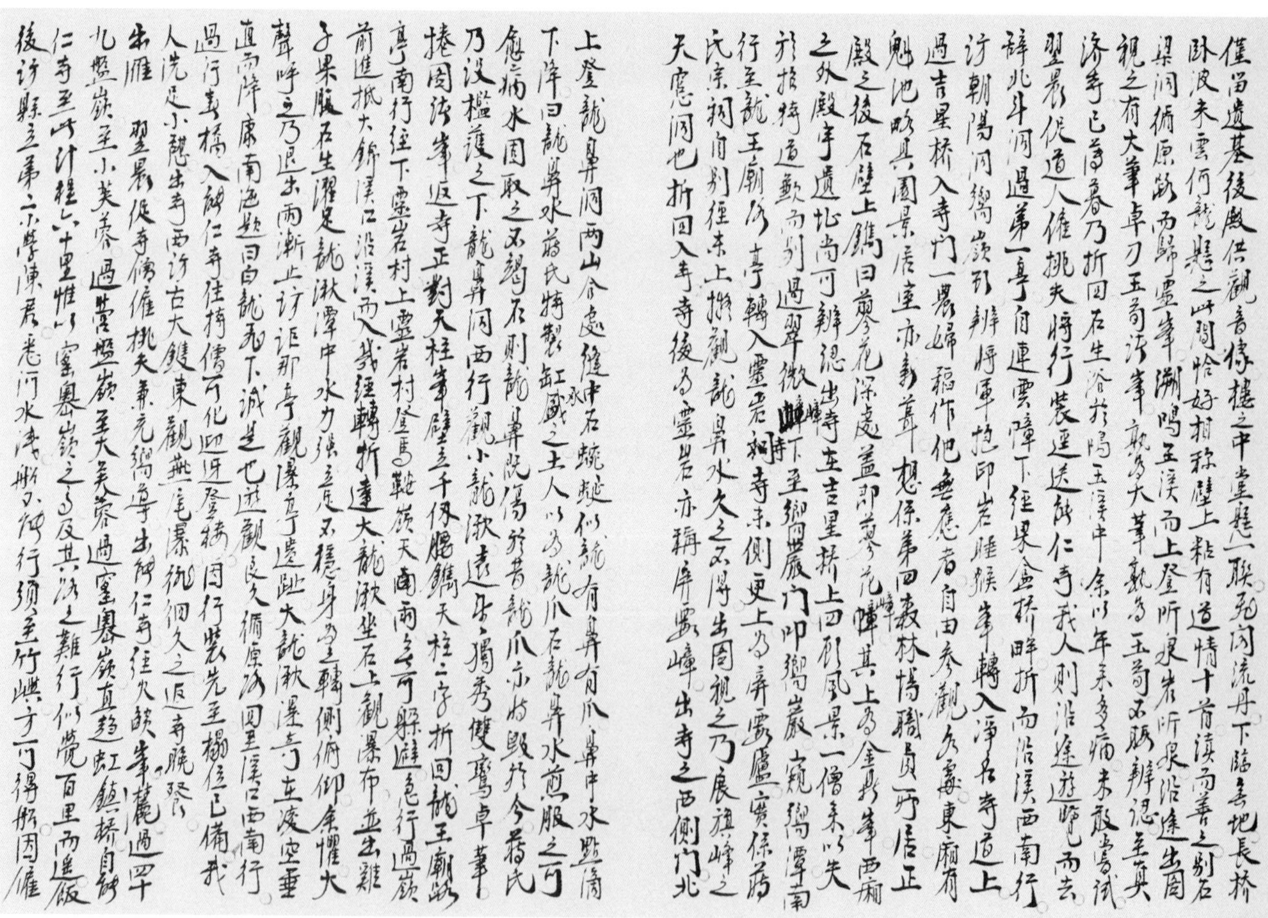

七〇　沈雁冰　录时事文稿册

（图七〇　22–23）

桃夫復行十里抵竹嶼，僱小艇進樂清城，已黃昏矣。余兩遊雁蕩，未觀雁湖之勝（補），未登百岡尖之高且樂，清有中雁、平陽有南雁，均未往遊，他日復有機緣，當（補）此缺憾。

洛伽山之游　黄曼倩　十八年八月九日（申）

普陀幽靜聞天下，與越比鄰，久耳其名，未得一飽眼福，夢戴（?）云勞処一朝夕矣。今趁暑假餘暇，適交舞旅行團、精武體育會、海關會稅專門學會四團體有聯合旅行普陀之舉，參加者約六百餘人，遂同往焉。原定二十日起程，因大華輪不及，到滬至二十七日始趁侯輪赴陀，斯行尚有同志加入，因已過竅，不克偕行，廷見普陀魔力之大矣。翌晨六時抵目的地，上岸後分組遊覽，余隨郭騁神、陳傳霖、吳秀峯三攝影師同遊，先至南天門，地處海隅，其下波濤洶湧，觸亂石，隆隆作響，騁旭日方升，海波掩映，金光萬道，殊大可觀也。有一廟為遊侶所阻，不得入，遂至紫竹林一觀音庵棄（?），危崖小而已，復折往觀音跳石，峭巖其狀不一，相傳為觀音自洛伽山至此，佛門所事為聖迹者，余疑跳在作眺，蓋地居高峰，可以四眺。再行半里許，為潮音洞，石壁硝立，嵌空玲瓏，其下汪洋千頃，險象百出，而海濤吞吐於洞口，有盈縮無定之數，十丈洒淅如雨。來山進香之士女必向洞禮拜，求大士觀現身，洞有投崖碎身以為往生淨土，愚乃至此。出潮音洞，重行三數里，抵太子塔，塔製以貞石，雖不高而不可登，其右為文昌閣，前有荷池，越荷池即至普濟寺（俗名前寺），原名普陀寺，清康熙間蒙賜帑金修建，煥然改觀，賜名普濟禪寺，內有御碑亭、蓮花池、天王殿、圓通殿、藏經殿等，為南海道場之冠。郭陳吳三人分途取影，余則步石小憩，移時三同志復至，將相出寺，重行三四里，即為磐陀石，亦名金剛石，兩石相疊如盤，周百餘丈，上石之半與下石懸，又半則前仰如人首，二石相接處翻有細隙，或謂以細線可以偏過，蓋二石未嘗相接也。然上石面積倍下石，荷非搖亦不墜，凡立不下萬人，同游亦不能斤其兜，石上平坦能容四五十人，而尖處則佔地祇兩三尺，而無去敧斜，狀亦奇觀也。傳霖為錦於復攝數影，以是處風景獨秀，當時墻色。千步灘在其西，平沙一片，一望無垠，為出海西僅數寸，自前寺至其地路皆砌石，地既以勝名，故往游者特多，際茲盛暑，西人常至其地海浴，游侶有二人亦浴於此，一浴畢乘轎先返，一躍縱海濱，求廣又不可得，適有同志乘轎經過，此間聞呼聲，始將其舁去，否則殆矣。吾儕因影攝闌，保故未循所訂路線行，而午餐於法雨寺（即後寺）。既而沿海翻山，抵梵音洞，洞石峭壁危峻色青黝，高十餘丈，儼如華立崖旁，石道行迴迂直達洞口，凡謁洞者先至石頂，行迴旋磴而下，圍以鐵欄，旁有定海縣所立禁止捨身之碑，蓋禮佛者至此每有投身崖間，與潮音洞同迷信。既同視聽已二時，乃挾其作千步海水浴，潮未到去，使勇使平浮沉其間，而又自覺高塵囂也消，廣至五時始與之同由於行寓，搭船返滬，沿黃浦則於晨光熹微中也。

普陀山雜記　黄鵬君　十八年十月廿三日（新）

普陀在普邑（定海）東，舟繞三十里，海中一小島也，想傳為觀音說法道場，載見於志，雜出於佛記，誌此自唐以下，海內佛徒千萬里跋涉來山頂禮，撓蹊摩轂，在崙帆船飄浮，無日消還，則功歸佛力護持，厥勝東王矣。宋元間王安石、趙孟頫亦嘗一度是山，發詩山志，拉雜錄登以下

王安石遊詩　山勢欲壓海，禪宮向此開，魚龍腥不到，日月影先來，樹色秋聲出，鐘聲浪答回，何期乘吏役，暫此拂塵埃。

趙孟頫遊詩　縹緲雲飛海上山，掛帆三日上孱湲，兩宮福德齊千佛，一道恩光照百蠻，澗草巖花多瑞氣，石林水府隔塵寰，鯨生小技真榮遇，何幸凡身到此間。

觀音現身　相傳有姑嫂來山禮佛，度時數年至山，而姑天癸適臨，嫂短之，姑不懈，恨不敢入山，懨懨舟次，潮生路絕，饑不可得餐，須臾見一媼持簞相餉，屢投小石水中，啟足至舟致餉而去，姑甚異之，不知誰何，久之嫂禮佛還，訝姑受餽，姑曰：頃一媼已來飯我矣。詰之，示以餉餘，知是佛現身，返殿急禱，瞻仰蓮座，觀音衣裾猶濕云。

千步沙脂粉漲膩　千步沙潮流洶湧，勢不能沐浴，去年有父子相偕沐浴，遭底大夫攫去（曹錕年報），公安局曹有禁令，乃海上士女來山進香，浮映輒喜就千步沙沐浴，無見灘頭履舄交錯，一陣亂粉，隨風送來，所謂曲線直線羅列滿前（雖有衣服浸水中則畢露矣），脂水漲膩，大有秦宮曉粧之概。

普陀歸客談　鄭逸梅　庚午年四月廿六日（新）

居停自普陀歸，為述聞見，頗饒興趣，爰記一二於左

千步沙濱海之地也，巒嶽迴抱，地絕幽邃，每當夕陽西下，一般女郎輒游泳於其間，沙質殊鬆，以手挖之，即成坎窞，宛然一浴盎也。女郎等浸

（图七〇　24–25）

七〇　沈雁冰　录时事文稿册

身其间往往卸除除衣一丝不挂盖觉沸涌茫茫广无涯际罕有窥
涉者也

某寺前立有旗杆二一为福云寺一柢数寺而无址闻初立时二杆相
等一杆经千年朽败已化原物一杆虽经斤斧然生气未息着地仍蓬
勃萌长逐岁逐之且下无根蟠上无枝叶斯亦奇矣

寺僧有出售催生子者大如豆粒背隆然而圆腹作螺旋纹灿然有光
泽盖介类之壳也据云妇人难产唤催生子一枚则胎儿自下且子
握胎儿掌中不释斯则传说之词恐不足信投子于腊液中子能
游动历试不爽其殆化学作用欤

梵音洞倚崖岩窈窕中有白衣大士像一时登法相或正或偏随人而
异寺僧夸为灵迹实则折光所致愚夫愚妇往往至此舍身今已揭
示禁止之

山中多鸟雀然不许捕取因而鸟雀驯不畏人此苏长公之所得不枝
之诚信于异类者是也

~~離城四十里有茶山焉以產茶聞~~ 余山之顾公同

谢文梅　十八年十月廿九日（[illegible]）

游上虞夏盖山记

盖湖游叟　十八年七月十九日（[illegible]）

虞邑山多连绵惟夏盖山巍然独立枕海带水别具逸态山之巅
有庙攷之志乘明嘉靖间防倭别驾雷鸣阳至焉当山坦如平地
倭帆遥渡一目瞭然遂止焉后之人葬之为辰州元君庙不知攷于何时
每岁春秋香火甚盛时值长夏庙居无聊约二客登山消遣山
有四路东路陂而平西路斜而促南北两路乃樵牧之径大有行不得
也哥哥之概日在当停午从西路攝衣而登阶级虽促沿途有石凳
半山有路亭为行人休息之所汗流浃背亍亍而行未至山门已闻
其声如虎之啸如狮之吼风声耶松声耶无从揣测入其门则见有
敲鱼者有击磬者又有老者少者俏者陋者有持牟尼而诵经
者燃香烛而拜佛者摩肩擦背几无立足之地余与二友觅静
幽之室煮茶谈心沽酒狂饮既而一友横榻一友寻芳余乃徘徊四顾
步出庙之后门有序石曰濮阳墩前明县丞濮阳傅常立此饮酒
因以得名少南十余步新建则量向砚标又折而西南扣石门看石
床遗迹何家之墟柳次鲜比盖湖之田纂布星罗斯时也天风浪浪
海水洋洋盘桓瞻顾乐而忘返既而日将暮胡不归于是携手同行

遥由东路而下转瞬之间回头仰而庙貌远不可捷矣

小游雪窦山

望筠　十八年八月廿五日（甲）

雪窦位奉化之北距溪口约十数里自鄞奉汽车通行后中外人
士之慕胜而偕往者日有其人昔者峻岩崎岖立表足不前今则络绎
称便矣陈君小渡昨自才桥来亦作雪窦之游旋附车至溪口再邀
杨毛二君一行四人谈笑风生历级而上乐不知倦翌日遄返虽云行色匆匆
而所得于闻趣事亦有足纪述者爰笔录之

雪窦寺之观瞻　余等莅寺日阳西斜翘首仰望四明第一山匾映
入眼帘笔意清秀为蒋主席亲书者昔之斗大应梦名山四字特改
竖于寺前之御书亭寺中石工凿石上绘荷花精工密致堪称上乘
初门直达二门之中道撇段铺以磨荷花石板云

仰止桥之壮游　既进寺方丈朗清和尚相迎出喜溢眉宇状极和蔼余
二次至寺均来瞻谒清缘彼久驻无上少来此寺备饱瞻以茶点见款既
由幼童导游飞雪亭亭踞悬岩一角形势至险亭有瀑布千丈
奔腾直下犹如銀河倒悬至壮至险同行者以未带摄影携为憾俯
首下视隐约可见一桥询之幼童命名仰止係蒋主席所新建余
等好奇心动挥汗回寺叙命不数分钟而相候也由高而下沿途袱
湖小径卵石遍地举足为难大有一失足成千古恨之概危矣哉陈君
未惯山行常二手着地匍匐而行状至发噱历四十分钟达桥桥边
瀑泉溅石细雨如雾暮色苍茫鸟声啁啾不觉沉气之袭人益
千丈岩无为无聊穷人归宿地一跃了事身骨迸裂亦愚亦惨矣
（下略）

游烟霞水乐二洞记

蒋瘦石　十八年十二月九日（[illegible]）

余癖好游游无不尽到之杭而烟霞水乐二洞未获一览其胜也意
恒缺然不醉志岁已已以事寓湖上顿触旧怀早起裹腹以车往
将至初登山容清瘦木叶尽脱游履已稀矣停午至烟霞洞洞深
邃燃而入亭气逼人觸足阻湿细泉时落襟袖洞外多石壁为像夫
琢损残遍拾级而登有老屋数楹雅敞无匹达其巅得一精舍憩
焉寺僧具饭碟四盘一皆可口而所煮茶色香味尤佳坐久起去凭栏
远瞩始知已在南高峰矣归途游水乐洞危崖峭壁均属人工近
为俗僧点染无复观旧既入光黝黑不辨五指蝙蝠掠人而过声
嘶嘶可怪应无而出同一胜境不逮烟霞远矣

七〇　沈雁冰　录时事文稿册

（图七〇　26—27）

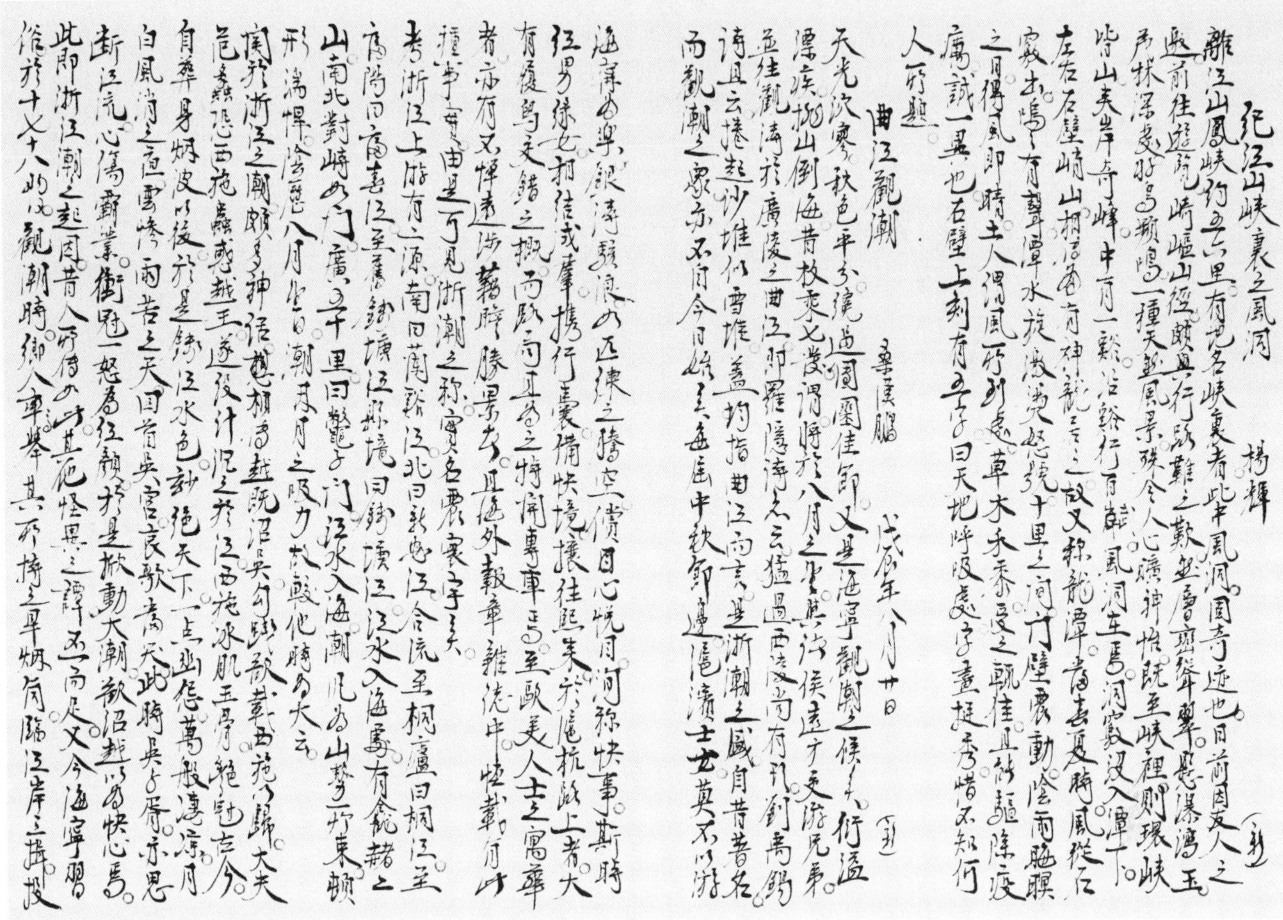

纪江山峡里之风洞　杨辉
离江山凤峡约五六里有地名峡里者，此中风洞、圆寺迹也。日前因友人之
邀前往游览，崎岖山径，颇有行路难之叹。然层峦耸翠，悬瀑泻玉，
声彻深远，飞鸟嘶鸣，一种天然风景殊令人心旷神怡。既至峡里，则环峡
皆山，其半岸奇峰中有一缝，沿缝行百余武，风洞在焉。洞穴没入潭下，
左右石壁峭山，相传中有神龙主之，故又称龙潭。当盛夏时，风从石
穴出，呜呜有声，潭水旋激，涌起数十里之间，竹壁震动。阴雨暝
之日，得风即晴。土人谓风所到处，草木禾黍受之，颇佳且能驱除疫
疠，诚一异也。石壁上刻有五字，曰天地呼吸处，字画挺秀，惜不知何
人所题。（新）

曲江观潮　曾庆鹏　戊辰年八月廿日（录）
天光沈寥，秋色平分，适逢团圆佳节，又是海宁观潮之候矣。行遥
漂疾，挽山倒海。昔枚乘《七发》谓将于八月之望，与诸侯远方交游兄弟
并往观涛于广陵之曲江。时罗隐诗亦云猛过西陵，又有孔、刘禹锡
诗且云卷起沙堆似雪堆，盖均指曲江而言，是浙潮之盛自昔著名，
而观潮之众亦不自今日始矣。每届中秋节，遐迩士女莫不以游
海宁为乐。银涛骇浪如匹练之腾空，赏目心悦，同称快事。斯时
红男绿女相往来，肩摩携行，囊备快境，攘往熙来，于沪杭路上者大
有复为之错之概，而路局且为之特开专车焉。至欧美人士之寓华
者亦有不惮远涉，藉睹胜景者，且海外毂辇杂沓中性(?)载有此
种事实。由是可见浙潮之称，实乃名震寰宇矣。
考浙江上游有二源，南曰兰溪江，北曰新安江，合流至桐庐曰桐江，至
富阳曰富春江，至钱塘境曰钱塘江。江水入海处有龛赭之
山南北对峙如门，广二十里，曰鳖子门。江水入海，潮汛为山势所束，顿
形汹悍。盛于八月望日，潮汛月之吸力，较他时为大云。
闻于浙江之潮，颇多神话。相传越既沼吴，句践献美西施以归，大夫
范蠡恐西施蛊惑越王，遂设计沉之于江。西施冰肌玉骨，艳冠古今，
自弃身于波以后，于是钱江水色妙绝天下，一点幽怨，万般凄凉。月
白风清之夜，云惨雨苦之天，因昔吴宫哀歌，为此时吴子胥亦思
断江流，心伤霸业，冲冠一怒，为红颜于是掀动大潮，欲沼越以为快心焉。
此即浙江潮之起因，昔人所传如此，其他怪异之谭不一而足。又今海宁习
俗于十七十八两日观潮时，乡人率将其所持之草烟(?)向临江岸之抛投

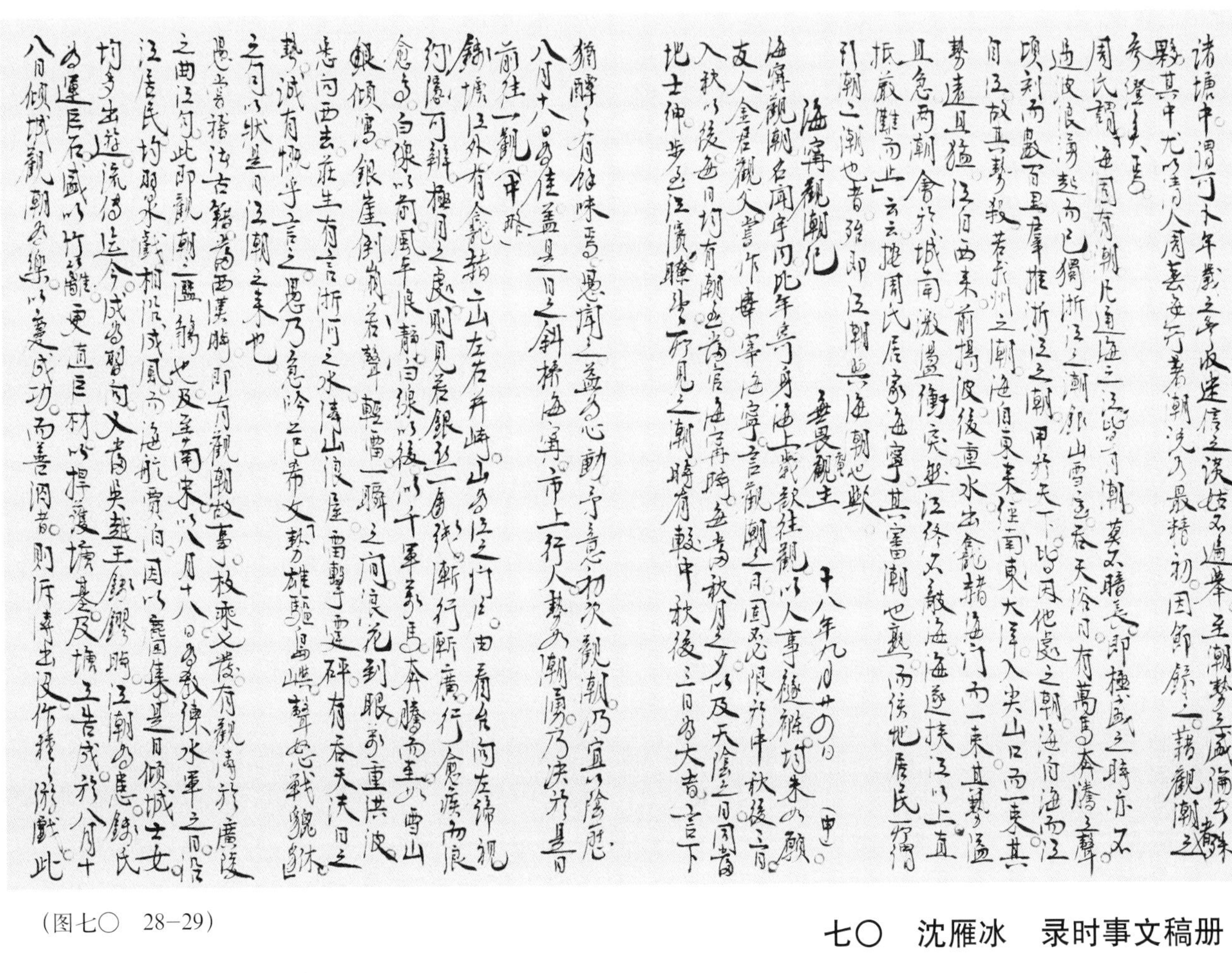

诸塘中，谓可卜年丰之岁。及迷信之谈姑不论，举至潮势之盛，倘有殊
胜，其中尤以清人周慕安所著潮说为最精。初，因节录之以为观潮之
参证焉。
周氏谓：海固有潮，凡通海之江皆有潮，莫不随其消长。即极盛之时，亦不
过波浪涌起而已，独浙江之潮，郡山雪涌，吞天浴日，有万马奔腾之声，
顷刻而数百里，群推浙江之潮甲于天下，此何他处之潮皆由海而江，
自江，故其势较。若杭州之潮，海自东来，经南东大洋入尖山口而一束，其
势远且猛，江自西来，前揭波后，重水出龛赭海门而一束，其势益
且急，两潮会于城南，激荡冲突，然江终不敌海，海遂挟江以上，直
抵严滩而止云云。据周氏居家海宁，其言潮也颇[illegible]，而徒地居民所得
引潮之潮也者，殆即江潮与海潮也欤。

海宁观潮记　无畏观主　十八年九月廿四日（申）
海宁观潮名闻宇内，比年寄身海上，数欲往观，以人事缠缚，均未如愿。
友人金君观文尝作宰海宁，言观潮之日固不必限于中秋后三日，
入秋以后每日均有潮，惟居海宁时，每当秋月之夕以及天阴之日，同当
地士绅步至江滨，所见之潮时有较中秋后三日为大者。言下
犹醉醉有余味焉。愚闻之益为心动，予意初次观潮，乃宜以阴历
八月十八日为佳，盖是日之斜桥海宁市上，行人势如潮涌，乃决于是日
前往一观。（中略）
钱塘江外有龛赭二山左右并峙，山为江之门户，由肩台向左眺视，
约隐可辨。极目之处，则见着银丝一条，缓缓渐行，渐广，行愈疾而浪
愈高，白线以前风平浪静，白线以后则千军万马，奔腾而至，如雪山
银倾，写银崖倒崩，若声轻雷，一瞬之间，浪花到眼，前重洪波
悉向西去。庄生有言，浙河之水涛山浪屋，雷击霆碎，有吞天沃日之
势，诚有概乎言之。愚乃急吟之，比希文势力雄，驱岛屿声忽战貔貅
之句以状是日江潮之来也。
愚尝稽诸古籍，西汉时即有观潮故事，枚乘七发有观涛于广陵
之曲江句，此即观潮之滥觞也。及至南宋，以八月十八日为教练水军之日，沿
江居民均聚来观戏，相沿成风，而海航贸[illegible]，因以聚会集是日，倾城士女
均多出游，流传迄今，成为习俗。又当吴越王钱镠时，江潮为患，钱氏
为运巨石，盛以竹笼，更直巨材以捍护塘基，及塘工告成，于八月十
八日倾城观潮为乐，以庆成功。而善泅者则肆涛出没，作种种游戏，此

（图七〇　28—29）

七〇　沈雁冰　录时事文稿册

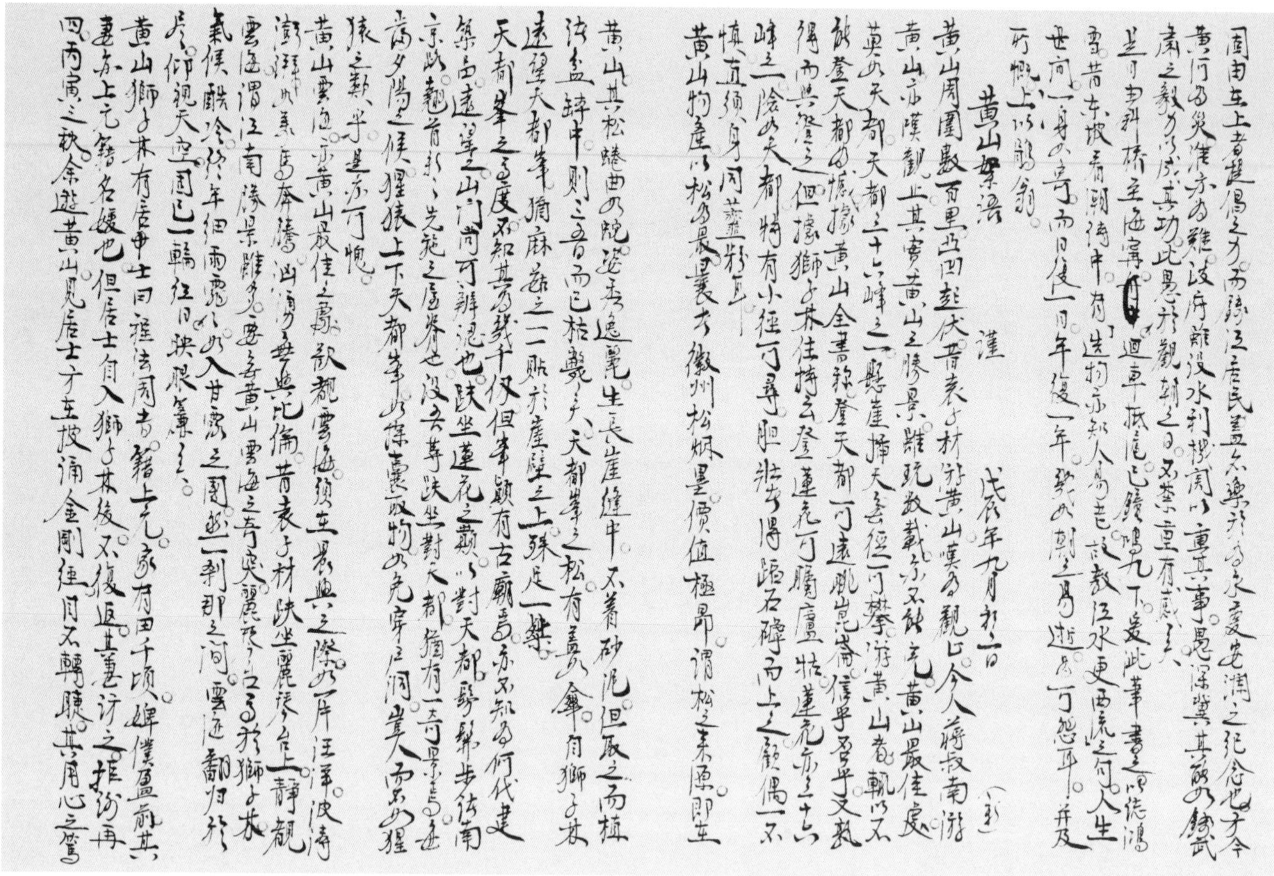
圍田在上者堤隄之力而障江居民萬千家於焉永慶安瀾之紀念也才令
黄河為災淮亦為難設府離設水利提閘以重其事視深浚其疏瀹鑄武
肅之數乃以成其功此見於觀輔之日又築直有處矣
是可書科橋至海寧迴車抵滬已鐘鳴九下矣此筆書之以從鴻
雪昔在皖看潮待中有「造物亦知人意否」故教江水更西流之句人生
世間一身如寄而日復一日年復一年幾如劇之角逝而何怨耳并及
所感以誌鴻爪

黄山紀游　謹　戊辰年九月廿日　（錄）

黄山周圍數百里西四起伏昔袁子材謂黄山嘆為觀止今人蔣叔南游
黄山亦嘆觀止其實黄山之勝景雖紀數載亦不能盡也黄山最佳處
莫如天都天都三十六峰之一懸崖攢天無路徑可攀游黄山者輒以不
能登天都為憾據黄山全書稱登天都可遠眺皖浙信乎罕乎又聞
得而與登之但據獅子林住持云登蓮花可瞻廬山蓮花亦三十六
峰之一險如天都特有小徑可尋膽壯者得踞石磚而上之顧偶一不
慎直須身肉燕粉耳
黄山物產以松為最美者徽州松炳墨價值極昂謂松之末原即坐
黄山其松蟠曲如龍盤居遠覽生長崖縫中不著砂泥但取之而植
於盆鉢中則立即而已枯矣天都峰之松有意如傘有獅子林
遠望天都峰猶麻姑之一點於崖壁之上殊足一樂
天都峯之高度不知其幾千仞但峯頭有古廟焉亦不知為何代建
築由遠望之山門尚可辨認也趺坐蓮花之巔以對天都聆聽步法南
京戲劇首折之先施之虞將也沒其事跡坐對天都猶有一奇景焉每
當夕陽之候猩猿上下天都峯以採粟取物如兒穿山洞農人亦如猩
猿之數乎是亦可愧
黄山雲海亦黄山最佳之處欲觀雲海須在晨與之際如斤汪洋波濤
澎湃如萬馬奔騰山河無與比倫昔袁子材趺坐蓮花峰上靜觀
雲海謂江南勝景雖多要當黄山雲海之奇突麗冠已……於獅子林
氣候既冷於午間而霧下如入甘露之國然一刹那之間雲海翻歸於
足仰視天空圓已一輪紅日映眼簾矣
黄山獅子林有居士一同程法開者籍上元家有田千頃婢僕盈前其
妻亦上元籍名媛也但居士自入獅子林後不復返其茅菴之……訪再
四而宿之秋余遊黄山見居士方在披誦金剛經目不轉睛其用心之篤

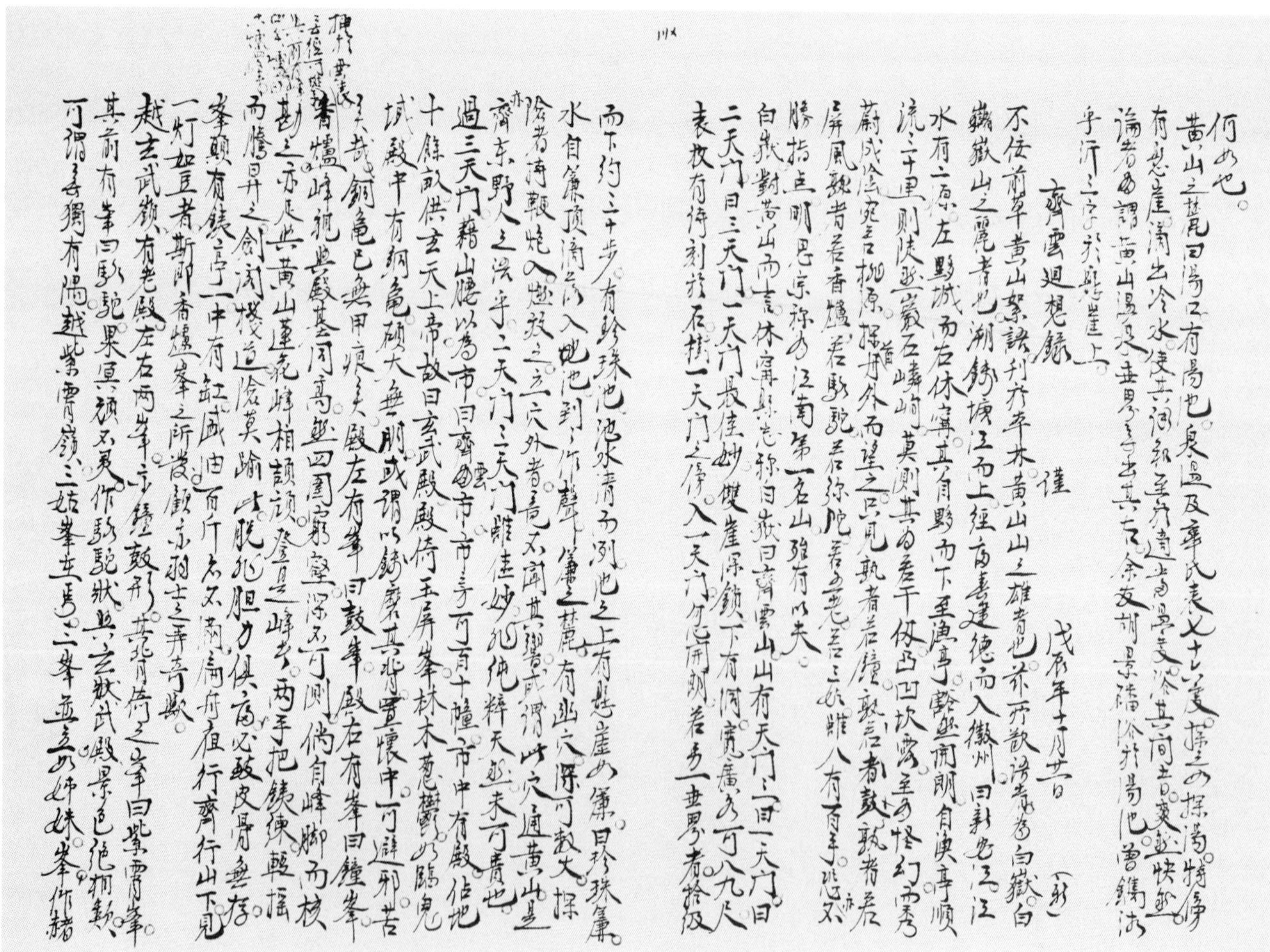
何如也
黄山之麓有湯泉曰湯口有湯池泉溫及華氏表七十六度浴之如探湯特傍
有懸崖溜出冷水使其洞終年不竭……其間出且冷……快然
論者為謂黄山湯泉與……相似……
手沂……於懸崖上

齊雲迴想錄　謹　戊辰年十月廿日　（錄）

不佞前年黄山紀游列於本本黄山之雄奇也亦可欺……白嶽白
嶽山之麗者也溯錢塘江而上經富春建德而入徽州曰新安江江
水有二源左黟城而右休寧其自黟而下至漁亭豁然開朗自漁亭順
流二十里則休邑巖左嶂峭莫測其為若干仞乃四坎齊至為怪幻而秀
蔚成險突……左外而望之只見執者若燈炬者若鼓者若
屏風者若香爐若駱駝若彌陀若蓮花若三姑雌人……
勝指古明已奈稱為江南第一名山……
白嶽對黄山而言休寧縣志稱白嶽曰齊雲山山有天門三曰一天門曰
二天門曰三天門一天門最佳妙便崖深鎖下有洞寬廣可八九尺
表敕有侍刻於石樹一天門之傍入一天門……
而下約三十步有珍珠池池水清而冽池之上有懸崖如簾曰珍珠簾
水自簾頂滴入池也……有出穴深可數丈探
險者……
……二天門二天門雖甚妙……
過三天門藉山麓以為市曰齊雲市市有百十幢市中有殿……
十餘畝供玄天上帝故曰玄武殿殿倚玉屏峯林木蔥鬱如臨鬼
域殿中有銅龜碩大無朋或謂以錢擲其背置懷中可避邪……
……銅龜已無甲痕矣殿左有峯曰鼓峯殿右有峯曰鐘峯
香爐峰挺然巖表同高……深不可測……
……與黄山蓮花峰相頡頏登其峰者兩手把鐵練輕搖
而騰昇之劍閣棧道險莫踰此非胆力俱高必致皮骨無存
峯頂有鐵亭一中有缸盛油百斤……
一燈如豆者斯即香爐峯之所……羽士之……奇歟
越玄武殿有老殿左右兩峯亦鐘鼓形……曰紫霄峯
其前有峯曰駝果真頭不爽作駱駝狀與玄武殿景色絕相類
可謂奇獨有偶越紫霄嶺三姑峯在焉二峯並立如姊妹峯……

七〇　沈雁冰　录时事文稿册

（图七〇　30–31）

色如美人而骨格嵯峨恍有丈夫氣者三姑之際峯腰青異花奇
草如美人之鬟髻。二姑峯之西又有五峯之次而峙於雲表其嬰變鍾
之精神亘千古而不變名之曰全峯惟日不宜峯巔終年不着草花
以哀劍之危頂人
齋雲有峯曰簽翠峯峯位於三姑五老之間峯勢屈折攀登匪易
竹樹茂至巔而特至少三刻鐘山腰三徑九曲崎嶇經之兩旁有石欄
扶石梯而登之猶覺艱於劍閣棧道其峯背有庵供觀音像庵內
有觀音泉水甘甜無比庵外有茶桐幾而叢曰嶽雲靄茶以此為最
佳妙。住持及觀音泉泡雲霧茶飲之沁人脾肺。其峯巔甚平坦西
望廬原朱熹故御書在目東北屯溪市廛如掬北望黃山天都忽
隱忽現南望馬金依稀可辨浙贛之分疆俗傳宋朝方臘嶋據
於斯寸獵固一世之雄也而今安在哉
十九年七月桐鄉沈雁冰時客滬上

新省古墓考

熙嘉　十八年五月言

伊古名人之墓有足為歷史上之考證者國人既知注重與保存矣，新鎮江為江蘇之省會，其於古墓之搜訪修葺，當或較他埠為急。爰就愚所知者考而誌之於左。

魯肅墓　在鎮江北門外。肅為東吳大夫。

太史慈墓　在北固山麓。慈為東吳名將。以上二墓碑石已如原物，蓋後人修葺所立者。

宗澤墓　澤為南宋高宗朝人，出將入相，聲威朝野。金人每呼之為宗爺爺。墓在鎮江焦東鄉汝山之西南，斷碑橫草際，字跡已模糊。前之可得來宗衛宗澤字樣者，更任其荒蕪而修，再十數年，斷碑迷失，父老無存，恐無人得識為一代偉人之墓矣。

米南宮墓　在南郊鶴林寺前。墓旁有小石橋，曰米墓橋。

趙伯先墓　在南郊竹林寺東，其北有亭曰伯先亭。

孫策墓　在城內日精山。然山已頹圮，墓之有無已不可必矣。

此外則金山寺前有郭璞墓，鼓樓岡下有荊王墓，墓前有廟曰荊王廟。至郭璞與荊王為何時人，與歷史有何關係，緣愚學識淺陋，未之聞，貂鄉中父老或有能知其詳者，姑詳誌之，以待考。

補新省古墓考

荊夢蝶　十八年五月上旬

三日本林載熙嘉君之新省古墓考，其見篤學好古之思，但篇末郭璞荊王二墓付之闕如，未免遺憾。特為補之。以荊王為余始祖，欲免數典之忘，遂有補遺之作，雖同貂續，尚異蛇添云爾。

郭璞墓　郭璞，晉人，字景純，博學多才，詞賦妙絕一時，更擅陰陽術數之學。吾國最古之地理家也。著作甚富，有爾雅注、山海經注、穆天子傳注、楚辭注及葬經等書。後以卜忤王敦，為敦所殺。

荊王墓　荊王本姓劉，名賈，為漢高帝從兄，封荊王。後其子孫遂姓荊。賈，古者錫土為姓之義耳。王墓在鎮江，子孫蕃衍於丹陽東鄉，聚族而居。至今每歲春秋，族人赴鎮行展墓禮焉。

按郭晉代名人，知者固多。若余祖則自鎮江舊府志外，其事功偉烈，嘉言懿訓，惟載諸荊氏家乘耳。其他博雅君子，實罕知之，且多有誤為荊軻一派者。亟表而出之，以告關心掌故之學者，亦子孫追遠之義歟。

古墓考　聶元聲　十八年五月

（图七〇　32—33）

七〇　沈雁冰　录时事文稿册

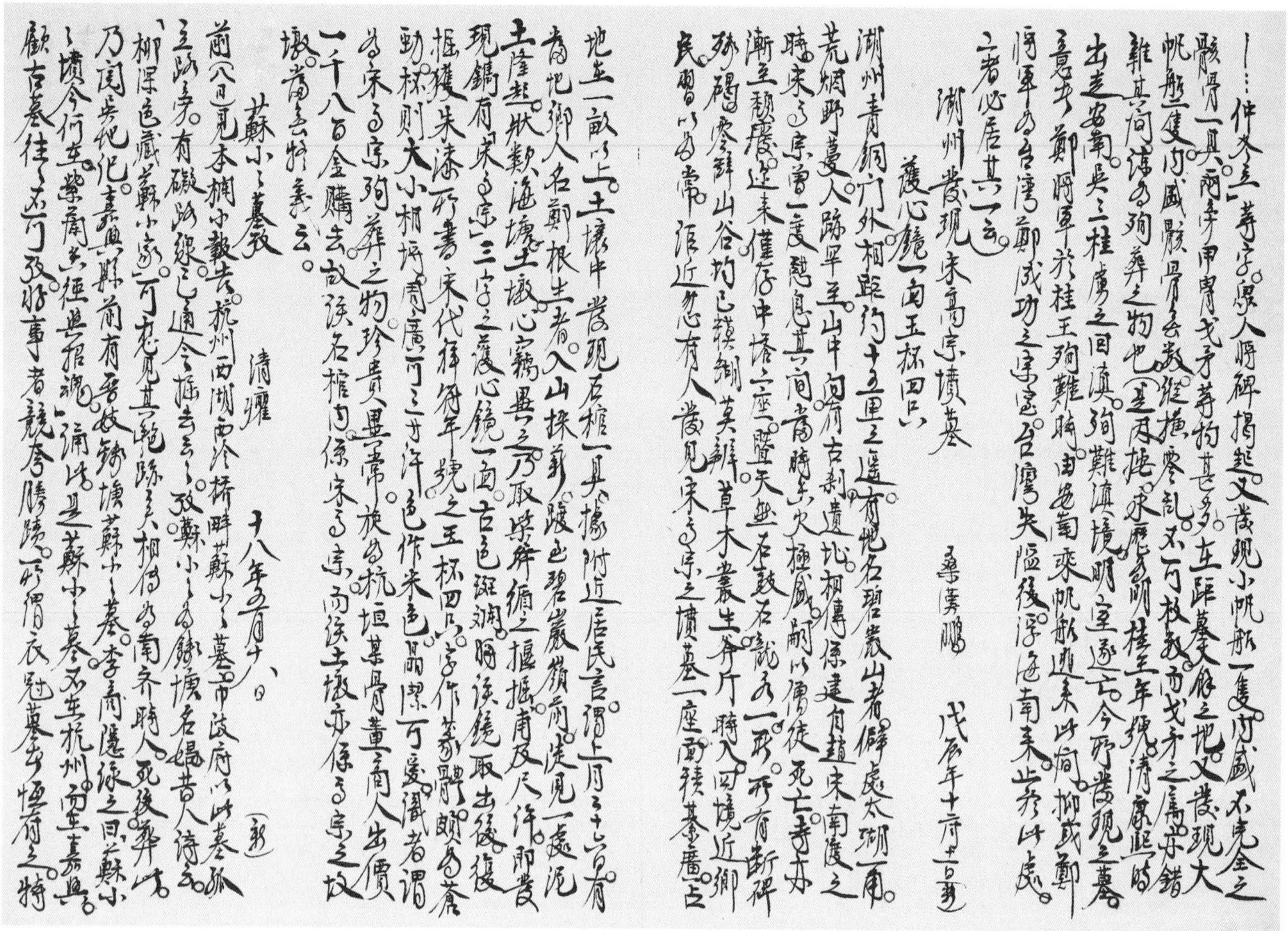

……仲父立」等字，系人將碑揭起，又發現小帆船一隻，內盛不完全之
骸骨一具，兩旁有甲胄戈矛等物甚多。又距墓丈餘之地，又發現大
帆船一隻，內盛骸骨無數，縱橫零亂，不可枚數，有戈矛之屬，並錯
雜其間，諒為殉葬之物也。（是因疑為明桂王年號，清康熙時
出走安南，吳三桂虜之回滇，殉難滇境，明室遂亡。今所發現之墓，
意者鄭將軍於桂王殉難時，由安南乘帆船逃來此間，抑或鄭
將軍為台灣鄭成功之宗室，台灣失陷後，浮海南來，止於此處，
二者必居其一）云。

湖州發現宋高宗墳墓　華漢鴻　戊辰年十月十七（新）

獲心鏡一面玉杯四只

湖州青銅門外相距約十五里之遙，有地名碧巖山者，僻處太湖一角，
荒烟野蔓，人跡罕至。山中向有古剎遺址，相傳係建自趙宋南渡之
時，宋高宗曾一度憩息其間，高宗崩後，香火極盛，嗣以僧徒死亡，寺亦
漸至頹廢，近來僅存中堂三座，暨天無石鼓石龍各一形，所有斷碑
殘碣，零散山谷，均已模糊莫辨，草木叢生，斧斤時入，四境近鄉
民，習以為常。很近忽有人發見宋高宗之墳墓一座，前後積叠廣占
地至一畝以上，土壤中發現石棺一具。據附近居民言，謂上月二十六日，有
當地鄉人名鄭根生者，入山採薪，路過碧巖嶺前，陡見一處泥
土隆起，狀類海墳，土墩心竊異之，乃取鋤掘之，掘甫及尺許，即發
現鑄有「宋高宗」三字之護心鏡一面，古色斑斕，將該鏡取出後，復
掘獲朱漆所書宋代年號之玉杯四只，字作篆體，頗為蒼
勁，杯則大小相埒，周廣可三寸許，色作米色，晶潔可愛。識者謂
為宋高宗殉葬之物，珍貴異常，旋為杭垣某骨董商人出價
一千八百金購去。故該石棺內係宋高宗，而該土墩亦係高宗之墳
墩，尚無特異云。

蘇小小墓考　清癯　十八年五月十八日（新）

前（八日）見本報小載，杭州西湖西泠橋畔蘇小小墓，市政府以此墓孤
立路旁，有礙路線之適，今拆去云云。考蘇小小為錢塘名倡，昔人詩云
「柳深色藏蘇小家」，可想見其艷跡矣。相傳為南齊時人，死後葬此。
乃閱吳地記，嘉興縣前有晉妓蘇小小墓，李商隱詠之曰：「蘇小
小墳今何在，紫蘭香徑與招魂」。論此，是蘇小小墓不在杭州而在嘉興也，
歟古墓佳話，而為好事者競誇勝蹟，所謂衣冠墓者，恒有之，特

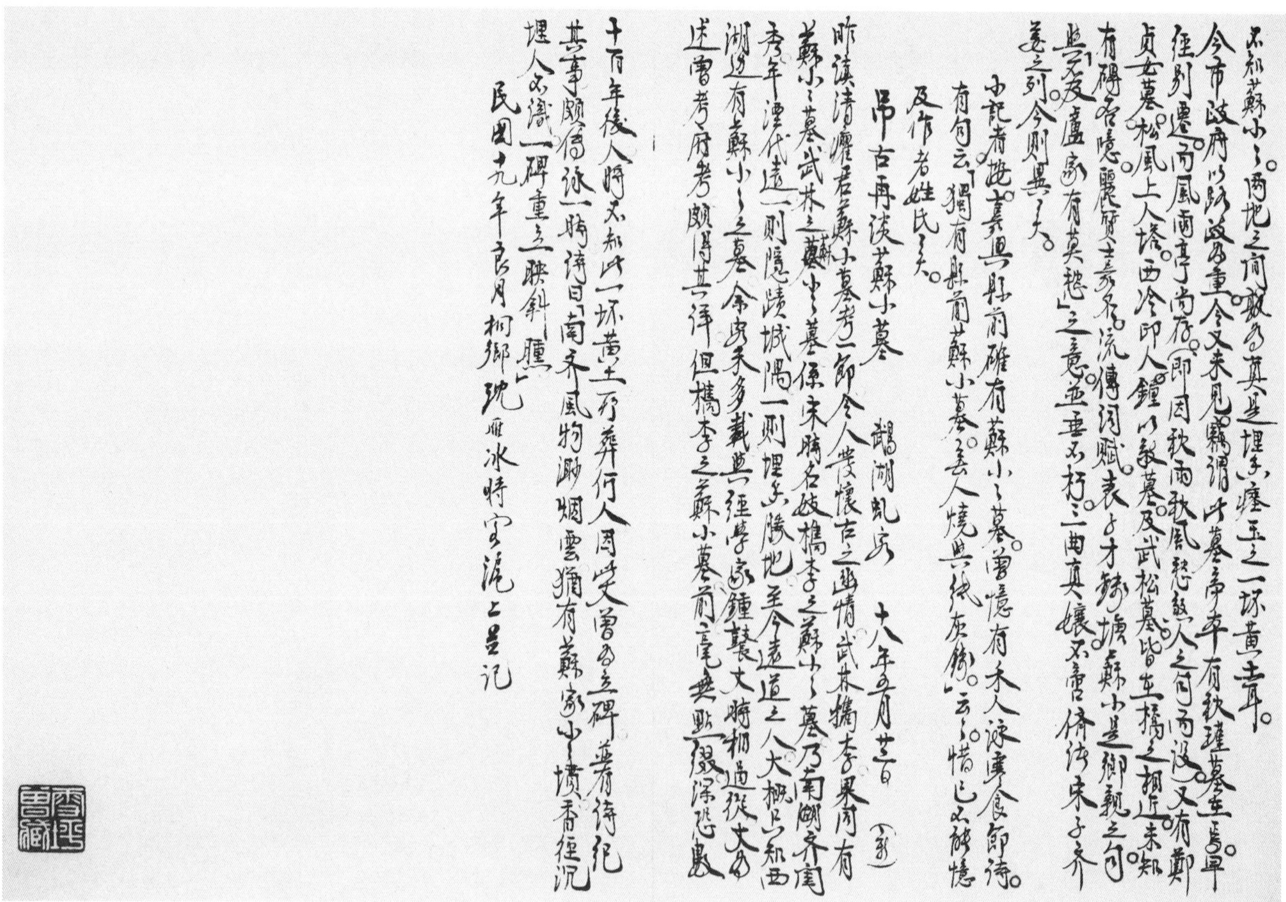

不知蘇小小兩地之間，孰為真是埋香瘞玉之一抔黃土耳。
今市政府以路政為重，今又未見霸，謂此墓旁本有秋瑾墓在焉，早
經別遷，而風雨亭尚存（即因秋雨秋風愁煞人之句而設）。又有鄭
貞女墓、松風上人塔、西泠印人鍾以敬墓及武松墓，皆在橋之附近，未知
有礙否。噫，麗質芳名，流傳同賦，袁子才錢塘蘇小是鄉親之句，
與「交友盧家有莫愁」之意並垂不朽。三曲真娘，不曾倚傍宋子齊
姜之列，今則異矣。
小記者拙書嘉興縣前確有蘇小小墓，曾憶有禾人詠寒食節詩，
有句云「獨有縣前蘇小墓，丟人燒與紙灰錢」云云，惜已不能憶
及作者姓氏矣。

吊古再談蘇小墓　鶴湖凱安　十八年五月廿二日（新）

昨讀清癯君蘇小墓考一節，令人發懷古之幽情。武林檇李，果有
蘇小小之墓，武林之蘇小小墓，係宋時名妓，檇李之蘇小小墓，乃南齊閨
秀，年湮代遠，一則隱跡城隅，一則埋香勝地，至今遊道之人，大概只知西
湖邊有蘇小小之墓，余家禾多載，與經學家鍾毓文時相過從，文嘗
述曾考府考，頗得其詳，但檇李之蘇小墓前，尚無點綴，深恐數
十百年後，人將不知此一抔黃土所葬何人。因此文曾為立碑，兼有詩紀
其事，頗得詠一時，詩曰：「南齊風物渺烟雲，猶有蘇家小小墳，香徑泥
埋人不識，一碑重立映斜曛。」
民國十九年良月　桐鄉沈雁冰特寫沈亡書記

七〇　沈雁冰　录时事文稿册

（图七〇　38–39）

色如美人而骨拔嵯峨，恍有丈夫氣焉。青之基之際峯腰青異花奇
草，如美人之盛裝。三姑峯之西又有五峯，次次而揮於雲表，其西叟鍾
之精神，亘千古而不變，名之五老峯，註曰不二。五峯巔所年不青草蘼，
如衰翁之禿頂。
齊雲有峯曰鍫翠峯，位於三姑五老之間，峯勢屈折，攀登匪易。
但棘荒至巔，萬特至少。小刻錢山腰之徑，尤為峭險。徑之兩旁有石欄，
扶石樹而登之，猶覺艱於劍閣棧道。其峯背有庵，供觀音像，庵內
有觀音泉，甘甜無比。庵外有茶柯，繞而叢，白嶽雲霧茶以此為最
佳妙。住持及觀音泉泡雲霧茶飲之，沁人脾腑。其一峯巔甚平坦，西
望黟原朱熹故御爸在，而東北屯溪市塵，如掬兆望黃山天都，忽
隱忽現。南望馬金，依稀可辨浙贛之分疆。俗傳宋朝方臘據
於斯，乃獨固一世之雄也，而今安在哉。
十九年七月　桐鄉沈雁冰將寫滬上

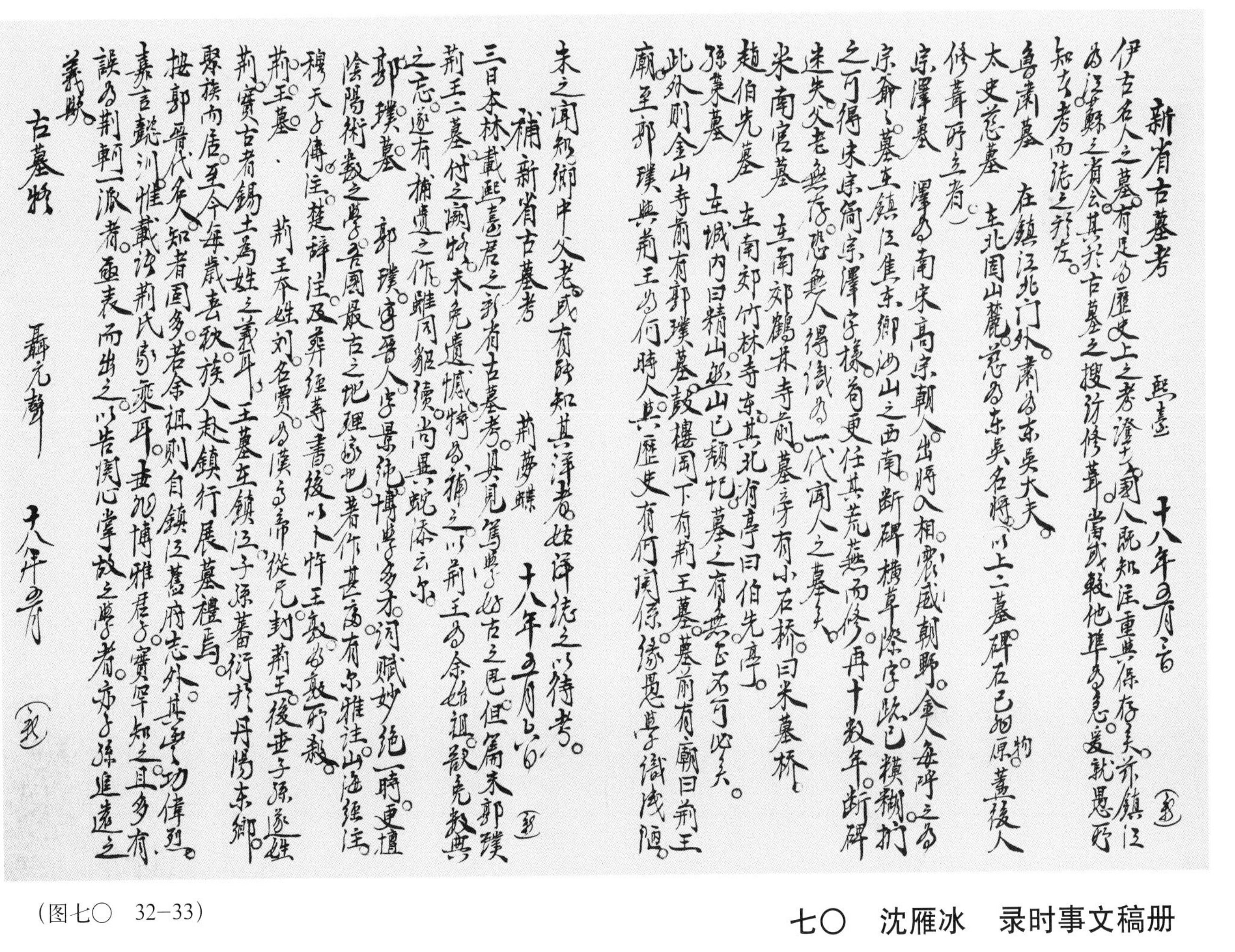

新省古墓考　熙臺　十八年五月言

伊古名人之墓，有足為歷史上之考證者，國人既知注重與保存矣。於鎮江
為江蘇之省會，其於古墓之搜訪修葺，當或較他埠為急。爰就愚所
知者考而誌之於左。
魯肅墓　在鎮江北門外。肅為東吳大夫。
太史慈墓　在北固山麓。慈為東吳名將。（以上二墓碑石已無原物，蓋後人
修葺所立者）
宗澤墓　澤為南宋高宗朝人，出將入相，聲威朝野，金人每呼之為
宗爺爺。墓在鎮江焦東鄉沙山之西南。斷碑橫草際，字跡已模糊，於
之可得宋宗簡宗澤字樣。當更任其荒蕪而修，再十數年，斷碑
迷失，父老無存，恐無人得識為一代偉人之墓矣。
米南宮墓　在南郊鶴林寺前，墓旁有小石橋曰米墓橋。
趙伯先墓　在南郊竹林寺東，其北有亭曰伯先亭。
孫策墓　在城內日精山。然山已頹圮，墓之有無已不可必矣。
此外則金山寺前有郭璞墓，鼓樓岡下有荊王墓，墓前有廟曰荊王
廟。至郭璞與荊王為何時人，與歷史有何關係，緣愚學識淺陋，
未之聞。邦鄉中父老或有能知其詳者，姑詳誌之以待考。

補新省古墓考　荊夢蝶　十八年五月七日

三日本林載熙臺君之新省古墓考，其見篤學好古之思。但篇末郭璞
荊王二墓付之闕如，未免遺憾。特為補之。以荊王為余始祖，敢先教與
之忘，遂有補遺之作，雖同貂續，尚與蛇添云爾。
郭璞墓　郭璞，晉人，字景純，博學多才，詞賦妙絕一時，更擅
陰陽術數之學，晉國最古之地理家也。著作甚富，有爾雅注、山海經注、
穆天子傳注、楚辭注及葬經等書。後以卜忤王敦，為敦所殺。
荊王墓　荊王本姓劉，名賈，為漢高帝從兄，封荊王。後世子孫遂姓
荊。賈古者錫土為姓之義耳。王墓在鎮江，子孫蕃衍於丹陽東鄉，
聚族而居。至今每歲春秋，族人赴鎮行展墓禮焉。
按郭晉代名人，知者固多。若余祖則自鎮江舊府志外，其事功偉烈、
嘉言懿訓，惟載諸荊氏家乘耳。去冬博雅君子實罕知之，且多有
誤為荊軻一派者。亟表而出之，以告關心掌故之學者，亦子孫追遠之
義歟。

古墓攷　聶元聲　十八年五月

（图七〇　32—33）

七〇　沈雁冰　录时事文稿册

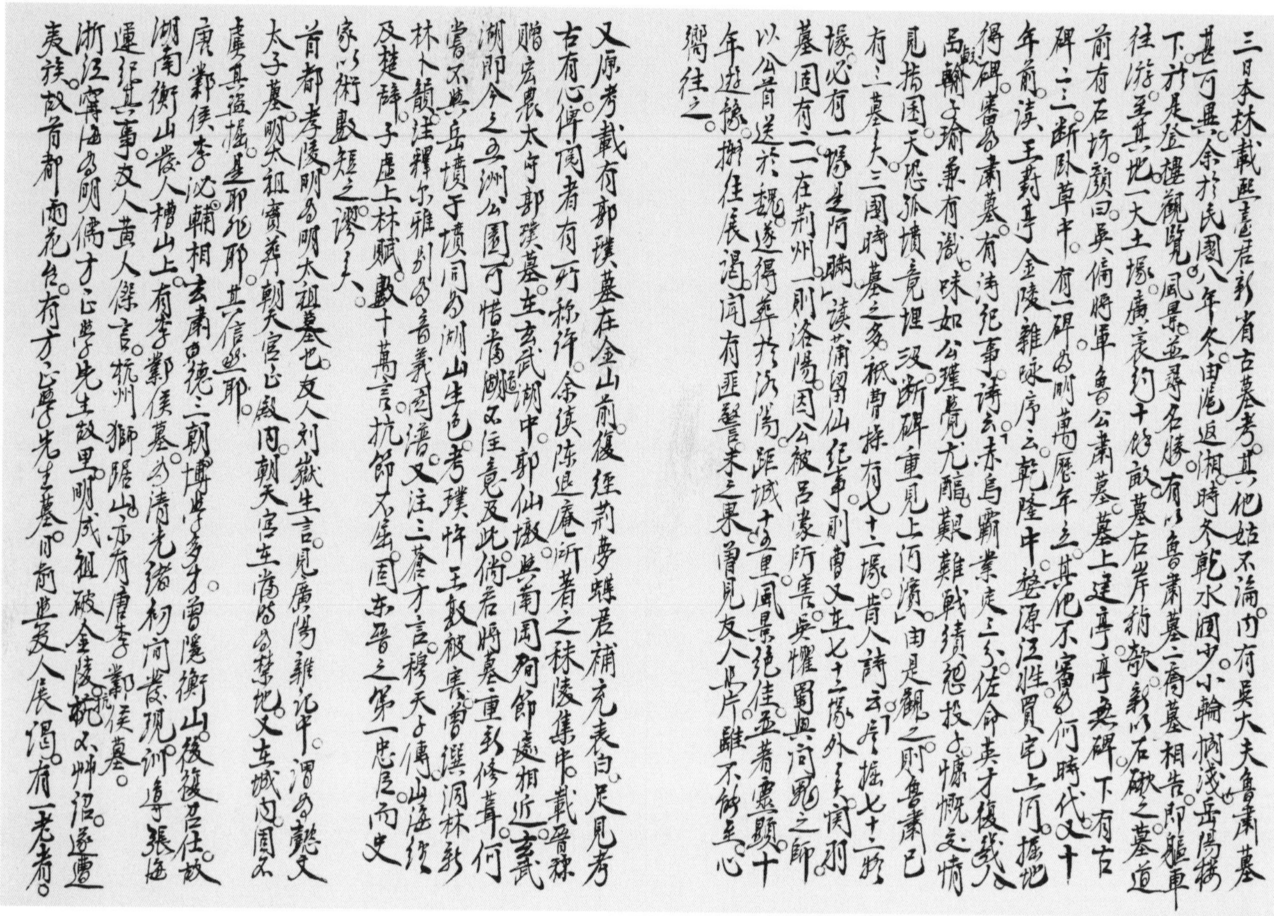

三日本林載熙盦君新省古墓考，其他姑不論，內有吳大夫魯肅墓
甚可異。余於民國八年冬由滬返湘，時冬乾水涸，小輪擱淺岳陽樓
下，於是登樓觀覽風景，並尋名勝，有以魯肅墓、二喬墓相告，即驅車
往游。至其地，一大土塚，廣袤約十餘畝，墓右岸稍欹，新以石砌之，墓道
前有石坊，顏曰吳偏將軍魯公肅墓。墓上建亭，亭無碑，下有古
碑二三，斷臥草中，有一碑為明萬曆年立，其他不審為何時代。又十
年前，讀王對亭金陵雜咏序云：乾隆中，婺源江湛買宅上河，掘地
得碑，書為肅墓。有詩紀事，詩云「赤烏霸業定三分，佐命英才復幾人。
呂蒙子瑜兼有識，味如公瑾覺尤醇。艱難戰績想投子，慷慨交情
見指囷。天恐孤墳竟埋沒，斷碑重見上河濱」。由是觀之，則魯肅已
有二墓矣。三國時墓之多，祇曹操有七十二塚，昔人詩云「直掘七十二疑
塚，必有一塚是阿瞞」。讀蒲留仙紀事，則曹又在七十二塚外矣。關羽
墓固有二，一在荊州，一則洛陽。因公被呂蒙所害，吳懼蜀興問罪之師，
以公首送於魏，遂得葬於洛陽，距城十五里，風景絕佳，並著靈顯。十
年遊豫，擬往展謁，聞有匪警，未之果，曾見友人照片，雖不能至，心
嚮往之。

又原考載有郭璞墓在金山前，復經荊夢蝶君補充表白，足見考
古有心得，閱者有所稱許。余謂陳退庵所著之秣陵集中載晉弘
農太守郭璞墓在玄武湖中郭仙墩，與葛周狥節處相近，玄武
湖即今之五洲公園，可惜當湖濬不注意及此，倘若將墓重新修葺，何
嘗不與岳墳、于墳同為湖山生色。考璞忤王敦被害，曾撰洞林、新
林、卜韻，注釋爾雅，別為音義圖譜。又注三蒼、方言、穆天子傳、山海經
及楚辭、子虛、上林賦數十萬言，抗節不屈，固東晉之第一忠臣，而史
家以術數短之，謬矣。
首都孝陵明為明太祖墓也，友人劉嶽生言見廣陽雜記中謂為懿文
太子墓，明太祖實葬朝天宮正殿，因朝天宮在當時為禁地，又在城內，固不
慮其盜掘，是耶非耶，其信然耶。
唐鄴侯李泌輔相玄肅代德三朝，博學多才，曾隱衡山，後復出仕，故
湖南衡山縣人糟山上有李鄴侯墓，為清光緒初前縣現卿導張海
運所立。事又友人黃人傑言：杭州獅子山亦有唐李鄴侯墓。
浙江寧海為明儒方正學先生故里，明成祖破金陵，抗不草詔，遂遭
夷族。故首都雨花台有方正學先生墓，前歲友人展謁，有一老者

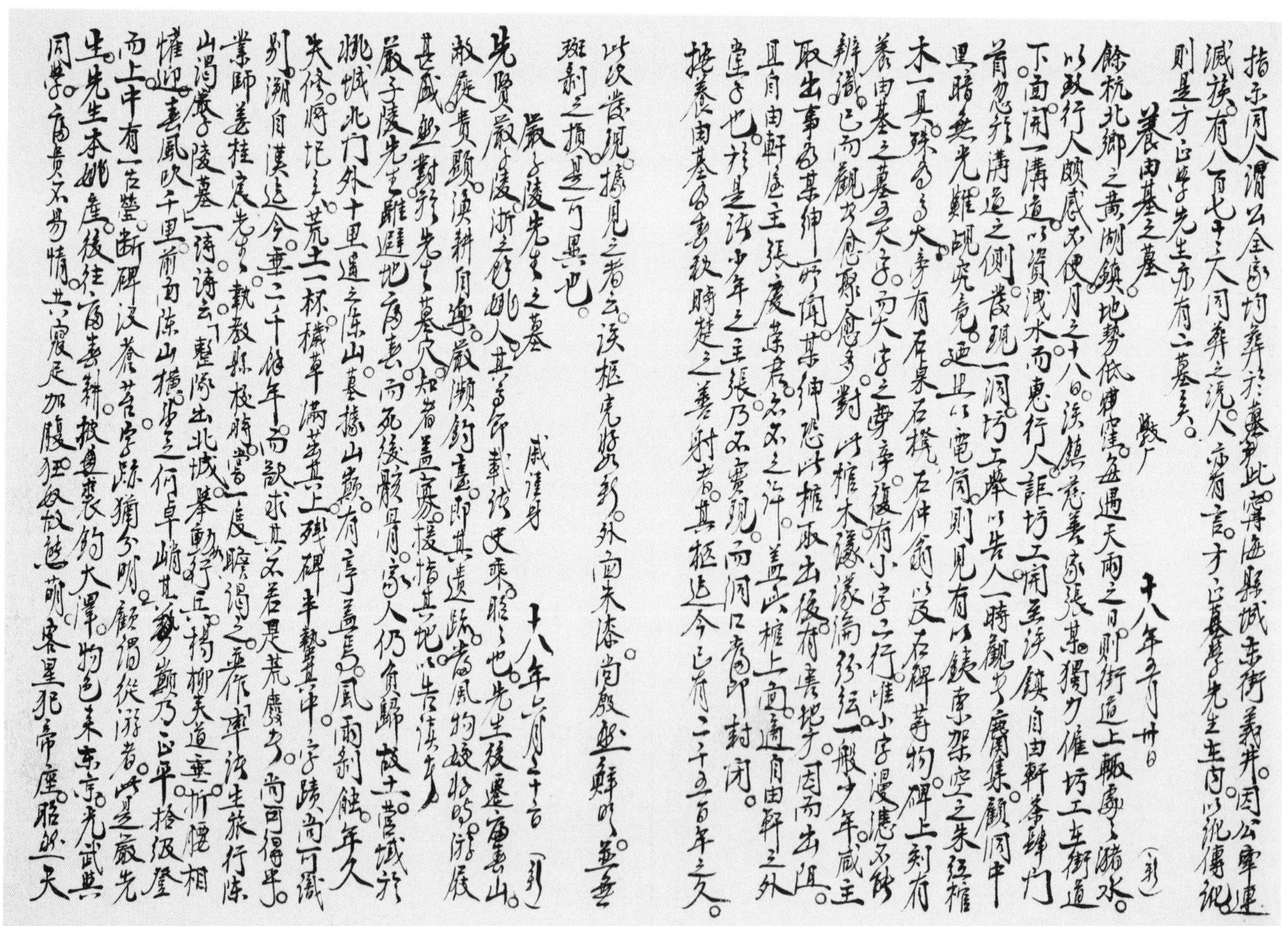

指示，謂公全家均葬於墓中，此寧海縣城東街義井，因公牽連
滅族有八百七十三人，同葬之說，人亦有言，方正學先生在內，以訛傳訛，
則是方正學先生亦有二墓矣。

十八年二月廿日　（錄）

養由基之墓

餘杭北鄉之黃湖鎮，地勢低窪，每遇天雨之日，則街道上輒處處瀦水，
以致行人頗感不便。月之十八日，該鎮慈善家張某獨力僱坊工在街道
下面開一溝道，以資洩水，而惠行人。詎坊工開至該鎮自由軒茶肆門
首，忽於溝道之側發現一洞，坊工舉以告人，一時觀者麇集，顧洞中
黑暗無光，難睹究竟，延甚以電筒照見有以鐵索架空之朱紅棺
木一具，殊為可大，並有石泉石凳、石件翁仲及石碑等物，碑上刻有
養由基之墓五大字，而大字之旁，復有小字二行，惟小字漫漶不能
辨識，已而觀者愈聚愈多，對此棺木，議論紛紜，一般少年咸主
取出，事為某紳所聞，某紳恐此棺取出後有害地方，因而出阻，
且自由軒店主張慶棠君亦不之許，並與棺上面適自由軒之外
堂也。於是諸少年之主張乃不實現，而洞口處即封閉。
據養由基為春秋時楚之善射者，其柩迄今已有二千五百年之久。
此次發現，據見之者云，該柩完好如新，外面朱漆尚殷然鮮明，並無
斑剝之損，是可異也。

十八年六月二十六日　（錄）

嚴子陵先生之墓

先賢嚴子陵，浙之餘姚人，其高節載於史乘，照照也。先生後遷富春山，
敝屣貴顯，漁耕自娛，嚴瀨釣臺，即其遺蹟，高風物換，將昭游展
甚盛，然對於先生墓穴，知者甚寡，茲援指其地，以告讀者。
嚴子陵先生雖避地富春，而死後骸骨，家人仍負歸故土，營城於
姚城北門外十里遠之陳山墓。據山巔有亭，為年風雨剝蝕，年久
失修，將圮矣，荒土一抔，礁草滿其上，殘碑半埋其中，字跡尚可識
別。溯自漢迄今，垂二千餘年，而欲求其冢，若是荒廢，尚可得乎。
業師姜桂庭先生，執教縣校時，嘗一度瞻謁之，並作「率諸生旅行陳
山謁嚴子陵墓」一詩，詩云「整隊出北城，舉動行且緩，楊柳夾道垂，折腰相
懽迎。春風吹千里，前面陳山橫，步之何卓峭，其勢乃正平，捨級登
而上，中有一古塋，斷碑沒蒼苔，字跡猶分明，顧謂從游者，此是嚴先
生。先生本姚產，後往富春耕，披裘釣大澤，物色來東京，光武與
同學，富貴不易情，共寢足加腹，狂奴放態萌，客星犯帝座，昭然一天

七〇　沈雁冰　录时事文稿册

（图七〇　34—35）

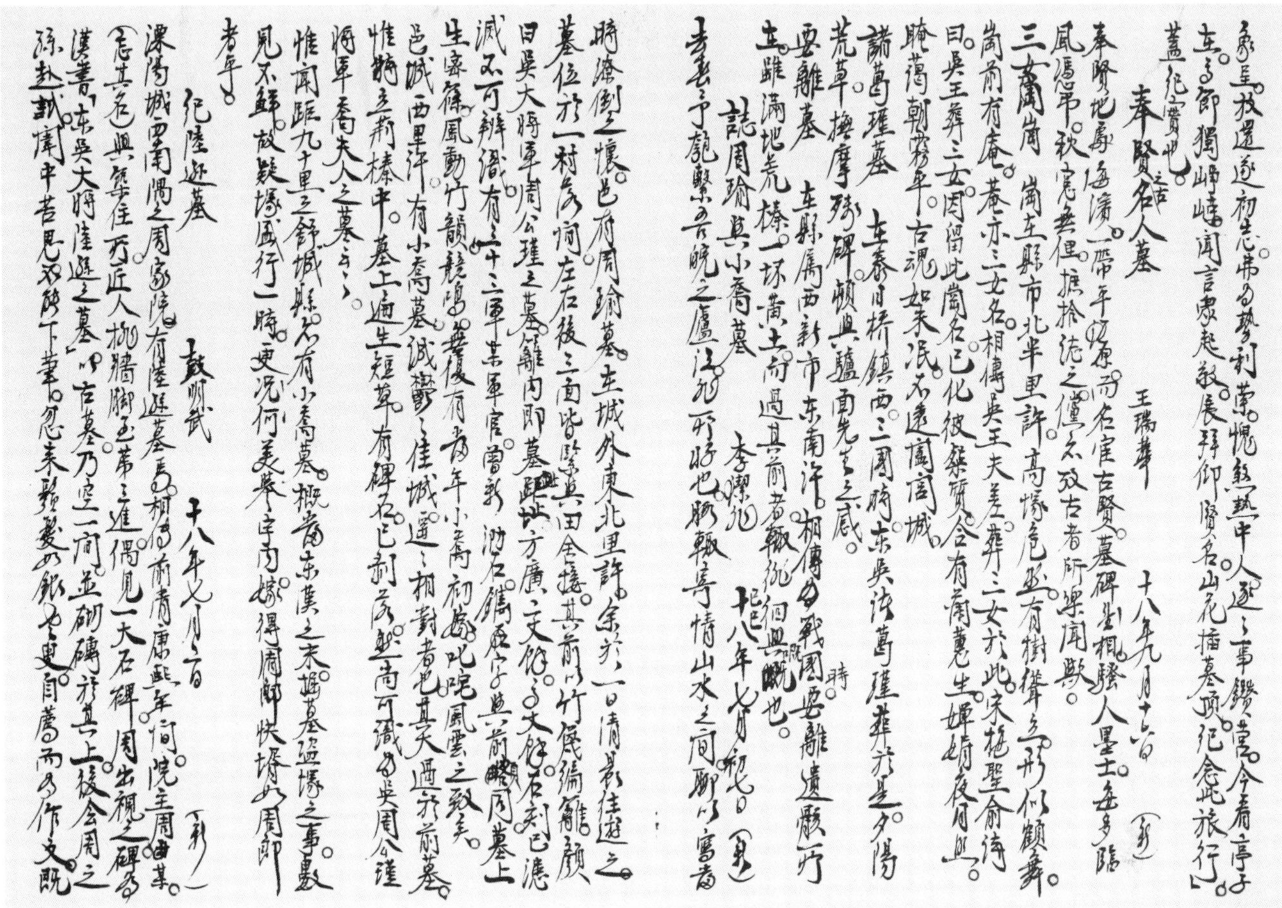

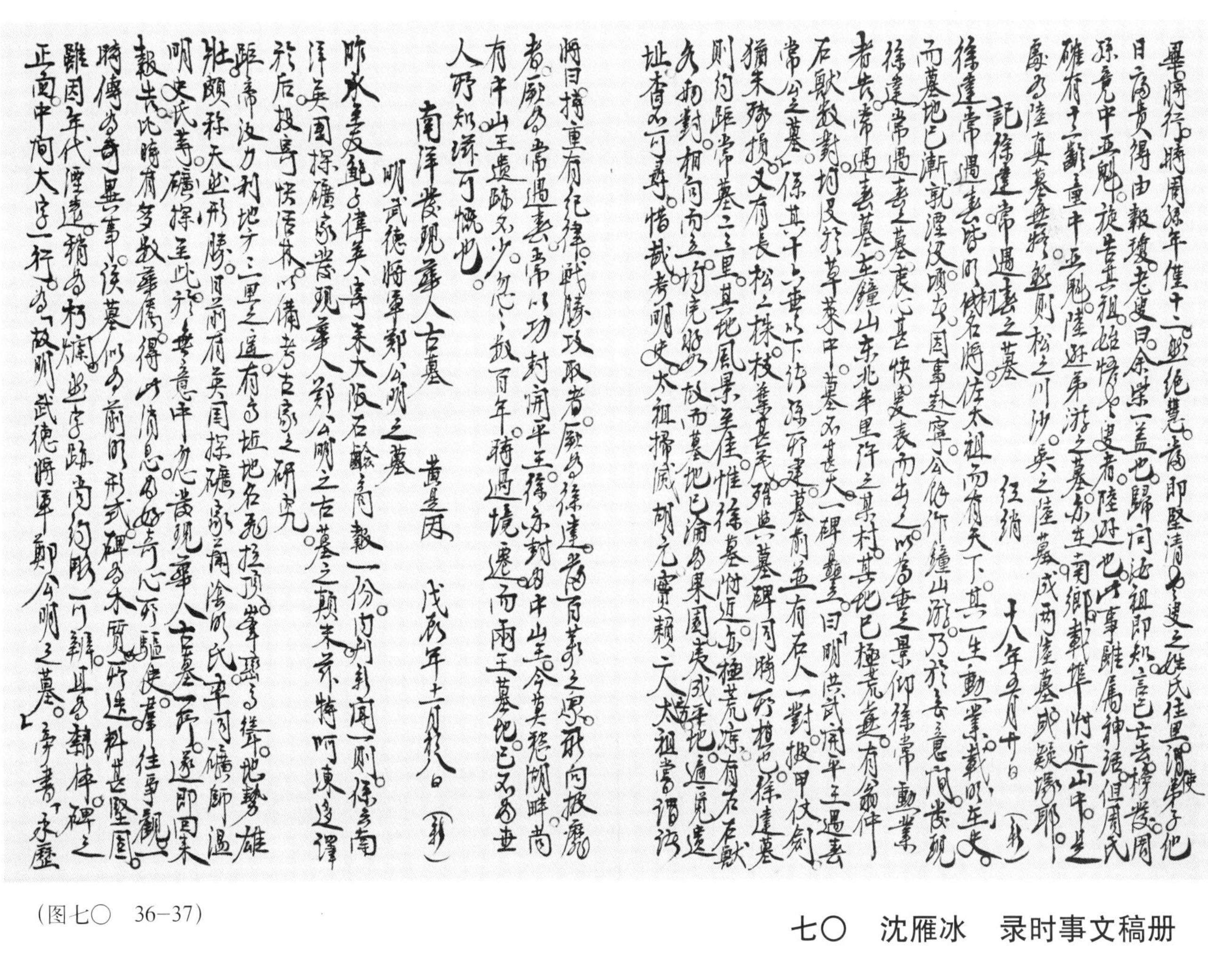

（图七〇　36–37）

七〇　沈雁冰　录时事文稿册

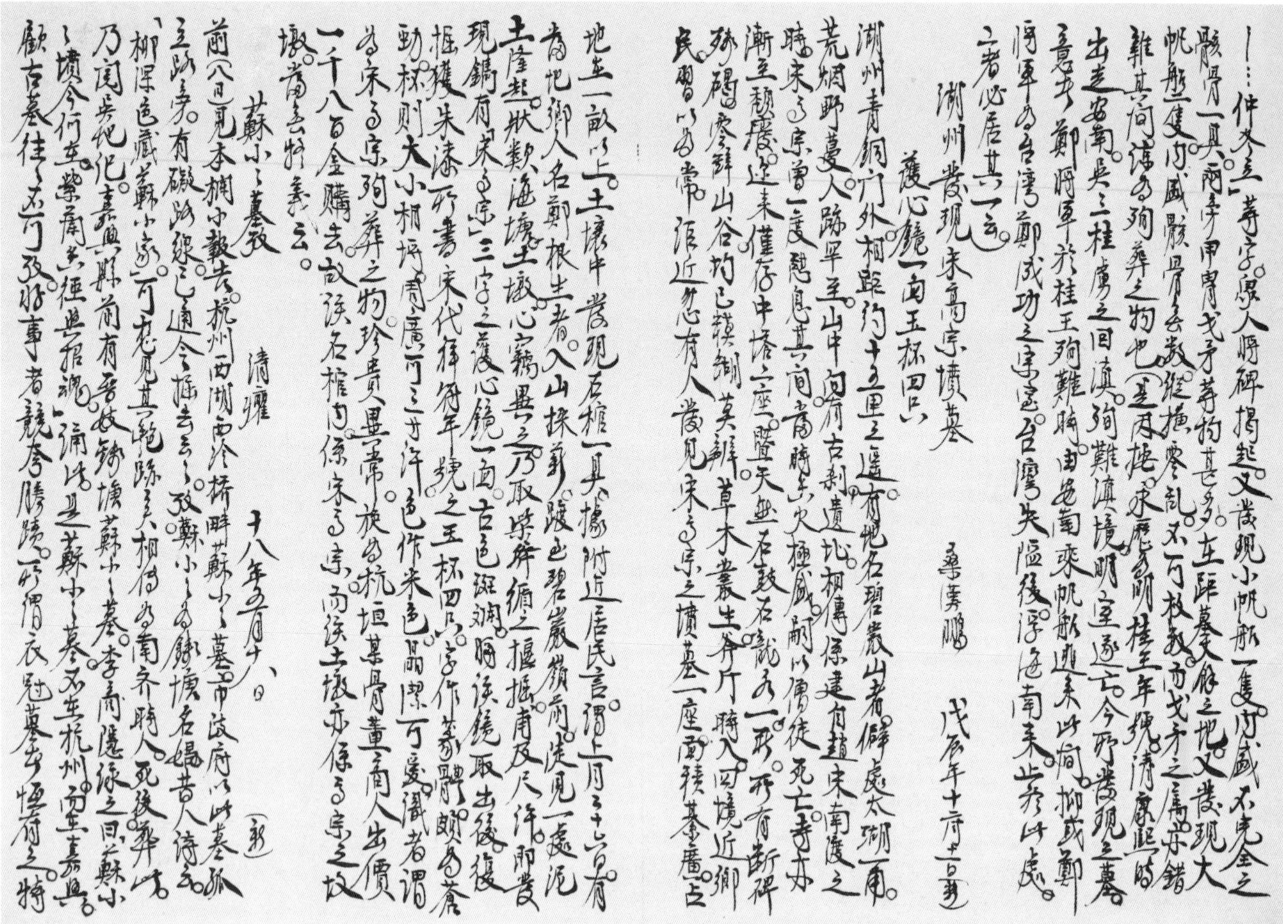

……仲英立一蒋字。原人將碑揭起，又發現小帆船一隻，內藏不完全之
骸骨一具，兩手持甲冑戈矛等物甚多。左距墓丈餘之地，又發現大
帆船一隻，內藏骸骨無數，從擾零亂，不可枚數，而戈矛之屬，亦錯
雜其間，諒為殉葬之物也（蓋因楚求藩朝桂王年號清康熙時
出走安南，與三桂虜之回滇，殉難滇境，明室遂亡。今所發現之墓，
意者鄭將軍於桂王殉難時，由安南乘帆船逃來此間，抑或鄭
將軍為台灣鄭成功之宗室，台灣失陷後，浮海南來，止於此處，
二者必居其一）云。

湖州發現宋高宗墳墓　　嘉興郵　　戊辰年十月十三日（新）
護心鏡一面　玉杯四只
湖州青銅門外相距約十五里之遙，有地名碧巖山者，僻處太湖一角，
荒烟野蔓，人跡罕至。山中向有古剎遺址，相傳係建自趙宋南渡之
時，宋高宗曾一度憩息其間，高騎兵火極盛，剎以僧徒死亡奔亦
漸至頹廢，迄未僅存中堵一座，暨天然石鼓石鐘各一，所有斷碑
殘碣，零碎山谷，均已模糊莫辨，草木叢生，斧斤時入，因境近御
民，曾以為常，很近忽有人發見宋高宗之墳墓一座，面積甚廣，占
地五一畝以上，土壤中發現石棺一具。據附近居民言，謂上月二十六日有
為地鄉人名鄭根生者，入山採薪，踐出碧巖嶺前，陡見一處泥
土隆起，狀類海壤，土壤心竊異之，乃取鋤掘繼之，掘掘甫及尺許，即發
現鐫有「宋高宗」三字之護心鏡一面，古色斑斕，暗後鏡取出後，復
掘獲朱漆所書宋代年號之玉杯四只，字作篆體，頗為蒼
勁，杯則大小相埒，高廣可三寸許，色作米色，晶潔可愛，識者謂
為宋高宗殉葬之物，珍貴異常，旋為杭垣某骨董商人出價
一千八百金購去，故該石棺內係宋高宗，而該土壤亦係高宗之故
壤，當無疑義云。

蘇小小墓考　　清癯　　十八年五月十八日（新）
前（八日）見本埠小報云，杭州西湖西泠橋畔蘇小小墓，市政府以此墓孤
立路旁，有礙路線，已遷移去云云。故蘇小小為錢塘名妓，昔人詩云
「柳浮色藏蘇小家」，可見其艷跡矣。相傳為南齊時人，死後葬此。
乃聞其地代嘉興縣前有晉妓錢塘蘇小小墓，李商隱詠之曰「蘇小
小墳今何在，紫蘭無徑無招魂」。論此，是蘇小小墓不在杭州而在嘉興
歟。古墓佳話，不可殫數，好事者競奪勝蹟，所謂衣冠墓亦恆有之，特

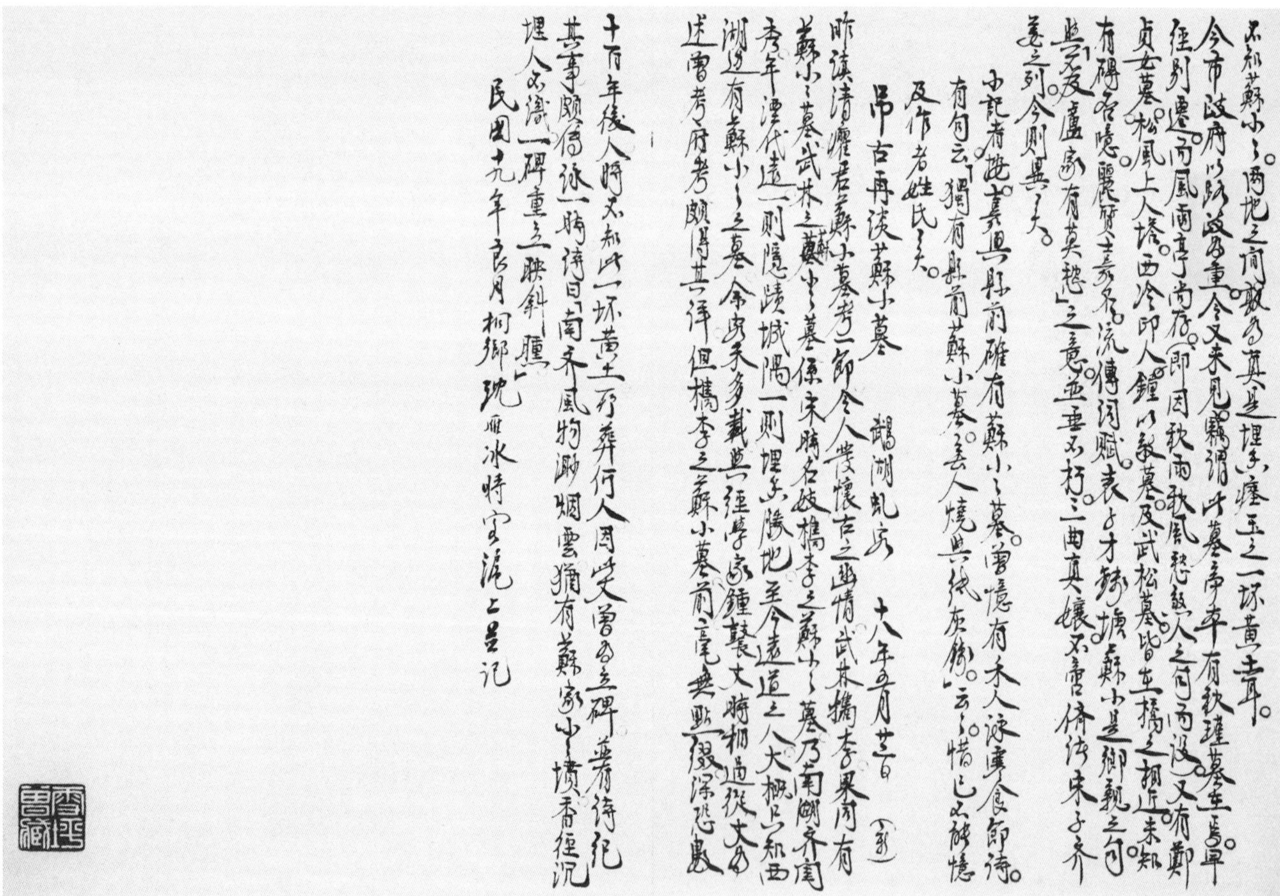

不知蘇小小兩地之間，孰為真是埋香瘞玉之一抔黃土耳。
今市政府以路政為重，令又來見鶏謂此墓亭平有秋瑾墓在焉，早
徑別遷，而風雨亭尚存（即因「秋雨秋風愁煞人」之句而設），又有鄭
貞女墓、松風上人塔、西泠印人鐘以及墓及武松墓，皆在橋之相近，未知
有礙否。憶展覽會期流傳詞賦，表才才錄擴「蘇小是鄉親」之句，
與又及蘆家有莫愁之意，並垂不朽，二曲真娘不曾侍徐宋子齊
墓之列，今則異矣。
記者按：嘉興縣前確有蘇小小墓，曾憶有不人詠寒食節詩，
有句云「獨有縣前蘇小墓，無人燒與紙灰錢」云云，惜已不能憶
及作者姓氏矣。

弔古再談蘇小墓　　鶴湖凱安　　十八年五月廿三日（新）
昨讀清癯君蘇小墓考之節，令人發懷古之幽情，武林攜李，果何有
蘇小小墓？武林之蘇小小墓，係宋時名妓；攜李之蘇小小墓，乃南齊時人。
秀年湮代遠，一則隱蹟城隅，一則埋香勝地，至今遊道之人，大概只知西
湖邊有蘇小小之墓，而未多載其經學家鍾毓文將相過從，大為
述嘗考府考頗得其詳，但攜李之蘇小墓前亭毫無點綴，深恐數
十百年後，人將不知此一抔黃土所葬何人，因此丈曾為立碑，並有詩紀
其事，頗傳詠一時，詩曰「南齊風物渺烟雲，猶有蘇家小小墳，香徑沉
埋人不識，一碑重立映斜曛」。
民國十九年元月　桐鄉沈雁冰時寓滬上并記

（图七〇　38–39）

七〇　沈雁冰　录时事文稿册

發見錢王紀功塔頂碎片　紙虎　十八年八月六日（新）

臨安縣城外有山曰功臣山，錢武肅王之紀功塔矗峙於上。考縣誌，此塔乃清季重建者，宋代所建之塔早已傾圮，其塔頂為風波銅，亦已湮沒矣。近有退伍軍官裘某在功臣山一帶墾植，掘出似錢非鐵之物一方，長約六寸，寬四寸，上有篆文，已模糊難辨，質輕而無銹。識者斷定為風波銅，乃紀功塔頂之碎片。裘某視若拱璧，不輕示人。或勸其送西湖博覽會陳列，以供考古家鑑賞，裘尚未首肯云。

錢武肅王之膝石　蔡仲梧　十八年七月二十日（新）

上柏地處山僻，自浙省杭長公路告成後，交通因此便利，然於築路時在上柏鴻漸畈田野掘出一石，大如石碑，質粗如路石，棄於路旁，一時無人注意。不料後為雨洗淋，石上鐫有一詩云：亂世英雄屠販時，野田片石碧苔滋，如何此膝為渠屈，絕倒沙陀帳下兒。并有細字數行，大意謂此石係錢武肅王微時所印，石上膝痕宛在。有擬將此石陳列公所，但石大難移，故仍在田野。惟不知此石上膝痕出於當時之真跡，抑後人好事者所鐫耳。

鯉魚腹內之戚繼光印　紹府　十八年九月卅日（新）

昔鄱下閘二馬路有德興魚行，日昨將魚售出鯉魚一尾，計重十四斤，為下閘商埠街寶興棧西餐館文館夥購去，當即攜回操刀以剖，魚腹內剖出一物，堅如鐵石，即以清水洗淨，視係一金質小方印，高二寸二分，盈寸見方，上緣有紐，下鐫篆體陰文曰戚繼光印四字，完好無缺。該夥以此金質小方圖章獻於館主，館主收受，給以銀幣二十枚。據古玩家稱，確係明代戚將軍之私章。聞有英商古玩家以三百元代價擬購買，此章該館主蘊櫝而藏，待價而沽，不肯輕於放手。聞不日攜往滬杭，須得鉅金方肯出售云云。

常遇春之鐵[illegible]　張炎　十九年四月四日（申）

大明名將推徐常。遇春性仁慈，恂恂有儒者風。迄今徐(?)孫繁衍，忠武嗜殺，後嗣不繁。揚州之卸甲橋即忠武封王之遺跡，而小東門內之常府巷，即忠武府第之遺址也。有清中葉，常姓式微，遷往揚州北鄉黃珏橋之徐庄焉。予之佃戶常國泰者，即忠武公後裔也。忠武之遺影尚存，予嘗一展視之，狀貌魁梧，面長黧黑，修眉環眼，髯長尺餘，雙耳幾長二寸，冠金盔，衣大紅金繡蟒袍，儼若生。望之令人生怖。最可貴者，該佃家尚存有忠武之錦袍一隻，係黃緞製成，盤金繡龍，袍統長三尺，袍底圍圓尺七八寸，寬及八寸。袍巨如此，則軀幹壯偉可知。聞袍內能藏米一斗，誠巨足也。國泰每年逢夏日必出晒一次，至今尚什襲珍藏，永以為寶云。

蘇東坡之玉帶　履冰　十九年四月十六日（申）

前閱本埠申報有記常遇春之鐵者，近據友人童君溪及謂古代名人遺物所在多有，聞翼興德當年文八蛇矛現尚存於湖北某廟，古色斑斕，云為真品。特我人未嘗留心，故多淹沒不彰耳。至蘇東坡之玉帶，為童君所目覩，學士手澤尚遺人間，展玩之餘，輒心焉嚮往也。鎮江富名勝，金焦二山尤為游者所常登臨。某年童君偕友往游，入金山寺，謁焉。知客殷勤招待，暢談該山歷史及古跡，言際出錦匣一啟，寶所藏乃一古帶，曰：此古帶閱年既久，帶已朽蝕，不可認識，惟上綴寶玉多枚，古氣盎然，非現代物也。據寺僧言，為蘇東坡當年游此時遺留歸寺保存，由宋迄今，中間屢經變亂，均未喪失，誠古物之可寶者云。因相與玩賞，不置。童君又謂山下多奇草，其葉如蘭，其尖頂處有不同之點，成天地人和之形，因通稱為骨牌草，惟骨牌數凡三十二，而草則或有缺，人往而覓集者，常不能湊成一副骨牌，為斯亦可異焉，因附及之。

石達開遺傘　葉曾駿　十八年九月十六日（申）

洪秀全以匹夫起於廣西，整師北上，隔江而守，與滿清相持二十餘年，實為中華民族圖自強之先聲。其間自不乏非常之才，而以文武俱全著於世者，石達開實為第一人。惜兩王內爭，國事廢棄，終淪於滅亡，是可悲耳。石達開之生死未明，或有謂於亂軍中飄然引去，削髮入山，或有謂殉死軍中。當時文人多有紀其一鱗半爪，而當為日後考證者，本文所紀雖不能作為信史，要亦非虛出，無稽留之以供談助。

太平天國亡後，某商人自貴州赴漢，乘長江輪船東下，忽有一偉丈夫，身長七尺有奇，鬚眉甚偉，手持巨傘，虎步入艙，合艙乘者為之側目。已而出艙立船頭，上對江長嘯，客有與之語者，惘然不答。咸疑為暴客。未幾船抵埠，偉丈夫給錢飄然而去，遺傘艙

（图七〇　40—41）

七〇　沈雁冰　录时事文稿册

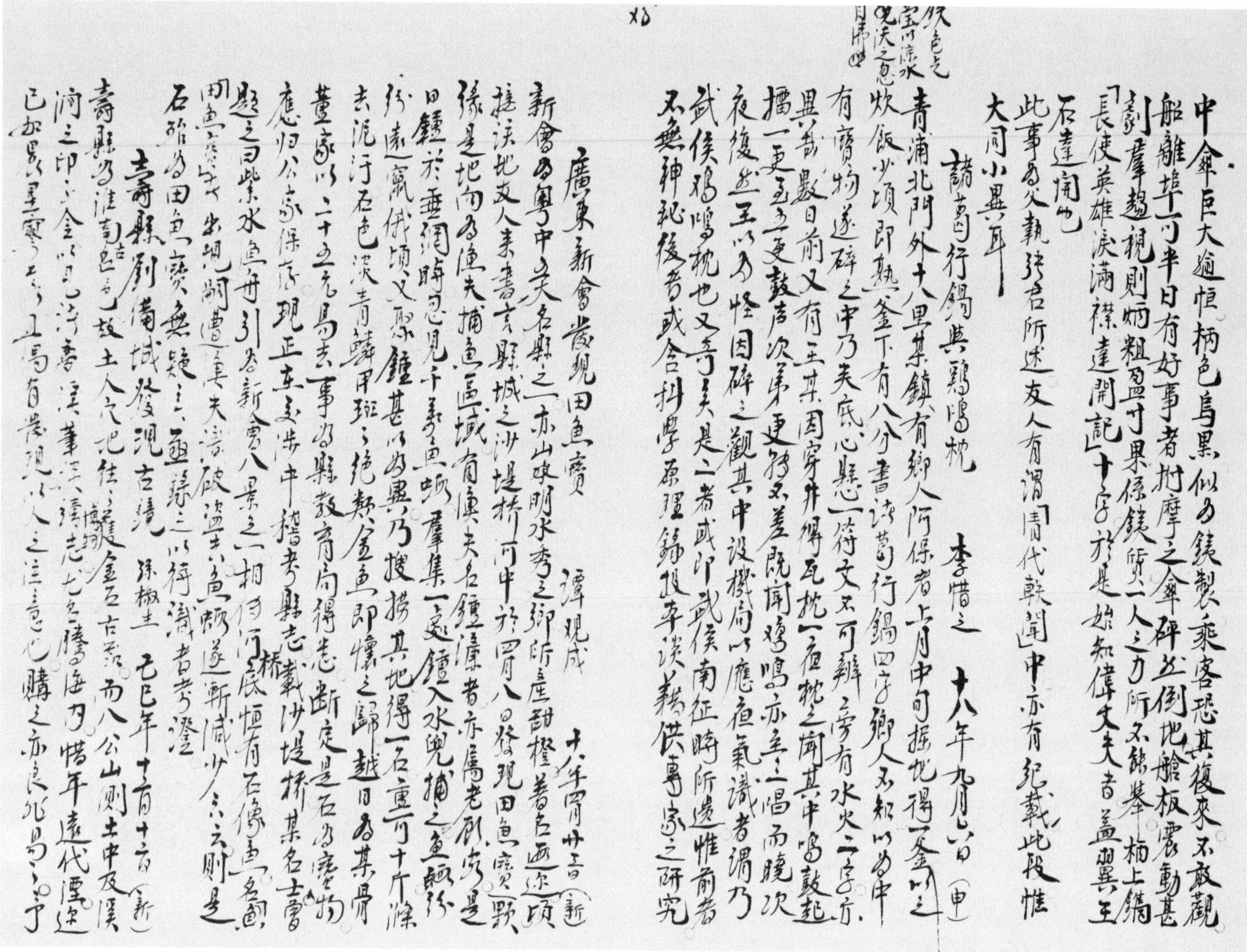

中傘巨大逾恒柄色烏黑似為鐵製乘客恐其復來不敢觀
船離埠可半日有好事者撫摩之傘砰然倒地艙板震動甚
劇群趨視則柄粗盈寸果係鐵質一人之力所不能舉柄上鐫
「長使英雄淚滿襟 達開記」十字於是始知偉丈夫者蓋翼王
石達開也
此事為父執張君所述友人有謂「清代軼聞」中亦有紀載此段惟
大同小異耳

諸葛行鍋與雞鳴枕　李惜之　十八年九月六日（申）

青浦北門外十八里某鎮有鄉人何保者上月中旬掘地得一釜以之
炊飯少頃即熟釜下有八分書諸葛行鍋四字鄉人不知以為中
飲色之室以涼水見沃之忽自沸也
有寶物遂碎之中乃夾底心懸一符文不可辨旁有水火二字亦
異哉數日前又有王某因穿井得瓦枕一每枕之聞其中鳴鼓起
擂一更至五更鼓聲次第更替不差既聞雞鳴亦參之唱而曉次
夜復然王以為怪因碎之觀其中設機關以應夜氣識者謂乃
武侯雞鳴枕也又奇矣是二者或即武侯南征時所遺惟前者
不無神秘後者或含科學原理錄投本談藉供專家之研究

廣東新會發現田魚寶　譚現成　十八年四月廿五日（新）

新會為粵中著名縣之一亦山明水秀之鄉所產甜橙著名遐邇頃
據該地友人來書云縣城之沙堤橋河中於四月八日發現田魚寶一顆
緣是地向為漁夫捕魚區域有漁夫名鍾滌者亦屬老漁家是
日鍾於垂綸時忽見千萬魚蝦群集一處鍾入水覓捕之魚輒從
彼處竄伏頃又聚鍾甚以為異乃搜探其地得一石重可十斤滌
去泥污石色淡青鱗甲斑斑絕類金魚即懷之歸越日為某胥
董家以二十五元易去事為縣教育局得悉斷定是石為寶物
應歸公家保存現正在交涉中據考縣志載沙堤橋某名士曾
題之曰紫水魚冊引為新會八景之一相傳河底恒有石像魚「名曰
田魚寶」每當出現潮遭長夫濤破浪出則魚蝦遂漸減少云云則是
石殆為田魚寶無疑云云亟錄之以待識者考證

壽縣劉備城發現古鏡　孫椒圭　己巳年十月十五日（新）

壽縣為淮南巨邑古曰壽春故土人亦呼此往往獲金石古器而八公山側土中及溪
澗之邱亦全以見古壽漢書淮南志士多傳為海內惜年遠代湮遂
已如晨星寥寥今日尚有發現以人之注意也購之亦良非易事

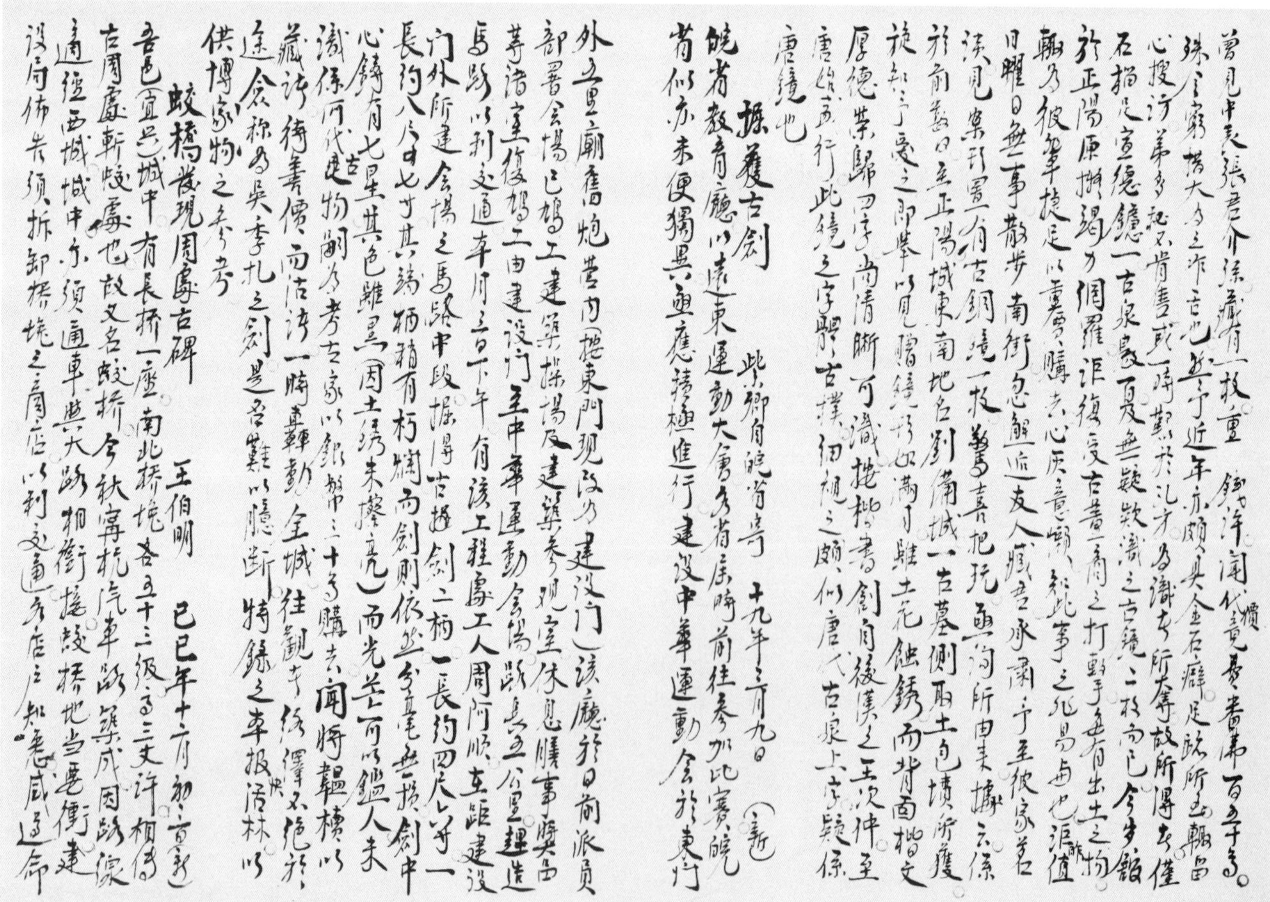

曾見中表張君介孫藏有一枚重錢許聞代價覺最者弗肯有五千多
殊之寶物大多之作古也年于近年有頗具金石癖足跡所至輒留
心搜訪弟多秘不肯售或一時難於洽者故所得者僅
石猶是宣德爐一古泉數頁足無疑點識之古鏡二枚而已今夕猶
於正陽原掘獲力網羅汗復古夏古書之精打聽
輒乃彼輩搜足以重覓購者心灰意懶於此事之非易也
日曜日無事散步南街忽與近友人藏古承讓予至彼家則
該見案列置一有古銅鏡一枚驚喜把玩亟詢所由來據云係
於前數日在正陽城東南地名劉備城一古墓側取土所獲
旋知予愛之即舉以見贈鏡形如滿月雖土花蝕鏽而背面楷文
厚德崇歸四字尚清晰可識據鄉老謂自後漢之王次仲至
唐代盛行此鏡之字體古樸細視之頗似唐代古泉上字疑係
唐鏡也

掘獲古劍　紫卿自皖省寄　十九年二月九日（新）

皖省教育廳以遠東運動大會為省府時前往參加比賽皖
省似亦未便獨異亟應積極進行建設中華運動會於東門
外五里廟舊炮營內（擬東門現改為建設門）該廳於日前派員
部署會場已鳩工建築採揚及建築參觀室休息膳事室等
籌諸室復鳩工由建設門至中華運動會場斷道並公里建造
馬路以利交通本月五日下午有該工程處工人周阿順在距建設
門外所建會場之馬路中段掘得古銹劍二柄一長約四尺六寸一
長約八尺七寸其錔柄稍有朽爛而劍則依然完整毫無損劍中
心鑄有七星其色雖異（因土銹未擦亮）而光芒可以鑑人未
識係何代古物嗣為考古家以銀幣三十元購去聞將輾轉以
藏該特善價而沽該一時轟動全城往觀者絡繹不絕於
途僉稱為吳季札之劍是否難以臆斷特錄之本報活林以
供博家物之參考

蛟橋發現周處古碑　王伯明　己巳年十月初六日（新）

宜邑（宜興）城中有長橋一座南北橋堍各五十三級長三丈許相傳
古周處斬蛟處也故又名蛟橋今秋寧杭汽車路築成因路線
適經西城城中亦須通車與大路相銜接故橋地勢要衝建
設局佈告須拆卸橋堍之商店以利交通各店主知悉咸遵命

七〇　沈雁冰　录时事文稿册

（图七〇　42–43）

拆除門向忽在南橋堍發現古碑一方完好無缺文曰晉平南將軍周公斬蛟之碑十一字下署蘇東坡敬書字跡娟秀一時威傳金城並有好事者爭相摩搨以博微利公安局恐古碑受損日損爰禁止摩搨為矣一事之益之想見其愛護古跡之意矣

寧波現發古碑　五如　戊辰年五月十書（新）

友人洪君供職寧波一昨旋杭談及寧波發現古碑事走筆錄之以為關心史地者告洪君云此次寧波拆城時曾發現古碑四方二為宋攖鑰書一為明方國珍紀功碑另一則已漫漶不能辨識故不知為何代物同時尚有古甕多件發現上有洪武年號此項古物均極珍貴現在浙江省立圖書館因查攖係宋代名儒方國珍係明時名將所存碑刻自於史實掌故裨益甚多是以已呈請浙江大學令知鄞縣縣政府將此項古物移交圖書館永遠保存以存史料而便研究云

滕山發現吳越遺碑　子子　十九年一月廿七日（新）

昨得友人胡君自故鄉來書述及滕山發現吳越遺碑事兹為錄之如下：

滕山在姚邑北鄉離海僅十里其麓東西百里南北卅里一望平原故孤峯兀立形勢殊勝而林木葱蘢荒塚纍纍狐鼠穴居亦以此為最多日前大雪初霽農民胡阿黃荊天宗執鋤從事獵狐在山之陽獲一黃狐狼洞乃奮力下掘窮其底億三尺許有碑横覆土上長二四尺寬亦之許石色蒼苔斑剝見字古色乃舁之歸一時轟傳閭巷爭快先睹嗣經人辨認係吳越建邑丁酉仲翔建造八字篆體挺秀因致是地係虞翻年號仲翔則吳謀士虞翻字也翻為姚人當時汐北來漲虞翻其亦曾探奇海島乎子予對此有數事疑為近人故意虛構者謹附篇末事隔數千年碑字尚完善如此清晰一也環海小島虞即曷能置碑留題二也唯虛構此碑何所用意則又不能又姑誌之以待攷證矣

開封古柱談　尚友　戊辰年九月九日（新）

余戚龍君供職河南開封日前來信述及該地發見古代鐵柱事頗詳爰分段誌之以供考古專家之研究

黃水為災古柱發現

開封舊龍亭（即今改成之開封公園）右臨潘陽湖濱近來因旱魃為災天久不雨湖水日漸退落而其淺則已將成乾涸之狀某日一小販擔筐經其地偶見一圓柱物俾亭亭然出水面約三尺許色黑而堅揭數仍闊然詳視之乃鐵質物也小販既發現見是物當即號召鄰右同往刷其究竟持鏟荷犁躊躇而往孰意深入七八尺猶未見此物真徑約二尺許中呈四形上沿邊有厚約一尺之足四帷存者僅三已只留痕迹而缺如或有謂為鐵柱者或有謂為古彝者孰是孰非則不易斷定矣事為當地市政籌備處所知當即雇工數十人率往該處開掘剛已掘至深入十二尺處然仍未及其端今已改變方針準備即在就地砌石欄以圍之築涼亭以覆之為各地人士之玩賞而觀察並為籌以資保存是亦保存古物之別開生面者也據附近之白髮老翁謂昔多相傳開封府城曾被黃河水淹計沒者凡二次度此鐵柱尚係被淹之最多一層想見是處其他古物當猶不在少數是耶否耶則又將質諸考古者與夫歷史專家矣

杭州清河坊發現古物　冠汀　戊辰年十月十六日（新）

杭州清河坊大街現由市工務局飭人改造馬路丈地築路時先後發現古物據其崖略以告今之愛古者

大井巷口得古瓶七座質粗瓶大可容酒升許底有數目字色黝黑形扁而勁短口亦甚小鍬破其二完整者五謂識者謂此韓蘄王貯酒犒軍酒罈者名之曰韓瓶

方裕和南貨棧門口得古斷碑一漫漶不可卒讀惟隱隱遙辨其字形夏縣兩字最明晰完整無缺則有不能成句者有不能成聯者字作右軍體識者謂此南宋時某姬墓志有某金石志為證

多稼衙口得銅牌一狹僅二寸長約尺許面刻龜龍虯螭四字上有一環可以貫索識者謂此吳越時求雨所用沉之於井者現另董家已有拓本

上虞發現古瓷杯　金漢鵬　戊辰年十月十書（新）

上虞崧厦鎮相距約七里許有地名覆蓋山者僻居荒野人跡罕至山中向有古刹遺址相傳係建自趙宋南渡之後當時香火頗盛旋以僧徒死亡寺亦漸至頹廢近來僅存中塔二座豎天並石門一所所有斷碑殘碣均已模糊莫辨草木生之斧斤伐

（图七〇　44–45）

七〇　沈雁冰　录时事文稿册

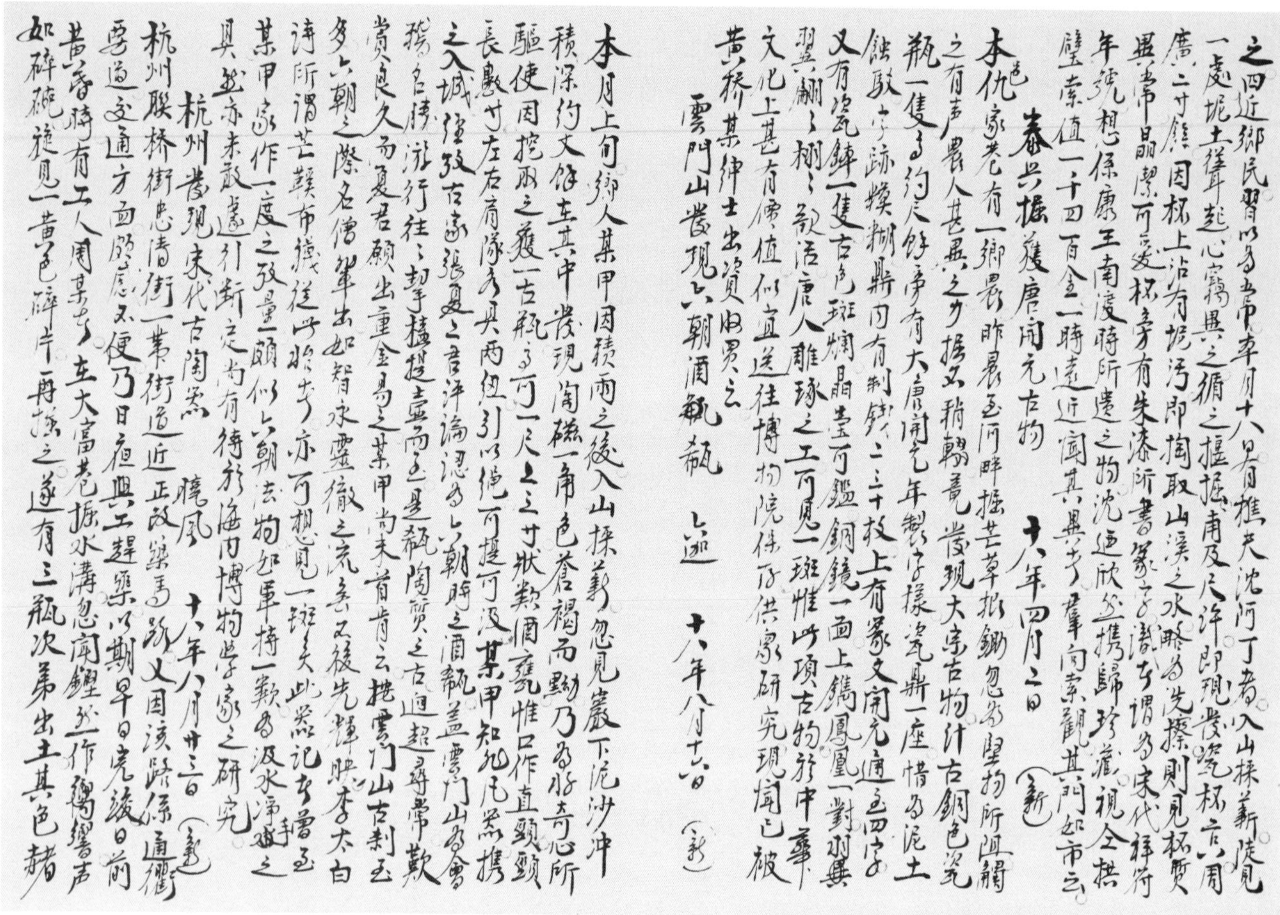

之四近鄉民習以為常本月十八日有樵夫沈阿丁者入山採薪陡見
一處泥土聳起心竊異之循之握掘甫及尺許即現發瓷杯六只周
廣二寸餘因杯上沾有泥污即掏取山溪之水略為洗擦則見杯質
異常晶潔可愛杯旁有朱漆所書篆文字識者謂為宋代祥符
年號想係康王南渡時所遺之物沈遂欣然携歸珍藏視同拱
璧索值一十四百金一時遠近聞其異者羣向索觀其門如市云

春興掘獲唐開元古物　十八年四月二日（新）

本邑仇家巷有一鄉農昨晨至河畔掘芸草挑鋤忽為堅物所阻觸
之有聲農人甚異之力掘之稍觀竟發現大宗古物計古銅色瓷
瓶一隻高約尺餘身有大唐開元年製字樣瓷鼎一座惜為泥土
蝕毀字跡模糊鼎內有制錢二三十枚上有篆文開元通寶四字
又有瓷缽一隻古色斑斕晶瑩可鑑銅鏡一面上鐫鳳凰一對羽翼
翼翩翩欲活唐人雕琢之工可見一斑惟此項古物於中華
文化上甚有價值似宜送往博物院俾存供家研究現聞已被
黃梅某紳士出資收買之云

雲門山發現六朝酒瓶　上海　十八年八月十六日（新）

本月上旬鄉人某甲因積雨之後入山採薪忽見巖下泥沙冲
積深約丈餘土其中發現陶磁一角色蒼褐而黝乃為好奇心所
驅使因挖取之獲一古瓶高可一尺五六寸狀類酒甕惟口作直頸頸
長數寸左右肩際各具兩紐引以繩可提可汲某甲知非凡器携
之入城往致古董張叟之肆評論認為六朝時之酒瓶蓋雲門山為會
稽名勝游行往往挈榼提壺而至是瓶陶質之古迥超尋常歎
賞良久而叟君願出重金易之某甲尚未首肯云據雲門山古剎主
多六朝之際名僧輩出如智永靈徹之流卷不復先輝映李太白
詩所謂芒鞵布襪從此始者亦可想見一斑矣此器記者曾至
某甲家作一度之考量頗似六朝法物如單持一數為汲水淨瓶之
具然亦未敢遽行斷定尚有待於海內博物學家之研究

杭州發現宋代古陶器　曉風　十八年八月廿三日（新）

杭州腴橋街忠清街一帶街道近正改築馬路又因該路係通衢
要道交通方面頗感不便乃日夜與工趕築以期早日完竣日前
黃昏時有工人周某等在大富巷掘水溝忽聞鏗然作鏘響聲
如碎碗旋見一黃色碎片再探之遂有三瓶次第出土其色赭

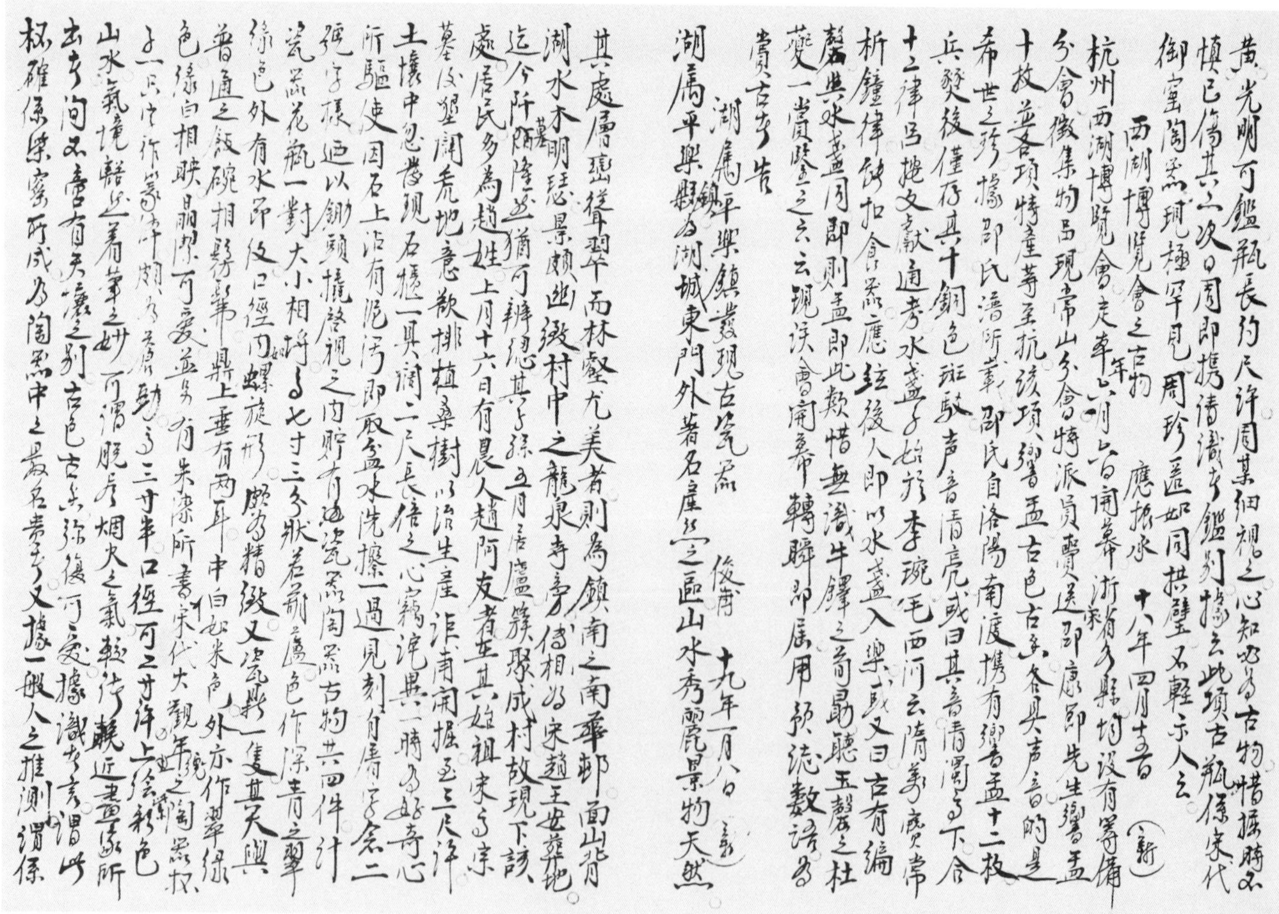

黃光明可鑑瓶長約尺許周某細視之心知必為古物惜掘時不
慎已傷其二次日周即携請識者鑑別據云此項古瓶係宋代
御窯陶器現極罕見周珍逾如同拱璧不輕示人云

西湖博覽會之古物　應振冰　十八年四月十五日（新）

杭州西湖博覽會定本年六月六日開幕浙省各縣均設有籌備
分會徵集物品現常山分會特派員齎送邵康節先生響盂
十枚並各項特產等至杭該項響盂古色古香各具聲音的是
希世之珍據邵氏譜所載邵氏自洛陽南渡携有響盂十二枚
兵燹後僅存其十銅色斑駁聲音清亮或曰其音清濁高下合
十二律呂據文獻通考水盞子始於李琬毛西河云隋萬寶常
析鐘律鉢扣食器應絃後人即以水盞入樂或又曰古有編
磬與水盞同即則盂即此類惜無識牛鐸之荀勗聽玉磬之杜
夔一賞鑒之云云現俟會開幕轉瞬即屆用頗述數語為
賞古者告

湖屬平樂鎮發現古瓷器　俊甫　十九年一月八日（新）

湖屬平樂鎮為湖城東門外著名産瓷之區山水秀麗景物天然
其處層巒聳翠而林壑尤美者則為鎮南之南華邨面山背
湖水木明瑟景頗幽緻村中之龍泉寺旁傳相為宋趙王安葬地
迄今阡陌隆然猶可辨認其子孫至今月居廬聚族成村故現下該
處居民多為趙姓上月十六日有農人趙阿友者在其始祖宋高宗
墓後墾闢荒地意欲排植桑樹以資生產詎甫開掘至三尺許
土壤中忽發現石槨一具闊二尺長倍之心竊詫異一時為好奇心
所驅使因石上沾有泥污即取盆水洗擦一過見刻有唐字念二
碑字樣遂以鋤頭撬啓視之內貯有古瓷器陶器古物共四件計
瓷器花瓶一對大小相將高七寸三分狀若葫蘆色作深青之翠
綠色外有水印紋口徑約一寸如螺旋形燒為精緻又瓷鼎一隻其大與
普通之飯碗相彷彿鼎上垂有兩耳中白如米色外亦作翠綠
色綠白相映晶瑩可愛並另有朱漆所書宋代大觀年號之陶器杯
子一只作篆體外圍為[illegible]勁高三寸半口徑可二寸許上繪彩色
山水氣象韞然有筆之妙可謂脫盡烟火之氣較近世畫家所
出者向不啻有天壤之別古色古香彌復可愛據識者言謂此
杯確係宋窯所成為陶器中之最名貴者又據一般人之推測謂係

七〇　沈雁冰　录时事文稿册

（图七〇　46–47）

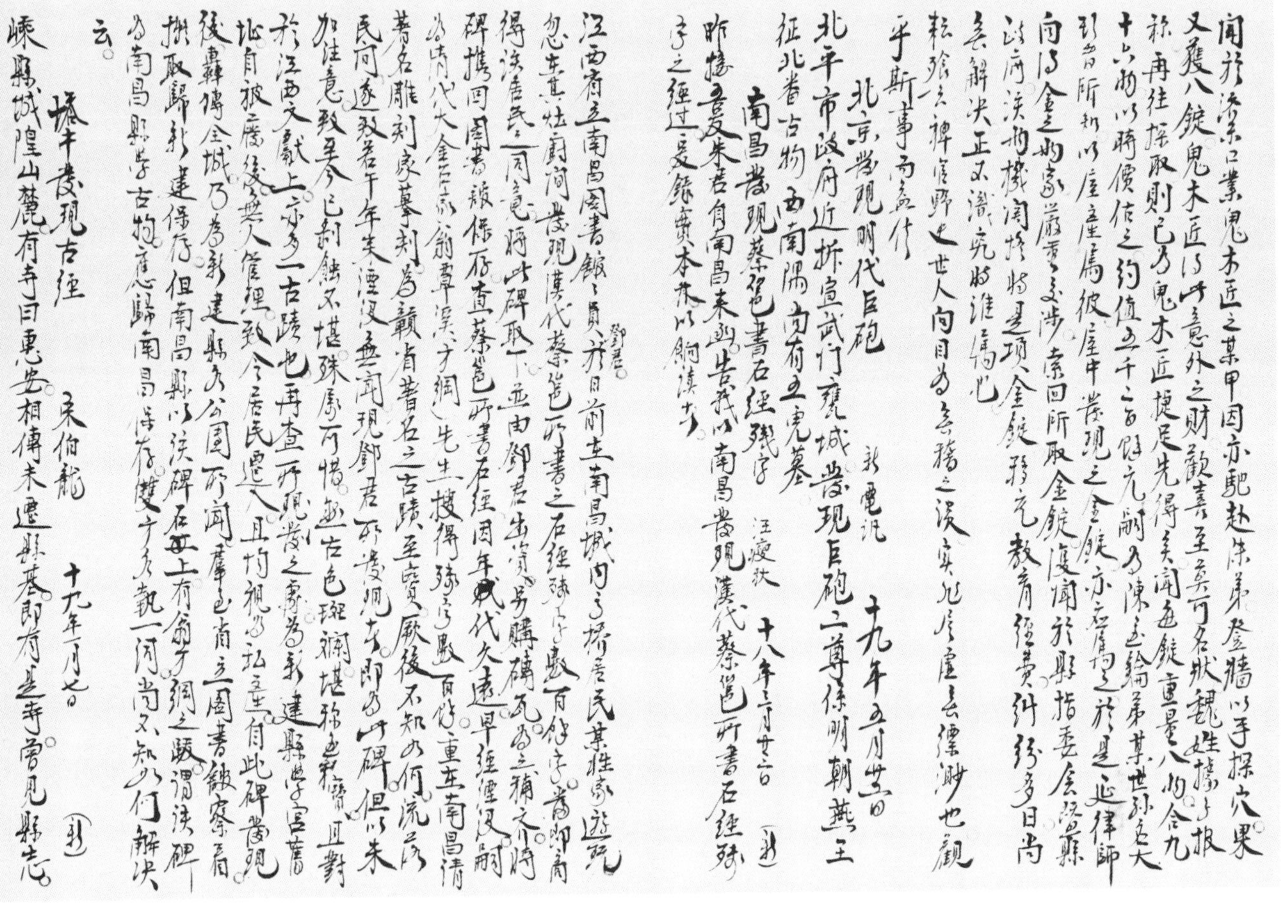

聞於添丁業鬼木匠之某甲因亦馳赴佛弟登牆以手探穴果又獲八錠鬼木匠以此意外之財歡喜至無可名狀魏姓據以報稱再往採取則已為鬼木匠捷足先得矣聞每錠重量八兩合九十六兩以時價估之約值五千二百餘元嗣為陳姓鎗弟某世孫名大彩者所知以屋產為彼屋中發現之金錠亦應有分遂延律師向隱金之兩家嚴重交涉索回所取金錠復聞於縣指委員務縣政府送物機關將是項金錠移充教育經費糾紛多日尚無解決正不識究將誰屬也

叢殘之稗官野史世人向目為無稽之談實非盡屬虛無縹渺也觀乎斯事而益信

北京發現明代巨砲　新電訊　十九年五月廿四日

北平市政府近拆宣武門甕城發現巨砲二尊係明朝燕王征北番古物西南隅尚有五虎墓

南昌發現蔡邕書石經殘字　汪瘦秋　十八年三月廿六日　(新)

昨據吾友朱君自南昌來函告我以南昌發現漢代蔡邕所書石經殘字之經過及鈔寄本林以餉讀者

江西省立南昌圖書館館員鄧君於日前在南昌城內三橋居民某姓家遊玩忽在其灶前間發現漢代蔡邕所書之石經殘字數百餘字當即商得該居民之同意將此碑取下並由鄧君出資另購磚瓦為之補充同時碑携回圖書館保存查蔡邕所書石經因年代久遠早經湮沒嗣為清代大金石家翁覃溪方綱先生搜得殘字數百餘重在南昌請著名雕刻家摹刻為贛省著名之古蹟至宣統後不知如何流落民間遂致若干年來湮沒無聞現鄧君所發現者即為此碑但以未加注意致至今已剝蝕不堪殊屬可惜然古色斑斕堪稱無價寶且對於江西文獻上亦為一古蹟也再查所發現之處為新建縣學宮舊址自被燬後無人管理致今居民遷入且均視為私產有此碑發現後轟傳全城乃為新建縣及公園所聞庫迆省立圖書館察看擬取歸新建保存但南昌縣以該碑在其上有翁方綱之跋謂該碑為南昌縣學古物應歸南昌保存雙方各執一詞尚不知如何解決云

嵊中發現古經　朱伯龍　十九年一月七日　(新)

嵊縣城隍山麓有寺曰惠安相傳來遷縣基即有是寺曾見縣志

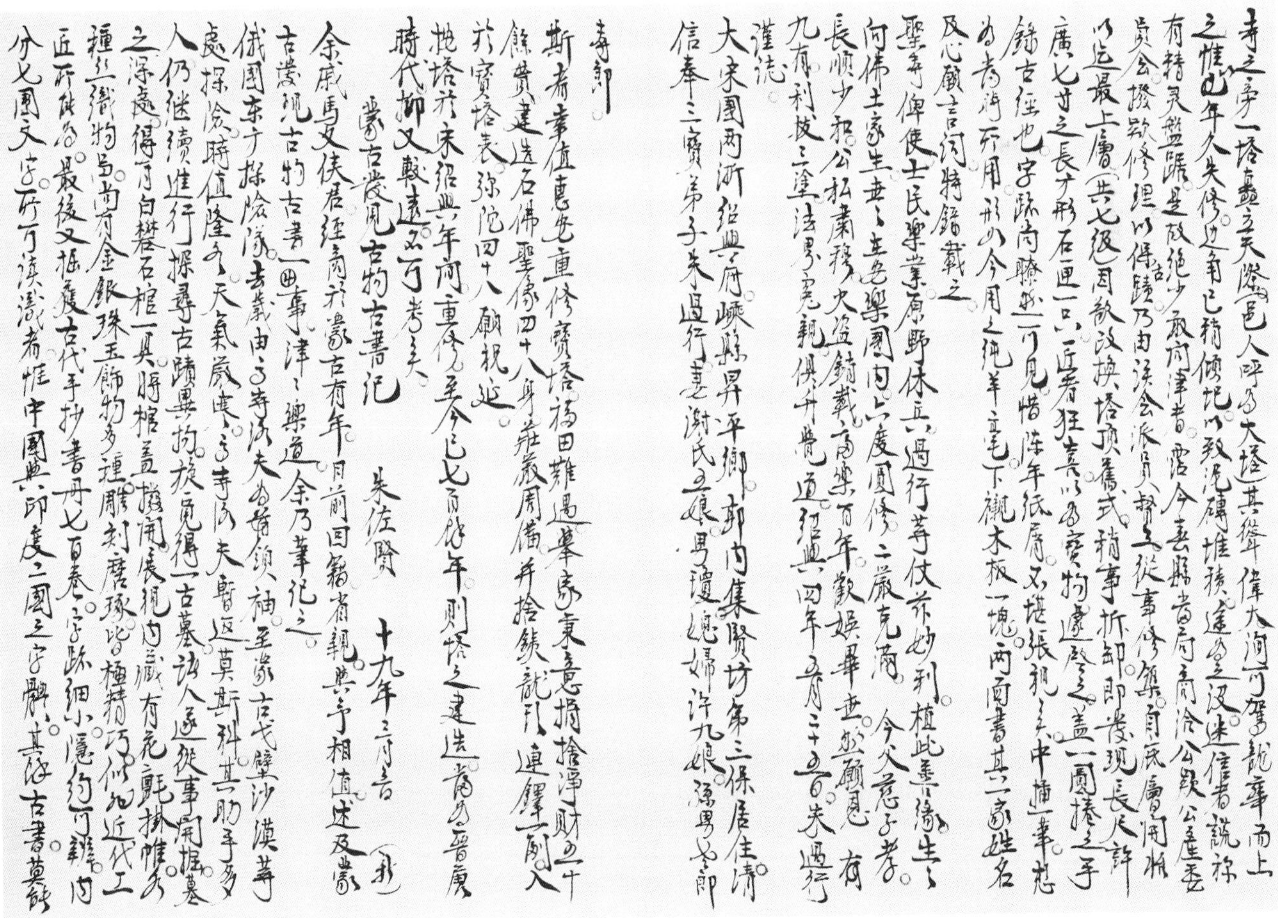

寺之旁一塔矗立天際邑人呼為大塔其建築偉大洵可驚訝捫牽而上之惟以年久失修邊角已稍傾圯以致泥磚堆積途為之塞徑者諒亦有精靈盤踞是故絕少敢前津者焉今春縣當局商洽公款公產委員會撥款修理以保古蹟乃由該會派員幫同從事修築自底層向上遞至最上層(共七級)因欲改換塔頂舊式精事拆卸即發現長尺許廣七寸之長方形石匣一只工匠者狂喜以為寶物遂啟之蓋一圓捲之手錄古經也字跡尚歷歷可見惜經年紙質已不堪張視矣中插一筆想為當時所用形如今用之純羊毫下襯木板一塊兩面書其工家姓名及心願言詞特錄載之

娶壽俾使士民樂業原野休五行遇行菩杖亦妙利植此善緣生生向佛土永生無上安樂國內六度圓修二嚴克滿　今父母孝長順少和公私肅穆火盜銷戢高樂百年歡娛畢世無願息　有九有利拔三途法界冤親俱升覺道紹興四年五月二十五日朱過行謹誌

大宋國兩浙紹興府嵊縣昇平鄉郭內集賢坊第三保居住清信奉三寶弟子朱過行妻謝氏五娘男遺媳婦許九娘孫男□郎壽卿

斯者事值惠安重修寶塔福田難遇某家秉意捐捨淨財五十餘貫建造石佛聖像四十八身莊嚴周備并捨鐵龍鈞連鐸一副入於寶塔表祝陀四十八願祝延

地塔於宋紹興年間重修至今已七百餘年則塔之建造當為晉唐時代抑又較遠不可考矣

蒙古發現古物古書記　朱佐賢　十九年三月六日　(新)

余戚馬文侯君經商於蒙古有年月前回籍省親與予相值述及蒙古發現古物古書一事津津樂道余乃筆記之

俄國東方探險隊去歲由亨寺派夫為首領袖至蒙古戈壁沙漠等處探險時值隆冬天氣嚴寒亨寺派夫督飭莫斯科某助手多人仍繼續進行探尋古蹟異物於荒原得一古墓該人遂從事開掘墓之深處得有白樺石棺一具將棺蓋撥開後視內藏有花氈掛帷各種絲織物另尚有金銀珠玉飾物多種雕刻磨琢皆極精巧似非近代工匠所能為最後又拾獲古代手抄書冊七百卷字跡細小隱約可辨內分七國文字所可識者惟中國與印度二國之字體其餘古書莫能

(图七〇　48–49)

七〇　沈雁冰　录时事文稿册

辩识书面裹以绸帛装订极精书箱上面镌有康熙三年六月御字样张挥除隙自得以书及珍同拱璧价重连城闻将复得花瓶挂幛名种及张物品及金钱珠玉饰物等一并携赴返俄京古物保存所陈列云

谈谈上海几位收藏家　昌卜　戊辰年十月廿一日（印）

上海收藏家如李氏平书庞氏莱臣等皆以收藏字画著名者也然而上海收藏家中亦有收藏书籍者亦有收藏铜器者亦有收藏鼻烟壶亦有收藏石砚者此则上海收藏家之别开生面者也今亦所谈即此数位上海收藏家也

潘氏专藏宋板书籍　昔有朱承鬲者以藏宋板书籍著以受王换得一宋刻汉书至今传为佳话上海今有潘氏亦癖宋板书籍今其收藏书籍值已数十万金氏所收藏悉为北宋板本今犹搜求不已以其有北宋板出现宁出重价以为己北宋即弗认也潘氏自称北宋世保堂本韩昌黎集而世柳州集引为缺憾昔年有人出北宋世保堂平柳州集求售者出值外必欲得之至千五千数百金购之夫收藏家之收藏书籍者古今来不知几许人而潘氏则必收藏宋板书不能不谓为收藏家中之别开生面者也潘名敬别号益粤人云

程氏专藏三代铜器　古代铜器为金石之一收藏金石者固不限于铜器然人程泉生则惟收藏三代秦汉铜器凡属三代秦汉铜器即出重价收买夏鼎商彝无一所不有而除铜器之外悉屏弃不收亦可为上海收藏家中之别开生面者闻其收藏铜器价值十数万金昔日上海收藏三代秦汉铜器最为富者一推毗陵盛氏闻今程氏所藏已在盛氏之上亦可见其收罗之富矣

王氏专藏鼻烟　已故前招商局董事王子展氏即昔日财政总长王克敏之父也以富于财产而性收藏鼻烟至开我金数万专为收藏之用总共一生所藏鼻烟值已三数十万金面得为国鼻烟之品类最上等年代最久远现已绝迹于世上者王氏盖无不有之故其鼻烟品类为有数十百种之多当时王氏实为之特开鼻烟专室专藏之为王子展烟盖其所藏多而搜罗罕有往往不能举其名也

张氏专藏各种石砚　已故南浔富翁张石铭氏上海大收藏专家也其所碑帖字画瓷铜玉石一切皆靠毕所不藏而其平生所收则为砚石以新旧各种名砚至一千余方每方恒以数百金乃至数千金计以言其品类虽品不有以言其价值则名都古而无一方不精大抵均由昔日名人手泽即往昔日名人收藏形式似足罗万而实集石砚之大成名石砚之铭记昔人以有砚名为齐者今已足抵其藏砚之富矣以视张氏藏砚则尚不可同日而语是亦上海收藏家中之别开生面者也

宣氏专藏瓷器　上举四人俱可谓为上海收藏之别开生面者而尤为特别者则宣古愚介少收藏瓷器刻瓷凡昔日官窑民间之各种瓷瓶无论官窑私窑凡为著名出品无不尽力收藏其藏瓷瓶之多不可以数计昔有外人见其瓷瓶愿出十万金购之而宣氏未之首肯亦可见其收藏之为价值之钜矣宣氏之瓷瓶保藏于其上海西摩路之瓷器陈列室凡入其室者但见橱柜上悉为彩色瓷瓶且于瓶中装以小电灯一至晚上则瓶外灯光辉煌瓶上山水人物花卉禽鸟且栩栩如生蔚为举世所无之奇观谓为收藏家之最特别者宁非至当

德州发现莽半两钱　伯尉　十八年八月廿日（印）

顷有友来自德州谈及该处发现莽钱事兹略述之以实本栏

友人谓曰德州西乡某姓近为其父营墓于邑之太平山麓开工掘地一日某工忽从土中检得铜质制钱十四枚工欲匿之为监工者所见遂令交与主人主人视之古色盎然形圆而中有方孔二面均镌有篆文时模糊莫辨主人固不谙篆文者携往某君处请求研究数校凑合详细视之始辨所镌为一面为元光二年铁(?)命制之一面为半两钱遂断定为莽钱为其元光二年所铸之半两钱主人归后遂携之某钱业中之

古迹钱之价值　玄庵(?)　十九年四月廿四日（印）

某骨董家新得一古币形如周布长约四寸许上缀一孔下垂两足中鉴四字曰齐金一货张君谓保证国内近币据辽史拾遗补之大中三年遂铸金币十贯五贯一贯三种则此币似保金贯所谓辽金者乃辽国之金所谓一贯者值金钱一千也初某君动此而极比之某骨董家以二百元得之转售得二千元后入古钱家某氏之手已五年矣今为日人所得闻经金钜万尚不能得其民乃慨然说某某帷一金币五千转鬻贩运而仍归某某之见嗜利而不收古泉可慨也

七〇　沈雁冰　录时事文稿册

（图七〇　50–51）

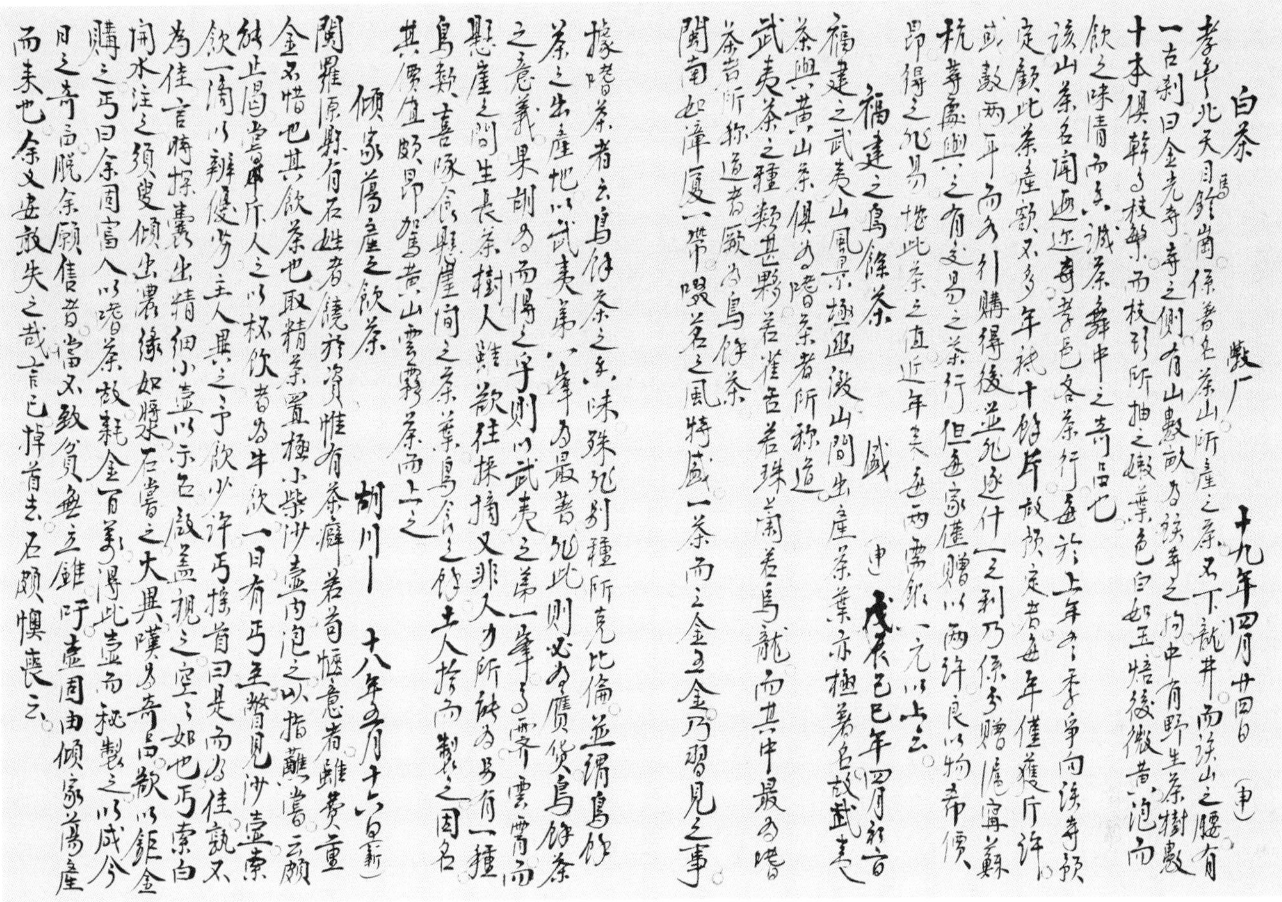

白茶

數厂　十九年四月廿四日（申）

孝豐北天目餘崗保善邑茶山所產之茶，不下龍井，而該山之腰有一古剎曰金光寺，寺之側有山數畝，為該寺之物，中有野生茶樹數十本，俱幹多枝繁，而枝形所抽之嫩葉色白如玉，焙後微黃，泡而飲之，味清而香，誠茶葉中之奇品也。

該山茶名聞遐迩，孝邑各茶行每於上年冬季爭向該寺預定，顧此茶產額不多，年統十餘斤，故預定者每年僅獲斤許，以致數兩耳而多，外購得後，並非逐什一之利，乃係分贈滬寧蘇杭等處與之有交易之茶行，但每家僅贈以兩許，良以物希價昂，得之非易。按此茶之值，近年來每兩需銀一元以上云。

福建之烏龍茶

盛（申）　戊辰己巳年四月初旬

福建之武夷山風景極幽，該山間出產茶葉亦極著名，故武夷茶與黃山茶俱為嗜茶者所稱道。

武夷茶之種類甚夥，若雀舌、若珠蘭、若烏龍，而其中最為嗜茶者所稱道者厥為烏龍茶。

閩南如漳、廈一帶，嗜茗之風特盛，一茶而二金至五金，乃習見之事。據嗜茶者云，烏龍茶之香味殊非別種所克比倫，並謂烏龍茶之出產地以武夷第一峰為最著，非此則必為贗貨。烏龍茶之意義果胡為而得之乎？則以武夷之第一峰多雲霧，而懸崖之間生長茶樹，人雖欲往採摘，又非人力所能為，另有一種烏類，喜啄食懸崖間之茶葉，烏食之餘，土人拾而製之，因名。其價值頗昂，即如黃山雲霧茶而上之。

傾家蕩產之飲茶

胡川一　十八年五月十六日（新）

閩羅源縣有石姓者，饒於資，惟有茶癖，若茗飲恆意者，雖費重金不惜也。其飲茶也，取精茶置極小紫砂壺內，泡之，以指蘸嘗之，輒能止渴，當年所人之以杯飲者為牛飲。一日有丐至，瞥見砂壺，索飲一滴，以辨優劣，主人異之，予飲少許，丐撫首曰，是尚為佳，孰不為佳，言時探囊出精細小壺以示石，啟蓋視之，空空如也。丐索白開水注之，須臾傾出，濃綠如漿，石嘗之大異，嘆為奇品，欲以鉅金購之。丐曰：余固富人，以嗜茶故，耗金百萬，得此壺而秘製之，以成今日之奇，而脫余願，售者當不致貧無立錐。吁，壺固由傾家蕩產而來也，余又安敢失之哉。言已掉首去，石頗懊喪云。

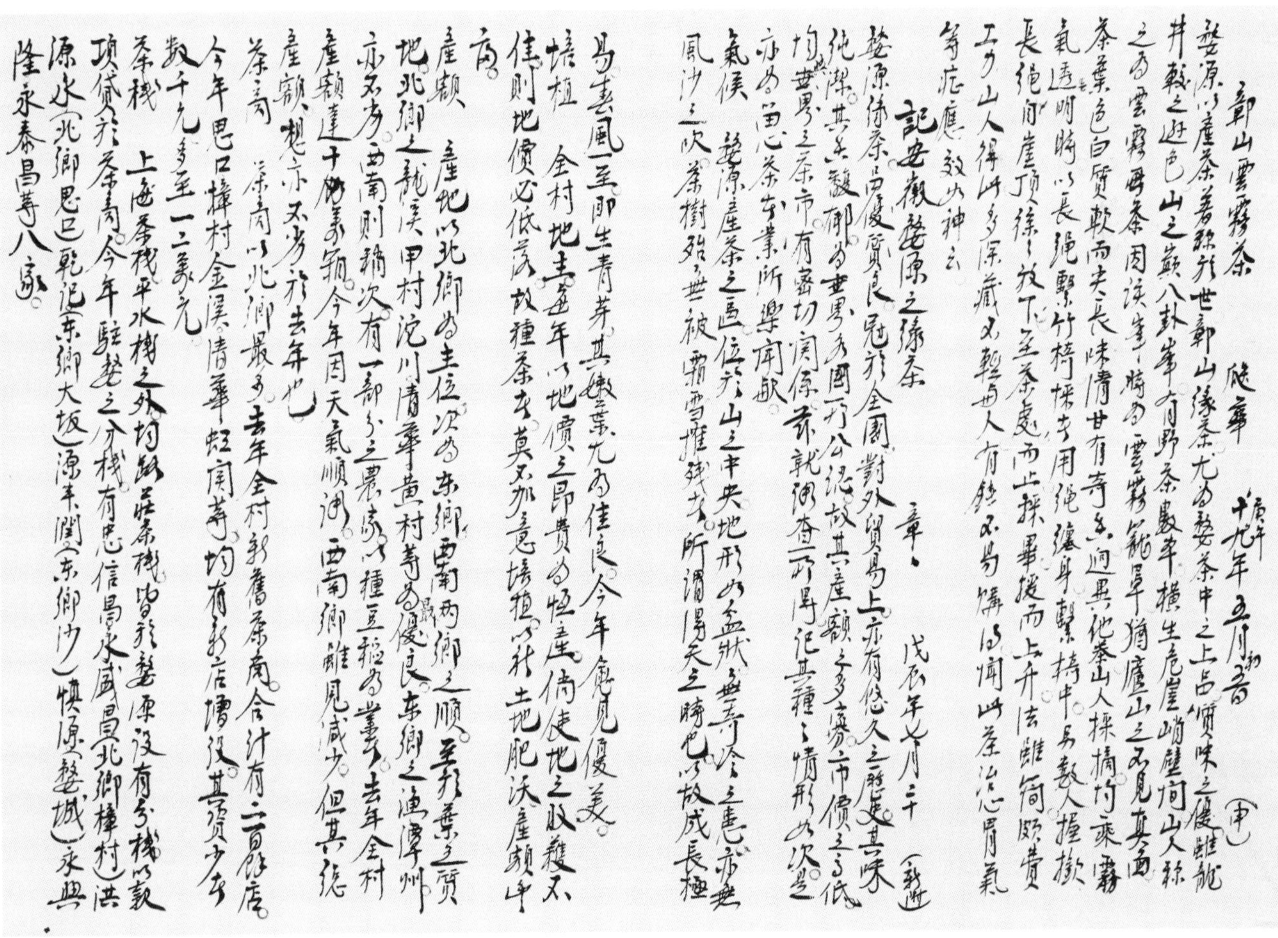

鄣山雲霧茶

啟章　十九年五月初五日（庚午）（申）

婺源以產茶著稱於世，鄣山綠茶尤為婺茶中之上品，質味之優，雖龍井較之遜色。山之巔八卦峰，有野茶數本，橫生危崖峭壁間，山人稱之為雲霧茶，因該峰時為雲霧籠罩，猶廬山之不見真面。茶葉色白質軟而夾長，味清甘有奇香，迥異他茶，山人採摘於爽霧氣透明時，以長繩繫竹椅，採者用繩纏身，繫椅中，另數人握撤長繩，自崖頂緩緩放下，至茶處而止，採畢援而上升，法雖簡陋，費工夫，山人得此多深藏之，輕易無人有餘，不易購得，聞此茶治心胃氣等症，應效如神云。

記安徽婺源之綠茶

章　戊辰年七月二十（新）

婺源綠茶品質優良，冠於全國，對外貿易上亦有悠久之歷史，其味純潔，其香馥郁，為世界各國所公認，故其產額之多，為市價之高低，均與世界之茶市有密切關係，亦就調查所得，記其種種情形如次，望亦為留心茶業者所樂聞歟。

氣候　婺源產茶之區位於山之中央，地形如盂狀，無奇冷之患，亦無風沙之吹，茶樹殆無被霜雪摧殘者，所謂得天之時也，以故成長極易，春風一至即生青芽，其嫩葉尤為佳良，今年愈見優美。

培植　全村地主每年以地價之昂貴，為恆產倚，使地之收穫不佳，則地價必低落，故種茶者莫不加意培植，以耕土地肥沃，產額甲商。

產額　產地以北鄉為主位，次為東鄉、西南兩鄉之順，至於葉之質地，北鄉之龍溪、甲村、沱川、清華、黃村等為最優良，東鄉之漁潭州亦不劣，西南則稍次，有一部分之農家以種豆稻為業，去年全村產額達十餘萬箱，今年因天氣順調，西南鄉雖見減少，但其總產額，想亦不劣於去年也。

茶商　茶商以北鄉最多，去年全村新舊茶商合計有二百餘店，今年思口、梓村、金溪、清華、虹關等均有新店增設，其資少者數千元，多至一二萬元。

茶棧　上海茶棧平水、杭之外均歸茶棧，皆於婺源設有分棧，以款項貸於茶商，今年駐婺之分棧有忠信昌、永盛昌（北鄉梓村）、洪源永（北鄉思口）、乾記（東鄉大坂）、源豐潤（東鄉沙）、慎源（婺城）、永興隆、永泰昌等八家。

（图七〇　52—53）

七〇　沈雁冰　录时事文稿册

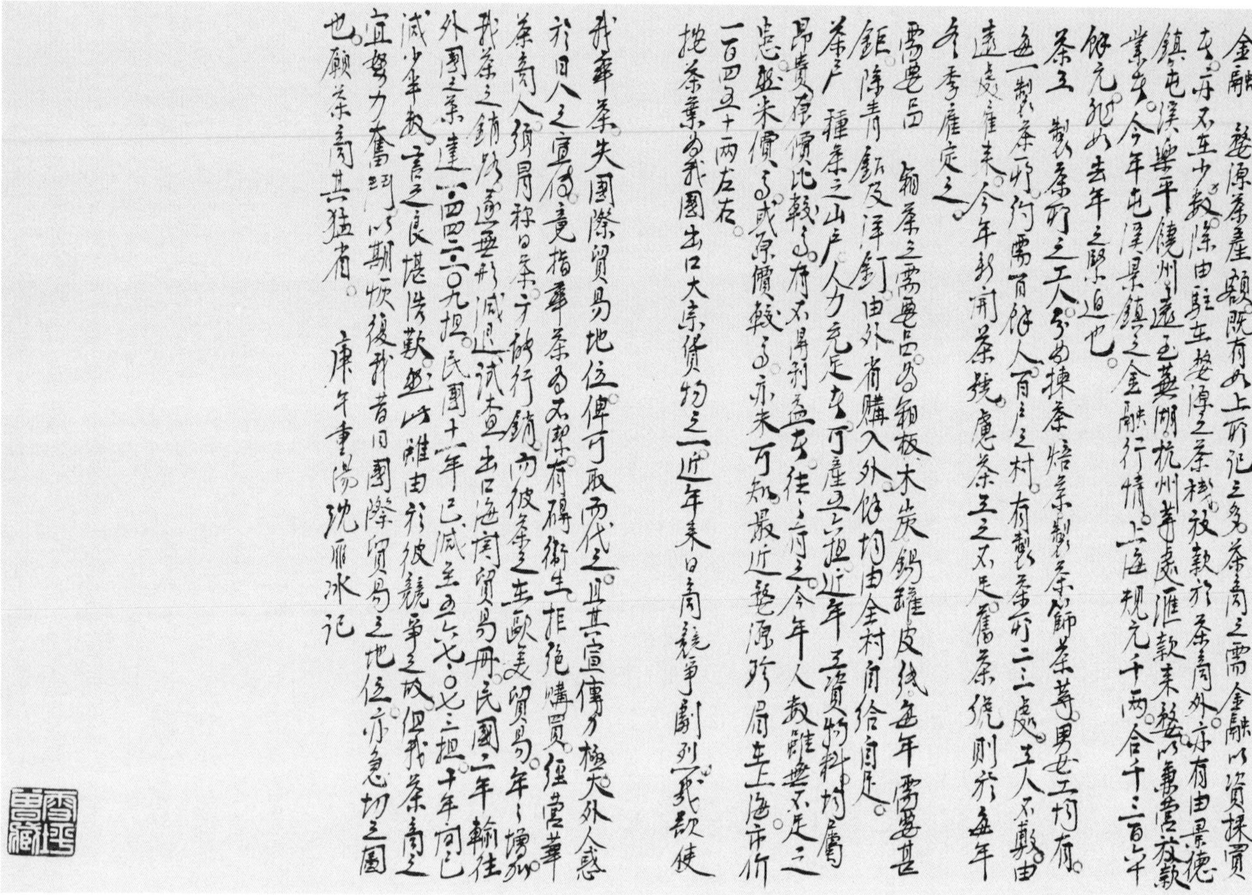

金融 婺源茶產額既有如上所記之多，茶商之需金融以資採買者，亦不在少數。除由駐在婺源之茶棧放款於茶商外，亦有由景德鎮、屯溪、樂平、饒州、蕪湖、杭州等處匯款來婺以兼營放款業者。今年屯溪景德鎮之金融行情，上庄規元千兩合千三百六十餘元，非如去年之緊迫也。

茶工 製茶所之工人分為揀茶、焙茶、製茶、篩茶等，男女工均有。每一製茶所約需百餘人。百户之村，有製茶所二三處，工人不敷，由遠處雇來。今年新開茶號，處處茶工之不足。舊茶號則於每年冬季雇定之。

需要品 箱茶之需要品為箱板、木炭、錫罐、皮紙等。每年需要甚鉅，除青鉛及洋釘由外省購入外，餘均由金村自給自足。

茶户 種茶之山户，人分兩定，在所產量上担(?)。近年工資物料均屬昂貴，原價比較上有不得利益者，往往有之。今年人數雖無不足之憂，然米價與前價較高，亦未可知。最近婺源珍眉在上海市價一百四五十兩左右。

總之，茶葉為我國出口大宗貨物之一。近年來日商競爭劇烈，致使我華茶失國際貿易地位，俾可取而代之。且其宣傳力極大，外人惑於日人之宣傳，竟指華茶為不衛生，有碍衛生，拒絕購買，經營華茶商人須用科學方法行銷，而彼茶之在歐美貿易年年增加。我茶之銷路，遂愈形減退。試查出口海關貿易冊，民國二年輸往外國之茶，達一百四四三〇九担，民國十八年已減至五六七〇七三担，十年間已減少半數。言之良堪浩歎。然此雖由於彼競爭之故，但我茶商之宜努力奮鬥，以期恢復我昔日國際貿易之地位，亦急切之圖也。願茶商其猛省。 庚午重陽 沈雁冰記

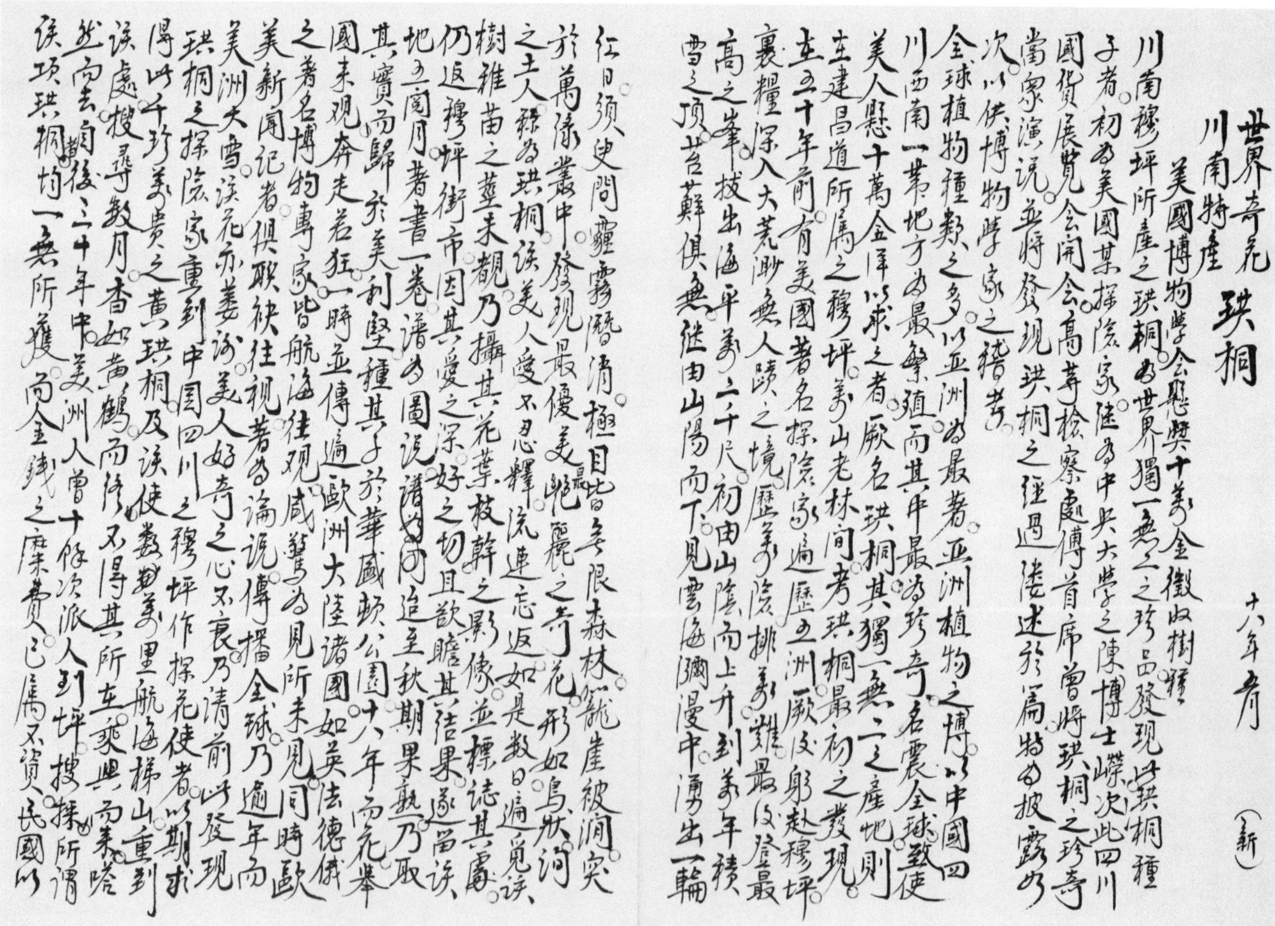

世界奇花 珙桐 十八年 月 (新)

川南特產

美國博物學會懸獎十萬金徵收樹種

川南穆坪所產之珙桐，為世界獨一無二之珍品。發現此珙桐種子者，初為美國某探險家，陳為中央大學之陳博士嶸。次此四川國貨展覽會開會，高等檢察處傅首席曾將珙桐之珍奇當眾演說，並將發現珙桐之經過，詳述於篇，特為披露如次，以供博物學家之稽考。

全球植物種類之多，以亞洲為最著，亞洲植物之博，以中國四川西南一帶地方為最繁殖，而其中最為珍奇，名震全球，致使美人懸十萬金以求之者，厥名珙桐。其獨一無二之產地，則在建昌道所屬之穆坪。穆坪萬山老林間，考珙桐最初之發現，在五十年前，有美國著名探險家，遍歷五洲，厥後躬赴穆坪，裹糧深入大荒渺無人跡之境，歷萬險排萬難，最後登最高之峰，拔出海平線二千尺，初由山陰而上，升到萬年積雪之頂，其苔蘚俱無，繼由山陽而下，見雲海瀰漫中湧出一輪紅日，須臾間霧[illegible]消，極目皆無限森林，緣崖彼澗，突於萬綠叢中發現最優美、最艷麗之奇花，形如鳥，欣[illegible]之，土人稱為珙桐。該美人愛不忍釋，流連忘返，如是數日，遍覓該樹稚苗之莖，未覩，乃攝其花葉枝幹之影像，並標誌其屬，仍返穆坪衙市。因其愛之深，好之切，且欲瞻其結果，遂留該地五閱月，著書一卷，譜為圖說，諸[illegible]追至秋期果熟，乃取其實而歸於美利堅，種其子於華盛頓公園，十八年而花，舉國來觀，奔走若狂，一時並傳遍歐洲大陸，諸國如英法德俄之著名博物專家，皆航海往觀，咸驚為見所未見。同時歐美新聞記者俱聯袂往視，著為論說，傳播全球，乃逾年而美洲大雪，該花亦萎，該美人好奇之心不衰，乃請前此發現珙桐之探險家重到中國四川之穆坪，作探花使者，以期求得此千珍萬貴之黃珙桐。及該使數萬里航海梯山，重到該處，搜尋數月，杳如黃鶴，而終不得其所在。[illegible]興而來，嗒然而去。自後二三十年中，美洲人曾十餘次派人到坪搜採，所謂該項珙桐，均一無所獲，而金錢之糜費已屬不貲。民國以

七〇 沈雁冰 录时事文稿册

（图七〇 54–55）

来复之度派遣专使，均因吾国内战发生，中道而返，目的未达。至前岁始有我国浙江陈博士名嵘者，曾卒业美洲专门大学，比其返也，受该国博物学会之委托，并悬赏十万美金，嘱其返国后西上四川，追往穆坪搜求该项珙桐，以贡献于世界之博物学者。去秋八月，该博士果由南京大学院派遣入川采辑植物标本，适二十四军刘军长饬建昌道尹将穆坪改土归流，兵事肃清，筹备设治之际，地方宁谧，陈氏因得深入其境，并随带西文珙桐图谱一册，晓行野宿，如是月余，共采辑世界罕观之新奇植物标本都一千七百余种，而终不睹所谓珙桐者。其后更凿险缒幽，径穷限老林荒箐，屡濒于危，几为虎狼所困，最后乃于极高之山四时云雾浓厚之处，创见珙桐二株，皆合抱以上，森然挺立，上干青霄，惜其已不知于何年为野火所焚矣。陈氏以摄影器先摄其影，并用小刀镌刻年月日时于其上，以告后来之探险者；随取携树囊带援木攀升，达最高点，採其果实，刚摘百实八子，即失慎而跌，口流鲜血。

嗣经设法救治，始得醒苏。比即去电报告美国博物学会，该会即拍电来迎该博士。自去冬由坪返省，旋即返京，大受都门全体学界之热烈欢迎。不踰日而该学会之奖金亦一旦得金十万，说者谓为名利双收云。

树中发现鸟形之珍闻

数厂 (申)十九年二月初八日

日前赴同学程君家喜宴，席次闻程君之舅王保田君述树中发现鸟形事，洵珍闻也，爰特录於次，以供海内博学家之研究焉。

王君年逾耳顺，临安北乡人，世业贩树。距今三十年前，君赴於潜贩树，以二百金贩得栗树一块，中有一树生长山谷间，长三丈许，身围三尺一二寸，名曰鸟不停（该树枝叶满生芒刺，鸟不能停），故名。而王君尝闻其先人言，鸟不停身围二尺者，树中即有鸟形，惟此种树大者极少，因其质异常坚密，不易生长，凡身围尺许者，非百年以上不可。因之王君既得该树，遂去其梢枝，剖之为二，以觇究竟。讵树中果有鸟形数十，姿势各不相同，散布於树之中段丈许之间。君大喜，遂将剖开之树各截取中段之有鸟形者舁之归家，拟复剖成薄板如干块，惟已剖之鸟形甚为模糊，不无缺憾。事为王君同业某叟所悉，乃适语王曰：以锯剖树，切忌锯热，盖锯一热，则树中之鸟形必致模糊，然欲免此弊，剖时宜备锯数柄，稍剖即换一柄，如是循环轮换，则锯不致生热也。王君如叟其言，复剖，则鸟形果甚清晰，诚希有之珍。该树除去边外，共剖得二分板二十五块，各板两面均有鸟形。王君一一出售，用以制屏风及桌面，颇为名贵。每块售银五六十元不等，中有四块为新登金某购去孝敬上司者，合计价银四百十元。此树总计获银一千五百余元。君家本寒，自得此利后，遂渐宽裕，今则为县资产阶，堪温饱云。

种树浅说

黄影呆 (新)十八年一月

种树事业，育苗为先，故欲办林场，当以开办苗圃为入手办法。兹将苗圃之第一要义，曰审度地位，适於苗圃之地土有必要条件四：(一)土壤肥沃，(二)给水饶足，(三)气候暖和，(四)地形平坦。四者缺一，则成效大减，又有甚者竟至完全失败。苗圃开辟完竣，即可着手播种。播种之手续可分四部：一选种，二整地，三播种，四培养，兹分述如下：

(一)选种 苗圃所用树种为数甚多，故须自行採取种子为适宜，且树木种子均以採自造林地附近者为最适宜。盖气候相同，土性无异，将来苗木成长以之造林，繁茂可操左券。秋冬之季即须饰工赴附近树木繁盛之地，择各种中年强壮母树採集成熟种子，精选慎藏，以供次年播种之用。种子成熟之期，各各不同，採取未熟之籽，则不能发芽；熟而未採，则散落地上者有之，为风吹散者有之；将熟未熟，陡遭风雨，则颗粒无存。而堪以採种之母树又散在各处，故採集种子事前当先设立顺序表，依次採集。兹一气候随时察看，否则重要种子不易因忽於注意而收获无望。急速种子成熟之期，较为普通，或早或晚，则尤不可不先预防。採集种子如松柏之球果，枫之翅果，乌桕之蒴果，槐楝之多肉果，更有树叶小枝暨杂质夹入其间，均须去皮去壳，多费手续，再细加剔选，陶汰不良之

（图七〇　56—57）

七〇　沈雁冰　录时事文稿册

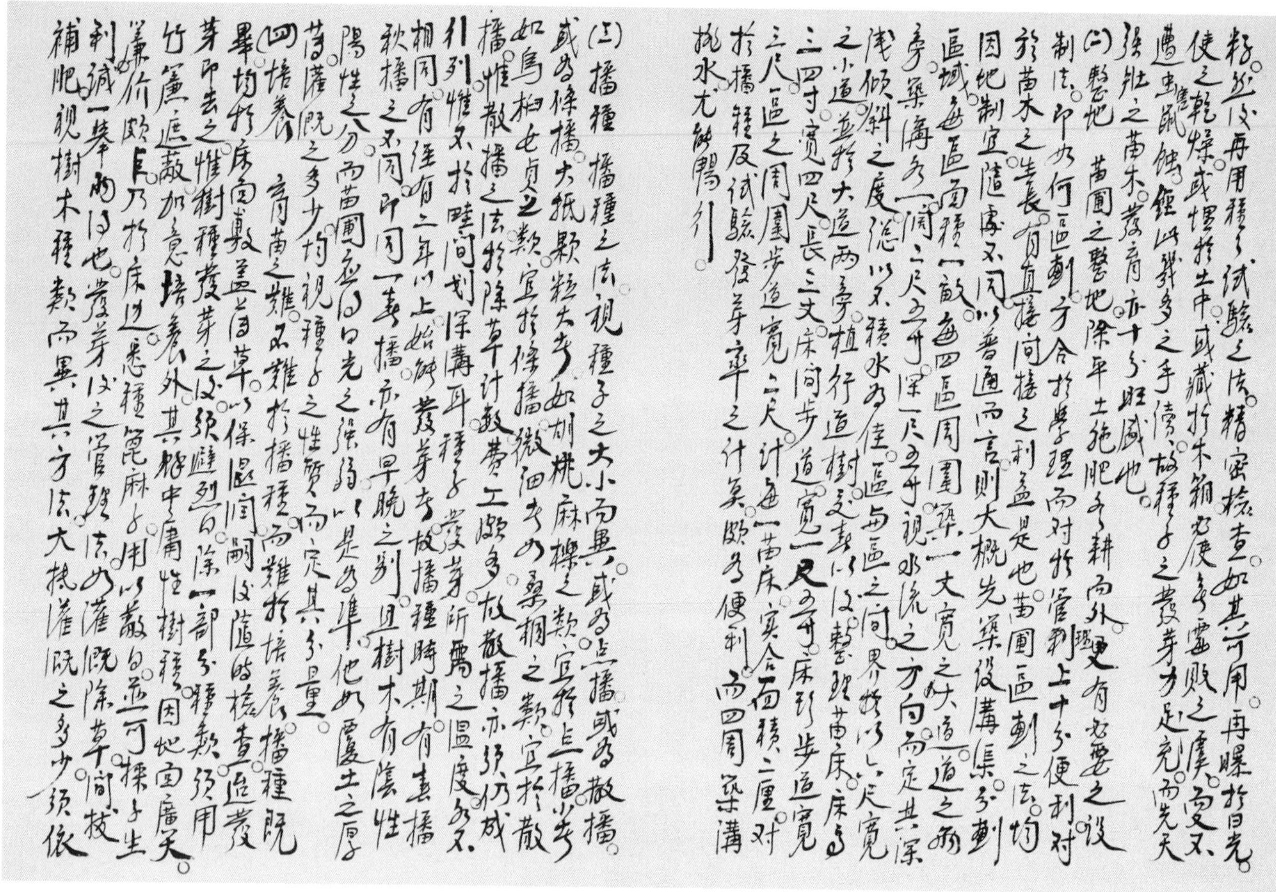

籽然後再用種子試驗之法，精密檢查，如其可用，再曝於日光，使之乾燥，或埋於土中，或藏於木箱，必使免霉敗之虞，受又遭蟲鼠蝕饑，但此等多之手續，故種子之發芽力足，免而先天强壯之苗木發育亦十分旺盛也。

(二)整地 苗圃之整地除平土施肥等耕耘而外，更有必要之設制法，即為行區劃，方合於學理，而對於管理上十分便利，對於苗木之生長有直接間接之利益是也。苗圃區劃之法，均因地制宜，隨處不同，以普通而言，則大概先築設溝渠，分劃區域，每區面積一畝，每四區周圍築一丈寬之大道，道之兩旁築溝，分一間二尺之寸，深一尺五寸，視水流之方向而定其深淺傾斜之度，從以不積水為佳，區與區之間界以一尺之寬之小道，並於大道兩旁植行道樹，更期以後整理苗床，床為三四寸寬四尺長三丈，床間步道寬一尺五寸，床外步道寬三尺，區之周圍步道寬二尺，計每一苗床實占面積二厘，對於播種及試驗發芽率之計算，頗為便利。而四周築溝排水尤稱暢行。

(三)播種 播種之法，視種子之大小而異，或為點播，或為散播，或為條播，大抵顆粒大者如胡桃、麻櫟之類，宜於點播，次者如烏桕、女貞之類，宜於條播，微細者如桑、桐之類，宜於散播。惟散播之法，於除草計，較費工繳多，故散播亦須仍成行列，惟不於畦間划深溝耳。種子發芽所需之溫度各不相同，有經之一年以上始能發芽者，故播種時期有春播秋播之不同，即同一春播亦有早晚之別，且樹木有陰性陽性之分，而苗圃必因日光之強弱，以是為準，他如覆土之厚薄，灌溉之多少，均視種子之性質而定其分量。

(四)培養 育苗之難，不難於播種，而難於培養。播種既畢，均於床面敷蓋稻草，以保濕潤，俟隨時檢查，迨發芽即去之。惟樹種發芽之後，須避烈日，除一部分種類須用竹簾遮蔽加意培養外，其餘中庸性樹種，因地面廣大，兼價昂貴，乃於床邊悉種蓖麻，以備遮蔽日光，可採子生利，誠一舉兩得也。發芽以後，管理之法如灌溉、除草、間拔、補肥，視樹木種類而異其方法，大抵灌溉之多少須依

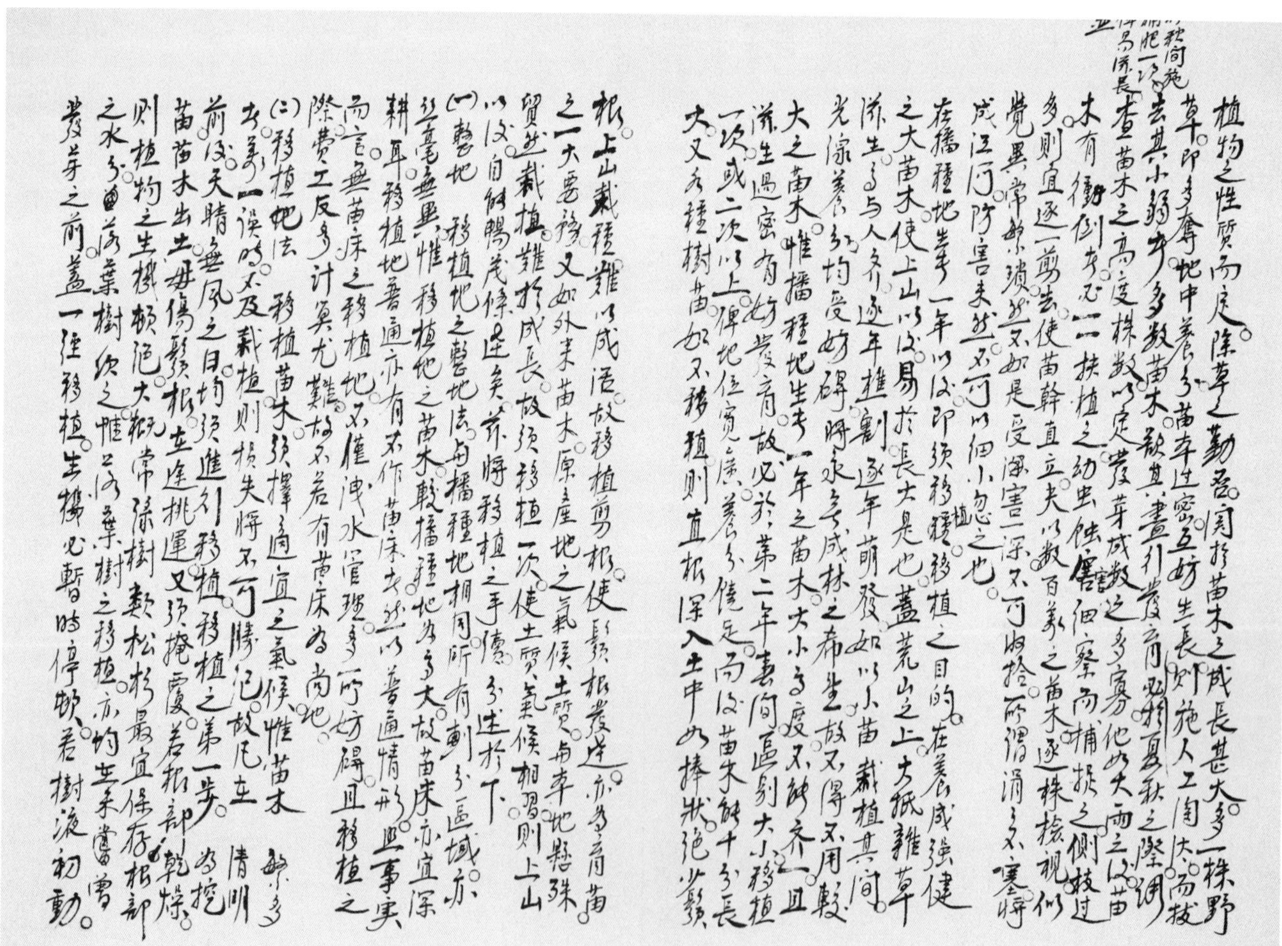

植物之性質而定，除草之勤惰，關於苗木之成長甚大，多一株野草，即多奪地中養分，苗木過密，互妨生長，則施人工間拔，而拔去其小弱者，多數苗木盡行發育，必於夏秋之際，間查苗木之高度，株數以定發芽成數之多寡，他如大雨之後，苗木有傾倒者，必一一扶植之，幼蟲蝕害，細察而捕捉之，側枝過多則宜逐一剪去，使苗幹直立，夫以數百畝之苗木，逐一株檢視，倘覺異常，即須設法，如是受深害，一深不可收拾，所謂涓涓不塞，將成江河，所當然不可以細小忽之也。

在播種地至第一年以後，即須移種移植之，目的在養成強健之大苗木，使上山以後易於長大是也。蓋荒山之上，大抵雜草滋生，易與人爭，逐年推割，逐年萌發，如以小苗栽植其間，光線養分均受妨礙，將來殊難成林之希望，故不得不用較大之苗木，惟播種地生長一年之苗木大小高度不能齊一，且滋生過密，有妨發育，故必於第二年春間區別大小，移植一次，或二次以上，俾地位寬廣，養分饒足，而後苗木能十分長大，又各種樹苗如不移植，則直根深入土中，如棒狀，絕少鬚根，上山栽種難以成活，故移植剪根，使鬚根發達，亦為育苗之一大要務，又如外來苗木，原產地之氣候、土質與本地懸殊，須先栽植於成長，故須移植一次，使土質、氣候相習，則上山以後自能暢茂條達矣，前移植之手續，分述於下：

(一)整地 移植地之整地法，與播種地相同，所有劃分區域亦分毫無異，惟移植地之苗木較播種地為多大，故苗床亦宜深耕耳。移植地普通亦有不作苗床者，然以普通情形與事實而言，無苗床之移植地，不僅洩水管理多所妨礙，且移植之際費工反多，計莫尤難，故不若有苗床為尚也。

(二)移植地法 移植苗木須擇適宜之氣候，惟苗木出土第一，誤時不及栽植，則根失將不可勝紀，故凡在清明前後天晴無風之日，均須進行移植，移植之第一步為挖苗，苗木出土，毋傷鬚根，宜速挑運，又須掩覆根部，乾燥則植物之生機頓絕，大概常綠樹類，松杉最宜保存根部之水分，與落葉樹須之，惟之落葉樹之移植，亦均在未發發芽之前，蓋一經移植，生機必暫時停頓，若樹液初動

七〇　沈雁冰　录时事文稿册　　（图七〇　58—59）

而現停頓之狀苗木必因之大受損害失也苗木運至移植地剪去主
根三分之二如棒狀根太長則剪去尤多惟常綠闊葉樹移
植之際如枝葉太多當酌為修去否則葉面蒸發太甚必致
枯死移植之時先於苗床之上以移植棒穿一孔孔之深度視
苗木之大小而定孔與孔之距離卽苗木之距離亦視苗木之
種類及生長度而不同大抵如梧桐油桐之類木本苗木須
距一尺次之距離八九寸如一年生松苗則相距距四五尺足矣
穿孔以後乃將幼苗根部和以泥漿插入孔中根部愼勿彎
曲四圍之土搥之使堅而後酌施灌溉至未嘗移植之先必須
檢查苗之良否如色澤不佳新芽不健全枝幹軟弱全
係過於瘦小者均在棄去之例蓋不良之苗木徒化人工徒
占面積難望其十分發育惟用之試驗或對於稀有貴重
之苗木則不在此例一人一日移植苗木之平均數用移植棒
凡一二尺大苗木每日能栽五百株至六寸小苗木每日能栽九百
株惟以工人之熟練與否而有增減若令一工人兼而挖苗忽
而搬運忽而穿空移植則一人之力所栽必不足此數故
以分工法為宜不僅運搬挖苗各有專司卽移植時必須經
驗查良否分別大小計其株數之分樣之手續而後司丈量者
卽灰印於苗床持移植棒者按印刺孔再令一人分配樹苗於
各孔中而後由培土者逐株壓土使固事後灌溉者又一人巡視
者又一人如是總計一百需工幾何移植之苗木幾何而得一人
一日之移植苗木平均數

（三）培養　種植苗木必多損傷故移植苗木生活成數考諸
學理經驗均有一定惟若移植之時根部曝露太久或壓土
未堅鬆根屈曲或灌溉不足則生活成數必較標準數量為
減栽植之後自春至秋約除草三四次修剪旁枝一次此外
如蟲害之預防天旱之灌溉雨後之處置均須與播種地相
同且苗木均須補肥以促其長大

（四）插木　播種育苗之外尚有行插木法以繁殖新株者其法
在春初或霉雨之際截取新枝長一尺左右插於土中自能
生根發育惟堪以插木之種類雖多而較為普通者則為
篠懸木白楊柳樹木槿等蓋楊柳之屬不能播種而篠
懸木等播種育苗不若插條之易且速也樹苗自移培以後
經一年或二年以上卽可種植於林地蓋是時苗已長大如經曆
久不致死亡矣惟樹性與土質當使適合為宜如柳樹之適於
溼地松柏之宜於乾土均不可不注意者也林地之管理法主
要者為除草蓋雜草叢生既足以奪取地中養分而妨礙
樹之發育且蔽蔭幼樹使日光不足為害尤甚故於春
秋二季至少須除草一次又樹幹下部叢枝簇生使樹木不
高或樹幹彎曲故一至秋間又須修枝一次既以整理樹林又
得枝葉舉兩得之事也又所植樹林木又
能完全無損大抵春間雨量充足乾燥得宜則生活成數較
多如栽植以後天久不雨則新栽之樹必多枯槁至於生活成
數之多寡又依樹木種類而有異大抵常綠樹枯損較多
落葉樹枯損較少然初栽樹木每距五六尺一株越四五年
必須間拔一次故枯損較少者可不必補植如見缺樹較多
當於秋間補植之

水仙花雜談　瓣　（新附）

水仙花培植簡單只須置諸水盆處盛以宜興之陶瓷盆下置
鵝卵石每日早晨用溫水澆曖鵝卵石日中曬之則花盛開不費
功夫若配以玻璃框架陳列廳堂甚美觀也吾人於水菓店
鋪費小洋兩三角卽可買得一顆
水仙花其根若蒜其葉似韭抽莖如葱頭開花數朵大如
簪頭狀如酒杯五尖上承黃心宛然盞樣其花瑩韻其香清
幽釋名金盞銀臺洵不誣也
我國古時亦有水仙花但現在之水仙花其種來自西域約三百
年前福建漳州府人在美國某花園中見其花之美麗携數
顆歸來種諸自己園開花亦甚美觀嗣後栽培頗盛至今日
幾為漳州府之特產不但供國內各地方之需要且每年輸往
外國者為數頗鉅據最近調查每年產額平均可有三百五
十萬顆價值約在十萬餘元之譜
專種水仙之園稱水仙花園漳州府南門外之黃山諸鄉社為
其主產地播種之法舊四月至八月上旬之間將土鋤鬆曝
諸日光作成高約一尺寬約四尺之畦八月上旬將花種埋
入土中深約三寸至翌年四月末掘出鋤土如前八月上旬再

（图七〇　60—61）

七〇　沈雁冰　录时事文稿册

種之初年及第二年播種時間隔不一定至第三年則作成適
當間隔第三年四月又掘出置之陰地上乾燥之保存至八月
再加種植工作如前故水仙播種必經三年循環種植不能
收穫豐年數愈多根部之發達愈大又土壤須肥則花茂
盛故用豆餅或牛糞花之若地瘦則多花耳
播植初年形狀與葱無異第一年稍生外鱗第二年則外
鱗增加如蒜頭狀第三年收穫時分為數個部分於其上
生葉至水仙花之雛形至第三年埋入土中時須摘去外鱗
上自種之土中至翌年四月末掘出晒乾以便保存八月
然水仙花之花種取其根部兩個根並適宜乾燥舊
留其心部並無有經驗者為之如斯收穫者去其葉乾燥之
水仙花之品質良否視其根粒之大小為標準大者良而小者否
人所易知但在花園中鑑定品質時於第二年收穫之際注意其
地上葉之粗否葉粗者根小為不良品反之則為良品
水仙大概可以藏一年浸水則過五十日即開花以寒中開花最美
觀過舊正月則失其價值若欲於舊正月賣出收穫之者可
保存二年但多不開花其保存法須乾燥之掘出後晒於日光中
去其外部水氣則可留至正月販賣之
水仙花可壓油搽油塗身可去風氣又可療婦人五心發熱
同乾荷葉赤芍藥等分為末服之其根味苦微辛滑寒無毒可
主癰腫及魚骨哽等症
閱於水仙花之神話記之如下昔有妻姜兩子分家妻將上田分
於己子名下其瘦田則歸姜子承受姜無法在田地哭訴有一
老人過其地問其故姜以實告謂分得此不堪之地不能生活老
人哀其情乃將水仙種之至翌年開花茂盛倍極其美收其價值
乃在上田之上但此種僅限此田可種他處不能生長云云

種荷雜談　周錦濤　（新）

余生性怪癖不喜作俘俗之應酬暇輒種花以自娛家居時除日
消磨於剪枝芟葉間聞朋儕有佳種者輒不遠千里而
求之以償所愛之適性也摯友家花中尤以美芙蕖為最心愛蓋
無花近不覺愛之適性也摯友親朋恆以小濂溪先生呼之不學
無文愧我祖多矣。

蓮花之色不一中國所傳者都紅白二種近日西種傳播海上花園則
野生已見西洋黃種不少花瓣較茸一如中產惟清香較減而已
中產有千瓣蓮花者花瓣攢密色多粉紅開放時必須攤去之剝
瓣甚始能大開所見鮮豔重疊自過常花合苞時即須分
之扎架否則清風一陣花即隨下大形美觀擅種者手
千瓣蓮花僅供清賞不能結蓮蓬花瓣多者多如是非僅蓮花
也
余初值荷花時在越地康橋養中乞得佳種時已清明節後據
養中老嫗語余謂荷花於清明後遲種者年不能開花遲種後
兩月葉大如傘梗粗似蓮藕謂嫗言不驗矣已不見菡萏之萌
芽始信嫗言之不謬當時嫗言清明後一日遲種當年即不能
開花試之果然可喜不能得其故節氣為植物之周律有如是者
荷花之地下莖年逾久而愈小移舊代新嫗望不衰也是故供吃之
藕必於舊年之時將藕種植之肥田荷花放時掘出在市則肥嫩
味白碩大無朋矣
種荷之利益甚大藕可製粉為補陰之妙品治吐血有奇功西
湖藕粉久負盛名浣盒裝售歲數千萬以為西湖有奇可西湖藕
塘不多僅供夏日菜品之用浣盒所裝之粉乃山薯所製之
贗品耳欲求真粉則非自購西藕自製不可晒乾時毋
贗品之顏色不同贗品色白真粉色粉紅也
蓮花謝後子房膨大就秋時節即可採取用火焙乾平時餉
客普通之家多用之以常作點功效較桂圓為大開胃健
脾為藥中之不可少者荷葉亦為種荷者之副利將鮮葉
晒乾醬菜之水菓店每百斤可得洋數十夏日炎熱用荷梗
煎茶可清解暑熱冷飲涼爽較汽水而勝之
夏日荷池納涼清風陣陣實為人間神仙植之瓦盆置之案頭
微風搖曳疏影頻動亦為書齋之點綴品位置最宜書案
畔清幽常伴主人吟詠此也
兒時嘗以荷梗作煙筒嘗作杭州宓大昌之奇煙吸津津有
味回憶往事猶有回味也

舜卿　十八年十一月七日　（新）

紅豆小語

紅豆樹即相思樹多產於粵中幹高尋丈枝茂葉繁入秋則開

七〇　沈雁冰　录时事文稿册　（图七〇　62–63）

蝶形之花，花實為莢，成熟一時自則剝落，其形圓而略扁，質堅色鮮，
相傳有人殁於邊戍，其妻思之，哭於樹下而卒，故亦名相思子。自來
詩人多詠之，如王維詩云"紅豆生南國，春來發幾枝，願君多采擷，此物
最相思"。近人陳弢庵先生有句云"豆莢情種生南國，柳是愁絲館白
門"。其他閨秀於紅豆之作，不可勝述。
又昔嘗有人以正方形骨六面分鐫竅為一二三四五六之點數，俗呼骰
子，亦賭具之一種，投之以視其點之多寡而判勝負，點中雜嵌朱
墨，亦雜色子，惟有匠心獨具者，何紅豆於竅中，取其點鮮明而
易見者也。溫庭筠有詩云"玲瓏骰子安紅豆，入骨相思知未知"，
道麗藻艷雋，永可誦。紅豆樹東南諸省亦有之，惟不可多覯，
虞山錢謙牧齋之紅豆山莊有此樹一株，確為牧齋故物，據云須
逢甲子始花，花未必實，實未必多，更須歷若干歲而始成熟，其
色殷紅，大窮日遠勝粵產，故獨能見珍於世。
吾友程嵩周劇其鄉以故所得紅豆十餘顆見贈，余即投數顆於
案頭水盂中，雜以潔白卯石，歷久猶鮮，色澤甚美，彌覺可愛，
據云此樹亦僅有一株，在距屯溪三里之黎陽鄉附近有一石山，雙
峯屹立，不可逼視，此樹並立於雙峯之旁，其幹可三四人合抱，濃蔭如
蓋，大逾尋常，中無歲必實，但亦不多，若得詩文張揚揚，安知其不
將與虞山紅豆並珍於世耶！

化白卯之紅豆樹 華翔 十八年十二月廿六日（新）

紅豆一名相思子，相傳有人殁於邊戍，其妻思之，哭於樹下而卒，故
名。常熟白卯鎮附御有清才妓柳如是之藁砧錢牧齋故址，
或謂係錢之岳世家，有古紅豆樹一株，樹以人名，故該樹歷由御政
局今區公所保護，因為虞地第一古蹟，今白卯鎮所屬之區亦
即以紅豆名，按該樹不常實，即實亦不多，故價值殊昂，以圓整
色紅潤鮮艷者為貴，大如豌豆，微扁，質奇硬，不乾皺，且不易碎
裂，富室遇喪，每以鑲嵌於指環殉葬，勝於寶石也。此樹江浙為地
不易覯，辭源上謂此樹產於嶺南，則兩廣福建熱帶為地琮
有此樹也。

再說紅豆 劉碩甫（申）

本談前曾屬紀紅豆，博搜遠考，似臻詳盡。查吳都賦，相思之
樹，注曰其實如珊，既曰樹，自非草蔓之本。又資暇錄謂豆有圓而
紅者，本無呼為相思子，即紅豆之異名也。辭源謂"紅豆名相思子，產於
嶺南，木質蔓生，幹高丈餘，葉為羽狀複葉，實成莢，子大如豌豆，色鮮
紅，亦有半紅半黑者"。以上二說，疑即藥肆中所售之一種。糖肆用
以佩飾兒童目者，非真紅豆也。僕前有友貽贈二粒，狀宛若蠶豆
而略扁，邊緣亦有芽痕，色澤紅潤可愛，前人謂"玩之可以相思"，蓋
以此耳。質極堅緻，藏之迄今並未蛀蝕，久欲用以嵌製飾物，未
果。蓋不願以金銀依物斲喪之也。此豆僅常熟獨有一樹，在北門外
十餘里之抱慈橋趙家世代相傳，極久，其先世有名次侯者，与清翁
瓶齋相國同時，樹則至今年邁，惟結實無定時，亦間有數年
不實者，其家以物為僅有，極珍視之。僕以宿癖好奇，展轉託
友人黃君特至趙家，攝得該樹影片，并索得莢葉數枝，莢
為扁圓形，有尖無莢，豆葉則橢圓，与常葉無異，最奇者樹
為喬木，本高出屋簷，樹幹周圍三四十英寸，年代固不可考，要
亦甚為久遠矣。吾友史東山君与其閨人華女士宿精美藝，近翔
美術品肆於跑馬廳畔，知紅豆名久而未見其物，索觀於予，喜
躍者再，又復艱辛收集數十顆，分別製為帽針、約指等，益覺
新穎可喜，聞已為友朋知好購去殆半，以之持贈璇閨膩友，倘亦
愛其清新絕俗歟。附錄丹徒許介子紅豆新詞一闋如下：
（雙紅豆慢）碩兄贈予弟兄以紅豆，戲譜此闋。 刻骨愁濃，迴腸
路遠，泥卿寄与相思。香囊密裹，玉盒深藏，除伊還得誰知。慧絕
王維，真詩中有畫片語，療癡，北國戀南枝，故奈重逢能定何時。
卻別院熟歌，驕人新侶拋殘，只解歡娛，當年試憶也應殷
顆顆低徊，一百遍千回從頭數，紅情暗死，願柔條年年滿種天涯。

冬日著花之靈巖山桃 鄭逸梅 十八年十二月十六日（新）

木瀆靈巖山，本有吳宮人西施艷跡，故游人絡繹，四時不絕，猶憶客
歲重九，予隨石予師作靈巖登高之舉，師健於腳，竟造巔
至琴臺，天風吹來，胸懷瀟然，既而於寺旁忽覯大桃著花，引為
奇事，師因成一絕紀之云"琴臺一路最高峯，九日山花詭異紅，笑
指靈巖添艷跡，天桃一樹媚西風"。不料一昨黃文霧女士來述，今冬
寺桃又著花，爛然花皆重瓣，色有紅有白，而紅者瓣染白點，白
者瓣染紅點，且花朵累累，較尋常為大，殊嫵媚可人，來游之
中西人士競出攝影機攝之。後聞寺僧引為兆時之花妖，異不祥。

（图七〇　64–65）

七〇　沈雁冰　录时事文稿册

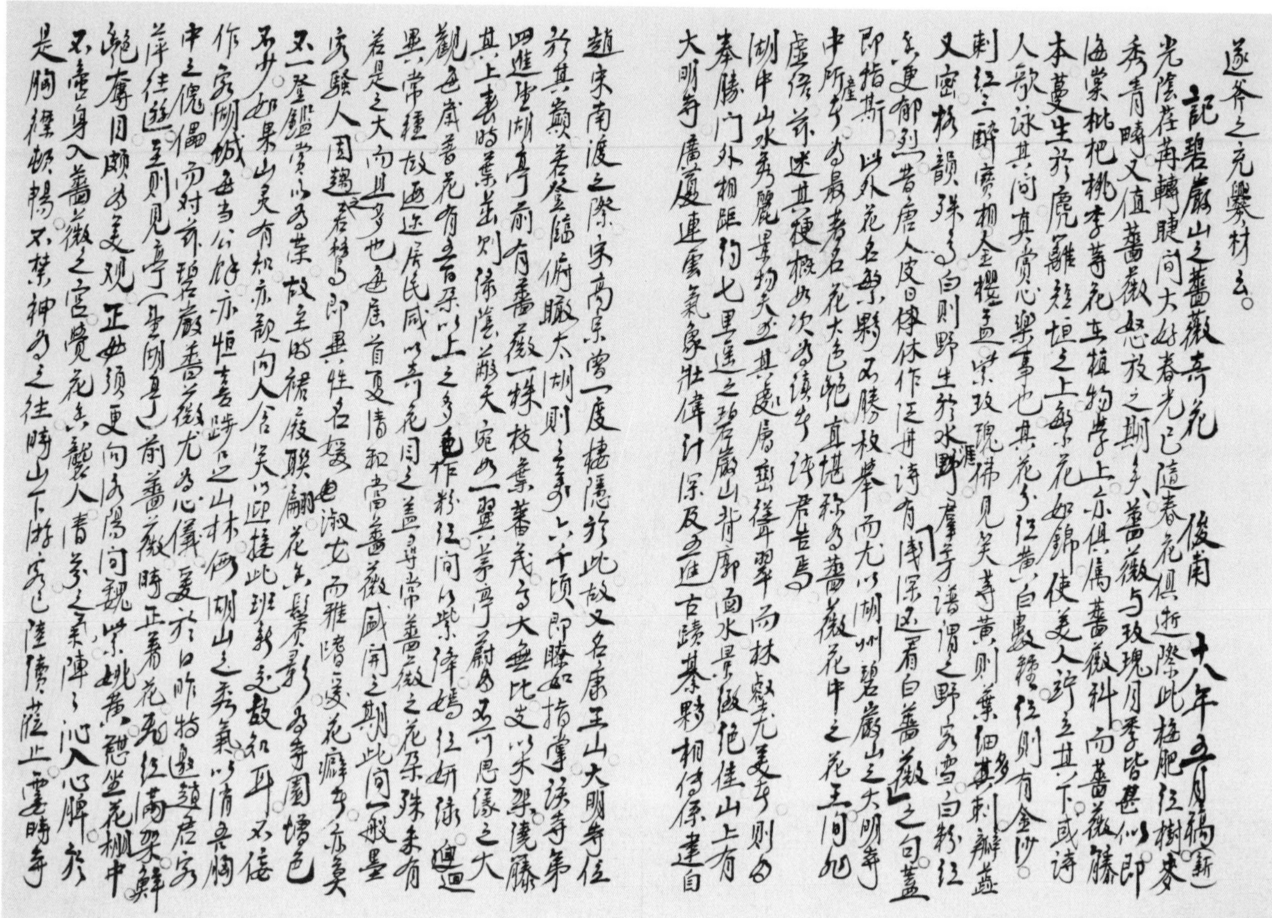

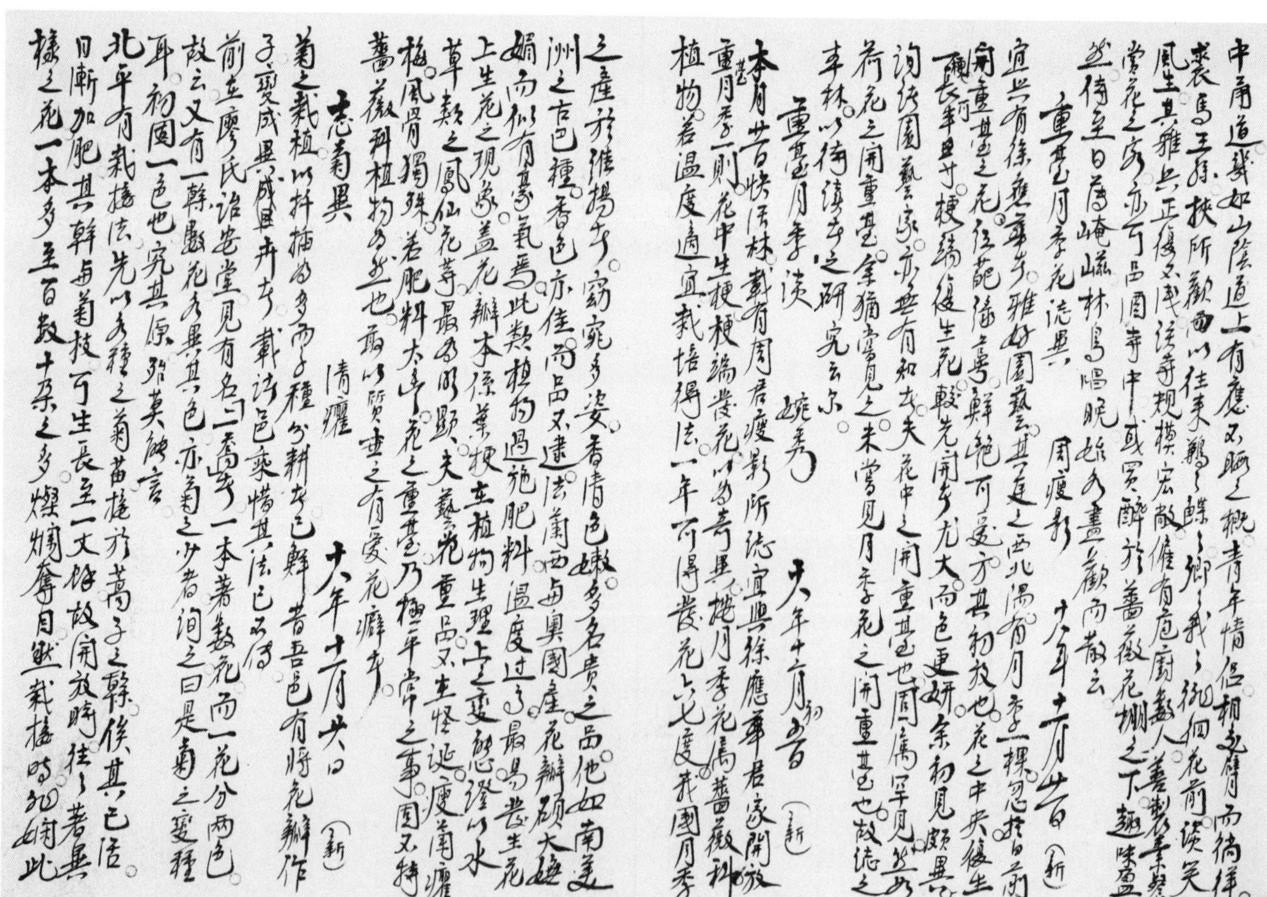

七〇　沈雁冰　录时事文稿册　　（图七〇　66–67）

手術者也難於收效

余友唐君前以栽植不驗，後以色水澆灌菊根，至花吐艳時，亦呈（既有）異采，以菊無藍色，遂用青蓮之水分輸供其根，鬚之吸收，色若牵牛花，無異人初見之，几疑為異種

紅水仙　清癯　十九年二月廿日（新）

前日余戚黄君謂予，有友人某携来水仙一種，云是異品，係閩省某地所得者，並囑善植之，乃置諸盆中，上附砂礫以護其根之罅隙，復時以清水浸潤其間，未几，於葉中抽莖，而含蕊不放，其瓣之或紅或白，究莫能知

詎月初，其花漸開，瓣露赤色，其艷麗如桃，方信友人所言為不誣，然其蕊已歷兩月餘始得吐艳，洵堪稱奇葩也。現聞猶在案，引以作芸窗清供，会当一賞其幽芳也。昔人名是花為「金盞銀臺」，以其色白心黄，形如盞，故云，或謂之「玉玲瓏」，今此花其色既紅，是凌波仙子不着縞衣，而染臙脂以出世，不僅水石增光，而亦可為群芳中放一奇彩也

猶憶余幼時，聞先君子植有紅色水仙，然其開花時又在春初，須至六月盛暑中方得覩其芳姿，且亦不明培植，故今有此種者絶尠，不知西黄君所得者果有異否，特先誌之，以俟欣賞者之品評云尔

芭蕉結實誌異　桑漢鵬　十九年六月稿（新）

同寓視君振群渠家世居浙東之绍城，麥秋以省親歸去，大叙其天倫之樂，始於昨日來廠視事，睹譚之下，並告予該地蘭亭中之芭蕉结实事一節，頗為奇異，爰録其言，披實率林，俾供博物学者之参考焉

吾越處稽山镜水之间（指稽山即今稽山也，距绍城南東约十五里；镜水即镜湖，在绍興縣南），景緻天然，地靈人傑，為歷代名流嘯詠之所，而尤以南門外上巳修禊之蘭亭為最著名，其亭當崇山峻嶺之下，茂林修竹，有曲水流觴之勝，昔晉時王羲之曾邀其他泰(?)稽怡情，引为生平樂事，既留連不忍遽去，且選文以張其勝，於是千古傳為美譚，吾人誦《蘭亭序》，概可想見其一斑矣。第自洪楊乱後，亭台樓榭，古蹟多被毁壞，往迹僅得殘餘一片，以致遊人多不涉及，景象蕭條，亭可羅雀，殆成廢物，至前歲壬戌春時，始由越中耆绅發起重行修葺，竭力整頓，迺得煥然一新，平時墨客騷人，園趨之若鶩，無虞寂(?)，秋佳日更游人陸增，全城士女聯翩戾止，衣香鬢影，為亭園增色不少。上月天中節日，余亦偕舍親抽暇一游，並地踐履，園中徘徊久之，見亭傍有芭蕉一棵，軀幹高大，枝葉茂盛，如張翠蓋然，又係有異，且其頂結實，纍纍晶潔可愛，其色淡黄，略帶青綠，大可三寸許，作長圓形狀，如市上所售之廣東香蕉。余怪而詢諸鄉人，據父老傳説，謂芭蕉结實，恐兆佳兆。昔洪楊亂時，是歲夏季天氣奇熱，此亭芭蕉曾一度開花結實，越之閱月，旋即善熾云云，此説漫不可稽，大數奇未野語，要亦不足徵也。又據醫學者言，謂芭蕉結實，實非易事，蓋其樹須經歷百年之久，幹不枯凋，始或能開花結實，否則不生，故醫者欲覓藥劑，直如登天之難，非一朝一夕所能求得之物，於是各執其辭，莫衷一是，然余聞之，更覺為奇，足併百思不得其解。豈芭蕉之年久而結實歟，抑亦勝地而出奇物歟，誠異哉矣

漢鵬按：考芭蕉生在亞洲熱帶各地，能開花結實，其實稱香蕉，味甘，故又名甘蕉，人多嗜之，至於江浙等地，則雖生有芭蕉，都不結實，蓋江浙氣候，不及熱帶之故。而今山陰道上蘭亭傍之芭蕉忽能開花結實，以愚意測之，殆天時大熱之預兆歟，姑誌之以待證

水園煙卿誌碧荷　清癯　十九年七月稿（申）

荷之名不一，考詩毛詩有「蒲菡萏」，傳曰「荷華也」，亦名芙蕖，尔雅云「荷芙蕖，其華菡萏」，注「别名芙蕖，江東呼為荷」，王逸賦有「菡萏紛披」之句，李商隱詩「唯有綠荷紅菡萏」，是荷以菡萏兩字為著，或以其蕊曰菡萏，结實曰蓮房，子曰蓮子，葉曰蕸，根曰藕，此其大較也。而不知荷又有名澤芝者，郭璞贊「芙蓉，芙蕖，蓉麗草」，曰「澤芝」，亦有名水芝者，古今注「芙蓉一名荷華，花之最秀異者，一名水芝，一名水華」，是以宋子侯詩「共憐的皪水華淨」，即謝貞詩「水華風動畫船」，亦皆指此也。

荷見誌歷史者，漢昭帝穿淋池，植分枝荷，一莖四葉，日照則葉低蔭根莖，若葵之衛足，名曰低光荷，花葉雖萎，芬馥之氣徹十餘里。又靈帝渠中植蓮，其葉夜舒晝卷，一莖有四蓮叢生，名曰夜舒荷（亦云月出則葉舒，故曰望舒荷），楊再思諂事相張昌宗，以姿貌俊，再思無曰人言

（图七〇　68–69）

七〇　沈雁冰　录时事文稿册

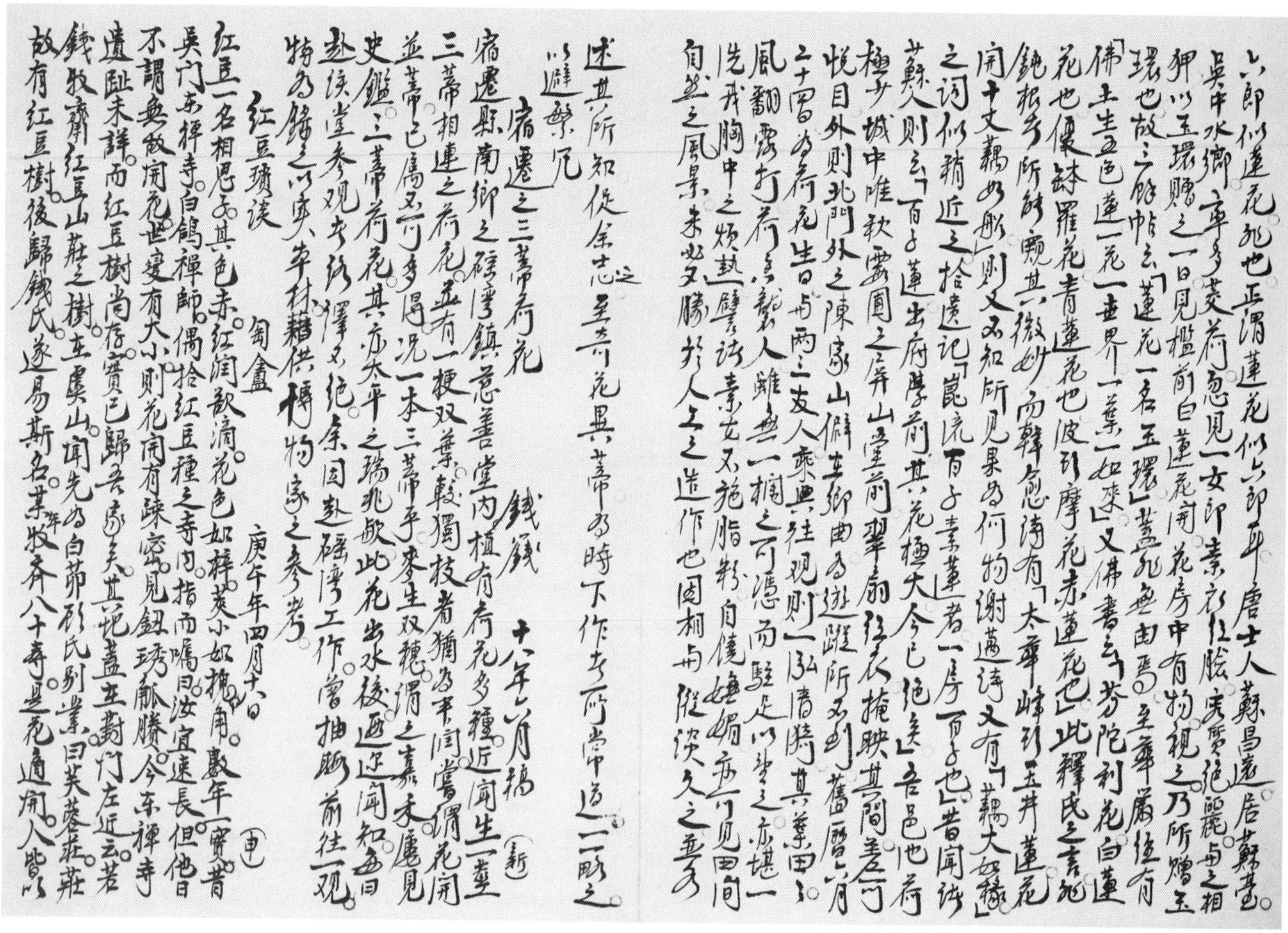

六郎似蓮花，非也，正謂蓮花似六郎耳。唐士人蘇昌遠居蘇臺，吳中水鄉，第多菱荷。忽見一女郎素衣紅臉，容質絕麗，與之相狎，以玉環贈之。一日見檻前白蓮花開，花房中有物，視之，乃所贈玉環也，故六帖云「蓮花一名玉環」。蓋花無由惡，至華嚴經有「佛土生五色蓮花，一花一世界，一葉一如來」。又佛書云「芬陀利花，白蓮花也；優鉢羅花，青蓮花也；波頭摩花，赤蓮花也」。此釋氏之言花，能極其所能，窺其微妙，而韓愈詩有「太華峰頭玉井蓮，花開十丈藕如船」，則又不知所見果為何物。謝靈運詩又有「藕大如船」之詞，似稍近之。拾遺記「崑流百子蓮者，一房百子也」。昔聞諸蘇人則云「百子蓮出府學前，其花極大，今已絕矣」。吾邑地荷極少，城中唯秋霞圃之屏山堂前翠扇紅衣，掩映其間，差可悅目。外則北門外之陳家山，僻在鄉曲，為遊蹤所不到。舊曆六月二十四為荷花生日，與兩三友人乘興往觀，則一泓清漪，其葉田田，風翻露打，荷香襲人，雖無一欄之可憑，而駐足以望之，亦堪一洗我胸中之煩熱。譬諸素女不施脂粉，自儀態嫵媚，亦可見田間自然之風景，未必又勝於人工之造作也。因相與徙倚久之，並有述其所知，從余志之。至荷花異其並蒂，為時下作者所常道，一一略之，以避繁冗。

宿遷之三蒂荷花　錢錢　十八年七月稿（新）

宿遷縣南鄉之窰灣鎮意善堂內植有荷花多種，近開生一莖三蒂相連之荷花，並有一梗雙葉較獨枝者猶為豐。聞嘗謂花開並蒂已屬不可多得，況一本三蒂乎。麥生雙穗謂之嘉禾，屢見史鑑；三蒂荷花，其亦太平之瑞兆歟。此花出水後，遠近聞知，每日赴該堂參觀者絡繹不絕。余因赴窰灣工作，曾抽暇前往一觀，特為錄之，以實藝林，藉供博物家之參考。

紅豆瑣談　匋盦　庚午年四月十八日（申）

紅豆一名相思子，其色赤，紅潤欲滴，花色如梓，莢小如槐角，數年一實。昔吳門東禪寺白鶴禪師偶拾紅豆種之寺內，指而囑曰：汝宜速長。但他日不謂無故開花，世變有大小，則花開有疏密。見鈕琇觚賸。今東禪寺遺址未詳，而紅豆樹尚存，實已歸吾家矣。其花蓋在葑門左近，云若錢牧齋紅豆山莊之樹，在虞山，聞先為白茆顧氏別業，曰芙蓉莊，莊故有紅豆樹，後歸錢氏，遂易斯名。某年牧齋八十壽，是花適開，人皆以

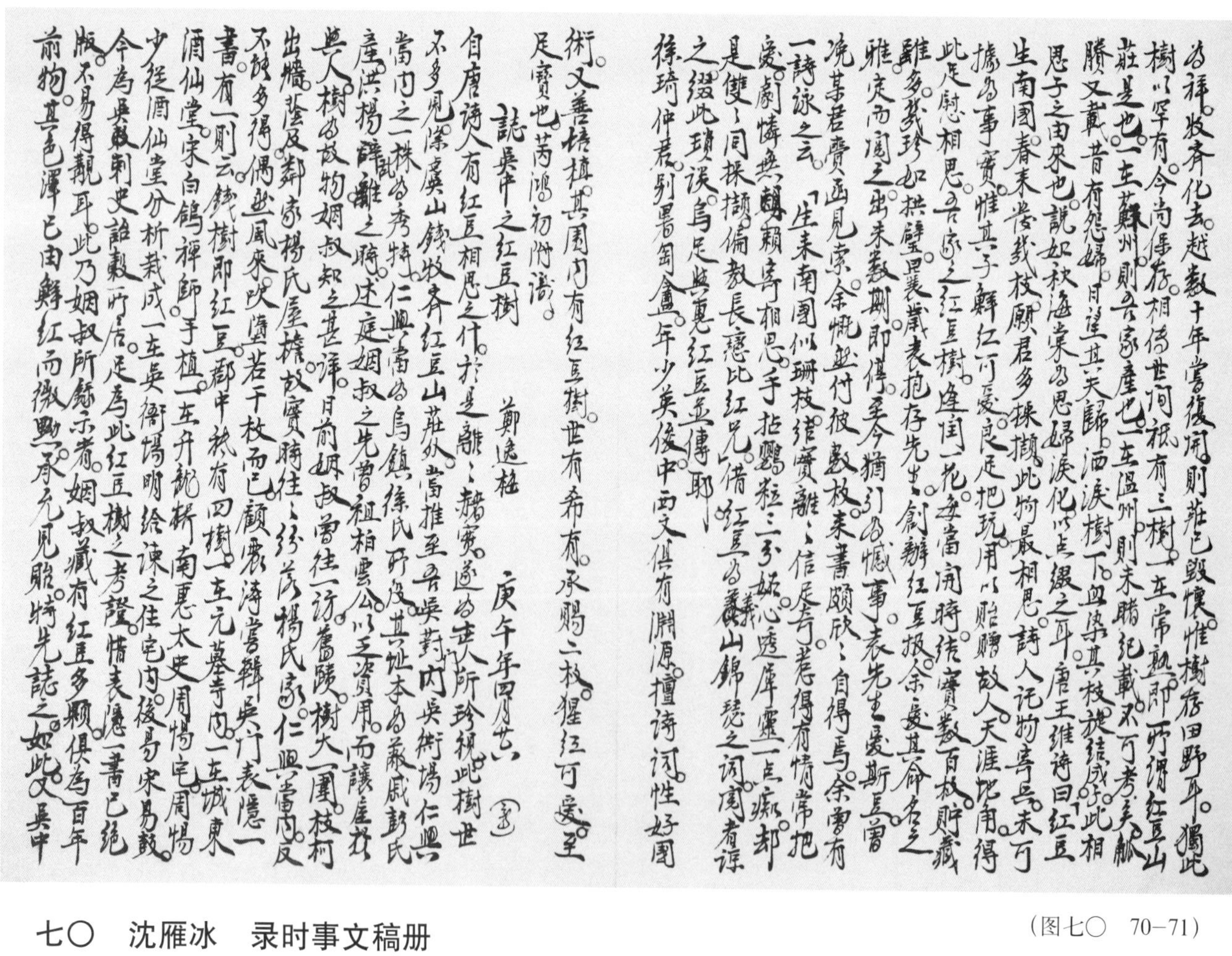

為祥。牧齋化去，越數十年，嘗復開，則莊已毀壞，惟樹存田野耳。獨此樹以罕有，今尚傳存。相傳世間祇有三樹：一在常熟，即所謂紅豆山莊是也；一在蘇州，則吾家產也；一在溫州，則未睹紀載，不可考矣。觚賸又載：昔有怨婦，日望其夫歸，洒淚樹下，血染其枝，旋結成子，此相思子之由來也。說如秋海棠為思婦淚化所點綴之耳。唐王維詩曰「紅豆生南國，春來發幾枝。願君多採擷，此物最相思」。詩人託物寄興，未可據為事實。惟其子鮮紅可愛，良足把玩，用以貽贈故人天涯，俾角得此，足慰相思。吾家之紅豆樹，逢閏一花，每當開時，結實數百枚，珍藏雖多，幾珍如拱璧。曩歲袁抱存先生創辦紅豆報，余愛其命名之雅，定而閱之。出來數期，即停，至今猶引為憾事。袁先生愛斯豆，曾浼某君齎函見索，余慨然付彼數枚，來書頗欣欣，自得焉。余曾有一詩詠之云：「生來南國似珊瑚，枝結實離離信足誇。若得有情常把愛，劇憐無賴寄相思。手拈鸚粒三分好，心透犀靈一點痴。卻是雙雙同採擷，偏教長憶此紅兒。」借紅豆為義山錦瑟之詞，閱者諒之。綴此瑣談，烏足與惠紅豆並傳耶！

徐琦仲莪別署匋盦，年少英俊，中西文俱有淵源，擅詩詞，性好園術。文善椿植，其園內有紅豆樹，世有希有。承賜二枚，猩紅可愛，至足寶也。芮鴻初附識。

誌吳中之紅豆樹　鄭逸梅　庚午年四月廿六（寥）

自唐詩人有紅豆相思之什，於是離離赭實，遂為世人所珍視。此樹世不多見，除虞山錢牧齋紅豆山莊外，當推至吾吳葑門內吳衙場仁恩堂內之一株為秀特。仁恩堂為烏鎮徐氏所發，其址本為義戚彭氏產。洪楊亂離之時，述庭姻叔之先曾祖柏雲公以千資用，而讓產於與人，樹為故物。姻叔知之甚詳，日前姻叔曾往一訪舊蹤，樹大一圍，枝柯出牆，踰及鄰家楊氏屋椽，故實時往往落楊氏家，仁恩堂內反不能多得，偶然風來吹墮若干枚而已。顧震濤嘗輯吳門表隱一書，有一則云：錢樹即紅豆，郡中只有四樹：一在元墓寺內，一在城東酒仙堂，宋白鶴禪師手植；一在升龍橋南惠太史周惕宅，周惕少從酒仙堂分析栽成；一在吳衙場明給諫之住宅內，後易宋易穀，今為吳縣刺史許穀所居。是為此紅豆樹之考證。惜表隱一書已絕版，不易得覯耳。此乃姻叔所錄示者。姻叔藏有紅豆多顆，俱為百年前物，其色澤已由鮮紅而微黝。承允見貽，特先誌之如此。吳中

七〇　沈雁冰　录时事文稿册

（图七〇　70—71）

奇怪之肉鳥

十八年九月十九日

泰縣東南鄉有肉鳥一種（因其周身無毛羽故曰肉鳥）藏居地中人不見其形鳴聲甚大嗡然一声能由地下遠行於他處蓋地漸遠声者必漸細人是以知其遠去也有頃或回原聲亦如之因其聲之嗡嗡然鄉人名之曰嗡寶則鄉人固不識為何物也鳥行於地內往來迅速鄉之無事者嘗於其嗡然一声遠去後之原處以待之待其回取鍬掘其鳴聲之近處深三四尺輙得之小者盈寸大者二寸許身無手毛羽而有翅有足翅不能飛足不能行取短竿撥動之鳴聲嗡嗡然然後知行於地中者果此肉鳥也豈此鳥而有地行術耶奇矣（新）

奇怪肉鳥之補述　泰縣老鄉　十八年九月廿日

昨讀本林見有人投有奇怪之肉鳥一稿文署名說明出在泰縣東南鄉云云初為詫異繼思有二物好像是的原來天氣一冷地下雖然藏着這些鳥數因頭肉腦鄉下人不識起他一個名目叫肉凫姑這鳥性最冷刻反眼不認同類身無羽毛衛護十分危險但一旦長齊羽毛打諒他也不能飛高飛遠其情可恨始終其狀倒也可憐其外還有一種小鴿子身有羽毛等於無用所以也是一種肉鳥此鳥來遠埋藏地下不料其雌情轉和那肉凫姑相反地居然卻舊情深很愛同類出乎意外鄉下人起先也不識叫牠感舊鳥但是這種小鴿子死不起跳孔孔可憐牠只在地中躲躲而已而在鄉下人看去都覺得感舊鳥後來都是長壽的有一部書也不[illegible]得書名是不是叫做十三妹演義比兒女英雄的叙法更詳據云十三妹救過安張兩家之後在青雲山無事打鳥打到好鳥就喜歡保護着聽他歌唱頑耍她曾見過一隻肉凫姑自已甚心苦意的保護牠多時也不知道作過多少鬧氣和忍的生病對後來肉凫姑連對他認得都不認得轉是這隻小鴿子早經千真萬真的死了不料牠卻鳴又在地下活過瞎地啼朋引類歌唱給自已所大有人心感舊之意這雖是齊東野語可是兩般地下的小肉鳥性情完全分得很清清楚楚了

仰士元　十八年十月廿日

二十餘斤重之巨鳥

余作客吳城北之梅溪鎮迄今已數寒暑近忽有一鄉人捕得二十餘斤之怪鳥一頭雖不無一紀之價值然如此之巨亦所罕聞故誌之以投快活林

離鎮三里餘有湯家兜者兜中某甲於日前下午四時餘正在田中耕種忽聞天空之中咻咻之聲某甲仰首見有巨鳥五六頭飛翔於空中形如烏雲俄而一頭飛翔甚低某甲即取竹竿擊之因跌落於小溪間兩翅浸水內飛騰不起矣當被捉時某甲即用擔繩縛其足上即被其用硬堅之嘴咬斷後見覷號叫[illegible]以紮之而仍被咬最後乃用舟上之鐵鍊鎖在頸一如獄中之囚犯始不能咬斷其嘴之利可知也該鳥狀如老鷹站在地上有三尺之高兩翅展開有五六尺闊渾身黑羽惟頸上少有白毛嘴上帶灣一如牛角頭如猴首雙目如人而閃閃有光時作怪声自該鳥發現後轟動全鎮遠近往觀者不下數千一般好事者欲以銀元十枚購之而某甲謂如數十元不肯輕易售出也

三十三斤之白鳥　翁氏　十八年十一月初三日

昨日本林載謝士元君之二十餘斤之巨鳥一文頗憶數年前家父曾養一鳥重三十三斤惟通體白羽適與此鳥渾身黑羽相反爰課餘泚筆書之以供快活林之補白

故鄉位吳興之東北曰義皋者地濱太湖為漁舟萃集之所某年隆冬一漁人獲一白鳥重三十三斤龐大無比身高二尺餘頸長幾二尺渾身雪白嘴似鴨嘴而長數十倍大於鵝似鶴又缺尖嘴黑尾無鶴頂紅云以拖網得之者索價十二元家父好奇心勝以八元購得之養之庭中不食亦不鳴如是者數日奄奄待斃家父良不忍因就太湖濱縱之使去俾遂[illegible]天空逗其自然解束後一聲長鳴張翅飛去後復聞為沿湖一農家所得烹而食之一家俱以病死聞之人云此鳥蓋名曰天鵝食其肉者即無生者是說也姑未知其確否

十九年一月下浣　桐鄉沈雁冰記

（图七〇　72—73）

七〇　沈雁冰　录时事文稿册

果品隽谈　天英　十八年七月號（申）

吳下楊梅名馳全國，以太湖中洞庭山產得名，然佳者實產於距太湖
十八里南陽山麓顧家闕家二四里內，實小核扁，味甘不酸，向傳品
也（楊梅上市時吳人每取之浸燒酒中，夏日治痢，食之輒驗）
桃子亦江蘇佳果，種類不一，有墨桃、蟠桃、五月桃等，唐西龍華
一帶植桃者數十家，其果實以大成熟之時色微黃，潤澤可愛
又有小紅團，如印皮寬，而汁甜如蜜，絕無酸味，最為桃中之佳種
其樹於秋分時栽種，五年後結實者始佳，如移植他處則其味
頓遜。吳江城外有桃里者，產水蜜桃，形大汁甘，不亞龍華桃也
廣東羅定西門外有無花果樹一株，每年結實數十枚，形如
柚子而無核，味極甘香，為南中所僅見
荔枝一物閩粵兩省皆有之，而以粵東為所產為勝，新興縣
荔枝品最珍貴，以小為妙，實如桂圓，核如胡麻，味甘肉厚稱佳
果矣
回部有哈密瓜，種以十計，最佳者綠皮綠瓤，清脆若梨，甘芳
差醉。次者白瓤，圓扁如阿渾帽形，最下者皮淡白，多綠斑
點，瓤作紅黃色，然可以致遠，久藏土中，可至明年二月，而不變
味，故甚有瓜之稱。餘則隨摘隨食，不耐久留也

荔枝雜記　君美　十八年七月號（新聞）

荔枝為果品之一，又名離枝，產閩粵蜀等地，樹形團團如帷蓋
葉如桂，冬青，夏熟，而色紅，味甘如醴酪，肉潔白如冰雪，種凡
三十餘種，以福州所產之狀元紅為最佳，十八娘次之，其實廣上而
圓下，大可徑寸五分，香氣清遠，色澤鮮紫，一離本枝，一日則色
變，二日則香變，三日則味變，四五日則色味香盡去矣，尋常此間
得食者皆係遠道遲來，食之尚頗可口，初摘之味不言可知
矣。東坡詩曰「日啖荔枝三百顆，不妨常作嶺南人」，亦此意也
昔人食荔枝最著者厥為唐之楊妃，杜牧曾有詩詠之「一騎
紅塵妃子笑，無人知是荔枝來」。宋之譚微之則知為鮮矣，譚
官福建，時偶出郊外，見一園荔枝垂熟，摘食樹下，少憩，至一
室，有美人盛服出迎，携譚入飲，席間美人詠云「每生原生閩粵
間，六月南州始薦盤」云云，亦艷史也
詠荔枝詩，如韓偓之「封開玉籠雞冠濕，香襯金盤鶴頂鮮
想得佳人微露齒，翠釵先取一枝懸」，杜牧之「畫碧挂春酒較
紅，劈荔枝」，蘇軾之「海山仙人絳羅襦，紅紗中單白玉膚」，韓
文公之「炎雲駢火實，瑞露酌天漿」，劉貢父之「相見任誇雙
蒂美，多情莫唱水晶丸」等詩，俱清麗可誦，極描寫之能事矣

談溫州蜜橘柑　雷弼　十八年七月七日（新聞）

柑之種類及品質　浙江福建皆產柑橘，自唐以來甌江流域
所產之柑橘，皮紫皮細，甘美沁齒，已負盛名，廣東亦產之
稱為甜橙，味亦可口。至於溫州蜜柑，在前清時地方長官每
年例須採貢入京，其名貴可知。溫州柑橘可分蜜柑、地柑、木柑、
田柑等數種，蜜柑地柑皮細而肉厚，瓤多汁，品質最優，地
柑為州東南一帶亦產之，田柑栽種隨地皆有，木柑最劣，味苦
甚，不為人所重視也
種植方法　植種者必於春季行之，用接木方法，擇其種之
佳者，接於野生之柑樹上，接木後約三年而生果，於十年之內
生產最繁，品質亦佳，若培養得法，可延十五年至二十年之久
後則樹老花衰，殆全不結果矣，此種柑每畝田約可種百株
左右，多則恐變，惟培養柑樹須十分注意
培養方法　柑樹須注意培養，若培養不得其法，樹必枯死
枝葉常加修剪，害蟲則為之驅除，深耕園地，以豆餅培壅根
株旁，俟四五月結果之時又須作第二次之耕植，秋季果實長
成，再深耕施肥，每年共須三次耕植二次施肥，夏季雷雨時
行，又須為之排水。柑樹之大敵為蟲，蟲小而有尖口，有刺蛀食樹
幹，若不除之，一年以後樹必枯死
除蟲法　除蟲之法用鐵製之鉤針摘出之，或以烟草之熔液
注入樹中孔。害蟲產卵時，以稻草紮樹幹上，使產卵得以集
中，產卵後燒去稻草，則卵之死者十之八九矣
成熟後之手續　蜜柑九月成熟，月杪果尚色青味澀，須置地
上，月餘上覆以稻草，則色味漸變，而由果商為之經紀出售焉
售價之一斑　蜜柑每樹約產二十斤，青年之蜜柑每擔價二元至
二元五角，黃色者二元七角至三元，紅色者三元至三元四角，果商
批價，黃色者每擔三元四角至三元七角，大者四元，溫州蜜柑裝以
木箱，運到上海、廣東、天津、福州、漢口等處，種植之地約有一萬畝

（图七〇　74–75）

七〇　沈雁冰　录时事文稿册

每畝可得果二十五擔，總數約二十萬擔，每擔以二元計，共值六十萬元，田價每畝一百元，租約十元，間有利事業也。

枇杷雜話　　十八年稿　謹（新附）

本刊曾載覺迷先生談洞庭枇杷一文，國道洞庭山枇杷之優良。蘇州之洞庭山本以出產水菓著稱，考枇杷之出產地，至為廣，漢如襄陽、武漢、四川、福建、嶺南、浙江、安徽等處，亦有枇杷之出產，但洞庭山之所出產者，以集中於上海為較易，其味之濃郁，尤不讓於襄陽、漢閩、廣等處之所出產。水菓種數不一，而足以助食欲，太多或不留意，恆致人於疾病。嘗聞醫家云：因水菓而致發生之疾病亦恆不易救治。顧水菓之中，要以林檎、香蕉、枇杷等為佳，因缺點稍失之多，於啖食或不留意，不甚發生若何關係，妨害康健。若啖食桃、李、梅等等，不免發生腹痛或瀉痢之痛苦，蓋天下可以啖食之水菓，正多須得又使其不太過耳。根據衛生條例，飯後酒後，佐以水菓，不僅毫無妨害，抑且有益，所最可惡者，即一見水菓，啖食之而不厭，其不致於影響健康者，是亦幾希矣。據枇杷為中藥之料之一，其葉苦，味平，主卒啘不止，下氣，其實、煎之為膏，謂之枇杷膏，可以潤肺，可以療咳，人常服之，可以生津液。圖經載：枇杷之木高及丈餘，葉作驢耳形，背有毛，其木陰密婆娑可愛，四時不凋，盛冬開白花，三四月結子，簇色。休寧枇杷樹亦有高至三四丈者。圖經所謂及丈餘殆不足為然。枇杷一稱纖露，何以證之，謝瞻枇杷賦云：稟金秋之清條，抱東陽之和氣，肇寒葩於結霰，成炎果乎纖露，是也。

枇杷等第，可自其顏色而定之，廣志載：白者為上，黃者次之，蓋所謂白色者，即枇杷中之白沙，所謂黃色者，即枇杷中之大紅袍。除此以外，羊城尚有一種枇杷無核，與普通者有別，羊城人士稱無核之枇杷曰雁子。夫枇杷所以為水菓中之優良者，以其冬向開花，春季結子，熟之於夏等，時足多者。枇杷一稱盧橘，又何以證之，澹齋夜話語載東坡詩云：客來茶罷空無有，盧橘微黃尚帶酸，稱枇杷為盧橘，蓋即本此。歙縣深渡源內出產枇杷至為有名，小者如龍眼，大則大如雞蛋，皮肉甚薄，甘甜無與比倫。但浙江遂安之枇杷亦極可口，不亞於節前因事赴遂安，遂安羅縣長予之心交也，予於民國八年有秋夜聽雨七律一章，刊諸學生雜誌，伊為士到窮時技莘難高句，步和一章示於予，錚錚清麗，如見其人，自是魚雁往來，亘十載之久。去年革命軍奠定江浙，羅以戰功長遂安縣，予家距遂安僅二百里，過其縣署，遂得良晤。羅知事字柏麓，別號拜儒，文字家王西神昔年之同事，光重心理家嚴既澄之妹倩，至則款予枇杷一盞，食啖之味甘如蜜，羅云此間水菓以枇杷為最，覺迷先生謂洞庭山枇杷魁天下，予則謂遂安枇杷為洞庭山者實相伯仲。襄予家伯嗜枇杷，一次可食數斤，枇杷核集撒畚，數為滿，詎知嗜之而過度，致患水腫病，醫治經年，而始痊，嗣後不敢嘗一顆，醫囑厲禁其水腫症，從飽此辨，原於啖食過度之枇杷。顧啖食過度，殊亦頗有影響於身體之健康也，偶憶而涉及之，或足為過嗜枇杷者有所警惕耶。　十九年四月十二日（下接九十五下頁）

楓橋極　　川馥澗（申）

楓橋位諸邑之東，浙中一巨鎮也，四顧境多山，富產栗之產，極尤為人所共知，產區以西坑者為上乘，實小而端尖，銳嚼之爽然有声，香留齒頰，歷吾弗減也，館如應家峙、壽家則自鄶以下有遜多多矣。

極為常綠喬木，葉似楓，秋開白花，如瓔珞之下垂，風來渼舞，景至幽美，霜降後結實纍纍，色青有數刺，果去其外皮，衣置炭火烤之，殼將赭黝而銷售之，外年可達二萬金云。

談掛綠荔枝　　清癯　　庚午年五月初十日（亂）

昔吳應逵著荔枝譜，以廣州之「掛綠」為第一品，其色赤如丹砂，而間含微綠，有若澄波，此所以異於他種也。至實大核細，其味香冽，肉瑩白如肪，皎若水晶，當剝食時，則其紅綬紫綃甫入口而甘逾醴酪，呼謂南方珍果者，端推此物也已。

余以掛綠詢諸粵中某生，則謂掛綠以紅中有綠線，可佔十之四五，併是果須至秋間始熟，其蒂之附著處，有蟲豆大，人謂之「龍頭」，而低窪者謂之「鳳尾」，有深綠之線直貫而下者，的是正掛綠，否則均贋品也。又謂掛綠出於增城，在西門外某庵，其樹已有數百年之久，係神人所手植。考吳氏荔枝譜，著於清乾隆時，且云：增城沙貝最佳，是則距某庵甚遠，其掛綠之著聞於世，殆不止一地一樹明甚。

（图七〇　76—77）

七〇　沈雁冰　录时事文稿册

今市上所售者，亦来自粤、闽，其色已變，遑論香味。色、香、味已非，秦氏園中昔有一株，相傳已逾百年。余幼時嘗隨家僕入竟，以竿摘取，得數枚，大如雞卵，食之爽口，其蒂甚澀，液微濕襟袖，雖歸家之烈，不啻焉，惜忘其形色與枝葉何如，唯熟時亦在秋間，不在初夏，則同現其樹不知尚生存否。

江城五月話楊梅　鄭逸梅　庚午年五月三日

江城五月果熟，楊梅吾蘇洞庭山西產楊梅特盛，丹實纍纍，與東山之枇杷同為薦盤名品。因有東山枇杷、西山楊梅之諺。其佳者不在西山，下樹高二丈許，春開黃白花，栽植之法以核投置地中，浸六月，然後鋤地種之，三四年後接以別樹，實自碩大，而蕃盛云。棄上接楊梅則纍纍不酸，實如彈丸，有多數小顆粒突起，名之曰刺，刺圓而色紫者，味尤甘美。間有白色者，曰水晶楊梅，更為儁物，余嗜之甚，惟楊梅性熱，多啖易患鼻衄，且刺叢中往往有小蟲，故啖時必撒食鹽少許於其上以殺之。有吞噉其核者，謂平日食豚兒肉，肉有上毛，滯積腸胃，楊梅核有代洗之功，此則傳統之鄙辭，不足信也。

余曾於友人許仲和家啖楊梅餅，絕腴美可口，詢其製法，如據云：以麵包屑若干，泡於牛乳內，俟其軟時，再加以糖若鹽各半杯，雞卵三枚，檸檬皮一撮，乳油一匀，攪勻後傾於淺鍋內，以文火烘之，微黃而止，然後以楊梅漿灌其上，餅即成矣。法尚簡單，稍緩當試為之。扶桑人亦有楊梅冰忌廉，一種其形式顆顆，頗圓宛然如真，且入口而化，涼沁心脾，洵消暑之妙品也。

楊梅故實，如世說：楊修年九歲，孔融詣其父，設果有楊梅，孔指示之曰：此君家果也。揮麈錄：王豐父守會稽時，童貫方用事，貫苦腳氣，或云楊梅可療是疾，豐父乃覓五十石以獻之。林邑記：邑有楊梅，大如杯碗，青時極酸，既紅，味如崖蜜，以醞酒，號梅香酎，非貴人重客，不得飲之。齊孝義傳：玉虛之庭中楊梅，隆冬三實，人謂孝感所致。

楊梅小識　君美　庚午年五月十三日　（申）

吾友鍾君近自上虞貽來水晶楊梅甚夥，知予嗜此，並附書謂吾地所產之楊梅，甲於全國，洞庭新安所不及也，而白者尤特佳，肉色潔白如荔，湯味甘美如蜜，潔淨可愛，入口即融，雖多食無虞害云。

不佞寓跡他鄉，飄零異地，每歲友朋贈以嘉果，不遺在遠，因寫楊梅小識，不僅謝友朋且以之貢嗜果者焉。

楊梅一名杌子，又名大實，春初開花，色白如雪，至初夏而成實，有紅、白、紫三種，紅勝紫，白勝紅，其性熱烈，多食能患鼻衄，食時撒以食鹽少許，自免，而味亦無異，殊其仁可療腳疾，其核能除腹中積穢，惟球中每有細蟲，食時當擲鹽水三二點，否則易致痢疾也。

吳中糖果號於楊梅落時後，輒以製乾醃之，甕中雜以白糖，經月而食，味頗雋美，新鮮不減於初摘時也。特製法稍劣，驟睹之似頗不淨，故自製法亦甚易，藏諸冬日和以玫瑰酒以食，亦消寒唯一之妙品也。

曩居休邑，故鄉時，其地楊梅大如盃碗，青時酸而澀，紅時則味如崖蜜，特稍遜于鍾君所貽之水晶也。鄉人每以釀酒，味如冰雪，香而色濃，非貴所不得食也。余每歲必由家中寄鄉一二罈，附之夏日，重炎時和涼粉以食，別有異味，老饕盍一試之。

枇杷初胜語　隻園　庚午年六月六日　（申）

蘇東坡詩曰：「客來茶罷空無有，盧橘微黃尚帶酸。」張嘉甫問是何果，坡曰：枇杷也。司馬相如上林賦曰：枇杷橪柹，又曰：盧橘夏熟，則盧橘非枇杷明矣。群芳譜以金橘為盧橘，謂枇杷如形似琵琶，故名，亦頗令人解頤。枇杷小如丸，大如彈，安得似琵琶哉？張舜民詩曰：「似梅嫌其核，如蜜少加酸」，庶乎得之。彙苑稱無論園夫，道種枇杷樹，似未能得此口福。郭華山記所謂請西頭有枇杷園，亦未必許嘗一臠。吾浙此果出產實夥，而首推嘉善縣之白沙，皮薄汁甜，核小，且作白色，饋遺者與檇李同珍；其次則杭縣之塘棲，味少遜，色少紅矣。然嗜食者能去一器，閩人剝皮去核，醃以冰糖，作深黃色，位置於梅醢桃脯間，別有風趣。杜甫詩曰：「枇杷樹樹香。」陸游詩曰：「無核枇杷接亦生。」似古人於枇杷亦頗重之。然諛胡曾贈薛濤詩：「萬里橋邊閉門，花落吾將擲錦箋」以書之為枇杷存此芳訊也。

四瓜漫談　倚石　戊辰年六月十七日　（申）

十八日本欄刊楊鐵華君稱「瓜」應時之作，於洒濤暑中讀之，似覺別饒風趣，想日內當續有瓜之佳話，瓜之考證由海內文健

七〇　沈雁冰　录时事文稿册

（图七〇　78–79）

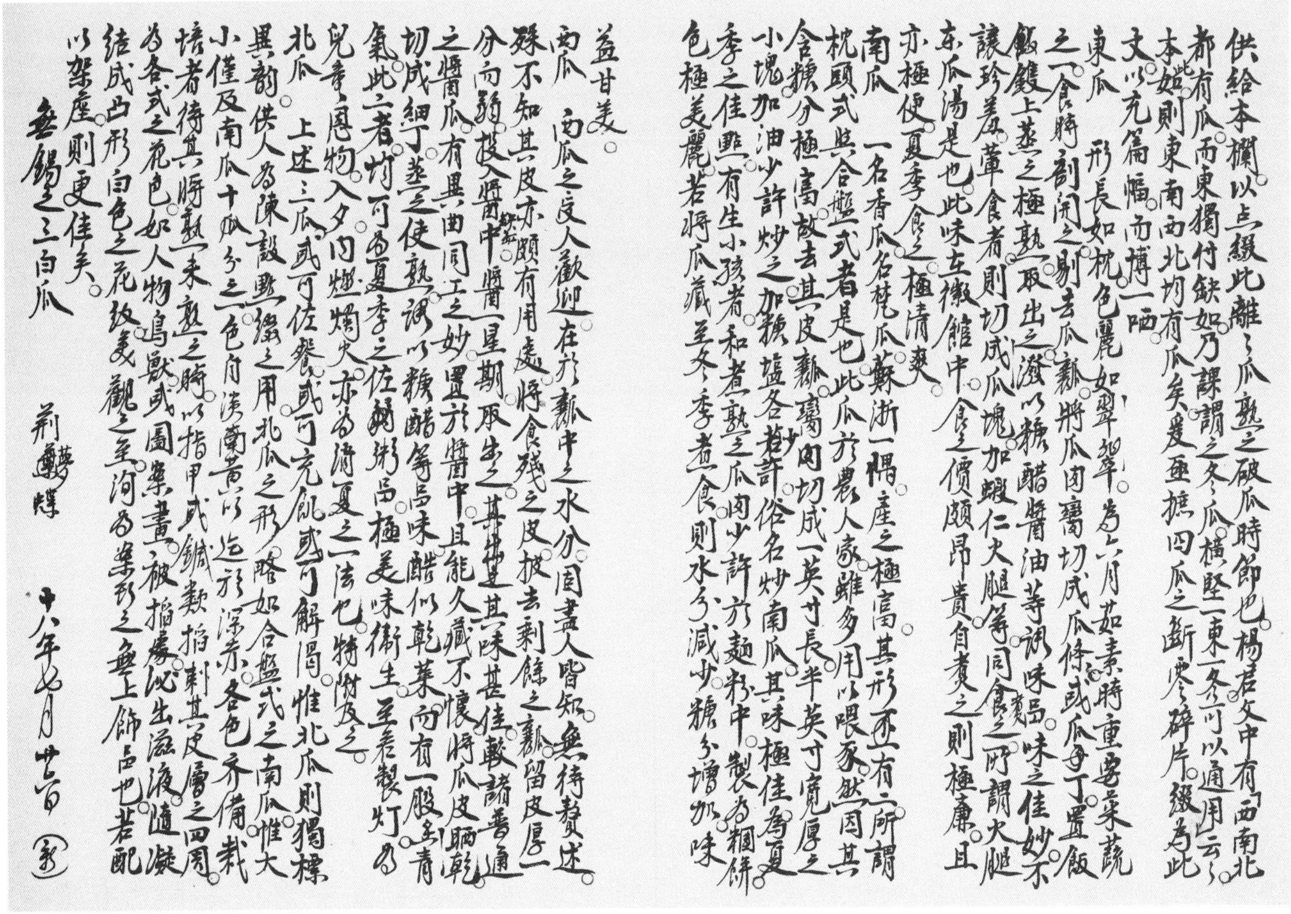

供給本欄以点綴此離〻瓜熟之破瓜時節也。楊君文中有「西南北都有瓜，而東獨付缺，如乃謀謂之冬〻瓜，橫〻竪〻一東一冬，可以通用」云〻。本此，則東南西北均有瓜矣。爰亟搜四瓜之斷零碎片，綴為此文，以充篇幅，而博一哂。

東瓜　形長如枕，色麗如翠，翠為六月茹素時重要菜蔬之一。食時剖開之，剔去瓜瓤，將瓜肉切成瓜條，或瓜丁，置飯鑊上蒸之極熟，取出之，潑以糖醋醬油等調味品，味之佳妙不讓珍羞。葷食者則切成瓜塊，加蝦仁、火腿等同食，即所謂火腿冬瓜湯是也。此味在徽館中食之，價頗昂貴，自煮之則極廉，且亦極便。夏季食之，極清爽。

南瓜　一名香瓜，名梵瓜，蘇浙一隅產之極富。其形不一，有所謂枕頭式與合盤式者是也。此瓜於農人家雖多用以喂豕，然因其含糖分極富，故去其皮瓤，將肉切成一英寸長、半英寸寬厚之小塊，加油少許炒之，加糖、鹽各若干許，俗名炒南瓜，其味極佳，為夏季之佳點。有生小孩者，和煮熟之瓜肉少許於麵粉中，製為糰餅，色極美麗。若將瓜藏至冬〻季煮食，則水分減少，糖分增加，味益甘美。

西瓜　西瓜之受人歡迎，在於瓤中之水分，固盡人皆知，無待贅述，殊不知其皮亦頗有用處。將食殘之皮，披去剩餘之瓤，留皮厚一分，而浸入醬中（醬缸中），醬一星期取出之，其味甚佳，較諸普通之醬瓜，有異曲同工之妙。置於醬中，且能久藏不壞。將瓜皮曬乾，切成細丁，蒸之使熟，調以糖醋等品，味酷似乾菜，而有一股青氣。此二者均可為夏季之佐餐粥品，極美味衛生。至若製灯為兒童應物，入夕用燃燭火，亦為消夏之一法也，特附及之。

北瓜　上述三瓜，或可佐餐，或可充飢，或可解渴，惟北瓜則獨標異韵，供人為陳設點綴之用。北瓜之形，略如合盤式之南瓜，惟大小僅及南瓜十分之一，色有淡黃以迄於深赤各色，齊備。栽培者待其將熟（未熟）之時，以指甲或鐵數指，刺其皮層之四周，為各式之花色，如人物、鳥獸，或圖案畫，被指爪處汁出，滋液隨凝，結成凸形白色之花紋，美觀之至，洵為案頭之無上飾品也。若配以架座，則更佳矣。

荊夢蝶　十八年七月廿二日　（剪）

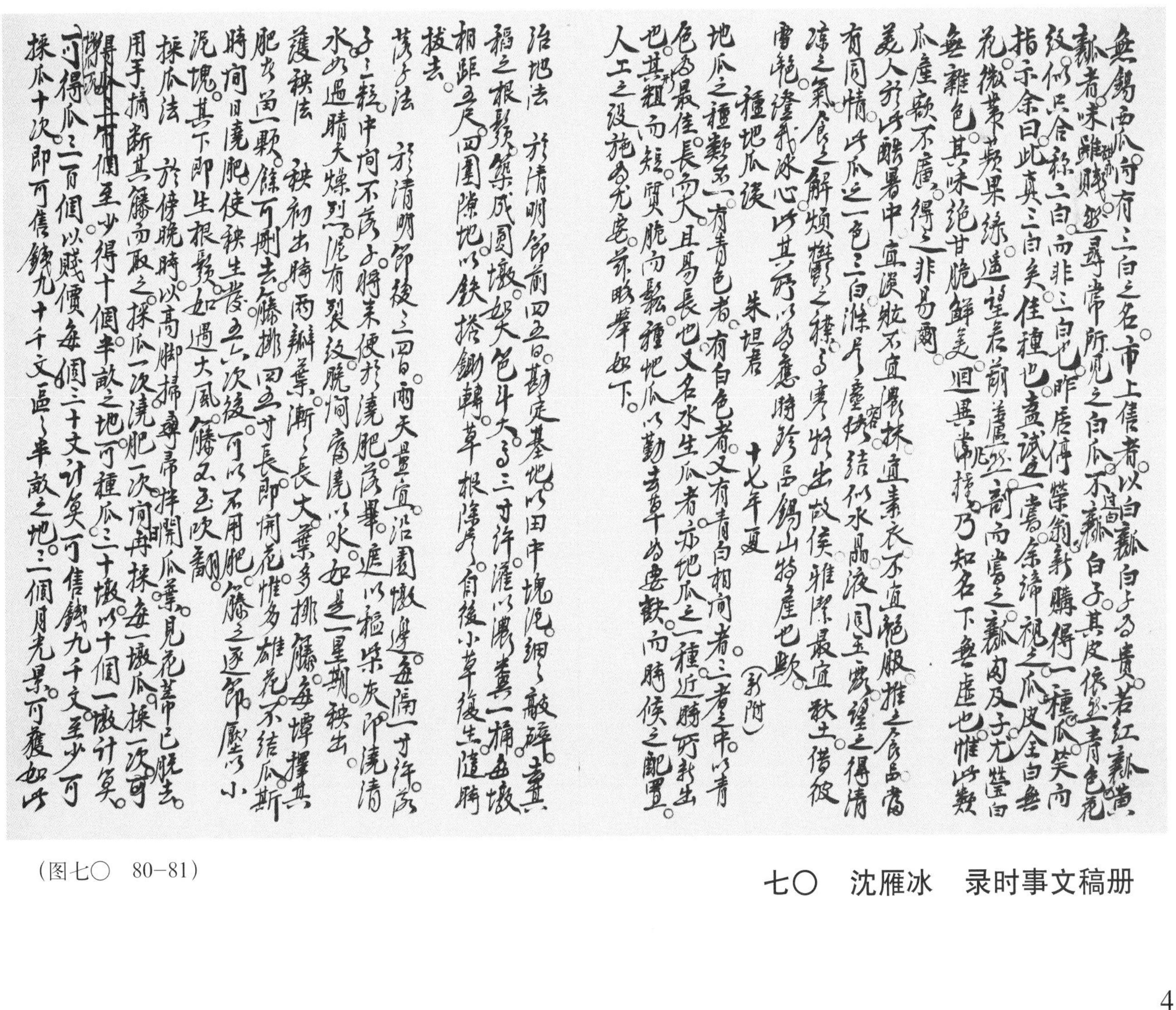

無錫之三白瓜

無錫西瓜有三白之名，市上售者以白瓤白子為貴，若紅瓤黃瓤者，味雖甜而賤，然尋常所見之白瓜，不過白瓤白子，其皮依然青色花紋，似只合稱二白而非三白也。昨居停紫翁新購得一種瓜，笑向指示余曰：「此真三白矣，佳種也，盍試之。」余諦視之，瓜皮全白無花，微帶蘋果綠，遙望若蔚藍然，剖而嘗之，瓤肉及子尤瑩白無雜色，其味絕甘脆鮮美，迥異常[?]，乃知名下無虛也。惟此類瓜產數不廣，得之非易爾。

美人於此酷暑中，宜淡妝不宜濃抹，宜素衣不宜艷服，推之食品，當有同情。此瓜之一色三白，潔如瓊玉，結似水晶，液同玉露，望之得清涼之氣，食之解煩懋鬱之積，為夏將出故侯雅潔最宜。秋土借彼雷艷，澄我冰心，此其所以為應時珍品，錫山特產也歟。（剪附）

十七年夏　朱坦君

種地瓜談

地瓜之種類不一，有青色者，有白色者，又有青白相間者，三者之中，以青色為最佳，長而大，且易長也。又名水生瓜者，亦地瓜之一種，近時所新出也，其粗而短，質脆而鬆。種地瓜以勤為要，歉而時候之配置，人工之設施，尤為要緊，略舉如下。

治地法　於清明節前四五日，勘定基地，以田中塊泥，細〻敲碎，壹其稻之根鬚，築成圓墩，如大笆斗大，高三寸許，灌以濃糞一桶，每墩相距五尺，四圍隙地以鐵搭鋤轉草根，除盡，自後小草復生，隨時拔去。

落子法　於清明節後三四日，雨天亦宜，沿圍墩邊每隔一寸許落子一粒，中間不落子，將來便於澆肥，落畢遮以稻柴灰，即澆清水，如遇晴天燥烈，泥有裂紋，晚間需澆以水，如是一星期，秧出。

護秧法　秧初出時兩瓣葉，漸〻長大，葉多掛籐，每墩擇其肥者留一顆，餘可删去籐掛，四五寸長即開花，惟多雄花，不結瓜，斯時間日澆肥，使秧生發。五六次後，可以不用肥，籐之逐節壓以小泥塊，其下即生根鬚，如遇大風，籐不至吹翻。

採瓜法　於傍晚時以高脚掃帚撥開瓜葉，見花蒂已脫去，用手摘斷其籐而取之，採瓜一次澆肥一次，間日再採，每墩瓜採一次，可得每十個價至少得十個，半畝之地可種瓜三十墩，以十個一墩計算，可得瓜三百個，以賤價每個三十文計算，可售錢九千文，至少可採瓜十次，即可售錢九十千文，區〻半畝之地，二三個月光景，可獲如此

（图七〇　80–81）

七〇　沈雁冰　录时事文稿册

厚利可不研究種植乎。
儲子法　採瓜之時，擇長而大，粗而直者留之，俟其熟後，採而剖開，
取其子，投飯籮內淘之，去其輕而浮者，留其重而沉者，撈起晒乾，
藏於磁甕中，明年播種。

瞬城瓜牒　清癯　十八年七月廿日（新）

談瓜而以牒為辞，蓋牒，札也，亦譜也。唯吾邑非產瓜之區，故瓜雖多处
不着，然同斯禹甸，地利之所出，即民力之所入，列舉一二，亦研究方
物者所宜從事焉。故余述以「瓜瞬牒」名篇，非無取義也。
西瓜有花皮、烏皮之別。花皮較薄，其瓤有紅、黃、白三種，顧花皮以白
瓤為多，名曰「雪練西瓜」，甜汁最富，當其分剖時，舉刀甚清脆
有声，香味觸鼻，嘗之涼入心脾。其子有蝴蝶子，或紅或黑，俱為佳
種。烏皮較厚，其瓤練（即瓤，見本草）僅有紅、黃兩色，間有淡紅
而非純白若雪者，俗謂之「土地練」，其味必遜於雪練。
西瓜上市，以東鄉為早，西鄉略遲，而其於種類也，特施肥時如以矢
糞壅之，則其果實異於其他之培植，而以豬溺澆灌者，則瓜汁
略帶酸味，品斯下已。此見於瓜圃者悉錄之。采瓜約分三時：
期初次曰「引藤瓜」，其物不多，而未熟，帶生摘下者，亦曰「剪蘆」，以
其不可入口也。其次曰「二藤瓜」，則售者充塞於市，價不貴而物佳，
是足為清夏之良品。最後曰「了藤瓜」，攝生家已相戒不食，故叫賣
者亦遜寥寥矣。
又有稱「洋西瓜」者，因其種非吾邑所固有，而傳自他方者，故名。
實則西瓜本非中土所產，而加一「洋」字，良可發噱。其瓜較之
普通者為小，權之每枚不足三四斤者為多，而其形橢圓，皮色不作
翠碧，甜性亦以西鄉為優，殆地土有別，不僅係帶而多細紋，種
早旬獻物，雖小而汁味甘洌，勝於常品。子若猩紅、黃、與白之色相掩
映，不適僅口且極美觀。人食一枚，已足清暑。已渴如製瓜燈，尤為適
用，蓋皮薄形圓，恰到好處，加以雕鏤之工，亦美術家妙絕之
資料也。特鄉人種此瓜者較少，故其價亦稍昂。
外此，除蔬屬胡瓜、冬瓜之類不論，則以「畫眉瓜」為附。俗譜作「黃
皮瓜」，實誤也。初以東南兩鄉所出，蓋瓜後有白條如畫眉耳，其
物長圓大適鵝卵，故又名「金鵝蛋」。今此種已不多見，當五月初入
市者，曰「青竹筐」，皮青肉碧，味最甜。次則「黑潤鬼」，亦取其形而名

之。近頃有復見諸瓜攤，特不多。「黎瓜」，本名「花田瓜」，以種棉花事也。
亦云「花紅瓜」，取其味一如果類中之花紅，無或有別。今統之曰「梨瓜」，則
又加一等矣。故其瓜略黃，貴最多，以「白洋瓜」為普販諸滬上，亦大宗出品
也。去歲東鄉某種此瓜，田不過兩畝，有餘費，時不足三月，而得瓜無算，
勝於種禾稻、木棉多至數倍，亦可見農家之藝事，不得不精究
也。
唯瓜類為單性花，當其受精結實時，其媒介關係全賴蜂蝶，故其
良好之種子，而變成劣果者，往往有之，甚至不數年而以斷種聞矣。昔
吾邑城中七家橋，有一種名「白蟢瓜」，幼時猶習見之，形極小，不盈一握，
可不去皮食之，皮覺甘脆異常，亦奇種也。惜今雖舉其名而人亦
不知其為何物也。故吾謂各處苟集斯瓜類，擇一地點，陳列展覽，
別其良惡，研厥種植諸法，較之其他遊藝等等，裨益必多，特注意
及此者少耳。

浮瓜迴憶錄　賦蘭　十八年七月二十日（新）

浮甘瓜於清泉，是夏天樂事也，亦雅事也。但古人所謂究係何瓜，則
無從據證。吾人揮汗如雨之夷天，市上所流行者，袛西瓜、香瓜兩種，而
已。
西瓜係來自西域者，但西瓜種類變更甚速，我輩幼時所見，今
已絕跡矣。今西瓜之最著者，為哈密瓜，出產於新疆之哈密，新疆唐
代之所謂西域也，然則真所謂道地貨矣，但不識以該瓜移植於江
蘇，其味何如也。
四十年前，吾邑著名西瓜曰「冰雪」、「三白」。「冰雪」之皮黃微翠，瓤子均白，
「三白」則皮、瓤、子三者皆白。二瓜味極甘美，瓤帶脆，正熟時較之
上等雪梨尚佳。其次為「金鑲玉」，皮色翠黃，瓤黑子，味亦甘美，瓜
瓤亦脆。紅者曰「荒皮紅」，子黑而有白眼，大者重至二十斤，味亦甘，惟瓤
粗沙，而不甚脆，老年人嘗食之。今此諸種，市上幾絕跡，現所最適
口者，一名「冰瑯瓜」，皮色淡綠，有水瑯紋，子黑，瓤黃色居多，間有紅
瓤白瓤者。小者僅三四斤，大者五六斤。土人稱為「草墟瓜」，一名「馬頭
頭瓜」，花皮，形長者，馬頭類，瓤紅，味甘，亦為佳種。餘則自鄶以下矣。
香瓜一稱甜瓜，幼年時所食以「金墜子」、「天鵝蛋」為最佳。「金墜子」
為梨瓜之一種（香瓜大別為梨瓜、酥瓜二種。梨瓜皮色黃，肉質硬，酥
瓜皮色翠，肉脆，所以稱梨瓜者，瓜皮有梨斑也），大如茶杯，略似蘋

七〇　沈雁冰　录时事文稿册

（图七〇　82—83）

蘇果式皮色金黄，肉黄而甘（肌香甜異常）如蜂蜜，生大暑時成熟。「天鵝蛋」糯
圓式，大如鴨蛋，瓜皮必至立秋後始成熟，肉味之甘在橘果中亦無
其匹。惟產量甚少，偶有售者，價必倍蓰於他瓜，而購者殊不敢
吝也。其次為「蘇陳綠」。蘇陳，地名，綠，瓜肉之色也。味亦甘，價亦貴。今
「金墜子」、「天鵝蛋」已不獲一見，「蘇陳綠」尚有出產，惟已不及昔日之
味美。今所通行，稱為佳種者，曰「鮑家墩瓜」，以地名也。大者重一二斤，
皮混綠而有稜，肉厚而色深翠，子瓤深黄，肉尚甜脆，然與幼時
所食之名瓜較，則小巫見大巫矣。

西瓜雞　湘　十八年七月廿二日

其法先將西瓜附蒂處之蓋削去，食去瓜中之瓤為圓形空虛，然後
將鷄剁成小塊實其中，內加千貝少許及醬油等，再盛以粗瓷大
碗，放於鍋內，用火緩緩煮之。於是瓜之清香氣為鷄肉所吸收，而
鷄之浮油反吸入瓜皮內，食之清香而不膩，洵夏季佳肴也。此法係
松江沈立礎先生告余者，名曰「西瓜雞」。沈，雲間人，余之同事也。（新）

櫻桃艷語　清癯　十九年四月二十七日

昨至南市，已見「櫻桃」與「豌豆」耀映，誦昔人詩有云：「櫻桃豌豆分兒女，草
草春風又一年」，良不誣焉。今距立夏猶有旬日，而此物已先時而至，豈
物候人柳何遲駛乃爾也耶。
致櫻桃一名「楔」，見諸爾雅。又曰「荆桃」，或謂之「含桃」，以鳥類喜含之也。
禮仲夏之月，天子羞以含桃，先薦寢廟。注「含桃」，鶯桃也。王維詩
「總是寢園春薦後，非關御苑鳥啣殘」，是櫻桃在唐末已有之矣。至稱
「崔囊」、「蠟櫻」，其色皆黄，唯「朱英」則呈赤色，麥英最少。此樹得正陽之氣，
故其實先諸果而熟，其幹不高，而叢之陰翳，郁則勝於他果。當春
初即開細白之花，遠望一白如銀，繁英成堆，葉之邊緣似鋸齒。待子
纍纍，大者如彈丸，小者如珠璣，而紅色為「櫻珠」。讀漢紀，明帝宴羣
臣於照園，官吏進「櫻桃」以赤瑛盤盛賜，羣臣月下視之，盤與櫻一
色，皆笑曰「是空盤」。又潘岳賦亦云「煥若隋珠，皎如明星」。其色采可
想已。
然是物亦有白色者，厥名「水晶珠」，唯不多見。昔蘇軾曾咏之云：「盤
中宛轉明珠滑，舌上逡巡絳雪消」，可謂刻畫入微。而東白亦有「紅
羅袖裏分明見，白玉盤中看卻無，特是老僧休念誦，腕前推下
水晶珠」。是此物以白為勝，固不僅限於朱紫蠟三色也。實人熟時，當
張羣蓆以蔽風雨，否則經過，則蟲自內生，厥味亦減，甚至不可以食。
故范成大云：「已插棘鍼樊筍徑，更鋪漁網蓋櫻桃」，亦即指此。昔人栽
植此樹，皆非一時之偶然，而有法可循。今詢之洞庭擅於藝事者云：
枝節間有根鬚下垂者，二月中又移扦於肥土，復時以糞沃之，即活。
唯陰陽向背，不可移易耳。或不慎而反之，則必枯死，無萌蘖之可冀
也。

櫻桃小識　天虛我生　庚午年四月初五日　（申）

櫻桃性熱，小兒食之過多，每不作熱，常人多食則流鼻血。顧杭俗每
於立夏節日，必以櫻桃飼兒童飽食，初不知其何所取義。近以滬上盛
傳腦膜炎症，細考病狀，則杭之所謂痦，亦即中醫之所謂
疹，又稱為麻，滬人則稱為痧子，與痘相似而所患不同。痘為陰毒，此為陽
毒。凡人有生之初，胎中所秉之毒，必當發泄一次，故此二症凡人皆所不免。
惟生兒時溫凝不深，透發自易，若至長大成年，往往雜以感冒，容易誤
投溫寒藥。蓋其初起皆患劇熱，有類傷寒，亦似傷暑，投以涼藥，無
不閉塞而死，百無一活。若用西藥以冀清爽，或取下瀉如退熱冰，或硫酸
鎂之類，則熱毒下陷，深入胃腸，因而絕食成痢，不可救藥，蓋此也。櫻
桃主透發內熱，凡患風痛及寒熱病人，食之立發，其解毒則以青皮
甘蔗榨汁飲之。故王維櫻桃詩云「飽食不須愁內熱，大官還有蔗漿
寒」，古人於物必窮理而后知，正與東坡食粟相同。曩時上元燈火及清明
紙鳶，皆係小兒仰面吞內熱也。立夏為陽氣最盛之時，若至夏至，則一陰已
生，陽氣漸復潛伏，透發為難，故欲利用櫻桃發其內蘊之熱，以泄胎
中所受之陽毒，驗才有用。櫻桃四五斤，盛貯磁瓶，埋之土中，經二三月自
化為水，取用一杯，溫熱以灌垂死不出之麻症者，足知飽啖櫻桃正以促
發內熱，使勿蘊藏為患。而本草拾遺於甘蔗下載黃海若云：凡痘疹
不出及痢疾不發，毒盛脹滿者，宜青皮甘蔗榨汁與食，不時頻進，則
痘立起。其寒散解毒之功，過於蚯蚓白鴿，惜人不知其功用云。由是觀
之，則輞川詩所謂蔗漿，益可信其格物之深。大抵痘疹欲其
透發，則用櫻桃，既經透發而後，欲其清熱解毒，則以蔗漿為其後盾。
上述二方，僅其片面，轉不如輞川之詩合於醫理。所謂不須愁者，正謂
不妨飽食，使內熱透達於外；而所謂大官還有者，則因所咏櫻
桃係由御賜，大官乃御廚之官，猶今西廚之稱大司務也。既賜櫻桃
於百官，則百官不敢不飽，而又恐內熱暴發，故言御廚中還有蔗

（图七〇　84—85）

七〇　沈雁冰　录时事文稿册

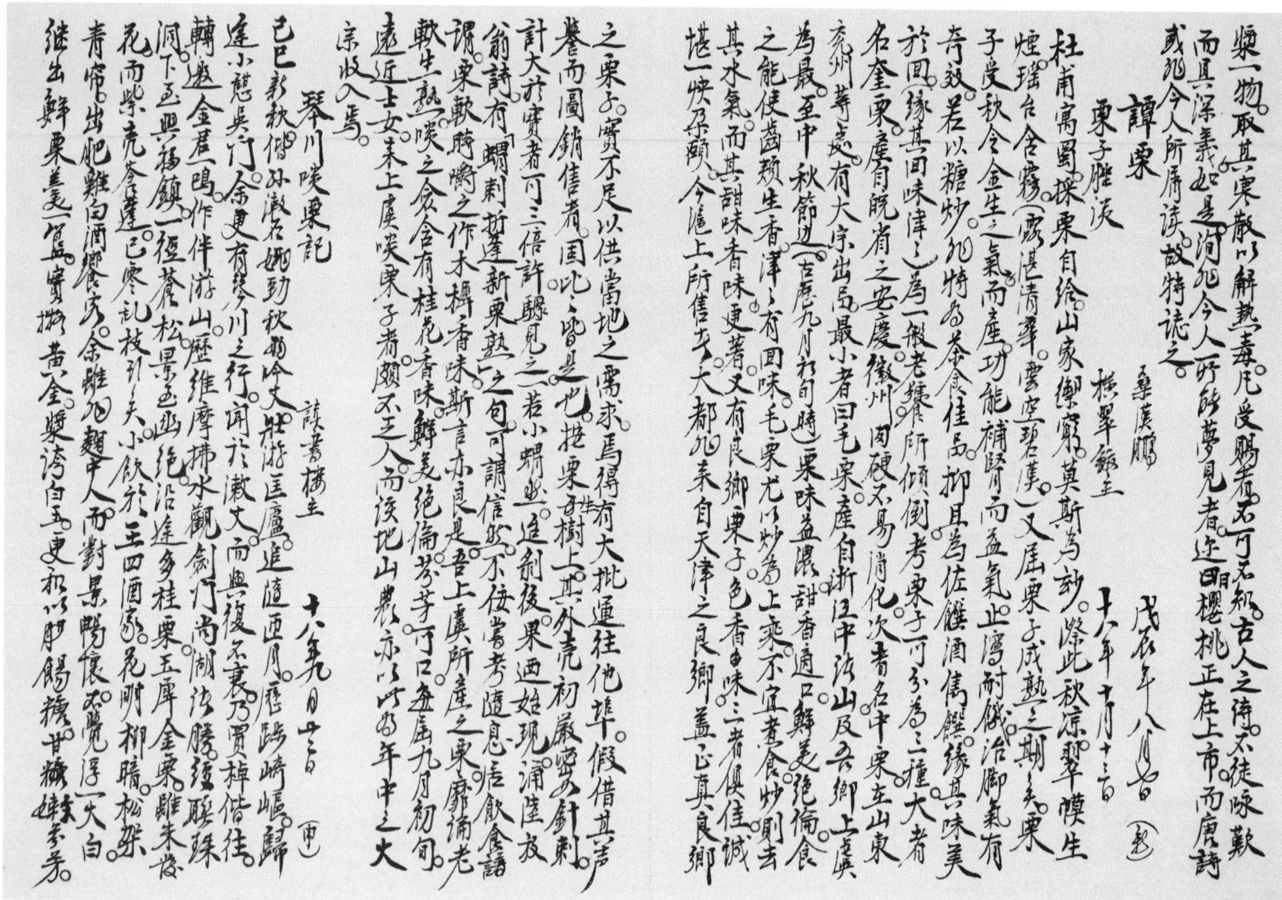
燥一物取其栗殼以解熱毒凡受賜者自可無憾古人之詩不徒咏歎而具深義如是詞也今人所能夢見者邇日櫻桃正在上市而鹿詩感也今人所淡故特誌之 戊辰年八月廿日

譚栗

栗子雕泼 橫翠館主

杜甫寓蜀採栗自給山家御窮莫斯為妙際此秋涼翠嘆生煙瑤台含霧（霧湛清翠碧空碧漢）又屆栗子成熟之期矣栗子受秋令金生之氣而產功能補腎而益氣止瀉耐饑治腳氣有奇效若以糖炒也特為茶食佳品抑且為佐饌酒儻饞緣其味美於回（緣其回味津津）為一般老饕所傾倒考栗子可分為三種大者名奎栗產自皖省之安慶徽州因硬不易消化次者名中栗產山東兗州等處有大宗出品最小者曰毛栗產自浙江中諸山及吾鄉上虞為最至中秋節邊（古歷九月初旬時）栗味益濃甜香適口鮮美絕倫之能使齒頰生香津津有回味毛栗尤以炒為上乘不宜煮食炒則出其水氣而其甜味香味更著又有良鄉栗子色香並味三者俱佳誠堪一快朵頤今滬上所售者大都也來自天津之良鄉蓋正真良鄉之栗子實不足以供當地之需求焉得有大批運往他埠假借其声譽而圖銷售者因此之皆是也推栗樹上其外殼初嚴密如針刺討大於實者可三倍許驟見之一若小蝟然迨剝後果函始現澗崖放翁詩有蝟刺坼蓬新栗熟之句可謂信然不佞當考隨息居飲食譜謂栗歟時嚼之作木樨香味斯言亦良是吾上虞所產之栗廓補老軟生熟咲之食含有桂花香味鮮美絕倫芳芽可口每屆九月初旬遠近士女來上虞咲栗子者頗不乏人而該地山農亦以此為年中之大宗收入焉 十八年十月十三日

琴川咲栗記

讀書樓主 十八年九月廿一日

己巳新秋偕外徼名姬勁秋翁泠文壯游匡廬迨返自廬歷踏崎嶇歸途小憩吳門余更有琴川之行聞於徼文而與之同後不衰乃買棹偕往轉遊金星鳴作伴遊山歷維摩拂水觀劍門尚湖諸勝復驅珠洞下至興福觀復登虞松景區幽絕沿途多桂栗玉犀金粟雖未發花而紫荒蒼莲已瘦我枝頭矣小飲於王四酒家見時柳晴松架青簾出肥雞白酒饞涎余雖非過饞中人而對景觸懷不覺浮一大白継出鮮栗炙一筐實擬黃金嬡於白玉更和以肥鶏穠甘芳馥

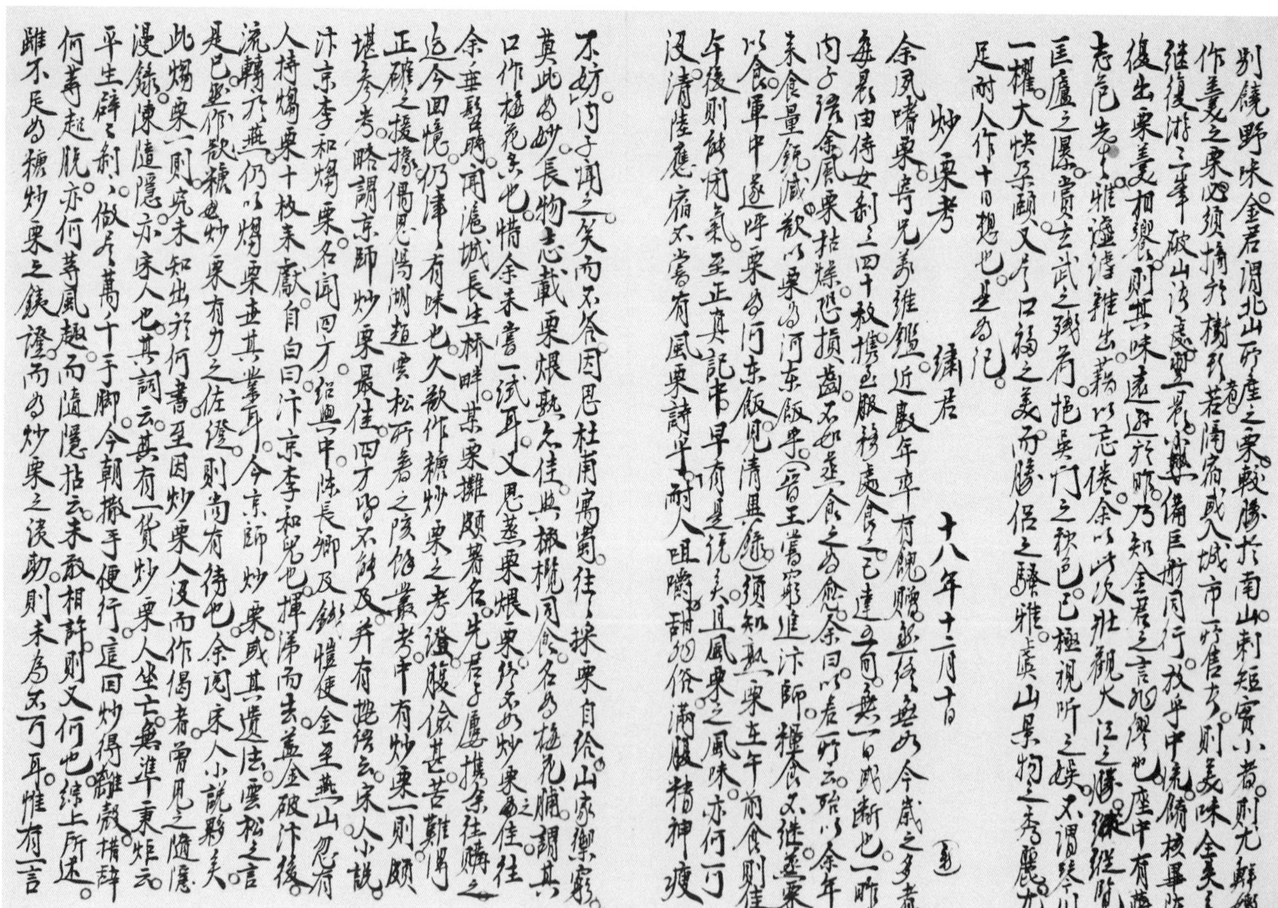
別饒野味金君謂北山所產之栗較勝於南山刺短實小香則尤鮮作羹之栗必須擷於樹上若滴宿威入城市所售者則美味全失矣往復游三峯破山諸處並一覽興福備臣所同行放乎中流歸棹畢陳復出栗羹相饗則其味遠遜於昨乃知金君之言非虛也座中有時者（…）余以此次壯觀大江之濤繼從匡廬之麗賞玄武之殘荷挹吳門之秋色已極視聽之娛不謂琴川一櫂大快朵頤又有口福之美而勝侶之騷雅虞山景物之秀麗尤足耐人作十日想也是為記

炒栗考

綠君 十八年十二月十日

余夙嗜栗嘗見爭維鑑近數年來有魄贈並緣無如今歲之多者每晨由侍女剝三四十枚攜至服務處食（已達二旬無一日或斷也）一昨內子語余夙栗枯燥恐損齒不如進食之為愈余曰昔人以之為飯來食量鏡減致以栗為河東飯（?）以食單中遂呼栗為河東飯足清異錄須知熟栗在午前食則往年後則能閉氣至正真記中早有是說矣且夙栗之風味亦何可沒清佳應府不嘗有夙栗詩乎耐人咀嚼甜的滿腹精神瘦不妨同予調之笑而不答因思杜甫寓蜀往往採栗自給山家御窮莫此為妙長物志載栗煨熟乃佳與橄欖同食名為梅花脯謂其口作梅花香也惜余未嘗一試耳又思茲栗煨栗然不如炒栗為佳往余每到杭滬城隍長生橋畔某栗攤頗著名先君子亟攜余往購之追今回憶猶津津有味也久欲作糖炒栗之考證殊苦難得正確之援據偶思湖趙雲松所著之陔餘叢考中有炒栗一則頗堪參考略謂京師炒栗最佳四方皆不能及并有炒栗云宋人小說汴京李和炒栗名聞四方紹興中陳長卿及錢愷使金至燕山忽有人持炒栗十枚來獻自白曰汴京李和兒也揮涕而去蓋金破汴後流轉於燕仍以炒栗世其業耳今京師炒栗或其遺法雲松之言是已然亦穀梁炒栗有力之佐證則尚有待也余閱宋人小說頗矣此炒栗一則究未知出於何書至因炒栗人沒而作偈者曾見之隨隱漫錄陳隨隱亦宋人也其詞云其有一貨炒栗人坐亡無準東炬云平生餘之斜八做千萬千手腳今朝撒手便行庭回炒得雖殼猶辯何荞趣耽亦何荞風趣而隨隱指云未敢相許則又何也綠上所述雖不足為穂炒栗之鉄證而為炒栗之淺助則未為不可耳惟有言

七〇　沈雁冰　录时事文稿册

（图七〇　86–87）

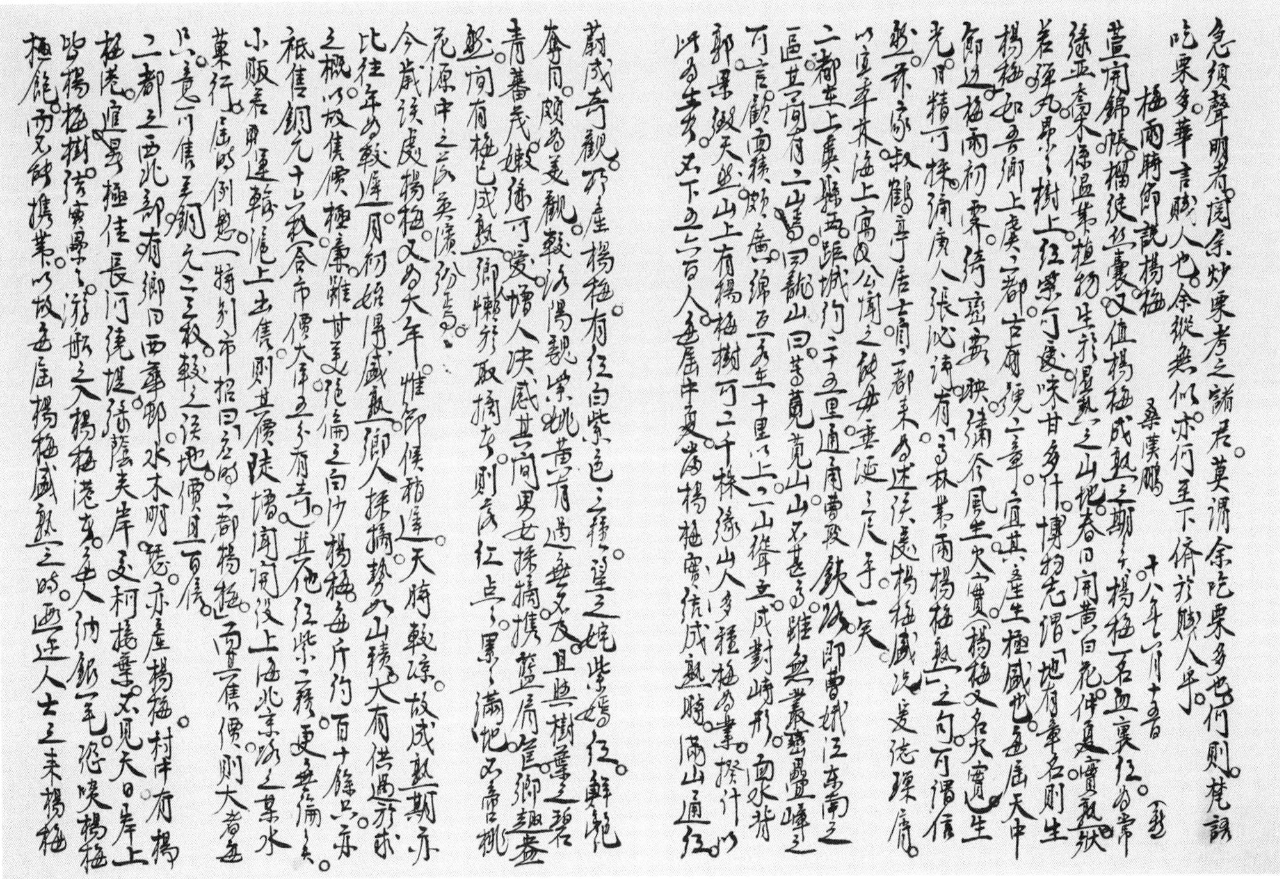
急須聲明者，閱余炒栗考之謅，君莫謂余吃栗多也。何則？梵語
吃栗多，華言賤人也。余縱無似，亦何至下儕於賤人乎。

梅雨時節說楊梅　桑漢鵬　十八年六月十三日　（五）

萱開錦帳，榴綻紅囊，又值楊梅成熟之期矣。楊梅一名血裏紅，為常
綠亞喬木，係溫帶植物，生於濕熱之山地，春日開黃白花，仲夏實熟，狀
若彈丸，累累樹上，紅紫可愛，味甘多汁。博物志謂「地有章名，則生
楊梅」，如吾鄉上虞之二都，古有梅之章，宜其產生極盛也。每屆天中
節近，梅雨初霽，綺窗安映，滿含風生火實（楊梅又名火實）。生
光日精可採，清虞人張沁詩有「雨林暮雨楊梅熟」之句，可謂信
然。吾家叔鶴亭居士謂二都來為述其遠楊梅盛況，更德環虞
以宜半林，海上寓公聞之，殆無垂涎三尺，手一矣。
二都在上虞縣西，距城約二十五里，通甬曹段鐵路，即曹娥江東南之
區，其間有二山焉，曰龍山，曰篁蒐山，山不甚高，雖無叢巒疊嶂之
可言，顧面積頗廣，綿亙約五十里以上，二山聳立，成對峙形，面水背
郭，景緻天然，山上有楊梅樹可二千株，緣山人多種梅為業，擇什以
此為生者，不下五六百人，每屆仲夏，當楊梅實結成熟時，滿山通紅，
蔚成奇觀。所產楊梅有紅白紫色三種，望之姹紫嫣紅，鮮艷
奪目，頗為美觀，較諸偶觀紫桃黃杏，過無不及，且與樹葉之碧
青蕃茂，嫩綠可愛，婦人決感，其間男女採摘，携籃偕筐，鄉趣盎
然。聞有梅已成熟，御懶於取摘者，則落紅點點，累累滿地，不啻桃
花源中之落英繽紛焉。
今歲該處楊梅又為大年，惟節候稍遲，天時較涼，故成熟期亦
比往年為較遲，月初始得盛熟，鄉人採摘，勢如山積，大有供過於求
之概，以故售價極廉，雖甘美之遍偏之白沙楊梅，每斤約百十餘只，亦
祇售銅元十六枚，合市價大洋五分有奇。其他紅紫二種，更無論矣。
小販者更運銷滬上出售，則其價陡增，聞滬上海北京路之某水
菓行，屆時例懸一特別市招曰「二都楊梅」，而其售價則大者每
只竟可售至銅元二三枚，較之該地價且百倍。
二都之西北，郵有鄉曰西華，郵水木明瑟，亦產楊梅，村中有楊
梅港，道路極佳，長可繞堤，綠蔭夾岸，交柯接葉，不見天日，岸上
皆楊梅樹，結實纍纍，游艇之入楊梅港者，每人納銀一毛，恣啖楊梅
極飽，而不許携菓，以故每屆楊梅盛熟之時，遊近人士之來楊梅

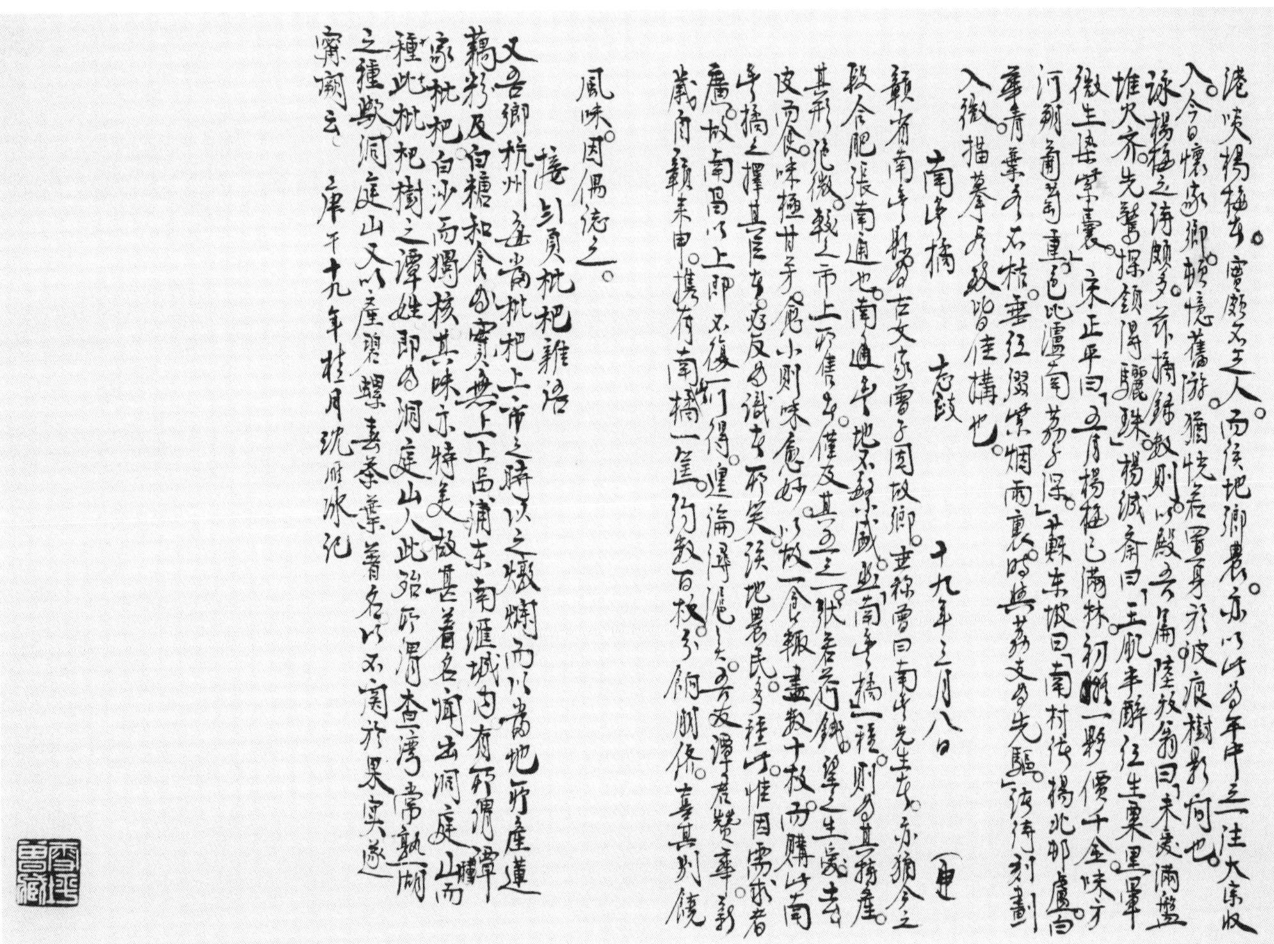
港啖楊梅者，實繁有之人，而該地鄉農亦以此為年中之一注大宗收
入。今日懷念鄉物，憶舊游，猶悅若置身於彼處樹影間也。
詠楊梅之詩頗多，茲摘錄數則，以殿吾篇。陸放翁曰：「未愛滿盤
堆火齊，先驚探頷得驪珠。」楊誠齋曰：「玉肌半醉紅生粟，墨暈
微生紫染囊。」宋正平曰：「五月楊梅已滿林，初疑一顆價千金。味方
河朔葡萄重，色比瀘南荔子深。」蘇東坡曰：「南村諸楊北村盧，白
華青葉冬不枯，垂紅綴紫煙雨裏，特與荔支為先驅。」諸詩刻劃
入微，描摹盡致，皆佳構也。

南豐橘　志毅　十九年三月八日　（申）

贛省南豐縣為古文家曾子固故鄉，世稱曾南豐先生者，亦猶今之
段合肥、張南通也。南豐產地不甚小，盛產南豐橘，遠一種，則為其特產。
其形絕微，較之市上所售者，僅及其三分之一，然若以錢擘之，生底去
皮而食，味極甘芳，愈小則味愈好，以故一食輒盡數十枚，而購此南
豐橘之擇其尾者，遂反為識者所笑。該地農民多種此，惟因需求者
廣，故南昌以上即不復可得，遑論滬上矣。吾友譚君楚聲，前
歲自贛來申，携有南豐橘一筐，約數百枚，分餉厥儕，吾其則饒
風味，因偶誌之。

塘栖貢枇杷雜話

又吾鄉杭州，無論枇杷上市之時，以之熬糊，而以當地所產蓮
藕粉及白糖和食，為實無上上品。浦東南匯城內有所謂潭
家枇杷，白沙而獨核，其味亦特美，故甚著名。聞出洞庭山，而
種此枇杷樹之潭姓，即為洞庭山人，此殆所謂查灣常熟湖
之種歟？洞庭山又以產碧螺春茶葉著名，此不聞於果實遂
寡聞云。
庚午十九年桂月沈雁冰記

（图七〇　88–89）

七〇　沈雁冰　录时事文稿册

特產譜序

持佛　　十九年五月廿七日（申）

浙越珍羞

友有孰自會稽游蘭亭歷禹陵來滬者，為言鏡山稽山並多名勝，而俗尚饈饌，更稱奇特，爰為濡毫志之。越本水鄉，城鄉野屋宇强半臨河，菱蓮蓴芡，物產最豐，每當日影微斜，漁人緣河入市，駕小艇賣魚蝦，莫不活潑鮮美，用作膾羹，益饒風味。但越俗所尚，越人所嗜，固不在此，有名蟦蛋者，春夏之間擺列街衢，盈筐累櫝，購者甚衆，詢為雞蛋之孵已具雛形而將欲出殼者，乃有全蟦半蟦之分，全蟦為珍，半蟦次之。法以微火烘煦，不假母雞孵伏。所謂全蟦者，蛋內之雛首翼俱全，視為美饌，調以五味，益以蔥椒，鮮脆芬馥，用佐醇醪，倍適飲趣。並有盛以磁盆，餽贈戚友，云取渾元一氣，不見風日，滋補之性，遠勝參芪。世知雞蛋補益，則蟦蛋宜必相若耳。更有羔胎一味，並推珍貴，街店寥矣。偶於牝羊腹中取得支體完具宛然小羊者，必售善價，烹之法不經鐵煮，必磁鍋，切必竹刀，則味美性補云云。羔羊性質本益氣血，言乎滋養，理必非謬，脆嫩無倫，固當然矣。

蘄州特產

蘄州鄂省之山邑也，男尚質樸，女多佳麗，若越之苧蘿村然。其處土物有屬該州特產為世所稱道者，而腮多閱，聊敘兩則以消永晝。州多山谷，連巒蔽日，古木重雲，瘴氣所聚，毒虺伏焉。有蘄蛇者，長五尺，黑質白章，鱗甲叢生，龍形虎口，雙角儼然，為所罕有之藥，無可混淆，然以之合藥，可以已瘰癧，愈麻瘋。捕者以鐵鑷捉得，貯之竹筐，入初居奇，非得善價不肯售也。又屬崇山之下，溪澗環洄，荇芷含芽，清泉漾碧，中產靈蠵，俗名綠毛龜也。大不逾寸，背甲玉潤，儼若象牙琢成者，上生綠毛，毿毿嫩碧，翠參參芾，蓋若相傳此龜能辟火災，療喉疾，辟火或未見然，療喉常著奇驗，蘄人寶之。

皮蛋小志

持佛　　己巳年五月十五日（申）

鷄卵鴨蛋為滋養之品，而國人之食法為尤多。皮蛋之製法，殊合化學之理，尤為外人所驚奇。皮蛋一名「變蛋」，見《鹽城縣志》；「松花彩蛋」，則見於《順天府志》。法以蛋百枚，濃茶葉四兩，煎汁濾過，食鹽十兩，木化石灰十兩，皆研細末，木柴灰四升，麩糠半斤，鹼三兩，拌勻成團，分為百團，每蛋用一團包勻，安放罈內，固封罈口，不可搖動，四十日便可供食。若欲蛋生花紋，以松柏竹葉燒灰拌入，即成文。可以銀針鑿一孔，灌入燒酒滴，即成為糖黃皮蛋，味尤鮮美，為下酒雋品。據日人近藤氏之化學分析，謂新鮮雞鴨蛋中葡萄糖佔百分之二十九，皮蛋中則無；不可凝結之氮，皮蛋中之量比新鮮鴨蛋為多；皮蛋中之脂肪減少，但類脂體增多；皮蛋中之乳酸量增加顯著。然予以為皮蛋中尚含燐、維他命a、阿摩尼亞之氣，對於貧血病及衰弱者，皆極相宜，以視茶葉蛋、灰蛋、糟蛋等之佐膳下酒，尤為珍貴，誰謂吾華之不能發明哉。

十八年十二月廿二日（申）

胃症之松花

陶在東

愚年來每日一粥一飯，每食必具松花（即皮蛋），親友門人以為愚嗜松花也，歲時餽贈，必以松花，一昨殘臘餽贈至若干枚。天乎！不幸愚向不嗜松花者，雖者胃病力能轉移人食性，迨今不嗜其所素嗜（如愚所嗜酒蟹辣椒），而嗜其所不嗜（即松花）。胃病食物最苦，凡濃滯油膩刺激性之品入胃即痛，幾乎無物可食。愚以三年之經驗，而得松花。蓋酬酢酒筵，勢不能不到，到不能不下箸，中筵例設冷暈八碟，松花居其一，試嘗之無害，久之覺其於胃相宜，由是胃病者得一可食之品，斯則義合為同病者報告者也。研究松花製造之成分，以鹹鹵石灰稻草灰為主，而要滿全卵所含原質而化合之，其功用最能收濇胃酸，使之不泛溢為患。其蛋質本性又能助消化而滌沈澱，雖餚饌等於胃，洽胃鑰之藥品。患病甚深，食之奏效若神。患者屏除激刺凝滯濃肥之妨胃者，而放膽吃松花，其收效於無形之中必更大，敢以告天下萬世之胃病同病者。正松花以天津為良，其心溏而白嫩，其白磾現有松花紋，亦推天津製者。有之，又湖南益陽者亦佳，惟下江不能得耳。

十九年五月廿四日（申）

筍鄉雋語

倢園

法華山在欽賢鄉，為入留下鎮孔道，西湖秀氣至此一聚，故其地多產毛筍，竹杖倚覓影，解籜聞聲，春雷一鳴，筍芽怒迸，惟毛筍需茁於春暮，鄉人掀土尋斸，長不盈尺，注以吳鹽，烹軟可口，恐東坡玉版禪亦當退避三舍矣。

毛筍一名貓筍，一名貓頭筍，因其尖聳如貓耳也。餘杭、臨安以達安吉、孝豐諸縣，筍林森森，真是為出產大宗，然其筍或剝外衣，謂之筍衣，或榨扁烘焙，謂之筍乾，味較法華為遜。然法華所產，亦以在山初掘者為佳，若越宿壓擔入城，籜枯而肉燥，減色多矣。

七〇　沈雁冰　录时事文稿册

（图七〇　90—91）

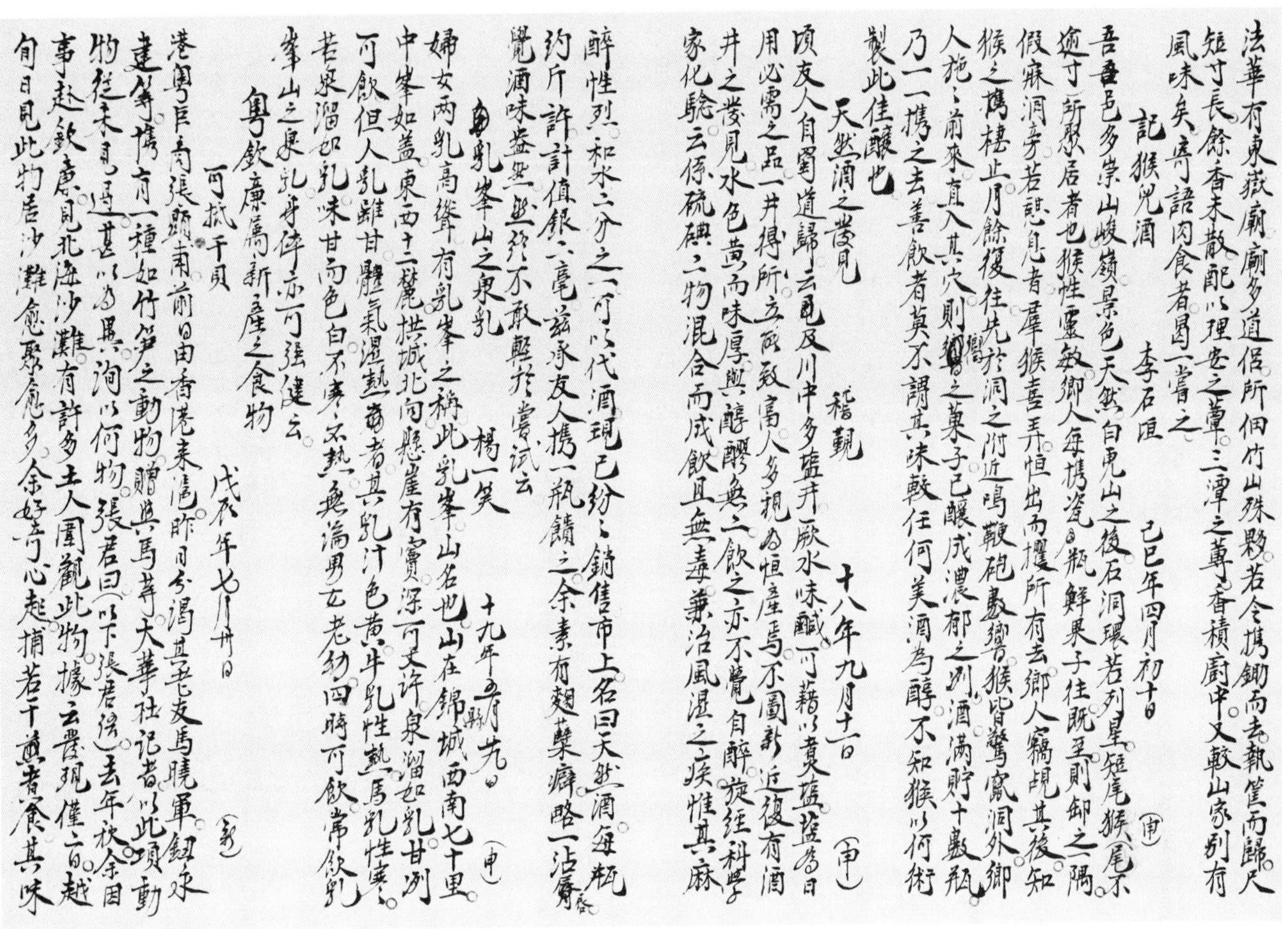

法華有東嶽廟，廟多道侶，所佃竹山殊夥，若今攜鋤而去，執筐而歸，尺短寸長，餘香未散，配以狸安之蕈、三潭之蕈，香積廚中又較山家別有風味矣。奇語肉食者，盍一嘗之。

記猴兒酒　　李石恒　　己巳年四月初十日　（申）

吾邑多崇山峻嶺，景色天然。白兎山之後石洞環若列星，短尾猴（尾不逾寸）所聚居者也。猴性靈敏，鄉人每攜瓷瓶鮮果子往，既至，則卸之一隅，假寐洞旁若憩息者。群猴喜弄，恒出而攫所有去。鄉人竊覘其後，知猴之攜棲止月餘，復往，先於洞之附近鳴鞭砲轟響，猴皆驚竄洞外，鄉人施施前來，直入其穴，則嚮之菓子已釀成濃郁之冽酒，滿貯十數瓶，乃一一攜之去。善飲者莫不謂其味較任何美酒為醇，不知猴以何術製此佳釀也。

天然酒之發見　　稽覲　　十八年九月十一日　（申）

頃友人自蜀道歸，云邑及川中多鹽井，厥水味鹹，可藉以煮鹽，邃為日用必需之品。一井得所，立致富人，多視為恒產焉。不圖新近復有酒井之發見，水色黃而味厚，與醇醪無二，飲之亦不覺自醉，旋經科學家化驗，云係硫磺之物混合而成，飲且無毒，兼治風濕之疾。惟其麻醉性烈，和水二分之一可以代酒，現已紛紛鋪售市上，名曰天然酒，每瓶約斤許，計值銀六毫。茲承友人攜一瓶饋之，余素有麴蘖癖，略一沾脣（啓），覺酒味蓋然（?），然終不敢與於嘗試云。

奇乳峯山之泉乳　　楊一笑　　十九年五月九日　（申）

婦女兩乳高聳，有乳峯之稱。此乳峯山名也，山在錦城西南七十里中，峯如蓋，東西十二麓拱城北向，懸崖有竇，深可丈許，泉溜如乳，甘冽可飲。但人乳雖甘，體氣濕熱者其乳汁色黃，牛乳性熱，馬乳性寒，若泉溜如乳，味甘而色白，不寒不熱，無論男女老幼，四時可飲，常飲乳峯山之泉乳，身體亦可強健云。

粵飲廉屬新產之食物　　可拭　千貝　　戊辰年七月廿日　（新）

港粵巨商張頗甫前日由香港來滬，昨日分謁其老友馬曉軍、鈕永建，每攜有一種如竹筍之動物贈與馬、鈕。大華社記者以此項動物從未見過，甚以為異，詢以何物，張君曰（以下張君語）：去年秋余因事赴欽廉，見北海沙灘有許多土人圍觀此物，據云發現僅六日，越旬日見此物居沙灘愈聚愈多，余好奇心起，捕若干煮食，其味

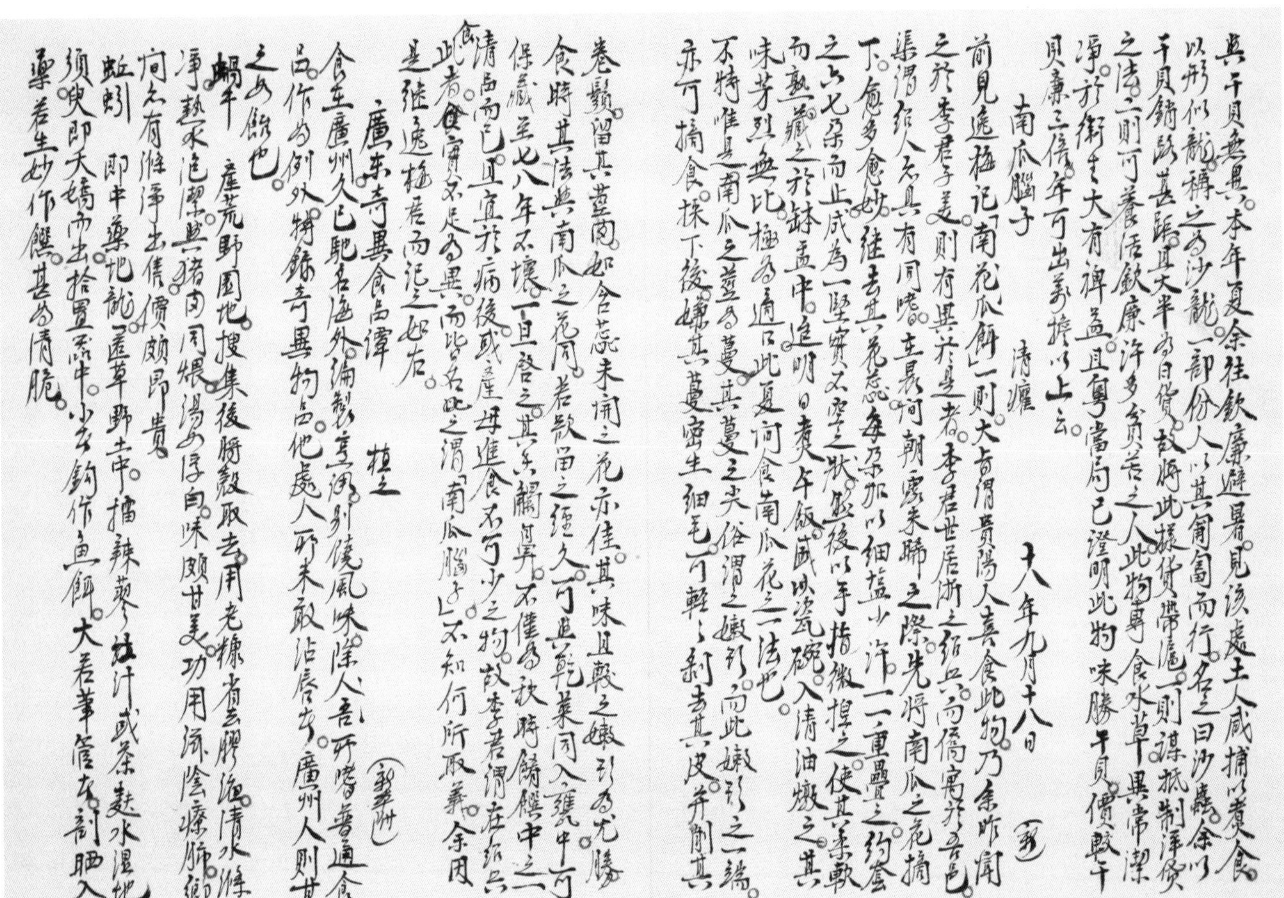

甚與千貝無異。本年夏余往欽廉避暑，見該處土人咸捕以煮食，以形似龍，稱之為沙龍，一部份人以其匍匐而行，名之曰沙蟲。余以千貝銷路甚暢，且大半為日貨，故將此採貨帶滬，一則謀抵制洋貨之法，二則可養活欽廉許多貧苦之人。此物專食水草，異常潔淨，於衛生大有裨益，且粵、滬均已證明此物味勝千貝，價較千貝廉二倍，年可出若干擔以上云。

南瓜腦子　　清癯　　十八年九月十八日　（新）

前見遯極記「南花瓜餅」一則，大旨謂貴陽人喜食此物，乃余昨聞之於李君子美，則有異於是者。李君世居浙之紹興，而僑寓於吾邑，據謂紹人亦具有同嗜。每晨間朝露未晞之際，先將南瓜之花摘下，愈多愈妙，繼去其花蕊，每朵加以細鹽少許，一一重疊之，約藏之六七朵而止，成為一堅實不空之狀，然後以手指微捏之，使其柔軟，而熟藏之於缽盂中，迨明日煮午飯，盛以瓷碗入清油燉之，其味芳烈無比，極為適口。此夏間食南瓜花之一法也。不特惟是，南瓜之莖為蔓，其蔓之尖，俗謂之嫩頭，而此嫩頭之一端亦可摘食，採下後，嫌其蔓密生細毛，可輕輕剝去其皮，并剛其卷鬚，留其莖，肉如含蕊未開之花，亦佳，其味且較之嫩頭為尤勝。食時其法與南瓜之花同。若欲留之經久，可以乾菜同入甕中，可保藏至七八年不壞，一旦啓之，其香觸鼻，不僅為秋時饋饈中之一清品，而已且宜於病後或產婦進食，不可少之物。故李君謂在紹興食此者，食實不足為異，而皆名此之謂「南瓜腦子」，不知何所取義。余因是從遯極者而記之如右。

廣東奇異食品譚　　植之　　（新聞報）

食在廣州，久已馳名海外，論製烹調，則饒風味，除人人吾所嗜普通食品作為例外，特錄奇異物品他處人所未敢沾唇者，廣州人則甘之如飴也。

蝸牛　產荒野園地，搜集後將殼取去，用老糠者去膠涎，清水滌淨，熱水泡鬆，與豬肉同煨湯，如厚肉味頗甘美，功用滋陰療肺。鄉間亦有繁(?)淨出售，價頗昂貴。

蚯蚓　即中藥地龍，產草野土中，擂辣蓼汁或茶麸水浸地，須臾，即夭矯而出，拾置器中，少去鈎，作魚餌。大者筆管尢，剖肥入豪(?)若生炒，作饌，甚為清脆。

（图七〇　92—93）

七〇　沈雁冰　录时事文稿册

其咸鮮。故湮沒不彰耳。
捕蟹之法，除灯捕、簖捕外，復有蟹簪一種，法以麻線結小網，中貯
餌三四枚，垂以長繩，置於湖濱，半夜蟹饑，嗅見則畢集，約二三時，捕者收
簪，無一幸免。此法吾邑人多有行之者。
取蟹而藏之甕中，貯水一盂，置乾稻草一束，則雖月餘可養也，且蟹肉精肥，
蟹殼奇脆，蟹肉奇少，剖而視之，雄者膏盈，雌者黃滿，可擇冷靜深
處，邀二三知己，持螯下酒，綽綽然神仙伴侶矣。

蟹王　清癯

昔前在嘉邑塔除祭店，聞毛君仰言：渼及南門外沙場弄旁有一小
池焉。去清季某年，發現一蟹王，其殼大如磨石，連其八腳計之，周圍
可六尺餘，而兩螯尤碩大無比，蓋一雄蟹也。聞爲某甲所見，時值蟹群
麇集畢至，就禾穗以朝其魁，異之，乃呼鄰右，持鉅索以網縛
執而畜之於庭中，未幾遠近爭觀，日恨爲穿，無已，祇得將其三者
以絕其累。一日，甫欲移至河傍，用水洗滌，忽來一雌者，緊攫其腕，甲因
痛釋手，而蟹王竟去矣。或謂無雌者來援，則此偌大之蟹，不免
投諸鼎鑊，以供人之饕餮耳。余憶前之年，城中清鏡塘有一巨蚌，
身長約二尺餘，重有五六斤，莫不驚爲異物，此蟹較之，其可謂
無獨有偶已。惜毛君所述，未詳時日，余以爲足補里乘所未載，
故特志之。　庚午桂月　桐鄉沈雁冰摘

聊齋考證　西神　十七年七月四日

蒲留仙《聊齋志異》一書，爲筆記小說中之名著，往者西方說部未輸
入吾國以前，讀是書者，白屋小齋，青燈午夜，除《紅樓夢》及金聖歎
所評才子書外，殆無不奉爲枕中秘笈，蒲留仙之無愧其書，雖
著於干寶《搜神》、董狐《說鬼》，而艷麗伊美，實可比於揚雄之畔牢愁，才士
失職，憤悱不平，長門金屋，賦冷黃金，歎眉梢之遠脈，擾心旌而寫恨，
託諸荒唐之物，屈衡之哭，遂不覺匯集於筆端，藉以瑑詞纖麗，設想瑰奇。
凄涼澤畔之吟，遍峭柳州之筆，於焉置　嗚呼，因其所無而身殁未幾，
謠諑紛興，或謂其稿長鄉之田壁間，爲其叔之實，然君生世之浩趙州
和尚其無立錐地乎，甚者謂《志異》二稿，徒飽紅蟫，斷墨殘編，良云人
收拾於王漁洋，欲以千金購之，俾成陽羨筆彥，終成呂氏之書，漢室寺
兵，貴作趙幟之易，俗傳不實，流爲丹青，身後中郎，可勝慨歎。此
於冷攤中購得《留仙文集》一冊，涵芬樓所藏福山王文敏公哲嗣
以蒲之《聊齋詞》寄贈，今於是卷中更得蒲文，爲之大快，病中
展讀，藉消永晝，則於上述二點，皆有相當之反證。其爲元配劉
孺人行述云：松齡（留仙名）父處士公敏吾少慧，捧童子業，其不
售，去而學賈，積二十年，稱素封。又云：孺人食貧衣儉，瓮中頗有
餘蓄，松齡年七十，遂歸而不復他游。其贈韓羲仙序云：以某多
男，使某弟子下，況兒輩雁行之列於序，爲九禱某命名，考古畢事，
與吾親曲沃桓公子亲於韓，至以盈數也，遂以名小字，兒輩皆以
世名，循演復沅，澂涵濡汙，皆從水，遂名爲湍，游兒字皆以公，而字
以公般般，湍水急也，撫劉孺人行述中，稱孺人生一女四男，男名皆從
竹，此云八兒，且皆從水，或有舛誤，然贈序中又云，某烏衣巷中，唯有
孺耳，章發垂領，惟一老盃光布衣椎髻，僧隱山谷，則諸兒氣雖
相符合，至命名之異，或先從竹而後復改從水耳。觀此可知先生家
本素封，桑梓慕景，又等爲亭號，韓爲淄令，誼結通家，異時遂之
入室，作諸侯之上賓，儼然雖於邑中之薦紳矣，其謂先生家貧，至不能
自存者，不攻自破，論者徒以《志異》自序有"門庭之棲止，則冷淡如僧，
筆墨之耕耘，則蕭條似缽"等語，遂附會而成此說，大抵先生名心未
淨，緒習難忘，值科舉流毒方熾之時，不無劉蕡下第之慨（尤西
堂鈞作《天樂傳奇》，亦係不得進舉者而作，可見清初科舉之靡
風一時），志異中葉生一則，所謂頻居康了之中，則鬚髮修修一可醜。

（图七〇　102–103）

七〇　沈雁冰　录时事文稿册

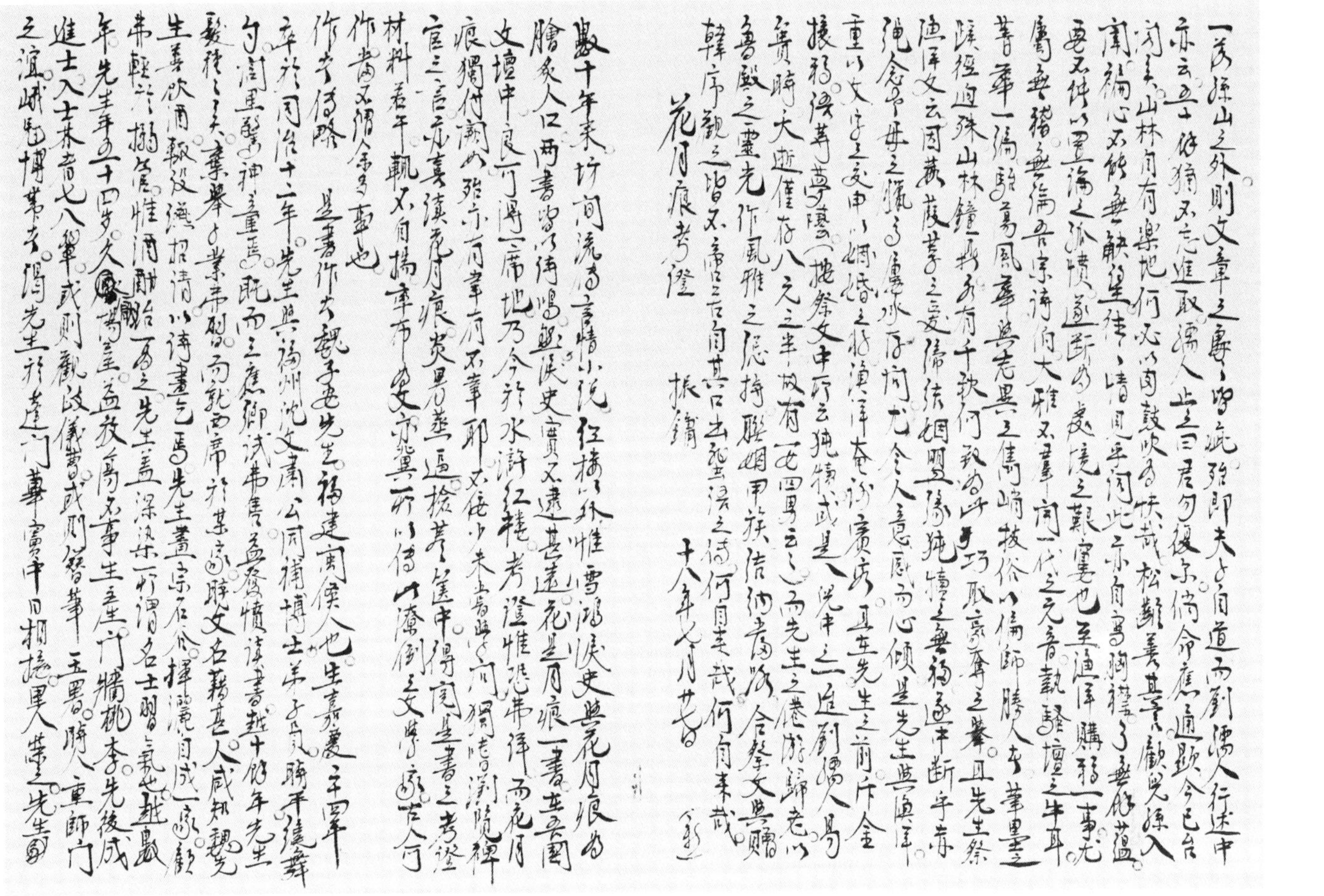

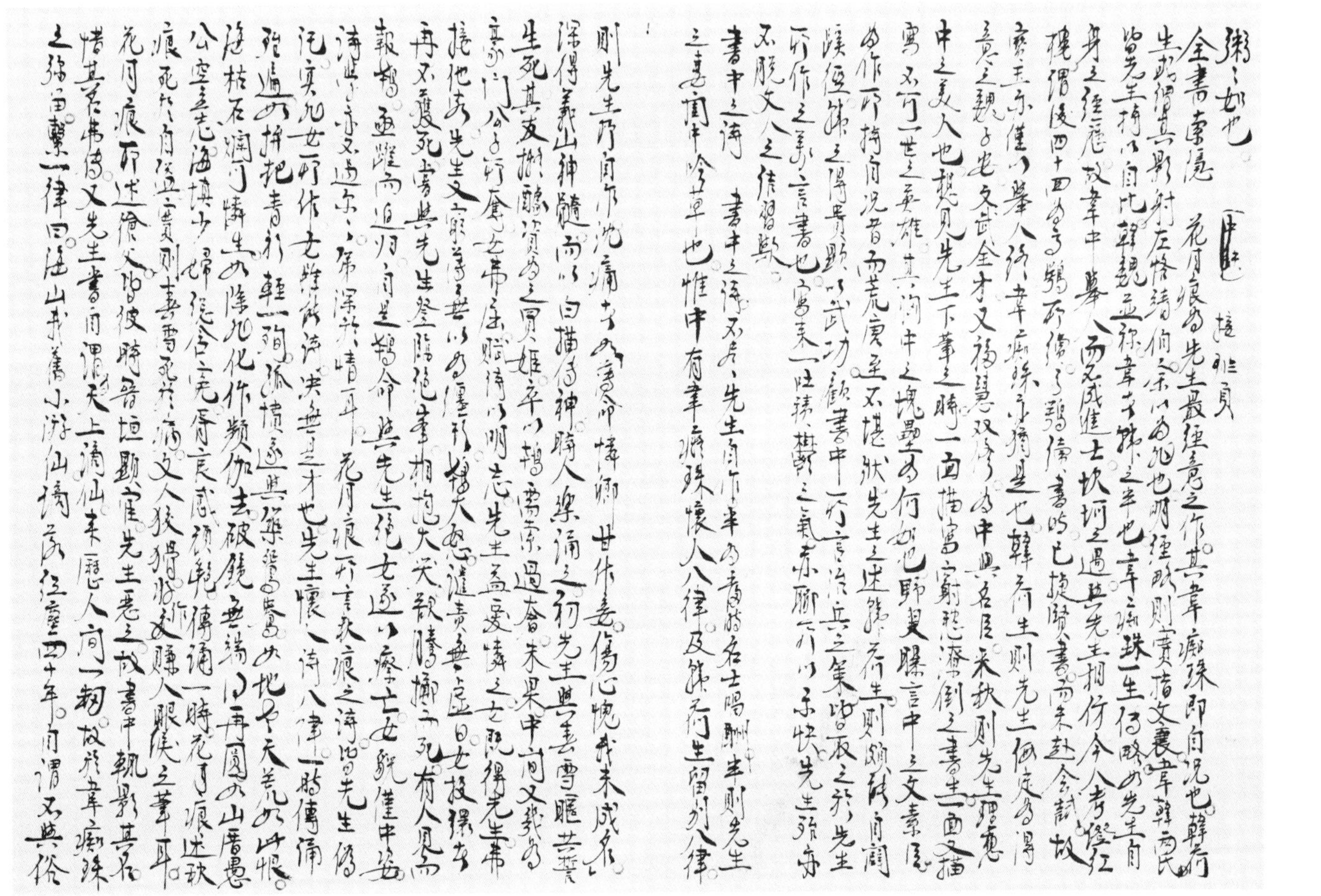

（图七〇　104–105）

七〇　沈雁冰　录时事文稿册

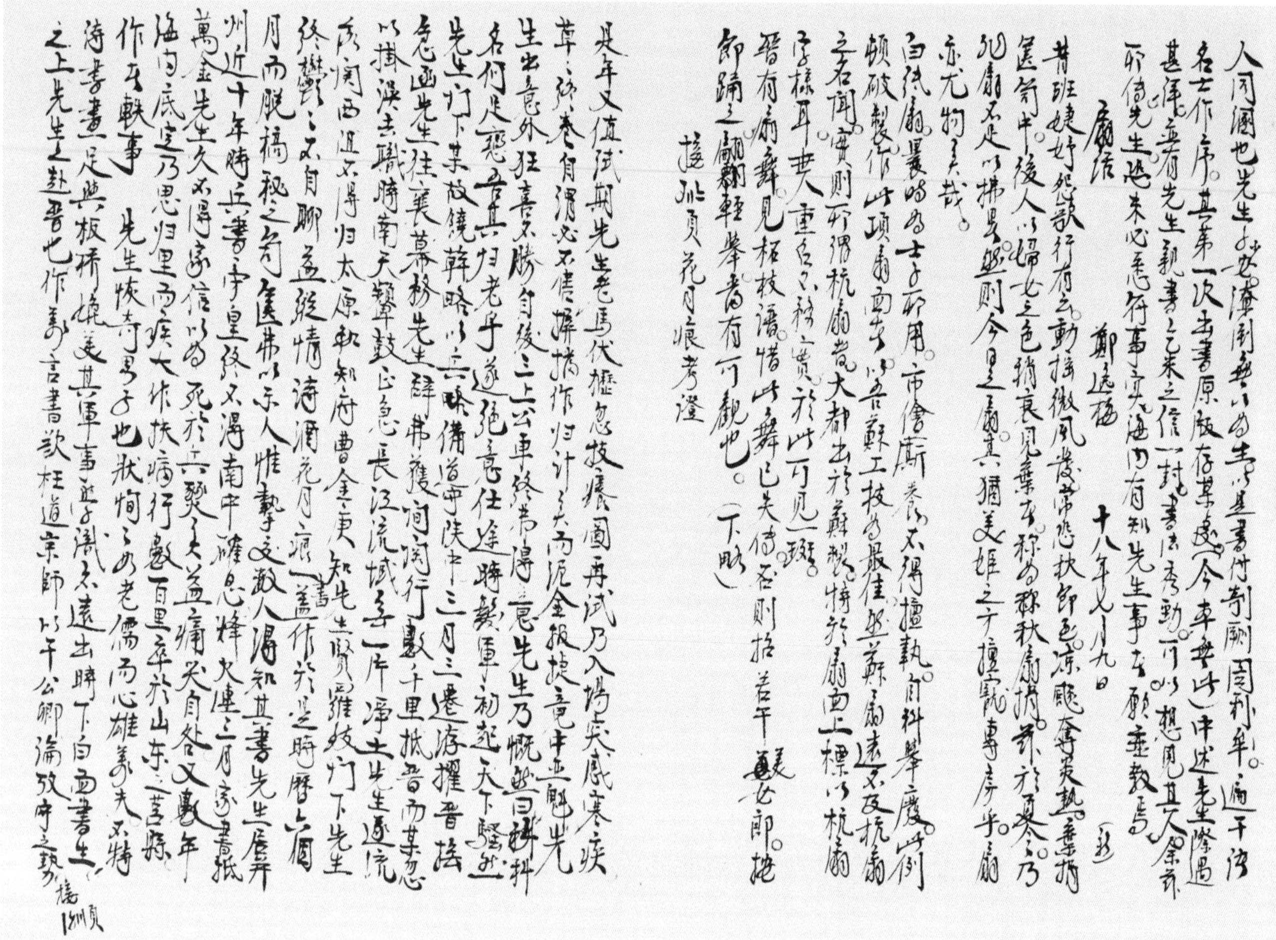

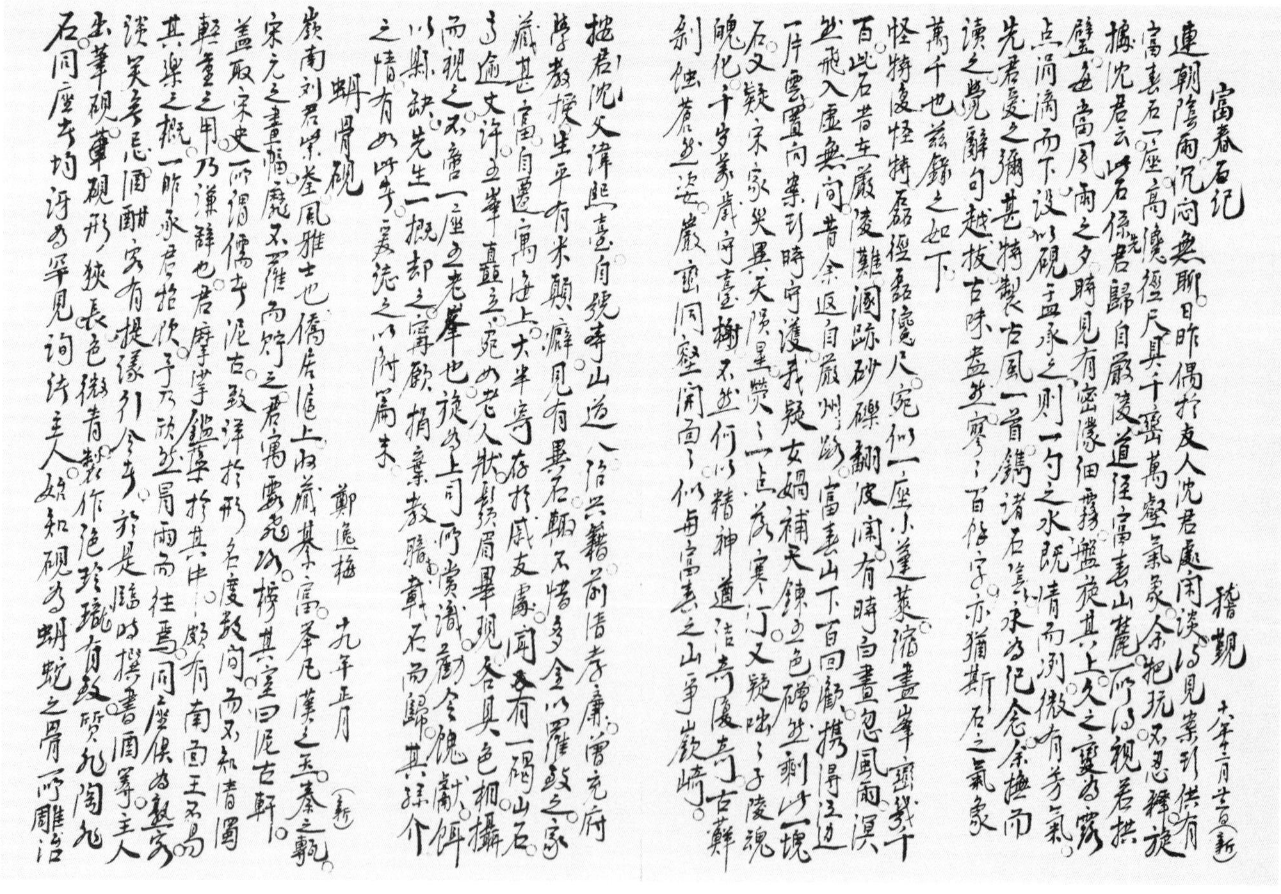

七〇　沈雁冰　录时事文稿册

（图七〇　106–107）

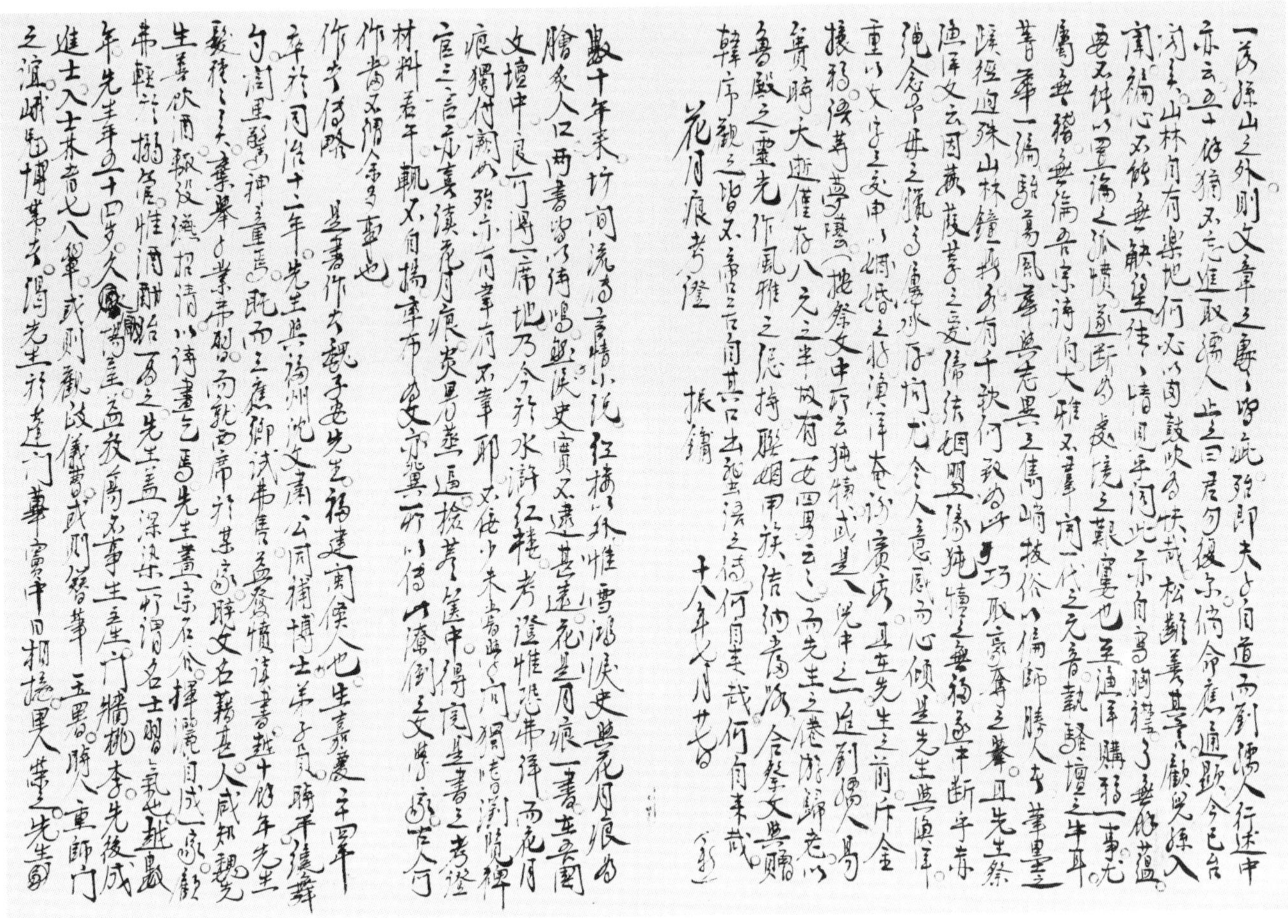

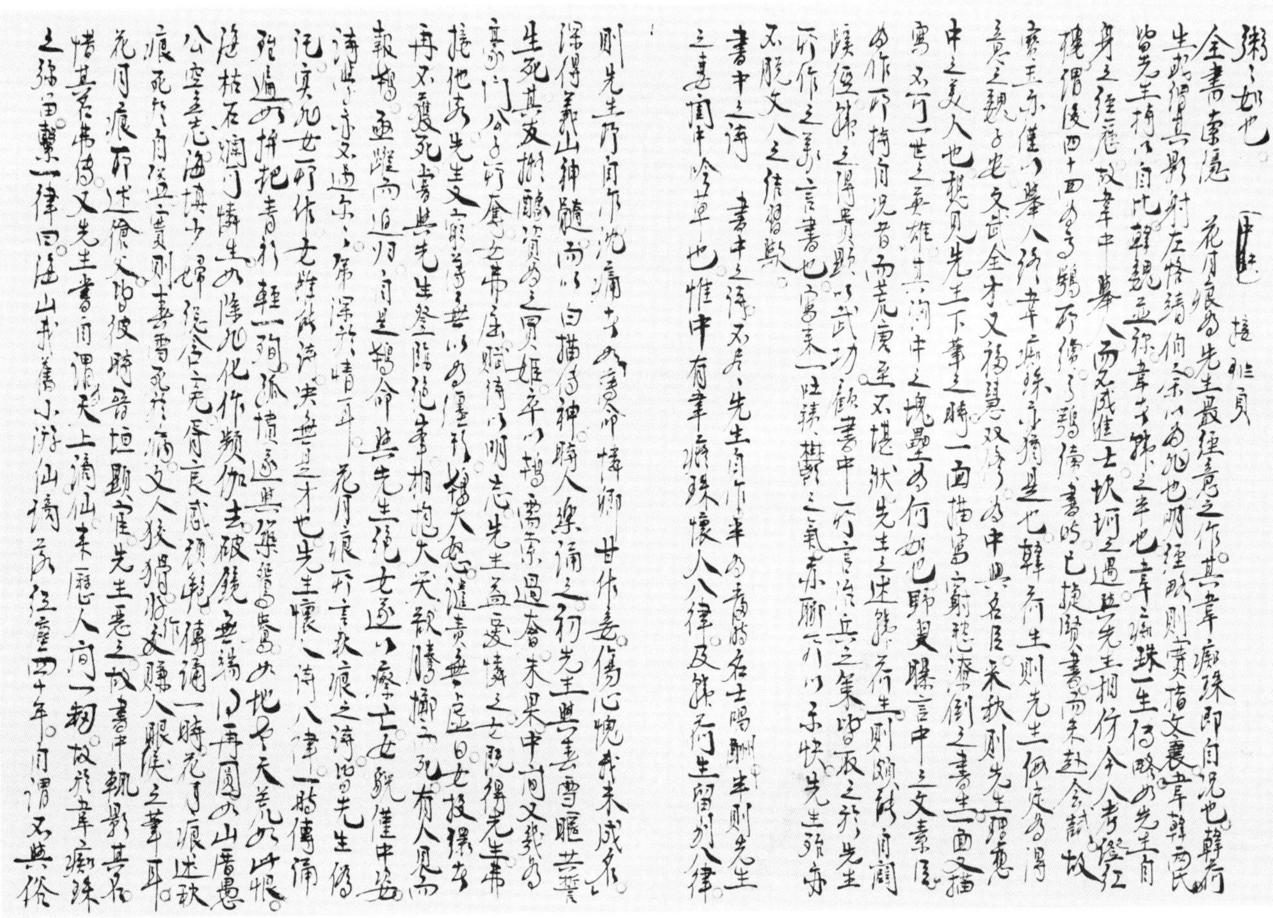

（图七〇　104－105）

七〇　沈雁冰　录时事文稿册

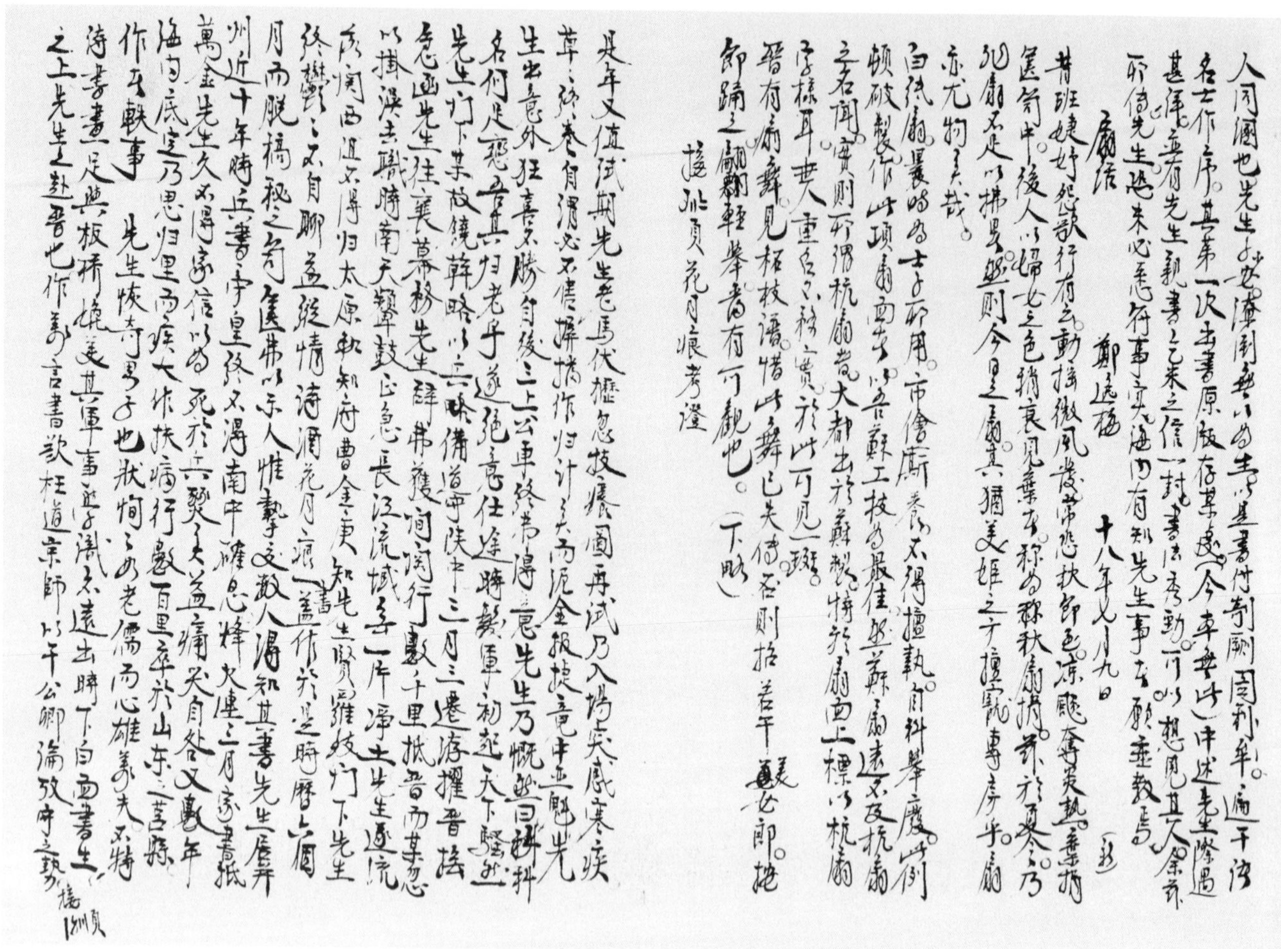

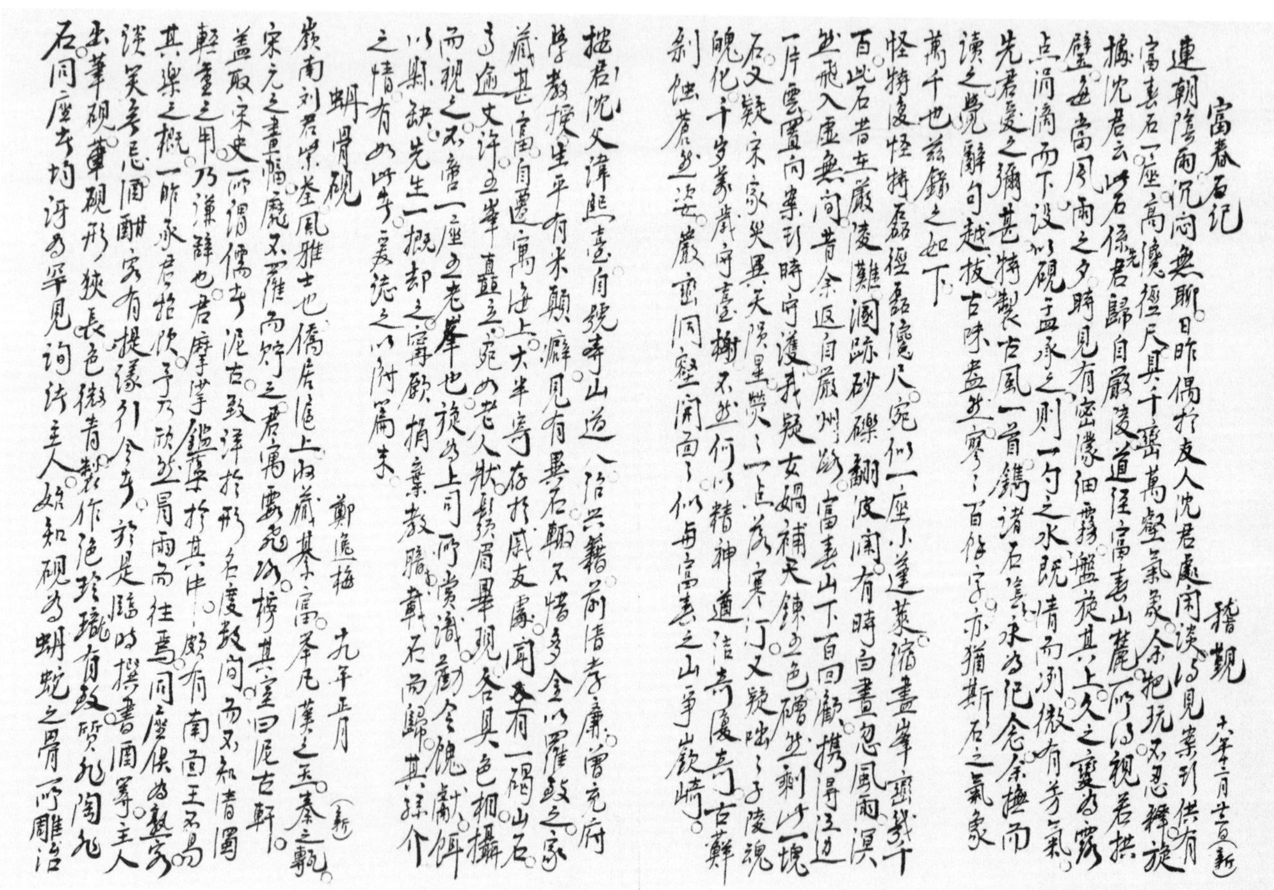

七〇　沈雁冰　录时事文稿册

(图七〇　106-107)

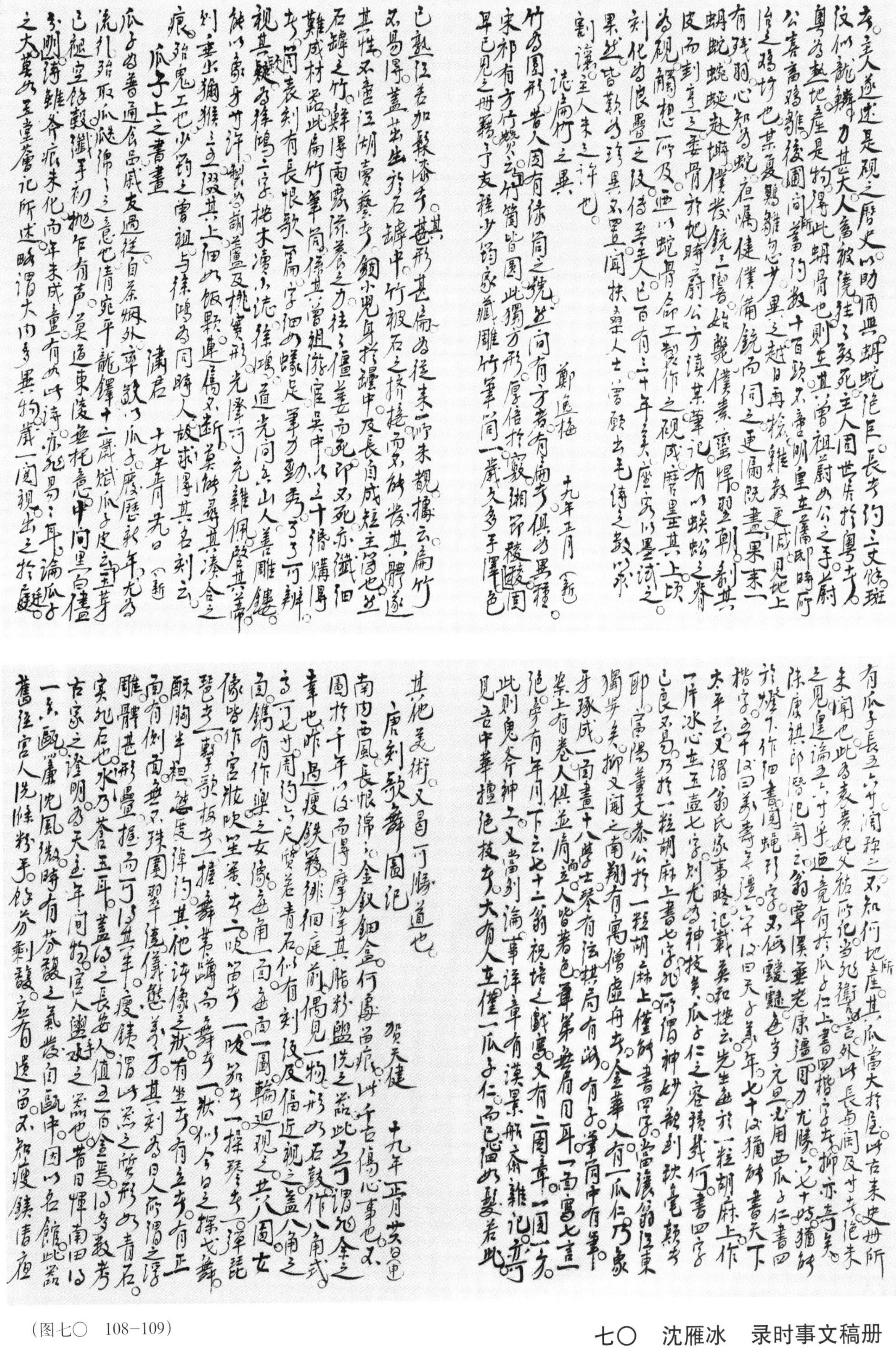
者。主人遂述是硯之歷史，以助酒興。蚺蛇絕巨，長者約三丈餘，斑紋似龍鱗，力甚大，人畜被纏，往往致死。主人因世居於粵者久，粵為熟地，產是物。得此蚺骨也，則在其曾祖尉如公之手。尉公喜畜雞，後圃間蓄約數十百頭，不啻明皇在藩邸時所豢之鬥雞也。某夏雞雛忽少，異之，越日再檢，雞數更減，見地上有殘羽，心知為蛇，在隅使僕備銃而伺之。更漏既盡，果來一蚺蛇，蜿蜒赴雛，僕發銃三響始斃。僕素驃悍，習剸剝，其皮而割其肉，委骨於地。時尉公方讀某筆記，有以蜈蚣之脊為硯，觸想所及，遂以蛇骨命工製作之。硯成，磨墨其上，頃刻化為浪疊之紋。傳至主人，已百有三十年矣。座客以墨試之，果然，皆歎為珍異不置。聞扶桑人士嘗願出重價之數以求割讓，主人未之許也。

記扁竹之異　鄭逸梅　十九年五月（新）

竹為圓形，昔人因有綠筒之號，然間有方者、有扁者，俱為異種。宋祁有方竹贊云：竹箇皆圓，此獨方形，厚倍於竅，翔節稜圓。早已見之冊籍。予友程少留家藏雕竹筆筒一，歲久多手澤，色已黝，似若加髹漆者。其形甚扁，為從來所未觀。據云扁竹不易得，蓋出於石罅中，竹被石之擠壓而不能發其體，遂其性，不啻江湖賣藝者，錮小兒身於罈中，及長自成短主，首也。然石罅之竹，雖得雨露滋養之力，往往僵萎而死，即不死，亦纖細難成材器。此扁竹筆筒係其曾祖游宦吳中，以三十緡購得者。筒表刻有長恨歌，蠅頭字細如蟻足，筆力勁秀，了了可辨。視其款，為徐鴻二字，按本邑志，徐鴻，道光間文山人，善雕鏤，能以象牙寸許，製為葫蘆及桃實形，光瑩可玩，雜佩其帶。刻垂小猴，三五綴其上，細如飯顆，連屬不斷，莫能尋其湊合之痕，殆鬼工也。少留之曾祖與徐鴻為同時人，故求得其名刻云。

瓜子上之書畫　濤君　十九年正月元日（新）

瓜子為普通食品，戚友過從，自茶烟外，率款以瓜子，度歷新年，尤為流行，殆取瓜瓞綿綿之意也。清宛平龍鐸，十二歲能於瓜子皮上刻玉芽已聽空餘數，織手初挑乍有声，莫道東陵無托意，中間黑白儘分明。詩雖斧痕未化，而年未成童，有如此詩，亦非易易耳。論瓜子之大，莫如吳臺齋記所述，略謂大內多異物，嘗一閱視，出之於庭，有瓜子，長五六寸，闊稱之，不知何地所產。其瓜當大於屋，此古來史冊所未聞也。此為袁貴妃父祐所記，當非讕言。外此長與闊及寸者，絕未之見，追論五六寸乎。迺竟有於瓜子仁上書四楷字者，抑亦奇矣。陳康祺郎潛紀聞云：翁覃溪垂老康疆，目力尤勝，七十時猶能於燈下作細書，閱蠅頭字。又能於西瓜子仁書四楷字，五十以曰萬壽無疆，六十以曰天子萬年，七十以猶能書天下太平云。又謂翁氏家事略記載吳和捷云：先生每於一粒胡麻上作一片冰心在玉壺七字，則尤為神技矣。瓜子仁之容積幾何，書四字已良不易，乃於一粒胡麻上書七字，非所謂神妙欲到秋毫顛者耶。富陽董文恭公於一粒胡麻上僅能書四字，當讓翁覃溪獨步矣。抑又聞之南翔有寓僧虛舟者，金華人，有一瓜仁，乃象牙琢成，一面畫十八學士，琴有弦，棋局有路，有子，筆筒中有筆，案上有卷，人俱並肩而立，人皆著色，覃第無肩目耳。一面寫七言一絕，亦有年月，下云七十二翁祝堵之戲寫。又有二圖章，一圈一方。此則鬼斧神工，又出當列，論事詳章有漢景般齋雜記，亦可見吾中華擅絕技者，大有人在，僅一瓜子仁而已，細如髮若此，其他美術，又曷可勝道也。

唐刻歌舞圖記　賀天健　十九年正月廿日（申）

南內西風，長恨綿綿，金釵鈿盒，何處留痕，此千古傷心事也。不圖於千年以後，而得摩挲其脂粉盥洗之器，此不可謂非余之幸也。昨過瘦鐵齋，徘徊庭前，偶見一物，形如石鼓，作八角式，高可七寸，周約六尺，質若青石，似有刻紋。及偪近視之，蓋八角之面，鐫有作樂之女像，每角一面，每面一圖，輪迴視之，共八圖。女像皆作宮妝，吹笙者一，吹笛者一，吹笳者一，操琴者一，彈琵琶者一，擊歌板者一，擅舞蕭蹲而舞者一，狀似今日之探戈舞，酥胸半袒，態度倬約。其他諸像之狀，有坐者，有立者，有正面，有側面，無不珠圍翠繞，儀態萬方。其刻為日人所謂之浮雕，體甚形疊，握而可以具生。瘦鐵謂此器之質形如青石，實非石也，水乃蒼玉耳。蓋得之長安人，值五百金焉。以多數考古家之證明，為天寶年間物，宮人盥水之器也。昔日惲南田以一玉甌，廉沈鳳微時有芬馥之氣發自甌中，因以名館。此器舊經宮人洗滌粉手，餘芬剩馥，應有遺留。不知瘦鐵書庵

（图七〇　108–109）

七〇　沈雁冰　录时事文稿册

夢回曾闻之名。但荊棘寒烟，湮埋已久，轉徙人间，又歷年所。讫今露置埃尘之间，仰有遗澤，亦安可得哉。觀畢即促瘦鎮移置室中，以免剝蝕。雖無輝颯之吐芬，倘所拟於名園古墓，亦如昔人所見素踏歌之女降自鼻间乎。相與一笑。瘦鎮乃纇之再觀其刀痕，據甚似角直鎮保聖寺塑壁间有佳處，或且過之，以愚见此必為名之，亦不甚合。惟其中间竅有一穴甚大，擬以他物一時亦不得其考。今存於金石本門外漢，姑记其狀，考證之事惟俟诸博古君子焉。

述石胡桃　鄭逸梅　十九年五月廿二日（新）

胡桃產於隴西，一名羌桃，相傳為漢張騫使西域返而得其種。後漚爛皮肉取核而食其積子，故又名核桃。别有一種名石胡桃者，產於北地，核殊堅固，種子不可食，然供人摩挲，可代宜僚之丸。石胡桃以匀圆成對而中多皺積子為佳。初色白，摩挲二三十年則紅潤光緻異常可愛，每對可值數十百金，市间不易得也。骨董賈人有鑒於此，往往取新滴之石胡桃，加以急就之假舊法，法於礪石上磨去石胡桃之廉角，然後浸諸红茶中，歷若干日取出，亦殷然而赤，更於皺積中滴以油汁，則全無痕跡矣。然摩挲而成舊者，越年久而色澤越红润；急就而做舊者，越年久而色澤越黯黑。故購置之者，宜購其新，毋購其舊，因舊者多赝品也。是物摩挲於手掌中，可免手腕風痺諸病，有非尋常之玩品所得比併云。

誌臨沂之亮木　星岩　十八年七月稿（新）

昨閲本林載鳥錐君所記竹鞭樹根發光一則，驟讀之似覺奇異，然細考其發光之原因，實無足奇。爰就余所見所知略贅數語以告讀者。

發光樹根之產地　吾鄉（臨沂南鄉）葛家莊地濱沂河，莊之東即沂河西岸沙灘，數十百畝遍植楊柳。發光樹根即產於是處。鄉人呼為亮木。余為兒童時嘗至外祖家，与鄰舍兒童競掘亮木以為戲。木係已朽柳根，沙灘中俯拾即是。浸之入水，去其外皮，入夜則藍焰閃爍，如燃酒精燈然。拾來者間或不發光，即發光亦不大。新掘出者燥濕適宜，不用水浸，暗處視之，幾如透明之藍水晶。日久光芒漸失，十餘日後不復亮光矣。

發光之原因　考该木過乾过濕均無光，其發光處僅皮之内層。白畫視之，有白色粉狀物粘附於上，嗅之惟朽木潮濕氣。若刮去粉末，入夜則無光，可知發光者非樹根，實此白色粉狀物也。據識者言，或為燐質，故能發光，又易消失。此言似足憑信。惟當地無科學家，城廂人多不知，知者或不注意，或無學術研究，故終莫能確定其為何物云。

雜置小語　（舜之）　十八年十二月八日

桂還樹即相思樹，多產於粵中。

嘯石　穉觀　十九年九月廿九日（申）

溽溪述園係同里富仲朱某所建。園中有嘯石一，高約丈餘，背有孔，如盃口大，中通空竅。風動則鳴，時聞嗚嗚之声，每當狂風怒發，其聲更甚。靜夜聞之如虎嘯山谷，令人悚然。朱某有光章癖，滿園怪石羅列，殆以百數。其中有疊如屏者，有懸若峭壁者，殊形詭狀，不可殫記，而尤以嘯石為最。或云此石不利自園，光以来已十易其主。朱某又信卒以千金購得之，未幾主人物故，家業因以中落，而斯石之存亡正未可知也。然則物之於人，冥漠中亦有數在，殆不可以偭僞考耶。姑誌之以寄遑晚。

媒竹　穉觀　十九年四月十日（申）

媒竹俗名雙合竹，產於廣州東北寥溪口。兩本一併，枝葉交加，外表無甚歧異，鋸而視之，中有兩孔，如吕字狀。據土人云：昔有童男女二人（年代姓氏不可考）生溪边，嬉戲各持青竹一端，擲於中流，声言兩竹相合當為夫婦。視之果然，归以告其父母，卒歸婚約，而母事者即將此竹移植其上，日見繁茂，因名其潭曰賭婦潭，生蘩溪口兩旁，媒竹成林，頗饒風致。余友人李君自粵中归，出一枝贈余，長約五尺許，其叢脆，惟根際略具莖節，云可復活，容當植諸園中，覆以坭土，但未識其果有一線生機否也。

圖石芻言　金天璞　十八年二月二日（新華附）

論圖章石，余常欲作圖石考，至今已數十年，尚不能得其鑄。余亦見壯梅室印談所云，亦未善。爰就歷來所見及所知者，約略為言以記，尚望海内知者有以賜教，以攻余之錯是幸。

昌化石　產浙之杭州屬昌化縣境之中山，有鷄血紅白黑數種，以鷄血昌化為最。其紅之点或片，鮮艷如生宰之鷄血，得名惟不明透。

七〇　沈雁冰　录时事文稿册

（图七〇　110–111）

相傳全紅者初時能得一頂之料價值數千元並未見過祇見一面連及兩側邊者全紅者亦甚難得已可想見當時之寶貴以意度之迄今數百年愈產愈少其山之中心質嫩可刻者已完現近新產者傳其邊石質地黑硬而鐵沙多而又無不易奏刀之原因至(壯牲室即洞)所謂油炸因未目睹未敢臆斷祇知圖石鋪中上品每用炭火煨之極熱一綫以白蠟用棉花醮擦之以顯其顏色光明無論何石均經此一度烘煉非獨昌化為然也有紅點或片其地質如白玉者為上如黃玉藕粉色為中或如藕粉而帶醬油色者為下倘或紅不鮮而地不明者又其次紅昌化砂紅明潤而不透者白昌化即無紅點或片者又絕少純白以上皆舊石新石紅處較嫩質地以鐵沙多而成黑或有積聚成片之處硬勝晶玉不免艱於刻畫且用之沙(即車玉器之沙泥)不能磨滅者石也

青田石　產浙之處州屬青田縣境之山中者也其黃色者名田黃(隱上有山田(產山上者)又名山黃水田(產於近水處或水中者)田凍(明透無纖翳者)之分而廣東以田凍為田黃以水田山田為乾黃水田明而不透山田明而不潤名以乾黃亦宜其純白者名田白明透而有橘瓣紋其無纖翳者未之見又凍者亦未見過廣東有純白明潤而透有碎冰紋者名山黃(挽窺以名不符實或即又冰之田白凍亞歟)尚有待與研究家取證也某即瑛七修類稿云(以前圖章概以銅鑄至元末會稽王冕始以花乳石刻之今世推崇處之燈明石即今之田凍也因凡石質之佳者愈舊則其色愈深其地愈透明歷驗不爽也其蘭花紅之艾葉綠白果肉皆以紅之深淺不同而分係而黃黑者名蒔蘿又醬油凍星蒔均舊石也新石未之見而新產者惟淡色似艾青一種即所謂普通青田石並年久色老以成年糕凍方名也

米湯潤 門凍云云 明燈明 白

壽山石　閩產石也有紅黃紫白黑五種皆有白地而純色者絕少且均有中有或片或塊或瓜瓣紋其紅色者名硃砂壽山凍者即名硃砂凍其餘概以其顏色名亦各有凍而凍者其質地透明其顏視白黑二種或有透明其餘之色皆明而不透純色渾厚潤澤絕無纖翳明而不透者浙滬間統名壽山所謂羊油白小桃紅之類曾見過紅黃白三種而粵中名芙蓉其紅者色如櫻桃而稍淡即浙名小桃紅廣東名紅芙蓉其黃白亦各如之惟紅芙蓉最少見均舊石其新產者黃芙蓉欠渾潤紅芙蓉全未見之惟白芙蓉尚有存者耳又有紅黃藍白黑五色而成者中係藍黑色連合而成黑者青其黑青之處成青色深處成黑色俗名五色壽山詢之粵友云名湯沅亦係閩產尚有純薑黃色明而不透細視有紅紋如象牙者粵中亦名湯沅雲有純白而有稍帶淡醬色並透明間有殭塊或片者粵名了山凍如無殭塊而帶糙米色者名魚腦凍即高山之流亞其係閩產(寮)昌化青田皆浙之縣名以名石惟壽山遍查輿地紀勝閩省無此縣名或係山名之俗稱因而未彰歟且詢之閩友云祇福州有圖章石鋪其附近汀漳等處均無此項店鋪復查福州屬侯官縣境有芙蓉石未知是否產芙蓉石尚有待於實地調查也

桃源石　產湘之常德屬桃源縣境山中者也色黑係或青黑純黑俱間有豬紅紋或塊或片者明透如漢玉甚美觀其質太硬不易奏刀亦有車作器皿以充漢玉貞珉之流亞矣余曾在長沙購五六方回後費兩星期之工作僅刻成蟲蟻金盦二字之方餘均棄置之又有純色滑膩質硬而粗光而不潤者粵名雲門石亦湘產是也粵雲門亦係縣名抑係山名或地名尚待攷證

廣寧石　產粵之肇慶屬廣寧縣境山中者也有純綠色及綠白相間如翠玉或黑白相間如漢玉又有純色淡白或微黃綠色如青田凍者並有猪黑色或深或淡形同樹皮者亦有黃色者其質地皆粗硬而脆且有橫直性亦即樹皮形之紋由來奏刀時如不留意則容易裂去一大片其淡白及黃之微綠者雖無橫直性然係礬礬石質或有爛點奏刀時如觸之甚難成點畫也其色之明透全憑蟫光如不上蠟則不明且見點之上星之礬石質矣

星岩石　產肖肇之七星山因以名石色白性粗硬質為礬石合作器皿如水盂硃硯花盆等類或有以此作圖章者不合甚矣

端溪紫石　產肇慶之羚羊峽端溪即作黑硯之端石也色紫不明質堅膩有鴝鵒眼蕉葉白及魚腦凍等種惟魚腦凍者得水則透澈子餘價亦不貲然則合作硯有作圖章者亦不合也

雲石　產雲浮縣境之山中者也色白有黑花星岩石之純合作桌面椅面等器具性粗硬而帶礬質有作圖章者亦合之甚矣

煤根石　產於煤礦中即未成燃料之煤石也色如黑漆生光而不明透質脆奏刀易而恐不耐用淨名此係粵名不知產地色有純

(图七〇　112-113)

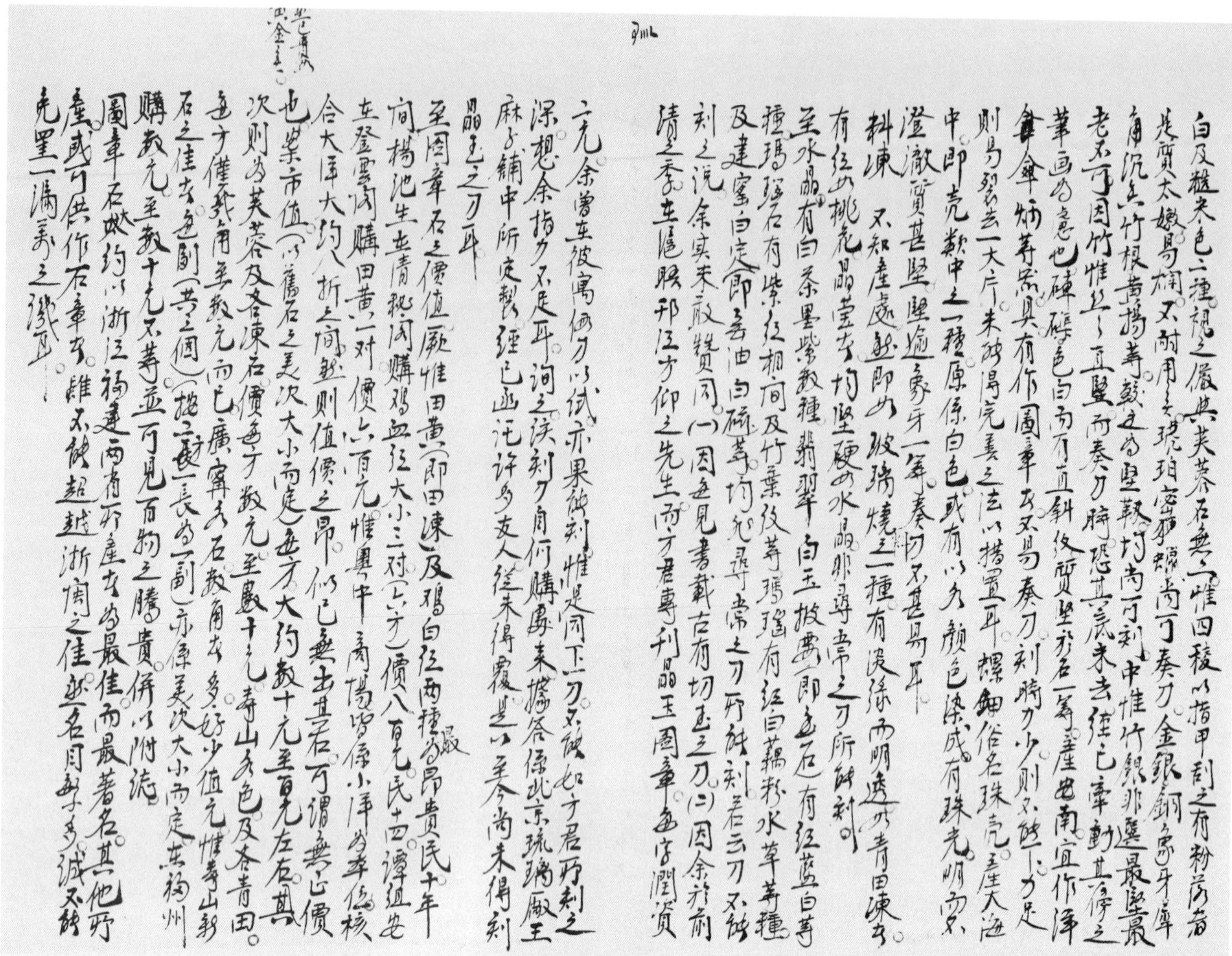

白及糙米色二種視之儼與芙蓉石無異惟四稜以指甲刮之有粉落着
是質太嫩易損不耐用者琥珀蜜蠟螺甸尚可奏刀金銀銅象牙犀
角沉香竹根黃楊等數者為堅韌均尚可刻中惟竹銀兩選最堅最
老不可用竹惟且直豎而奏刀時恐其底未去鑿已牽動其停之
筆畫為意也磚磚色白而有直斜紋質堅彩名一等產出南宜作浮
雕金銀等其作圖章者又易奏刀刻時力少則不能下力足
則易裂去一大片未能得完善之法以措置耳螺甸俗名珠殼產大海
中即殼數中之一種原係白色或有以各顏色染成有珠光明亮不
澄澈質甚堅硬逾象牙一等奏刀不甚易耳
料凍　不知產處然即如玻璃燒之一種有淡綠而明透如青田凍者
有紅如桃花晶瑩者均堅硬如水晶非尋常之刀所能刻
至水晶有白茶墨紫數種翡翠白玉玻璃即無石有紅藍白等
種瑪瑙石有紫紅相間及竹葉紋等瑪瑙有紅白藕粉水草等種
及建窯白定即無油白磁等均非尋常之刀所能刻者云刀不能
刻之說余实未敢贊同(一)因無見書載古有切玉之刀(二)因余於前
清之季在隱賦邪江方仰之先生處方君專刊晶玉圖章無字潤資
二元余曾在彼寓倩刀以試亦果能刻惟是同一刀不能如方君所刻之
深想余指力不足耳詢之渠刻刀自何購處來據答係北京琉璃廠王
麻子鋪中所定製經已函託許多友人從未得覆是以至今尚未得刻
晶玉之刀耳
至圖章石之價值厥惟田黃(即田凍)及雞血紅兩種為最昂貴民十年
間楊池生在青税局購雞血紅大小三对(六方)價八百元民十四潭延安
在登雲閣購田黃一对價六百元惟粵中商場皆係小洋為本位核
合大洋大約八折之間然則值價之昂似已無出其右可謂無上價
也照市值(以舊石之美次大小而定)每方大約數十元至百元左右其
次則為芙蓉及各凍石價每方數元至數十元壽山各色及各青田
每方僅幾角至數元而已廣寧各石數角者多好少值元惟壽山新
石之佳者每副(共三個)(推之數一長為一副)亦係美次大小而定在福州
購數元至數十元不等並可見百物之騰貴併以附誌
圖章石然約以浙江福建兩省所產者為最佳而最著名其他所
產或可供作石章者雖不能超越浙閩之佳然名目無多識不能
悉置一遍為之識耳……

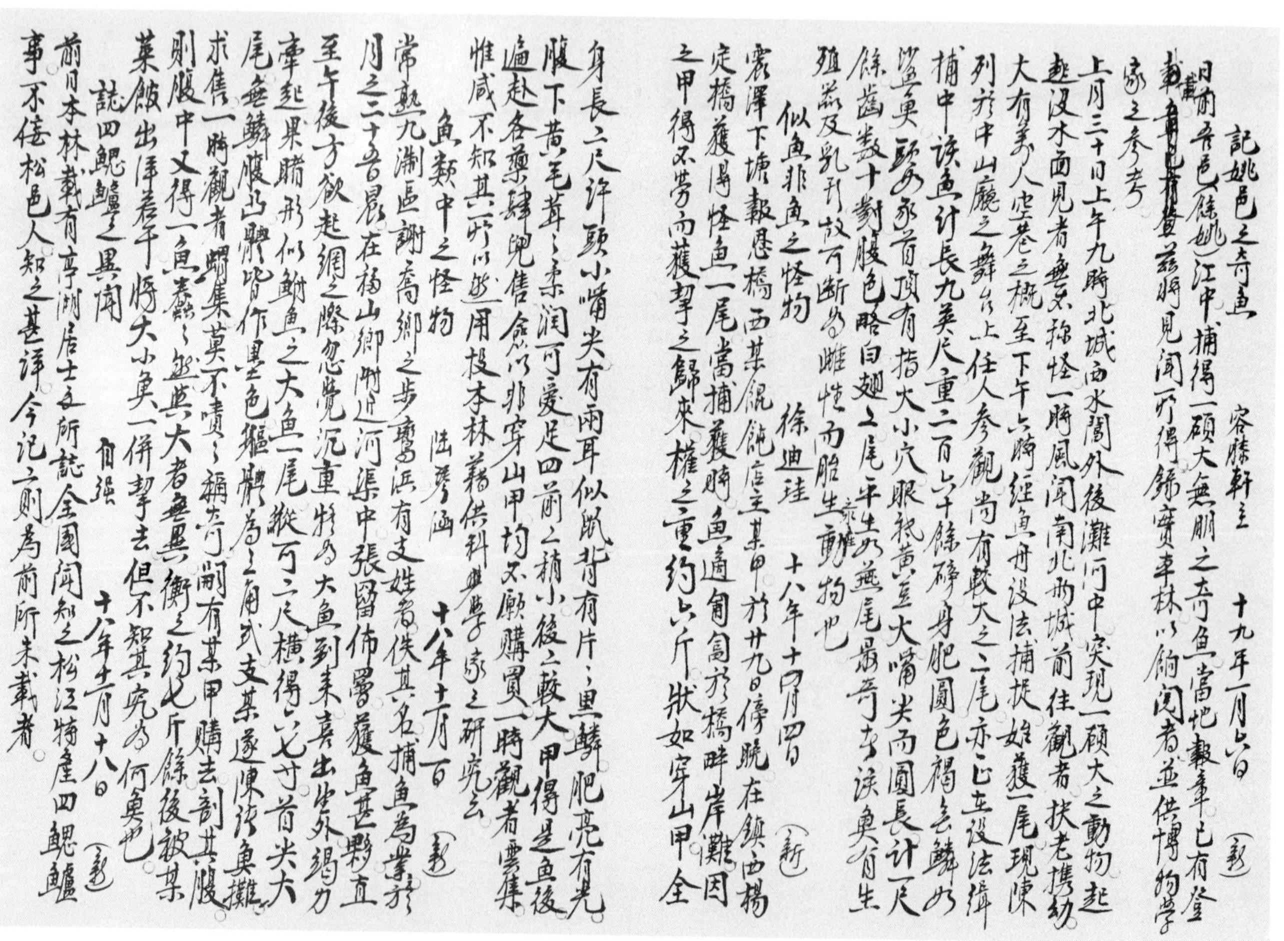

記姚邑之奇魚　容膝軒主　十九年一月六日
日前余邑(餘姚)江中捕得一碩大無朋之奇魚當地報章已有登
載並有若干蓋將見聞所得錄寄本林以餉閱者並供博物學
家之參考
上月三十日上午九時北城西水閣外後灘河中突現一碩大之動物起
趣沒水面見者無不稱怪一時風聞南北兩城前往觀者扶老携幼
大有萬人空巷之概至下午六時經漁舟設法捕捉始獲一尾現陳
列於中山廳之舞台上任人參觀尚有較大之二尾亦已在設法緝
捕中該魚計長九英尺重二百六十餘磅身肥圓色褐無鱗如
海豚頭有頂有指大小穴眼紅黃色大嘴尖而圓長計一尺
餘齒數十對腹色略白翅二尾平生如燕尾最奇者該魚有生
殖器及乳孔故可斷為雌性而胎生動物也　(新)
似魚非魚之怪物　徐迪珪　十八年十一月四日
震澤下塘報恩橋西某飯店主某甲於廿九日傍晚在鎮西楊
定橋獲得怪魚一尾當捕獲時魚適匍匐於橋畔岸灘因
之甲得不勞而獲挈之歸來權之重約六斤狀如穿山甲全
身長二尺許頭小嘴尖有兩耳似鼠背有片片黑鱗肥亮有光
腹下黃毛茸茸柔潤可愛足四前之稍小後之較大甲得是魚後
遍赴各藥肆兜售僉以非穿山甲均不願購買一時觀者雲集
惟咸不知其以何以然用投本林藉供科學家之研究云　(新)
魚類中之怪物　陸琴涵　十八年十一月[illegible]
常熟九灘區謝橋鄉之步瀛浜有支姓者佚其名捕魚為業於
月之二十三日晨在福山鄉附近河渠中張罾佈罾獲魚甚夥直
至午後方欲起網之際忽覺沉重特為大魚到來喜出望外竭力
牽起果睹形似鯽魚之大魚一尾縱可二尺橫得六七寸首尖大
尾無鱗腹凸嘴皆作黑色軀體為三角式支某遂陳於魚攤
求售一時觀者蝟集莫不嘖嘖稱奇嗣有某甲購去剖其腹
則腹中又得一魚蠢蠢然其大者無異衡之約七斤餘後被某
菜館出洋若干將大小魚一併挈去但不知其究為何魚也　(新)
誌四鰓鱸之異聞　伯强　十八年十一月十八日
前日本林載有亭湖居士所誌全國聞知之松江特產四鰓鱸
事不偉松邑人知之甚詳今記二則為前所未載者　(新)

七〇　沈雁冰　录时事文稿册　（图七〇　114–115）

四鰓鱸之奇性　平常所見之魚類凡離水後多不能生存而四鰓鱸則否此魚非但脫水後不即窒死若以之藏於穀或稻糠中且可維持生命至旬日之久誠奇事也故用此法寄運在交通發達之今日雖遠處東半球之美利堅亦可得親享此鮮珍矣

四鰓鱸之神話　據鄉里相傳皆謂惟自秀野橋下捕得者始為真正之四鰓鱸鰓而別處所產者皆為三鰓鱸魚云此種傳說雖屬無稽然四鰓鱸產量之少與其名貴確為事實也

水鼠變鯽之奇聞　清癯　十八年七月九日　（新）

昨聞毛君伯賢談及水鼠可變為鯽魚其事甚奇爰泚筆記之以供研究博物學者一攷焉

據云每當四五月間梅雨連綿河水暴漲有一種水鼠忽變為魚類而其狀極似鯽魚前星期曾目覩一尾詭為異觀蓋其首與胸腹已蛻化完全驟視之莫不知其為鯽魚之形鱗色潤滑有光固儼然鯽魚已乃觀其下半身不特無魚形且一如鼠之原狀絕無稍異而後足與尾仍依然存在也并云當其變化之際此水鼠必經劇烈之痛苦如蛇類由高下墜立變為龜鼈者非受此重創則必不成故鼠將變鯽之頃輒使被漁者所襲於是首尾異形成斯怪事矣毛君言之歷歷固非無所見而云然顧余終不能無疑也

昨晨過一漁婦適以鯽魚數尾置諸筐中而沽於市者余乃以毛君所述詢之該婦亦曰斯時淫雨多水溪洛河濱恆或見之未足異也余謂何以市中竟不一見曰如此怪物又安有購之者乃告以後儻有獲可勿棄之且可入博物院以求善價焉婦乃唯唯

余按水鼠之名見諸載集極少惟雲僊雜志有云穴水旁岸隙似鼠而小食菱芡魚蝦其他嘗聞諸鄉人或船家舟子則有呼水老鼠者其殆是物耶然能述此變象者亦不易得也世之鴻博君子其有以詔我乎　達紆庵

動物小志　十八年十二月九日　（申）

黑魚性孝　我父親活到如今已是七十四歲的人了可是在這悠悠的七十幾年的從來不曾吃過黑魚我們每吃黑魚時必為他老人家另備些微葷菜有一天我問他為何不吃黑魚他默默不答久之但徐徐道有一緣故惟老年適健忘不能纏述第此魚性孝不忍下肚說完微笑似蘊而不宜此一疑問簡直使我深藏腦部歷三十年不能解決後來遇著一位理教中的朋友偶然談及該教所戒嗜戒好才知道黑魚亦在戒律之內因黑魚是孝魚所以不食當黑魚下卵之後有一時期雙目失明及卵成小魚本其天性游泳於母魚嘴四週供其吞食母魚賴以不死不多幾時雙目復明所以慈善家每喜買黑魚來放生池中不過我父不吃黑魚並不是理教教徒的緣故

烏龜交合　世人多目烏龜為不能交合之動物必需雄蛇傳種並以妻多穢人之夫罵之為龜極意污辱其實龜為四靈之一古人以龜為名者亦多並且烏龜亦能交合惟龜交合之神妙非彼等罵人為龜之蠢物知其萬一龜之交合全在目力雌雄相悅四目相注即達交合之性及雌龜生蛋每埋蛋於河灘淺泥之中令蛋易受陽光之熱力而母龜每遊為守護蛇喜食蛋若遇龜蛋輒而吞之其真可知而母龜見蛇欲殺雛物即與蛇決鬥以保龜蛋世人不察以為龜蛇交合實乃相爭也上所云云為我萬能之畏友徐子明先生所告余者（徐君淵博醫卜星相金石書畫尤所擅長故曰萬能）

鼠變鯽魚　吾人日食之鯽魚若仔細察看乃有烏背黃背之別黃背係水鼠所變者余友成炳夔君曾遊蘇州行經下塘見一漁翁網籃中有一半魚半鼠之怪物據老漁云此乃水鼠未變成全之鯽魚也此為成君所親見決非虛言故考究之人不食黃背鯽魚也

木葉化魚（異域見聞錄之一）　旭　十九年四月十九日　（申）

南岸洋群島中有所謂婆羅洲者其西岸坤甸為荷屬殖民地之一因地在赤道天氣炎熱終年如夏生物長育極易在坤甸河上游山尾之文律埠夙以產魚蝦著欲捕鮮鱗可臨水以待尤奇者聞在深山大林間凡斷港淺湖有一種樹葉變成之魚游泳其中常見有頭部已變成魚形而尾部則仍為樹葉云云此說余初聞而惑詢久寓山尾之華僑均稱曾經目覩此魚以為證明始信其不誣也

庚午霜月沈雁冰記

（图七〇　116—117）

七〇　沈雁冰　录时事文稿册

松江古蹟誌異　景蘋　大八年八月編　（新）

偶閱志乘見松江城中古蹟纍纍其名存而實已亡者如濯纓亭放鶴灘古亳泉呂公韓等等概不具錄茲就物質存在而有寓神異之點者分述數則如下

異木　志載異木嘗見夢商人自稱土地神云祭我令汝宜商自是商人歲祠之祠必以庖半按此木並非生植之品僅一枯幹臥置佛字橋下不知何時移置於此志未載年月稽考修纂舊志在乾隆年間則此木想在清初已有經數百年而風雨日炙毫不朽爛亦無敢移動者

古柏　柏在舊華署內儀松堂東即今公安局二堂東偏相傳宋時所植樹高十丈大逾兩抱老幹之聳虬枝不上杈抱環屈曲有龍蟠虎踞之勢狀殊奇特外來人士恒慕名而就觀焉

十鹿九回頭牌　牌在普照寺橋側刻十鹿於上陽紋隆起頭角崢嶸其一順向餘鹿俱返顧之松人以作事不前謂之十鹿九回頭余又聞故老云昔松城時患大火苦無禳解之法適來異道僧十鹿九回頭圖囑土人鑿牌鎮之按鹿諧音祿取義鎮壓回祿使其不復肆虐而火災竟絕

松江亭湖八景談　顧順良　戊辰九月廿七　（新）

吾松邑亭林又名亭湖為浦南之首市有八景焉姑誌於后以實亭林或不閱者諸君所樂聞也

讀書堆　位在南街大寺場中心築以泥石成方桌形高可盈丈立三門遠望宛似小丘相傳為顧亭林先生讀書處也或謂當於月之朔望天未發光時沐手焚香伏於堆下可聞先生讀書聲自堆而出此則迷信之談也

骨牌松　植於同善堂右廂庭中乃明代老樹生氣鬱勃年久不變其幹周約十餘抱根長里許蔓延至遠有江南第一松之稱最奇者其葉而作骨牌形如梅花虎頭四五六么二之數點子清晰毫不差妙維肖酷似真者去歲友人李君囑予採取骨牌松針全副予與弟妹相往採覓費時半日終缺至尊一對莫所謂為山九仞功虧一簣及今思之猶有餘憾也

仙人洞　在寺山右麓大可通人父老咸謂此洞係呂純陽所居住如穿草履持灯入洞按道而行數小時可達杭州云

飛來塔　離讀書堆不遠百步用青石疊成有七級每級隔以石柱其高約八九丈如牌樓然柱之四周鐫有行楷金剛經全部惜乎歷時久遠已斑駁不易辨認相傳是塔建自北宋因其石料由海外飛來故名飛來塔

八角井　在南市梢八景園內其圈由鑿成八角形每角刻有鳥獸魚蟲之偶枯涸已久無滴水可汲聞園主某君擬將此井填沒後經地方人士之勸阻始作罷

洗硯池　清光緒年間大寺僧徒甚眾寺前有一池長約二十丈通外河每晨眾僧寫字畢輒在池畔洗滌筆硯故名自大寺遭回祿後僧徒星散池遂淤塞好事者豎碑於旁曰洗硯池

倚翠樓　當洪楊作亂時海鹽富室陳姓因浦南安謐舉家遷此置宅於南廟之北更於園內建新樓一所額曰倚翠斯樓遠眺可見松陰塔之尖頂而松北之佘山亦隱約可辨

子昂碑　位在寶雲寺廊下為趙松雪真蹟文約四百餘筆力蒼勁而秀香伙吳某專拓刷出售售價每幅一二元不等視字跡清晰與否而定購者爭先恐後無遠弗至聞吳某賴此收入贍家有餘怡怡如也

鄉土誌異　岑鏈　戊辰年五月廿四日　（新）

巉巖玉劍　餘邑北區多山嶺盤旋迤邐高低雜矗摩峯多態非拙筆所能盡狀或挺立如偉男子或龍鍾如頹老翁其忽拔者宛如赳桓之武夫其秀昳者方弗婉婉之佳人誠大觀也其間有玉劍巖者位犀山深處雖不甚高而多狀奇特崇怪突兀之勢大足騁眺該峯巖上多奇石異卉蹊徑轉側又攀登嶺有樵夫某甲曾鼓勇一躋其巔披莽拂石攀坐其地小憩正揮手向忽於草間觸一物手大痛趨意其必樹椿也及披草檢視則觸其手者乃樹椿乃赫然一劍柄耳某甲辨其質地審為白玉陰念拔出懷歸實價而估縱不能藉此暴富而數載樵蘇辛勤所入當不難於一朝致之心大快懸握柄拔之詎意初拔之時劍即出土二寸許繼債力拔劍之出土者如故已而釋手少憩劍又入土二寸許復其未拔以前之舊觀某甲大恚乃竭肢體之力以拔之劍之出土者二寸許外絕未能增益毫厘某甲驚訝歸告鄉人鄉人先後躋蹬履其地拔之均無某甲同雖力倅貴高間之筆亦

七〇　沈雁冰　录时事文稿册

（图七〇　118–119）

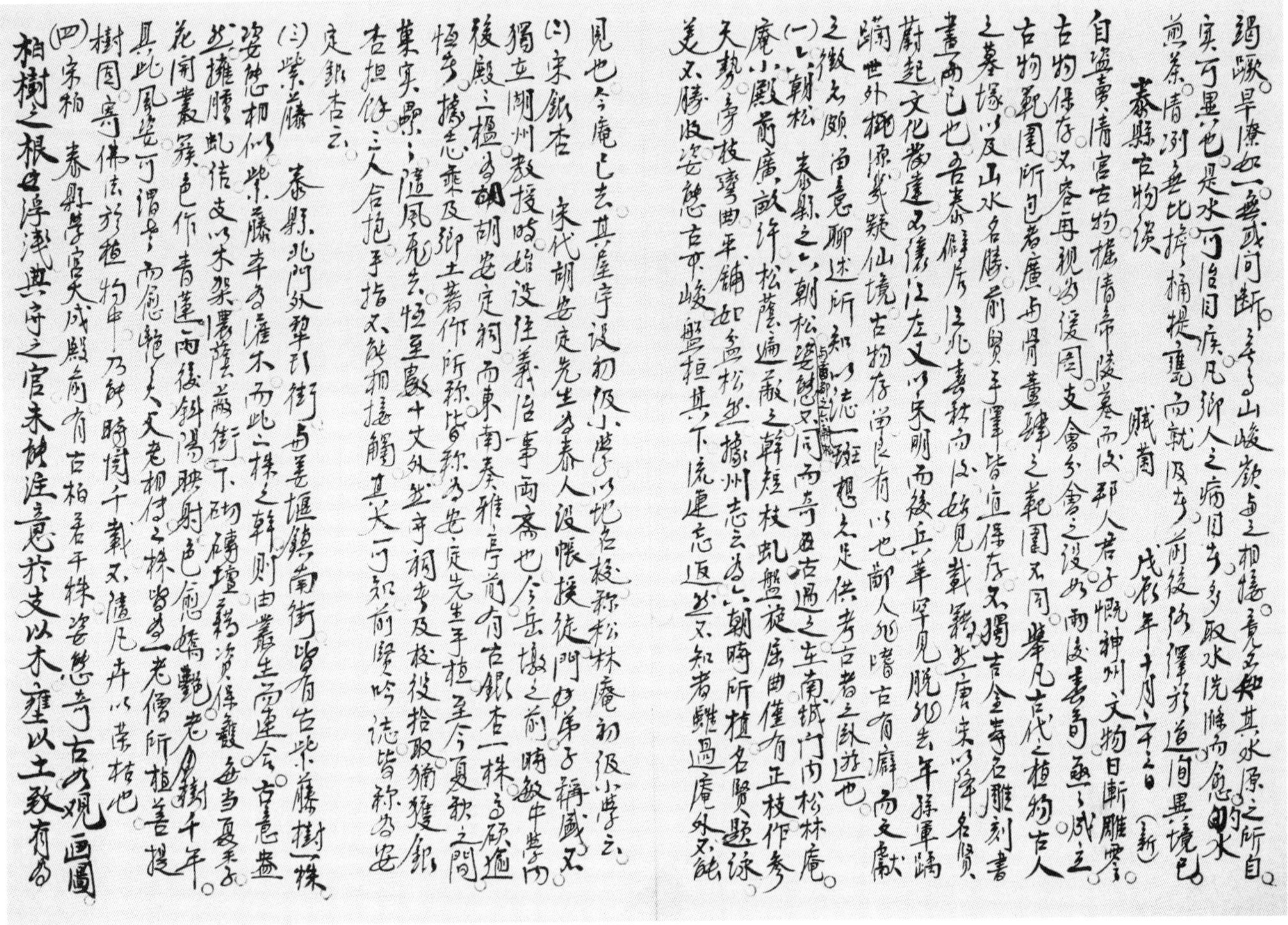

蹈蹶旱潦如一無或間斷。第山峻嶔與之相接，竟不知其水源之所自。
寘可異也。是水可治目疾，凡鄉人之病目者多取水洗滌而愈。以水
煎茶清冽無比，挈桶提甕而就汲者前後絡繹於道，自異境也。

泰縣古物談　　賦蘅　　戊辰年十月廿二日（新

自盜賣清宮古物據清帝陵墓而後，邦人君子慨神州文物日漸彫零，
古物保存不容再視為緩圖。支會分會之設如雨後春筍，函文咸主
古物範圍所包者廣，與骨董肆之範圍不同。舉凡古代之植物、古人
之墓塚以及山水名勝、前賢手澤，皆宜保存，不獨古金寺石雕刻書
畫而已也。吾泰僻居江北，春秋而後始見載籍，然唐宋以降名賢
蔚起，文化發達不讓江左，又以宋明而後兵革罕見，脱然去年孫軍蹂
躪，世外桃源幾疑仙境。古物存留良有以也。鄙人夙嗜古有癖，而文獻
之徵不顯，聊述所知，以誌一斑，想亦足供考古者之卧遊也。

（一）六朝松　泰縣之六朝松姿態又同而奇，名古過之，在南城門内松林庵。
庵小殿前廣畝許，松蔭遍蔽之，幹短枝虬，盤旋屈曲，僅有正枝作參
天勢，旁枝彎曲平鋪如蓋。松然據州志云為六朝時所植，名賢題詠
甚多不勝收。姿態古而峻，盤桓其下流連忘返。然不知者雖過庵外不能
見也。今庵已去，其屋宇設初級小學以地名校，稱松林庵初級小學云。

（二）宋銀杏　宋代胡安定先生為泰人設帳授徒，門弟子稱盛。不
獨在湖州教授時始設經義治事兩齋也。今岳墩之前時敏中學内
後殿之檻為胡安定祠，而東南奏雅亭前有古銀杏一株，為碩遺
悔多，據志乘及鄉土著作所称，皆称為安定先生手植。至今夏秋之間
葉實纍纍，隨風飄去，恆至數十丈外。然守祠者及校役拾取猶獲銀
杏。但須三人合抱，手指不能相接觸，其大可知。前賢吟詠皆称為安
定銀杏云。

（三）紫藤　泰縣北門外埧頭街與姜堰鎮南街皆有古紫藤樹一株，
姿態相似。紫藤本為灌木，而此二株之幹則由叢生而逐合，古意盎
然。擁腫虬結，支以木架，纍纍蔭蔽街下，砌磚壇藉資保護。每當夏季
花開叢簇，色作青蓮，雨後斜陽映射，色愈嬌艷。老藤樹千年，
具此風姿，可謂壽而愈艷矣。父老相傳之株皆為一老僧所植，善提
樹因寄佛法於植物中，乃能時閱千載不隨凡卉以榮枯也。

（四）宋柏　泰縣學宫大成殿前有古柏若干株，姿態奇古，如觀畫圖。
柏樹之根甚淺，典守之官未能注意於支以木、壅以土，致有為

巨風所拔者，栽者培之無人，而傾者覆之有人。古柏日漸零落，現
僅剩十餘株矣。數年前曾有人以鋸下之柏屑作岳忠武
之野爐中燒柏子，方其子之烈，適於擅至，又世云是宋柏者
不經也。今孔廟為縣立中學校舍，校長李君為余舊友，亦可語李
君其囑門人作保存甘棠遺愛一例觀也。
民國十九年十月　桐鄉沈雁冰記

（图七〇　120－121）

七〇　沈雁冰　录时事文稿册

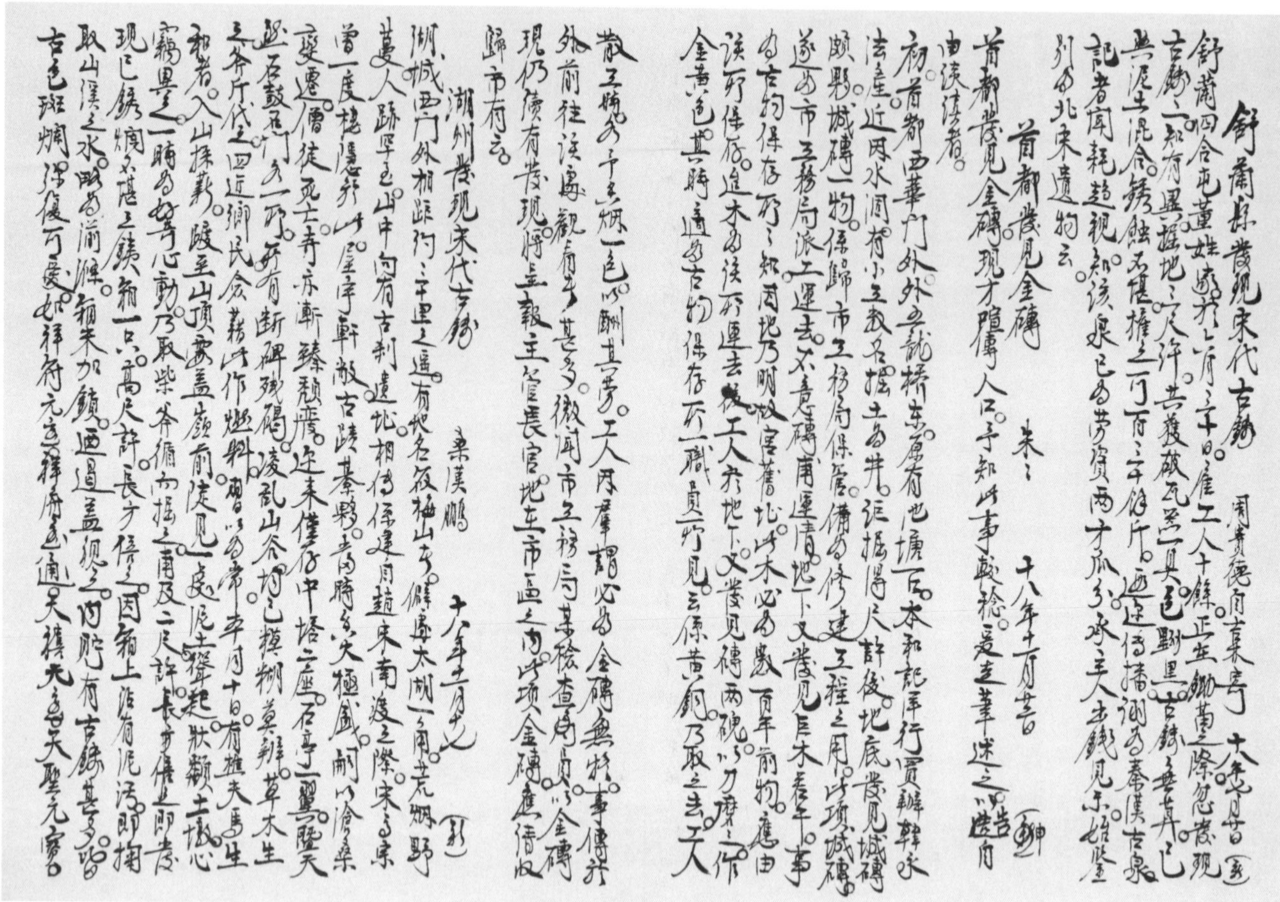

舒蘭縣發現宋代古錢　　周貴德有吉長亭　十八年九月廿日（泰）

舒蘭四合屯董姓於本年十月二十日雇工人十餘，正在鋤菌之際，忽發現古錢，一知有異，掘地三尺許，共獲破瓦器一具，已黝黑，古錢無算，已與泥土混合，銹蝕不堪，権之可百二十餘斤，遠近傳播，謂為秦漢古泉，記者聞耗趨視，知該泉已為某商以兩才瓜分，承主人出錢見示，始鑒別為北宋遺物云。

首都發見金磚　　朱之　十八年十月廿四日（紳）

首都發見金磚，現才喧傳人口，予知此事較稔，爰走筆述之，以告。

初首都西華門外外五龍橋東原有也壙，石本和龍洋行買辦韓永法產，近因水閘有小五數名掘土為井，距掘得丈許後，地底發見城磚顯題城磚一物，係歸市工務局保管，備為修建工程之用，此項城磚遂為市工務局派工運去，不意磚甫運清，地下又發見巨木巷年事為古物保存所，知因地乃明故宮舊址，此木必為數百年前物，應由該所保存，遂本為該所運去，後工人于地下又發見磚兩塊，以刀磨之，作金黃色，其時適為古物保存所一職員所見，云係黃銅，乃取之去，工人散工時，以十五枚一包以酬其勞，工人因群謂必為金磚無疑，事傳於外，前往該處觀看者甚多，徽閣市工務局某檢查，府員以金磚現仍續有發現，將呈報主管長官，地在市區之內，此項金磚應請收歸市有云。

湖州發現宋代古錢　　梁漢鵬　十八年十二月廿九（新）

湖州城西門外相距約二十里之遙，有地名夜梅山者，僻處太湖之濱，荒烟野蔓，人跡罕至，山中向有古刹遺址，相傳係建自趙宋南渡之際，宋高宗曾一度棲隱於此，屋宇軒敞，古蹟棊盛，當時亦極盛，嗣以滄桑變遷，僧徒死亡，寺亦漸臻頹廢，近來僅存中塔二座，石亭一間，歷天之石鼓石門各一，外有斷碑殘碣，凌亂山谷，均已模糊莫辨，草木生之，斧斤伐之，四近鄉民，多藉此作燃料，曾以為常，本月十日有樵夫馬生和者，入山採薪，陟至山頂，發蓋前陡見一處，泥土聳起，狀類土墩，心竊異之，一時為好奇心動，乃取柴斧循而掘之，甫及二尺許，長方形即露，現已鏽爛不堪之鐵箱一只，高尺許，長方倍之，因箱上沾有泥污，即掬取山溪之水，略為滌洗，箱未加鎖，迥遇蓋視之，內貯有古錢甚多，皆古色斑斕，詳復可愛，如祥符元寶、祥符通寶、天禧元寶、天聖元寶、

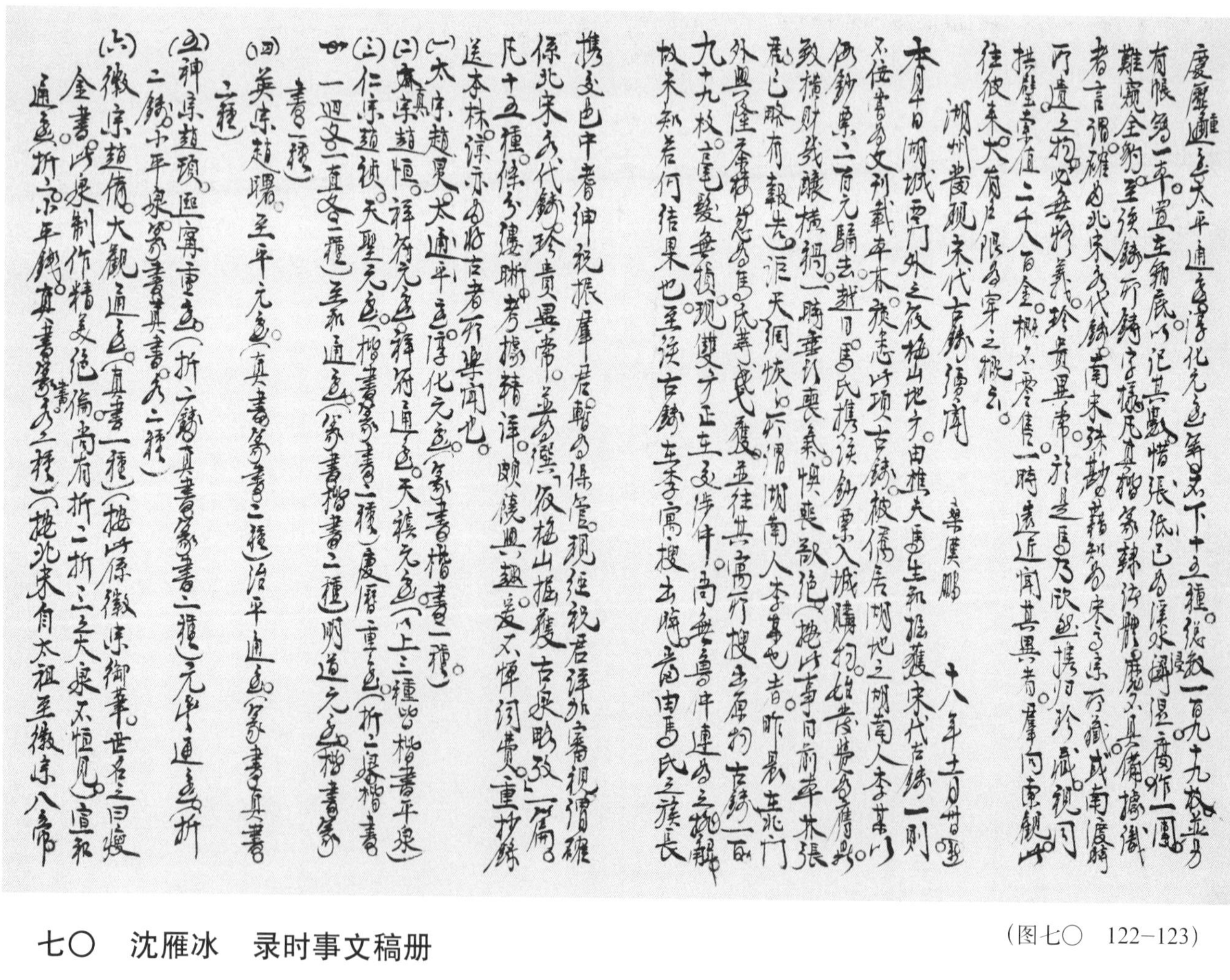

慶曆通寶、太平通寶、淳化元寶等，共不下十五種，總數一百九十九枚，並另有帳簿一本，置在箱底，以記其數，惜張紙已為溪水浸濕，霉爛難辨，全數至該錢所鑄字樣及其楷篆隸法，兼又具備，據識者言，謂確為北宋各代錢，南宋孫勘藉知為宋高宗所藏，或南渡時所遺之物，必無疑義，珍貴異常，於是馬乃欣然攜歸珍藏，視同拱璧，每值二千八百金，概不零售，一時遠近聞其異者，群向索觀，往彼來大有戶限為穿之概云。

湖州發現宋代古錢續聞　　梁漢鵬　十八年十二月卅日（新）

本月十日湖城西門外之夜梅山地方，由樵夫馬生和掘獲宋代古錢一則，不佞當為文刊載本報，茲悉此項古錢被僑居湖地之湖南人李某以低鈔票二百元購去，越日馬氏攜該鈔票入城購物，始發覺為膺鈔，致横財幾釀横禍，一時垂頭喪氣，懊喪欲絕（按此事日前本報張貼）觀已聊有報告，詎天網恢恢，竟有湖南人李某也，昔昨晨在北門外興隆茶樓，竟為馬氏尋獲，遂往其寓所搜出原物古錢一百九十九枚，毫髮無損，現雙方正在交涉中，尚無圓滿之解決，故未知若何結果也，至該古錢在李寓搜出時，尚由馬氏之族長攜交邑中耆紳祝振群君暫為保管，現經祝君詳加審視，謂確係北宋各代錢，珍貴異常，並為撰「夜梅山掘獲古泉略考」一篇，凡十五種，係分據聯考據精詳，頗饒興趣，爰不憚詞費，重抄錄送本埠讀者，亦為好古者所樂聞也。

（一）太宗趙炅：太平通寶、淳化元寶（篆書楷書各一種）

（二）真宗趙恒：祥符元寶、祥符通寶、天禧元寶（以上三種皆楷書平泉）

（三）仁宗趙禎：天聖元寶（楷書篆書二種）、慶曆重寶（折二泉楷書一迴文一直文二種）、至和通寶（篆書楷書二種）、明道元寶（楷書篆書二種）

（四）英宗趙曙：治平元寶（真書篆書二種）、治平通寶（篆書真書二種）

（五）神宗趙頊：熙寧重寶（折二錢真書篆書二種）、元豐通寶（折二錢小平泉篆書真書各二種）

（六）徽宗趙佶：大觀通寶（真書一種）（按此係徽宗御筆，世名之曰瘦金書，此泉制作精美絕倫，尚有折二折三之大泉不恒見）、宣和通寶（折二小平錢真書篆書各二種）（按北宋自太祖至徽宗八帝

七〇　沈雁冰　录时事文稿册　　（图七〇　122–123）

共易年號三十四種，已得錢文十有五品，雖未及其半，然多希見之泉，已蔚
然可觀矣。蓋古泉之藏，非聚積數十年之搜羅恒苦難窺全豹，斯
此一隅之藏，覆材如是之夥，亦足稱矣。
揭陽 戊辰年九月廿日（新）

古銀幣出現歷史

萬君莫夏，現權贛州署，浙江慈谿人，初供職蘇州道前街萬
年銀樓，熱心公衆事業，工詩詞，書俸，辛亥革命，充蘇州商團
第四隊隊長。次年十月，散軍劫輜重甚富，萬莫夏聞訊急集本隊乘騎
鎮隊，經乘馬幣巷，覺馬蹄有碎缶聲，因急於公務，至蘆之潘
院前（院內即輜重所匿之所），萬莫夏今本隊與兵械鬬之，兵逃遭斃
五兵，追軍沒，聽重得嘉獎。次晨萬莫夏至乘馬幣巷泥溝下得碎
缶一片，貯古幣，當碎，得稍完整者一，即收藏之。識者謂夏紀馬時
之乘馬幣云。民三萬莫夏創業泰州，水洞南來，必經揚州，過古西門
舊貨攤中見形似前幣之銀物一，遂而購之，有識者謂是羌
幣云。以上兩幣誠古代之珍物，可稱矣之陳列在展覽會中東三樓
三百十二號室錢銀匣部內。

古林發現漢唐古錢

古林通信 戊辰年八月十六日（新）

古林錢縣駐蚊河車站路第一段，近官董鶴純於本年五月間查
勘，在距段百餘步地方見有挖土整道工人多名，正在喧嘩，當即向前
前查看，見該工人等由地中挖出已碎瓦甕一口，內有古錢甚多，比經
禁止擅取，並飭由工人頭劉文卿等將所現古泉盡數挖出，并往段
內稱量，計重一百二十斤。此六月二十一日事也。次日拂曉，工作仍在原地
挖出古泉，計重五十斤，總計兩次出土古泉共重一百七十斤。當經
報告段長王津山，並約監核所長趙鎮氏，傳諭嘉獎出力員工，
分別賞賚，事過兩月，外人鮮知其詳。前往化石從路局方面覓
得從事科員鈕惠蓀氏所為古泉略考一篇，條分縷晰，考據精
詳，頗饒興味，據所述此次出土錢文年號多係北宋各代錢，南宋
殊少，藉知為南宋渡後時人所藏無疑，其不屬於宋代者亦有數種，
以下為鈕氏考釋原文，錄之於左。

歷代泉貨 (一)漢半兩五銖（考半兩係秦制，至漢初仍沿用之，無形
質漸小，帝更造白金三品，追至文帝時，遂疏漸薄，旋改鑄五銖錢，
後漢代皆用之，靈帝時，圜法大壞，形質屢更，為小不堪行使，民
間病之，更鑄四銖，並孝建四銖等錢，時私鑄紛起，疏劣不堪。
有為是榆莢稱，眼孝名目，其幣雖劣，今傳世不多，甚貴重也。）
(二)新莽貨貨幣（王莽制鑄錢泉貨最為精博，有五泉十布刀
金環之類作，亦未得其全項錢，故不論列，此貨泉其一也）
(三)後周世宗柴榮周元通寶（世傳周主性喜鑄錢，後殿恒置巨爐十
餘，親自監視鼓鑄，雖譯模甚勞不以為苦，其泉文制作精美，冠
絕一時，人頗珍視，在位四年，以故其錢流傳甚少，後之藏泉以其
錢精美，許為古今鑄泉之壓卷焉，余觀其錢雖精，亦僅可媲
美大觀，遠不若莽泉之精古厲博，堪稱前無古人後無來者，
新莽事事法古，僭號十八稔，無作頗幣，即制一項亦多花樣翻新，
五泉十布外，更有金錯刀、金環、金匱之制，各項制作冥集
古今之大成，可為泉聖，不為過也，其泉之精罕者，今收藏家有斤數
千金以求之者）
(四)南唐後主李璟開元通寶（篆文）（世傳此泉文係徐玄所書，作小篆
體，亦頗精美，與唐開元迥異）
(五)元宗南唐通寶（篆文）又有真書、隸書，亦均未見，始不具論）
(六)唐玄宗李隆基開元通寶（按唐時歷朝皆行使開元錢，继續添鑄。
故唐代他泉皆不易見，此獨多也，有謂其錢文為歐陽率更所書，字體
在隸楷之間，背上有彎月形者，係進呈蠟樣時，為文德皇后指甲誤
掐之痕，此甚不足據，蓋他泉有月形者至夥，豈其亦為皇后所掐也，又謂
其泉能撓骨，為傷科聖藥，紀小嵐閱微草堂筆記載之甚詳，故其
流傳雖多，亦頗為人重視，此次出土者為數甚多，並皆精古。）
(七)武宗李瀍開元通寶（此品與前品異，其泉幕之好上下、左右皆有
一字，蓋紀地名也，實開清康熙字錢之先河，係武宗會昌年間所鑄，
今之藏泉家又名曰會昌開元，所列之其紀地文字計二十八種，其中
以丹字永字荊字梁字為較罕，此次所得者多字為洛，好上越，好下宣，
好左藍，好右京、昌，並潤、均、好上孜，泉之紀地者，當以此為始，後來代皆
有紀地泉，惟無統一之編制耳，清康熙字錢並編次成詩一章，可
為善用其法者矣，亦將其詩錄於此，同福臨東江宣原蘇薊昌
寧河南廣浙臺桂陝雲漳）
八、肅宗李亨乾元重寶（楷書平泉）（有折二折三折五，此皆未見，蓋
甚難得也）
(九)金海陵王顏亮正隆元寶（楷書平泉甚精美）

（图七〇 124–125）

七〇 沈雁冰 录时事文稿册

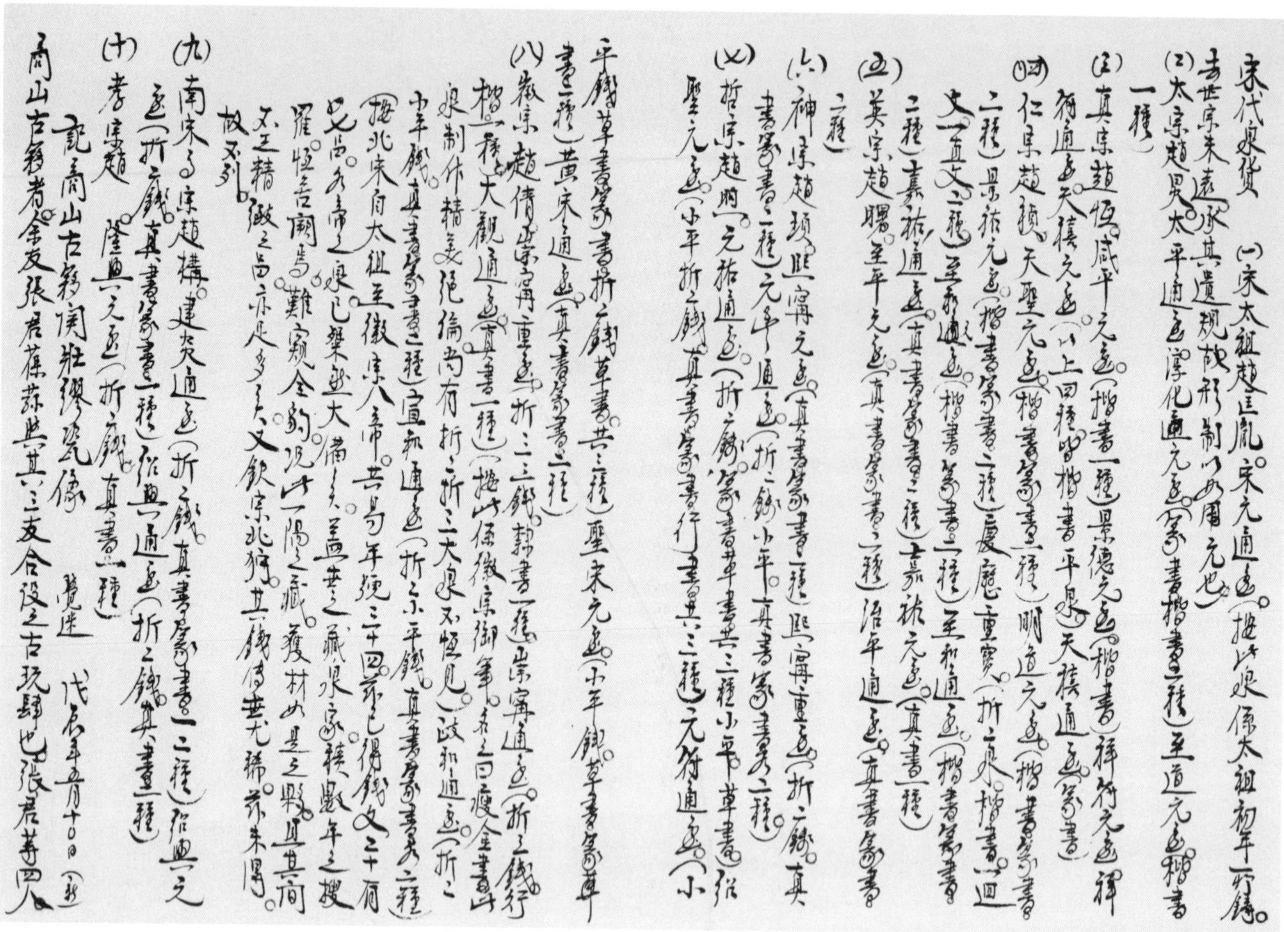

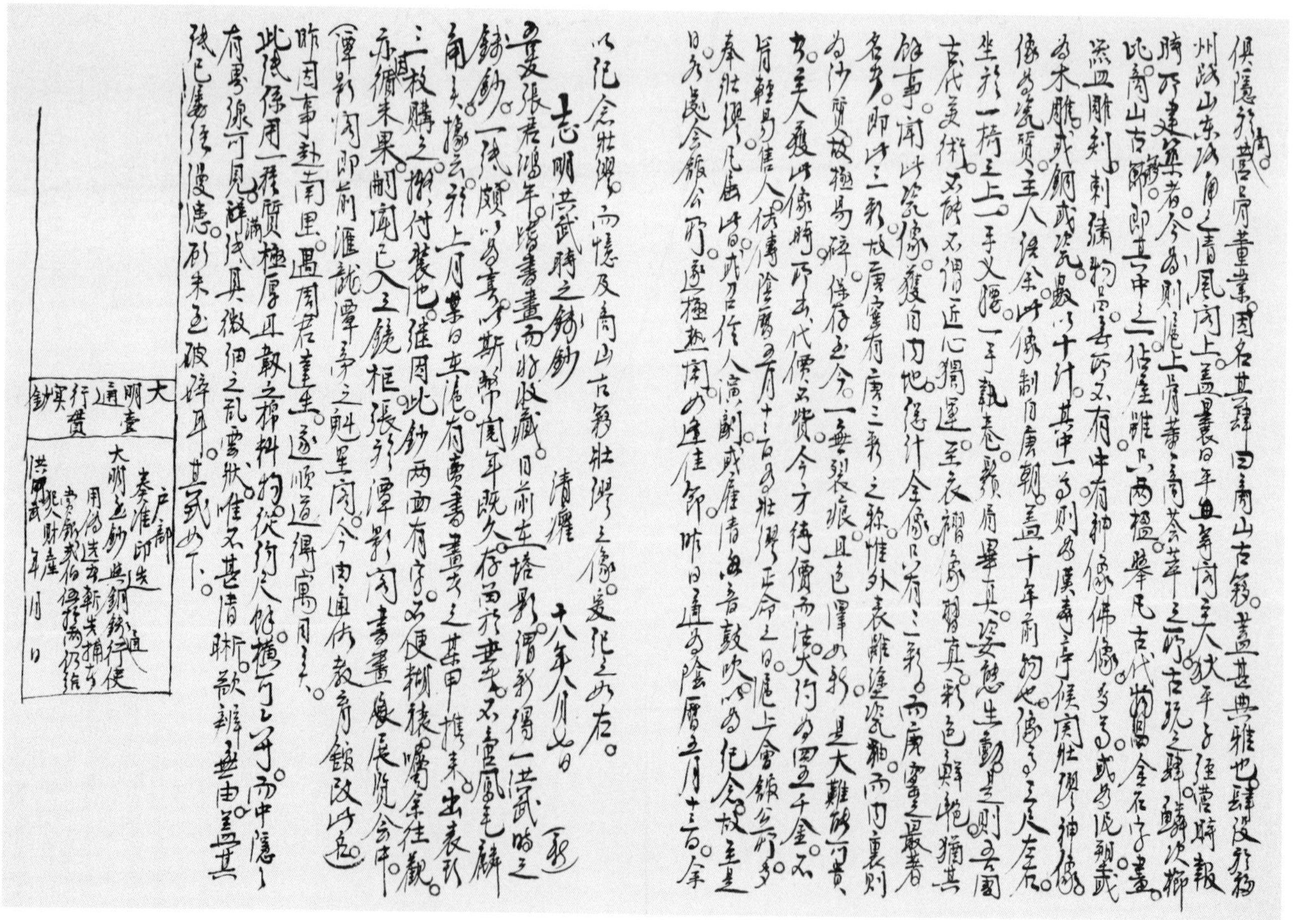

七〇　沈雁冰　录时事文稿册

（图七〇　126–127）

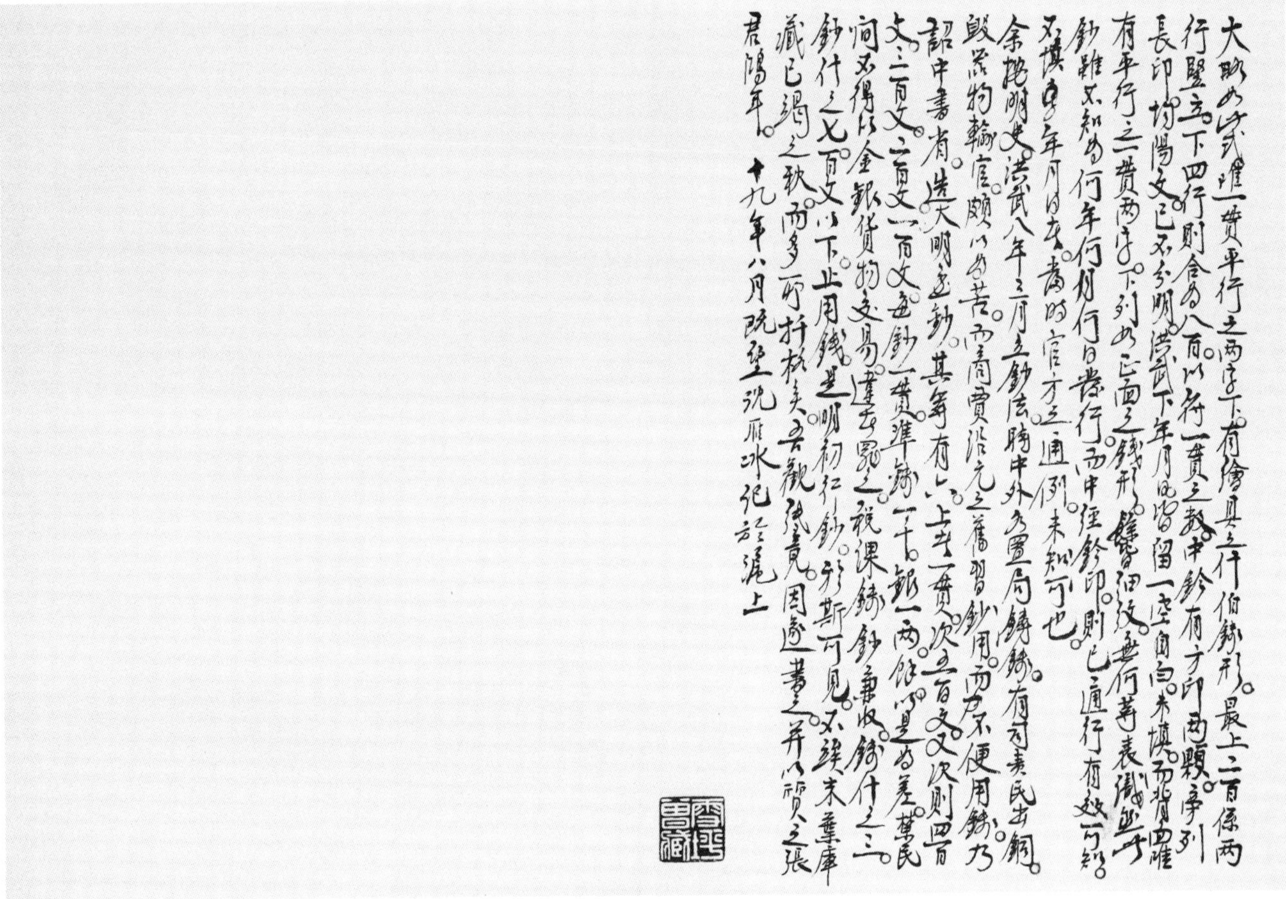

大明洪武通行一貫平行之兩字下有繪具之什伯錢形。最上二百條兩行豎立下四行則合為八百以符一貫之數。中鈔有方印兩顆。字列長印均陽文已不分明。洪武下年月日皆留一空白。未填。而背面有有平行之一貫兩字下列如正面之錢形。鈔背殘缺無符篆表識。無可鈔雖不知為何年何月行日發行。而中經鈔印。則已通行有效可知。不揣其為年月日者。為明官方之通例。未知可也。余按明史。洪武八年三月立鈔法。時中外多置局鑄錢。有司責民出銅。毀器物輸官。頗以為苦。而商賈沿元之舊習鈔用。而不便用錢。乃詔中書省造大明寶鈔。其等有六。上為一貫。次五百文。次則四百文。三百文。二百文。一百文。每鈔一貫準錢一千。銀一兩。餘以是為差。禁民間不得以金銀貨物交易。違者罪之。稅課錢鈔兼收。錢什之三。鈔什之七。百文以下止用錢。是明初紅鈔形式斯可見。不幾末幾庫藏已竭之秋。而多所抒救矣。吾觀張君貴因遂書之。并以贈之張君鴻年。　十九年八月既望沈雁冰記於滬上

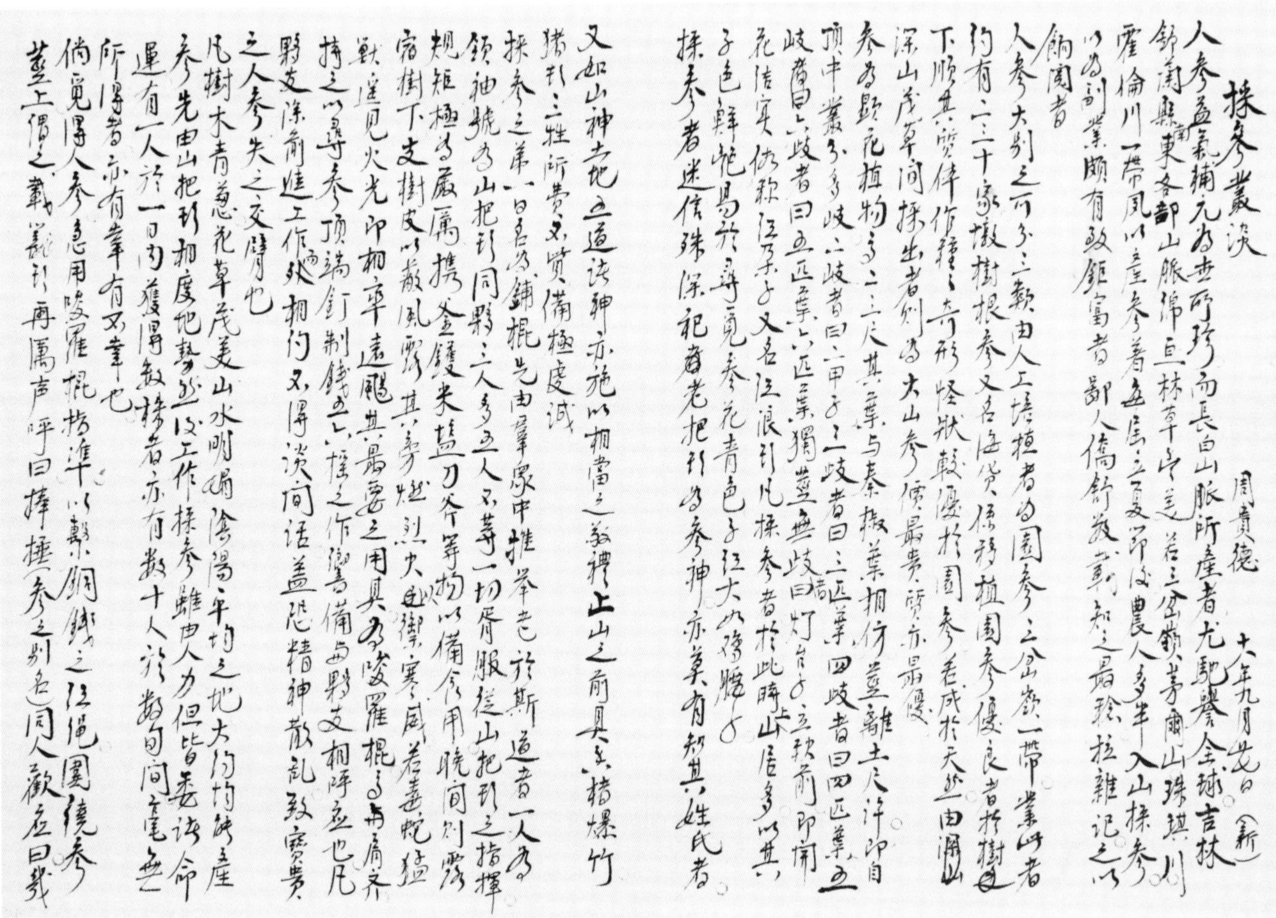

採參叢談　周貴德　十八年九月廿二日（新

人參為氣補元為世所珍。而長白山脈所產者尤馳譽全球。吉林舒蘭縣東各部山脈綿亘林草繁茂。若三岔嶺、青頂山、珠琪川、霍倫川一帶，均以產參著，每屆立夏節後，農人多半入山採參以為副業。頗有致鉅富者。鄙人僑舒有年，耳熟知之最稔，拉雜記之以餉閱者

人參大別之可分三類。由人工培植者為園參。三岔嶺一帶業此者約有二三十家。搬樹根參又名海貨，係移植園參優良者於樹下，順其發伴作種種奇形怪狀，較優於園參者。成於天然由深山深山茂草間採出者則為大山參，價最貴，質亦最優。

參為野花植物，高二三尺，其葉與秦艽葉相彷。蓋離土尺許即自頂中叢分多歧，二岐者曰二甲子，三岐者曰三匹葉，四岐者曰四匹葉，五岐者曰五匹葉，六匹葉，獨莖無岐曰燈台子。立秋前即開花結實，俗稱紅果子，又名紅榔頭。凡採參者於此時上山居多，以其子色鮮艷，易於尋覓。參花青色，子紅大如綠豆

採參者迷信殊深，祀奉老把頭為參神，亦莫有知其姓氏者

又如山神土地五道諸神，亦施以相當之禮。上山之前具香燭爆竹豬羊三牲，所費不貲，備極虔誠。

採參之第一日，先為鋪棍，先由群眾中推舉老於斯道者一人為領袖，號為山把頭。同夥之人多至五人不等，一切行服從山把頭之指揮。規矩極為嚴厲。攜帶鐵鍋米鹽刀斧等物以備食用。晚間則露宿樹下，支樹皮以蔽風露。其旁燃烈火，以禦寒氣，若毒蛇猛獸，遙見火光即相率遠颺。其最要之用具為峻羅棍，高與肩齊，持之以尋參。頂端釘制錢五六枚，操之作響，備與夥友相呼應也。凡夥友除前進工作外，相約不得談閒話，蓋恐精神散亂，致寶貴之人參失之交臂也。

凡樹木青蔥，花草茂美，山水明媚，陰陽平均之地，大約均能產參。先由山把頭相度地勢然後工作。採參雖由人力，但皆委諸命運。有一人於一日內獲得數株者，亦有數十人於數日間毫無所得者，亦有幸有不幸也。

倘覓得人參，急用峻羅棍插準，以繫小銅錢之紅繩圍繞參莖上，備之戴，叢引再厲聲呼曰棒槌（參之別名），同人歡應曰幾

（图七〇　128—129）

七〇　沈雁冰　录时事文稿册

匠業則以三匠業或四匠業合之家連声曰好好趋庭参拜事
奉得参者畢竟皆以為壽彼既勞苦功高可以任意態忽不受
山把頭之拘束矣
掘参時先用斧鋸斬草木挖土石再用鹿骨針以疏通参鬚
小心翼翼惟恐有傷但皆由山把頭執行之技术者不敢嘗试也
掘出後再向周圍搜索並有所得既歲事畢於大樹皮中鋪
以溼土苔蘚之類以防枯槁負之下山殺豬酬神待價而沽
参上部名蘆頭較細周圍有疤如逾大年結一疤陸續上增以
定参齡之多寡中部為参身周圍有極密之細橫紋参形
有作人狀者作禽獸者作蟲魚及樹木器物狀者大概以質量
重而形容酷肖人形者為最珍品其下細根長而鬚亦最要之部也
當覓得山参時急速戴上紅繩頭兩手出参子下承接奮力
大呼其子名声之洪手名為離娘子珍藏之可醫難產但得者
極少相傳子不慎土中即遁去矣然耶否耶
採参神話甚多相傳参多之處有熊虎鬼神出瞻中呵護
又謂人参能隱身避形御脫殼遁迹以其近於迷信故不多贅述

劉匪刦人参　周貴德

吉林有参某者離而啟日前自吉敦鐵路蛟河站來小城子鎮蹤
蹤抱為川山間風吹帽落拾之見地上有葱蘢其葉而鮮紅
其子者（参子形狀大小如鶏腿子）赫然六足葉（参枝岐為六者為六足
葉以六足葉為最大）之寶貝人参也解小刀挖之費數時光陰始
出土重六兩餘形態酷肖一騎馬之將官某喜極而狂以為神靈暗
護倘得善價而沽半生衣食可無虞矣遂包以溼土青苔納樹皮
中負之行不數武陡遇劉匪三人被其劫奪以去者参某者可
謂幸中之不幸也據参商言此乃無價之寶數十年來出土之参
未聞有若是之重而且酷肖物形者惜不知流落何處也

十八年八月稿（新）

談哈士蟆　周貴德自吉林寄

哈士蟆為關外特產滿清時用作貢品衛生家亦莫不珍視之
以其腹內含脂肪甚多不寒不燥能滋補身體勝於参茸
萬萬也蛤士蟆形如田雞惟較小為兩棲動物不卵生皮呈暗灰
色腹部有黃有黑雄者俗稱公狗子雌者為母姆子以腹色黃
而雌者為上品

十八年四月稿（新）

刋

三四月間冰雪既融河水澄清蟆乃出現鳴声嗰嗰欲逐其同居之愛
也而其蕃殖亦自此開始矣其蕃殖率亦至繁而速
捕蟆多在春秋二季春季捕法極有興趣捕者每於夜間燃炬持
叉蹲河畔效其鳴聲蟆睹光聞声急趋而求其類舉叉捕之
鮮能倖免秋季則用法填河流使狭擇水勢湍急而蟆多之處
其下承以腹大口小之柳條筐如是則蟆一入筐內亦無法逃遁矣至
捕法甚多大抵以上二法為最普通
收藏法亦極重要先曝日中使乾後再置於涼處通風之處隨
時取食其味殊不遜於鮮者否則易腐爛不堪下咽矣
其脂肪一名哈士蟆油浸温水中俟其澎漲調白糖作羹服之
能滋陰補肺為養生之珍品若將其全體烹而食之其油未能適
口芳美吾儕關外士紳宴客大有無此不足以表其敬意之概
其價值以吉林舒蘭計每枚約合大洋二分左右捻什一抽稅無多
稅收亦殊不弱吉林有山莊專為收買剝其油裝封匣中運銷
外埠恆居為奇貨云

俠虎　十八年九月初四日（新）

巫子山野百合

百合以產於安徽黃山者為最佳其味甘而不苦人都貴之而徽
浦巫子山野百合形如佛手知之者鮮巫子山為海中一小島該山
節柴叢中產有野百合形如佛手而小多一年則瓣為一屬觀其
瓣即可辨為何年所產據説巫子百合始出不聞僅犬之声予來
研究物理莫名其妙無底秋後沿海之居民輒放船板到山刈柴
間有獲得野百合須善價而沽家君嘗言壯歲時患咳嗆甚劇
久秋必發有閩福業者贈以巫子百合一斤煮而食之咳嗆若失且
至今不復發此可見補肺之功效達於極点自此遍託訪求卒不
可得去年有友胡君送予黃山百合數斤即獻諸家君每晨煮食
一個覺其亦將無比之巫子百合不能予間悵乎後山樹木柴之新自前
幾年任本地人斫伐殆盡由是牛山濯濯野百合亦遂絕產矣

旭　十九年四月十九日（申）

畋獵專談

猴棗（異域見聞錄之一）　南洋婆羅洲西岸坤甸

坤甸所屬多大森林猴類尤其特產土番常捕而殺之取其胃內之
膏服之可去風濕當土番捕猴時多用吹箭吹箭之製法係取長
圓木一枝中間小孔如槍管另製一箭置諸管內用氣吹之箭即

七〇　沈雁冰　录时事文稿册　　（图七〇　130-131）

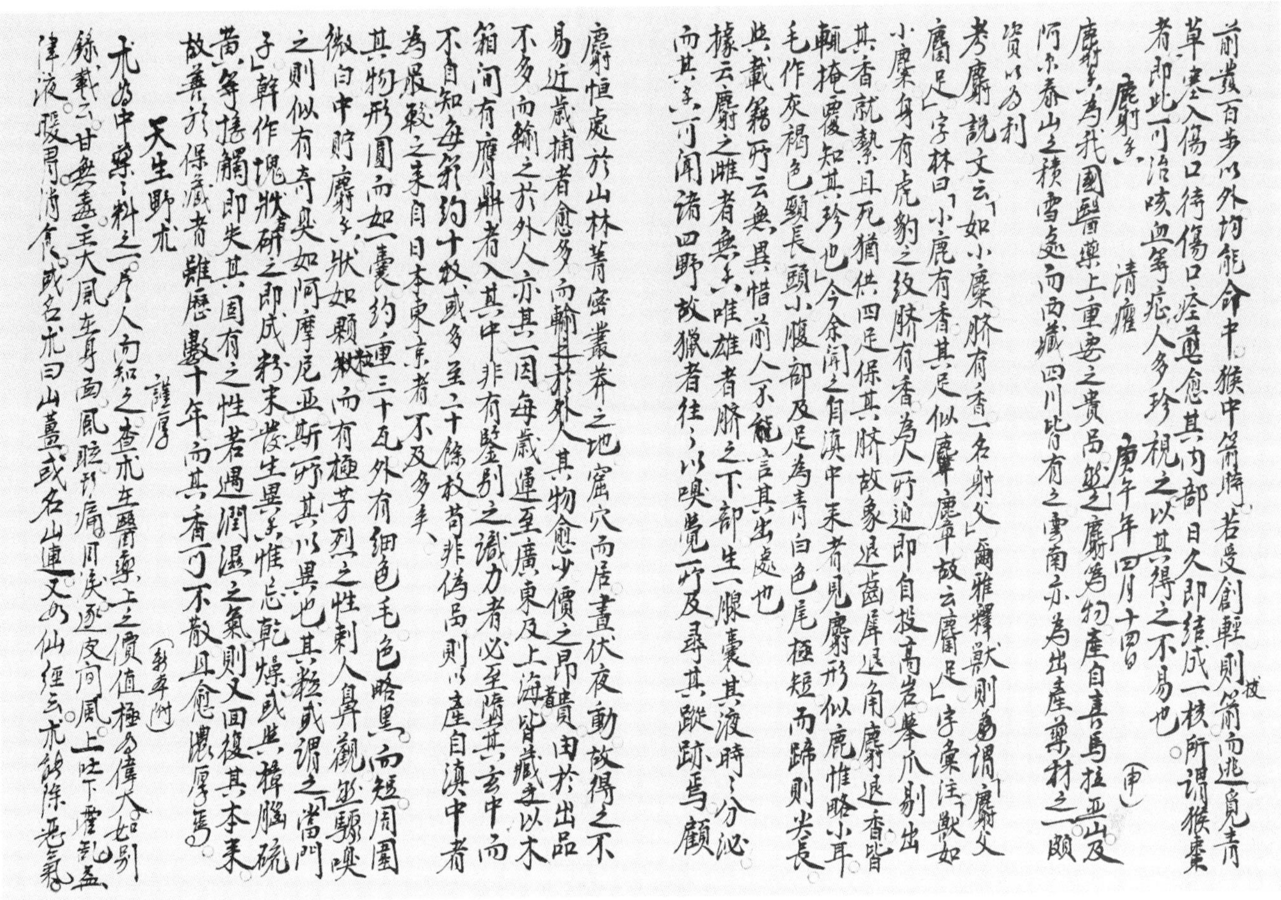

前叢百步以外均能命中，猴中箭時，若受創輕則銜箭而逃，覓青草塞入傷口，待傷口痊愈，其內部日久即結成一核，所謂猴棗者即此。可治咳血等症，人多珍視之，以其得之不易也。

麝香　清瘟　庚午年四月十四日（甲）

麝香為我國醫藥上重要之貴品，然麝為物產自青馬拉亞山及阿尔泰山之積雪處，而西藏、四川皆有之，雲南亦為出產藥材之一，頗資以為利。

考麝，說文云「如小麋，臍有香，一名射父」。爾雅釋獸則謂「麝父麕足」。字林曰「小鹿有香，其足似麞，故云麕足」。李巡注「獸如小麋，身有虎豹之紋，臍有香，為人所迫，即自投高岩，舉爪剔出其香，就縶且死，猶拱四足保其臍」。故象退齒，犀退角，麝退香，皆輒掩覆，知其珍也。今余聞之自滇中來者，見麝形似鹿，惟略小，耳毛作灰褐色，頸長，頭小，腹部及足為青白色，尾極短，而蹄則尖長，與載籍所云無異，惜前人不能言其出處也。

據云，麝之雌者無香，唯雄者臍之下部生一腺囊，其液時時分泌，而其香可聞諸四野，故獵者往往以嗅覺所及，尋其蹤跡焉。顧麝恒處於山林菁密叢莽之地，寵穴而居，晝伏夜動，故得之不易。近歲捕者愈多，而輸出於外人，其物愈少，價之昂貴由於出品不多，而輸之於外人亦其一因。每歲運至廣東及上海皆藏之以木箱，間有麝臍者入其中，非有鑒別之識力者必至墮其玄中而不自知。每箱約十枚，或多至二十餘枚，苟非偽品則以產自滇中者為最，較之來自日本東京者不及多矣。

其物形圓而如一囊，約重三十瓦，外有細色毛，色略黑，而短，周圍微白，中貯麝香，狀如顆粒，而有極芳烈之性，刺人鼻觀，然驟嗅之則似有奇臭，如阿摩尼亞斯所其以異也。其粒或謂之「當門子」，辭作塊狀，研之即成粉末，發生異香，惟忌乾燥，或與樟腦硫黃等接觸，即失其固有之性，若遇潤濕之氣，則又回復其本來，故善於保藏者雖歷數十年而其香可不散，且愈濃厚焉。

謹厚（升平附）

天生野朮

朮為中藥之一料之一，其人而紹之，查朮在醫藥上之價值極為偉大，如別錄載云「甘無毒，主大風在身面，風眩頭痛，目淚出，皮間風，上吐下霍亂，益津液，暖胃，消食」。或名朮曰山薑，或名山連，又如仙經云朮能除惡氣

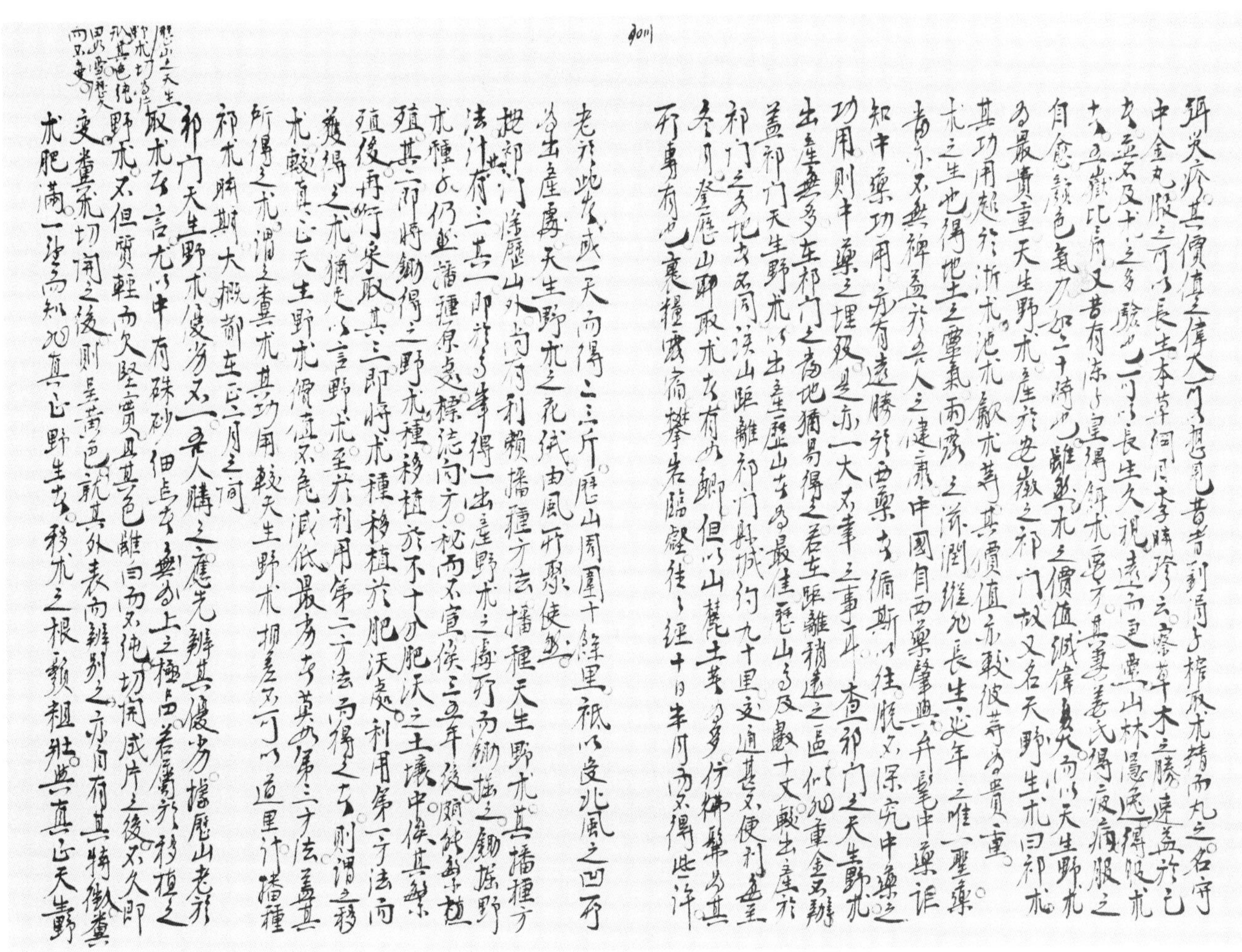

弭災疹，其價值之偉大可以想見。昔者劉涓子挼取朮精而丸之，名守中金丸，服之可以長生。本草綱目李時珍云「嵩草木之勝速益於己者，並不及朮之多驗也」。可以長生久視，遠而至陳山林隱逸得服朮十五歲，比前又昔有宗之皇得餌朮寫子書，善式得療疾病，服之自愈，顏色氣力如二十時也」。雖然，朮之價值誠偉大矣，而以天生野朮為最貴重。天生野朮產於安徽之祁門，故又名天野生朮曰祁朮，其功用超於浙朮、池朮、歙朮等，其價值亦較彼等為昂貴。查朮之生也，得地土之靈氣、雨露之滋潤，經九長生，迎年之唯一聖藥，查本朮無補益於吾人之健康。中國自西藥肇興，升高中藥詎知中藥功用亦有遠勝於西藥者，循斯以往，願有深究中藥之功用則中藥之理致，是亦一大有事之事也。查祁門之天生野朮出產無多，在祁門之為地猶易得之，若在距離稍遠之區，似加重金亦難購。祁門天生野朮以出產歷山者為最佳，歷山高及數十丈，與出產於祁門之各地者名同。該山距離祁門縣城約九十里，交通甚不便利，每至冬月登歷山取朮者有如鄉，但以山麓土著為多，行彿舉為其所專有也。裹糧攜宿而攀岩臨壑，往往經十日半月而不得些許，老於此者，或一天而得一二三斤。歷山周圍十餘里，祇以受北風之四面為出產處。天生野朮之死，紙由風所聚使然。

按祁門除歷山外，向有利賴播種方法，播種天生野朮，其播種方法計有二，其一即於子年得一出產野朮之處所為鋤掘之，鋤掘野朮種子仍照培種原處，標誌周方，祀而不宜，候三五年後開鋤掘殖。其二即將鋤得之野朮種移植於不十分肥沃之土壤中，候其繁殖後再行采取。其三即將朮種移植於肥沃處。利用第一方法而幾得之朮猶是以言野朮，至於利用第二方法而得之朮，則謂之移朮，較真正天生野朮價值不高，最次者莫如第三方法為其所得之朮，謂之查朮，其功用較天生野朮相差不可以道里計。播種祁朮時期大概都在正二月之間。

祁門天生野朮優劣又，一般人購之應先辨其優劣，據歷山老於取朮者言，朮以中有珠砂細點者為上之極品，若謂於移植之朮，不但質輕而久貯易蛀，且其色雖白而不純，切開成片之後不久即變黃，朮切開之後則呈黃色，就其外表而辨別之，亦自有其特徵，真朮肥滿，一望而知，如真正野生者，移朮之根頸粗壯，與真正天生野

（图七〇　132—133）

七〇　沈雁冰　录时事文稿册

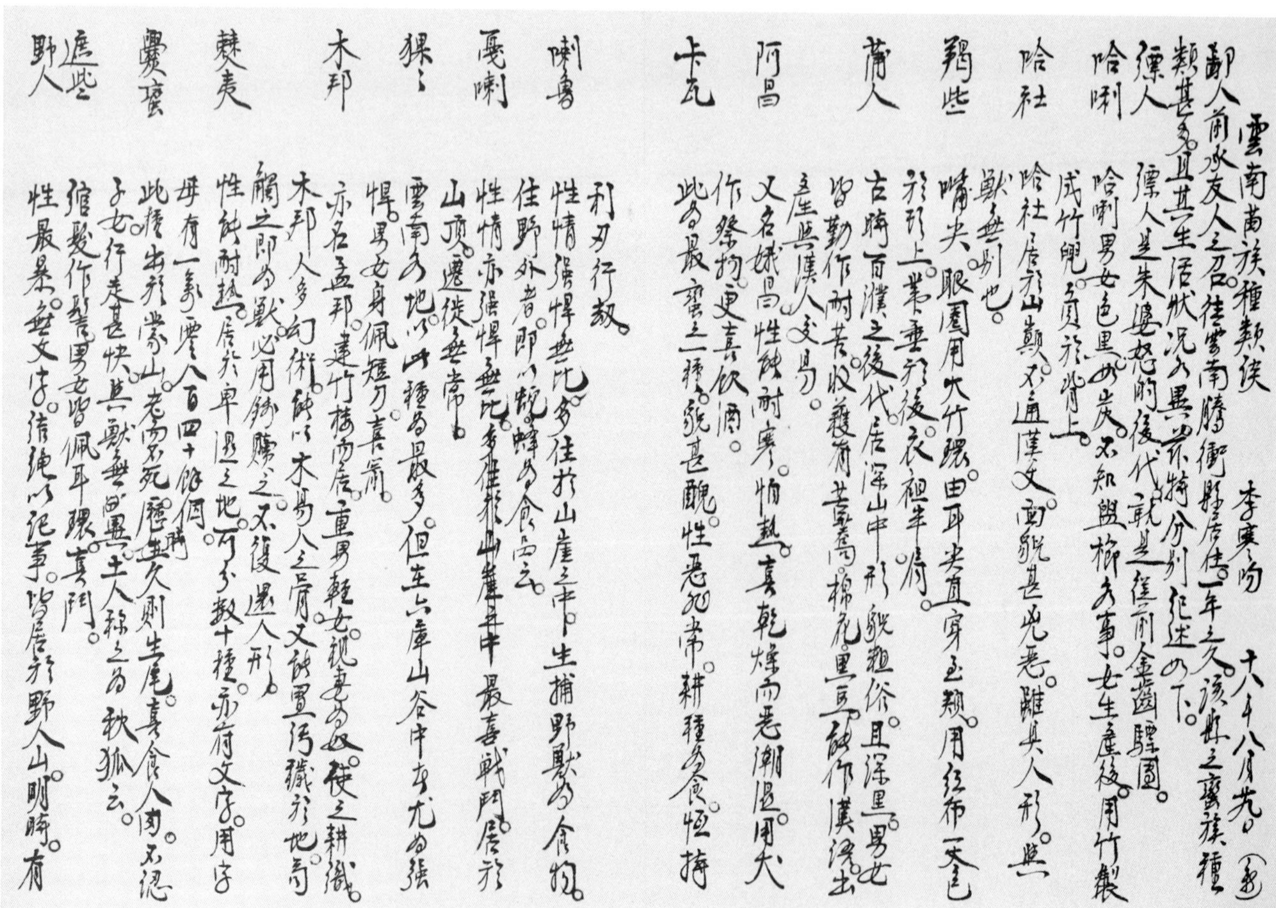

七〇　沈雁冰　录时事文稿册

（图七〇　134–135）

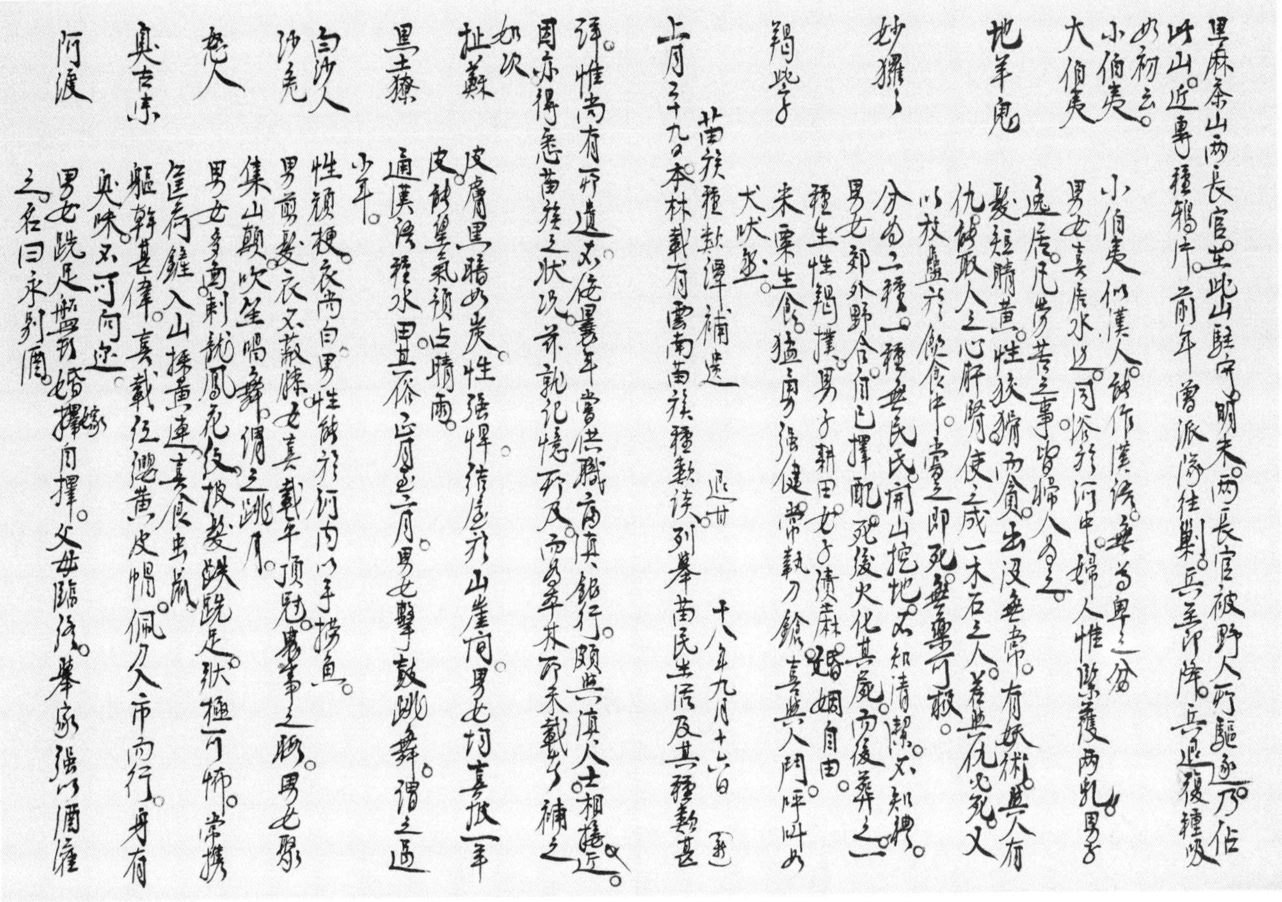

里麻条山两長官出此山駐守。明末，两長官被野人所驅逐，乃佔
此山。近專種鴉片，前年曾派隊往剿，兵至即降，兵退復種吸
如初云。小伯夷似漢人，飾作漢装，無尊卑之分
小伯夷 男女喜居水邊，同浴於河中，婦人惟繫護兩乳，男子
大伯夷 遠居，凡勞苦之事皆歸女人為之。
地羊鬼 髮短睛黃，性狡猾而貪，出没無常，有妖術，與人有
仇，能取人之心肝腎，使之成一木石之人，若無仇也死，又
以衣盛於飲食中，嘗之即死，無藥可救。
妙羅羅 分為二種，一種無民氏，開山挖地，不知清潔，不知禮
男女郊外野合，自己擇配，死後火化其屍，而後葬之。一
猓猡子 種生性鷙猛，男子耕田，女子績麻，婚姻自由
米粟生食，猛勇强健，常執刀鎗，喜與人鬥，呼叫如
犬吠然。
苗族種類譯補遺 退卅 十八年九月十六日（新）
上月二十九日本林載有雲南苗族種類，淺列舉苗民生居及其種類甚
詳，惟尚有所遺，不佞曩年嘗供職滇黔，頗與滇人士相接近，
因亦得悉苗族之狀況，茲就記憶所及，而為本林所未載者補之
如次
扯蘇 皮膚黑暗如炭，性强悍，偏居于山崖間，男女均喜披一羊
皮，能望氣預占晴雨。
黑土獠 通漢語，種水田，其俗正月至二月男女擊鼓跳舞，謂之過
少年。
白沙人 性頑梗，衣尚白，男性能於河內以手捞魚。
沙兔 男薙髮，衣不蔽膝，女喜戴竹頂冠，婚事之際，男女聚
集山顛，吹笙唱舞，謂之跳月。
怒人 男女多面刺龍鳳花紋，披髮跣足，狀極可怖，常携
筐荷鐮入山採黃連，喜食虫鼠。
卑古宗 軀幹甚偉，喜戴紅纓黃皮帽，佩刀入市而行，身有
臭味，不可向邇。
阿渡 男女跣足，婚嫁自擇，父母臨從，舉家强以酒灌
之，名曰永别酒。

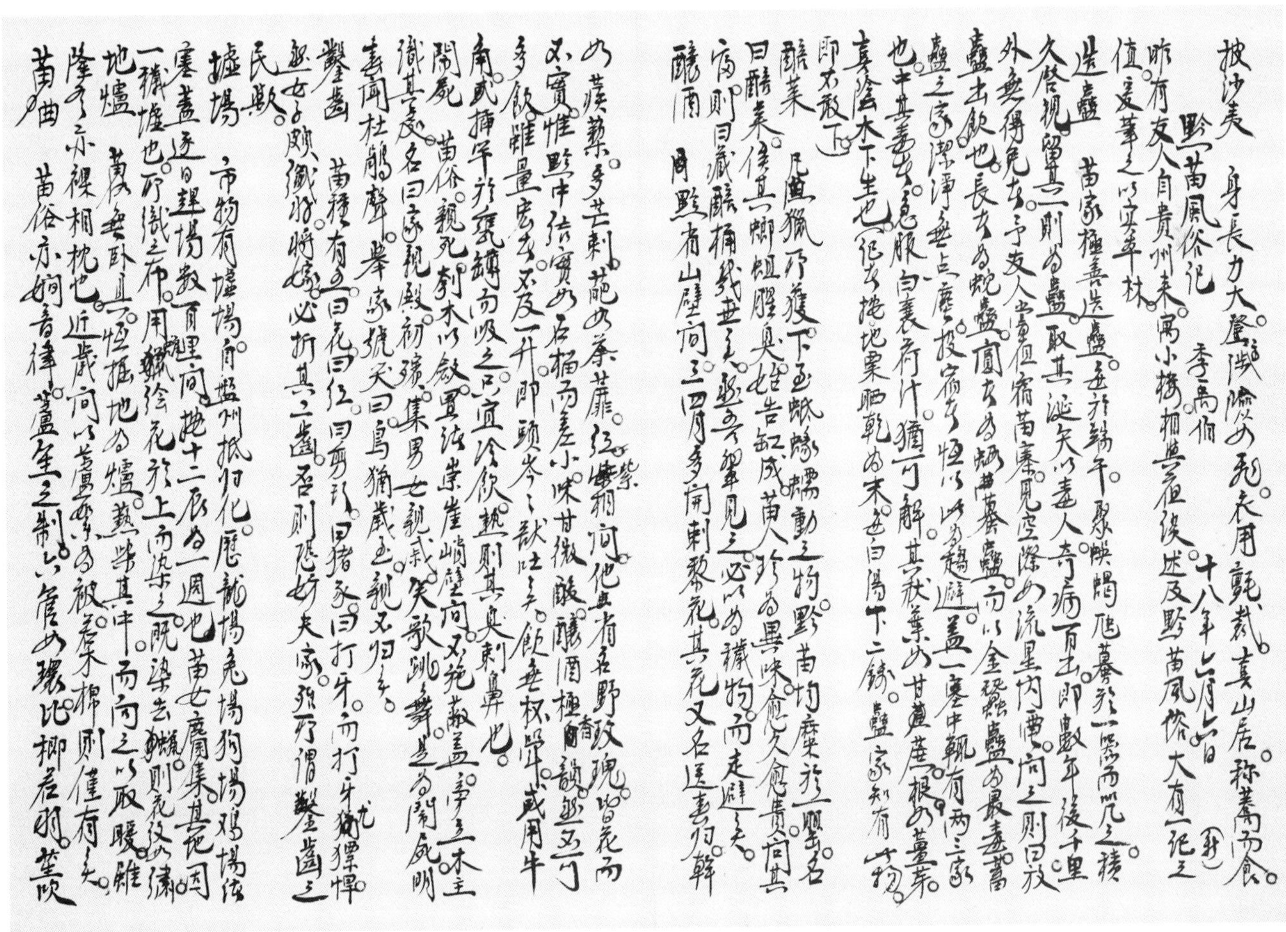

披沙夷 身長力大，登涉險如飛，衣用氈裁，喜山居，秫蕎為食。
黔苗風俗記 李禹佃 十八年七月七日（新）
昨有友人自貴州來，寓小樓，細與晤談，述及黔苗風俗，大有記之
值，爰筆之以實本林。
造蠱 苗家極善造蠱，每於端午聚蝦蟆、蛇虺、蜈蚣於一器而叫之，積
久啓視，留其一，則為蠱。取其涎矢以毒人，奇病百出，即數年後，千里
外無得免者。予友人嘗往宿苗寨，見空際如流星閃電，問之，則曰放
蠱出飲也。長者為蛇蠱，圓者為蝦蟆蠱，而以金蠶蠱為最毒。蓄
蠱之家潔淨無點塵，投宿者恆以此為趨避。蓋一寨中，輒有兩三家
也。中其毒者，急服白蘘荷汁，猶可解，其秋葉如甘蔗，根如薑茶(?)，
喜陰木下生也（俗名搜地果，晒乾為末，每日服下二錢），蠱家知有此物
即不敢下。
醮菜 凡鹿、獐、野獲，下至蟋蟀蠕動之物，黔苗均藏於甕，名
曰醮菜。俟其蛆蟲腥臭，始告缸成，苗人珍為異味，愈臭愈貴，問其
病，則曰藏醮桶幾世矣。然吾鄉人見之，必以為穢物而走避之矣。
醲酒 同黔有山壁間，三四月多開刺藜花，其花又名送春歸，辯
如蕨薇，多芒刺，花如茶蘼，紅紫相間，他無有名，野玫瑰皆花而
不實，惟黔中結實如石榴，而差小，味甘微酸，釀酒極香，韻無乙丁(?)
多飲，雖量宏者不及一升，即頭岑岑，欲吐矣。飲無杯斝，咸用牛
角，或插竿於甕，鏄而吸之，只宜冷飲，熱則其臭刺鼻也。
鬧屍 苗俗，親死，刳木以斂，置諸崇崖峭壁之間，不施蓋，立之木主
識其處，名曰家親殿。初殯，集男女親戚，笑歌跳舞，是為鬧屍，明
春聞杜鵑聲，舉家號哭，曰鳥猶歲至，親不歸矣。
鑿齒 苗種有五，曰花、曰紅、曰青、曰黑、曰猪，又曰打牙，而打牙犵狫尤悍
惡，女子臨嫁，必折其二齒，否則恐妨夫家，故所謂鑿齒之
民歟。
墟場 市物有墟場，自黔州(?)抵歸化，歷龍場、兔場、狗場、雞場，依
寨畫逐日輕場數，自黑(?)理向施十二辰為一周也。苗女麇集，其花囤
一織爐也。所織之布，用蠟繪花於上而染之，既染去蠟，則花紋如繡
地爐 苗家無卧具，恆掘地為爐，爇柴其中，而向之以取暖，雖
隆冬亦小裸相枕也。近歲間以草荐為被，若木棉，則僅有矣。
苗曲 苗俗亦嫻音律，蘆笙之制，以管如環比，橅若羽，葦吹

（图七〇 136—137）

七〇 沈雁冰 录时事文稿册

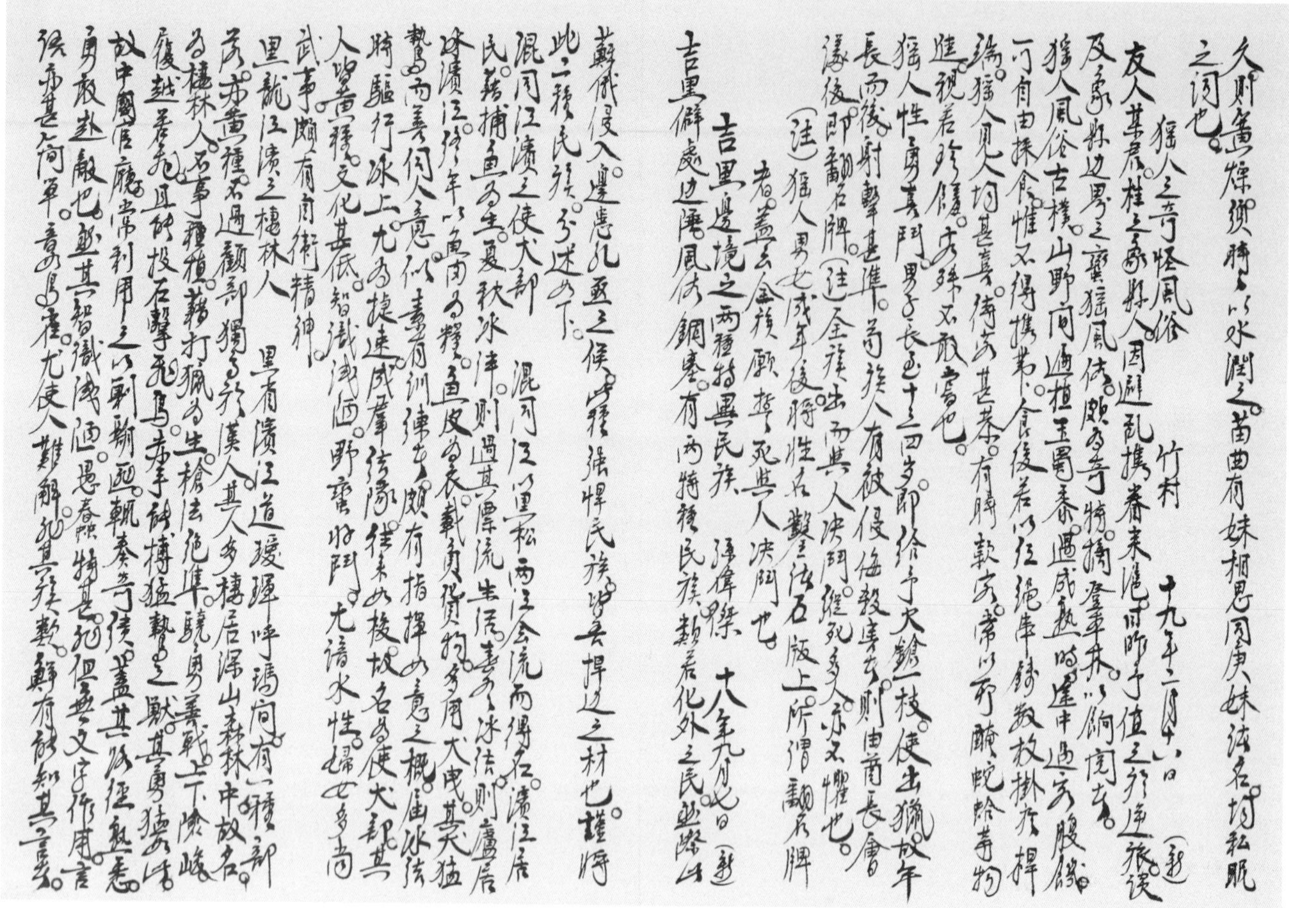

久則爲燥煖時以水潤之。苗曲有妹相思同庚,妹法名均私昵之詞也。

猺人之奇怪風俗　竹村　十九年二月十八日(新)

友人某君桂之象縣人,因避亂携眷來港,日昨予值之於途,旅談及象縣邊界之蠻猺風俗,頗爲奇特,摘要筆之,以餉閱者。

猺人風俗古樸,山野間遍植玉蜀黍,遇成熟時,過客腹饑可自由採食,惟不得携帶,食後若以紅繩串錢數枚掛於桿端。猺人見之,均甚喜,待客甚恭,有時款客,常以野獸蛇蛤等物進,視若珍饈,客辭不敢嘗也。

猺人性勇喜鬬,男子長至十三四歲,即給予大鎗一枝,使出獵。故年長而後,射擊甚準。苗猺人有被侵侮殺害者,則由酋長會議後,即翻石牌(注)。全猺出而與人決鬬,縱死多人,亦不懼也。

(注)猺人男女成年後,將姓名鑿於石版上,所謂翻石牌者,蓋去金簽願共死與人決鬬也。

吉黑邊境之兩種特異民族　孫偉傑　十八年九月七日(新)

吉黑僻處邊陲,風俗銅塞,有兩特種民族,類若化外之民,與蘇俄侵入邊患孔亟之候,此種強悍民族,皆為捍邊之材也。謹將此二種民族分述如下。

混同江濱之使犬部　混同江以黑松兩江合流而得名,濱江居民,藉捕魚為生。夏秋冰泮,則遇其潭流生活,春冬冰結,則廬居冰濱,江終年以魚肉為糧,魚皮為衣,載負貨物,多用犬曳。其犬猛鷙而善伺人意,似素有訓練者,頗有指揮如意之概。值冰結時,驅行冰上,尤為捷速,成群結隊,往來如梭,故名為使犬部。其人皆黃種,文化甚低,智識淺陋,野蠻好鬬,尤諳水性,婦女多尚武事,頗有尚武精神。

黑龍江濱之棲林人　黑省濱江道境,璦琿呼瑪間,有一種部落,亦黃種,不過顏部獨多於漢人。其人多棲居深山森林中,故名為棲林人。不事種植,藉打獵為生,槍法絕準,驍勇善戰,上下險峻履越若飛,且能投石擊飛鳥,赤手能搏猛鷙之獸。其勇猛若此,故中國官廳常利用之,以剿勦匪,輒奏奇績。蓋其人多經熟悉勇敢善戰也。無甚智識,淺陋愚蠢特甚,既但無文字,作用言語亦甚簡單,喜為偶像,尤使人難解,況其族類繁,鮮有能知其言者。

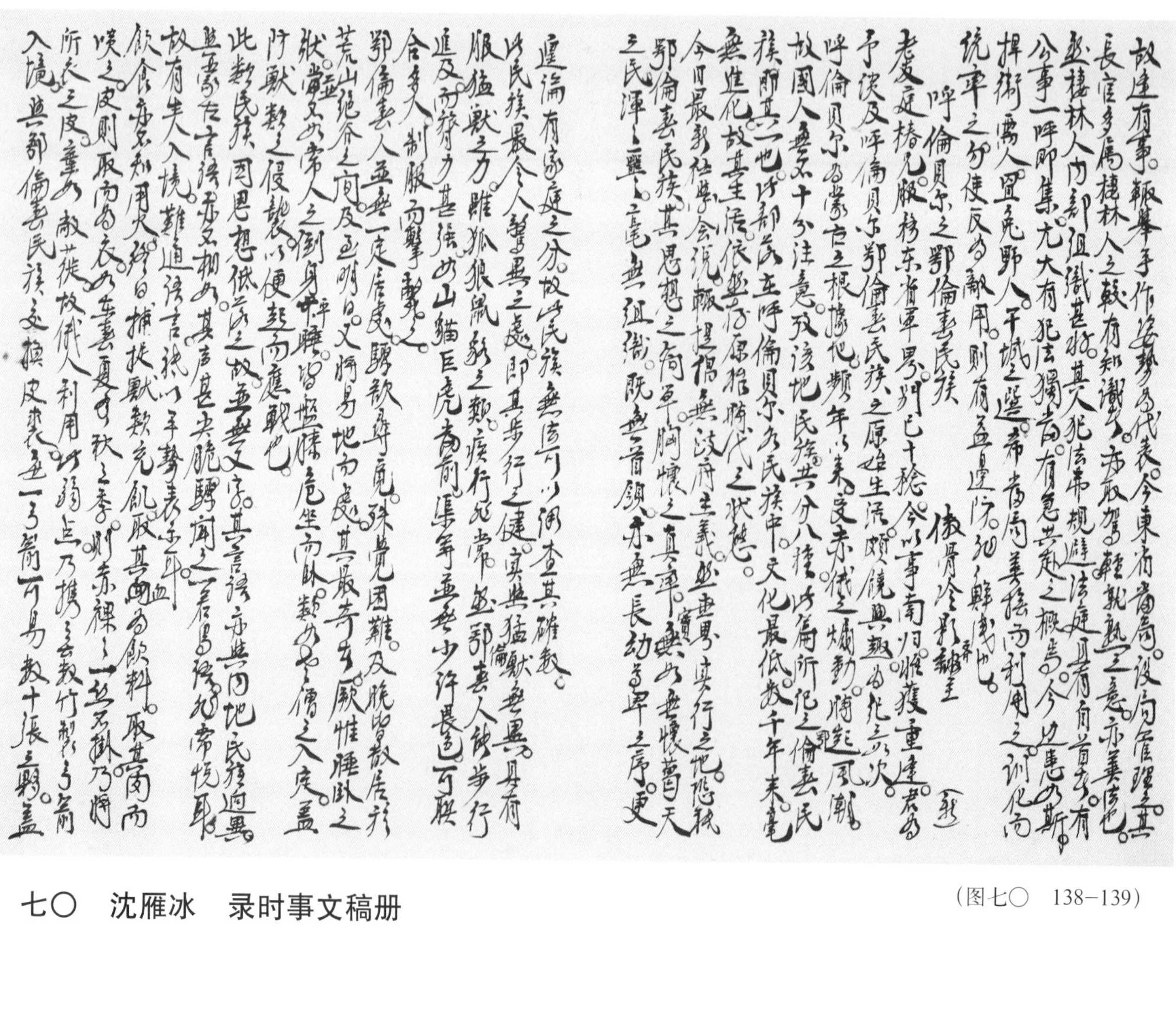

故遇有事,輒舉手作姿勢為代表。今東省當局設局僱理其長,官多屬棲林人之較有知識者,亦取駕輕就熟之意,亦善法也。無棲林人內部組織甚好,其人犯法常規避法庭,且有酋首。有公事,一呼即集,尤大有犯法獨者,有急共赴之概。今者邊患如斯,捍衛需人,置免野人干城之選,希當局善揆而利用之,訓化而統率之,勿使反為敵用,則有益邊防非鮮淺也。

呼倫貝爾之鄂倫春民族　(新)

老友庭椿兄服務東省軍界,將已十稔,今以事南歸,欣獲重逢,君為予談及呼倫貝爾鄂倫春民族之原始生活,頗饒興趣,為紀之如次。

呼倫貝爾為蒙古之根據地,數年以來,受赤俄之煽動,時起風潮。故國人無不十分注意,殆該地民族共分八種,皆為所化之倫春民族,所其之一也。此部落在呼倫貝爾各民族中,文化最低,數千年來毫無進化,故其生活依然存原始時代之狀態。

今日最新社學會說,輒提倡無政府主義,然要男女實行之地,恐非鄂倫春民族,其思想之簡單,胸懷之真率,無如無懷葛天之民,渾渾噩噩,毫無組織,既無首領,亦無長幼尊卑之序,更遑論有家庭之分,故此民族無法可以調查其確數。

此民族最令人驚異之處,即其步行之健,實無與倫,且有服猛獸之力,雖狐狼鼠豺之類,疾行如常,然鄂倫春人能步行追及而獲之,力甚強,如山貓巨虎,當前集攀無少許畏色,可與合多人制服而擊斃之。

鄂倫春人並無一定居處,驟欲尋覓,殊覺困難,及晚皆散居於荒山絕谷之間,及至明日,又轉易地而處,其最奇者,厥惟睡臥之狀,常不如常人之倒身平睡,皆盤膝危坐而眠,數如老僧之入定,蓋防獸類之侵襲,以便起而應戰也。

此數民族,因思想低淺之故,並無文字,其言語亦與內地民族迥異,與蒙古言語亦不相如,其聲甚尖脆,驟聞之,若鳥語,見常悅耳。故有生人入境,難通語言,祇以手勢表示耳。

飲食尚不知用火,終日捕捉獸類充飢,取其血為飲料,取其肉而啖之,皮則取而為衣,如在嚴夏時,秋之季,則赤裸裸一絲不掛,乃將所衣之皮藏如敝屣,故俄人利用此弱點,乃攜子去教竹製弓箭入境,與鄂倫春民族交換皮衣,每一弓箭可易數十張之鄉。蓋

七〇　沈雁冰　录时事文稿册

(图七〇　138–139)

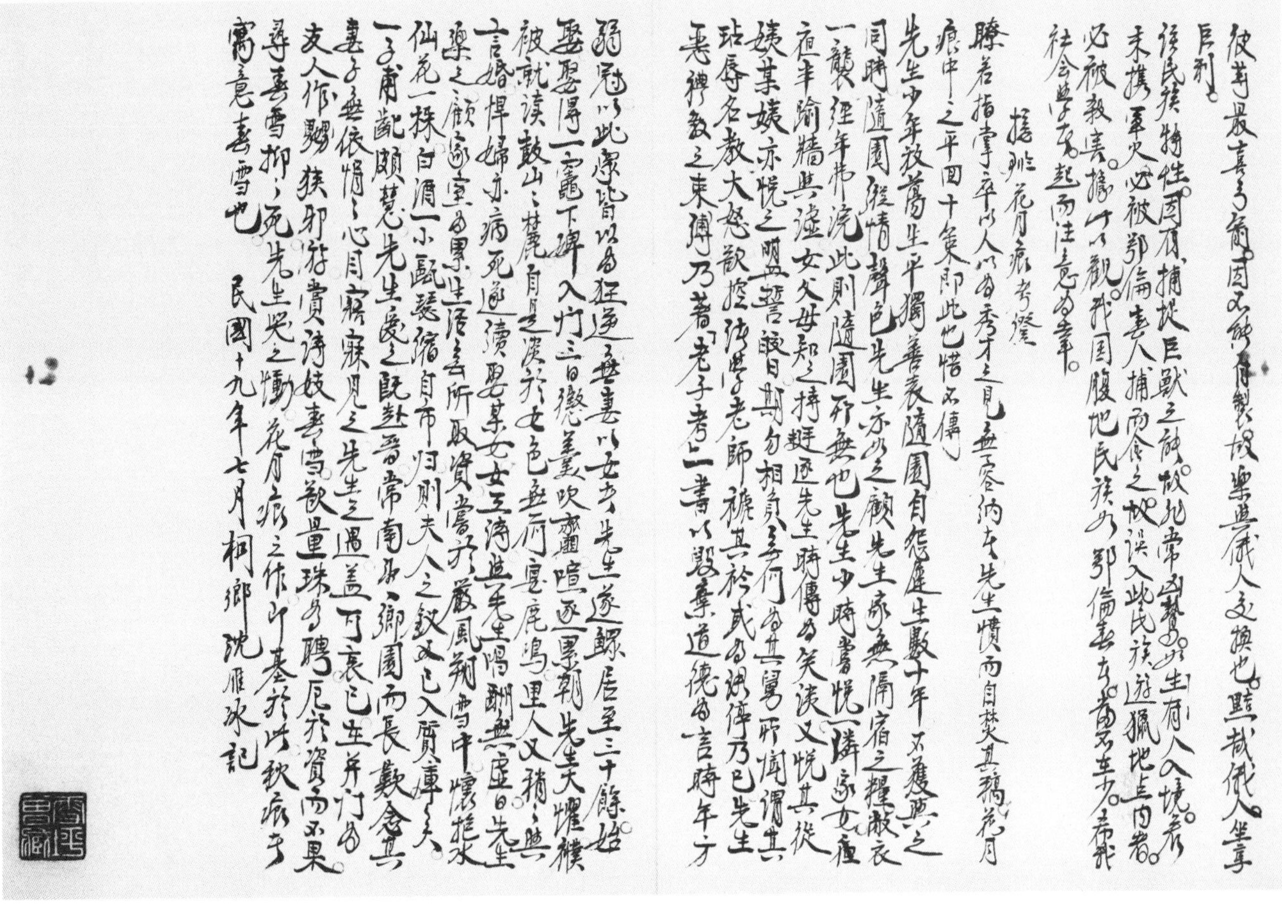

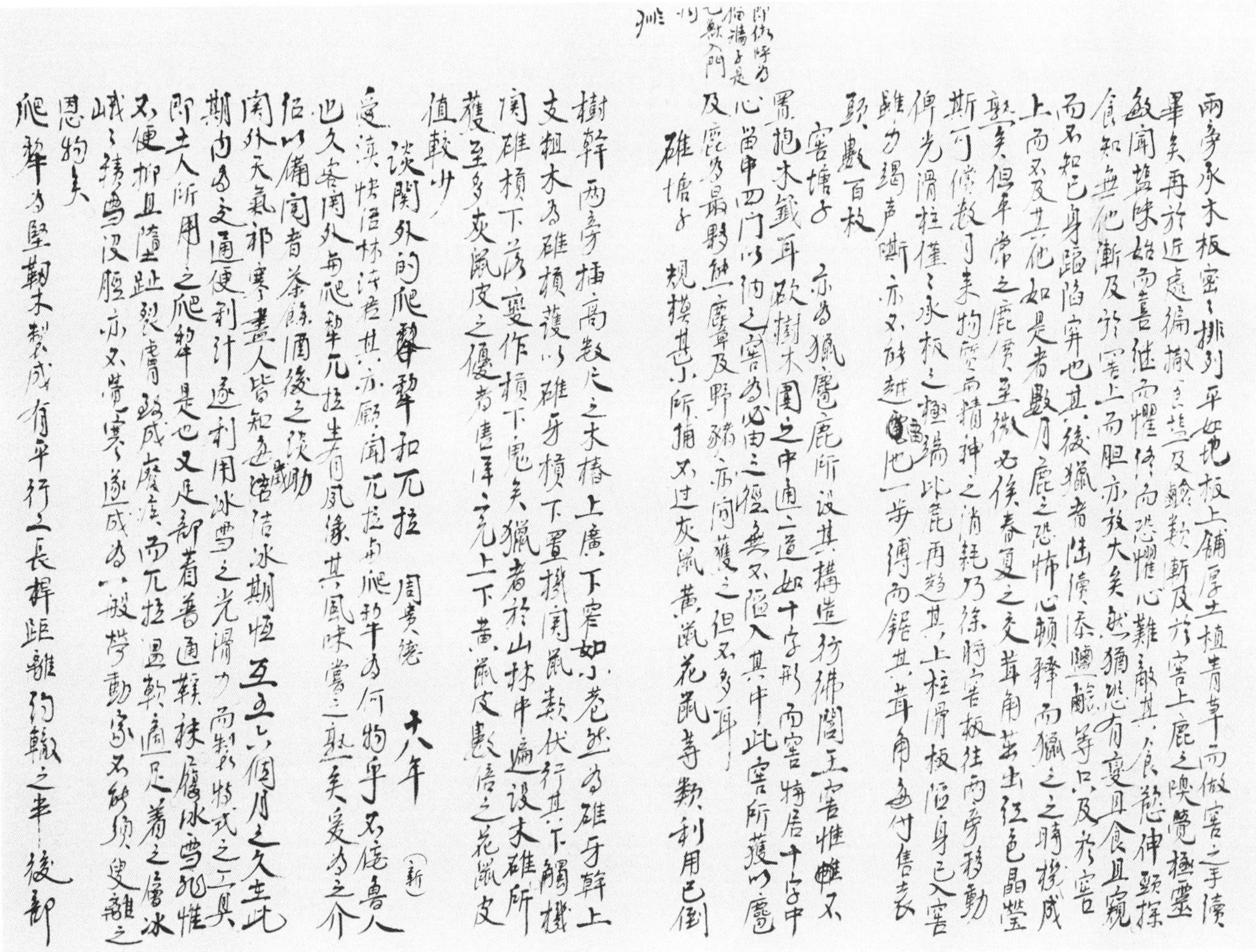

（图七〇　140－141）

七〇　沈雁冰　录时事文稿册

一百四十一歲之老人　華父　己巳年四月十五日（新）

頃有一舊雨來自睢寧，告余彼曾親見該縣東南鄉大作鎮龍神廟一陳姓男人，壽一百四十一歲。當其年七十餘時喪婦，不再娶。子一孫一，子早逝，孫侍左右，年近八十矣。老人髮鬚禿，頭眉皓白，膚黝以黑，体短，雙眸炯然，時與其孫策杖衛其所趨於市。老人則扶杖後隨，入而常與人，以為其年老且貧也，凡糶穀之家顧抽百分之一以供老人，因得以不匱。余詢老人平日所食何物，則麥麵耳，別無他嗜。聞老人性和緩，犯之者決不與較，此即所以致壽歟，不可謂非吾蘇之人瑞也。

長壽之蜀老人　遠梅　十八年九月廿四日（申）

居停但氏家藏治毒之藥草，曰金线重樓，為木本之植物，莖葉七作玦蝴形，俗名之為七葉一枝花。日前捕得一白頸黑章之大蛇，即以此藥草制之死，予曾為文記之。一時凡與但氏相識者紛來索取，不數日而一巨束為之罄。一昨許君士騏自蜀中來，謂蜀中頗多是物，可向擔草藥者購之。擔草藥者有一老人，鬚眉皓白，其年事之高，使人驚訝，蓋已倍於期頤之壽而上之。前段合肥總揆但懋辛將軍曾一度見之，有詢其往事者，則云曩為童子時，師督課甚嚴，偶輟學則夏楚隨之，逃還家中，父母怒其不長進也，更加之以鞭箠。於是負氣出走，見有结隊之担草藥者，隨之而行。既而擔草藥者息肩謀餐膳，則始覺已之飢火中燒，饞涎欲滴。擔草者異而叩之，欲送之還家，遂以畏父箠楚之責，願相隨為徒，繼為擔草藥者。竟允其請，從此深山采藥為韓伯休之生涯。娶婦先後凡八，皆以壽終。訪其故里，而父母以及居鄰戚屬均早物化。計其年事，在伍博士自夸之壽齡而上之矣。或問以長生術，則曰：予平心和氣而已，固無却老辟穀之方也。

記四川之怪老人　白克　十八年九月廿九日（新）

說來很奇怪，似乎近於神怪，或吹牛，其實確有其事。吾家世居川東之墊江，離墊三百餘里之開縣。縣之北有名石堡塞者，為一小市鎮，歸鄉間有一老人，今年二百五十有一矣。其平生事跡有頗可記者，茲述於後：

誕生於一千六百七十九年　父為明時之官宦，家小康，渠於中國舊文學頗有心得，為當時之狀元。兄弟三人，皆早世，渠居長，曾執教於私塾，當時頗有聲名。

娶二妻　前報載娶八妻不確，渠誠不愧為中國封建社會之代表思想之老舊，至今猶然於古時禮教，謹守勿違。初娶一妻，未四十即逝世，繼又娶一妻，旋又逝世。是時渠年已將八十矣，有子二女一，雖身体尚健，然以行將就木，恐人為所恥笑，故不復娶。

喫經靜坐　百歲時即起喫經拜佛，餘則靜坐。是時兒女已長，家事一切皆為其管理，渠於是時起，不問一切，以喫經靜坐為日常生活。

蔬菜白飯　每日三餐飯，親自烹調，不食肉類，均以蔬菜充飢。食必細嚼，每餐需時一小時始畢。

督辦相邀拍影　楊森在川作督辦時，民十五年春由萬縣來開縣，知其名，特驅車往訪，詢問其歷史及經過頗詳，並求合拍一影，以作紀念，渠許之，楊森得此，視為珍品。聞吳佩孚進川時亦曾晉謁，但為渠所拒謝。

九世同堂　現彼子孫已有九代，從未分析，一家數十口，分數處，向居每逢節年祭日，同在一堂，從未有意見發生。凡事有條不紊，以誠實儉樸過其農村生活。

不好稱呼　其家數十口，相見時不論大小，均以祖宗呼之。暇時則攜其手杖閒遊郊外，渠至今步履尚健，日尤能行百里，從不以他物代步，從不生病，自炊自食，二百餘年來如一日，亦云奇矣。

二百五十二歲之壽翁　吳真奇　十八年九月六日（新）

四川民國大學教授吳氏最近在該省郭山鎮訪得一康熙時之遺民，今年已二百五十二歲，生於西歷一千六百七十七年，時去美國獨立尚早一百年，真可謂活古董矣。此老姓李名慶雲，曾娶妻二十三人，均已相繼亡故，現今與其第二十四夫人同居，婦行年亦花甲之矣。李翁之鬚雖已浮雪者已百載，顧其步履輕逸一如青年，食量亦不弱壯年，絕無龍鍾老態。據其自述，渠青年時採藥為業，恆至雲南叢山採尋草本，常思得一長生之藥，不期竟於雲貴間之產藥區域內尋見一長生仙草，故克享大年。吳氏現正探索此項奧秘，或將有偉大之貢獻也。

按李翁生一百七十七歲時，已由該省當道旌表其事，請獎朝廷，亦鄭重其事，勒石為記。後至二百歲，依然健在，鄰近人士視為怪

七〇　沈雁冰　录时事文稿册

（图七〇　142–143）

異朝楚亦認為活寶，曾召其人入京，去年楊森特為設宴款待，見者
咸不稱異，且相貌魁梧，不下于顏之長，健耳之大，迥異常人，現已
傳聞各國，認全為球第一長壽翁也　石竹

無錫之百歲老人　戊辰年十月十七日（某）

前閱報章四川有有李慶雲壽翁已屆二百五十歲，今無錫亦
有百歲之老翁，雖較之李慶雲僅二與五之比，然亦罕聞矣
無錫南門外後腸圩前有夥人名許伯順者，身體魁梧，精力過
人，日出而作，日入而息，毫無倦色，七十之後始棄農事，今秋已屆
百齡，髮鬚雖白，而精神矍鑠，前日返錫往詢其致壽之道，老
人微笑而言曰，余自八十歲後，即茹素，每日食黃豆腐青菜等物，清
晨五時半起身，往田野步行數百武，吸取新鮮空氣，飯後小睡一
小時，夜則九時就寢，夜半偶醒，閉目靜坐，習以為常，如是者，行
之已二十年矣，鄉里老幼前往道賀者無慮數百，其親戚贈
匾額一方，顏曰"人瑞"云

無錫尚有百歲嫗　遺生　戊辰年十月二十日（某）

無錫有百齡翁石竹已投載本林矣，顧尚有超出期頤之壽母
未曾述及，不佞爰為補紀之
無錫有蕩港圩方者，介於東亭梅村兩大鎮之間，與後腸圩前
近在咫尺，為周氏聚族耕讀處，野中有壽母，享年百齡有二，精
神仍甚健旺，家政雖已托付，間仍躬為之，較勇輕健，髮髻數十年如
一日，當段氏執政時，為老人預慶百齡之期，曾懸有"美意延
年"匾額及金牌等，為所出子孫，孫已多至三十人以上，自老迄少，五
代同堂，且子媳輩年均老耄，童齒望孫兒，亦有已髮白者，亦足與
許老人抗衡矣　民国十九年七月　沈雁冰記

園鑪談獸錄

鄭逸梅（甲）十九年一月初八日

料峭春寒，杜門不出，忽徐子翰青翩然而至，且自出室谷足音之喜，
翰青動物學家也，言偕遂髣之談獸，以破岑寂，爰將所談
記述一二於左

斑馬為美洲、斐洲東南部之所產，然生殖不繁，且性難馴服，不
能如常馬之供人驅使，色白或黃，環以黑色或棕色條紋
不齊於其間，殊動人視瞻也，英德動物學家因歐洲之
不產是馬，引為缺憾，乃設法以致之，其法頗有趣，蓋使黑馬與白
馬交，當交合時，特發一種怪異之電光，使而色紅，使而色棕，使而色黑，
使而色黃，使而色白，俾五色錯綜，耀於耳目，及受孕而產，則章
采宛然與斑馬無異，斯亦奇已

蜀中多山，岩巖穴間猿猴棲止，百千成群，故李謫仙有"兩岸猿
聲啼不住，輕舟已過萬重山"之句，猿猴喜啖果，捕之者輒以
果誘之，載果滿船，泊於谿澗，人匿船腹，屏息聲息，猿猴
見果實纍纍，爭相掛石攀木而至，吞桃齕李，大快朵頤，船
固設有機捩，一捩之則板面傾側，偷果之猿猴盡墮船中

猿猴畏殺，又忌見血，乃故殺一隻而歷血也，遂驚悸不敢
動，一受縶縶，諺云"殺雞嚇猴"，猢猻看此語有由來矣

畋獵專家之談片　周貴德　十八年六月稿（新）

獵獸家王炯性慨爽，好交遊，以專門捕獸聞，日昨遇於友人家，詢
以捕獸方法，王某口若懸河，大談其畋獵經驗，特拉雜記之，俾
閱者諸君亦得瞭然一閱外狩獵之狀況也，捕獸除用槍擊外，有
閻王窖、鹼窖、窖塘子、雉塘子、蹬板子等等，不外利用各獸之
特性及嗜好，以智勝之也

閻王窖　聞其命名即知其法之兇狠，先於深山茂林獸跡最多處
相度地勢，掘一方丈大坑，坑底豎抱馬木鐵子數十根，高尺許，尖
銳無匹，坑上覆樹枝青草泥土等，置雞豬等肉以餌之，獸聞肉
香陣陣，撲鼻躍而攫之，鮮不隕命窖中，胸腹洞穿，拜見閻
王矣，該窖所獲者，以熊為最多，狍馬木鹿次之，地堅皎不亞骨角為
山中特產，大者極不易得

鹼窖　鹿胆小如鼠，性嗜鹹與鹽，獵者擇于林木之山崗四面
空曠，就中央掘大坑，方略廣，如閻王窖，中間豎圓柱，極光滑，柱

（图七〇　144—145）

七〇　沈雁冰　录时事文稿册

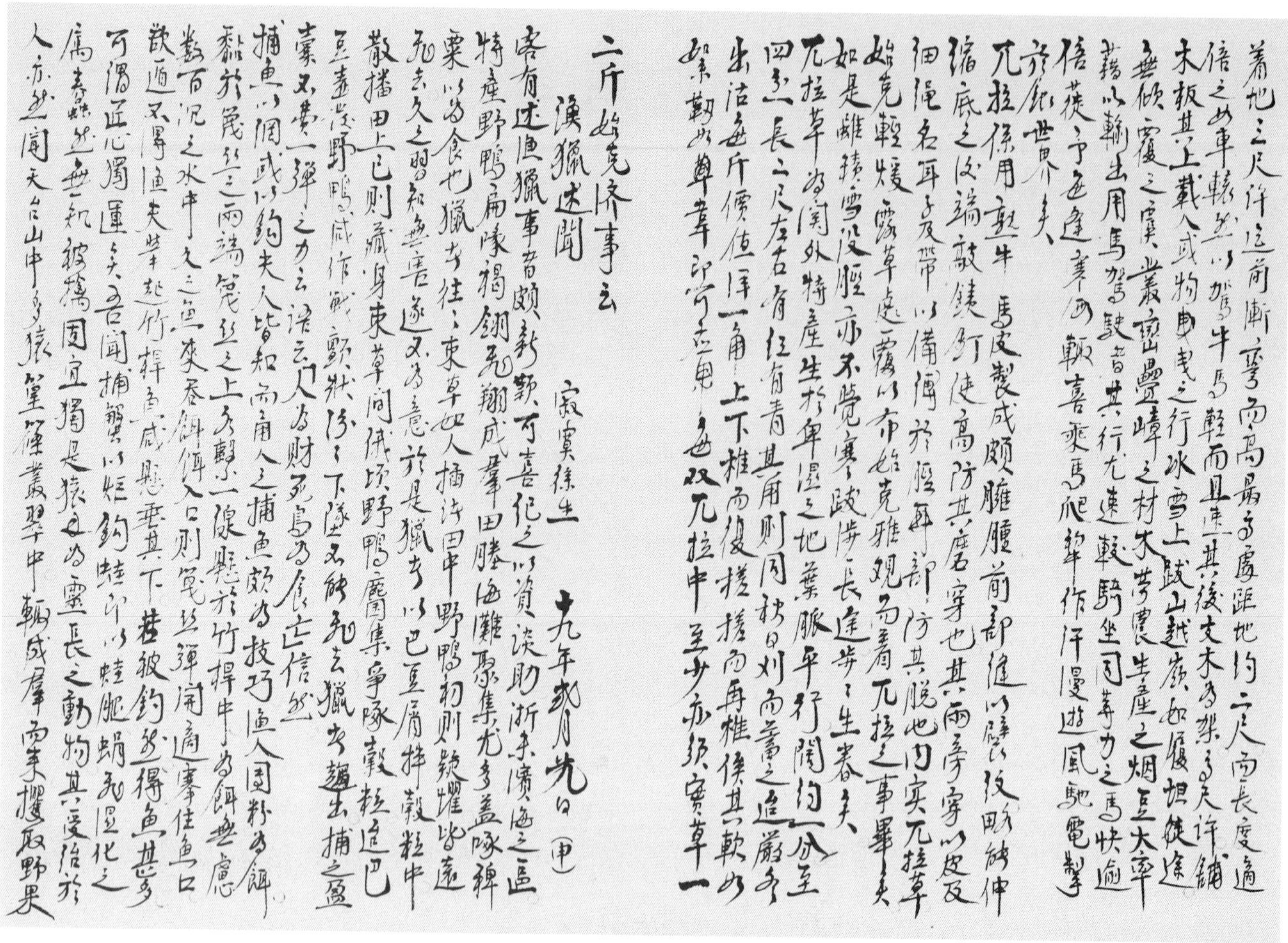

着地三尺许，近前断处高，最高处距地约二尺，而长度适倍之，如车辕然，以驾牛马，轻而且速。其后丈木为架，多尺许，铺木板，其上载人或物，曳之行冰雪上，跋山越岭，如履坦途，无倾覆之虞。此丛峦叠嶂之材，劳农生产之烟豆，大率藉以输出。用马驾驶者，其行尤速，较骑坐同等力之马快逾倍。获子无逢寒两颠喜乘马爬犁，作汗漫游，风驰电掣于冰世界矣。

兀拉　系用熟牛马皮制成，颇臃肿，前部从以襞，后略纳伸缩，底之皮端亦镶钉，使高，防其磨穿也。其两旁穿以皮及细绳，名耳子，及带，以备缚于胫部，防其脱也。因实兀拉草始克轻暖，露草处露以布，始克雅观，而着兀拉之事毕矣。如是虽积雪没胫，亦不觉寒，跋涉长途，步步生春矣。兀拉草为关外特产，生于卑湿之地，叶脉平行，阔约一分至四五分，长二尺左右，有红有青。其用则因秋日刈而蓄之，遍严冬出沽，每斤价值洋一角。上下椎而复搓，搓而再椎，使其软如絮，勒如韦，即可应用。每双兀拉中至少亦须实草一二斤，始克济事云。

渔猎述闻　寂寞徐生

客有述渔猎事者，颇新颖可喜，纪之以资谈助。浙东滨海之区特产野鸭，扁喙褐翎，飞翔成群，田塍海滩，聚集尤多，盖啄稗粟以为食也。猎者往往束草如人，插诸田中，野鸭初则惊避飞去，久之习知无害，遂又为意。于是猎者以巴豆屑拌谷粒中，散播田上，已则藏身束草间伺，顷野鸭麇集，争啄谷粒。迨巴豆毒发，野鸭咸作醉状，随之下坠，不能飞去，猎者遂出捕之，盈囊不费一弹之力云。谚云：人为财死，鸟为食亡，信然。

捕鱼以网或以钓，夫人皆知，而甬人之捕鱼，颇为技巧。渔人因粉为饵，黏于篾丝之两端，篾丝之上系以一线，悬于竹捍中，多为饵无虑数百。沉之水中，久之鱼来吞饵，饵入口则篾丝弹开，适塞住鱼口，欲逃不得，渔夫举起竹捍，鱼咸悬垂其下，甚被钓然，得鱼甚多，可谓匠心独运矣。吾闻捕蟹以短钓，蛙亦以蛙腿，蝴蝶飞蛐虫化之属，未然无知，被擒固宜，独是猿为灵长之动物，其受给于人亦然。闻天台山中多猿，窜簇丛翠中，辄成群而来，攫取野果

十九年[illegible]月[illegible]日（申）

笋，数以为常。于是乡人植木山中，外裹以棘，状若笋然。及猴至，往往甲猴将笋直立，乙猴以索缚之，作势摇断，其笋乃是负之而去。乡人利用其智，猴初不知，及被缚而笋未断，乡人出而捕之，易如反掌。呜呼，人智出于动物之上，动物之失败也固宜，然人类之智亦万有不齐，吾又何不信达尔文物竞天择之说也。

峨嵋墨猴　耘殓　十八年五月二十七日（新）

蜀中金川土司界有峨嵋山，层峦叠嶂，景色幽邃，高度约一万三千尺，而环山有大刹殿宇，富丽绝巅，积雪终年不溶。特产为猿猴，种类繁多，大者高与人齐，小者曰墨猿，性殊驯，可豢养以啖墨，辄置于抽屉中，饲料最喜墨汁，惟闻值价至昂也。

民国十九年七月五日　柯乡　沈雁冰　客于沪上并记

七〇　沈雁冰　录时事文稿册　（图七〇　146–147）

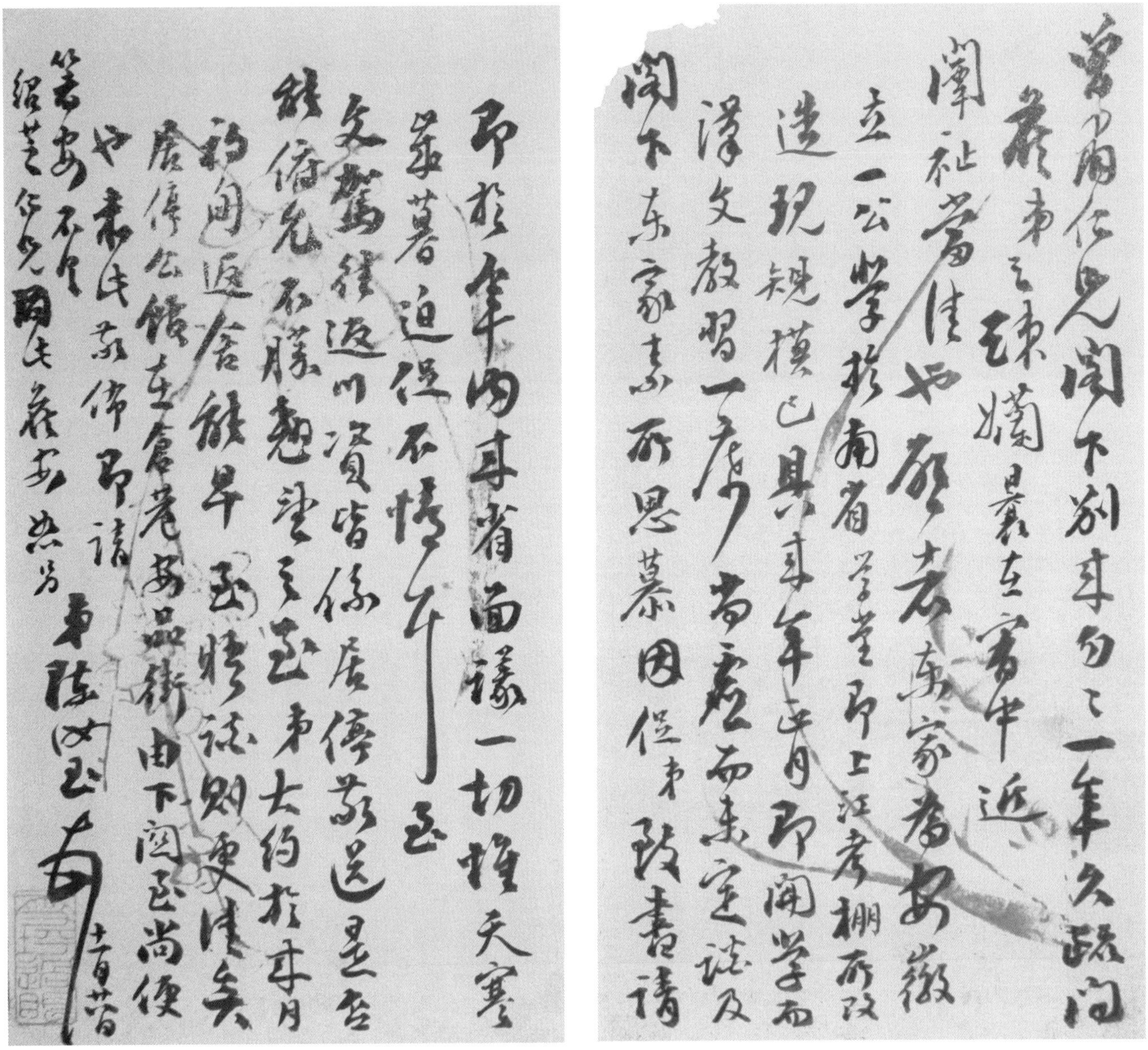

（图七一　1－2）

七一　陈汝玉　致吉曾甫函

陈汝玉（1844—1911年），字白石，伯石、元伯，号匏生等，清末贡生。清宣统年间系东台中学堂的知名教员。清末著名的书画家，效法“四王”，当时有“扬州小八怪”之称。著作颇丰，撰有《说文注笺》、《汉书疏笺》、《毛郑诗通释》、《庄子补注》、《孝经古文学》等若干卷。

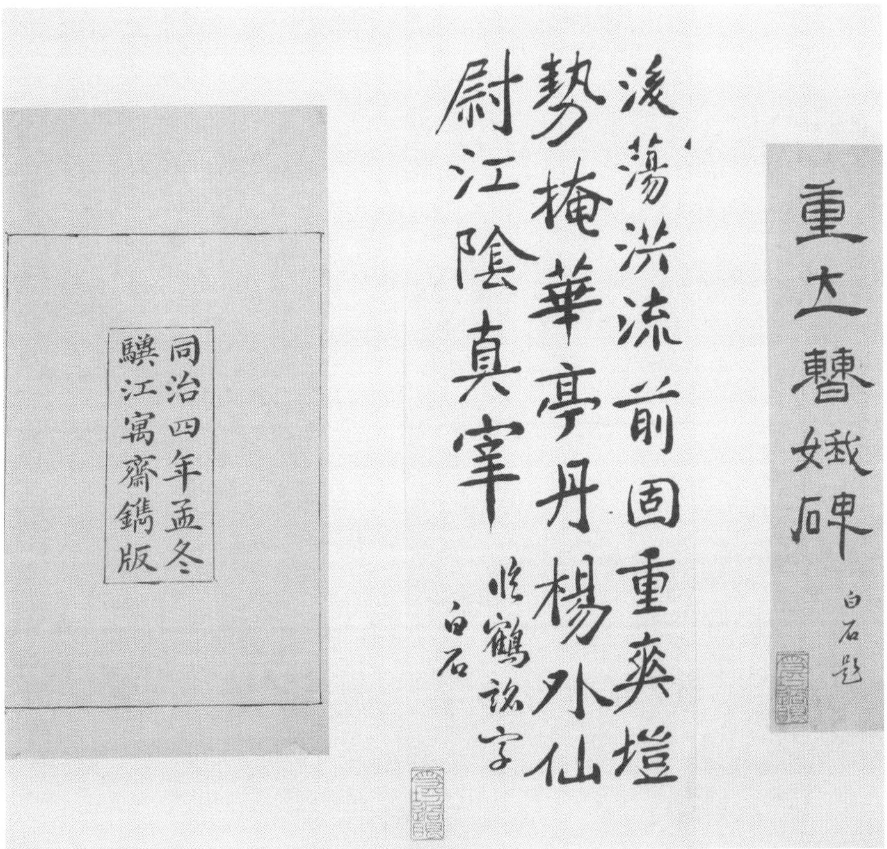

（图七二－1）

洪氏隸釋載有四老神坐題字近時罕見道光丁酉夏曰聞吳江楊君龍石有此搨本始往觀之案世所傳商山四皓曰甪里先生綺里季夏黃公東園公見皇甫謐高士傳而楊子法言謂美行園公己與高士傳不同惟洪氏曰園公甪里先生綺里季而無夏黃公則洪氏所見尚不全本也然四老之姓名出處頗師古注漢書雖不取而洪釋甚

詳今搨本曰園公正與洪氏合惟攷說文無甪字今細審之實是角里不知何時傳譌猶之春秋之拓皋今為柘皋也因從楊君借模以傳好事者是不特可補洪氏之闕兼可證角里之誤云是年秋八月旬吳錢泳書時年七十有九

臺皋見哀十二年宋紹興初誤為拓後人又因拓而轉為柘也泳記

男曰奇曰祥曰壽同勒石

（图七二　2—3）

七三 陈邦怀 致吉东岩函

陈邦怀（1897—1986年），江苏丹徒人。字保之，室名嗣朴斋。曾任南通图书馆编辑、南通女子师范教员、无锡国专教授，金陵书局校勘。从事甲骨文研究，著有《殷契拾遗》、《昏礼重别论对驳义》、《临川答问》等。

七五 陈直 信函

陈直（1901—1980年），江苏镇江人，字进宜，号摹庐，晚号弄瓦翁，室名慈萱室。少时在家诵读《史记》，并刻苦自学。1925年撰成《史汉问答》等文，后曾协助丁福保编纂《古钱大辞典》。抗日期间在四川等地银行供职。1950年应侯外庐之聘，于西北大学历史系教职，生前又任考古教研室主任、秦汉史研究室主任、中国考古学会理事等职。生平收藏秦汉瓦当和古陶器等，在1957年全部捐献给西北大学历史系。著有《两汉经济史料论丛》、《汉书新证》等。

七六 陈邦福 笺一通

陈邦福（1892年—?），江苏丹徒人，字墨迻、墨移，号摹庐，室名亿年堂。精甲骨文，著有《殷虚霾契考》、《殷契说存》、《殷契辨疑》等。

七三 陈邦怀 致吉东岩函

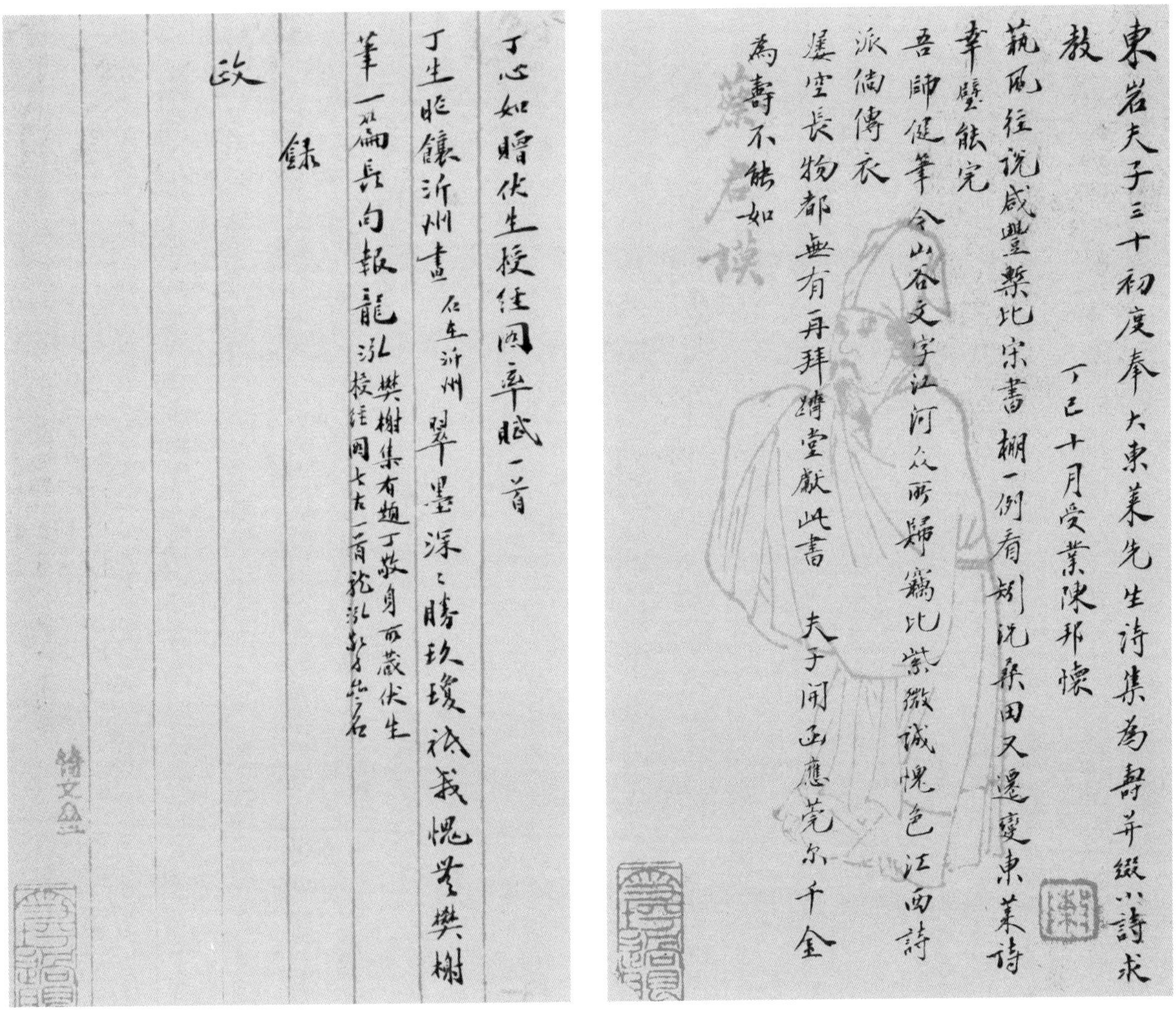
東岩夫子三十初度奉大東萊先生詩集為壽并綴小詩求

教

丁巳十月受業陳邦懷

藐風往說咸豐槧比宋書棚一例看劫流桑田又遷變東萊詩

幸甓能完

吾師健筆今山谷文字江河众所歸竊比紫微誠愧色江西詩

派倘傳衣

屡空長物都無有再拜躋堂獻此書 夫子聞函應莞尔千金

為壽不能如

丁心如贈伏生校經圖卒賦一首

丁生昵饟沂州畫（石生沂州）翠墨深深賸玖瓊祇我愧營樊榭

筆一篇長句報龍泓（樊榭集有贈丁敬身所藏伏生校經圖七古一首龍泓敬身名）

政

録

（图七三 1－2）

七四　陈邦怀　致吉曾甫函

曾甫世丈大夫子大人賜鑒：秋间在東，於一束鹿書籍鋪
承奉
雅言，眴忽累月，入冬候不甚寒，伏維
道履康勝，有符私祝，未獲時侍
左右，仰止之忱，為彌切矣。邦懷往嘗究心殷虛書契考釋
書契者，籀高孫先生、叔言羅參事、靜安王徵君三家鼎峙。籀
高開山，不能無失；叔言繼起，言之校詳，瑕不掩瑜，有待商搉；
靜安後勁，足補孫、羅，其為殷卜辭所見先公先王考，引天问以證

卜辭有祭名曰衣者，為叔言所未詳，竊以為即戴記之殷祭。
鄭注中庸篇：齊人言殷如衣，是其證也。商之衣祭殆即周之殷
祭。衣祀之名雖亦見周之聃敦，考其祭義則不相同，商之衣
為合祭，而周之衣為專祭，亦時私喜愚管所窺，间有一得。及
讀靜安所箸書，知以先發之矣。邦懷近以朋好索觀舊稿，苦
於録副，活字印刷用代鈔胥，工未克竟，而印書局以年例
放假，裝訂成册，約在明正中旬。今將印就之十數葉及未
就之樣張，統陳

王亥、王恒，至為精塙。
大人曩見其說，最所賞心。又聞從弟邦直言
大人於卜辭之田及匚、冋、司皆有解說，謂殷人以祀天之禮尊
上甲，以祀地之禮尊報乙、報丙、報丁，此說為諸家所未發，且可明
殷人尊祖之微意矣。邦懷嘗就叔言參事殷虛書契考釋
為之疏補，名曰小箋，置諸行篋已三數年，近又見王襄所輯殷
契類纂、商承祚所編殷虛文字類編，二君皆采衆說，勒為專
書，鄙說與暗合者都十許條，頃理舊稿，咸删不録。邦懷往見

左右，屢聞膚見，紕繆孔多，務求
賜以訓誨，如荷
錫以叙言，尤所榮幸，能將
大人解說田、匚、冋、司精義臚列叙中，更有其它解說亦求
列入，使治卜辭學者廣所見聞，尤藝林之盛事也。萬一
垂允，歲首有暇，敢求
速藻，能於上元前寄迴，則尤幸矣。燈右謹肅，虔請
道安
小門生陳邦懷叩頭　十二月廿日

敦羊世兄文福

（图七四　1—4）

七五 陈直 信函

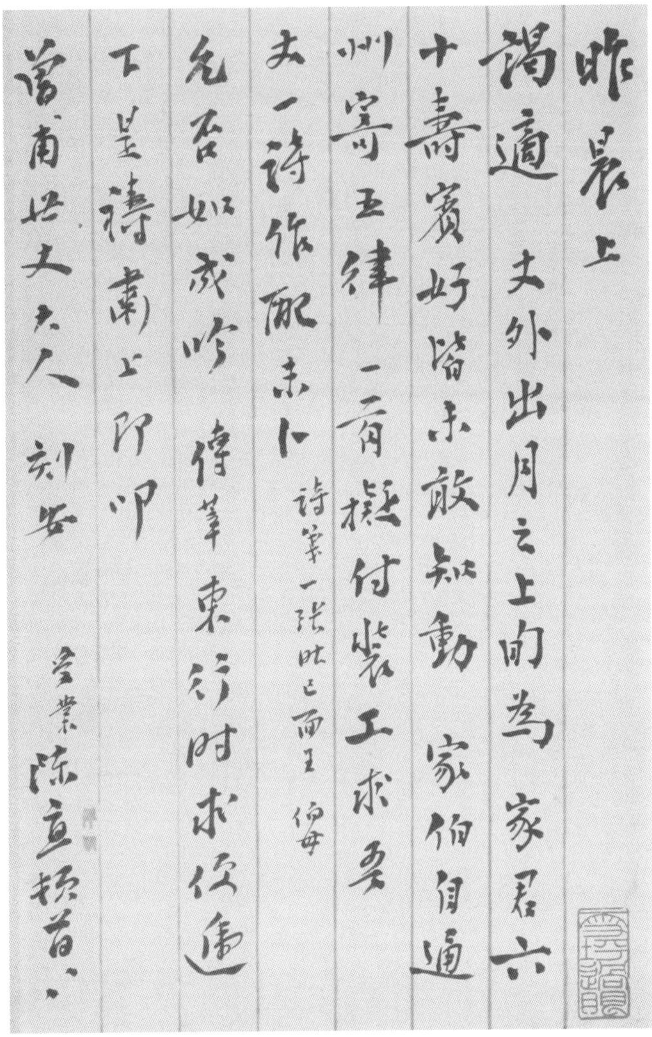

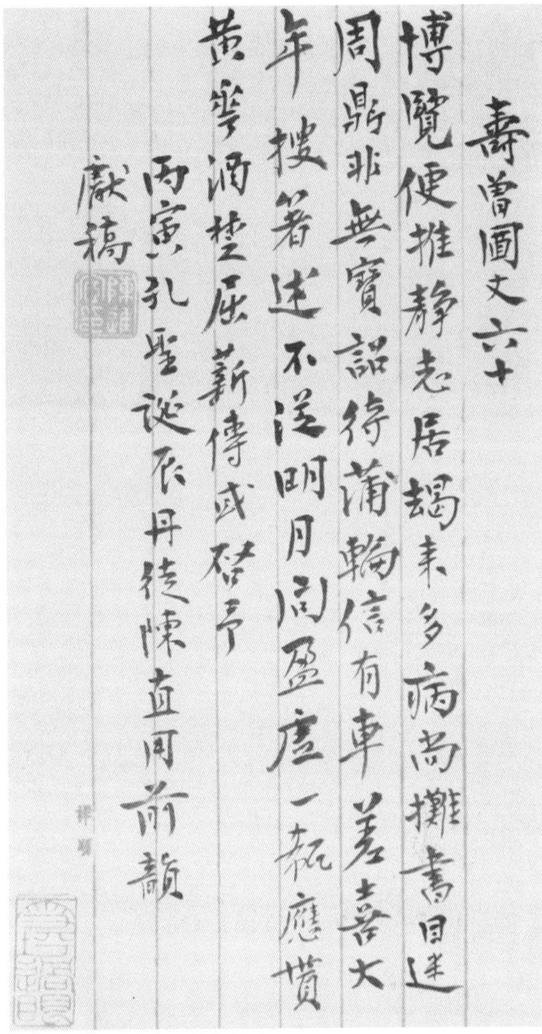

（图七五 1－3）

七六 陈邦福 笺一通

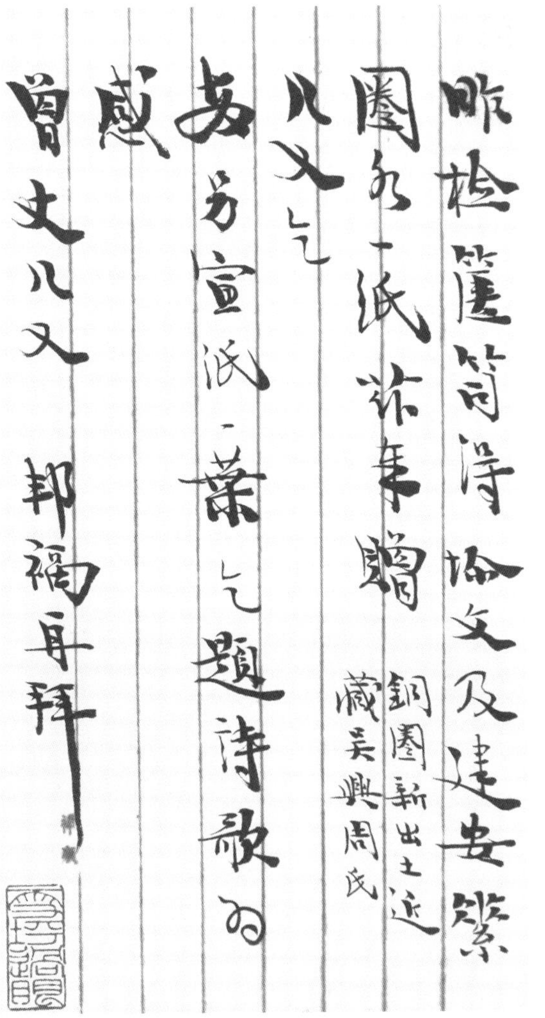

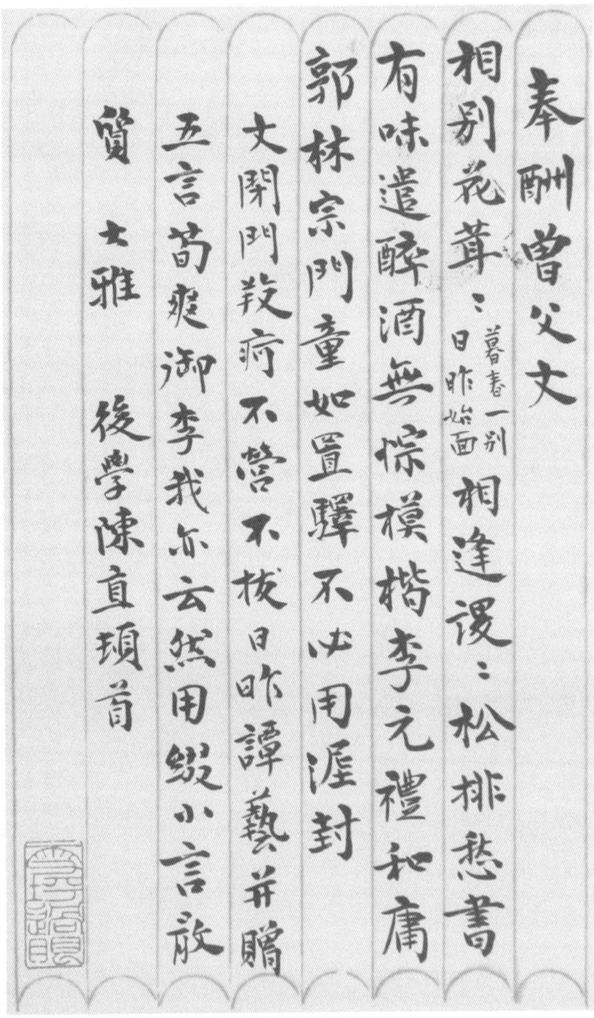

（图七六－1）

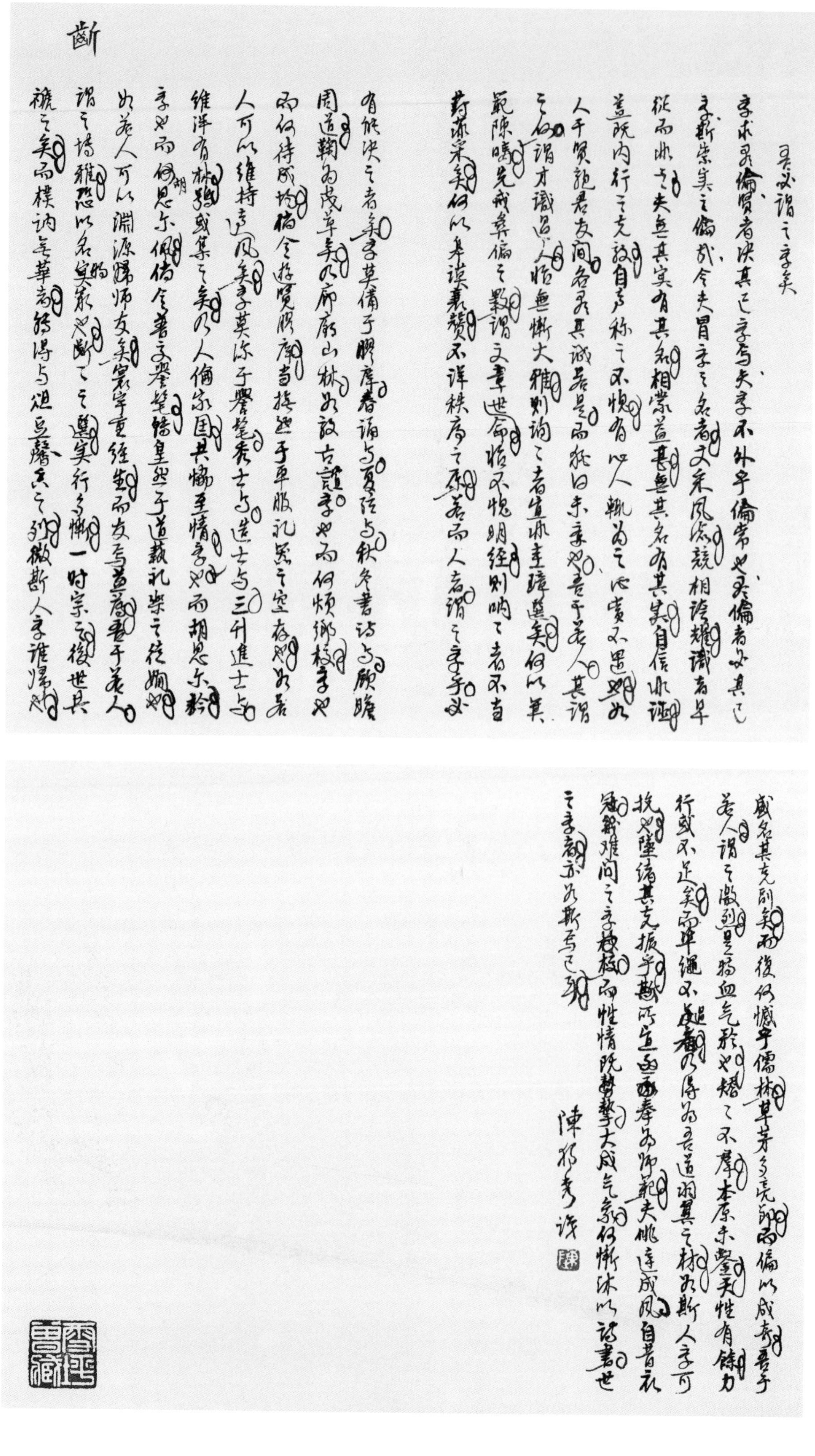

（图七七　1－2）

五羊之皮

计奚氏所受之值，若不慊其意也。夫奚而仅为五羊皮鬻乎自牵
述之者曰：其所受之值固止斯耳。且儒者有观人之识，使第致其
建树而不溯所由来，亦不免皮相天下士矣。夫古人有千驷勿顾
之节，亦有一毫必取之时，推其意若勿问物类之贵贱，勿计取数
之多寡，而勿论身价之重轻者，几日岂众殊乎？不将称作为感也
然知百里奚自鬻之谋，盖观奚所受之值，当以国而以小矣。往事
阅心匹之者，已俱老良夜美，犬牙相错，罔知唇齿之依，龙尾
占谁据，识腹心之难，值特此际羁臣感泣，首痛恨于嗟瞬之莫及
奚者则不致此度，岂其将十倍之价而降格相从，过我都而风景
频殊，异域栖身，碌碌者犹若鸿毛，况寄踪三千，谁献西戎之骂雄
阙百里，但问函谷之难，此时壮怀激烈，有致慨于援手之无人者，
则甘受人怜，畴勿吝万镒之资而取怀而予？迄今论其轶事，犹不
忘畴昔之羊皮，而奚也果其小，所贵不将寝处其皮而嘘之，彼五
羊之皮，胡为而来也？夫人当崎岖困厄之时，四顾彷徨，进退无告，
于无可奈何之中，此羝羊触藩，古人所为有悔吝之占也。以奚也，从就有志
而孤求赫奕者，今日易之以羊，得毋谓祇令人愁增惆怅乎？而奚
无是心也，亦既怅怅其无之，何以必多之而益增之？以五羊不
负英雄之气短者，殆深其敢不袭也。固得之意外而勿患无衣也已
抑人当日暮途穷之际，百年荏苒，老夫每叹其无成，此亡羊补牢
志士所为有迟暮之悲也。以奚也，瞻乌爰止，而马齿加长，者今日
犹供此羊，得毋曰老夫耄矣，无能为也，而奚更无是心，盖也身后
自喜其有余日，前途犹慊其不足，酬之以五，有尚觉筋力之可用
者，淡泊聊以明志也。固得毋之分内而不嫌无仪也已。国家兴
废之间，大则数被侵伐，小则悉索敝赋，尝有以羊皮弊而不免者矣。
今而慨然与我，我是或知所以重我也。观夫公子出亡而乞食野
人，而遗五鹿之诟辱，亦仍其于之者不以为恩，爱之者不以惠也。
则所得犹多，谁谓生计萧条不堪，拟素丝五紽之咏，庸
再借目之，彼贫贱则骄，近之富贵则厌，去之尝有呼羊犬
而不齿者矣。今而漫然与我，我是或假此以辱我也。观夫浚郊
延访而干旄草莽，尚有五羖马之赠，遗亦何以为之者，有骄色，
受之者亦若有惭容也，则相轻太甚，若以身为贽，胜直视为针砭
渠五来，润聚五之，而孰知奚之意以此食牛即以此要君也。
不羊来，见奚以为贽可也。

独秀志

（图七八　1－2）

七九　陈独秀　小履同贾

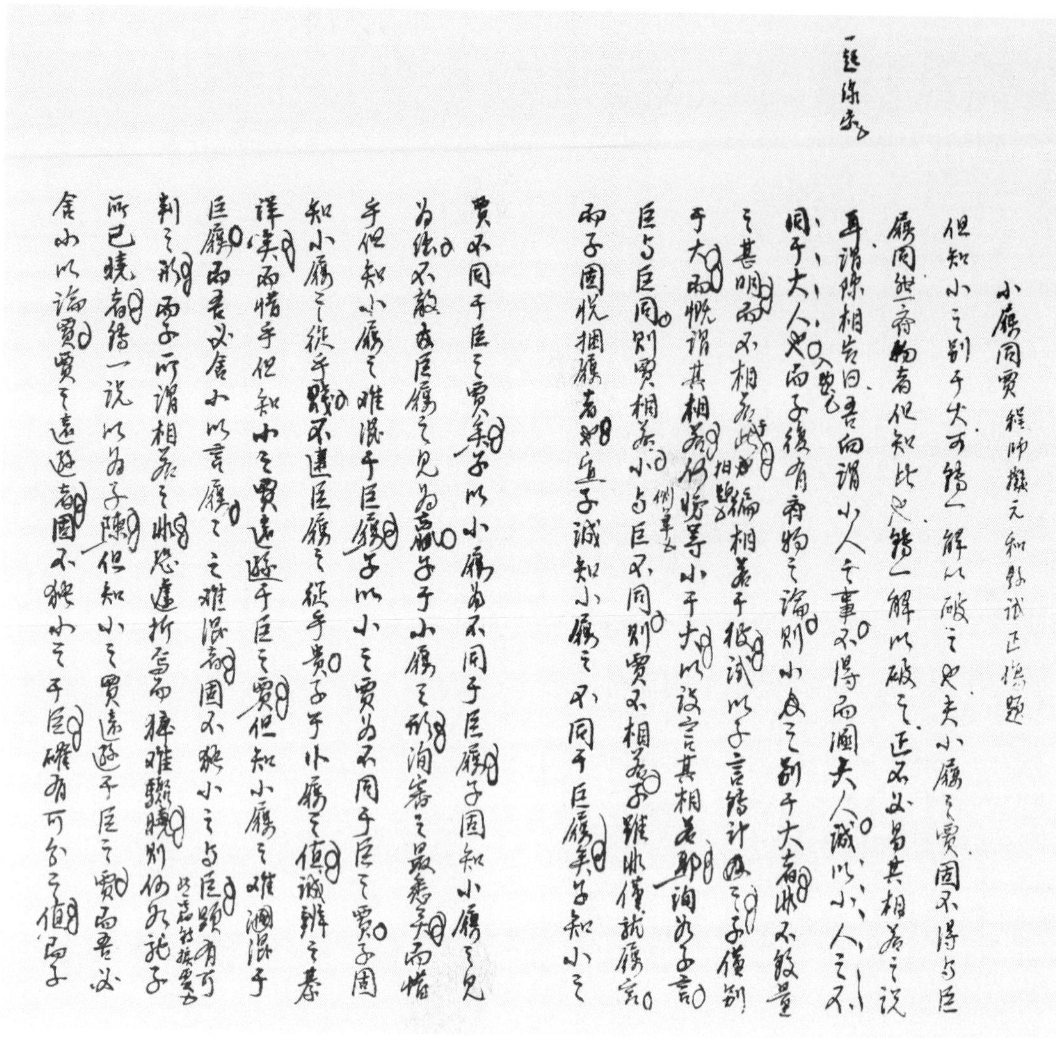

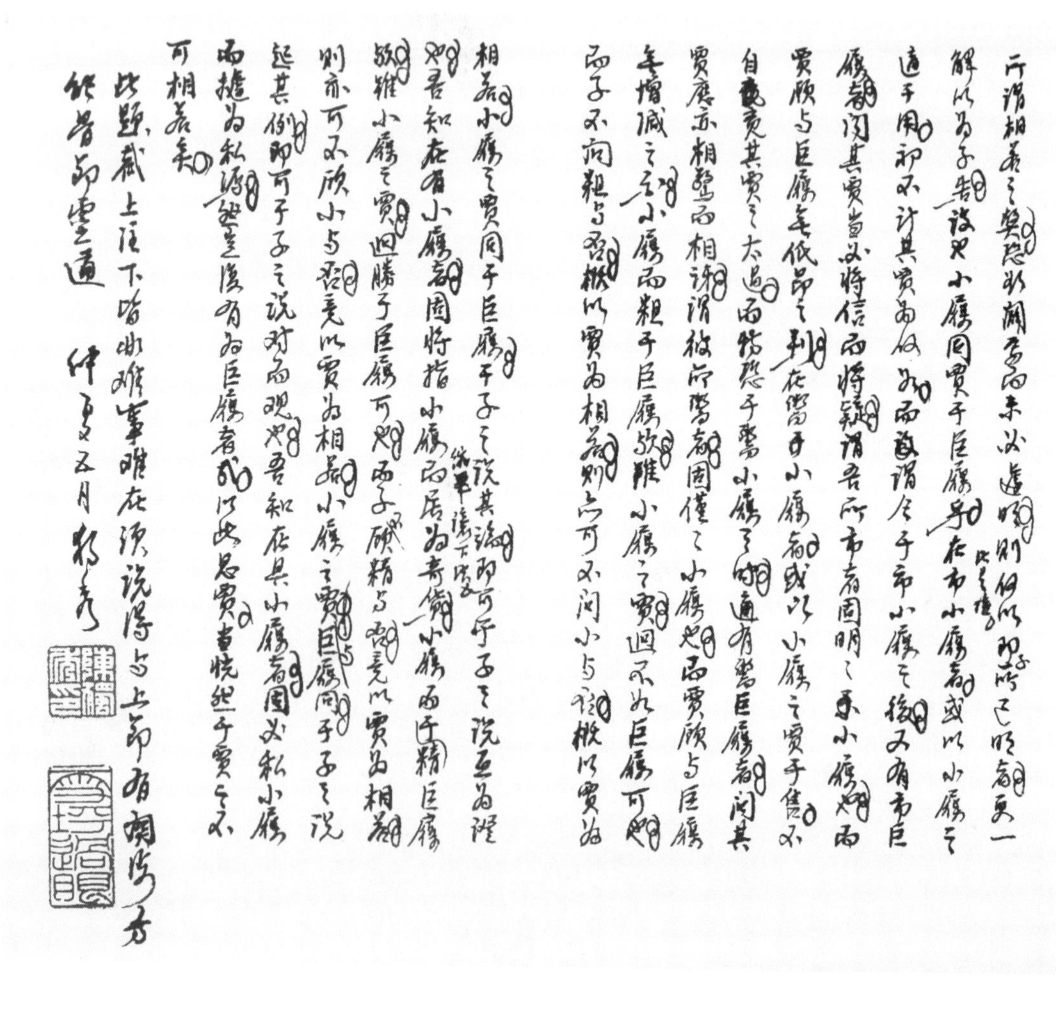

（图七九　1－2）

八〇 陈虬 洗冤录详义抄本

陈虬（1851—1903年），浙江乐清人。字志二，别字蛰声，号葆善，原名国珍，晚号蛰庐。光绪十五年举人，十八年撰成《治平通议》八卷，主张“欲图自强，自在变法”。中日甲午战争后以公车入京，结识康有为与梁启超等，列名“公车上书”，参加保国会。后回温州，设利济医院于瑞安，办利济学堂于温州并在杭州创刊《利群学报》。戊戌政变后，学堂、报馆被迫停办遭到通缉。后避居温州一带，一意行医。与平阳宋平子、瑞安陈介石并称“温州三杰”。

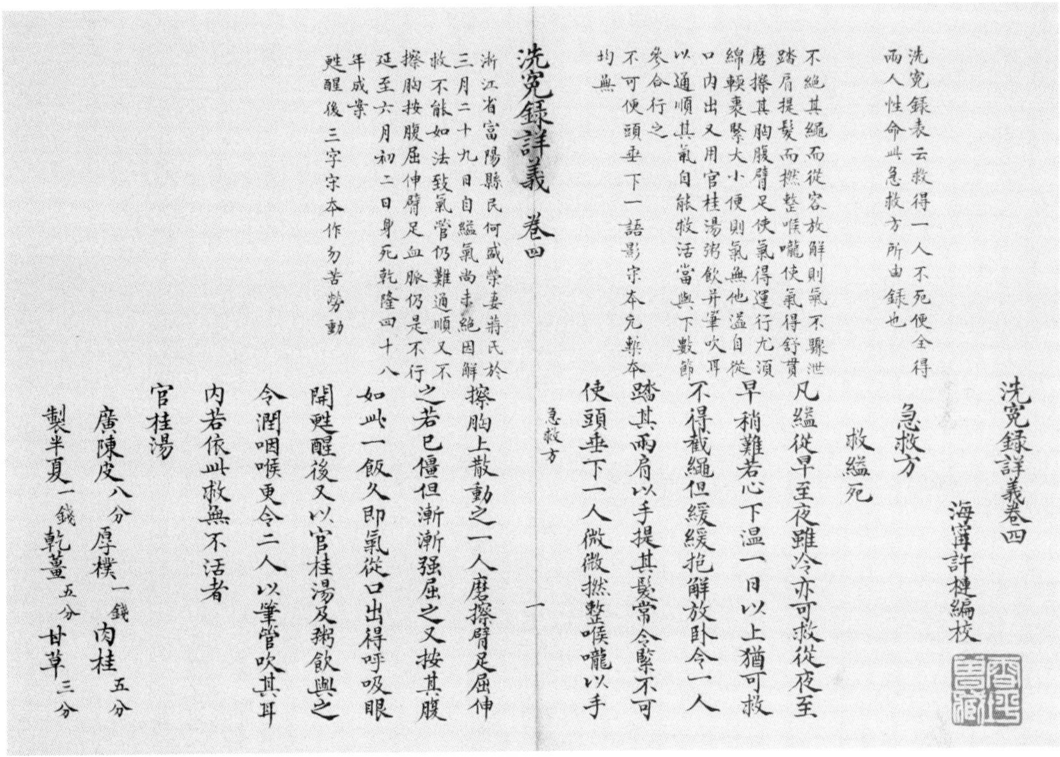

洗冤録詳義卷四　海寧許槤編校

急救方

救縊死

洗冤録表云救得一人不死便全得兩人性命此急救方所由録也

凡縊從早至夜雖冷亦可救從夜至早稍難若心下温一日以上猶可救不得截繩但緩緩抱解放卧令一人踏其兩肩以手提其髮常令緊不可使頭垂下一人微微撚整喉嚨以手

不絕其繩而從容放解則氣不驟泄踏肩提髮而撚整喉嚨使氣得舒貫磨擦其胸腹臂足使氣得運行尤須綿軟裹緊大小便則氣無他溢自從口内出又用官桂湯粥飲并筆吹耳以通順其氣自能救活當與下數節參合行之

不可使頭垂下一語影宋本元槧本均無

急救方　一

洗冤録詳義　卷四

擦胸上散動之一人磨擦臂足屈伸之若已僵但漸漸强屈之又按其腹如此一飯久即氣從口出得呼吸眼開甦醒後又以官桂湯及粥飲與之令潤咽喉更令二人以筆管吹其耳内若依此救無不活者

浙江省富陽縣民何盛榮妻蔣氏於三月二十九日自縊氣尚未絕因解救不能如法致氣管仍難通順又不擦胸按腹屈伸臂足血脈仍是不行延至六月初二日身死乾隆四十八年成案

甦醒後三字宋本作勿苦勞動

官桂湯

廣陳皮八分　厚樸一錢　肉桂五分

製半夏一錢　乾薑五分　甘草三分

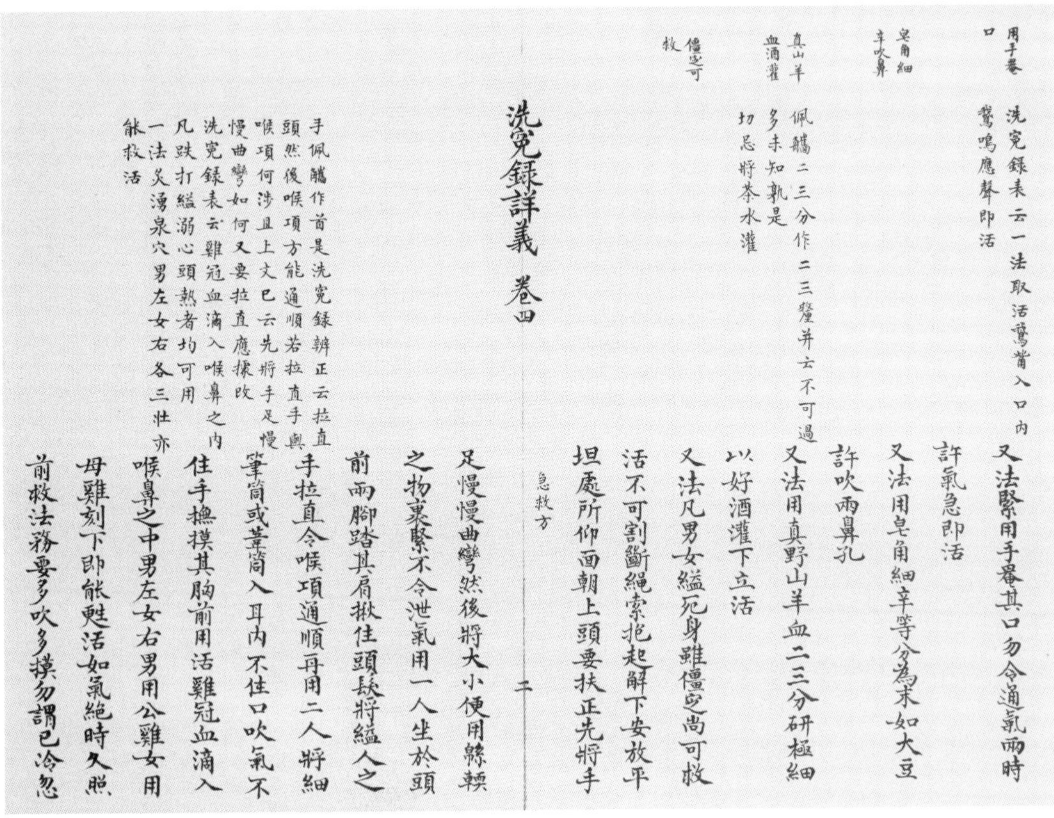

又法緊用手罨其口勿令通氣兩時許氣急即活

用手罨口

洗冤録表云一法取活鷄嘴入口内鷄鳴應聲即活

又法用皂角細辛等分為末如大豆許吹兩鼻孔

皂角細辛吹鼻

又法用真野山羊血二三分研極細以好酒灌下立活

真山羊血酒灌

佩觿二三分作二三釐并云不可過多未知孰是切忌將茶水灌

又法凡男女縊死身雖僵殭尚可救活不可割斷繩索抱起解下安放平坦處所仰面朝上頭要扶正先將手

僵殭可救

急救方　二

洗冤録詳義　卷四

足慢慢曲彎然後將大小便用綿軟之物裹緊不令泄氣用一人坐於頭前兩脚踏其肩揪住頭髮將縊人之手拉直令喉項通順再用二人將細筆管或葦筒入耳内不住口吹氣不住手撫摸其胸前用活雞冠血滴入喉鼻之中男左女右男用公雞女用母雞刻下即能甦活如氣絕時久照前救法務要多吹多摸勿謂已冷忽

手佩觿作首是洗冤録辨正云拉直頭然後喉項方能通順若拉直手與喉項何涉且上文已云先將手足慢慢曲彎如何又要拉直應據改

洗冤録表云雞冠血滴入喉鼻之内

凡跌打縊溺心頭熱者均可用

一法灸湧泉穴男左女右各三壯亦能救活

（图八〇　1－2）

救溺死

救溺水諸法總以出水為主緣氣被
水閉水漸出則氣漸通矣
元鏨本或屈死人兩足以下提行另
作一條或字作又

救湯火傷

水溺一宿者尚可救擣皂角以綿裹
納下部内須臾出水即活或屈死人
兩足著人肩上以死人背貼生人背
擔走吐出水即活

壁泥覆喻

元鏨本云洪丞相在番陽有溺水者
用此法救即甦

又法先打壁泥一堵置地上卻以死
者仰卧其上更以壁土覆之止露口
眼自然水氣噏入泥間其人遂甦雖
身僵氣絶用此法亦可救

洗冤録詳義　卷四　急救方　四

炒沙覆面

元鏨本熬作熱舊鈔本同此誤作熬
應據改

又法炒熟沙覆死人面上下著沙只
留出口鼻沙冷溼又换數易即甦

醋灌

又醋半盞灌鼻中

石灰納下部

又綿裹石灰納下部中水出即活

倒懸灌酒

又倒懸以好酒灌鼻中及下部

倒懸吹耳

又倒懸解去衣去臍中垢令兩人以
筆管吹其耳

炙臍

又急解死人衣服於臍上炙百壯
又撈起時急急將口撬（音橇）開横銜箸

一隻使可出水以竹管吹其兩耳礙
生半夏末吹其鼻孔皂角末置管中
吹其穀道如係夏月將溺人肚皮横
覆牛背之上兩邊使人扶住牽牛緩
緩行走腹中之水自然從口中並大
小便流出再用生薑湯化蘇合丸灌
之或生姜汁灌之若無牛以活人覆
卧躬腰令溺人如前將肚腹横覆於
活人身上令活人微微動摇水亦可

洗冤録詳義　卷四　急救方　五

救凍死條下云冬月溺水之人雖纔
毫人事不知但胸前有微温皆可救
倘或微笑必為急掩其口鼻如不掩
則笑而不止不可救矣切不可驟令
近火但一見火則必大笑不可救藥

出若一時無牛蕉活人不肯拯救或
鍋一口將溺人覆於鍋上亦可如係
冬月急將溼衣解去為之更换一面
炒鹽用布包熨臍一面厚鋪被褥取
竈内不著草灰多多鋪於被褥之上
令溺人覆卧於上臍下墊以綿枕一
個仍以草灰將渾身厚蓋之灰上再
加被褥不可使灰瞇於眼内其撬口
銜箸灌蘇合丸生薑湯吹耳鼻穀道

燒塼覆臍

等事俱照夏天法冬天甦醒後宜少
飲温酒夏天宜少飲粥湯按灰性煖
而能拔水凡蠅溺水死者以灰埋之
少頃即活此明驗也
又以酒罈一個紙片一把燒放罈内
急以罈口覆臍上冷即再燒紙片放
罈内覆臍去水即活

脱衣更换

又初救起之時尚有微氣或胸前尚
煖速令生人脱貼身裏衣為之更换

洗冤録詳義　卷四　急救方　六

燎紙熏鼻

抱擔身上將屍微微側之令其腹
内水流出若水往外流即有生機一
面用粗紙燎灼取煙熏其鼻竅稍熏
片時即用皂角研細吹入鼻竅但得
微有一嚏噴即可得生

近時遇中風中暍等人昏迷不省以
卧龍丹通關散諸嗅藥吹入鼻孔頃
刻即嚏較皂角末尤驗

（图八〇　3—5）

八〇 陈虬 洗冤录详义抄本

治刃傷
凡殺傷不透膜者乳香沒藥各一皂
角子大研爛以小便半盞好酒半盞
同煎半溫服然後用花蕊石散或烏
賊魚骨或龍骨為末敷瘡口上即止
昔推官宋瑑定驗兩處殺傷氣偶未
絕亟令保甲取蔥白熱鍋炒熱徧敷
傷處繼而呻吟再易蔥白傷者無痛
矣

傷不透膜

刀傷透膜則難救
元槧本半溫作通口通口者一口呷
盡也半溫者不大熱也當以半溫為
是
宋本止上有血字
此段論本書體例應作小注元槧本
此為前半段尚有後半段云曾以語
樂平知縣鮑祈及再會鮑曰蔥白甚
妙樂平人好鬬多傷每有殺傷公事
未暇詰問先將蔥白傅傷損處活人
甚多大辟為之減少出張聲道經驗
方等語據此似不可刪

洗冤錄詳義 卷四　急救方　七

花蕊石散
乳香　沒藥　羌活
紫蘇　蛇含石童便煅三次
草烏　厚樸　白芷
細辛　降香　當歸
南星　輕粉　蘇木
檀香　龍骨各二錢　麝香三分
花蕊石五錢童便煅七次
右共研極細罐收聽用蔥湯洗淨

洗冤錄續輯馬前子壹斤枳殼壹斤
於屋下雨水不及常有人溺之溺缸
將前二物放入浸至四十九日取起
長流水淘淨將馬前子用磁鋒刮去
面上薄皮枳殼破開挖去瓤各晒乾
切片用黃土拌炒微焦黑去黃土研
極細末磁罐收貯無論跌打手足木
石金及各傷以及湯火傷蟲火藥毒
箭傷均治凡傷痕已破損見血或已
潰爛者將藥乾敷如腫而未破者用
黃酒調敷若湯火傷泡起未破者用
麻油調敷泡已破乾敷傷重者急以
一錢五分熱黃酒一碗沖服不能飲
者作二三次服此百試百效之方也

用此糝之軟貼紙蓋扎一日一換
神效
又被刀傷血出不止用紫藤香即降香佳
者甆瓦鐮刮下石碾碾細敷之血即
止又無瘢痕
又刀刃傷痛不可止用好雞骨炭擲
地上鏗然有聲者與松香明透者等
分擣成一塊再多用老韭菜擣汁拌
入陰乾如此拌擣三四遍後為細末

刀傷血出不止

血流不止用千年石灰或生半夏研
細末敷上或用乾麪和白糖糝傷處
均立效
紫藤香忌銅鐵器故用甆刮石碾

洗冤錄詳義 卷四　急救方　八

收貯上巳端午七夕等日製之敷患
處痛立止完好如常
金瘡腸出者用小麥五升水九升煮
四升綿濾淨汁待極冷令病人卧席
上一人含汁噀其背則腸漸入噀時
勿令病人知之及多人在旁言語如
未入擡席四角輕搖則自入既入者
須用麻油潤線縫緊仍以潤帛紮束
慎勿驚動使瘡口復迸

金瘡腸出

近時治金瘡並跌打損傷骨斷筋折
血流不止者以七釐散為最驗用飛
淨朱砂壹錢二分當門麝香梅花冰
片各一壹分二釐乳香沒藥紅花各
壹錢五分血竭壹兩兒茶二錢四分
各研細末稱準淨數再合研極細磁
缾收貯臨用先以藥七釐燒酒沖服
後用藥以燒酒調敷傷處如見血急
以此藥乾糝立時見效并治一切無
名腫毒亦照前法調服

被箭鏃傷者用陳醃肉去皮取紅活
美好者用其肥細切剉潰將象牙末
及人所退爪甲為末共研極細拌入
所剉醃肉內再為勻剉令其合一厚
敷箭鏃周圍一飯頃其鏃即自為迸
脫

箭鏃傷

治箭鏃木竹器傷者用艾絨攤成餅
子將大硝細末鋪上再用大蜣螂擣
成末鋪大硝上包傷處一日夜即拔
出
治誤吞鍼方以大蝦蟆挖取眼睛酒
沖服下其鍼即穿入睛內從大便而
出

洗冤錄詳義 卷四　急救方　九

（图八〇　6—8）

八〇 陈虬 洗冤录详义抄本

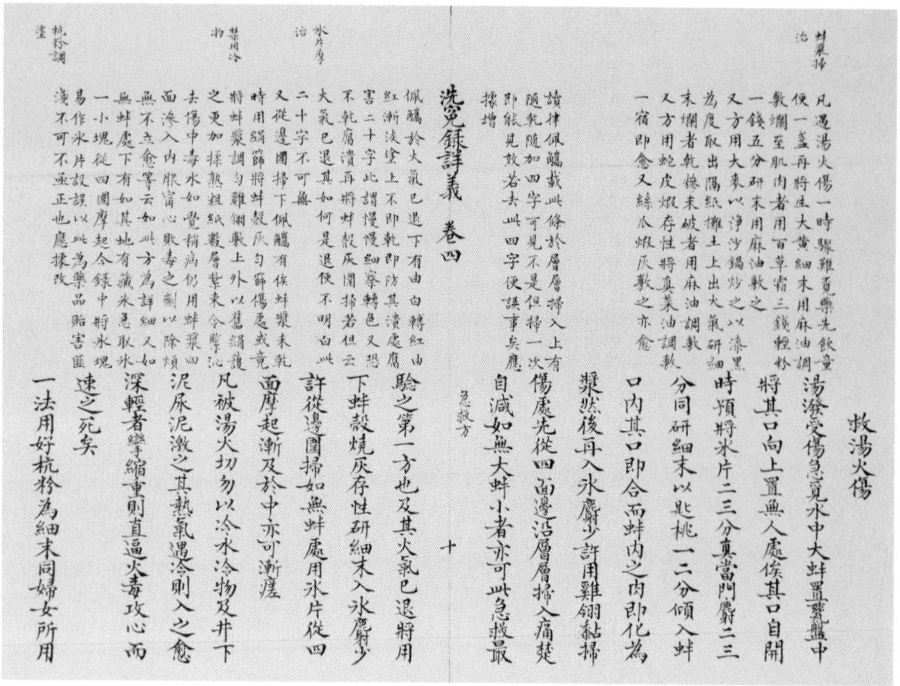

救湯火傷

湯潑受傷急覓水中大蚌置甕盤中
將其口向上置無人處候其口自開
時預將冰片二三分真當門麝二三
分同研細末以匙挑一二分傾入蚌
口內其口即合而蚌肉之肉即化為
漿然後再入冰麝少許用雞翎黏掃
傷處先從四面邊沿層層掃入痛楚
自減如無大蚌小者亦可此急救最
驗之第一方也及其火氣已退將用
下蚌殼燒灰存性研細末入冰麝少
許從邊圍掃如無蚌處用冰片從四
面摩起漸及於中亦可漸瘥
凡被湯火切勿以冷水冷物及井下
泥屎泥激之其熱氣遇冷則入之愈
深輕者攣縮重則直逼火毒攻心而
速之死矣
一法用好杭粉為細末同婦女所用

蚌漿掃治

凡遇湯火傷一時驟難覓藥先飲童
便一盞再將生大黃細末用麻油調
敷爛至肌肉者用百草霜三錢輕粉
一錢五分研末用麻油敷之
又方用大麥以淨沙鍋炒之以漆黑
為度取出隔紙攤土上出火氣研細
末爛者乾糝未破者用麻油調敷
又方用蛇皮煅存性將真菜油調敷
一宿即愈又絲瓜煅灰敷之亦愈
讀律佩觿載此條於層層掃入上有
隨乾隨加四字可見不是但掃一次
即能見效若去此四字便誤事矣應
摭增

冰片摩治

佩觿於火氣已退下有由白轉紅由
紅漸淡塗上不即乾即防其潰處腐
害二十字此謂慢慢細察轉色又恐
不乾腐潰再將蚌殼灰圍掃若但云
大氣已退其如何是退便不明白此
二十字不可無

禁用冷物

又從邊圍掃下佩觿有俟蚌漿未乾
時用絹篩將蚌殼灰勻篩傷處或竟
將蚌漿調勻雞翎敷上外以舊絹護
之更加揉熱粗紙數層緊束令擊沁
去傷中毒水如覺稍病仍用蚌漿四
面滲入內服當心敗毒之劑以除煩
無不立愈等云如此方為詳細又如
無蚌處下有如其地有藏冰急取冰
一小塊從四圍摩起今錄中將冰塊
易作冰片設誤以此為藥品貽害匪
淺不可不亟正也應摭改

杭粉調塗

洗冤錄詳義　卷四　急救方　十

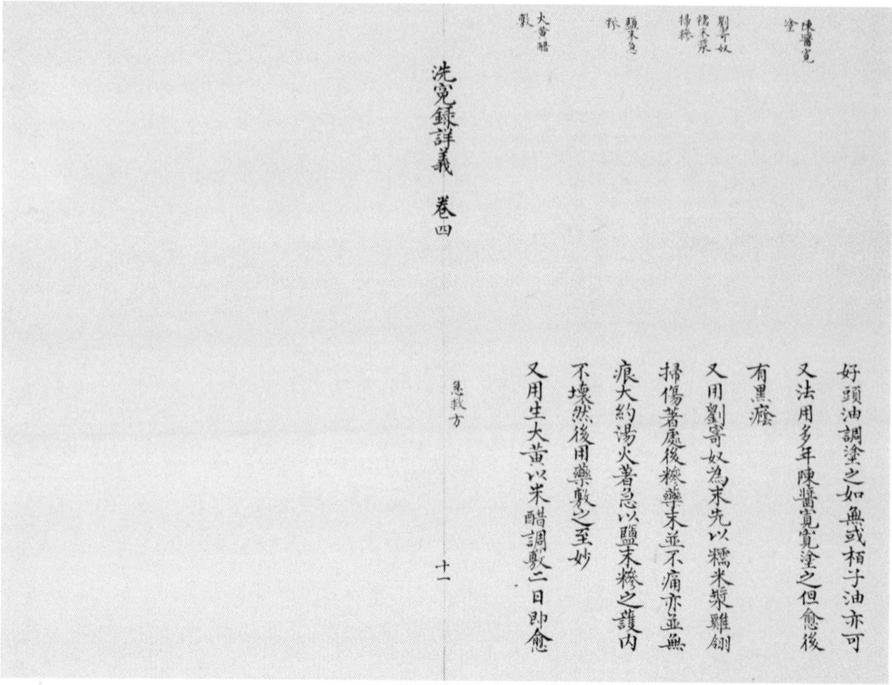

好頭油調塗之如無或桕子油亦可
又法用多年陳醬寬寬塗之但愈後
有黑瘢
又用劉寄奴為末先以糯米漿雞翎
掃傷著處後糝藥末並不痛亦並無
痕大約湯火著急以鹽末糝之護內
不壞然後用藥敷之至妙
又用生大黃以米醋調敷二日即愈

陳醬寬塗

劉寄奴揚米漿掃糝

鹽末急糝

大黃醋敷

洗冤錄詳義　卷四　急救方　十一

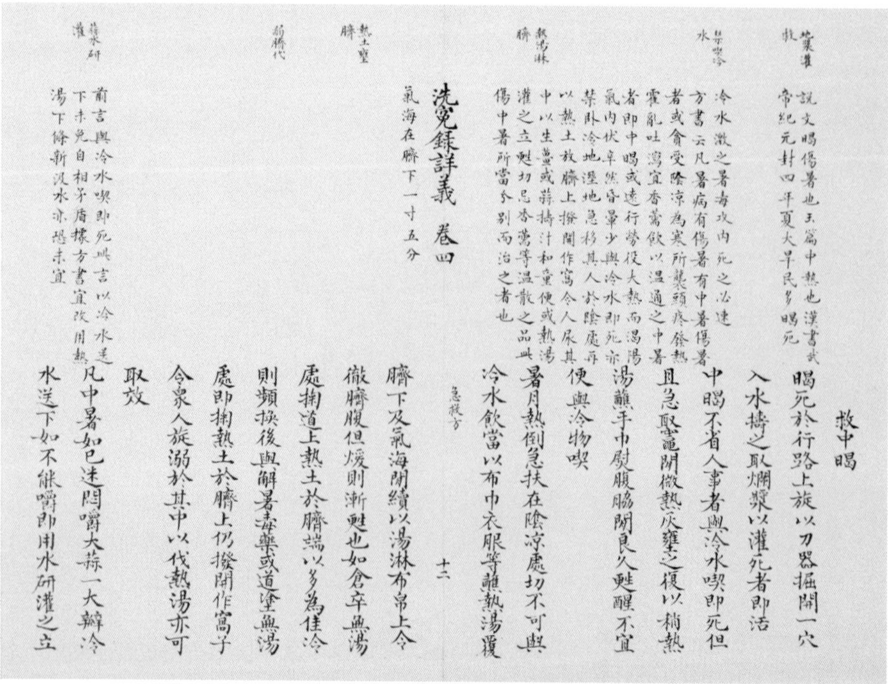

救中暍

暍死於行路上旋以刀器掘開一穴
入水擣之取爛漿以灌死者即活
中暍不省人事者與冷水喫即死但
且急取竈間微熱灰壅之復以稍熱
湯蘸手巾熨腹臍間良久甦醒不宜
便與冷物喫
暑月熱倒急扶在陰涼處切不可與
冷水飲當以布巾衣服等蘸熱湯覆
臍下及氣海間續以湯淋布帛上令
徹臍腹但煖則漸甦也如倉卒無湯
處掬道上熱土於臍端以多為佳冷
則頻換後與解暑毒藥或道塗無湯
處即掬熱土於臍上仍撥開作竅子
令眾人旋溺於其中以代熱湯亦可
取效
凡中暑如已迷悶嚼大蒜一大瓣冷
水送下如不能嚼即用水研灌之立

蒜漿灌救

說文暍傷暑也玉篇中熱也漢書武
帝紀元封四年夏大旱民多暍死

禁與冷水

冷水激之暑毒攻內死之必速
方書云凡暑病有傷暑有中暑傷暑
者或貪受陰涼為寒所襲頭疼發熱
霍亂吐瀉宜香薷飲以溫通之中暑
者即中暍或遠行勞役大熱而渴陽
氣內伏卒然昏暈少與冷水即死亦
禁臥冷地溼地急移其人於陰處再
以熱土放臍上撥開作竅令人尿其
中以生薑或蒜擣汁和童便或熱湯
灌之立甦切忌香薷等溫散之品此
傷中暑所當分別而治之者也

熱湯淋臍

熱土壅臍

溺臍代

氣海在臍下一寸五分

蒜水研灌

前言與冷水喫即死此言以冷水送
下未免自相矛盾據方書宜改用熱
湯下條新汲水亦恐未宜

洗冤錄詳義　卷四　急救方　十二

（图八〇　9—11）

八〇　陈虬　洗冤录详义抄本

洗冤錄詳義　卷四　急救方　十三

醒路中倉卒無水渴甚急嚼生葱二
寸許和津同嚥可抵飲水二升
中暑暴死以胡麻一升炒黑攤冷為
末新汲水調下
救凍死
凍死四肢直口噤有微氣者用大鍋
炒灰令煖袋盛熨心上冷即換之候
目開以溫酒及清粥稍稍與之若不
先溫其心便以火炙則冷氣與火爭
必死
又用氊或槀薦捲之以索繫定放在
平穩處令二人相對踏令滾轉往來
如衦氊法候四肢溫即活
冬月溺水之人及被凍極之人雖纔
毫人事不知但胸前有微溫皆可救
倘或微笑必為急掩其口鼻如不掩
則笑而不止不可救矣切不可驟令
近火但一見火則必大笑不可救藥

新汲水乃初出井水不可驟飲惟調
胡麻末嚥下或可無妨
凡凍僵之人非但火不可近即極熱
之茶極熱之湯不可驟與之飲雖其
害不至如近火之甚但不知而驟飲
則滿口之齒盡落
冷氣凝結二人相對以足推滚使血
活氣舒自然甦醒
衦各本作衽形近而譌據宋本改說
文衦摩展衣古案切
寒氣遇火逼入內臟則笑而無救中
寒之不可驟近火猶中暑之不可驟
飲冷水其理一也

生葱解渴　胡麻研末調服　炒灰熨心　氊薦捲蹋　溺水凍極毋令近火

洗冤錄詳義　卷四　急救方　十四

凡凍死已經救活者宜用生薑帶皮搗碎
陳皮搥碎用水三碗煎一碗溫服
救魘
魘死不得用燈火照並不得近前急
喚但痛齩其足跟及足大拇指頻頻
呼其名及唾其面再灌以薑湯必活
魘不醒者移動些小卧處徐徐喚之
即醒夜間魘者原有燈即存燈無燈
者不可用燈照
又用筆管吹兩耳及取病人頭髮二
七莖撚繩刺入鼻中○又鹽湯灌之
又研韭菜汁半盞灌鼻中冬用根汁
可得嚏
又灸兩足大拇指聚毛中三七壯聚毛乃脚指向上生毛處
又方皂角末如豆許吹兩鼻內得嚏
則氣通三四日者尚可救
魘死者若身未冷急以酒調蘇合丸

此條見奇效良方生薑陳皮下有各
一兩三字應據補
說文魘夢驚也方書肝藏魂者也游
魂為變平人肝不受邪卧則魂歸於
肝神靜而得寐若肝有邪魂不得歸
是以卧則飛揚常多驚魘治法以獨
活湯送真珠母丸以安魂定驚湯用
人參獨活羌活前胡各一錢茯苓半
夏沙參炒棗仁各二錢細辛三分炙
甘草五分烏梅半個五味子十四粒
生薑一片水煎丸用珠母三錢五分
當歸熟地各五錢人參炒棗仁柏子
仁茯苓各三錢犀角沈香龍齒各一
錢五分為末蜜丸朱砂為衣
元槧本無得嚏二字
元槧本豆上有大字此脫應據補

齩足呼名唾面徐灌薑湯　吹耳刺鼻　鹽湯灌救　韭菜灌救　灸足大指　皂角吹鼻　蘇合丸調灌

洗冤錄詳義　卷四　急救方　十五

灌之即活
救中惡
凡中惡客忤卒死者或先病及睡卧
間忽然而絕皆是中惡也用韭黃心
於男左女右鼻內刺入六七寸令目
間血出即活
視上唇內沿有如粟米粒以鍼挑破
又用皂角或生半夏末如大豆許吹
入兩鼻
又用羊屎燒煙熏鼻中
又綿浸好醋半盞手按令汁入鼻中
及提其兩手勿令驚須臾即活
又灸臍中百壯鼻中吹皂角末或研
韭汁灌耳中
又用生菖蒲研取汁一盞灌之
救驚怖
驚怖死者以溫酒一兩杯灌之即活
救撲打卒死

沈氏尊生書中惡者口鼻吸著鬼氣
也凡人偶入荒墳古廟人迹罕到之
處忽見鬼物卒然昏倒四肢厥冷口
鼻出清血白沫慎勿輕動速令眾人
圍繞打鼓燒香候甦方可移歸調治
客忤者感觸邪惡之氣也多於道路
得之即時昏暈心腹絞痛脹滿氣沖
心胸不速治亦能殺人急取鹽如雞
子大炒熱納酒中灌之令吐出惡物
然後服藥
凡人卒死皆一時氣血凝滯脈絡閉
塞故也宜用皂角末吹入鼻孔得嚏
則氣通血活可徐按各症更以湯藥
救之
元槧本醋作酒前救溺死篇亦有醋
半盞灌鼻中一條又有酒灌鼻中一
條當是醋酒均可用也
灸則艾氣攻達吹則皂角通竅灌則
韭汁散邪自有奇驗

韭黃刺鼻　皂角半夏吹鼻　羊屎熏鼻　醋汁入鼻　灸臍吹鼻灌耳　菖蒲研汁灌救

（图八〇　12—14）

八〇 陈虬 洗冤录详义抄本

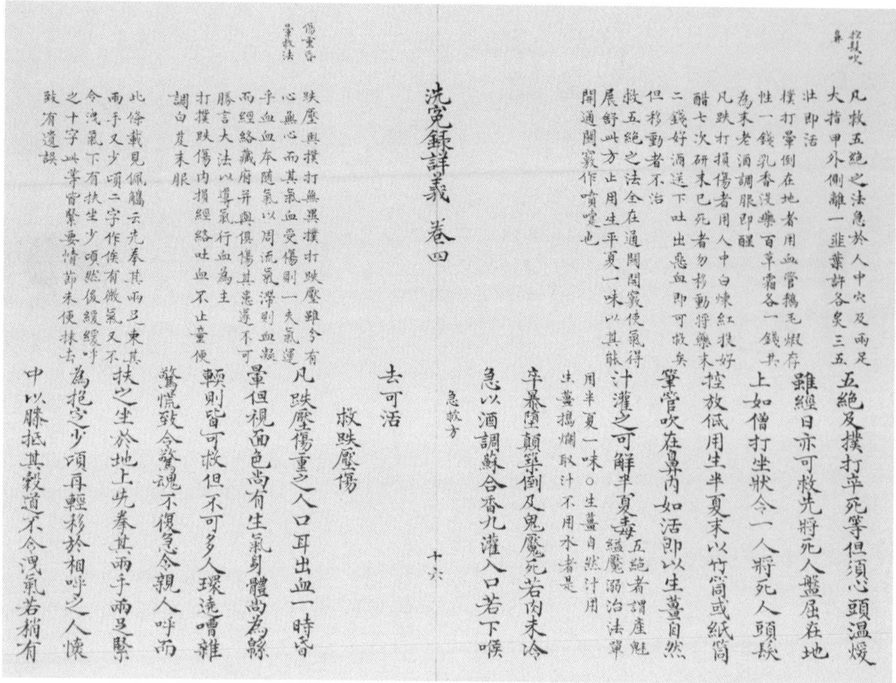

抬鼻吹鼻

凡救五絕之法急於人中穴及兩足大指甲外側離一韭葉許各炙三五壯即活

撲打暈倒在地者用血管鵝毛煅存性一錢乳香沒藥百草霜各一錢共為末老酒調服即醒

凡跌打損傷者用人中白煉紅投好醋七次研末已死者勿移動將藥末二錢好酒送下吐出惡血即可救矣但移動者不治

救五絕之法全在通關開竅使氣得展舒此方止用生半夏一味以其能開通關竅作噴嚏也

五絕及撲打卒死等但須心頭溫煖雖經日亦可救先將死人盤屈在地上如僧打坐狀令一人將死人頭髮控放低用生半夏末以竹筒或紙筒筆管吹在鼻內如活即以生薑自然汁灌之可解半夏毒（五絕者謂產魅縊魘溺治法單用半夏一味○生薑自然汁用生薑搗爛取汁不用水者是）卒暴墮顛築倒及鬼魘死若肉未冷急以酒調蘇合香丸灌入口若下喉去可活

傷重昏暈救法

跌壓與撲打無異撲打跌壓雖令有心無心而其氣血受傷則一夫氣運手血血本隨氣以周流氣滯則血凝而經絡臟府并與俱傷其患遂不可勝言大法以導氣行血為主

打撲跌傷內損經絡吐血不止童便調白芨末服

此係載見佩觹云先拳其兩足東其兩手又少頃二字作候有微氣又不令洩氣下有扶生少頃然後緩緩吁之十字此等皆緊要情節未便抹去致有遺誤

救跌壓傷

凡跌壓傷重之人口耳出血一時昏暈但視面色尚有生氣身體尚為綿軟則皆可救但不可多人環繞嘈雜驚慌致令驚魂不復宜令親人呼而扶之坐於地上先拳其兩手兩足緊為抱之少頃再輕移於相呼之人懷中以膝抵其穀道不令洩氣若稍有

洗冤錄詳義　卷四　急救方　十六

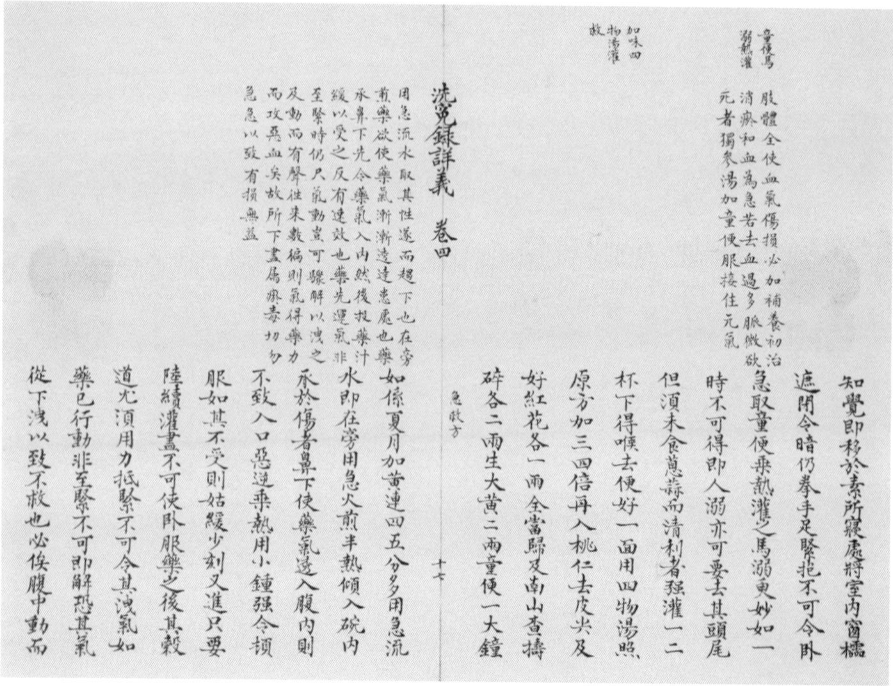

童便馬溺熱灌

肢體全使血氣傷損必加補養初治清痹和血為急若去血過多脈微欲元者獨參湯加童便服接住元氣

加味四物湯灌救

用急流水取其性湍而趨下也在旁煎藥欲使藥氣漸漸透達患處也藥承鼻下先令藥氣入內然後投藥汁緩以受之反有速效也藥先運氣非至緊時仍只氣動豈可驟解以洩之及動而有聲往來數徧則氣得藥力而攻惡血矣故所下盡屬瘀毒切勿急急以致有損無益

知覺即移於素所寢處將室內窗櫺遮閉令暗仍拳手足緊抱不可令卧急取童便乘熱灌之馬溺更妙如一時不可得即人溺亦可要去其頭尾但須未食蔥蒜而清利者強灌一二杯下得喉去便好一面用四物湯照原方加三四倍再入桃仁去皮尖及好紅花各一兩全當歸及南山查擣碎各二兩生大黃二兩童便一大鐘如係夏月加黃連四五分多用急流水即在旁用急火煎半熱傾入碗內承於傷者鼻下使藥氣透入腹內則不致入口惡逆乘熱用小鍾強令頓服如其不受則姑緩少刻又進只要陸續灌盡不可使卧服藥之後其穀道尤須用力抵緊不可令其洩氣如藥已行動非至緊不可即解恐其氣從下洩以致不救也必俟腹中動而

洗冤錄詳義　卷四　急救方　十七

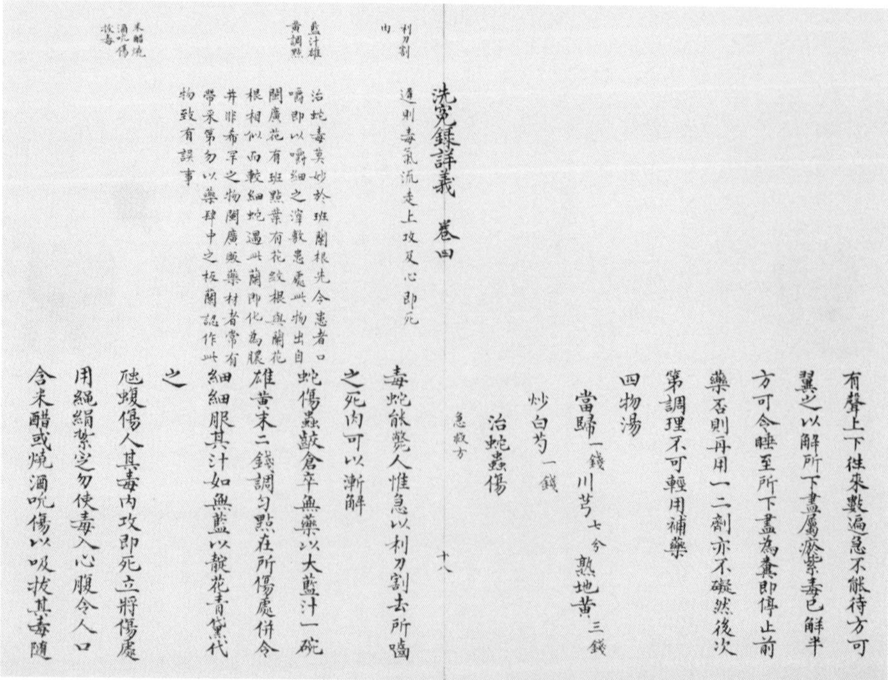

利刀割肉

藍汁雄黃調點

治蛇毒莫妙於班蘭根先令患者口嚼即以嚼細之渣敷患處此物出自閩廣花有班點葉有花紋根與蘭花根相似而較細蛇遇此蘭即化為膿并非希罕之物閩廣販藥材者常有帶來第勿以藥肆中之板蘭誤作此物致有誤事

米醋燒酒吮傷救毒

有聲上下往來數遍急不能待方可翼之以解所下盡屬瘀紫毒已解半方可令睡至所下盡為糞即停止前藥否則再用一二劑亦不礙然後次第調理不可輕用補藥

四物湯

當歸一錢　川芎七分　熟地黃三錢　炒白芍一錢

治蛇蟲傷

毒蛇嚙人惟急以利刀割去所嚙之死肉可以漸解（遲則毒氣流走上攻及心即死）蛇傷蟲螫倉卒無藥以大藍汁一碗雄黃末二錢調勻點在所傷處併令細細服其汁如無藍以靛花青黛代之

虺蝮傷人其毒內攻即死立將傷處用繩絹紮定勿使毒入心腹令人口含米醋或燒酒吮傷以吸拔其毒隨

洗冤錄詳義　卷四　急救方　十八

（图八〇　15—17）

八〇　陈虬　洗冤录详义抄本

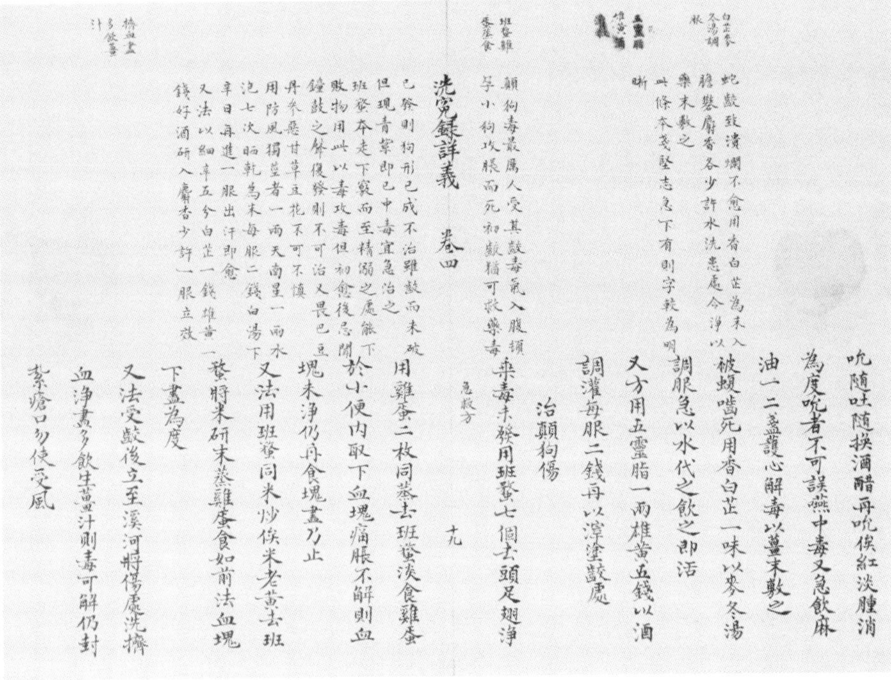

吮隨吐隨换酒醋再吮俟紅淡腫消
為度吮者不可誤嚥中毒又急飲麻
油一二盞護心解毒以薑末敷之
白芷參冬湯調服
蛇皷致潰爛不愈用香白芷為末入
膽礬麝香各少許水洗患處令淨以
藥末敷之
此條本戔堅志急下有則字較為明
晰
被蝮嚙死用香白芷一味以麥冬湯
調服急以水代之飲之即活
五靈脂雄黃酒調服
又方用五靈脂一兩雄黃五錢以酒
調灌每服二錢再以滓塗皷處
治顛狗傷
班蝥雞蛋食
顛狗毒最厲人受其皷毒氣入腹頭
孕小狗攻脹而死初皷猶可救藥毒
乘毒未發用班蝥七個去頭足翅淨
急救方　十九
洗冤錄詳義　卷四
已發則狗形已成不治雖皷而未破
但現青筆即已中毒宜急治之
用雞蛋二枚同蒸去班蝥淡食雞蛋
班蝥本走下竅而至精溺之處能下
敗物用此以毒攻毒但初愈後忌聞
於小便內取下血塊痛脹不解則血
鐘皷之聲復發則不可治又畏巴豆
丹參甘草豆花不可不慎
塊未淨仍再食塊盡乃止
用防風獨荳者一兩天南星一兩水
泡七次晒乾為末每服二錢白湯下
又法用班蝥同米炒俟米老黃去班
半日再進一服出汗即愈
又法以細辛五分白芷一錢雄黃一
錢好酒研入麝香少許一服立效
蝥將米研末蒸雞蛋食如前法血塊
下盡為度
擠血去多飲薑汁
又法受皷後立至溪河將傷處洗擠
血淨盡多飲生薑汁則毒可解仍封
紮瘡口勿使受風

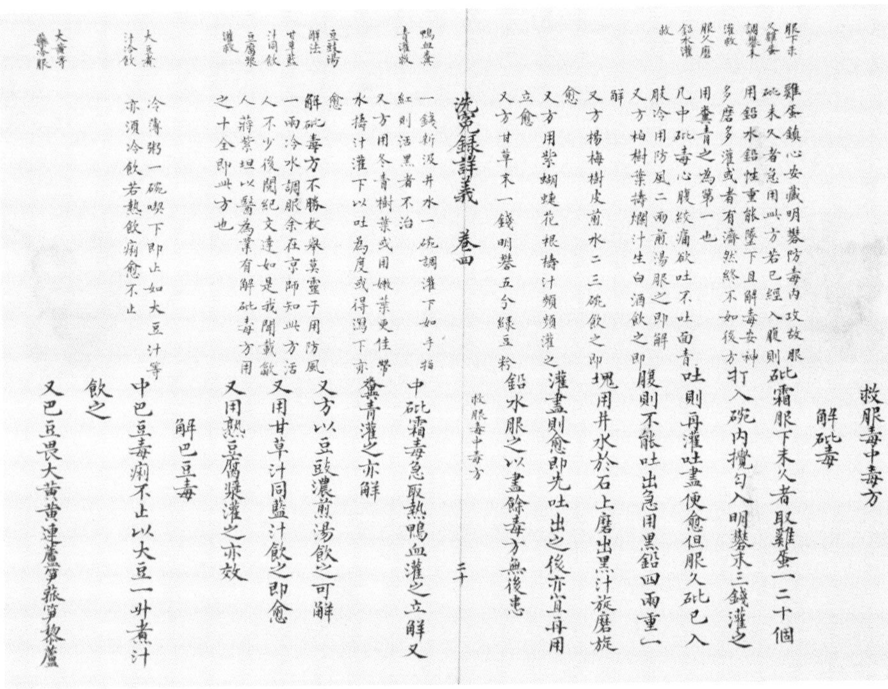

救服毒中毒方
解砒毒
服下未久雞蛋明礬末調灌救
雞蛋鎮心安藏明礬防毒內攻故服
砒霜服下未久者取雞蛋一二十個
砒未久者急用此方若已經入腹則
用鉛水鉛性重能墜下且解毒安神
打入碗內攪勻入明礬末三錢灌之
多磨多灌或者有濟然終不如後方
用糞青之為第一也
吐則再灌吐盡便愈但服久砒已入
服久磨鉛水灌救
凡中砒毒心腹絞痛欲吐不吐面青
肢冷用防風二兩煎湯服之即解
腹則不能吐出急用黑鉛四兩重一
又方柏樹葉擣爛汁生白酒飲之即
解
塊用井水於石上磨出黑汁旋磨旋
又方楊梅樹皮煎水二三碗飲之即
愈
灌盡則愈即先吐出之後亦宜再用
又方用紫蝴蝶花根擣汁頻頻灌之
立愈
又方甘草末一錢明礬五分綠豆粉
鉛水服之以盡餘毒方無後患
救服毒中毒方　二十
洗冤錄詳義　卷四
鴨血糞青灌救
一錢新汲井水一碗調灌下如手指
中砒霜毒急取熱鴨血灌之立解又
紅則活黑者不治
又方用冬青樹葉或用嫩葉更佳帶
水擣汁灌下以吐為度或得瀉下亦
愈
糞青灌之亦解
豆豉湯解法
解砒毒方不勝枚舉莫靈子用防風
一兩冷水調服余在京師知此方活
又方以豆豉濃煎湯飲之可解
甘草藍汁同飲
人不少後閱紀文達如是我聞載歙
又用甘草汁同藍汁飲之即愈
豆腐漿灌救
人蔣紫垣以醫為業有解砒毒方用
之十全即此方也
又用熟豆腐漿灌之亦效
解巴豆毒
大豆煮汁冷飲
冷薄粥一碗嚥下即止如大豆汁等
中巴豆毒痢不止以大豆一升煮汁
亦須冷飲若熱飲痢愈不止
飲之
大黃等藥冷服
又巴豆畏大黃黃連蘆笋菰笋藜蘆

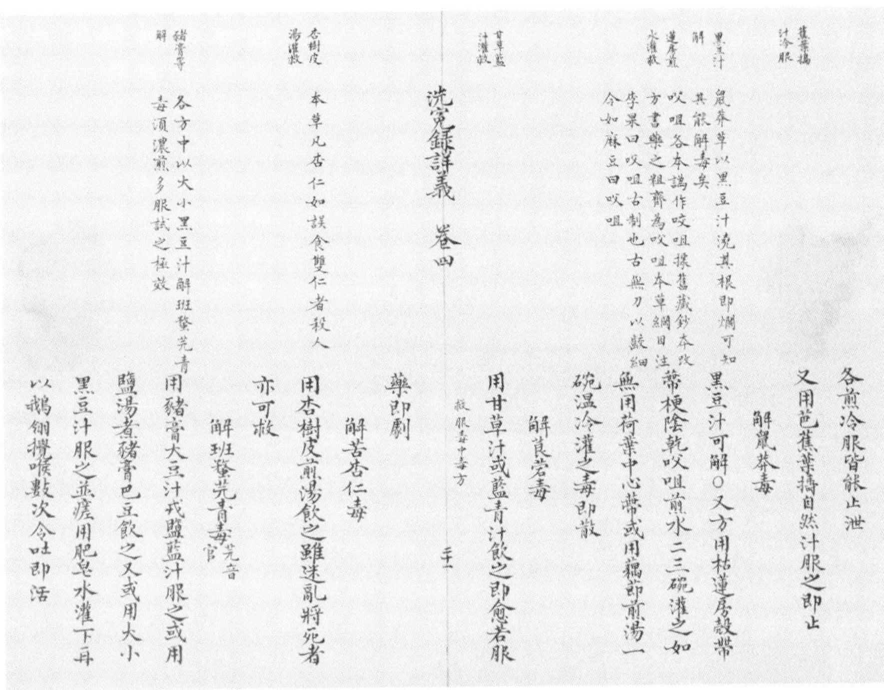

各煎冷服皆能止泄
芭蕉擣汁冷服
又用芭蕉葉擣自然汁服之即止
解鼠莽毒
黑豆汁解
鼠莽草以黑豆汁澆其根即爛可知
其能解毒矣
黑豆汁可解○又方用枯蓮房殼帶
蓮房荷水灌救
吹咀各本譌作咬咀據舊藏鈔本改
方書藥之粗齊為吹咀本草綱目注
蒂梗陰乾吹咀煎水二三碗灌之如
李杲曰吹咀古制也古無刀以齒細
令如麻豆曰吹咀
無用荷葉中心蒂或用藕節煎湯一
碗溫冷灌之毒即散
解莨菪毒
甘草藍汁灌救
用甘草汁或藍青汁飲之即愈若服
救服毒中毒方　二十一
洗冤錄詳義　卷四
藥即劇
解苦杏仁毒
杏樹皮湯灌救
本草凡杏仁如誤食雙仁者殺人
用杏樹皮煎湯飲之雖迷亂將死者
亦可救
解班蝥芫青毒芫音官
豬膏等解
各方中以大小黑豆汁解班蝥芫青
用豬膏大豆汁或鹽藍汁服之或用
毒須濃煎多服試之極效
鹽湯煮豬膏巴豆飲之又或用大小
黑豆汁服之並瘥用肥皂水灌下再
以鵝翎攪喉數次令吐即活

（图八〇　18—20）

八〇 陈虬 洗冤录详义抄本

雞鴨卵灌救

生雞鴨卵灌吐此治危險之症曾在山左有僕患淋閉服班蝥過多幾至殞命灌之得吐而活

又方用生雞鴨卵開孔灌入口中連灌五六枚得吐即活倘閉以箸抉開灌入

掘地攪水飲治

凡菌蕈如夜中放光者欲爛無蟲者煮不熟者煮汁照人無影者上有毛下無紋者仰卷赤色者俱極毒殺人飲以地漿及糞青俱可解

中笑菌毒飲冬瓜蔓汁立解或用苦茶白礬調新汲井水服之

凡中菌毒芫花生研新汲水服一錢或濃煎防風飲

治菌毒

四明溫台閩山谷多產菌然種類不一食之閒有中毒往往至殺人蓋蛇虺毒氣所熏蒸也有僧教掘地以冷水攪之令濁少頃取飲皆得全活其方自見本草楓樹菌食之笑不止俗言笑菌居山閒不可不知此法也

胡蔓草即鉤吻亦即斷腸草

糞汁雞卵灌救

中斷腸草毒先將服毒人扶正撬開牙關剝取生鴨蛋囫圇灌下三箇待蛋入胃裹住毒草次用豬膏鎔化溫和灌下一碗又用黃豆一大碗稚雞一隻連毛帶腸同豆搗爛用清水一碗泡入布袋濾滴取汁灌下其毒即吐如不吐即用鵝翎探喉毒即吐出但在胃者可治入腸者難治

解胡蔓草毒

中胡蔓草毒將糞汁灌之可解或飲浸草毒水百數潰血急取抱卵不出之雞蛋研細和麻油開口灌之吐出可救

金銀花生嚼

與菌毒治法一例須參看前治菌毒條

解草毒

誤食毒草至吐即採生金銀花嚼之可解

洗冤錄詳義　卷四　救服毒中毒方　二十二

飴糖黑豆冷水救治

解草烏頭毒

用飴糖黑豆冷水解之

甘草等汁救治

射罔即草烏頭之汁煎成詳前諸毒條內

解射罔毒

用甘草汁或小豆葉浮萍薺苨汁冷水解之薺苨又名甜桔梗河南人呼為杏葉沙參能解百藥毒

鉛壺煮酒任飲

解輕粉冰片毒

用黑鉛五斤打壺一把盛燒酒十五斤納土茯苓半斤乳香三錢封固重湯煮一日夜埋土中出火毒每日早晚任飲數杯溺時以瓦盆接之當有粉出服至筋骨不痛乃已

新汲水解

冰片毒飲以新汲冷水可解

桌布洗水灌救

凡服滷用生黃豆入水搗爛絞汁或用生大黃二兩搗碎以生豆腐漿一碗同搗數十下灌服俱效

救服滷

服鹽滷將常用擦桌布洗水灌之使吐即解

鷓鴣肉等救治

吞金者用上好湖綿剪斷約二寸長置碗內以滾水泡糗如細麩連滾水吞下則綿自裹金從大便出其法神效

治吞金

中黃金毒者食鷓鴣肉中白銀毒者以黃連甘草解之又洗金以鹽駱駝

洗冤錄詳義　卷四　救服毒中毒方　二十三

金銀光潤者能柔而下若鋒碎而有尖角者鉤住腸胃易致斷腸恐未必能出

有吞金者金重墜不能出醫者惟以升麻等升提藥與服蓋漸提其氣金必漸動漸動則漸隨大便而出若鎮重不移何由令其轉運乎

驢馬脂餘甘子皆能柔金羊脂獲子皆能柔銀吞金銀入腹中當服食前品柔則易出

輕粉調服

凡吞銅錢者多食核桃及生荸薺自然消化

吞鐵鍼者煮蠶豆同韭菜食或用黃蠟鎔化入磁石細末合勻撚如鍼大冷水送下蠟裹鍼從大便出

又服金者用真輕粉為末水調下能令金從大便出

石蟹磨水熱服

解藥蠱金石毒

治一切藥毒蠱毒金石毒用石蟹以熱水磨服

黃金枕熨

本草載荷葉松葉松脂穀精草萱草瓦松夏枯草煎湯服下皆能制汞

解水銀入耳

以黃金枕耳邊自出若水銀入肉令人筋攣以金物熨之水銀乃出蝕金其病即瘥

冷水蘿蔔汁灌救

解煤熏毒

飲冷水可解或蘿蔔搗汁灌口鼻移向風吹便能醒

甘草薺苨湯解

凡中一切毒從酒得者難治從食得者易治蓋酒性行諸血脈流徧體也食入於胃胃能容雜毒又逐大便瀉出毒氣毒氣未流於血脈故易愈也

解飲饌毒

凡中飲饌毒不知何物即煎甘草薺苨湯飲之便治

洗冤錄詳義　卷四　救服毒中毒方　二十四

（图八〇　21—23）

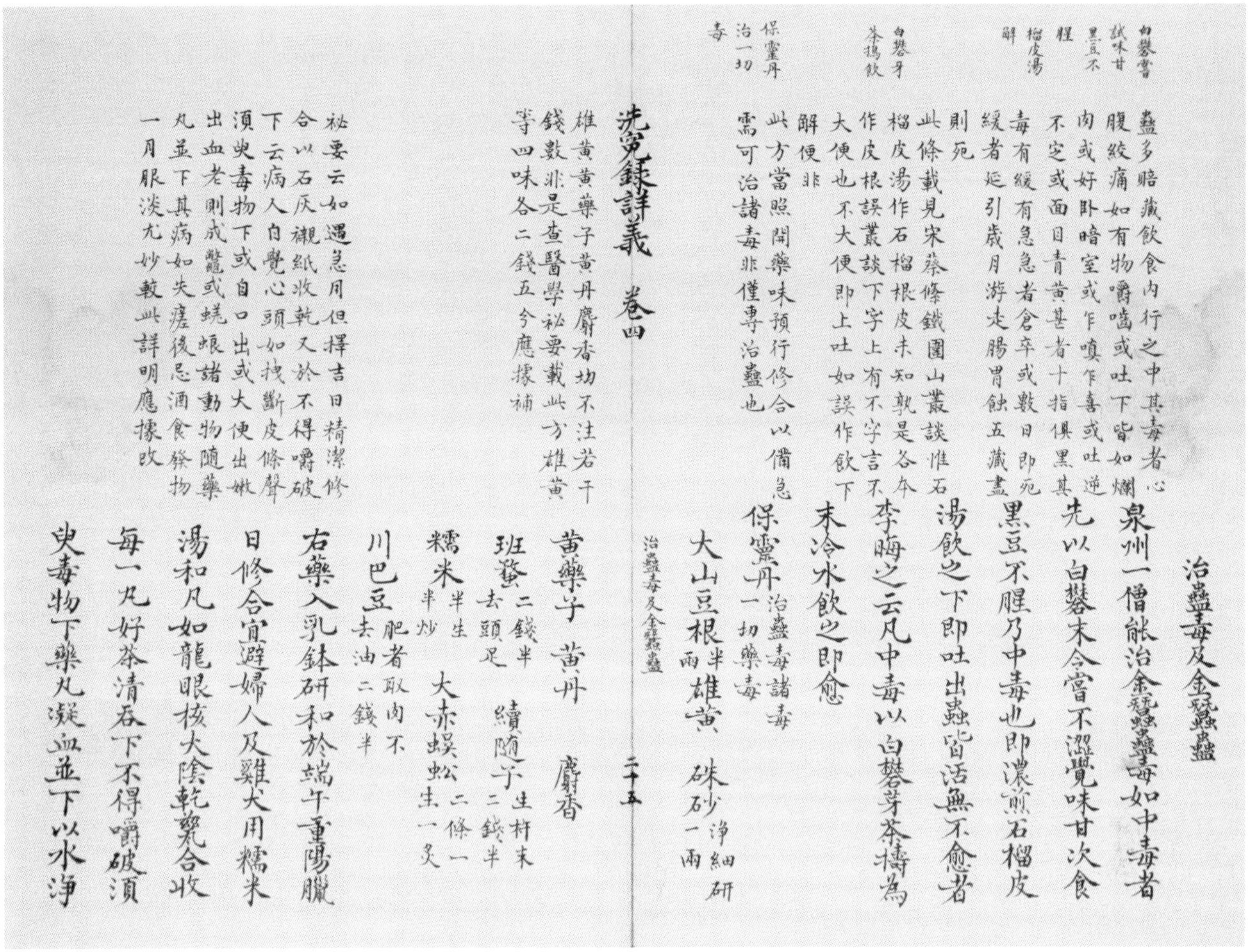

白礬嘗試味甘黑豆不腥
榴皮湯解
白礬芽茶搗飲
保靈丹治一切毒

蠱多暗藏飲食內行之中其毒者心腹絞痛如有物嚼嚙或吐下皆如爛肉或好臥暗室或作嗔作喜或吐逆不定或面目青黃甚者十指俱黑其毒有緩有急急者倉卒或數日即死緩者延引歲月游走腸胃蝕五藏盡則死此條載見宋蔡絛鐵圍山叢談惟石榴皮湯作石榴根皮未知孰是各本作皮根誤叢談下字上有不字言不大便也不大便即上吐如誤作飲下解便非此方當照開藥味預行修合以備急需可治諸毒非僅專治蠱也

治蠱毒及金蠶蠱

泉州一僧能治金蠶蠱毒如中毒者先以白礬末令嘗不澀覺味甘次食黑豆不腥乃中毒也即濃煎石榴皮湯飲之下即吐出蟲皆活無不愈者李晦之云凡中毒以白礬芽茶擣為末冷水飲之即愈

保靈丹治蠱毒諸毒一切藥毒

大山豆根半兩 雄黃 硃砂一兩淨細研

治蠱毒及金蠶蠱

二十五

洗冤錄詳義 卷四

雄黃黃藥子黃丹麝香均不注若干錢數非是查醫學祕要載此方雄黃等四味各二錢五分應據補

祕要云如遇急用但擇吉日精潔修合以石灰襯紙收乾又於不得嚼破下云病人自覺心頭如拽斷皮條聲須臾毒物下或自口出或大便出嫩出血老則成鼈或蜣蜋諸動物隨藥凡並下其病如失瘥後忌酒食發物一月服淡丸妙較此詳明應據改

黃藥子 黃丹 麝香

班蝥二錢半去頭足 續隨子二錢半生杵末

糯米半生半炒 大赤蜈蚣一條生一炙

川巴豆肥者取肉不去油二錢半

右藥入乳鉢研和於端午重陽臘日修合宜避婦人及雞犬用糯米湯和丸如龍眼核大陰乾甆合收每一丸好茶清吞下不得嚼破須臾毒物下藥丸凝血並下以水淨

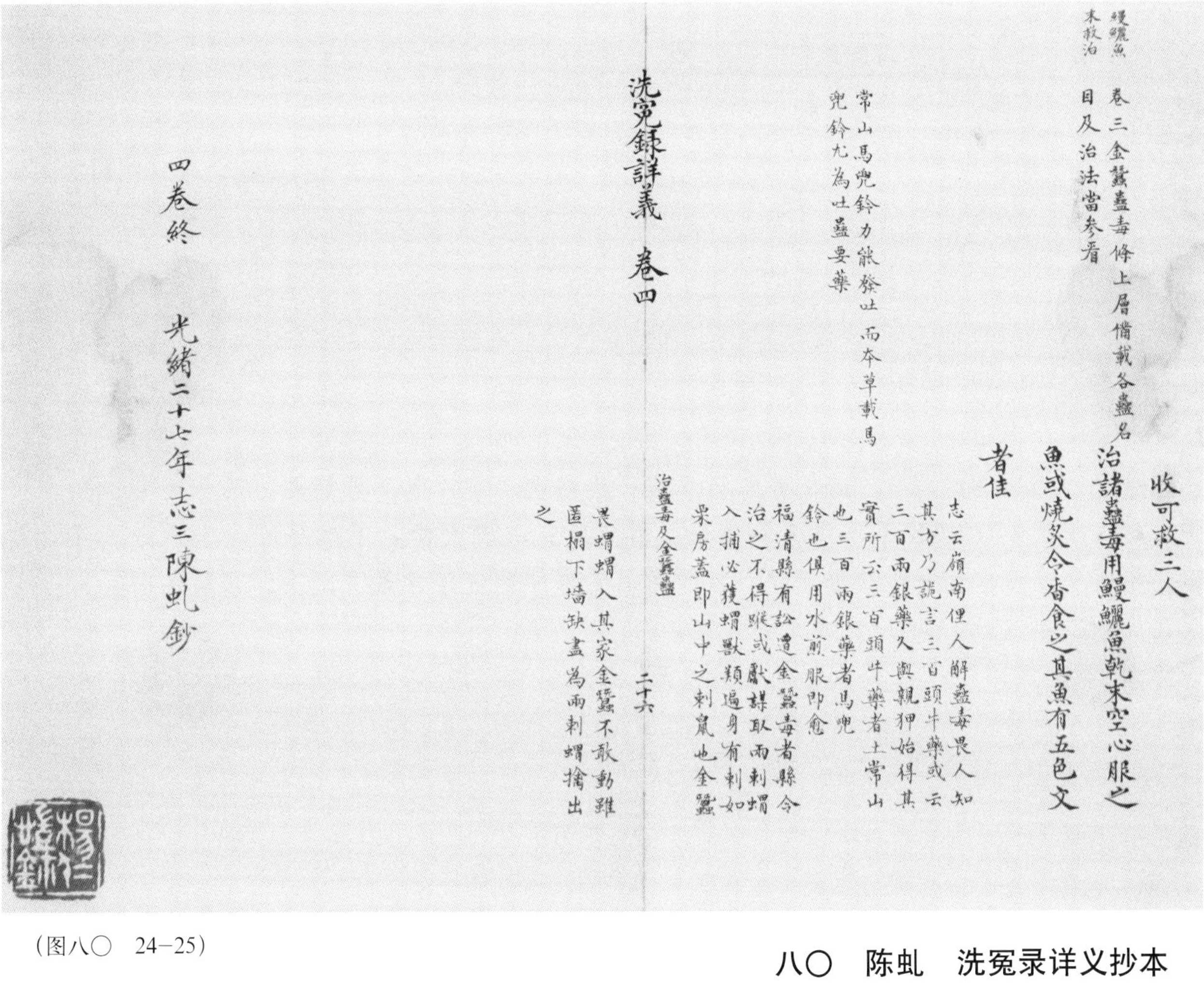

鰻鱺魚
未救治

卷三金蠶蠱毒條上層備載各蠱名目及治法當參看

常山馬兜鈴力能發吐而本草載馬兜鈴尤為吐蠱要藥

收可救三人

治諸蠱毒用鰻鱺魚乾末空心服之或燒炙令香食之其魚有五色文者佳

志云嶺南俚人解蠱毒畏人知其方乃詭言三百頭牛藥或云三百兩銀藥久與親狎始得其實所云三百頭牛藥者土常山也三百兩銀藥者馬兜鈴也俱用水煎服即愈

福清縣有訟遭金蠶毒者縣令治之不得蹤或獻謀取兩刺蝟入捕必獲蝟獸類遍身有刺如眾房蓋即山中之刺鼠也金蠶畏蝟蝟入其家金蠶不敢動雖匿榻下牆缺盡為兩刺蝟擒出之

治蠱毒及金蠶蠱

二十六

洗冤錄詳義 卷四

四卷終

光緒二十七年志三陳虬鈔

（图八〇 24–25）

八〇 陈虬 洗冤录详义抄本

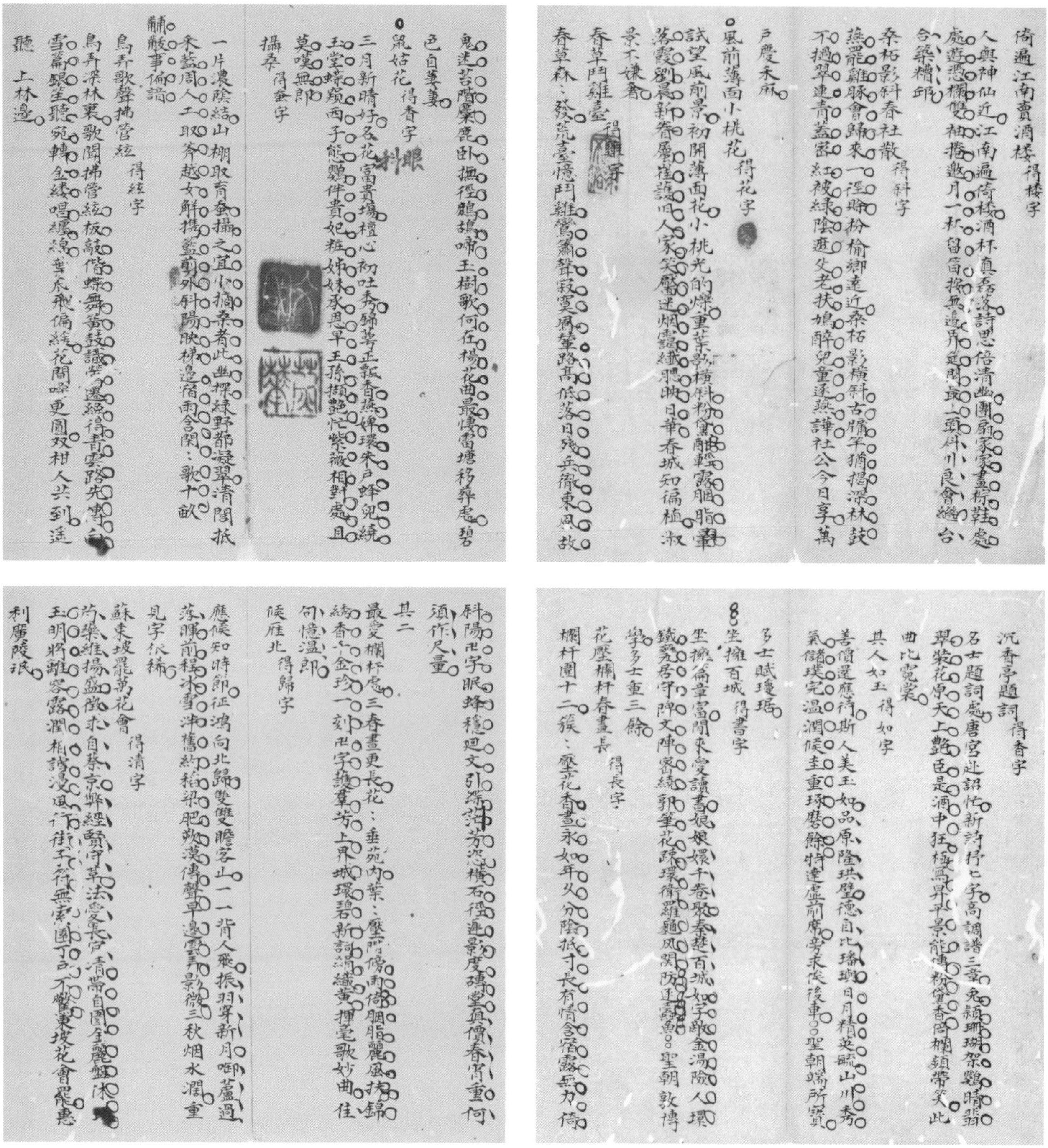

（图八一 1-4）

八一 陈鳣 诗稿册

陈鳣（1735—1817 年），清代著名经学家、藏书家。字仲鱼，号简莊，又号河莊，浙江海宁人。嘉庆三年（1798 年）举孝廉方正，游京师，与钱大昕、王念孙等名士往来。强记博识，精研文字训诂，长于校勘辑佚。阮元称其为浙中研究经学最深之士，家藏图书甚富。

嘉庆十二年（1807 年）八月十一日作。

钤："雪坪藏印"、"曾经武林刘翰怡收藏"等印。

其二

芍藥除花會坡公修蔡京奇菩薩麗心守太官清淮役停香國徵科息錦城但教金鏡朗何必玉盤盈政異青苗擾人同白水盟朝廷知此意新法不須行

水面風聚落花　得風字

湧道文章境繁花掃未空卻沾芳草渡巧借落花風蕩漾飄殘粉扶搖送斷紅艷繞飛岸上香又散渡中春事又畢斜陽淡淡龍桃源仙路近片片逐奔濤

月高花影重　得花字

最愛園林內繽紛吐衆花千重晨日映數朵夕陽斜疊疊晴光照層層曙景遮三竿輪出海一片錦流霞曉霧移紅檻東風上碧紗漫教收拾去長自伴光華

守口如瓶　得如字

莫謂言能寡而忘坐右書瓶傾宜自守口出定相如戒比三緘謹拘同一孌盧括囊符已久盈至戒非疏捫舌無慚爾防川不愧予鄭公佳句讀永佩在居諸

歐陽文忠公宴客平山堂上　得中字

平山留韻事千古憶文忠建節邀君腐庭夾皮載風政傳僧舍商筵擁逐岡崇坊登遊懷暢龍蛇筆力雄評花多妓女醉月仙翁一曲舞蘇繼高情仰是公

其二

平山傳雅集千古有文忠宴客春風盛觴肴酒量紅蓮圍妓女白髮指仙翁木氣橫浮外歌聲感慨中龍蛇飛墨蹟楊柳舞烟叢一代師生誼休嗟冀北空

詩思在灞橋驢子背上　得驢字

踏雪人推鄭詩筒掛健驢溪橋沽酒後灞岸看梅餘冷影吟肩瘦寒衣醉態踈推敲傳象外仰俯指林初湖上騎誰似襄陽路合如高懷宜笑倒歸去句新書

雞黍留賓　得賓字

止宿田家候賢來泗水濱堂曾見子雞黍更留賓野饌殊三物炊烟覆四鄰烹鮮艱小試家食誦斯人末路英雄老高風隱士真孔師悲憫切不慕節天人

二十四橋明月夜　得橋字

明月誰為最風流念四橋清輝迎勝地銀界隱良宵皎皎雷塘遠迢迢蜀阜遥曲通鋪輦路愁悵和人簫鶯苑妝初照迷樓鏡邀樊川懷古夜幾度詠蕭條

渭水飛熊　得姜字

夢協飛熊兆姬興佐以姜悲歌商邑外簡拔渭濱旁釣豈求魚欲升扶載風祥青兕曉蟠虬白首奮鷹揚德冠三千茂基開八百長聖朝無逸士龍虎侍明堂

其二

渭水來賢處飛熊夢兆姜豈期方風翅偉烈自鷹揚罷虎燈前卜蛟龍世外藏夕陽沉釣餌時雨洗絲鉛黄鉞盧鼓衛甘書郎炷詳報鄰垂七百可驗昔年璜

寒食人家事踏青　得青字

寒食逢佳節前村事踏青不妨經陌陌偶爾聚旦亭柳外香輪轉花邊繡轂停年長初匝地淨軟恰鋪汀選勝忙尤稷怡情綠醑馬蹄勞翠隨郊坰十分馨

應是雨催詩　得詩字

應是飛空雨催成一段詩聽來声滴滴吟去挂絲絲思議風生湧詞源火洗馳鉢宜敲處急燭笑刻來遲筆底轟雷走毫端滴霧滋跳珠珠玉落面舫搽銘時

試得長相憶　得書字

萬里懸相憶天涯夢覺餘三秋右手隔一紙故人書屈指年光過開心月到初山高路自窮水浩信終無每念逢飛雁人經客領魚離愁何所慰餐飯勸增加

露滴研硃點周易　得研字

讀易休教語抽毫點句研露零天上滴硃自手中研豈求諸仙丹還利在乾貞須憑石介紋盡著朱鮮細細摩原潤漾漾弄更好一元無萬世奧義偏本無偏

迴舟一水香　得香字

四面花環水花香水亦香一舟初返棹三逕正迴塘碧葉侵歸舫紅顏送晚航艷宜双槳壓坐覺小窩芳舫尾薰蘭芷溪頭慕作涼蓮塘歌已遍舟載月昏黄

小樓一夜聽春雨　得聽字

春雨雨春夜春宵一夢停声從高閣度在小樓紅絲帳成新契銅壺想旧盟綠油湖艸甲紅樹快園丁舍比漁舟細膏燕國零杏花消息遠幾筆送殘青

講易見天心　得天字

至理推周易尤微講習先原常載道意更涵天太極緣无極鉤元定陽元陰陽復始復載坤乾妙體行生闡地　前富　皇義孚帝謂指畫得與詮

還來就菊花　得來字

預擬重陽日看花侍後來隔年盟訂就屈指菊開人淡期偏遠霜寒夢乍回司教籬復採訂到還仍栽縱不離消香能忘寫僧故人驚別後須記恐芳埃

冬山如睡　得冬字

山伴遊人倦山驚晚後鍾垂頭如熟睡只指已殘冬槃石岳疑虎高岡似臥龍魂銷梅作帳夢斷蹟無蹤秦嶺雲俱斂峩門雨自封醒來春覺暖仍是笑顏逢

吟風弄月　得周字

欲識詩家趣安閒獨許周和風吟浩蕩明月弄清幽故淺音邀留仰更倚樓唱來詠玉鏤對水拂銀鉤妙句清新製仙声碧轉柔雅懷知有託買得一錢尤

（图八一　5—10）

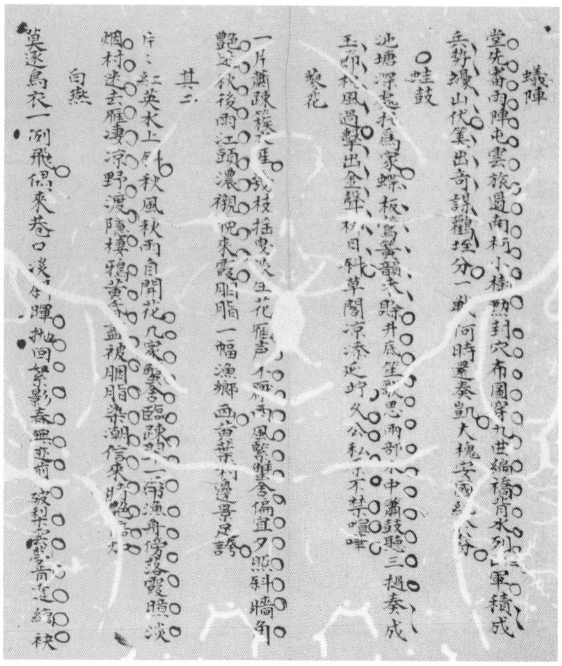

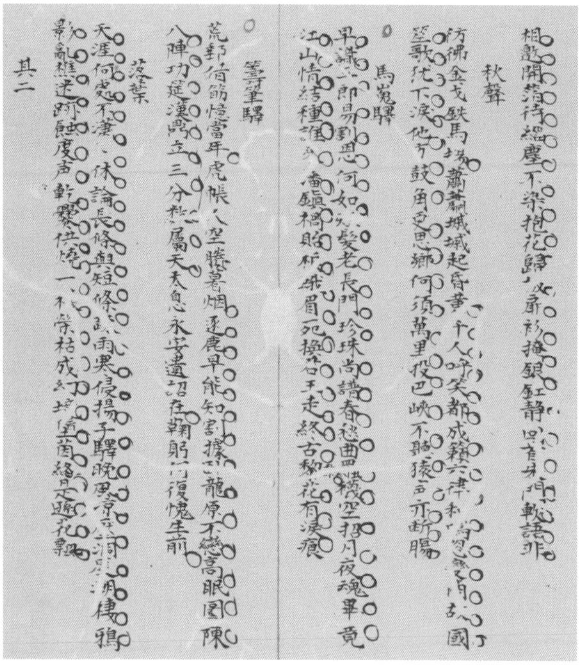

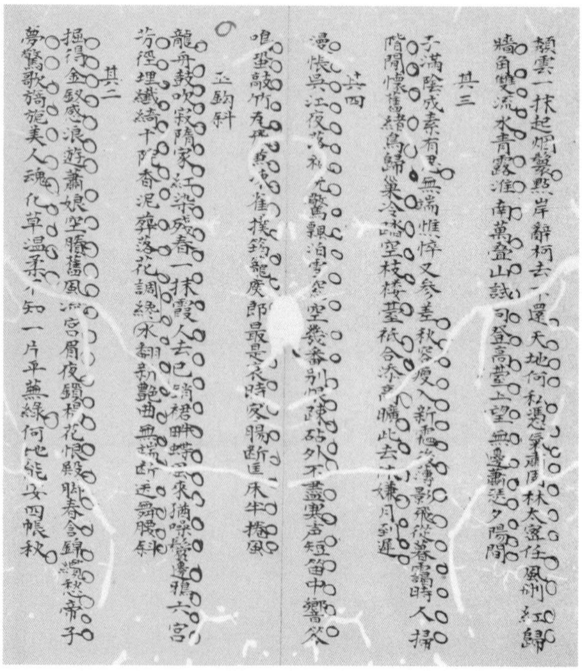

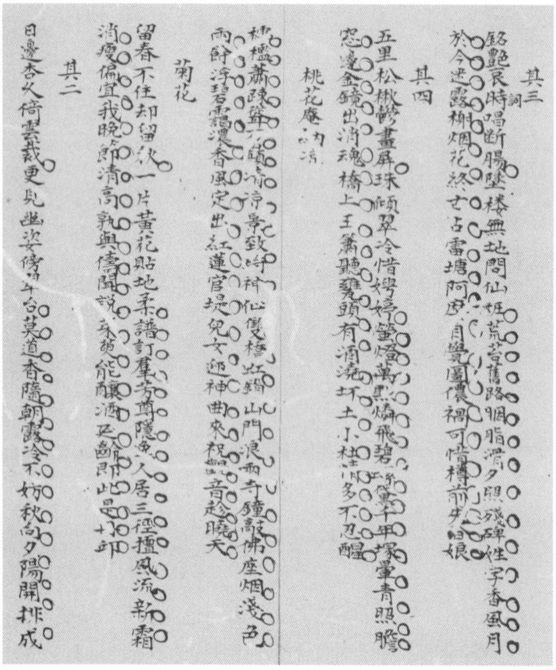

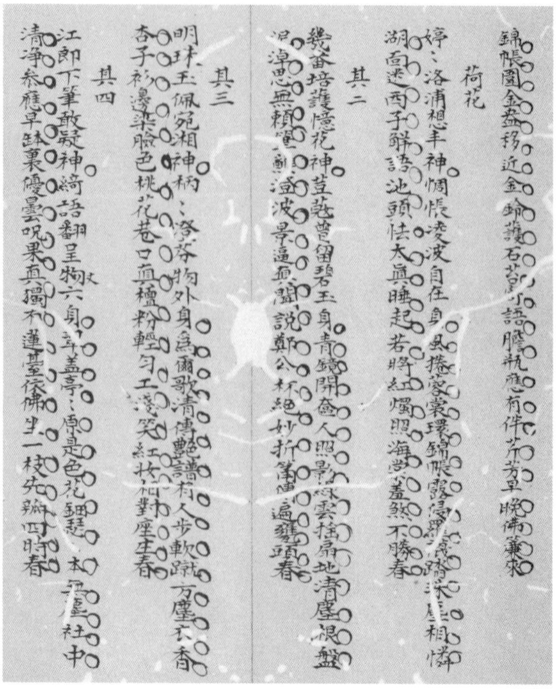

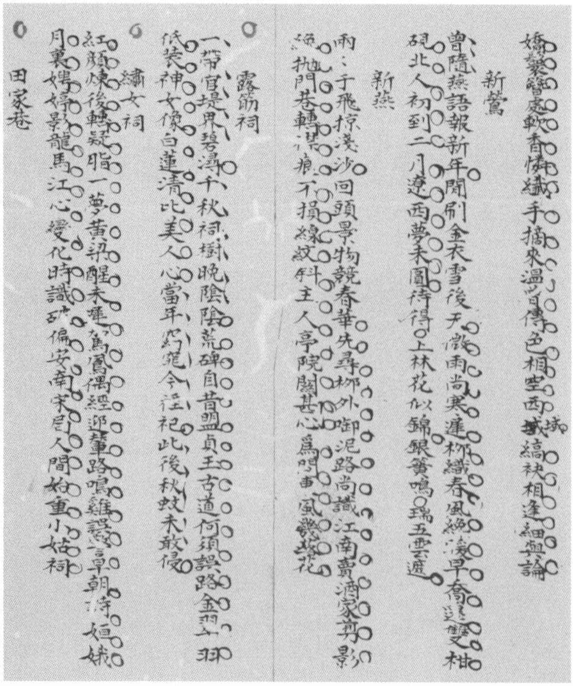

（图八一　11—16）

八一 陈鳣 诗稿册

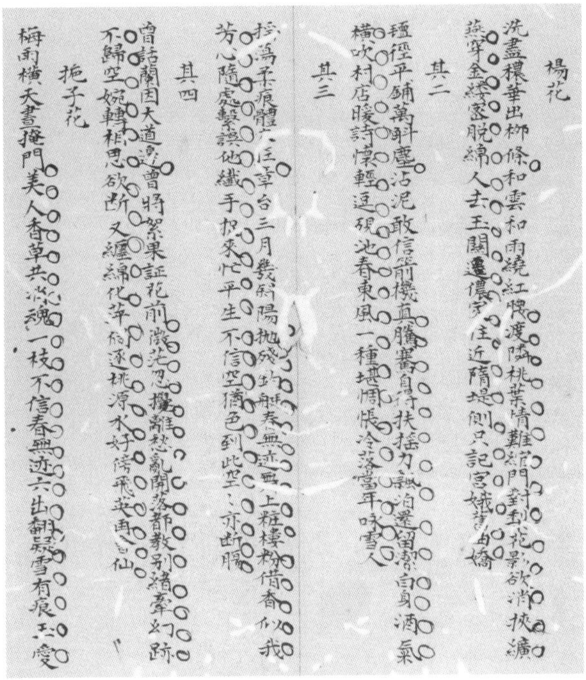

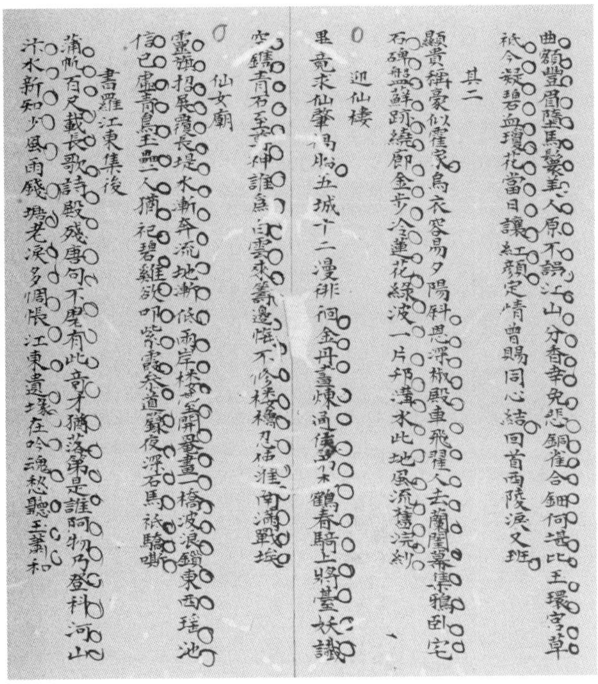

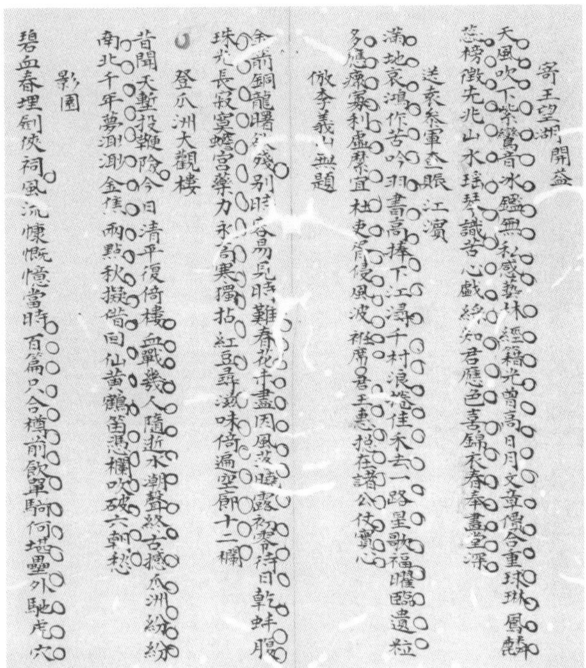

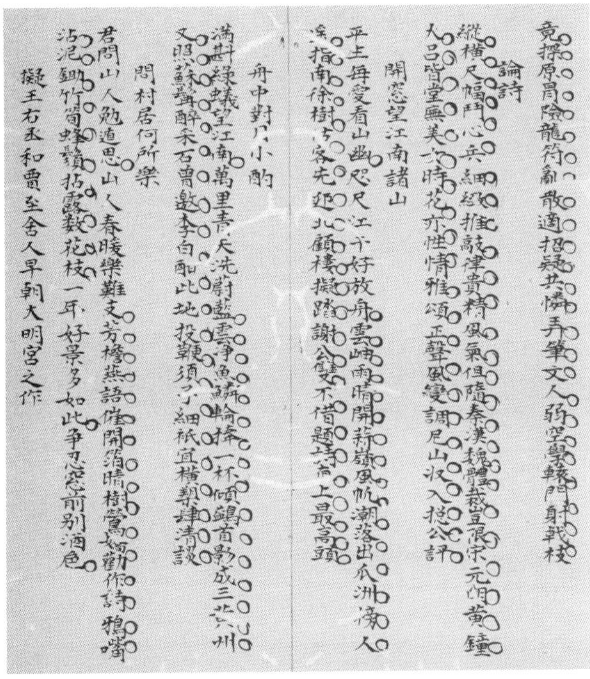

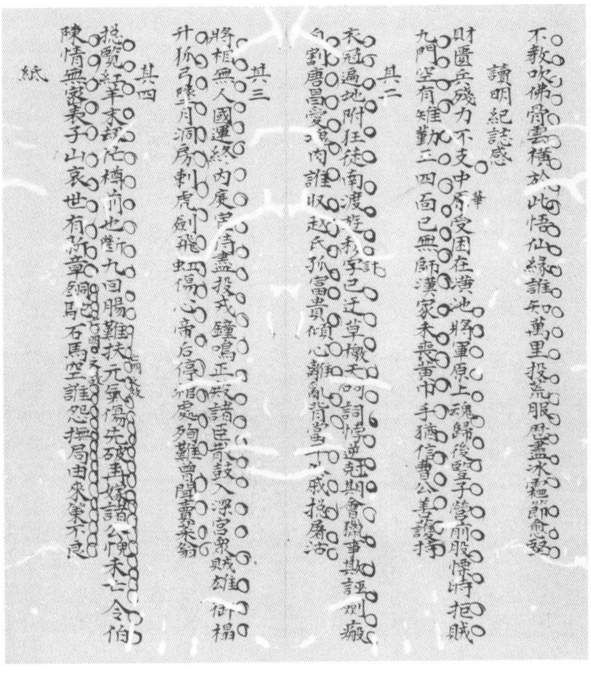

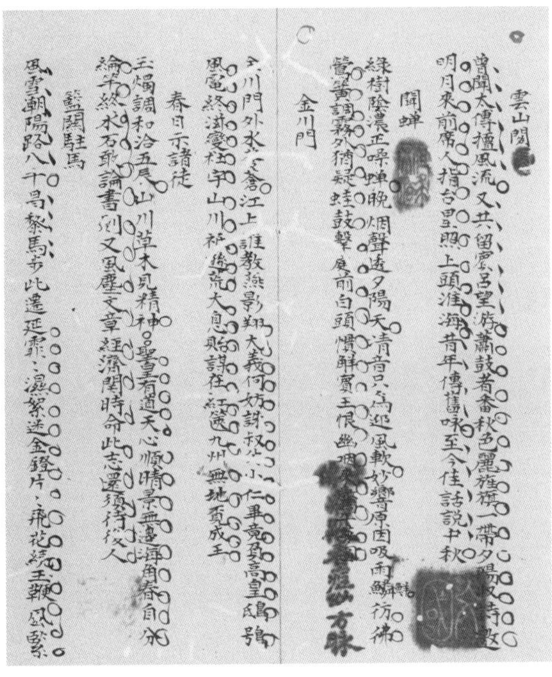

（图八一 17—22）

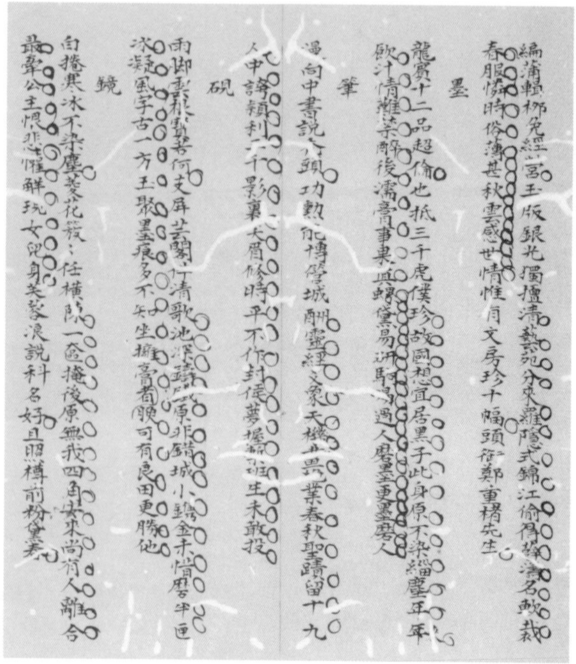

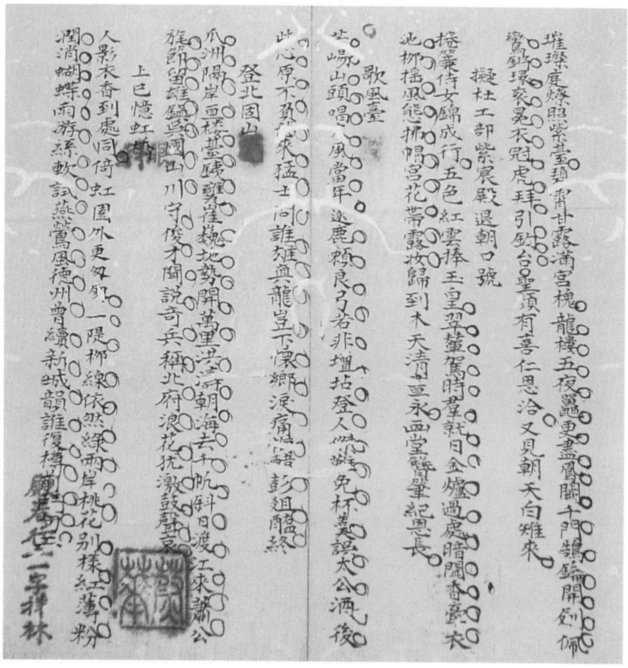

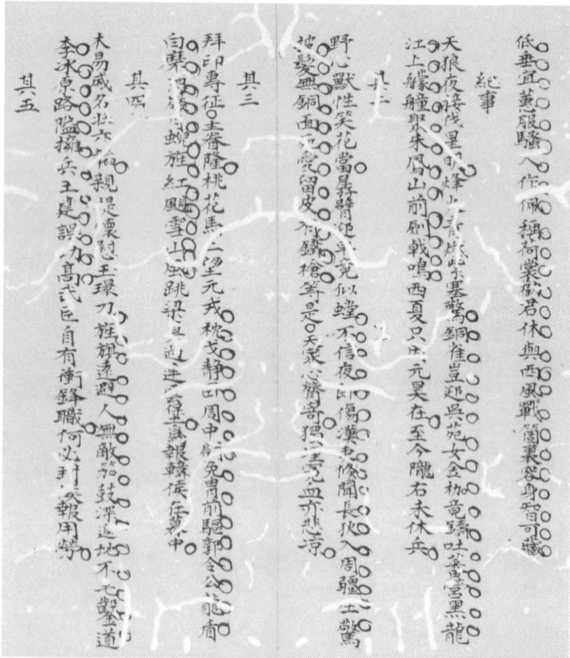

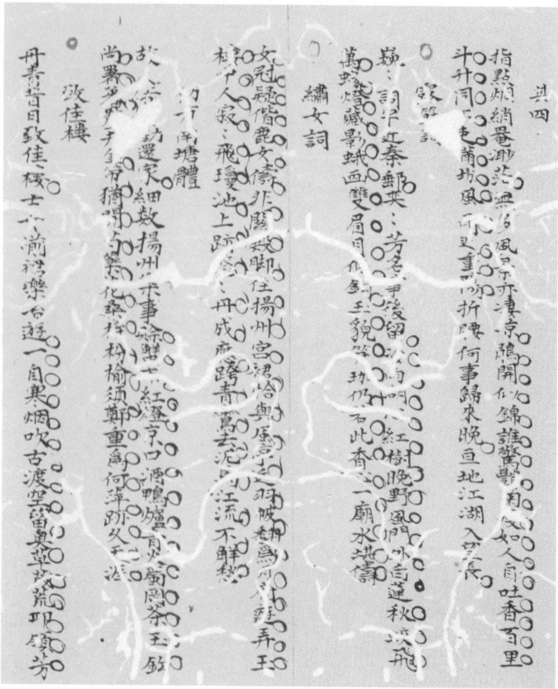

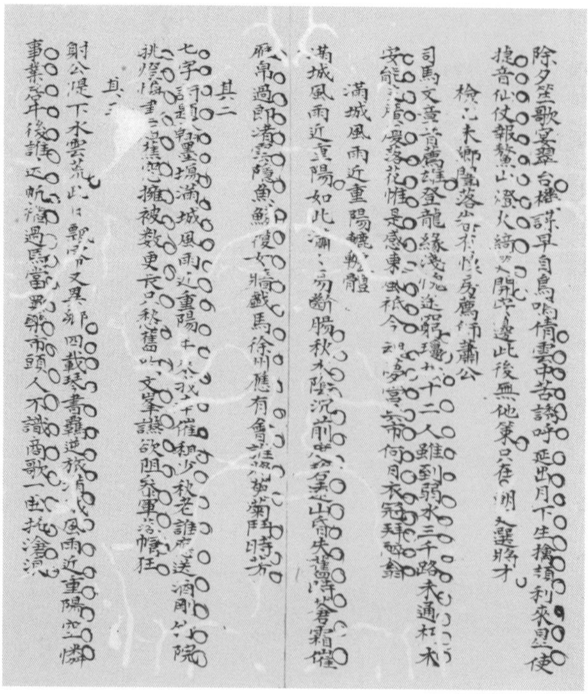

（图八一　23—28）

八一 陈鳣 诗稿册

過艾陵湖
風雨暗平湖扁舟蟻葦蒲村新歸雁戶水落足魚租淺草襟拋燕微波爲踏凫
櫓声摇夢冷鳴咽客情孤

抒懷
君不見古人勵志輕吟嘯書劍功名重年少卧龍壯歲擧鼻燮公瑾弱冠蹈方
略其餘懷鉛握槧流亦多英傳登廊廟我年三十酣高歌窮途乃學磻溪釣登
壇不與蕭郎遊仗策空爲鄧禹笑有土難營子美思無樓可供仲宣眺文場愁
作倒绷孩身世悲身浮施栢蔦持筹鑽核愧王戎壘塑將雖受伯道着書虽當
長安遂老隐干欄操古調奇字亭前草太元歸囊背上栽詩料神斤鬼斧擘天
揚渾沌其知氣無窮欲將七字消心憂誰給三升鬪舌妙况乃胸中五岳奇参
我頭燃燃似提干將感此床頭鳴耿耿精光九幽耀

除夕作
山居不戀歲歲乃遲遲去夕陽飛鳥低仍掛高枝樹呼童早閉門椒盤五辛具
酒酣聊高眠東燭休待曙不作早朝詩且誦閒居賦門無賀歲人野鳥窺蓬戶

留别作
去會歸秦日蘇卿返漢年淨途留後約匏繫悟前緣設帳慚模範歸鄉近墓田
閑心惟故友無次銀重泉
建屋同危坐交情尔我忘竹窗晨聽雨花影夜挑香煮酒輕千斛穿泉門二槍
白頭思酎久誰料此琴亡 謂少董
六載皋比位東風送早霞通經期范縞識字望侯芭華實春秋茂剛柔外內嘉
青青桃李樹且莫發虛花 局諸生
旧雨長安滿新知更具癸金蘭原誼切車笠敢盟寒且賦三秋别休言一面難
雲程鵬奮翮他日與君看 謂諸友
張翰文游倦歸心逐便鴻有時憶鱸膾無意趁秋風流水迎門綠朝陽送檻紅
回頭黃葉路已在白雲中

朝宗清浪嗌不然斬荻砍竹徒紛紛縱騎金甌終决裂吁嗟乎龜可浮鼉可駕
明德之思千載下沙堤東水刷戧湖注海奇功誰繼者

憂旱
去年淹下河田今年乾西山稻六月得雨雨已遲七月不雨戕苦橘枯草農夫
望雨空嗟咨泉涸井底波落池東山不見密雲布西郊安得甘霖施黑雲作勢
中天起片片魚鱗帶江水忽被罡風吹向西散近斜陽霞作綺乍聞雷声驚百
里疑是昆陽翻戰壘誰知辣氣終無滋博望火攻堪擧矣眼見懷金元富人豈
止千錢換斗米此事非徒民命繫珍重思端須早弭我抱杞憂更殷頃占雲朝
暮逢黃昏旱魃得毋遍乾坤斯民安得二三存何不上書陳帝閽下遣雨師走
渾渾能為豐稔滿村蒼生更沾雨露思古人繪圖流淚痕痍疏抗且致傾盆君
不見鄭監門

渡江
流水青山繞石頭扁舟穩渡大江秋時平無待澄清志擊楫聊為放浪遊
黃天蕩

憶潘吉士 元安 湖州道中
夢冷揚州酒一瓯湘鴻無影渺悠悠愁逢知秋水長天外蘆白楓紅艤越舟

偶成
渺渺木蘭公朝朝發棹諷門前東去水何事不西流

禹穆觀山海經塑像放歌
長江日夜東南流齋宮肅穆風颼颼為人已笑搏黃土鑄鳥更象神姦圖因巍
然一廟森千古伯益遺經誰其塑異氣撼戶英靈來兩壁青紅鬼物舞松颼湧
濤響接濟水泉淡淡更生咽桎梏永繫械貳負千戈倒舍舞刑天或頭目分駢
聚或手足分駒連魑魅魍魎諸詭盤旋想是唐哭與宰都有罪作虐多擾洪荒
前隨刊既奏猶负固欲與人道相摩肩投之不可縱不得奇形怪狀施雕鎸我
來正逢陰晦節天雲垂黑欲飛雪陡覺身遊山海圖杳然如落蛟龍穴吾揚在
昔稱澤國萬波撼土城摧折自從山欏泥楯歸永莫奔瀧隄畸鐵即今風雨年
復年頌許黃流挾淮決將毋支祁鎖未牢重駕洪濤來造孽安得庚辰委宛書
蘆灰更塞天肦池羽衣道士笑我狂指我浮山一片碣銘勳叙績測平成只在

浮圖森湧地覺高凌蒼烟初歸登疑入穴如落蛟龍淵拾級躡百尺一線乃通
天日月壓絕頂鈴鐸驚飛仙憑闌俯晴空鳥音斷層巔江光迸帶葉葉蒲帆
懸南徐杳伏埋北固低撐拳風雨鍾山來陰晴時轉旋地高石城小峰環金湯
堅僧迎指我圖功德存瑶編丹壓六朝畫殺亂幹千人鐫祇今秋氣滿玲瓏紅燈
燃一穴燃一燈光明周大千似此攀援步造設誠坤乾題名吾未敢罡風催歸
難

早秋偶感
木流紅粉怨山净白雲閒老屋秋先到扁舟家未還風輪悲往事星火望鄉關
漫道移居便囊仍阮籍慳
燕人懷寶劍海客重明珠邑有奇珍蓄而無善價沽所嗟魚目混莫辨渭涇殊
昨過淮陰市英雄亦豹徒
鴻雁霜前到相思一字餘美人隔秋水消息問蘆花不亮露華重惟看月御斜
虞寒如可接挾瑟便乘槎
交情關性命苦口促装遊君抱蘇韓学吾慚賈董流西風揚子驛明月秣陵舟

銅琶鐵板高秋唱橫流血過黃天蕩滕水殘山戰血消寒潮更沸声悲壯天風
吹激蛟鼉驚耳中彷彿刀槍鳴龍堂戰翻萬馬擁背鬼疑拒南來兵英雄夫婦
艨艟濟援枹曾照紅粧麗假使不放晉師馳長纓眼見降王繫惜我老鸛天開
河海師宵遁紅映波功成唾手忍決裂兩宮不返夫如何登覌高同覌后儀間
料陽舟流金山老説僧欲説蕲王事鳴咽長江去不還

燕子磯望江
危磯卓立烟冥冥長空倒挿芙蓉青江流萬里勢東走到此一束神淵渟玉雲
樓閣傍峯起金碧遠凸輝瓏玲蠡如三周華不柱帆隨石轉廻與舲升高壯覌
愁竭蹶踏嶂摩崖凌石闕側耳抚闌向下鐘憑欄不見揚州月風沙減没江波
問銀濤萬丈催雪山龍女鼓浪銜瑶環白鼉拜雨迷螺鬟金焦兩丸浮漂潺南
徐衹見青斕斑控帶河洛聯荊蠻黃雲混茫天塹險臨流不許投鞭頑向晚維
舟停不渡暗想前朝防制處河山帶礪亘東南虎踞龍蟠此門戶江上春來燕
子飛非関地利實人爲覌音門记金甌破憑弔空留後世悲

登報恩寺塔

（图八一 29—34）

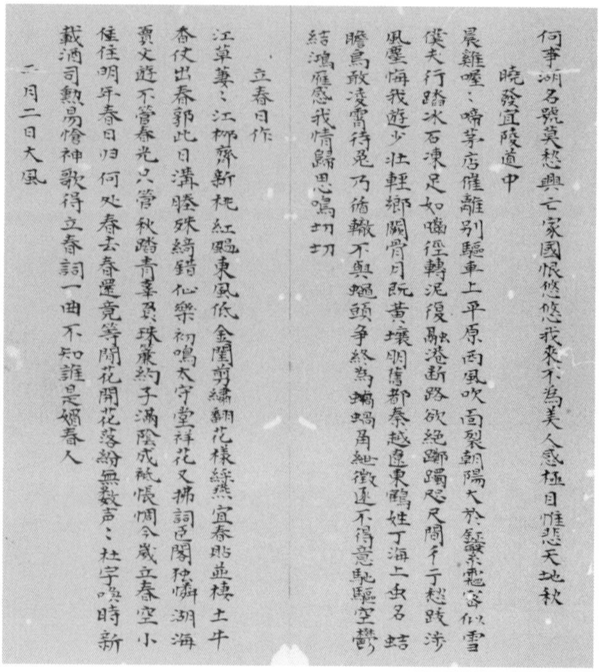

何事湖名號莫愁興亡家國恨悠悠我來不為美人感極目惟悲天地秋
晚發宜陵道中
晨雞喔喔啼茅店催離別驅車上平原西風吹面裂朝陽大於盤霜氣猶似雪
僕夫行踏冰石凍足如嚙徑轉泥復融港斷路欲絕躑躅咫尺間千亍趑趄涉
風塵悔我遊少壯輕鄉關骨肉既黃壤朋儔鄰泰越遠東鶴姓丁海上蟲名蛣
蟟禽敢凌霄待兔乃循轍不與蝸頭爭終為蝸角絀微逐不得意駝驅空鬱
結鴻雁感我情歸思鳴切切
立春日作
江草萋萋江柳新桃紅照東風低金閨剪綵翻花樣綺燕宜春貼曲枝土牛
春仗出春郊此日消除殊綺錯仙樂初鳴太守堂祥花又拂詞臣閣我憐湖海
貢文遊不管春光只管秋踏青拿舟珠簾約子滿陰成紙帳惆悵今歲立春空小
住住明年春日何處春去春還竟等閑花開花落紛無數聲聲杜宇喚時新
栽酒司勳易愴神歌得立春詞一曲不知誰是惜春人
二月二日大風

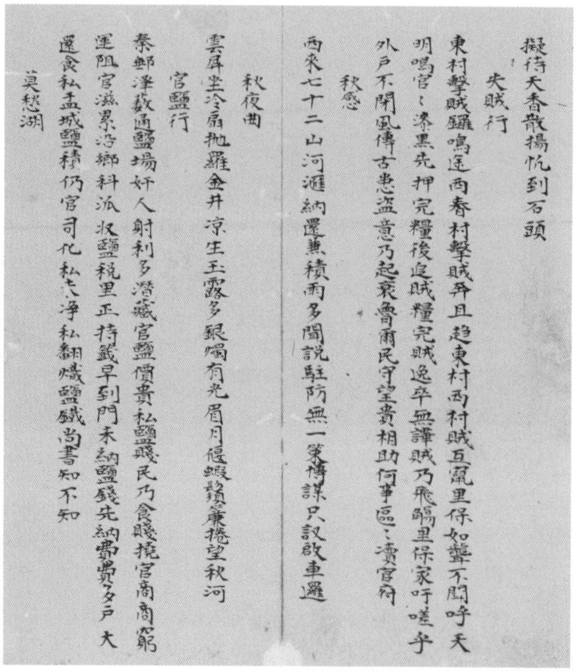

西來七十二山河邏納還兼積雨多聞說駐防無一等傳謀只議啟車邏
秋感
外戶不閉風傳古患盜竟乃起衆魯甫民守望貴相助何事區區賣官府
明鳴官深黑先押完糧後追賊糧完賊逸卒無諱賊乃飛鷂里保家吁嗟乎
東村擊賊鑼鳴逐西村擊賊并且趨東村西村賊互竄里保如聾不聞呼天
失賊行
擬待天香散揚帆到石頭
秋夜曲
雲屏坐冷扇拋羅金井涼生玉露多銀燭有光眉月殘蟋蟀慵捲望秋河
官鹽行
泰邨淨鹽滿鹽場奸人射利多潛藏官鹽價貴私鹽賤民乃食賤撓官商商窮
運阻官滋累洛鄉科派收鹽稅里正持籤早到門未納鹽錢先納費費多戶大
運食私鹽城鹽積仍官司化私為淨私翻賤鹽賤尚書知不知
莫愁湖

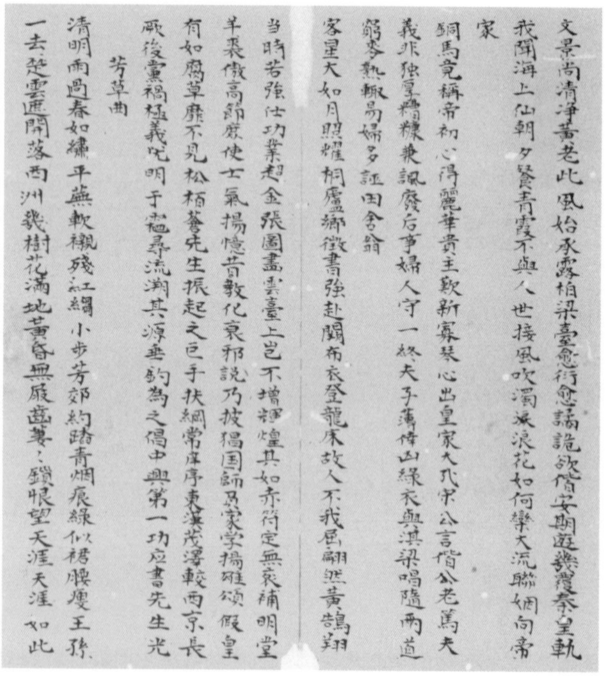

文景尚清淨黃老此風始承露柏梁臺忽衍忽謠詭欲借安期遊幾隨秦皇軌
我聞海上仙朝夕餐青霞不與人世接風吹濁浪花如何擎大流聯姻向帝
家
銅馬竟稱帝初心得麗華貴主欺新寡琴心出皇家大兄守公言宿公老篤夫
義非強宮糟糠妻姬廢后事婦人守一終天子薄倖山綠衣與淇梁鳴鴟兩道
嗣李執甑烏婦多証因舍翁
客星大如月照耀桐廬鄉徵書強赴闕布衣登龍床故人不我屈翩然黃鵠翔
當時若強仕功業起金張圖畫雲臺上邑不增輝煌其如赤符定無爵補明堂
羊裘傲高節麻使士氣揚憶昔教化衆邦說乃披猖國師為家掌摘難頌假皇
有如腐草靡不見松柏蒼先生振起之臣子扶綱常庠序東漢茂澤較西京長
厥後黨禍極義吃明于茲奉流淵其源爭豹為之倡中興第一功應書先生光
芳草曲
清明雨過春如織平蕪軟襯殘紅濕小步芳郊約踏青烟痕綠似裙腰處王孫
一去楚雲遮閑落西洲幾樹花滿地黃昏無限齒萋萋鎖恨望天涯天涯如此

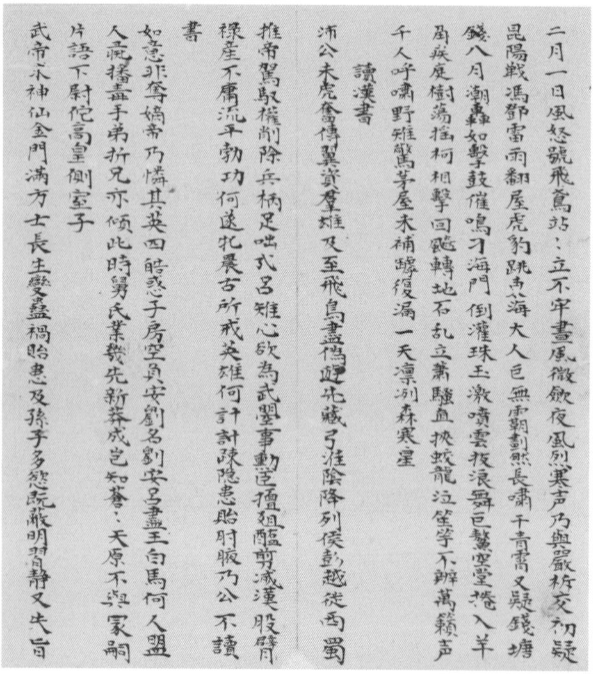

二月一日風怒號飛鳶鳴鳴立不牢畫屏欲夜風烈寒聲乃與嚴枝交初疑
昆陽戰馮鄧雷雨翻屋虎豹跳出海大人邑無害劃然長嘯千帝震又疑錢塘
錢八月潮轟如擊鼓催鳴刁海門倒灌珠玉激噴雲拔浪舞白鯨堂堂捲入羊
角夜樹搖撼相擊回飈轉地石亂立蕭騷血捲蛟龍泣笙竽不辨萬籟聲
千人呼嘯野雉驚茅屋未補滿復漏一天凜冽森寒星
讀漢書
沛公未虎奮傳翼資羣雄及至飛鳥盡偽遊欲藏弓淮陰降列侯彭越徙西蜀
推帝駕馭桃削除兵柄足啖武呂雄心欲為武曌事動臣種誑醢剪滅漢股臂
祿産不庸流干勳功何遂犯晨古所戒英雄何計斛疏隱患貽肘腋乃公不讀
書
如意非奪嫡帝乃憐其英四皓惑子房空負安劉名劉安呂盡王白馬何人盟
人彘播醜手弟折兄亦傾此時舅氏業幾先新莽成已知蕃蕃天原不與家嗣
片語下尉佗高皇側室子
武帝不神仙金門滿方士長生變蠱禍貽患及孫子多慾既蔽明翁靜又失旨

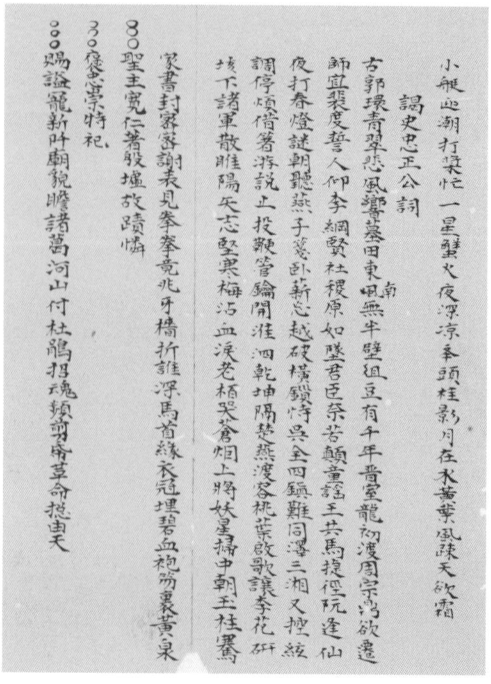

小艇逆潮打槳忙一星蟹火夜浮涼來頭柱影月在水黃葉風疏天欲霜
謁史忠正公祠
古郭環青翠悲風響落田東風無半壁組豆有千年晉室龍初渡周宗鶴欲遷
帥庭裂虞誓入仰李綱贅杜稷原如壁君臣奈苦難董瑤王共馬換徑玩逢仙
夜打春燈謎朝聽燕子箋臥薪忘越破橫槊傍吳全四鎮難同濟三湘又控絃
調停煩借箸游說止投鞭管鑰開淮泗乾坤隔楚燕渡江桃葉啟歌讓杏花研
旌下諸軍散睢陽矢志堅栗梅沾血淚老柏哭蒼烟上將妖星掃中朝王柱懸
衰書封寡婦猶表見拳拳竟此斷橋折誰浮馬首緣衣冠埋碧血袍笏裹黃泉
○○聖主寬仁著殷墟故蹟憐
○○褒忠榮特祀
○○賜謚寵新阡廟貌瞻諸葛河山付杜鵑招魂頻哭廟草命捧由天

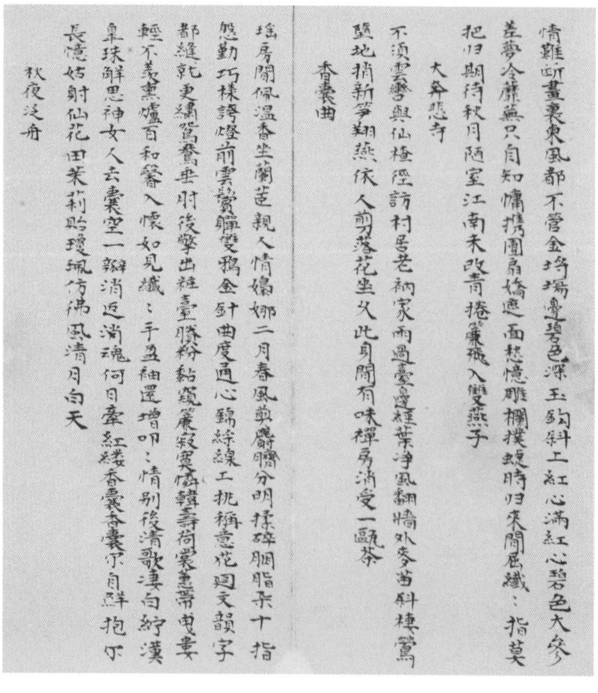

情難斷盡東風都不管金杯瑤邊碧色深玉鉤斜上紅心滿紅心碧色大參
差夢今雍燕只自知慵攜團扇嬌遮面愁憶雕欄撲蝶時歸來閑屈纖纖指莫
把歸期待秋月隨室江南未改青捲簾飛入雙燕子
大奔悲寺
不須雲夢與仙槎徑訪村居老衲家雨過臺階經葉淨風翻晴外麥苗斜棟鷩
覷地捐新芽翔燕依人剪落花坐久此身閑有味禪房消受一甌茶
香囊曲
塢房閑倚溫香坐蘭芷親人情嬌娜二月春風剪臙脂分明揉碎胭脂未十指
殷勤巧樣誇燈前熏麝翩雙鴛金針曲度通心線絲線工挑稱意花迴文韻字
都縫就東綵萬番雲中對後擎出翟臺勝將黏蘭麝寂寞爐熏壽與帶中要
輕不羨熏爐百和香入懷如見纖纖手血細還增明明情別後清歌凄白紵漢
阜珠解思神女人去囊空一瓣消返瑤魂何日牽紅縷香囊香囊亦自憐抱不
長憶姑射仙花田茉莉貽瓊佩彷彿風清月白天
秋夜泛舟

（图八一 35—40）

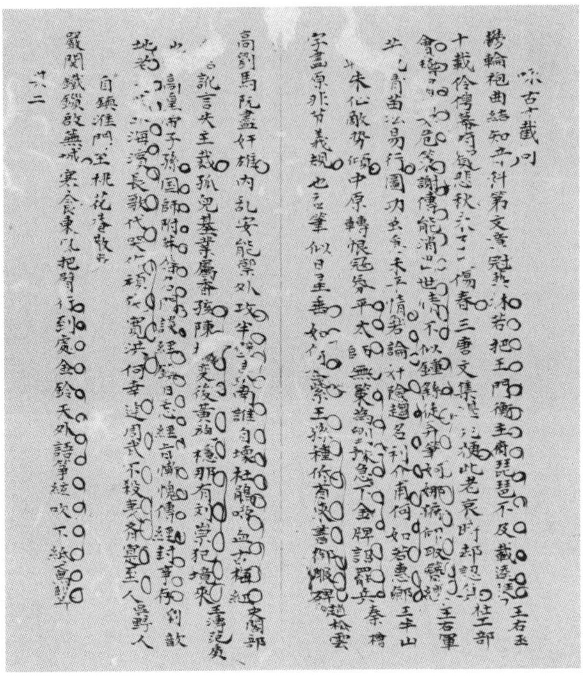

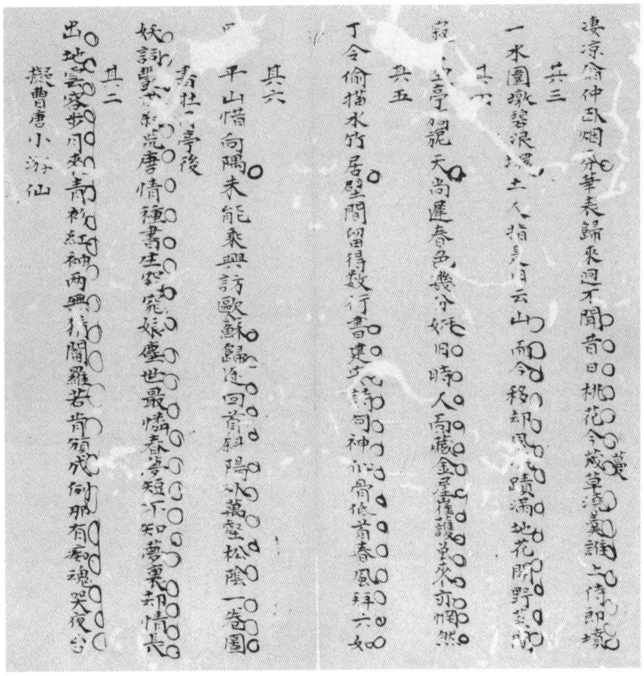

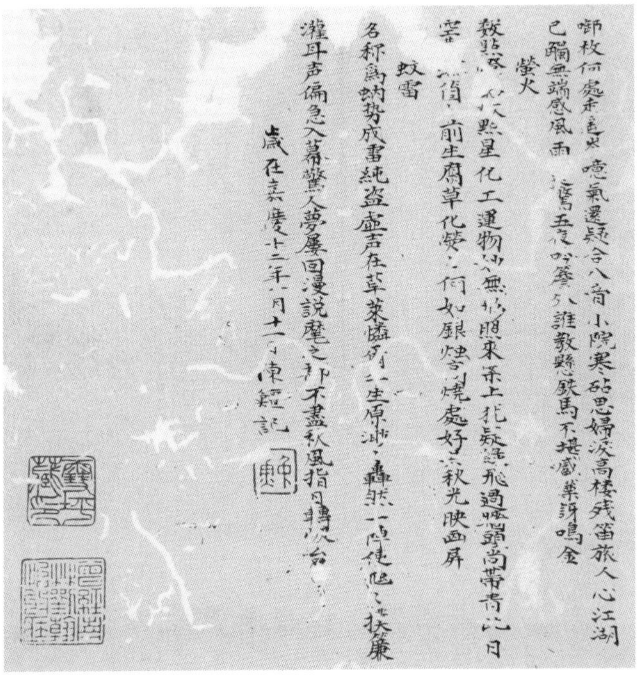

（图八一　41—43）

八一　陈鳣　诗稿册

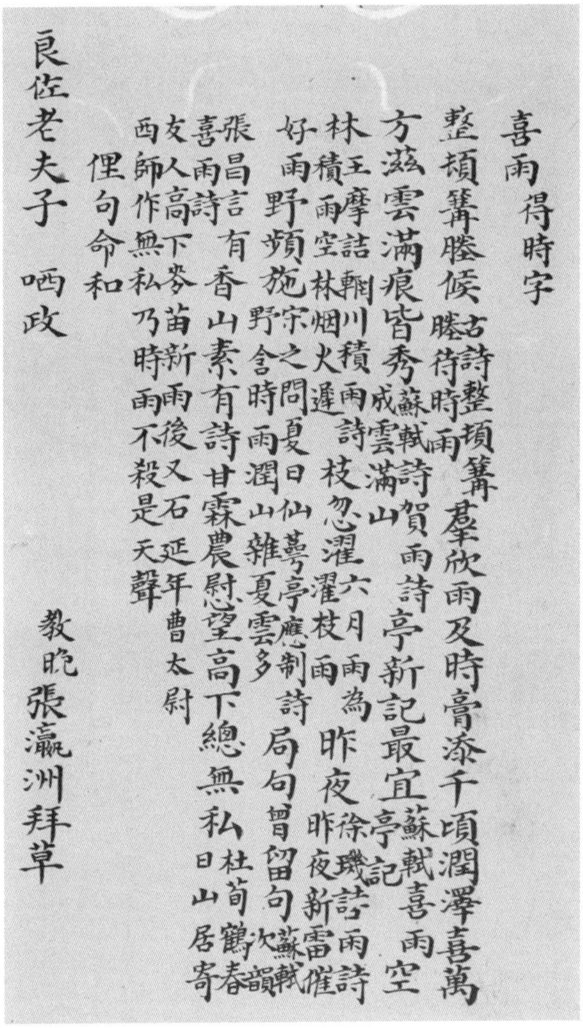

喜雨得時字
整頓篝古詩整頓縢待時雨篝羣欣雨及時膏添千頃潤澤喜萬
方滋雲滿痕皆秀蘇軾詩成雲滿山賀雨詩亭新記最宜蘇軾喜雨亭記空
林王摩詰輞川積雨詩積雨空林烟火遲枝忽濯六月雨為濯枝雨昨夜徐璣詩雨詩昨夜新雷催
好雨野頻施宋之問夏日仙蕚亭應制詩野含時雨潤山雜夏雲多局句冒留句蘇軾次韻
張昌言喜雨詩有香山素有詩甘霖農慰望高下總無私杜荀鶴春日山居寄
友人高下岑苗新雨後又石延年曹太尉西師作無私乃時雨不殺是天聲
俚句命和
艮佐老夫子　哂政
教晚　張瀛洲拜草

（图八一附－44）

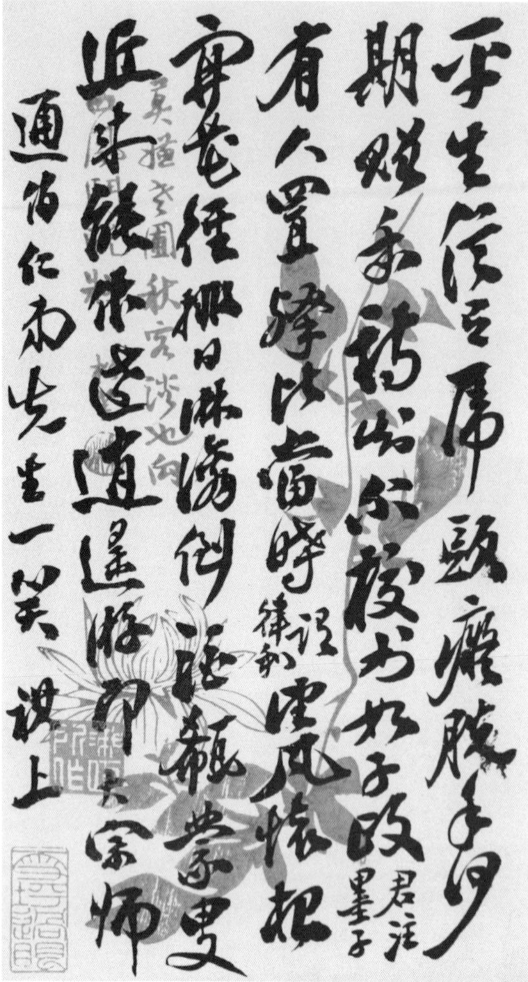

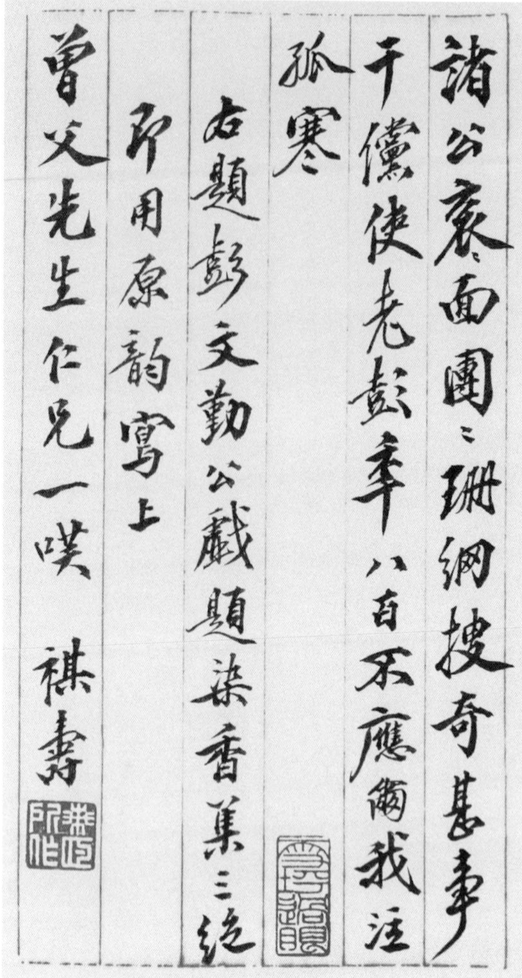

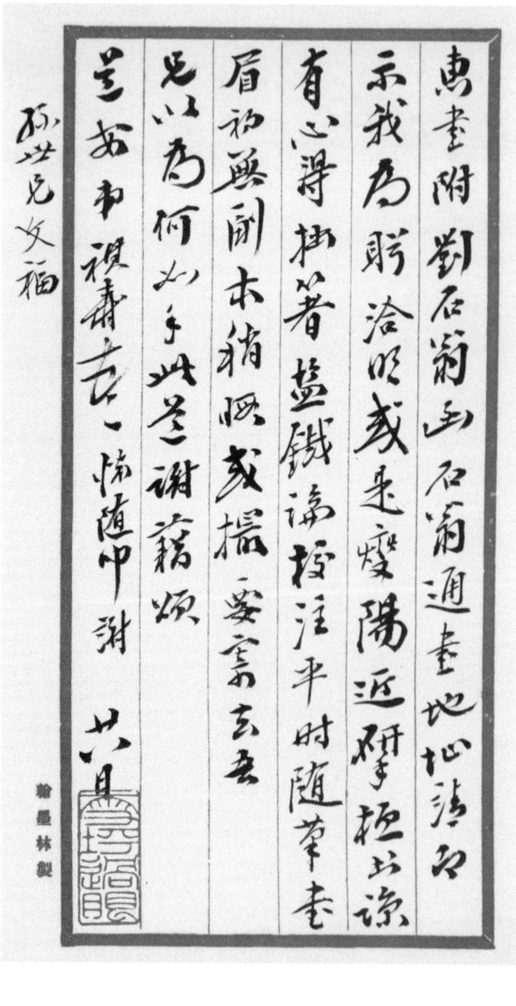

（图八二 1-3）

八二　陈祺寿　书信函

陈祺寿（1863—1929 年），字星南，号兰宧，清末布衣。其祖籍河南，后迁江苏句容，因父辈科举寄籍丹徒，故自称“丹徒人”。光绪九年（1883 年）受聘于东台西溪书院，担任教席之职。1906 年任南东上江公学堂图文教席。1911 年秋，任庐州府中学堂教席。1912 年署期回东台后，创办《东台日报》，于 8 月 1 日正式创刊，开创了东台人自办报纸的先河。1929 年因病去世。

著有《且朴斋跋》《武梁祠堂画像字考》等。

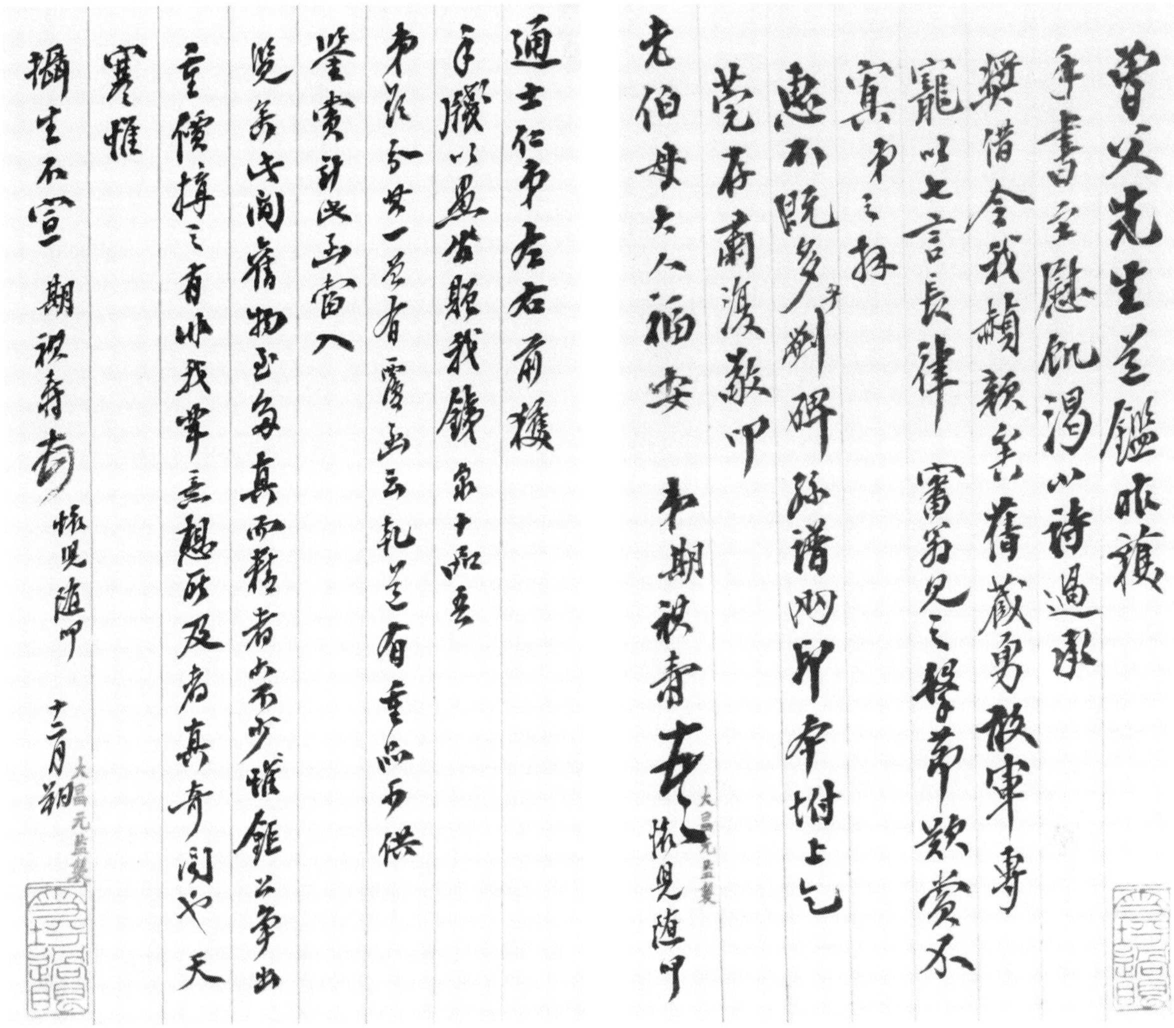

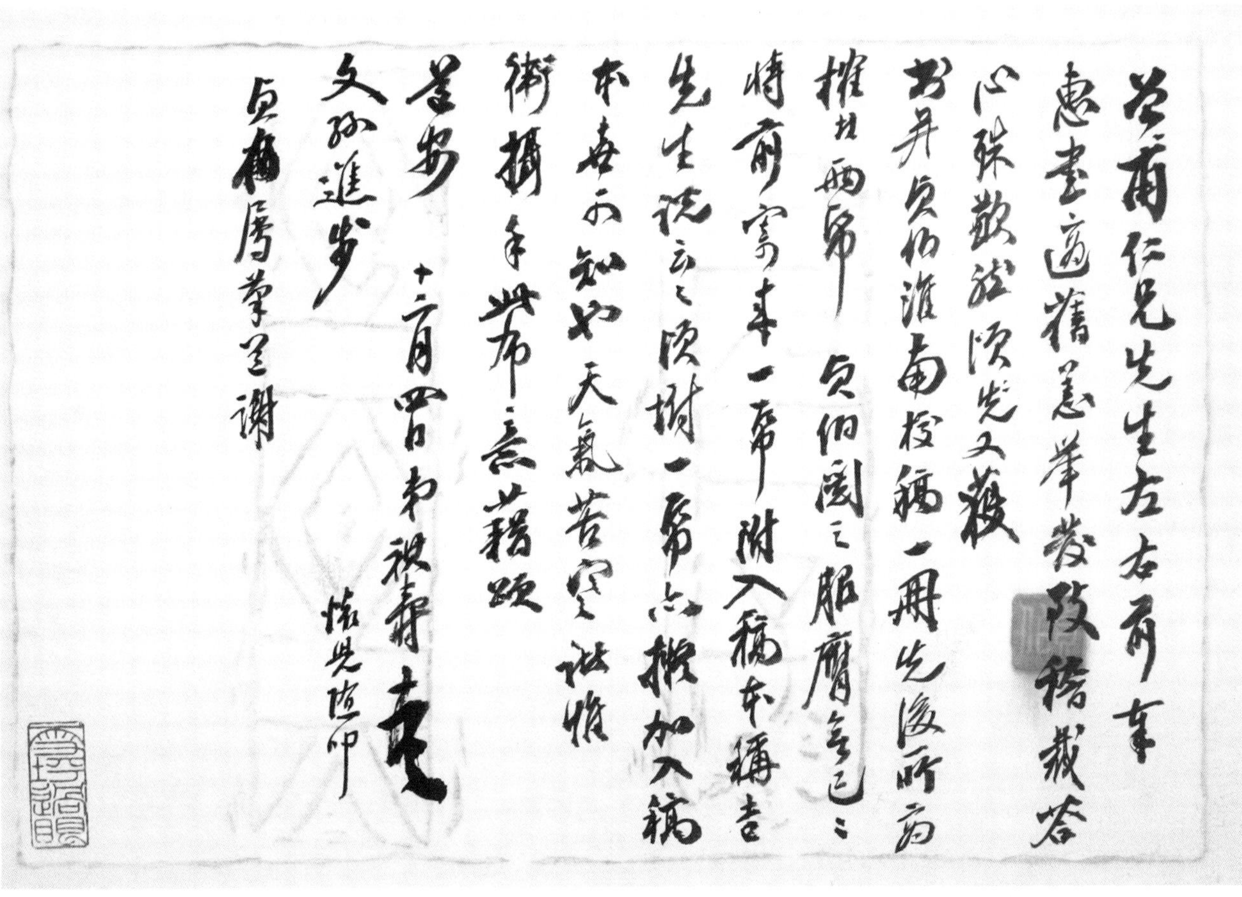

（图八二　4-6）

八二　陈祺寿　书信函

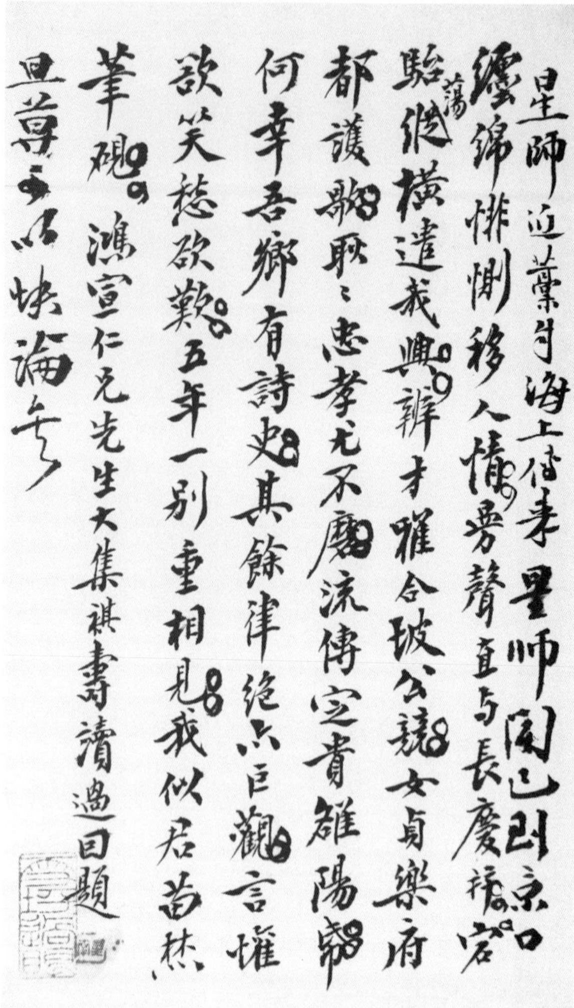
星師近藁自海上付來星師閱已叫京口
纏綿悱惻移人情勇聲直与長慶相宕
騁蕩縱橫遠義興之辯才雅合坡公之號女貞樂府
都護歌之忠孝尤不屬流傳定青雒陽紙貴
何幸吾鄉有詩史也其餘律絕亦巨觀也言權
欵笑慈欲歎也五年一別重相見也我似君苗焚
筆硯也　鴻宣仁兄先生大集　祺壽讀過因題
且尊之以快論矣

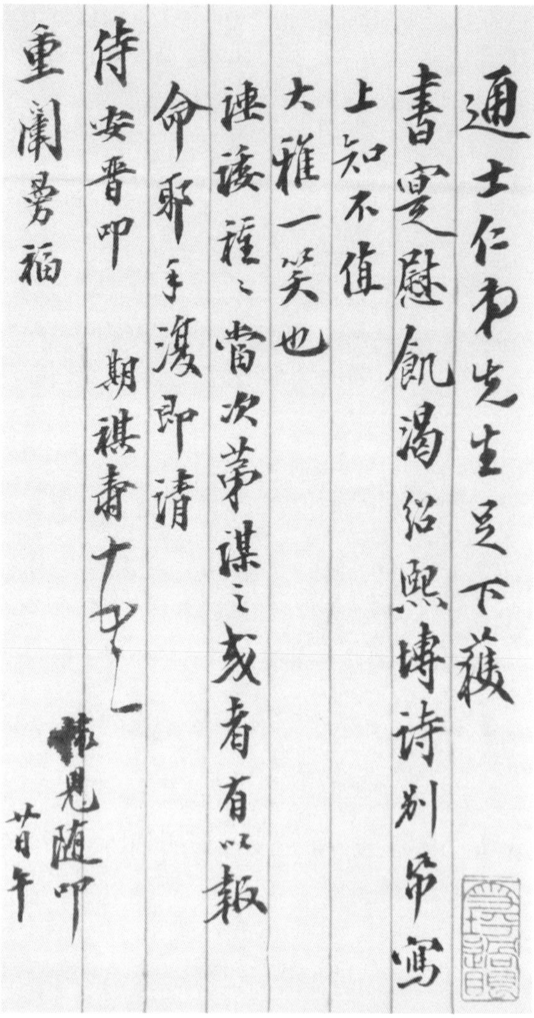
通士仁弟先生足下獲
書宴慰飢渴貽熙博詩別爲寫
上知不值
大雅一笑也
連接種種當次第謀之或者有以報
命耶手復即請
侍安晋叩　期祺壽頓首
重闈勇福
椒兒隨叩　廿日午

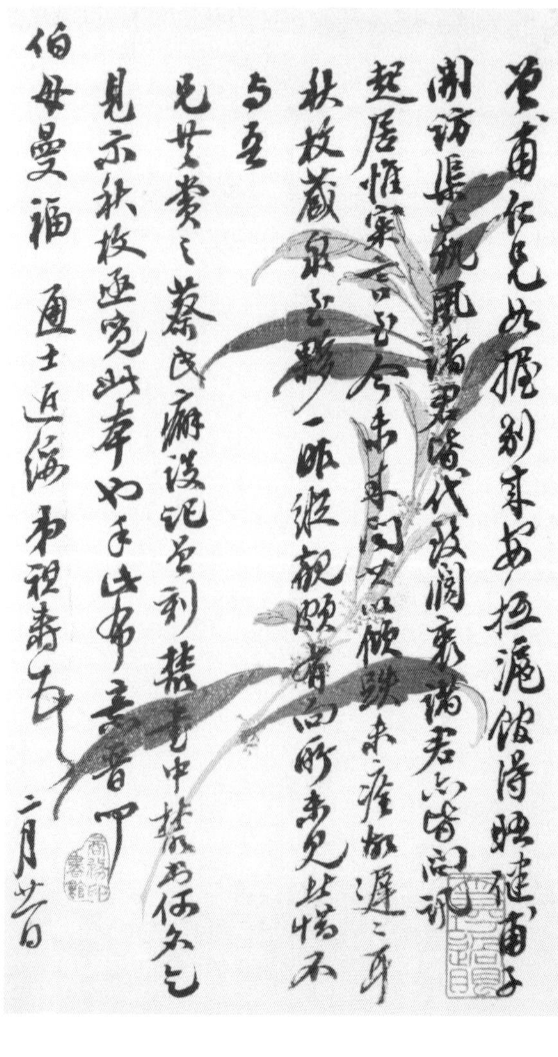
叢甫仁兄如握別來安好極念饒詩頗健甫子
閩訪城上執風諸君均代致閩意諸君亦皆問訊
起居惟案言及今未見到跌來痊極遲遲之耳
秋枝藏泉兩聚一眼彼親頗有高所未見其情不
与至
兄世賞之蔡氏癖設泥金刻楷書中楷书何如也
見示秋枝逐究此本也手此布意晋叩
伯母曼福　通士近海　弟祺壽頓首
二月廿日

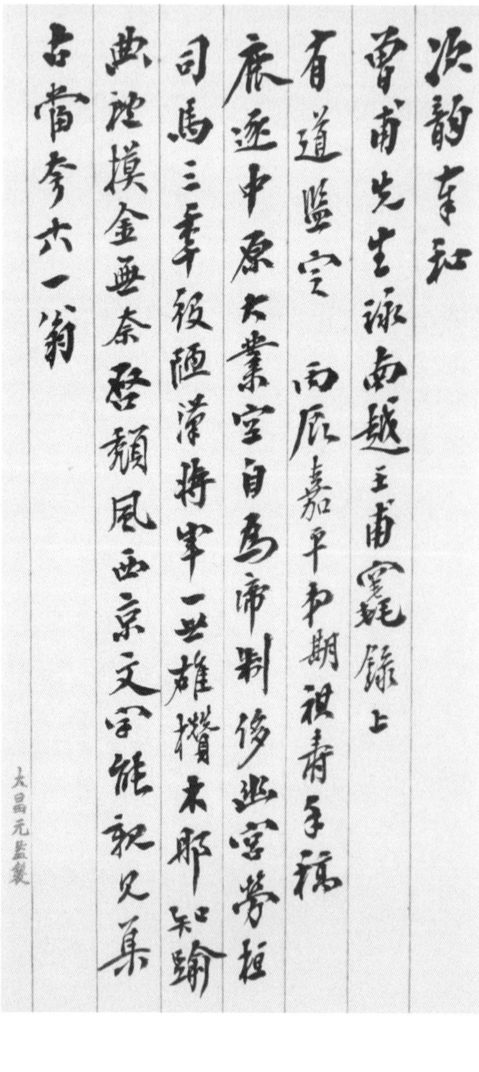
次韻奉和
曾甫先生詠南越王冢記錄上
有道鑒定　丙辰嘉平弟期祺壽手稿
應逐中原大業空自爲帝制侈幽宮夢短
司馬三年殺隨漢將軍一世雄攢木那知騎
幽燧摸金無奈啓頹風西京文字能親見某
古當參六一翁
太昌元監製

（图八二　7—10）

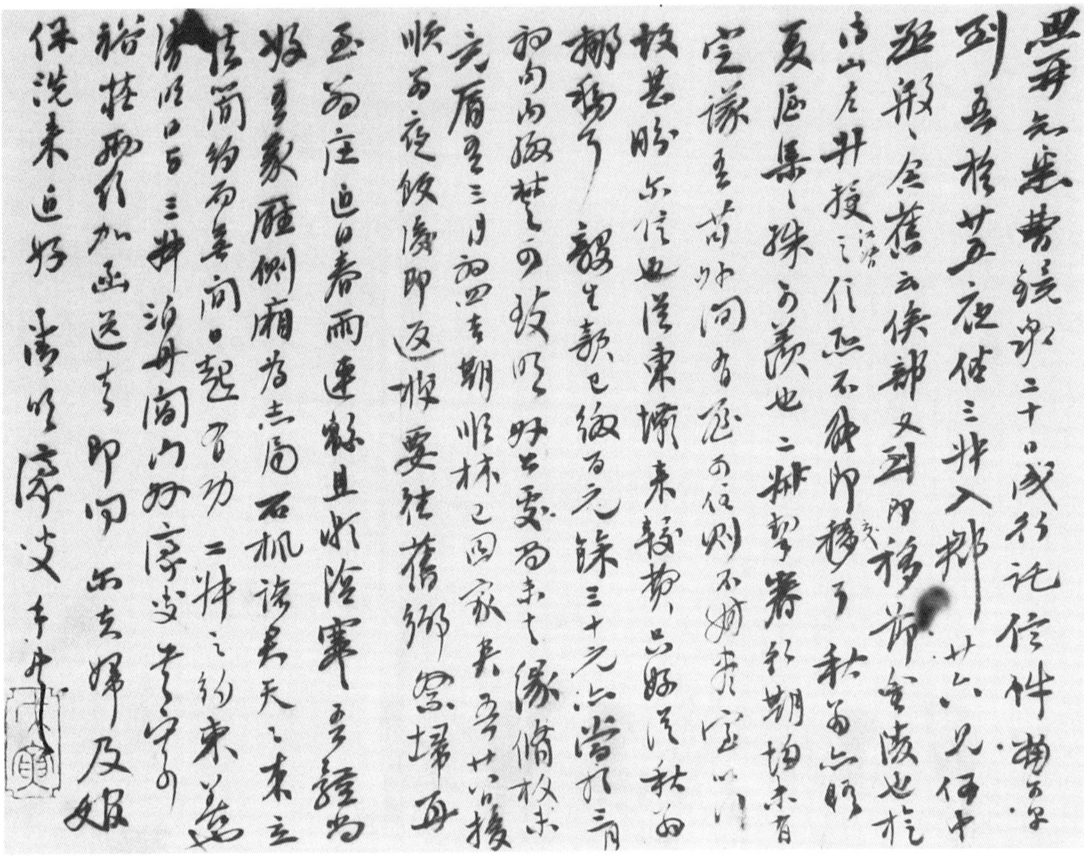

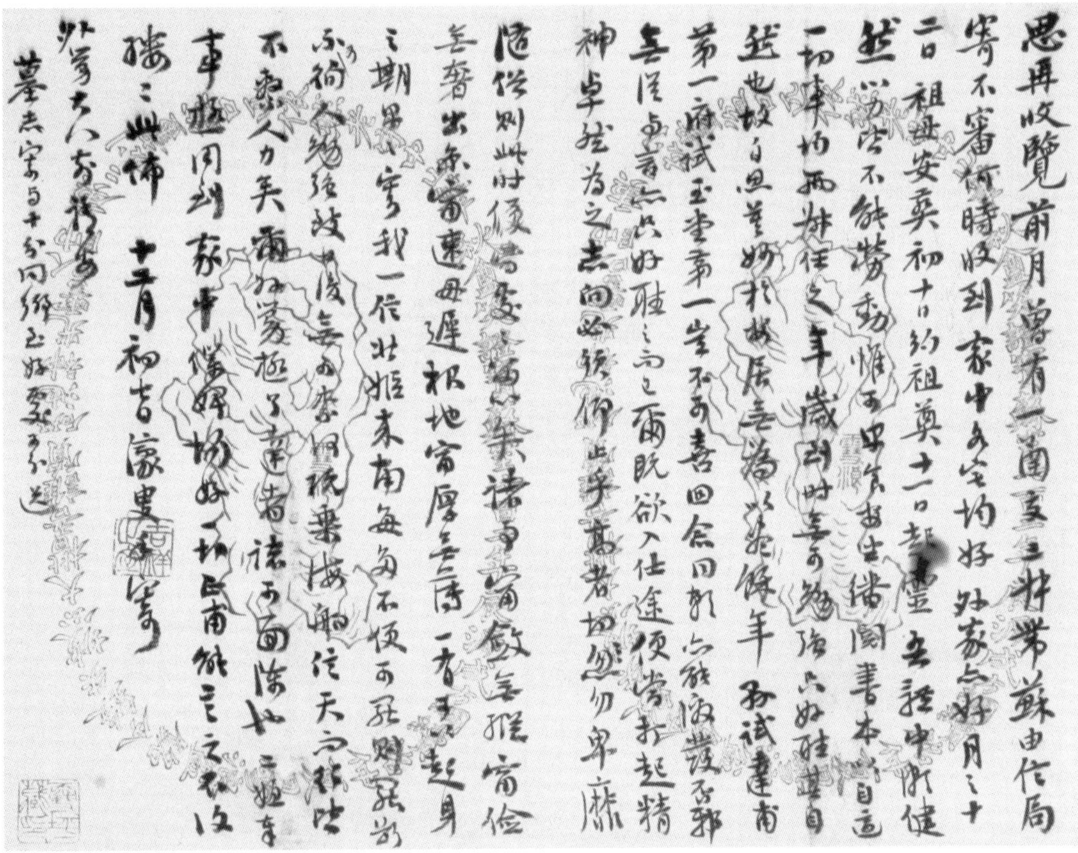

（图八三　1—2）

八三　杨沂孙　书札卷

杨沂孙（1812—1881 年），晚清著名金石学家、书法家。字咏春，晚号濠叟。江苏常熟人。嘉庆举人，官凤阳知府。擅考据，工篆籀书法。此卷集家书数涵，为研究杨沂孙的重要史料。

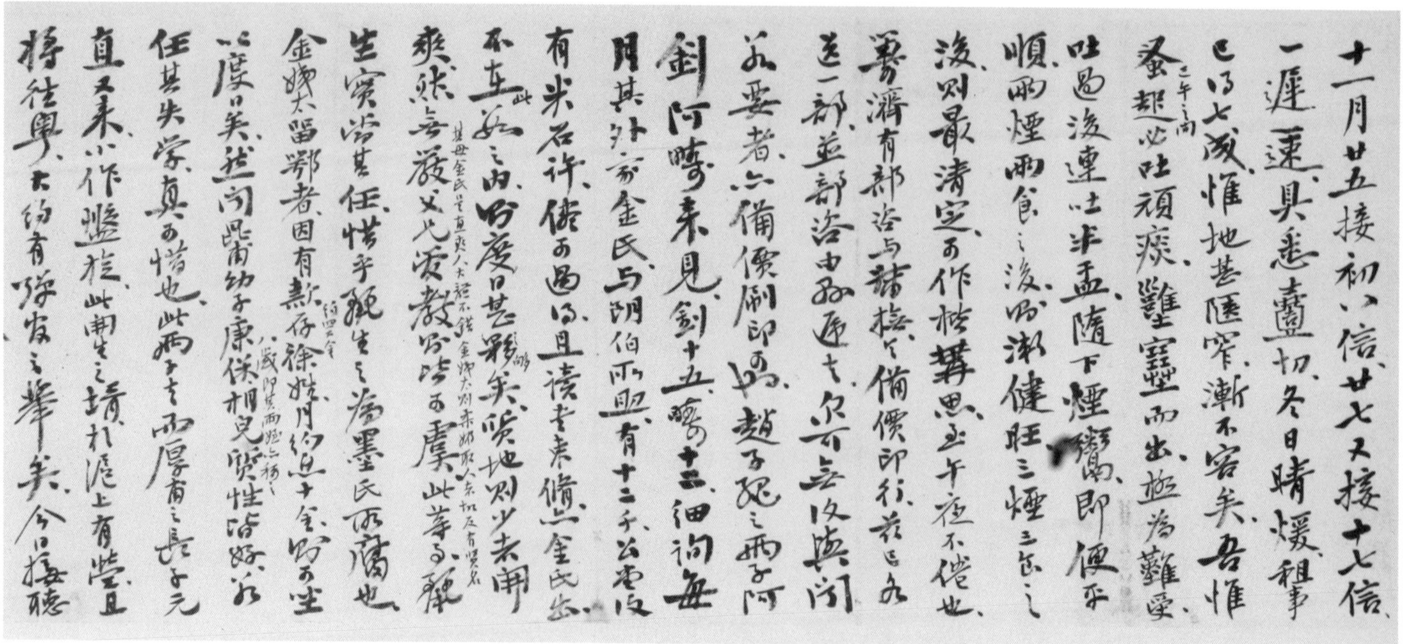

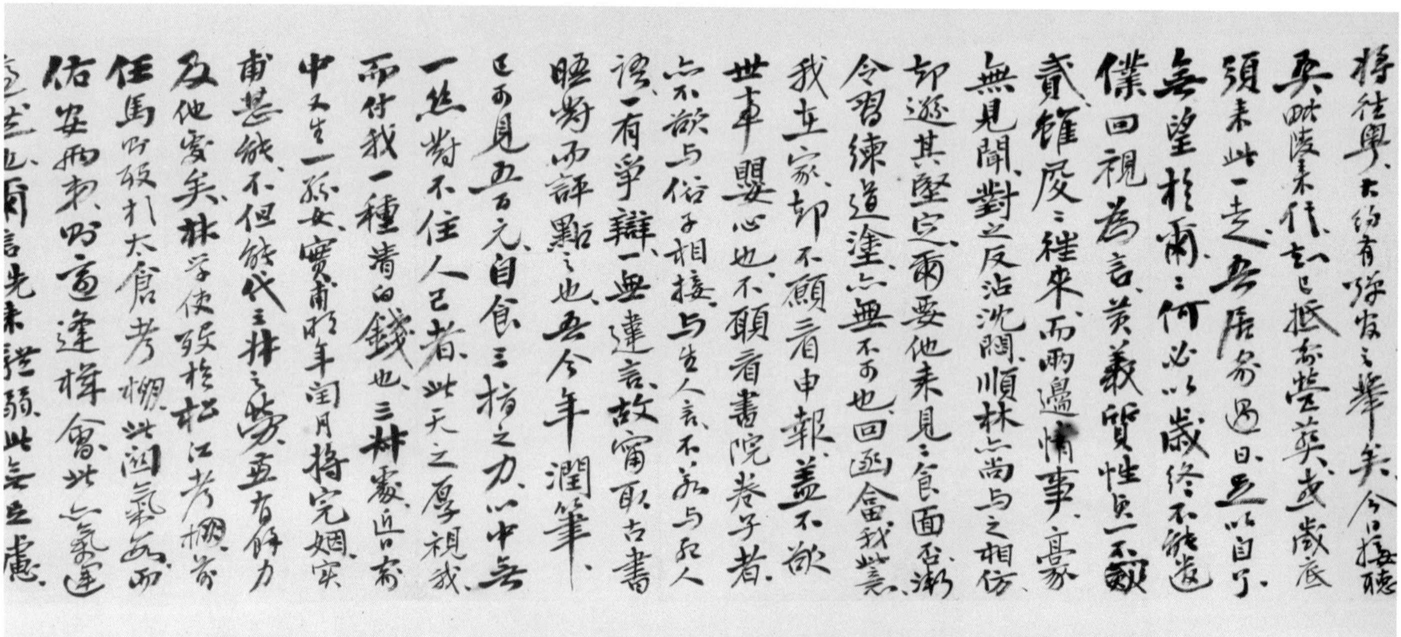

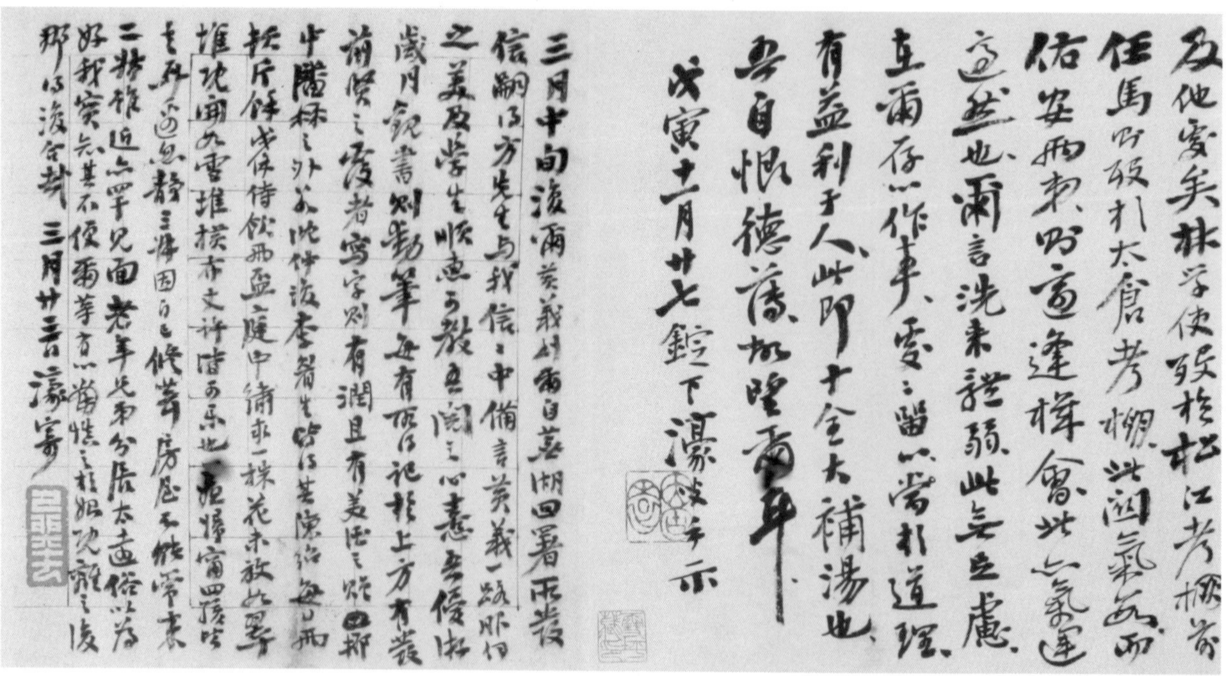

八三　杨沂孙　书札卷

（图八三　3－5）

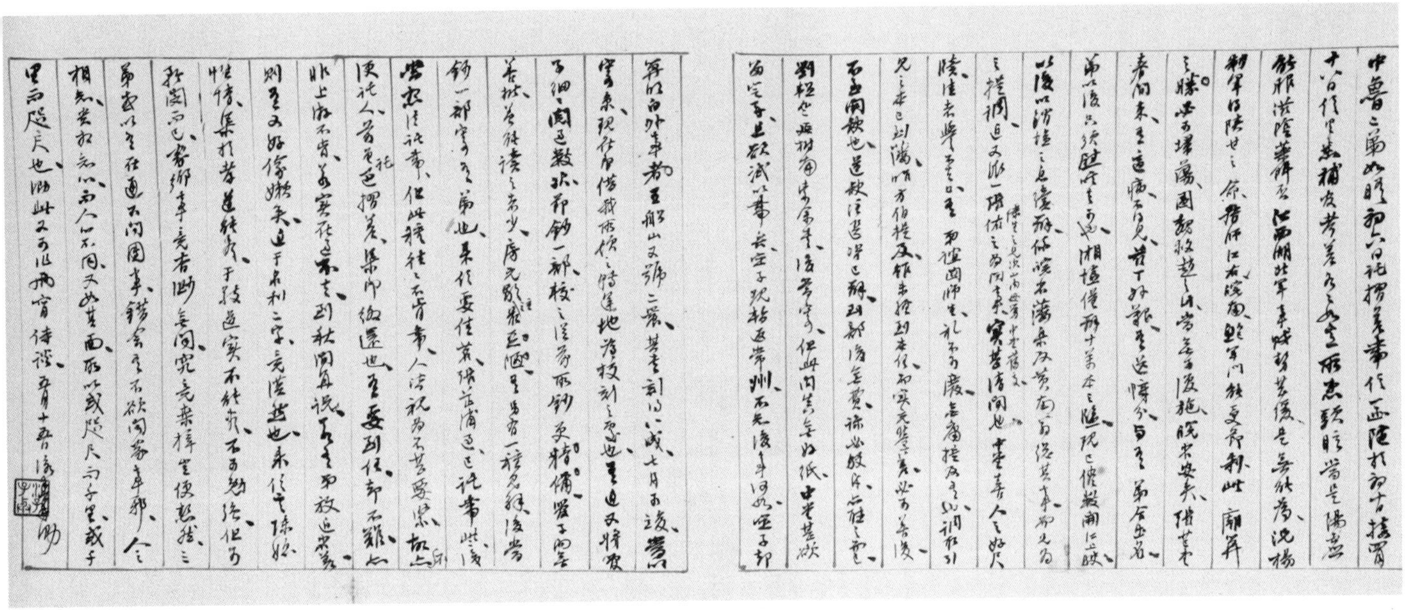

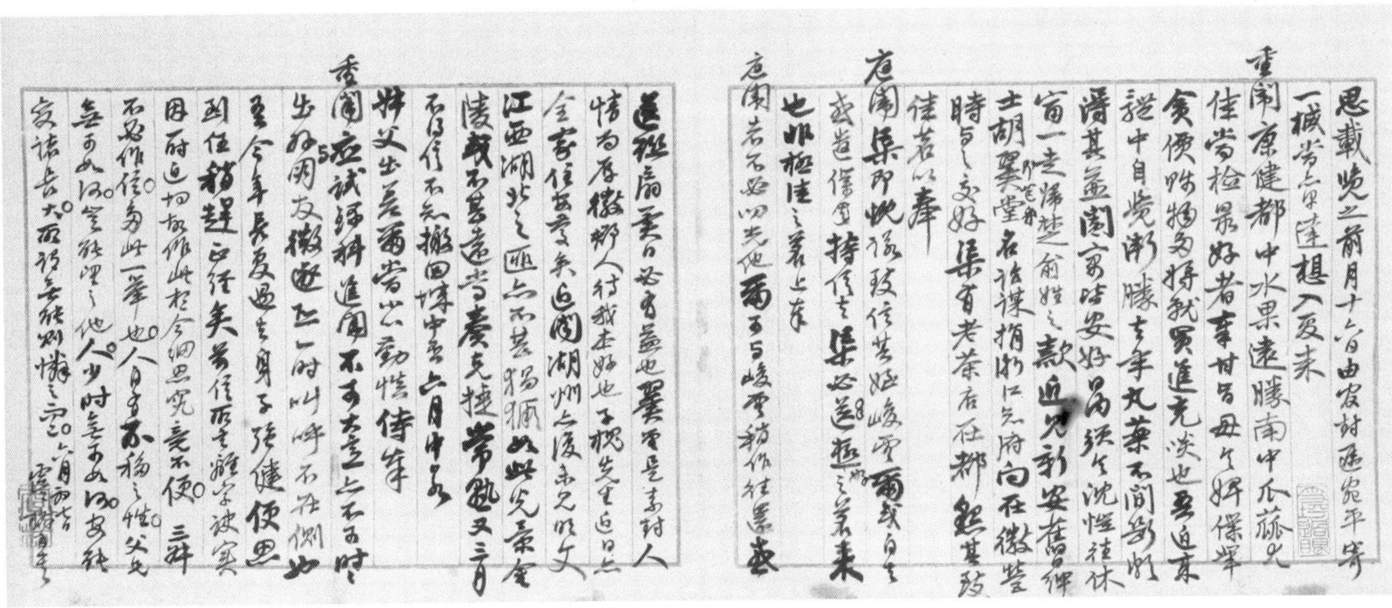

八三　杨沂孙　书札卷

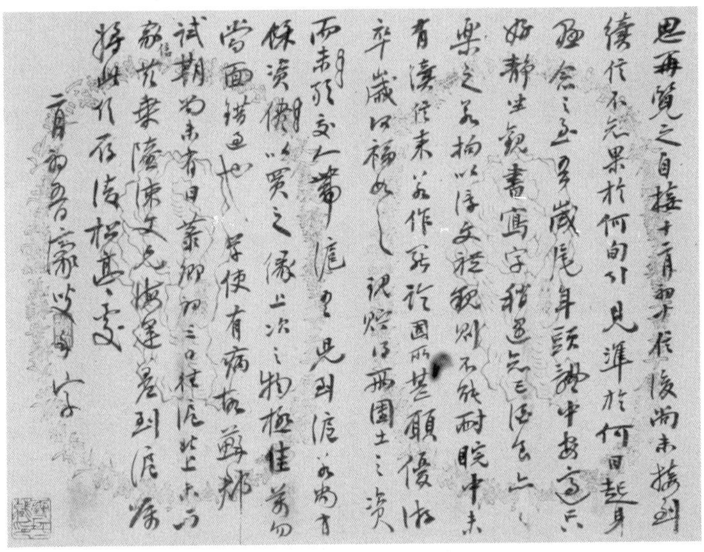

（图八三　6－8）

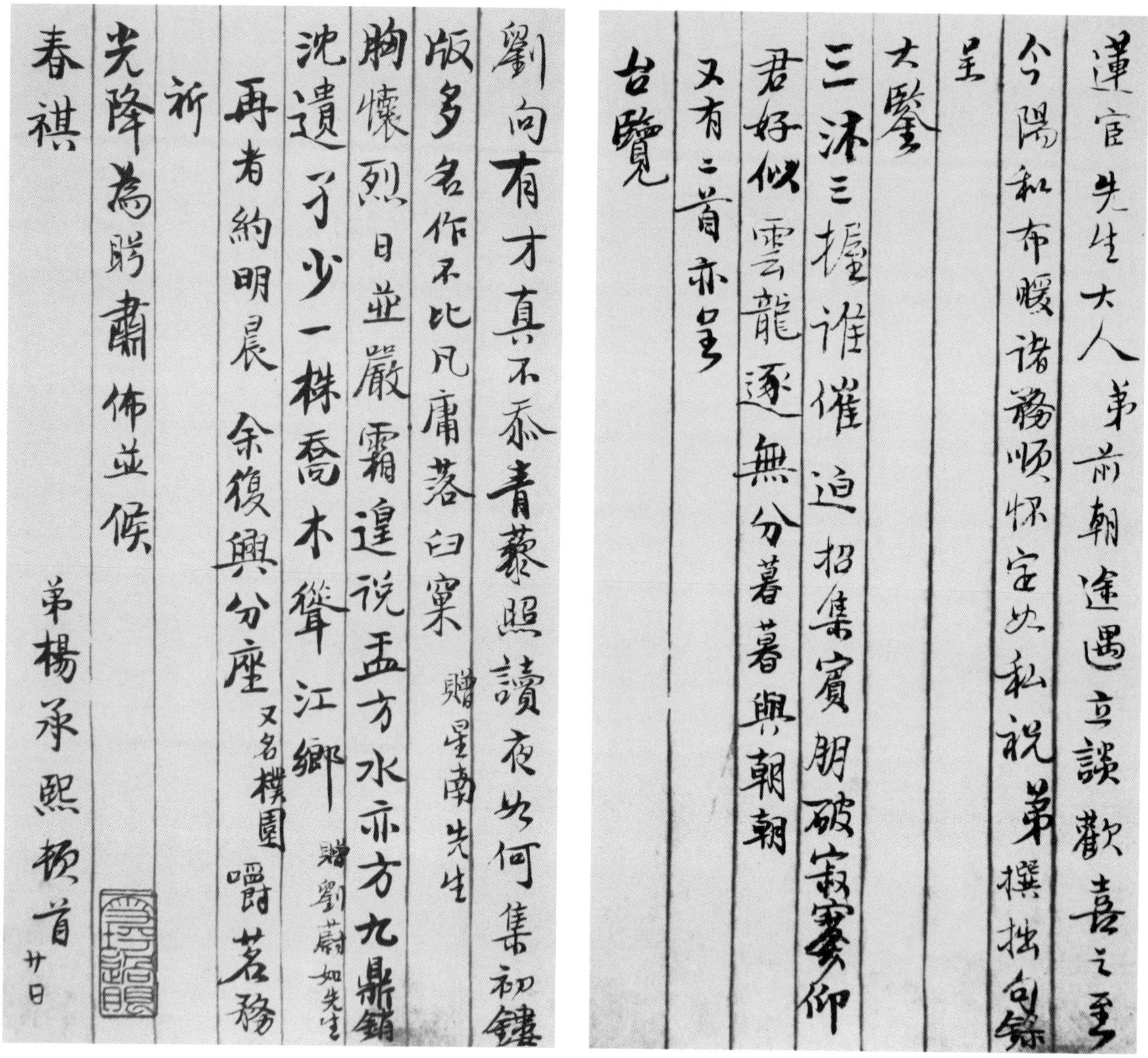
蓮宦先生大人 弟前朝途遇立談歡喜之至
今陽和布暖諸務順懷宝如私祝 弟撰拙句錄
呈
大鑒
三沐三握誰催迫 招集賓朋破寂寥 仰
君好似雲龍逐 無分暮暮與朝朝
又有二首亦呈
台覽
劉向有才真不忝 青藜照讀夜如何 集初鐫
版多名作 不比凡庸落臼窠 贈星南先生
胸懷烈日並嚴霜 違說孟方水亦方 九鼎銷
沈遺了少 一株喬木聳江鄉 贈劉蔚如先生
再者約明晨 余復興分座 又名樸園 嚼茗務
祈
光降為盼 肅佈並候
春祺
弟楊承熙頓首 廿日

八四　杨承熙　书信函

杨承熙（生卒年不详），辛亥革命后在世，湖北江夏人。字致存，光绪十六年进士。授编修，出为四川候补道。

八五　罗振玉　篆书论语册

罗振玉（1865—1940 年），现代著名古文字学家、书法家。字式如，又字叔蕴、叔言，号雪堂，晚号贞松老人，祖籍浙江上虞，生于江苏淮安。早年在上海创办农学社、《农学报》、东文学社，继任北京学部参事官兼京师大学堂农科监督。长期倾力于修治国学，上海国学保存会的发起人之一，倾向于保皇。1924 年与王国维等一同为清室善后委员，入宫检点宫中器物，后追随溥仪至伪满洲国，任伪检察院院长等职。擅书，开近代篆书书法新风。此长篇篆书论语册，为其重要的书法精品。

民国二十五年（1936 年）丙子嘉平月。

（图八五　1–2）

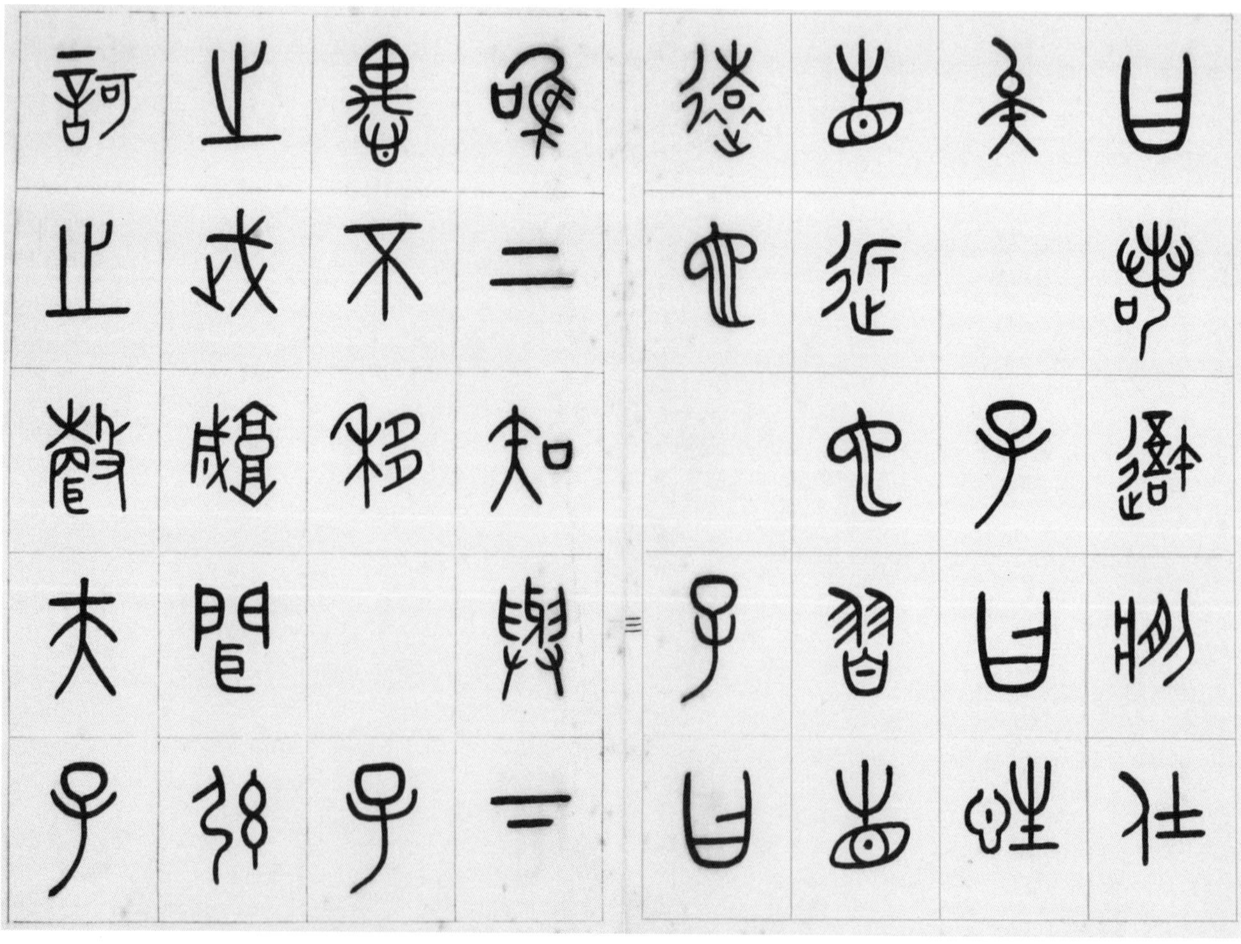

八五　罗振玉　篆书论语册

（图八五　3–4）

(图八五 5–6)

八五 罗振玉 篆书论语册

八五　罗振玉　篆书论语册

（图八五　7–8）

(图八五　9–10)

八五　罗振玉　篆书论语册

八五　罗振玉　篆书论语册

（图八五　11–12）

（图八五　13—14）

八五　罗振玉　篆书论语册

八五　罗振玉　篆书论语册

（图八五　15–16）

(图八五 17–18)

八五 罗振玉 篆书论语册

(图八五　19—20)

八五　罗振玉　篆书论语册

（图八五　21—22）

八五　罗振玉　篆书论语册

八五　罗振玉　篆书论语册

（图八五　23–24）

（图八五　25—26）

八五　罗振玉　篆书论语册

八五　罗振玉　篆书论语册

（图八五　27–28）

（图八五　29—30）

八五　罗振玉　篆书论语册

八五　罗振玉　篆书论语册　　　　（图八五　31—32）

（图八五　33—34）

八五　罗振玉　篆书论语册

八五　罗振玉　篆书论语册

（图八五　35–36）

（图八五　37—38）

八五　罗振玉　篆书论语册

八五　罗振玉　篆书论语册

（图八五　39—40）

（图八五　41—42）

八五　罗振玉　篆书论语册

八五　罗振玉　篆书论语册

（图八五　43—44）

（图八五　45—46）

八五　罗振玉　篆书论语册

八五　罗振玉　篆书论语册

（图八五　47—48）

（图八五　49—50）

八五　罗振玉　篆书论语册

八五　罗振玉　篆书论语册

（图八五　51—52）

（图八五　53—54）

八五　罗振玉　篆书论语册

八五　罗振玉　篆书论语册

（图八五　55–56）

（图八五　57—58）

八五　罗振玉　篆书论语册

八五　罗振玉　篆书论语册

（图八五　59–60）

（图八五　61—62）

八五　罗振玉　篆书论语册

八五　罗振玉　篆书论语册

（图八五　63–64）

（图八五　65—66）

八五　罗振玉　篆书论语册

八五　罗振玉　篆书论语册

（图八五　67–68）

（图八五　69—70）

八五　罗振玉　篆书论语册

八五　罗振玉　篆书论语册

（图八五　71—72）

（图八五　73—74）

八五　罗振玉　篆书论语册

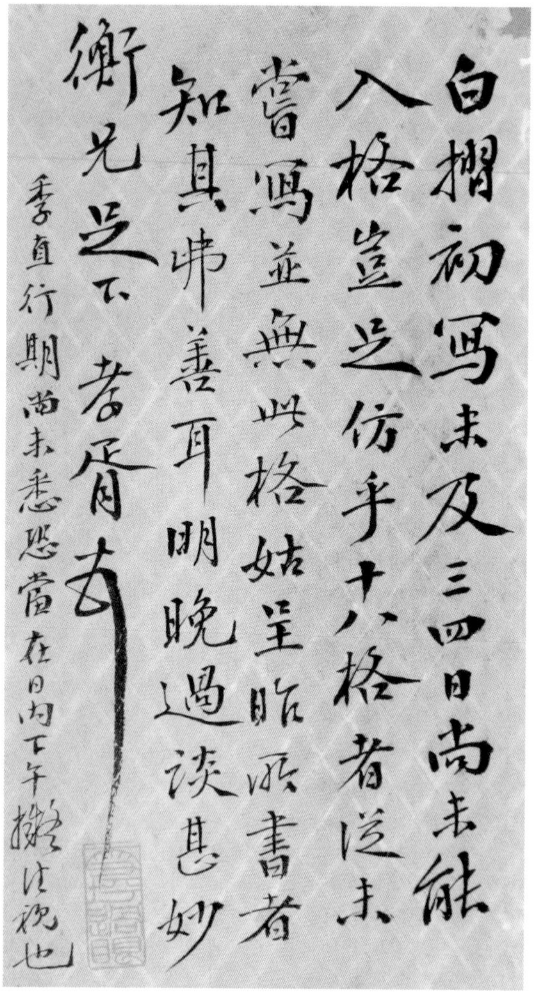

（图八六）

八六　郑孝胥　致丁立钧书札页

八七　疑陈汝玉　行书迈陂塘词

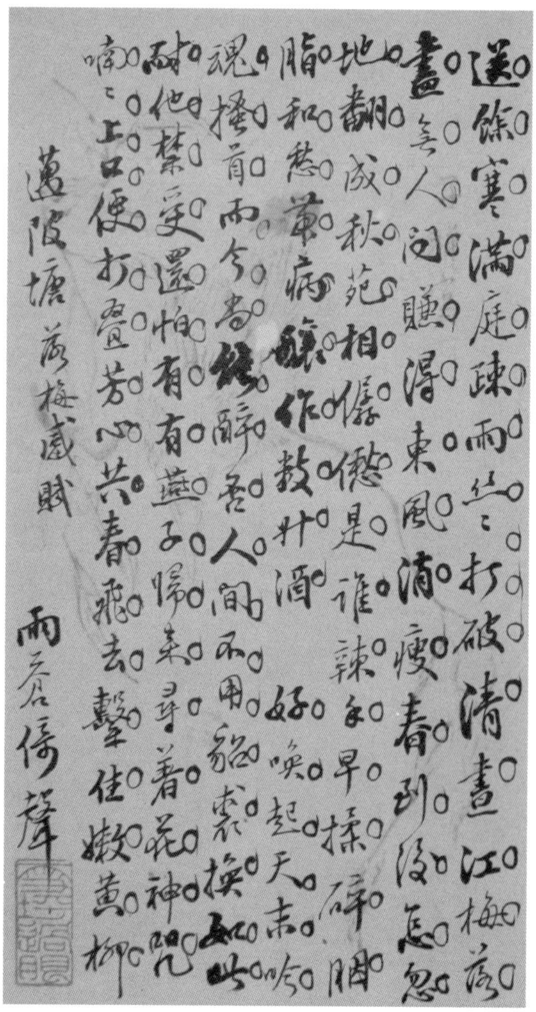

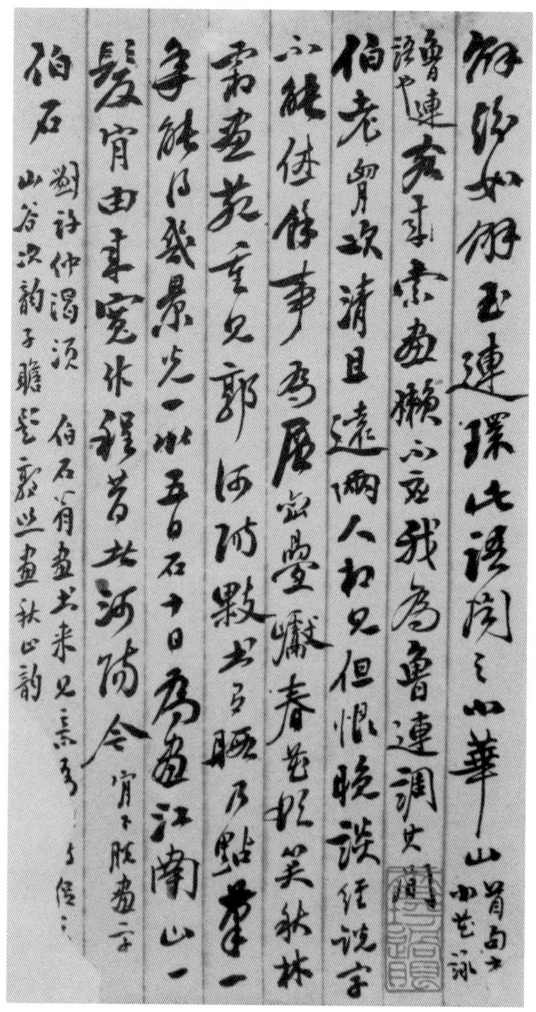

（图八七　1—2）

八八　宣霖　诗稿

宣霖　不详

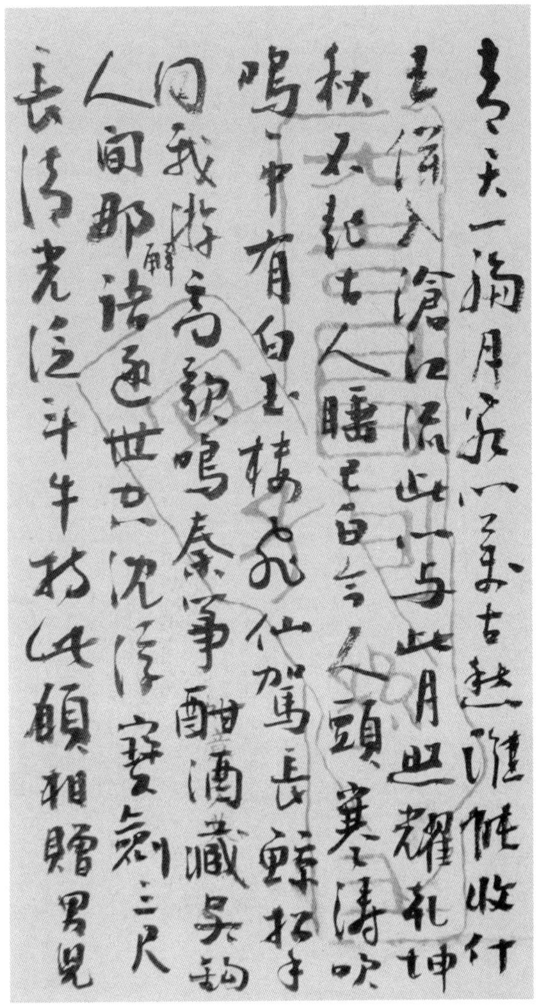

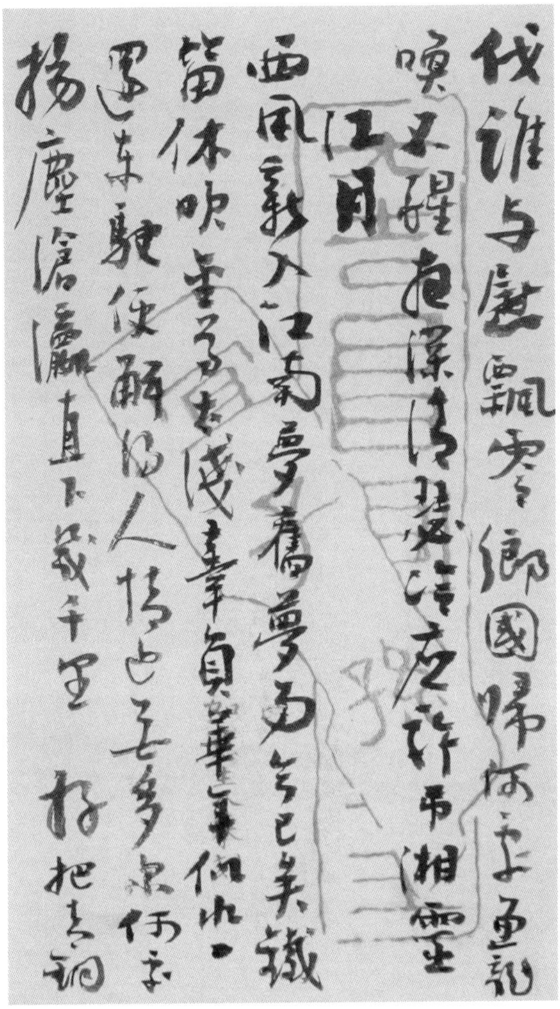

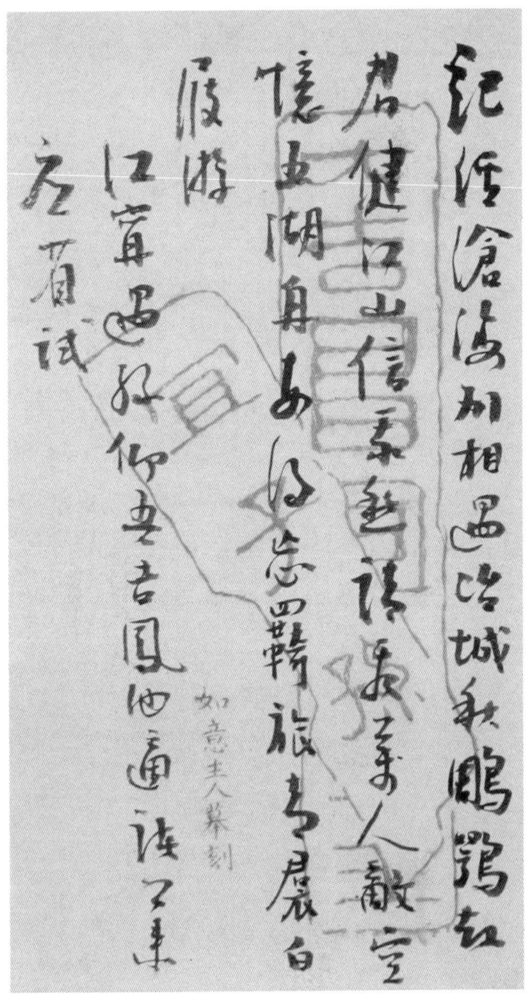

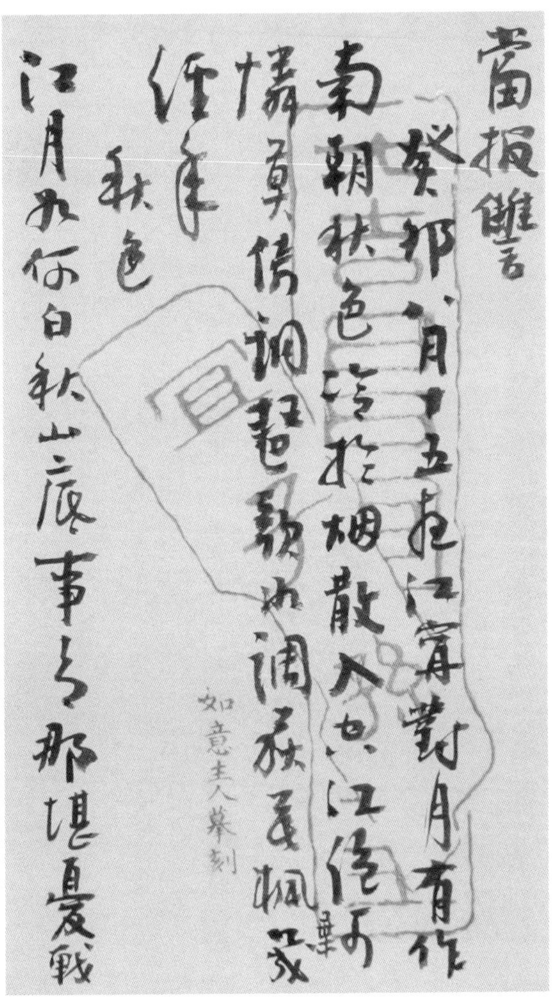

（图八八　1—4）

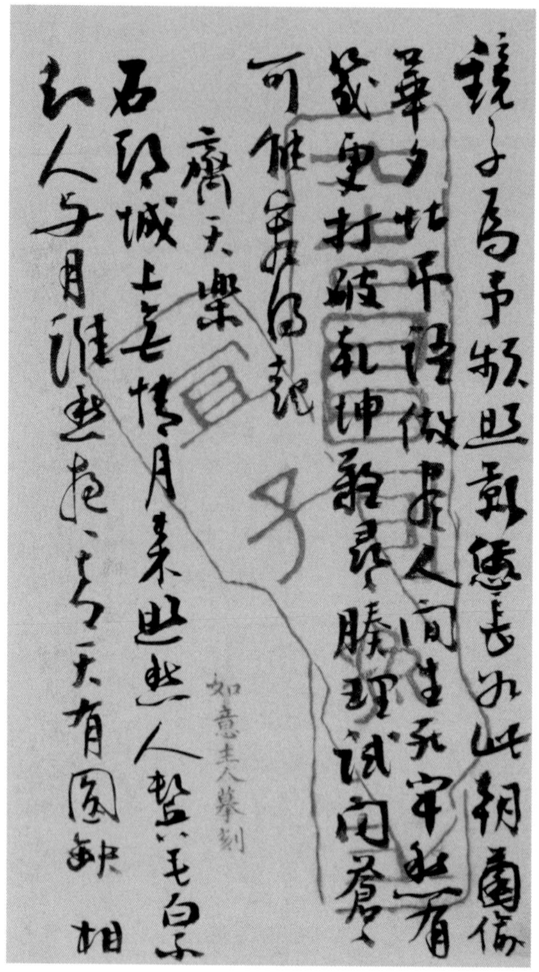

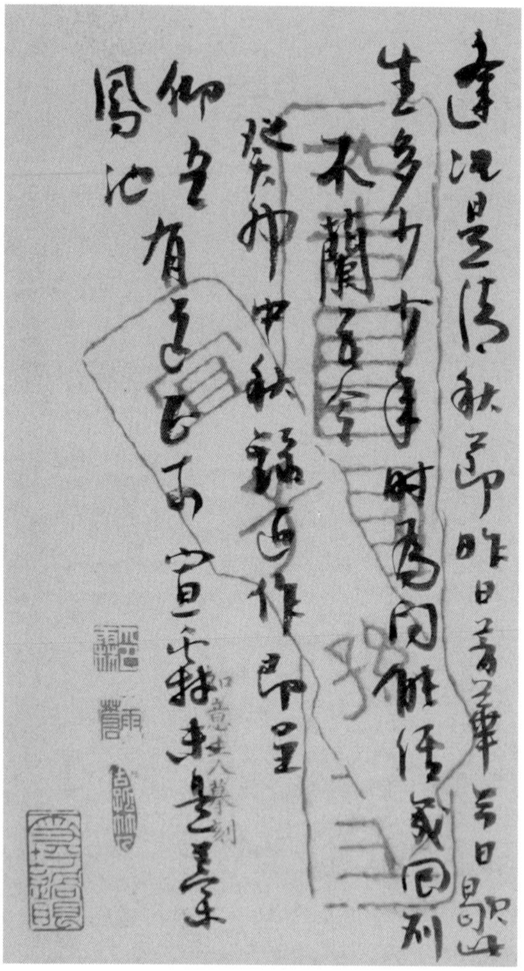

（图八八　5–6）

八九　春　笺一通

春　不详

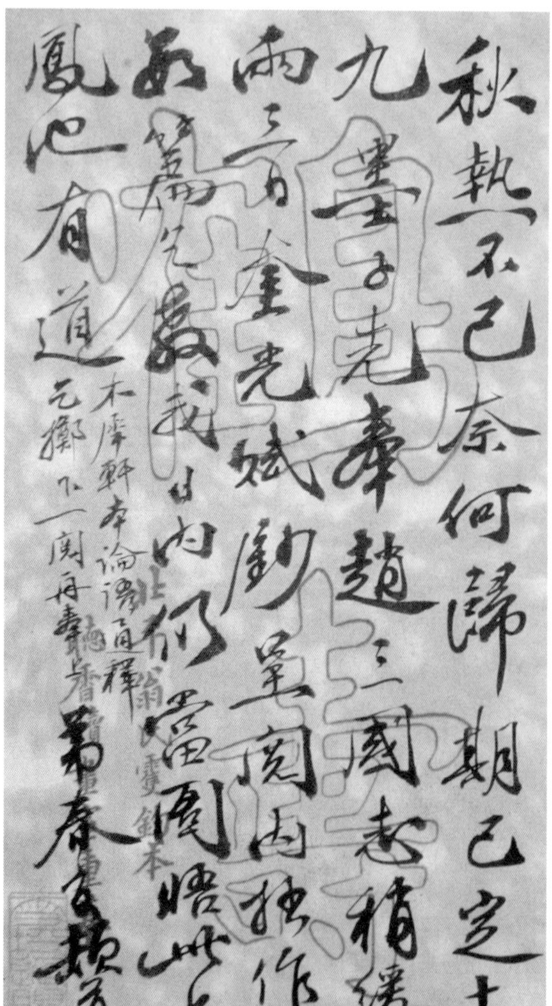

（图八九）

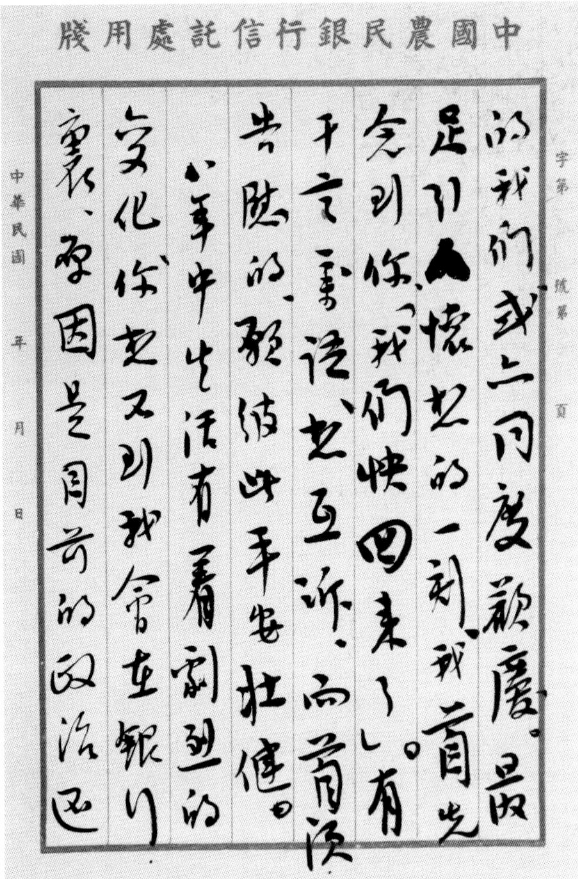

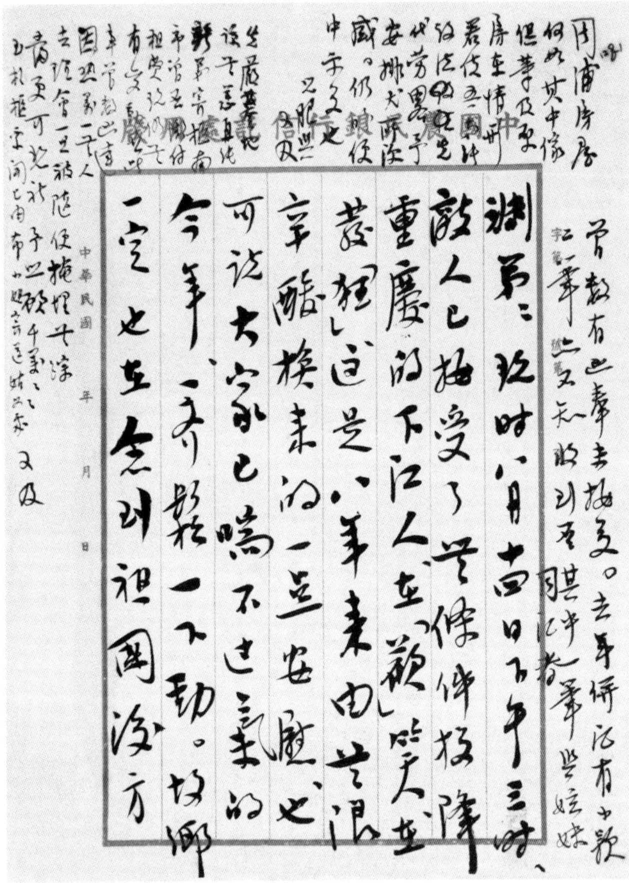

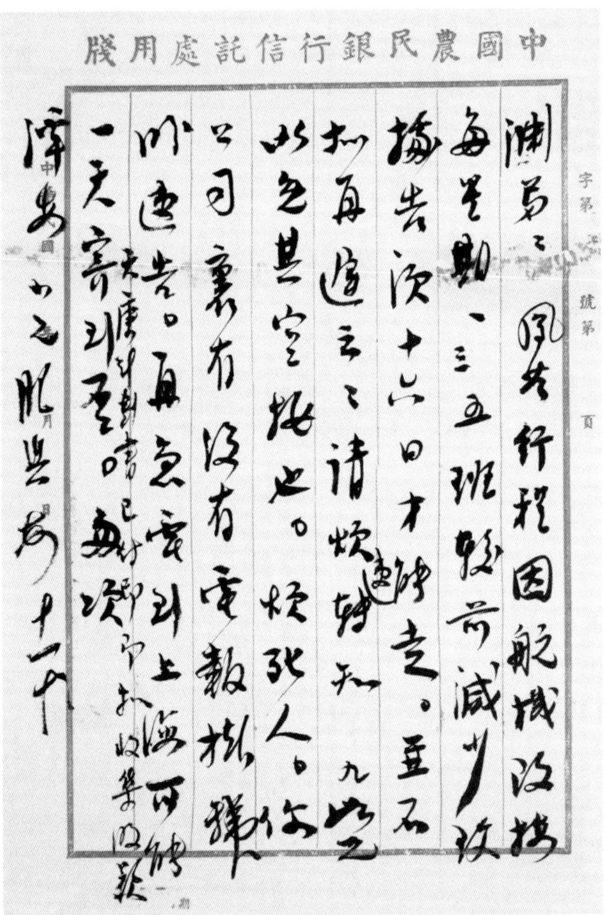

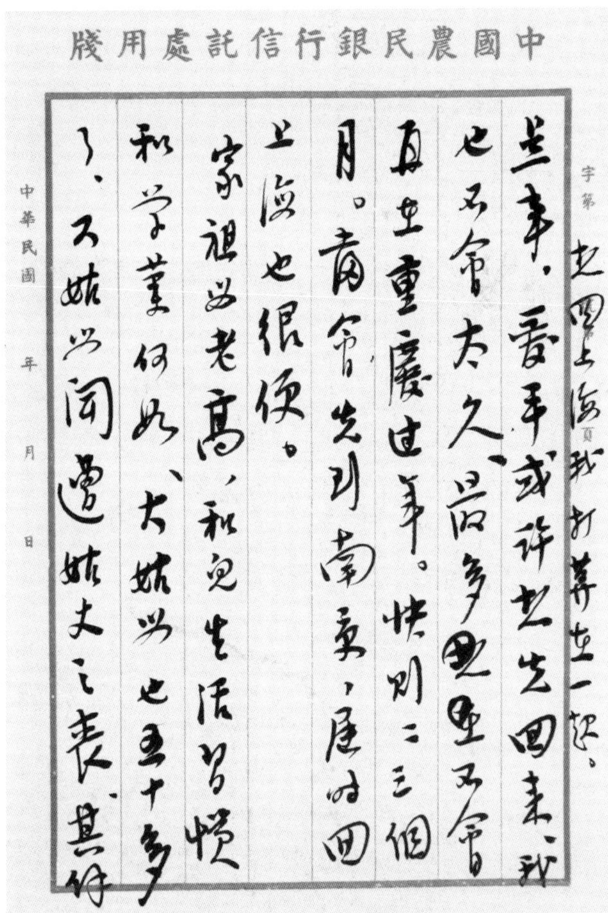

（图九〇 1–4）

九〇 胞兴 信函 胞兴 不详

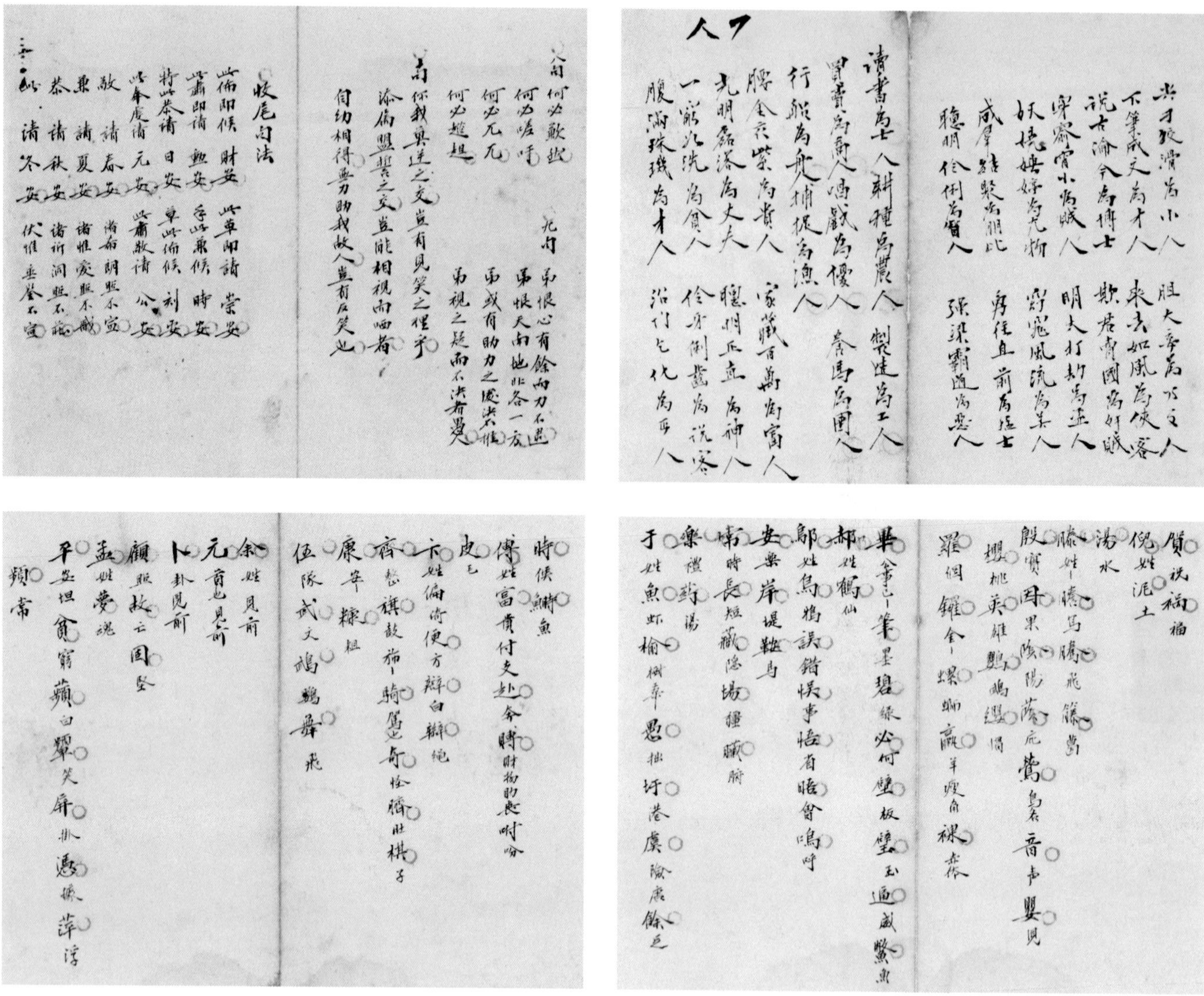

（图九一　1—4）

九一　胡适　楷书百家姓字课注解等稿本册

胡适（1891—1962 年），现代杰出哲学家、教育家，五四新文化运动的领导者之一。字适之，祖籍安徽绩溪，生于上海。1910 年赴美国留学，曾在康乃尔大学获文学学士后入哥伦比亚大学，1917 年获哲学博士学位，同年回国。先后任北京大学教授、校长，中国驻美国大使等职。晚年任台湾《自由中国》发行人，兼“国家长期发展科学委员会”主席。此为早年书课本教案。

己卯（1939 年）春三月既望作。

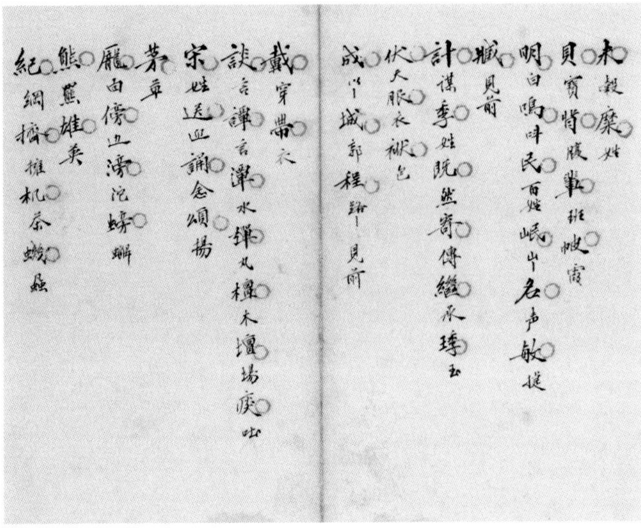

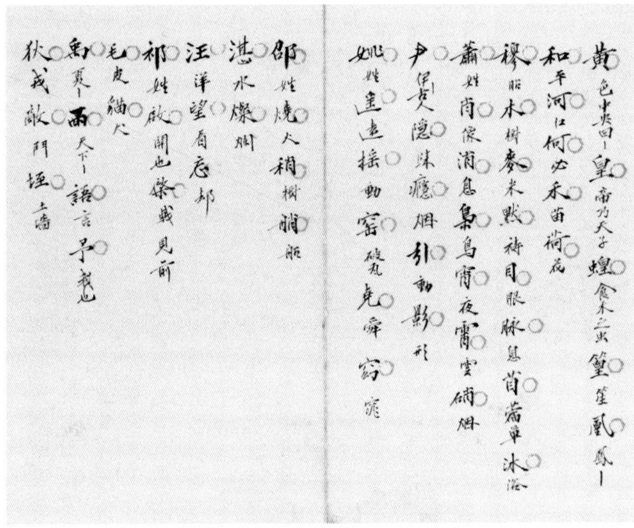

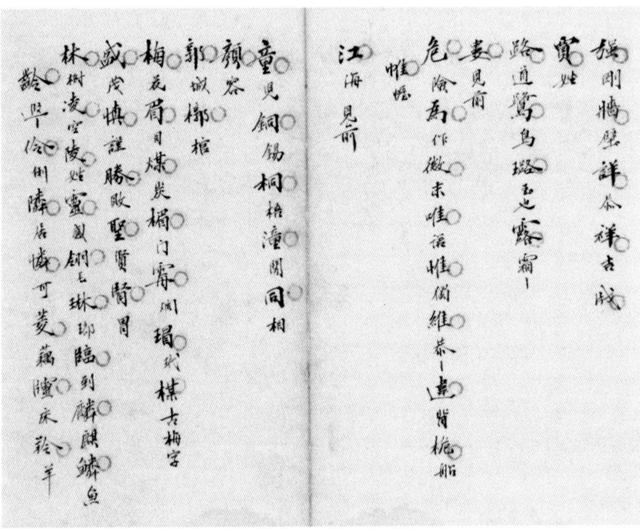

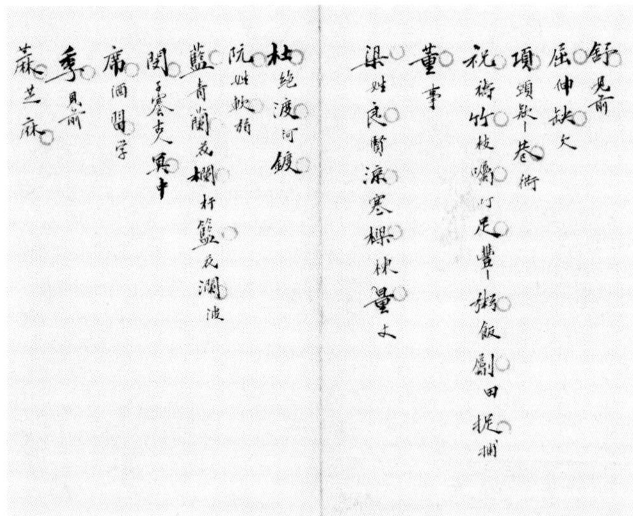

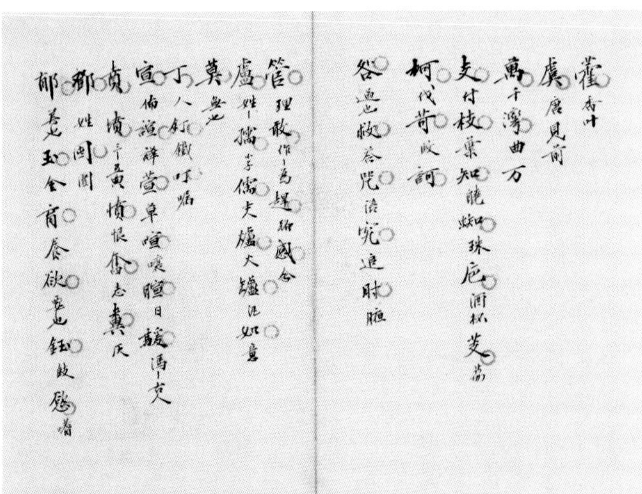

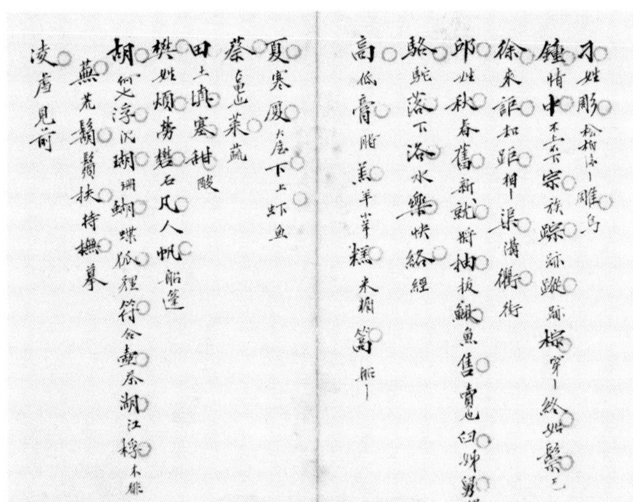

（图九一　5—10）

九一　胡适　楷书百家姓字课注解等稿本册

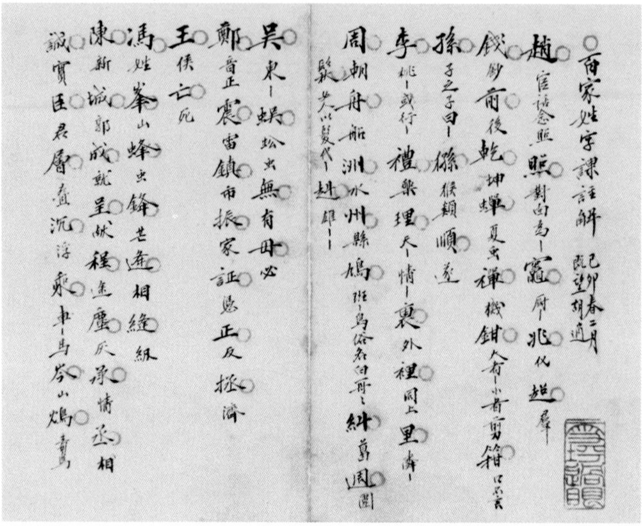

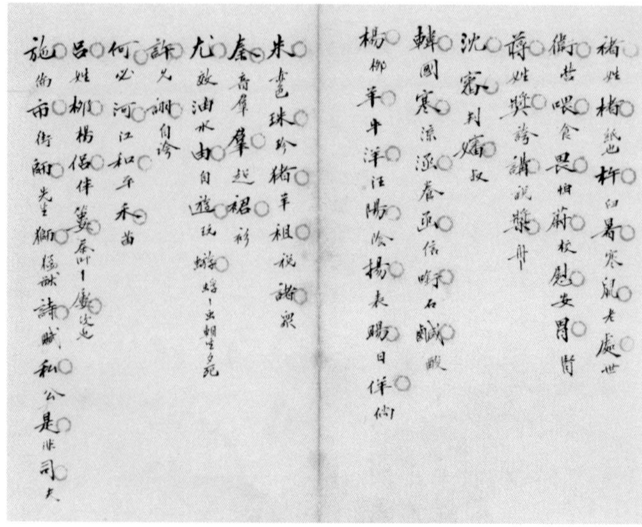

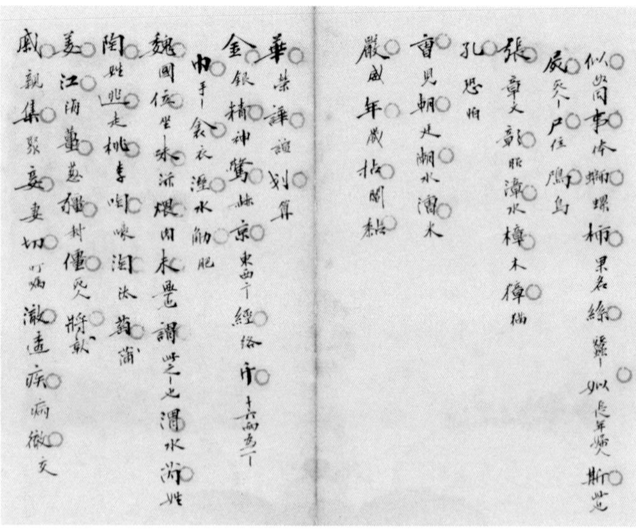

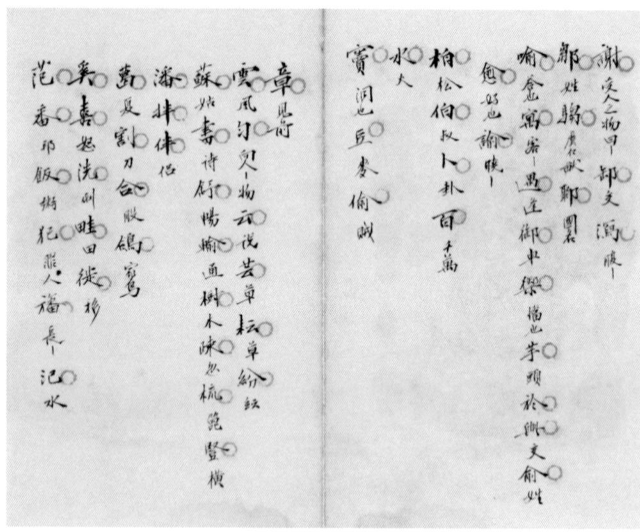

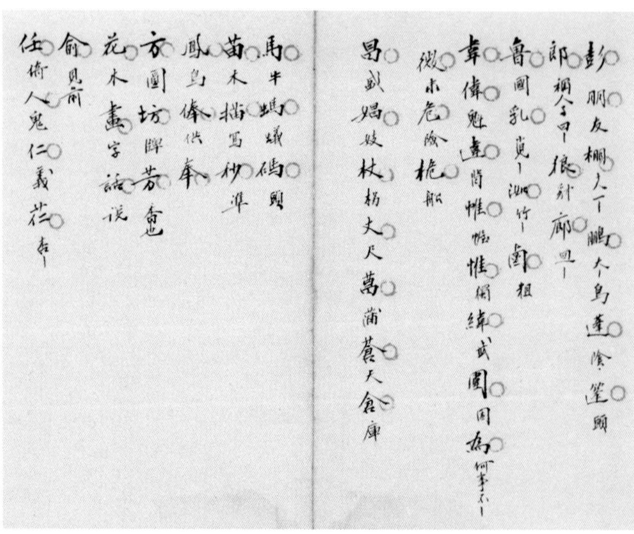

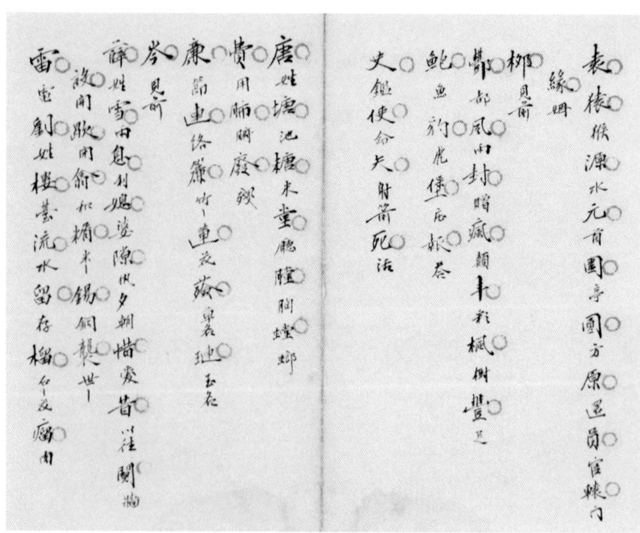

（图九一　11–16）

九一　胡适　楷书百家姓字课注解等稿本册

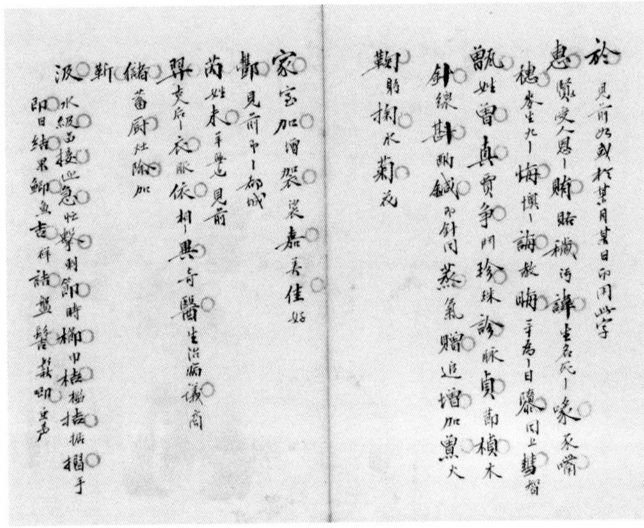

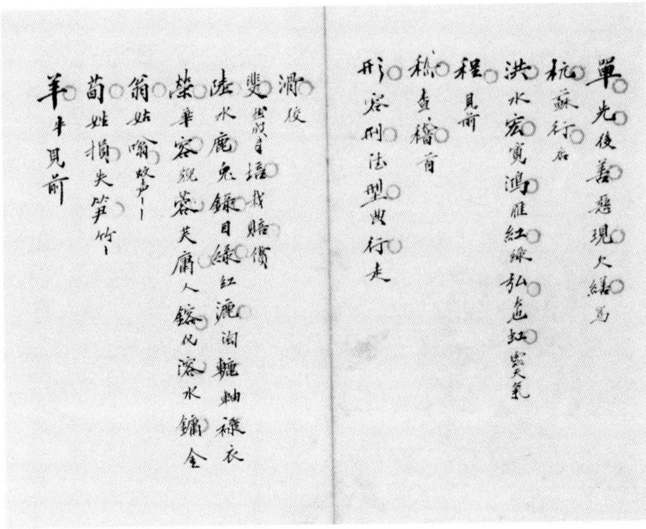

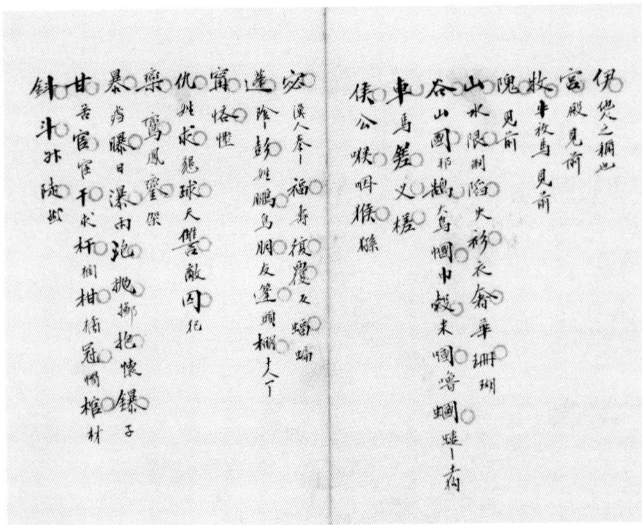

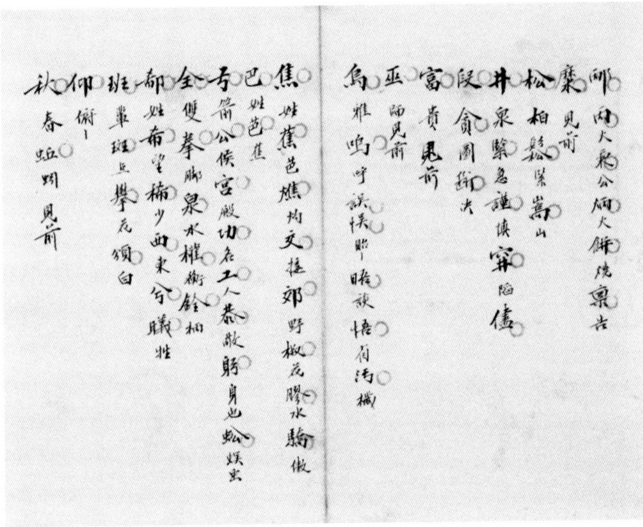

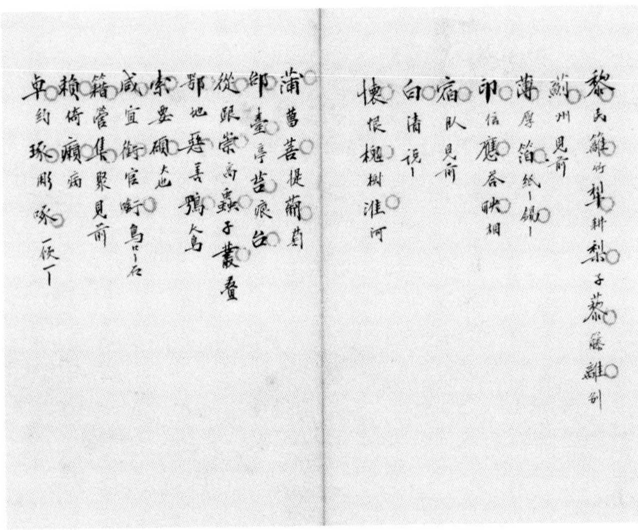

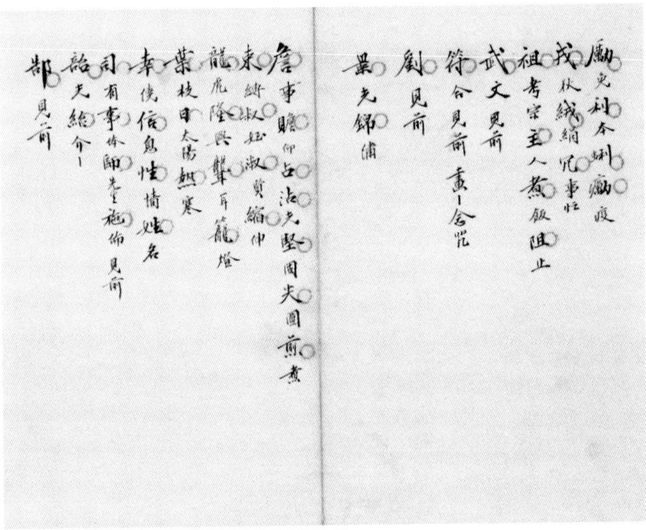

（图九一　17—22）

九一　胡适　楷书百家姓字课注解等稿本册

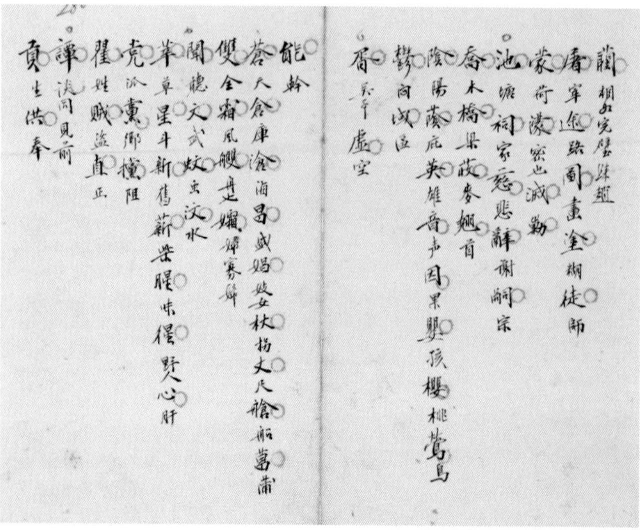

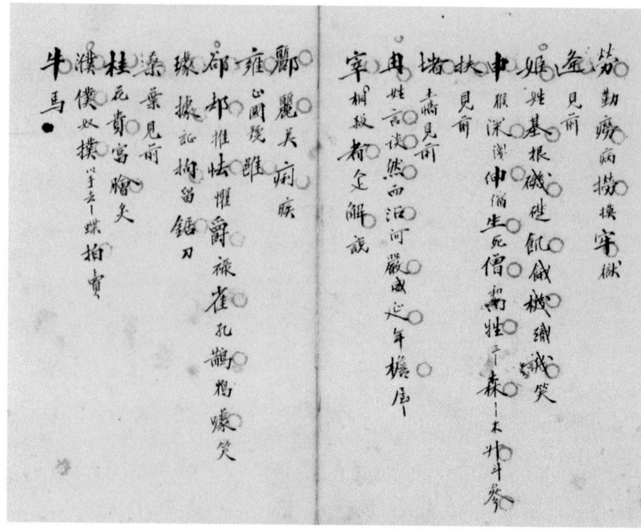

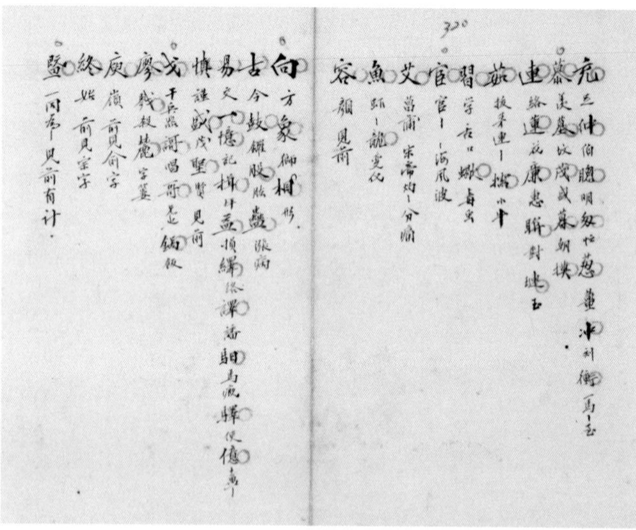

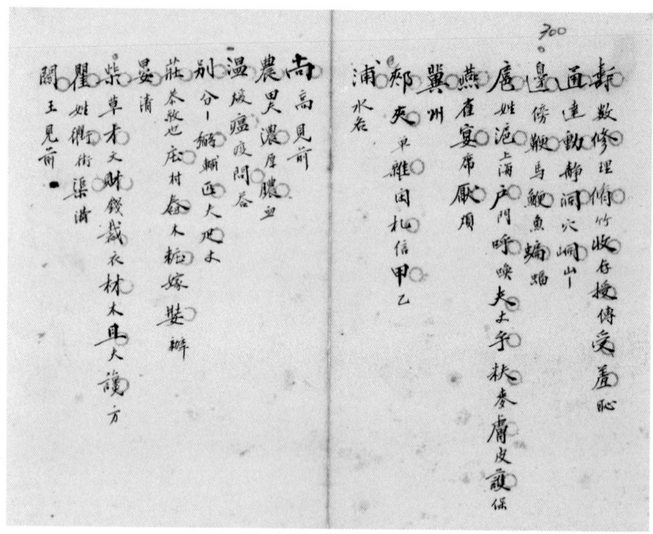

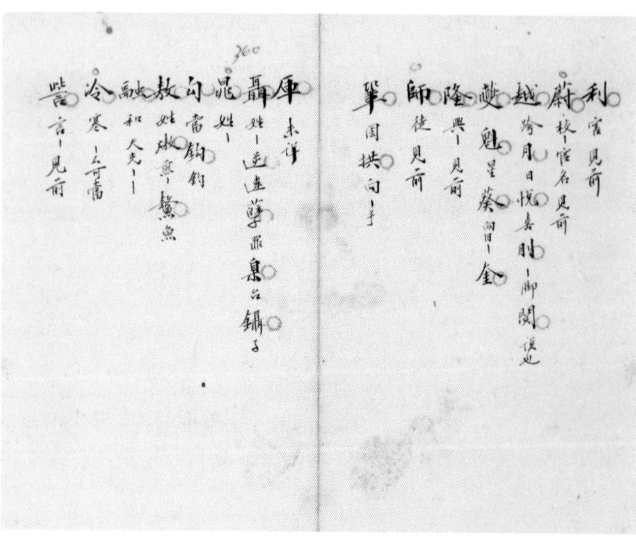

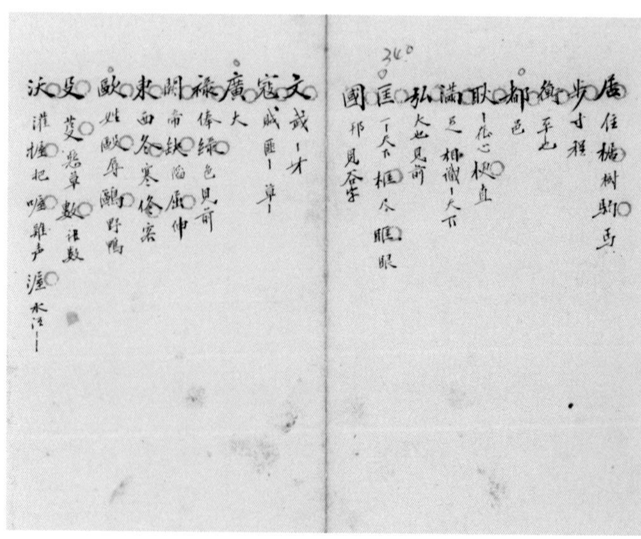

九一　胡适　楷书百家姓字课注解等稿本册

（图九一　23–28）

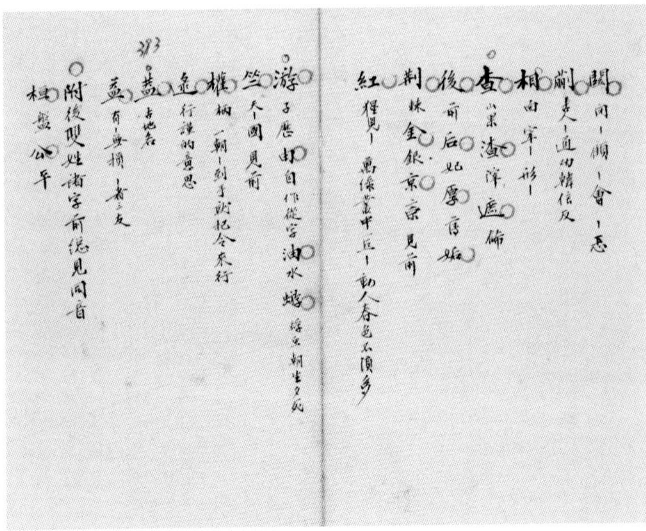

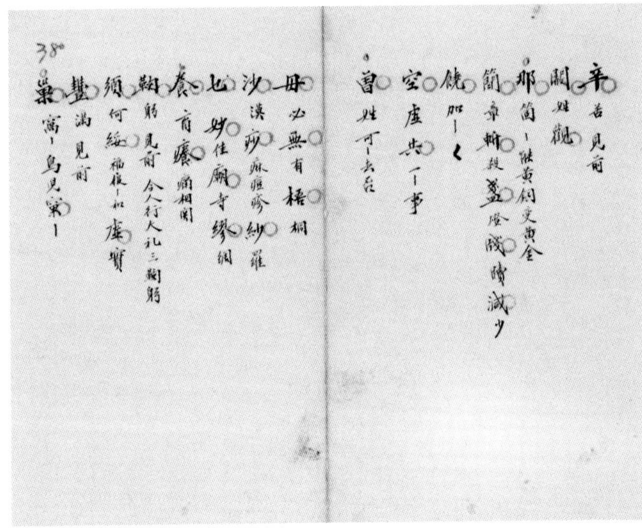

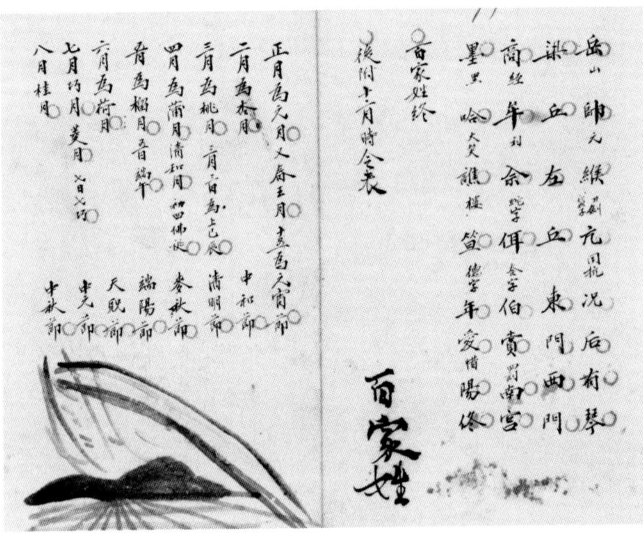

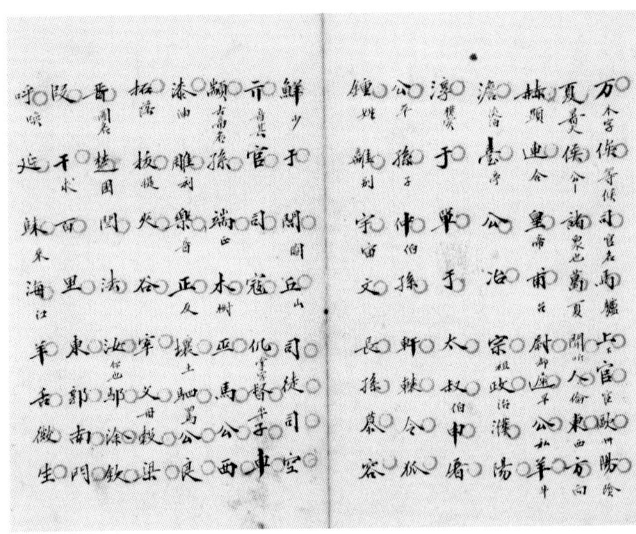

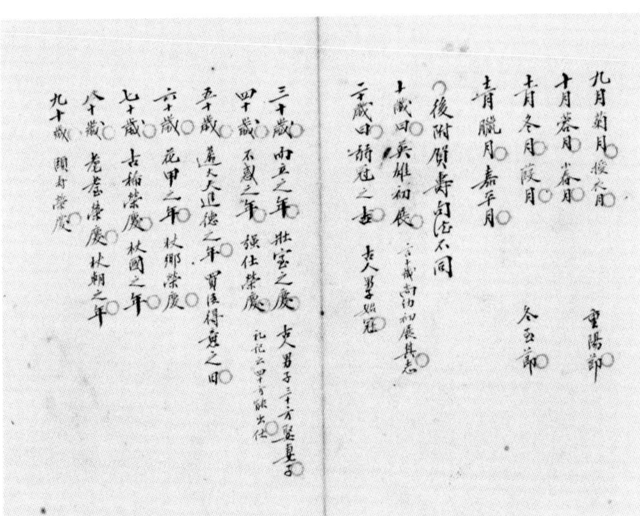

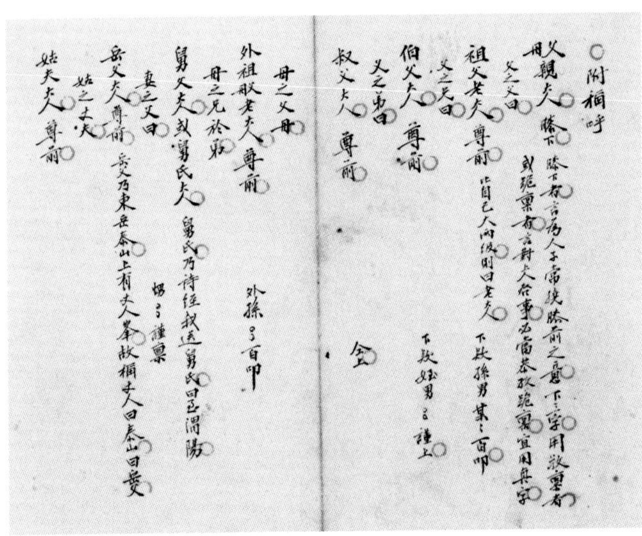

（图九一　29−34）

九一　胡适　楷书百家姓字课注解等稿本册

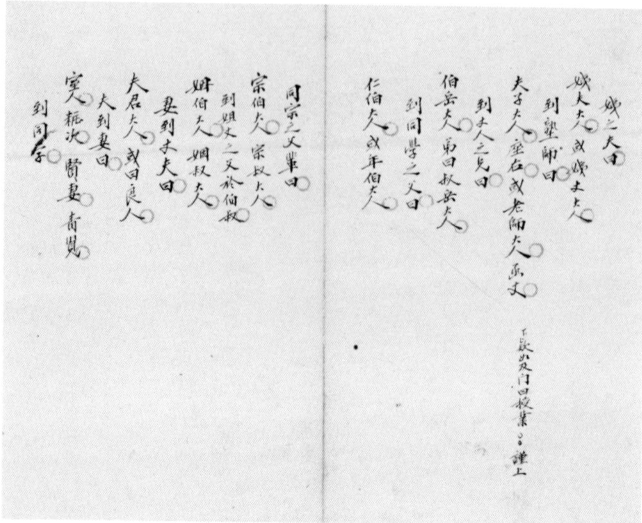

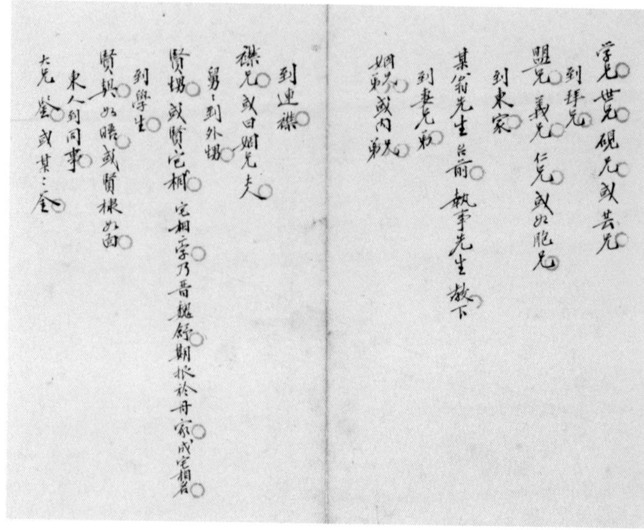

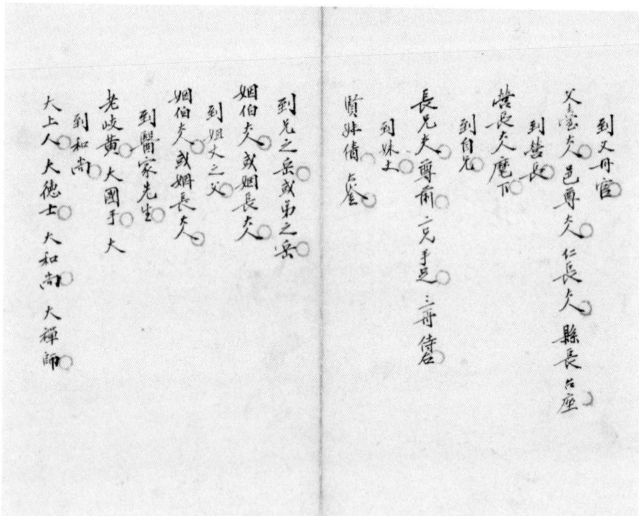

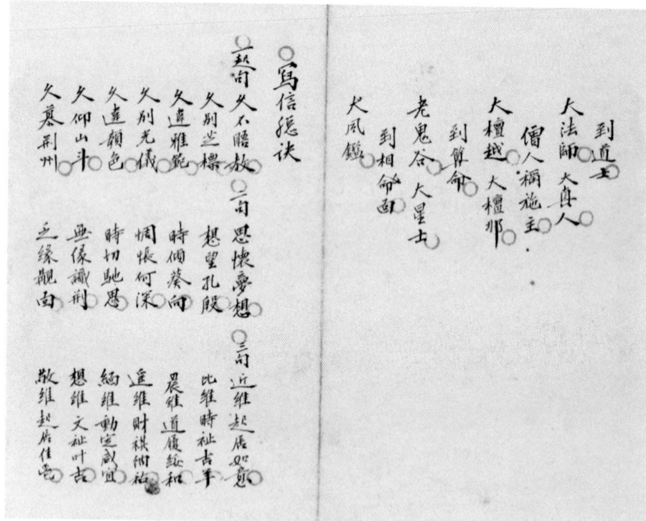

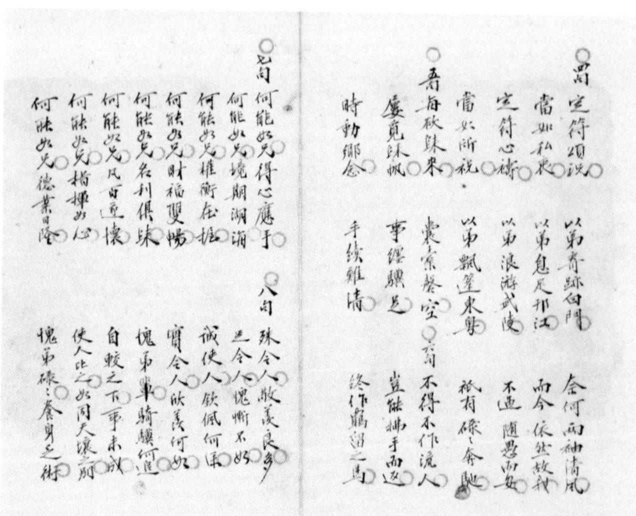

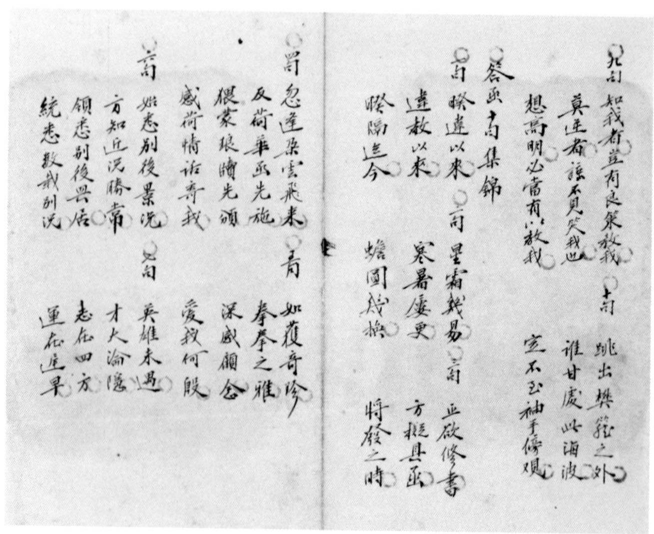

九一　胡适　楷书百家姓字课注解等稿本册

（图九一　35–40）

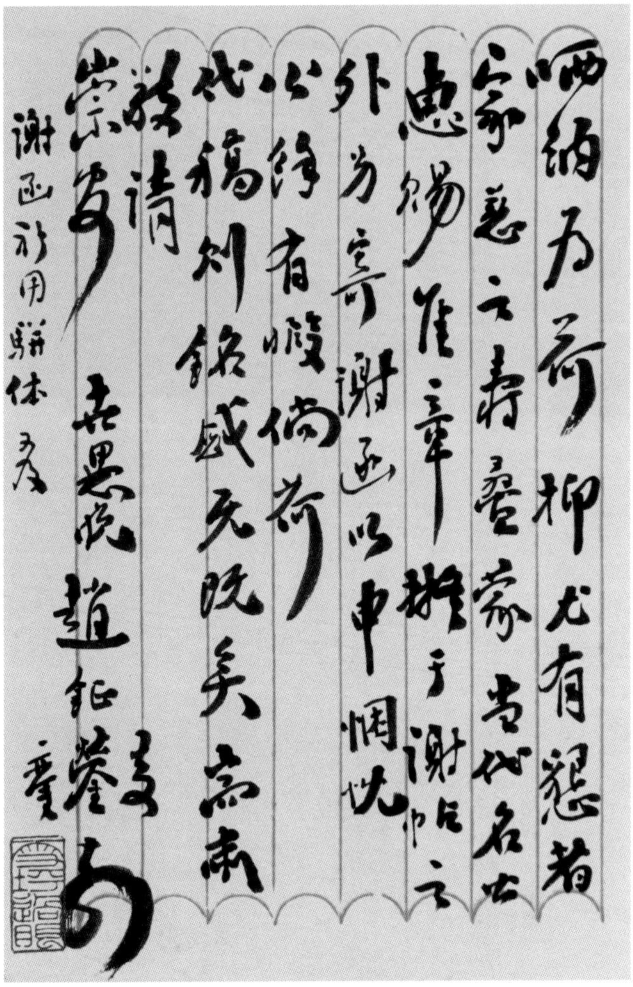

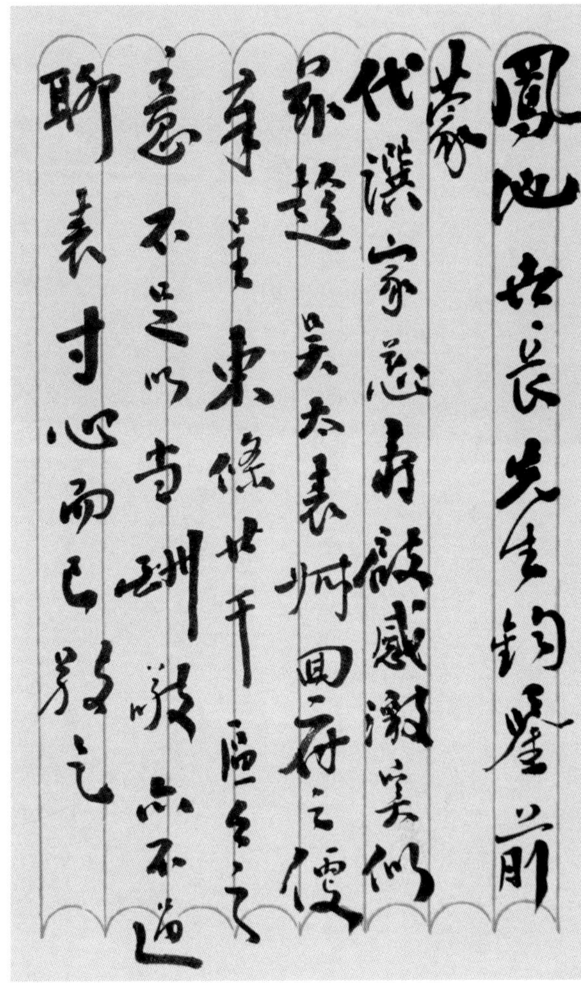

（图九二　1－2）

九二　赵钲莹　致吉曾甫函

赵钲莹　不详

九三　徐谦　行书五律诗

徐谦（1871—1940 年），原籍安徽歙县人，生于江西南昌，字季龙，教名乔治，晚年自署黄山樵客。清光绪进士，1907 年后任翰林院编修、法部参事、京师审判厅长、京师高等检查长。1912 年后，历任国民党本部参议、司法部次长、天津《益世报》总编辑。1917 年任孙中山大元帅府秘书长。1919 年参加巴黎和会，拒绝在巴黎和约上签字。1940 年病逝于香港。著有《民约党法》、《刑法丛编》、《诗词学》、《笔法会谈》、《生活共同制》、《安庐岭草》、《徐季龙先生遗诗》。

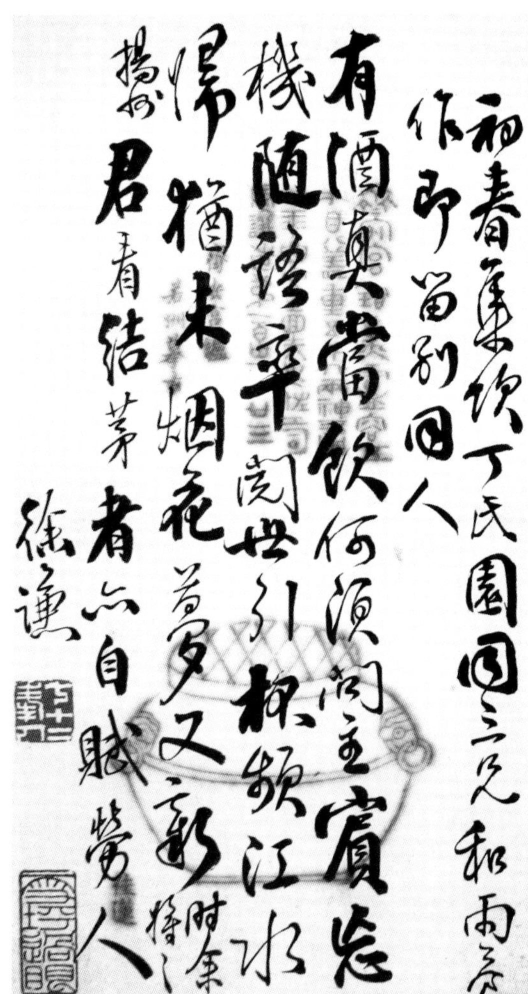

（图九三）

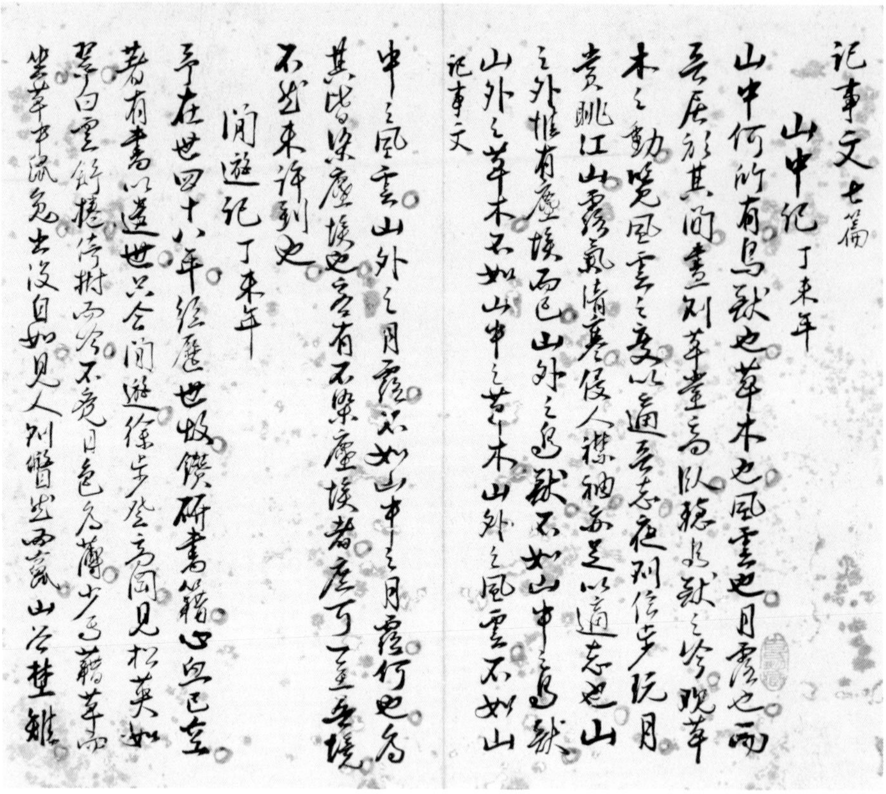

記事文七篇

山中記 丁未年

山中何所有鳥獸也草木也風雲也月露也而吾居於其間晝則草堂高臥聽鳥獸之吟觀草木之動覽風雲之變以適吾志夜則徐步玩月賞眺江山霧氣清爽使人襟袖爲之以適志也山之外惟有塵埃而已山外之鳥獸不如山中之鳥獸山外之草木不如山中之草木山外之風雲不如山中之風雲山外之月露不如山中之月露何也爲其皆染塵埃也吾有不染塵埃者居可登無境不必求諸别也

記事文

閒遊記 丁未年

予在世四十八年經歷世故鑽研書籍心血已空若有書以遣世只合閒遊徐步登高阅见松英如翠白雲舒捲停樹而吟不覺日色之薄少息藉草而坐草中流泉出没自如見人則唶然而飛山谷甚靜

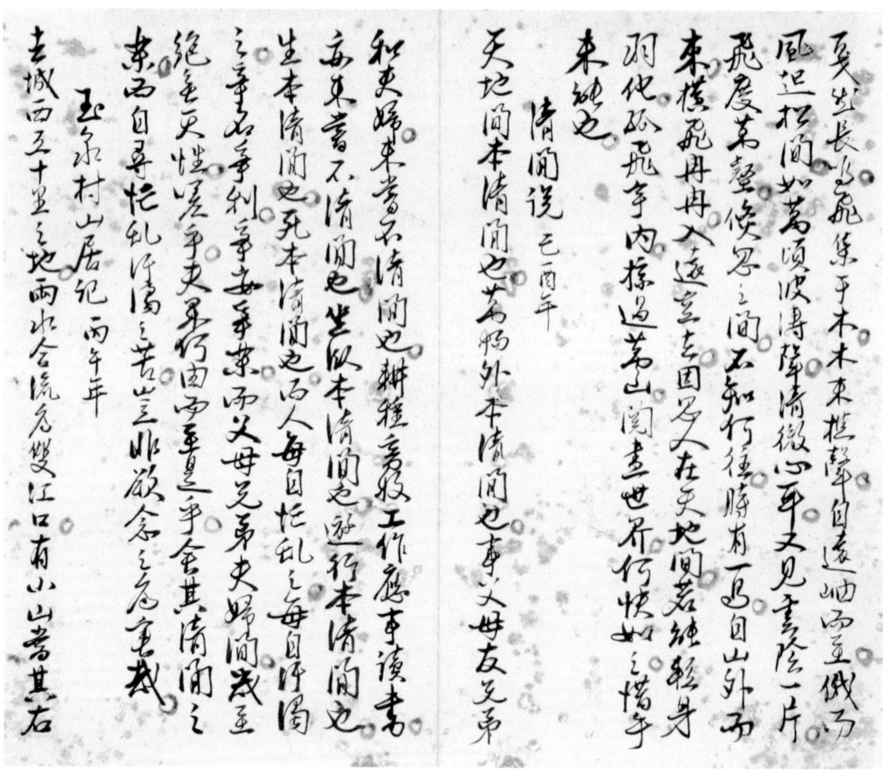

夏然長鳴飛集于木末枝聲自遠而近俄乃風起松間如萬頃波濤聲清徹心耳又見雲陰一片飛度萬壑倏忽之間不知何往時有一鳥自山外而來樸飛冉冉入遠空去因思人在天地間若純稚身羽化而飛于内掠過萬山閱盡世界何快如之來然也

清閒説 己酉年

天地間本清閒也萬物外本清閒也事父母友兄弟和夫婦本當不清閒也耕種讀書工作應事讀書安居本當不清閒也然依本清閒也遊行本清閒也生本清閒也死本清閒也而人每日忙亂之每日汗濁之争名争利争安争樂而父母兄弟夫婦間或至絶至天性喪矣爭天年何由而年舊之争舍其清閒之东西自尋忙亂汗濁之苦豈非顛倒之甚哉

玉泉村山居記 丙午年

去城西五十里之地兩水合流爲雙江口有小山當其右

（图九四　1—2）

九四　唐绍仪　文稿册页

唐绍仪（1860 年，一作 1859—1938 年），广东香山人。字少川，又号振超，曾名绍怡，室名观海楼。1885 年任职天津税务衙门，随后派往朝鲜帮办税务，后调西文翻译。1901 年任天津海关道，后以全权大臣身份两次与英国确认我国对西藏地方的领土主权。1912 年袁世凯任临时大总统后，被任为第一任国务总理，加入同盟会。1917 年参加护法军政府，任财政部长。次年改大元帅为总裁，被推为七总裁之一。1938 年 9 月 30 日在沪寓被国民党特工以利斧砍死。1915 年曾在《进步杂志》发表《运动会诱起团体进行之观念》。

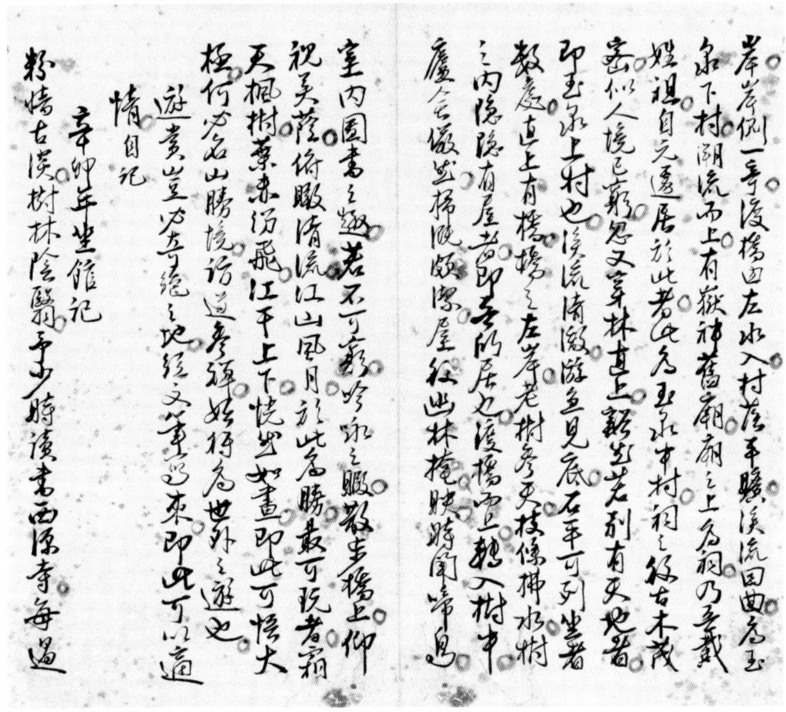

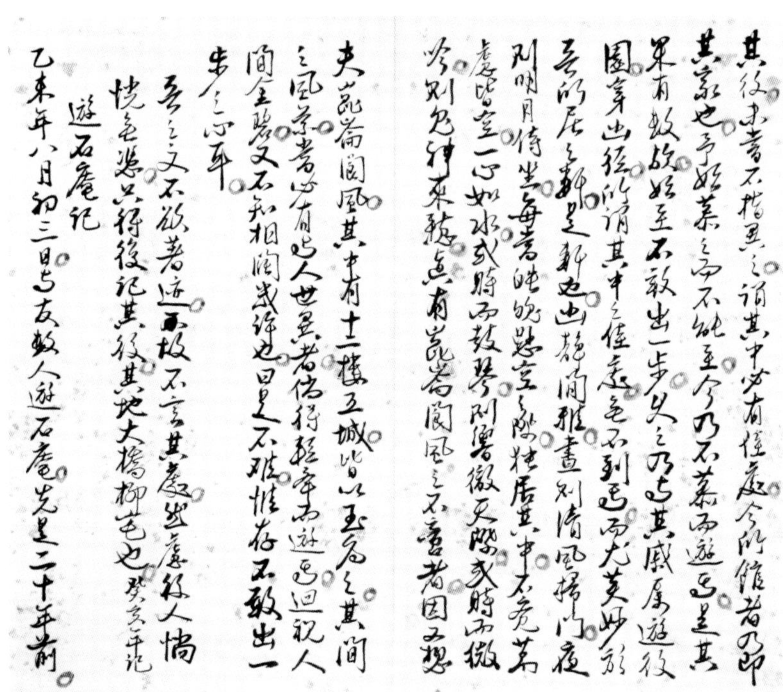

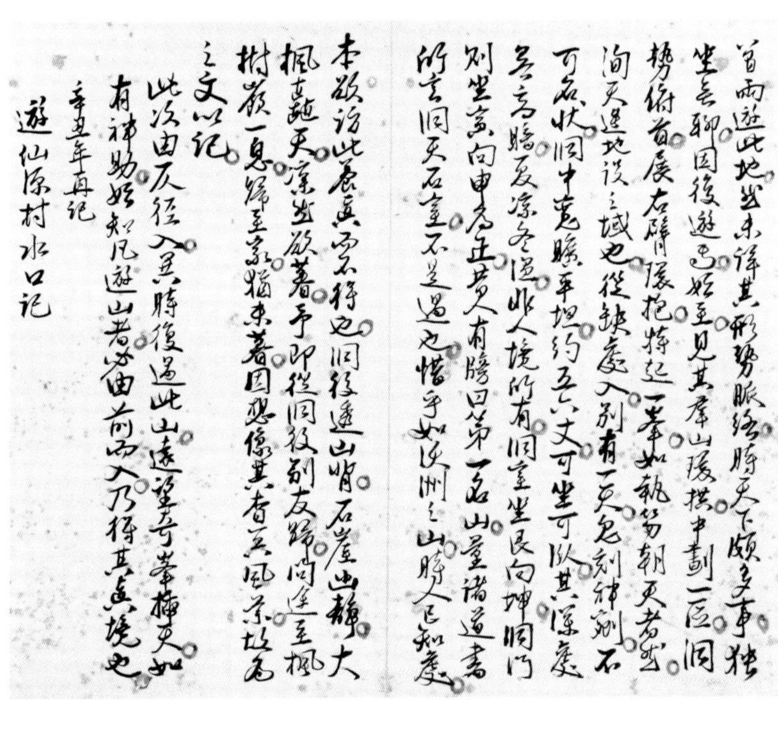

（图九四　3－5）

九四　唐绍仪　文稿册页

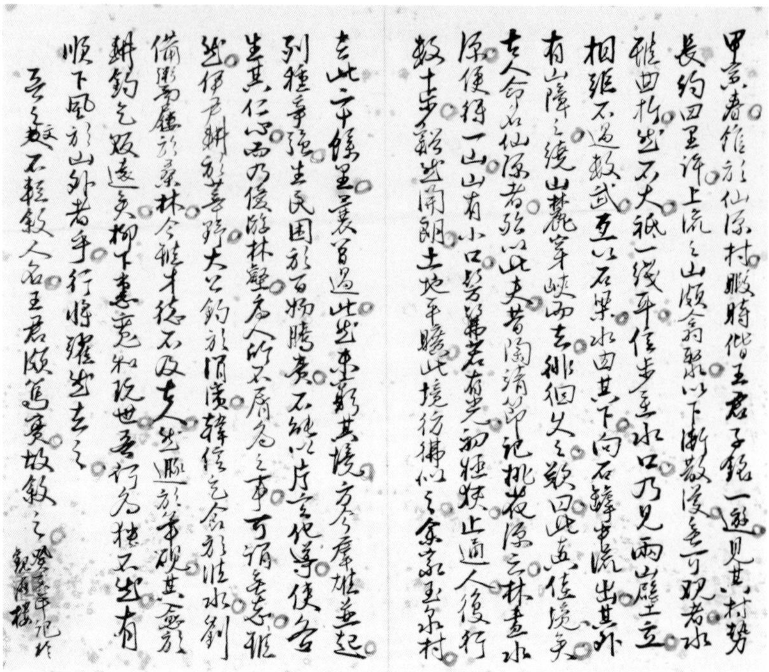
甲寅春，作於仙源村。暇時偕王君子銘一遊，見其村勢
長約四五里，浮上流之山頗奇崛，以下漸散，後無可觀者。水
雖曲折出石，大抵一線平衍，步至水口，乃見兩山壁立
相距不過數武，其上以石架水西，其下向石罅中流出，其外
有山障之，繞山麓穿峽而去，徘徊久之，歎曰此真佳境矣。
古人命名仙源者，殆以此夫？昔陶靖節記桃花源之林盡水
源，便得一山，山有小口，彷彿若有光，初極狹，止通人，復行
數十步，豁然開朗，土地平曠，此境彷彿似之。余嘗至水村
古此之千餘里，襄首過此，然未窮其境。方今摩挲並起，
列種無強，生民困於百物騰貴，不能以片言化導，使各
生其仁心，而乃優游林壑，為人所不屑為之事，可謂無志。雖
然，伊尹耕於莘野，太公釣於渭濱，韓信乞食於淮水，劉
備躬耕於桑林，今雖才德不及古人，然遁於草野，其愈於
耕釣乞販遠矣。柳下惠不知殘世，吾行為樵，不然，有
順下風於山外者乎？行將躍然去之。
丟之疑，不輕數人，名王君頗篤實，故叙之。癸丑年記於鉅(?)廬樓

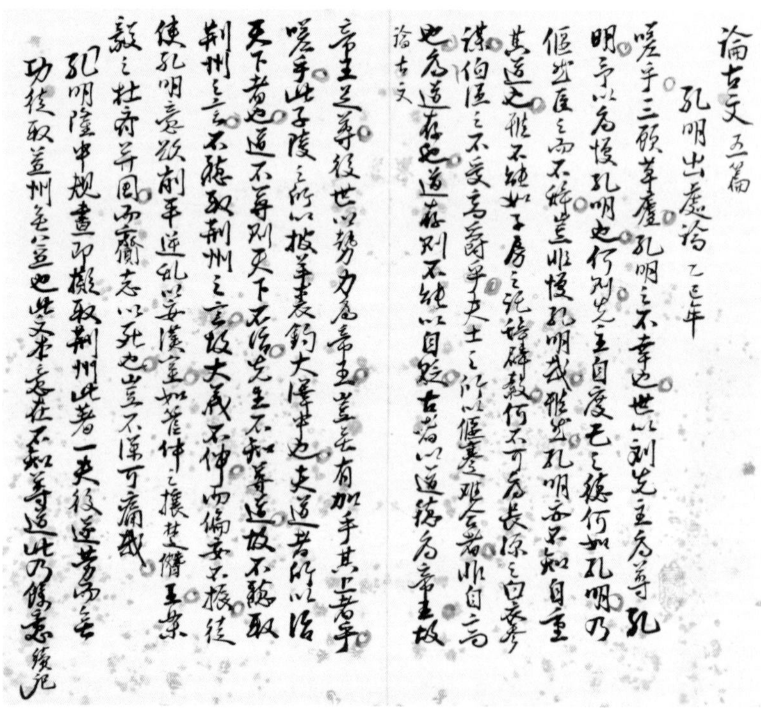
論古文　五篇
孔明出處論　乙巳年
嗟乎！三顧草廬，孔明之不幸也。世以劉先主為尊孔
明，予以為慢孔明也。何則？先主自度己之德何如孔明，乃
僱然屈之，而不辭，豈非慢孔明哉？雖然，孔明亦不知自重
其道也。雖不能如子房之託辟穀，何不可為長沮之白衣秀(?)
諸伯夷之不受高爵乎？丈士之所以僱然難合者，非自高
也，為道在也。道在則不能以自貶。古者以道德為帝王，故
論古文
帝王之尊，後世以勢力為帝王，豈能有加乎其上者乎？
嗟乎！此子陵之所以披羊裘釣大澤中也。夫道者，所以治
天下者也。道不尊則天下不治，先主不知尊道，故不能取
荊州之言，不能取荊州之言，故大義不伸，而偏安不振。後
使孔明意欲討平逆亂以安漢室，如管仲之攘楚(?)僭王業，
毅之於齊莒圍而齎志以死也，豈不深可痛哉！
孔明隆中規畫，即擬取荊州，此著一失，後遂勞而無
功。後取益州，無以益也。此文本之意在不知尊道，此乃修(?)意。續記

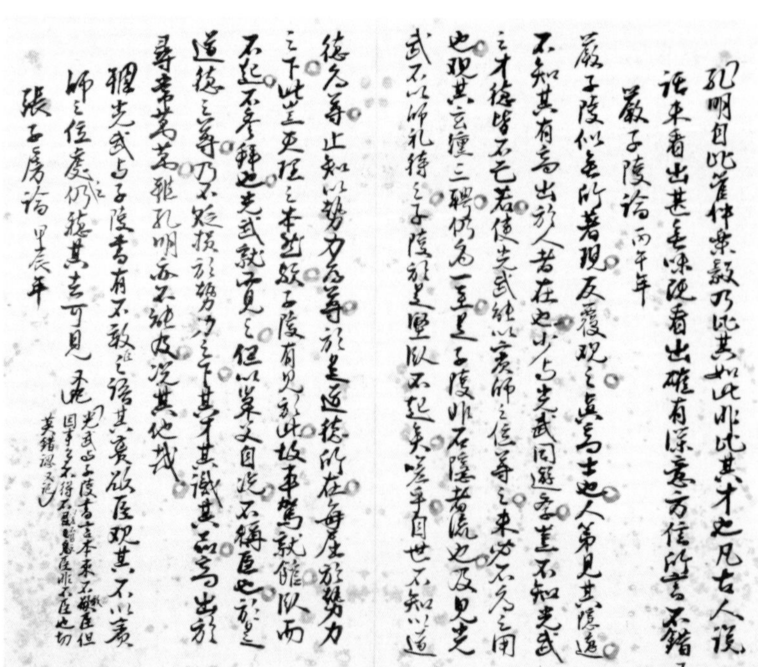
孔明自比管仲樂毅，乃比其如此，非比其才也。凡古人說
話，本看出甚無味，須看出雖有深意，方信所言不錯。又記
嚴子陵論　丙午年
嚴子陵似無所著現，反覆觀之，真高士也。人第見其隱遁，
不知其有高出於人者在也。少與光武同遊學，豈不知光武
之才德皆不己若？使光武能以屈師之位尊之，未必不為之用
也。觀其言懷三聘，仍為一至，是子陵非石隱者流也。及見光
武不以師禮待之，子陵於是堅臥不起矣。嗟乎！自世不知以道
德為尊，止知以勢力為尊，於是道德所在，每屈於勢力
之下，此豈天理之本然哉？子陵有見於此，故率驚(?)就範(?)，臥而
不起，不肯歸也。光武就而見之，但以舊交自處，不稱臣也。於是
道德之尊，乃不能(?)屈於勢力之下，其才其識，其品高出於
尋常萬萬，雖孔明亦不能及，況其他哉？
獨光武與子陵書有不敢臣之語，其賓敬臣視其不以賓
師之位處，仍能其志可見。又記
光武與子陵書言本來不敢臣，但因事多不得不然，暗示臣非不臣也切……英錯(?)誤。又記
張子房論　甲辰年

（图九四　6－8）

九四　唐绍仪　文稿册页

（图九四　9—11）

列也。役之名人臣者，其有鑒於此哉

岳侯班师论 甲午年

岳少保以忠義之心運大將之才，摧鋒陷陣，所向無前，敗金人於汜水，敗金人於大行，破金人於蔡，殺敗金人於鍾江，敗金人於建康，而且敢乎曹成，逐馬進，破李成，擒楊幺，然後駐軍襄陽，以窺中原，號召五路叛將，分布經略，天下大勢入我掌握，一節而度劉豫，再戰而作楊子馬，三戰而拒兀朮於朱仙鎮，兀朮遁去，所復州郡不計其數，盡礎相開德澤潞晉絳汾隰之境，期日與兵，頂盆焚香以迎官軍，自燕以南，河以北，無一人應兀朮者，其功指日可成矣。秦檜賊檜陰肆毒謀，與金人通和，假詔班師，河北之民遮馬慟哭，遂使十年之功廢於一旦，豈不哀哉！且夫金人者，天下之大讎也；襄陽之兵，天下之大兵也；以天下之大兵伐天下之大讎，宜乎殷金人之膽，殲金人之血，塗人於青天之上，埋金人於紫塞之旁，使金人萬萬世不敢窺中原，何至以賊臣之言而撓天下之大計哉！遂是有

故曰：夫天下者高宗之天下也，高宗欲復讎，誰敢不復讎；若假令投鼠忌器，不復讎猶可也。今則大兵壓境，金人方再命之不暇，豈敢害母后帝兄乎？假令恢復之人不復讎猶可也，今則指畫甚大，萬全之功可必，豈不可倚任乎？既無后帝之害，復有倚任之人，彼賊臣者方且仰之如日月，敬之如神明，畏之如雷霆，一言而有詐，再言而首領斬矣，計不出此，而下詔班師，師則班矣，致陷后帝於虜，終北轅乎？吾於是知高宗之志不在復讎而在[illegible]矣。

蓋天下者欽宗之天下也，欽宗若還，不特不讓天下，王師若指欽宗，不得不還，欲不讓天下而欽宗不還，則莫若禁王師之指，且夫欽宗即還，東宮復辟也，縱令緩歸，吾心之所安也，奈何以讓天下之故而忘其兄，以忘兄之故而并忘大上之讎乎？觀其後日迎還上皇梓宮、母后韋氏，獨不迎還欽宗，以是知班師之詔，不在秦檜而在高宗矣。紀念報讎皆從貪之一念生之，豈不深可痛哉！嗟乎！作法於涼，其弊猶貪，作法於貪，弊將若何？彼習聞其祖之橋影，若摩也改發更

名也，其友恭之心已斷喪矣，已不欲恢復，誰能為之恢復？後使役之人紛紛議論，謂岳飛不受詔自可成大功者，遠矣；心死之人而謂其手足之可行也，豈不悖哉！當時若不受詔，真可成大功，待成功然後請罪，自是聖賢遭權濟變作用，惜岳武穆未及此。但人君既已不欲，自非聖賢，妄能不撓，此自高宗掣肘去事，不得全責之他人也。丁酉年文記於觀海山房

（图九四　12—14）

九四　唐绍仪　文稿册页

物理文 三篇

辛酉煤炭原理说

西人以煤为木质沉埋地下而成，中国信之以为新理，此非也。煤为石质，石为阴，木为阳，木质安能成石？不知乃木之精气得日入地而成，遇土则为磁，遇石则为煤。土色黄，故磁黄；石色玄，故煤玄。其火皆青，木之色也。其气皆能木之味也。雷电即由此而生，故其气色与此同也。磁煤之气郁而奋发则为雷，遇

物理文

木上自然之火则为电。人以磁合焰硝木炭捣而燃之，则其声与雷同；推而燃之，则其光与电同。此可证也。其煤炭有树木文者，亦由木之精气所现也。今人读[illegible]书用竹叶灰渍之则现竹叶文，用柏叶灰渍之则现柏叶文，盖凡成一物，皆有本性，其质虽化，本性犹不遽减，还物仍复原形，故木虽化为精气，其性仍现本形，亦犹是也。磁煤有处有无处，无不定在有树木之处者，盖还化之理，非人所能尽识，其潜行所至，必遇可

结之处，如人发瘰疬也，然岂于一处也哉？问子何不著书，曰吾之书若有之，不必详说也，详说则浅矣，在人推之而已。今人皆不自用心思惟，患人说是以辞鲍自任。吾亦不过好得邵子二语，因而推之，故遂若有所见。其谓云草伏之兽毛如草之茎，林棲之鸟羽如林之叶，数使之然也。因而推之，夫蚊雏蚱蜢翅似粟叶，是系粟质所变；鳝似稻茎，鳅似稻叶，螺似稻根，田泥质水，是系稻质所变。又因而推之，夫人须百谷为养，鸟须百果为养，兽须百草为养，是系百谷百果百草所变。又因而推夫飞禽人兽，禽兽蚕禽食，故飞跑则而能蛾猿而蛇蚕蛊而啄。又因而推夫人形气孰不首根身干肢系指枝甲叶，树有雌雄，故人亦有雌雄，其余大都如是，皆推之所致也。吾欲人将中国义理之学细心研究，而又推究物理之学，然后推究外国之学。外国之学虽精，然亦各有臆说，若如天静地动，星大于日，日大于地诸说，心非思虑之脏，但通血脉，思虑皆属脑气筋诸说，尤事事

谬出中国之上，务与中国相反，吾人何可一概深信也？惟见蜀人唐容川中西医判汇通辨脑气筋之非，是为特见，使中国皆如此，自能吞出新理，务求一是，何至事事甘居人后，而不实出其前乎？是所望于吾国有志者。壶舲

辛酉心脏原理说

西人谓心非思虑之脏，但通血脉，思虑皆属脑气筋，何其尽力反理如是也？其他之说犹可谓见理不明，至于心在一身，而不识思虑之所起，可谓丧心病狂者矣。窃叹创说之人，而至于不识其心，非丧心病狂而何？吾独惜夫中国亦遂有信其说者，是可怪也。夫人之五脏，心属火，肾属水，火为神，水为志，火能照，故神能知；水能鉴，故志能记。火外光，故心之包络在外；水内光，故肾之命门在内。包络、命门者，脂也，惟脂故能燃火，所以有光也。医书以细筋膜如丝者为心包，非也，细而肪膜安能主一经之血脉？又以三焦有气无形，亦非也，三焦之气即发于命门，命门之脉虽见于右尺，其原实在于中，非右肾为命门也。心神肾

（图九四　15—17）

九四 唐绍仪 文稿册页

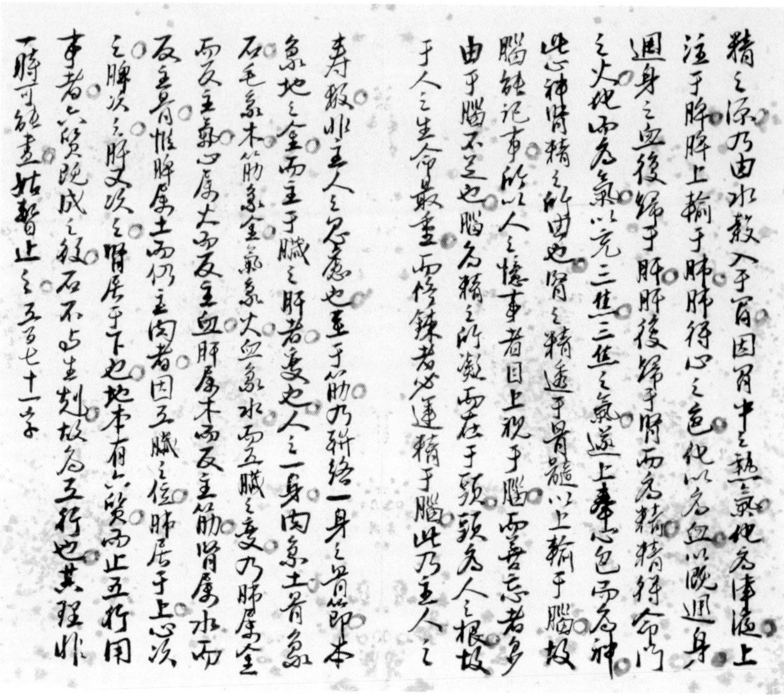

精之源乃由水穀入于胃，因胃中之熱氣化為津液，上
注于脾，脾上輸于肺，肺得心之色化以為血，以流通身，
通身之血，復歸于肝，肝復歸于腎而為精，精得命門
之火，化而為氣，以充三焦，三焦之氣遂上奉心包而為神，
此心神腎精之所由也。腎之精遂于骨髓，以上輸于腦，故
腦能記事，所以人之憶事者，目上視于腦，而善忘者，多
由于腦不足也。腦為精之所凝，而在于頭，頭為人之根，故
于人之生命最重，而修鍊者必運精于腦，此乃主人之
壽殺，非主人之思慮也。至于筋，乃所絡一身之骨節，本
氣地之金，而主于臟之肝者，變也。人之一身，肉氣土，骨氣
石，毛氣木，筋氣金，氣氣火，血氣水，而五臟之變，乃肺屬金
而反主氣，心屬火而反主血，肝屬木而反主筋，腎屬水而
反主骨，惟脾屬土而仍主肉者，因五臟之位，肺居于上，心次
之，脾次之，肝又次之，腎居于下也。地本有六質，而止五行用
事者，六質既成之後，石不占生剋，故為五行也。其理非
一時可能盡，姑暫止之。五百七十一字

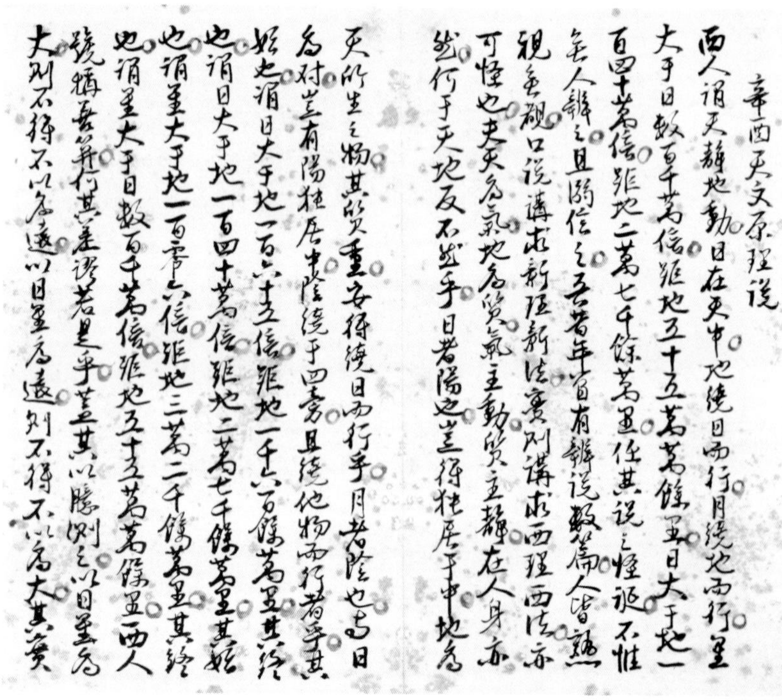

辛酉天文原理說

西人謂天靜地動，日在天中，地繞日而行，月繞地而行，星
大于日數百千萬倍，距地五十五萬萬餘里，日大于地一
百四十萬倍，距地二萬七千餘萬里，任其說之怪誕，不惟
無人辯之，且附信之。吾昔年曾有辯說數篇，人皆熟
視無覩，口說講求新理新法，實則講求西理西法，亦
可怪也。夫天為氣，地為質，氣主動，質主靜，在人身亦
然，何于天地反不然乎？日者陽也，豈得獨居于中？地為
天所生之物，其質重，安得繞日而行乎？月者陰也，而與日
為對，豈有陽獨居中，陰繞于四旁，且繞他物而行者乎？其
妄也。謂日大于地一百六十五倍，距地一千六百餘萬里，其謬
也。謂日大于地一百四十萬倍，距地二萬七千餘萬里，其妄
也。謂星大于地一百零六倍，距地三萬二千餘萬里，其謬
也。謂星大于日數百千萬倍，距地五十五萬萬餘里，西人
說精密，奈何其差謬若是乎？蓋其以臆測之，以日星為
大，則不得不以為遠，以日星為遠，則不得不以為大，其實

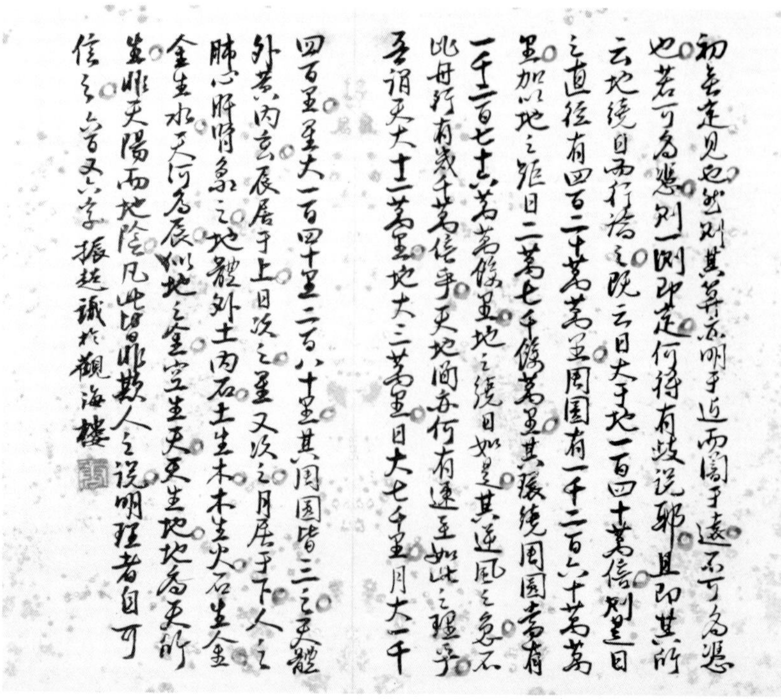

初無定見也。然則其算亦明于近而闇于遠，不可為憑
也。若可為憑，則一測即定，何得有歧說耶？且即其所
云地繞日而行諸之說，云日大于地一百四十萬倍，則是日
之直徑有四百二十萬萬里，周圍有一千二百六十萬萬
里，加以地之距日二萬七千餘萬里，其環繞周圍當有
一千二百七十六萬萬餘里，地之繞日如是，其速風之急不
能比，毋行有歲千萬倍乎？天地間安有速至如此之理乎？
吾謂天大十二萬里，地大三萬里，日大七千里，月大一千
四百里，星大一百四十里，二百八十里，其周圍皆三之。天體
外黃內玄，辰居于上，日次之，星又次之，月居于下，人之
肺心肝腎氣之地體，外土內石，土生木，木生火，石生金，
金生水，天何為辰？以地之金空生天，天生地，地為天所
生，非天陽而地陰，凡此皆非欺人之說，明理者自可
信之。六百又六字 振廷識於觀海樓

（图九四 18－20）

九五 夏寅官 致伯鸿、星南、崇如、凤池函

夏寅官（1866—1943年），字虎臣，又字浒岑，号稺舫，晚号忏摩生。十世祖始从苏州迁入东台。书香门第，寅官幼秉家学，刻苦勤勉。光绪十四年（1888年）应江南乡试中举人，光绪十六年（1890年）中庚寅科进士，钦点为翰林庶吉士，后任编修，创建江苏东台中学。

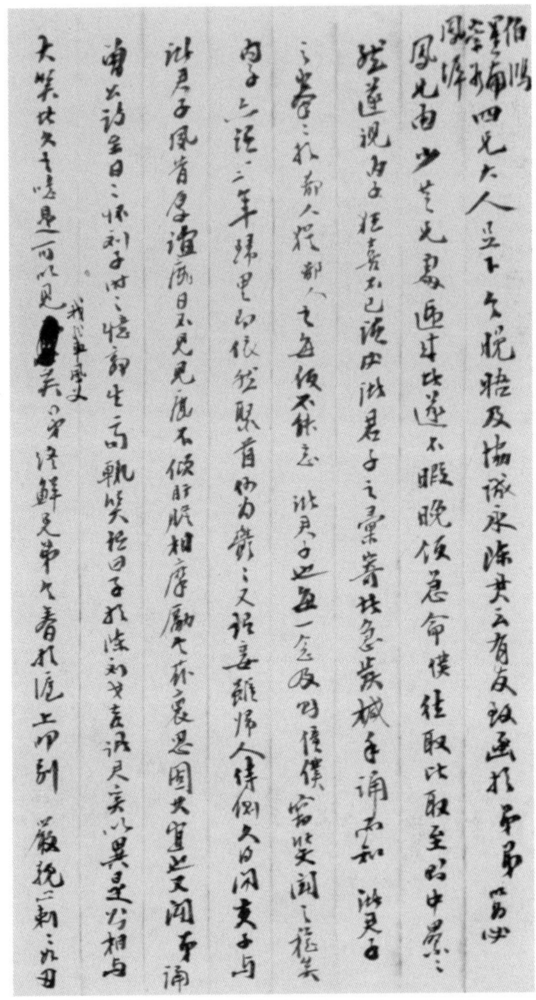

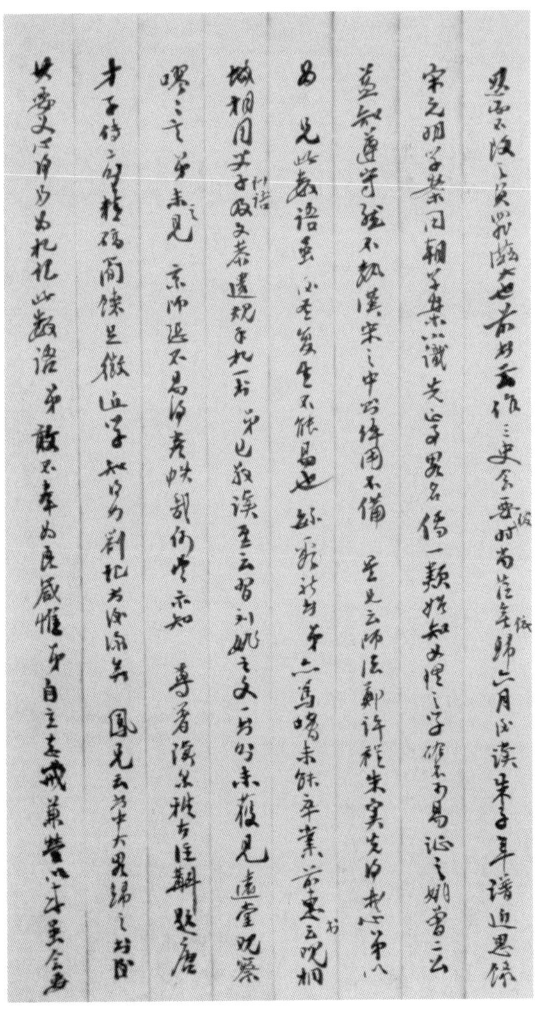

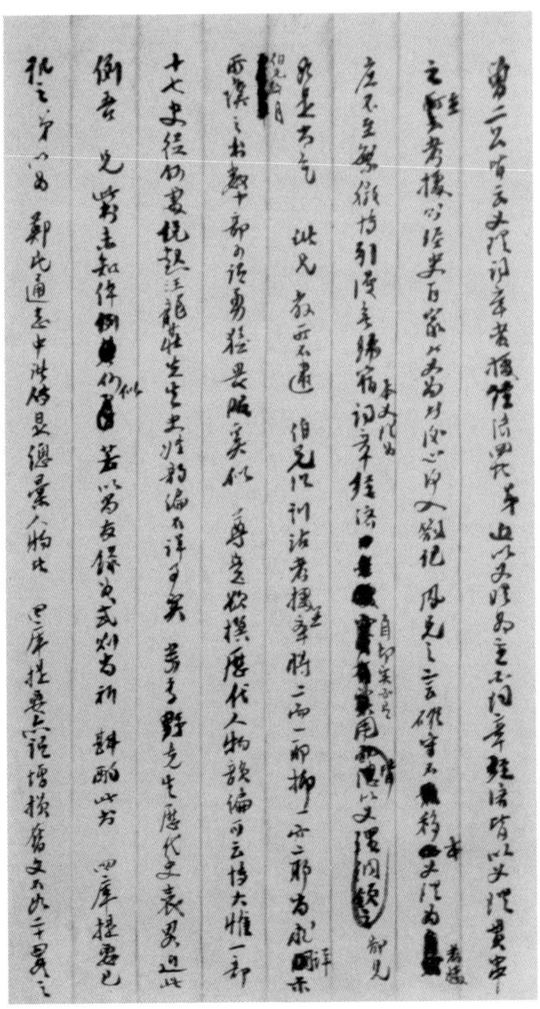

（图九五 1—3）

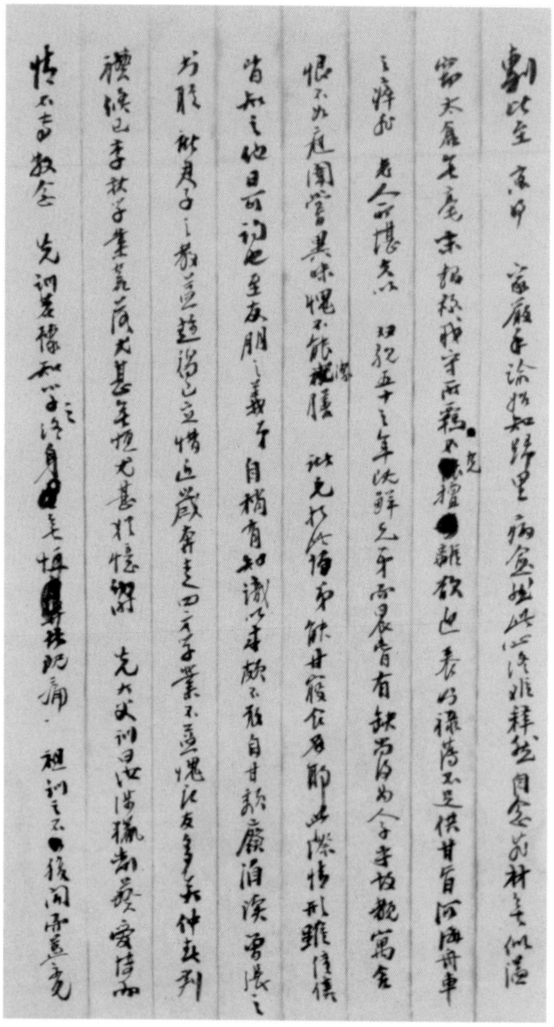

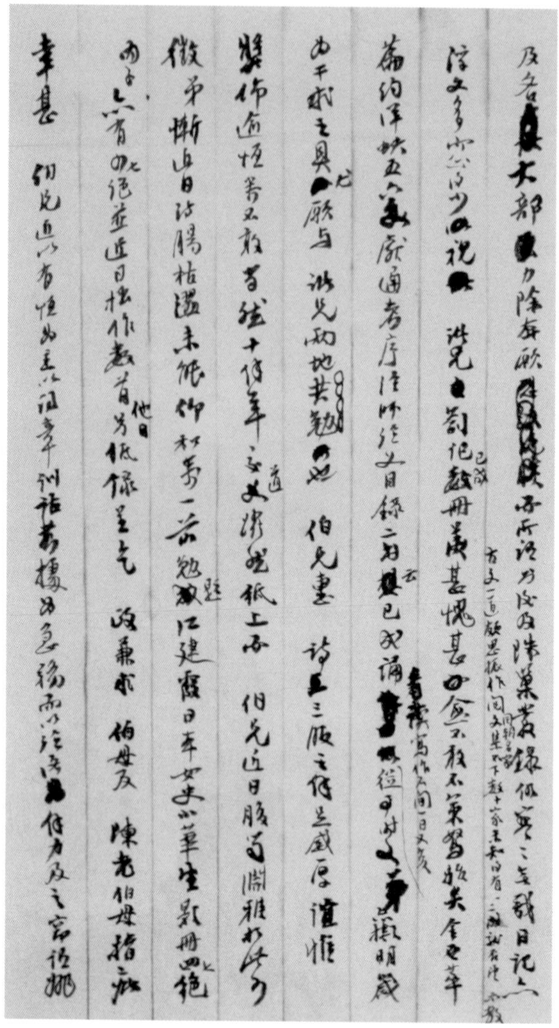

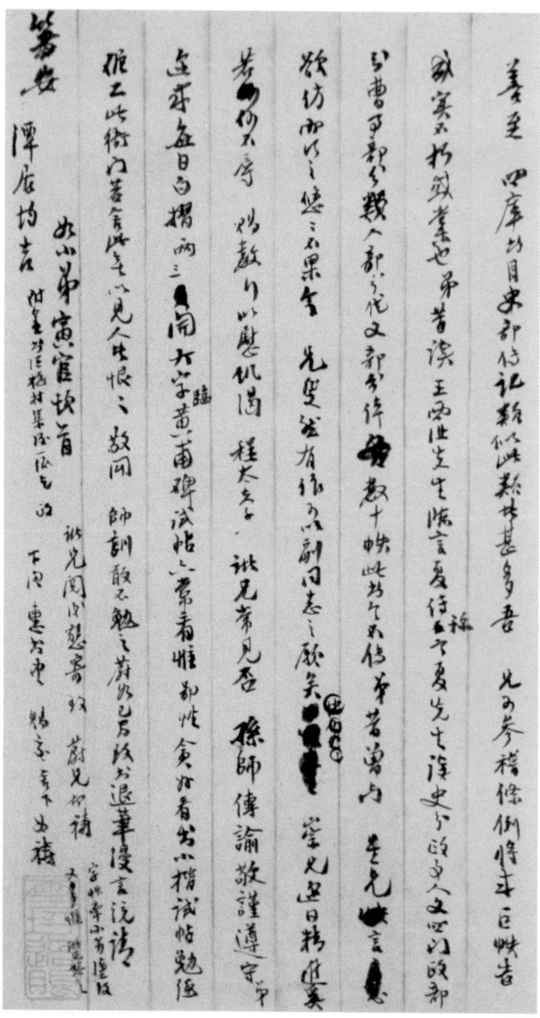

（图九五 4—6）

九六　袁枚　诗文稿册

袁枚（1716—1797年），清乾隆年间著名诗人。字子才，号简斋，晚号随园老人，浙江杭州人。乾隆进士，官至江宁（今南京）知县。书法家张问陶赞其书法："雅淡如幽花，秀逸如美士，妙在风骨间。"此册集袁枚在乾隆十一年（1746年）至乾隆二十六年（1761年）间与友人的通信以及诗文稿，是研究袁枚在此时期活动的重要史料。

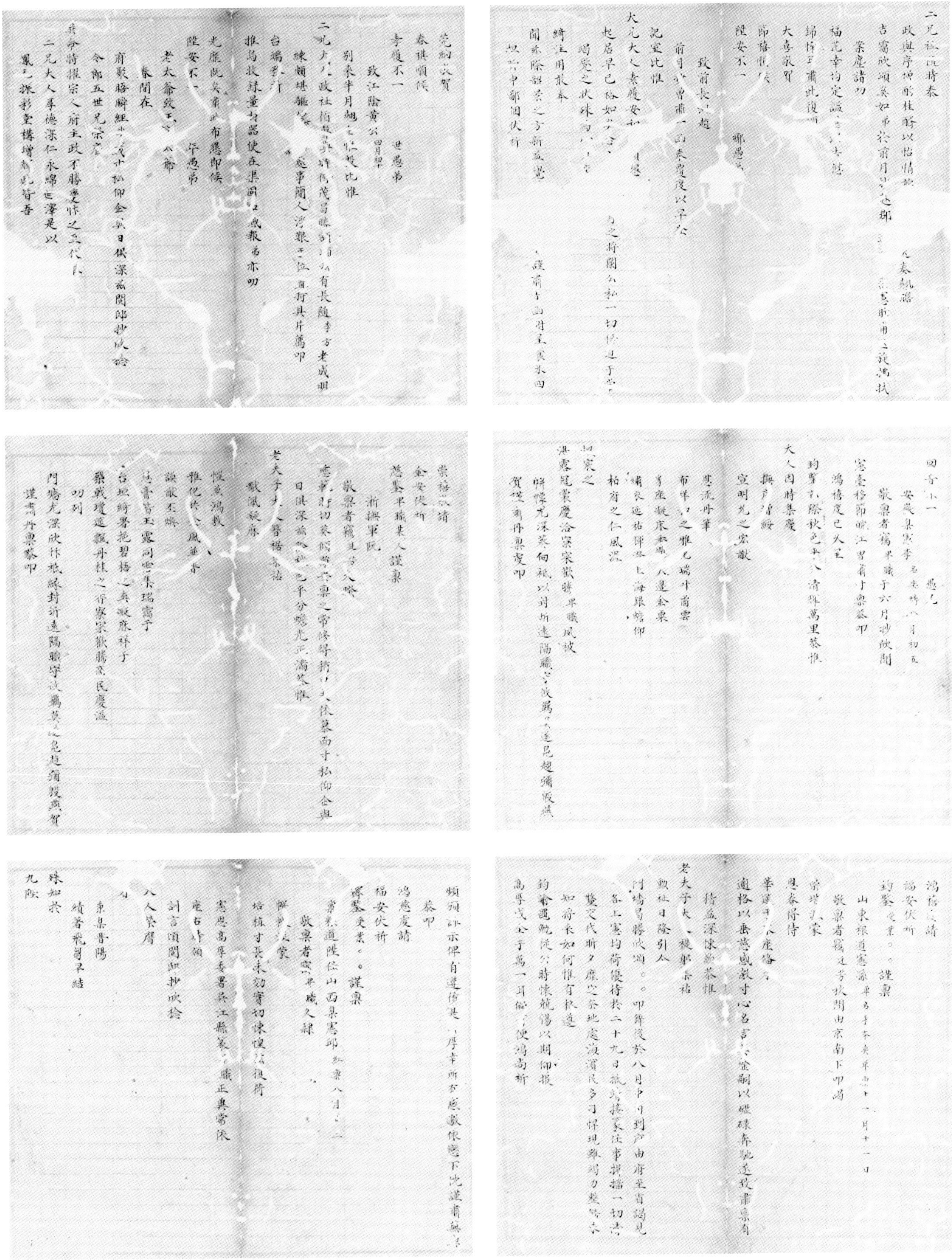

（图九六　1–6）

九六　袁枚　诗文稿册

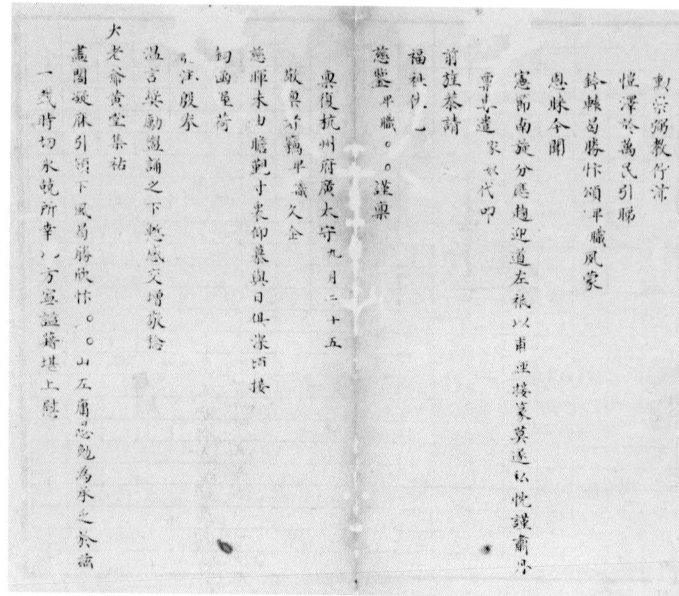

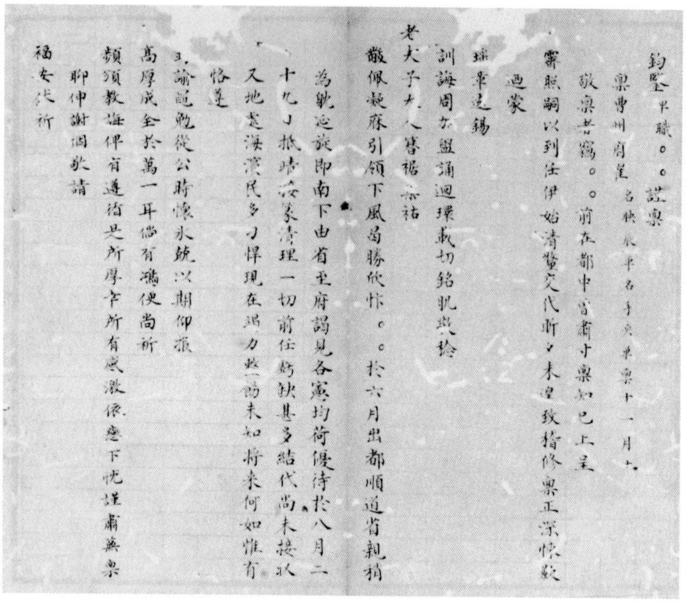

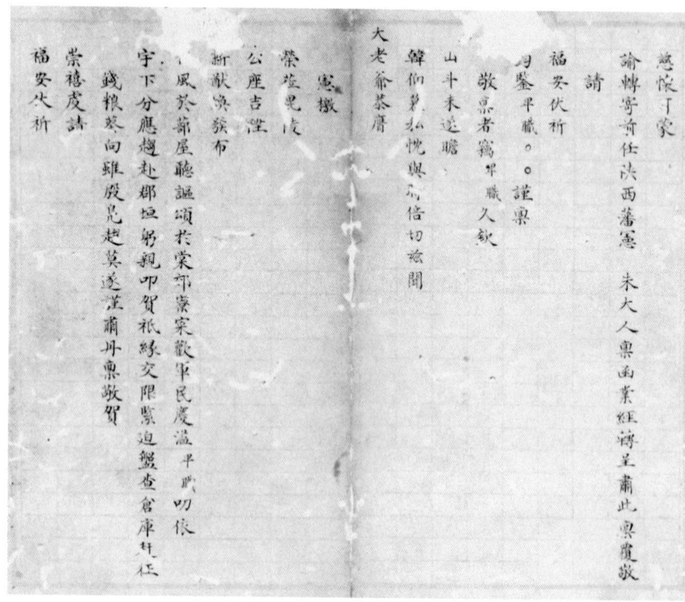

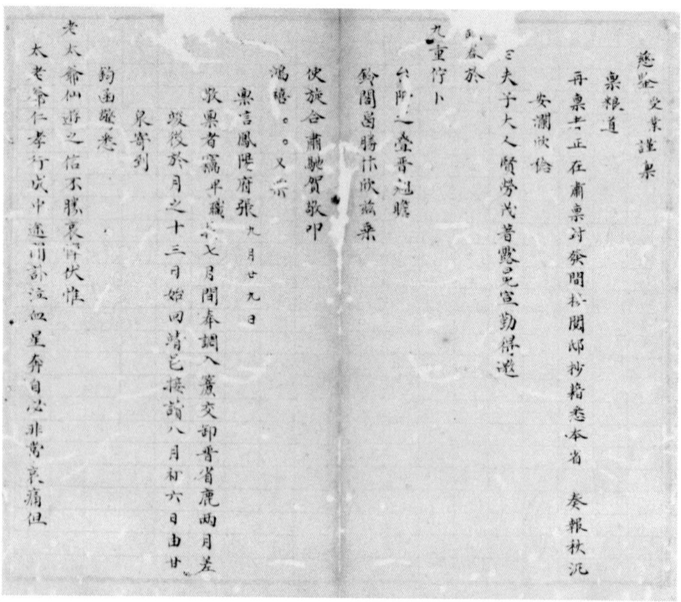

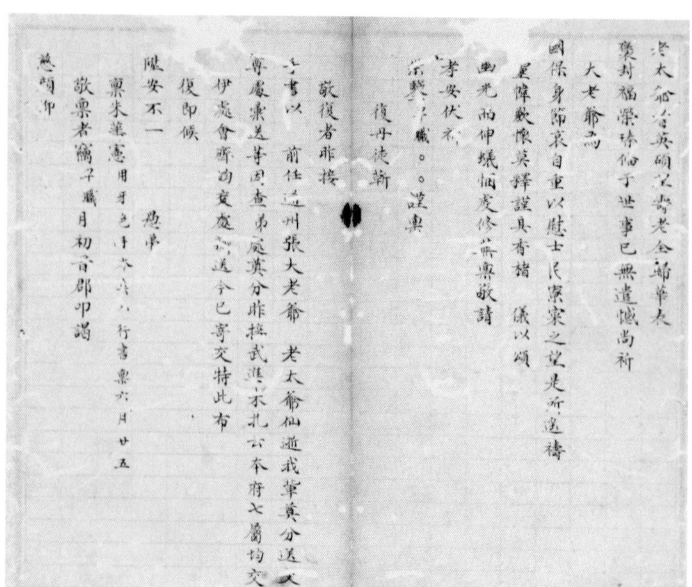

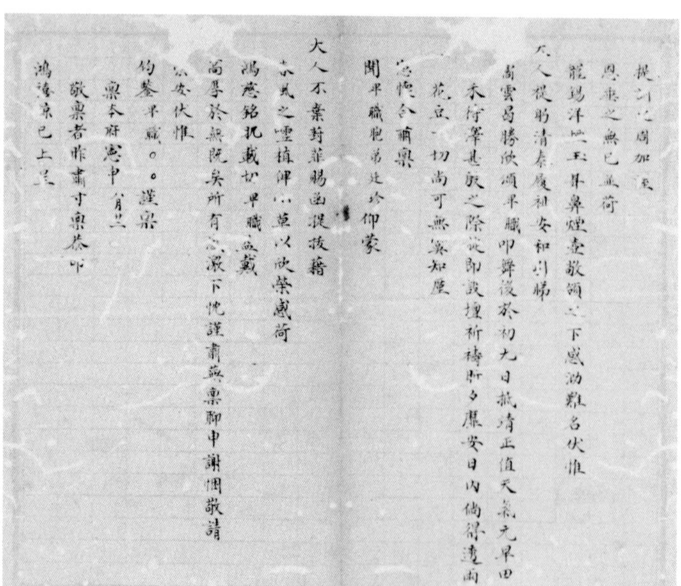

九六　袁枚　诗文稿册

(图九六　7—12)

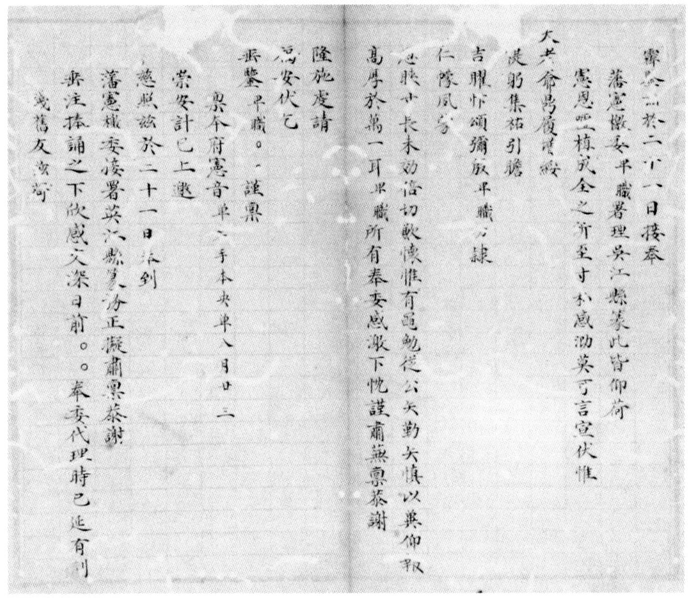

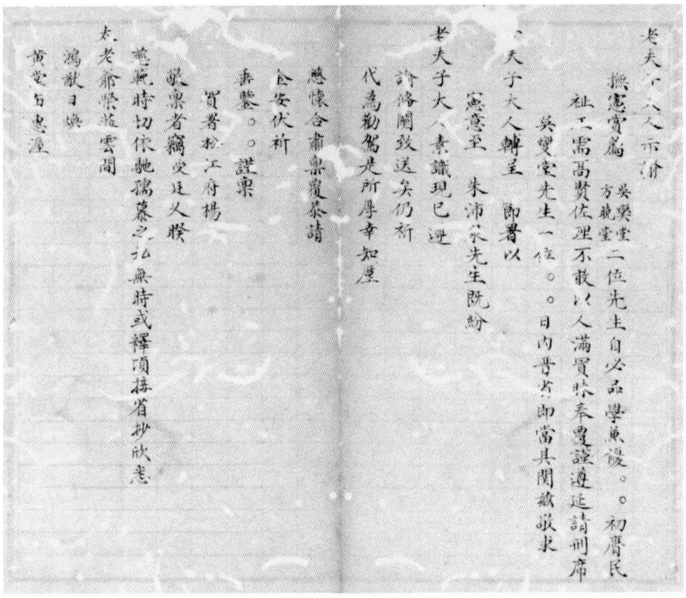

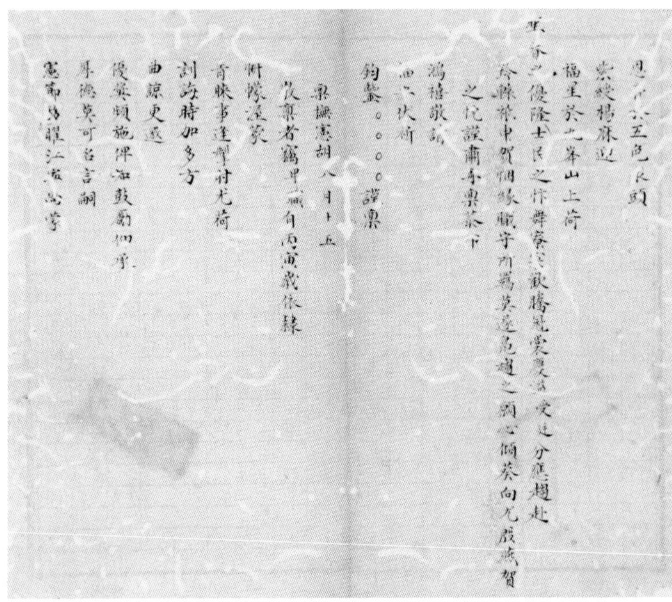

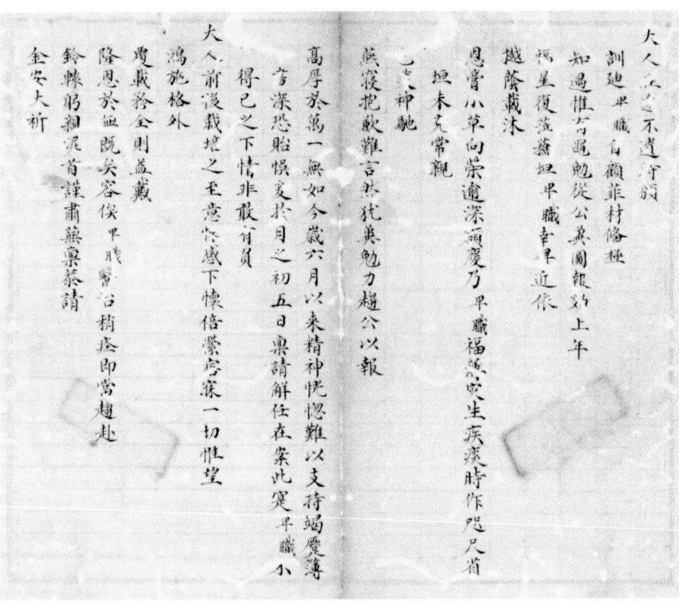

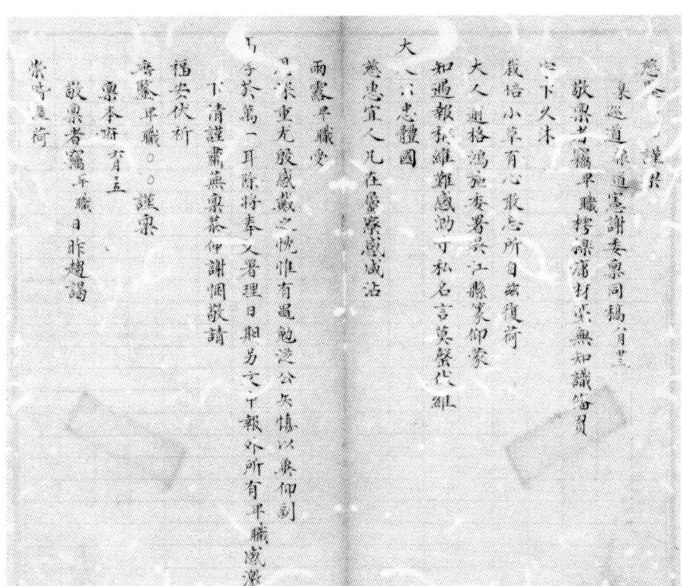

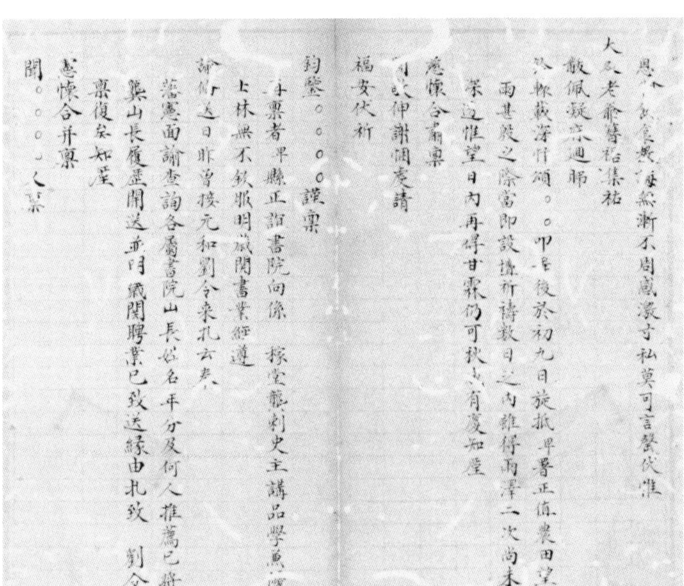

（图九六　13—18）

九六　袁枚　诗文稿册

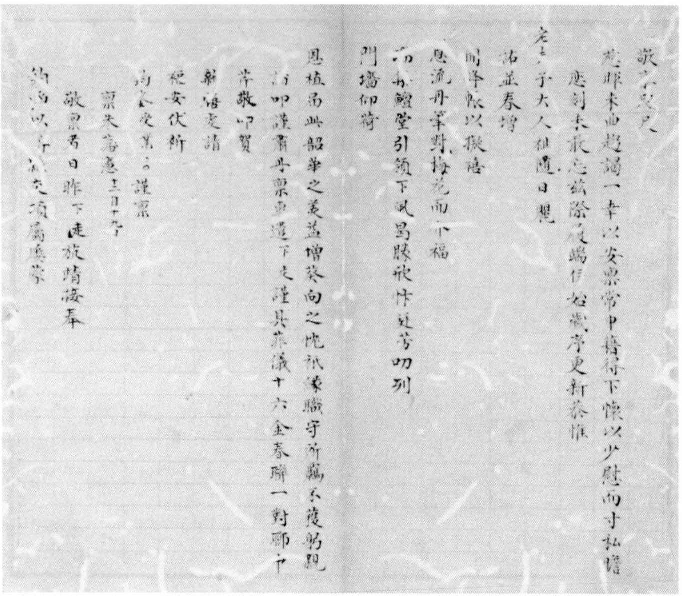

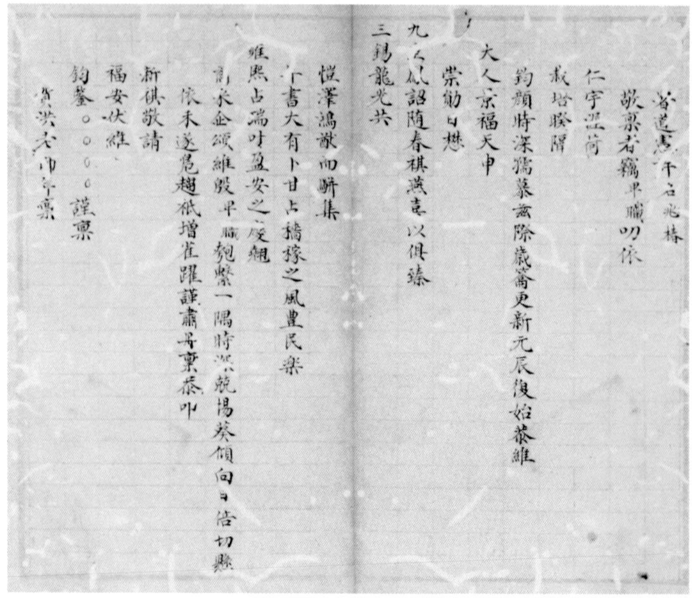

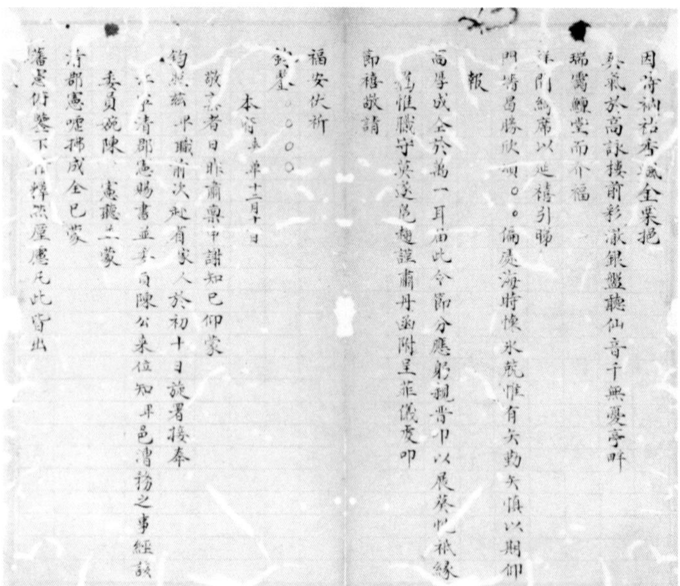

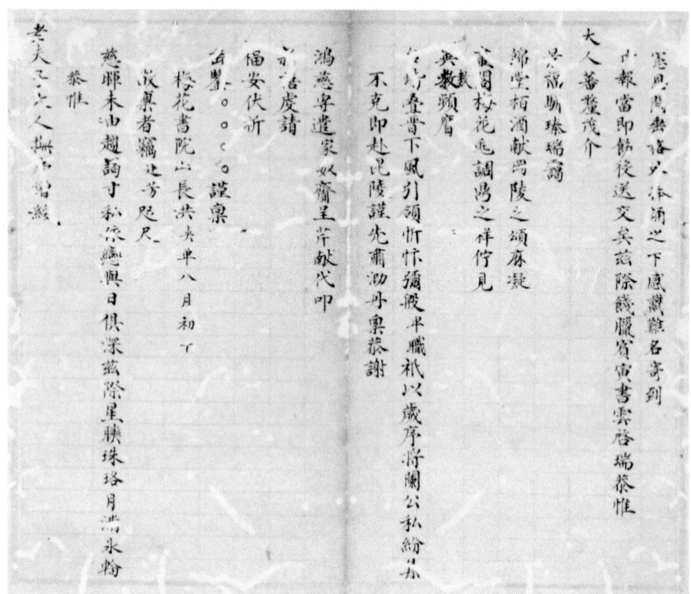

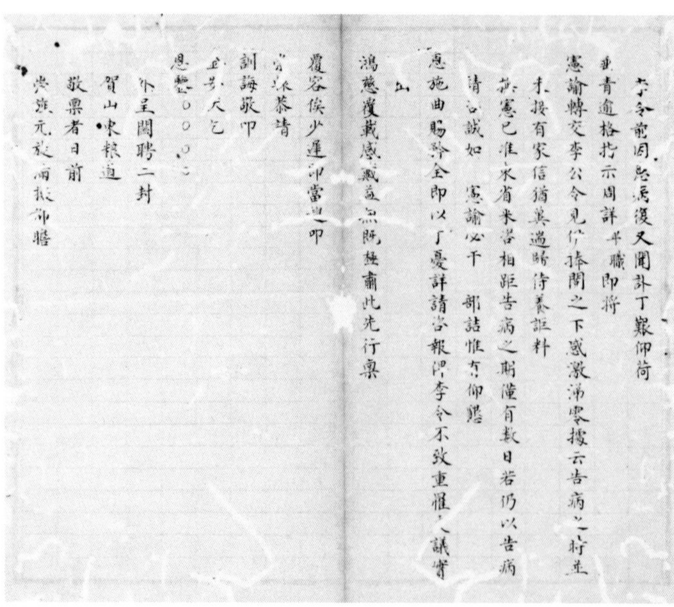

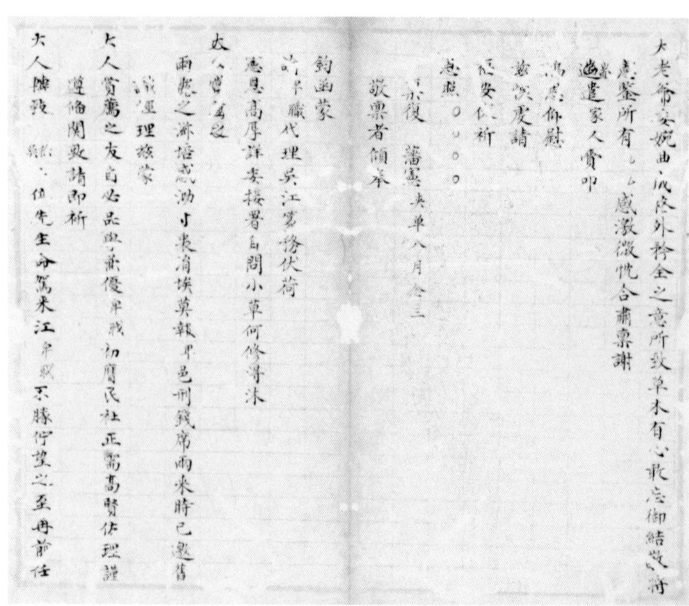

（图九六　19—24）

九六　袁枚　诗文稿册

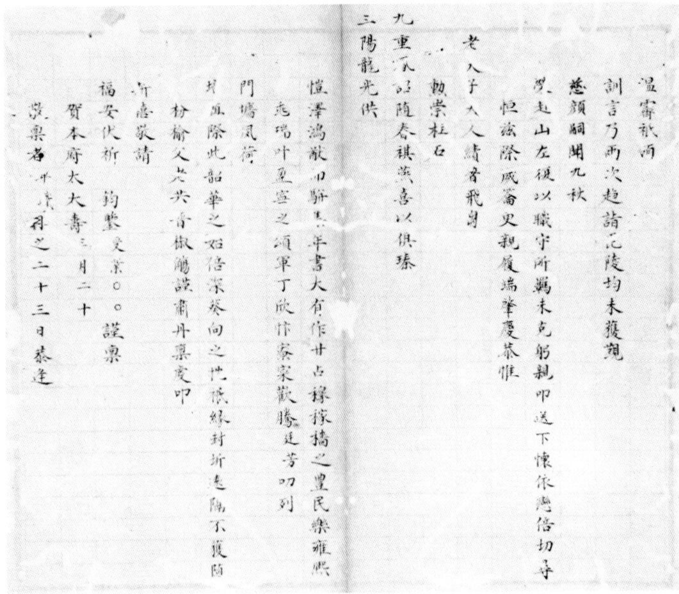
溫甯試酒
訓言乃两次趋詣已陵均未獲覲
慈顏瞻聞九秋
歲走山左復以職守所羈未克躬親叩送下懷依戀倍切尋
恒茲際戚蕃更親履端肇慶恭惟
老大人大人績著飛鳧
勳崇柱石
九重之以隨春祺萬喜以供琭
三陽龍光供
愷澤鴻猷日騁其平書大有作廿占稼穡之豐民樂雍熙
兆瑞叶豊盈之頌軍丁欣忭家宗歡騰廷芳叨列
門墻風荷
垂青際此韶華之始倍深葵向之忱祗緣封圻远隔不獲
趨蹌叩叅共喬椒觴謹肅丹禀虔叩
新禧敬請
福安伏祈 鈞鑒愛某○○謹禀
賀本府太大壽三月二十
敬禀者本月之二十三日恭逢

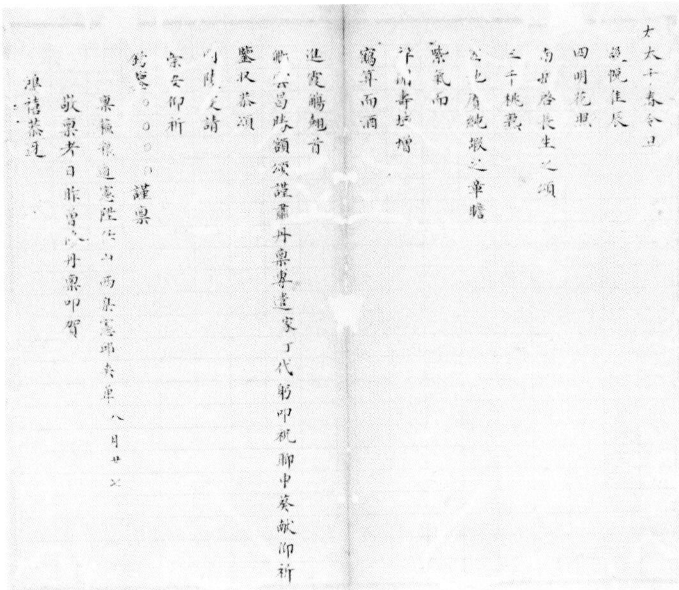
太大千春令旦
誕慶佳辰
四明花甲
南極啓長生之頌
之千桃熟
公也履純嘏之卑瞻
紫氣而
仰祝壽域增
寫算而酒
進霞觴翹首
斯公昌時頌謹肅丹禀專遣家丁代躬叩祝鄉中叅獻卯祈
鑒收恭頌
同陵之請
崇安仰祈
鈞鑒○○○○謹禀
禀福建道憲陞任山西臬憲那大人八月廿七
敬禀者日昨曾以丹禀叩賀
准詰恭廷

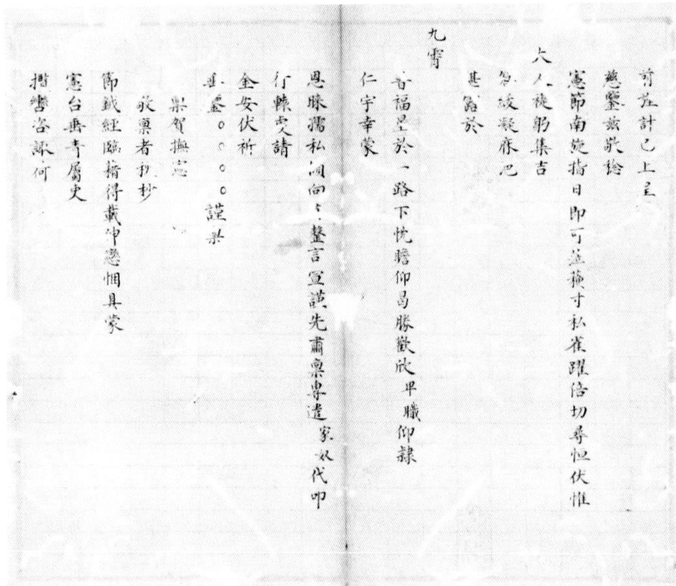
前在計已上呈
慈鑒茲欣於
憲節南旋指日即可蒞擁寸私雀躍倍切尋恒伏惟
大人旋躬集吉
勞旋凝庥之
甚為於
九霄
首福星於一路下忱瞻仰曷勝歡欣卑職仰隸
仁宇幸蒙
恩眎濡私洞向之鏊言宣謨先肅稟專遣家奴代叩
行轅敬請
金安伏祈
垂鑒○○○○謹禀
崇賀撫憲
敬禀者邸抄
節鉞紅臨簡得載仲戀悃具蒙
憲台兼青屬吏
措響咨詠何

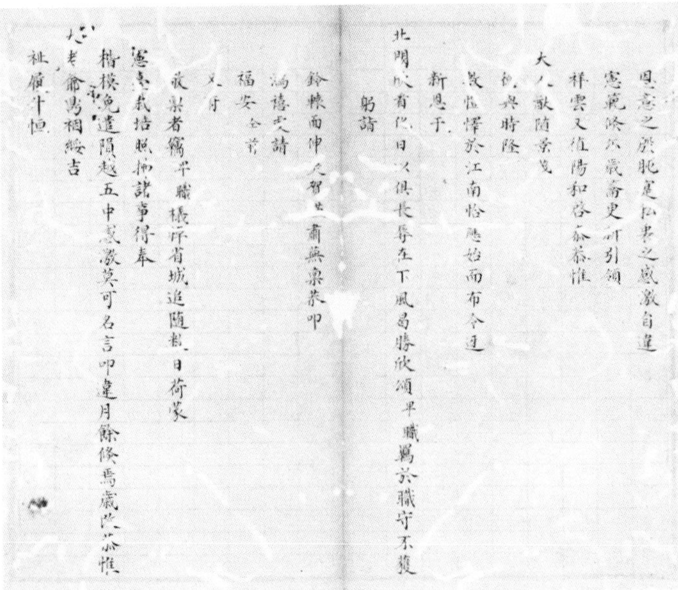
恩意之殷耽寔私衷之感激自達
憲範降臨六載屬吏之引領
祥雲又值陽和春恭惟
大人獻歲蒙慶
韶與時隆
數恰懌於江南恰應始而布令廷
新恩于
北門成有作日以俱長尋在下風曷勝欣頌卑職屬於職守不獲
躬詣
鈴轅面伸之肅廡禀恭叩
鴻禧敬請
福安[illegible]
又肯
敬禀者竊卑職樣所省城追隨數日荷蒙
憲恩栽培撫恤諸事得奉
指摸免遣隕越五中感激莫可名言叩違月餘倏焉歲暮恭惟
大老爺禺禍綏吉
祉履千恒

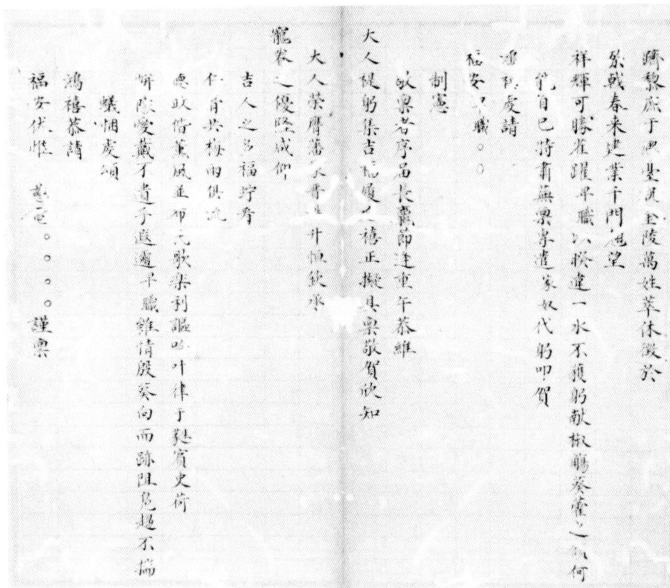
躋黎庶于康豐民上陵萬姓萃休徵於
祭戟春來建業千門延望
祥輝可勝雀躍卑職以揆違一水不獲躬獻椒觴葵忱之一何
肖自己特肅蕪禀專遣家奴代躬叩賀
運軒慶請
福安卑職○○
制憲
敬禀者序屆長贏節逢重午恭維
大人健躬集吉福履之禧正擬具禀敬賀欣知
大人榮膺簡命晉秩升恒欽承
寵眷之優隆威仰
吉人之多福抒肴
仁育共梅雨供沁
恩歌儒熏風並布六歌樂利謳吟叶律于毖賓史荷
甄陶愛戴不遑于遐邇卑職雖情殷葵向而跡阻恩趨不揣
蟻悃虔頌
鴻禧恭請
福安伏惟
慈鑒○○○○謹禀

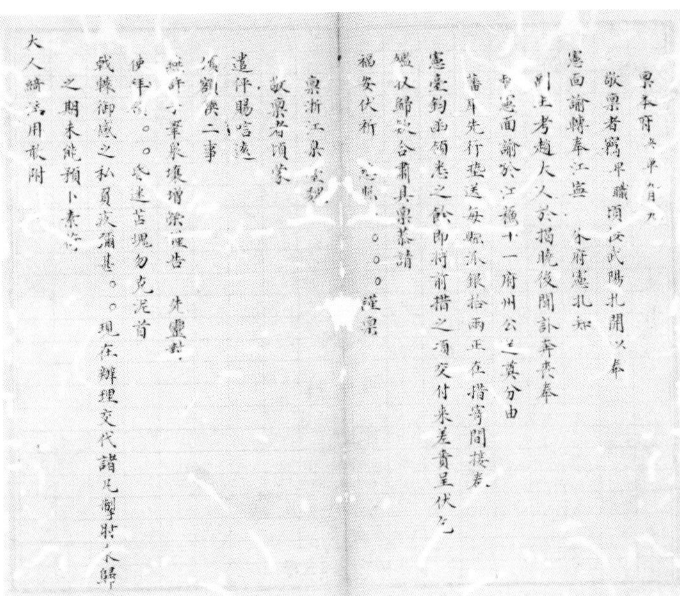
禀本府五月初九
敬禀者竊卑職頃由武陽扎開以奉
憲面諭轉奉江宁 本府憲扎知
到王考趙大人於揭曉後開訃奔喪奉
本憲面諭於江寧十一府州公送奠分由
蕃庫先行墊送每縣派銀拾两正在措寄間接奉
憲臺鈞函領悉之餘即將前措之項交付來差賷呈伏乞
鑒收歸款合肅具禀恭請
福安伏祈
崇照○○○謹禀
禀浙江臬憲
敬禀者頃蒙
遣价賜函遠
頒劉漢二事
撫軒大筆泉壤增榮除告
伊年已○○答述苦塊匆匆克泥首
戟轅御感之私負疚彌甚○○現在辦理交代諸凡掣肘不解
之期未能預卜素荷
大人綺注用敢附

（图九六　25－30）

九六　袁枚　诗文稿册

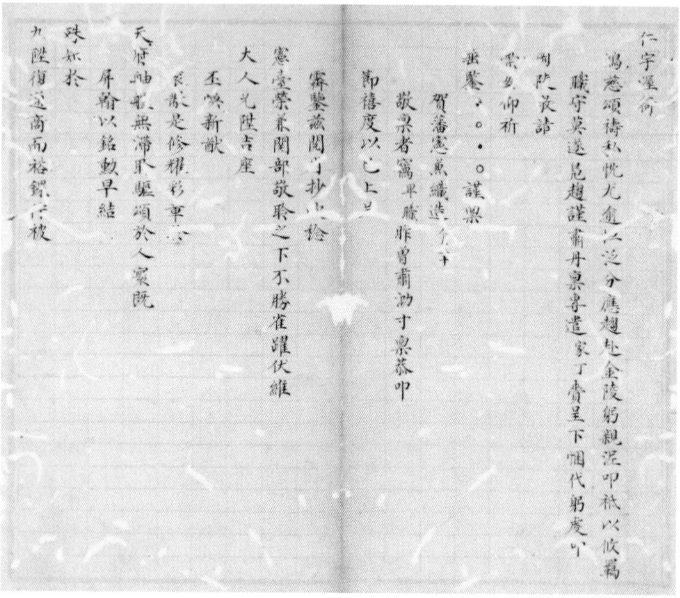
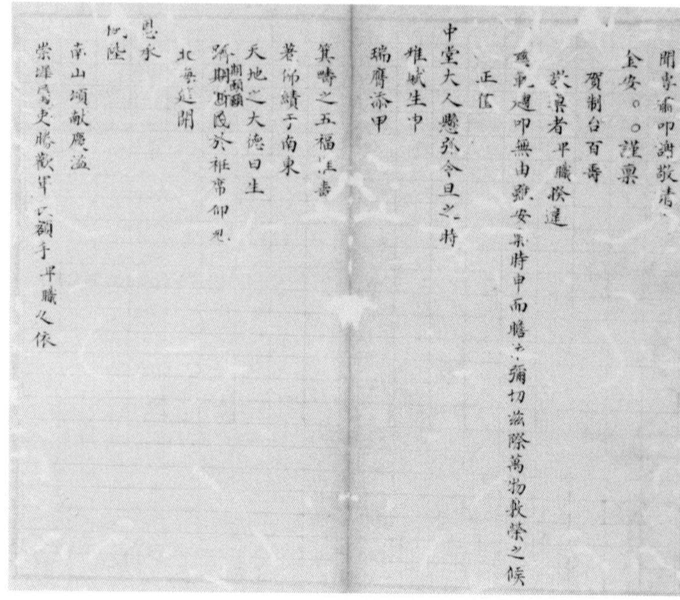
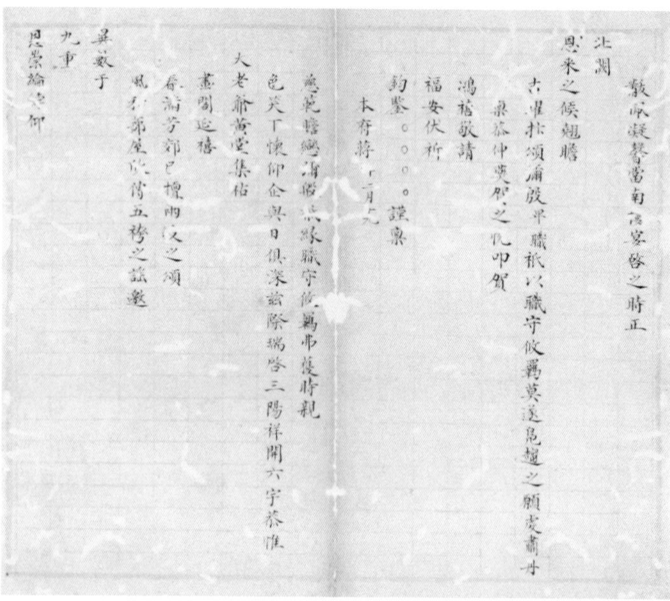
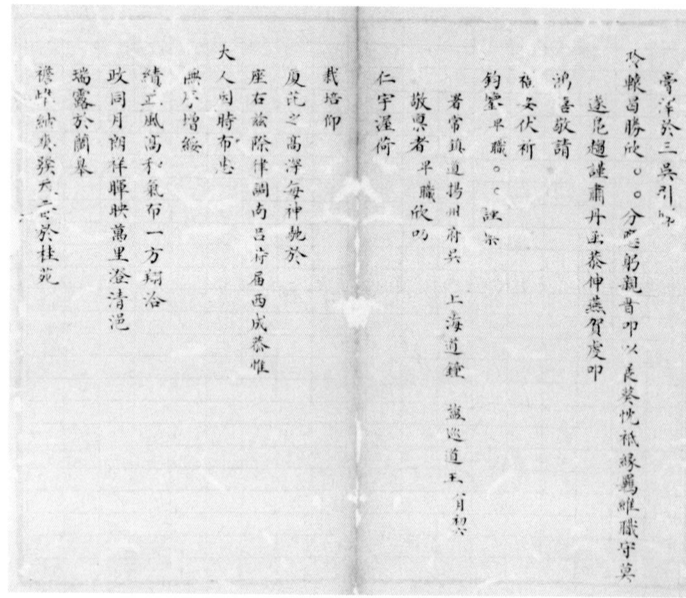
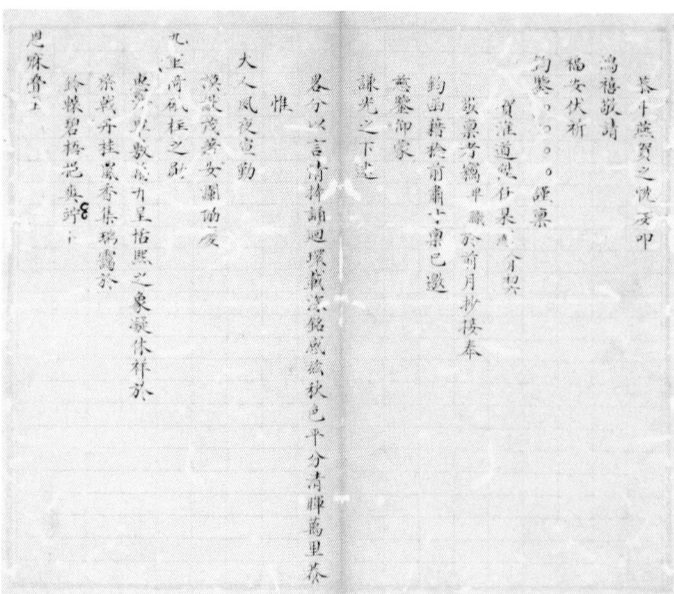
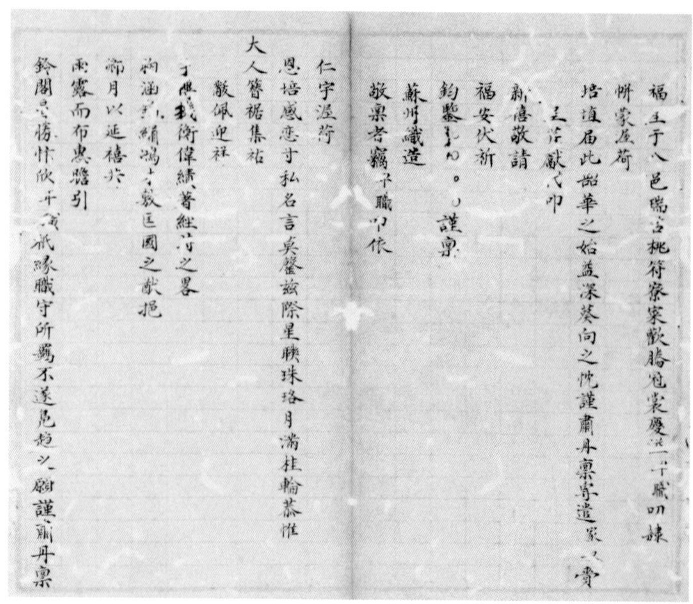

九六　袁枚　诗文稿册

（图九六　31–36）

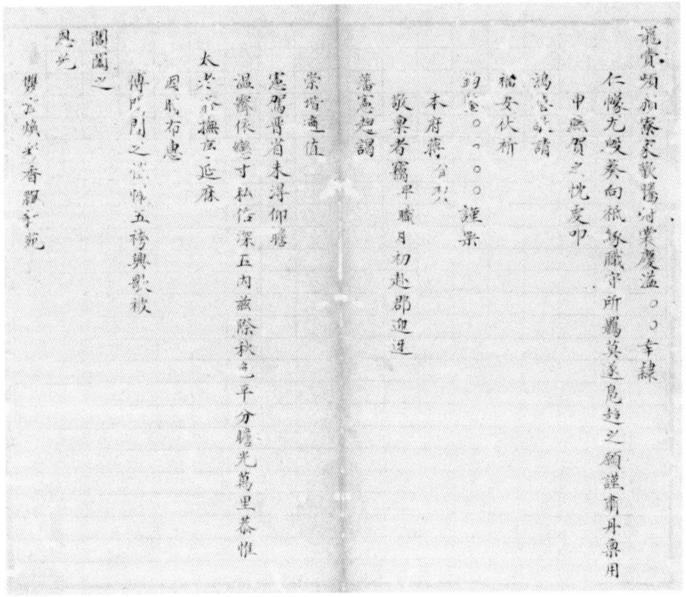

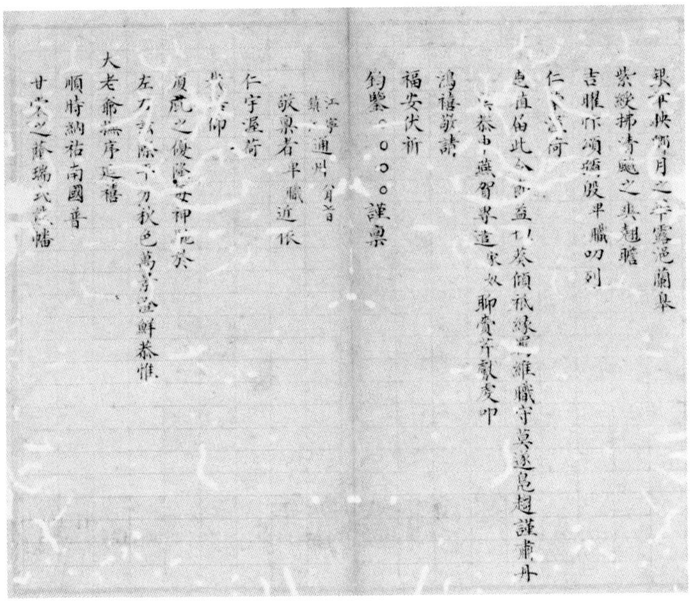

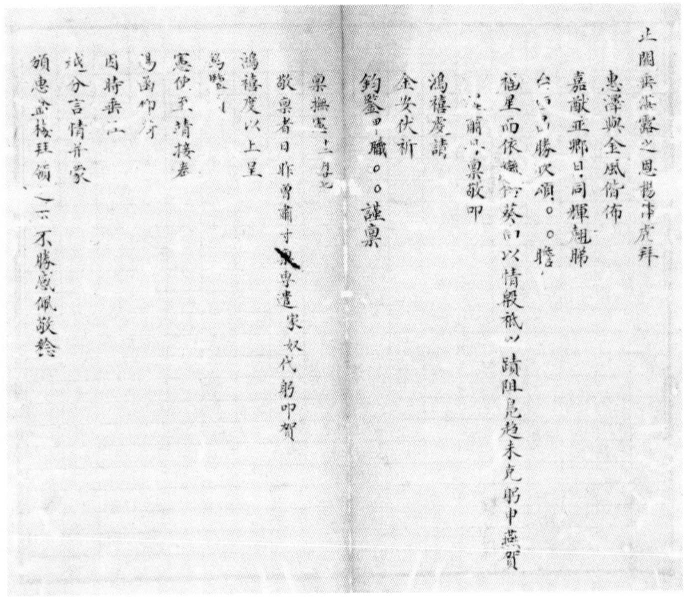

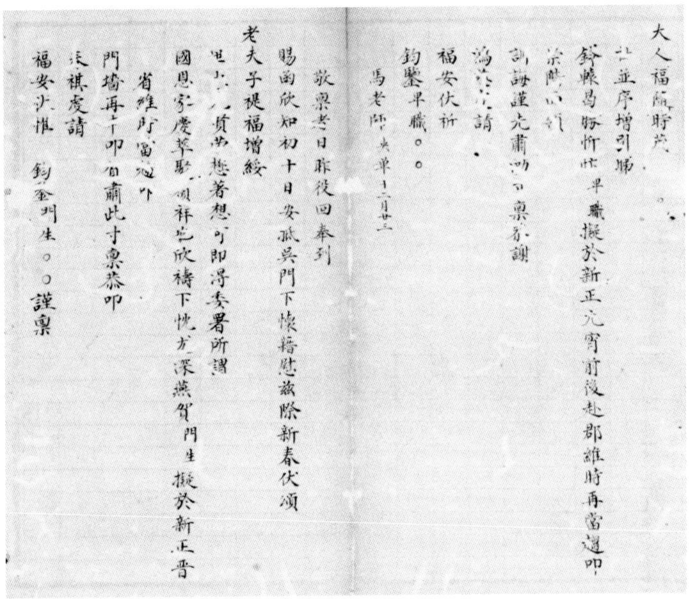

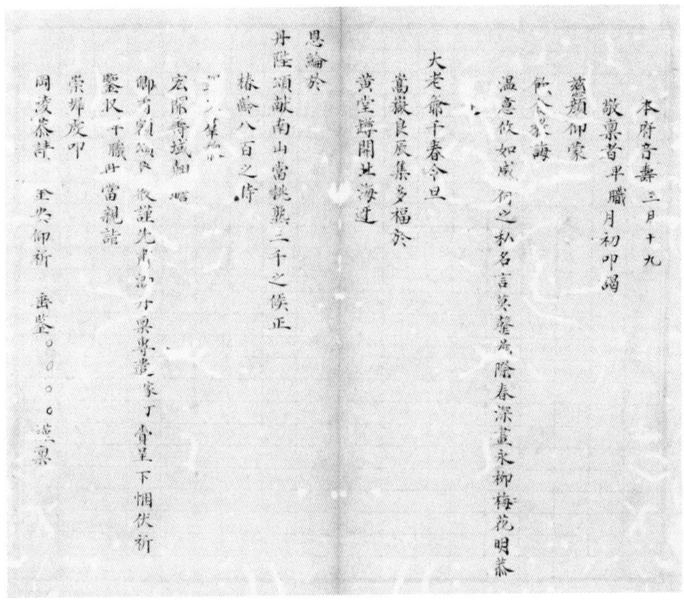

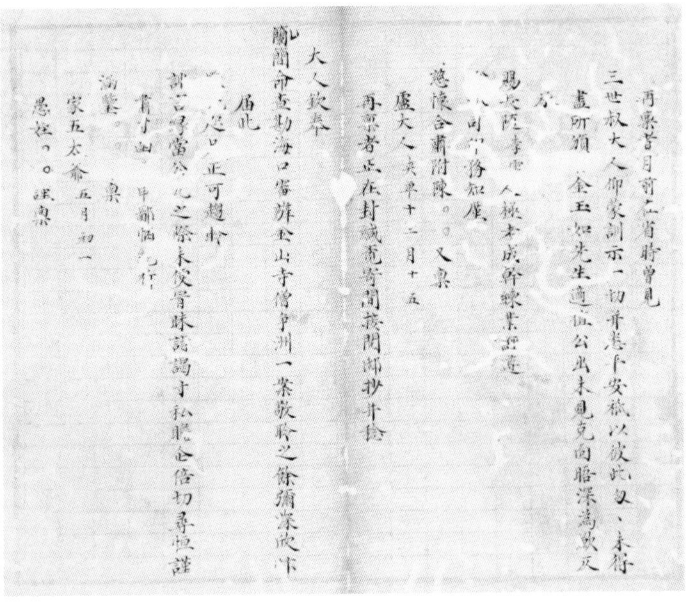

（图九六　37—42）

九六　袁枚　诗文稿册

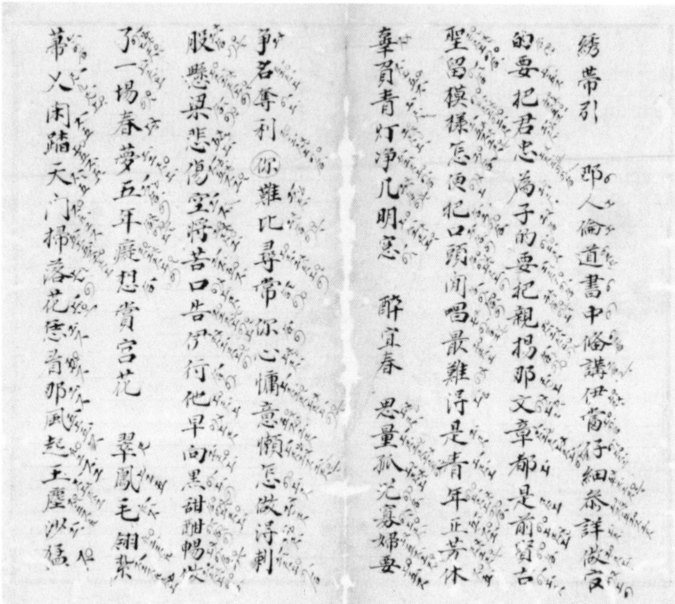

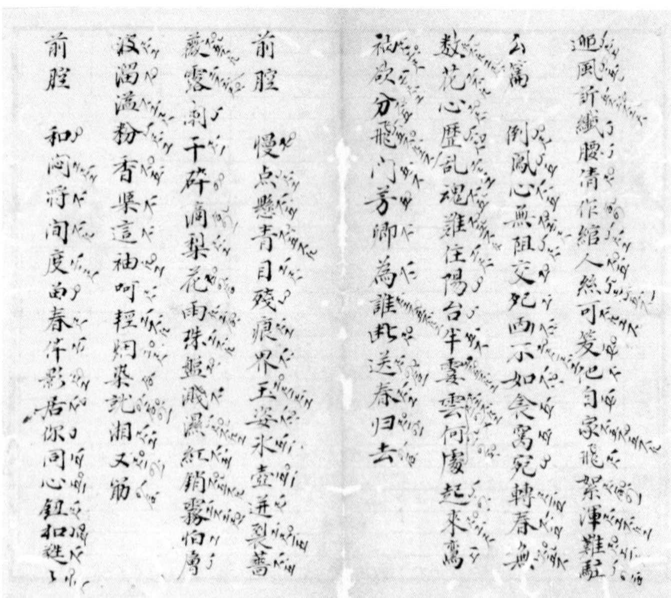

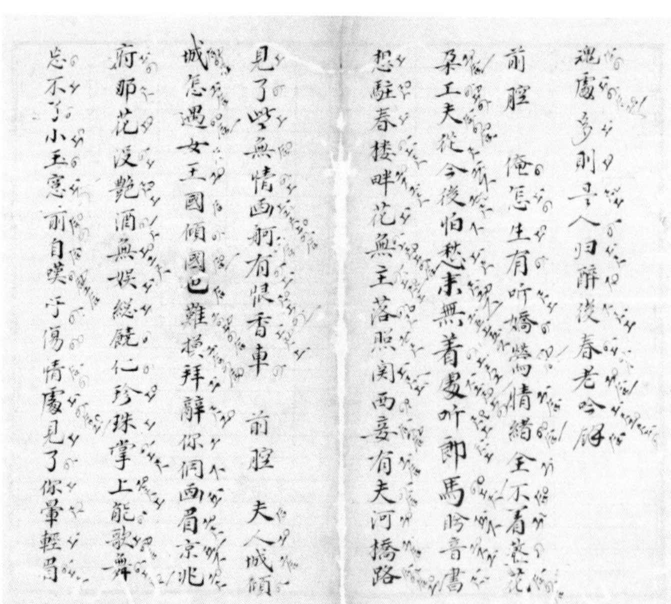

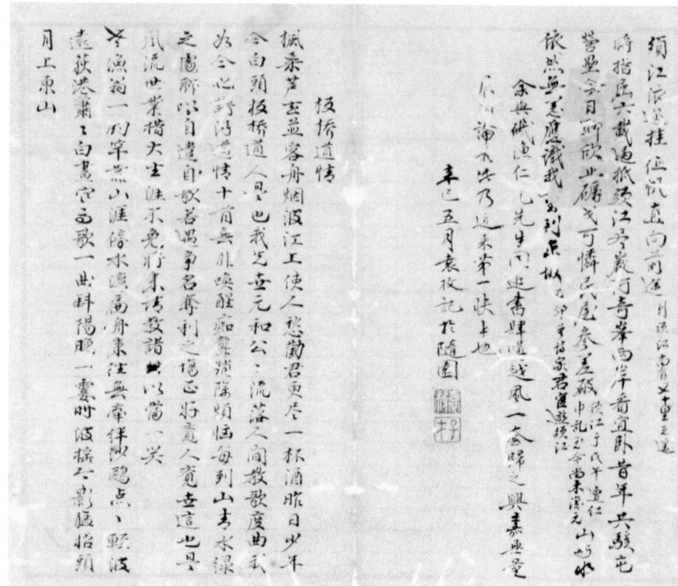

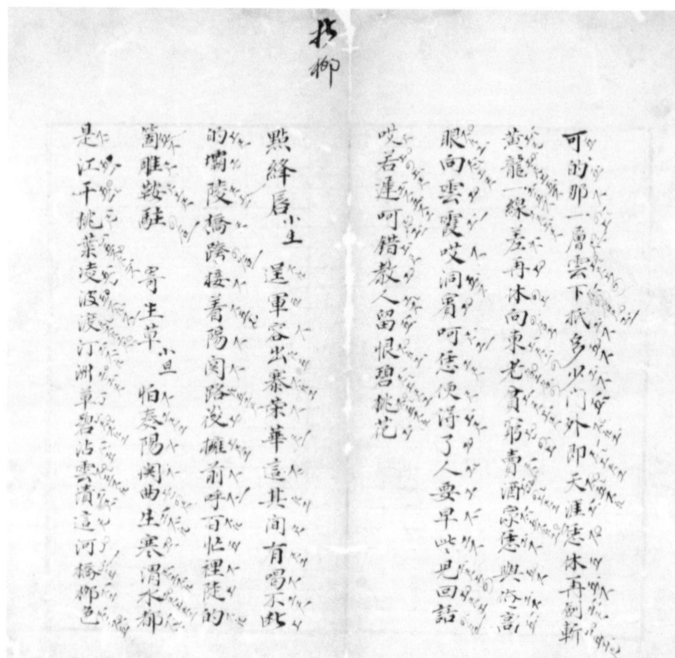

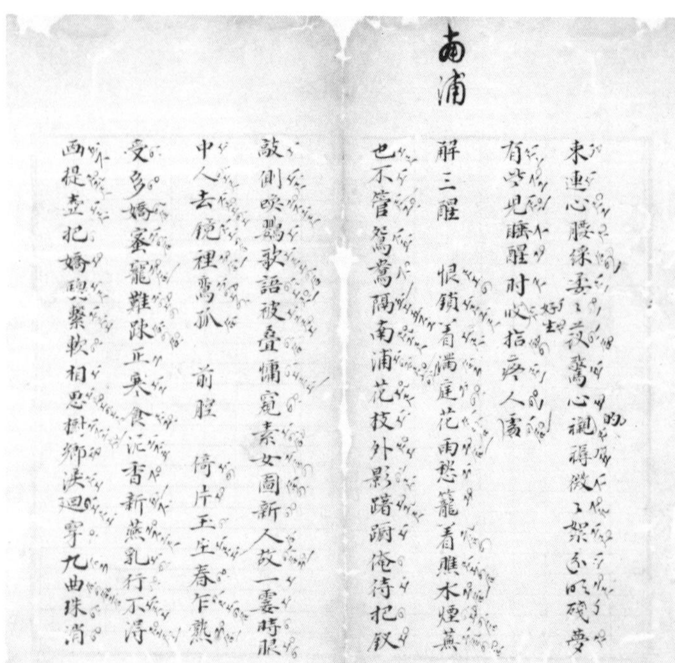

九六　袁枚　诗文稿册

（图九六　43—48）

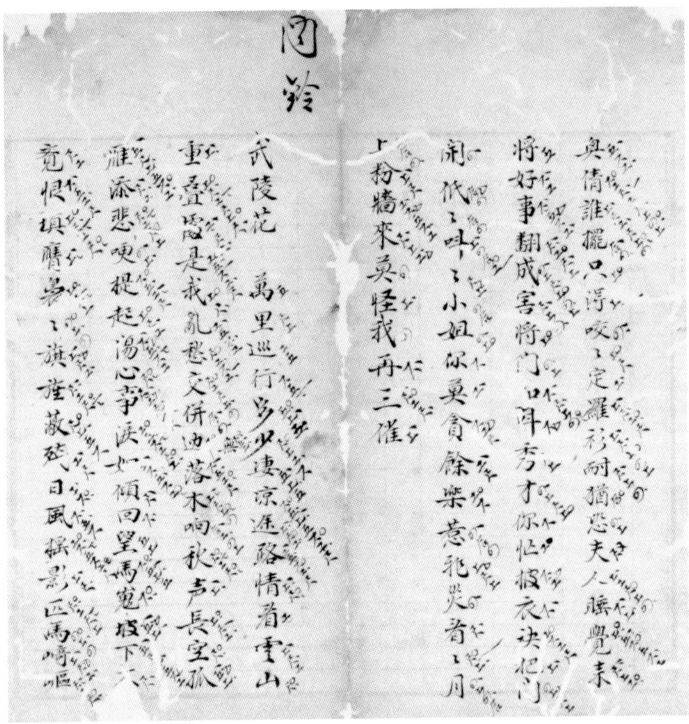

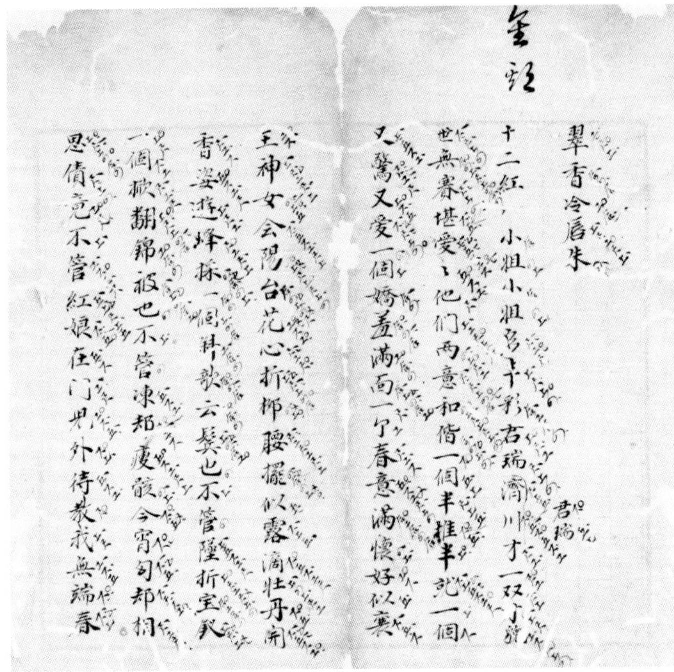

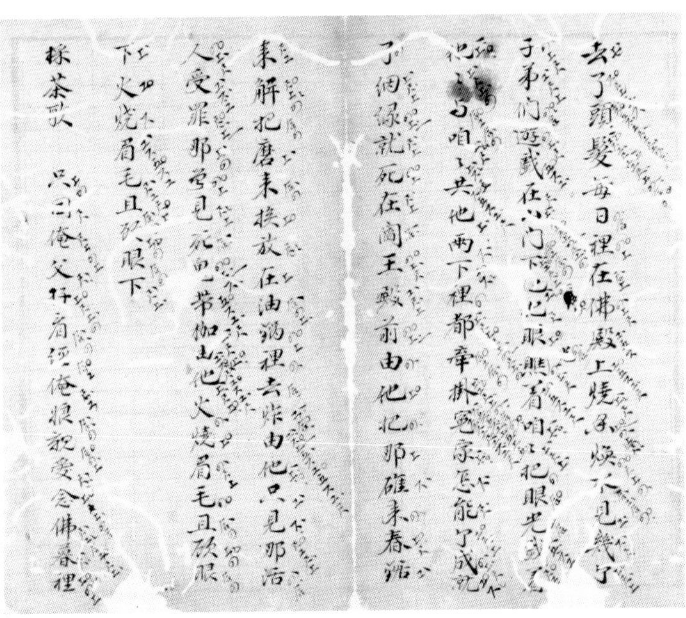

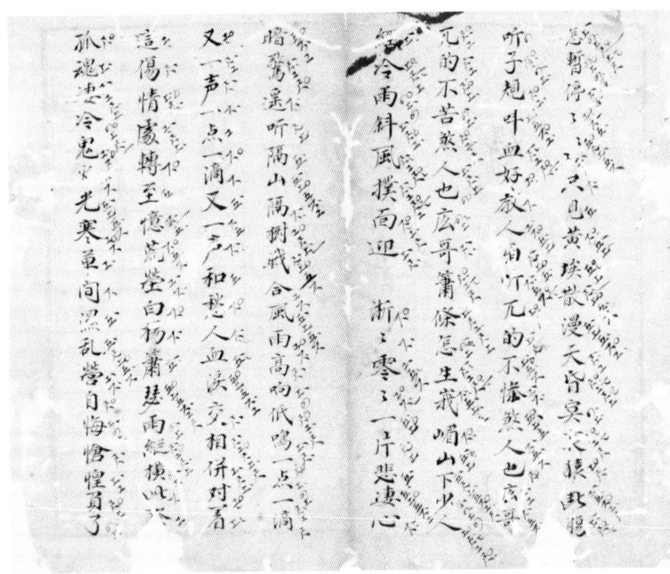

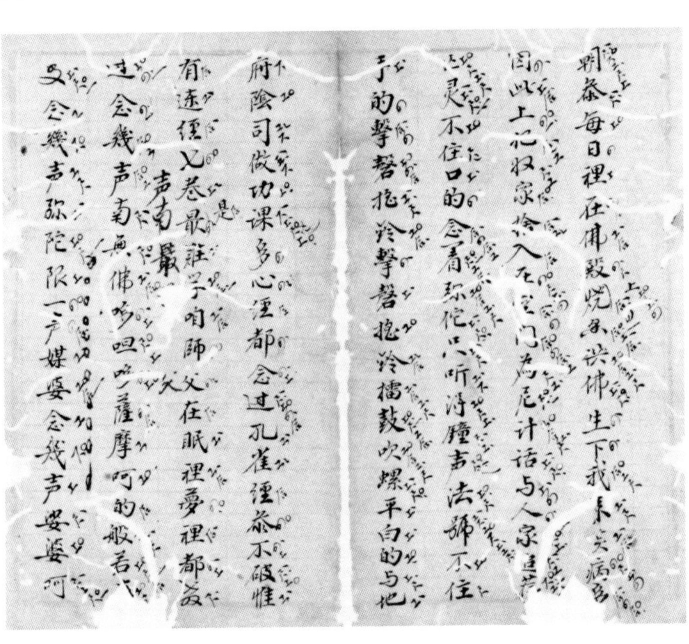

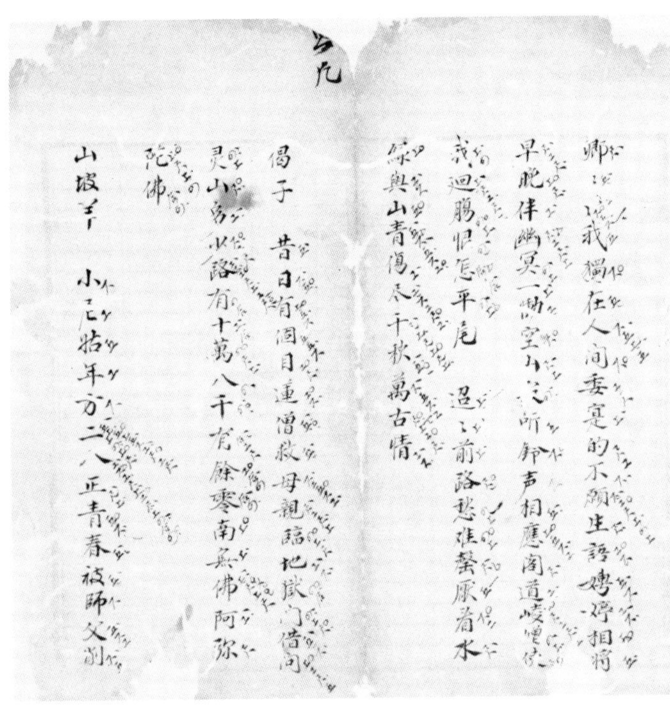

（图九六　49—54）

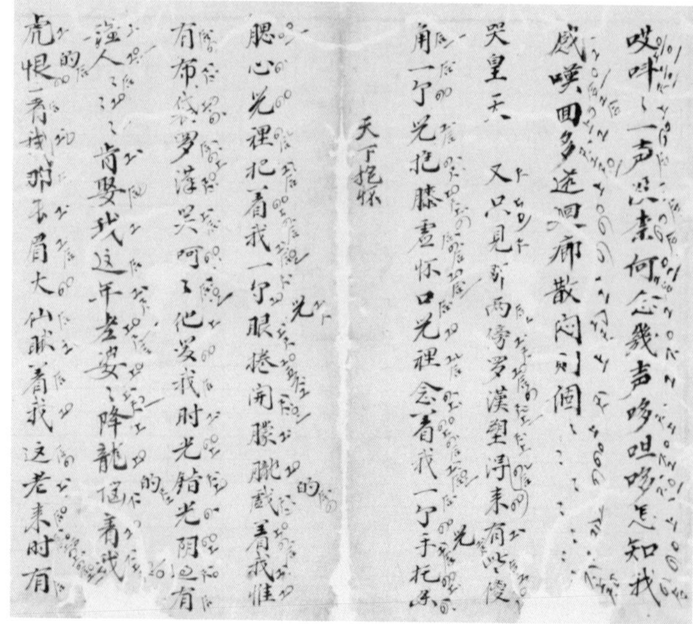

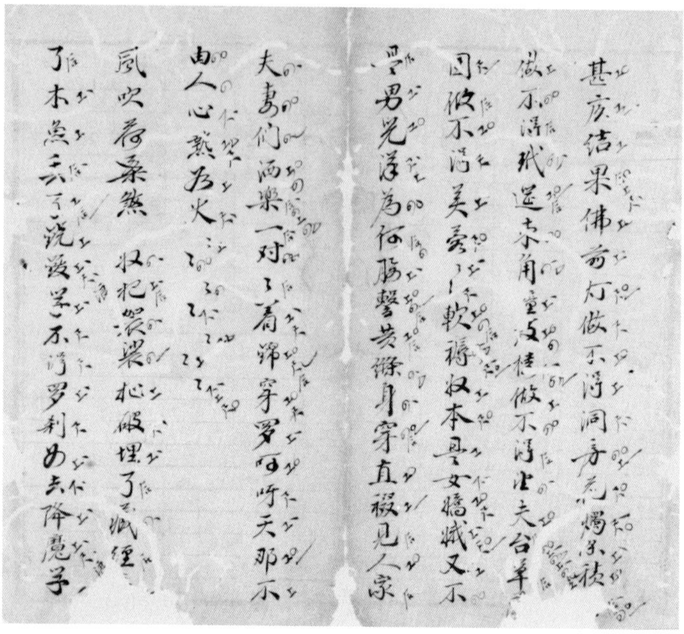

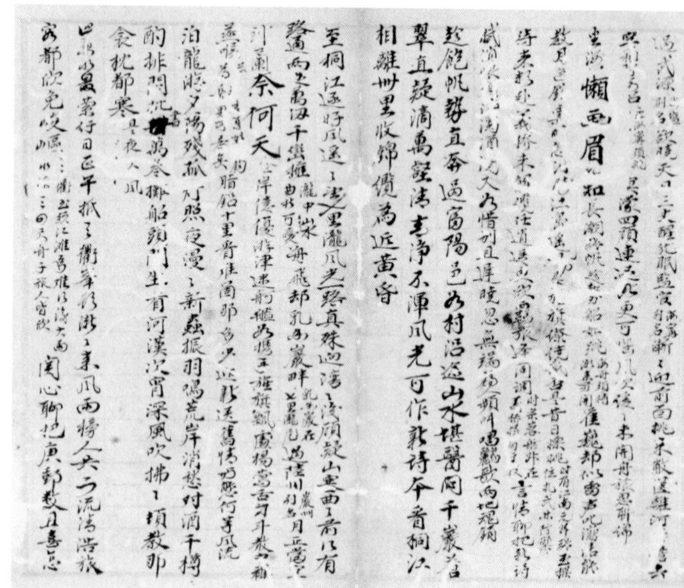

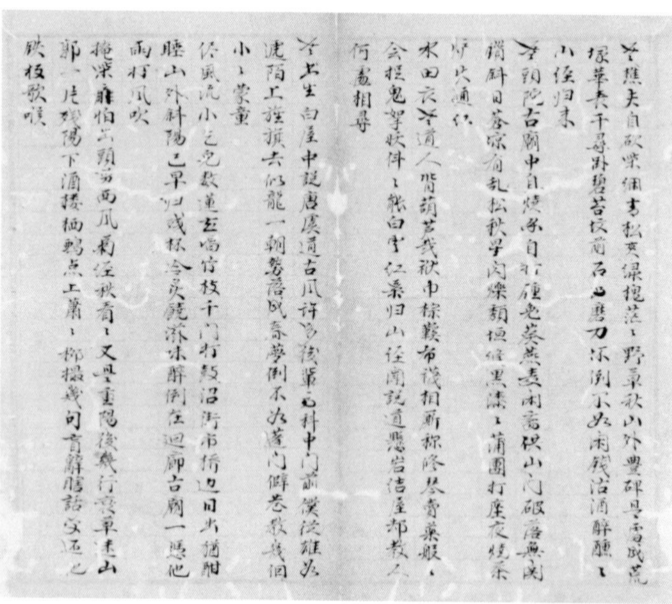

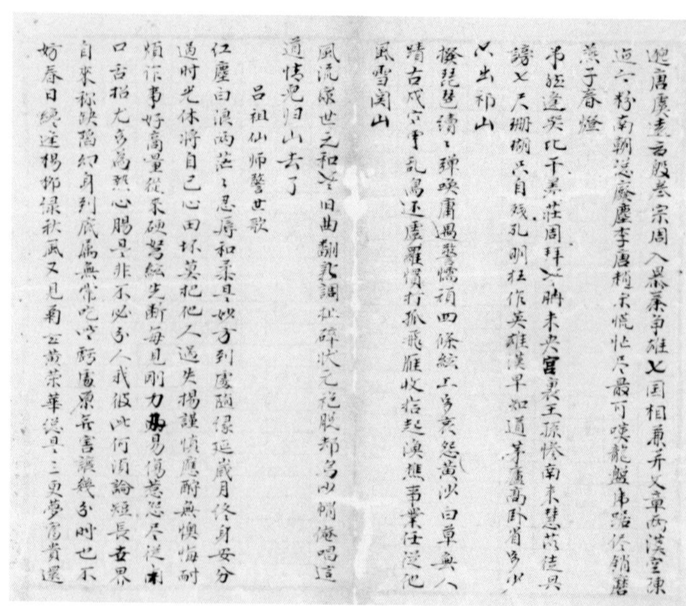

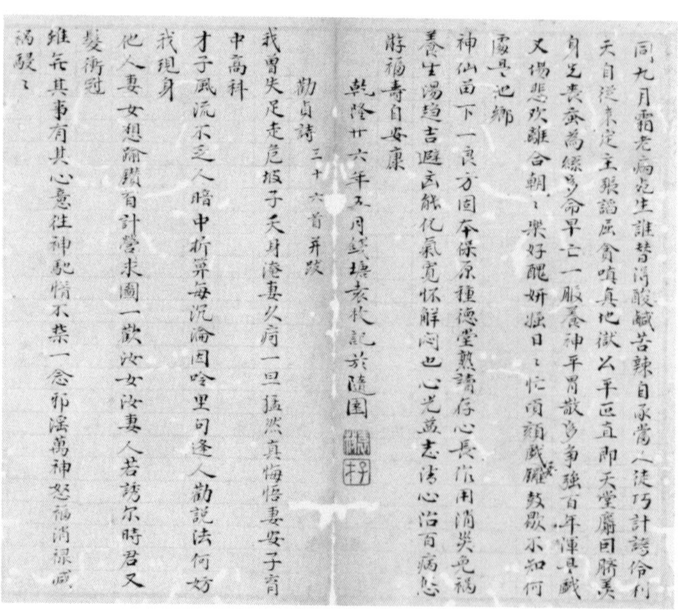

九六　袁枚　诗文稿册

（图九六　55—60）

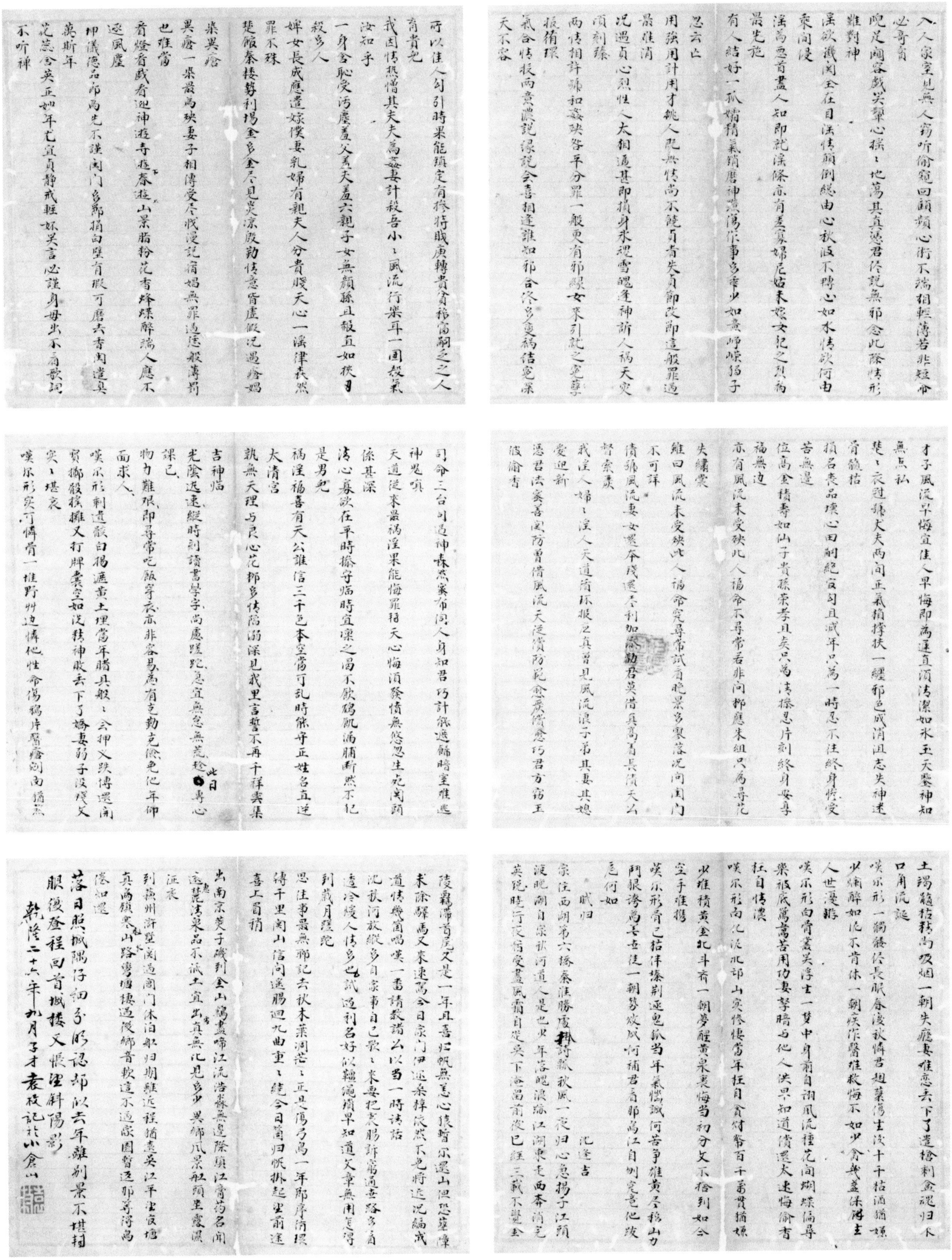

（图九六　61－66）

九六　袁枚　诗文稿册

九七　高二适　草书诗稿册

高二适（1903—1977 年），现代著名书法家、文学史家。原名锡璜，字适父，号瘖庵，又号舒凫，江苏东台人。早年就读于上海正风文学院，北平国学研究院研究生毕业。历任国民政府侨务委员会科员，立法院秘书，朝阳文学院教授，建国法商学院、南京市立第三中学教员。中华人民共和国成立后，任江苏省文史馆馆员。精研文史，积二十年之功校读《刘禹锡文集》。幼喜书法，博涉诸家，尤对章草书研究更深，并融入行、草书中，自出新意。此册集中了高二适壮年时期的行草书自作诗佳作，诗文凄婉洒丽，充满了对青年时代的眷恋。书法俊畅遒美，堪能代表其书法风格的典范。

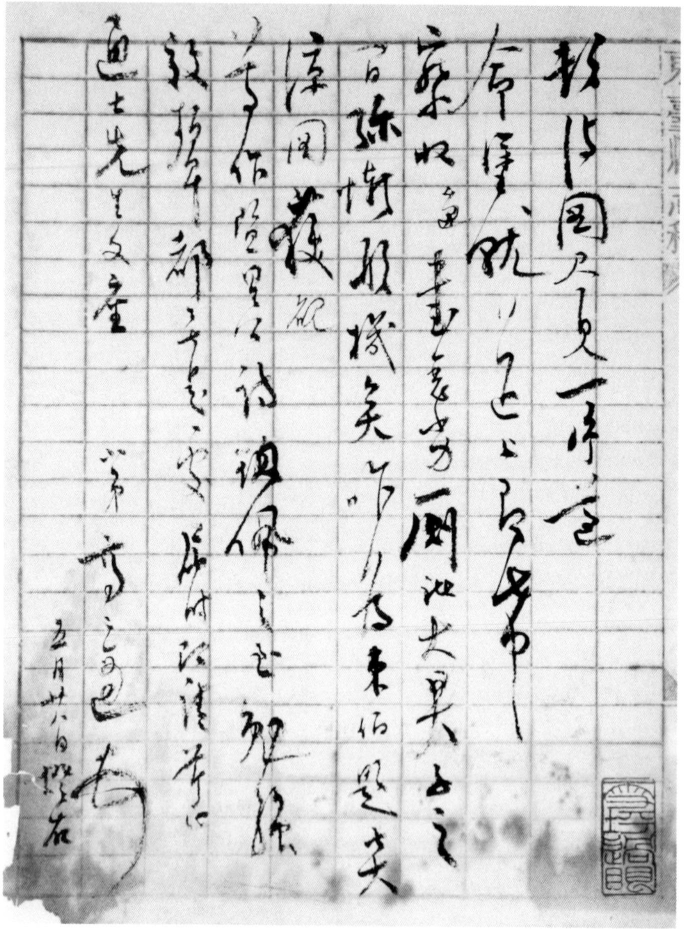

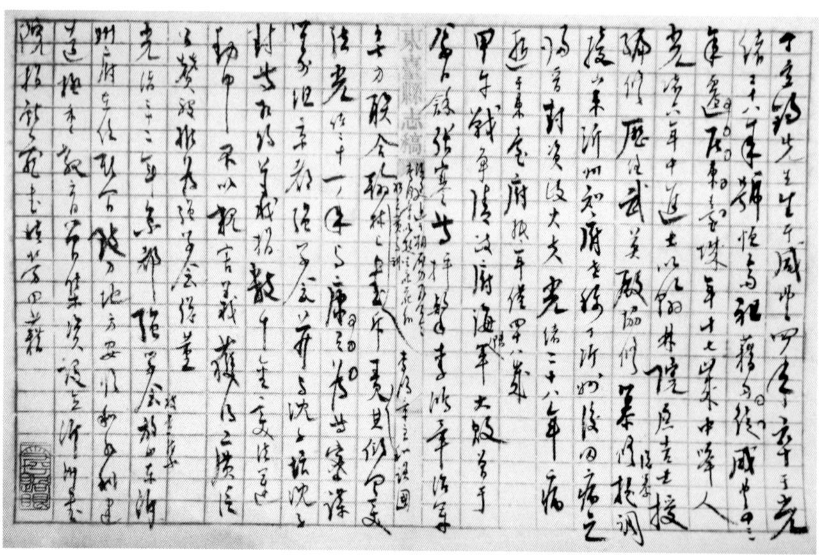

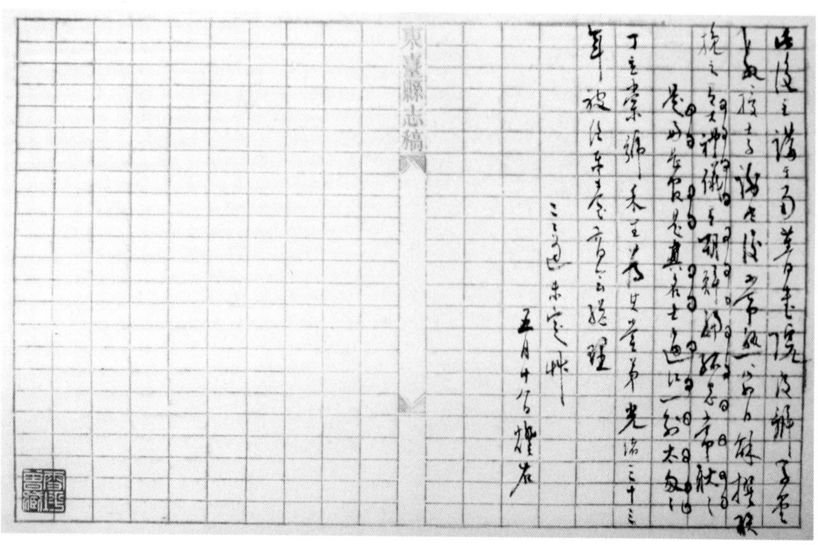

（图九七　1—3）

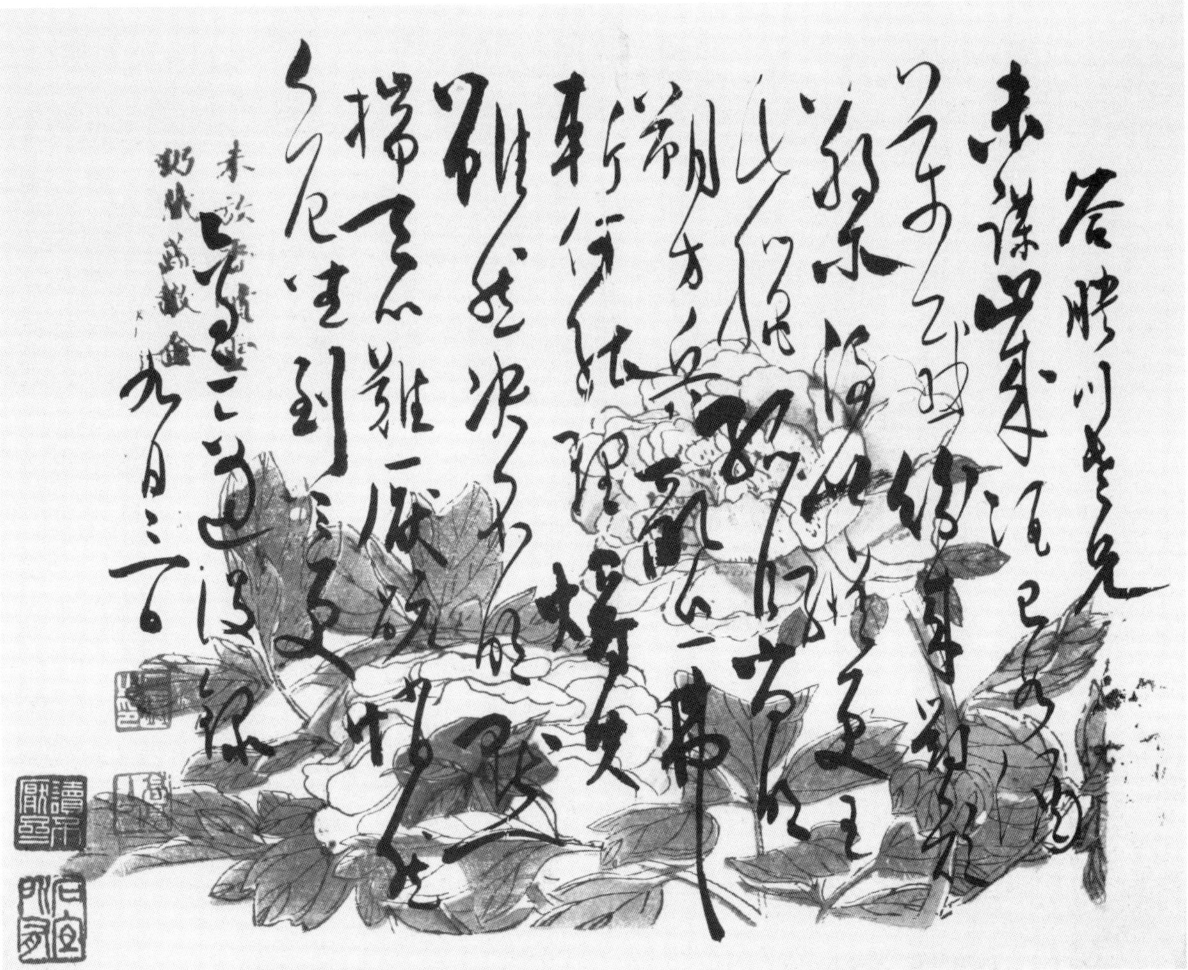

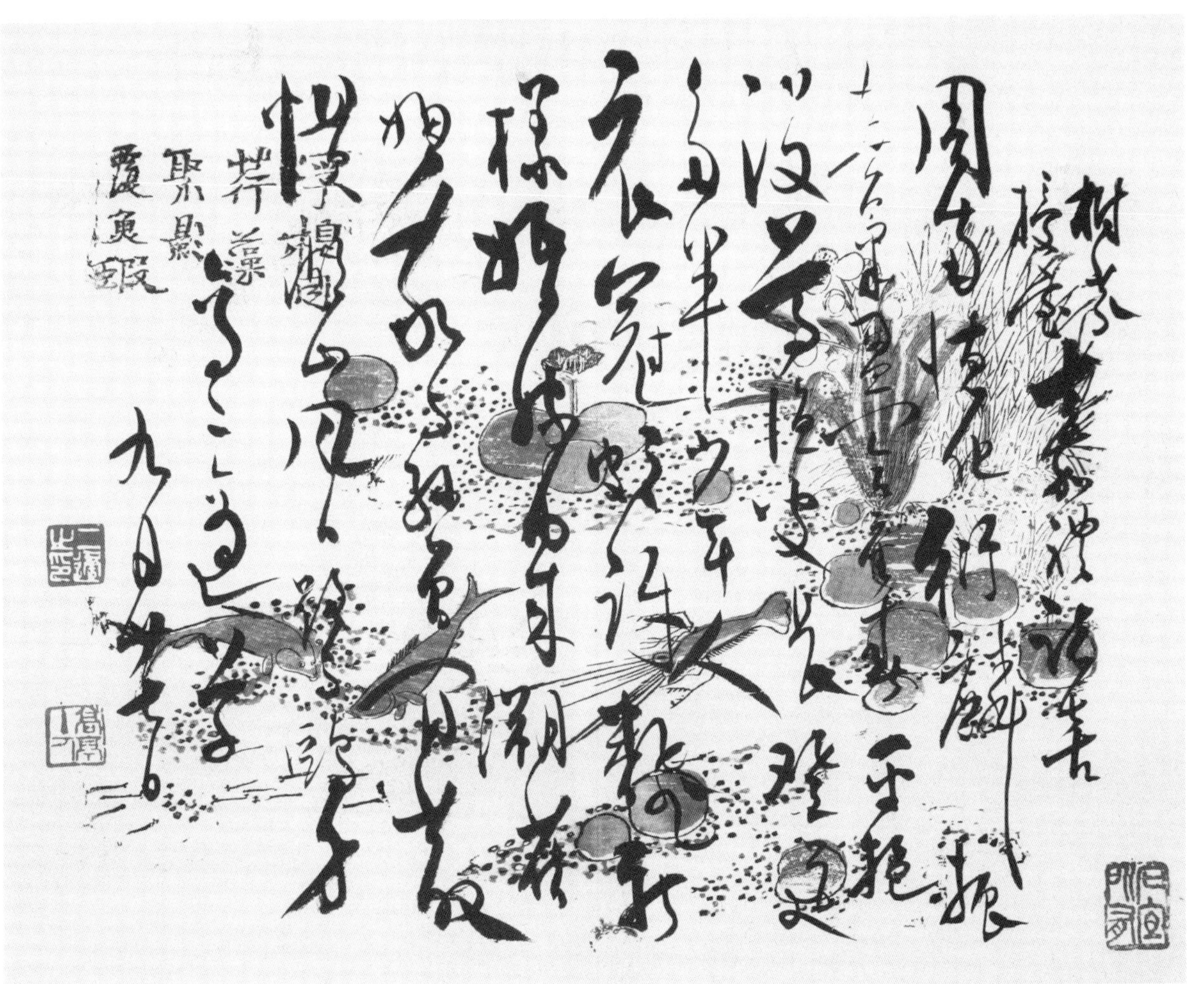

（图九七　4-5）

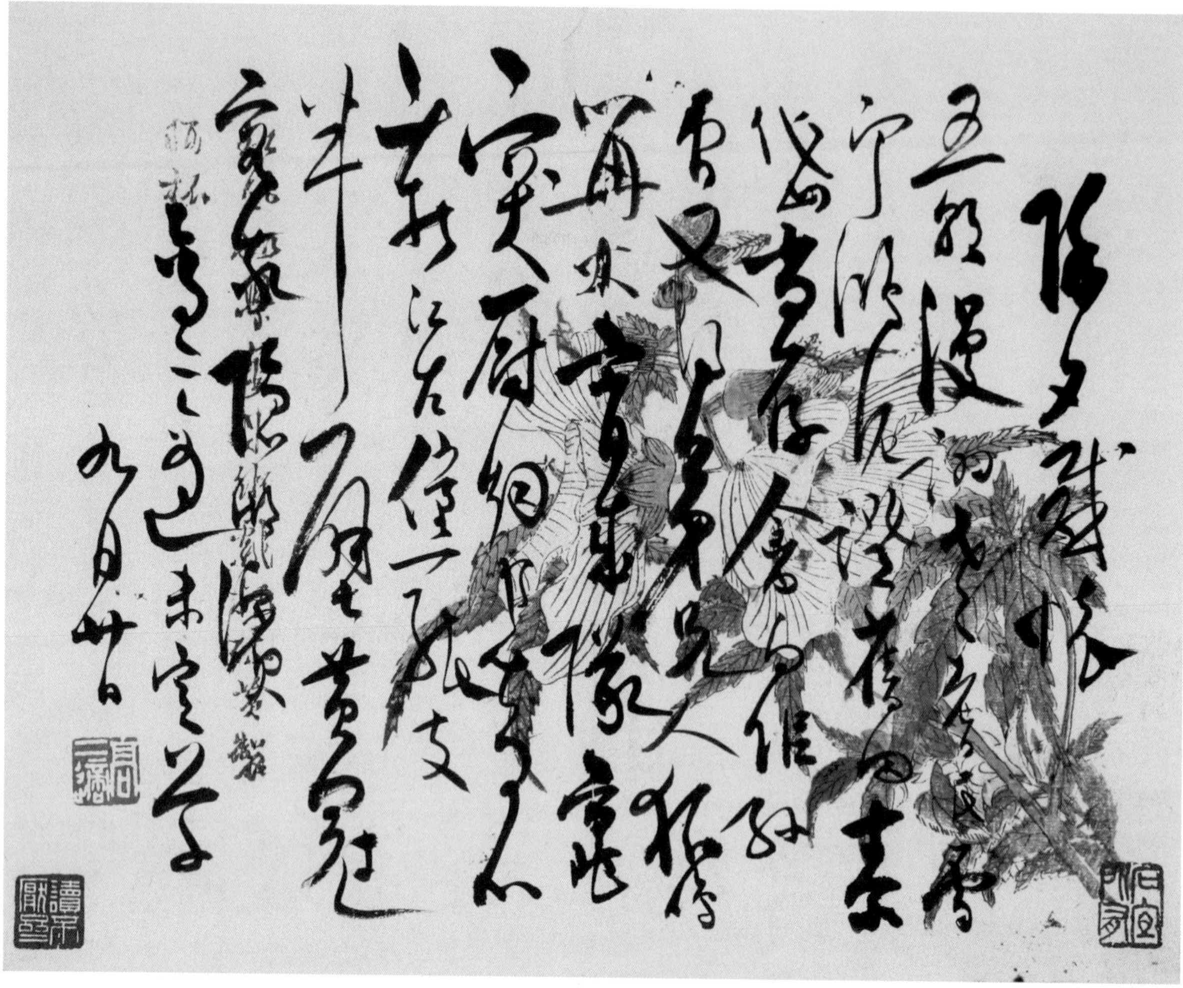

(图九七　6–7)

九七　高二适　草书诗稿册

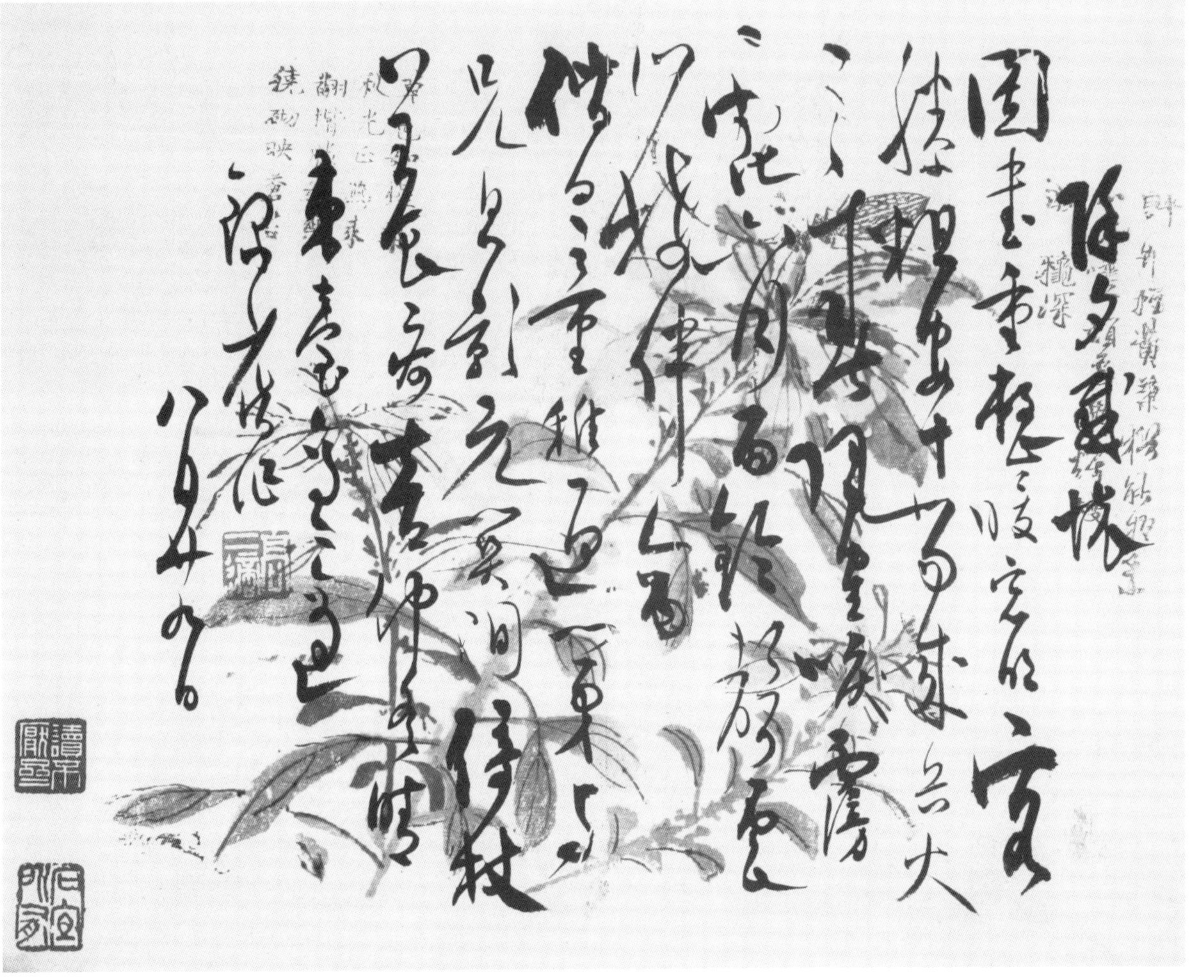

（图九七　8–9）

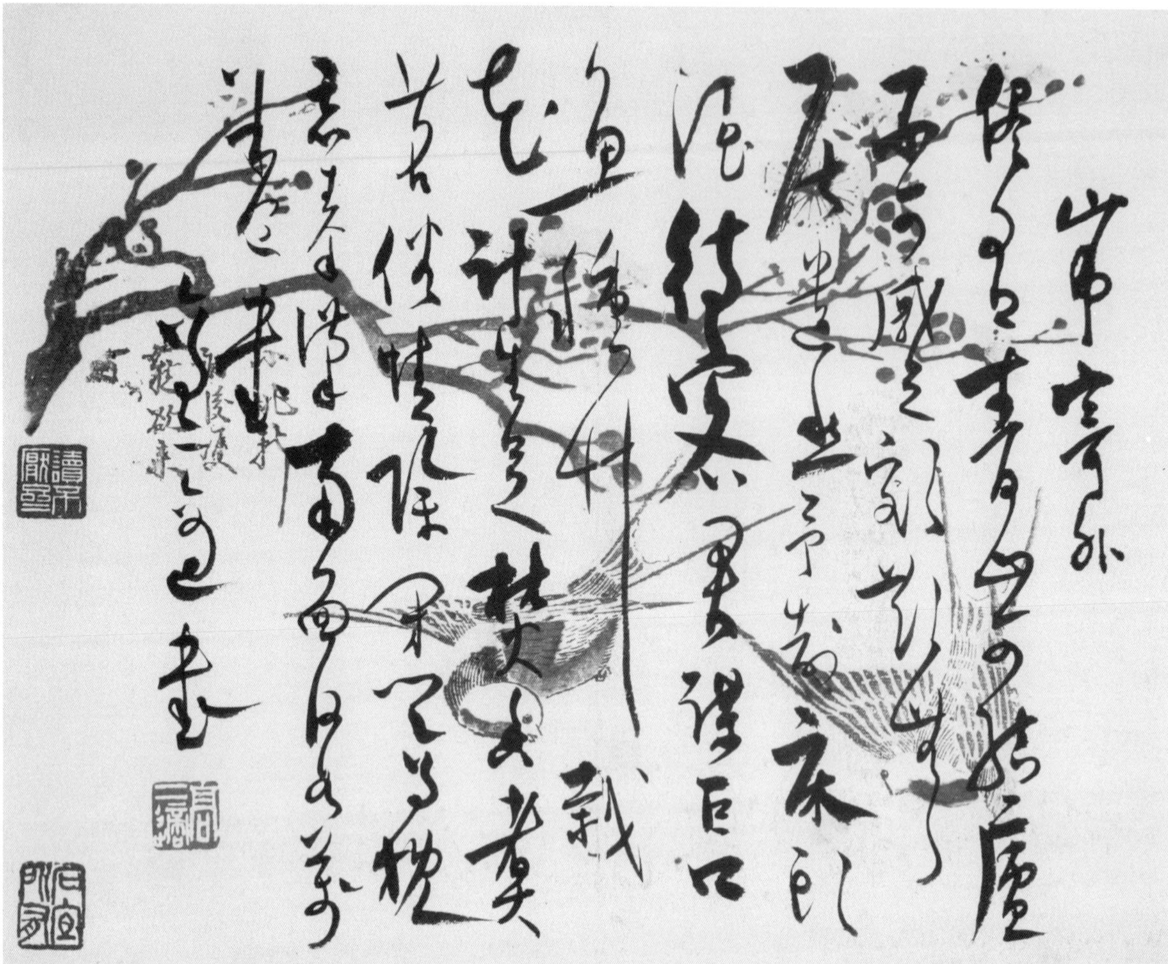

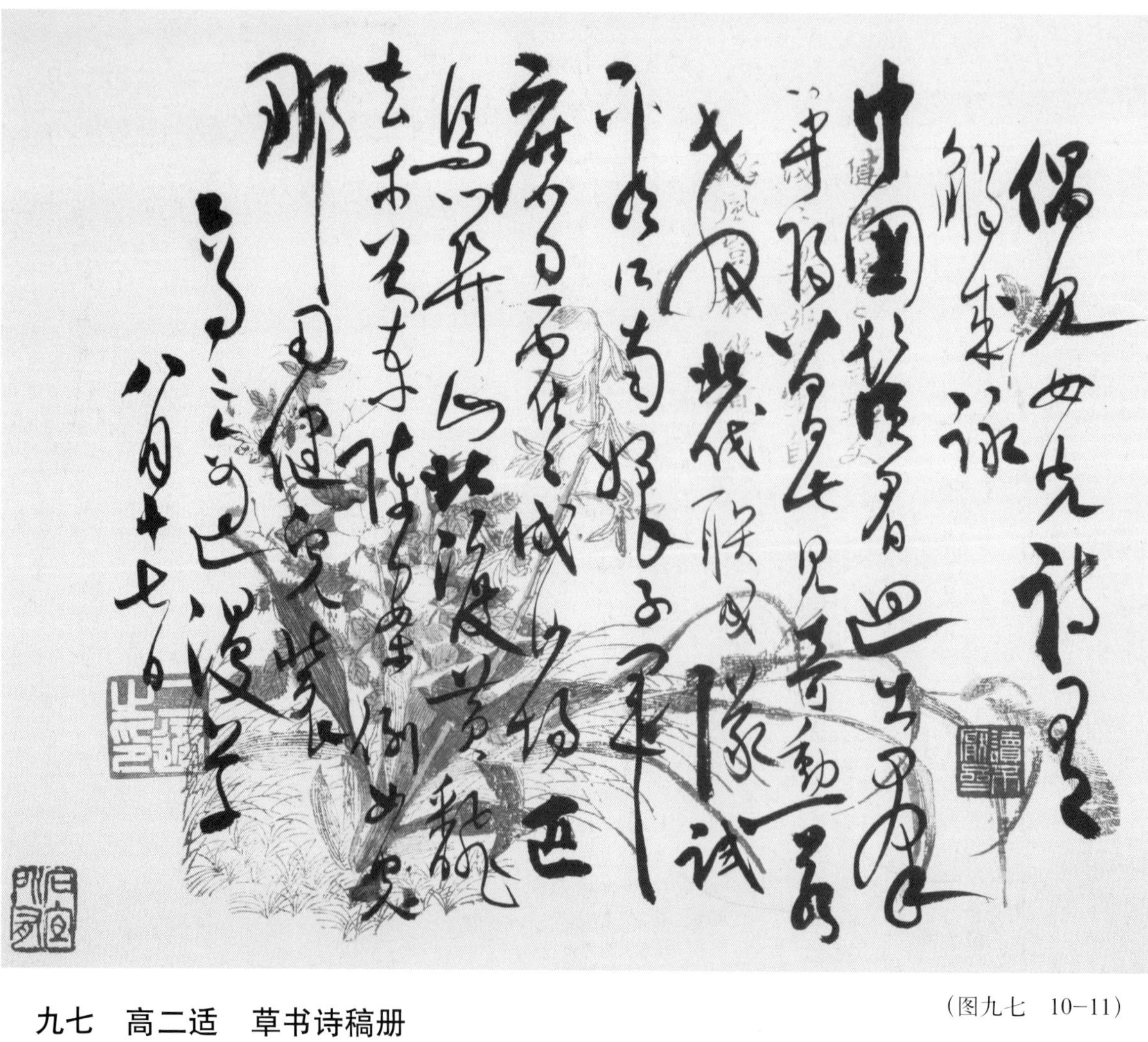

（图九七　10—11）

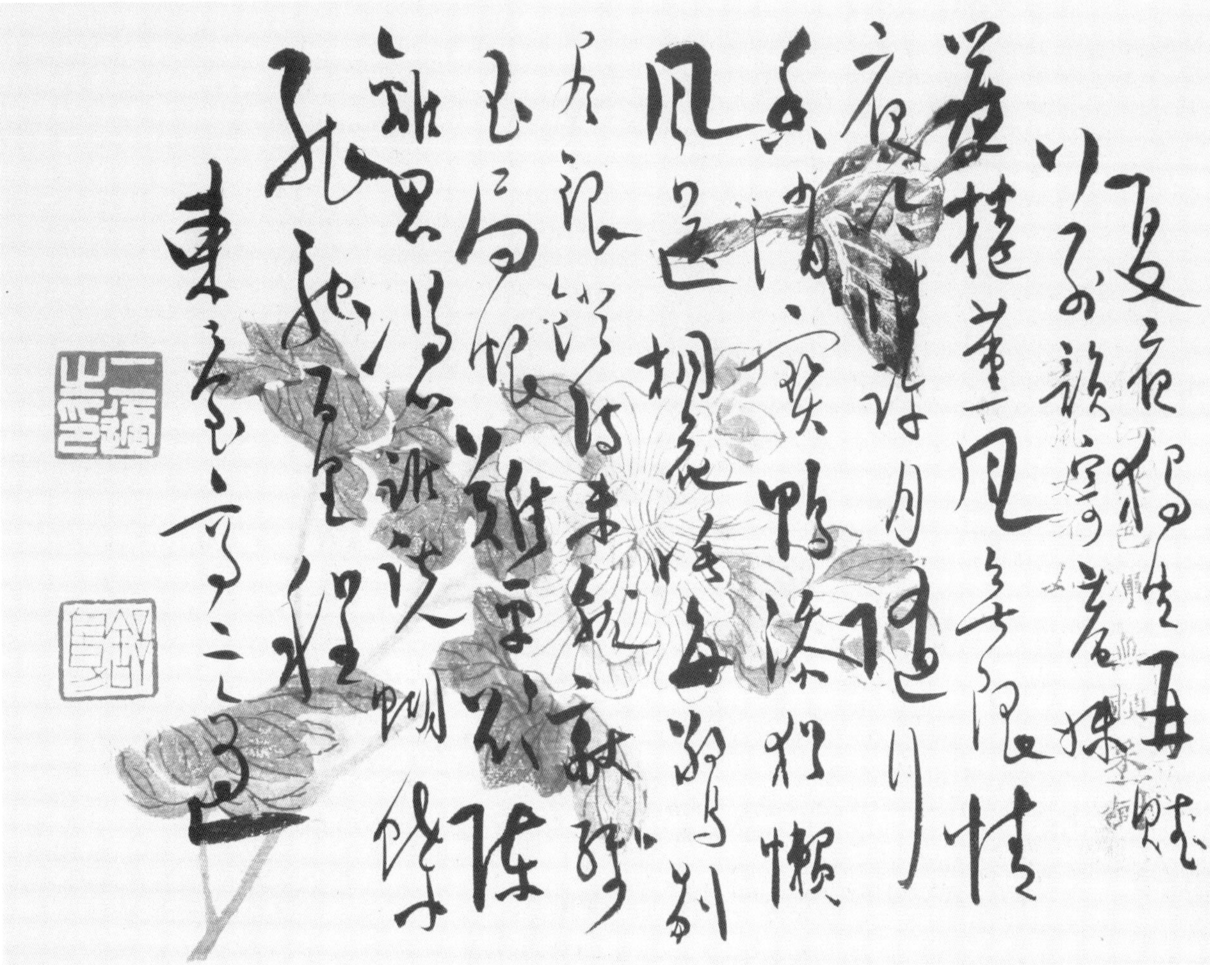

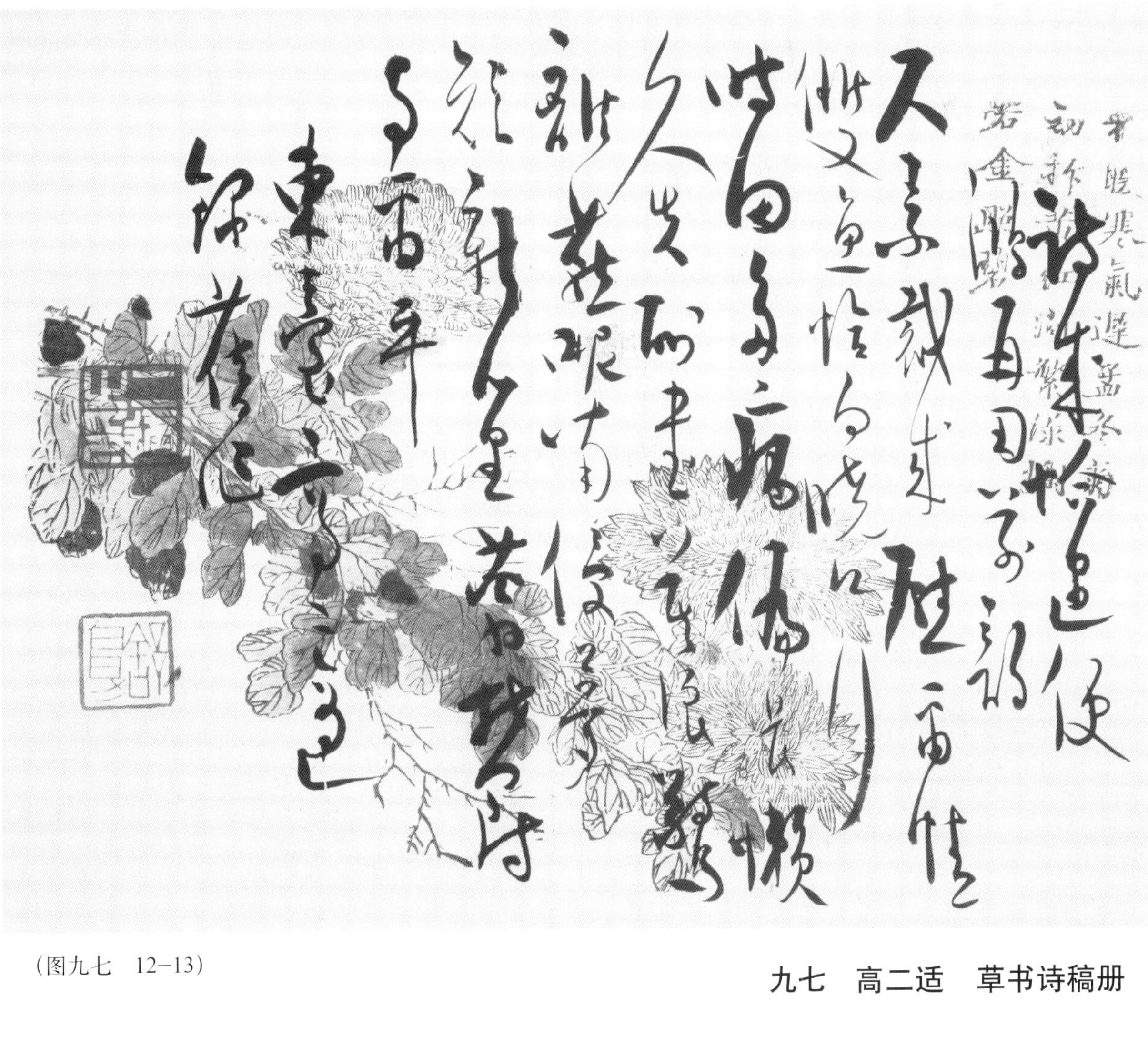

（图九七　12–13）

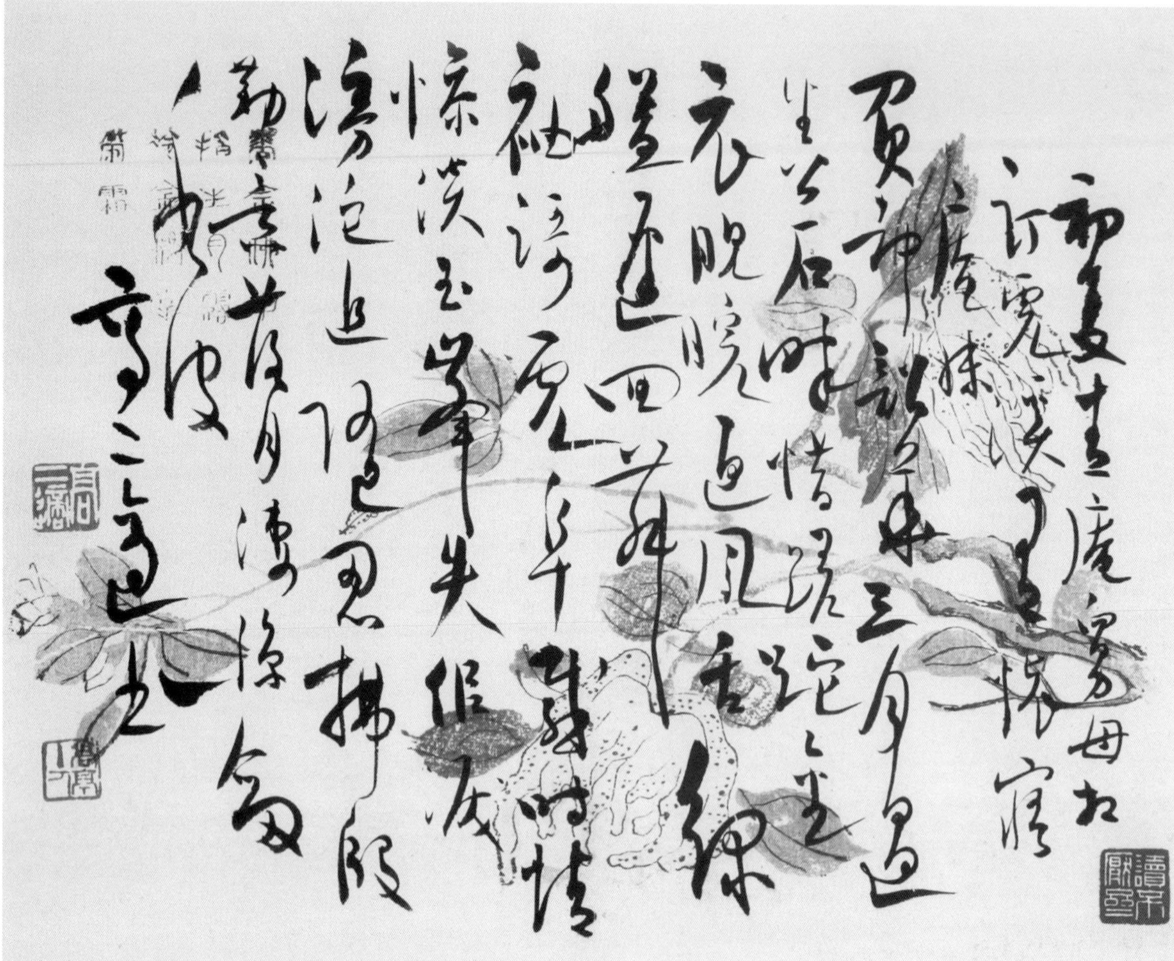

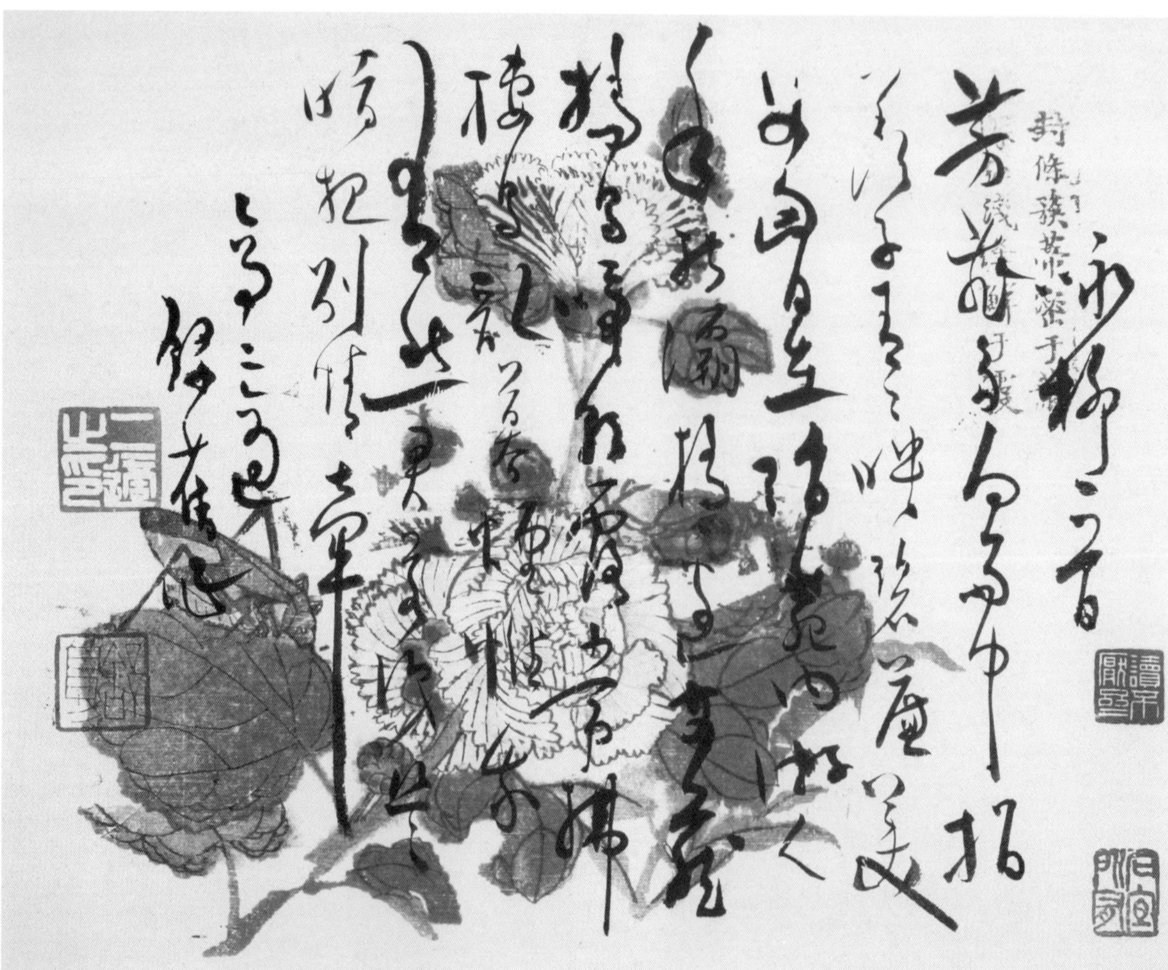

（图九七　14—15）

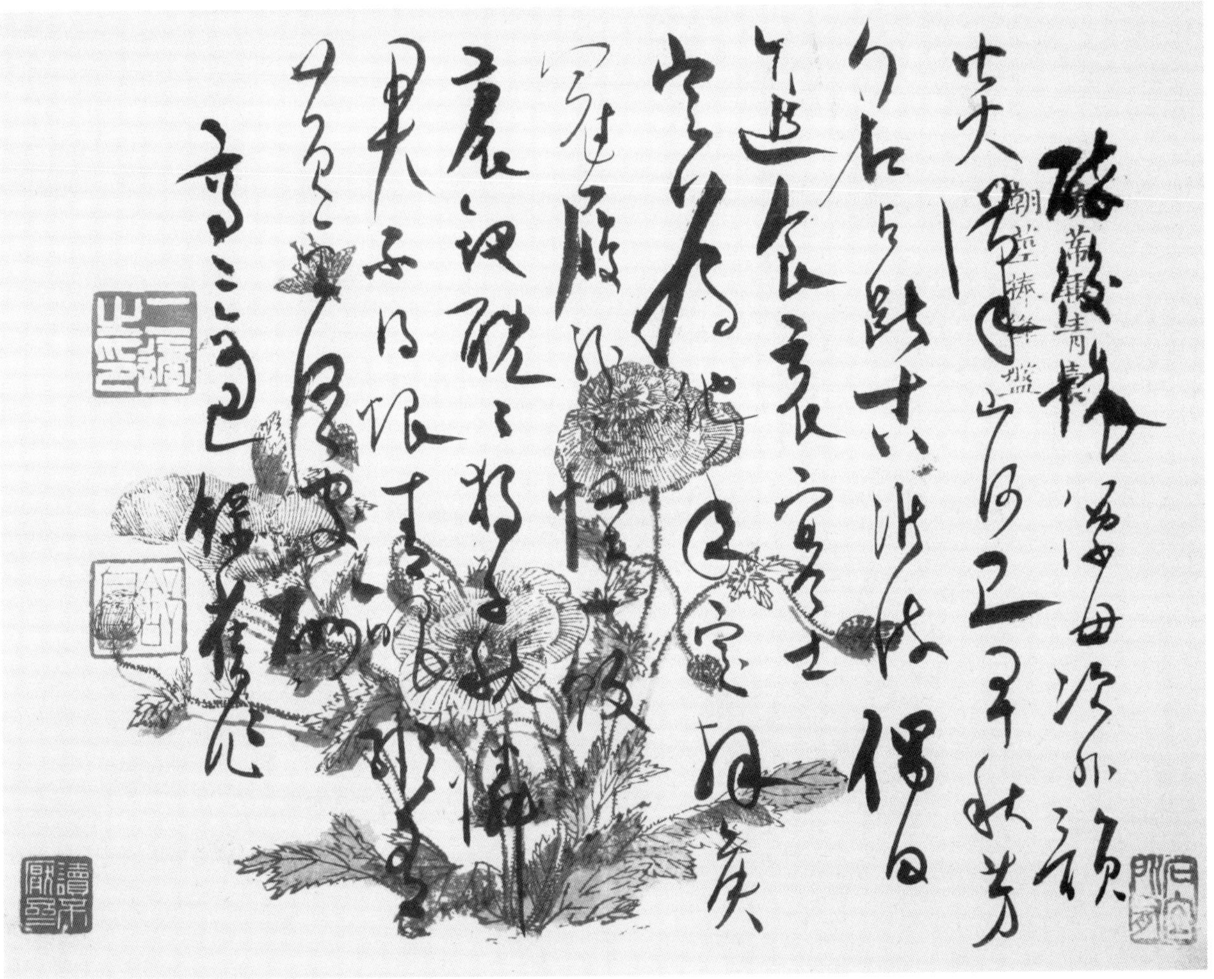

(图九七　16–17)

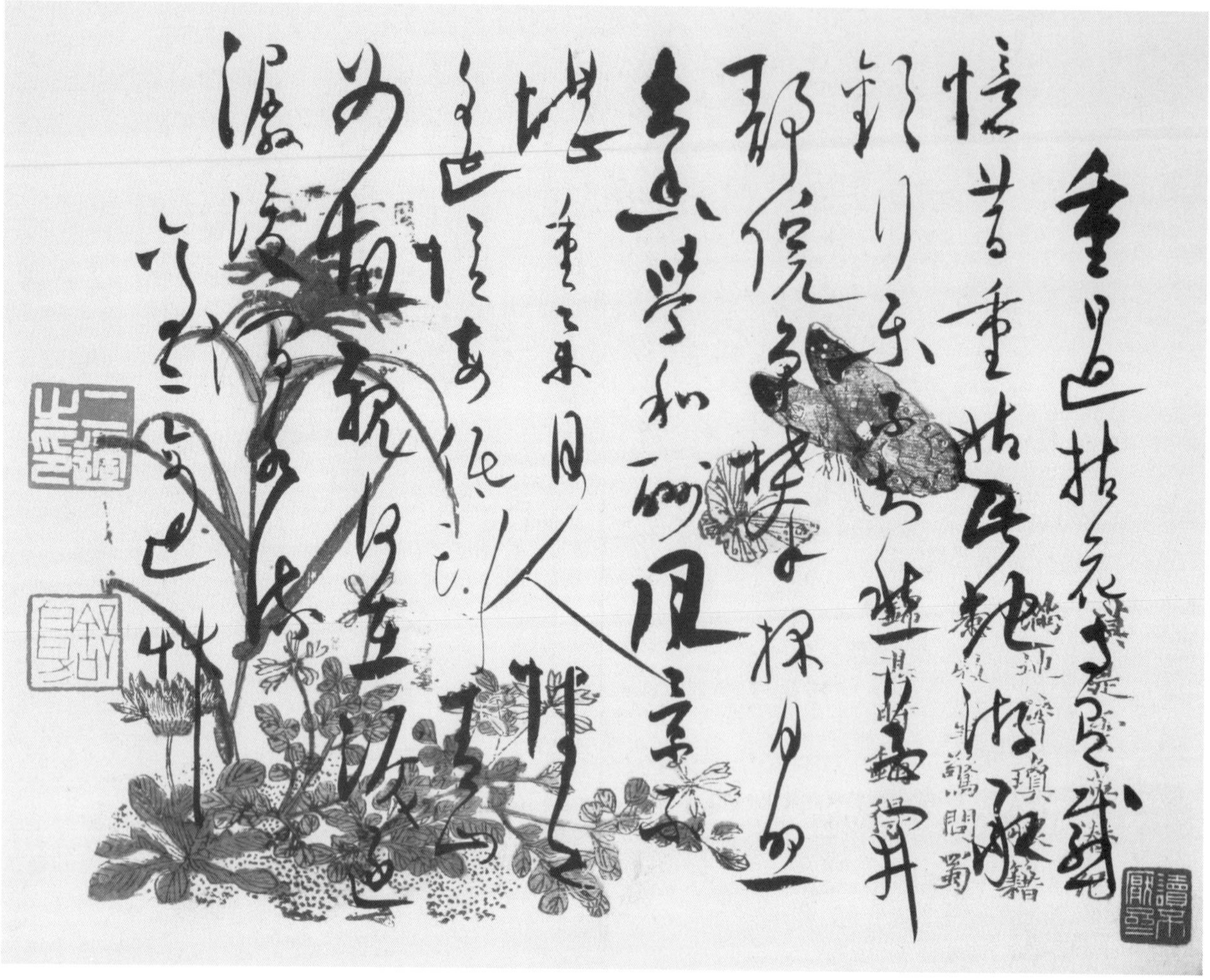

（图九七　18—19）

　九七　高二适　草书诗稿册

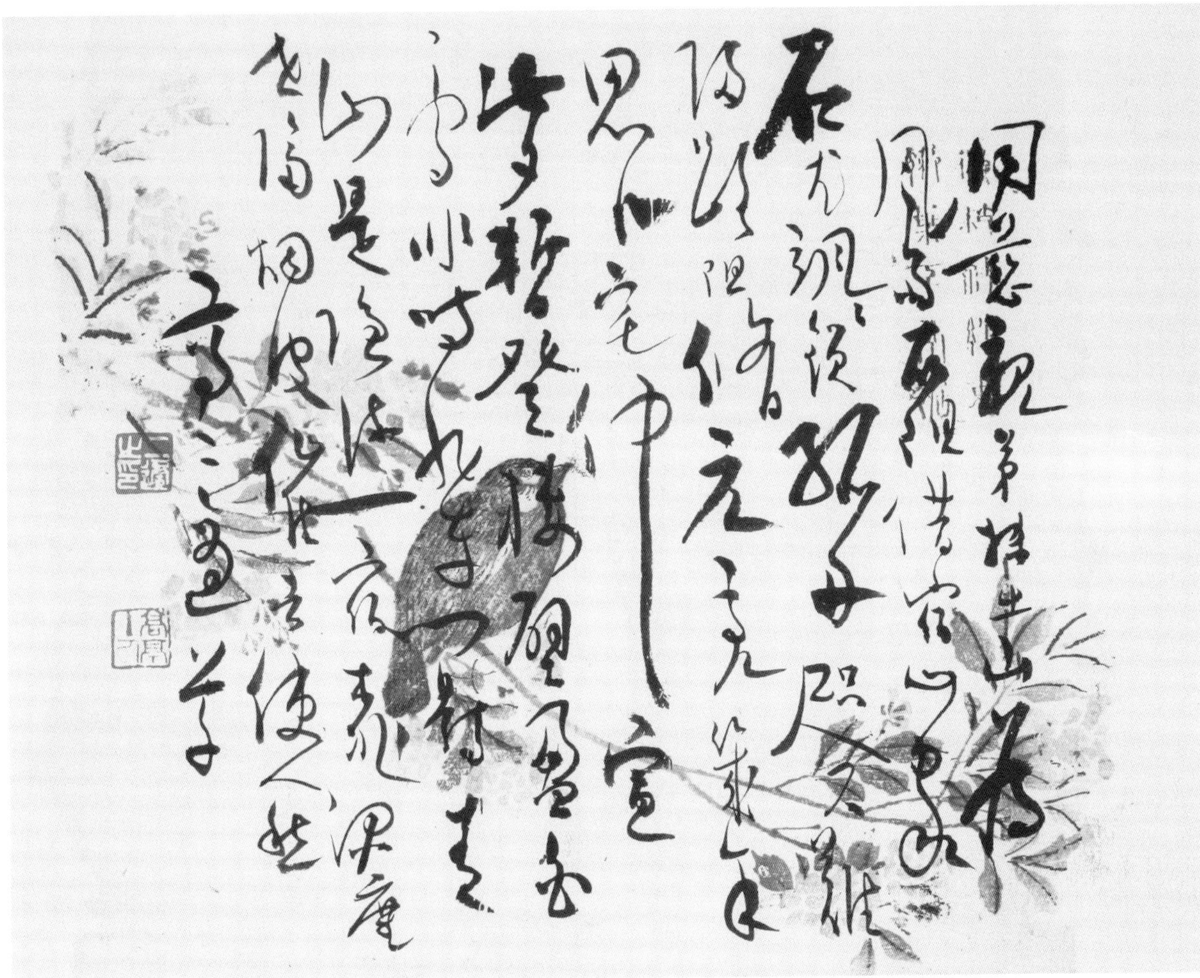

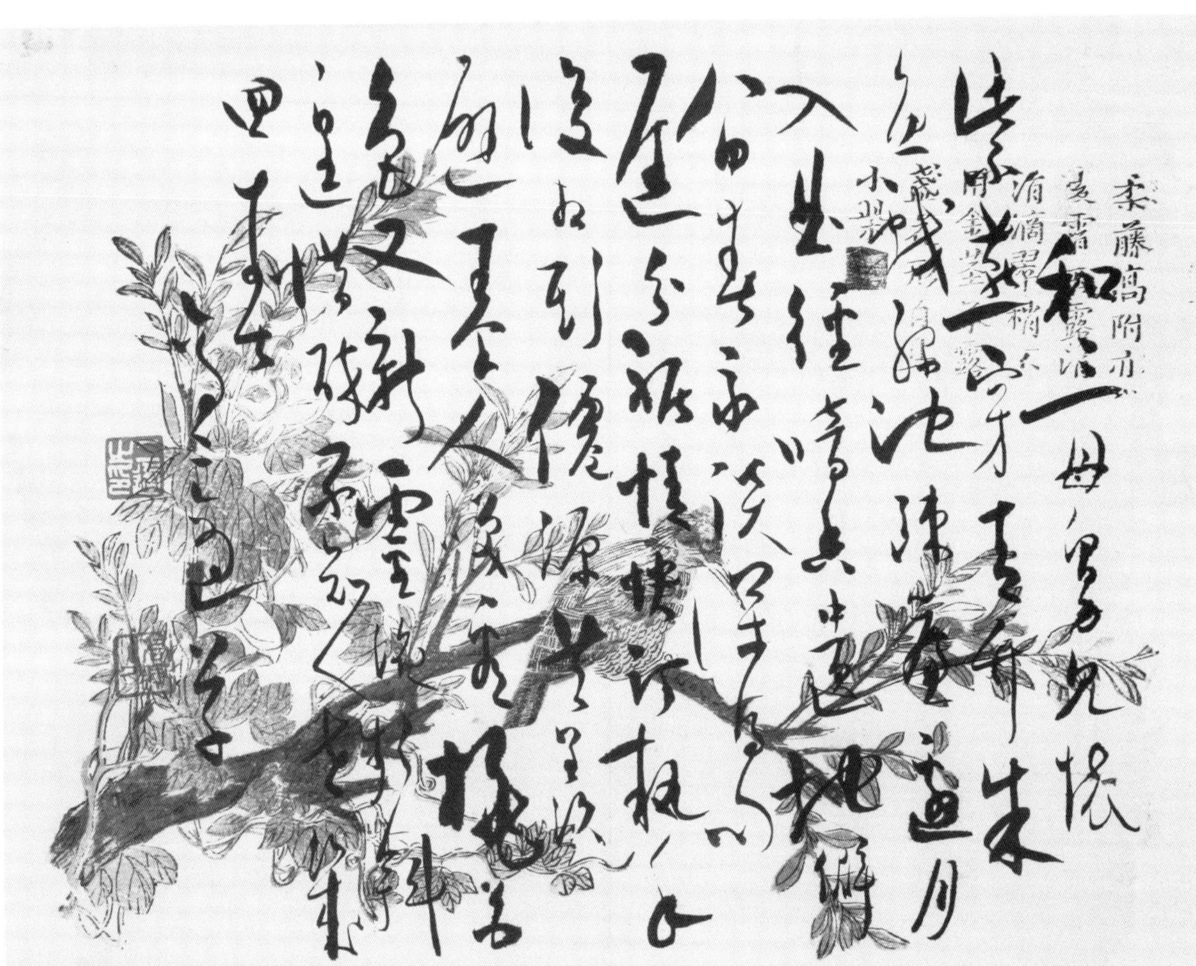

（图九七　20—21）

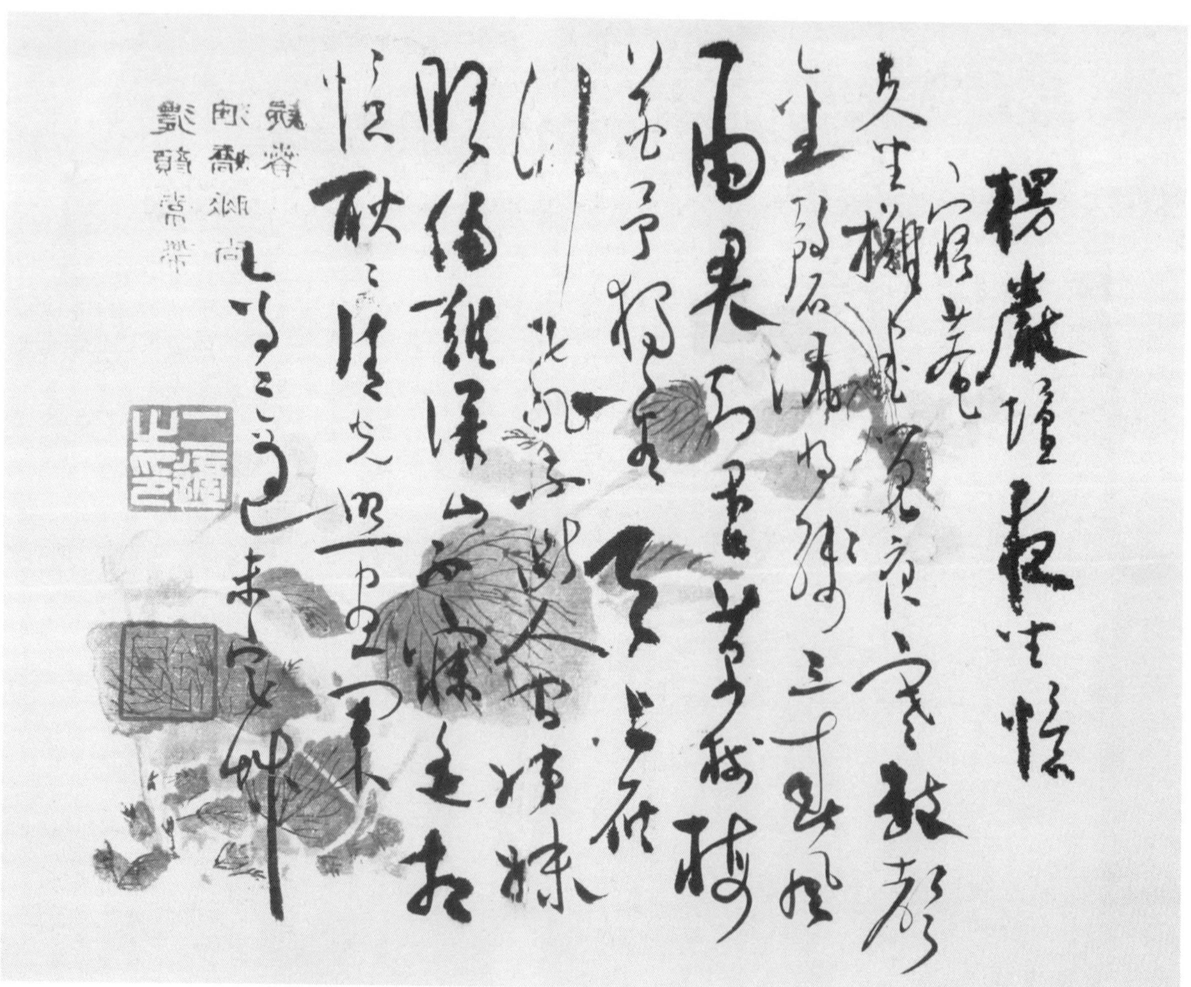

九七　高二适　草书诗稿册

（图九七　22–23）

（图九七　24-25）

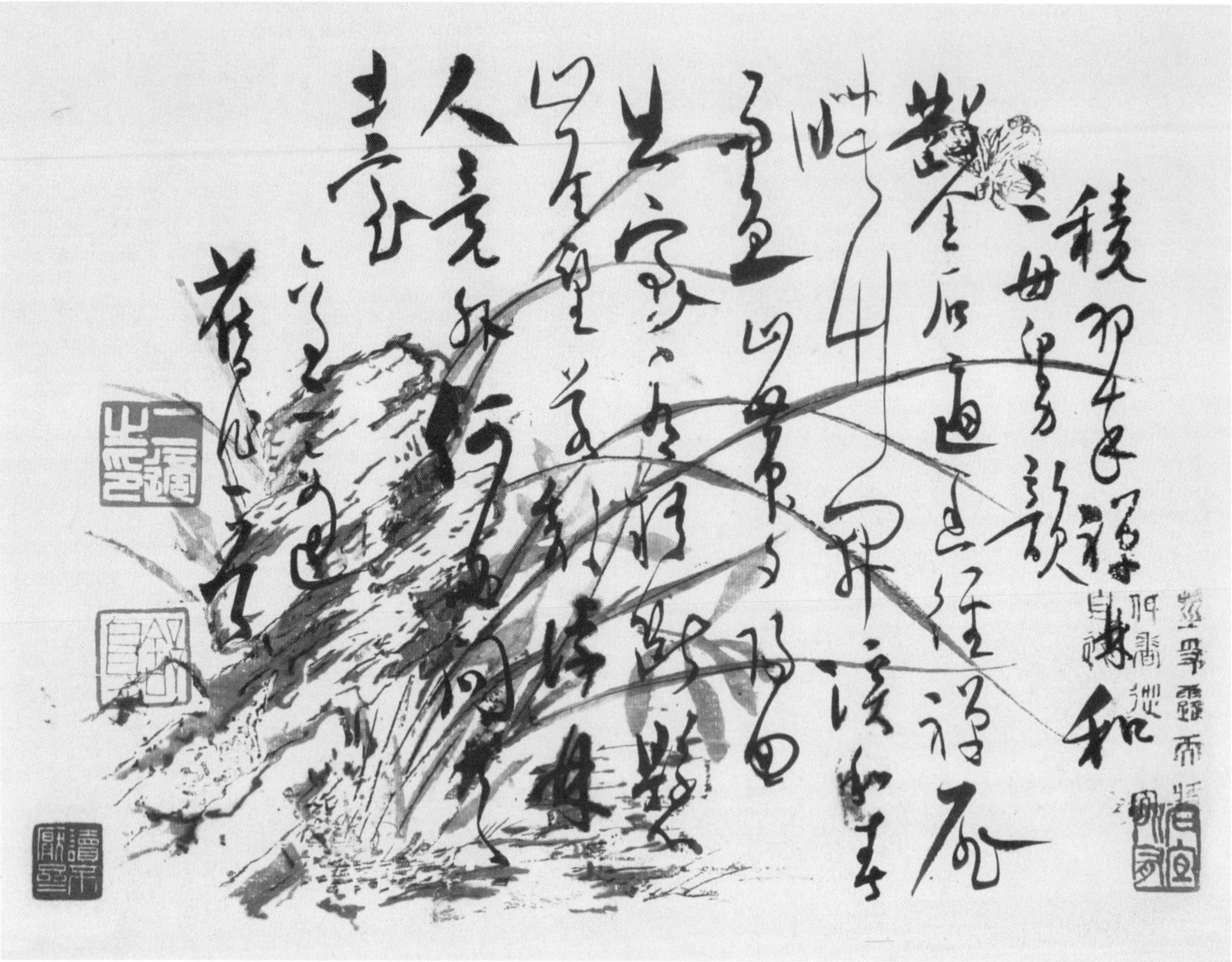

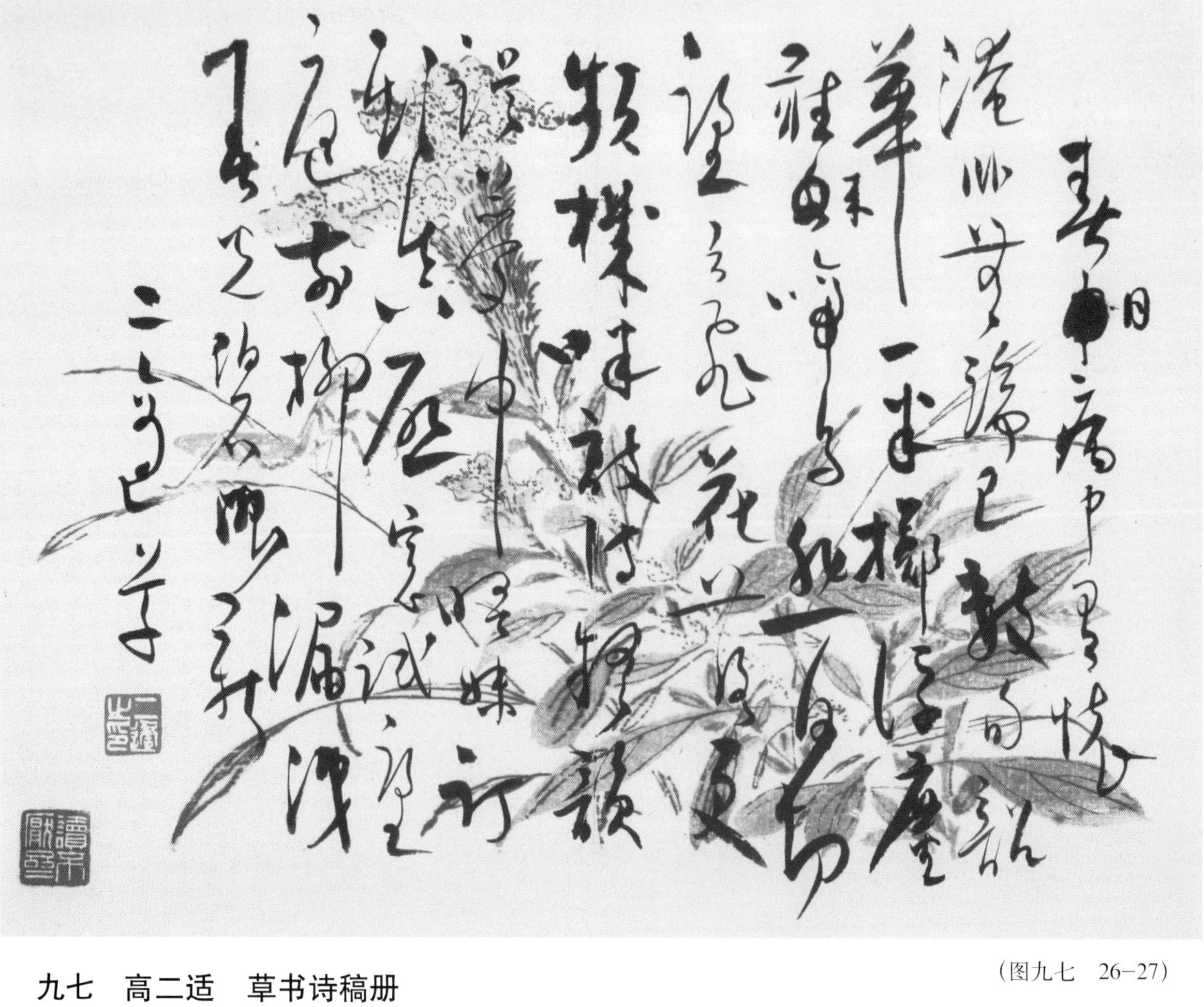

（图九七　26—27）

562　**九七　高二适　草书诗稿册**

（图九七　28—29）

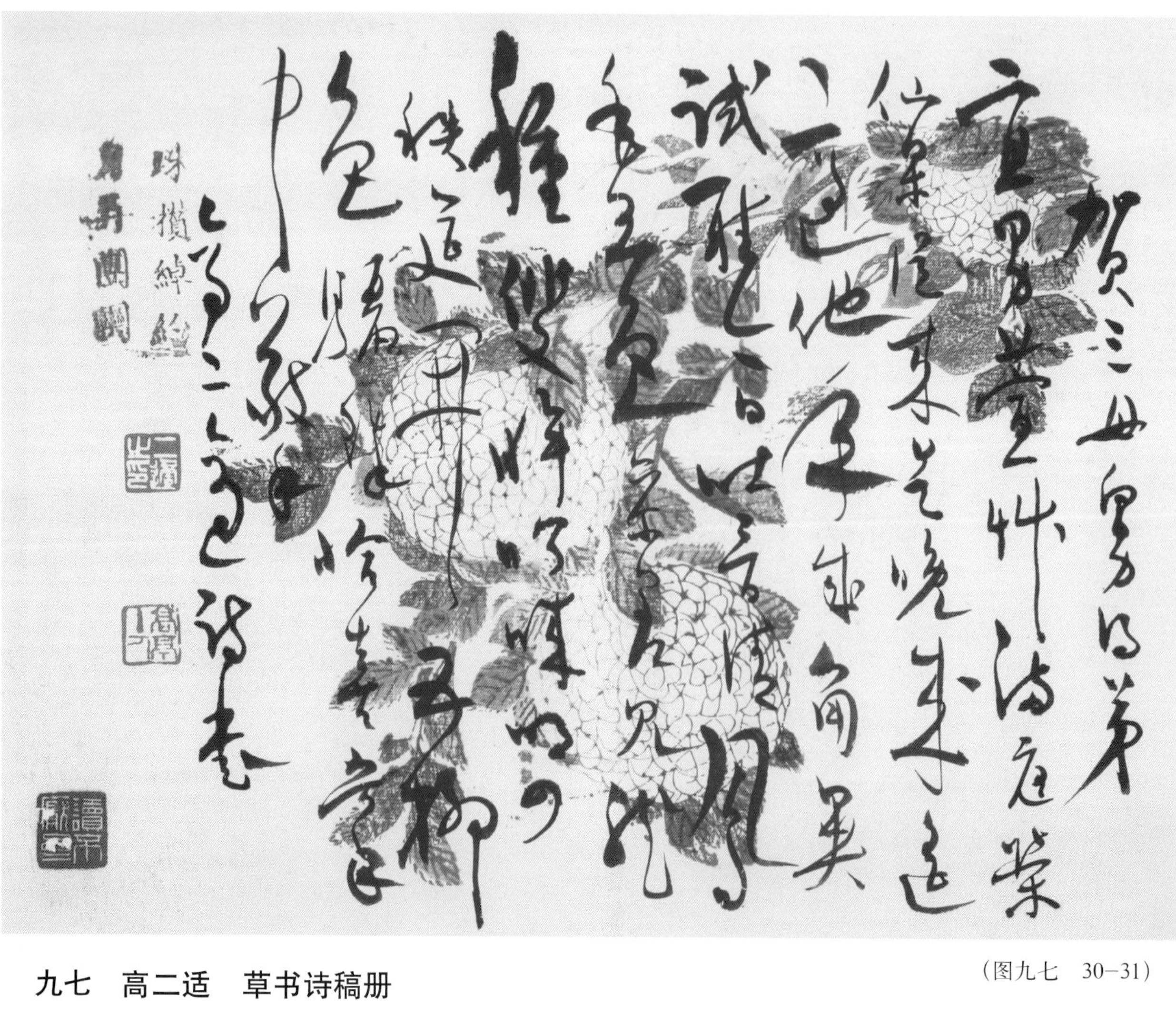

（图九七　30–31）

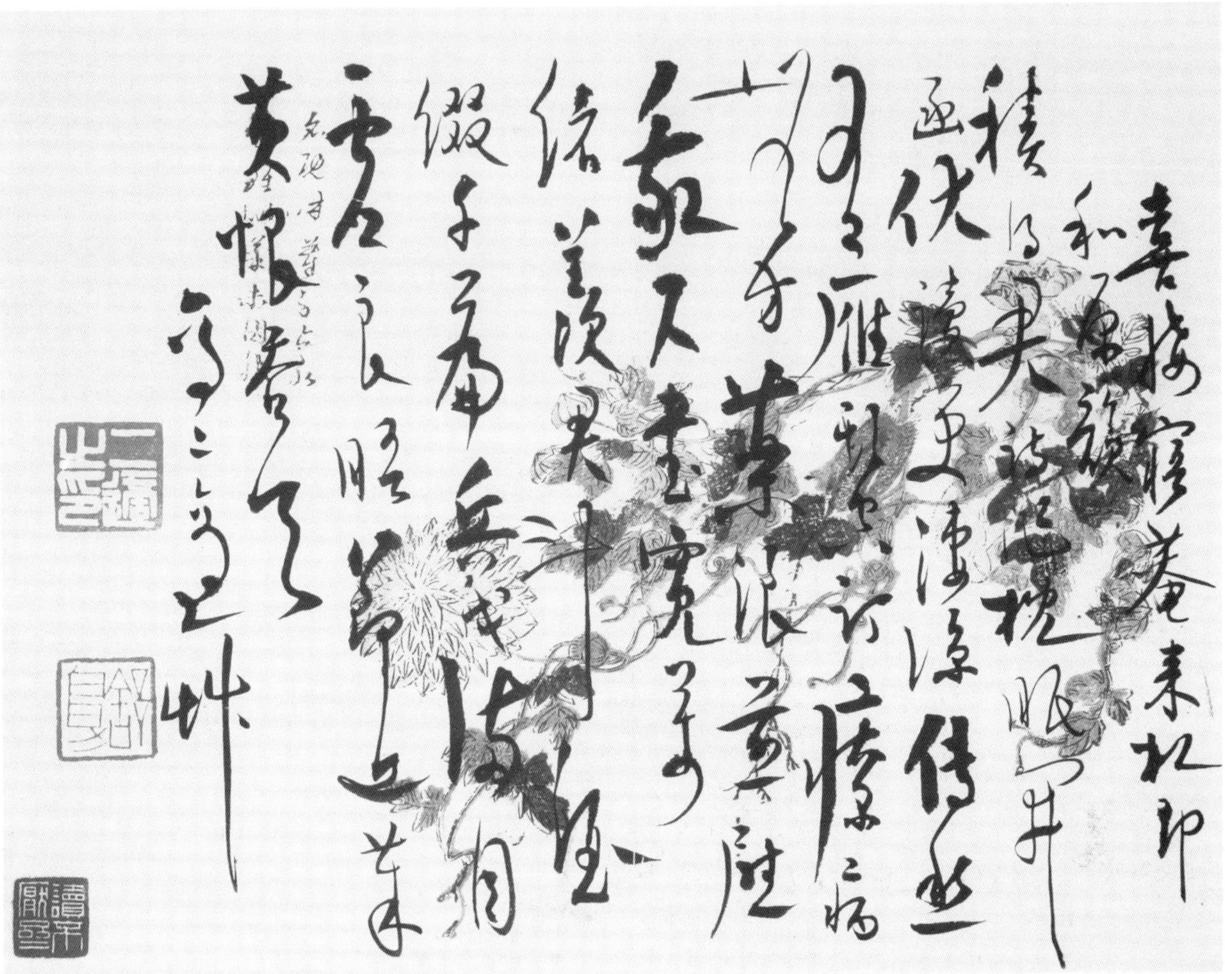

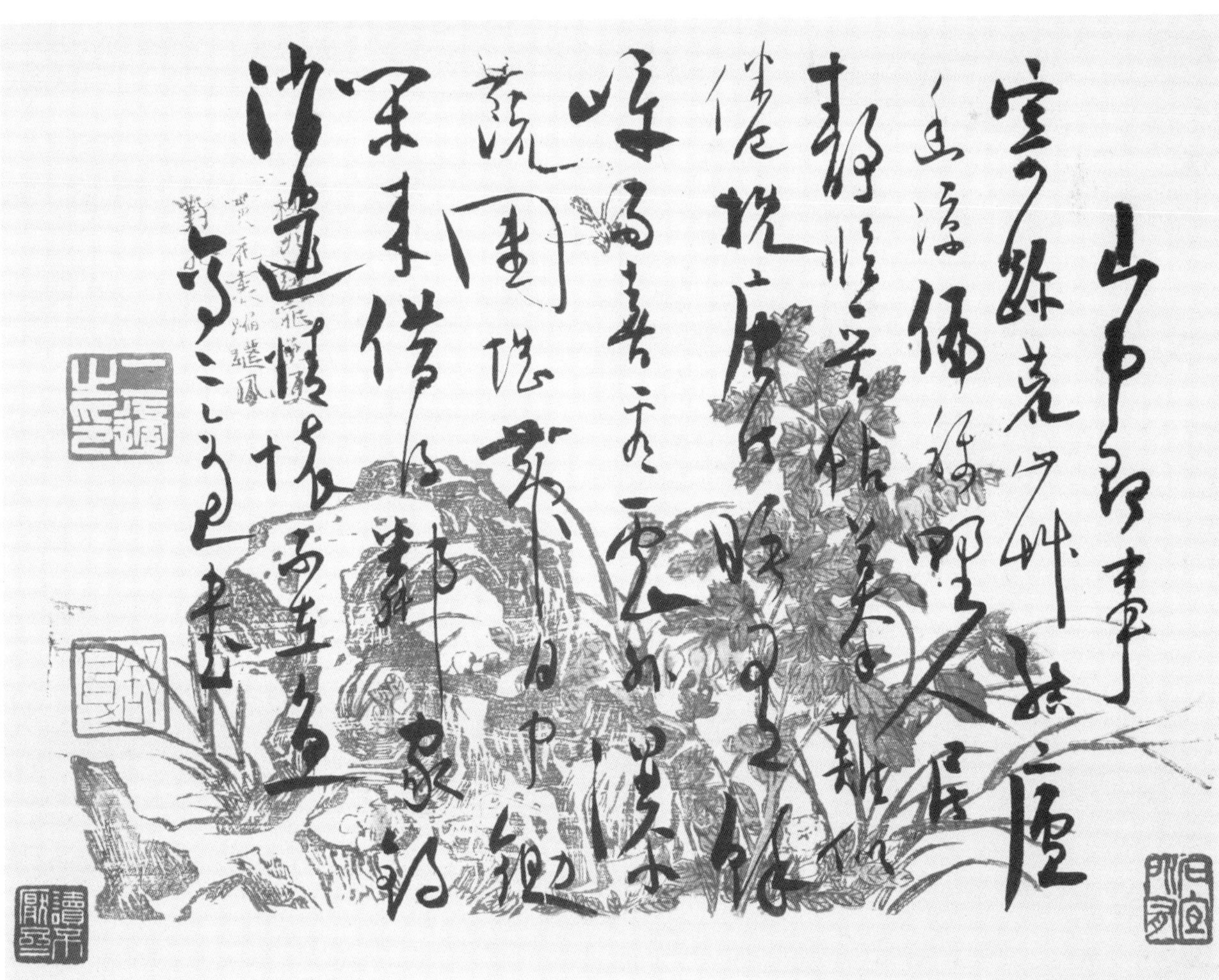

（图九七　32—33）

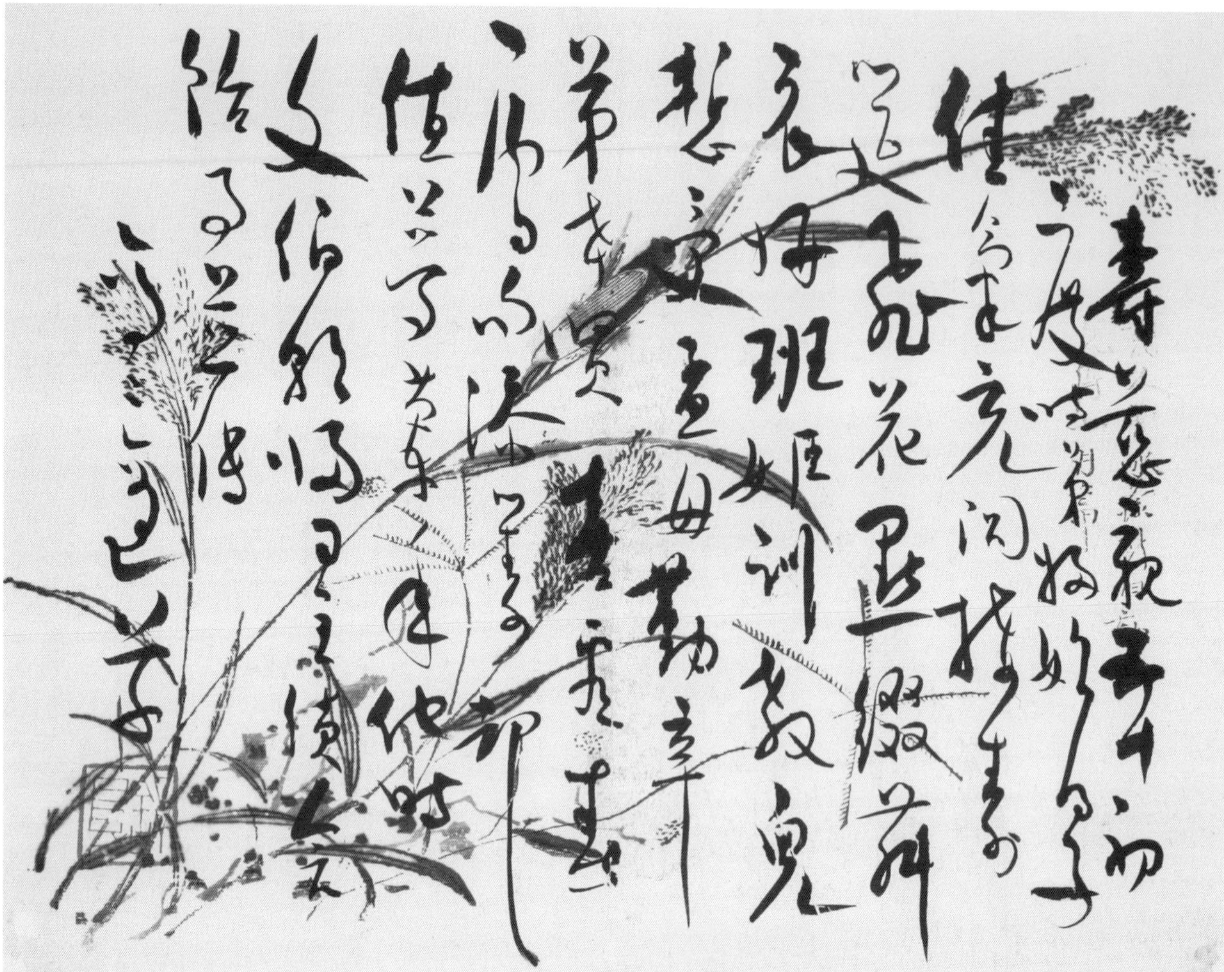

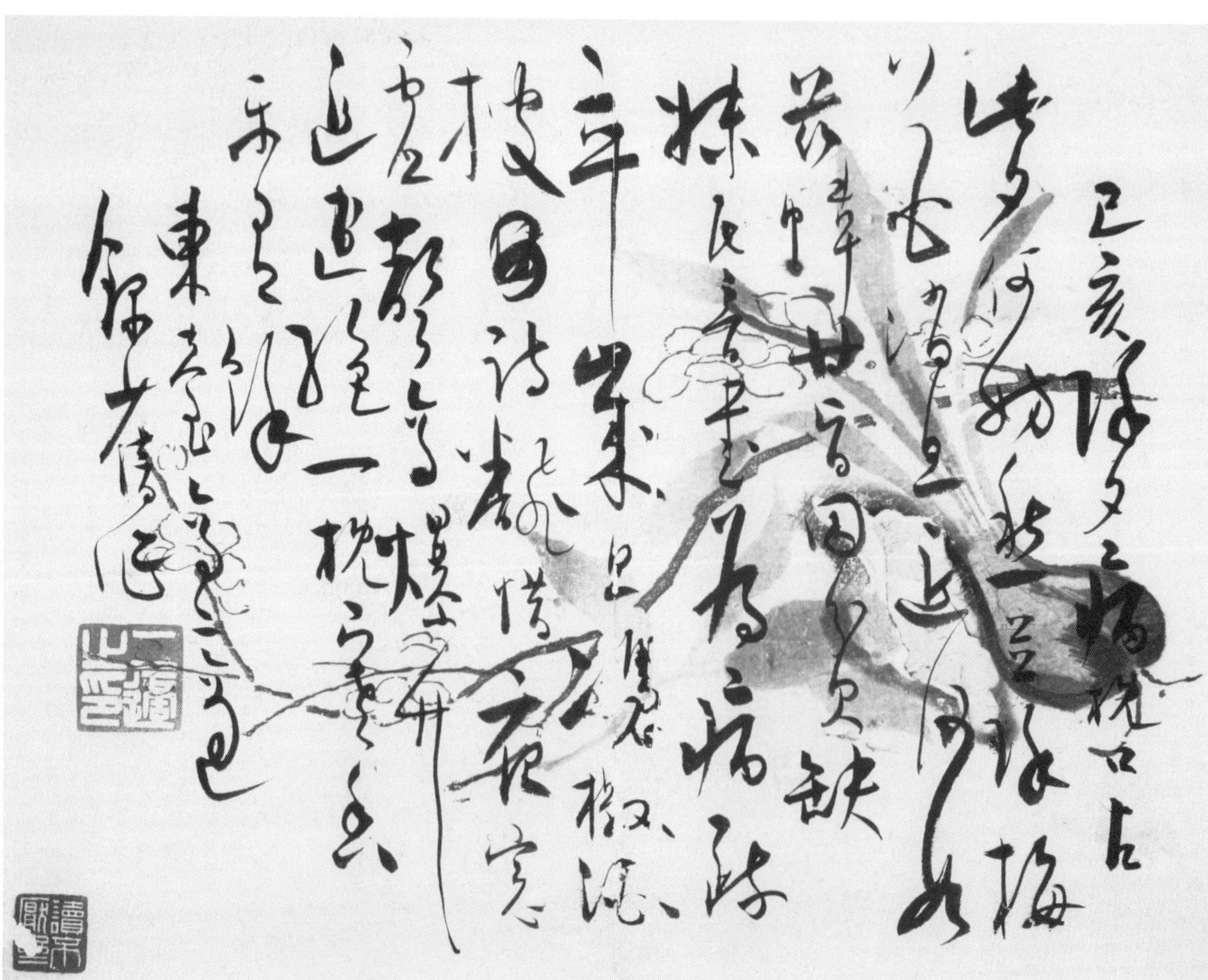

九七　高二适　草书诗稿册

（图九七　34–35）

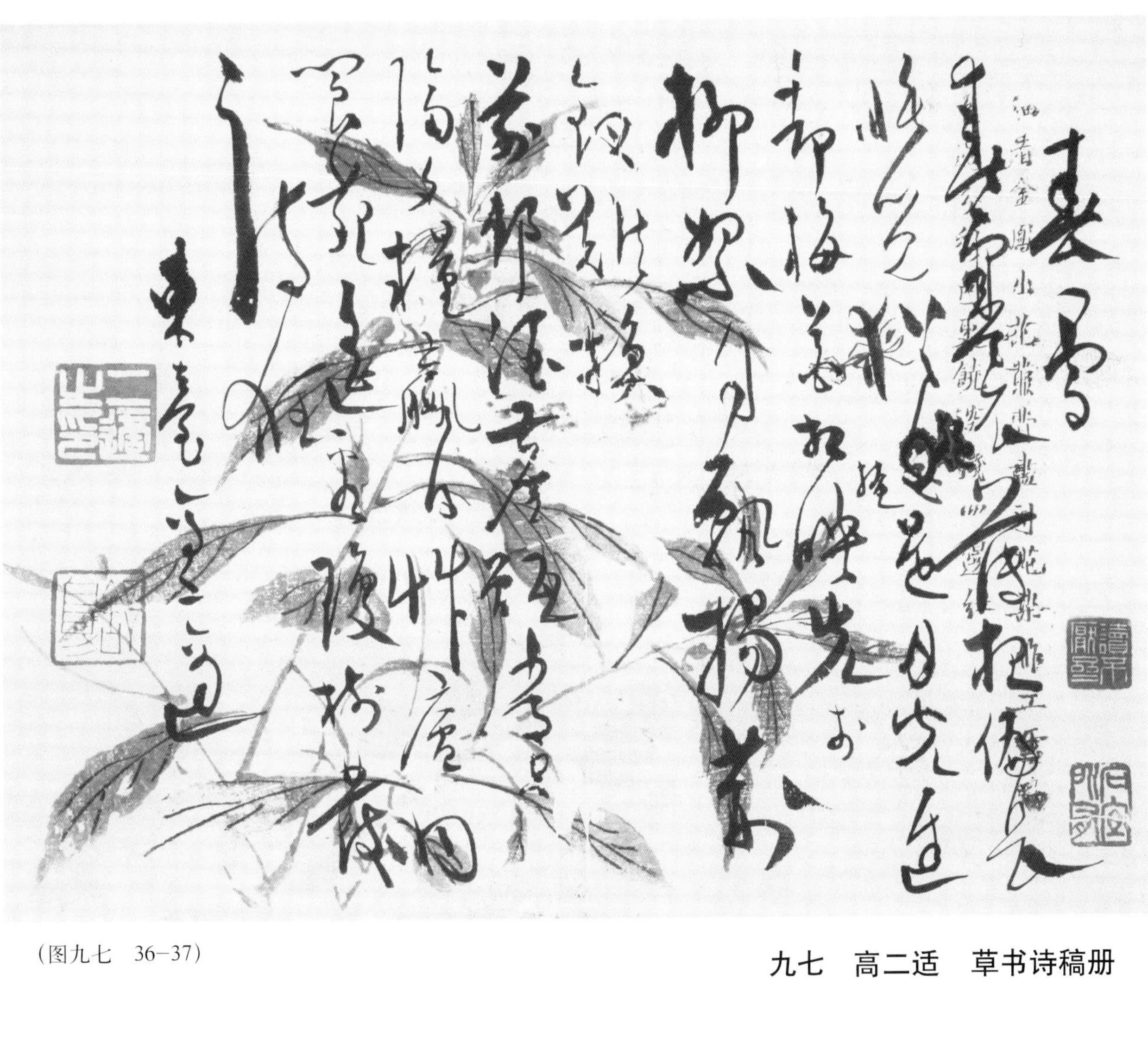

（图九七　36—37）

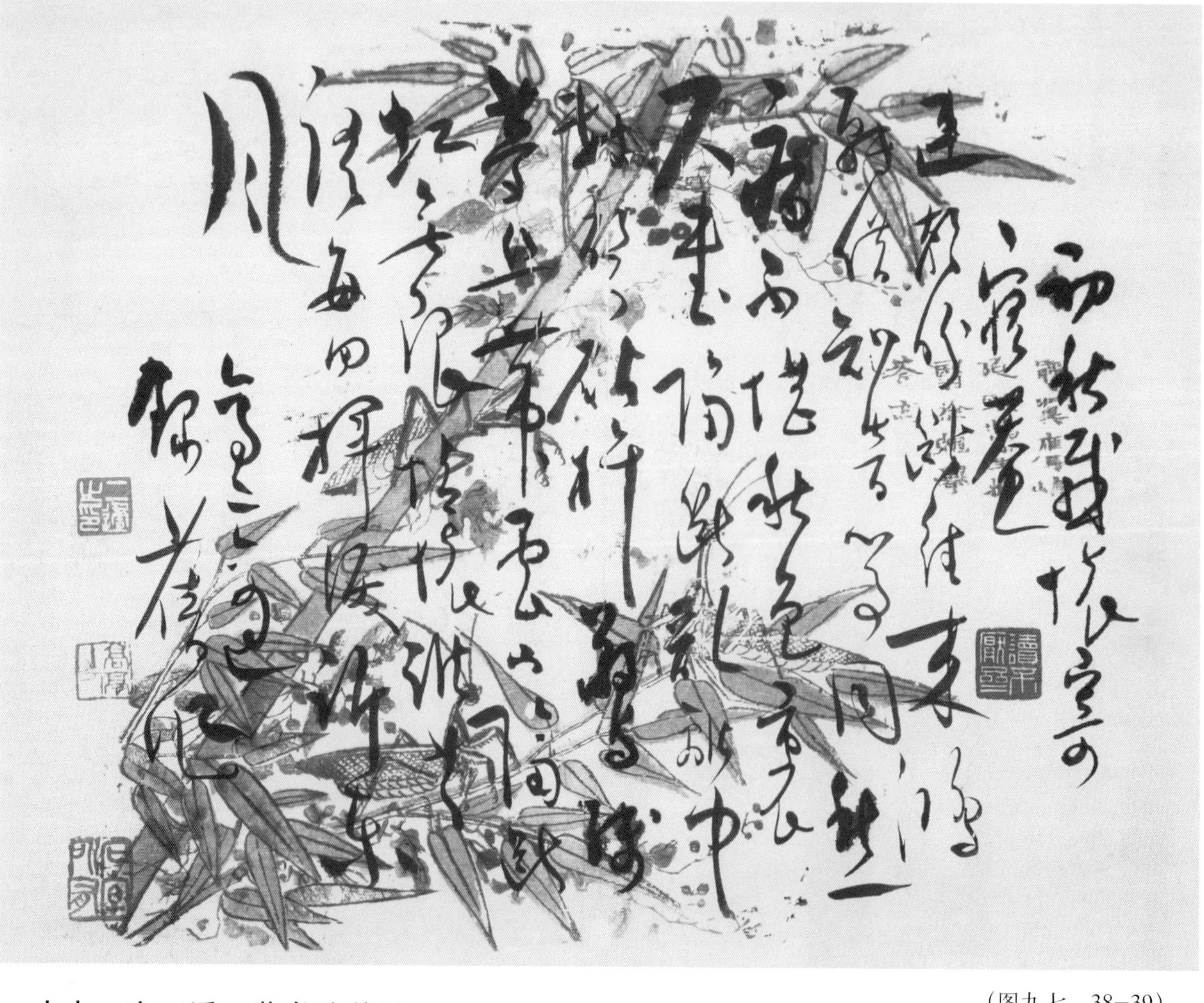

（图九七　38—39）

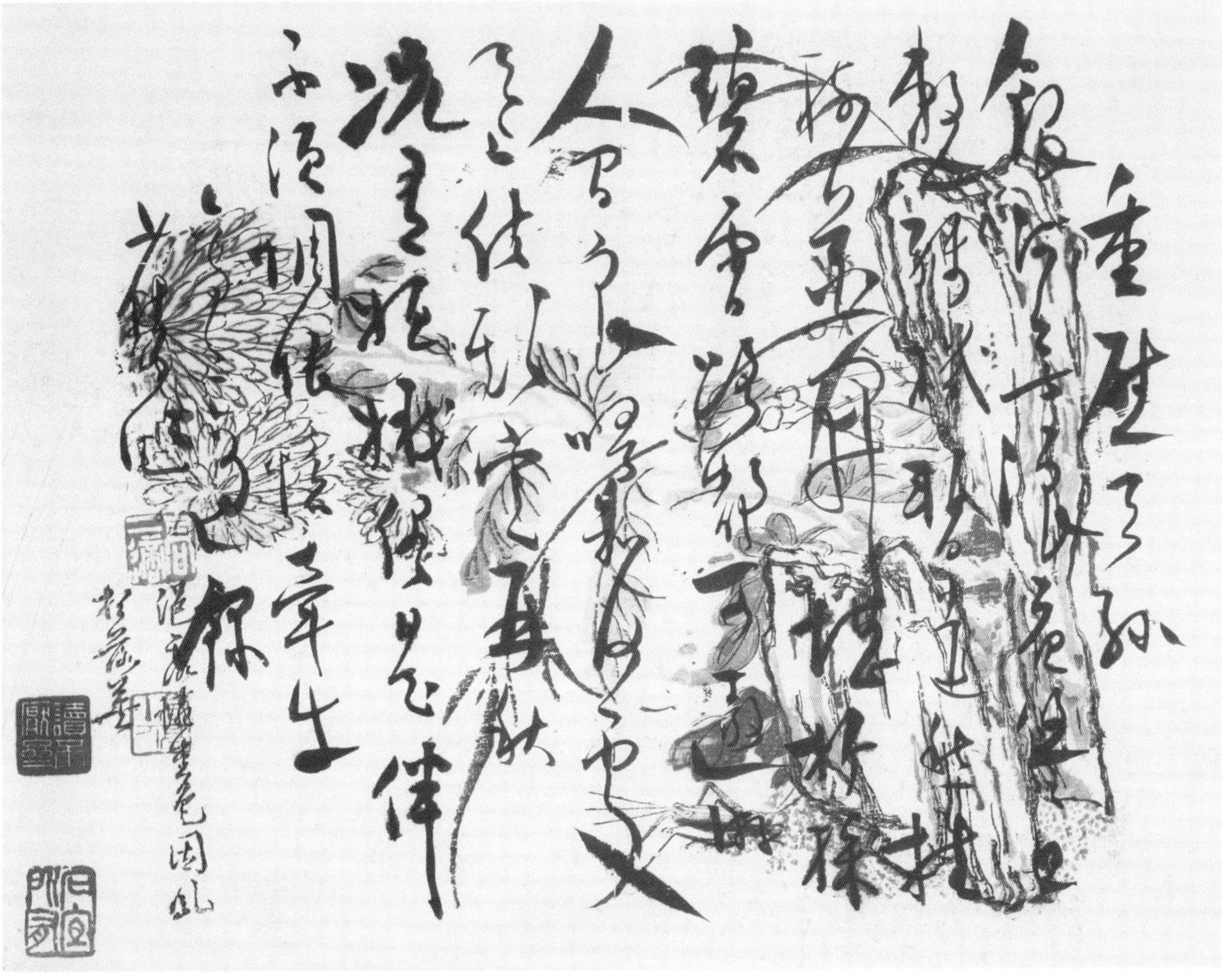

（图九七　40—41）

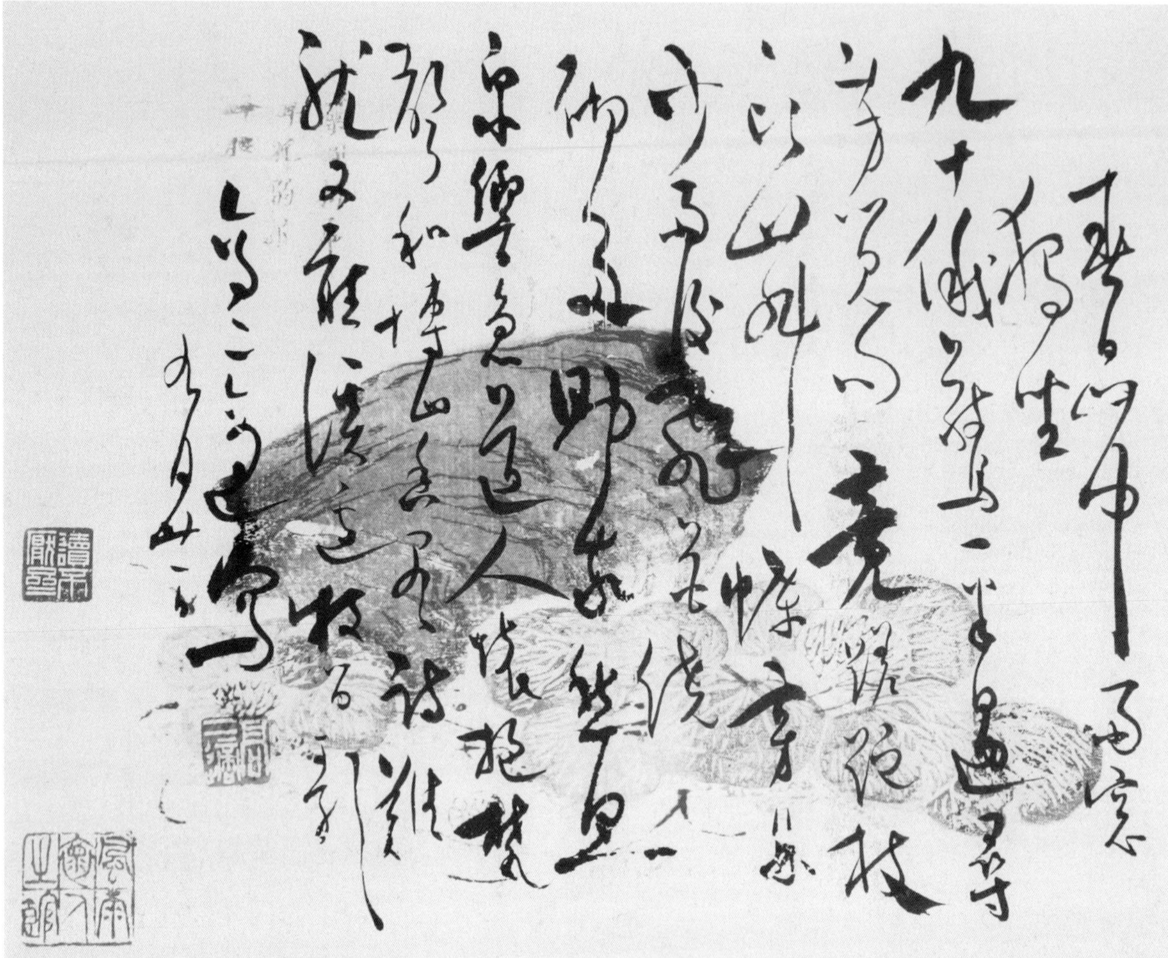

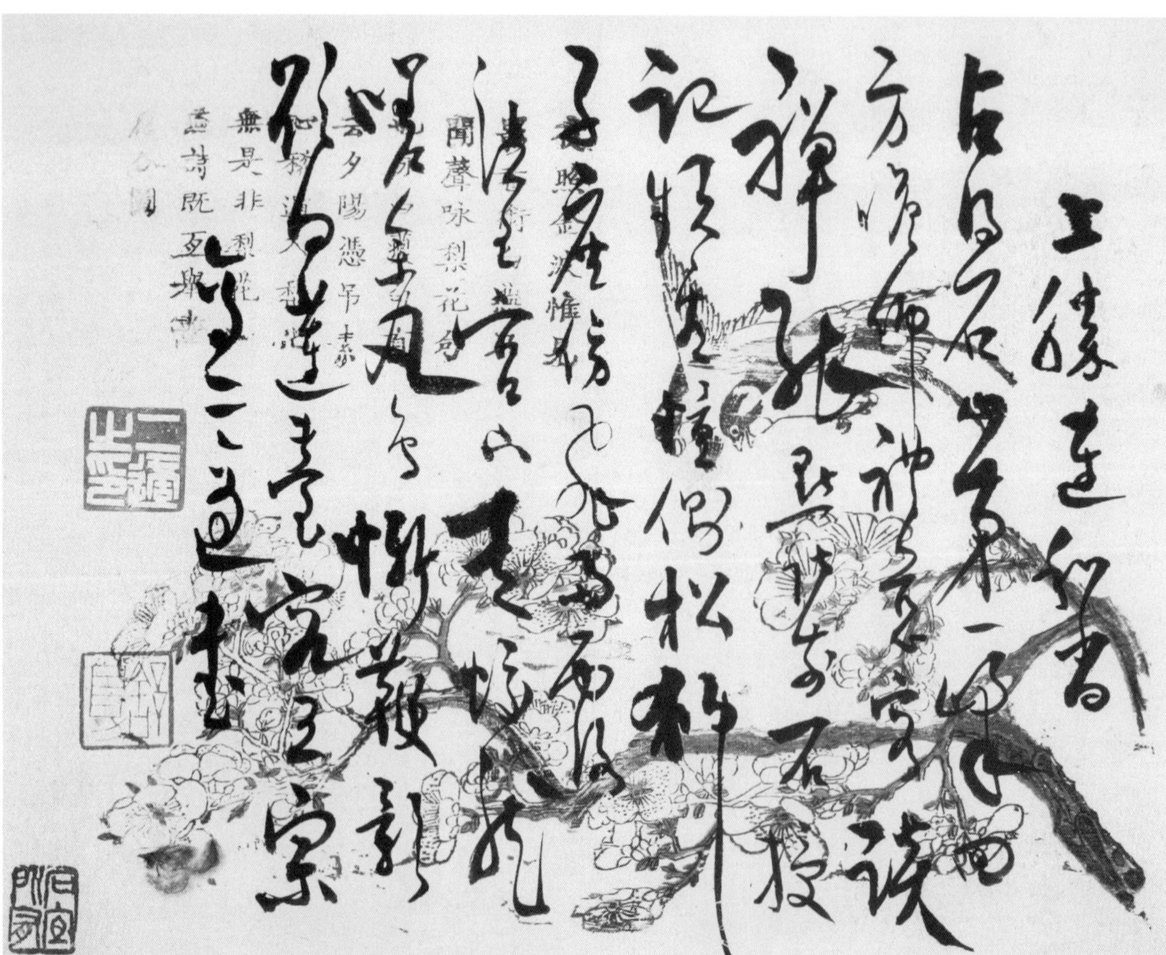

（图九七　42–43）

 九七　高二适　草书诗稿册

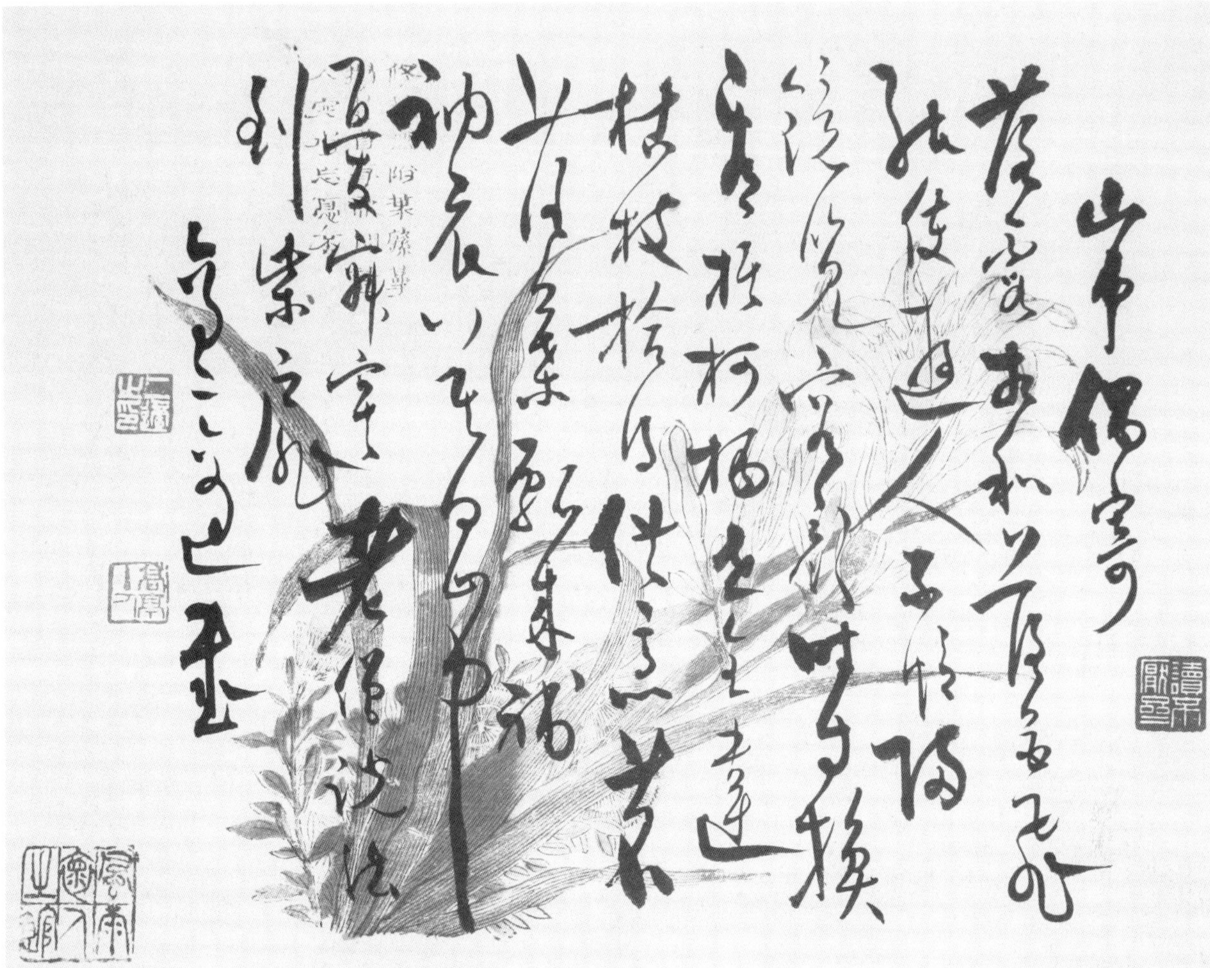

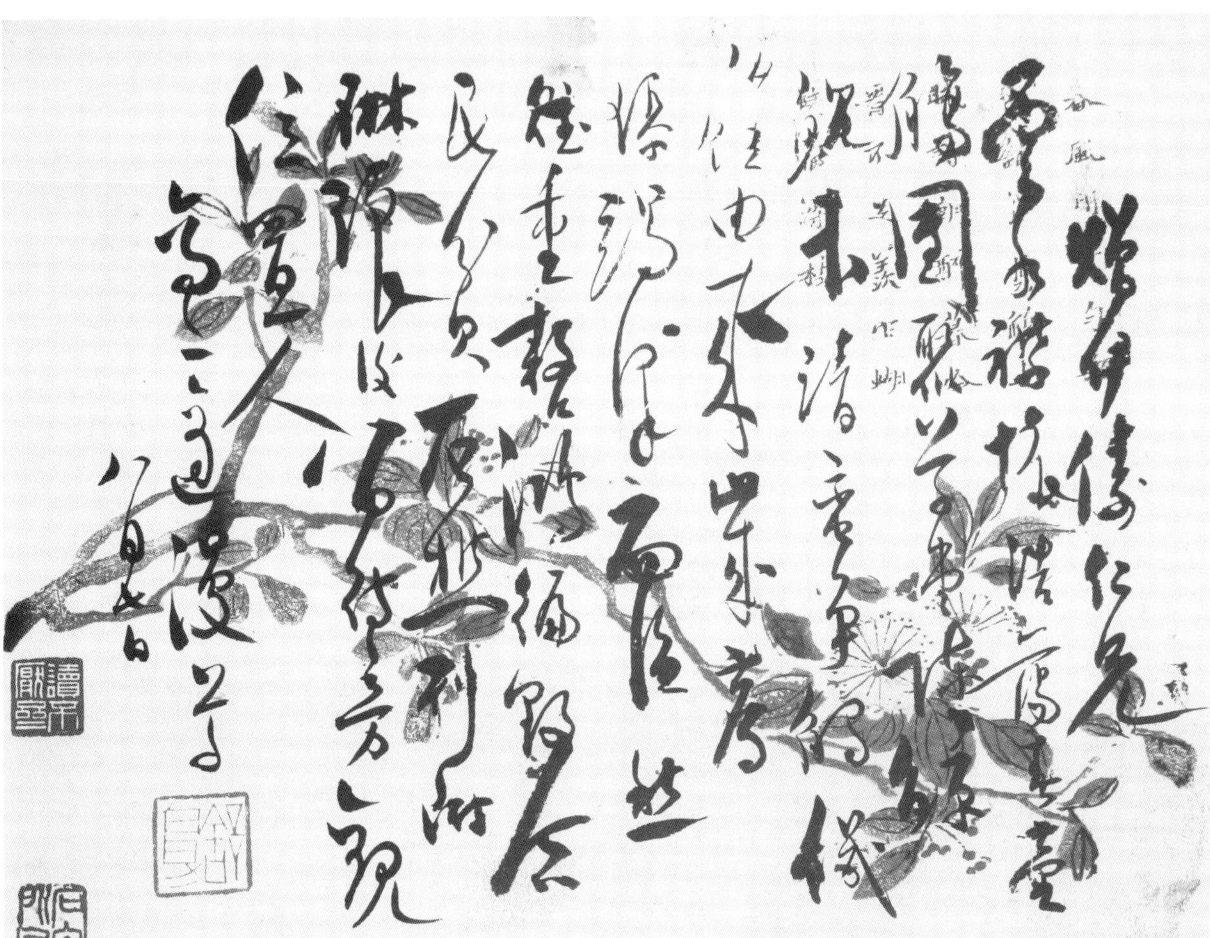

（图九七　44-45）

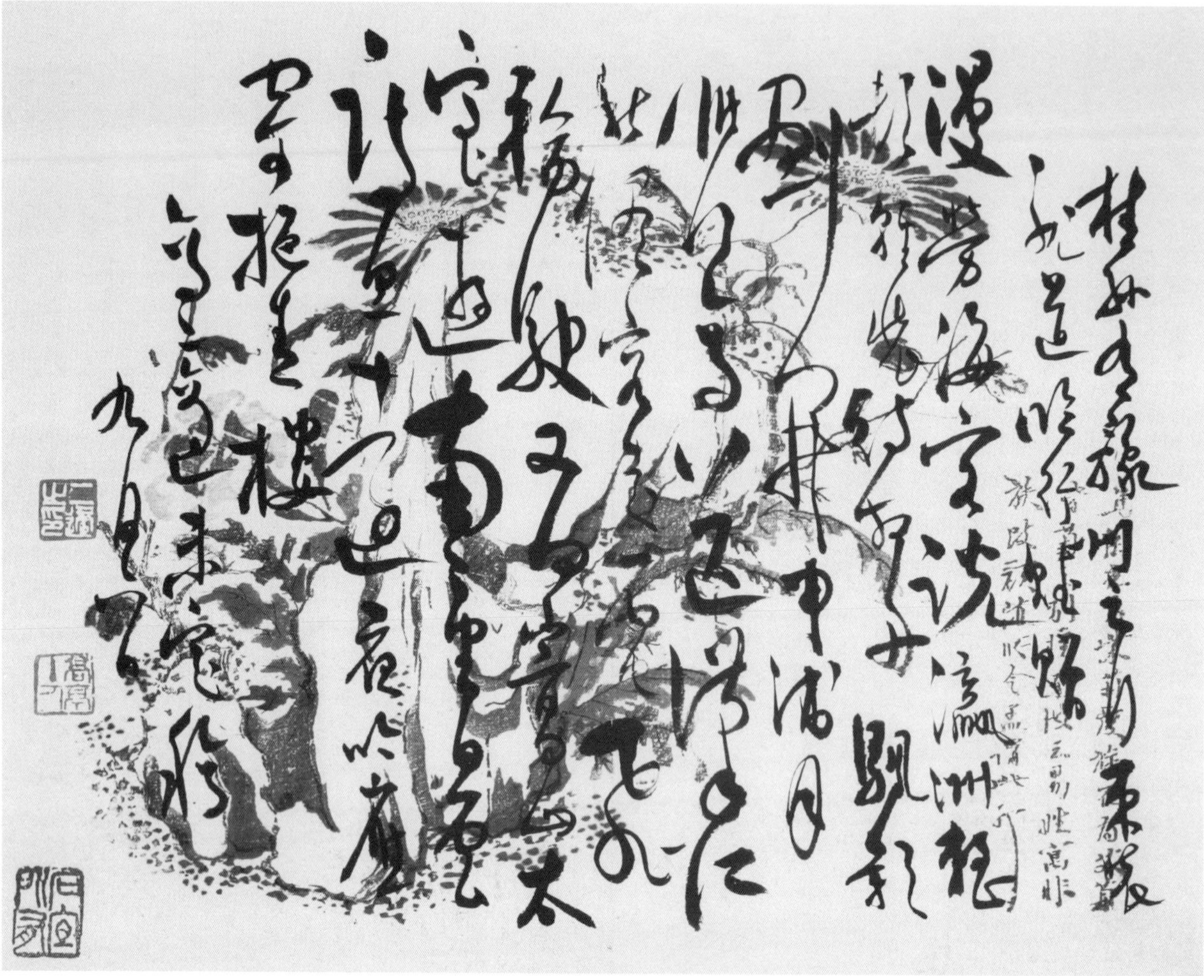

（图九七　46—47）

九七　高二适　草书诗稿册

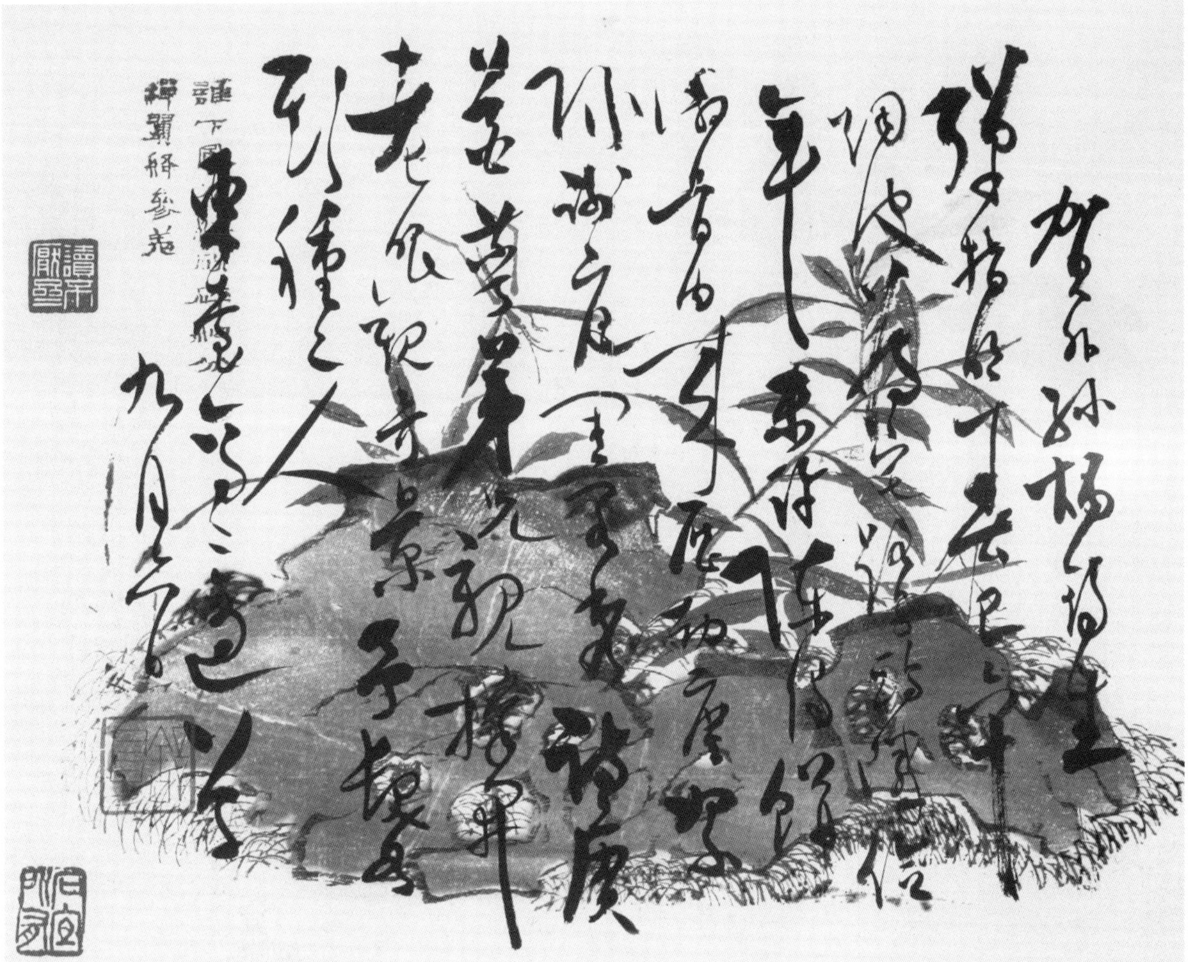

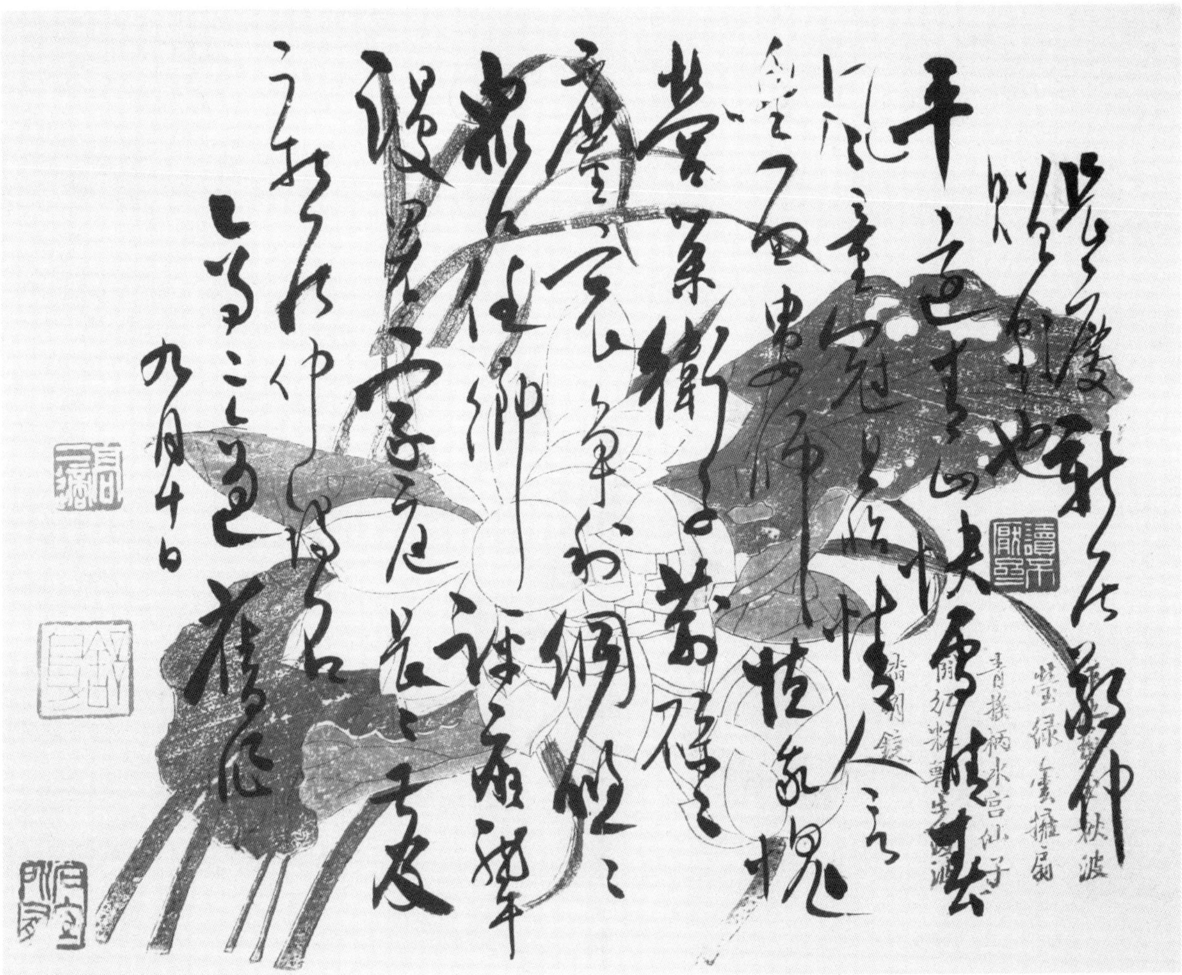

（图九七　48-49）

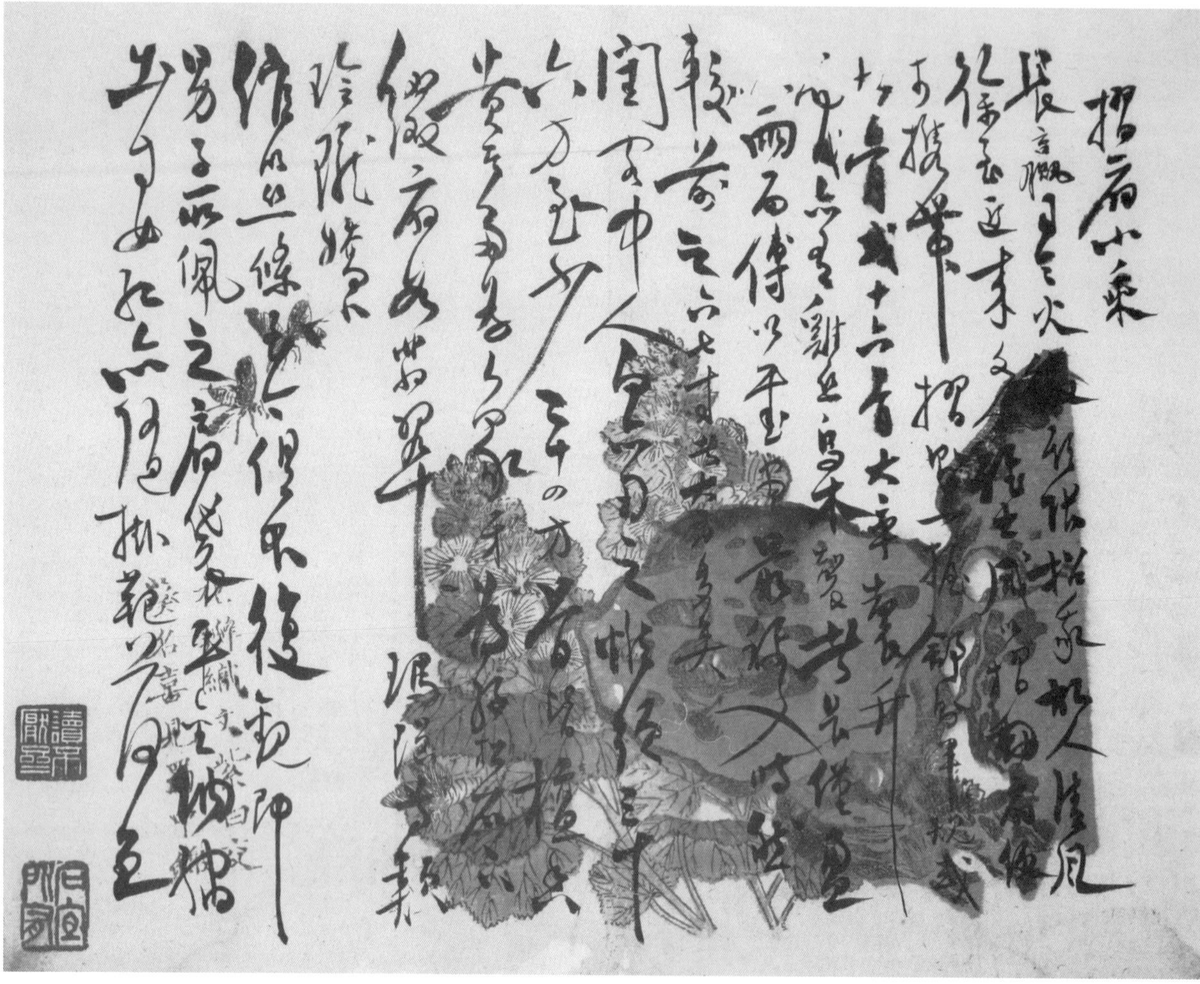

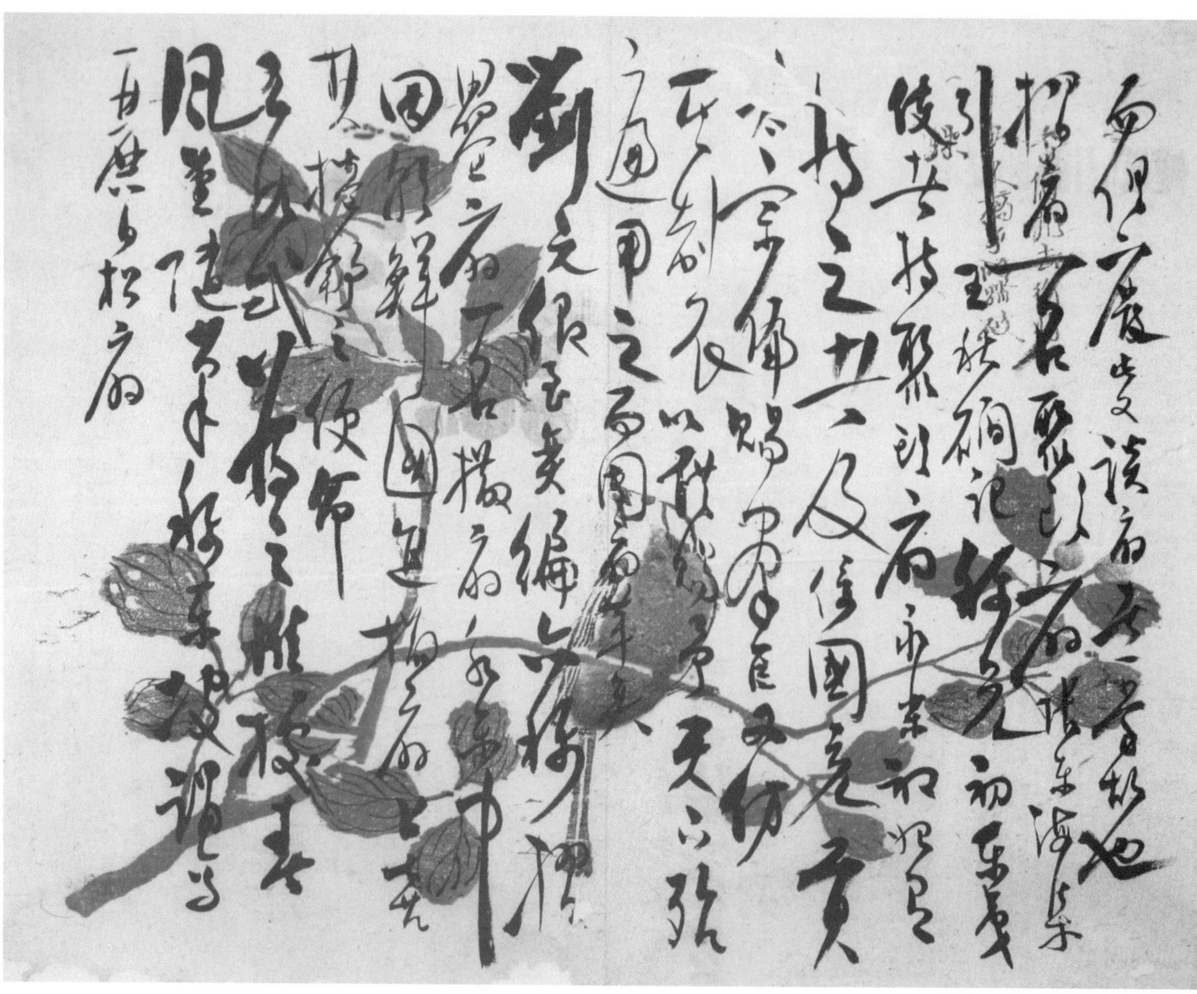

（图九七　50—51）

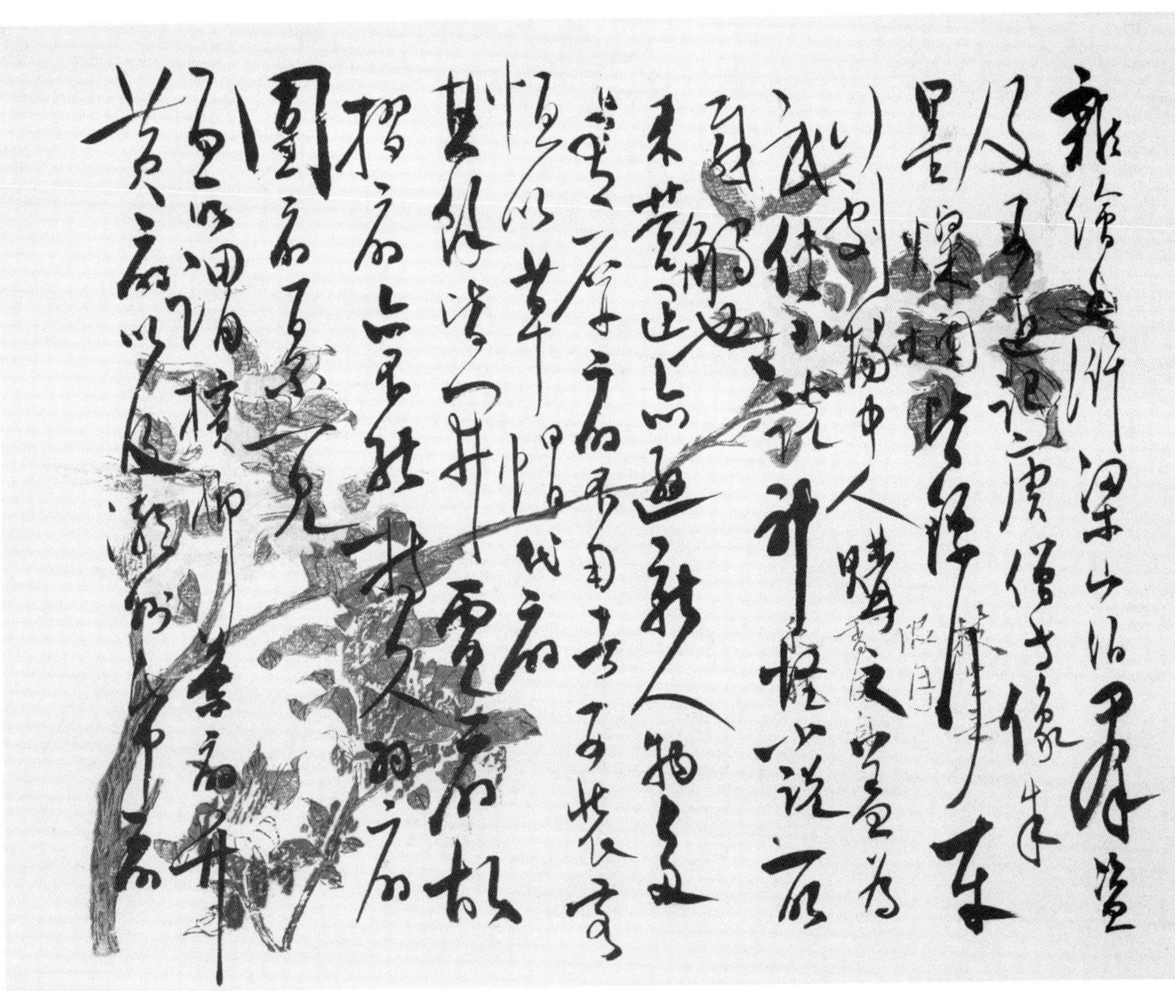

(图九七　52—53)

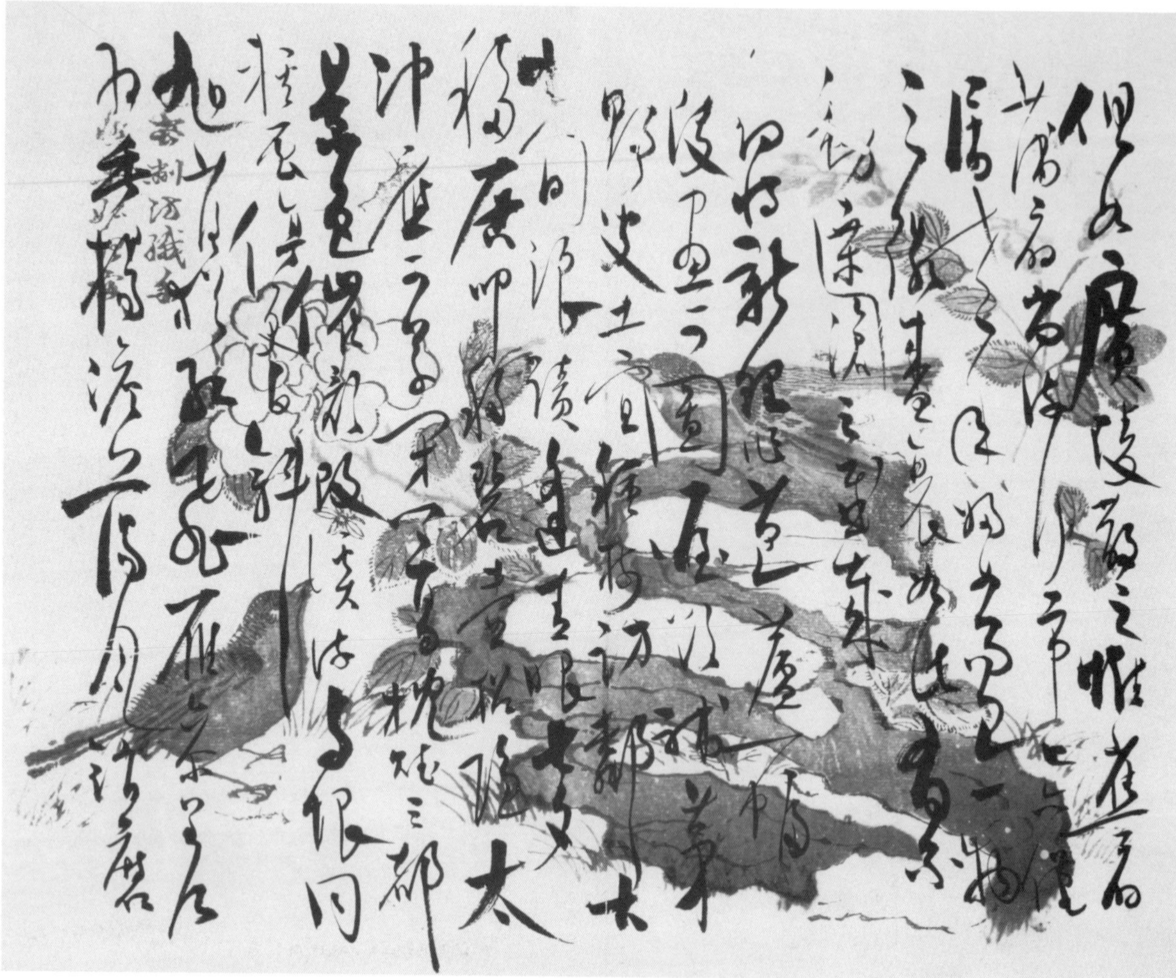

(图九七　54—55)

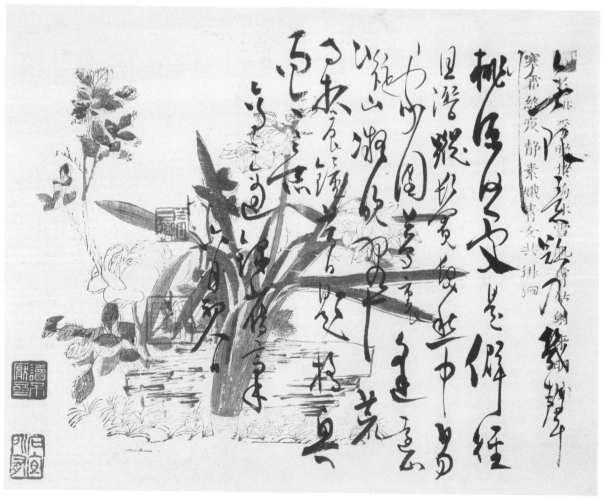

九七　高二适　草书诗稿册

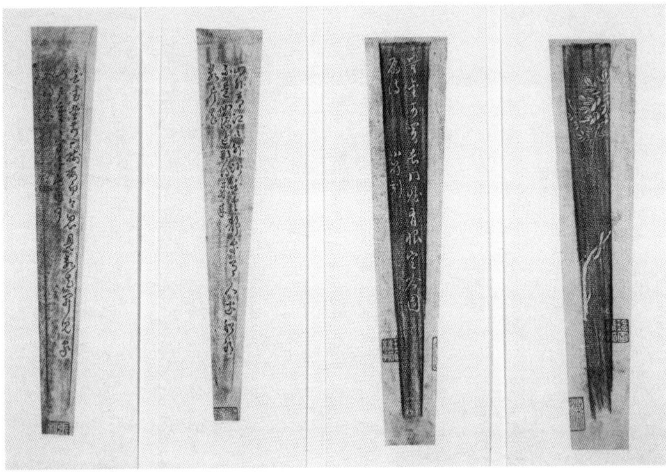

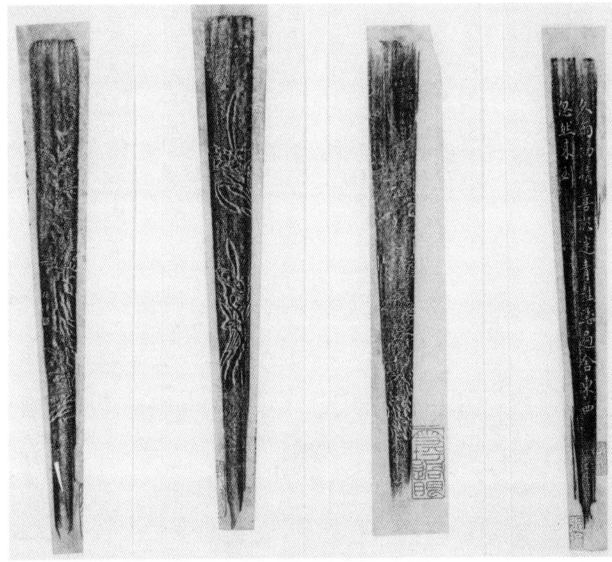

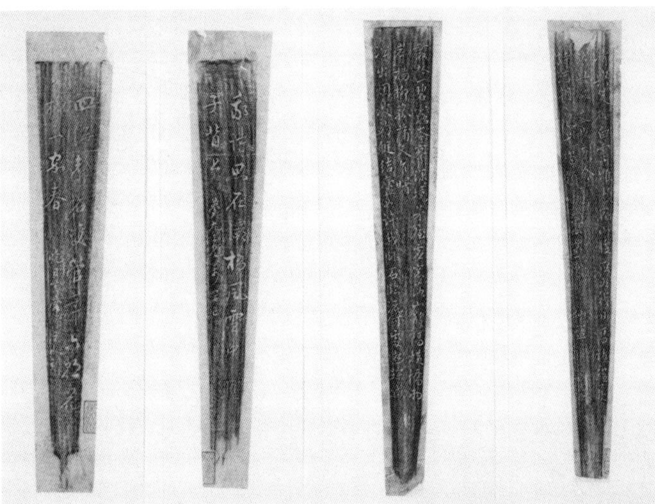

九八　高二适　题扇骨竹刻

张瑜［清］字瑶圃，江苏扬州人。竹刻古雅可喜，与吴熙载友善。此高二适所题竹刻扇骨拓片为张瑜手刻作品。

（图九八　1–3）

九九　高二适　书信函

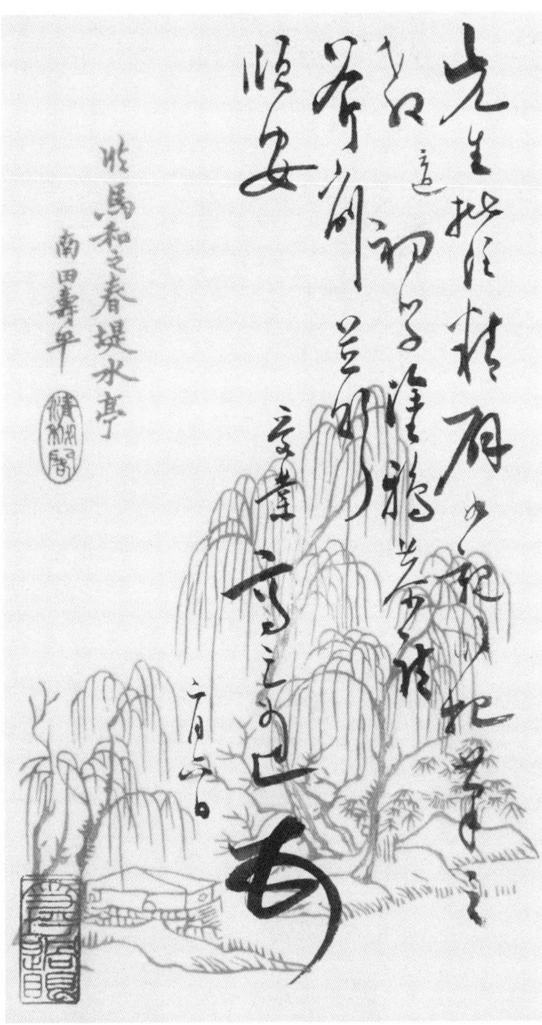

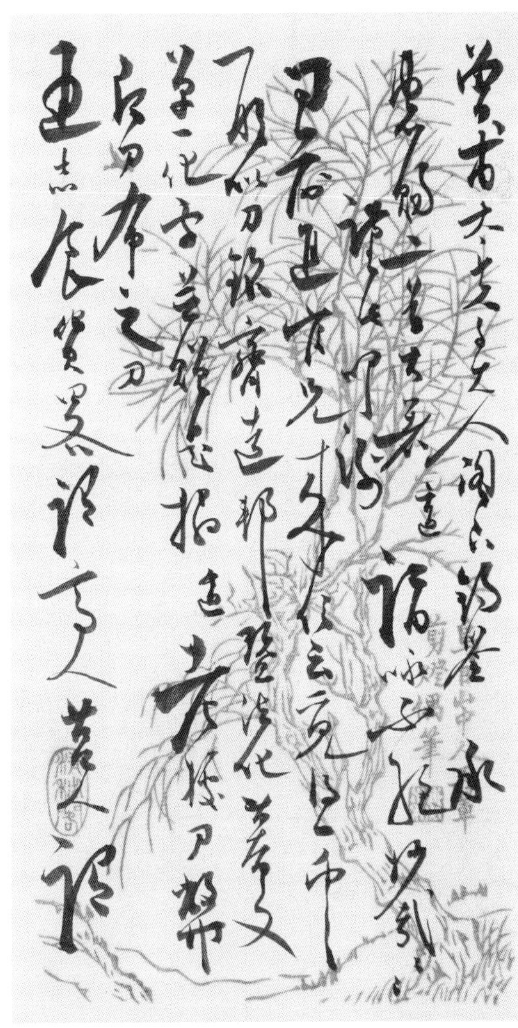

（图九九　1–2）

九九　高二适　书信函

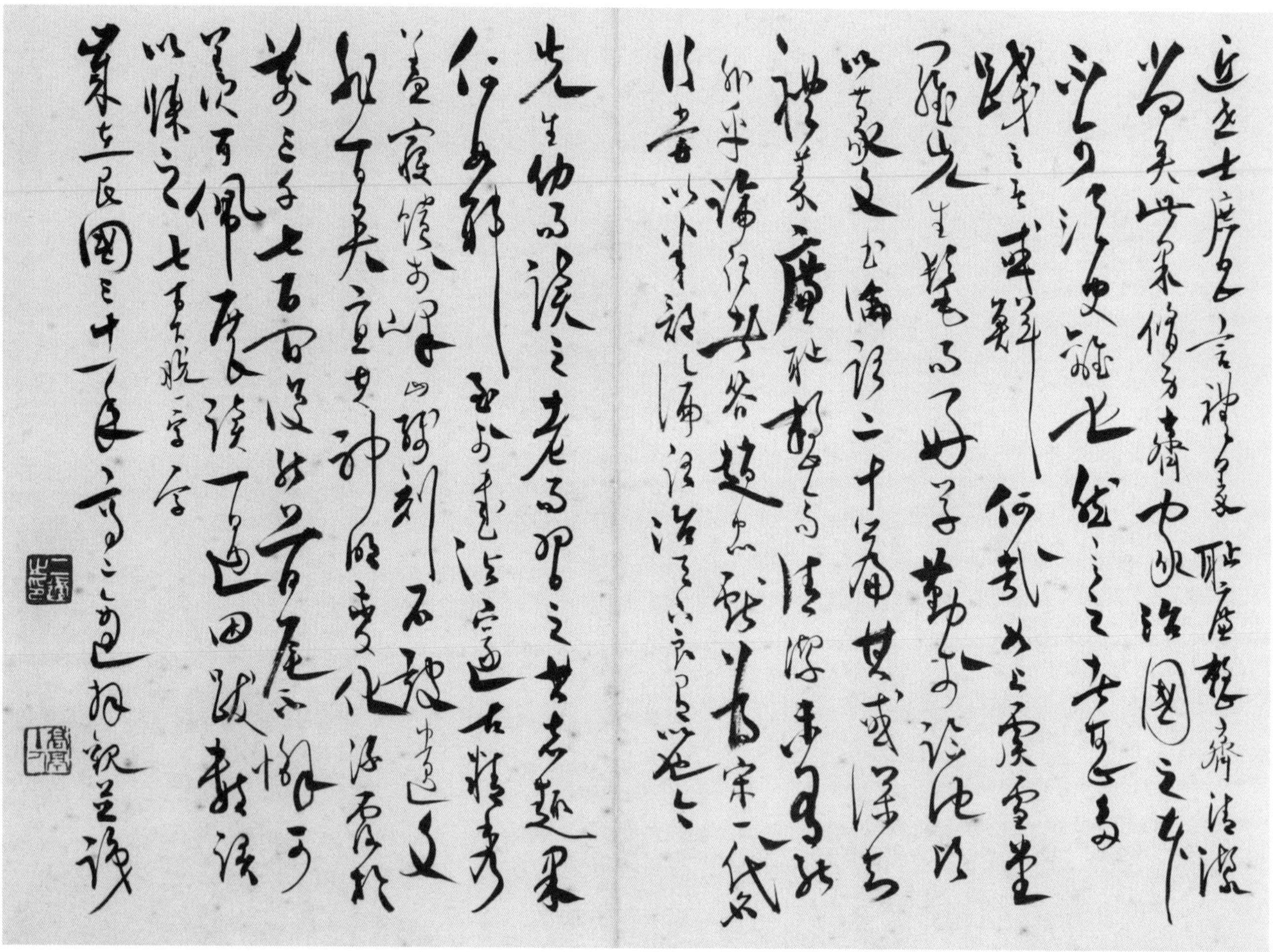

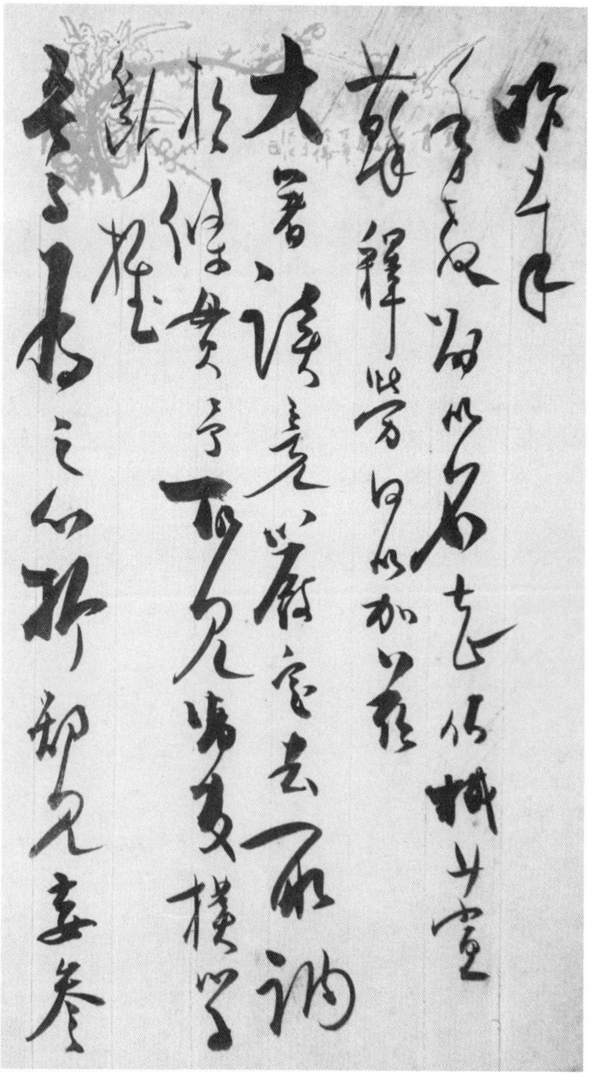

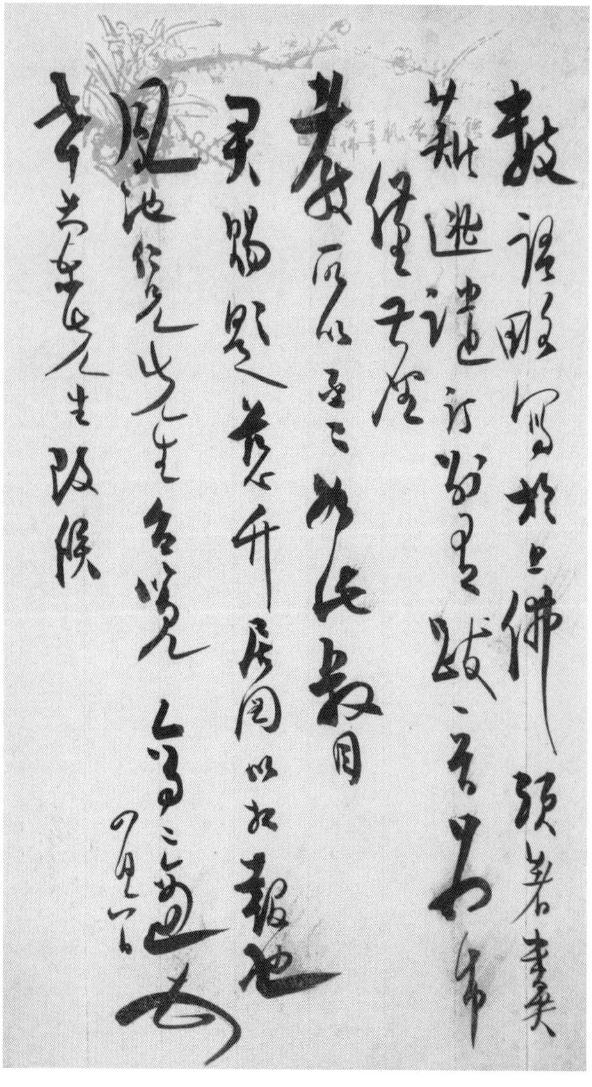

（图九九　3－5）

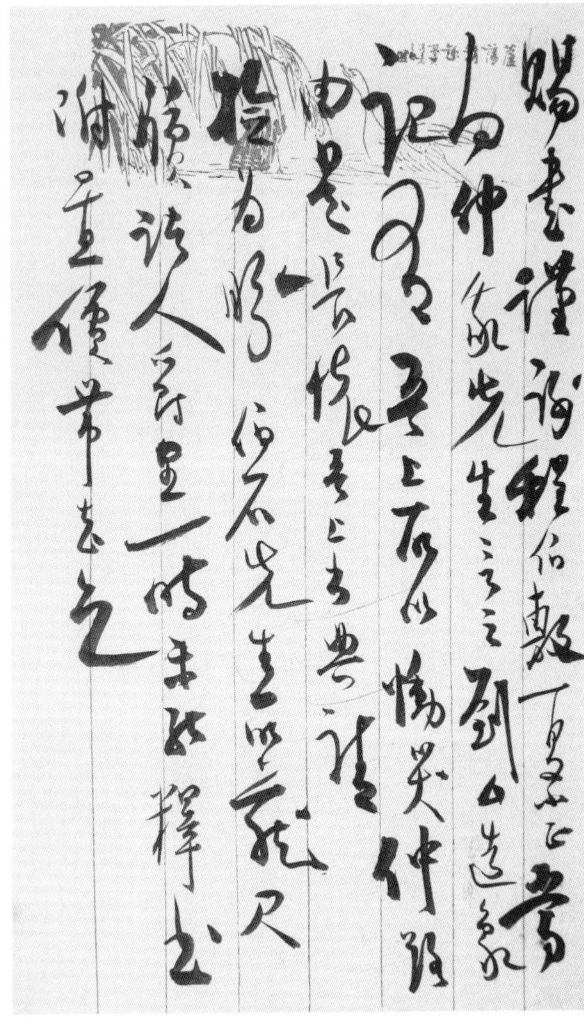

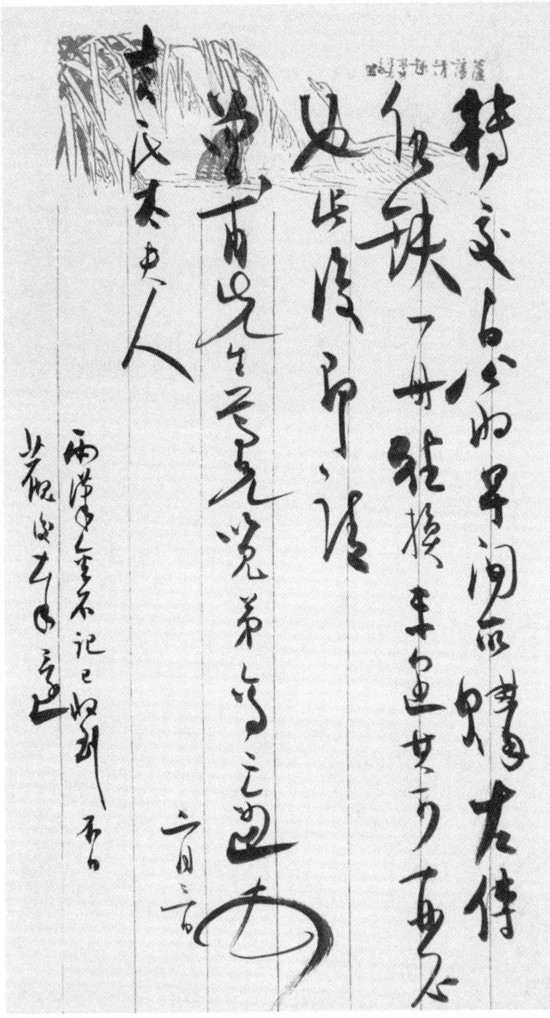

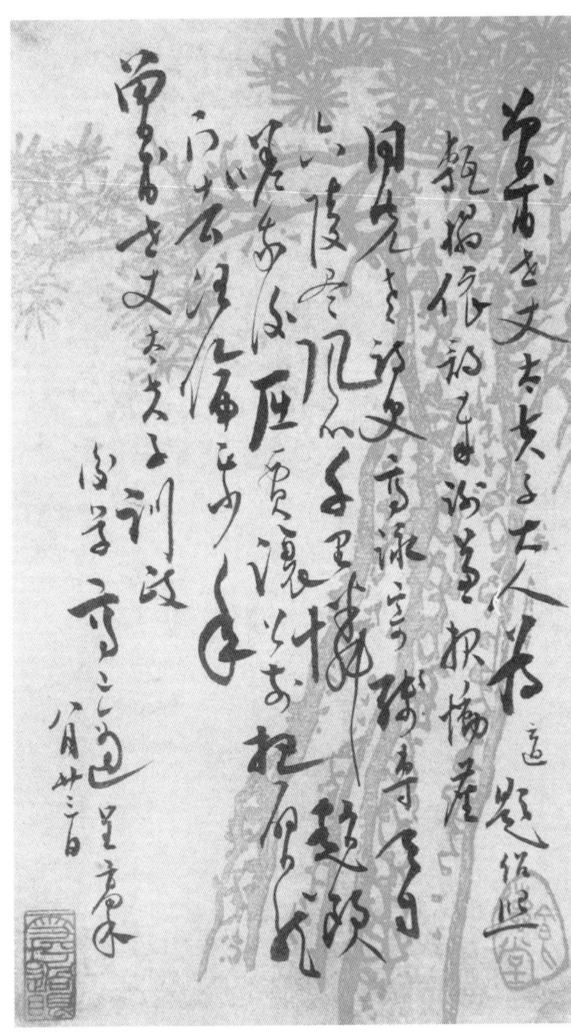

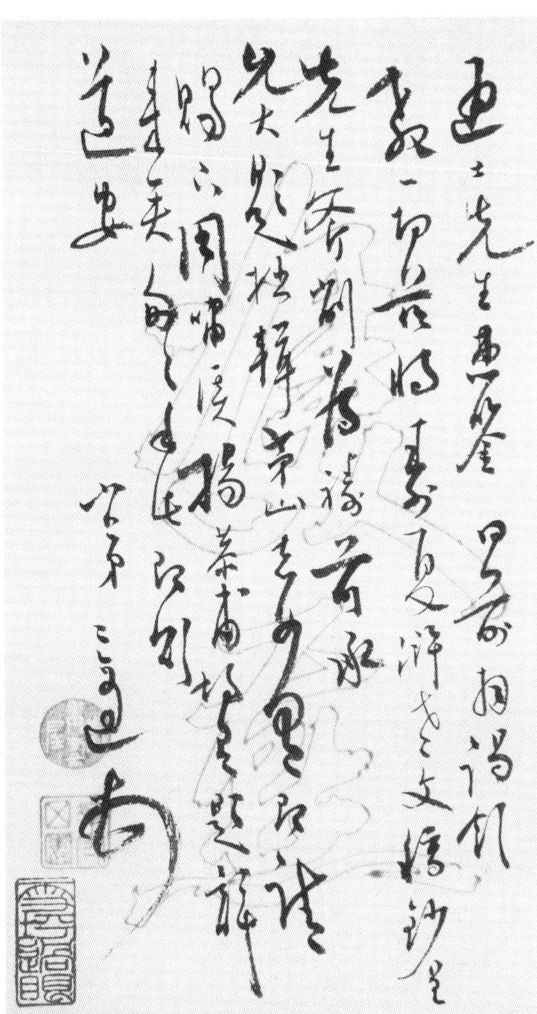

（图九九　6－9）

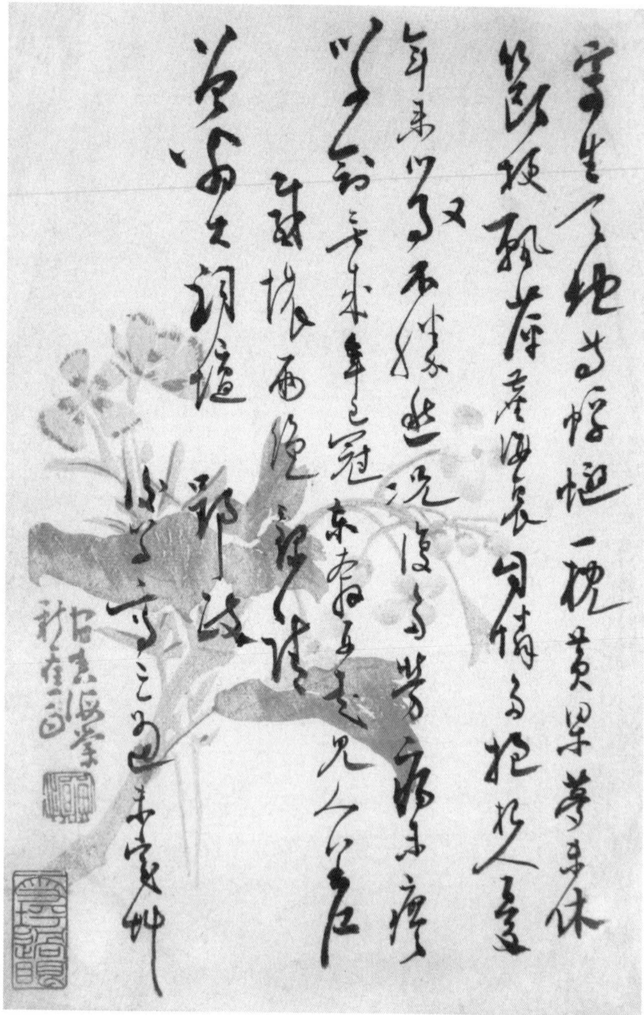

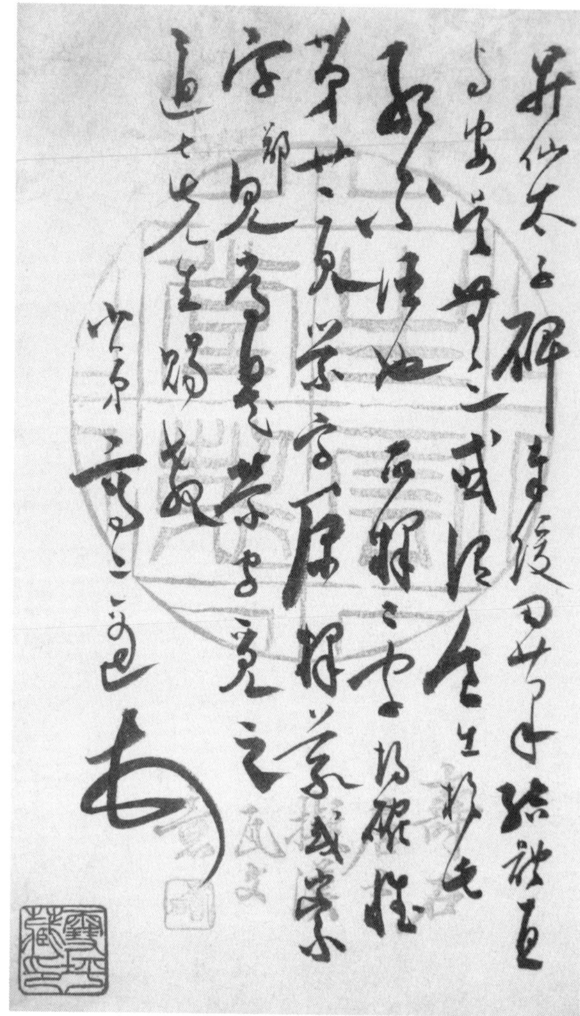

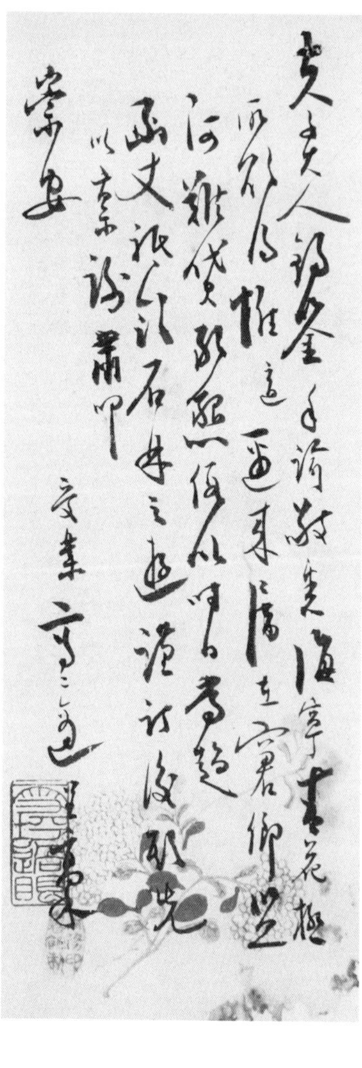

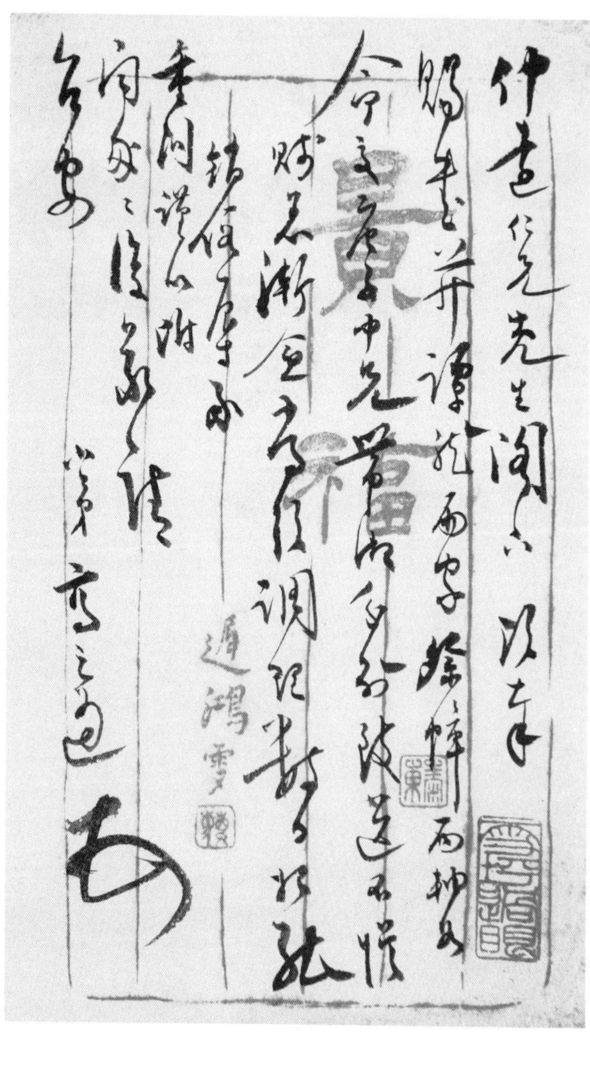

（图九九　10—13）

九九　高二适　书信函

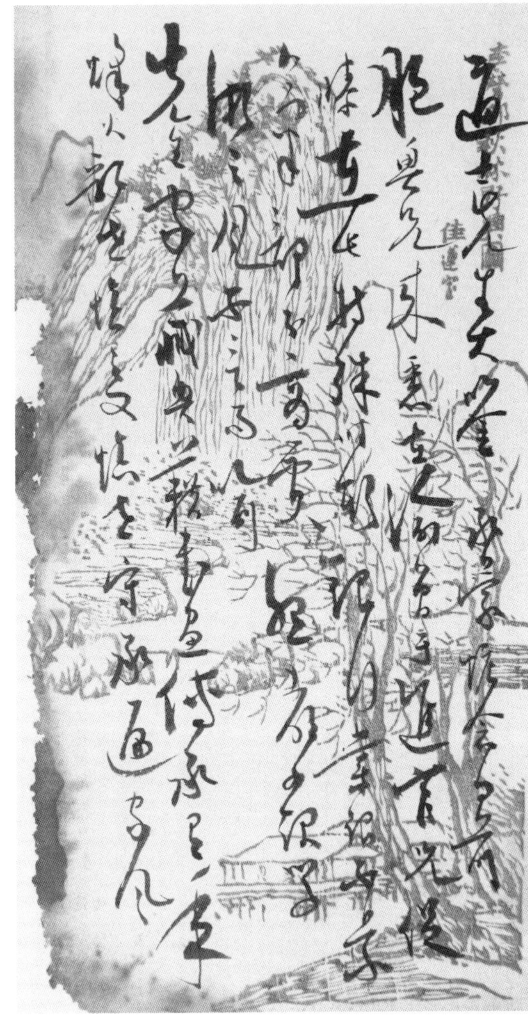

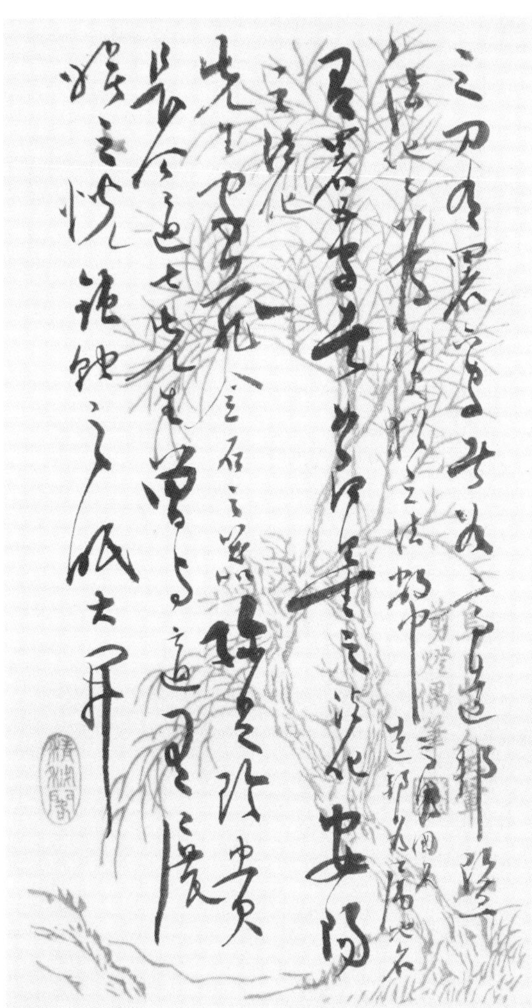

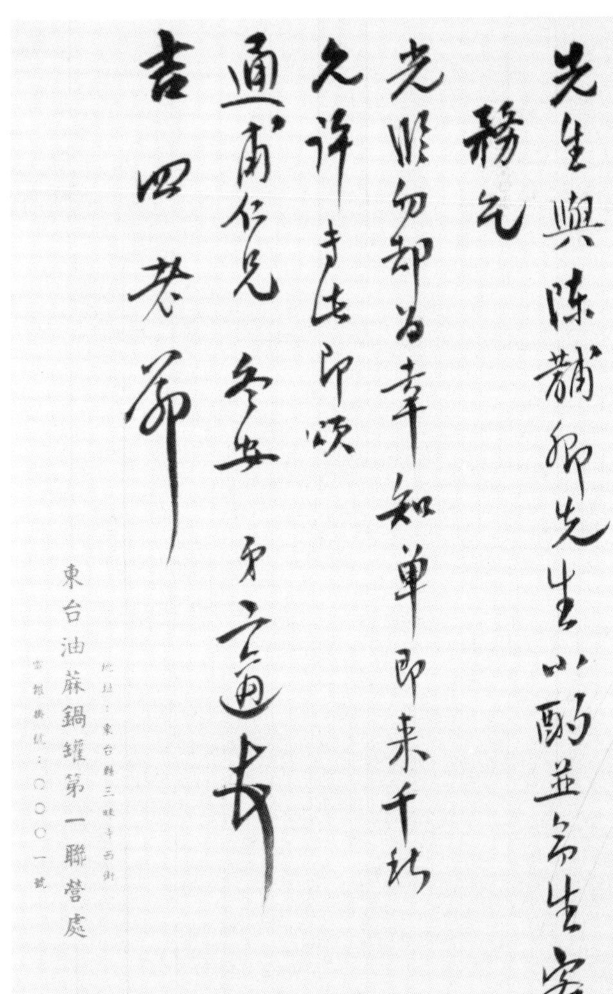

（图九九　14—17）

一〇〇　高二适　信札

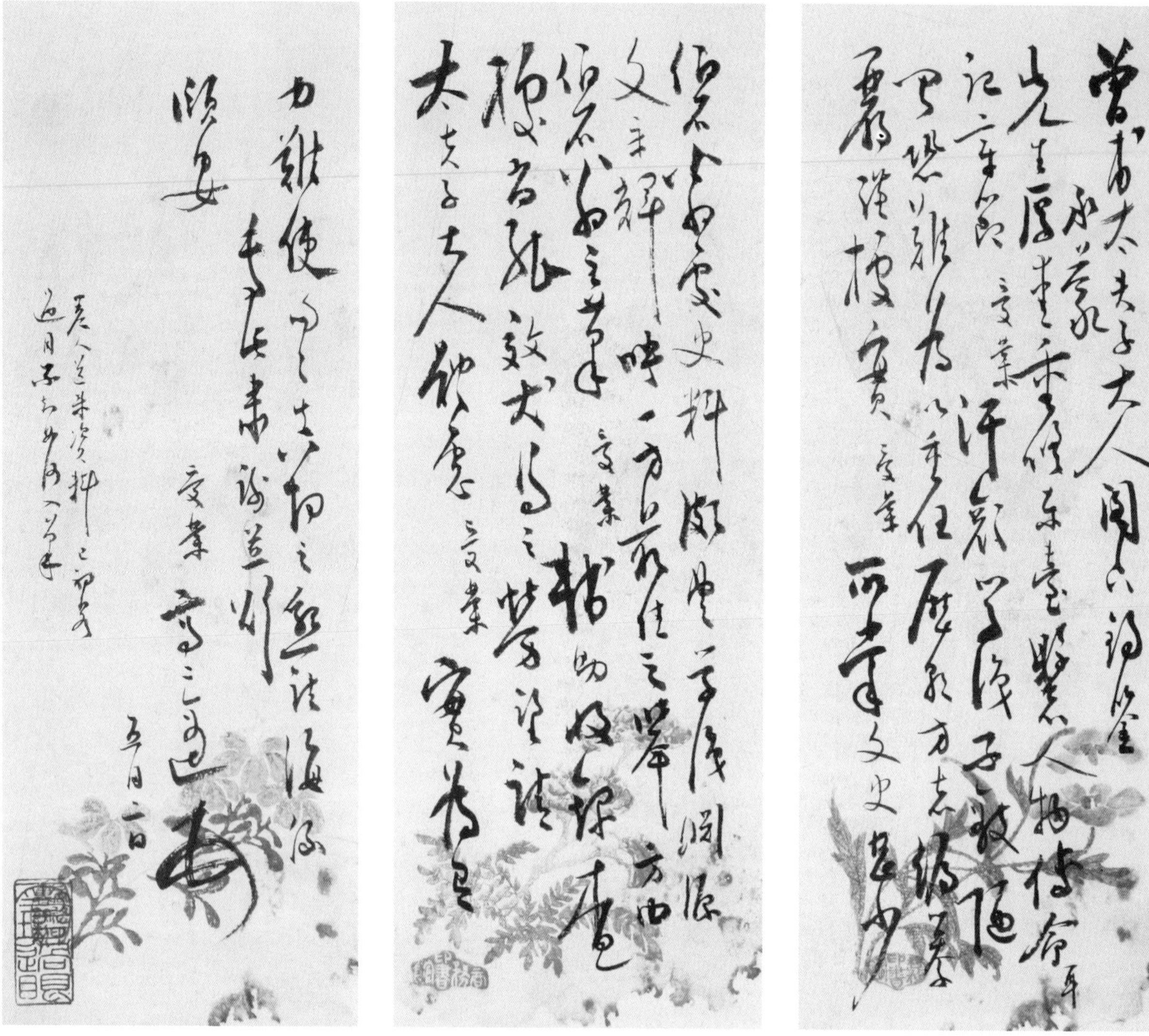

（图一〇〇　1－3）

一〇一　高二适　草书汉镜题识

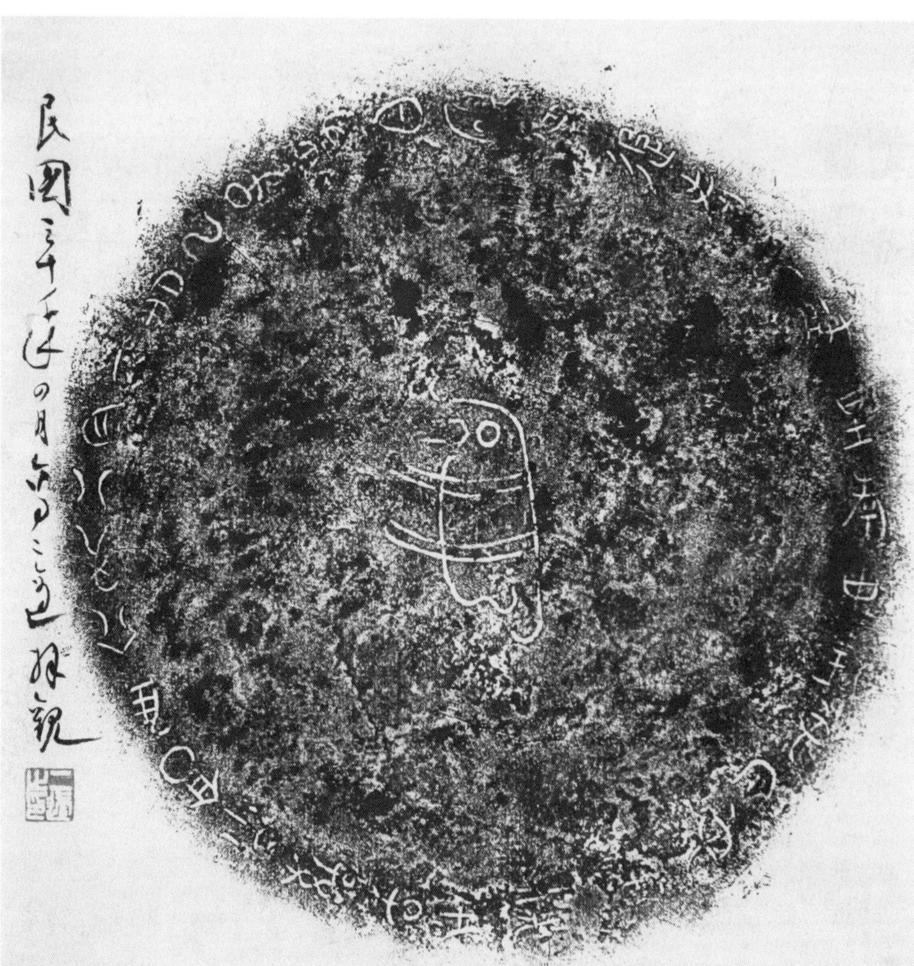

（图一〇一－1）

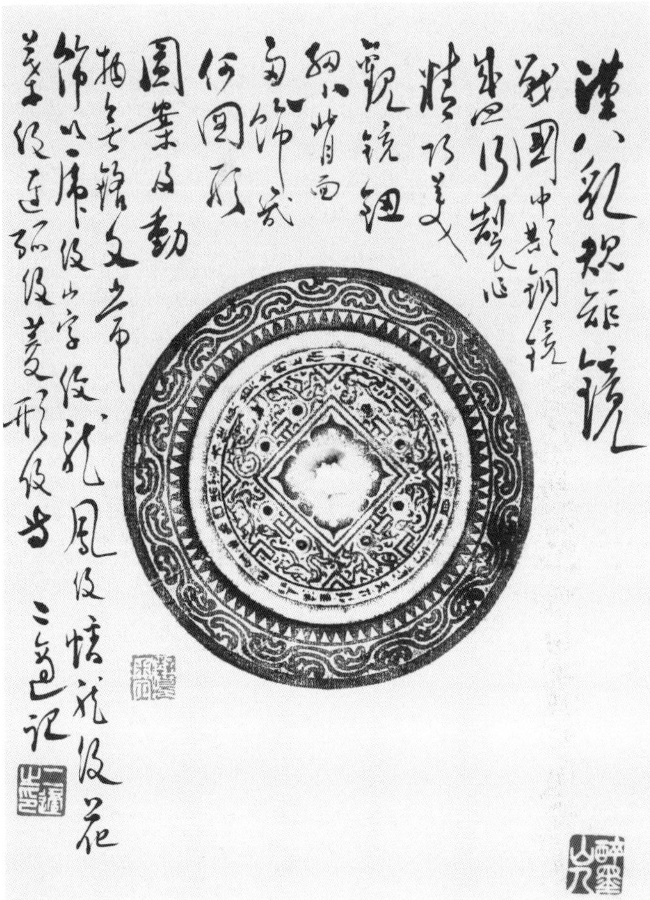

（图一〇一—2）

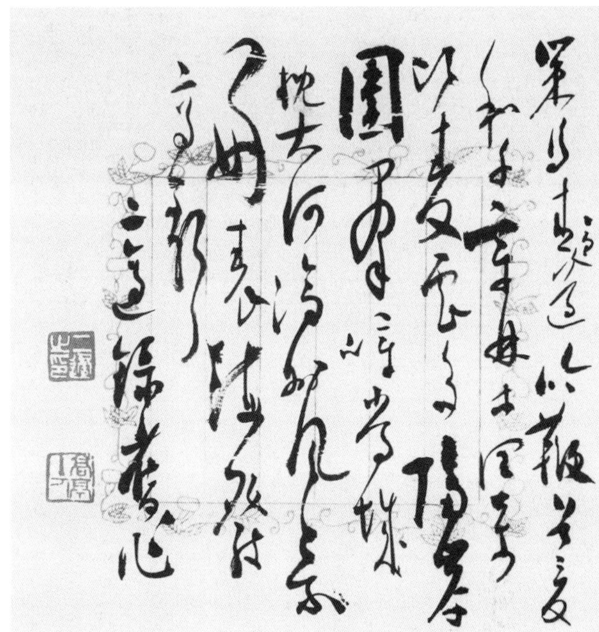

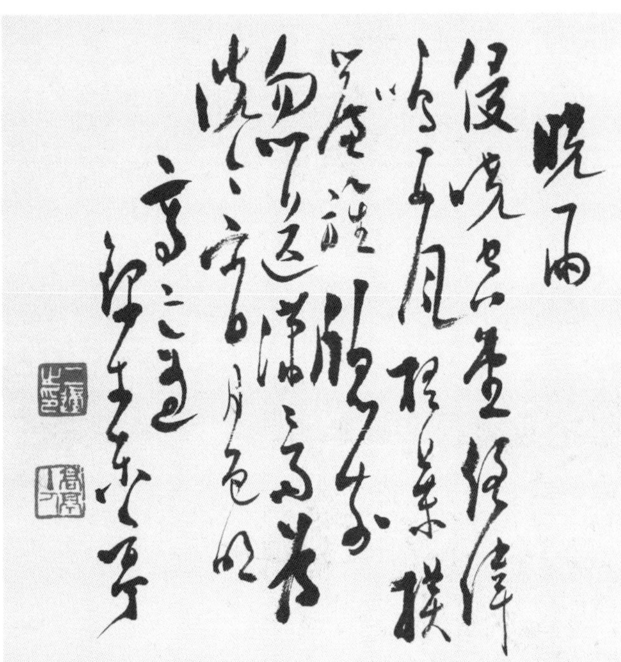

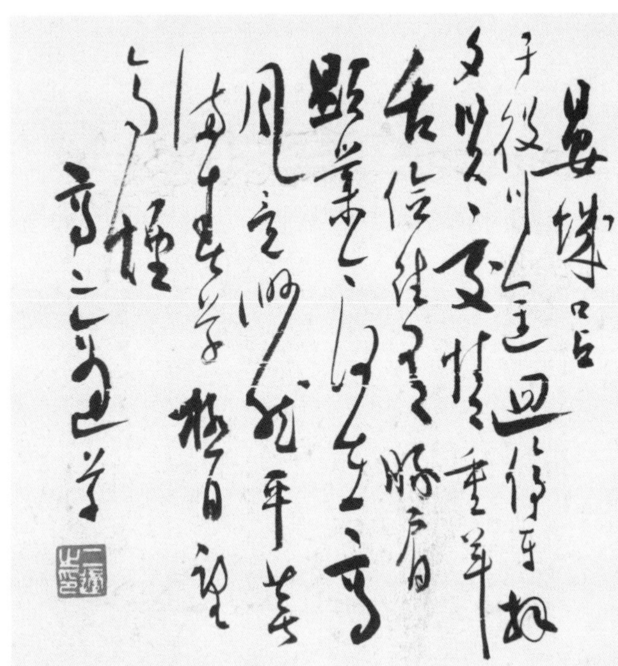

（图一〇二　1—3）

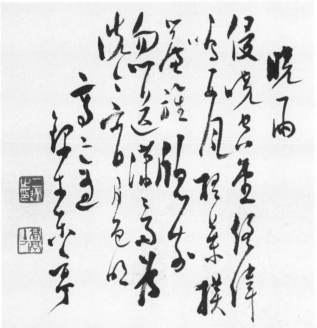

一〇二　高二适　草书诗札

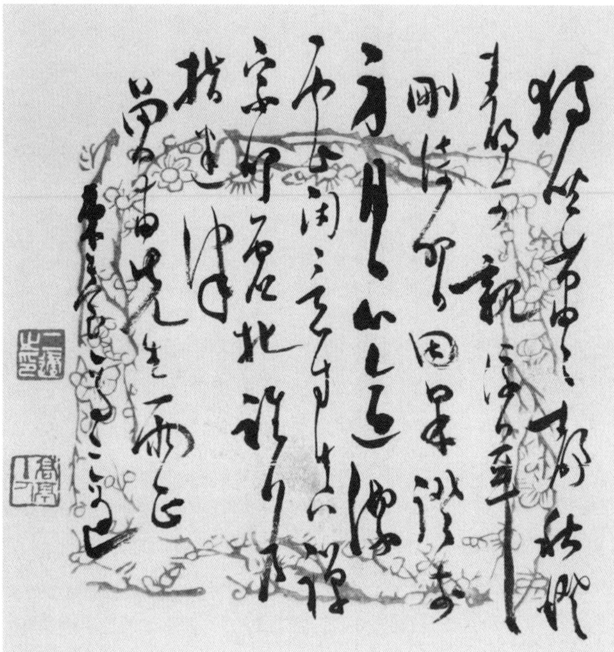

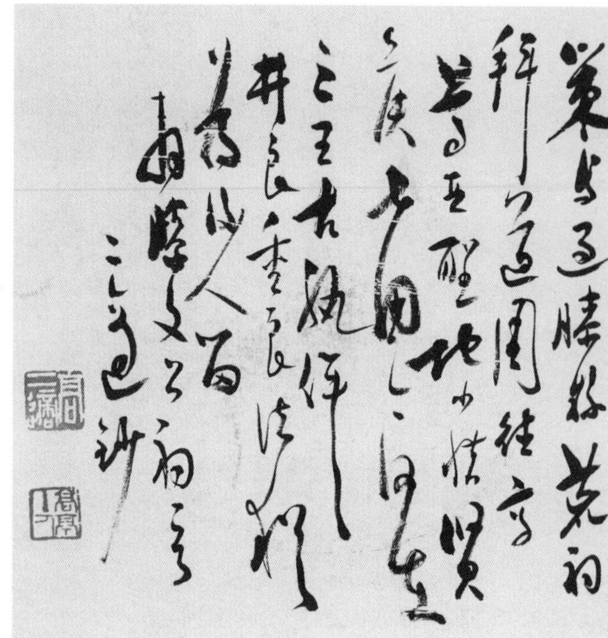

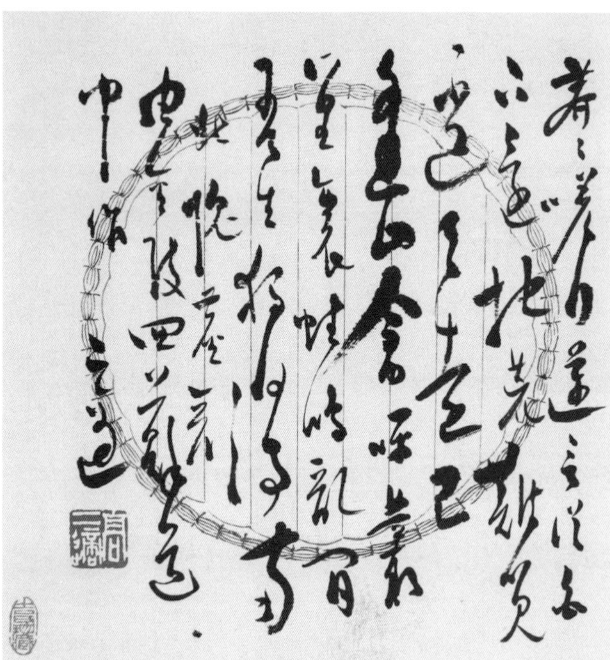

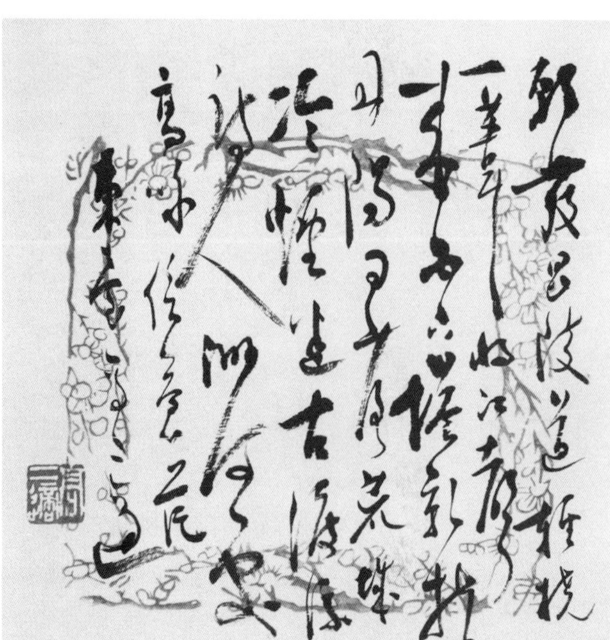

（图一〇二　4–7）

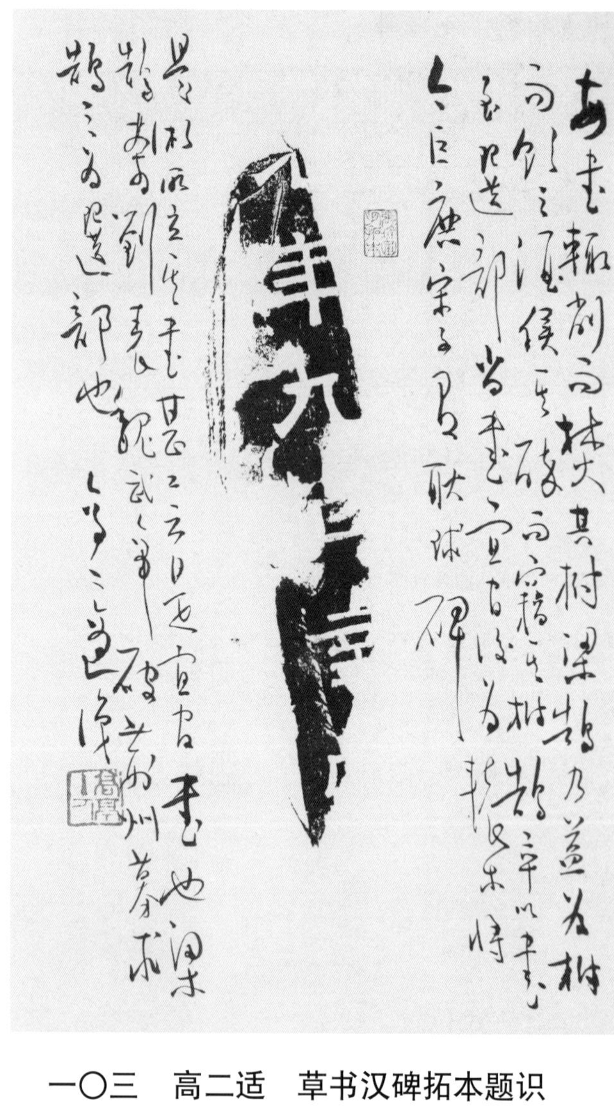

（图一〇三－1）

一〇三　高二适　草书汉碑拓本题识

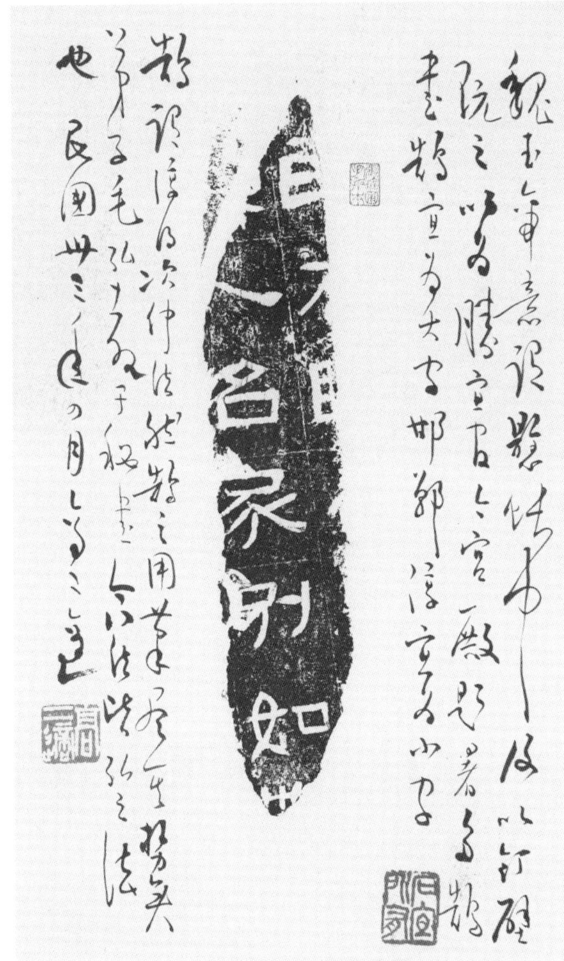

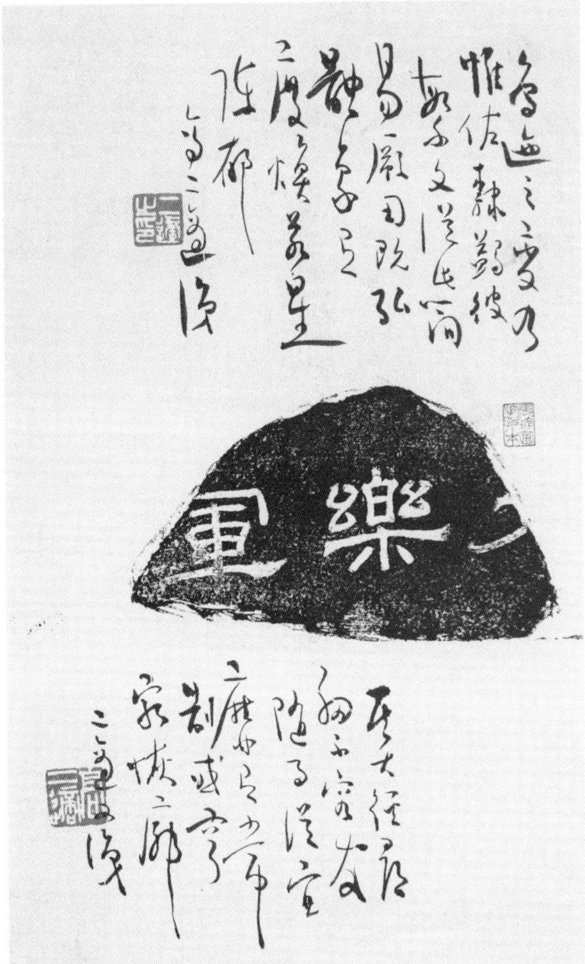

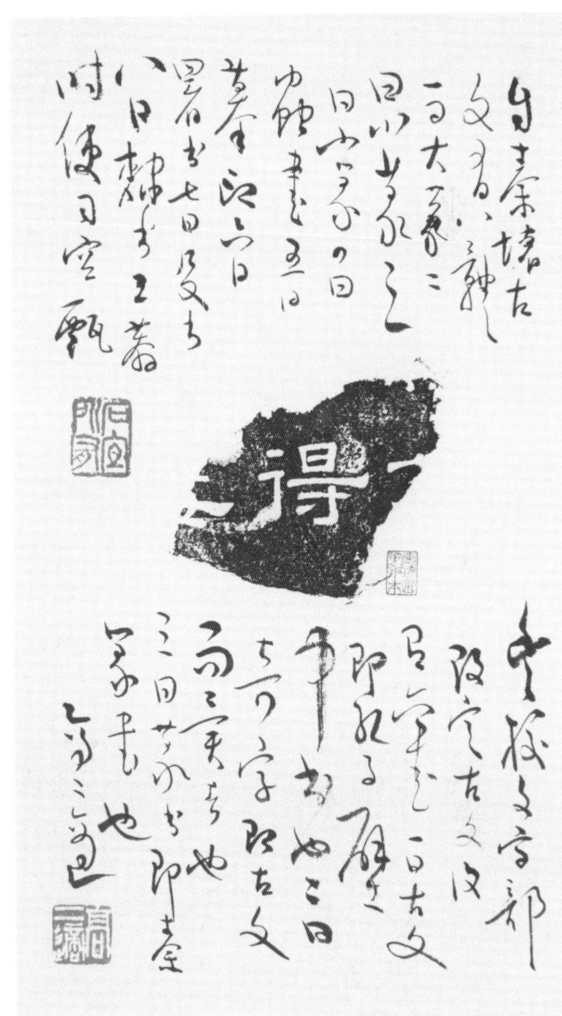

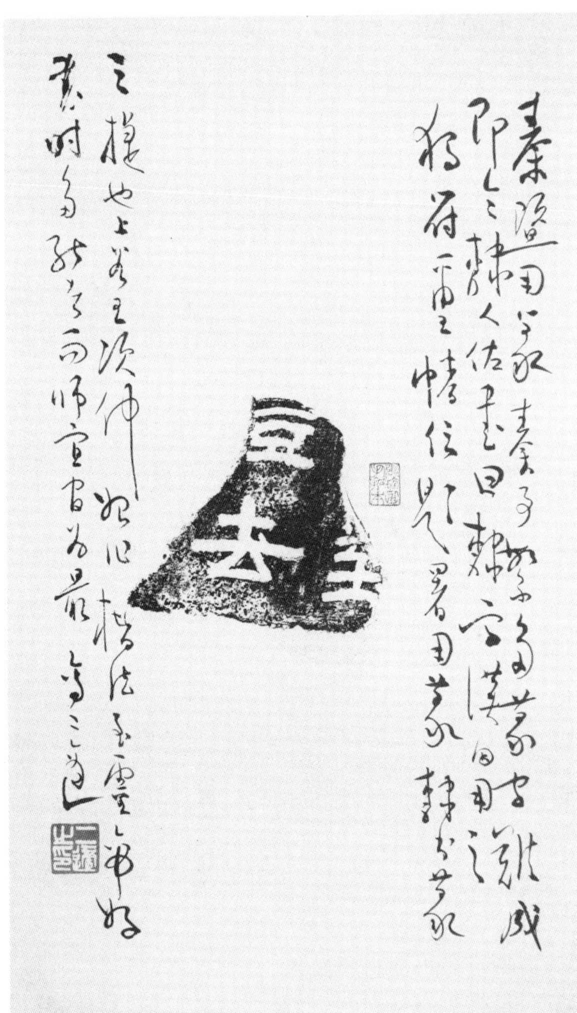

（图一〇三 2－5）

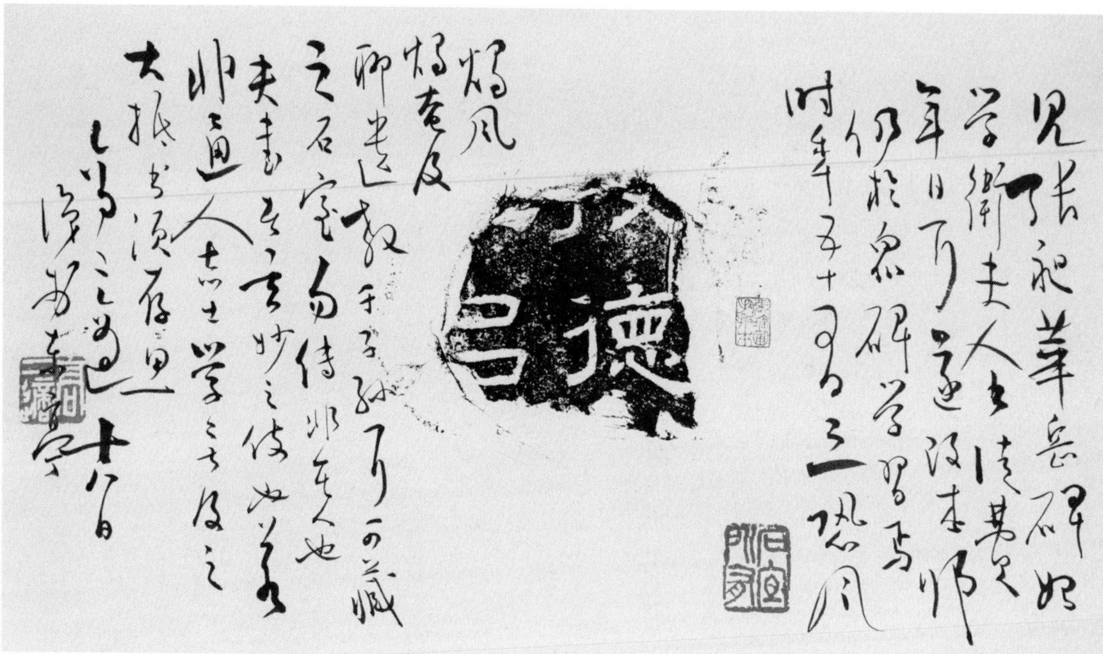

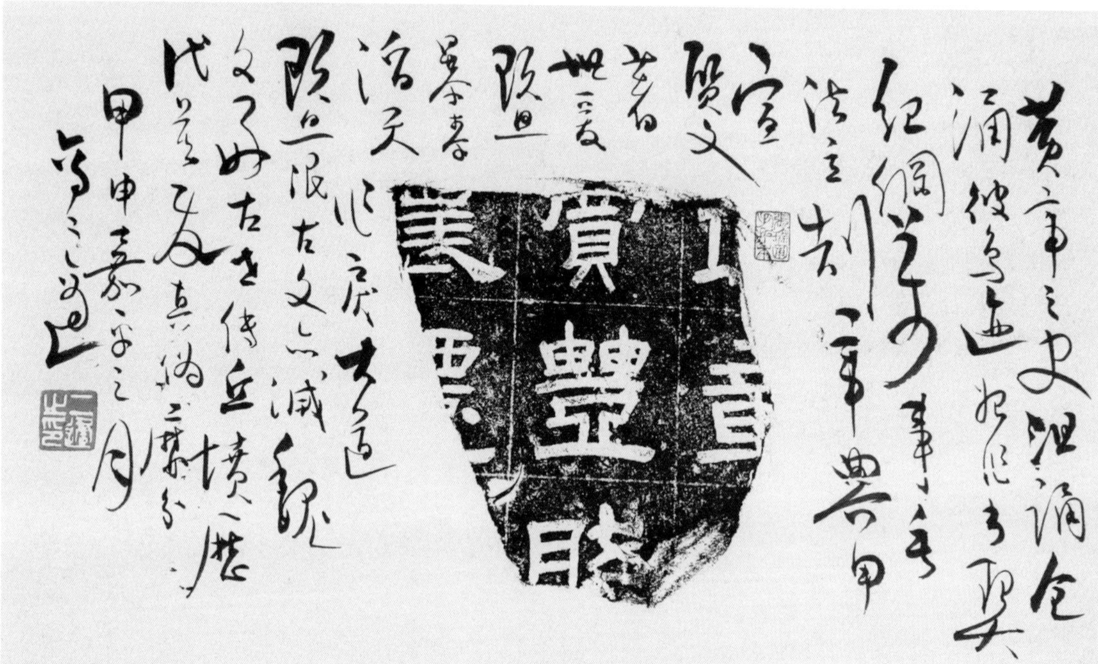

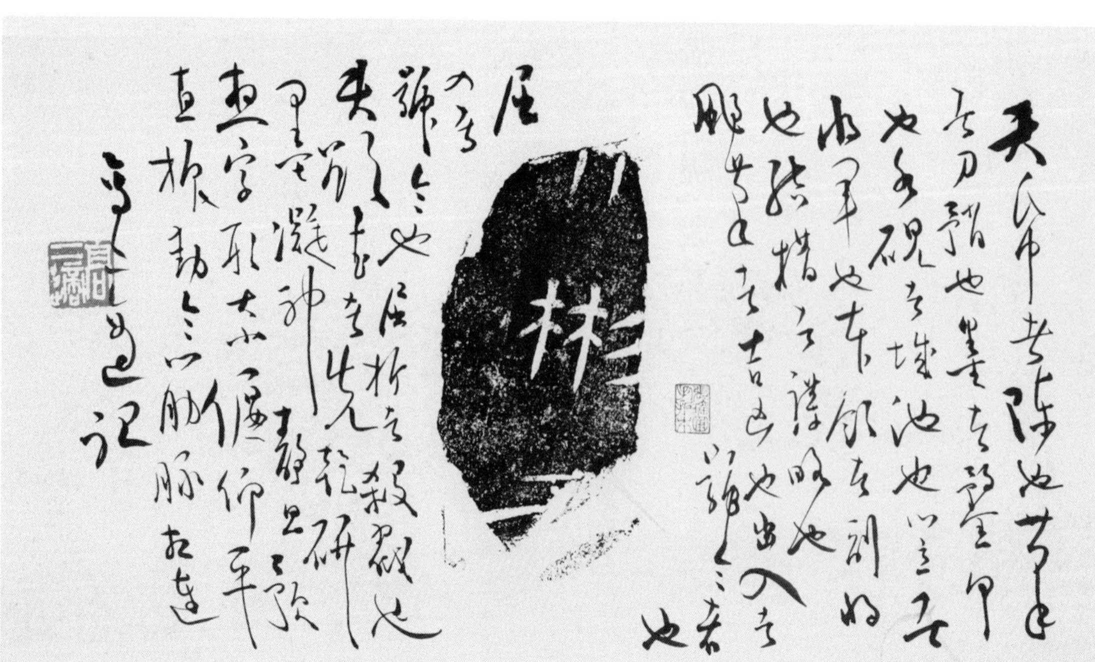

（图一〇三　6－8）

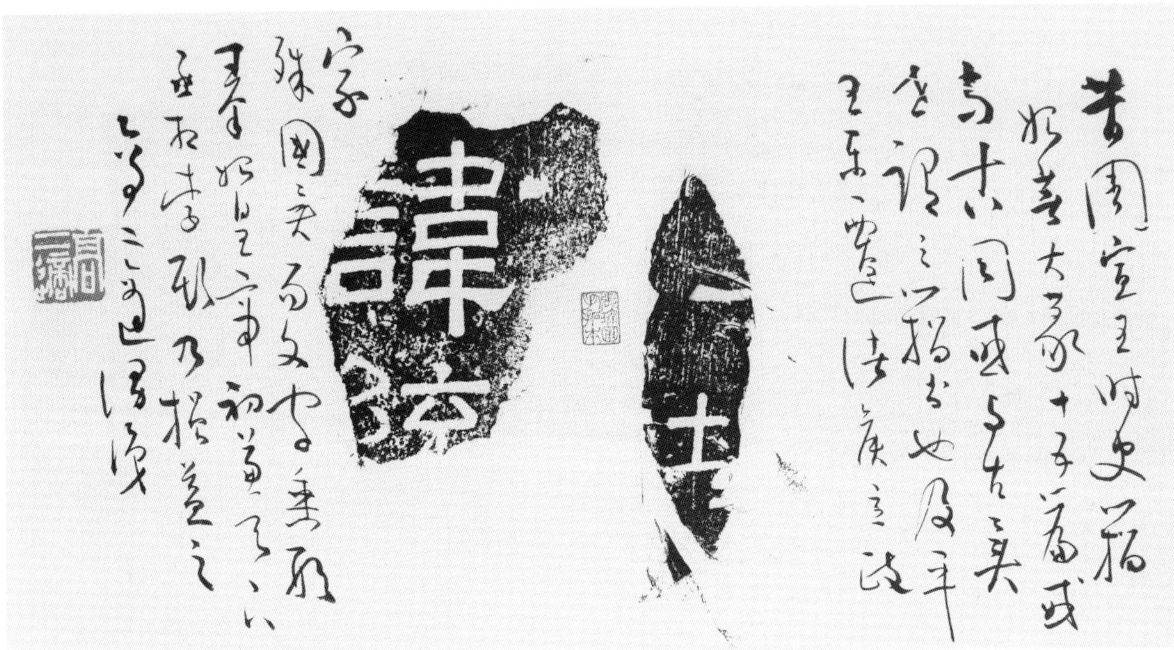

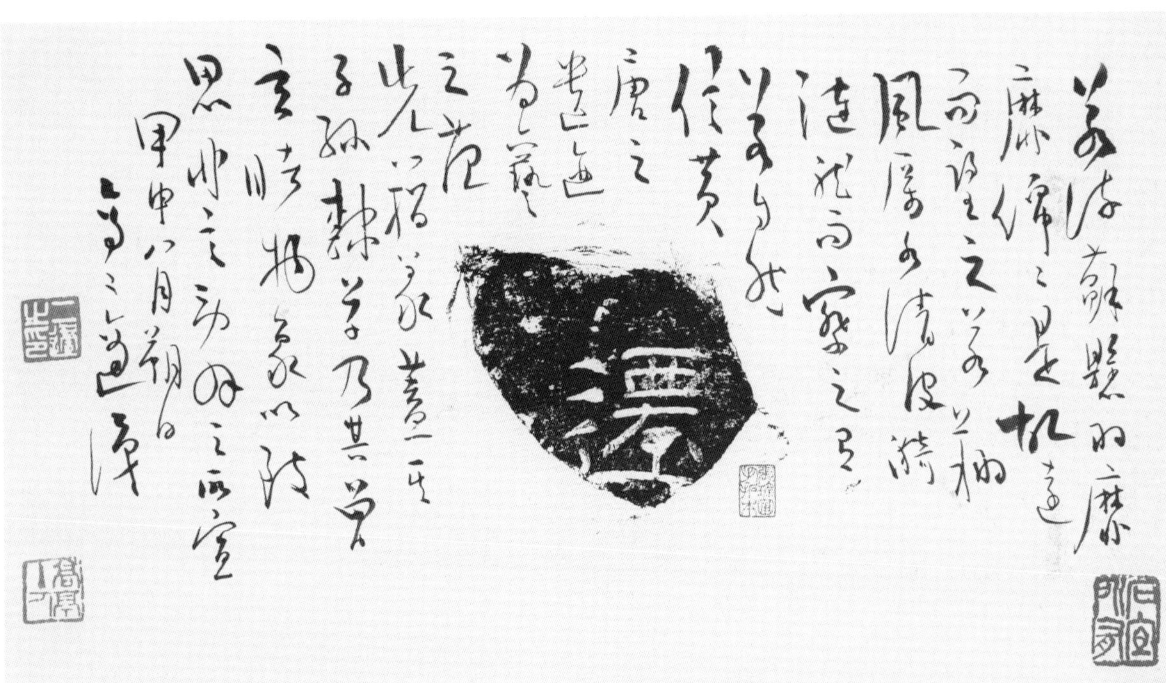

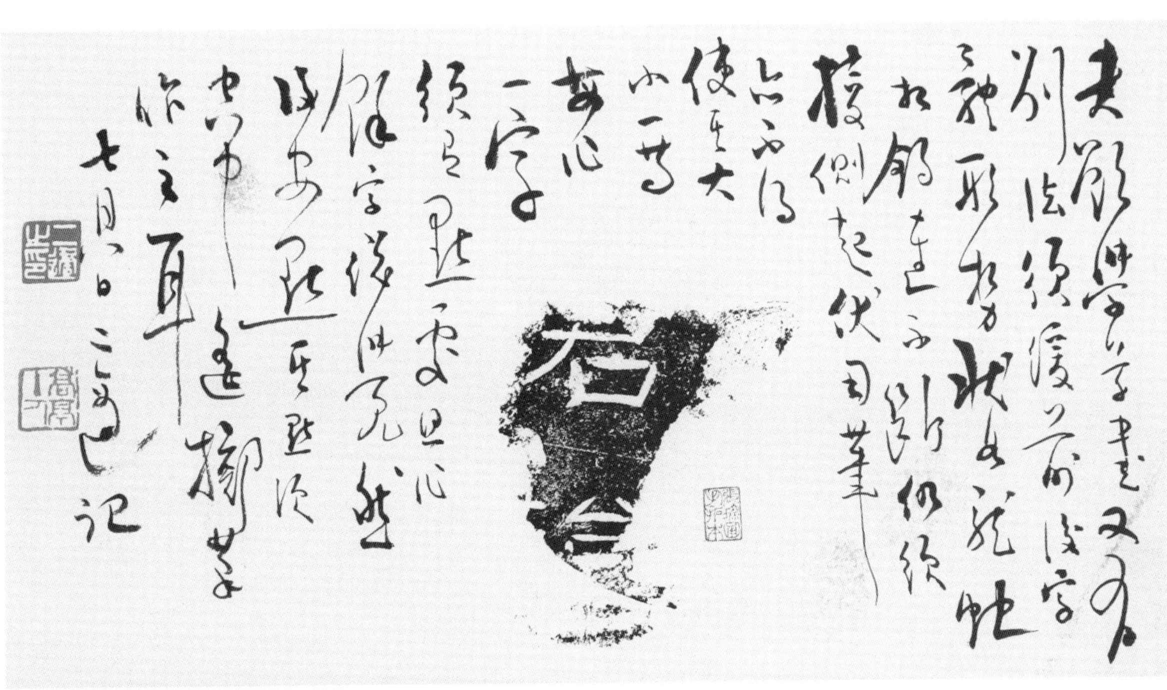

（图一〇三　9－11）

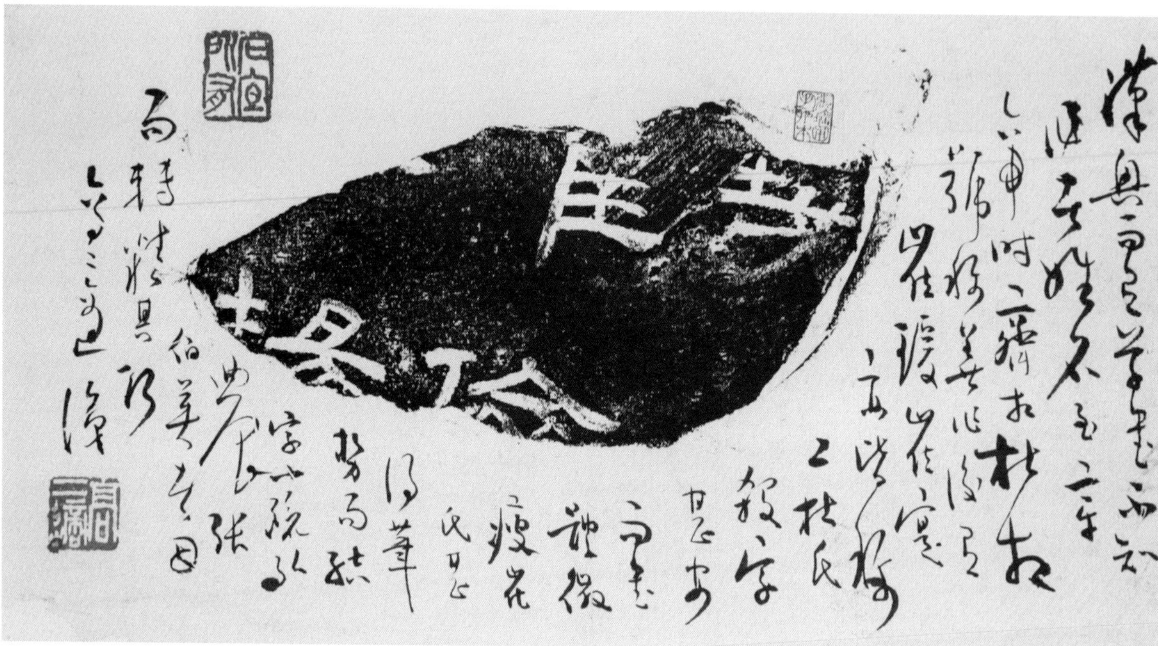

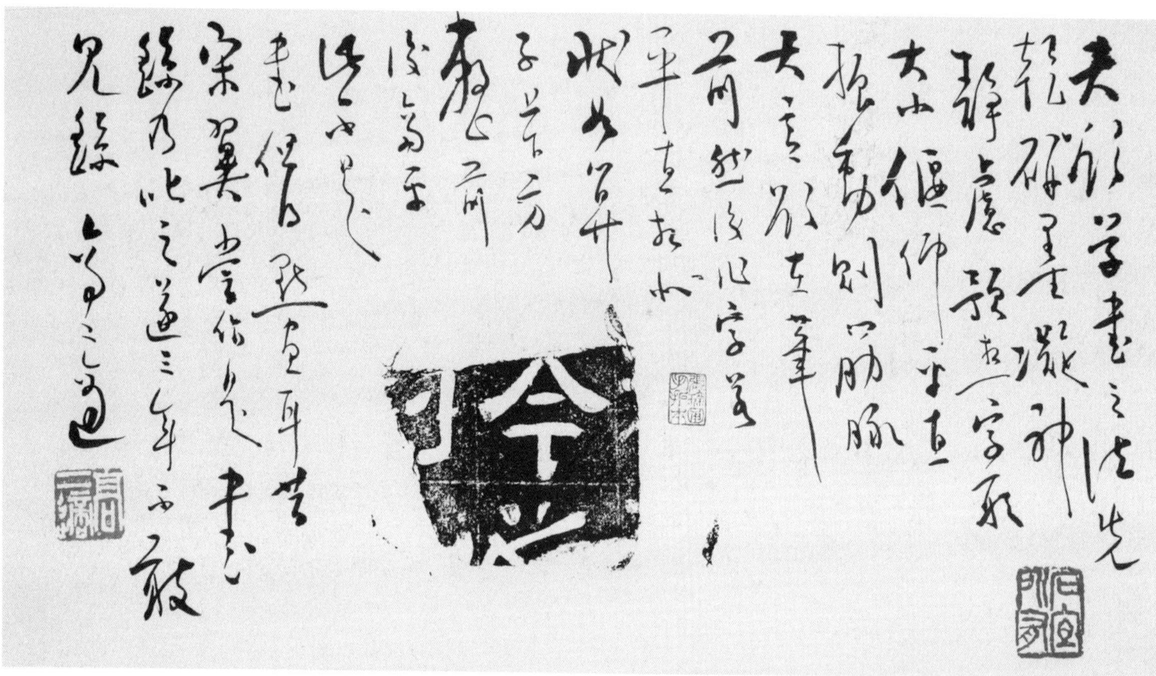

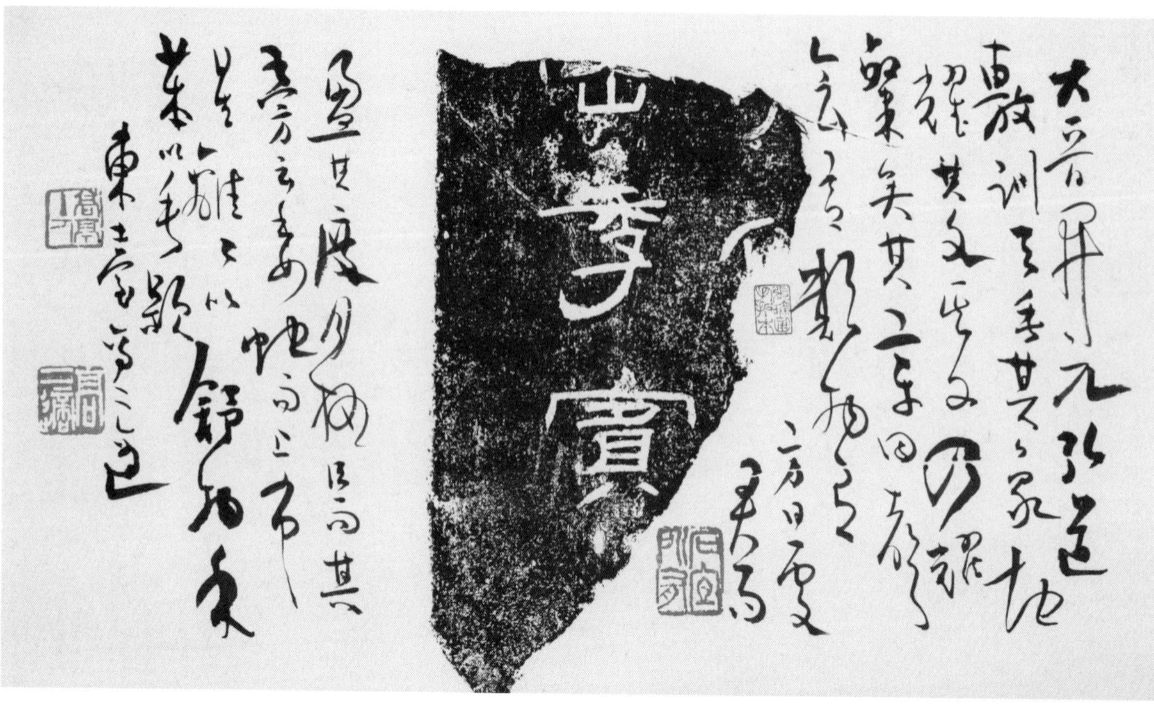

（图一〇三 12—14）

一〇三　高二适　草书汉碑拓本题识

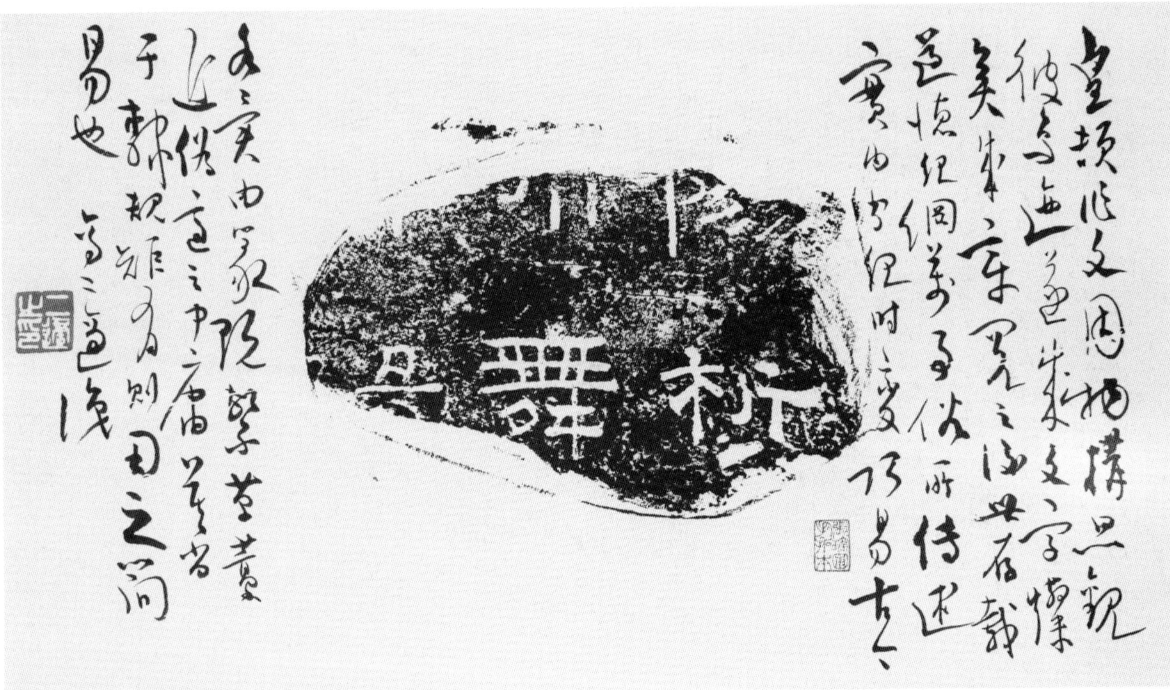

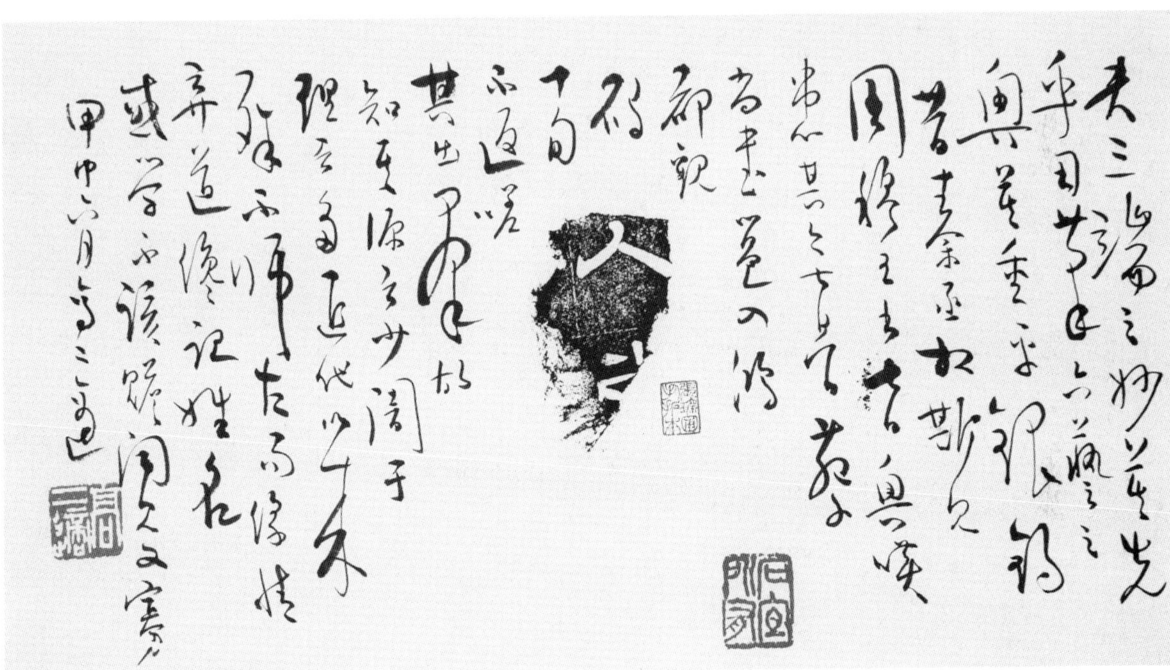

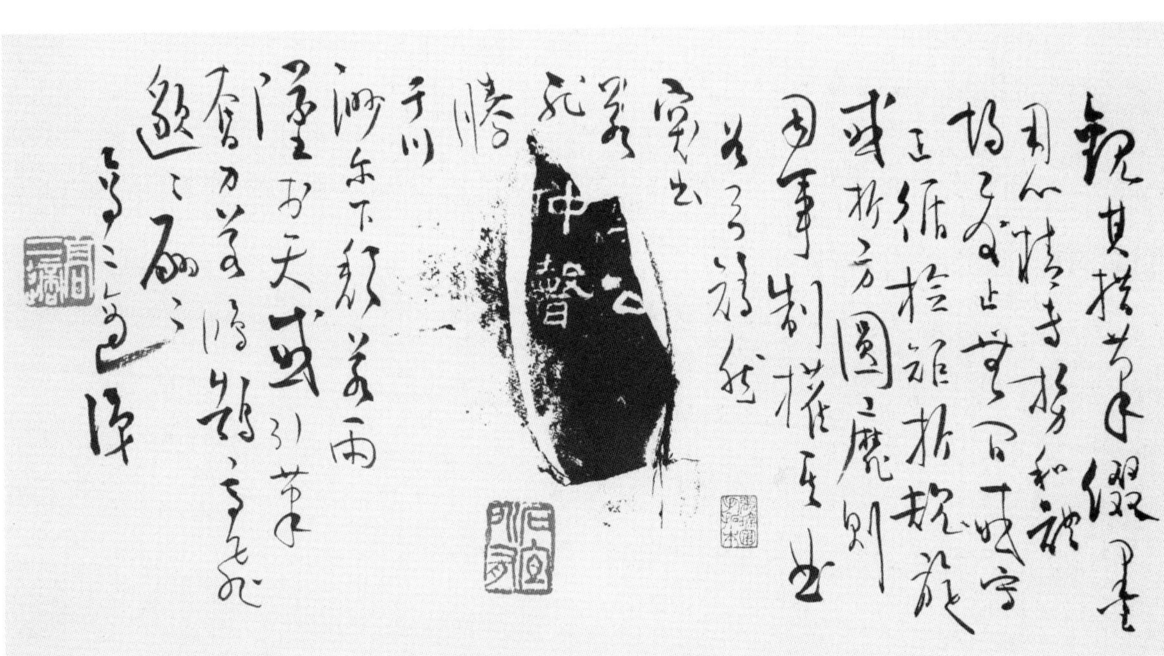

（图一〇三　15—17）

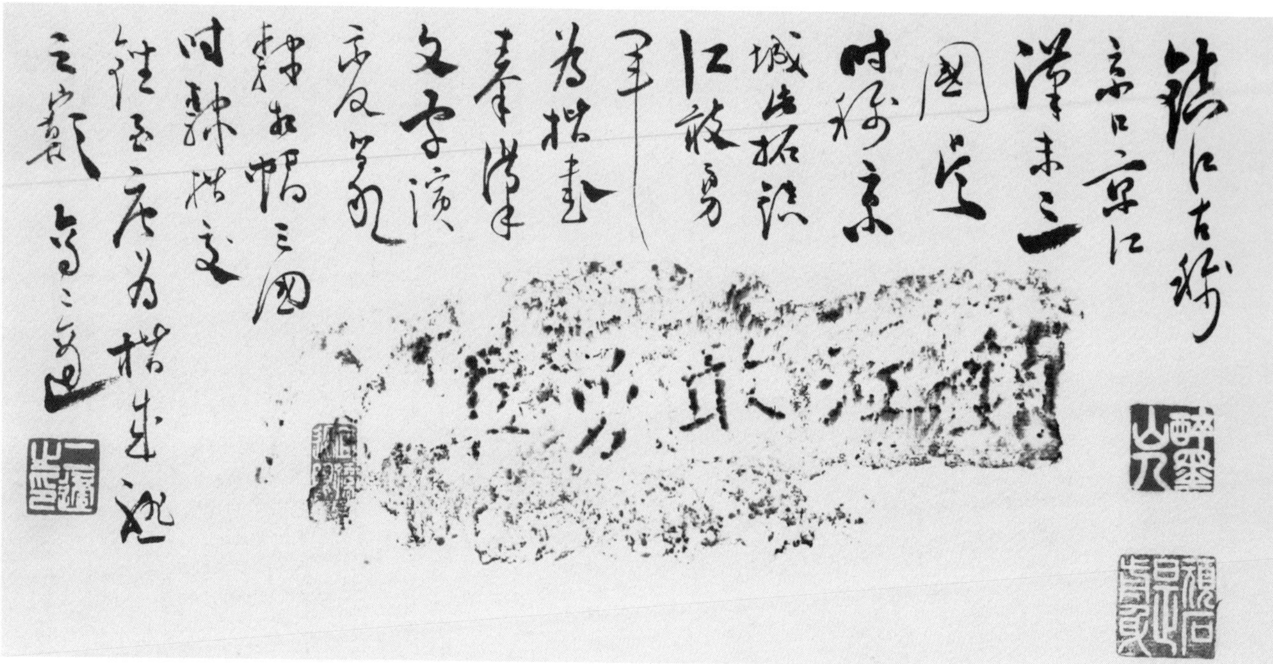

一〇三　高二适　草书汉碑拓本题识

（图一〇三　18）

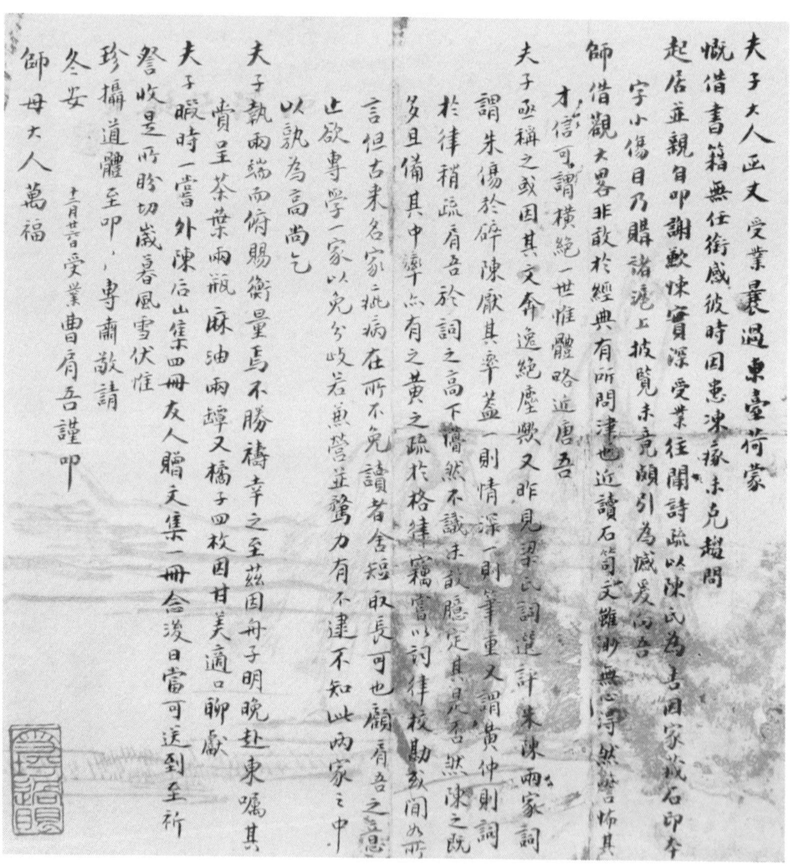

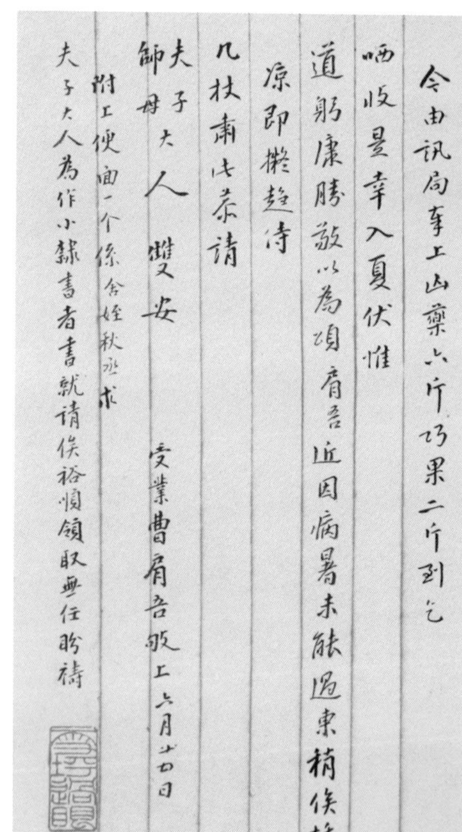

一〇四　曹肩吾　致吉曾甫函

（图一〇四　1–2）

曹肩吾　不详

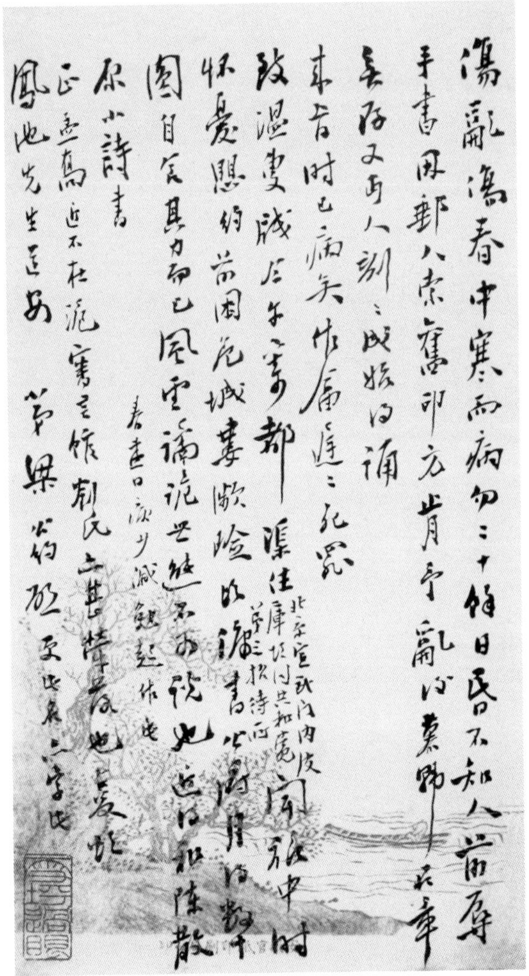

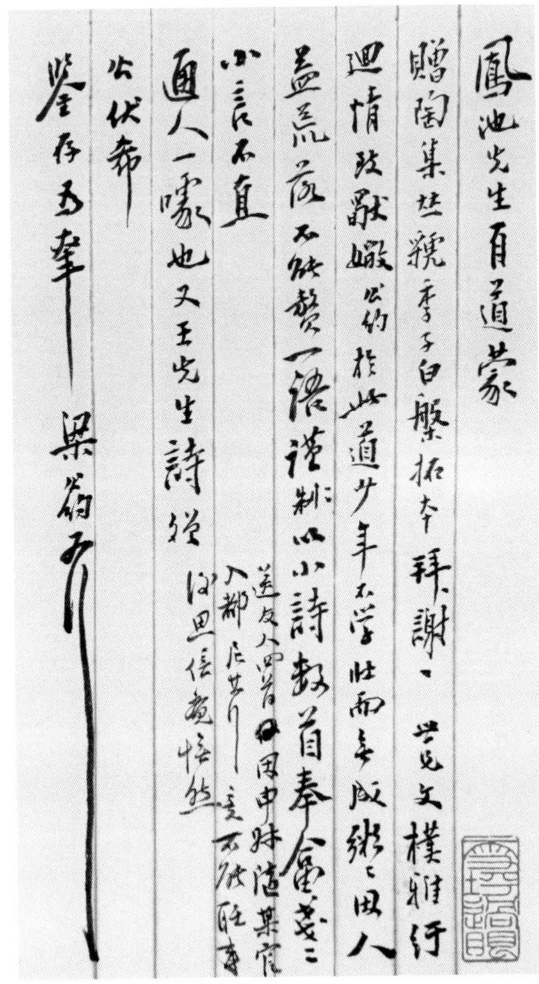

一〇五　梁公约　书信函

梁公约（1864—1926 年）江苏江都人。原名梁英，字公约、慕韩，号饮真，室名端虚堂，人称梁芍药，影射名魏敬斋，光绪间诸生，工诗善画，画花鸟有陈道复、李鲆风韵。画芍药最为有名。1926 年时年 63 岁作藤苑图及瓶菊图。久客金陵，一时江东胜流多与交往。卒后，闽县李拔可搜得其遗画数幅，交有正书局珂罗版影印。

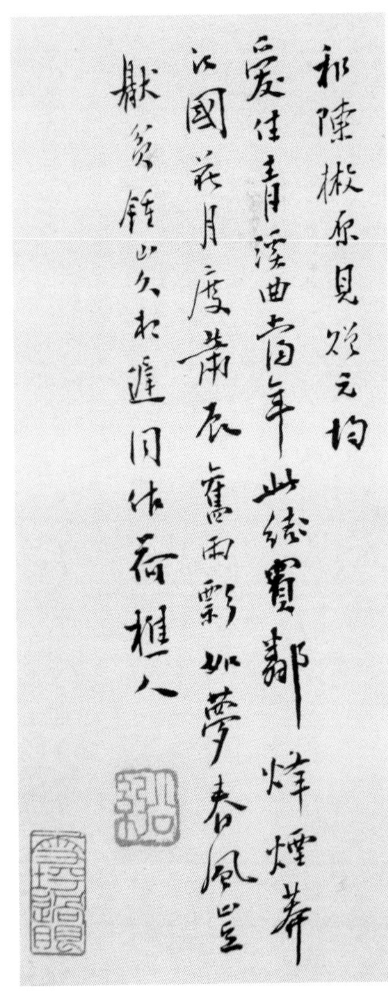

（图一〇五　1—3）

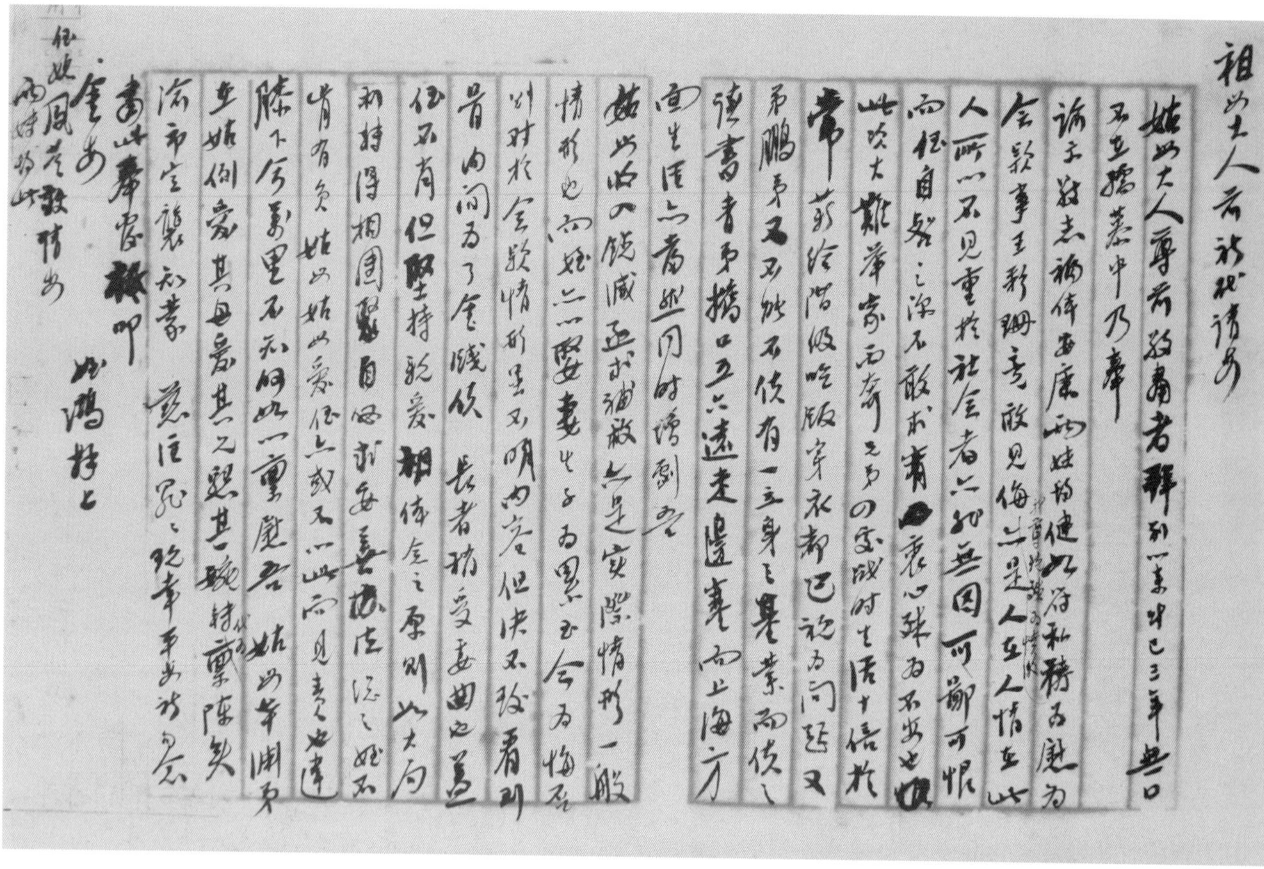

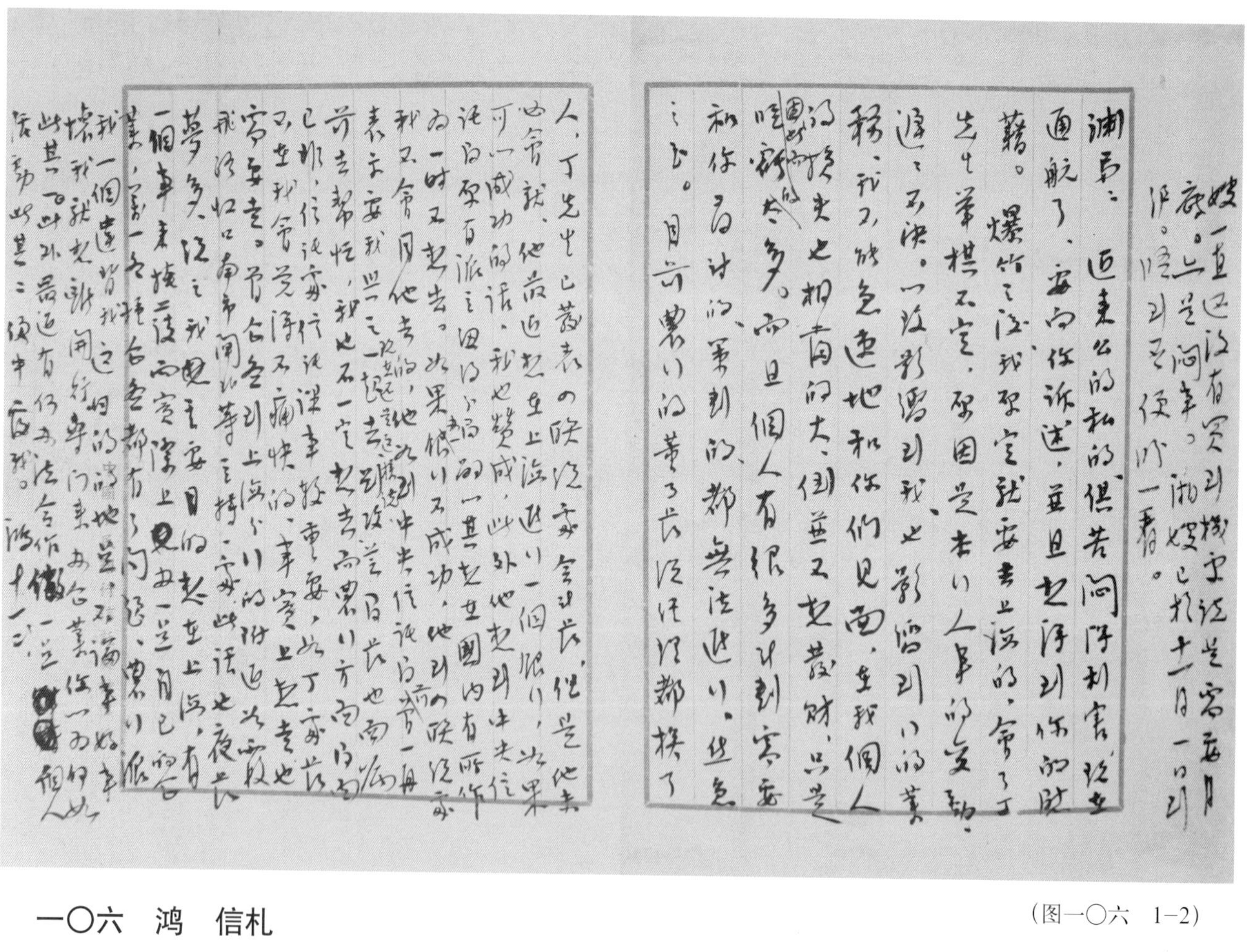

一〇六　鸿　信札

(图一〇六　1–2)

鸿　不详

一〇七　黄宾虹　题武梁祠画像石拓本册页

黄宾虹（1865—1955 年），现代杰出画家、美术理论家、美术教育家。名质，字朴存，别署虹庐、虹叟，中年改号宾虹，安徽歙县人。早年任职于神洲国光社、商务印书馆、有正书局、上海时报，又任上海暨南大学中国画研究会导师、新华艺术专科学校教授、中国艺术专科学校校长、北平艺术专科学校教授、杭州国立艺术专科学校教授等职。

己丑（1949 年）年三月十八日午后书。

（图一〇七　1—6）

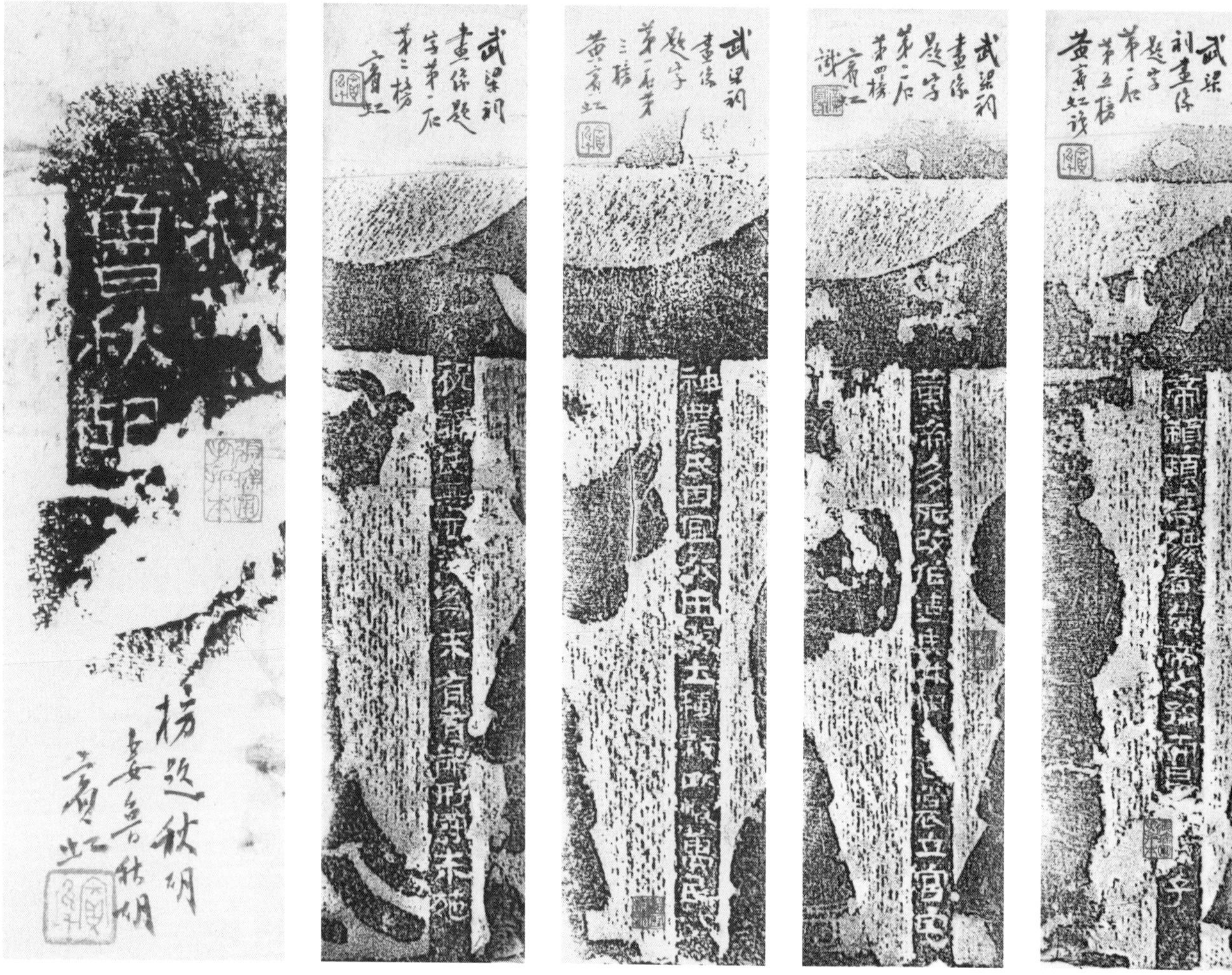

（图一〇七　7–12）

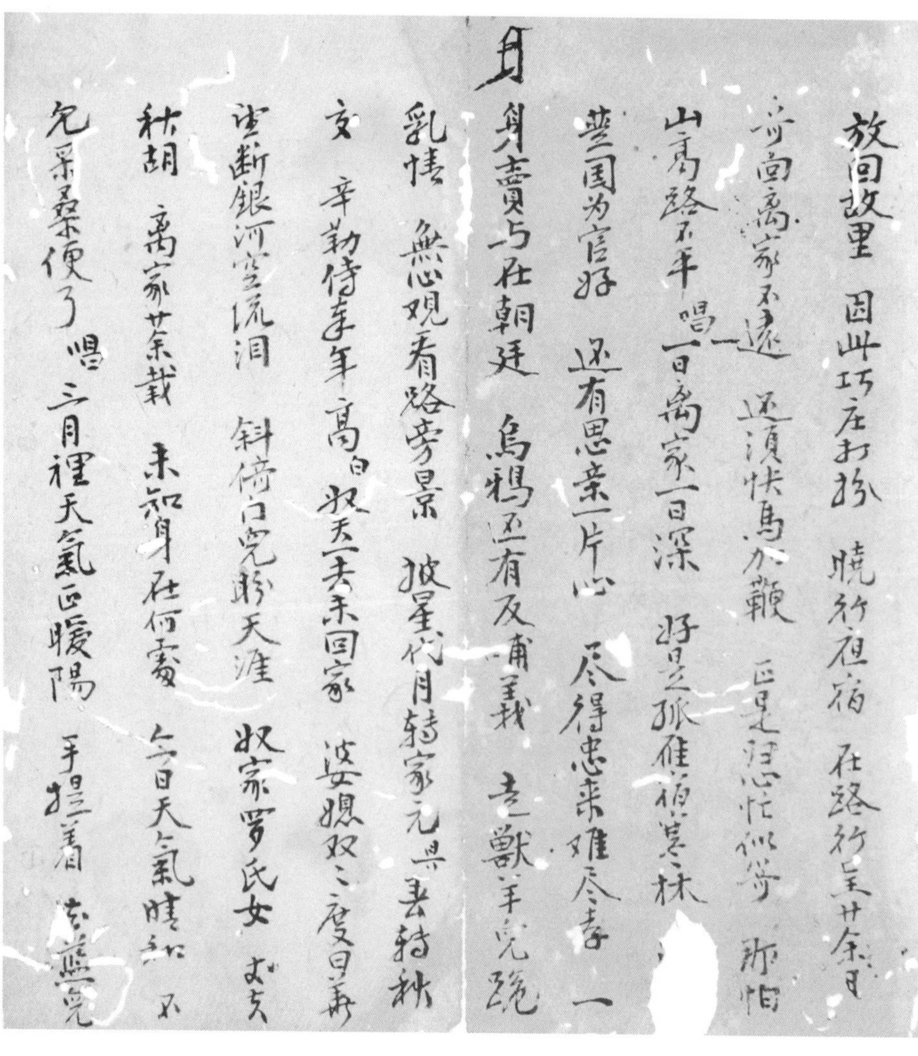

一〇七　黄宾虹　题武梁祠画像石拓本册页

一〇七　黄宾虹　题武梁祠画像石拓本册页

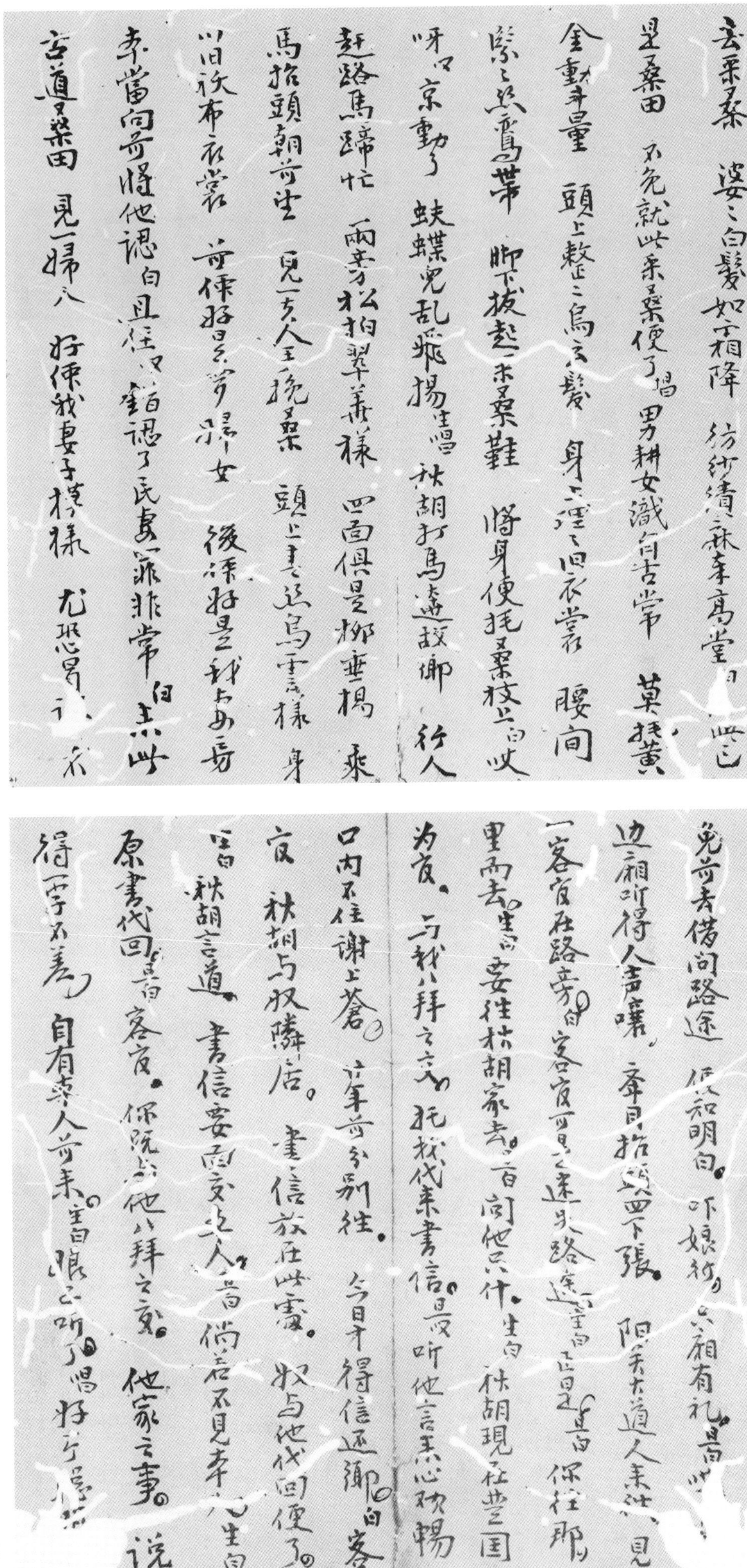
去采桑　婆婆白髮如霜降　紡紗績麻奉高堂（白）世已
是桑田　不免就此采桑便了（唱）男耕女織自古常　莫提黃
金動我量　頭上整整烏云髮　身上理理舊衣裳　腰間
緊緊紮裙帶　腳下拔起麻桑鞋　將身便托桑枝上（白）哎
呀呀　驚動了　蛱蝶兒乱飛揚（生唱）秋胡打馬遥故鄉　行人
赶路馬蹄忙　兩旁松柏翠無樣　四面俱是柳垂楊　來
馬抬頭朝前望　見一女人在挽桑　頭上青絲烏雲樣　身
上舊布衣裳　前傢好是歸女　後傢好是秋胡妻
來當向前將他認（白）且住　錯認了民妻罪非常（白）此
去道是桑田　見一婦人　好像我妻子模樣　尤恐冒認　不

免前去借問路途　便知明白（旦）下娘行　只相有禮
邊廂聽得人声嚷　舉目抬頭四下張（旦白）陽关大道人来往　見
一客官在路旁（旦）客官可是迷失路途（生白）正是（旦白）你往那
里而去（生白）要往秋胡家去（旦白）問他只什（生白）秋胡現在楚国
为官　与我八拜之交　托我代来書信（旦）我听他言来心欢暢
口内不住謝上蒼（白）六年前分别往　今日才得信还鄉（白）客
官　秋胡与奴隣居（生白）書信放在此處　奴与他代回便了
（生白）秋胡言道　書信要面交本人（旦）倘若不見本人（生白）
原書代回（旦白）客官　你既与他八拜之交　他家之事　说
得一字不差　自有本人前来（生白）娘子聽了（唱）好

（图一〇七　13—14）

一〇七 黄宾虹 题武梁祠画像石拓本册页

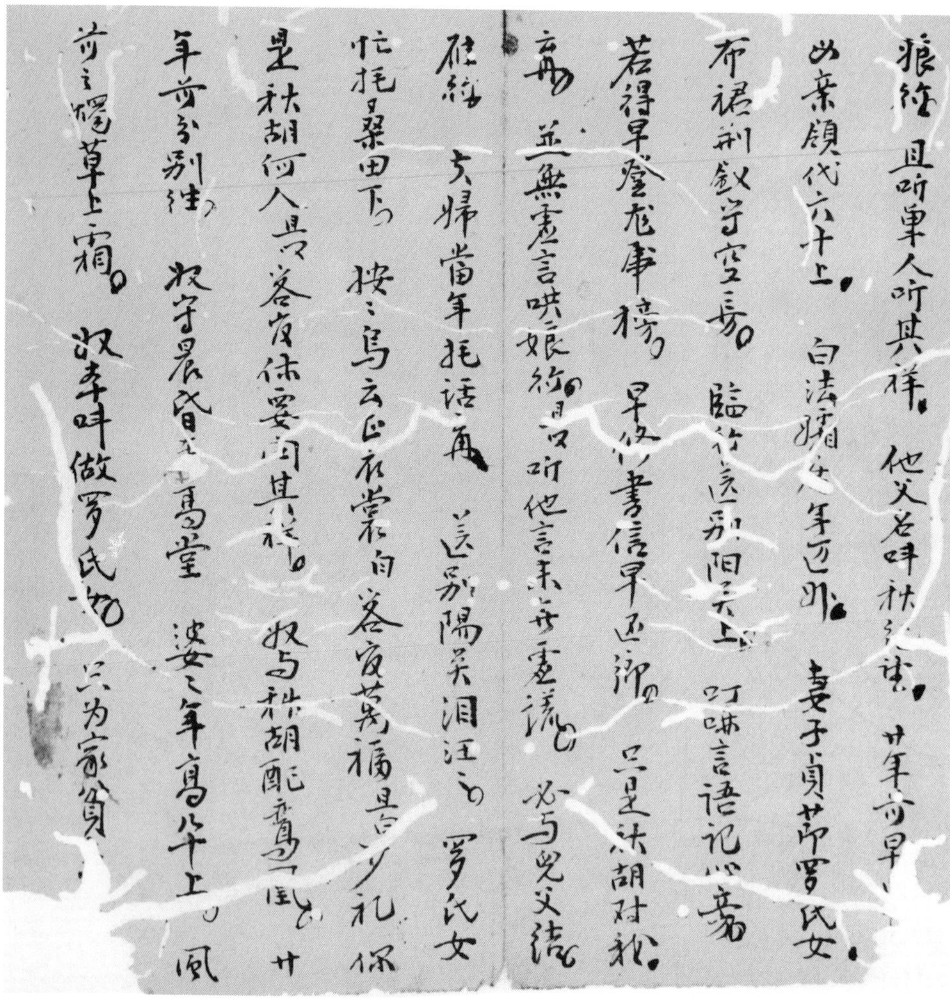

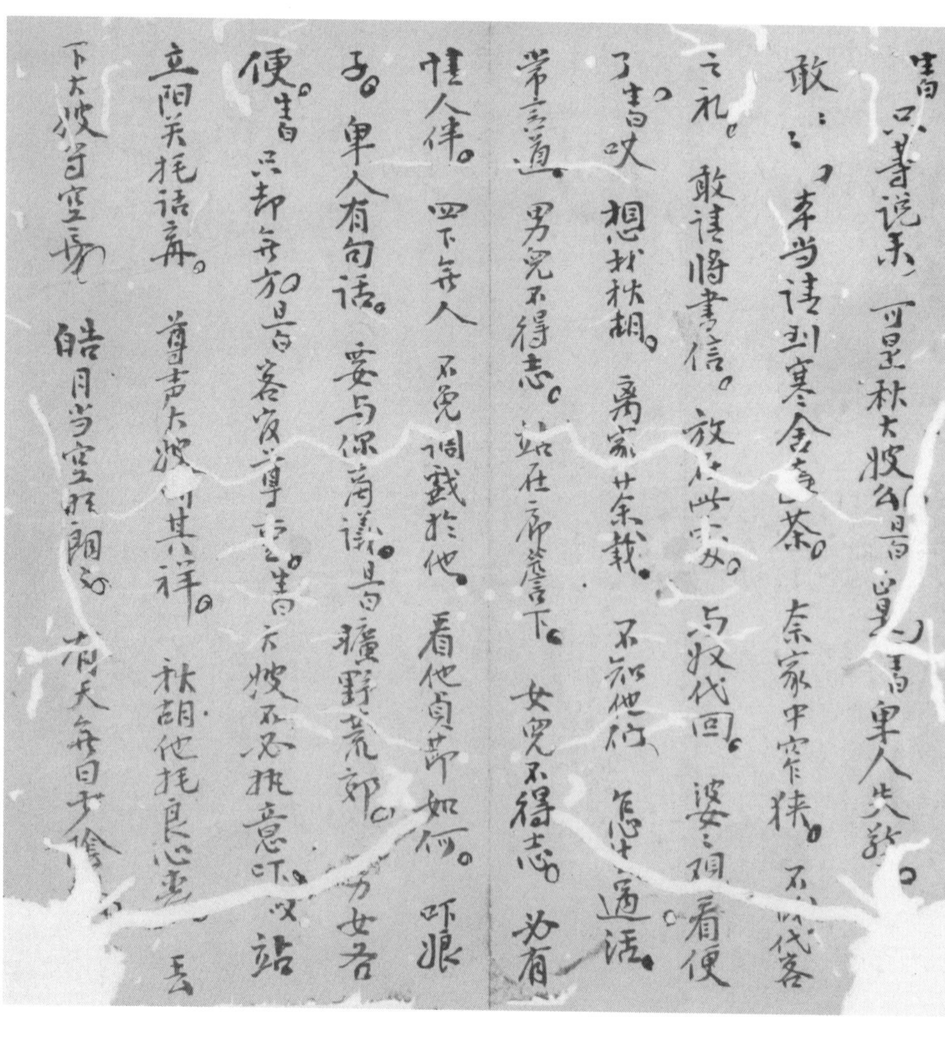

（图一〇七 15—16）

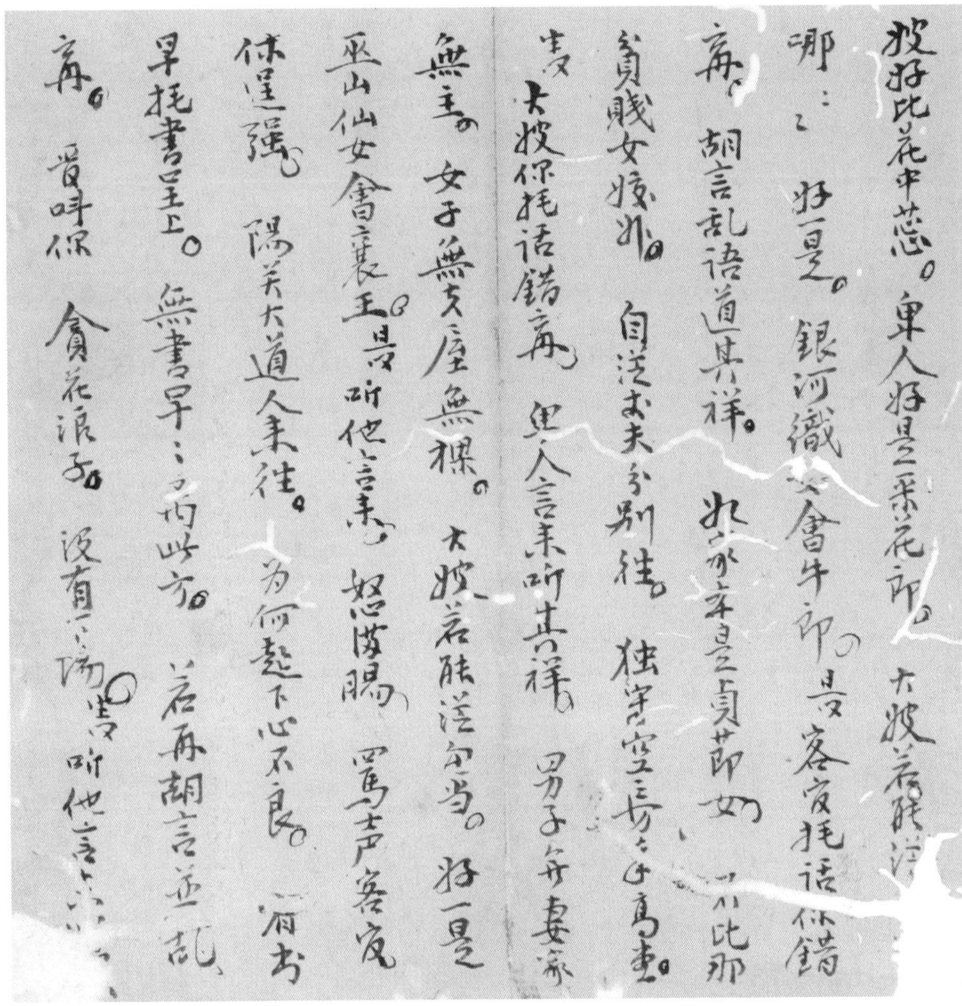

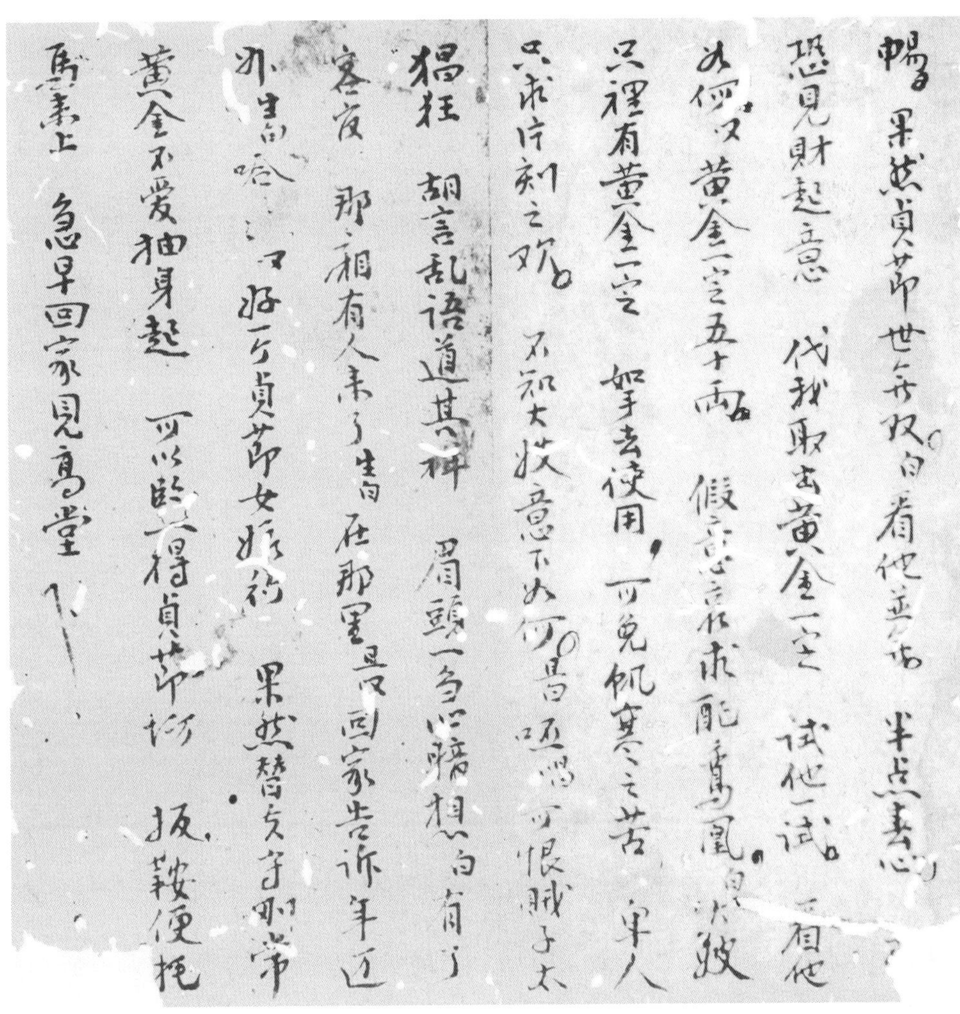

（图一〇七　17—18）

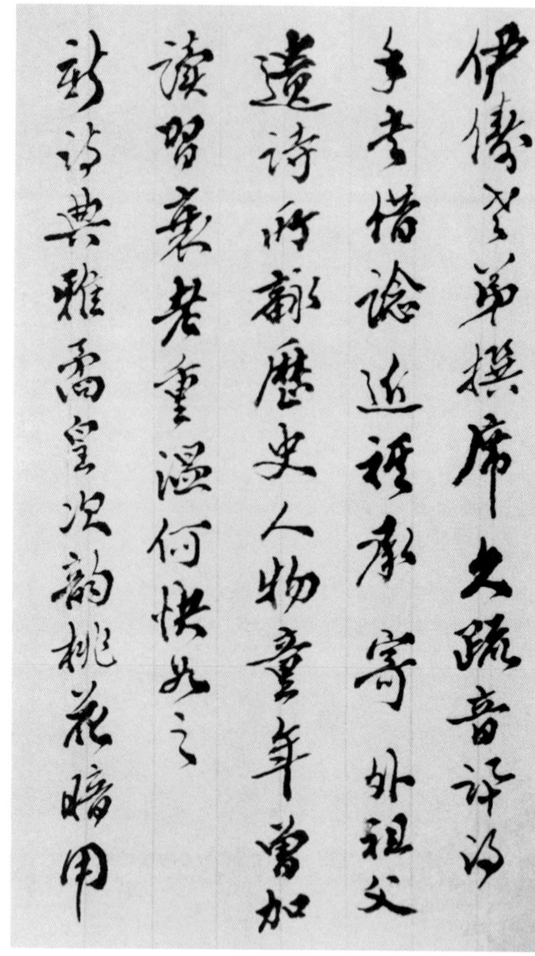

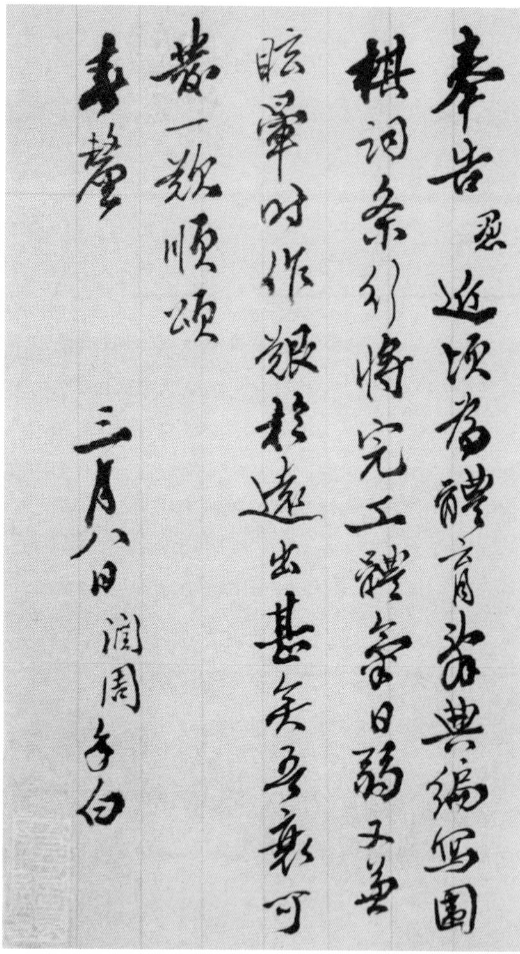

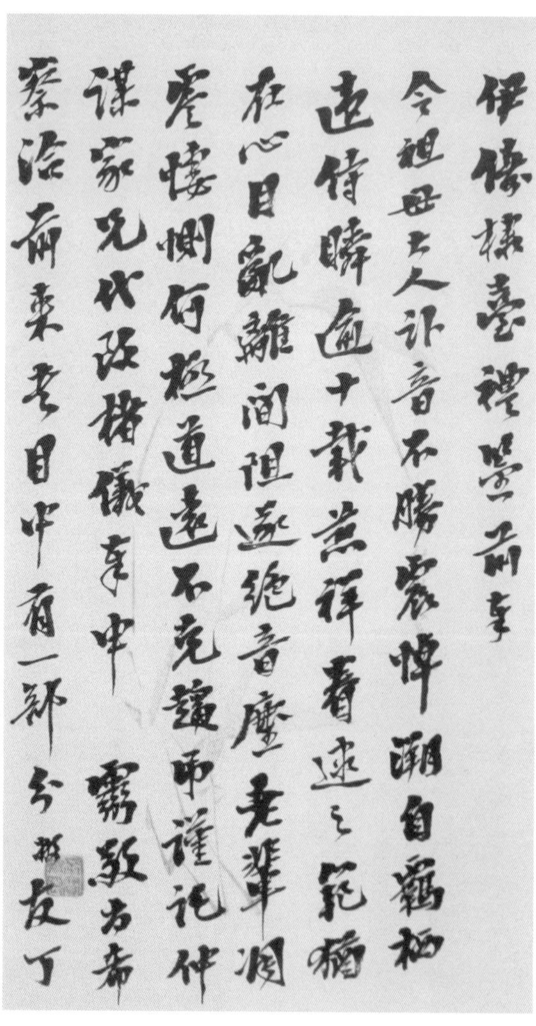

（图一〇八　1—3）

一〇八　徐润周　书信函

徐润周（1899—1984 年），号有仁、近楼、衡园，江苏南通人。围棋名手，围棋史家。1916 年上海求学结识唐善初、陶审安、王子晏等围棋名家。徐氏善诗词喜书画，为人风雅，多才多艺，以棋征道。所作《围棋记事诗》、《围棋术语图说》等，为中国围棋史上的重要理论著作。

一〇九　徐润周　书信函（号近楼）

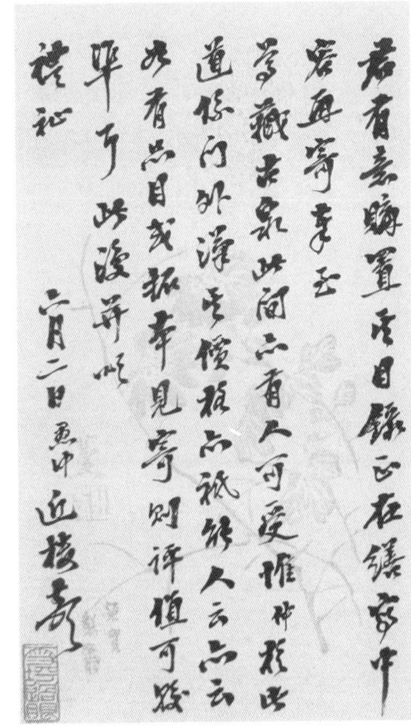

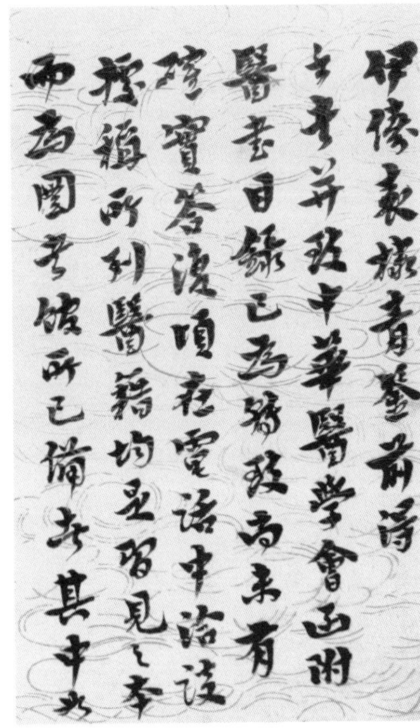

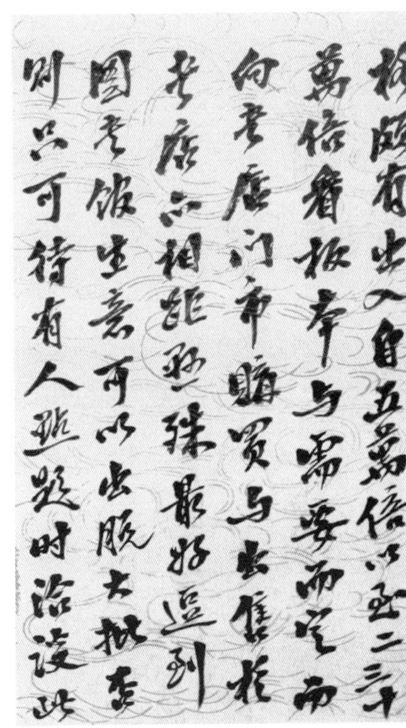

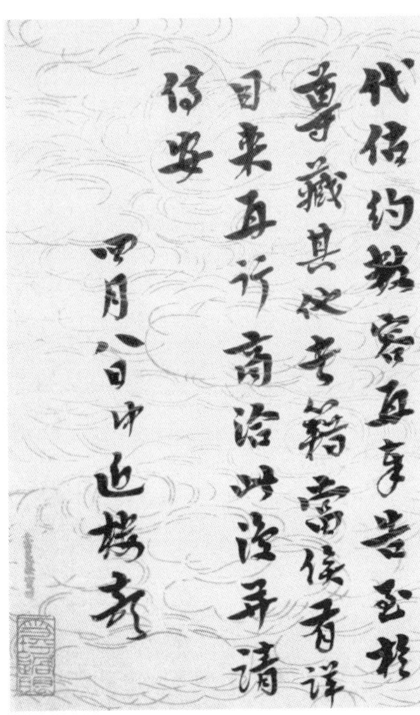

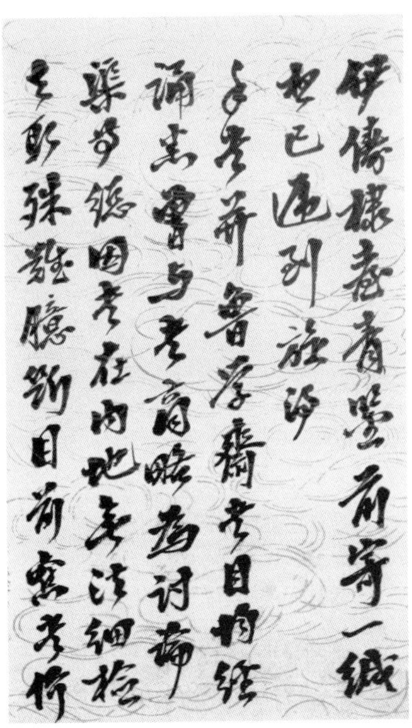

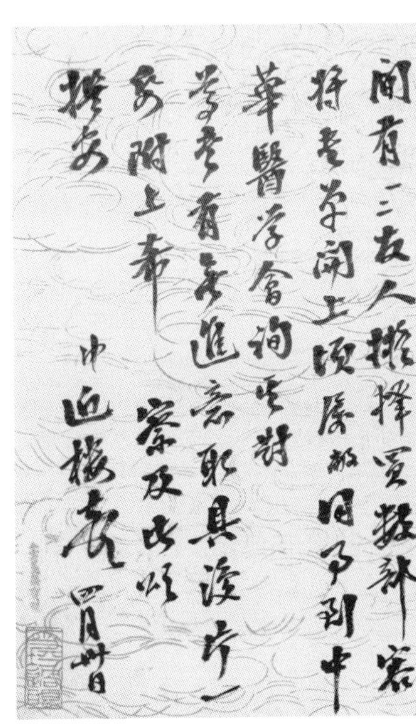

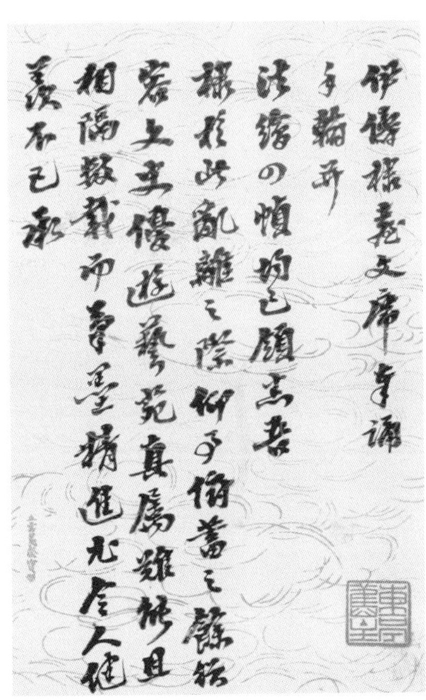

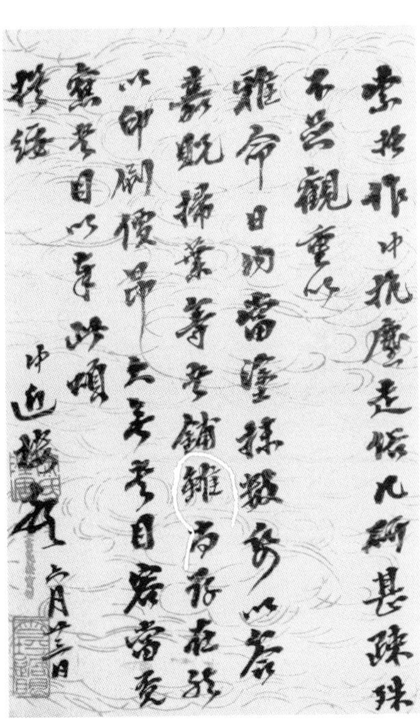

（图一〇九　1－9）

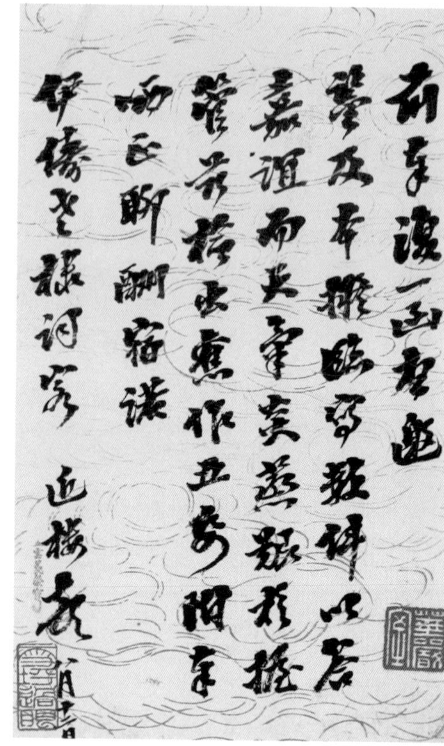

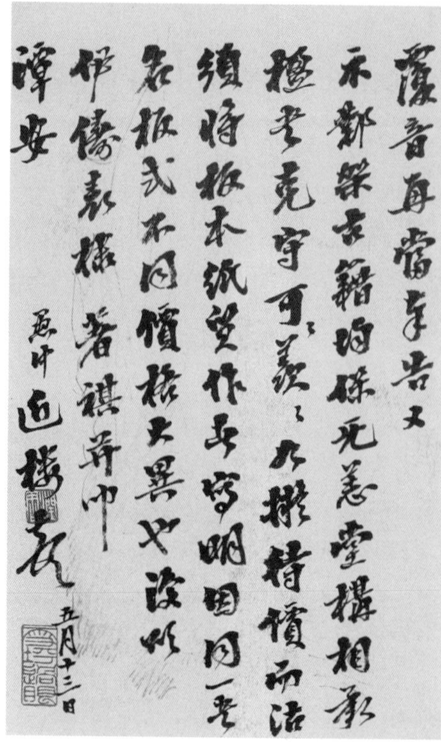

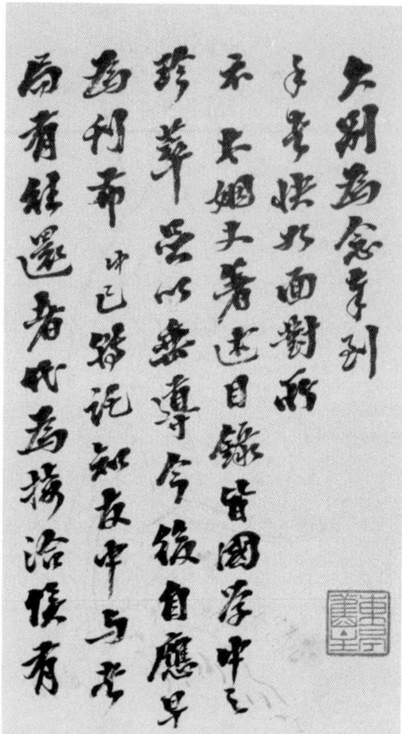

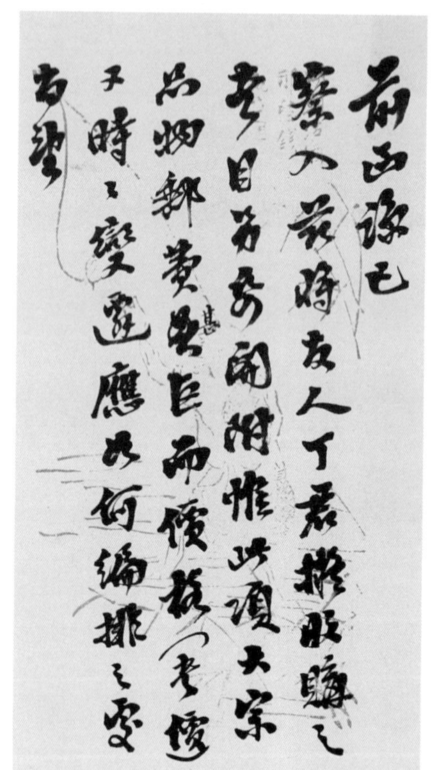

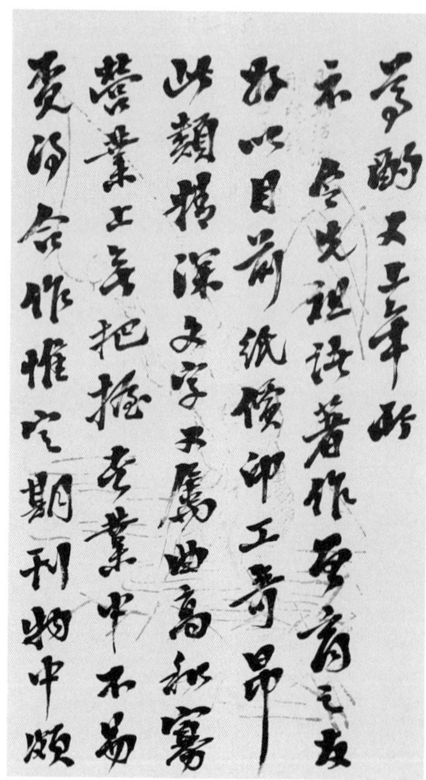

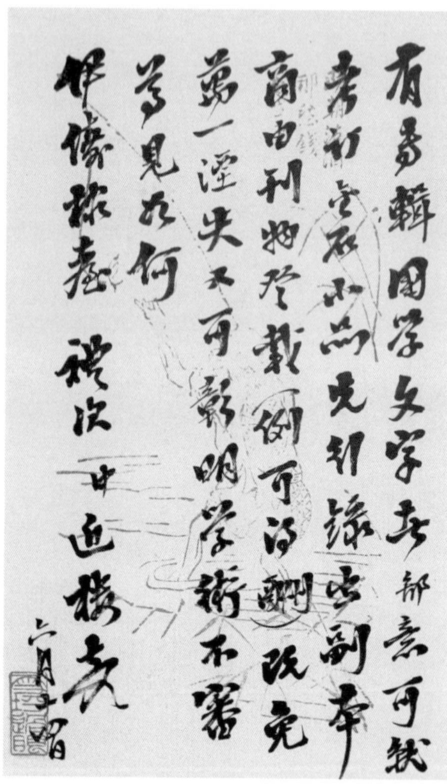

一〇九　徐润周　书信函（号近楼）　　（图一〇九　10–15）

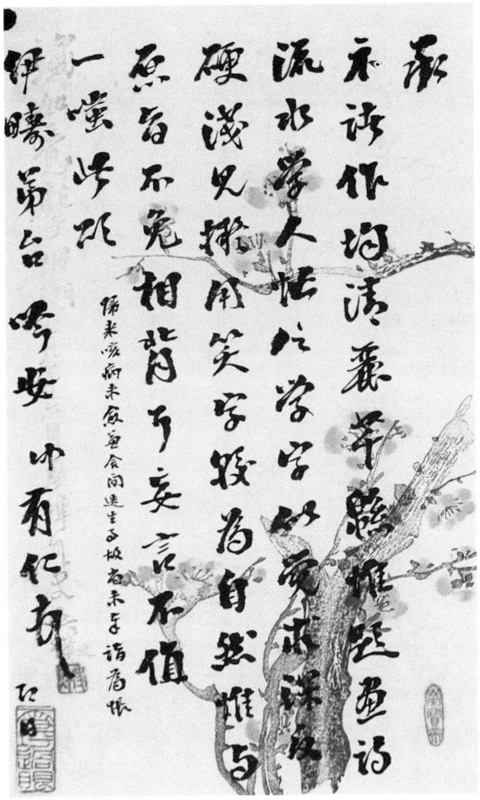

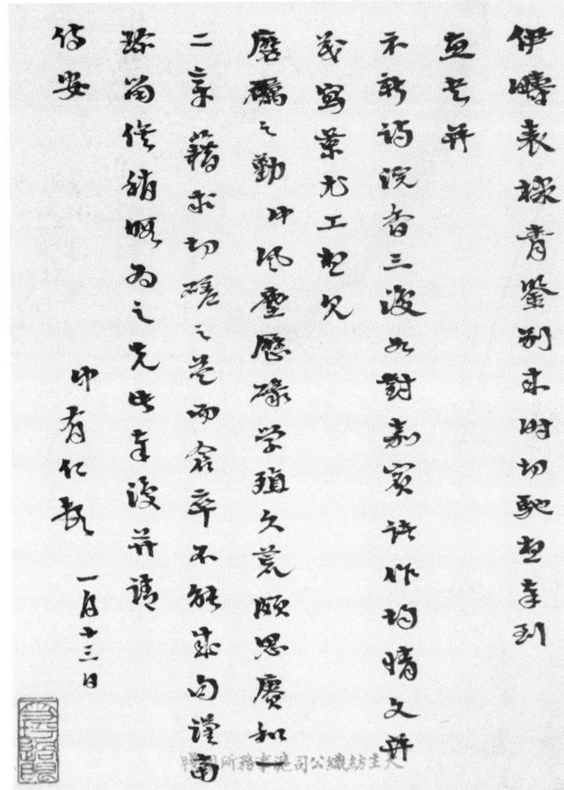

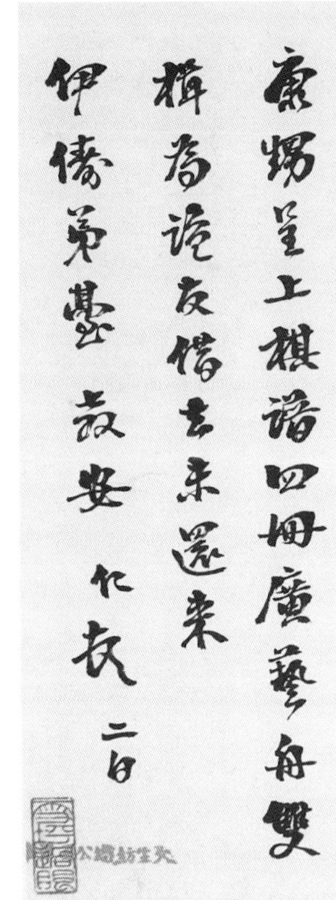

（图一一〇 1–3）

一一〇 徐润周 书信函（号有仁）

一一一 韩国钧 致伯瑜书札

韩国钧（1857—1942 年），字子实、子石，号止叟，江苏泰县人。光绪举人，任河北矿务局总办，交涉局会办等。民国后，历任江苏民政长，安徽巡按使、山东省长，江苏省长等职。抗日时期，日军迫其出任伪职，严辞拒绝，与新四军保持友好关系。著有《永亿录》，辑有《东三省交涉要览方》，刊印《海陵丛书札》。

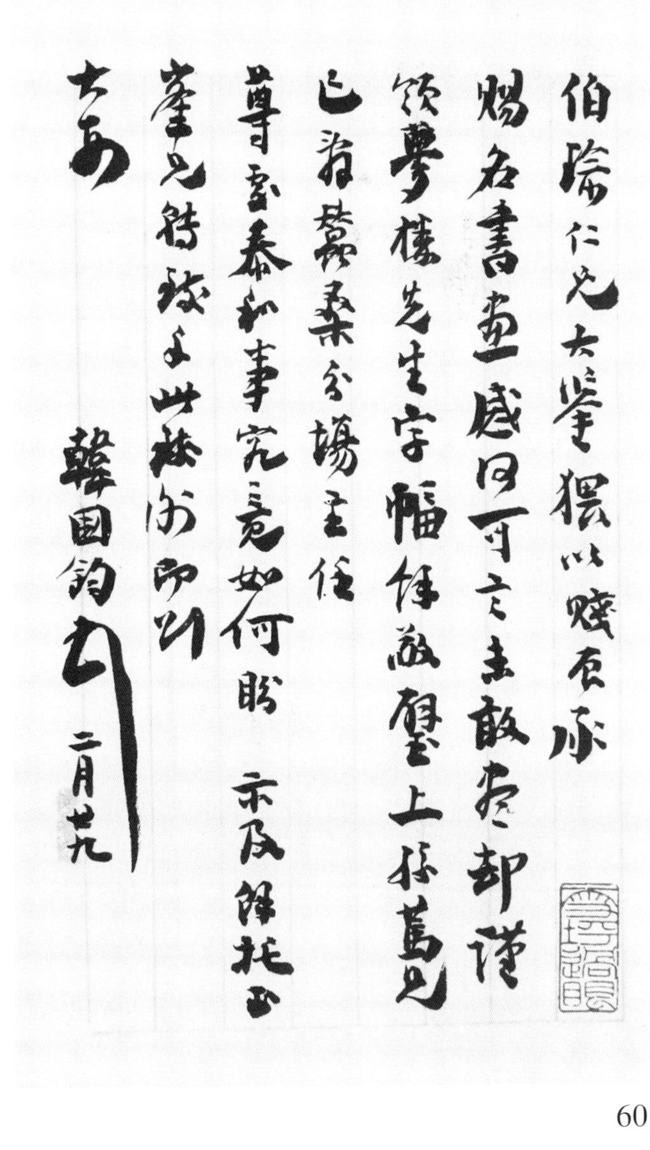

（图一一一）

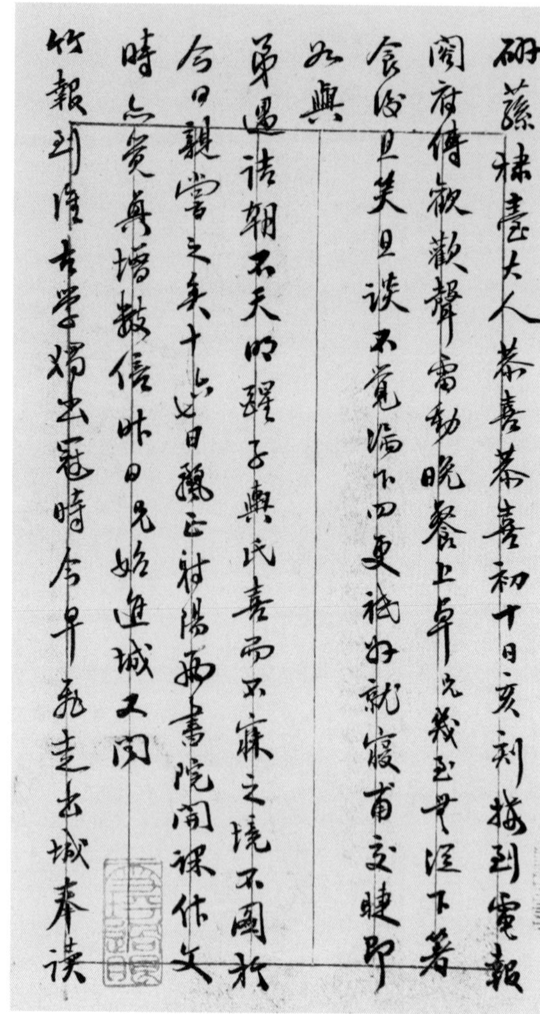

研蘇妹壻大人恭喜恭喜初十日亥刻接到電報
閤府傳叙歡聲雷動晚餐上桌[illegible]下箸
食後且笑且談不覺漏下四更始各就寢甫交睫即
如興
弟遇諸朝不夭吶醒予與氏喜而不寐之境不圖於
今日親嘗之矣十六日親至射陽西書院閲課作文
時亦[illegible]增教信昨日先姑迎城文閑
竹報到後[illegible]出城奉读

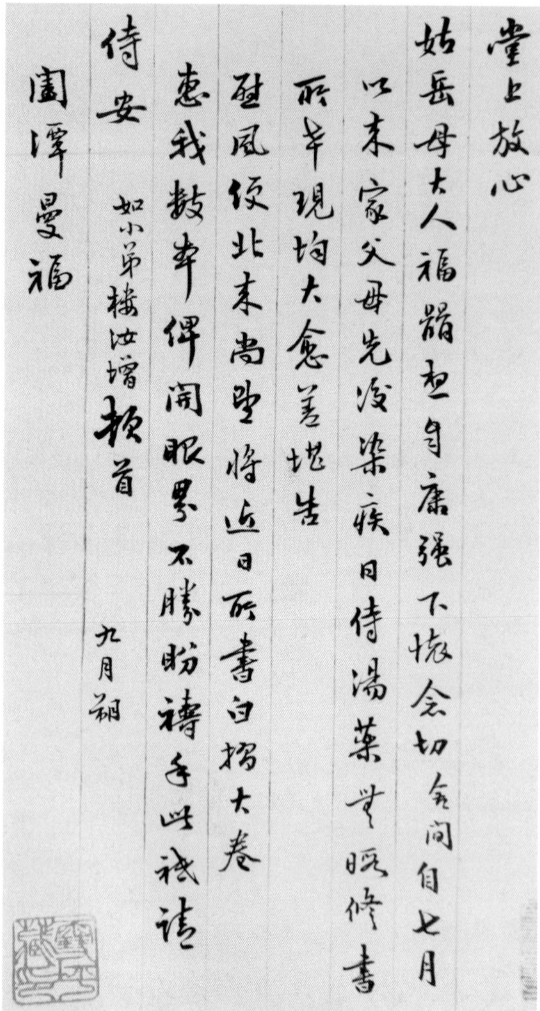

堂上放心
姑岳母大人福體想身康强不恢念切兄間自七月
以来家父母先後染疾日侍湯藥無暇修書
所幸現均大愈差堪告
慰風便北來尚望將近日所書白摺大卷
惠我數本俾閲眼界不勝盼禱手此祇請
侍安　如小弟楼汝增頓首　九月初
園澤曼福

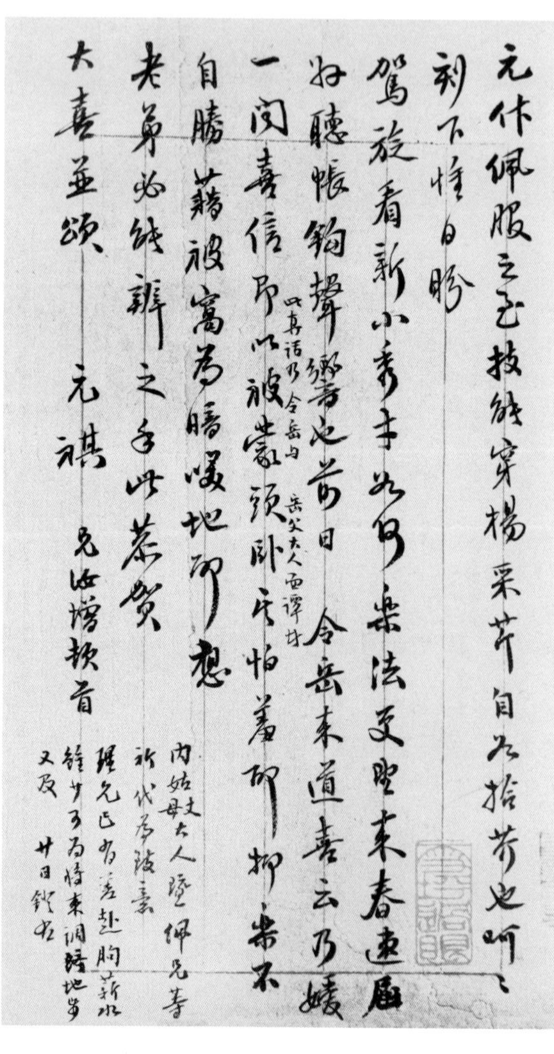

元作佩服之至按能穿楊采芹自不拾芥也聞
刻下惟日盼
駕旋看新小秀才出門與法定要來春速歸
好聽帳鉤聲響也前日令岳來道喜云乃媛
一聞喜信即以被蒙頭卧床怕羞[illegible]
自勝藉被窩為暖地聊卿想
老弟必能辯之手此恭賀
大喜並頌
元祺　兄汝增頓首
此真話乃令岳向岳父大人面譚者
内姑母大人壁佩兄等祈代為請安
[illegible]
又及　廿日[illegible]

(图一一二 1—3)

一一二　楼汝曾　书信函

楼汝曾　不详

一一三　雪蝉　书信函

雪蝉　不详

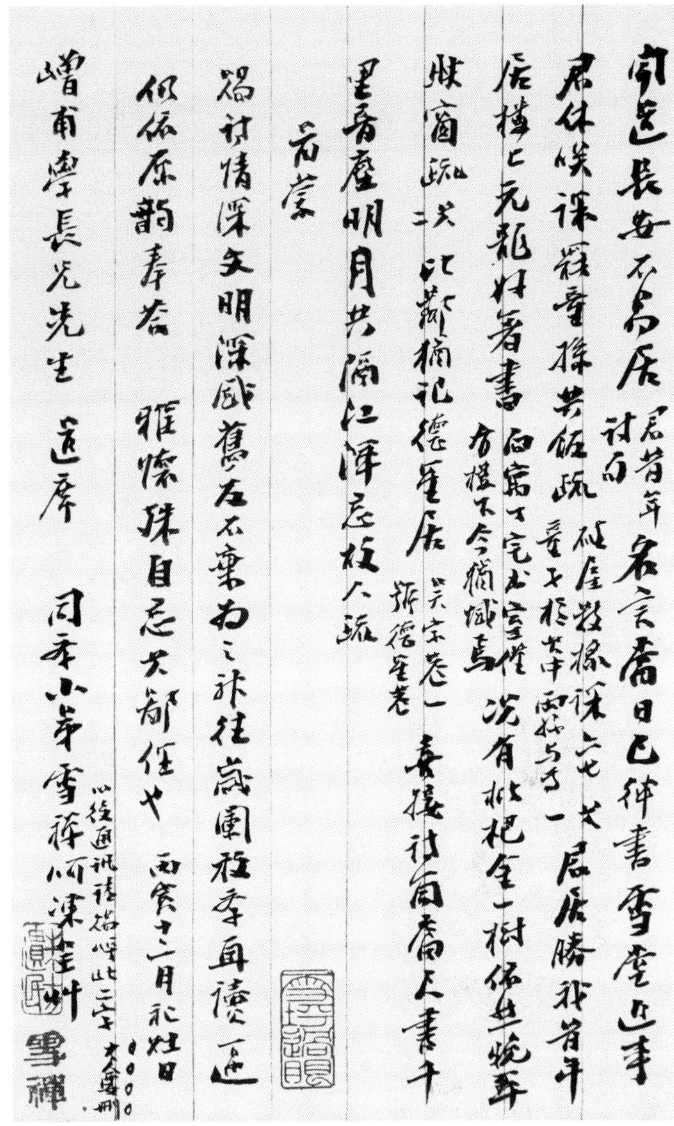

（图一一三）

一一四　缪荃孙　文稿册

缪荃孙（1844—1919 年），晚清著名金石学家、目录学家。字炎之，又字筱珊，晚号艺风老人，江苏江阴人。光绪进士。应张之洞所聘，先后参与编纂《书目答问》、《顺天府志》、《清史稿》、《湖北通志》，主持钟山书院。继而创办江南图书馆，又任京师图书馆正监督、清史馆总纂。作此书时，正因其父辞世而返乡主上海濼源书院讲席，书宗魏晋，精整清雅。

光绪二十年（1894 年）、二十二年、二十三年作。

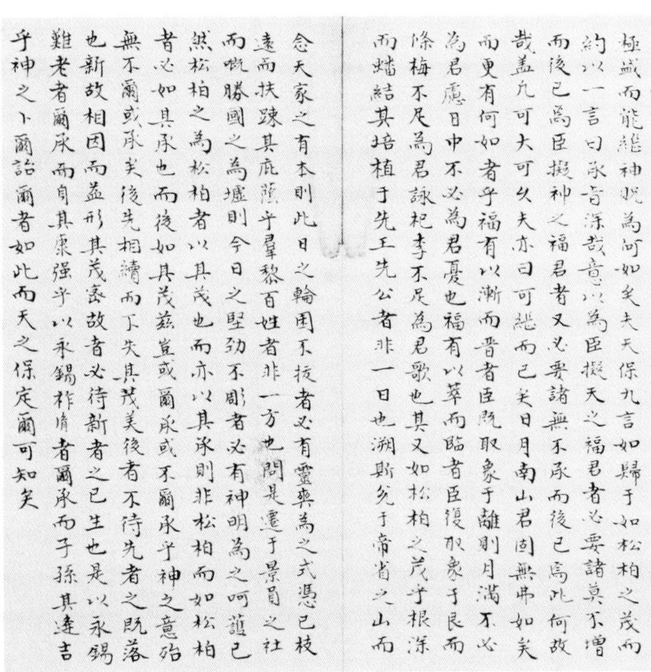

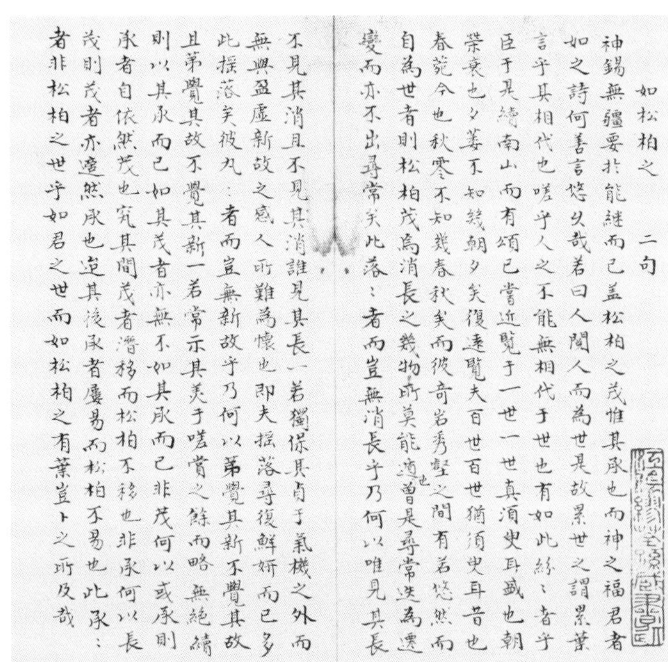

（图一一四　1-2）

一一四　缪荃孙　文稿册

(图一一四　3–8)

（图一一四　9-14）

躋彼公堂　三句

公堂有舉酒之祝邠人之忠愛其君也夫忠愛之情無可達也而達之以一觥無疆之祝焉能已乎其義在邠風之七月其卒章云吾君之為吾民也有萬年之計吾民之酧吾君也無一日之歡於禮固已蹂於情更何以愜也今日者羔酒既具矣將安往乎則見夫耕者織者歡呼于閭井之下則見夫老者少者紛錯于道路之間蓋躋彼公堂而稱彼兕觥云於是獻萬壽之觴則堂上堂下之人無不進也致三呼之祝則堂上堂下之人無不應也有進而祝者曰星日風露凡一歲之天時關乎民事者無一不廑宸衷君之為吾民憂也久矣吾聞之憂吾民之憂者樂吾民之樂則舉一觥以為君壽有進而祝者曰昆蟲草木凡一歲之物候感乎人心者無一不煩軫念君之為吾民勞也甚矣吾聞之勞吾民之勞者逸吾民之逸則又舉一觥以為君壽又有進而祝者曰人之壽君非直君之壽已也一夫不耕或受之飢微吾君孰為吾民謀其食自有君而一國之民無飢者然則君之壽無疆而吾邠人食君之食亦無疆乎一女不織或受之寒微吾君孰為吾民謀其衣自有君而一國之民無寒者然則君之壽無疆而吾邠人衣君之衣亦無疆乎此一觥也君必樂飲之於是邠人咸進而頌曰萬壽無疆云

如川之方至

終撫天之福君者有源源之象為夫川而方至其至未可量也君福如之詎非天與天保之三章曰臣聞泰運方隆而古君臣恒以極盛為憂非惡夫極盛也謂處極盛而思所以保之者一如其未盛則盛亦安有極已山阜岡陵臣其媚茲天子哉既曰單厚矣非方厚也多益者亦豈方益而如山如阜已極綿亘之形既曰戩穀矣非方穀也罄宜者又豈方宜而如岡如陵已極崇隆之勢則是祿非方受福非方降吾君今日者已處極盛也而臣以為未也且夫源遠者流長上溯我周有邰其濫觴也伏于幽見于岐注于豐滙于鎬大哉洋洋乎涇渭八川作神京之襟帶澗瀍二水會侯國之朝宗則是自土沮漆以來至今日而已為極盛也而臣以為猶未也王亦知夫川乎夫川之至也久矣何時而方至而川之至也漸矣何時而非方至雖川之流晝夜不舍者晝夜不同也且一瞬焉一息焉而方至者似非故然川之流古今不息者古今無異也雖迭消焉迭長焉而方至者終如故吾君之福而有如是則極盛者無非方至也而又何憂乎極盛也哉臣竊觀之大化之洽合撰于清寧至道之精苞符于河洛故夫天人相與之際非臣所能竭其思慮測其淵微者也然而損益之幾昭然矣

人之好我　二句

于旅而乞言嘉賓宜致其愛矣夫人而愛其君則必有樂告于其君者而況乞言甚殷乎此鹿鳴燕饗之意也曰君臣之際分可以情忘而言必以道接我何幸而有嘉賓乎蓋上下之交孚者心古今之共由者道而其間之藉以相傳者則惟言然而言非易致矣言不出于中心意其人非好我者也我不能強不好我者而使之好我也言不歸于大道要其人非好我而示我者也我又豈能執不好我者而責之示我也而有如人之好我乎則其示我以周行也必也啟沃久資于疇昔矣僅此一日之周旋而豈相期之無已也其奈若人之忱悃欲將何故論不必標其新異也古訓是式亹亹乎皆出于畜君之真性則固有示我於率由之際而能勿怡顏以承之忠規夙著于班聯矣祗此偶然之款洽而豈相若之不休也其如是人之綢繆欲展何故旨亦無貴于幽玄也大猷是經繩繩乎皆本于愛君之至情則必有示我于踐履之間者而能勿婉語以邀之是即弦匏迭奏不足焉切切之衷而相感以微相通以隱亦可見予懷之如結筐篚聊陳何必問戔戔之物而所持者少所求者多殊自笑予顏之何靦嘉賓其諒我哉

歲在光緒二十年嘉平之月筱珊繆荃孫於藝風堂

小德川流　二句

觀於化之流行可以得造化之大原矣夫化之流行而不息有造之者也即其委窮其原不可見天地之實有其德乎中庸贊仲尼之與天地合德也若謂物有萬乎四時日月有道乎吾每思之而疑造化者矣其于物也何以不模範而肖也其於道也何以不約結而信不符節而同也而且何以別之而使物之不孅其多道之不病其相左也而且何以統之而使物與物之咸若其天道與道之各守其官也噫是天地之德乎聞之天地之大德曰生則天地亦秖有一德耳豈又有所謂小德者然而天地之德非分之合之而其化不神也一而析為兩之謂分乃分之而至于無可復分斯亦細之至矣而未始非德也且不謂之小乎而而本于一之謂合乃合之而至於無所不合斯真盛之至矣而猶然是德也寧不謂之大乎然而分於何際乎萬物不知也四時日月不知也天地亦不知也是則小德之流焉已合於何所乎萬物在也四時日月在也天地亦在也是則大德之化焉已雖然流矣吾懼其息或者不能不歧而出之則息或者不能不混而淆之則息若夫流也而如川乎物各以類為同而即於其同者見異故不厭也道或以運而變而即以其變者為常故不怪也第見井然者之悉本乎自然而已而又於何歧而又於何混而又於何息化矣吾慮其窮或者力之不繼不漸衰也則窮或者勢之不能不寖微也則窮若夫化也而敦厚乎斂物之精以歸之物故物莫不耗其精而卒不散也萃道之華以布之道故道莫不竊其華而卒不削也第覺所蓄者之常有餘於其所出而已而又何由衰而又何由微而又何由窮然非流者自有所為流化者又自有所為化也化不可以或滯滯則壅壅則不勝其鬱而潰然以決必將有不可知之患故有流者以瀹其化也如乎物之量以注之因乎四時日月之能以導之不見其傳亦不見其溢也相摩相盪以鼓化機殆有亢上下而無虧盈者歟流不可以過驟驟則迫迫則不俟其足而涓然以出必將有不可收之功故有敦者以滙其流也悠而休之物以成久而守之四時日月以不傾其發愈舒則其養愈盛也恒易恒簡以植化源殆有歷古今而無厚薄者歟是小德耶是大德耶而且果以為一而且果以為兩耶乃知德無迹也有迹者皆其迹則川流者是德何為乎無為者即其為則敦化者是此凡為戴高履厚者日遊于化中而不知天地之德也夫

恢奇縱恣一以為莊一以為蘊据某甲看來恐是不耐煩作真正平常文字耳雖然畢竟可愛　此木軒評

信乎夫子不言不笑不取乎

諷衛臣于一問聖人非有疑也夫不言不笑不取信能之何遽為賢也而公叔文子似之矣豈廉靜之謂與子故於公明賈爲問之殆諷之也若曰夫子聽衛國之政修班制以興四鄰交久矣自所際者非無事之日世所賴者必有為之才此其與蘧史諸君子相為理者正不知若何也予即夫子令名之所播而心為數之若有一二不能舍然于中者請以質諸吾子蓋嘗得諸道路之口與夫稱述于當世士大夫之林至有云夫子不言不笑不取者夫不言不笑不取此何人也豈夫子之所以過人者必至于不言不笑不取而後賢不言不笑不取此何語也而人之所以奉夫子者不極之不言不笑不取而未快而可以為信乎哉顧名實每難于盡合傳聞者又莫辨其真偽毀譽不生于無端習見者必深知其故豈以夫子位之尊也一言論而或窺其意旨矣一笑嚬而或測其喜怒矣一取舍之微而或迎其嗜好而投其間矣則夫靜鎮而相示以無情者大臣之體信爾乎然而慎以持臣節廉以飭官箴夫子要自有方度不至矜嚴之已甚也而彼不諒之相推夫子其受之乎或以夫子心之小也一矢口而即靳其拙尤矣一解顏而輒恐其忘憂矣一纖芥之入亦疑其召謗而損其名矣則夫退藏而自

一一四　繆荃孫　文稿冊

（图一一四　15–20）

居于无咎者大人之學信然乎然而和足以近人介足以守己夫子豈遂無術想無膚拘苦之太深也而此不經之相須夫子其謝之乎且如不言不笑則鄉黨僚友之情睽而燕居常若朝廷不取則賜予贈遺之禮廢而交際皆如賄賂此惟冥情者能之不可為訓也夫子必非冥情者已即矯情者亦能之未足為難也夫子必非矯情者已然予終未敢臆斷也質之朝夕于夫子者其必有以告我為窮考文子生平子所許者臣僕一事外無聞也問其家則富于君史魚危之瑕卻一嘆樂其地而欲葬為伯玉又諷之即其為人於是三者槩可見已傾所傳乃爾得非以其勢位峻絶：人躋攀逮于晚年則又懼禍之深乎信乎一問夫子必有為特未敢妄窺耳若以為考信于其門人是必不然

中間有公叔文子小影自記

涌泉紙上垂露毫端讀者疑其妙年不知其老至而不衰也此 木軒評

君作窮：然訪問語看則聖人豈以探人行止為事者哉意言正大寓深嚴于和婉故是雅裁 金子敬

君子求諸己

以君子正所求欲天下知有己也夫天下孰不有己而孰知有己矣欲為君子其亟求諸今夫舉世營：而有所求也患在有身乎亦患在不知有身而已矣蓋善為身謀者莫如自修不善為身謀者無非以自揄其如自脩者之性：而少也而君子乃退然於萬物紛乘之間昌言之天下無：本之末故急先務者求諸本若之何任其物之一發而不能救天下亦無：源之流故據上游者求諸源若之何縱其流之一注而不知返然則君子豈無所求諸而安所求諸斯己而已矣克之而不勝克之己非己也天下有己君子斯無己焉持之而不及持之己是己也天下無己君子斯有己焉雖然天下非無己也無求諸己者也己潛入于所欲求而己忽去己：何有也求本出于所謂己而求不自求：安在也若夫君子其無外求也明矣而其脩此己也又至矣有性而後有己君子求諸己之性而己外無異性有天而後有性君子求諸己之天而己外無餘天古今來豈君子獨具此性天乎而一己若是其孜：也夫惟一己若是其孜：也然後見君子有己於是乎有德君子求諸己之德而德即自己成有德而後有業君子求諸己之業而業即自己立天地間豈君子獨須此德業乎而一己如是之汲：也夫非一己如是之汲：也何以為君子此不深畏夫危莫危焉之己而知險知阻是以履坦與所由危其己而己安者也不然使己而苟安者弗求君子矣復奚求又必重受夫尊莫尊焉之己而亦臨亦保益以謙受與所由卑其己而己尊者也不然奉己而自尊者弗求君子矣又何求窮達者遇也誰不以為忻戚矣君子自求諸窮不變達不變之己而何忻何戚毀譽者時也誰不以為榮辱矣君子自求諸毀不受譽不受之己而何辱何榮賢此己聖此己反夫己亦化而存：者何待于求動此求靜此求至於求亦忘而惺：者不離乎己夫是以己為君子之己而求為君子之求噫人不欲為君子也乎人而欲為君子君子有己：亦有己矣其盡求諸其亟求諸

一句一字皆成無上妙諦空諸所有無所不包請者詳之 泉侍江

師冕見

有瞽而曰聞名在聖人之門矣夫師冕雖瞽者乎而請見則將命者亦見之豈曰不得其門而入也今夫人並覆於天之下而有人獨仰不見天則真可悲也然彼之朝夕而見夫蒼：然者亦徒見其遠而無所至極焉耳而遂以為能見天也可乎世之於聖人也亦若是則已矣雖然抑有異焉者天不可問聖人可過而問也則天遠而聖人近天不斷見而見聖人必請見而見也則天近而聖人遠乃一日魯有樂師其職而冕其名者倀：乎謂吾徒而來請矣夫冕也而豈能見聖人者哉作萬物之睹者聖人也而冕也莫之睹縱哀其請焉終亦莫之睹也而聖人遠矣發萬世之矇者聖人也而冕也久已矇倘憐而見之忘其久已矇也而聖人近矣且夫人之以目見者有見斯有不見正以其有目殆有目而無目者乎而人之不以目見者無見乃無不見正以其無目也殆無目而有目者乎蓋先有見于中而寓之目者所見皆己之見故不見聖人以言者見為文章以動者見為威儀以博學者見為釣弋射御不知聖人蔽乎己之目抑己之目蔽乎聖人也則甚矣有目者之拘：乎也冕無目矣而豈以己之目蔽聖人壹無見于中而委之目者所見皆聖人之見故亦不見聖人下而見之于鄉黨上而見之於朝廟往來而見之於車馬津梁不知我目之眩乎聖人抑聖人之眩乎我目也則甚矣有目者之捺：乎也冕無目矣而豈以聖人眩我之目則試呼冕而問之曰師乎而亦見衣之縫掖者乎不見也而亦見冠之章甫者乎不見也不見聖人安問衣冠矣然冕也且執袂而若逼視之諦視之以極我至誠之意於是即以意之至誠者儼然而呈一大聖人之衣冠則又呼冕而問之曰師乎而如見有容之申：者乎無有也而如見有色之夭：者乎無有也不見聖人安問容色矣然冕也且親炙之而欲揣摩之撫摩之以盡我至愛之心於是即以心之至愛者睟然而示一真聖人之容色然則冕之見如夢寐也吾恐無目者之目滋以多而其為累無異于有目矣吁立于聖人之前坐于聖人之側而不見聖人則真可哀也而豈獨一師冕也乎哉

有目無目都無是處中比言有目之妄後比言無目之妄其義始圓 姜鴻谷

大有裨于學者正須辨其與二氏之說相似不同處吾師云一篇主意歸到無目之目滋以多二句則知非欲天下人盡去其目也 門人張夢鰲識

仕而優則 一節

賢者論仕學必專力而互用其所有餘焉夫力分者易見絀力專者易見優分其力于既優之餘以相濟則均得矣子夏之論仕學如此蓋謂人莫若于志有餘也而力無餘是故一業有分程而事無同急在于審所務而已今夫幼而學壯而仕吾人與為終身者乎而今之仕學者吾異焉學之時志不在學及夫仕矣則又曰吾好學仕之時志不在仕方其學也則先曰吾求仕夫孰謂仕者不必學第問其於仕已優乎否公卿且無論矣下而効一官能一職核之以實而即慮其難勝夫孰謂學者不必仕第問其於學已優乎否聖賢未易言矣下而敦一行抱一經被之以名而輒憂其難盡必也仕則一其志于仕而仕之力專簡以馭其煩勤以補其拙貌：焉守吾官箴不見其為儒生也如是者仕優必也學則一其志于學而學之力專始之以格致終之以治平循：焉充我儒術不知其有仕宦也如是者學優則何妨仕而學乎秉案牘之餘閒而樂以琴書不致貽譏于俗吏則何妨學而仕乎出經綸之素蘊而獻之朝宁亦可共見為真儒而後知緩吾學以迫吾仕正以迫吾學也不然簿書一日而未理則一日而不學乎而後知緩吾仕以迫吾學亦以迫吾仕也不然德業終身而不成則終身而不仕

(图一一四　21–26)

一一四　缪荃孙　文稿册

乎君子約其志寬其力而仕與學次第可觀矣

仕而優則　一節　其二

以仕與學並論而學之重自見矣夫仕不緩其學々不急于仕子夏五言之而重學之旨不已寓其中乎且儒者有時而仕有時而未仕獨無時而不學然則學與仕之孰重孰輕有不待權衡而定者矣今天下豈不以仕之故而學以仕之故而學即以仕之故而不學以仕之故而不學又或以不得仕之故而不學久矣夫學之難也居官則得失橫其慮而何暇學是不學之故以仕也不然而或托于免俗之為者有矣為士則出處介其胸而何暇學是不學之故又以不得仕也不然而暫假為希榮之具者有矣此其人非學者也若夫學者則仕不忘吾學々亦不汲々于吾之仕々何足以擾吾學所不能却者紛々之事機耳事之易理者隨理之事之不易理者終必理之於是自返而吾之職盡吾之職盡而吾之學如故矣蓋不以仕之故而輟吾學々之無間者然也而仕之優必也未仕則還以問吾學所不可知者悠々之遇合耳今日而未有遇也固安之他日而或有遇也豈不顧之第使自顧而吾之業在吾之業在而吾之學非無用矣蓋不以欲仕之故而苟吾學々之不敢者然也而學之優必也要之仕優則學者原非至是而始知有學々優則仕者亦非過此而止知有仕擴其學于仕之後儲其學于仕之先融其學于仕之中不可窮其學于仕之外是故仕可也不仕可也而不學則不可也

丁酉上春七日雨牕即興爰筆消遣繆筱珊

敬爾在公

戒敕農官毋不敬而已夫敬者人臣在公之常也豈以農官而有異乎故戒之曰古之命官者必曰欽哉勵臣者惟曰公爾此所以迓天休而錫民福也予與在廷窮願以古君臣相勗矣嗟々臣工其知予心乎予之心蓋無日不在民間也民豈不自謀其生無如飢則思飽則忘也古是以有農之官臣孰不自愛其家無如私則勤公則惰也予是以有爾之命敬之哉在公有職思司而爾之職司非一事夫亦思凡爾在公之事皆爾事也則呼吸與婦子相關矣敬之哉在公有夙夜而爾之夙夜在三時夫亦思凡爾在公之時非爾時也則寒暑與田家同受矣蓋木穣金饑我百姓之身家係焉必也民心即爾心而常陳幽隱于楓宸之上茆簷蔀屋予一人之痦瘝通焉必也爾心即君心而每憶天語于棠陰之下毋曰卑微小大一體毋曰疎逖內外一心官四時吏五行爾實司其雨露勿謂君遠四目甚明勿謂民愚十手共指俯畎畝仰廊廟爾寔為之樞機爾之克敬則有國家之典在予宜於爾靳爾弗克敬亦有國家之典在予寬為爾寬臣工其敬聽之毋忽

日就月將　光明

賢主以敬自期終始典於學而已夫就將者學之始光明者學之終而其要則在緝熙此主敬之功乎成王之荅羣臣者曰人君知天命之不易而旦明是凜者惟敬法天行之不息而夙夜是圖者惟學爾諸臣勉予以敬無如予之不聰何也雖然學則不可已也宵旰無可寬之歲月則寸陰足惜而嚴以立學之程黼衣無或懈之精神則百度維貞而徐以收學之效學期以大成毋安于小而成又非一候也以日計之庶幾日有就而後即安學必以漸進毋取乎銳而進亦非一境也以月計之庶幾月有將而後無負蓋學則敬不學則肆分敬肆于一操舍之際者學也且學則明不學則昏判昏明于一絕續之幾者亦學也自非先之以就將繼之以緝熙何以至于光明也哉光明者人心本然之全體私意蔽之而昧矣學至于不以一毫之私意自蔽而後復我光明之初也予小子豈曰有之想像焉而已光明者人心自然之大用私欲累之而闇矣學至于不以一毫之私欲自累而後造乎光明之極也予小子非曰能之黽勉焉而已爾諸臣勿以我幼冲而寬我必朝夕恪恭以交戒我尚其有以示我也

載穫濟濟　三句

載穫而慶其積之多幾窮于算矣夫穫而積々而計其實至于不可勝數豈盡人力欲此哉艾興豐年之頌皆用之報賽也若曰有實盡之功者必無虛擲有孕期之願者或無薄償何則力之勤在人年之豐在天也茲既歷敘耕耘載穫乃可得而言矣當其耕未敢必其穫蓋穫亦耕不穫亦耕也乃未幾而霜鐮欲試已瞻徧野之如雲即夫耘仍未敢必其穫然穫且耘不穫且耘也乃亡何而土鼓將喧忽見登場之不日夫既耕且耘則必穫以積而即此侯主侯伯侯亞侯旅之倫耦而為其穫是畝是仕其負之事則濟々然而衆也庶幾哉銍艾爭催不致委嘉禾於風雨矣而即此是穫是畝是仕是負之物俄而成如茨如梁如坻如京之觀則栗々然而實也庶幾哉倉庾並溢堪奏華黍于笙歌矣於是我儕既喜其積之實轉訝其穫之多雖握算持籌農人所甚拙也而貪多務得小人所不免也窮計之數而至于萬多矣而又有所謂億者則萬之萬也而今且不止此數而至于億多矣而又有所謂秭者則億之億也而今豈未及此々人之力欲或非人之力欲我儕小人惟有穫焉而已矣惟有耕焉耘焉而已矣

一一四　繆荃孙　文稿册

（图一一四　27–32）

百室盈止　二句
詩述盈寧之樂若非人力所能致為甚矣非歲之豐何以樂此盈
寧也其亦有報本之思乎良耜之詩曰我儕小人服田力穡乃亦
有秋而後知家之裕未有不由于勤人之逸未有不生于勞者也
試思之向也其良耜而今也閉百室矣比閭合而為族所謂雖大
桑麻屋廬相望者也然而計其孰為素封誰為懸磬參差豈有極
哉茲何幸而百室盈止矣此也庾充彼也囷溢内或留寢處之餘
外已少留窨之所者在〻然也頌以無多之屋宇奈此陳因轉若
有不知所措者回思夫輟耕而歎並摒而嗟惟慮天時之不可必
豈料今日之豐盈若是也雖有甚奢之情亦以為過望矣吾閭睦
婣任卹之風每出于有餘此風詎不可復覩也哉妻孥樂而成家
所謂飢寒飽煖甘苦與同者也然而自作田家之婦農家之子況
痒何敢辭哉茲何幸而婦子寧止矣椎髻歡然含飴樂甚門喜更
人之無擾辟懸罵大以笑言者亦在〻然也頌以作勞之手足一經
暇反若有不能自安者回思夫春耕而饁夏耘而饟惟懼人力之
不克堪乃知此日之攸寧有自也雖有甚逸之懷又以為過分矣
吾見勃谿誶誶之俗多生于不足其俗豈不可盡移也哉於是興
百室籌之又興婦子謀之此皆神所賜也而可無以酬之

自今以始歲其有
不止為今頌者頌歲之常有為夫不謂今之有年而謂有年之始
于今則可謂善頌者乎有駜之詩曰臣聞頌有年者每云匪今斯
今不忘古也然使自古有年相續不絕以至于今而臣又何頌矣
請於載燕而進一頌焉臣固知此燕之不始于今也出天廚之珍
膳試還問其何來而豈易有此今日乎臣又謂此燕之即始于今
也況内醖之芳樽而不思其可繼而能長如此今日乎往者已無
論來者未可知而臣之頌自今以始矣願自今迓休于上帝而明
昭之賜無窮願自今徼福于先公而孝享之歆靡盡願自今膳不
減于御樂不撤于懸君則歲收其什一願自今糴不告于憐使不
出于境臣則歲取其十千願自今祈穀祈年歲修其禮雩禜無復
禱於壇願自今省耕省斂歲具其文蠲賑無煩議於國願自今草
不害苗而茶蓼之生絕不以為多而反以為少願自今蝨無侵稼
而螽螣之族不特未之見而亦未之聞願自今周〻百里之域而
彼此無殊願自今計三十年之通而後先如一則庶幾曰歲其有
也哉追傳之既久俾讀書好古者猶能追而溯之曰歲之大有自
某公某歲始則臣之頌也夫

自天降康　二句
因祭而頌及豐年天心與祖德並昭矣蓋豐年者天之賜也而即
有秩之祜申錫所及乎此祀成湯之樂而頌及此若謂有商之受
命溥將蓋有自矣頌念茲之承祀而馨香藉以薦者又烏可忘其
所自哉夫昭民力之普存者祭也乎何德以致此東來而肅三推
之禮固已虔思夫御廩之藏主鬯而隆九獻之儀忽若喜動乎神
倉之慶盍歌以象德舞以象功非不極聲容之美要以奉此苾芬
者為先籩之數奇豆之數偶非不窮水陸之珍亢以登諸瑚璉者為
為貴是不能無望於年之豐也茲何幸深荷夫天之眷也雨暘寒
燠叙以時而庶徵無咎是天康我民人而亦以豐亨之象也水火
金木修其府而百穀用成是天康我禋祀而畀以豐稔之年也已穰
〻乎我黍滿車非黍也是曰薌合穰〻乎我稷滿家非稷也是曰
明粢銍刈而登于場則穫之挃〻積之栗〻舂揄而執乃饎則釋
之叟〻烝之浮〻豈僅以享嘉膚潔齋豐盛蓋于是乎在非但以寧
胡考嘉粟旨酒蓋於是乎出乃知卿雲爛于天醴泉涌于地不足
以為瑞也而豐年則瑞也即使異畝同其穎嘉禾九其穗不可以
為常也而豐年則常也烏虖豈非天哉我烈祖禱于桑林之野雖
旱不為災饁彼南伯之田厥鄰猶以恤其時之年穀屢穰更何如

敷政優〻　二句
王政裕乎聖心而百祿萃于一敬矣夫王心一于敬而政以是敷
百祿亦以是聚優〻大哉長發之頌成湯也曰一代之興也將必
有一代之鴻規鉅制蔚然可觀者焉然而悠久裕其模靈長衍其
慶後世必原夫立綱陳紀之本于一心者矣如我王之競絿胥泯
剛柔互濟政之善復何加乎纘禹服者遠軼前朝而布之明堂罔
不欽承于列辟革夏正者永垂奕禩而懸之象魏無不厭服于群
情蓋政固盡善矣而敷之又何優〻也造牧以前之政優〻乎敷
諸一國者也七十里之偏隅或不足以盡從容之展布而不形其
狹小也蓋度量有宏焉者矣不然戰〻方危于苗莠以涼德者處
之其叐遽為何如哉俘腹以後之政優〻乎敷諸四方者也十一
征之赫濯或不同于要侯服者之施為而亦不見其侈大也蓋意
念有深焉者矣不然元〻切望于雲霓以喜功者當之其張皇能
自禁哉我王之敷政以德有如是百祿之適〻以是乎雖伊萊善
稱祖德初不陳受命之符然而惠迪者吉古人有言矣故茀祿爾
康端屬于克寬克仁之后且景亳每翹前功寧不念迓休之本況
夫作善者祥先臣有訓矣則百祿是何允宜于不遑不植之躬吁
至今思之而覺我王之垂裕者尚優〻而無盡也德與福俱遠矣

稼穡匪解
述職在勤民可幸無罪矣夫稼穡者天之所以命多辟也敢或自
解以取戾乎歲事之謂何也殷武以之頌高宗者豈不曰宵旰在
九重則精神振萬國正不必惕之以戮也乃天威震疊而玉帛來
同者奏對不忘乎民事蓋亦見中興之象焉今茲多辟以歲事來
者既云勿予禍適矣而職之可述者安在其心竊以為帝王無私
怒有得罪於百姓者即為天討之必加也予固已稟之乎旦臣子
無奇功其報政于朝廷者要為民依之攸賴也今還以問之予心
土膏其動矣則良苗之種宜亟也得毋解于我田之稼乎農功將
畢矣則嘉禾之斂宜亟也得毋解于我野之穡乎今幸矣或者其
匪解矣天道健而行不息故匪解者莫如天而春華秋實無間時
王者奉天道以盡君道則詳農政以授藩封夫亦惟是作叱成易
之為遑〻耳地道順而代有終故匪解者莫如地而下隰高原無
惰土列辟法地道以盡臣道則秩桑田而命星駕夫亦惟是暑雨
祁寒之為惻〻耳是故謂予為解予何敢安于解也設使撫茲社
稷而無實效以報明廷予不自信王其信予哉謂予匪解予又何
敢即為匪解也設使年不順成而徒飾說以陳鞫康王或可欺民
其可欺哉蓋多辟特此以無恐而高宗之興也宜矣

既和且平　二句
美廟樂之和平以所依者而見也蓋樂必依于磬聲而後為和平
之至也將所謂思成者在是歟那之頌曰微矣哉思乎而思必托
生以宣祭之所以有樂也微矣哉聲乎而聲必緣思以起樂之所
以奉祭也是故聲之所至思亦至焉人以是為聲也我以是為思
也已矣然則此淵〻嘒〻者其何如乎眾器畢宣而清濁會于一
器並昭光大清明之象羣音振響而高下比于一音並著成文從
律之休問有粗厲猛起者乎無有也以言乎和則既和矣問有慆
成滌濫者乎無有也奚止于和抑且平矣然和取其調則必調其
所難和樂器之有磬其難和者已是非磬聲不欲與諸器和而諸
器自不能與之和則諸器雖和尚未為和之至也平取乎準則必
準其所難乎樂音之有磬其難平者已此非磬聲不欲與眾音平
而眾音自不能如其平則眾音雖平亦未為平之至也乃今之既
和且平者而能依我磬聲也乎蓋鞉管堂下之樂也磬堂上之樂
也從堂下聽之鞉管若往而有所歸曷嘗往乎而依則若往矣從
堂上聽之鞉管若來而有所就奚自來而依則若來矣是故革聲
不譁竹聲不濫者鞉管之和平也而悉稟于戛玉之音重擊曰擊
輕擊曰拊者磬聲之和平也而克諧于奏格之主吁我商人之所

（图一一四　33–38）

一一四　缪荃孙　文稿册

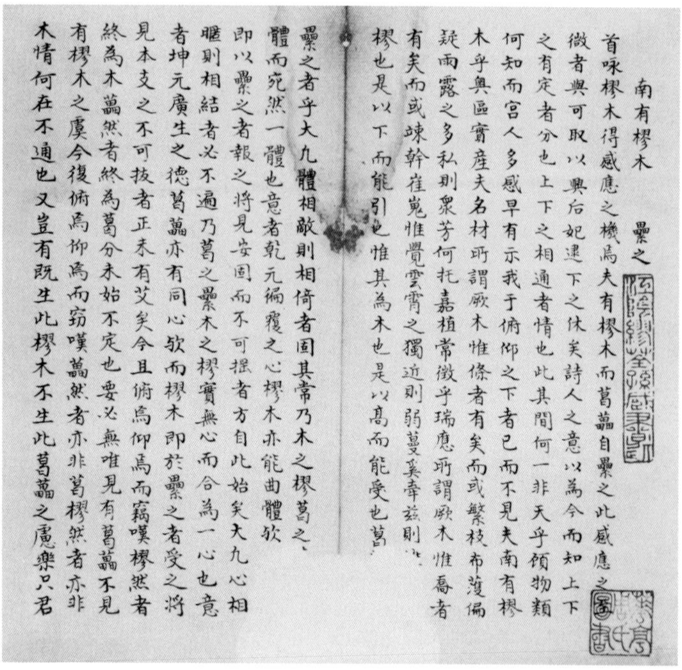

南有樛木　纍之

首咏樛木得感應之機焉夫有樛木而葛藟自纍之此感應之微者興可取以興后妃逮下之休美詩人之意以爲令而知上下之有定者分也上下之相通者情也此其間何一非天乎傾物類何知而宮人多感早有示我于俯仰之下者已而不見夫南有樛木乎與區實産夫名材所謂厥木惟條者有矣而或盤枝布蔓偏疑雨露之多私則衆芳何托嘉植常徵乎瑞應所謂厥木惟喬者有矣而或竦幹在嵬惟覺雲霄之獨近則弱蔓奚奉茲則……樛也是以下而能引也惟其爲木也是以高而能受也葛……纍之者乎大九體相敵則相倚者固其常乃木之樛葛之體而究然一體也意者乾元偏覆之心樛木亦能曲體歟即以纍之者報之將見安固而不可拔者方自此始矣大九心相曬則相結者必不遍乃葛之纍木之樛實無心而合爲一心也意者坤元廣生之德葛藟亦有同心歟而樛木即於纍之者受之將見本支之不可拔者正未有艾矣今且俯爲仰爲而竊嘆樛然者終爲木藟然者終爲葛分木始不定也要必無唯見有葛藟不見有樛木之虞今復俯爲仰爲而竊嘆藟然者亦非葛樛然者亦非木情何在不通也又豈有既生此樛木不生此葛藟之處樂只君

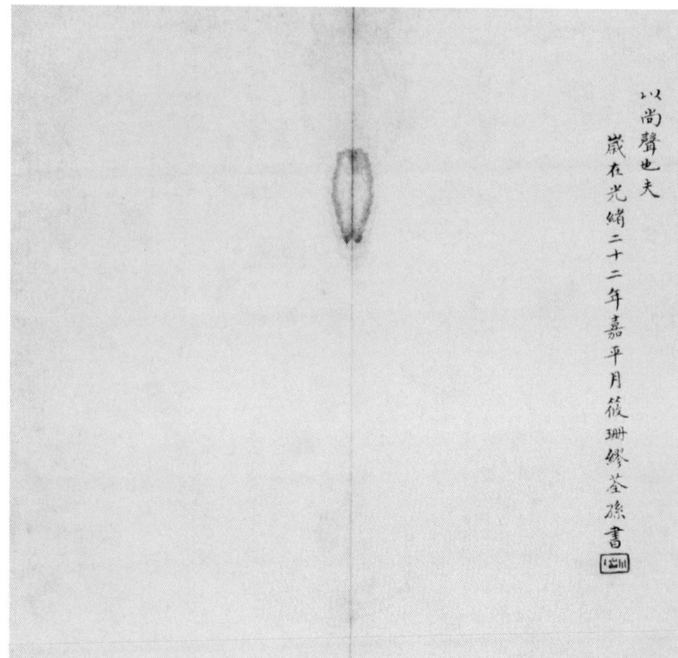

以尚聲也夫

歲在光緒二十二年嘉平月筱珊繆荃孫書

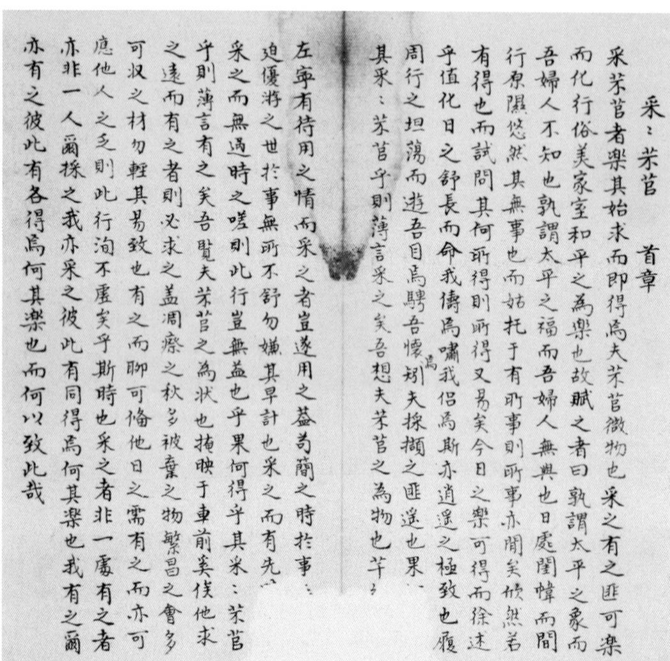

采采芣苢　首章

采芣苢者樂其始求而即得焉夫芣苢微物也采之有之匪可樂而化行俗美家室和平之爲樂也故賦之者曰孰謂太平之象而吾婦人不知也孰謂太平之福而吾婦人無與也日處閨幃而閒行原隰悠然其無事也而始托于有所事則所事亦閒矣悠然若有得也而試問其何所得則所得又易矣今日之樂可得而徐述乎値化日之舒長而命我儔爲嘯我侶爲斯亦逍遥之極致也履周行之坦蕩而遊吾目焉騁吾懷焉矧夫採擷之匪遥也果……其采采芣苢乎則薄言采之矣吾想夫芣苢之爲物也竿……左宰有持用之情而采之者豈遂用之益爲蔚之時於事……迫優游之世於事無所不舒勿嫌其早計也采之而有先……采之而無過時之嗟則此行豈無益也乎果何得乎其采采芣苢乎則薄言有之矣吾覽夫芣苢之爲狀也掩映于車前奚俟他求之遠而有之者則必求之益凋瘵之秋多被棄之物繁昌之會多可收之材勿輕其易致也有之而聊可備他日之需有之而亦可應他人之乏則此行洵不虛矣乎斯時也采之者非一處有之者亦非一人爾採之我亦采之彼此有同得焉何其樂也我有之爾亦有之彼此有各得焉何其樂也而何以致此哉

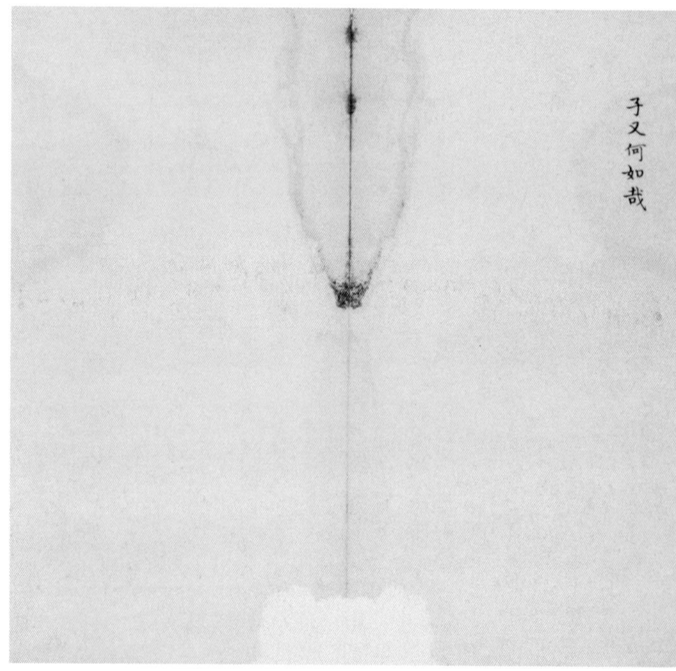

子又何如哉

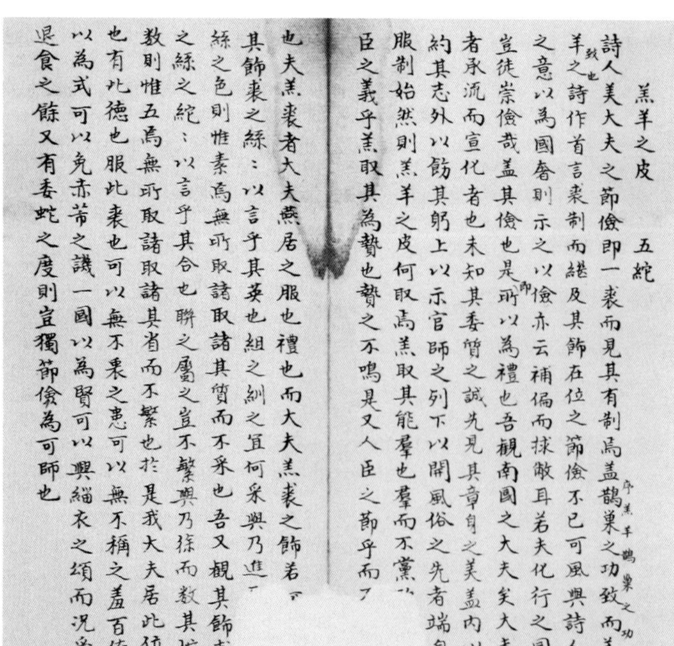

羔羊之皮　五紽

詩人美大夫之節儉即一裘而見其有制焉蓋鵲巢之功致而羔羊之詩作首言裘制而繼及其飾在位之節儉不已可風與詩人之意以爲國奢則示之以儉亦云補偏而救敝耳若夫化行之國豈徒崇儉哉蓋其儉也是所以爲禮也吾觀南國之大夫矣大夫者承流而宣化者也未知其香臂之誠先見其章身之美蓋內以約其志外以飭其躬上以示官師之列下以開風俗之先者端自服制始然則羔羊之皮何取焉羔取其能羣也羣而不黨……臣之義乎羔取其爲贄也贄之不鳴是又人臣之節乎而……也夫羔裘者大夫燕居之服也禮也而大夫羔裘之飾若……其飾裘之絲絲以言乎其委也組之紃之宜何采與乃進……絲之色則惟素爲無所取諸取諸其質而不采也吾又觀其飾裘之絲之紽紽以言乎其合也聯之屬之豈不繁與乃徐而數其紽數則惟五爲無所取諸取諸具者而不繁也於是我大夫居此位也有此德也服此裘也可以無不衷之患可以無不稱之羞百僚以爲式可以免赤芾之譏一國以爲賢可以興緇衣之頌而況乎退食之餘又有委蛇之度則豈獨節儉爲可師也

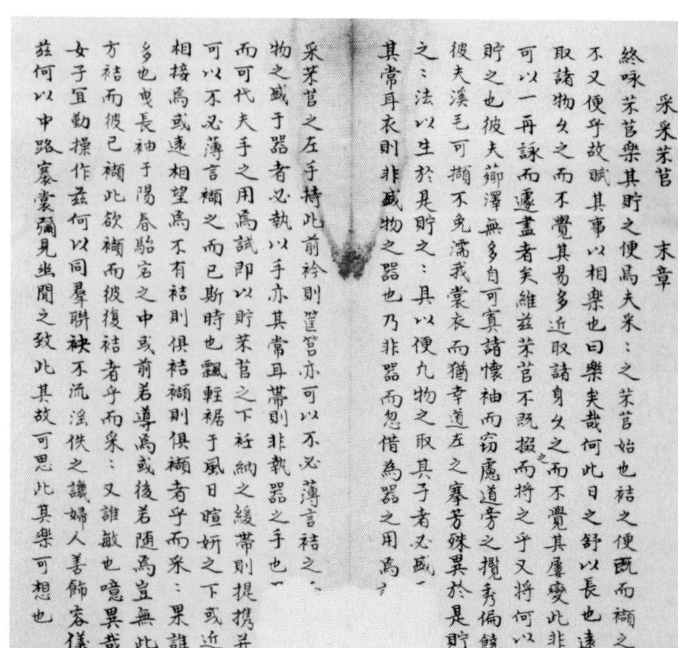

采采芣苢　末章

終咏芣苢樂其盱之便焉夫采采之芣苢始也袺之便既而襭之不又便乎故賦其事以相樂也曰樂矣哉何此日之舒以長也遠取諸物物之而不覺其易多近取諸身身之而不覺其屢變此非可以一再詠而遽盡者矣維茲芣苢不既掇而捋之乎又將何以盱之也彼夫節澤無多自可寘諸懷袖而竊處道旁之攬秀偏饒彼夫溪毛可擷不免濡我裳衣而猶幸道左之寡芳殊異於是盱之之法以生於是盱之具以便凡物之取具乎者必感其常耳衣則非盛物之器也乃非器而忽借爲器之用爲……采芣苢之左手持此前衿則置筐亦可以不必薄言袺之……物之盛乎器者必執以手亦其常耳帶則非執器之手也……而可代夫手之用爲試即以盱芣苢之下衽納之綫帶則提携并可以不必薄言襭之而已斯時也飄輕裾乎風日暄妍之下或近相接焉或遠相望焉不有袺則俱袺襭則俱襭者乎而采采果誰多也曳長袖于陽春駘宕之中或前若導焉或後若隨焉豈無此方袺而彼已襭此欲襭而彼復袺者乎而采采又誰歉也噫異哉女子宜勤操作茲何以同羣聯袂不流溪佚之譏婦人善飾容儀茲何以中路褰裳彌見幽閒之致此其故可思此其樂可想也

一一四　缪荃孙　文稿册

（图一一四　39–44）

子々干旄　二句

郊有大夫之儀為賢者來也夫建彼旄矣于彼郊矣非以賢者故
子々者何為乎來哉詩人之意以為浚衛之屬邑也久矣夫物色
者所弗及矣而有人焉逍遥于其際既不顧以拆常之蹟書我功
名寂寞于其中亦不欲以冠蓋之紛驚其寤寐然而浚之人咸屬
目焉一日者羣聚而觀于郊則大夫來矣而不見夫子々者耶九
旗之屬皆建以干今則為旗為物（孤卿建旃大夫建物）未見其所載也第見夫干之首
而已今人色喜矣九斿之干皆注以旄今則為旄為縿未[illegible]
綴也第見夫旄之尾而已使人神往矣或曰此必為若人々
曰此不必為若人來也其未至于浚將必有幸之者曰安知
者不于此留乎乃尚見其子々然而遠旋見其子々然而
其子々然而近又漸見其子々然而遠矣則已在浚之郊矣即既
至于浚又必有疑之者曰安知子々者不為我設乎乃日望子々
者之至而子々者不來日恐子々者之來而子々者偏至矣則又
不止在浚之郊矣此固非若人之所為榮也大夫亦豈自雄其頌
聆而初無齊意之求此又非若人之所宜拒也大夫亦豈自損其
尊嚴而漫聞虛聲之子我甚愛若人我甚重大夫也

彼姝者子　告之

終擬賢者之報禮若難乎其為告矣夫姝子豈無可以告之者而
必擬其何以殆謂禮愈隆斯報稱愈難耳干旄之卒章曰夫人風
塵相賞而中心之貺無窮豈必一詁一言悉準量以副哉頗從來
國士之知與國士之報並難則夫永矢勿告惟不為人世所知者
其自處較易耳素絲良馬窃不禁再三往復于彼姝者子也蓋大
夫之下交亦既有加無已而極德盛禮恭之文則姝子之仰酬亦
必有加無已而泯交淺言深之迹庶幾其有以告之而何以告
之以善道此亦無所不可也而姝子若友告之以吉凶今日
初筮也而姝子如神如其所以告之者而迥出于思議之々
非姝子烏從而測其腹之所蘊口之所吐乎或者不留虛心
轉覺大夫之所挾者少所求者多也然而未可知也如其所以告
之者而祗在于酬應之間也姝子非大夫何遽能諒其言之必信
計之必從乎或者大非前席之心竟使大夫聞所聞而來見所見
而去也蓋亦未可知也夫最難酬者知遇之恩而況甫邀顧盼能
不自鳴其感激也然而聲名或壞于一遇矣姝子能無慮焉且最
難飾者學問之實而況時無忌諱誰不願罄其懷來也然或生平
都盡于一言矣姝子能無慮焉子兮子兮如此大夫何

瞻彼淇奧　青青

再以綠竹興賢侯而青々者又然矣夫始而猗々者今復見為青
々則綠竹之堅盛何如也詩人美武公之德蓋謂吾觀薄植之姿
非乏便娟之項也乃未幾而菁華銷歇則覽者去之矣誰復為之
流連耶彼猗々之綠竹何如耶吾衛人之居此淇奧也非一日矣
吾衛人之見此綠竹也亦非一日矣謂是猗々者而有殊乎夫豈
其有殊也吾將以要諸久謂是猗々者而不變乎夫豈其不變也
吾于以覩其新蓋猶是綠竹也向之見為猗々者今又見[illegible]
矣方夫百卉萌生乍解驚雷之籜而綠竹之得乎天者已定
青々而後見也然而必以漸也亡何稱者堅矣堅者益剛[illegible]
而進復歷時而又進殆亦羣生少壯之情與及夫羣林擺落
停雪之枝而綠竹之彌其性者愈厚非僅青々所可窺也是則必
有本也於是美者茂矣茂者益盛矣與時偕長不與時而偕消豈
猶草木榮華之態與以是竹也而近是水也竹與水有相臨之勢
而不禁動我以肅然之容且有是水也而長有是竹也水與竹有
交映之光而不禁予我以悠然之思美哉綠竹乎吾今而乃知君
子之尊而益知君子之德矣

如金如錫　二句

德成於君子詩人歷指物以美之焉蓋君子之德有未易名言者
擬之金錫圭璧不可以得其深乎且夫自古扶輿清淑之氣人物
得之而皆貴其於物也為金為玉其於人也為君子衛人三致意
于武公曰有斐君子其成德者乎吾何以擬之或成能于學也學
既醇而不留一累何如其湛然也或成能于性也性不鑿而惟存
一真何如其渾然也意者君子之學有損之又損者清虛來而查
滓消則金錫也乎蓋天下之至精所去者必多于所取天下之[illegible]
純所有者必少于所無故善學者能擇善鍛者能棄並見其精純
之至而已矣意者君子之性有存之又存者和順積而英華發則
圭璧也乎蓋非煦也而有溫之情常覺其內蘊之無窮非濡也[illegible]
有潤之意常覺其中含之不盡故胱然者可親瑩然者可玩並見
其溫潤之至而已矣吾於金錫而知君子之人事勝也三品貢于
荆揚豈曰非天産之美哉然造物擅陶鈞之妙而無如陶鈞者止
此也故利鍛必付諸良冶之能吾于圭璧而知君子之天質優也
五瑞頒于屏翰豈曰非人巧之成哉然玉人抱追琢之工而無如
追琢者難堪也故瓌寶必俟夫名山之採然德成而天與人而忘
性與學胥化則第曰如金如錫如圭如璧矣

邦之司直

直有攸司國之幸也夫直道不在上則在下有位者固宜司之矣
獨難得之于鄭耳故國人以為幸焉且夫直道在天下而謂一人
獨起而持之乎夫至于一人獨起而持之而其國可知矣雖然猶
愈於無有起而持之者也吾是以重思夫舍命不渝之々子之子
非以世有直者而我附之我知有命而已利害無足以屈我也又
非以世無直者而我倡之我安于命而已死生皆所以伸我也則
其直也豈僅一身之直已哉且我邦之有賴于之子也亟矣緝一
京之墜緒王室所憑依也守十邑之遺封强鄰所窺伺也桓武之
前勲而既微矣吾將以洵直之裘近媲緇衣之蓆庸弋之流風抑
又熾矣吾將以孔武之飾遠擬毳衣之瑞則夫邦之司直非之子
而誰哉上之而邦君欽其亮節非必遽收從繩之効也而表率臣
僚則大以法小以廉自足挽頹波于忽突亹儀之後下之而邦人
憚其威名非必盡追如矢之蹤也而維持世運則水不懦火不烈
己足留正氣于依嚐鄙薉之間然在今日而言直則亦有足患者
同己為徒異己為敵始也直者與不直者分既而直者與直者又
分日相排擊而無已而國且受其病則惟不足以司之々故也如
之子者鮮矣噫是詩作于何時所謂之子者何人乃在溱洧間乎

蒹葭蒼々　二句

即葭露而知時思與境遠矣夫葭蒼露白于時為秋而懷人之思
有與俱遠者故賦之曰秦川故周甸也自翦鶉首而錫之嬴氏東
都諸君子已無意西京矣昔之葭茁春田露濡夜飲誰復向蒼茫
而寄慨者是則生長高涼往來鄠杜若之何而有遁思哉然而角
逐之場非無幽境尋之不必遠也暄妍之後自有蕭辰閱之亦已
久也窃怪烟波杳渺之區地至此而無復之而叢生者托以為國
彼也滋其生此也聚其族蒹與又或為葭與窃嘆宇宙嚴凝之氣
時至此而不吝已而造物者用以為刑昔也一何惠今也一何威
露與而已為霜與今夫秀擢百尋則俯視其腓之卉而欲責勁節
于纖莖難矣華滋芳苑則下垂竹葍之甘而欲望嘘枯于肅令難
矣而孰知霜露之下乃有是蒼々者耶於是而蒹葭白露共成此
蕭瑟之天淒迷之境也其謂我何嗟乎歲云秋矣何物不含秋意
家本秦也有時亦作秦聲俯仰上下知我為誰料此蒹葭白露間
必無車馬也蒹葭白露間必無甲兵戈矛也且蒹葭白露間必無錦
衣狐裘寺人媚子過而問焉者也蕭々兮荻花亂飛慄々兮嚴霜
砭骨而豈無思慕先王願為岐豐間古遺民者乎予將褰裳就之
矣

（图一一四　45－50）

一一四　缪荃孙　文稿册

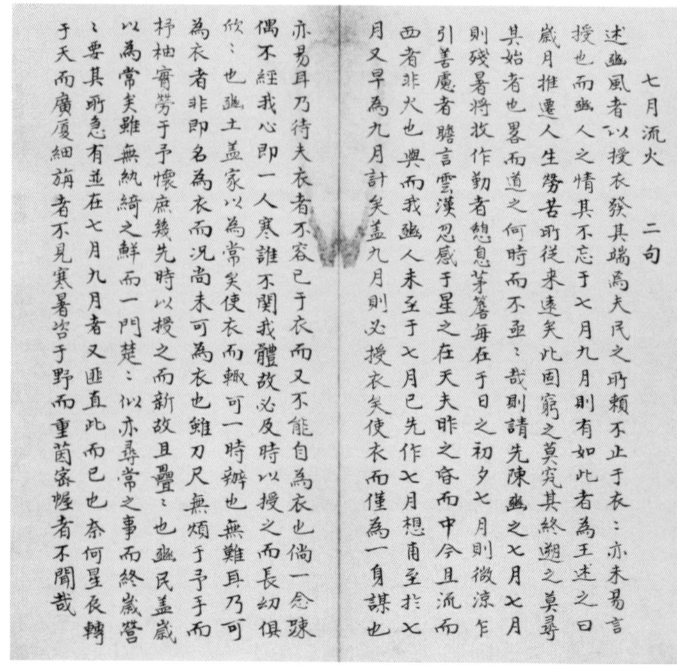
七月流火　二句
述豳風者以授衣發其端爲夫民之所賴不止于衣衣亦未易言授也而豳人之情其不忘于七月九月則有如此者爲王述之曰歲月推遷人生勞苦所從來遠矣此固窮之莫究其終溯之莫尋其始者也暑而過之何時而不亟亟哉則請先陳豳之七月七月則殘暑將收作勤者憩息茅簷每在于日之初夕七月則微涼乍引善處者賭言雲漢忽感于星之在天夫昨之帝而中今且流而西者非火也與而我豳人未至于七月已先作七月想甫至於七月又早爲九月計矣蓋九月則必授衣矣使衣而僅爲一身謀也亦易耳乃待夫衣者不容已于衣而又不能自爲衣也倘一念疎偶不經我心即一人寒誰不関我體故必及時以授之而長幼俱欣欣也豳土蓋家以爲常矣使衣而輒可一時辦也無難耳乃可爲衣者非即名爲衣而況尚未可爲衣也雖刀尺無煩乎手而杼柚實勞于乎懷庶幾先時以授之而新故且疊疊也豳民蓋歲以爲常矣雖無紈綺之鮮而一門楚楚似亦尋常之事而終歲營營要其所急有並在七月九月者又匪直此而已也奈何星夜轉于天而廣廈細旃者不見寒暑皆于野而重茵密幄者不聞哉

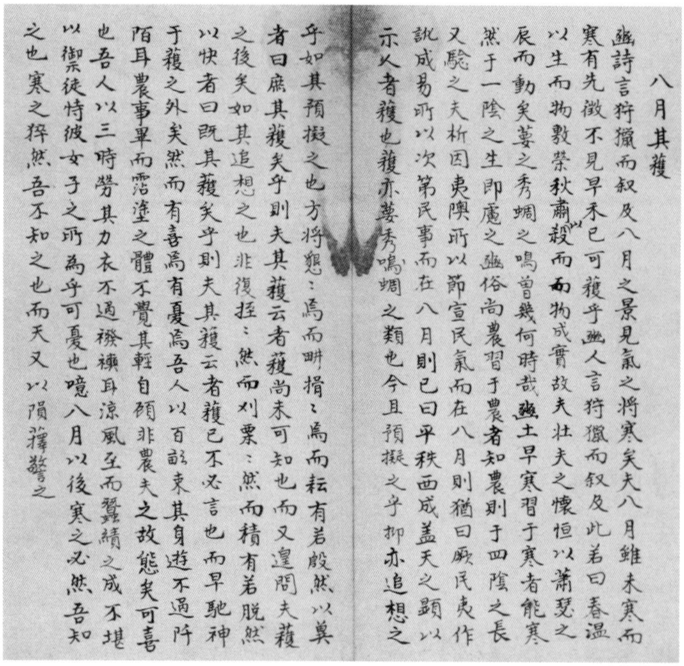
八月其穫
豳詩言狩獵而叙及八月之景見氣之將寒矣夫八月雖未寒而寒有先徵不見早禾已可穫乎豳人言狩獵而叙及此若曰春溫以生而物數榮秋肅殺而物成實故夫壯夫之懷恒以蕭瑟之辰而動矣萋之秀蜩之鳴曾幾何時哉豳土早寒習于寒者能寒然于一陰之生即感之豳俗尚農習于農者知農則于四陰之長又驗之夫祈因夷隩所以節宣民氣而在八月則猶曰厥民夷作訛成易所以次第民事而在八月則已曰平秩西成蓋天之顯以示人者穫也穫亦萋秀鳴蜩之類也今且預擬之乎抑亦追想之乎如其預擬之也方將慇慇焉而刪揁揁焉而耘有若殷然以冀者曰庶其穫矣乎則夫其穫云者穫尚未可知也而又追問夫穫之後矣如其追想之也非復揁揁然而刈栗栗然而積有若脫然以快者曰既其穫矣乎則夫其穫云者穫已不必言也而早馳神于穫之外矣然而有喜焉有憂焉吾人以百畝束其身遊不過阡陌耳農事畢而塗塈之體不覺其輕自顧非農夫之故態矣可喜也吾人以三時勞其力衣不過襏襫耳涼風至而蠶績之成不堪以禦徒恃彼女子之所爲乎可憂也噫八月以後寒之必然吾知之也寒之猝然吾不知之也而天又以隕籜警之

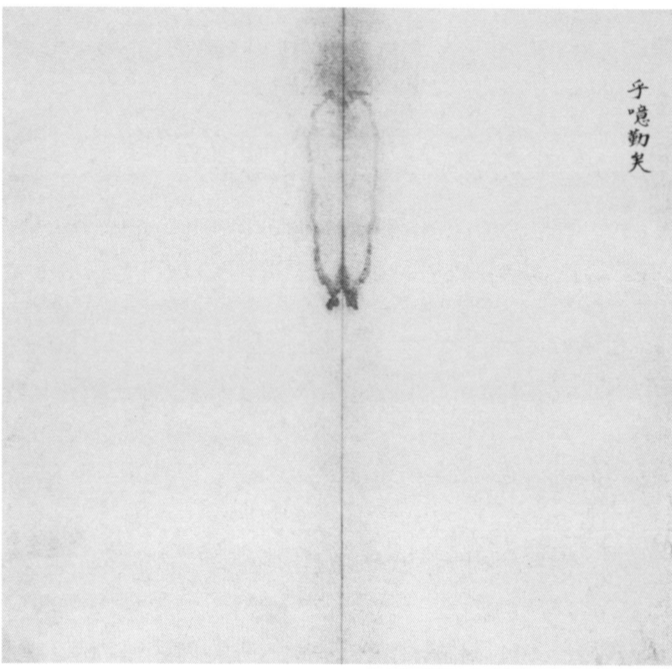
乎噫勤矣

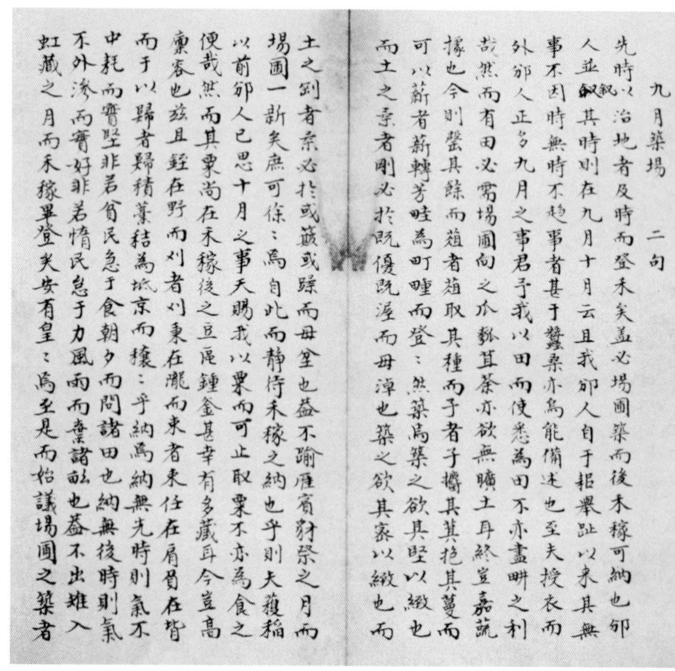
九月築場　二句
先時以治地者及時而登禾矣蓋必場圃築而後禾稼可納也卯人並叙其時則在九月十月云且我卯人自于耜舉趾以來其無事不因時無時不趨事者甚于蠶桑亦爲能備述也至夫授衣而外卯人正多九月之事君子我以田而使兆爲田不亦盡甽之利哉然而有田必需場圃向之亦耕耳茶亦欲無曠土耳終豈嘉蔬據也今則蠶其餘而殖者殖取其種而予者予儲其其掊其蔓而可以薪者薪轉芳畦爲町畽而登登然築爲築之欲其堅以緻也而土之桼者則必於既傻既渥而毋淖也築之欲其密以緻也而土之剝者亦必於或蔵或蹂而毋坌也蓋不踰應宿豺祭之月而場圃一新矣庶可傒傒焉自此而靜待禾稼之納也乎則大穫稱以前卯人已思十月之事矣賜我以粟而可止取粟不亦爲食之便哉然而其粟尚在禾稼後之豆屣鍾釜甚幸有多藏耳今豈高廩峉也茲且鋌在野而刈者刈束在隴而束者束任在肩負在背而于以歸者歸積藁秸爲坻京而穰穰乎納爲納無先時則氣不中耗而實堅非若貧民急于食朝夕而問諸田也納無後時則氣不外滲而實好非若惰民怠于力風雨而棄諸畝也蓋不出雉入虹藏之月而禾稼畢登矣安有望望焉至是而始議場圃之築者

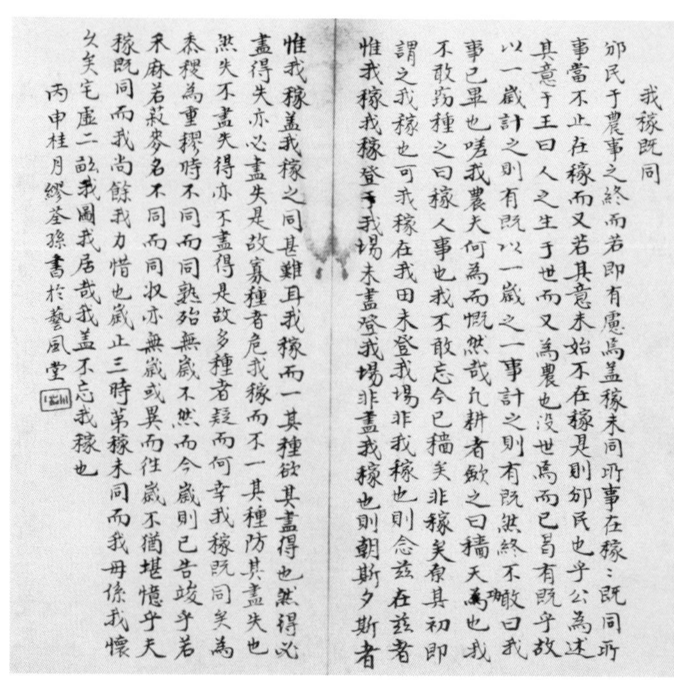
我稼既同
卯民于農事之終而若即有慮焉蓋稼未同所事在稼稼既同所事當不止在稼而又若其意未始不在稼是則卯民也乎公爲述其意于王曰人之生于世而又爲農也沒世焉而已昌有既乎故以一歲計之則有既以一歲之一事計之則有既然終不敢曰我事已畢也嗟我農夫何爲而慨然哉凡耕者歛之曰穡天爲也我不敢必種之曰稼人事也我不敢忘今已穡矣非稼矣原其初即謂之我稼也可我稼在我田未登我場非我稼也則念茲在茲者惟我稼我稼登于我場未盡登我場非盡我稼也則朝斯夕斯者惟我稼蓋我稼之同甚難耳我稼而一其種欲其盡得也然得必盡得失亦必盡失是故寡種者危我稼而不一其種防其盡失也然失不盡失得亦不盡得是故多種者疑而何幸我稼既同矣爲黍稷爲重穋時不同而同熟殆無歲不然而今歲則已告竣乎若禾麻若菽麥名不同而同收亦無歲或異而往歲不猶堪憶乎天稼既同而我尚餘我力惜也歲止三時第稼未同而我毋徐我懷久矣宅廬二畝我圃我居哉我蓋不忘我稼也
丙申桂月繆荃孫書於藝風堂

一一四　缪荃孙　文稿册

（图一一四　51—55）

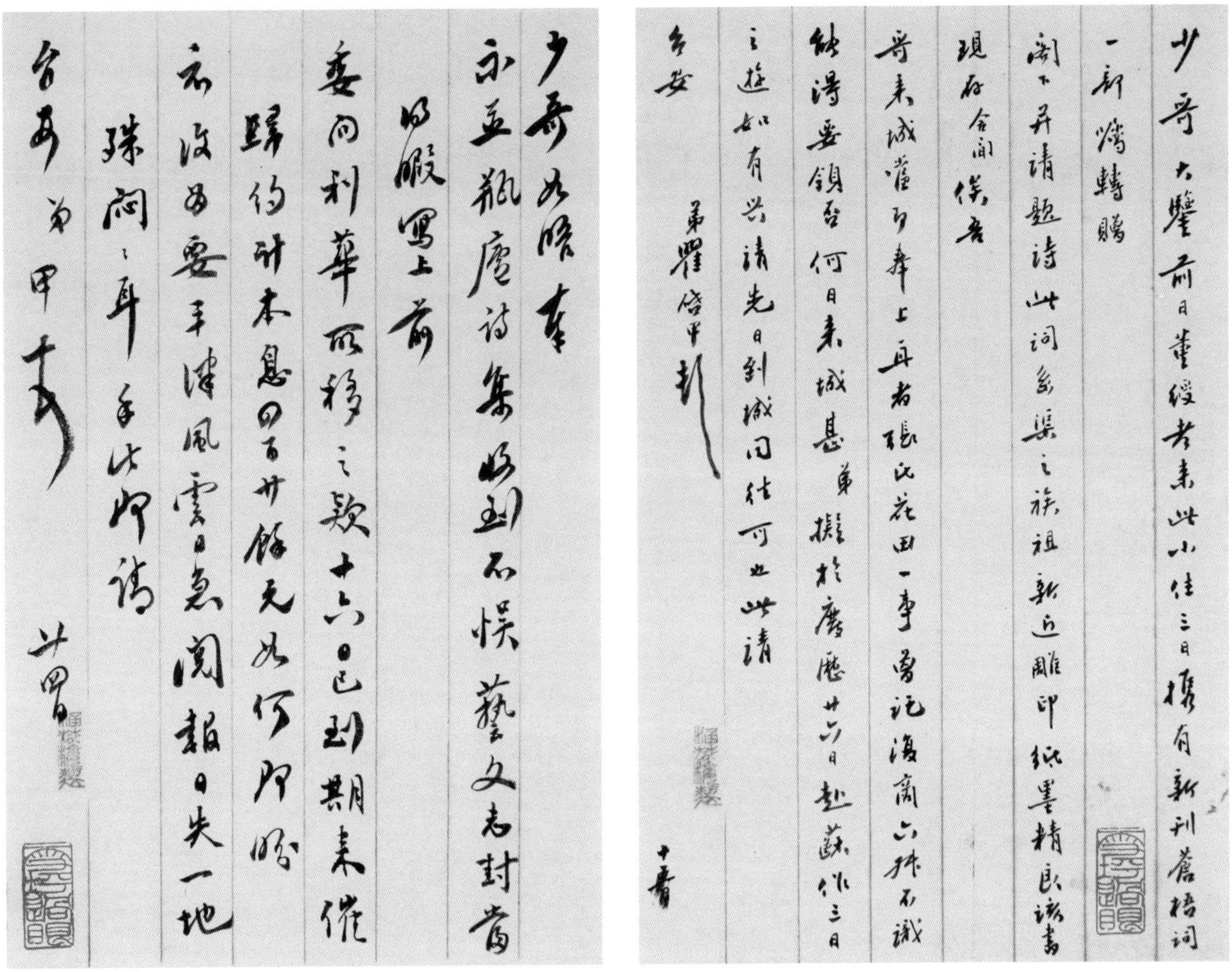

（图一一五　1－2）

一一五　瞿启甲　致少哥书札

瞿启甲（1878—1938 年），近代著名藏书家。字良士，别号铁琴道人，江苏常熟人。常熟瞿氏铁琴铜剑楼藏书至启甲为四世。1913 年当选国会众议院议员，旋以拒曹锟贿选，退居里门，致力于搜集地方文献，1924 年军阀内战，为免兵燹移书于沪珍藏。时为中国四大藏书家之一。

一一六　嘉斌　书信函

嘉斌　不详

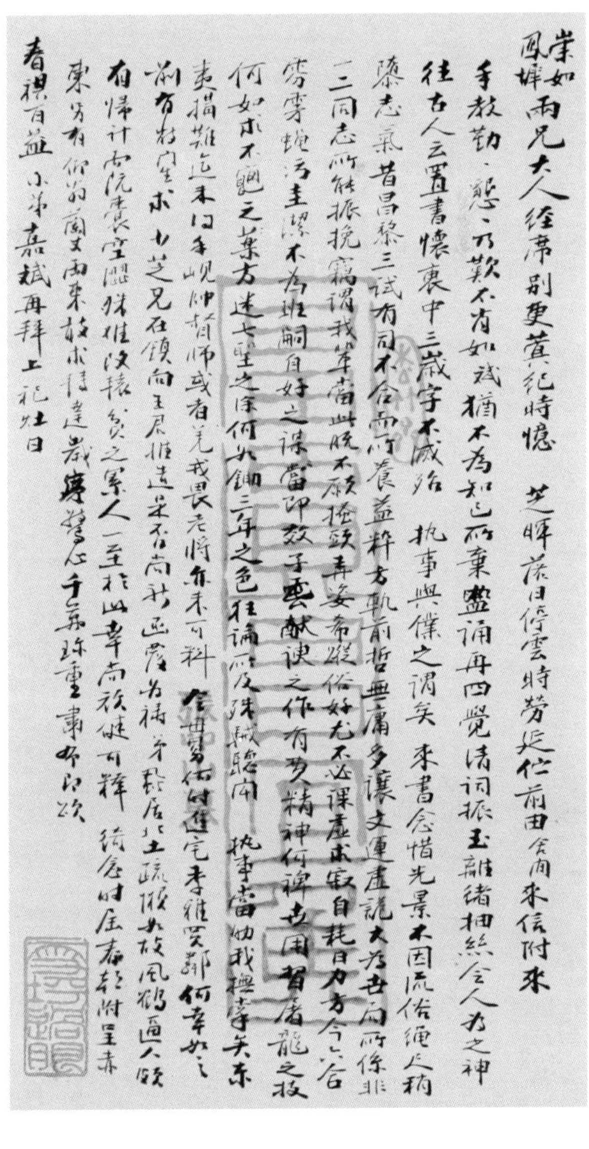

（图一一六－1）

一一六 嘉斌 书信函

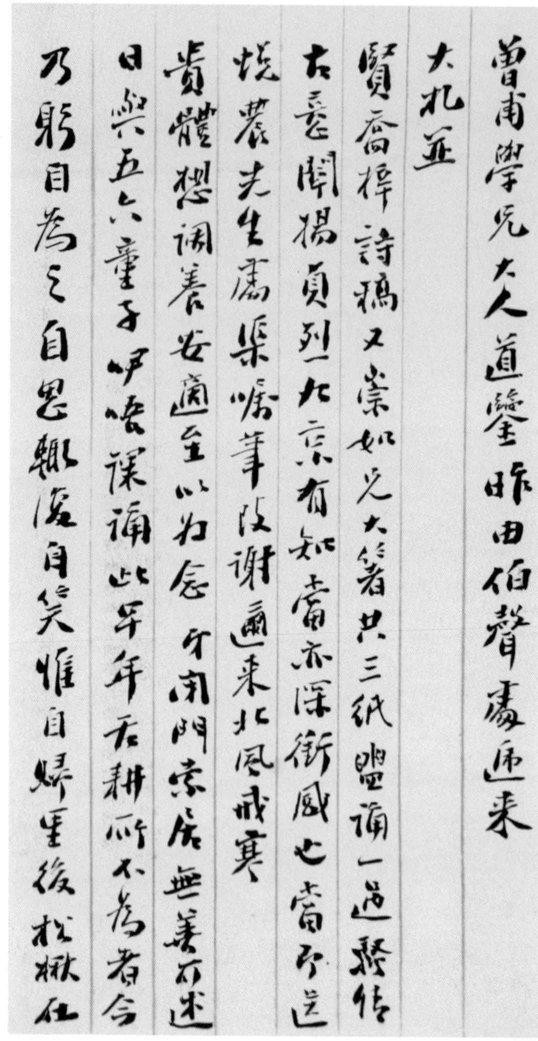

曾甫學兄大人道鑒 昨由伯聲處遞來
大札並
賢喬梓詩稿又崇如兄大箸共三紙 盥誦一過 疑係
古臺閣揚鼎烈之大京有知當亦深銜感也 當即送
坡巖先生處 渠囑筆致謝 適來北風戒寒
貴體想調養安適 至以為念 弟閉門索居 無善可述
日與五六童子伊唔課誦 此卅年前所不為者 今
乃躬自為之 自思輒復自笑 惟自歸里後 於楸枰在

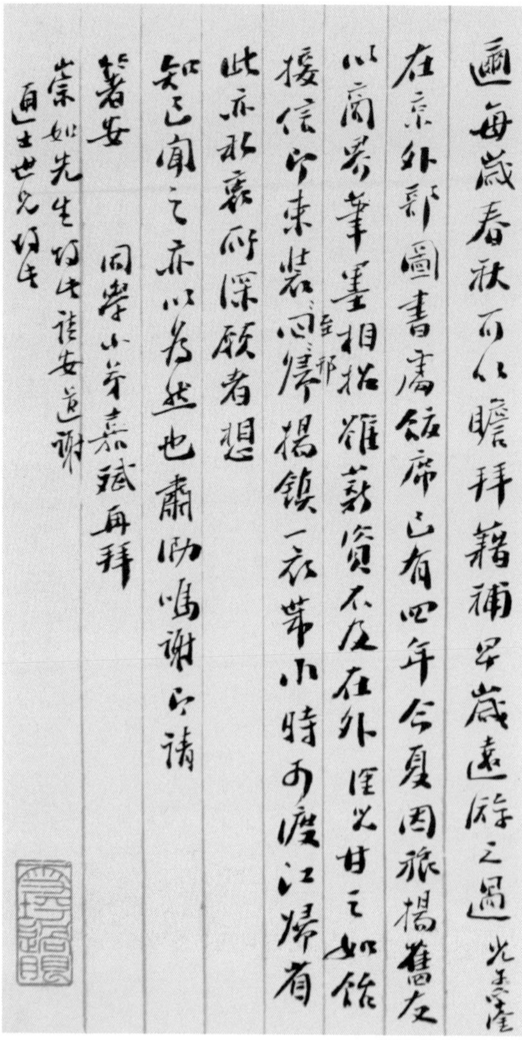

適每歲春秋可以瞻拜 籍補卅歲遠游之過 先墓塋
在京外郭圖書處館席已有四年 今夏因旅揚舊友
以商舊筆墨相招 雖薪資不及在外 然必甘之如飴
援信可來 邾 紫心懷揚鎮一衣帶水 時可渡江歸省
此亦私衷所深願者 想
知己聞之亦以為然也 肅此鳴謝 即請
著安 同學小弟嘉斌再拜
崇如先生均此請安道謝
直士世兄均此

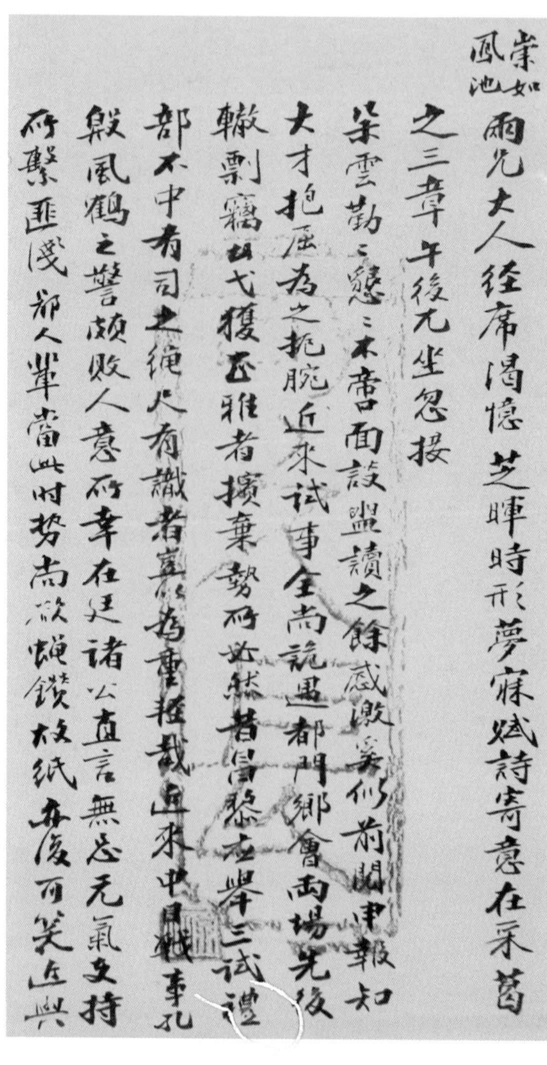

崇如 鳳池 雨兄大人經席 渴憶 芝暉 時形夢寐 斌詩寄意在采葛
之三章 午後允生忽授
朵雲 勤勤懇懇 不啻面談 盥讀之餘 感激無似 前聞聿敦知
大才抱屈 為之扼腕 近來試事全尚詭遇 都門鄉會兩場 先後
轍剽竊幸弋獲 真雅者擯棄 勢所必然 昔倡懸慮舉三試 禮
部不中有司之繩尺 有識者嘗以為重 按截近來中日戰事孔
殷 風鶴之警 頻敗人意 所幸在廷諸公直言無忌 元氣支持
所繫匪淺 鄙人輩當此時勢 尚欲蝇鑽故紙 亦復可笑 近與

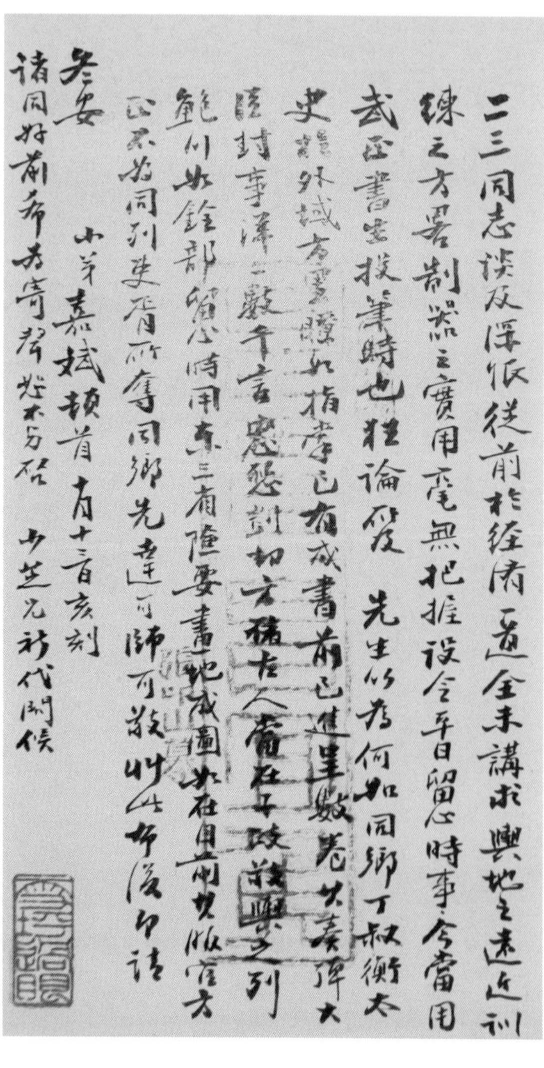

二三同志談及 須依從前於經術道全未講求 輿地之遠近 訓
練之方略 制器之實用 毫無把握 設令平日留心時事 今當用
武之時 書生投筆時也 推論及 先生以為何如 同鄉丁叔衡太
史 體外域 (?) 指掌 已有成書 前已進呈 [illegible] 太
謹封事 澤之 數千言 懇懇剴切 古稱古人當在子政 (?) 之列
能付此銓部 留心時用 本三有隆要書 地域圖 此在自聞其微 (?)
正是為同列 更有所奪 同鄉先達 可師可敬 此此亦復 即請
冬安 小弟嘉斌頓首 十二月 亥刻
諸同好前希為寄聲 恕不另啟 少芝兄於 代問候

(图一一六 2-5)

兩漢金石記云碑在湖南耒陽縣其文十八行行二十四字隸書以順為順从心色為色今按下文邑字亦作色劉陽為瀏陽御為禦訓詒為疇詒顯為顯梨為黎縱為蹤蓋猶沿漢碑之遺其字遒勁亦有漢分隸法也 又云是碑罕見於著錄惟歐趙二書有之趙有目無跋 歐陽公云碑無書撰人名氏按秦本紀非子邑於秦而氏與永孟侯相碑皆為扉子莫詳其義也近日崑山葉九來奕菴金石錄補題曰吳秦朗碑按吳志建衡三年陶潢破交趾禽殺晉所置守將九真日南皆還屬朗以是年守九真此年改元鳳皇而卒史不立傳其三世皆仕吳為牧守而志亦無考也 方個按葉氏引吳志是矣但以為秦朗者乃誤讀碑內爍推嬴氏後封秦谷之句而誤衍耳 不特歐趙二書皆作谷朗為可據今所見拓本之末有興業鄉大義鄉嗣孫谷超凰谷尚志諸姓名皆谷氏之後裔 其為谷朗愈無可疑矣 復生記

(图一一七 -1)

一一七　谭嗣同　谷朗碑考

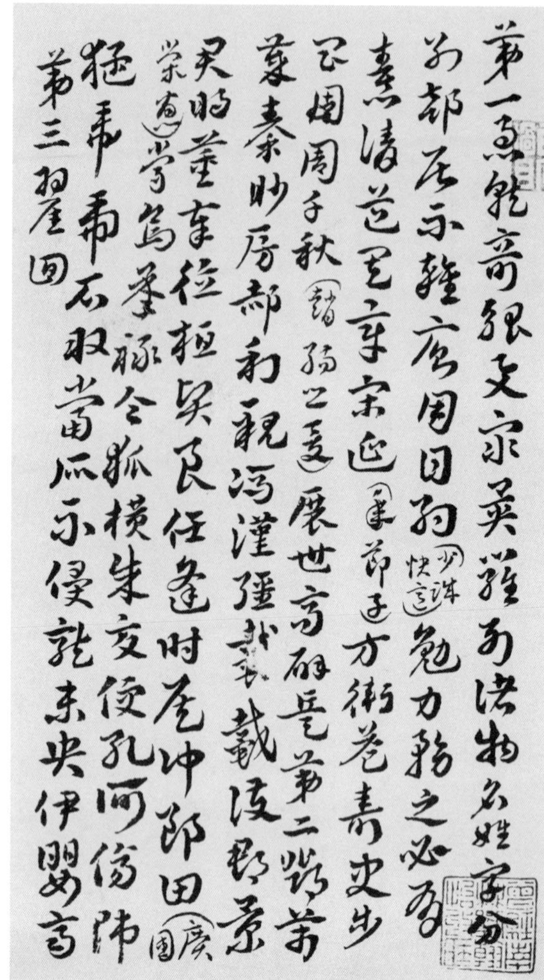

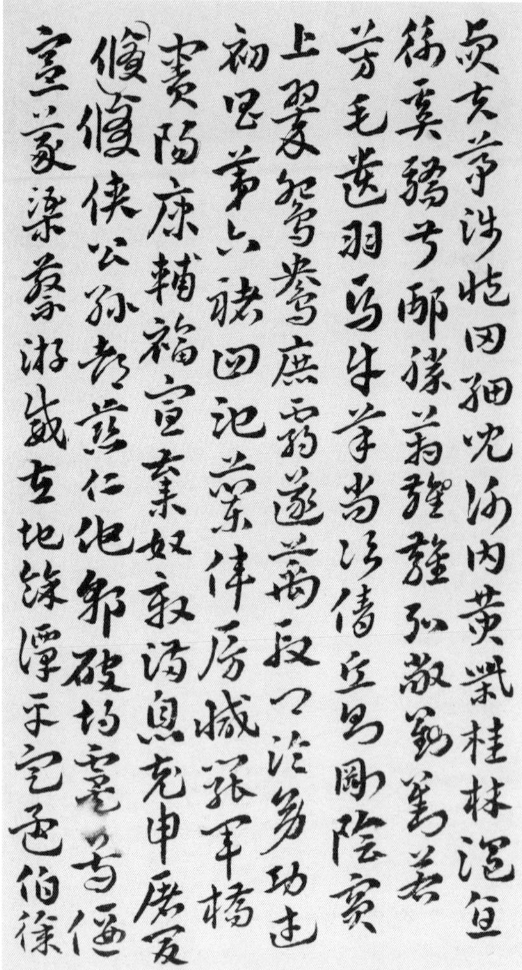

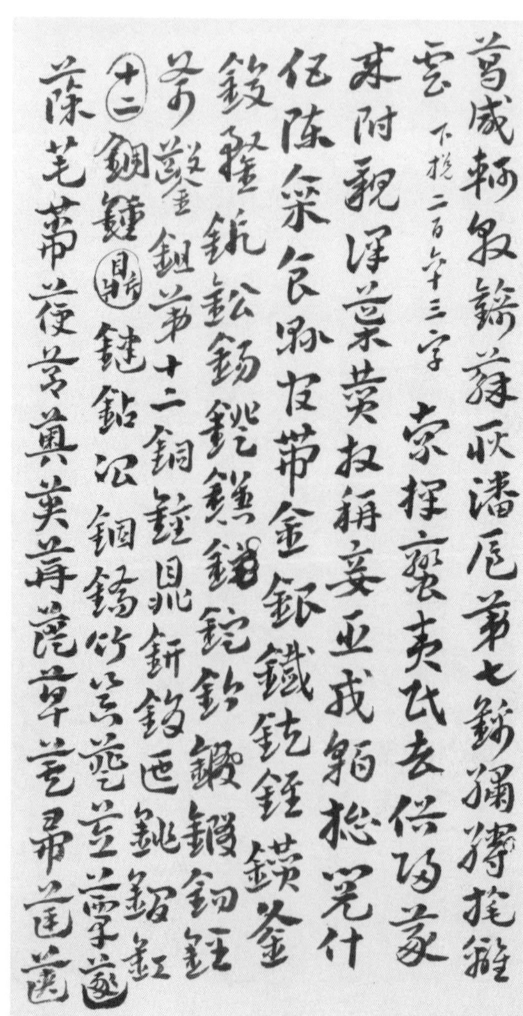

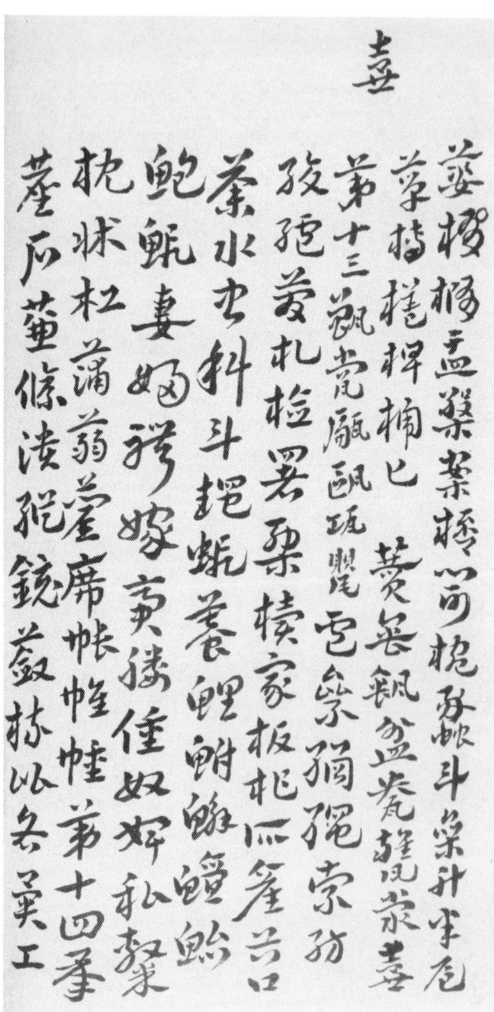

（图一一八　1－4）

一一八 谭嗣同 章草册页

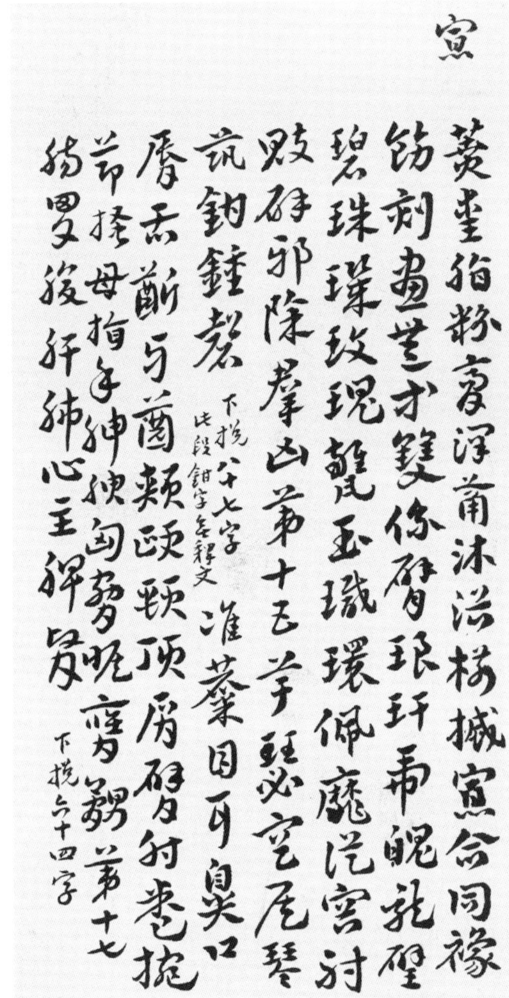

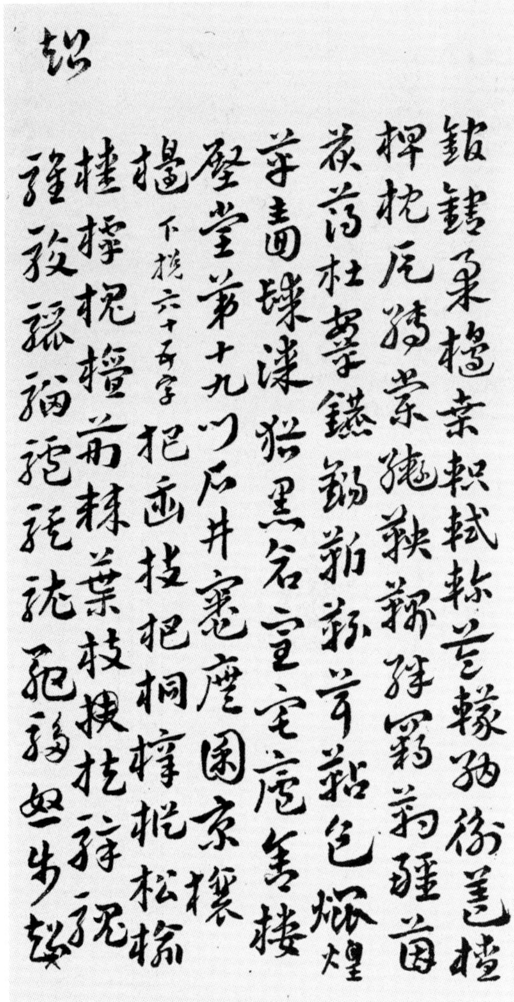

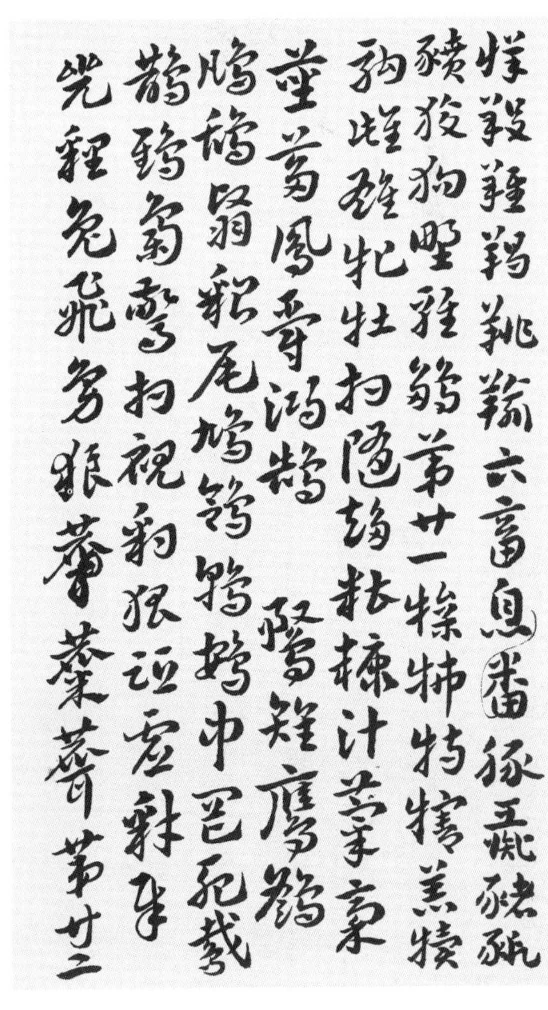

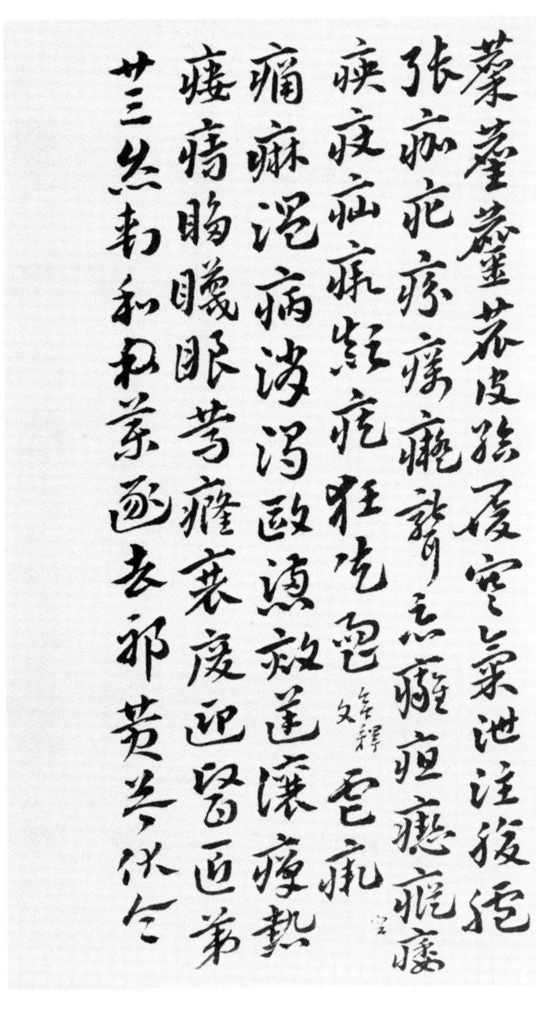

(图一一八 5—8)

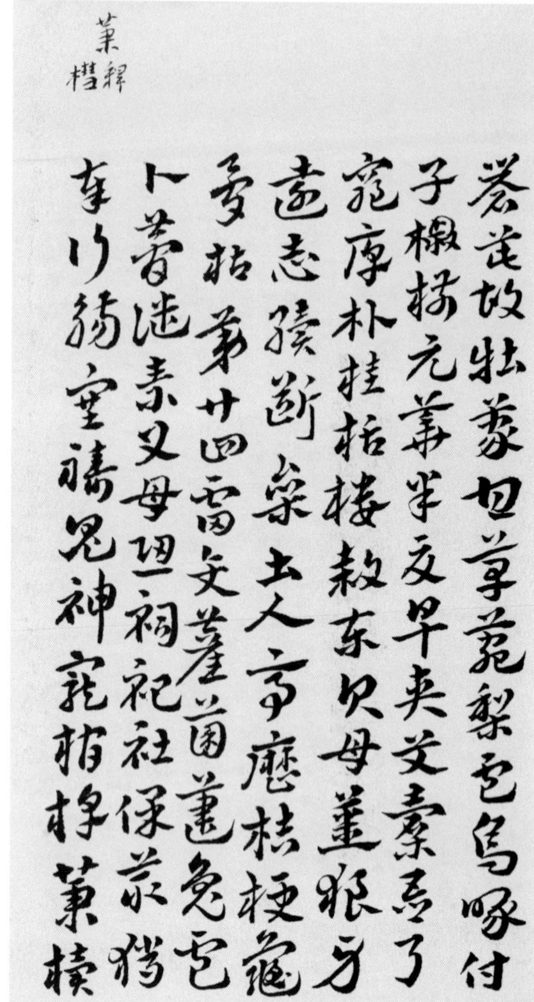

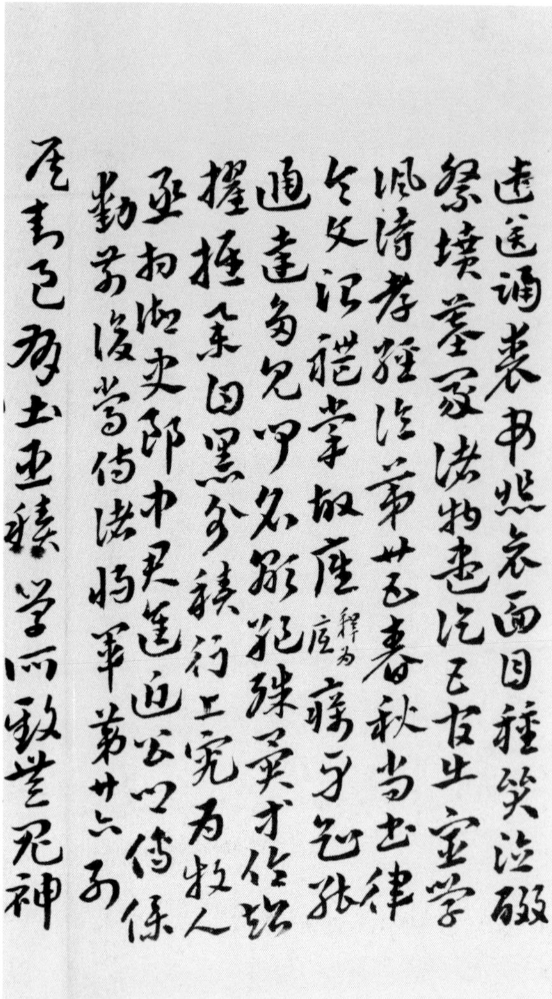

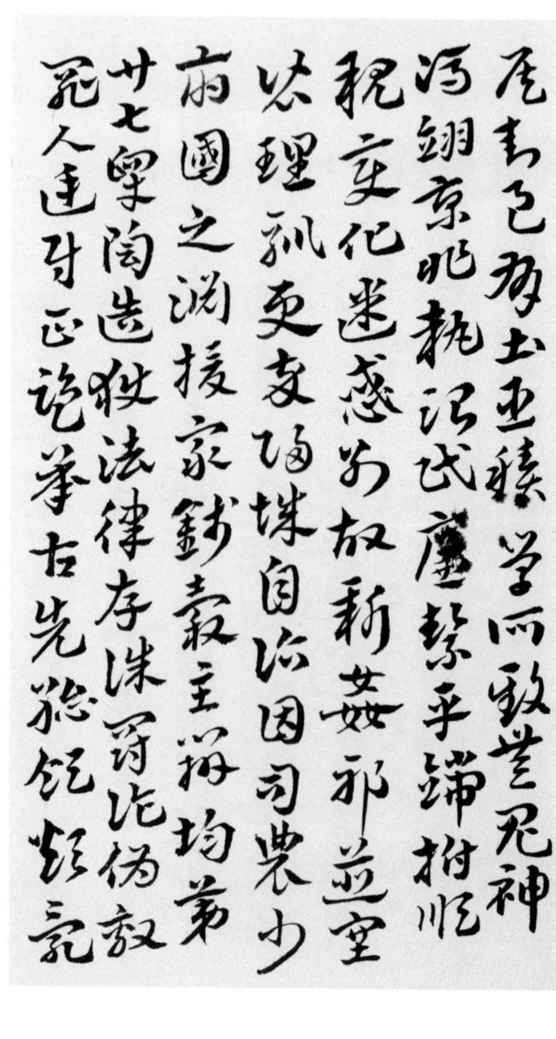

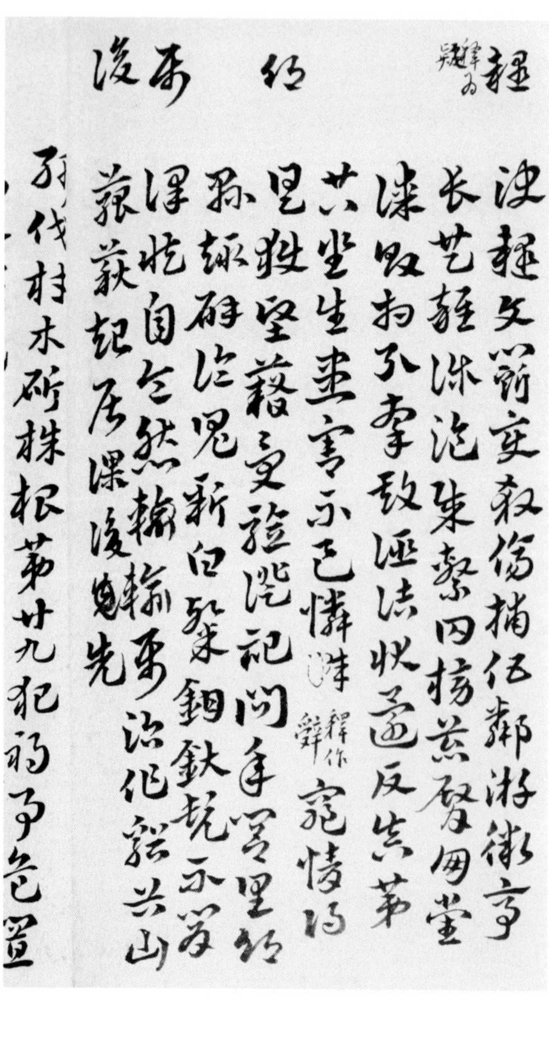

（图一一八　9—12）

一一八 谭嗣同 章草册页

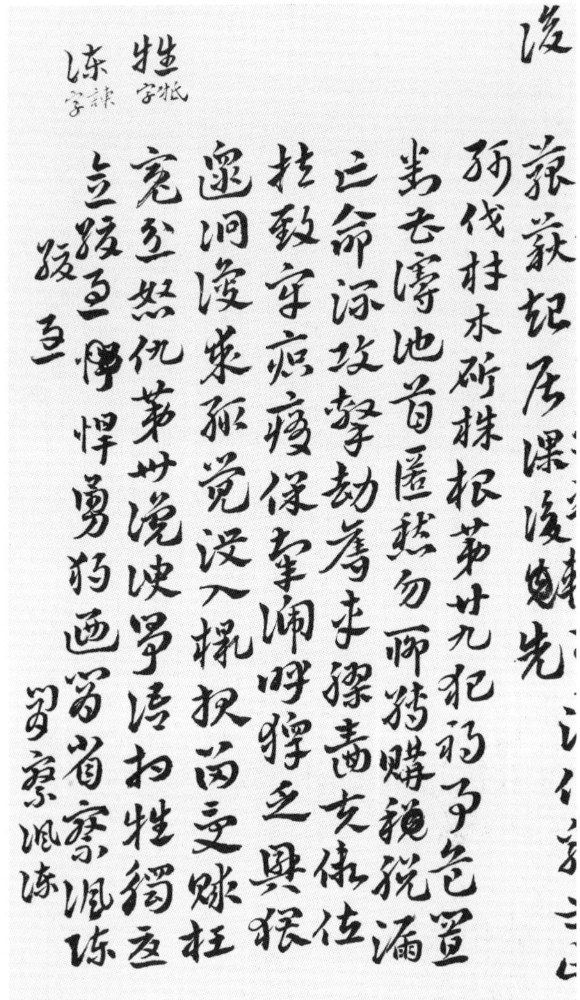

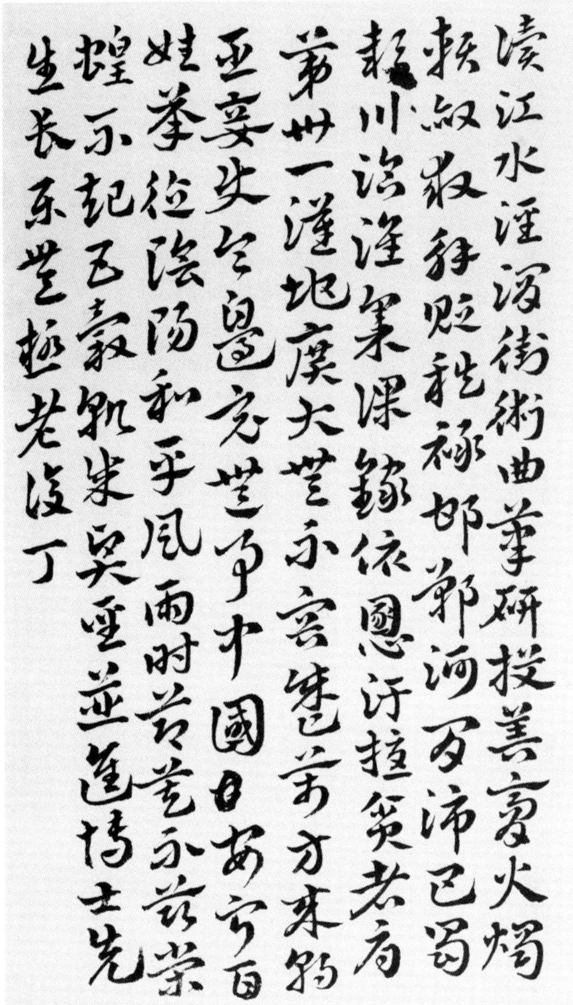

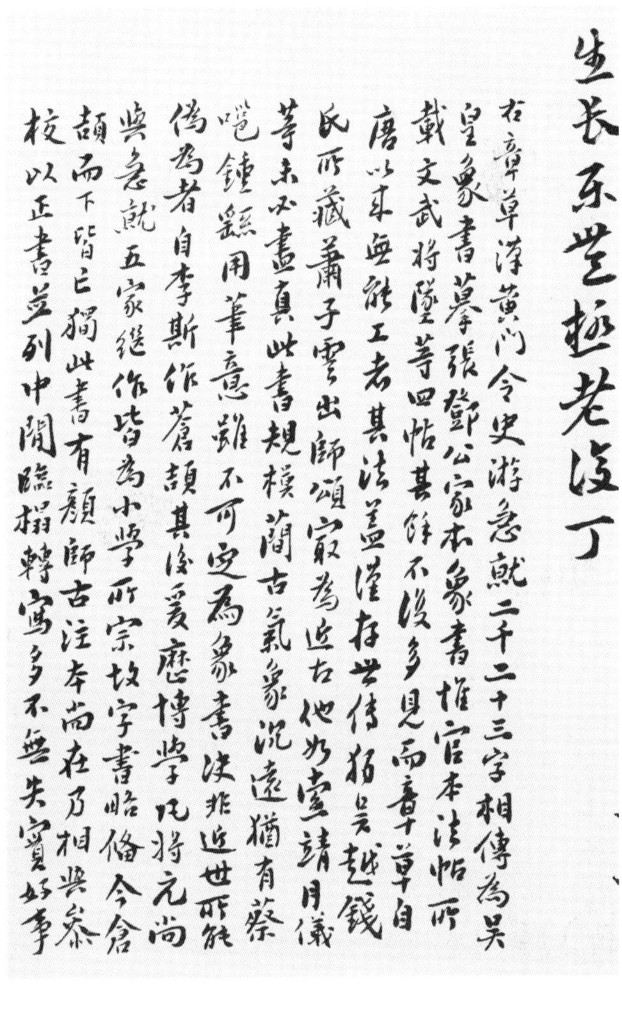

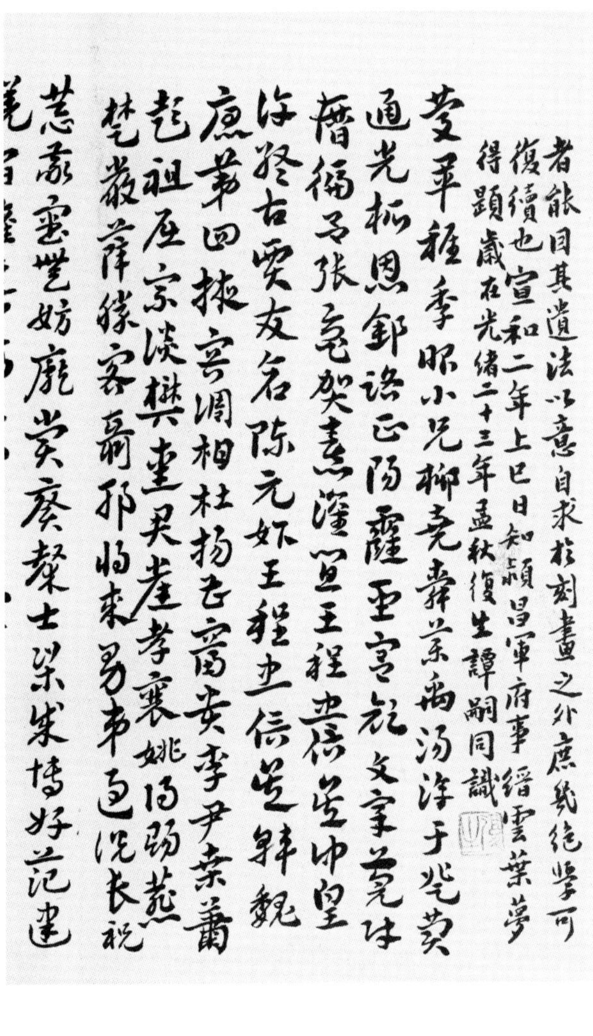

（图一一八 13－16）

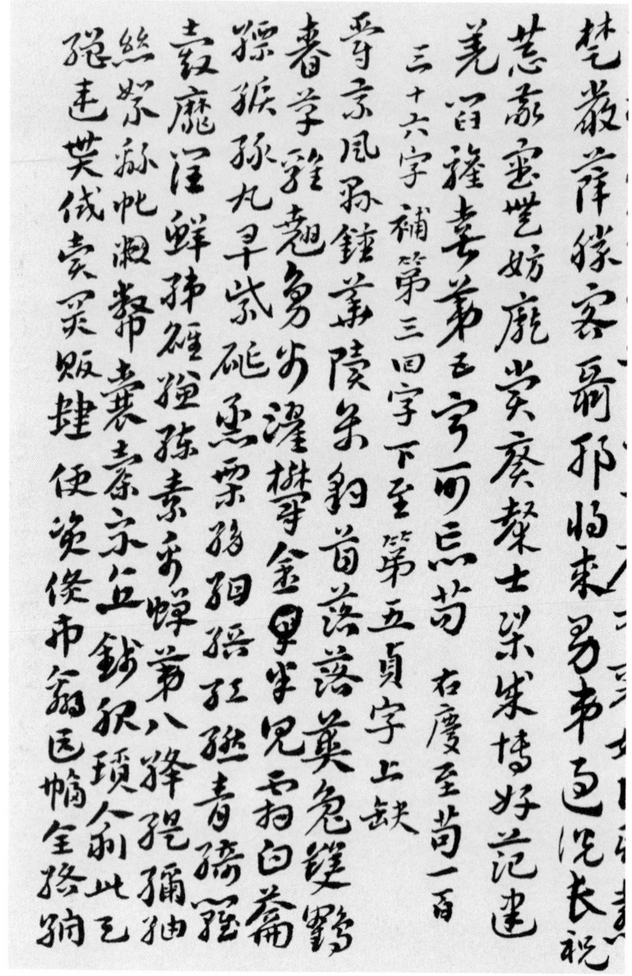

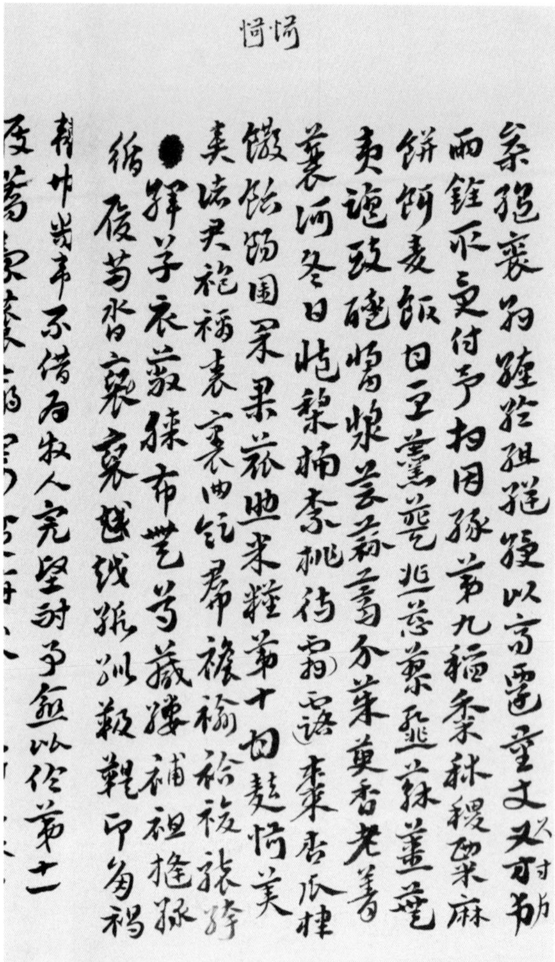

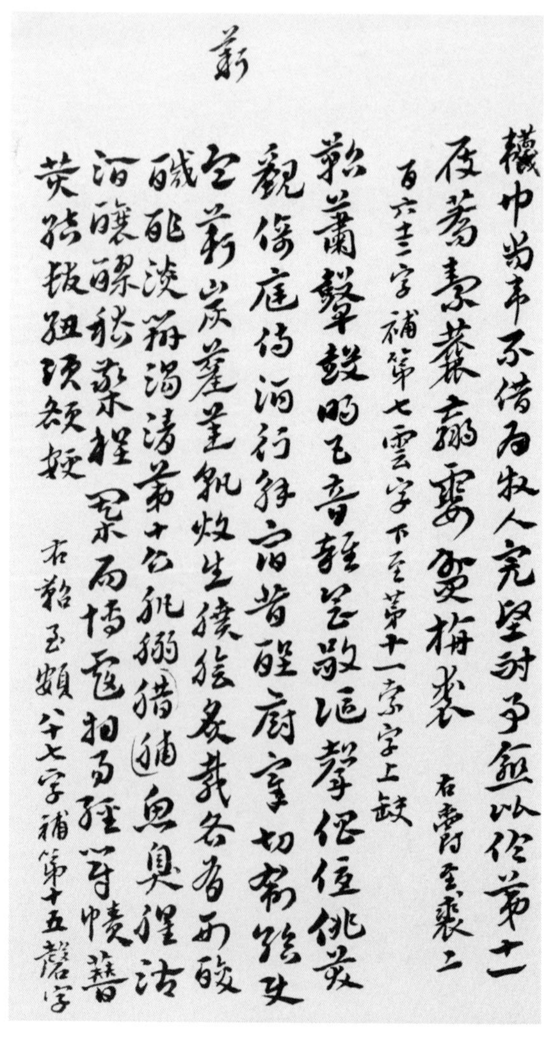

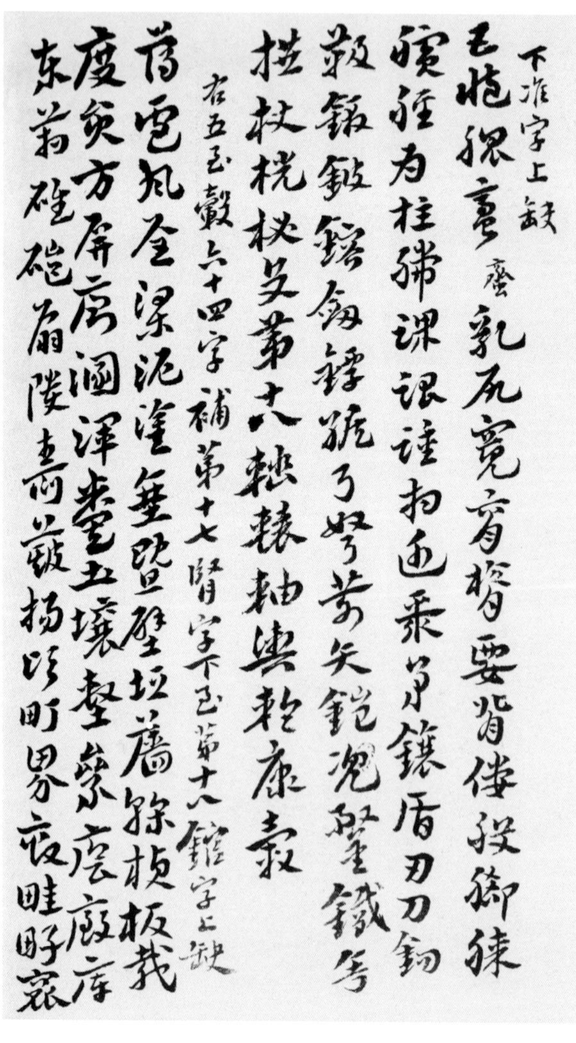

（图一一八　17—20）

一一八 谭嗣同 章草册页

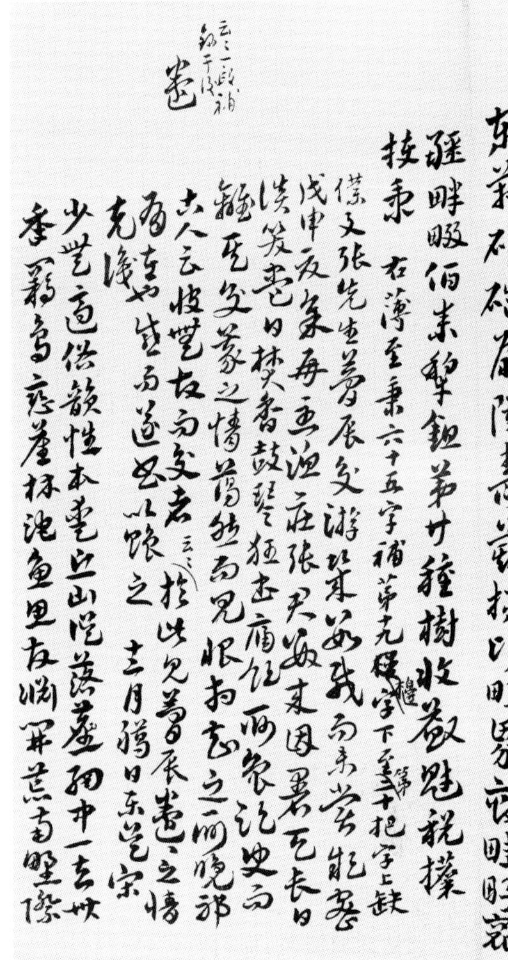

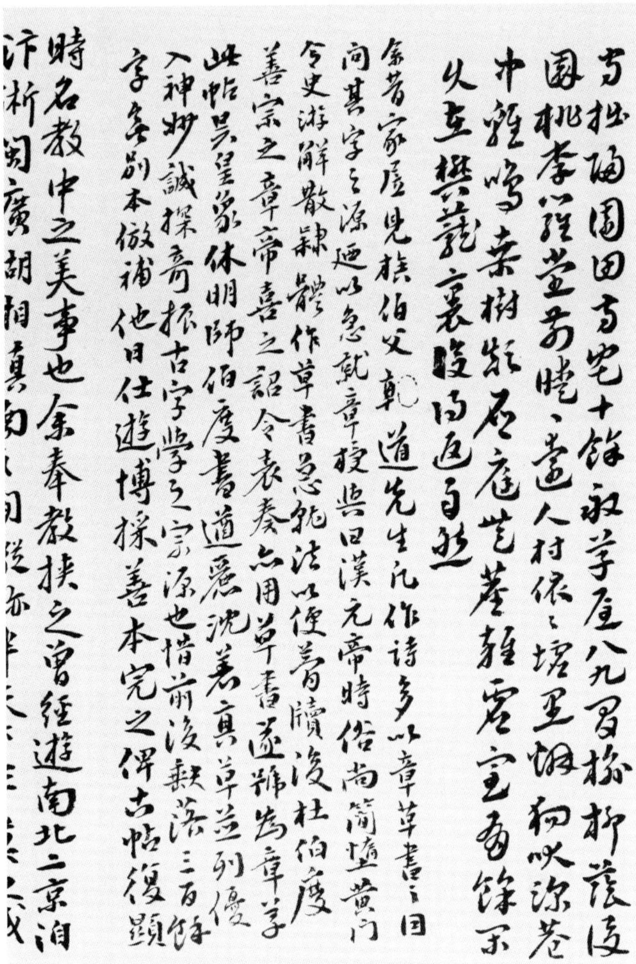

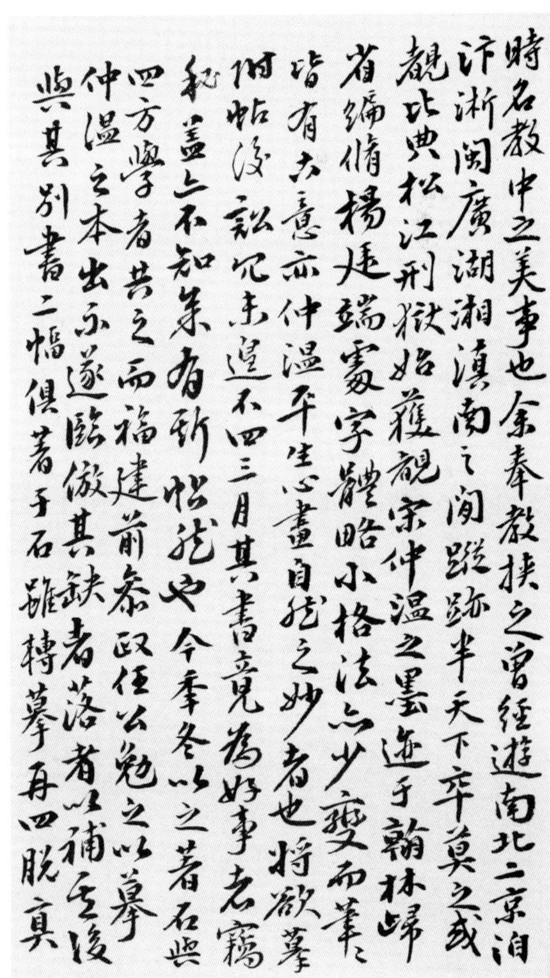

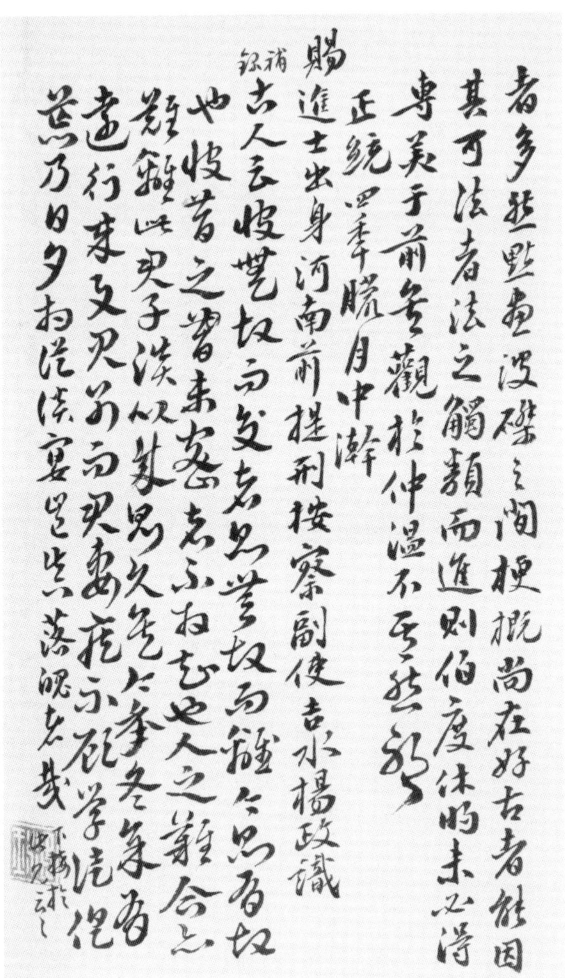

（图一一八 21—24）

一一九　谭嗣同　楷书古诗三格

七古三格

長格類二

第一副長格

擣衣篇 李太白

閨裏佳人年十餘顰蛾對影恨離居忽逢江上春歸鷰
銜得雲中尺素書玉手開緘長歎息狂夫猶戍交河北
萬里交河水北流願為雙鳥泛中洲君邊雲擁青絲騎
妾處苔生紅粉樓樓上春風日將歇誰能攬鏡看愁髮
曉吹員管隨落花夜擣戍衣向明月明月高高刻漏長
真珠簾箔掩蘭堂橫垂寶幄同心結半拂瓊筵蘇合香

瓊筵寶幄連枝錦燈燭熒熒照孤寢有使憑將金剪刀
為君留下想思枕摘盡庭蘭不見君紅巾拭淚生氤氲
明年若更征邊塞願作陽臺一段雲

光緒二十二年四月譚嗣同書於寥天一閣

戲答趙伯充勸莫學書及為席子澤解嘲 黃魯直

平生飲酒不盡味五鼎饋肉如嚼蠟我醉欲眠便遣客
三年窺牆亦面壁空餘小來翰墨場松煙兔穎傍明窗
偶隨兒戲灑墨汁衆人許在崔杜行晚學長沙小三昧
幻出萬物真成狂龍蛇起陸雷破柱自喜奇觀繞繩牀
家人罵笑窮有道污染黃素敗粉牆誠不如南鄰席明
府蛛網鎖硯蝸書梁懷中探丸起九死才術頗似漢太
倉感君詩句喚夢覺邯鄲初未熟黃粱身如朝露無牢
強玩此白駒過隙光從此永明書百卷自公退食一爐香

書磨崖碑後 黃魯直

春風吹船著浯溪扶藜上讀中興碑平生半世看墨本
摩挲石刻鬢成絲明皇不作苞桑計顛倒四海由祿兒
九廟不守乘輿西萬官已作烏擇栖撫軍監國太子事
何乃趣取大物為事有至難天幸爾上皇跼蹐還京師
內間張后色可否外間李父頤指揮南內淒涼幾苟活
高將軍去事尤危臣結春陵二三策臣甫杜鵑再拜詩
安知忠臣痛至骨世上但賞瓊琚詞同來野僧六七輩
亦有文士相追隨斷崖蒼蘚對立久凍雨為洗前朝悲

走答明略適堯民來相約奉謁故篇末及之 黃魯直

君不見生不願為牛後寧為雞口吾聞向來得道人終
古不忒如維斗希價咸陽諸少年可推令往挽令還俗
學風波能自拔我識廖侯眉宇間省庭無人與爭長主
司得之如受賞東家一笑市盡傾略無下蔡與陽城生
珠之水砂礫潤生玉之山草木榮觀君詞章亦如此諒
知躬行有君子更約探囊閱舊文蛛絲燈花助我喜賢
樂堂前竹影斑好鳥自語莫令彈北鄰著作相勞苦整
駕謁予邀同攀麈煩下榻煮茶藥生待月輪銜屋山

答明略並寄無咎 黃魯直

可以忘憂唯有酒清聖濁賢皆可口前日過君飲不多
明日解酲無五斗古木清陰丹井欄夜來涼月屋頭還

論交撥置形骸外得意相忘樽俎間冰壺不可與夏蟲
饗秋月不可與俗士賞已得樽前兩友生更思一士濟
陽城雖無四至九卿之規畫猶有千秋萬歲之真榮空
名未食太倉米今作斑衣老萊子卿家嗣宗望爾來不
獨我聞足音喜西風索寞葉初乾長鋏歸來亦罷彈窮
巷蓬蒿深一尺朱門廉陛高難攀吾儕相逢置是事百
世之下仰高山

觀劉永年團練畫角鷹 黃魯直

劉侯才勇世無敵愛畫工夫亦成癖弄筆掃成蒼角鷹
殺氣稜稜動秋色爪拳金鉤觜屈鐵萬里風雲藏勁翮

（图一一九　1—3）

兀立枝柯不畏人眼看青冥有餘力霜飛晴空塞草白
雲垂四野陰山黑此時軒然盡飛去何乃巑岏立西壁
祇應真骨下人世不謂雄姿留粉墨造次更無高鳥喧
等閑亦恐狐貍嚇旁觀未必窮神妙乃是天機貫胷臆
瞻相突兀摩空材想見其人英武格傳聞揮毫頗容易
持以與人無甚惜物逢真賞世所珍此畫他年恐難得

光緒二十二年四月譚嗣同書於上元

長格類　第一正長格　十二韻　十六　蒔薰精舍

僕曩於長安陳漢卿家見吳道子畫佛碎爛可惜其
後十餘年復見之於鮮于子駿家則已裝背完好
子駿以見遺作詩謝之　蘇子瞻

貴人金多身復閑爭買書畫不計錢已將鐵石充逸少
更補朱繇為道玄煙薰屋漏裝玉軸鹿皮蒼璧知誰賢
吳生畫佛本神授夢中化作飛空仙覺來落筆不經意
神妙獨到秋毫巔昔我長安見此畫歎息至寶空潸然
素絲斷續不忍看已作蝴蝶飛聯翩君能收拾為補綴
體質散落嗟神全誌公髣髴見刀尺修羅天女猶雄妍
如觀老杜飛鳥句脫字欲補知無緣問君乞得良有意
欲將俗眼為洗湔貴人一見定羞怍錦囊千紙何足捐
不須更用博麻縷付與一炬隨飛煙

次韻舒堯文祈雪霧豬泉　蘇子瞻

長笑蛇醫一寸腹銜水吐雹何時足蒼鵝無罪亦可憐
斬頸橫盤不敢哭豈知泉下有豬龍臥枕雷車踏陰軸
前年太守為旱請雨點隨人如撒菽太守歸國龍歸泉
至今人詠淇園綠我今又復罹此旱凜凜疲民在溝瀆
卻尋舊跡叩神泉生客仍攜王子淵看草中和樂職頌
新聲妙語慰華顛曉來泉上東風急須上冰珠老蛟泣
怪詞欲逼龍飛起嶮韻不量吾所及行看積雪厚埋牛

長格類　第一副長格　十三韻　三　蒔薰精舍

誰與春工掀百蟄此時還復借君詩餘力汏輈仍貫笠
揮毫落紙勿言疲驚龍再起震失匙

秦少游夢發殯而葬之者云是劉發之柩是歲發首
薦秦以詩賀之劉涇亦作因次其韻　蘇子瞻

君看三代士執雉本以殺身為小補居官死職戰死綏
夢尸得官真古語五行勝已斯為官官如草木吾如土
仕而未祿猶賓客待以純臣蓋非古餽焉曰獻稱寡君
豈比公卿相爾汝世衰道微士失已得喪悲歡反其故
草袍蘆箠相嫵媚飲食嬉游事羣聚曲江船舫月燈毬
是謂舞殯而歌墓看花走馬到東野餘子紛紛何足數
二生年少兩豪逸詩酒不知軒冕苦故令將仕夢發棺
勸子勿為官所腐塗車芻靈皆假設著眼細看君勿誤
時來聊復一飛鳴進退不須煩伍舉

歲在丙申四月復生譚嗣同書於白下

長格類　第一副長格　十三韻　四　蒔薰精舍

（图一一九　4－6）

和荅梅子明王揚休點密雲龍　黃魯直

小壁雲龍不入香元豐龍焙承詔作二月嘗新官字盞
游絲不到延春閣去年曾口減光輝人間十九人未知
外家春官小宗伯分送蓬山裁半璧建安甕椀鷓鴣班
谷簾水與月共色五除試湯飲墨客泛甌銀粟無水脈
辟宮邂逅王廣文初觀團團破龍紋諸公自別淄澠了
兎月葵花不足論石礑舂芽風雪落煮澆肺渴初不惡
河伯來觀東海若鹿逢朱雲真折角子真雲孫睡成珠
廟堂只今用諸儒鍊成五石補天手上書致身可亨衢
顧我賜茶無骨相他年幸公肯相餉

長格類　第一副長格　十三韻　五　蒔薰精舍

次韻子瞻與舒堯文禱雪霧豬泉倡和　黃魯直

老農年饑望人腹想見四溟森雨足林回投璧負嬰兒
豈聞烹兒翁不哭未論萬戶無炊煙蛛絲蝸涎經杼軸
使君閔雪無肉味煮餅青蒿下鹽豉豈云薊爪宜侵肌
霜不殺草仍故綠幽靈冥鼉西山霧牲肥酒香神未瀆
得微往從董父豢雷罪繫葛陂淵卜澤祠官齋博士
暴露致告蒼崖顛請天行澤不汲汲爾亦枯魚過河泣
生鵝斬頸血未乾風馬雲車坐相及百里旌旗灑玉花
使君義動龍蛇蟄老農歡喜有春事呼兒飯牛理蓑笠
博士勿歎從公疲明年麥飯滑流匙

七古三格

長格類三

第二正長格

渼陂行　杜子美

岑參兄弟皆好奇攜我遠來遊渼陂天地黤慘忽異色
波濤萬頃堆琉璃琉璃汗漫泛舟入事殊興極憂思集
鼉作鯨吞不復知惡風白浪何嗟及主人錦帆相為開
舟子喜甚無氛埃鳧鷖散亂棹謳發絲管啁啾空翠來
沈竿續蔓深莫測菱葉荷花靜如拭宛在中流渤澥清
下歸無極終南黑半陂已南純浸山動影裊窕沖融間

長格類　第二正長格　十四韻　二　蒔薰精舍

船舷暝戛雲際寺水面月出藍田關此時驪龍亦吐珠
馮夷擊鼓羣龍趨湘妃漢女出歌舞金支翠旗光有無
咫尺但愁雷雨至蒼茫不曉神靈意少壯幾時奈老何
向來哀樂何其多

哀王孫　杜子美

長安城頭頭白烏夜飛延秋門上呼又向人家啄大屋
屋底達官走避胡金鞭斷折九馬死骨肉不待同馳驅
腰下寶玦青珊瑚可憐王孫泣路隅問之不肯道姓名
但道困苦乞為奴已經百日竄荊棘身上無有完肌膚
高帝子孫盡隆準龍種自與常人殊豺狼在邑龍在野

王孫善保千金軀不敢長語臨交衢且為王孫立斯須
昨夜東風吹血腥東來橐駝滿舊都朔方健兒好身手
昔何勇銳今何愚竊聞天子已傳位聖德北服南單于
花門剺面請雪恥慎勿出口他人狙哀哉王孫慎勿疏
五陵佳氣無時無

病後遇王倚飲贈歌　杜子美

麟角鳳觜世莫識煎膠續弦奇自見尚看王生抱此懷
在于甫也何由羨且遇王生慰疇昔素知賤子甘貧賤
酷見凍餒不足恥多病沈年苦無健王生怪我顏色惡
荅云伏枕艱難徧瘧癘三秋孰可忍寒熱百日相交戰

長格類　第二正長格　十四韻　二　蒔薰精舍

頭白眼暗坐有胝肉黃面皺命如綫惟生哀我未平復
惟我力致美肴膳遣人向市賒香粳喚婦出房親自饌
長安冬菹酸且綠金城土酥靜如練兼求富豪且割鮮
密沽斗酒諧終宴故人情義晚誰似令我手腳輕欲旋
老馬為駒信不虛當時得意況深眷但使殘年飽喫飯
只願無事常相見

醉為馬墜諸公攜酒相看　杜子美

甫也諸侯老賓客罷酒酣歌拓金戟騎馬忽憶少年時
散蹄迸落瞿塘石白帝城門水雲外低身直下八千尺
粉堞電轉紫遊韁東得平岡出天壁江村野堂爭入眼

（图一一九　7—9）

一一九 谭嗣同 楷书古诗三格

垂鞭𨇾鞚淩紫陌向來皓首驚萬人自倚紅顏能騎射
安知決臆追風足朱汗駿驔猶噴玉不虞一蹶終損傷
人生快意多所辱職當憂戚伏衾枕况乃遲暮加煩促
明知來問腆我顏杖藜强起依僮僕語盡還成開口笑
提攜別掃清溪曲酒肉如山又一時初筵哀絲動豪竹
共指西日不相貸喧呼且覆杯中淥何必走馬來爲問
君不見嵇康養生遭殺戮

光緒二十二年四月譚嗣同書

長格類 第二正長格 十四韻 三蒔薰精舍

寒食日出遊 韓退之
李花初發君始病我往看君花轉盛走馬城西惆悵歸
不忍千株雪相映邇來又見桃與梨交開紅白如爭競
可憐物色阻攜手空展霜縑吟九詠紛紛落盡泥與塵
不共新妝比端正桐華最晚今已繁君不强起時難更
關山遠別固其理寸步難見始知命憶昔與君同貶官
夜渡洞庭看斗柄豈料生還得一處引袖拭淚悲且慶
各言生死兩追隨直置心親無貌敬念君又署南荒吏
路指鬼門幽且夐三公盡是知音人曷不薦賢陛下聖
囊空甑倒誰救之我今一食日還併自然憂氣損天和
安得康强保天性斷鶴兩翅鳴何哀縶驥四足氣空橫
今朝寒食行野外綠楊市岸蒲生迸宋玉庭邊不見人
輕浪參差魚動鏡自嗟孤賤足瑕疵特見放縱荷寬政
飲酒寧嫌盞底深題詩尚倚筆鋒勁明宵故欲相就醉
有月莫愁當火令

光緒丙申荷月復生客於上元並書

長格類 過長格 二十韻 二蒔薰精舍

憶昨行和張十一 韓退之
憶昨夾鐘之呂初吹灰上公禮罷元侯迴車載牲牢甕
舁酒竝召賓客延鄒枚腰金首翠光照耀絲竹迴發清
以哀青天白日花草麗玉斝屢舉傾金罍張君名聲座
所屬起舞先醉長松摧宿醒未解舊痁作深室靜臥聞
風雷自期殞命在春序屈指數日憐嬰孩危辭苦語感
我耳淚落不掩何漼漼念昔從君渡湘水大帆夜劃窮
高桅陽山鳥路出臨武驛馬拒地驅頻隤踐蛇茹蠱不
擇死忽有飛詔從天來伾文未揃崖州熾雖得赦宥恒
愁猜近者三姦悉破碎羽窟無底幽黃能眼中了了見
鄉國知有歸日眉方開今君縱署天涯吏投檄北去何
難哉無妄之憂勿藥喜一善自足禳千災頭輕目朗肌
骨健古劍新斸磨塵埃殃銷禍散百福併從此直至耇
與鮐嵩山東頭伊洛岸勝事不假須穿栽君當先行我待
滿沮溺可繼窮年推

遊青龍寺贈崔大補闕 韓退之
秋灰初吹季月管日出卯南暉景短友生招我佛寺行
正值萬株紅葉滿光華閃壁見神鬼赫赫炎官張火傘
然雲燒樹大實駢金烏下啄赬虯卵魂翻眼倒忘處所
赤氣沖融無間斷有如流傳上古時九輪照燭乾坤旱

長格類 過長格 二十韻 三蒔薰精舍

（图一一九 10—12）

一一九　谭嗣同　楷书古诗三格

二三道士席其間靈液屢進頗黎盌忽驚顏色變韶稚
卻信靈仙非怪誕桃源迷路竟茫茫棗下悲歌徒纂纂
前年嶺隅鄉思發躑躅成山開不筭去歲羈帆湘水明
霜楓千里隨歸伴猿呼鼯嘯鷓鴣啼側耳酸腸難濯澣
思君擕手安能得今者相從敢辭懶由來鈍騃寡參尋
況是儒官飽閑散惟君與我同懷抱鋤去陵谷置平坦年
少得途未要忙時清諫疏尤宜罕何人有酒身無事誰
家多竹門可款須知節候即風寒幸及亭午猶妍暖南
山逼冬轉清瘦刻畫圭角出崖窾當憂復被冰雪埋汲
汲來窺誠遲緩

長格類　過長格　二十韻　四　蒔薰精舍

久坐攤書覺夜寒數聲磬金漏將殘三春風雨君
知否萬樹梅花予獨看天上雁行飛不斷人間姊
妹晤偏難深山不寐逢相憶耿耿清光照畫闌

光緒丙申荷月譚嗣同書於上元

司竹監燒葦園因召都巡檢柴貽勖左藏以其徒會
獵園下　蘇東坡

官園刈葦留枯槎深冬放火如紅霞枯槎燒盡有根在
春雨一洗皆萌芽黃狐老兔最狡捷賣侮百獸常矜誇
年年此厄竟不悟但愛蒙密爭來家風迴焰卷毛尾爇
欲出已被蒼鷹遮野人來言此最樂徒手曉出歸滿車
巡邊將軍在近邑呼來颯颯從矛叉戍兵久閑可小試
戰鼓雖凍猶堪撾雄心欲搏南澗虎陣勢頗學常山蛇
霜乾火烈聲爆野飛走無路號且呀迎人截來砉逢箭
避犬逸去窮投罝擊鮮走馬殊未厭但恐落日催棲鴉

長格類　過長格　二十韻　五　蒔薰精舍

獘旗仆鼓坐數獲鞍挂雉兔肩分麕主人置酒眾狂客
紛紛醉語晚更譁燎毛燔肉不暇割飲啖直欲追羲媧
青邱雲夢古所詫與此何啻百倍加苦遭諫疏說夷羿
又被賦客嘲淫奢豈如閑官走山邑放曠不與趨朝衙
農工已畢歲云暮車騎雖少賓殊佳酒酣上馬去不告
獵獵霜風吹帽斜

次韻章傳道喜雨　蘇東坡

去年夏旱秋不雨海畔居民飲鹹苦今年春暖欲生蝝
地上戢戢多於土預憂一旦開兩翅口吻如風那肯吐
前時渡江入吳越布陣橫空如項羽農夫拱手但垂泣
人力區區固難禦撲緣敱毛困牛馬啖齧衣服穿房戶
坐觀不救亦何心東冥炎火傳自古荷鋤散掘誰敢後
得米濟飢還小補常山山神信英烈擕駕雷公訶電母
應憐郡守老且愚欲把瘡痍手摩撫山中歸時風色變
中路已覺商羊舞夜窗騷騷鬧松竹朝畦泫泫流膏乳
從來蝗旱必相資此事吾聞老農語庶將積潤掃遺孽
收拾豐歲還明主縣前已窖八千斛率以一升完一畝
更看蠶婦過初眠未用賀客來旁午先生筆力吾所畏
覺踏鮑謝跨徐庾偶然談笑得佳篇便恐流傳成樂府
陋邦一雨何足道吾君盛德九州普中和樂職幾時作

長格類　過長格　二十韻　六　蒔薰精舍

試向諸生選何武

上巳日與二三子擕酒出游隨所見輒作數句明日
集之為詩故詞無倫次　蘇東坡

薄雲霏霏不成雨杖藜曉入千花塢柯邱海棠吾有詩
獨笑深林誰敢侮三杯卯酒人徑醉一枕春睡日亭午
竹閒老人不讀書留我閉門誰教汝出檐眾栽十圍大
寫真素壁千蛟舞東坡作塘今幾尺擕酒一勞農工苦
御寄流水出東門壞垣古塹花無主臥聞桃李為誰妍
對立鵁鶄相媚嫵閒穿藉草勸行路不惜春衫汙泥土
褰裳共過春草亭扣門卻入韓家圃轆轤斷井深碧

（图一一九　13—15）

一一九　谭嗣同　楷书古诗三格

鰍韆索挂人何所映簾空復小桃枝乞漿不見應門女
南山古臺臨斷岸雪陣翻空迷仰俯故人饋我玉葉羹
火冷煙消誰為煮崎嶇東緼下荒徑婭姹隔花聞好語
更隨落景盡餘樽卻傍孤城得僧宇主人勸我洗足眠
倒牀不復聞鐘鼓明朝門外泥一尺始悟三更雨如許
平生所向無一遂茲游何事天不阻固知我友不終窮
豈弟君子神所予
和蔡景繁海州石室　蘇東坡
芙蓉仙人舊游處蒼藤翠壁初無路戲將桃核裹黃泥
石間散擲如風雨坐令空山作錦繡倚天照海花無數
長格類　過長格　二十韻　七　蒔薰精舍
花間石室可容車流蘇寶蓋窺靈宇何年霹靂起神物
玉棺飛出王喬墓當時醉臥動千日至今石縫餘糟醑
山人一去五十年花老石空誰作主手植數松今偃蓋
蒼髯白甲低瓊戶我來取酒酹先生後車仍載胡琴女
一聲冰鐵散巖谷海為瀾翻松為舞爾來心賞復何人
持節中郎醉無伍獨臨斷岸呼日出紅波碧巘相吞吐
徑尋我語覓餘聲拄杖彭鏗叩銅鼓長篇小字遠相寄
一唱三歎神悽楚江風海雨入牙頰似聽石室胡琴語
我今老病不出門海山巖洞知何許門外桃花自開落
牀頭酒甕生塵土前年開閣放柳枝今年洗心參佛祖

夢中舊事時一笑坐覺俯仰成今古願君不用刻此詩
東海桑田真旦暮
次韻正輔同游白水山　蘇東坡
只知楚越為天涯不知肝膽非一家此身如綫自縈繞
左旋右轉隨繅車䡾拖山林入朝市平地咫尺千䆫斜欲
從稚川隱羅浮先與靈運開永嘉首參虞舜款韶石次
謁六祖登南華仙山一見五色羽雪樹雨摘南枝花赤
魚白蟹箸屢下黃柑綠橘籩常加糖霜不待蜀客寄荔
支莫信閩人誇恣傾白蜜收五稜細斸黃土栽三椏朱
明洞裏得靈草翩然放杖凌蒼霞豈無軒車駕熟鹿亦
長格類　過長格　二十韻　八　蒔薰精舍
有鼓吹號寒蛙仙人勸酒不用勺石上自有樽罍窪徑
從此路朝玉闕千里莫遺毫釐差故人日夜望我歸相
迎欲到長風沙豈知乘槎天女側獨倚雲機看織紗世
間誰似老兄弟篤愛不復相疵瑕相攜行到水窮處庶
幾一見留子嗟千年枸杞當夜吠無數草棘工藏遮但
令凡心一洗濯神人仙藥不我遐山中歸來萬想滅豈
復回顧雙雲鴉
光緒二十二年六月復生譚嗣同書

寄韓諫議　杜子美
今我不樂思岳陽身欲奮飛病在牀美人娟娟隔秋水
濯足洞庭望八荒鴻飛冥冥日月白青楓葉赤天雨霜
玉京群帝集北斗或騎騏驎翳鳳凰芙蓉旌旗煙霧樂
影動倒景搖瀟湘星宮之君醉瓊漿羽人稀少不在旁
似聞昨者赤松子恐是漢代韓張良昔隨劉氏定長安
帷幄未改神慘傷國家成敗吾豈敢色難腥腐餐風香
周南留滯古所惜南極老人應壽昌美人胡為隔秋水
焉得置之貢玉堂
憶昔二首　杜子美
中格類　第二副中格　十一韻　二　蒔薰精舍
憶昔開元全盛日小邑猶藏萬家室稻米流脂粟米白
公私倉廩俱豐實九州道路無豺虎遠行不勞吉日出
齊紈魯縞車班班男耕女桑不相失宮中聖人奏雲門
天下朋友皆膠漆百餘年間未災變叔孫禮樂蕭何律
豈聞一絹直萬錢有田種穀今流血洛陽宮殿燒焚盡
宗廟新除狐兔穴傷心不忍問耆舊復恐初從亂離說
小臣魯鈍無所能朝廷記識蒙祿秩周宣中興望我皇
灑血江漢身衰疾
歲在丙申仲春譚嗣同於寥天一閣

（图一一九　16—18）

一一九　谭嗣同　楷书古诗三格

和虞部盧四酬翰林錢七赤藤杖歌　韓退之
赤藤為杖世未窺臺郎始攜自滇池滇王埽宮避使者
跪進再拜語嗢咿繩橋拄過免傾墮性命造次蒙扶持
途經百國皆莫識君臣聚觀逐旌麾共傳滇神出水獻
赤龍拔鬚血淋漓又云羲和操火鞭暝到西極睡所遺
幾重包裹自題署不以珍怪誇荒夷歸來捧贈同舍子
浮光照手欲把疑空堂晝眠倚牖戶飛電著壁搜蛟螭
南宮清深禁闈密唱和有類吹塤篪妍辭麗句不可繼
見寄聊且慰分司
射訓狐　韓退之

中格類　第二副中格　十一韻　三　蒔薫精舍

有鳥夜飛名訓狐矜凶挾狡誇自呼乘時陰黑止我屋
聲勢慷慨非常麤安然大喚誰畏忌造作百怪非無須
聚鬼徵妖自朋扇擺掉栱桷頹墍塗慈母抱兒怕入席
那暇更護雞窠雛我念乾坤德泰大卵此惡物常勤劬
縱之豈即遽有害斗柄行拄西南隅誰謂停姦計尤劇
意欲唐突羲和烏侵更歷漏氣彌厲何由僥倖休須臾
咨余往射豈得已候女兩眼張睢盱梟驚墮梁蛇走竇
一夫斬頸羣雛枯
雪後寄崔二十六丞公　韓退之
藍田十月雪塞關我興南望愁羣山攢天嵬嵬凍相映

君乃寄命於其間秩卑俸薄食口衆豈有酒食開容顏
殿前羣公賜食罷驊騮蹋路驕且閑稱多量少鑒裁密
豈念幽桂遺榛菅幾欲犯嚴出薦口氣象硉兀未可攀
歸來殞涕掩關臥心之紛亂誰能刪詩翁憔悴斸荒棘
清玉刻佩聯玦環脂腦遮眼臥壯士大弨挂壁無由彎
乾坤惠施萬物遂獨於數子懷偏慳朝欷暮唶不可解
我心安得如石頑
光緒二十二年季春譚嗣同書

中格類　第二副中格　十一韻　四　蒔薫精舍

記所見開元寺吳道子畫佛滅度以答子由　蘇子瞻
西方真人誰所見衣被七寶從雙趺當時修道頗辛苦
柏生兩肘烏巢肩初如濛濛隱山玉漸如濯濯出水蓮
道成一旦就空滅奔會四海悲人天翔禽哀響動林谷
獸鬼躑躅淚迸泉龐眉深目彼誰子遶牀彈指性自圓
隱如寒月墮清晝空有孤光留故躔春遊古寺拂塵壁
遺像久此霾香煙畫師不復寫名姓皆云道子口所傳
從橫固已茂孫鄧有如巨鱷吞小鮮來詩所誇孰與此
安得攜挂其旁觀
游金山寺　蘇子瞻

中格類　第二副中格　十一韻　五　蒔薫精舍

我家江水初發源宦游直送江入海聞道潮頭一丈高
天寒尚有沙痕在中冷南畔石盤陀古來出沒隨濤波
試登絕頂望鄉國江南江北青山多羈愁畏晚尋歸楫
山僧苦留看落日微風萬頃靴文細斷霞半空魚尾赤
是時江月初生魄二更月落天深黑江心似有炬火明
飛焰照山棲烏驚悵然歸臥心莫識非鬼非人竟何物
江山如此不歸山江神見怪驚我頑我謝江神豈得已
有田不歸如江水
次韻子由柳湖感物　蘇子瞻
憶昔子美在東屯數間茆屋蒼山根嘲吟草木調蠻獠

（图一一九　19—21）

欲與猨鳥爭啾喧子今憔悴衆所棄驅馬獨出無往還
惟有柳湖萬株柳清陰與子供朝昏胡為譏評不少借
生意凌挫難為繁柳雖無言不解愠世俗乍見應憮然
嬌姿共愛春濯濯豈問空腹修蛐蟠朝看濃翠傲炎赫
夜愛疏影摇清圓風翻雪陣春絮亂蠹響啄木秋聲堅
四時盛衰各有態揺落悽愴驚寒温南山孤松積雪底
抱凍不死誰復賢

次韻王定國南遷回見寄　蘇子瞻
土暈銅花蝕秋水要須悍石相磨砥十年冰蘖戰膏梁
萬里煙波濯紈綺歸來詩思轉清激百丈空潭數鲂鯉

中格類　第二副中格　十一韻　六蒔董精舍

逝將桂浦擷蘭蓀不記槐堂收劍履卻思庾嶺今何在
更説彭城真夢耳君知先竭是甘井我願得全如苦李
妄心不復九回腸至道終當三洗髓廣陵陽羨何足較
只有無何真我里樂全老子今禪伯掣電機鋒不容擬
心通豈復問云何印可聊須答如是相逢為我話留滯
桃花春漲孤舟起

次韻答賈耘老　蘇子瞻
五年一夢南司州飢寒疾病為子憂東來六月井無水
仰看古堰横奔牛平生管鮑子知我今日陳蔡誰從卭
夜航爭渡泥水澀牽挽直欲來瓜州自言嗜酒得風痺
故鄉不敢居温柔定將泛愛救溝壑衰病不復從前樂
今年太守真卧龍笑語炎天出冰雹時低九尺蒼髯髯
過我三間小池閣故人改觀爭來賀小兒不信猶疑錯
為君置酒飲且哦草間秋蟲不能歌可憐老驥真老矣
無心更秣天山禾

再過超然臺贈太守霍翔　蘇子瞻
昔飲雩泉别常山天寒歲在龍蛇間山中兒童撲手笑
問我西去何當還十年不赴竹馬約扁舟獨與魚蓑間
重來父老喜我在扶挈老幼相遮攀當時襁褓皆七尺
而我安得留朱顔問今太守為誰歟護羌充國鬢未斑

中格類　第二副中格　十一韻　七蒔董精舍

躬持牛酒勞行役無復杞菊嘲寒慳超然置酒尋舊迹
尚有詩賦鐫堅頑孤雲落日在馬耳照耀金碧開煙鬟
却淇自古北流水跳波下瀨鳴玦環願公談笑作石埭
坐使城郭生溪灣

歐陽晦夫遺接䍦琴枕戲作此詩謝之　蘇子瞻
攜兒過嶺今七年晚塗更著黎衣冠白頭穿林要藤帽
赤脚渡水須花縵不愁故人驚絶倒但使俚俗相恬安
見君合浦如夢寐挽須握手俱汍瀾妻縫接䍦霧縠細
兒送琴枕冰徽寒無絃且寄陶令意倒載猶作山公看
我懷汝陰六一老眉宇秀發如春巒羽衣鶴氅古仙伯
岌岌兩柱扶霜紈至今畫像作此服凛如退之加渥丹
爾來前輩皆鬼録我亦帶脱巾欹寬作詩頗似六一語
往往亦帶梅翁酸

光緒二十二年桃月譚嗣同書於上元

中格類　第二副中格　十一韻　八蒔董精舍

（图一一九　22—24）

次韻王炳之惠玉板紙 黃魯直
王侯須若緣坡竹哦詩清風起空谷古田小牋惠我百
信知溪翁能解玉鳴碓千杵動秋山裹糧萬里來輦轂
儒林丈人有蘇公相如子雲再生蜀往時翰墨頗橫流
此公歸來有邊幅小楷多傳樂毅論高詞欲奏雲門曲
不持歸掃蘇公門乃令小人今拜辱去騷甚遠文氣卑
畫虎不成書勢俗董狐南史一筆無誤掌殺青司記錄
雖然此中有公議或辱五鼎榮半菽願公進德使見書
不敢求君米千斛
送王郎 黃魯直
中格類 第二副中格 十一韻 九 蒔薰精舍
酌君以蒲城桑落之酒泛君以湘纍秋菊之英贈君以
黟川點漆之墨送君以陽關墮淚之聲酒澆胸中之磊
隗菊制短世之頹齡墨以傳千古文章之印歌以寫一
家兄弟之情江山萬里頭俱白骨肉十年眼終青連牀
夜語雞戒曉書囊無底談未了有功翰墨乃如此何恨
遠別音書少炊沙作糜終不飽鏤冰文章費工巧要須
心地收汗馬孔孟行世日杲杲有弟有弟力持家婦能
養姑供珍鮭兒大詩書女絲麻公但讀書煮春茶
次韻晁補之廖正一贈答詩 黃魯直
晁子抱材耕谷口世有高賢踐台斗頃隨計吏西入關

關夫數日傳車還封侯半屬妄校尉射虎猛將猶行間
無因自致青雲上浪說諸公見嗟賞驥伏鹽車不稱情
輕裘肥馬鳳凰城歸來作詩謝同列句與桃李爭春榮
十年山林廖居士今隨詔書稱舉子文章宏麗學西京
新有詩聲似侯喜君不見古來良為知音難絕絃不為
時人彈已喜瓊枝在我側更恨桂樹無由攀千里風期
初不隔獨憐形迹滯河山
更次韻呈廖明略 黃魯直
吾觀三江五湖口湯湯誰能議升斗物誠有之士則然
晚得廖子喜往還學如雲夢吞八九文如壯士開黃間
中格類 第二副中格 十二韻 十 蒔薰精舍
十年呻吟江湖上青楓白鷗付心賞未減北郭溪先生
五府交書不到城相者舉肥驥空老山中無人桂自榮
君既不能如鍾世美厩闌上書動天子且向華陰郡下
作參軍要令公怒令公喜君不見晁家樂府可管絃惜
無傾城為一彈從軍補掾百僚底九關虎豹何由攀男
兒身健事未定且莫著書藏名山
再次韻呈明略竝寄無咎 黃魯直
夏雲涼生土囊口周鼎湯盤見科斗清風古氣滿眼前
乃是戶曹報章還只今書生無此語已在貞元元和間
一夫鄂鄂獨無望千夫唯唯皆論賞野人泣血漫相明

和士之璧無連城參軍拄笏看雲氣此中安知枯與榮
我夢浮天波萬里扁舟去作鴟夷子兩士風流對酒樽
四無人聲鳥聲喜夢回擾擾仍世間心如傷弓怯虛彈
不堪市井逐乾沒且願朋舊相追攀寄聲小掾篤行李
落日東面空雲山
再答明略二首 黃魯直
挾策讀書計餬口故人南箕與北斗江南江北萬重山
千里寄書聲不還當時朱絃寫心曲果在高山流水間
枯桐滿腹生蛛網忍向時人覓清賞廖侯文字得我驚
五岳從橫守嚴城萬夫之下不稱屈定知名縱四海非
中格類 第二副中格 十一韻 十一 蒔薰精舍
真榮富於春秋已如此他日卜鄰長兒子一邱各自有
林泉扶將白頭親宴喜秋風日暮衣裳單深巷葉落已
如彈數來會面復能幾六龍去人不可攀短歌瀾公更
一和聊乞淮南作小山
廖侯言如不出口銓量古今膽如斗度越崔張與二班
古風蕭蕭筆追還前日辭家來射策聲名籍甚諸公間
華陰白雲鎖千嶂勝日一談誰能賞君不見曩時子產
識然明知音鬱鬱閉佳城勿以匣中之明月計校冀上
之朝榮我去邱園十年矣種桑可蠶犢生子使年七十
今中半安能朝四暮三浪憂喜據席談經只強顏不安

（图一一九　25—27）

时論取讖彈愛君草木同臭味頗似瓜葛相依攀我有
仙方煮白石何時期君藍田山

次韻孔著作早行　黄魯直

棄置鉏犂就車馬從來討出古人下塵埃好在三尺桐
不疑萬世期予野明經使者著書郎風雨乘驛忘夙夜
回車過門問無恙何意深巷勤長者聖師之後蓋多賢
領略世故有餘暇白面長身雖不見好古發憤尚類也
自然身如警露鶴每先鳴雞整初駕北行河決所至郡
肅肅王命哀鰥寡力排滹沱避城郭深澤疲民且田舍
賈生三策藏胸中羿矢百中不虛捨行歸定拜闕内候

中格類　第二副中格　十一韻　十二　蒔薰精舍

但賜黄金恐非價

歲在丙申三月譚嗣同於寥天一閣

七古三格

長格類五

第三正長格

岳麓山道林二寺行　杜子美

玉泉之南麓山殊道林林壑爭盤紆寺門高開洞庭野
殿脚插入赤沙湖五月寒風冷佛骨六時天樂朝香爐
地靈步步雪山草僧寶人人滄海珠塔劫宮牆壯麗敵
香廚松道清涼俱蓮花交響共命鳥金榜雙迴三足烏
方丈涉海費時節元圃尋河知有無暮年且喜經行近
春日兼蒙暄暖扶飄然班白身奚適傍此煙霞茅可誅

長格類　第三正號格　十六韻　一　蒔薰精舍

桃源人家易制度橘洲田土仍膏腴潭府邑中甚淳古
太守庭内不喧呼昔遭衰世皆晦迹今幸樂國養微軀
依止老宿亦未晚富貴功名焉足圖久為野客尋幽慣
細學何顒免興孤一重一掩吾肺腑山鳥山花吾友于
宋公放逐曾題壁物色分留與老夫

歲在丙申六月譚嗣同書於寥天一閣

和錢安道寄惠建茶　蘇東坡

我官於南今幾時嘗盡溪茶與山茗胸中似記故人面
口不能言心自省為君細說我未暇試評其略差可聽建
溪所產雖不同一一天與君子性森然可愛不可慢骨
清肉膩和且正雪花雨脚何足道啜過始知真味永縱
復苦硬終可錄汲黯少戇寬饒猛草茶無賴空有名高
者妖邪次頑懭體輕雖復强浮泛性滯偏工嘔酸冷其
閒絕品豈不佳張禹縱賢非骨鯁葵花玉銙不易致道
路幽嶮隔雲嶺誰知使者來自西開緘磊落收百餅嗅
香嚼味本非别透紙自覺光炯炯粃糠團鳳友小龍奴

長格類　第三正號格　十六韻　三　蒔薰精舍

隸日注臣雙井收藏愛惜待佳客不敢包裹鑽權倖此
詩有味君勿傳空使時人怒生癭

和蔣夔寄茶　蘇東坡

我生百事常隨緣四方水陸無不便扁舟渡江適吳越
三年飲食窮芳鮮金虀玉膾飯炊雪海螯江柱初脱泉
臨風飽食甘寢罷一甌花乳浮輕圓自從捨舟入東武
沃野便到桑麻川翦毛胡羊大如馬誰記鹿角腥盤筵
廚中烝粟埋飯甕大杓更取酸生涎柘羅銅碾棄不用
脂麻白土須盆研故人猶作舊眼看謂我好尚如當年沙
谿北苑强分别水脚一線爭誰先清詩兩幅寄千里紫

（图一一九　28—30）

一一九　谭嗣同　楷书古诗三格

金百餅費萬錢吟哦烹嚥兩奇絶只恐偷乞煩封纏老
妻稚子不知愛一半已入薑鹽前人生所遇無不可南
北嗜好知誰賢死生禍福久不擇更論甘苦争蚩姸知
君窮旅不自釋因詩寄謝聊相鐫

次韻答舒教授觀余所藏墨　蘇東坡

異時長笑王會稽野鶩膻腥汙刀几暮年却得庾安西
自厭家雞題六紙二子風流冠當代顧與兒童争愠喜
秦王十八已龍飛嗜好晚將蛇蚓比我生百事不挂眼
時人繆説云工此世間有癖念誰無傾身障簏尤堪鄙
一生當著幾緉屐定心肯為微物起此墨足支三十年

長格類　第三正號格　十六韻　四　蒔薰精舍

但恐風霜侵髮齒非人磨墨墨磨人缾應未罄罍先恥
逝將振衣歸故國數畝荒園自鋤理作書寄君君莫笑
但覓來禽與青李一螺點漆便有餘萬竈燒松何處使
君不見永寧第中擣龍麝列屋閑居清且美倒暈連眉
秀嶺浮雙鴉畫鬢香雲委時聞五斛賜蛾綠不惜千金
求獺髓聞君此詩當大笑寒窗冷硯冰生水

光緒二十二年荷月復生客於上元并書

戲子由　蘇子瞻

宛邱先生長如邱宛邱學舍小如舟常時低頭誦經史
忽然欠伸屋打頭斜風吹帷雨注面先生不愧傍人羞
任從飽死笑方朔肎為雨立求秦優眼前勃谿何足道
處置六鑿須天游讀書萬卷不讀律致君堯舜知無術
勸農冠蓋鬧如雲送老齏鹽甘似蜜門前萬事不挂眼
頭雖長低氣不屈餘杭别駕無功勞畫堂五丈容旂
重樓跨空雨聲遠屋多人少風騷騷平生所慙今不恥
坐對疲氓更鞭箠道逢陽虎呼與言心知其非口諾唯
居高志下真何益氣節消縮今無幾文章小伎安足程

長格類　第二副長格　十五韻　五　蒔薰精舍

先生别駕舊齊名如今衰老俱無用付與詩人分重輕

次韻孔毅父久旱已而甚雨第一首　蘇子瞻

飢人一夢飯甑溢夢中一飽百憂失只知夢飽本來空
未悟真飢定何物我生無田食破硯爾來硯枯磨不出
去年太歲空在酉傍舍壺漿不容乞今年旱勢復如此
歲晚何以黔吾突青天蕩蕩呼不聞况欲稽首號泥佛
甕中蜥蜴尤可笑跂跂脈脈何等秩陰陽有時雨有數
民是天民天自卹我雖窮苦不如人要亦自是民之一
形容雖是喪家狗未肯弭耳争投骨倒冠落幘謝朋友
獨與蚊雷共圭蓽故人瞋我不開門君視我門誰肯屈
可憐月明如潑水夜半清光翻我室風從南來非雨候
且為疲人洗蒸鬱褰裳一和快哉謠未暇飢寒念明日

光緒二十二年仲夏譚嗣同書

長格類　第二副長格　十五韻　六　蒔薰精舍

流民歎　黄魯直

朔方頻年無好雨五穀不入虚春秋邇來后土中夜震
有似巨鼇復戴三山游傾牆摧棟壓老弱冤聲未定隨
洪流地文劃劙水盛沸十户八九生魚頭稍聞澶淵渡
河日數萬河北不知虚幾州纍纍繈負襄葉間問舍無
所耕無牛初來猶自得曠土嗟爾後至將何怙刺史守
令真分憂明詔哀痛如父母廟堂已用伊吕徒何時眼
前見安堵疏遠之謀未易陳市上三言或成虎禍災流
行固無時堯湯水旱人不知桓侯之疾初無證扁鵲入
秦始治病投膠盈掬俟河清一簞豈能續民命雖然猶

（图一一九　31—33）

一一九　谭嗣同　楷书古诗三格

顧及此春略講周公十二政風生犀口方出奇老生常
談辛廳之
贈張仲謀　黃魯直
車如雞栖馬如狗閉門常多出門少去天尺五張公子
官居城南池館好健兒快馬紫游韁迎我不知沙路長
高檜老柳媚寒日枯荷小鴨凍野航津人刺船起應客
逆知故人一水隔下馬索酒呼三遲騎奴笑言客竟癡
向來情義比瓜葛萬事略不置町畦追數存亡異憂樂
燭如白虹貫酒卮開軒臨水弄長笛吹落殘月風凄凄
城頭漏下四十刻破魔驚睡聽新詩君詩清壯悲節物

長格類　第二副長格　十五韻　七　蒔薰精舍

政與秋蟲同一律爾來更覺苦語工思婦霜碪擣寒月
朱顏綠髮深誤人不似草木長青春潔身好賢君自有
今日相看進于舊以茲敢傾一盃酒為太夫人千萬壽
送曹子方福建路運判兼簡運使張仲謀　黃魯直
曹侯黃須便弓馬從軍賦詩橫槊閒阿瞞文武如兕虎
遠孫風氣猶班班胙解弓刀丞太僕坐看收駒十二閑
遠方不異華轂下詔遣中使哀恫鰥吾聞斯民病鹽筴
天有雨露東南乾謝君論河兼禹貢詰難蠭起安如山老
郎不作患失計凜然宜著侍臣冠願公不落謝君後江
湖當少寬百城閩人如閩馬更駕亦要知才難鹽車

之下有絕足敗羣勿縱為民殘官焙薦璧天解顏瀹湯
試春卿加飧子魚通印蠔破山不但蕉黃荔子丹道逢
使者漢郎官清溪弭節問平安天子命我參卿事奮髯
相對亦可歡迥波一醉嘲樗櫟山驛官梅破小寒
老杜浣花谿圖引　黃魯直
拾遺流落錦官城故人作尹眼為青碧雞坊西結茅屋
百花潭水濯冠纓故衣未補新衣綻空蟠胸中書萬卷
探道欲度羲皇前論詩未覺國風遠干戈崢嶸暗寓縣
杜陵韋曲無雞犬老妻稚子且眼前弟妹飄零不相見
此公樂易真可人園翁溪友肯卜鄰鄰家有酒邀皆去

長格類　第二副長格　十五韻　八　蒔薰精舍

得意魚鳥來相親浣花江樓散車騎野牆無主看桃李
宗文守家宗武扶落日蹇驢馱醉起願聞解鞍脫兜鍪
老儒不用千戶侯中原未得平安報醉裏眉攢萬國愁
生綃鋪牆粉墨落平生忠義今寂寞兒呼不蘇驢失腳
猶恐醒來有新作常使詩人拜畫圖前膠續絃千古無
丙申季夏復生譚嗣同於寥天一閣書

七古三格
中格類四
第二副中格
西嶽雲臺歌送丹邱子　李太白
西嶽崢嶸何壯哉黃河如絲天際來黃河萬里觸山動
盤渦轂轉秦地雷榮光休氣紛五彩千年一清聖人在
巨靈咆哮擘兩山洪波噴流射東海三峯卻立如欲摧
翠崖丹谷高掌開白帝精光運元氣石作蓮花雲作臺
雲臺閣道連窈冥中有不死丹邱生明星玉女備灑掃
麻姑搔背指爪輕我皇手把天地戶丹邱談天與天語

中格類　第二副中格　十一韻　一　蒔薰精舍

九重出入生光輝東求蓬萊復西歸玉漿儻惠故人飲
騎二茅龍上天飛
光緒二十二年仲春譚復生書

（图一一九　34—36）

次韻子瞻武昌西山　黃魯直
漫郎江南酒隱處古木參天應手栽石坳為尊酌花鳥
自許作鼎調鹽梅平生四海蘇太史酒澆不下胸崔嵬
黃州副使坐閒散諫疏無路通銀臺鸚鵡洲前弄明月
江妃起舞襪生埃次山醉魂招髣髴步入寒溪金碧堆
洗湔塵痕飲嘉客笑倚武昌江作罍誰知文章照今古
野老爭席漁爭隈鄧公勒銘留刻畫刳剔銀鉤洗綠苔
琢磨十年煙雨晦摸索一讀心眼開謫去長沙憂鵩入
歸來杞國痛天摧玉堂卻對鄧公直北門喚伏聽風雷
山川悠遠莫浪許富貴崢嶸今鼎來萬壑松聲如在耳
長格類　第二正長格　十四韻　十二蒔　黃精舍
意不及此文生哀
長句謝陳適用惠送吳南雄所贈紙　黃魯直
廬陵政事無全牛恐是漢時陳太丘書記姓名不肯學
得紙無異夏得裘琢詩包紙送贈我自狀明月非暗投
詩句縱橫翦宮錦惜無阿買書銀鉤蠻溪切藤卷盈百
側釐羞滑繭羞白想當鳴杵碪面平枕郤葉風溪水碧
千里鵝毛意不輕瘴衣腥膩北歸客君侯謙虛不自供
胡不贈世文章伯一洿之水容牛蹄識字有數我自知
小時雙鉤學楷法至今兒子憎家雞雖然嘉惠敢虛辱
裹泥續尾成大軸寫心與君心莫傳平生落魄不問天

樽前花底幸好戲為君絕筆謝風煙已無高頌猗那手
請續南華內外篇
次韻郭明叔長歌　黃魯直
君不見懸車劉屯田騎牛澗壑弄潺湲八十身紅眼點
漆金鍾舉酒不留殘君不見征西徐尚書為國捐軀矢
石間龍章鳳姿委秋草天馬長辭十二閑何如高陽酈
生醉落魄長揖轂洗驚龍顏丈夫當年傾意氣安用蚓
食而蝸蛭古人已作泉下土風義可想猶斑斑郭侯忠
信如古人薦書飛名上九關詩書自可老斲輪智略足
以解連環銅章屈穿山水縣友聲相求不我頑鵬翼垂
長格類　第二正長格　十四韻　十三蒔　黃精舍
天公直起燕巢見社身思還文思舜禹開言路即看承
詔著豸冠尚趨手板事直指少忍吏道之多艱黃花零
落一尊酒別有天地非人寰
奉送時中攝東曹獄掾　黃魯直
公退蒲團坐後亭短日松風吟萬籟黃葵紫菊委榛叢
雪梅靚妝欲無對遣騎相呼近清樽言君曉鼓前征旆
蒼崖按轡虎豹號野水呼船風雨晦昨日歸來有行色
未曾從容解冠帶府中奪我同官良簡書趣行將數輩
王事君今困馬鞍田園我亦思牛背安得歸舟載月明
鸂鶒白鷗為友生一生不是百年物五湖無邊萬里行

欲招蓑笠同雲水念君未可及吾盟富於春秋貌突兀
睥睨滿世收功名參軍雖卑獄司命多由陰德至公卿
頷頤折頞秦相國不滿三尺齊晏嬰丈夫身在形骸外
俗眼那能致重輕
奉送周元翁鎖吉州司法廳赴禮部試　黃魯直
江南江北木葉黃五湖歸雁天雨霜繫船湓城秣高馬
客丁結束女縫裳貢書登名徹未央不比長卿薄游梁
南山霧豹出文章去取公卿易驅羊與君初無一日雅
傾蓋許子如班揚困拘官曹少相見忽忽歲晚稼滌場
一盃僚友喜多在謝守不見空澄江澄江如練明橘柚
長格類　第二正長格　十四韻　十四蒔　黃精舍
萬峰相倚摩青蒼莫堂醺醺客被酒豔歌聒醉燭生光
椎鼓發船星斗白明日各在天一方寒鴉滿枝二喬宅
樽前顧曲憶周郎鱸魚斫膾蓯為漿恨君不留誰與嘗
殿前春風君射策漢庭諸公必動色故人若問黃初平
將作金華牧羊客
時在丙申五月譚嗣同書於寥天一閣

（图一一九　37—39）

維摩像唐楊惠之塑在天柱寺　蘇子瞻
昔者子輿病且死其友子祀往問之跰𨇤鑒井自歎息
造物將安以我為今觀古塑維摩像病骨磊嵬如枯龜
乃知至人外生死此身變化浮雲隨世人豈不碩且好
身雖未病心已疲此叟神完中有恃談笑可卻千熊羆
當其在時或問法俛首無言心自知至今遺像兀不語
與昔未死無增虧田翁俚婦那肯顧時有野鼠銜其髭
見之使人每自失誰能與結無言師

二十七日自陽平至斜谷宿於南山中蟠龍寺　蘇子瞻
橫槎晚渡碧澗口騎馬夜入南山谷谷中暗水響瀧瀧

中格類　第二正中格　十韻　八　蒔薰精舍

嶺上疏星明煜煜寺藏嵓底千萬仞路轉山腰三百曲
風生飢虎嘯空林月黑驚麏竄修竹入門突兀見深殿
照佛青熒有殘燭媿無酒食待遊人旋斫杉松煮溪蔌
板閣獨眠驚旅枕木魚曉動隨僧粥起觀萬瓦鬱參差
日亂千巖散紅綠門前商賈負椒荈山後咫尺連巴蜀
何時歸耕江上田一夜心逐南飛鵠

渼陂魚　蘇子瞻
霜筠細破為雙掩中有長魚如臥劍紫荇穿顋氣慘悽
紅鱗照座光磨閃攜來雖遠鬣尚動烹不待熟指先染
坐客相看為解顏香粳飽送如塡塹早歲嘗為荊渚客
黃魚屢食沙頭店濱江易採不復珍盈尺輒棄無乃僭
自從西征復何有欲致南烹嗟久欠遊鯈瑣細空自腥
亂骨縱橫動遭砭故人遠饋何以報客俎久空驚忽贍
東道無辭信使頻西鄰幸有庖虀釅

王頤赴建州錢監求詩及草書　蘇子瞻
我昔識子自武功寒廳夜語尊酒同酒闌燭盡語不盡
倦僕立寐僵屏風丁寧勸學不死訣自言親受方瞳翁
嗟予聞道不早悟醉夢顛倒隨盲聾邇來憂患苦摧剝
意思蕭索如霜蓬羨君顏色愈少壯外慕漸少由中充
河車挽水灌腦黑丹砂伏火入頰紅大梁相逢又東去

中格類　第二正中格　十韻　九　蒔薰精舍

但道何日辭樊籠未能便乞句漏令官曹似是錫與銅
留詩河上慰離別草書未暇緣悤悤

泗洲僧伽塔　蘇子瞻
我昔南行舟繫汴逆風三日沙吹面舟人共勸禱靈塔
香火未收旗腳轉回頭頃刻失長橋卻到龜山未朝飯
至人無心何厚薄我自懷私欣所便耕田欲雨刈欲晴
去得順風來者怨若使人人禱輒遂造物應須日千變
我今身世兩悠悠去無所逐來無戀得行固願留不惡
每到有求神亦倦退之舊云三百尺澄觀所營今已換
不嫌俗土污丹梯一看雲山遶淮甸

十月十六日記所見　蘇子瞻
風高月暗雲水黃淮陰夜發朝山陽山陽曉霧如細雨
炯炯初日寒無光雲收霧卷已亭午有風北來寒欲僵
忽驚飛雹穿戶牖迅駛不復容遮防市人顛沛百賈亂
疾雷一聲如頹牆使君來呼晚置酒坐定已復日照廊
恍疑所見皆夢寐百種變怪旋消亡共言蛟龍厭舊穴
魚鼈隨徙空陂塘愚儒無知守章句論說黑白推何祥
惟有主人言可用天寒欲雪飲此觴

越州張中舍壽樂堂　蘇子瞻
青山偃蹇如高人常時不肎入官府高人自與山有素

中格類　第二正中格　十韻　十　蒔薰精舍

不待招邀滿庭戶卧龍蟠屈半東州萬室鱗鱗枕其股
背之不見與無同狐裘反衣無乃魯張君眼力覷天奧
能遣荊棘化堂宇持頤宴坐不出門收攬奇秀得十五
才多事少厭閑寂臥看雲煙變風雨筍如玉筯椹如簪
強飲且為山作主不憂兒輩知此樂但恐造物怪多取
春濃睡足午窗明想見新茶如潑乳

朱壽昌郎中少不知母所在刺血寫經求之五十年
去歲得之蜀中以詩賀之　蘇子瞻
嗟君七歲知念母憐君壯大心愈苦羨君臨老得相逢
喜極無言淚如雨不羨白衣作三公不愛白日昇青天

（图一一九　40—42）

愛君五十著綵服兒嗁卻得償當年烹龍為炙玉為酒
鶴髮初生千萬壽金馬詔書錦作囊白藤肩輿簾蹙繡
感君離合我酸辛此事今無古或聞長陵揭來見大姊
仲孺豈意逢將軍開皇苦桃空記面建中天子終不見
西河郡守誰復識潁谷封人羞自薦

游道場山何山　蘇子瞻

道場山頂何山麓上徹雲峰下幽谷我從山水窟中來
尚愛此山看不足陂湖行盡白漫漫青山忽作龍蛇盤
山高無風松自響誤認石齒號驚湍山僧不放山泉出
屋底清池照瑶席階前合抱香入雲月裏仙人親手植

中格類　第二正中格　十韻　十二　蒔薰精舍

出山回望翠雲鬟碧瓦朱欄縹緲間白水田頭問行路
小溪深處是何山高人讀書夜達旦至今山鶴鳴夜半
我今廢學不歸山山中對酒空三歎

至秀州贈錢端公安道並寄其弟惠山老　蘇子瞻

鴛鴦湖邊月如水孤舟夜傍鴛鴦起平明繫纜石橋亭
慚愧冒寒髯御史結交最晚情獨厚論心無數今有幾
寂寞抱關歎蕭生耆老執戟哀楊子怪君顏采卻秀發
無乃遷謫反便美天公欲困無奈何世人共抑真疏矣
毗陵高山錫無骨陸子遺味泉冰齒賢哉仲氏早拂衣
占斷此山長洗耳山頭望湖光潑眼山下濯足波生指

儻容逸少問金堂記與嵇康留石髓

古纏頭曲　蘇子瞻

鵾絃鐵撥世無有樂府舊工惟尚叟一生喙硬眼無人
坐此困窮今白首翠鬟女子年十七指法已似呼韓婦
驚帆渡海風挈迴滿面塵沙和淚垢青衫不逢湓浦客
紅袖謾插曹綱手爾來一見哀駘佗便著臂韝躬井臼
我慙貧病百不足強對黃花飲白酒轉關濩索動有神
雷輥空堂戰窗牖四絃一抹擁袂立再拜十分為我壽
世人只解錦纏頭與汝作詩傳不朽

鐵溝行贈喬太博　蘇子瞻

中格類　第二正中格　十韻　十三　蒔薰精舍

城東坡隴何所似風吹海濤低復起城中病守無所為
走馬來尋鐵溝水鐵溝水淺不容輈恰似當年韓與侯
有魚無魚何足道駕言聊復寫我憂孤村野店亦何有
欲發狂言須斗酒山頭落日側金盆倒著接䍦搔白首
忽憶從軍年少時輕裘細馬百不知臂弓腰箭南山下
追逐長楊射獵兒老去同君兩憔悴犯夜醉歸人不避
明年定起故將軍未肯先誅霸陵尉

起伏龍行　蘇子瞻

何年白竹千鈞弩射殺南山雪毛虎至今顱骨帶霜牙
尚作四海毛蟲祖東方久旱千里赤三月行人口生土

碧潭近在古城東神物所蟠誰敢侮上欹蒼石擁巖竇
下應清河通水府眼光作電走金蛇鼻息為雲擢煙縷
當年負圖傳帝命左右羲軒詔神禹爾來懷寶但貪眠
滿腹雷霆瘖不吐赤龍白虎戰明日倒卷黃河作飛雨
嗟我豈樂鬬兩雄有事徑須煩一怒

次韻秦太虛見戲耳聾　蘇子瞻

君不見詩人借車無可載留得一錢何足賴晚年更似
杜陵翁右臂雖存耳先聵人將蟻動作牛鬬我覺風雷
真一噫聞塵掃盡根性空不須更枕清流派大朴初散
失渾沌六鑿相攘更勝敗眼花亂墜酒生風口業不停

中格類　第二正中格　一　十三　蒔薰精舍

詩有債君知五蘊皆是賊人生一病今先差但恐此心
終未了不見不聞還是礙今君疑我特佯聾故作嘲詩
窮嶮怪須防額癢出三耳莫放筆端風雨快

送劉寺丞赴餘姚　蘇子瞻

中和堂後石楠樹與君對床聽夜雨玉笙哀怨不逢人
但見香煙橫碧縷謳吟思歸出無計坐想蟋蟀空房語
明朝開鎖放觀潮豪氣正與潮爭怒銀山動地君不看
獨愛清香生雲霧別來聚散如宿昔城郭空存鶴飛去
我老人間萬事休君亦洗心從佛祖手香新寫法見觀
眼淨不覷登伽女餘姚古縣亦何有龍井白泉甘勝乳

（图一一九　43—45）

一一九 谭嗣同 楷书古诗三格

千金買斷顧渚春似與越人降日注
趙閱道高齋 蘇子瞻
見公奔走謂公勞聞公隱退云公高公心底處有高下
夢幻去來隨所遭不知高齋竟何義此名之設緣吾曹
公年四十已得道俗緣未盡餘伊皋功名富貴俱逆旅
黃金知繫何人袍超然已了一大事挂冠而去真秋毫
坐看猿猱落罝罔兩手未肯置所操乃知賢達與愚陋
豈直相去九牛毛長松百尺不自覺企而羨者蓬與蒿
我欲贏糧往問道未應舉臂辭盧敖
定惠院寓居月夜偶出 蘇子瞻

中格類 第二正中格 廿韻 十四 蔣董精舍

幽人無事不出門偶逐東風轉良夜參差玉宇飛木末
繚繞香煙來月下江雲有態清自媚竹露無聲浩如瀉
已驚弱柳萬絲垂尚有殘梅一枝亞清詩獨吟還自和
白酒已盡誰能借不辭青春忽忽過但恐懽意年年謝
自知醉耳愛松風會揀霜林結茅舍浮浮大甑長炊玉
溜溜小槽如壓蔗飲中真味老更濃醉裏狂言醒可怕
閉門謝客對妻子倒冠落佩從嘲罵
次韻前篇 蘇子瞻
去年花落在徐州對月酣歌美清夜今年黃州見花發
小院閉門風露下萬事如花不可期餘年似酒那禁瀉

憶昔扁舟泝巴峽落帆樊口高桅亞長江衮衮空自流
白髮紛紛寧少借竟無五畝繼沮溺空有千篇凌鮑謝
至今歸計負雲山未免孤衾眠客舍少年辛苦真食蓼
老境安閑如啖蔗飢寒未至且安居憂患已空猶夢怕
穿花踏月飲村酒免使醉歸官長罵
鐵拄杖 蘇子瞻
柳公手中黑虵滑千年老根生乳節忽聞鏗然爪甲聲
四座驚顧知是鐵含簧腹中細泉語迸火石上飛星裂
公言此物老有神自昔閩王餉吳越不知流落幾人手
坐看變滅如春雪忽然贈我意安在兩腳未許甘衰歇

中格類 第二正中格 十韻 十五 蔣董精舍

便尋轍迹訪崆峒徑渡洞庭探禹穴披榛覓藥採芝菌
刺虎鏦蛟擉蛇蝎會教化作兩錢錐歸來見公未華髮
問我鐵君無恙否取出摩挲向公說
將至筠先寄遲适遠三猶子 蘇子瞻
露宿風飡六百里明朝飲馬南江水未見豐盈犀角兒
先逢玉雪王郎子對牀欲作連夜語念汝還須戴星起
夜來夢見小於菟猶是髭髦垂兩耳憶過濟南春未動
三子出迎殘雪裏我時移守古河東酒肉淋漓渾舍喜
而今憔悴一羸馬逆旅擔夫相汝爾出城見我定驚嗟
身健窮愁不須恥我為迺翁留十日掣電一歡何足恃

惟當火急作新詩一醉兩翁勝酒美
龍尾硯歌 蘇子瞻
黃琮白琥天不惜顧恐貪夫死懷璧君看龍尾豈石材
玉德金聲寓於石與天作石來幾時與人作硯初不辭
詩成鮑謝石何與筆落鍾王硯不知錦茵玉匣俱塵垢
擣練支牀亦何有況瞋蘇子鳳咮銘戲語相嘲作牛後
碧天照水風吹雲明窗大几清無塵我生天地一閑物
蘇子亦是支離人麤言細語都不擇春蚓秋虵隨意畫
願從蘇子老東坡仁者不用生分別
送沈逵赴廣南 蘇子瞻

中格類 第二正中格 十韻 十六 蔣董精舍

嗟我與君皆丙子四十九年窮不死君隨幕府戰西羌
夜渡冰河斫雲壘飛塵漲天箭灑甲歸對妻孥真夢耳
我謫黃岡四五年孤舟出沒煙波裏故人不復通問訊
疾病飢寒疑死矣相逢握手一大笑白髮蒼顏略相似
我方北渡脫重江君復南行輕萬里功名如幻何足計
學道有涯真可喜句漏丹砂已付君汝陽甕盎吾何恥
君歸趁我雞黍約買田築室從今始
豆粥 蘇子瞻
君不見滹沱流澌車折軸公孫倉黃奉豆粥溼薪破竈
自燎衣飢寒頓解劉文叔又不見金谷敲冰草木春帳

（图一一九 46—48）

一一九 谭嗣同 楷书古诗三格

下烹煎皆美人苹虀豆粥不傳法咄嗟而辦石季倫干
戈未解身如寄聲色相纏心已醉身心顛倒自不知更
識人間有真味豈如江頭千頃雪色蘆茅檐出没晨煙
孤地碓春秔光似玉沙缾煮豆軟如酥我老此身無著
處賣書來問東家住卧聽雞鳴粥熟時蓬頭曳履君家去
蒜山松林中可卜居余欲僦其地地屬金山故作此
詩與金山元長老 蘇子瞻
魏王大瓠無人識種成何翅實五石不辭破作兩大尊
只憂水淺江湖窄我材濩落本無用虛名驚世終何益
東方先生好自譽伯夷子路并為一杜陵布衣老且愚
中格類 第二正中格 十韻 十七 蒔薰精舍
信口自比契與稷暮年欲學柳下惠嗜好酸鹹不相入
金山也是不羈人蚤歲聞名晚相得我醉而嬉欲仙去
旁人笑倒山謂實問我此生何所歸笑指浮休百年宅
蒜山幸有閑田地招此無家一房客
寄蘄簟與蒲傳正 蘇子瞻
蘭谿美箭不成笛離離玉筋排霜脊千溝萬縷自生風
入手未開先慘慄公家列屋閑蛾眉珠簾不動花陰移
霧帳銀牀初破睡牙籤玉局坐彈碁東坡病叟長羈旅
凍卧飢吟似飢鼠倚賴春風洗破衾一夜雪寒披故絮
火冷燈清誰復知孤舟兒女自嚘吚皇天何時反炎燠

愧此八尺黃琉璃願君淨掃清香閣卧聽風漪聲滿榻
習習還從兩腋生請公乘此朝閶闔
書林逋詩後 蘇子瞻
吳儂生長湖山曲呼吸湖光飲山綠不論世外隱君子
傭奴販婦皆冰玉先生可是絕俗人神清骨冷無由俗
我不識君曾夢見瞳子瞭然光可燭遺篇妙字處處有
步遶西湖看不足詩如東野不言寒書似西臺差少肉
平生高節已難繼將死微言猶可錄自言不作封禪書
更肯悲吟白頭曲我笑吳人不好事好作祠堂傍修竹
不然配食水仙王一盞寒泉薦秋菊
中格類 第二正中格 十韻 十八 蒔薰精舍
送陳睦知潭州 蘇子瞻
華清縹眇浮高棟上有纈林藏石甕一杯此地初識君
千巖夜上同飛鞚君時年少面如玉一飲百觚嫌未痛
白鹿泉頭山月出寒光潑眼如流汞朝元閣上酒醒時
卧聽風鸞鳴鐵鳳舊游空在人何處二十三年真一夢
我得生還雪髯滿君亦老嫌金帶重有如社燕與秋鴻
相逢未穩還相送洞庭青草渺無際天柱紫蓋森欲動
湖南萬古一長嗟付與騷人發嘲弄
用前韻答西掖諸公見和 蘇子瞻
雙猊蟠礎龍纏棟金井轆轤鳴曉甕小殿垂簾碧玉鉤

大宛立仗青絲鞚風馭賓天雲雨隔孤臣忍淚肝腸痛
羨君意氣風生坐落筆縱橫盤走汞上樽日日瀉黃封
賜茗時時開小鳳閑門憐我老太玄給札看君賦雲夢
金奏不知江海眩木瓜屢費瓊瑤重豈惟蹇步困追攀
已覺侍史疲奔送春還宮柳腰支活雨入御溝鱗甲動
借君妙語發春容顧我風琴不成弄
送表弟程六知楚州 蘇子瞻
炯炯明珠照雙璧當年三老蘇程石里人下道避鳩杖
刺史迎門倒凫舄我時與子皆兒童狂走從人覓梨栗
健如黃犢不可恃隙過白駒那暇惜醴泉寺古垂橘柚
中格類 第二正中格 十韻 十九 蒔薰精舍
石頭山高暗松櫟諸孫相逢萬里外一笑未解千憂集
子方得郡古山陽老手生風謝刀筆我正含毫紫微閣
病眼昏花困書檄莫教印綬繫餘年去掃墳墓當有日
功成頭白早歸來共藉梨花作寒食
次韻子由書李伯時所藏韓幹馬 蘇子瞻
潭潭古屋雲幙垂省中文書如亂絲忽見伯時畫天馬
朔風胡沙生落錐天馬西來從西極勢與落日爭分馳
龍膺豹股頭八尺奮迅不受人間羈元狩虎脊聊可友
開元玉花何足奇伯時有道真吏隱飲啄不羨山梁雌
丹青弄筆聊爾耳意在萬里誰知之幹惟畫肉不畫骨

（图一一九 49－51）

而況失實空餘皮煩君巧說腹中事妙語欲遣黃泉知
君不見韓生自言無所學厩馬萬匹皆吾師

慶源宣義王丈以累舉得官為洪雅主簿雅州戶掾
遇吏民如家人人安樂之既謝事居眉之青神瑞
草橋放懷自得有書來求紅帶既以遺之且作詩
為戲請黃魯直秦少游各為賦一首為老人光華
蘇子瞻

青衫半作霜葉枯遇民如兒吏如奴吏民莫作官長看
我是識字耕田夫妻啼兒號刺史怒時有野人來挽須
拂衣自注下下考芋魁飯豆吾豈無歸來瑞草橋邊路

中格類　第二正中格　十韻　二十　蔣薰精舍

獨游還佩平生壺慈姥巖前自喚渡青衣江畔人爭扶
今年蠶市數州集中有遺民懷袴襦邑中之黔相指似
白髮紅帶老不癯我欲西歸卜鄰舍隔牆拊掌容歌呼
不學山王乘駟馬回頭空指黃公壚

次前韻送程六表弟　蘇子瞻

君家兄弟真連璧門十朱輪家萬石竹使猶分刺史符
尚方行賜尚書舄前年持節發倉廩到處賣刀收繭栗
歸來閉口不論功卻走渡江誰復惜君才不用如澗松
我老得全猶社櫟青衫莫厭百僚底白首上有千薪積
憶昔江湖一釣舟無數雲山供點筆未應偏障西風扇

只恐先移北山檄憑君寄謝江南叟念我空見長安日
浮江泝蜀有成言江水在此吾不食

興隆節侍宴前一日微雪與子由同訪王定國小飲
清虛堂定國出數詩皆佳而五言尤奇子由又言
昔與孫巨源同王定國感念存沒悲歎久之夜歸
稍醒各賦一篇明日朝中以示定國也　蘇子瞻

天風淅淅飛玉沙詔恩歸沐休早衙遙知清虛堂裏雪
正似薝蔔林中花出門自笑無所詣呼酒持勸惟君家
踏冰凌兢戰疲馬扣門剝啄驚寒鴉羨君五字入詩律
欲與六出爭天葩頭風已倩檄手愈背癢卻得仙爪爬

中格類　第二正中格　十韻　二十二　蔣薰精舍

銀餅瀉油浮蟻酒紫盌鋪粟盤龍茶幅巾起作鸜鵒舞
疊鼓誰摻漁陽撾九衢燈火雜夢寐十年聚散空咨嗟
明朝握手殿門外共看銀闕暾晨霞

東川清絲寄魯冀州戲贈　蘇子瞻

鵝谿清絲清如冰上有千歲交枝藤藤生谷底飽風雪
歲晚忽作龍蛇升嗟我雖為老侍從骨寒只受布與繒
牀頭錦衾未還客坐覺芒刺在背膺豈如騶卿晚乃貴
福祿正似川方增醉中倒著紫綺裘下有半臂出縹綾
封題不敢妄裁翦刀尺自有佳人能遙知千騎出清曉
積雪未放浮塵興白須紅帶柳絲下老弱空巷人相登

但放奇紋出領袖吾髯雖老無人憎

安州老人食蜜歌　蘇子瞻

安州老人心似鐵老人心肝小兒舌不食五穀惟食蜜
笑指蜜蜂作檀越蜜中有詩人不知千花百草爭含姿
老人咀嚼時一吐還引世間癡小兒小兒得詩如得蜜
蜜中有藥治百疾正當狂走捉風時一笑看詩百憂失
東坡先生取人廉幾人相歡幾人嫌恰似飲茶甘苦雜
不如食蜜中邊甜因君寄與雙龍餅鏡空一照雙龍影
三吳六月水如湯老人心似雙龍井

與葉淳老侯敦夫張秉道同相視新河秉道有詩次

中格類　第二正中格　十韻　二十二　蔣薰精舍

韻二首　蘇子瞻

君不見元帥府前羅萬戟濤頭未順千弩射至今鳳凰
山下路長借一箭開兩翼我鑿西湖還舊觀一眼已盡
西南碧又將回奪浮山嶮千艘夜下無南北坐陳三策
本人謀惟留一諾待我畫老病思歸真暫寓功名如幻
終何得從來自笑畫蛇足此事何殊食雞肋憐君嗜好
更迂闊得我新詩喜折屐江湖麤了我竟歸餘事後來
當潤色一庵閑臥洞霄宮井有丹砂水長赤

聚星堂雪　蘇子瞻

窗前暗響鳴枯葉龍公試手行初雪映空先集疑有無

（图一一九　52—54）

一一九 谭嗣同 楷书古诗三格

作態斜飛正愁色眾賓起舞風竹亂老守先醉霜松折
恨無翠袖點橫斜祇有微燈照明滅歸來尚喜更鼓暗
晨起不待鈴索掣未嫌長夜作衣稜卻怕初陽生眼纈
欲浮大白追餘賞幸有回飆驚落屑模糊檜頂獨多時
歷亂瓦溝裁一瞥汝南先賢有故事醉翁詩話誰續說
當時號令君聽取白戰不許持寸鐵

喜劉景王至 蘇子瞻

天明小兒更傳呼髯劉已到城南隅尺書真是髯手迹
起坐熨眼知有無今人不作古人事今世有此古丈夫
我聞其來喜欲舞病自能起不用扶江淮旱久塵土惡

中格類 第二正中格 十韻 二十三 蒔薰精舍

朝來清雨濯鬢鬚相看握手兩無事千里一笑無乃迂
平生所樂在吳會老死欲葬杭與蘇過江西來二百日
冷落山水愁吳姝新堤舊井各無恙參寥六一豈念吾
別後新詩巧摹寫袖中知有錢塘湖

用前韻作雪詩留景文 蘇子瞻

萬松嶺上黃千葉載酒年年踏松雪劉郎去後誰復來
花下有人心斷絕東齋夜坐搜雪句兩手龜坼霜須折
無情豈亦畏嘲弄穿簾入戶吹燈滅紛紛兒女爭所似
碧海長鯨君未掣朝來雲漢接天流顧我小詩如點纈
歐陽趙陳在戶外急掃中庭鋪木屑交遊雖似雪柏堅

聚散行作風花瞥晴光融作一尺泥歸有何事真無說
泥乾路穩放君去莫倚馬蹄如踣鐵

次前韻送劉景文 蘇子瞻

白雲在天不可呼明月豈肯留庭隅怪君西行八百里
清坐十日一事無路人不識呼尚書但見凜凜雄千夫
豈知入骨愛詩酒醉倒正欲蛾眉扶一篇向人寫肝肺
四海知我霜鬢須歐陽趙陳皆我有豈謂夫子駕復迂
爾來又見三點柳共此暖熱餐鼉蘇酒肴酸薄紅粉暗
祇有潁水清而姝一朝寂寞風雨散對影誰念月與吾
何時歸帆泝江水春酒一變甘棠湖

中格類 第二正中格 十韻 二十四 蒔薰精舍

次韻王滁州見寄 蘇子瞻

斯人何似似春雨歌舞農夫怨行路君看永叔與元之
坎軻一生遭口語兩翁當年鬢未絲玉堂揮翰手如飛
教得滁人解吟詠至今里巷嘲輕肥君家聯翩盡卿相
獨來坐歗谿山上笑捐浮利一雞肋多取清名幾熊掌
丈夫自重貴難售兩翁今與青山久後來太守更風流
要伴前人作詩瘦我倦承明苦求出到處遺蹤尋六一
憑君試與問琅邪許我來游莫難色

在潁州與德麟同治西湖未成改揚州三月十六日
湖成德麟有詩見懷次其韻 蘇子瞻

太山秋毫兩無窮鉅細本出相形中大千起滅一塵裏
未覺杭潁誰雌雄我在錢塘拓湖淥大堤士女爭昌丰
六橋橫絕天漢上北山始與南屏通忽驚二十五萬丈
老葑席卷蒼雲空揭來潁尾弄秋色一水縈帶昭靈宮
坐思吳越不可到借君月斧修朣朧二十四橋亦何有
換此十頃玻璃風雷塘水乾禾黍滿寶釵耕出餘鸞龍
明年詩客來弔古伴我霜夜號秋蟲

再次韻德麟新開西湖 蘇子瞻

使君不用山鞠窮飢民自逃泥水中欲將百瀆起凶歲
免使甑石愁揚雄西湖雖小亦西子縈流作態清而丰

中格類 第二正中格 十韻 二十五 蒔薰精舍

千夫餘力起三閘焦陂下與長淮通十年憔悴塵土窟
清瀾一洗啼痕空王孫本自有仙骨平生宿衛明光宮
一行作吏人不識正似雲月初朦朧時臨此水照冰雪
莫遣白髮生秋風定須卻致兩黃鵠新與上帝開濯龍
湖成君歸侍帝側燈花已綴釵頭蟲

次韻吳傳正枯木歌 蘇子瞻

天工水墨自奇絕瘦竹枯松寫殘月夢回疏影在東窗
驚怪霜枝連夜發生成變壞一彈指乃知造物初無物
古來畫師非俗士妙想實與詩同出龍眠居士本詩人
能使龍池飛霹靂君雖不作丹青手詩眼亦自工識拔

（图一一九 55—57）

一一九 谭嗣同 楷书古诗三格

龍眠胸中有千駟不獨畫肉兼畫骨但當與作少陵詩
或自與君拈禿筆東南山水相招呼萬象入我摩泥珠
盡將書畫散朋友獨與長鋏歸來乎

雪浪石 蘇子瞻

太行西來萬馬屯勢與岱嶽爭雄尊飛狐上黨天下脊
半掩落日先黃昏削成山東二百郡氣壓代北三家村
千峰石卷矗牙帳崩崖鑿斷開土門揭來城下作飛石
一礮驚落天驕魂承平百年烽燧冷此物僵卧枯榆根
畫師爭摹雪浪勢天工不見雷斧痕離堆四面繞江水
坐無蜀士誰與論老翁兒戲作飛雨把酒坐看珠跳盆

此身自幻孰非夢故國山水聊心存

子由新修汝州龍興寺吳畫壁 蘇子瞻

丹青久衰工不藝人物尤難到今世每摹市井作公卿
畫手懸知是徒隸吳生已與不傳死那復典刑留近歲
人間幾處變西方盡作波濤翻海勢細觀手面分轉側
妙算毫釐得天契始知真放本精微不比狂花生客慧
似聞遺墨留汝海古壁蝸涎可垂涕力捐金帛扶棟宇
錯落浮雲卷新霽使君坐歡清夢餘幾疊衣紋數衿袂
他年弔古知有人姓名聊記東坡弟

月華寺 蘇子瞻

天公胡為不自憐結土融石為銅山萬人採斫富媼泣
祇有金帛資豪姦脫身獻佛意可料一瓦坐待千金還
月華三火豈天意至今茇舍依榛菅僧言此地本龍象
興廢反掌曾何艱高巖夜吐金碧氣曉得異石青斕斑
坑流窟發錢湧地莫施百鎰朝千鍰此山出寶以自賊
地脈已斷天應慳我願銅山化南畝爛漫黍麥蘇惸鰥
道人修道要底物破鐺煮飯茆三間

追餞正輔表兄至博羅賦詩為別 蘇子瞻

孤臣南遊墮黃茅君亦何事來牧蠻艤舟蜑戶龍岡窟
置酒椰葉桄榔間高談已笑衰語陋傑句尤覺清詩孱

博羅小縣僧舍古我不忍去君忘還君應回望秦與楚
夢涉漢水愁秦關我亦坐念高安客神游黃蘗參洞山
何時曠蕩洗瑕謫與君歸駕相追攀梨花寒食隔江路
兩山遥對雙煙鬟歸耕不用一錢物惟要兩腳飛孱顏
玉牀丹竈記分我助我金鼎光斕斑

再用前韻 蘇子瞻

樂天雙鬢如霜菅始知謝遣素與蠻我兄綠髮蔚如故
已了夢幻齊人間蛾眉勸酒聊爾耳處仲太忍茂弘孱
三杯徑醉便歸卧海上知復幾往還連娟六公趁蹋鞠
杳眇三疊紫陽關酒醒夢斷何所有落花流水空青山

忽驚鐃鼓發半夜明月不許幽人攀贈行無物惟一語
莫遣瘴霧侵雲鬟羅浮道人一傾蓋欲繫白日留君顏
應知我是香案吏他年許綴蓬萊班

游博羅香積寺 蘇子瞻

二年流落蛙魚鄉朝來喜見麥吐芒東風搖波舞淨綠
初日泫露酣嬌黃汪汪春泥已沒膝剡剡秋穀初分秧
誰言萬里出無友見此二美喜欲狂三山屏擁僧舍小
一谿雷轉松陰涼要令水力供臼磨與相地脈增隄防
霏霏落雪看收麪隱隱疊鼓聞舂糠散流一啜雲子白
炊裂十字瓊肌香豈惟牢九薦古味要使真一流天漿

詩成捧腹便絕倒書生說食真膏肓

四月十一日初食荔支 蘇子瞻

南村諸楊北村盧白華青葉冬不枯垂黃綴紫煙雨裏
特與荔支為先驅海山仙人絳羅襦紅紗中單白玉膚
不須更待妃子笑風骨自是傾城姝不知天公有意無
遣此尤物生海隅雲山得伴松檜老霜雪自困楂梨麤
先生洗盞酌桂醑冰盤薦此赬虯珠似聞江鰩斫玉柱
更洗河豚烹腹腴我生涉世本為口一官久已輕蓴鱸
人間何者非夢幻南來萬里真良圖
過於海舶得邁寄書酒作詩遠和之皆粲然可觀子

（图一一九 58－60）

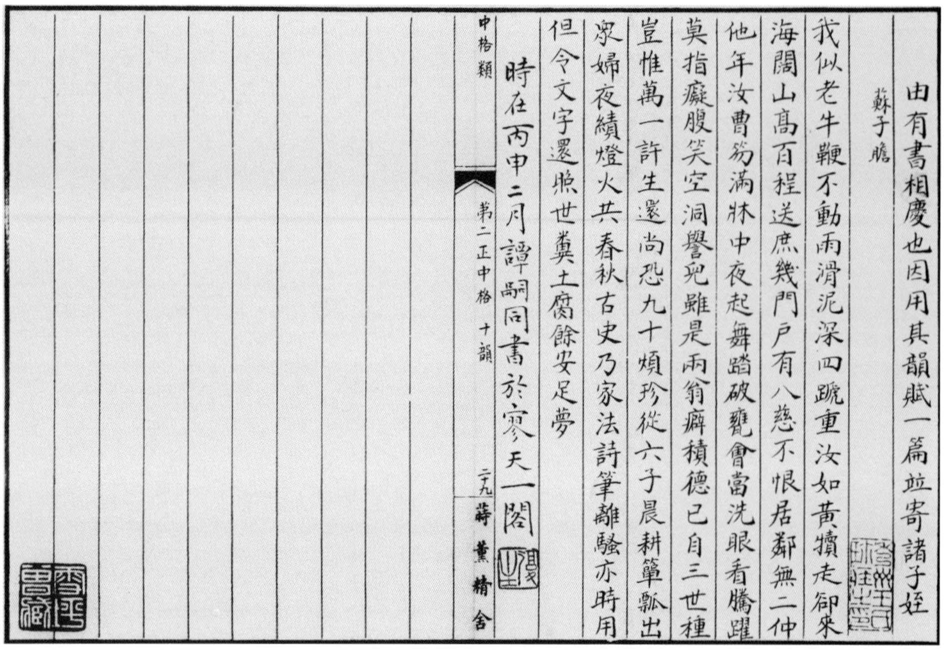

（图一一九－61）

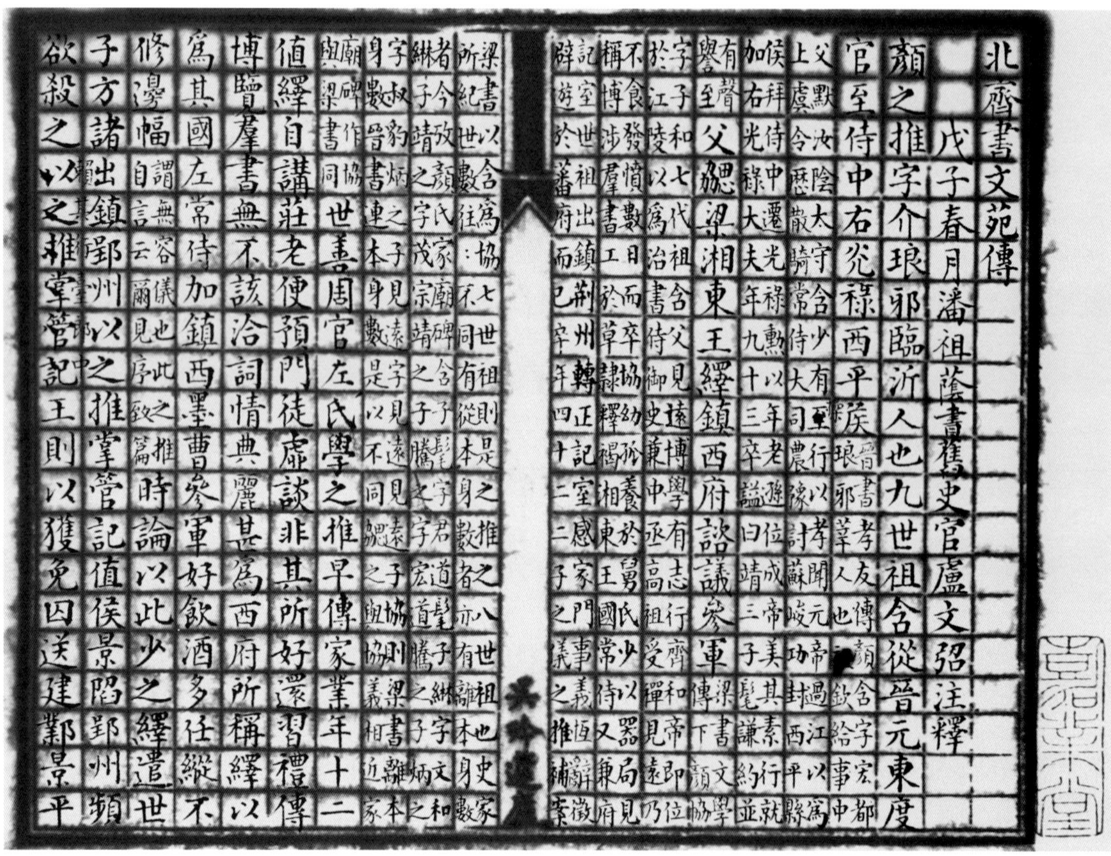

（图一二〇－1）

一二〇　潘祖荫　楷书录北齐书文苑传册

潘祖荫（1830—1890年），晚清著名金石学家、书法家、收藏家。字伯寅，号郑盦，江苏吴县人。咸丰二年中探花，在南书房掌管文衡典试等近四十年，官至工部尚书。通经史，精楷法，富藏金石。

光绪十四年（1888年）戊子春月作。

钤：“嘉业堂”印。

一二〇　潘祖荫　楷书录北齐书文苑传册

還江陵時繹已自立以之推爲散騎侍郎奏舍人事
後爲周軍所破大將軍李顯重之薦往宏農令掌其
兄平陽王慶遠書翰值河水暴長具船將妻子來奔
經砥柱之險時人稱其勇決顯祖見而悅之卽除奉
朝請引於內館中侍從左右頗被顧眄天保末從至
天池以爲中書舍人令中書郎段孝信將敕書出示
之推之推營外飲酒孝信還以狀言顯祖乃曰且停
由是遂寢河清末被舉爲趙州功曹參軍尋待詔文
林館除司徒錄事參軍之推聰穎機悟博識有才辨
工尺牘應對閑明大爲祖珽所重令掌知館事判署

吳吟蘆

文書尋遷通直散騎常侍俄領中書舍人帝時有取
索恒令中使傳旨之推稟承宣告館中皆受進止所
進文章皆是其封署於進賢門奏之待報方出兼善
於文字監校繕寫處事勤敏號爲稱職帝甚加恩接
顧遇逾厚爲勳要者所嫉常欲害之崔季舒等將諫
也之推取急還宅故不連署及召集諫人之推亦被
喚入勘無其名方得免禍北齊書崔季舒傳祖珽受委奏季舒總監內作韓長
鸞欲出之屬車駕將適晉陽季舒與張雕議以爲壽春被圍大軍出拒信使往還須稟節度兼道路小人
或相驚恐云大駕向幷畏避南寇若不啓諫必動人情遂與從駕文官連名進諫趙彥深唐邕段孝言等
初亦同心臨時疑貳季舒與爭未決長鸞遂奏云漢見文官連名總署聲云諫止向幷其實未必不反宜

加誅戮帝卽召已署官人集含章殿以季舒張雕劉逖封孝琰裴澤郭遵等爲首斬之殿庭尋除
黃門侍郎及周兵陷晉陽帝輕騎還鄴窘急計無所
從之推因宦者侍中鄧長顒進奔陳之策仍勸募吳
士千餘人以爲左右取青徐路共投陳國帝甚納之
以告丞相高阿那肱等不願入陳阿那肱召周軍約生致齊主故也見
幼主紀乃云吳士難信不須募之勸帝送珍寶累重向
青州且守三齊之地若不可保徐浮海南度雖不從
之推計策猶以爲平原太守令守河津齊亡入周大
象末爲御史上士隋開皇中太子召爲學士甚見禮
重尋以疾終有文三十卷家訓二十篇並行于世曾

吳吟蘆

撰觀我生賦文致清遠案諸本多刪此賦不錄今以顏氏一生涉履備見此中故
依史文全錄之且爲之注其詞曰仰浮清之藐々俯沈奧之茫々
淮南子天文訓清陽者薄靡而爲天重濁者凝滯而爲地詩大雅瞻卬藐々昊天無不克鞏傳藐々大貌
左氏襄四年傳虞人之箴曰芒々禹迹畫爲九州已生民而立教乃司牧以
分疆內諸夏而外夷狄驟五帝而馳三王公羊成十五年傳春
秋內其國而外諸夏內諸夏而外夷狄白虎通號篇鈎命決曰三皇步五帝趨三王馳五霸騖大道
寢而日隱小雅摧以云亡班孟堅兩都賦序昔成康沒而頌聲寢王澤竭而詩
不作孟子離婁上王者之迹熄而詩亡毛詩序小雅盡廢則四夷交侵中國微矣哀趙武之
作孽怪漢靈之不祥趙武謂趙武靈王也武靈王胡服騎射事見戰國趙策續漢書
五行志靈帝好胡服胡帳胡牀胡坐胡飯胡箜篌胡笛胡舞京都貴戚皆競爲之此服妖也其後董卓多

擁胡兵塡塞街衢虜掠宮掖發掘園陵旄頭翫其金鼎典午失其珠囊
史記天官書昴曰旄頭胡星也一本作旄頭左氏宣三年傳楚子伐陸渾之戎遂至于雒觀兵于周疆定
王使王孫滿勞楚子楚子問鼎之大小輕重焉對曰在德不在鼎昔夏之方有德也遠方圖物貢金九牧
鑄鼎象物使民知神姦桀有昏德鼎遷于商載祀六百商紂暴虐鼎遷于周蜀志譙周傳典午忽兮月西
沒兮典午者謂司馬也案代魏者晉姓司馬氏珠囊當出緯書孔穎達周易正義序秦亡金鏡未隆斯文
漢理珠囊重興儒雅初學記引尚書攷靈曜云河圖子提期地雷赤用藏龍吐珠康成注河圖子劉氏而
提起也藏祕也珠寶物喩道也赤漢當用天之祕道故河龍吐之瀍澗鞠成沙漠神
華泯爲龍荒尚書禹貢荊河惟豫州伊洛瀍澗旣入于河漢書地理志瀍水出河南穀城縣
晉亭北澗水出宏農新安縣通典州郡七荊河之州永嘉之亂漫於劉石詩小雅小弁踧々周道鞠爲茂
草漢書蘇建傳李陵歌曰徑萬里兮度沙幕古沙幕作漢字神華中華也史記孟子荀卿列傳騶衍以爲

吳吟蘆

儒者所謂中國者於天下乃八十一分居其一分耳中國名曰赤縣神州漢書匈奴傳五月大會龍城祭
其先天地鬼神又敘傳龍荒幕朔莫不來庭吾王所以東運我祖於是南
翔自注晉中宗以琅邪王南度之推琅邪人故稱吾王去琅邪之遷越宅金陵
之舊章金陵本吳地後越滅吳其地遂爲越有故稱越也說金陵者各不同唯張敦頤六朝事迹
序爲明析言楚威王因山立號置金陵邑或云以此有王氣故埋金以鎭之或云地接金壇之陵故謂之
金陵秦時望氣者云五百年後有天子氣始皇東巡乃鑿鍾阜斷金陵長隴以通流改其地爲秣陵縣詩
大雅卷阿爾土宇昄章作羽義於新邑樹杞梓於水鄉易漸上九鴻漸
于陸其羽可用爲儀吉尚書召誥周公朝至于洛則達于新邑營左氏襄廿六年左傳如杞梓皮革自楚
往也洛陽伽藍記三蕭衍子西豐侯蕭正德曰下官雖生于水鄉而立身以來未遭陽侯之難傳清
白而未替守法度而不忘後漢書楊震傳轉涿郡太守子孫常蔬食步行故舊

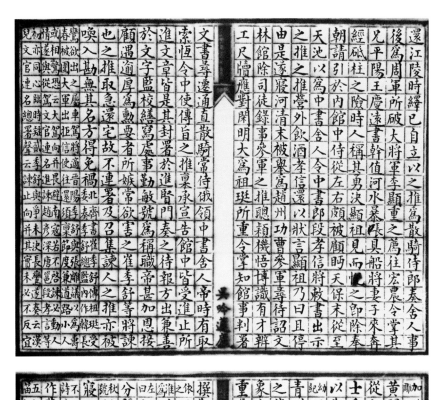

（图一二〇　2—4）

一二〇　潘祖荫　楷书录北齐书文苑传册

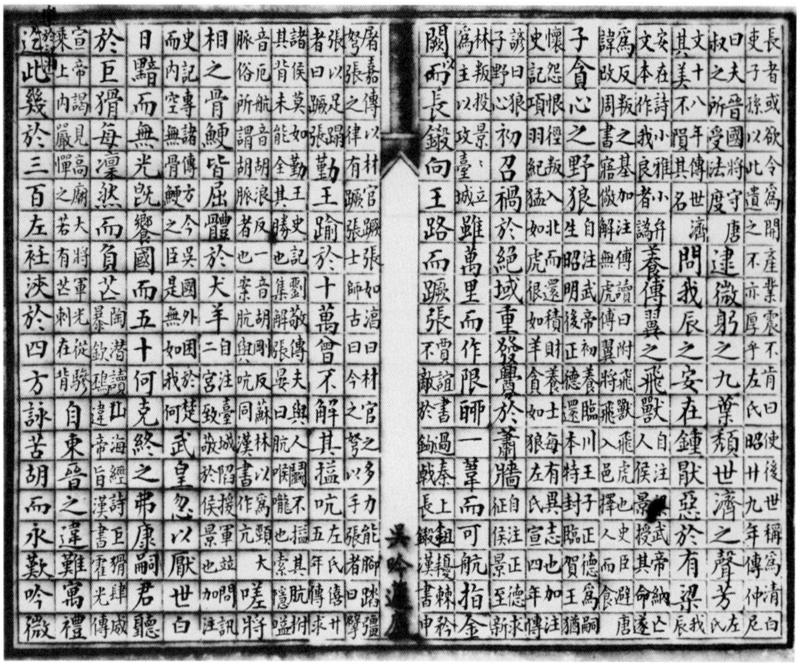

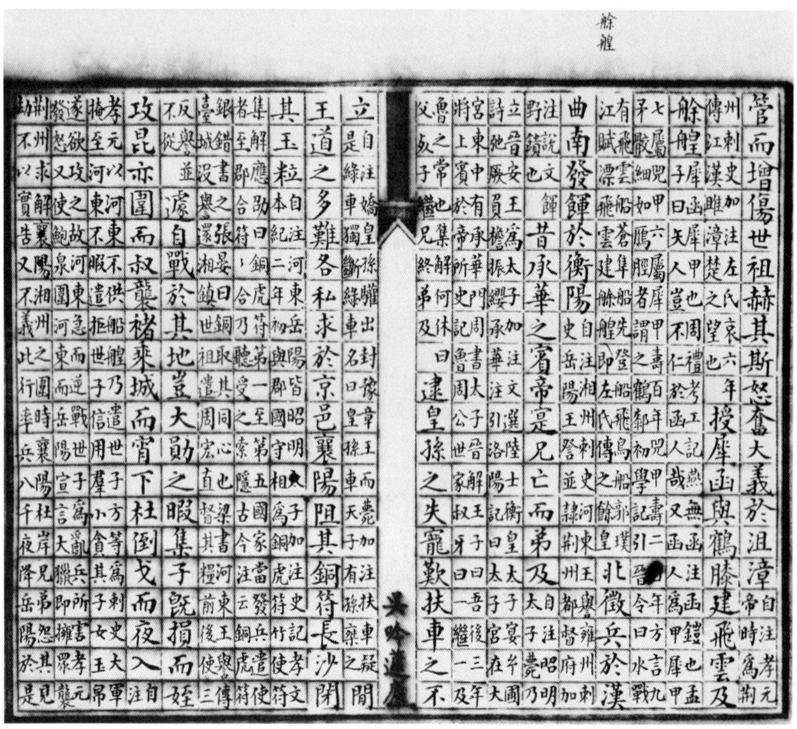

（图一二〇　5—7）

一二〇 潘祖荫 楷书录北齐书文苑传册

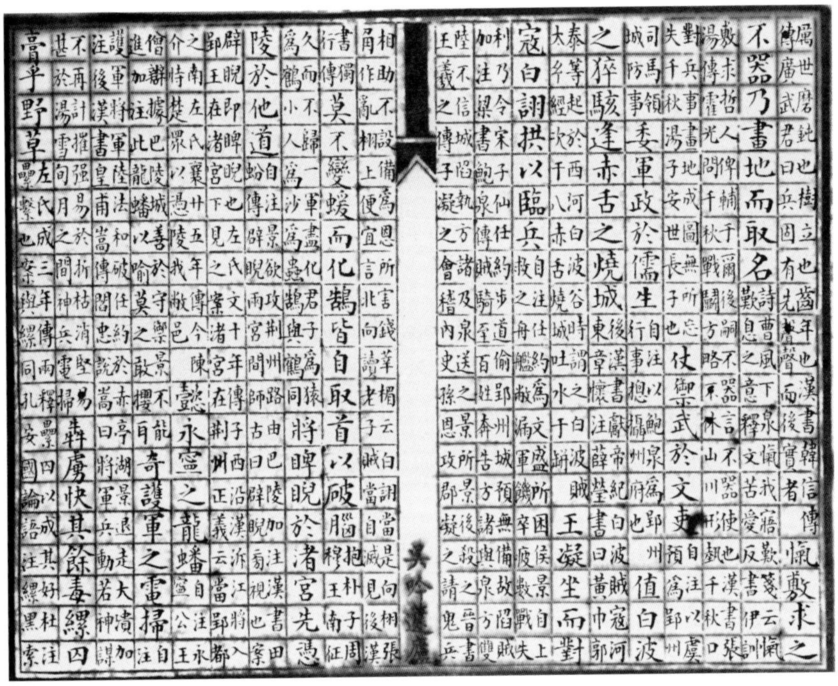

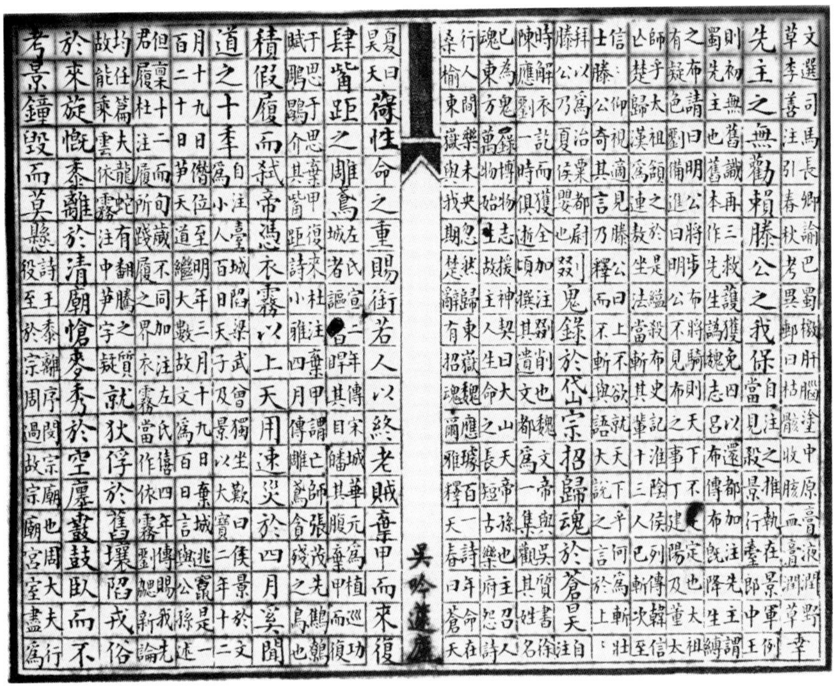

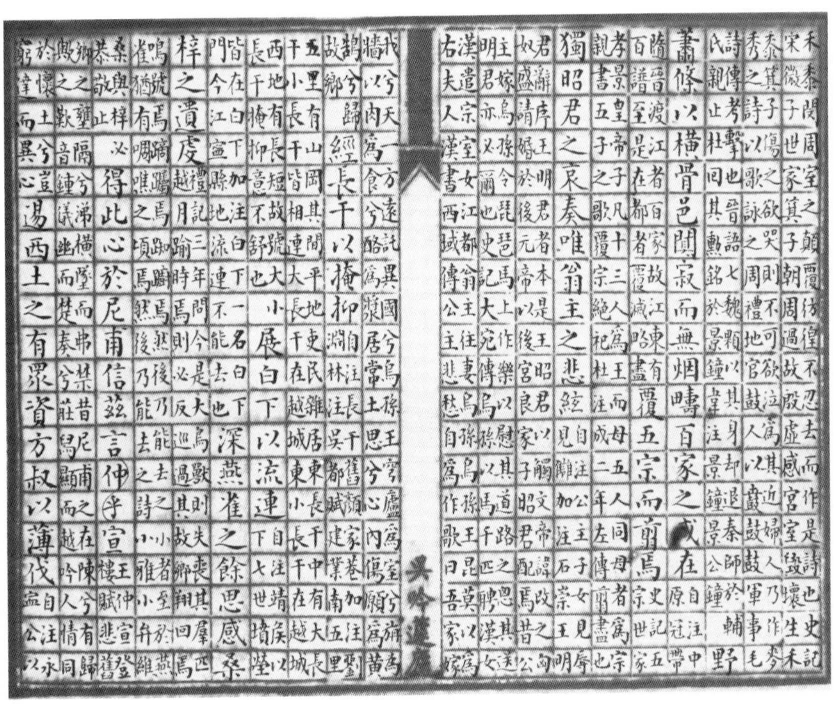

（图一二〇 8—10）

一二〇　潘祖荫　楷书录北齐书文苑传册

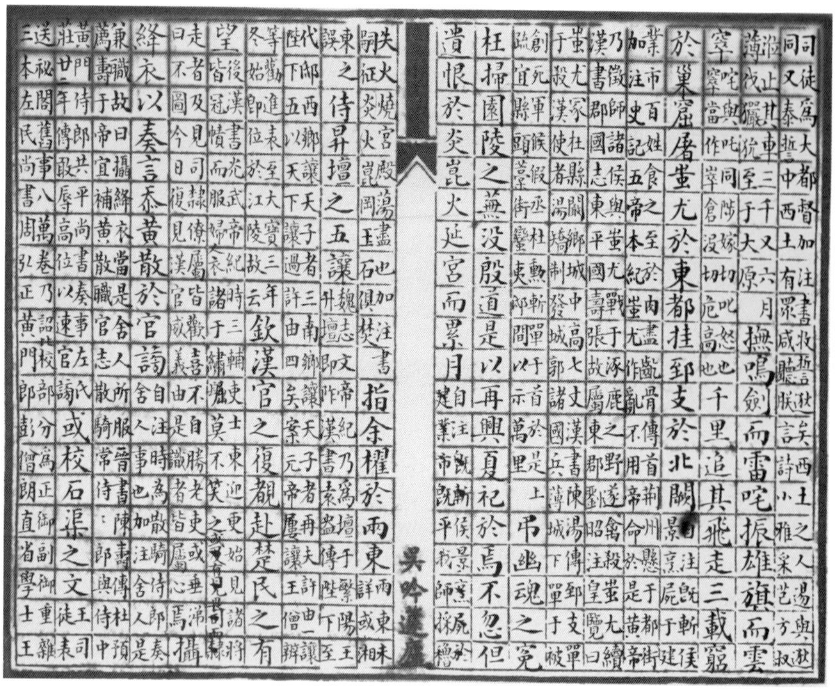

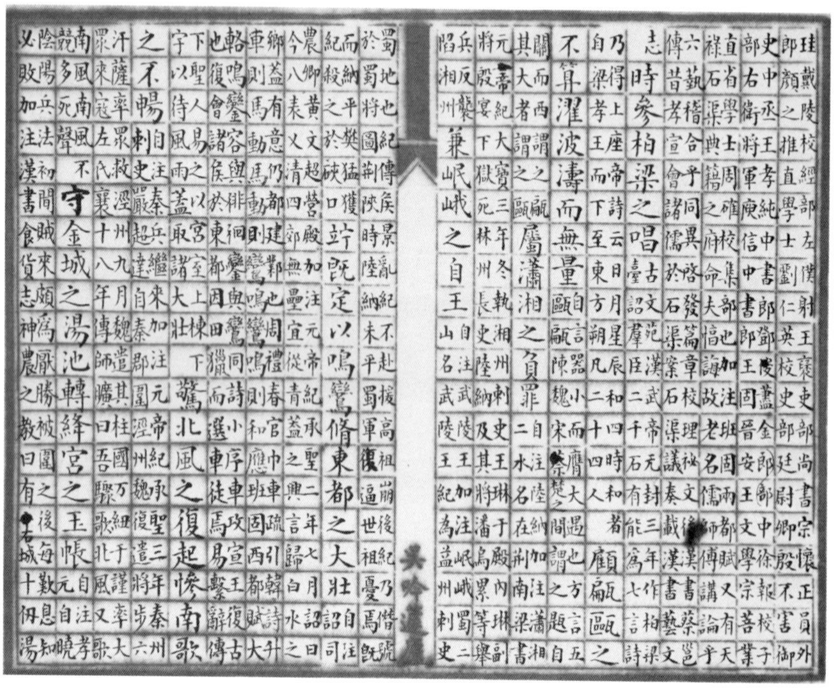

（图一二〇　11—13）

一二〇　潘祖荫　楷书录北齐书文苑传册

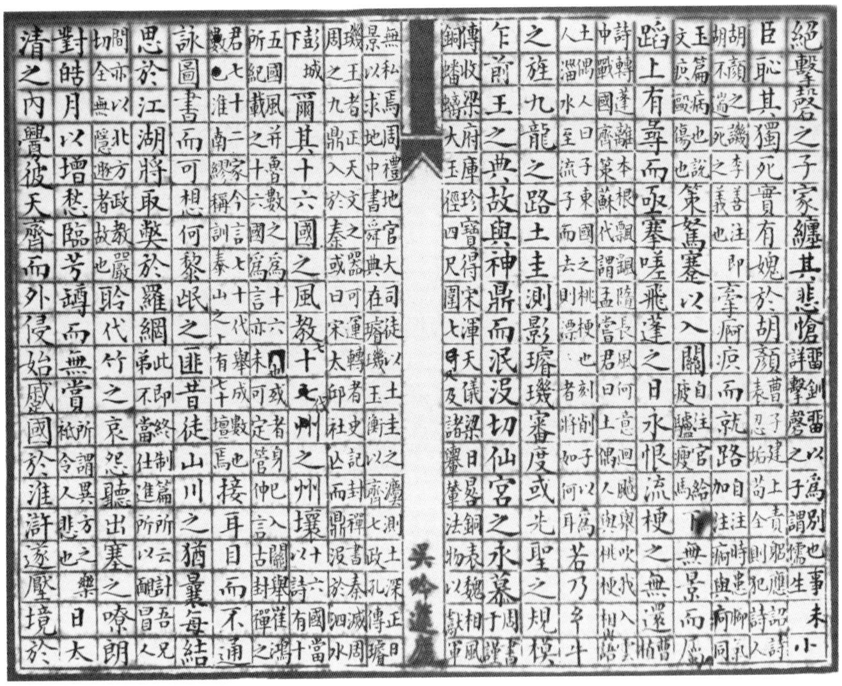

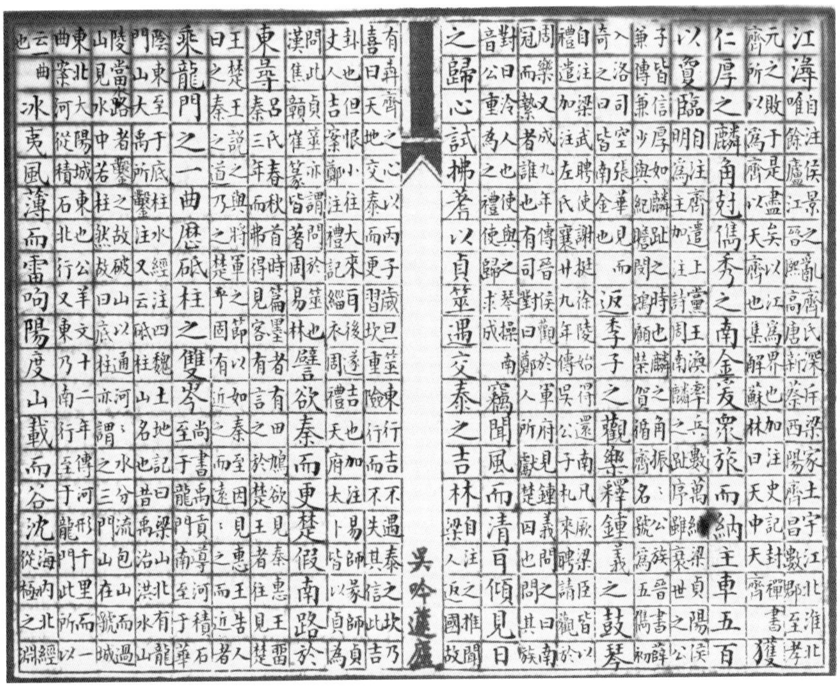

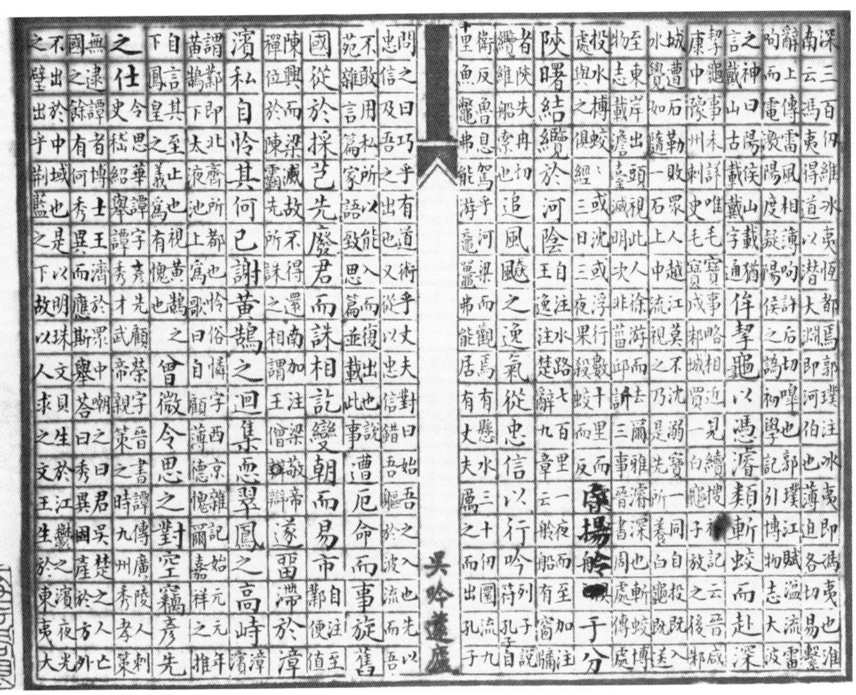

（图一二〇　14—16）

一二一　潘祖荫　楷书长洲人物志册

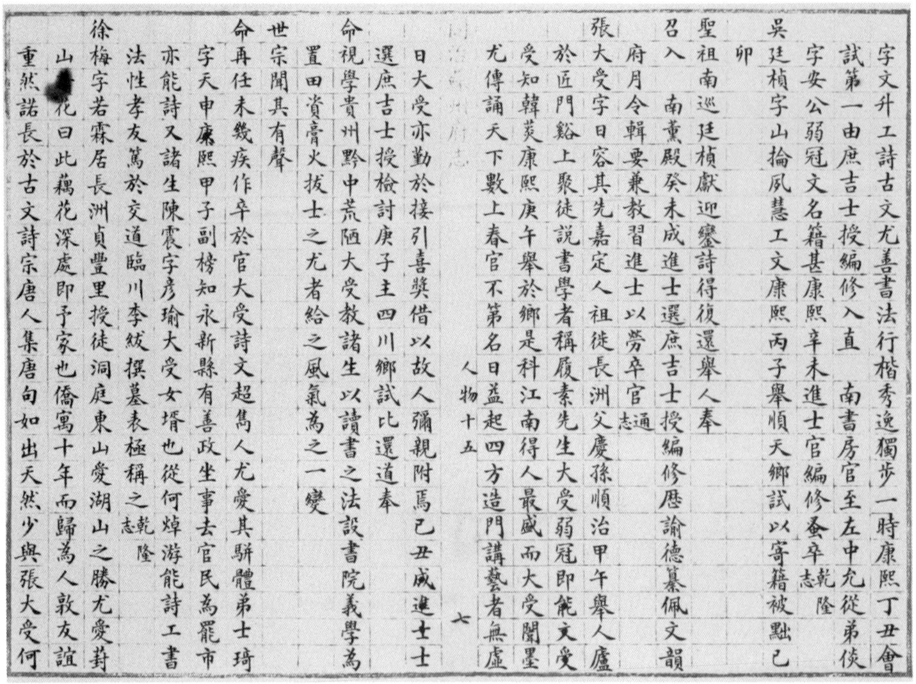
字文升工詩古文尤善書法行楷秀逸獨步一時康熙丁丑會
試第一由庶吉士授編修入直　南書房官至左中允從弟倓
字安公弱冠文名籍甚康熙辛未進士官編修蚤卒乾隆志
吴廷楨字山掄夙慧工文康熙丙子舉順天鄉試以寄籍被黜己
卯
聖祖南巡廷楨獻迎鑾詩得復還舉人奉
召入　南薰殿癸未成進士選庶吉士授編修歷諭德纂佩文韻
府月令輯要兼教習進士以勞卒官通志
張大受字日容其先嘉定人祖徙長洲父慶孫順治甲午舉人盧
於匠門谿上聚徒説書學者稱履素先生大受弱冠即能文受
受知韓菼康熙庚午舉於鄉是科江南得人最盛而大受闈墨
尤傳誦天下數上春官不第名日益起四方造門講藝者無虛
同治蘇州府志　人物十五　七
日大受亦勤於接引喜獎借以故人彌親附焉己丑成進士士
選庶吉士授檢討庚子主四川鄉試比還道奉
命視學貴州黔中荒陋大受教諸生以讀書之法設書院義學為
置田資膏火拔士之尤者給之風氣為之一變
世宗聞其有聲
命再任未幾疾作卒於官大受詩文超雋人尤愛其駢體弟士琦
字天申康熙甲子副榜知永新縣有善政坐事去官民為罷市
亦能詩又諸生陳震字彥瑜大受女壻也從何焯游能詩工書
法性孝友篤於交道臨川李紱撰墓表極稱之乾隆志
徐梅字若霖居長洲貞豐里授徒洞庭東山愛湖山之勝尤愛葑
山[illegible]花曰此藕花深處即予家也僑寓十年而歸為人敦友誼
重然諾長於古文詩宗唐人集唐句如出天然少與張大受何

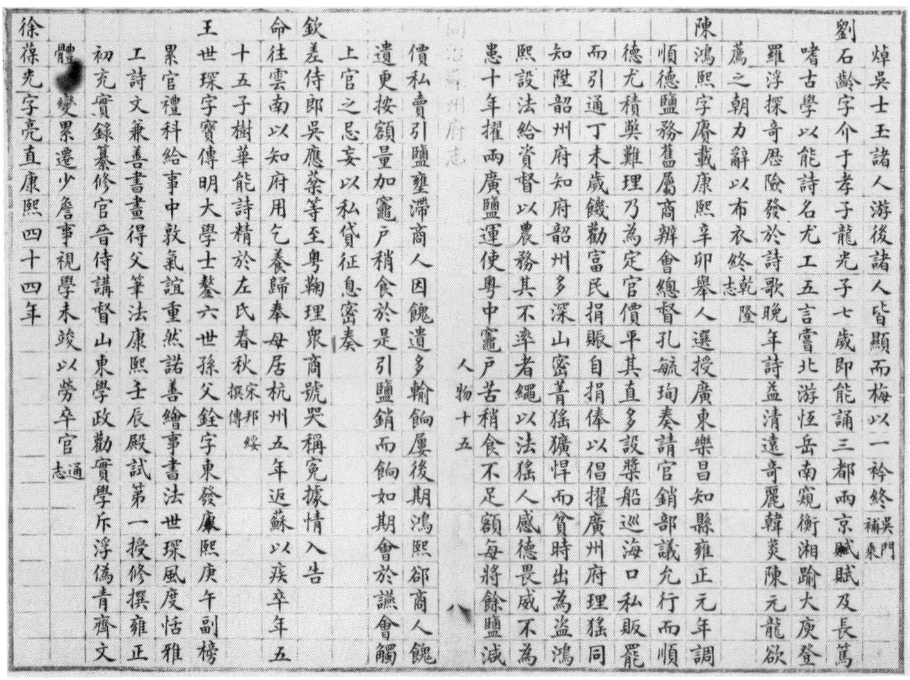
焯吴士玉諸人游後諸人皆顯而梅以一衿終吴門補乘
劉石齡字介于孝子龍光子七歲即能誦三都兩京賦賦及長篤
嗜古學以能詩名尤工五言嘗北游恆岳南窺衡湘踰大庾登
羅浮探奇歷險發於詩歌晚年詩益清遠奇麗韓菼陳元龍欲
薦之朝力辭以布衣終乾隆志
陳鴻熙字賡載康熙辛卯舉人選授廣東樂昌知縣雍正元年調
順德鹽務舊屬商辦會總督孔毓珣奏請官銷部議允行而順
德尤積弊難理乃為定官價平其直多設槳船巡海口私販罷
而引通丁未歲饑勸富民捐賑自捐俸以倡擢廣州府理猺同
知陞韶州府知府韶州多深山密箐猺獷悍而貧時出為盜鴻
熙設法給資督以農務其不率者繩以法猺人感德畏威不為
患十年擢兩廣鹽運使粵中竈戶苦稍食不足額每將餘鹽減
同治蘇州府志　人物十五　八
價私賣引鹽壅滯商人因餽遺多輸餉屢後期鴻熙卻商人餽
遺更按額量加竈戶稍食於是引鹽銷而餉如期會於讞會觸
上官之忌妄以私貸征息密奏
欽差侍郎吴應棻等至粵鞫理衆商號哭稱冤據情入告
命往雲南以知府用乞養歸奉母居杭州五年返蘇以疾卒年五
十五子樹華能詩精於左氏春秋宋邦綏撰傳
王世琛字寶傳明大學士鏊六世孫父銓字東發康熙庚午副榜
累官禮科給事中敦氣誼重然諾善繪事書法世琛風度恬雅
工詩文兼善書畫得父筆法康熙壬辰殿試第一授修撰雍正
初充實錄纂修官晉侍講督山東學政勤實學斥浮僞青齋文
體[illegible]變累遷少詹事視學未竣以勞卒官通志
徐葆光字亮直康熙四十四年

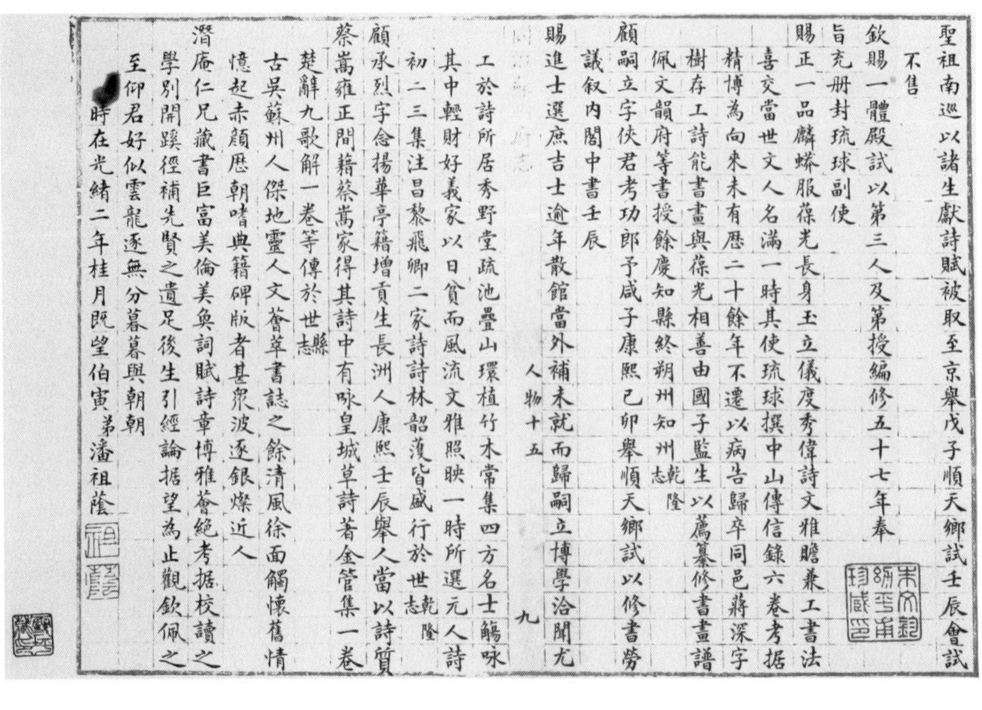
聖祖南巡以諸生獻詩賦被取至京舉戊子順天鄉試壬辰會試
不售
欽賜一體殿試以第三人及第授編修五十七年奉
旨充冊封琉球副使
賜正一品麟蟒服葆光長身玉立儀度秀偉詩文雅贍兼工書法
喜交當世文人名滿一時其使琉球撰中山傳信錄六卷考据
精博為向來未有歷二十餘年不遷以病告歸卒同邑蔣深字
樹存工詩能書畫與葆光相善由國子監生以薦纂修書畫譜
佩文韻府等書授餘慶知縣終朔州知州乾隆志
顧嗣立字俠君考功郎予咸子康熙己卯舉順天鄉試以修書勞
議叙内閣中書壬辰
賜進士選庶吉士逾年散館當外補未就而歸嗣立博學洽聞尤
同治蘇州府志　人物十五　九
工於詩所居秀野堂疏池疊山環植竹木常集四方名士觴咏
其中輕財好義家以日貧而風流文雅照映一時所選元人詩
初二三集注昌黎飛卿二家詩詩林韶濩皆盛行於世乾隆志
顧承烈字念揚華亭籍增貢生長洲人康熙壬辰舉人當以詩質
蔡嵩雍正間籍蔡嵩家得其詩中有咏皇城草詩著金管集一卷
楚辭九歌解一卷等傳於世縣志
古吴蘇州人傑地靈人文薈萃書誌之餘清風徐面觸懷舊情
憶起赤顔歷朝嗜典籍碑版者甚衆波逐銀燦近人
潛庵仁兄藏書巨富美倫美奂詞賦詩章博雅薈絕考据校讀之
學別開蹊徑補先賢之遺足後生引經論据望為止觀欽佩之
至仰君好似雲龍逐無分暮暮與朝朝
時在光緒二年桂月既望伯寅弟潘祖蔭

（图一二一　7—9）

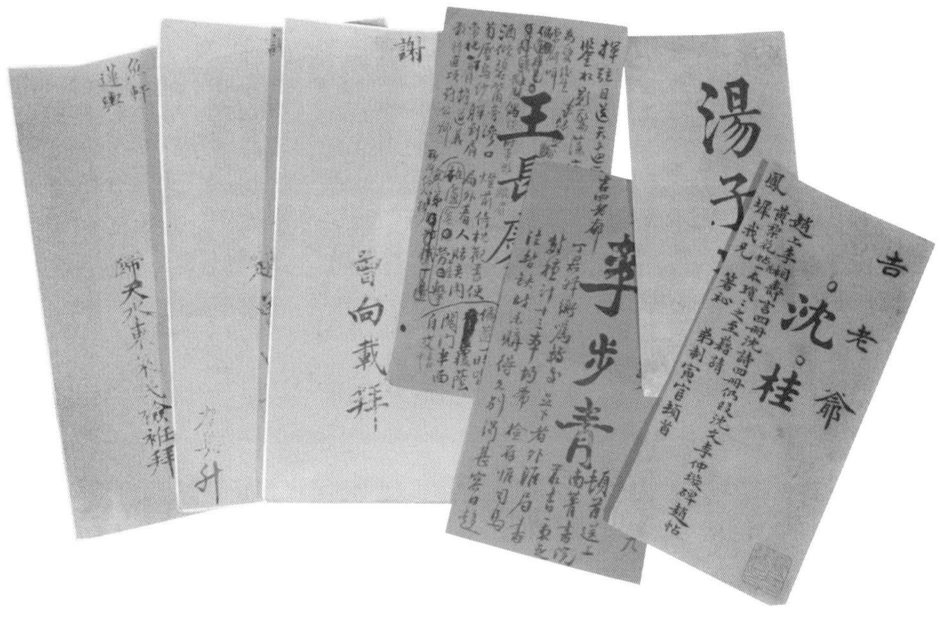

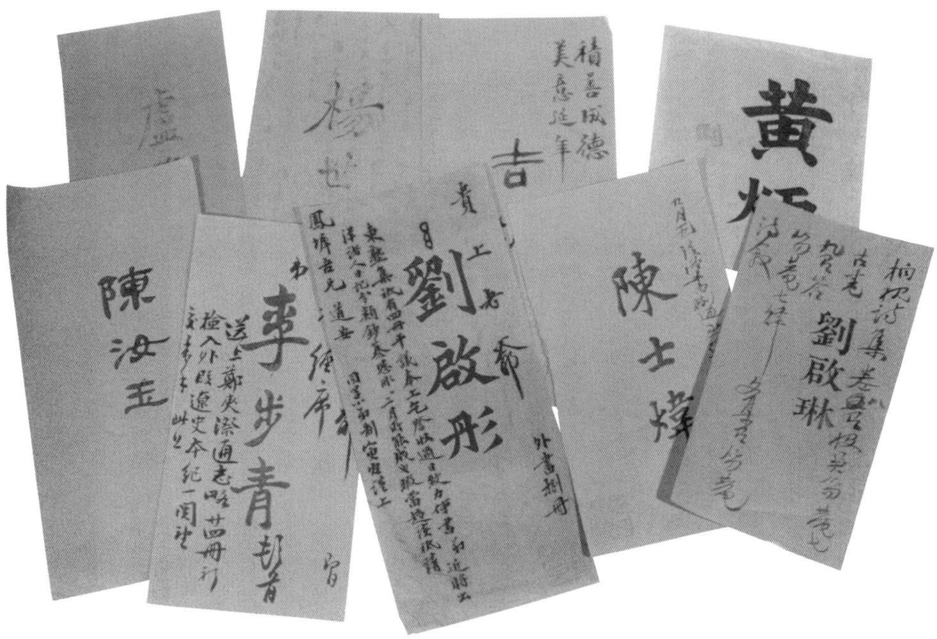

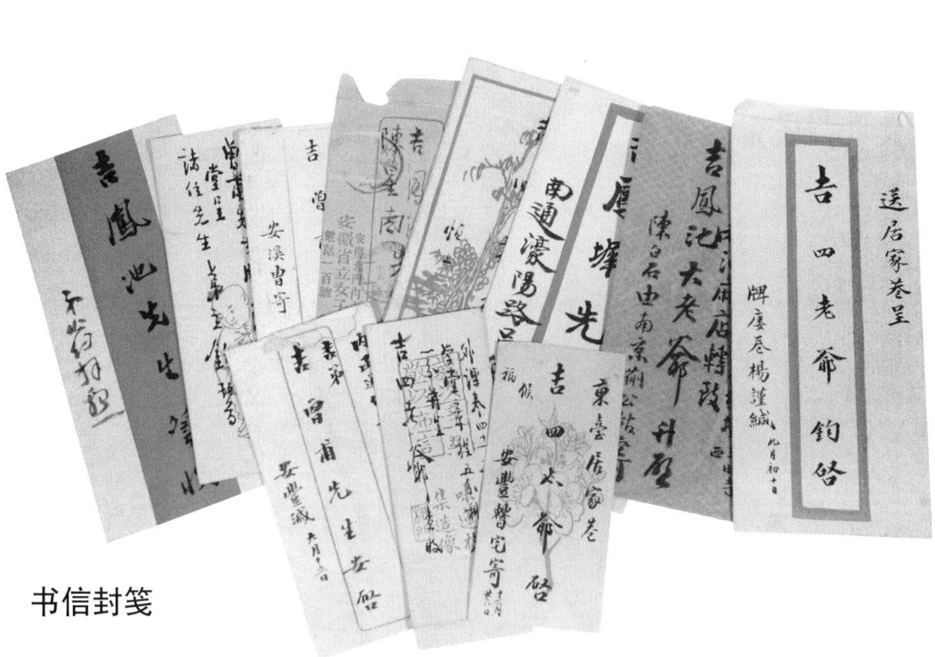

一二二　书信封笺

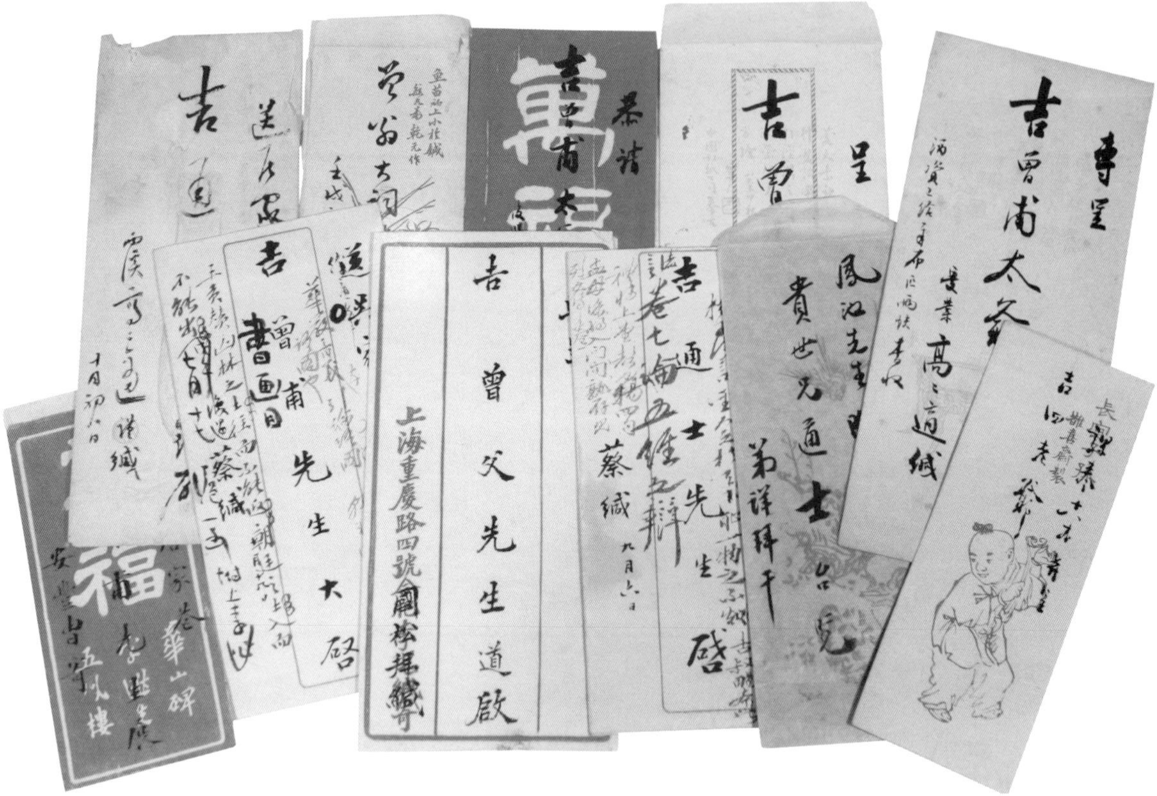

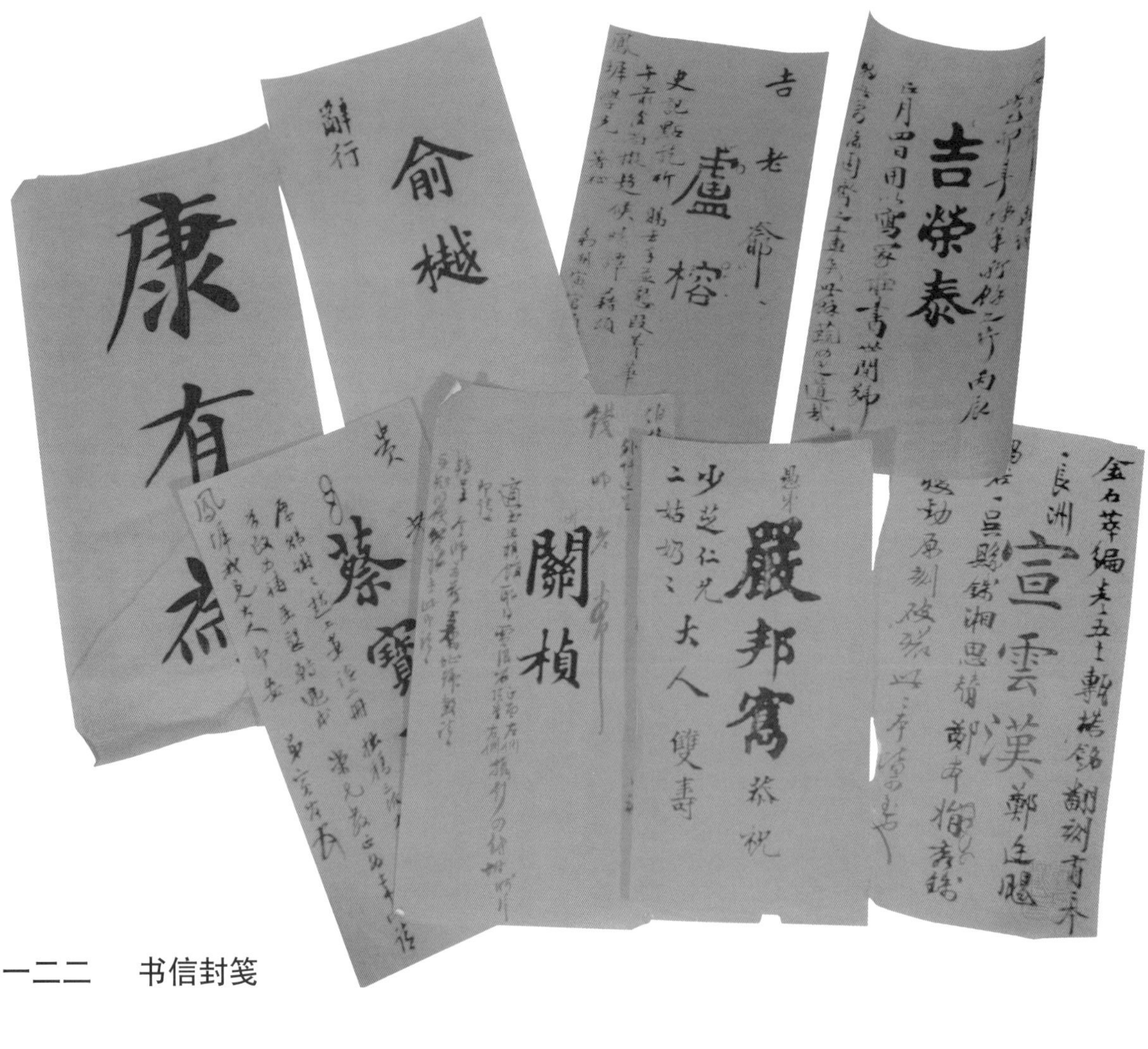

一二二　书信封笺

后　记

无锡确实是人文荟萃之地，即使经过“文革”的浩劫，仍然可见到不少宝贵的文化遗墨。高金宝先生一贯热爱祖国的文化，往往遇到一些断简残篇就日思夜想以求入藏为快，而每有所得就必与不佞共赏。目前所集都为中国近现代史的第一流人物，如林则徐、谭嗣同、陈独秀、沈钧儒等。而文化名人更令人瞪目咋舌，如纪晓岚、袁枚、阮元、蔡元培、沈尹默、胡适、茅盾、朱自清、高二适等。他们的片言只语都是中华民族的共同瑰宝，任何一个博物馆都将视为镇馆精品。这次能结集出版实是振兴中华的一个壮举，我在此仅表我的由衷祝贺！

钱绍武

二〇〇五年七月十日

摄　　影　郑　华
封面设计　周小玮
责任编辑　何巧珍
责任印制　王少华

图书在版编目（CIP）数据

中国近代名贤书札／高金宝编. －北京：文物出版社，2006.9

ISBN 7-5010-1785-9

Ⅰ.中…　Ⅱ.高…　Ⅲ.①名人－手稿－中国－近代②名人－手稿－中国－现代　Ⅳ.K820

中国版本图书馆 CIP 数据核字（2006）第 101436 号

中国近代名贤书札

高金宝　收藏

文物出版社出版发行
北京东直门内北小街 2 号楼
http://www.wenwu.com
E-mail:web@wenwu.com
北京文博利奥印刷有限公司制版
文物出版社印刷厂印刷
新 华 书 店 经 销
880 × 1230　1/16　印张:42.5
2006 年 9 月第一版　2006 年 9 月第一次印刷
ISBN 7-5010-1785-9/K · 944　定价：200 元

教育出版社

教育

北京世纪

黄冈

教学